CURSO DE PROCESSO PENAL

www.editorasaraiva.com.br/direito
Visite nossa página

MOUGENOT

CURSO DE PROCESSO PENAL

14ª edição
2024

saraiva jur

saraiva EDUCAÇÃO | saraiva jur

Av. Paulista, 901, Edifício CYK, 4º andar
Bela Vista – São Paulo – SP – CEP 01310-100

SAC | sac.sets@saraivaeducacao.com.br

Diretoria executiva Flávia Alves Bravin
Diretoria editorial Ana Paula Santos Matos
Gerência de produção e projetos Fernando Penteado
Gerência de conteúdo e aquisições Thais Cassoli Reato Cézar
Gerência editorial Livia Céspedes

Novos projetos Aline Darcy Flôr de Souza
Dalila Costa de Oliveira

Edição Iris Ferrão

Design e produção Jeferson Costa da Silva (coord.)
Giselle Cristina da Silva Honorio
Guilherme Salvador
Lais Soriano
Rosana Peroni Fazolari
Tiago Dela Rosa
Verônica Pivisan

Planejamento e projetos Cintia Aparecida dos Santos
Daniela Maria Chaves Carvalho
Emily Larissa Ferreira da Silva
Kelli Priscila Pinto

Diagramação NSM Soluções Gráficas
Revisão Ligia Alves
Capa Tiago Dela Rosa
Produção gráfica Marli Rampim
Sergio Luiz Pereira Lopes
Impressão e acabamento BMF Gráfica e Editora

DADOS INTERNACIONAIS DE CATALOGAÇÃO NA PUBLICAÇÃO (CIP)
VAGNER RODOLFO DA SILVA – CRB-8/9410

C837c Bonfim, Edilson Mougenot
Curso de processo penal / Edilson Mougenot Bonfim. – 14. ed. São Paulo: SaraivaJur, 2024.
780 p.
ISBN: 978-85-5362-086-9 (Impresso)
1. Direito. 2. Direito Processual Penal. I. Título.
CDD 341.43
2023-3152 CDU 343.1

Índices para catálogo sistemático:

1. Direito Processual Penal 341.43
2. Direito Processual Penal 343.1

Data de fechamento da edição: 14-12-2023

Dúvidas? Acesse www.saraivaeducacao.com.br

CÓD. OBRA 713263 CL 608409 CAE 845126

Ninguém é proprietário do saber humano. Na longa via do aprendizado, somos todos peregrinos. O caminhante de hoje é o guia de amanhã. De alguma forma os que ensinam aprendem, e os que aprendem, de alguma forma, ensinam. Assim, dedico esta obra a todos os Professores de Processo Penal e seus alunos.

Sumário

Capítulo IV

OS PRINCÍPIOS DO PROCESSO PENAL

Capítulo V
DA APLICAÇÃO DA LEI PROCESSUAL PENAL

Capítulo VI
EFICÁCIA DA LEI PROCESSUAL PENAL

Capítulo VII
A PERSECUÇÃO PENAL

Capítulo VIII
INQUÉRITO POLICIAL

Capítulo IX

AÇÃO PENAL

Capítulo X

AÇÃO PENAL PÚBLICA

Capítulo XI

AÇÃO PENAL PRIVADA

Capítulo XII

AÇÃO CIVIL *EX DELICTO*

Capítulo XIII

COMPETÊNCIA

Capítulo XIV

QUESTÕES E PROCESSOS INCIDENTES

Capítulo XV

TEORIA DA PROVA

Capítulo XVI

PROVAS EM ESPÉCIE

Capítulo XVII

SUJEITOS DO PROCESSO

Capítulo XVIII

MEDIDAS CAUTELARES

Capítulo XIX

PRISÃO

Capítulo XX

LIBERDADE PROVISÓRIA

Capítulo XXI

DA COMUNICAÇÃO DOS ATOS PROCESSUAIS, DA SENTENÇA E DOS ATOS JURISDICIONAIS

Capítulo XXII

PROCEDIMENTO E PROCESSO

Capítulo XXIII

PROCEDIMENTOS: DISPOSIÇÕES GERAIS. PROCEDIMENTO COMUM: ORDINÁRIO E SUMÁRIO (CRIMES DA COMPETÊNCIA DO JUIZ COMUM)

Capítulo XXIV

PROCEDIMENTO DOS CRIMES DA COMPETÊNCIA DO TRIBUNAL DO JÚRI

Capítulo XXV

PROCESSOS ESPECIAIS

Capítulo XXVI

JUIZADOS ESPECIAIS CRIMINAIS

Capítulo XXVII

SUSPENSÃO CONDICIONAL DO PROCESSO

Capítulo XXVIII

NULIDADES

Capítulo XXIX

MEIOS DE IMPUGNAÇÃO DAS DECISÕES JUDICIAIS

Capítulo XXX
TEORIA GERAL DOS RECURSOS

Capítulo XXXI
RECURSO EM SENTIDO ESTRITO

Capítulo XXXII

APELAÇÃO

Capítulo XXXIII

EMBARGOS DE DECLARAÇÃO

Capítulo XXXIV

EMBARGOS INFRINGENTES E DE NULIDADE

Capítulo XXXV
AGRAVOS

Capítulo XXXVI
CARTA TESTEMUNHÁVEL

Capítulo XXXVII
CORREIÇÃO PARCIAL

Capítulo XXXVIII
RECURSO EXTRAORDINÁRIO

Capítulo XXXIX

RECURSO ESPECIAL

Capítulo XL

RECURSO ORDINÁRIO CONSTITUCIONAL

Capítulo XLI

REVISÃO CRIMINAL

Capítulo XLII

HABEAS CORPUS

Capítulo XLIII

MANDADO DE SEGURANÇA CONTRA ATO JURISDICIONAL

AGRADECIMENTOS E NOTA À 14ª EDIÇÃO

Muitos professores, alunos, profissionais do direito, solicitaram-me, ao longo dos últimos três anos, a atualização do presente *Curso de Processo Penal*, em razão das mais recentes leis e das novas vertentes jurisprudenciais, que não cessam de brotar. Por sobre essa doce cobrança, faz alguns meses, a própria Editora convocou-me para tanto, e, assim, logo me vi diante de um impasse: a responsabilidade do magistério doutrinal, o compromisso em bem servir nosso fiel público leitor e o referido trabalho conclamado pela Editora moviam-me à tarefa, tanto quanto, imediatamente, apercebia-me da premência do tempo, como marcador invencível e impediente da transposição do pensar para o agir, sobretudo em ano em que, ademais das obrigações do meu ofício, estava, como estou, com intensa atividade docente, aqui e no exterior. Evidenciava-se impossível a empreita, sobretudo porque deveria ser vencida rapidamente.

Mas há uma hora, em meio ao mais perturbador desafio, em que o pensamento premido pelo problema aparentemente insolúvel, em vez de se desesperar, paralisando-se, agita-se, produzindo novas ideações, e com estas eclodem as respostas que pareciam inexistir.

E foi assim que pensei em alguns de meus queridos e mais destacados alunos-membros de nossa Escola de Altos Estudos em Ciências Criminais – EAECC, esta que consiste em um seminário de aprofundamento acadêmico ao modelo europeu, pensado há tanto tempo por Von Liszt – a cujo título autoexplicável também se adiciona o papel de um relevante *think tank* das ciências criminais do Brasil.

E, em um *tour de force*, constituímos assim uma equipe revisional, todos eles vocacionados e experientes colegas de ministério público, magistratura e magistério, e muitos deles já exitosos autores, mestres, doutores, com titulação daqui e do estrangeiro, lídimos representantes de uma nova e emergente geração de valores de nossas letras jurídicas.

E a estes, pois, que tornaram possível a incumbência, e sem os quais Chronos, o deus do tempo, pela implacabilidade de suas horas voláteis e passadiças, nos teria vencido, quero sinceramente agradecer. E o faço *ex toto corde*, com profundo reconhecimento pela disposição, renúncia, capacidade de trabalho e, sobretudo, pela excelência da colaboração, cujas pesquisas, atualizações e sugestões foram adotadas por mim e acolhidas *in totum*. Representam, mais que tudo, o ideal de todos os integrantes de nossa EAECC, que, em última instância, é o ideário de nossa pátria, ao postular um processo penal caudatário da segurança jurídica e uma justiça criminal respeitante do primado do devido processo legal.

Assim, registro meus agradecimentos a todos os magistrados e membros do *parquet*, que, de todo o Brasil, nos acompanham na humilde, mas profícua, jornada pelo saber, aprimorar-se e evoluir; estão todos(as) e cada um(a) aqui representados por Luiz Fernando Bugiga Rebelatto, Gilson Miguel Gomes da Silva, Luciana Uller Marin, Bruno Carpes, Diego Pessi, Ildon Maximiano Peres Neto, Matheus Cattaparti, Pablo Gran Cristóforo e Vinicius Bigonha Cancela Moraes de Melo. Muito obrigado pela inestimável colaboração de vocês!

Cabe-me, ainda, um especial agradecimento ao professor de Processo Penal em Brasília Itamar Lourenço, servidor público de carreira do Ministério da Justiça, hoje na Corregedoria do referido ministério, pois não apenas colaborou ativamente na atualização desta obra como, e sobretudo, ao longo destes últimos anos, cobrou-me afetuosamente pelo trabalho que ora se materializa, enviando-me, dentre outras, uma emblemática mensagem, cujo trecho peço licença para reproduzir: "... mais um ano se findando... estamos órfãos de boas obras no meio acadêmico", e, pedindo-me a reedição do presente *Curso de Processo Penal*, dispôs-se a ajudar-me nesta empreita de atualização, dizendo e provocando-me o sincero ideal: "Professor, não vamos deixar a obra 'morrer'! Ela ecoa o nome do seu autor pela eternidade, e é um alento aos seus 'discípulos'".

Agradeço, assim, a esses e a tantos professores, alunos, advogados, delegados, defensores, enfim, que tanto me pediram o presente trabalho. Junto a essa qualificada miríade de colaboradores, pude confeccioná-lo, tendo agora a honra de entregá-lo ao país. Se o nome de seu autor, depois de tantas edições, pode eventualmente "ecoar ou se eternizar", essa não seria jamais nossa mais lídima pretensão ao reeditar a obra, porque sabemos ser a criatura e seu criador apenas a síntese de um povo sofrido e desafiado pela criminalidade crescente, e no seio da cidadania nacional muito mais ecoa e se eterniza a aspiração de nossa gente, como em um repositório, que se funde, como pretensão de ordem, respeito e paz.

Assim, o ideal de discípulos e alunos, tanto quanto de legítimos mestres, há de ser o mesmo de todos os verdadeiros cidadãos, cultores convictos da democracia, que perscrutam por entre o imenso cipoal legislativo que não cessa de crescer no país, e pela sinuosa e vacilante jurisprudência, que não cansa de desorientar-nos, um facho de luz, por onde possam enxergar o futuro, este mesmo, ao qual somente chegaremos, sem sofismas, por meio do verdadeiro conhecimento.

Edilson Mougenot Bonfim

Capítulo I
FUNDAMENTOS DO PROCESSO PENAL

1. INTRODUÇÃO: ESTADO E PODER

A noção de Estado está intimamente ligada à noção de poder. De fato, alguns estudiosos da teoria do Estado defendem que o Estado é um poder institucionalizado. Para outros, no entanto, o Estado é o titular de um poder, que deriva da sociedade, motivo pelo qual esse poder deve ser exercido para o bem da coletividade.

A Constituição brasileira, filiando-se à segunda corrente, atesta em seu art. 1º, parágrafo único, que "todo o poder emana do povo, que o exerce por meio de representantes eleitos ou diretamente", estabelecendo em seguida (art. 3º) os objetivos fundamentais da República.

Quer se adote uma ou outra posição, contudo, é certo que a presença do Estado enquanto entidade interfere cotidianamente na vida da sociedade, direcionando sua atuação, impondo restrições ao que os indivíduos podem ou não fazer, reprimindo os infratores que afrontam bens ou interesses da sociedade ou do próprio Estado. Este, exercendo o poder, limita a liberdade individual, fazendo-o por meio do direito, que, nesse sentido, funciona ele próprio como instrumento regulador da atividade estatal, já que esta não se pode dar sem controle, ou seja, de forma ilimitada.

O Estado ideal, modelado por influência das ideias liberais, exerce esse poder para garantir as condições mínimas de convivência entre os indivíduos, de modo a manter a ordem e a paz, oferecendo proteção aos interesses considerados fundamentais para cada indivíduo ou categoria de indivíduos. Ao fazê-lo, legitima o uso da força, justificado na busca pelo bem comum.

O poder estatal manifesta-se em inúmeros aspectos: na produção de normas que tornam obrigatórias ou proibidas certas condutas; na execução forçada das condutas que essas normas determinam; por meio da imposição de sanções aos infratores; na concessão de autorização para que particulares prestem determinados serviços considerados mais relevantes para a sociedade etc. O que há de comum em todas essas situações é a restrição à liberdade do indivíduo, que sempre fica submetido à autoridade do Estado.

2. O DIREITO COMO LIMITE AO PODER

No Estado de Direito, entretanto, o exercício do poder estatal é limitado pela existência do direito. Assim, "só o poder cria o direito", ensina Bobbio, "e só o direito limita o poder"[1], com o que se define *a origem do direito (o poder) e sua função limitativa (do poder)*. Destarte, o Estado encontrará limites em suas atividades, não podendo, a pretexto de trabalhar pelo bem comum, afrontar a liberdade individual, a propriedade ou a dignidade humana, por exemplo, sem respeitar uma série de condições, que se colocam por meio de normas jurídicas.

O ordenamento jurídico – o conjunto de normas jurídicas – de determinado Estado molda, por conseguinte, sua atuação, a fim de evitar a ocorrência de arbitrariedades, como o exercício da força fundado exclusivamente na vontade do governante, em detrimento do bem comum. Institui-se a *rule of law* (o reinado da lei), em detrimento da *law of ruler* ("o direito do rei", o direito do "regrador").

---

[1] Norberto Bobbio, *O futuro da democracia*: uma defesa das regras do jogo, 6. ed., p. 156-157.

Nesse âmbito, era um problema que o próprio Estado fosse o encarregado de criar as normas para depois cumpri-las. O poder do Estado, em princípio, não encontrava limites, a não ser naquelas limitações que impusesse a si mesmo.

Com fundamento nessa ideia é que teóricos modernos, como Locke e Montesquieu, identificaram, estudando o funcionamento do Estado, algumas funções primordiais que expressavam mais claramente a forma como se manifestava o poder estatal.

Perceberam, assim, que o poder funcionava de modo mais equilibrado se a função de criar as normas jurídicas fosse exercida por órgão diverso daquele que se incumbiria de cumpri-las ou providenciar para que fossem cumpridas. Surgia a doutrina da separação de Poderes (*rectius*, funções), que exerce grande influência na maneira segundo a qual os Estados atualmente são organizados. Com base na doutrina de Montesquieu (*O espírito das leis*), o poder estatal deveria ser exercido por três Poderes, independentes do ponto de vista orgânico e funcional. Assim surgiu a divisão que hoje se conhece, pela qual o Estado é composto dos Poderes Legislativo, Executivo e Judiciário.

O poder do Estado, uno, soberano, fica, dessa maneira, diluído entre os Poderes que o compõem. Cada Poder, de acordo com o que determina a Constituição, recebe atribuições específicas, preponderando em cada um determinada parcela daquele poder maior.

Assim, o Poder Legislativo tem por função primordial a elaboração de normas jurídicas, enquanto o Executivo terá por função principal o cumprimento, de ofício, e de acordo com critérios próprios, do que determinam aquelas normas jurídicas. Já *o Poder Judiciário encarregar-se-á, primordialmente, da jurisdição* (*vide* Capítulo II).

3. PODER E PROCESSO

O exercício de um poder, conforme mencionado, requer limitações. O poder pertence à sociedade, sendo conferido ao Estado para que atue em seu favor. Dessa forma, seu exercício deverá ser disciplinado, o que será feito por meio do direito.

Do ponto de vista do Estado, o estabelecimento de processos, de modo geral, é, assim, uma das formas de estabelecer limitações a seu poder. Destarte, um processo criado por meio da positivação de normas jurídicas determina uma maneira, dentre todas as possíveis, de exercer o poder.

Uma vez estabelecido, o processo passa a ser o único *meio* pelo qual determinado aspecto do poder estatal será exercido. *O processo judicial, portanto, é o meio, determinado por normas jurídicas, pelo qual o Estado poderá exercer o poder da jurisdição.*

4. AS NORMAS JURÍDICAS

A doutrina classifica as *normas jurídicas* em duas espécies: as *normas de direito material* e as normas de *direito formal*.

As primeiras são aquelas destinadas a disciplinar os atos diretamente relacionados à vida e às relações na sociedade. É norma de direito material a regra, insculpida no Código Civil, que determina que aquele que causar dano a alguém será obrigado a indenizá-lo na medida de sua culpabilidade, assim como a norma jurídica do Código Penal que estabelece uma sanção de reclusão para aquele que conscientemente matar alguém (art. 121 do CP). As *normas de direito formal* (ou *adjetivo*, na expressão de Jeremy Bentham[2]), por seu turno, são aquelas que *determinam o modo de aplicação da norma material* (ou *direito substantivo*). Por isso parte da doutrina – processualistas civis, principalmente – refere-se

---

[2] Jeremy Bentham, *Traité de législation*, 2. ed., t. 3, p. 188, também em *Tratado de las pruebas judiciales*, p. 3.

a essas normas como normas de segundo grau: apenas *mediatamente* é que elas refletem na vida das pessoas.

5. DIREITO PENAL E PROCESSO PENAL

As normas de direito material, em geral, visam proteger determinados bens jurídicos e interesses considerados relevantes para a sociedade, estabelecendo sanções aplicáveis a quem pratique certos atos em afronta a esses bens ou interesses. Dito de outra maneira, o Estado, por meio da atividade legislativa, elege certas condutas como passíveis de punição, por julgar que essas condutas lesam (ainda que apenas potencialmente, em alguns casos) os bens e interesses que se deseja proteger.

Portanto, o conteúdo das normas de uma e de outra espécie é diferente, e existe uma relação de instrumentalidade entre elas. O direito processual existe em função do direito material. Tem, assim, na expressão da doutrina, uma *função ancilar*[3] (do latim, *ancilla-ae,* serva)[4], quer dizer, dependente daquele, *em que pese sua autonomia no tratamento científico e sua separação como ente jurídico*[5]. Isso não significa, contudo, conferir-lhe um papel subalterno ou inferior[6]. Por isso, ao definir a forma como o direito material deva ser aplicado, o direito processual é seu instrumento. Mas instrumento, note-se bem, que exerce influência no próprio direito material; nesse sentido, o caráter fragmentário do direito penal – ou seja, de que apenas devem ser incriminadas condutas que violem bens fundamentais de uma comunidade[7] – se vê fortemente influenciado pelo direito processual penal, na medida em que se evidenciou estarem os tribunais sobrecarregados em decidir causas de duvidoso relevo ético[8].

6. DIREITO PROCESSUAL PENAL

Se o processo, como se viu, é o meio pelo qual o Estado exerce o poder jurisdicional, o direito processual é o conjunto de *regras* e *princípios*[9] que informam e compõem esse processo.

Assim, se determinado indivíduo efetivamente pratica uma conduta prevista como punível em uma norma de direito material, surge para o Estado o direito de concretizar a sanção prevista abstratamente na lei penal.

Para fazer valer seu *jus puniendi*, no entanto, deve o Estado utilizar-se de um instrumento capaz de punir os culpados, que permita o desenvolvimento de uma atividade voltada para o descobrimento da verdade acerca dos fatos e, ao mesmo tempo, garanta ao acusado os meios de defesa necessários para opor-se a essa pretensão estatal. Esse instrumento é o processo penal.

O processo penal, cujas peculiaridades lhe são conferidas pelas normas jurídicas processuais, pode ser visto sob dois aspectos:

a) um instrumento que determina como será exercido o poder do Estado de averiguar a verdade e impor uma sanção;

---

[3] Essa "função ancilar" aqui referida não deve ser confundida com aquela a que aludia Sperl na época do sincretismo entre o direito penal e o processual, vale dizer, quando ainda não havia sido dada a autonomia normativa ao direito processual, sendo este, portanto, *normativamente* dependente daquele. A propósito, *vide* Juan Montero Aroca, *El derecho procesal en el siglo XX*, p. 32.

[4] Andrés de la Oliva Santos, Ignacio Díez-Picazo Giménez e Jaime Vegas Torres, *Derecho procesal: introducción*, 2. ed., p. 114.

[5] Andrés de la Oliva Santos, Ignacio Díez-Picazo Giménez e Jaime Vegas Torres, *Derecho procesal: introducción*, 2. ed., p. 28.

[6] E. Magalhães Noronha, *Curso de direito processual penal*, 28. ed., p. 6.

[7] *Vide* nosso (em coautoria) *Direito penal*: parte geral, p. 111.

[8] José da Costa Pimenta, *Processo penal: sistemas e princípios*, t. 1, p. 42.

[9] "Regras" e "princípios", na linguagem jurídica atual (Ronald Dworkin, Robert Alexy etc.), pertencem ao gênero norma, ou seja, comandos jurídicos que dizem o que deve-ser.

b) uma garantia para o réu – e para a sociedade em geral – de que apenas haverá punição caso, após concedida oportunidade plena de defesa, reste demonstrada a sua culpa. É possível ver o processo, portanto, também como um instrumento de proteção ao réu, que só poderá ter restrita sua liberdade caso haja fundados motivos para tanto[10].

Em síntese, ao *jus puniendi* (*rectius:* poder-dever de punir) estatal opõe-se inexoravelmente o *jus libertatis* do acusado. Eis o binômio que conforma o processo.

Para atingir a finalidade a que se destina, o processo penal deverá obedecer a um regular e concatenado desenvolvimento, que implica a instalação de uma relação jurídica processual, em que os sujeitos ocupam posições independentes e equidistantes, e a consecução de uma sequência de atos anteriores e preexistentes que se ligam entre si, intitulada de "procedimento".

Impende ressaltar, contudo, que, com o advento da Lei n. 9.099/95 e seus institutos de despenalização (transação penal e suspensão condicional de processo) e, agora, com o surgimento do acordo de não persecução penal (art. 28-A do Código de Processo Penal), por meio do Pacote Anticrime, a persecução penal ganhou novos contornos. Esses institutos de Justiça Negociada, que prescindem da busca da verdade sobre os fatos para solução do conflito, também são derivações do direito de punir do Estado.

6.1. O conceito de direito processual penal

O processo penal é o instrumento do Estado para o exercício da jurisdição em matéria penal. O direito processual penal, portanto, pode ser definido como o *ramo do direito público que se ocupa da forma e do modo (i.e.: o processo) pelos quais os órgãos estatais encarregados da administração da justiça concretizam a pretensão punitiva, por meio da persecução penal e consequente punição dos culpados.* Tem como conteúdo normas que disciplinam a organização dos órgãos da jurisdição e de seus auxiliares, o desenvolvimento da atividade persecutória e a aplicação da sanção penal. Normas dotadas de autonomia (regras próprias que não se confundem com as do direito penal), instrumentalidade (conduzem para a aplicação do direito material) e normatividade (com codificação própria), com finalidade direta e imediata de fazer valer o direito de punir do Estado e, ainda, garantir a proteção da sociedade e a vida harmônica no território nacional, como finalidade indireta e mediata[11].

6.2. Direito processual penal e direito processual civil

Tradicionalmente, estuda-se o direito processual cindindo-o em duas subdivisões principais: o direito processual civil e o direito processual penal.

A divisão é de cunho prático, uma vez que o conceito de direito processual é unitário. *A diferença* entre um e outro *não está* na essência, *mas sim na natureza dos conflitos* que ensejam a aplicação de ambos, ou seja, tudo depende do campo de direito material a que um e outro se aplicam.

Assim, se o conflito que se apresenta para ser resolvido é de natureza extrapenal – ou seja, constitui-se de direito material diverso do penal –, aplicam-se na sua resolução as regras e princípios

---

[10] Na lição de Greco Filho, o processo desempenha dupla garantia: *garantia ativa* (porque, diante de alguma ilegalidade, pode a parte dele utilizar-se para a reparação dessa ilegalidade). Nesse sentido existe a garantia do *habeas corpus*, contra a violação do direito de locomoção sem justa causa; o mandado de segurança, contra a violação do direito líquido e certo não amparado por *habeas corpus*; a garantia geral da ação, do recurso ao Judiciário, toda vez que houver lesão a direito individual etc., configurando-se, igualmente, em *garantia passiva*, "porque impede a justiça pelas próprias mãos, dando ao acusado a possibilidade de ampla defesa contra a pretensão punitiva do Estado, o qual não pode impor restrições à liberdade sem o competente e devido processo legal. Ainda, é o processo garantia passiva quando impede a justiça privada, isto é, garante que a submissão ao direito de outrem não se fará por atividade deste, mas por atividade solicitada ao judiciário, que examinará o cabimento e a legitimidade de tal pretensão" (*Tutela constitucional das liberdades*, p. 60).

[11] Leonardo Barreto Moreira Alves, *Manual de processo penal*, p. 68-69.

relativos ao processo civil. Já em se tratando de conflitos de conteúdo penal – crimes e contravenções –, aplica-se, no seu processamento, o direito processual penal.

Muitas vezes, entretanto, claramente se evidenciam diversos pontos em comum entre ambos os ramos jurídicos. Apenas para citar alguns exemplos: o próprio Código de Processo Penal prevê expressamente a aplicação do Código de Processo Civil em determinadas situações (arts. 139, 790); os atos formais (citações, intimações, formalidades relativas às decisões etc.) são essencialmente idênticos em um e em outro; a disciplina de alguns dos recursos cabíveis em face de decisões proferidas por Tribunais (agravos regimentais, embargos declaratórios, recurso especial, recurso extraordinário, agravos de instrumento etc.) é, também, em grande parte, comum aos dois ramos; o mandado de segurança e o *habeas corpus* têm aplicabilidade tanto em lides de natureza civil quanto naquelas de natureza penal, e são indistintamente disciplinados, não havendo diferença quando utilizados no âmbito cível ou no penal.

6.3. Fontes do direito processual penal

O termo "fonte" tem sua raiz etimológica nos vocábulos latinos *fontanus*, *fons*, *fontis*, palavra de origem religiosa significando nascente ou manancial (*fonts*)[12]. A teoria das fontes do direito, assim, busca responder à questão acerca da origem das normas que integram o ordenamento jurídico.

A origem das normas jurídicas pode ser vista sob dois aspectos, e daí é que se origina a dicotomia entre fontes materiais e fontes formais. As *fontes materiais* – também chamadas de fontes *de produção ou substanciais* – dizem respeito à *origem dos conteúdos que compõem o direito*, enquanto as *fontes formais de revelação ou de cognição* relacionam-se à *forma pela qual esses conteúdos se manifestam* por intermédio de normas jurídicas.

6.3.1. Fontes materiais, de produção ou substanciais

Em *sentido subjetivo*, fala-se em fonte material para designar a entidade que cria o direito. No caso do direito processual, *a União é a única fonte material*, já que é a única entidade dotada de poder para a criação de normas que o disciplinem (art. 22, I, da CF). No entanto, a competência da União é privativa – e não exclusiva –, de modo que, excepcionalmente, poderá a lei estadual versar, mediante lei complementar, sobre questões atinentes à matéria processual penal, de acordo com a permissividade contida no art. 22, parágrafo único, da Constituição Federal.

Já em *sentido objetivo*, as fontes materiais ou substanciais abrangem certos *elementos históricos e racionais que determinam a elaboração e o conteúdo de uma norma* jurídica. São, em última análise, as razões pelas quais o Estado elabora determinadas normas jurídicas. Extremamente variáveis (incluem a moral, os costumes, a necessidade diante de determinado evento histórico), são de teor próprio, a serem estudadas no campo da sociologia.

6.3.2. Fontes formais, de cognição ou de revelação

As fontes formais do direito são os meios pelos quais se expressam as normas jurídicas. Daí serem também chamadas *fontes de revelação*: são os meios pelos quais se revela o direito. *A lei*, entendida no seu sentido mais amplo (incluindo, assim, todos os dispositivos de cunho normativo editados pelo Poder Público), é *fonte formal imediata do direito*.

Viu-se que o direito processual penal é composto por normas relativas especificamente ao processo penal. As normas que o compõem expressam-se por meio de diferentes tipos de dispositivos legais (pode-se dizer, diversas espécies de fontes de revelação). Assim, não só a lei, mas também a

[12] Le Robert, *Dictionnaire classique de la langue française*, v. 2, p. 1456.

Constituição Federal, por exemplo, traz em seu bojo disposições que disciplinam o processo judicial, e que constituem, por consequência, o direito processual penal.

Entretanto, a parcela mais substancial das normas de direito processual penal é introduzida no ordenamento por meio de leis ordinárias, produzidas pelo Poder Legislativo. No caso específico do Brasil, o *Código de Processo Penal* (Decreto-lei n. 3.689, de 3-10-1941) é o principal diploma a disciplinar a matéria, motivo pelo qual é classificado como *fonte primária*[13] do direito processual penal. Entretanto, disposições relevantes acerca do processo penal também são encontradas em outros diplomas, que se afiguram, assim, como *fontes secundárias*: na Lei n. 9.099/95, que cria e disciplina os Juizados Especiais Cíveis e Criminais; na Lei n. 7.210/84, que disciplina a execução penal (determinando a forma de cumprimento das decisões judiciais de conteúdo penal), e em diversos outros dispositivos, que integram o conjunto de normas de direito processual penal, mas que, por localizarem-se em sede formal diversa (ou seja, por serem veiculados por fontes formais separadas do Código de Processo Penal), são denominadas leis extravagantes.

Ainda como *fontes secundárias*, encontram-se as inúmeras outras *leis extravagantes* que possuem conteúdo processual penal, estabelecendo procedimentos especiais, fixando a organização e a estrutura dos órgãos judiciais e regulando a execução penal. Ao lado dessas leis ordinárias aparecem ainda os tratados, convenções e regras de direito internacional, expressamente admitidas pela Constituição Federal (art. 5º, § 2º), com destaque para a Convenção Americana de Direitos Humanos, as Constituições estaduais e mesmo a Constituição Federal de 1988, com suas normas de natureza processual penal e de índole garantista[14].

Já no tocante às *fontes formais mediatas*, temos, como regra, os costumes, a analogia, os princípios gerais do direito – previstos analogicamente no art. 4º da Lei de Introdução às Normas do Direito Brasileiro –, bem como a doutrina, a jurisprudência e o direito comparado.

6.3.3. A Constituição Federal como fonte processual penal

A *constitucionalização do processo penal*, característica do Estado Democrático – ou Constitucional – de Direito, deu-se no Brasil efetivamente com a promulgação da Constituição Federal de 1988. Assim, regras e princípios do processo penal clássico (antes de 1988) foram erigidos à categoria de regras e princípios constitucionais – normas constitucionais –, aperfeiçoados em face de antigas disposições, e, dessa forma, a Constituição Federal albergou preceitos jurídicos que, na seara do processo penal, configuram-se nas *garantias processuais* e de jurisdição e refletem o caráter de fonte secundária do processo penal.

Por exemplo, positivou-se pela primeira vez em um texto constitucional brasileiro a fórmula do direito anglo-saxão (*due process of law*) de que "ninguém será privado da liberdade ou de seus bens sem o *devido processo legal*" (art. 5º, LIV, da CF). Asseguraram-se a garantia do *contraditório* (art. 5º, LV), a *igualdade processual*, decorrente do princípio da isonomia (art. 5º, I), a *publicidade* e o *dever de motivação*

[13] A classificação é adotada pelo autor. Tourinho Filho, por exemplo, classifica como fonte primária não o Código de Processo Penal, mas sim as leis no sentido amplo. As fontes secundárias, para ele, são o direito externo, a doutrina, legislações passadas de importância histórica etc.

[14] "Na compreensão adequada da constitucionalização e da convencionalização dos princípios processuais de justiça, exige-se uma séria e dogmática postura dos intérpretes e aplicadores do direito também no âmbito da análise sobre a organização do procedimento judicial. Portanto, para que haja conformação de um modelo de processo penal justo e orientado pelos princípios e valores incidentes na equação da dinâmica processual, é necessário que as lentes estejam focadas para levar em consideração também as convenções e demais fontes supranacionais que tratam sobre direitos humanos e jurisdição penal. O quadro legal composto de garantias, valores e postulados que disciplinam o exercício da atividade jurisdicional se articula a partir do diálogo entre as fontes legislativas nacionais e as fontes internacionais" (Douglas Fischer e Frederico Valdez Pereira, *As obrigações processuais penais positivas*: segundo as Cortes Europeia e Interamericana de Direitos Humanos, 2. ed. rev. e ampl., p. 191).

das decisões judiciárias (arts. 5º, LX, e 93, IX), a *inadmissibilidade de provas obtidas por meios ilícitos* (art. 5º, LVI), a *inviolabilidade do domicílio* (art. 5º, XI), o *sigilo das comunicações em geral e de dados,* a *presunção de não culpabilidade* (art. 5º, LVIII), a *vedação de identificação criminal* àqueles já identificados civilmente, ressalvadas as hipóteses legais (art. 5º, LVIII). Igualmente, inúmeras garantias referentes à prisão e à liberdade provisória: a prisão, salvo em caso de flagrante ou de transgressões e crimes propriamente militares, somente ordenável por *autoridade judicial competente* (art. 5º, LXI), devendo ser imediatamente comunicada ao juiz, que, em caso de ilegalidade, a *relaxará* (art. 5º, LXV), assegurando-se a *liberdade provisória,* com ou sem fiança, nos casos previstos em lei (art. 5º, LXVI), a par de outras garantias processuais[15].

A Constituição Federal, desse modo, conquanto esteja no ápice da pirâmide jurídica – a *norma normarum,* Lei das Leis –, é reputada fonte formal secundária, uma vez que contém disposições esparsas, genéricas, que *secundam* e complementam – também *informam e condicionam* – a fonte formal primária, que é o Código de Processo Penal.

6.3.3.1. Normas processuais penais constitucionais

O desenvolvimento das constituições fez com que, com o tempo, se ampliasse o rol das matérias que, tradicionalmente, eram reguladas por normas de hierarquia constitucional. Superou-se, assim, a doutrina clássica constitucionalista, que defendia que apenas aquelas matérias referentes à organização dos poderes do Estado deveriam estar reguladas na Constituição. Atualmente, a adoção da Constituição como meio de positivação de outras normas – ademais, daquelas referentes aos poderes do Estado – parece ter se tornado uma tendência generalizada entre as diversas ordens jurídicas.

Em nosso caso, a situação não é diferente. Ocorre, pois, também entre nós, o fenômeno que a doutrina americana passou a denominar *constitucionalização do processo penal.* Como já mencionado, a Constituição Federal se inclui entre as fontes formais do direito processual penal, pelo fato de conter em seu bojo normas de natureza processual penal, de garantia do processo e da jurisdição.

As normas de natureza processual penal positivadas por meio da Constituição constituem fonte de preceitos plenamente aplicáveis ao processo, de forma autônoma. Como tal, limitam e orientam o alcance e a força das leis ordinárias, que ficam hierarquicamente subordinadas aos comandos constitucionais. Exemplos de normas constitucionais de conteúdo processual penal: a) as normas que estabelecem direitos e garantias aos acusados e aos presos, que de alguma forma limitam a atividade persecutória do Estado; b) as normas que disciplinam remédios constitucionais em caso de ameaça ou violação a direitos, tais como o *habeas corpus* e o mandado de segurança, plenamente aplicáveis na esfera penal; c) as normas que fixam competências e aquelas que criam foros por prerrogativa de função; d) as normas que dizem respeito ao exercício do direito da ação penal; e) as normas que dispõem sobre a organização do próprio Poder Judiciário. Cumpre ao aplicador da norma reconhecer os princípios e as regras constitucionais e integrá-los à aplicação dos preceitos processuais penais.

6.3.4. A súmula vinculante como fonte processual penal

Finalmente, não se há que olvidar que uma inovação no ordenamento jurídico brasileiro acrescentou ao rol das fontes formais um relevante instrumento de criação de normas: *as súmulas vinculantes,* previstas no art. 103-A da Constituição Federal, acrescentado pela Emenda Constitucional n. 45, de 8 de dezembro de 2004.

Esse instrumento vem conferir novas cores ao debate existente na doutrina acerca da possibilidade da inclusão da jurisprudência no rol das fontes formais do direito. De fato, se antes havia argu-

---

[15] Ada Pellegrini Grinover, Os caminhos da jurisprudência constitucional brasileira, *in* ***A marcha do processo***, p. 45.

mentos para sustentar que as decisões reiteradas dos órgãos judiciários, ainda que sumuladas, eram dotadas de força vinculante, com o advento da EC n. 45/2004 essa dúvida foi cabalmente dirimida, ao menos no que tange à nova modalidade de súmula.

Referido dispositivo constitucional prevê que o Supremo Tribunal Federal "poderá, de ofício ou por provocação, mediante decisão de dois terços dos seus membros, após reiteradas decisões sobre matéria constitucional, aprovar súmula que, a partir de sua publicação na imprensa oficial, terá efeito vinculante em relação aos demais órgãos do Poder Judiciário e à administração pública direta e indireta, nas esferas federal, estadual e municipal, bem como proceder à sua revisão ou cancelamento, na forma estabelecida em lei".

As *súmulas* editadas pelos tribunais em geral, como se sabe, são *disposições genéricas derivadas de decisões concretas* cujo teor se reitera no tempo. A recorrência de casos análogos permite ao órgão julgador estabelecer um padrão, que pode ser sedimentado com a edição de uma súmula.

O teor da súmula é, em muitos aspectos, bastante semelhante a um dispositivo legal. De fato, a súmula é genérica e abstrata, pois aplicável a um número indefinido de casos análogos que venham a surgir no futuro. E, por força do novel art. 103-A da Constituição, *tem força vinculante*, obrigando não só os demais órgãos do Poder Judiciário, mas também os órgãos da administração pública direta e indireta.

Como tal, e tendo em conta que o Supremo Tribunal Federal é, por atribuição constitucional, o guardião da Constituição e seu supremo intérprete, é de admitir a possibilidade de que suas decisões interfiram na disciplina do processo penal, direta ou indiretamente. Como suas decisões dizem respeito aos mandamentos da Constituição, é possível que as súmulas vinculantes venham a sobrepor-se mesmo ao texto das leis, derrogando-as e substituindo-se a elas em alguns casos. Trata-se, portanto, na essência, de verdadeira fonte formal do direito, introduzida na ordem jurídica pátria.

Imperioso frisar, ainda, que a medida cabível ante o descumprimento do mandamento sumulado é a reclamação perante o Supremo Tribunal Federal, tal como disposto no art. 103-A, § 3º, da Constituição Federal. Frise-se que, embora a súmula vinculante seja de cumprimento obrigatório por todos os entes da Administração Direta e Indireta e, principalmente, pelo Poder Judiciário, há uma hipótese definida na doutrina como *distinguishing*, pela qual o juiz, cotejando o caso concreto com o preceito genérico e abstrato consubstanciado na súmula vinculante, deixa de aplicá-la por entender que o caso concreto não se amolda aos precedentes que originaram a súmula vinculante, reconhecendo um traço distintivo que impede a completa aplicação do enunciado.

Finalmente, angustiamo-nos quanto à possibilidade da ampla incidência das súmulas vinculantes no âmbito processual penal, mormente se considerarmos que a indistinta aplicação dos enunciados pode conduzir a flagrantes injustiças sem que se analisem, com percuciência, as diferentes circunstâncias e peculiaridades dos processos em cada caso individualmente considerado.

6.3.5. Normas de "superdireito": as fontes do direito como meios de produção de normas jurídicas

Alguns doutrinadores utilizam a expressão "fonte formal" não para designar o dispositivo legal por meio do qual se revela uma norma jurídica, mas sim para referir-se *àquele conjunto de normas que disciplinam a maneira pela qual outras normas jurídicas são criadas*. São as *normas de "superdireito"*.

No caso específico do Brasil, e de acordo com essa classificação, a Constituição é a principal fonte formal do direito, ao disciplinar o processo legislativo – o modo como devem ser elaboradas as leis, que veicularão a maior parte das normas relativas ao processo penal.

Essa categoria de normas é de suma importância para a teoria das fontes. Seu entendimento permite, em última análise, identificar quais são as fontes de revelação do direito, uma vez que apenas os dispositivos legais produzidos de acordo com as determinações do próprio ordenamento poderão validamente criar normas jurídicas. Se uma suposta lei é elaborada em desrespeito aos preceitos das normas de superdireito, não poderá ingressar no ordenamento jurídico, porque será *formalmente* inconstitucional, ainda que, em vista de seu conteúdo, não contenha irregularidades. A teoria, portanto, permite concluir acerca da existência e da validade das fontes formais de direito de hierarquia inferior à da Constituição.

Dentre as regras acerca da produção normativa, são importantes aquelas que distribuem entre os Poderes e as entidades da Federação a competência para editar normas sobre determinados assuntos. Mencione-se o *art. 22, I, da Constituição*, que confere *competência privativa à União* no que tange à *produção de normas relativas à matéria processual*. A competência privativa é excludente: os poderes legislativos de cada Estado da Federação não poderão inovar no ordenamento quando a matéria for relativa ao processo penal, exceto quando lei complementar federal os autorize a fazê-lo. Essa autorização, entretanto, limita-se apenas a questões específicas de interesse local (art. 22, parágrafo único).

Mais do que isso: o art. 22, I, determina que compete privativamente à União *legislar* sobre direito processual. *A criação de normas de direito processual é, assim, privativa do Poder Legislativo*, que é o único Poder dotado de poderes para legislar. A criação de normas processuais civis e penais por meio de medidas provisórias encontra expressa vedação no art. 62, § 1º, *b*, da Constituição.

As distinções são importantes, porque não raro surgem medidas provisórias e leis estaduais que inadvertidamente infringem a vedação constitucional. Caberá ao intérprete e ao aplicador da norma, conforme o caso, averiguar a ocorrência dessas transgressões.

As normas de superdireito, portanto, determinam os sujeitos competentes para a produção das normas jurídicas e o modo pelo qual esses sujeitos podem exercer tais competências.

Nesse ponto, é pertinente perguntar sobre a possibilidade de produção de normas de direito processual por meio dos regimentos internos dos tribunais. Podem os tribunais produzir tais normas por meio de seus regimentos internos?

Como se sabe, esses regimentos, por vezes, ao estabelecer a distribuição interna de competências, preveem a existência de agravos internos, que são recursos cabíveis para o próprio tribunal em face de decisões proferidas por seus órgãos. Ora, ao que parece, a matéria pertinente a recursos é, sem dúvida, de natureza processual. Os regimentos internos dos tribunais, entretanto, não são, formalmente, leis, uma vez que editados pelos próprios tribunais. Assim, a rigor seria possível afirmar que esses recursos, por falta de previsão legal, não deveriam existir. Entretanto, representando uma garantia adicional ao jurisdicionado, a questão raramente é aventada, de modo que a praxe admite largamente a utilização de tais recursos.

7. SÍNTESE

Fundamentos do processo penal

O Estado e o Poder

A noção de Estado está sempre ligada à noção de poder. Há quem entenda que o Estado é um poder institucionalizado, mas a Constituição Federal brasileira defende a corrente que entende que o Estado é titular de um poder que deriva da sociedade e, portanto, deve ser exercido para o bem da coletividade.

Para o exercício do poder estatal, é necessário que haja limites que são dados por regras de direito. A pretexto de trabalhar pelo bem comum, o Estado, portanto, não poderá afrontar a liberdade individual, a propriedade ou a dignidade humana.

Divisão de poderes

A fim de que esse poder estatal funcionasse de modo mais equilibrado surgiu, com base na doutrina de Montesquieu, a ideia de que o Estado, uno e soberano, deveria ser diluído em três (funções) poderes, cada um com atribuições específicas preponderantes.

Dessa forma, o Poder Legislativo é responsável pela elaboração de normas jurídicas, o Executivo, do cumprimento dessas normas, enquanto o Judiciário se encarrega da jurisdição.

Normas jurídicas

A doutrina classifica as normas jurídicas em duas espécies, as de direito material e as de direito formal. As primeiras disciplinam atos diretamente relacionados à vida e às relações na sociedade, enquanto as segundas também são conhecidas como normas de segundo grau por refletirem na vida das pessoas apenas de forma mediata, pois determinam como as normas de direito material serão aplicadas.

Direito processual penal

Enquanto processo é o meio pelo qual o Estado exerce seu poder jurisdicional, o direito processual é o conjunto de regras e princípios que informam e compõem esse processo. Pode ser visto sob dois aspectos:

- instrumento que determina como será exercido o poder do Estado de averiguar a verdade e impor uma sanção;
- garantia para o réu e para a sociedade de que a sanção só será imposta após a oportunidade de defesa.

Fontes do processo penal

a) Fontes materiais, de produção ou substanciais

- *em sentido subjetivo*: entidade que cria o direito. No Brasil, a única fonte é a União (CF, art. 22, I), porém sua competência é privativa, mas não exclusiva, podendo lei estadual, mediante lei complementar, excepcionalmente, versar sobre processo penal (CF, art. 22, parágrafo único);
- *em sentido objetivo*: abrange elementos históricos e racionais que determinam a elaboração e o conteúdo de uma norma jurídica (inclui a moral, os bons costumes e a necessidade diante de um fato histórico).

b) Fontes formais

- *Fontes formais imediatas*: a principal é o Código de Processo Penal, classificado como fonte primária, porém, temos como fontes secundárias as leis extravagantes ao lado de tratados, convenções e regras de direito internacional (CF, art. 5º, § 2º).
- *Fontes formais mediatas*: costumes, analogia, princípios gerais de direito, bem como doutrina, jurisprudência e direito comparado.
- *Súmulas vinculantes*: o STF poderá, de ofício, ou provocado, por decisão de dois terços de seus membros, após reiteradas decisões de matéria constitucional, aprovar súmulas que, a partir de sua publicação na imprensa oficial, terão efeito vinculante em relação aos demais órgãos do Poder Judiciário e à administração pública direta e indireta, nas esferas federal, estadual e municipal, bem como proceder à sua revisão ou cancelamento, na forma estabelecida em lei.

A medida cabível contra o seu descumprimento é a reclamação perante o STF. Apesar de ter cumprimento obrigatório, existe hipótese conhecida na doutrina como *distinguishing* em que o juiz, analisando o caso concreto, entenda que o processo não se encaixa nos precedentes que deram origem à súmula.

Capítulo II
JURISDIÇÃO

1. INTRODUÇÃO

Jurisdição deriva do latim *jurisdictio.* Traduzindo literalmente, a *jurisdictio* é a dicção (*dictio*, o ato de dizer) do que é o direito (*juris*). Exercer a jurisdição é, portanto, dizer qual é e como é o direito; em outras palavras, administrar justiça.

Depois da opção legislativa de inserir alguns institutos de Justiça Negocial (*vide* a transação penal e suspensão condicional do processo da Lei n. 9.099/95 e, também, o Acordo de Não Persecução Penal da Lei n. 13.964/2019), é possível concluir que jurisdição não é apenas a tarefa de dizer o direito, mas, para além disso, efetivar o direito, seja pela prática de atos judiciais que impulsionam o processo penal para busca da verdade sobre os fatos ou, ainda, pela homologação da solução regrada construída pelas partes.

O exercício desse ato, entretanto, requer uma entidade investida de poder, para que se garanta a irradiação de seus efeitos. Além disso, de reduzida utilidade seria – diante da necessidade de solucionar conflitos – declarar o direito sem que fosse também possível impor a decisão aos interessados, ainda que contra a sua vontade.

O termo "jurisdição" assume, assim, na moderna doutrina, significações diversas. Em síntese, três diferentes acepções para o termo:

a) a jurisdição como poder;

b) a jurisdição como atividade e

c) a jurisdição como função.

1.1. Jurisdição como poder

Em um primeiro aspecto, portanto, o termo "jurisdição" é utilizado para designar o próprio poder investido em determinada entidade para que esta possa, diante da sociedade, dizer peremptoriamente, com autoridade, qual é o direito perante o caso concreto, garantindo ainda o respeito ao que restar determinado. A jurisdição é, desse modo, o próprio poder atribuído ao órgão que praticará o ato (da jurisdição). Assim, no âmbito da teoria do Estado, a jurisdição é concebida primordialmente como poder. Como não é a integralidade do poder do Estado, diz-se que a jurisdição é uma parcela do poder estatal e uma das formas de sua manifestação, pois este, na verdade, é uno e soberano.

Conforme a ideia de que o poder emana do povo e em favor do povo deve ser exercido, pode-se concluir que *a finalidade do exercício desse poder é a imposição de solução aos conflitos que se apresentam na sociedade, visando manter a paz e a ordem social*.

Nesse sentido, pode a jurisdição ser definida como o poder estatal de aplicar o direito objetivo a um caso concreto, objetivando restaurar a paz social abalada pela eclosão do litígio, por meio da solução justa dos conflitos de interesses que surgem na sociedade. Limitada a autotutela a casos excepcionais, cabe ao Estado, detentor do monopólio da administração da justiça, garantir a eficácia e a permanência do direito posto.

Importante ressaltar a existência de uma exceção ao referido monopólio estatal de administração da justiça, por força do art. 57 do Estatuto do Índio (Lei n. 6.001/73), que determina que "será tolerada a aplicação, pelos grupos tribais, de acordo com as instituições próprias, de sanções penais ou disciplinares contra os seus membros, desde que não revistam caráter cruel ou infamante, proibida em qualquer caso a pena de morte".

Nesse caso, portanto, o Estado abre mão do direito de punir e reconhece como legítima a sanção aplicada pelo grupo tribal contra seus membros, desde que não possuam caráter cruel, infamante ou provoque a morte do índio.

Assim, o exercício da jurisdição é, na sociedade moderna, atribuição precípua do Poder Judiciário, encontrando-se raras exceções, que serão oportunamente mencionadas.

1.2. Jurisdição como atividade

O exercício do poder de dizer o direito não se faz em apenas um ato. A resolução útil e aceitável de um conflito levado ao Poder Judiciário – ou ao outro órgão que, excepcionalmente, detenha parcela do poder jurisdicional – exigirá a prática de uma série de atos, indiretamente relacionados à determinação de qual a norma jurídica aplicável ao caso e à imposição dessa decisão.

De fato, antes de decidir, entre os interessados, a quem o direito reserva a tutela pleiteada, é preciso averiguar uma série de *condições* e *pressupostos* precedentes. É, também, essencial descobrir a verdade dos fatos, para que somente então seja possível determinar com segurança qual a solução que o direito imporá. Por vezes surgirão questões incidentes cuja resolução será necessária antes que se chegue ao veredicto final acerca da questão principal apresentada à solução pelo Estado. Mesmo após proferida a decisão final, será preciso acompanhar a efetiva concretização do que houver sido decidido, o que é de especial importância no âmbito penal, em que essa concretização poderá perdurar por muitos anos, operando-se uma restrição a um dos direitos fundamentais da pessoa: a liberdade.

Assim, o juiz, ao atuar em determinado processo, presidindo-o e conduzindo-o, exercendo o poder da jurisdição, praticará em nome do Estado uma série de atos. *Esse conjunto de atos próprios ao órgão que exerce a jurisdição constitui, portanto, a atividade jurisdicional.*

1.3. Jurisdição como função

A acepção baseia-se na noção de que a concentração de poder coativo nas mãos do Estado pressupõe, por contrapartida, que esse poder esteja à disposição da sociedade quando esta dele necessitar. Assim, a jurisdição, mais do que um poder ou uma atividade, figura também como serviço que obrigatoriamente deve ser disponibilizado à sociedade, que tem, assim, por sua vez, também o poder de invocar a manifestação do Poder Judiciário, seja diretamente, seja por meio de órgãos que a representem, como o Ministério Público. Assim, a jurisdição é, igualmente, uma *função*, organizada em torno da finalidade, que é fornecer solução aos conflitos sociais[1].

2. ELEMENTOS QUE COMPÕEM A JURISDIÇÃO

O poder jurisdicional compõe-se de uma série de poderes concretos do juiz, que lhe permitem interferir de maneira efetiva na esfera de vida dos jurisdicionados:

a) *cognitio* ou *notio,* designando o conhecimento. Trata-se do poder atribuído ao juiz para que conheça do processo, isto é, determine a prática de atos que o ponham em contato com os fatos que compõem o litígio, para que possa aplicar o direito cabível a cada caso concreto, não só por meio da prolação de decisões de mérito, mas também exercendo o controle sobre a regularidade do processo, investigando a ocorrência dos pressupostos de existência e de validade da relação processual, das condições de procedibilidade e das condições da ação;

---

[1] C. R. Dinamarco, *A instrumentalidade do processo*, p. 161-162.

b) *vocatio* (chamamento). É o poder do órgão investido da jurisdição de fazer comparecer em juízo as pessoas cuja presença revela-se necessária ao andamento do feito;

c) *coertio* ou *coertitio,* o poder de determinar medidas coercitivas, ou seja, o poder de impor a realização de certos atos necessários para que sejam eficazes os provimentos judiciais, mediante a cominação de medidas coativas;

d) *judicium,* consistente no poder de julgar, determinando a qualificação jurídica dos fatos concretos a ele apresentados, de acordo com os mandamentos abstratos da lei;

e) *executio,* o poder de fazer cumprir as sentenças ou acórdãos proferidos jurisdicionalmente.

3. ÓRGÃOS QUE EXERCEM A JURISDIÇÃO

A jurisdição é, na sociedade moderna, *atribuição* precípua do *Poder Judiciário*. Entretanto, *parcelas da jurisdição*, que é una (as características e os princípios aplicáveis à jurisdição serão objeto de um capítulo, adiante), são *conferidas*, por razões de organização política do Estado, *a outros órgãos* que não integram o Judiciário. Citem-se, a título de exemplo, os casos de crimes de responsabilidade atribuídos a determinados agentes públicos, entre os quais se inclui o processo de *impeachment* do Presidente da República, de competência do Senado Federal (art. 52, I, e parágrafo único, da CF). Também a Lei n. 9.307/96 (Lei de Arbitragem), tratando de matéria extrapenal, prevê o exercício de atividade jurisdicional ao juízo arbitral, desde que as lides a ele submetidas não versem sobre direitos indisponíveis, valendo a sentença arbitral como título executivo judicial (art. 515, VII, do CPC).

Outros órgãos cuja função, em princípio, assemelha-se ao exercício da jurisdição não têm o caráter jurisdicional. Os Tribunais de Contas, por exemplo, não exercem jurisdição, tampouco podem ser qualificados como órgãos jurisdicionais. Da mesma forma, os órgãos da administração pública que exercem funções decisórias, tais como os Conselhos de Contribuintes, vinculados ao Ministério da Fazenda, ou o Tribunal de Impostos e Taxas, órgão vinculado à Secretaria de Estado da Fazenda, existente no Estado de São Paulo, muito embora em certos aspectos atuem de modo similar aos órgãos do Poder Judiciário, não exercem a jurisdição.

4. CARACTERÍSTICAS DA JURISDIÇÃO

a) Substitutividade. Salvo em casos expressamente autorizados por lei, é defesa às partes a autotutela para a solução de seus conflitos. Assim, o que *o Estado* determina ser o direito, diante do caso concreto, *substitui-se à vontade das partes*. A solução do conflito apresentado pelas partes é determinada pelo Estado e imposta coativamente. O caráter substitutivo da atividade jurisdicional apresenta-se, de certa forma, como contraponto da incapacidade das partes de resolverem por conta própria o conflito de interesses que lhes aflige. Todos têm o direito – garantido pela Constituição (art. 5º, XXXV) – de obter uma manifestação do Poder Judiciário. Entretanto, ao fazê-lo, devem eles submeter-se irrestritamente ao que o Estado decidir.

b) Definitividade. Uma vez proferida uma decisão – exaurida a atividade jurisdicional –, seus atos adquirem imutabilidade. As decisões jurisdicionais finais fazem coisa julgada (*res judicata*), não podendo ser atacadas.

Vale ressaltar que o atributo da definitividade e, por consequência, a imutabilidade da coisa julgada, em especial no âmbito do direito penal, encontram certa mitigação. Conquanto uma decisão final absolutória adquira o *status* de imutável quando transita em julgado, as decisões condenatórias não se submetem ao mesmo efeito, podendo sempre ser rescindidas nos casos em que sejam apurados novos fatos (revisão criminal – art. 621 e s. do CPP), desde que os efeitos jurídicos desses novos fatos sejam favoráveis ao condenado (abrandando sua situação ou impondo sua absolvição). Trata-se de uma situação excepcional que privilegia o direito fundamental da liberdade daquele que é condenado injustamente em detrimento do valor da segurança jurídica, ensejada pelo reconhecimento de que também o Estado é passível de cometer erros.

c) Inércia. O pronunciamento do Estado, exercendo a jurisdição, não se dá espontaneamente, visto que depende da provocação do interessado para obter a manifestação desse poder. Tal característica se expressa nos brocardos latinos *nemo judex sine actore* e *ne procedat iudex ex officio*. A inércia no direito processual penal somente se verifica na ação penal condenatória, que é aquela que visa à imposição de sanção penal ao agente. A divisão das tarefas de investigar, acusar e julgar decorre da opção legislativa de adotar o sistema acusatório (art. 3º-A do CPP), que impede que o magistrado tenha iniciativa investigativa ou que substitua a atuação probatória do órgão de acusação, prevalecendo sua condição inercial. Todavia, nas ações de *habeas corpus* (art. 654, § 2º, do CPP) – embora o Código de Processo Penal, atecnicamente, trate o remédio legal como "recurso" – e na fase de execução penal (art. 105 da LEP), por exemplo, com a expedição de guia de execução, essa característica não se encontra presente. Além disso, a jurisdição é função que se volta à solução de conflitos (litígios) concretos, atuais, aplicando o direito positivo a uma situação fática, real, não se podendo, via de consequência, invocar os órgãos jurisdicionais para que se manifestem ou prestem opinião acerca de questões abstratas ou situações hipotéticas.

d) Indivisibilidade. A jurisdição, como manifestação do poder soberano, é una e indivisível. A referência que se costuma fazer à jurisdição penal, civil, militar etc. tem apenas o efeito de facilitar a distribuição do trabalho entre os diversos órgãos do Estado, e, no plano teórico, o de facilitar a abordagem didática dos temas relativos a ela.

A criação da figura do "Juiz de Garantias", advinda com a inserção do art. 3º-B do CPP, pela Lei n. 13.964/2019 (Pacote Anticrime), afasta a atuação do magistrado, que decidirá a causa, da fase investigativa (naquelas situações que abrangem as cláusulas de reserva de jurisdição), preservando-lhe, em tese, a imparcialidade. Contudo, isso não significa uma exceção à característica da indivisibilidade de jurisdição, mas apenas mais uma regra de competência, como se verá adiante.

Convém salientar, entretanto, que o STF suspendeu liminarmente o art. 3º-B do CPP, afastando, por ora, a figura do "Juiz de Garantias", por meio da decisão monocrática do Ministro Relator Luiz Fux (Ação Declaratória de Inconstitucionalidade – ADI 6.298). Entretanto, após nove sessões de julgamento, o STF já formou maioria (6 votos a 1) para consolidar a necessidade de implementação do "Juiz de Garantias", mas que, doravante, necessita de deliberação quanto ao prazo e limites de atuação.

5. PRINCÍPIOS RELATIVOS À JURISDIÇÃO

Conquanto se afirme a plurivocidade da expressão "princípios", a cujo estudo remetemos o leitor (*vide* Capítulo IV, "Os princípios do processo penal"), tomemos aqui como *princípios inerentes à jurisdição* os seguintes:

a) Princípio do juiz natural (constitucional). No sistema jurídico brasileiro, o juiz natural é aquele cuja competência deriva de dispositivo constitucional[2] (art. 5º, LIII, da Constituição), configurando-se, portanto, no órgão jurisdicional instaurado previamente à ocorrência dos fatos que serão submetidos à sua apreciação.

Abordado negativamente, o princípio representa uma vedação a que seja o acusado julgado por um tribunal *ad hoc*, constituído *ex post facto*. A vedação vem expressa em dispositivo constitucional,

[2] José Frederico Marques, *Elementos de direito processual penal*, v. 1, p. 190.

que determina que "*não haverá juízo ou tribunal de exceção*" (art. 5º, XXXVII, da CF). Seu conceito deriva e existe em função de dois grandes princípios: a) o da legalidade (art. 5º, II, da CF); e b) o da igualdade.

Parte da doutrina prefere a expressão *juízo natural*[3], uma vez que o provimento (sentença) "já não é mais ato solitário do juiz, mas da jurisdição que se organiza pelo Poder Judiciário"[4].

a1) Caráter bifronte do princípio. O STF já lecionou ser o princípio do juiz natural "uma das projeções concretizadoras da cláusula do *due process of law*"[5]. Assim, reveste-se sua projeção político-jurídica em dupla função instrumental, vale dizer, em *cláusula constitucional tipicamente bifronte*, uma vez que se endereça a diferentes destinatários. Assim se revela:

i) prerrogativa individual (ex parte subjecti), na medida em que o destinatário do princípio é o acusado, reconhecendo-se-lhe, pelo princípio do juiz natural, um direito público subjetivo oponível em face do próprio Estado. Nesse caso, alude-se à chamada *eficácia positiva da garantia constitucional*;

ii) limitação do poder de persecução penal estatal (*ex parte principis*), na medida em que impõe uma restrição das prerrogativas institucionais do Estado. Nesse caso, refere-se à *eficácia negativa dessa mesma prerrogativa institucional*[6].

Também em decorrência desse princípio, desdobra-se o direito do acusado de ser julgado pelo juiz competente, segundo critérios fixados nas normas constitucionais e legais vigentes, garantia que igualmente encontra sede no texto constitucional, consubstanciado no art. 5º, LIII, que determina que "ninguém será processado nem sentenciado senão pela autoridade competente".

Relevante debate se forma acerca do princípio do juiz natural, no que diz respeito aos efeitos do julgamento proferido em detrimento do princípio. Parte da doutrina entende que a inobservância da competência constitucionalmente fixada resulta não apenas na invalidade (nulidade) dos atos praticados pelo juízo incompetente, mas também na inexistência desses atos, entre os quais se inclui a sentença.

Por seu turno, se se admite inexistente o ato decisório, forçoso admitir a impossibilidade de que essa decisão transite em julgado, salvo nos casos em que houver benefício ao réu, prevalecendo o princípio do *favor rei*[7].

No âmbito jurisprudencial, já se decidiu que o vício da incompetência jurisdicional (art. 5º, LIII), por isso mesmo, provoca a anulação *ex radice* (da raiz, desde o início) do processo[8]. Contudo, consoante decidiu o STF, em se tratando de *incompetência* ratione loci, *os atos ordinatórios e probatórios praticados por juiz incompetente são reputados irregulares, porém não são anuláveis*, máxime quando não cerceiam o direito defensivo, não lhe acarretando prejuízo[9]. Da mesma forma, já se decidiu que a ratificação de atos processuais meramente postulatórios e instrutórios praticados por juízo incompetente, por não envolver manifestação sobre questão fática ou jurídica (art. 567 do CPP), não ofende o princípio do juiz natural[10]. Entende-se assim porquanto a garantia do juiz natural não conflita com o disposto no art. 567 do CPP, uma vez que este permite o aproveitamento dos atos instrutórios pelo juiz competente[11].

---

[3] Aroldo Plínio Gonçalves, *Técnica processual e teoria do processo*, p. 180.

[4] Rosemiro Pereira Leal, *Teoria geral do processo*, 5. ed., p. 114.

[5] STF, HC, Voto: Celso de Mello, *RTJ*, 157/563.

[6] STF, HC 73.801, Rel. Min. Celso de Mello, j. 25.6.1996, *RT*, 744/489.

[7] Ada Pellegrini Grinover *et al.*, *As nulidades do processo penal*, 6. ed., p. 48.

[8] TRF 3ª R., 2ª T., ACR 31.311/SP, Rel. Sylvia Steiner, j. 7.8.2001.

[9] STF, 1ª T., HC 76.394, Rel. Min. Moreira Alves, j. 9.6.1998, *RTJ*, 170/520.

[10] TRF 3ª R., 5ª T., HC 8.890/SP, Rel. Luiz Stefanini, j. 3.6.2013.

[11] STF, 2ª T., HC 77.022, Rel. Min. Néri da Silveira, j. 24.11.1998, *RTJ*, 172/125.

Mais recente, ainda em relação à incompetência em razão do local, a compreensão da Suprema Corte avançou para reconhecer que não haverá nulidade se o juiz competente ratificar, mesmo que de forma tácita, os atos decisórios emanados pelo juízo incompetente. Houve o destaque de que, em sede processual penal, *aplica-se o princípio do* pas nullité sans grief, *ou seja, de que não existe nulidade sem que se comprove o prejuízo sofrido (art. 563 do CPP), e considerando que no caso incorreu prejuízo ao apelante, na medida em que houve a ratificação tácita das decisões proferidas pelo juízo incompetente, não há falar em nulidade*[12].

Finalmente, há discussão acerca de eventual violação ao princípio do juiz natural quando do julgamento realizado por Câmara composta majoritariamente por juízes de primeiro grau.

O Superior Tribunal de Justiça sempre entendeu que eram nulos de pleno direito os julgamentos de recurso em Câmara composta, majoritariamente, de juízes de primeiro grau convocados[13].

Todavia, houve grande modificação na orientação da jurisprudência, culminando com a decisão do Supremo Tribunal Federal, que, por meio do seu Pleno, manifestou-se no sentido de que a convocação dos juízes de primeiro grau para substituição dos Desembargadores e o julgamento dos recursos em Câmara composta majoritariamente de juízes convocados não ofendiam o princípio do juiz natural[14].

E na apreciação do RE 597.133/RS, que serviu de *leading case* para o julgamento, com repercussão geral, do Tema 170 (julgamento proferido por órgão fracionário de tribunal composto majoritariamente por juízes convocados), o STF fixou a Tese: *Não viola o postulado constitucional do juiz natural o julgamento de apelação por órgão composto majoritariamente por juízes convocados, autorizado no âmbito da Justiça Federal pela Lei 9.788/1999*[15].

A partir de então o Superior Tribunal de Justiça, revendo seu anterior entendimento, passou a decidir no mesmo sentido do Pretório Excelso[16].

b) Princípio da investidura. Somente poderão exercer função jurisdicional as pessoas e órgãos legalmente investidos nessa função. *Quanto aos efeitos da ausência de poder jurisdicional do órgão julgador, há igualmente duas correntes: parte da doutrina considera inexistentes os atos e o processo porventura realizados por pessoa não investida na função jurisdicional; por outro lado, alguns autores reconhecem que a falta de investidura gera a nulidade do ato ou do feito.*

Insta destacar, todavia, que existe a previsão, no ordenamento jurídico pátrio, da figura do "Juiz Leigo", que é alguém estranho aos quadros da Magistratura, com autorização para praticar atos de jurisdição.

Malgrado haja indicativo de sua participação na seara criminal, especialmente no art. 60 da Lei n. 9.099/95, atualmente sua atuação está adstrita aos Juizados Especiais Cíveis e da Fazenda Pública, tudo conforme a Lei n. 12.153/2009, Resolução do Conselho Nacional de Justiça n. 174/2013 e normativas de cada Tribunal. Sem vínculo empregatício ou estatutário com o Poder Judiciário, exerce atividade temporária e é recrutado entre os advogados com mais de 2 anos de experiência. O "Juiz Leigo" tem permissão para buscar a composição entre as partes e, até mesmo, realizar atos instrutórios ou decisórios, mas sempre sujeito à revisão de um Juiz togado.

c) Princípio da inércia ou princípio da demanda. A jurisdição é, como visto, inerte. Se os órgãos jurisdicionais não agem de ofício (expressão do brocardo latino *ne procedat iudex ex officio*), é necessário um ato externo para que tenha início o processo (*nemo iudex sine actore*).

---

[12] STF, 2ª T., RHC 166.958 AgR/PR, Rel. Min. Cármen Lúcia, j. 5.4.2019.

[13] STJ, 5ª T., HC 100.426/SP, Rel. Min. Felix Fischer, j. 22.4.2008, *DJe*, 9.6.2008.

[14] STF, Pleno, HC 96.821/SP, Rel. Min. Ricardo Lewandowski, j. 8.4.2010, *DJe*, 25.6.2010.

[15] STF, RE 597.133/RS, Tema 170, Pleno, Rel. Min. Ricardo Lewandowski, j. 17.11.2010.

[16] P. ex., STJ, 6ª T., AgRg na MC 7.094/PR, Rel. Min. Og Fernandes, j. 18.5.2010, *DJe*, 7.6.2010; STJ, REsp 1.091.710/PR, Rel. Min. Luiz Fux, Corte Especial, j. 17.11.2010, *DJe*, 25.3.2011; 5ª T., AgRg no AgRg no AREsp 456.444/BA, Rel. Min. Jorge Mussi, j. 3.4.2018, *DJe*, 13.4.2018.

O processo penal somente se instaura mediante iniciativa da parte –assim também o processo civil, conforme o art. 312 do CPC –, não cabendo ao juiz *ex officio*, por vontade própria, dar início à marcha processual. A formação do processo se dá mediante o exercício do direito de ação.

Parte da doutrina distingue o princípio da demanda e o princípio da inércia, identificando no primeiro a necessidade de que um sujeito ajuíze uma demanda para que se instaure o processo, e no segundo a necessidade de que, no curso do processo, as partes, por sua iniciativa, pratiquem determinados atos para que o processo prossiga regularmente.

Em vista desse princípio, há divergência doutrinária acerca da constitucionalidade do reexame necessário previsto nos arts. 574, I e II, e 746, ambos do CPP.

Os que verberam pela inconstitucionalidade entendem que o recurso *ex officio* da decisão seria uma forma de comprometer a inércia jurisdicional, na medida em que atuaria como órgão acusatório.

Não obstante, outra corrente sustenta que tal previsão não é inconstitucional, haja vista que não constitui um recurso propriamente dito, mas sim mera condição de eficácia da sentença, sem a qual não se dá o trânsito em julgado da decisão (Súmula 423/STF).

d) Princípio da improrrogabilidade da jurisdição ou princípio da aderência. O juiz somente poderá exercer a parcela da jurisdição que lhe foi atribuída por lei, sendo defeso às partes optarem por um juiz diverso daquele legalmente estabelecido. A competência, entretanto, pode ser prorrogada. Os casos de conexão e continência não são exceções ao princípio da improrrogabilidade da jurisdição, porquanto constituem prorrogação da competência.

e) Princípio da indeclinabilidade. Impõe ao juiz o exercício do poder que lhe foi conferido, não podendo o magistrado subtrair-se ao exercício de seu mister. Liga-se ao princípio da vedação ao *non liquet*: uma vez provocada a jurisdição, uma decisão deverá ser proferida (ainda que não diga respeito ao mérito da causa, quando isso não for possível). Relaciona-se, ainda, à noção de jurisdição como função do Estado: a sociedade e seus membros têm o poder de provocar o pronunciamento jurisdicional.

f) Princípio da indelegabilidade. O magistrado deve exercer sua função pessoalmente. Não pode delegar a função que lhe foi atribuída. Há controvérsia na doutrina acerca da existência de exceção a esse princípio. Para alguns autores, a expedição de carta precatória representa delegação de jurisdição. Para outros, o único caso de delegação de jurisdição autorizado por lei diz respeito à expedição de carta rogatória. Contra essa posição, o argumento é no sentido de que a determinação da realização desses atos não implica delegação de jurisdição, mas sim requisição para que o juízo deprecado exerça sua parcela de jurisdição, realizando o ato determinado. Os autores que entendem que a expedição de carta precatória não constitui delegação defendem que o juízo deprecante não pode delegar poder que não detém, de modo que não há como falar, nessa hipótese, de delegação. Para esses, o princípio da indelegabilidade é absoluto, e somente a competência pode ser legalmente delegada.

g) *Nulla poena sine iudicio*. Ninguém poderá ser apenado sem o devido processo legal (art. 5º, LIV, da Constituição). Somente após o processo, conduzido por um juiz competente para a causa, poderá ser aplicada a norma penal, com a imposição de uma pena ao condenado.

6. DIVISÕES

A jurisdição é unitária, indivisível. Essa unidade, por vezes classificada como princípio inerente à jurisdição, é, na verdade, uma característica sua. Entretanto, o estudo da jurisdição, em que pese seu caráter unitário, costuma admitir a sua divisão, que ocorre somente para efeitos didáticos.

Assim, adotam-se, para fins de estudo, diversos critérios para a divisão da jurisdição:

a) *Quanto à graduação*: a jurisdição divide-se em instâncias. A jurisdição inferior conhece e decide o feito em primeira instância, enquanto a jurisdição superior conhece e decide o feito em grau de recurso. Trata-se do duplo grau de jurisdição, que, embora constitua a regra geral, comporta exceções, por exemplo, os processos de competência originária do Supremo Tribunal Federal ou aqueles de competência dos Juizados Especiais (cujos recursos são julgados pelos próprios juízes da instância inferior, que compõem as Turmas dos Colégios Recursais, por força do art. 82 da Lei n. 9.099/95).

b) *Quanto à matéria*: a jurisdição poderá ser *penal* ou *civil*, dependendo da natureza do direito material que fundamenta a pretensão deduzida em juízo.

c) *Quanto à função:* a jurisdição será *ordinária* (ou *comum*) e *especial*, cabendo à jurisdição comum as causas não afetas à jurisdição especial. Classificam-se na categoria de justiça especial a Justiça Militar, a Justiça Eleitoral e a Justiça do Trabalho. Alguns doutrinadores consideram a Justiça Federal especial em relação à Justiça Estadual e comum em relação àquelas outras Justiças. A Súmula 122 do STJ vem reforçar esse entendimento: “Compete à Justiça Federal o processo e julgamento unificado dos crimes conexos de competência federal e estadual, não se aplicando a regra do art. 78, II, *a*, do Código de Processo Penal”. Para outros, entretanto, a Justiça Federal e as Justiças Estaduais são justiças comuns.

d) *Quanto ao objeto*: poderá a jurisdição ser *contenciosa,* quando houver conflito de interesses e partes, e *voluntária* ou *graciosa,* quando inexistir esse conflito. Parte da doutrina reconhece na jurisdição voluntária mera administração pública de interesses privados.

7. SÍNTESE

Jurisdição

Podemos dizer que exercer a jurisdição é administrar a justiça. Na moderna doutrina, usam-se três acepções para o termo:

- *Jurisdição como poder*: pois é o poder do Estado de aplicar o direito a um caso concreto. Ressalte-se, porém, que há exceção ao monopólio estatal da administração da justiça no art. 57 da Lei n. 6.001/73 (Estatuto do Índio), que admite que grupos tribais apliquem sanções disciplinares e penas a seus membros, desde que estas não se revistam de caráter cruel, infamante, ou provoquem a morte do índio.
- *Jurisdição como atividade*: por ser um conjunto de atos próprios ao órgão que exerce a jurisdição, atividade jurisdicional.
- *Jurisdição como função*: uma vez que tem como escopo fornecer solução aos conflitos sociais.

Órgãos que exercem a jurisdição

Função precípua do Judiciário e excepcionalmente conferida a outros órgãos, por exemplo, o processo de *impeachment* do Presidente da República, de competência do Senado Federal.

Características da jurisdição

- *Substitutividade*: a vontade do Estado, no processo, substitui a das partes.
- *Definitividade*: uma vez proferida a decisão e transitada em julgado, seus atos adquirem imutabilidade. Observe-se, porém, que tal atributo é mitigado no processo penal, pois, enquanto a sentença absolutória é imutável, a condenatória pode ser revisada quando surgirem fatos novos (revisão criminal).

- • *Inércia*: o pronunciamento do Estado, exercendo a jurisdição, depende de provocação do interessado.
- *Indivisibilidade*: a jurisdição é una, a sua repartição em competências é apenas para fins organizacionais.

Princípios relativos à jurisdição

a) *princípio do juiz natural*: determina que não haverá tribunal de exceção;

b) *princípio da investidura*: somente poderão exercer função jurisdicional as pessoas e os órgãos legalmente investidos nessa função;

c) *princípio da inércia ou princípio da demanda*: o processo somente se instaura mediante o exercício do direito de ação;

d) *princípio da improrrogabilidade da jurisdição e princípio da aderência*: o juiz só poderá exercer parcela da jurisdição que lhe foi atribuída por lei, sendo defeso às partes optarem por juiz diverso do legalmente estabelecido;

e) *princípio da indeclinabilidade*: impõe ao juiz o exercício do poder que lhe foi conferido, não podendo o magistrado subtrair-se dele;

f) *princípio da indelegabilidade*: o magistrado não pode delegar a função que lhe foi atribuída, devendo exercê-la pessoalmente;

g) "*nulla poena sine iudicio*": ninguém poderá ser apenado sem o devido processo legal.

Divisões

A jurisdição é una, porém costuma ser admitida a sua divisão para fins didáticos da seguinte forma:

- *quanto à graduação*: divide-se em instâncias;
- *quanto à matéria*: pode ser penal ou cível;
- *quanto à função*: ordinária ou especial;
- *quanto ao objeto*: poderá ser contenciosa ou voluntária.

Capítulo III
A RELAÇÃO JURÍDICA PROCESSUAL PENAL

1. RELAÇÃO JURÍDICA PROCESSUAL

Definiu-se o processo como um meio de realização do poder, disciplinando-o de modo a assegurar o respeito aos direitos e garantias fundamentais do indivíduo. Nesse sentido, aproximavam-se as noções de processo e procedimento. Entretanto, assim como a jurisdição, com o desenvolvimento da teoria geral do processo, que adquiriu acepções diversas, a concepção de processo igualmente evoluiu. Hoje, a moderna teoria do processo encara-o também como a conjugação de dois elementos distintos, que, se por um lado são inconfundíveis, por outro são indissociáveis: o procedimento e a relação jurídica processual.

Essa concepção dualista sobrepôs-se à concepção monista do processo, oriunda essencialmente da doutrina do direito processual civil, que encarava o processo como mero *procedimento*, ou seja, como uma série de atos preordenados de modo teleológico, mera atividade desenvolvida com vistas a um provimento jurisdicional final.

Esse conceito, hoje superado, fora transposto do processo civil para o âmbito do processo penal. Assim, no específico campo da doutrina processual penal, o processo era encarado como uma série de atos, praticados unilateralmente, na medida em que o acusado era visto apenas como o objeto de um procedimento persecutório, e não como sujeito do processo.

Como *marco histórico* tradicionalmente *apontado para a superação dessa noção monista do processo*, destaca-se a obra de Oskar von Bulow, *Die Lehre von den Prozeßeinreden und die Prozeßvoraussetzungen*, de 1868. Foi ele quem primeiro sistematizou claramente a noção – que não era inédita, diga-se – de que o processo é essencialmente uma relação jurídica entre os sujeitos processuais (autor, réu e juiz), atribuindo a esse conceito o *status* de ideia científica[1].

A noção de processo atualmente mais aceita pela doutrina resulta da composição desses dois pontos de vista. O *processo*, inegavelmente, tem uma *faceta formal*, e pode ser visto como *conjunto ordenado de atos com vistas a uma finalidade específica*. Essa a sua faceta objetiva, estática. Entretanto, o processo judicial tem também um *aspecto relacional. As partes e o juiz não apenas trafegam por um itinerário previsto no modelo legal, mas efetivamente atuam no processo, exercendo poderes, faculdades, deveres e ônus a eles conferidos pela lei, assumindo, alternadamente, posições jurídicas diversas no curso do processo, contribuindo para um contínuo evolver rumo à construção de uma decisão final. É a faceta subjetiva,* dinâmica do processo.

Com o advento da concepção dualista e sua absorção também pela doutrina do direito processual penal, o acusado deixa de ser mero objeto inerte da investigação e do procedimento, tornando-se parte do processo e, como tal, sujeito de direitos. Finalmente, reconheceu-se o processo em sua inteireza, entendido em sua dúplice natureza: ao mesmo tempo procedimento e relação jurídica.

2. CARACTERÍSTICAS DA RELAÇÃO JURÍDICA PROCESSUAL

a) *Trilateralidade*. A relação jurídica processual é trilateral (ou triangular), porquanto entretecida entre o juiz e as partes e entre o réu e o autor, reciprocamente.

---

[1] Cintra, Grinover e Dinamarco, *Teoria geral do processo*, p. 279-280.

b) *Autonomia*. A relação jurídica processual não se confunde com a relação jurídico-material que lhe é subjacente, sendo, portanto, completamente autônoma desta. O objeto da relação jurídico-material é um determinado bem ou interesse cuja satisfação ou tutela se requer. É o bem da vida sobre o qual recai uma pretensão. Já *o objeto da relação jurídica processual é a obtenção de um provimento jurisdicional,* o interesse de obter uma decisão judicial.

c) *Caráter público da relação jurídica processual*. A relação jurídica processual é pública, uma vez que se desenvolve sob a tutela, diretiva e interventiva, do Estado-juiz.

d) *Progressividade*. A relação jurídica processual é progressiva, uma vez que avança inexoravelmente em direção à solução do litígio (caracterizado aí o fenômeno da preclusão). A repetição de atos processuais dentro de um mesmo processo somente se dá quando se identifica algum vício insanável a invalidar um ato já praticado.

e) *Complexidade*. A relação jurídica processual é composta por uma série de relações secundárias que vão surgindo durante o transcorrer do processo. A prática sucessiva de atos processuais enseja às partes uma alternância entre posições nas quais ora serão titulares de direitos e poderes, ora serão titulares de ônus e obrigações, ora estarão em posição de sujeição (isto é, sujeitas a um poder).

3. PRESSUPOSTOS PROCESSUAIS

Encarando-se o processo sob o aspecto da relação jurídica, é possível identificar certos elementos que se apresentam como necessários para que possa existir o processo, ou para que possa existir validamente. Trata-se dos *pressupostos processuais,* classificados em *pressupostos de existência e pressupostos de validade*.

Esses pressupostos são, na verdade, situações jurídicas que devem subsistir em todo o curso do processo. São relações jurídicas que, do ponto de vista lógico, antecedem o processo penal, pois, se inexistentes ou irregulares, inviabilizam o próprio trâmite do processo.

Assim, há certas relações jurídicas antecedentes – *pressupostas* – sem as quais o processo não poderá existir. São os chamados *pressupostos processuais de existência*. São eles:

a) a existência de um órgão investido de jurisdição penal;

b) o objeto do processo (pedido, demanda ou causa penal) e

c) as partes que ocupam os polos opostos da relação jurídica (órgão acusador e réu).

Há ainda requisitos que, ausentes, impedem o desenvolvimento regular do processo e a apreciação do mérito. São os chamados *pressupostos de validade*, ou validez. Esses pressupostos podem ser agrupados.

a) Quanto ao juiz, identificam-se:

i) a competência e

ii) a imparcialidade.

b) Quanto às partes:

i) a capacidade de ser parte (a capacidade de direito);

ii) a capacidade processual (a capacidade de estar em juízo, que, inexistente, deve ser suprida pela interveniência de uma pessoa que represente os interesses do incapaz) e

iii) a capacidade postulatória.

c) Quanto ao objeto:

i) a originalidade, consubstanciada na inexistência de fatos impeditivos, tais quais a litispendência, a coisa julgada etc., e

ii) a inexistência de irregularidade procedimental que enseje prejuízo às partes.

A ausência desses pressupostos, se não puder ser suprida a posteriori, macula os atos judiciais de nulidade.

4. SISTEMAS PROCESSUAIS

A doutrina identifica três sistemas distintos de processo, fazendo-o, principalmente e conforme a distribuição da titularidade das atividades de julgar, acusar e defender. São eles:

a) *Sistema inquisitivo ou inquisitorial*. É o processo em que se confundem as figuras do acusador e do julgador. Em verdade, não há acusador nem acusado, mas somente o juiz (o inquisidor), que investiga e julga, e o objeto de sua atividade (o inquirido[2]). É considerado primitivo, já que o acusado é privado do contraditório, prejudicando-lhe o exercício da defesa. Aduz-se também, como característica desse sistema, o fato de inexistir liberdade de acusação, uma vez que o "juiz" se converte ao mesmo tempo em acusador, assumindo ambas as funções. *Costuma vigorar no sistema inquisitório o modelo escrito, mediato, disperso e sigiloso de seus atos*.

b) *Sistema acusatório*. Caracteriza-se principalmente pela separação entre as funções da acusação e do julgamento. O procedimento, assim, costuma ser realizado em contraditório, permitindo-se o exercício de uma defesa ampla, já que a figura do julgador é imparcial, igualmente distante, em tese, de ambas as partes. As partes, em pé de igualdade (*par conditio*), têm garantido o direito à prova, cooperando, de modo efetivo, na busca da verdade real. A ação penal é de regra pública, e indispensável para a realização do processo. Costuma vigorar o princípio oral, imediato, concentrado e público de seus atos.

c) *Sistema misto*. Inaugurado com o *Code d'Instruction Criminelle* (Código de Processo Penal) francês, em 1808, constitui-se pela junção dos dois modelos anteriores, tornando-se, assim, eminentemente bifásico. Compõe-se de uma primeira fase, inquisitiva, de instrução ou investigação preliminar, sigilosa, escrita e não contraditória, e uma segunda fase, acusatória, informada pelos princípios do devido processo legal, do contraditório e da ampla defesa.

4.1. Confusão conceitual

Se olharmos as características de ambos os sistemas, veremos que se encontram presentes, ainda que em diferentes graus e momentos, nos dois sistemas que "tradicionalmente" se opõem, ou seja, o chamado *inquisitório* e o *acusatório*[3]. Em outras palavras: ambos os sistemas contêm em menor ou maior grau as mesmas características geralmente apontadas como pertencentes a sistema diverso. Assim, tais princípios ou características nada dizem a respeito de um ou outro pretendido sistema, de modo a poder identificá-los claramente com base nelas, daí a inexistência de um sistema que pudesse ser sempre absolutamente puro, a enquadrar-se em um rol predeterminado de características. De uma ou outra forma, sempre encontraremos um emaranhado de conceitos que dialogam com maior ou menor preponderância, em um ou outro momento do processo, sem que possamos alinhá-lo como pertencente a um modelo processual determinado.

"Na verdade, não existem dois sistemas nos quais se possa configurar o processo, um inquisitório e outro acusatório", ensina Montero Aroca, "mas dois sistemas de atuação do Direito penal pelos tribunais, dos quais um é não processual, o inquisitório, e outro sim é processual, o acusatório". A rigor, a denominação "processo inquisitório" somente tinha pertinência em um momento histórico – na época das monarquias absolutas – em que não havia uma bem demarcada distinção entre as funções administrativas e as jurisdicionais, confiando-se ambas as funções aos distintos órgãos a um só tempo, e os então impropriamente chamados "tribunais" aplicavam penas sem a realização de um

---

[2] Claus Roxin, *Derecho procesal penal*, trad. da 25. ed. alemã – *Strafverfahrensrecht* – por Gabriela E. Córdoba e Daniel R. Pastor, 1ª reimpr., p. 86.

[3] Juan Montero Aroca, *El derecho procesal en el siglo XX*, p. 105.

processo[4]. Logo, eram "inquisitoriais", mas não configuravam, obviamente, um sistema processual. Assim, a denominação *"processo inquisitório"* parece-nos incorreta, pois "não foi e não pode ser, obviamente, um verdadeiro processo. Se este se identifica como *actum trium personarum*, no qual perante um terceiro imparcial comparecem duas partes parciais, situadas em pé de igualdade e com plena contraditoriedade, e apresentam um conflito para que aquele o solucione... algumas das características que apontamos como próprias do sistema inquisitório levam ineludivelmente à conclusão de que esse sistema não pode permitir a existência de um verdadeiro processo. Processo inquisitório... é uma *contradictio in terminis*"[5]. E, de outra parte, "dizer *processo acusatório* é um *pleonasmo*, pois não pode existir verdadeiro processo se este não é acusatório"[6].

4.2. A classificação do sistema processual brasileiro

Ressalvada nossa opinião quanto à divisão tradicional em "sistemas processuais" (item 4.1), de ver que a doutrina brasileira não é unânime quanto ao enquadramento do nosso processo penal em um dos sistemas mencionados. Para alguns autores (Hélio Tornaghi, p. ex.), a persecução penal é mista, já que se compõe de dois momentos ou fases:

a) Uma *primeira fase, do inquérito policial*, apresentar-se-ia essencialmente inquisitiva, sigilosa e não contraditória, figurando a pessoa do suspeito ou indiciado como mero objeto da investigação.

b) Uma *segunda fase, após o encerramento do inquérito, com o oferecimento da denúncia ou queixa e com a instauração da relação processual*, quando passariam a vigorar as garantias constitucionais das partes e, em especial, do acusado.

Outros autores, contudo, classificam o sistema brasileiro de acusatório (Mirabete, Tourinho, Scarance etc.), já que a fase investigatória, inquisitiva, não é propriamente processual, pois que tem caráter administrativo. O processo, em si, desenvolve-se inteiramente em respeito aos princípios do contraditório e da ampla defesa, assegurando-se a paridade de armas[7] entre as partes, separando-se o órgão responsável pela acusação daquele que julga, ao final, a lide penal.

Nossa posição: Em que pese a divergência, fato é que *a persecução penal no sistema brasileiro cinde-se em duas partes, configurando-se em sistema misto*[8]. A fase investigatória tem, em regra, caráter inquisitivo, a ela não se aplicando todas as garantias inerentes ao processo, porque não é um processo[9]. Entretanto, é certo que, no âmbito específico do *processo penal* (subsequente à fase investigatória), a *função acusatória é organicamente separada da função decisória*[10], de modo que, *se a persecução penal como um todo pode ser classificada sob o gênero dos sistemas mistos, o processo penal em si – subsequente à investigação – indubitavelmente é "acusatório"*. Isto é, configura-se em "verdadeiro" *processo penal* (acusatório). Claras, portanto, a noção da parte (sistema inquisitório, na primeira; acusatório, na segunda) e a do todo (sistema misto, na análise da persecução penal, da fase extrajudicial à judicial).

A manutenção, aliás, de nosso sistema, preservando a existência do inquérito policial como uma "instrução provisória", atende por outro lado à própria garantia do acusado de se ver protegido contra juízos errôneos e precipitados que poderiam se constituir caso se adotasse uma ação penal sem a

---

[4] Juan Montero Aroca, *El derecho procesal en el siglo XX*, p. 105.

[5] Juan Montero Aroca, *El derecho procesal en el siglo XX*, p. 106-107.

[6] Juan Montero Aroca, *El derecho procesal en el siglo XX*, p. 107. Nesse sentido, Ada Pellegrini Grinover, *A marcha do processo*, p. 78.

[7] Sobre o tema, confira-se o trabalho de Welton Roberto, *Paridade de armas no processo penal*.

[8] Com uma análise histórica e comparativa, adentrando nos meandros do sistema normativo (CF, CPP e leis extravagantes), Mauro Fonseca Andrade se aprofunda no tema, na obra *Juiz de garantias*, p. 41-70.

[9] Juan Montero Aroca, *El derecho procesal en el siglo XX*, p. 108.

[10] Jean Pradel, *Procédure pénale*, 11. ed., p. 32.

prévia investigação, ou seja, aquela em que houvesse uma "unidade de instrução" (inexistência de inquérito, vigendo o contraditório desde o início), a pretexto de celeridade ou respeito ao contraditório. Nesse sentido, o item IV da Exposição de Motivos do Código de Processo Penal:

> "IV – ... há em favor do inquérito policial, como *instrução provisória* antecedendo à propositura da ação penal, um argumento dificilmente contestável: é ele uma garantia contra apressados e errôneos juízos, formados quando ainda persiste a trepidação moral causada pelo crime ou antes que seja possível uma exata visão conjunta dos fatos, nas suas circunstâncias objetivas e subjetivas. Por mais perspicaz e circunspecta, a autoridade que dirige a investigação inicial, quando ainda perdura o alarma provocado pelo crime, está sujeita a equívocos ou falsos juízos *a priori*, ou a sugestões tendenciosas. Não raro, é preciso voltar atrás, refazer tudo, para que a investigação se oriente no rumo certo, até então despercebido. Por que, então, abolir o inquérito preliminar ou instrução provisória, expondo-se a justiça criminal aos azares do *detetivismo*, às marchas e contramarchas de uma instrução imediata e única? Pode ser mais expedito o sistema de unidade de instrução, mas o nosso sistema tradicional, com o inquérito preparatório, assegura uma justiça menos aleatória, mais prudente e serena".

A discussão acerca do sistema adotado ganhou reforço com a modificação do texto do art. 3º do Código de Processo Penal[11] (introduzida pela Lei n. 13.964/2019), que deixou explícita a "estrutura acusatória" como modelo eleito pelo legislador.

Assim, embora a Constituição da República não tenha optado de maneira clara por nenhum dos sistemas[12], o dispositivo supramencionado do Código de Processo Penal não deixa dúvidas acerca do norte a ser seguido, fazendo coro ao texto do art. 4º do anteprojeto do Código de Processo Penal.

Ainda no âmbito das modificações trazidas pelo Pacote Anticrime, que guardam relação com o sistema acusatório, convém destacar a nova redação do art. 311 do Código de Processo Penal, que, em comparação com o texto anterior, suprime a possibilidade de o magistrado decretar prisão preventiva de ofício.

5. JUIZ DAS GARANTIAS

5.1. Introdução: breve escorço

O surgimento do "juiz das garantias" é cercado de grande polêmica. Para sua compreensão, mister contextualizarmos as circunstâncias histórico-temporais que, no plano legislativo, deram azo ao seu surgimento. Assim, por força do art. 3º da Lei n. 13.964/2019 – chamada de "Lei Anticrime" ou "Pacote Anticrime" –, a figura do "juiz das garantias" foi introduzida no Código de Processo Penal e, topograficamente, situa-se a partir do novel art. 3º-B ao 3º-F. Os referidos dispositivos não integravam o texto inicial do Projeto da Lei Anticrime, e acabaram neste inseridos por meio de emendas, as quais foram extraídas praticamente da redação contida no Projeto de Lei n. 8.045/2010, em trâmite pela Câmara Federal, onde uma Comissão Especial de Deputados trata da formulação do Novo Código de Processo Penal, originário de Projeto de Lei do Senado, sob o número 156/2009. Essa extração, contudo, sofreu relevantes alterações na competência do juiz das garantias em comparação à previsão original contida no PL n. 8.045/2010.

É que, inicialmente, as propostas relativas às modificações nas legislações penal e processual penal, condensadas no PL n. 10.372/2018, não concebiam o juiz das garantias, que somente apare-

[11] "Art. 3º-A. O processo penal terá estrutura acusatória, vedadas a iniciativa do juiz na fase de investigação e a substituição da atuação da atuação probatória do órgão de acusação."

[12] Parte da doutrina sustenta que a Constituição Federal adotou implicitamente o sistema acusatório ao prever, no art. 129, a atuação privativa do Ministério Público, na sustentação da acusação, bem como ao assegurar a ampla defesa, o contraditório e a presunção de inocência (Leonardo Barreto Moreira Alves, *Manual de processo penal*, p. 139).

ceu durante a sua tramitação, em 4 de dezembro de 2019, sem qualquer movimentação ou estudo técnico. Desde o início da Sessão Extraordinária Deliberativa, às 17h57min, em único turno e na extrapauta, sobreveio a proposta substitutiva à propositura inaugural, com o parecer lido no Plenário às 19h44min, instante em que houve a inserção do juiz das garantias. Embora a leitura em Plenário tenha contemplado o parecer favorável do parlamentar, quanto à constitucionalidade, acomodação orçamentária etc., para a aprovação do substitutivo, por outro vértice, não existiu menção a estudo técnico de viabilidade do juiz das garantias. Toda a sensível e significativa matéria apresentada – que redundou no texto final da "Lei Anticrime", com o incremento do juiz das garantias – foi posta em votação na Câmara dos Deputados às 21h32min, e aprovada às 21h39min. De convir, aprovação inquestionavelmente veloz, para tão substanciosa inovação no sistema jurídico brasileiro. Por sua vez, o Senado recebeu o PL formalizado sob o n. 6.341, de 10 de dezembro de 2019, e, apenas três dias depois, seguiu à sanção presidencial levada a efeito na data de 24 de dezembro de 2019[13].

Por outro lado, de notar, houve resistência legal e constitucional à inovação, com o ajuizamento de Ações Diretas de Inconstitucionalidade (ADIs 6.298, 6.299, 6.300 e 6.305), que questionavam alterações no CPP pela Lei n. 13.964/2019, entre elas a criação do juiz das garantias. Desse modo, na condição de Relator das ADIs, em decisão datada de 22 de janeiro de 2020, o Ministro Luiz Fux concedeu medida cautelar para suspender, *sine die* e *ad referendum do Plenário*, a eficácia da implantação do juiz das garantias e seus consectários (arts. 3º-A, 3º-B, 3º-C, 3º-D, 3º-E e 3º-F do CPP)[14].

Passados mais de três anos, na sessão do dia 24 de agosto de 2023, a presidente do Supremo Tribunal Federal (STF), Ministra Rosa Weber, proclamou o resultado do julgamento das quatro Ações Diretas de Inconstitucionalidade[15]. Foi declarado, por 10 votos contra aquele apresentado pelo Ministro Relator, constitucional o *caput* do art. 3º-B do CPP, que dispõe sobre o juiz das garantias, embora a Suprema Corte tenha promovido uma série de alterações nos dispositivos introduzidos no CPP pela Lei n. 13.964/2019[16], conforme se verá na exposição do tema.

5.2. Controvérsias sobre a figura do juiz das garantias

A *mens legis* decorre da intenção de preservar a imparcialidade do juiz responsável pelo julgamento do processo, condição essencial à expectativa da prolação de decisão mais justa possível. Essa antiga preocupação encontra-se refletida no CPP, ao prever hipóteses de afastamento do julgador, nos casos de impedimento (incisos I a IV do art. 252), incompatibilidade (art. 253) e suspeições (art. 254), apesar de certa controvérsia quanto aos dois primeiros, como será exposto em capítulo próprio.

Nesse prisma, por meio do juiz das garantias, parte-se da premissa de que a divisão de tarefas judiciais no curso da persecução penal obste a formação de juízo prévio do julgador, porque o retira da esfera administrativa – período este inquisitivo, em que não há o exercício do contraditório e da ampla defesa –, e possibilita que sua convicção sobre os fatos ocorra no processo, palco adequado à participação defensiva.

Enquanto aquelas causas de preservação da imparcialidade possuem, em sua maioria, natureza subjetiva, a opção legiferante de repartição das funções judiciais relativas à persecução penal apoia-se numa *ratio* subjacente de manutenção da imparcialidade objetiva, porque estabelece a competência

---

[13] Antonio Henrique Graciano Suxberger, O juiz das garantias como caso de erro legístico, *Revista de Informação Legislativa*: RIL, v. 57, n. 228, out./dez. 2020.

[14] Supremo Tribunal Federal, ADI 6.289/DF, Rel. Min. Luiz Fux.

[15] Juiz das garantias: STF proclama resultado do julgamento, *STF – Notícias*, 24 ago. 2023. Disponível em: https://portal.stf.jus.br/noticias/verNoticiaDetalhe.asp?idConteudo=512814&ori=1. Acesso em: 6 set. 2023.

[16] Supremo Tribunal Federal, ADI 6.298/DF, Rel. Min. Luiz Fux.

baseada na relação do juiz com o objeto do processo, a falar-se em impedimento funcional, diferente daquelas que se vertem na relação com as partes.

A figura do juiz das garantias, não só pela sua forma de inserção legislativa açodada, suscita variados debates, mormente a respeito de sua real necessidade e distorções do seu escopo, devido à diversidade de nosso sistema processual penal comparado a outros; como também é de inegável controvérsia, quanto à onerosidade e capacidade de efetivação perante a dimensão continental do país.

5.2.1. Parcialidade do juiz em favor da defesa

Na dicção do recente art. 3º-A, o processo penal possui "estrutura acusatória" e não um sistema propriamente acusatório. Vedou-se ao juiz a iniciativa na fase de investigação e a substituição da atividade de construção de provas do órgão acusatório. Numa leitura atenta desse comando, percebe-se que a garantia da imparcialidade do juiz sucumbe, desde logo, ante a previsão de o juiz produzir provas, unilateralmente, a favor da defesa.

Essa espécie de exceção na atuação probatória revela-se perigosa, eis que pode gestar e originar uma deformação na atuação do referido juiz, antes nunca vista: uma espécie de "juiz-defensor", antagônico aos efeitos dos variados institutos pilares do sistema processual, alçados à estatura de princípios, entre os quais o da igualdade e o da paridade de armas. Se a opção angular do juiz das garantias centra-se na imparcialidade, a primazia seria de que o julgador prolatasse a decisão justa ou próxima a esta, indistintamente, fosse a prolação de édito absolutório ou condenatório, motivo pelo qual descaberia a fixação de qualquer norma estrutural tendente a abolir a busca da verdade real possível, ao menos de maneira complementar ao conjunto de provas carreadas pelas partes, mormente para beneficiar uma delas.

Nem cabe a justificativa de que a atuação protetiva do juiz ao acusado esteia-se no maior aparelhamento do Ministério Público, tendo-se em conta a existência de escritórios e sociedades de advogados equipados, por vezes, de superiores recursos, a ponto de o desequilíbrio prejudicar a acusação. Ademais, cumpre assentar que na ação penal privada, em especial, a acusação eficiente depende da capacidade profissional do advogado representante do querelante, igualmente, no que toca à defesa do querelado, e "não é por acaso que se diz que no processo que se deixa inteiramente à iniciativa das partes, a verdade transforma-se em um objeto impossível de se alcançar, ou irrelevante à finalidade..."[17]. Por isso, em vez de se imaginar dano à imparcialidade do juiz, tem-se na sua atuação complementar o controle impeditivo de que fatos ou provas sejam ocultados pelas partes, ou mesmo que elas disponham dos elementos probatórios, por interesse egoísticos, em um processo caracterizado pelo interesse público.

E, nesse pensar, percebe-se certa vocação ideológica na confecção da "estrutura acusatória" insculpida no art. 3º-A do CPP, em prejuízo à pretendida imparcialidade do juiz, que se propaga, também, dos moldes de concepção do juiz das garantias.

5.2.2. Justificativa do juiz das garantias à luz de decisões do Tribunal Europeu de Direitos Humanos e da Teoria da "Dissonância Cognitiva"

Defensores do juiz das garantias manejam alguns julgados do Tribunal Europeu de Direitos Humanos – TEDH, e os exemplos escolhidos são os casos *Piersack vs. Bélgica*, de 1982, e *Cubber vs. Bélgica*, de 1884. Naquele, cuidou-se da discussão sobre a imparcialidade de juiz, de quem antes representou o Ministério Público nas investigações dos fatos. No último, o julgador antes havia atuado na função de juiz-instrutor da investigação criminal. Conquanto são hipóteses questionantes da imparcialidade,

[17] Michele Taruffo, *A prova*.

há muito o ordenamento pátrio disciplina semelhante impedimento no CPP/41 (art. 252, II). Aliás, no caso Cubber, se o investigador fosse o juiz da causa, já no século XIX se previa a "causa de impedimento, materializada na Decisão de Governo n. 81, de 02.04.1824. Em síntese, ao contrário do que sustenta essa linha doutrinária, absolutamente nada tem o Brasil a aprender com as apontadas decisões proferidas pelo TEDH"[18].

Digna de nota, ainda, é a alegada "contaminação" do juiz, por manter contato ou ciência prévia a respeito das informações e elementos de prova inseridos no procedimento investigativo, ou adotar, adrede ao processo, medidas cautelares. E, de forma distorcida, apontam-se os fenômenos do comportamento tratados na Teoria da Dissonância Cognitiva, do psicólogo Leon Festinger, publicada em 1957.

O recente emprego da teoria, para se tentar justificar o juiz das garantias, desconsidera que, naquela época, os mais notáveis doutrinadores de nada se aperceberam, quanto àquela teoria comportamental, que acrescesse cientificidade ao sistema processual penal, dentre eles: Nelson Hungria, Roberto Lyra, Hélio Tornaghi, J. Frederico Marques. Seria demasiada arrogância conjecturar que, junto com os estrangeiros Francesco Carnelutti e Michele Taruffo, não notaram a teoria aplicável ao processo ou a desprezaram. Sob enfoque da teoria da dissonância cognitiva, representa o seu maior desvirtuamento a informação tendenciosa de que o juiz não possuiria capacidade de alterar o seu comportamento inicial, quando manteve contato com os dados encartados no procedimento investigativo, em face das provas da defesa na etapa processual, muito embora esse argumento não consiga explicar as absolvições proferidas pelos juízes, diante de pedido condenatório do órgão acusador. Assim, sabido que a verdade real pode apontar tanto no sentido de uma sentença condenatória quanto absolutória, considerar a teoria da dissonância cognitiva nos termos que se pôs, em realidade, é adotar odiosa e viciada tautologia: toda vez que o magistrado condenasse, ele só o teria feito por "dissonância cognitiva"; e, ao contrário, toda vez que se absolvesse, malgrado a reiterada postulação acusatória, a mesma teoria deveria ser esquecida, porque absolutamente impotente para explicar o fenômeno. Portanto, a relação de causa e efeito apontada por seus defensores para a criação do "juiz das garantias" resume-se a um reduzido jogo de oportunismo e conveniência, não ciência.

Desse modo, a distorção da enunciada teoria é patente. Na intenção de oferecer alguma base científica apta a justificar a incorporação da figura do juiz das garantias ao processo penal, os seus defensores não atentaram para o fato de que, segundo o próprio criador da teoria, a dissonância cognitiva, em regra, considera comuns as alterações de comportamento das pessoas, à vista de novas informações: "muito comportamento oferece pouca ou nenhuma resistência à mudança, por certo. Modificamos continuamente muitas de nossas ações e sentimentos de acordo com as mudanças da situação"[19].

Na realidade, do estudo completo da obra de Leon Festinger infere-se que a inação somente decorre se houver sentimento doloroso, prejuízo, ou se o modo de agir implicar a satisfação em todos os seus aspectos (p. ex., renunciar ao tabaco; aquisição de casa com extremadas despesas; apesar da má qualidade dos serviços e produtos, o indivíduo continua a frequentar o restaurante pelos amigos). Portanto, são opções conscientes da pessoa em não alterar seu comportamento, porque, de alguma forma, para si, e sem prejudicar terceiros, há certa espécie de vantagem na manutenção de sua atitude.

Acrescenta-se que a teoria diz tornar-se impossível a alteração dissonante: em reações emocionais, por ausência de controle da pessoa (reação ao medo); se o novo modo não faz parte do reper-

---

[18] Mauro Fonseca Andrade. *Juiz das garantias*, 2. ed.

[19] Leon Festinger, *Teoria da dissonância cognitiva*.

tório da pessoa (ignora a existência da maneira de agir); ou devido à natureza irrevogável de certas ações (vende o imóvel e o quer de volta).

No primeiro aspecto, apesar de a reação emocional, por vezes, poder originar-se de um movimento automático, fruto do mecanismo de autodefesa do organismo, vê-se que Festinger exemplifica a atitude perante o medo, a indicar o estado emocional quase irracional ou instintivo atrelado à sobrevivência do indivíduo. Essa tipologia decisória difere bastante da tomada de decisão judicial, e não justifica a necessidade de dois juízes atuantes na persecução penal, uma vez que o juiz exerce seu raciocínio sedimentado no conjunto de elementos integrantes dos autos do processo e, na hipótese excepcional de falha técnica, por imersão no mundo puramente emocional – que poderia atingir qualquer um dos dois juízes –, o reparo casuístico está na via recursal.

A segunda impossibilidade de modificação do comportamento relaciona-se à exigência de que o indivíduo altere sua atitude para outra que ele desconheça. O agir correto condiciona-se ao aprendizado eficaz, que, por sua vez, repercute na alteração do pensamento; logo, a ignorância quanto à adoção de uma conduta adequada impede a razão de promover a substituição dos modos de proceder. Conforme facilmente se observa, a limitação da alteração de conduta é refém da insciência, condição esta ausente na atuação do juiz ao receber novas provas pelas partes, porquanto poderá alterar seu convencimento a partir do ato intelectual empregado na valoração do acervo probatório, postura que não guarda relação com o desconhecido exigido à inércia em estudo.

Finalmente, a irrevogabilidade de algumas ações implica causa impeditiva lógica da transição comportamental, porque o arrependimento da prática de um ato nem sempre permitirá a retomada do *status quo ante*, simplesmente pela sua natureza e circunstâncias. O indivíduo que deseja desistir, durante o sobrevoo do Oceano Atlântico, da viagem aérea à Europa inevitavelmente atingirá algum aeroporto europeu. A alienação do imóvel campesino e a constituição de nova etapa da vida em apartamento praiano podem significar o adeus à recompra daquele bem, pelo dispêndio ou indisponibilidade do novo proprietário. No âmbito da persecução penal, diferentemente, o livre convencimento motivado nas provas dos autos para prolatar a decisão confere ao juiz a diretriz e o fundamento para proferir o seu julgamento. E a imutabilidade deste adere às regras processuais e não propriamente à vontade do juiz.

Em conclusão, a resistência à mudança cognitiva não se eterniza. Só não poderá ser superior a pressão correspondente à realidade: "A primeira e mais importante fonte de resistência à mudança para qualquer elemento cognitivo é a receptividade de tais elementos à realidade – se notamos a grama verde, difícil não a considerar dessa cor"[20].

Essa síntese se perfaz suficiente a afastar a teoria para os fins processuais. A propósito, segundo Festinger, o estudo dele visava ao mercado. Por conseguinte, emerge essencial o alerta de que a adaptação da temática de teorias psicológicas ao sistema jurídico atrai o risco de acepções enviesadas ou ideológicas, sem que haja a verificabilidade da construção original e seus correspondentes estudos, normalmente repletos de ressalvas científicas e bases estatísticas que vedam a extração de juízo de valor simples e direto, quanto à forma eficaz de solução.

5.2.3. Justificativa do juiz das garantias com base no experimento de Bernd Schünemann

Outra fonte pinçada na tentativa de justificar a imprescindibilidade do juiz das garantias advém do experimento de Bernd Schünemann, em 2000. Assim, Schünemann, baseado na Teoria da Dissonância Cognitiva, procurou confirmar a incidência dos efeitos no juiz: a) da inércia ou perseverança – tendente à autoconfirmação –, em que o indivíduo superestima a hipótese anterior e menospreza

---

[20] Leon Festinger, *Teoria da dissonância cognitiva*.

aquelas antagônicas a sua cognição prévia; b) da busca seletiva de informações no intuito de aceitar as informações consonantes e refutar aquelas que aumentariam a dissonância.

Juízes e promotores de justiça (julgadores) participaram, em grupos, do julgamento de um processo, em que, tecnicamente, seria possível a condenação ou a absolvição, e foram submetidos a variáveis independentes (ciência ou não dos autos; direito ou não de inquirir testemunhas em audiência). O resultado indicou que os 17 juízes conhecedores dos autos condenaram o acusado, enquanto os que não tiveram acesso apresentaram opções ambivalentes, pois oito condenaram e dez absolveram. Daí se concluiu que o conhecimento dos autos influenciou na condenação.

Torna-se essencial registrar, contudo, que, dos promotores de justiça, na função de julgadores, entre aqueles conhecedores dos autos, só um condenou e quatro absolveram; dos que não acessaram os autos, quatro condenaram e um absolveu. Originou-se, portanto, o paradoxo: os 17 juízes conhecedores dos autos condenaram, e, dos cinco promotores, todos igualmente sabedores do conteúdo dos autos, quatro absolveram o acusado.

Em que pese tamanho disparate, estranhamente, o pesquisador confirmou sua tese (o conhecimento dos autos de investigação preliminar, que corresponde ao inquérito policial, tendencialmente incriminador, leva o juiz a condenar o acusado). A surpresa maior consistiu na aceitação tão só dos dados extraídos das decisões dos juízes, acrescida da seguinte ressalva: "ainda que se deixem de lado outros resultados, como a avaliação visivelmente mais crítica dos promotores e ainda mais intensa distorção nas sentenças dos juízes sem possibilidade de inquirição"[21].

Mas houve graves omissões no experimento: ausência da oralidade na coleta de informações das testemunhas e de advogados, além da inexistência de debates orais. Essa supressão e a subversão do procedimento oral por material escrito transparecem que o experimento se mostrou mais como um curioso evento e não como uma autêntica simulação de audiência judicial.

Nesse sentido, dessume-se que tal experimento – por ter alijado procedimentos essenciais constantes no processo penal brasileiro – não atinge o patamar capaz de extrair cientificidade suficiente a ponto de justificar a introdução do juiz das garantias no sistema pátrio.

5.2.4. Ciência comportamental e a imparcialidade do juiz

Além disso, em terras brasileiras, o sistema ou estrutura acusatória (art. 3ºA do CPP) não tem o condão de exigir do juiz o aprofundamento na cognição de mérito para decidir a respeito de medidas cautelares, quer probatórias, reais ou pessoais (prisionais ou diversas da prisão), como se opera em outros países que adotam sujeito processual semelhante. Essa distinção, relativa à profundidade de análise do pedido em sede investigativa, afasta a eventual "contaminação", pois as decisões prévias à sentença obedecem a requisitos distintos desta, como o mero juízo de delibação na análise da denúncia. Para a concessão de medidas cautelares, afora não existir o aprofundamento no mérito, a decisão precedente à sentença depende da singela análise do preenchimento de determinados predicados estabelecidos na lei (p. ex., prova da existência do crime e indícios suficientes de autoria para decretação da prisão preventiva; imprescindibilidade das investigações, fundadas razões e verificação se a conduta encontra tipo na Lei n. 7.960/89, quanto ao decreto de prisão temporária). Isso não ocorre em relação à sentença condenatória, porquanto a condenação do acusado impõe o reconhecimento indubitável da materialidade do crime e da absoluta certeza de seu autor. Portanto, é improvável a incidência do efeito inércia ou perseverança da decisão anterior que contaminaria o juiz, assim como o da aliança com o denunciante.

---

[21] Bernd Schünemann, *Estudos de direito penal, direito processual penal e filosofia do direito.*

Acrescenta-se que, por sua vez, a Teoria das Molduras Relacionais explica a linguagem e a cognição humana, com lastro nas respostas de relações derivadas, e assinala que a capacidade dos seres humanos no aprendizado – pela experiência empírica ou verbal, ao conectar símbolos e fixar significados num contexto – adéqua-se ao ambiente. A evolução da aprendizagem, seus conjuntos de variáveis, produzem efeitos funcionais distintos no comportamento do indivíduo. Toda essa multiplicidade de modifica a forma de as pessoas analisarem as repercussões diretas ou sociais, e significa dizer que os efeitos serão distintos em harmonia com as experiências de cada um. O conhecimento refinado do produto autoriza ao indivíduo saber dos eventos essenciais à tomada de decisão e o capacita, ainda, na intervenção e aperfeiçoamento desse processo[22].

Por outro giro, efeito diverso à proteção de direitos humanos poderá emergir com a divisão das tarefas do juiz voltada à preservação da imparcialidade. O fato de que o juiz das garantias estará sujeito à elevada disponibilidade do discurso de crimes em andamento, sem o contraditório a esse respeito, aliado à submissão dessa rotina e da não correção de sua percepção pelas absolvições futuras, repercutirá em sua exposição a uma cascata de disponibilidade que o induzirá a autorizar as mais variadas medidas de investigação. Também, há expectativa de que as atividades exercidas pelo juiz das garantias exercerão influência no juiz da instrução. O fenômeno pode ser projetado com base no fato de que a colheita de elementos de prova proveio das ações supervisionadas ou autorizadas por um colega magistrado e, ao aportarem nas mãos do juiz responsável pela instrução e julgamento, gozará da presunção de aptidão ao recebimento da denúncia, com inclinação de adesão ao primeiro juiz, cenário esse que torna quase ou inócua a repartição de tarefas[23].

Trivial que a dúvida no pensar e no agir integra os humanos. Entender que o indivíduo seja incapaz de modificar sua cognição e comportamento seria não reconhecer a existência da filosofia, medicina, psicologia, psiquiatria, enfim, das ciências, da evolução do saber, do se comportar de acordo com o ambiente, em meio aos fatos e suas respectivas provas. Não à toa que, após o primeiro diagnóstico, numa posterior avaliação, o médico normalmente ajusta ou altera o tratamento do paciente. Entendimento parelho deve ser ao exercício do juiz. Nesse sentido: "é possível concluir que não há fundamentos científicos comportamentais ou jurídico-comparativos para estabelecer o juiz de garantias como um requisito necessário a proporcionar ou incrementar a imparcialidade judicial, no Brasil"[24].

5.2.5. Imparcialidade e alteração de todo o sistema processual

A exposição demonstrou ser plenamente factível ao juiz controlar-se na prolação de sucessivas decisões, coleta de provas suplementares às partes e, ao final, proferir julgamento diverso à sintonia com as anteriores.

Não fosse essa a conclusão, ficaria afetado de morte o direito de o advogado "dirigir-se diretamente aos magistrados nas salas e gabinetes de trabalho, independentemente de horário previamente marcado ou outra condição, observando-se a ordem de chegada", contido no inciso VIII do art. 7º da Lei n. 8.906/94 (Estatuto da Advocacia e a Ordem dos Advogados do Brasil). Tradicionalmente, os advogados dirigem-se ao gabinete do juiz, independentemente da companhia da parte adversária, a fim de "despachar" com ele petição relativa a processo ou interesse de seu cliente. Em consequên-

---

[22] João Henrique de Almeida e Edilson Vitorelli, Imparcialidade judicial e psicologia comportamental: há fundamento científico para um juiz de garantias?, *Revista de Processo*, v. 46, n. 316, 2021.

[23] João Henrique de Almeida e Edilson Vitorelli, Imparcialidade judicial e psicologia comportamental: há fundamento científico para um juiz de garantias?, *Revista de Processo*, v. 46, n. 316, 2021.

[24] João Henrique de Almeida e Edilson Vitorelli, Imparcialidade judicial e psicologia comportamental: há fundamento científico para um juiz de garantias?, *Revista de Processo*, v. 46, n. 316, 2021.

cia, também esse comparecimento à presença do juiz repercutiria em quebra de sua imparcialidade, caso houvesse lastro científico suficiente a demonstrar que o juiz ficaria incapacitado de separar a influência unilateral do diálogo isolado mantido com o advogado de uma das partes, antes de proferir a decisão. Portanto, se a simples ciência sobre a instauração de uma investigação ou a prolação de decisão cautelar fundada em informações e elementos dos autos atraem risco à imparcialidade do juiz, com maior razão deve-se proibir o comparecimento do advogado de uma das partes perante o juiz para com ele, isoladamente, "despachar", ou condicionar à presença do advogado da parte adversária.

E mais. No próprio campo processual penal, a separação das funções se tornava ineficaz ao escopo de afastar o juiz da instrução e do julgamento do processo, quando o disposto no § 2º do art. 3º-C do CPP exige desse juiz o reexame das medidas cautelares anteriormente impostas pelo juiz das garantias. Claro que, para tal mister, aquele juiz incumbido de julgar precisará analisar os fundamentos de fato e de direito que induziram à fixação das medidas a serem reexaminadas.

Semelhante raciocínio se opera em razão das disposições expressas nos §§ 2º, 3º e 4º do art. 282 do CPP, as quais preveem parte do procedimento à imposição de medidas cautelares, pois basta a provocação do juiz do processo, por uma das partes, a fim de que seja analisado pedido relativo à imposição de medida cautelar urgente (*inaudita altera pars*), para que ele fosse considerado "contaminado", parcial e inapto a proferir o julgamento final, o que exigiria sucessivos juízes até a sentença.

Tem-se que as causas de exclusão da atuação do juiz no processo (impedimento, incompatibilidade e suspeição) e o dever constitucional de fundamentação da sua decisão (art. 93, IX, CF) preservam a imparcialidade do julgador, notadamente porque a razão de decidir somente pode ser extraída das provas encerradas nos autos do processo, em respeito ao princípio da livre convicção motivada (arts. 155, *caput*, e 381, III, do CPP).

E, para quem sustente que, por ocasião da chamada "Operação Lava Jato", os juízes se "contaminaram" e adotaram posturas parciais, pensa-se que a exceção, em ocorrendo, à guisa de eventuais desvios, além da abundante via recursal e do *habeas corpus*, a correção deve ser resolvida casuisticamente, sem necessidade da modificação de todo o sistema processual.

Por fim, alerta-se que a divisão dos poderes do juiz na esfera penal, por coerência lógica, reverbera na modificação de todo o estatuto processual utilizado pelos demais ramos do direito. Compreender-se que há "contaminação" do juiz, ao tomar contato com as peças iniciais da investigação, de modo que o torna incapaz de julgar fatos na seara criminal, implica cogitar o parecido efeito de prévia formação de juízo de convicção, quando o juiz da área civilista, por exemplo, aprecia, *initio litis*, pedido de tutela de urgência, sem oitiva da parte adversária. Não se pode menoscabar a atividade dos juízos diversos do sítio criminal, visto que proferem inúmeras decisões que limitam direitos extremamente relevantes, como: concessão de recuperação judicial ou falimentar de empresas; modificação de guarda de filhos menores de idade; afastamento do lar e proibição de contato com determinada pessoa; fixação de alimentos e decreto prisional do seu devedor; interdições etc.

Outros fundamentos favoráveis e refratários ao juiz das garantias são lançados na doutrina; todavia, não obstante as posições divergentes a respeito da inserção dessa nova figura processual, fato é que a lei dividiu as funções do juiz, atribuiu competências distintas às etapas da persecução penal, e o E. Supremo Tribunal Federal, apensar de operar severas modificações nas competências e atividades do juiz das garantias, declarou constitucional a opção de sua inserção no CPP pelo Legislativo.

Conclusão: doravante, dois juízes distintos atuarão na persecução penal até o trânsito em julgado da sentença penal, contudo não mais ao sabor da Lei n. 13.964/2019, que introduziu a figura do juiz das garantias e suas competências, e sim segundo a interpretação dada pelo STF no julgamento das ADIs 6.298, 6.299, 6.300 e 6305, conforme será explicado.

6. CONCEITO

A nomenclatura "juiz das garantias", à vista de sua atuação fixada pela lei, recebe críticas no sentido de que aparenta desconsiderar a função de garante imanente aos demais juízes que atuarão no processo, seja o juiz da instrução ou mesmo o recursal, ao passo que viabiliza o surgimento de uma espécie de "juiz defensor". Isso porque suas atividades de garante ficaram centradas na pessoa do agente suspeito, sem que haja previsão garantidora dos direitos da vítima, de pessoas diversas envolvidas no processo e da própria sociedade afetada pelo crime. Dessa predileção associada à simbologia da linguagem – eis que sugestivo o nome – decorre a preocupação com o possível comportamento desviante do juiz, que, alicerçado na retórica argumentativa, passe a elevar à máxima potência o espectro de garantia do investigado em detrimento da vítima ou das investigações do crime[25].

Além do prisma de inadequação do *nomen iuris* atribuído à atuação do juiz das garantias, sua conceituação tende a se confundir com a competência, forma e a finalidade de sua instituição. É que a redação disposta no art. 3º-B, *caput*, do CPP, ao inaugurar a temática, estabelece a responsabilidade do juiz das garantias *pelo controle da legalidade da investigação criminal e pela salvaguarda dos direitos individuais cuja franquia tenha sido reservada à autorização prévia do Poder Judiciário*... Nos dispositivos posteriores estão especificados os atos de sua competência. Daí, consoante à redação original, era deduzido que o "controle da legalidade" e a "salvaguarda de direitos" – desde a esfera da investigação criminal até o recebimento da peça de acusação (art. 3º-C, *caput*, do CPP) – integrariam a competência exclusiva do juiz das garantias, não fosse o recorte efetivado pelo STF, ao definir o oferecimento da denúncia ou queixa como sendo o termo final de sua atuação.

Originariamente, a partilha de funções pretendia obstar, *ab initio*, o contato com os fatos e elementos de prova, bem como vedar a tomada de decisões pelo juiz da instrução e julgamento, de modo a lhe propiciar a preservação de sua imparcialidade.

A primitiva extensão da competência do juiz das garantias – dada pela lei, até o recebimento da denúncia ou queixa na forma do art. 399 do CPP, conforme dispunha o inciso XIV do art. 3º-B e o *caput* do art. 3º-C, ambos do mesmo Código, de certo ângulo – contrariava a pretensão voltada à preservação de sua imparcialidade. Claramente, de acordo com os propósitos vertidos pelos defensores da introdução do juiz das garantias, se obedecido aquele texto da lei para a análise dos requisitos de viabilidade da peça de acusação ou sua rejeição (arts. 40, 41, 395 e 396, *caput*, do CPP), o juiz que acompanhou toda a fase investigativa já estaria comprometido; igual contágio proviria da formação de convicção prévia, e não poderia ele prolatar sentença de absolvição sumária, prevista nos incisos do art. 397 do CPP.

No entanto, a Corte Constitucional, por maioria, declarou a inconstitucionalidade do inciso XIV do art. 3º-B do CPP, incluído pela Lei n. 13.964/2019, e atribuiu interpretação conforme para fixar a cessação da competência do juiz das garantias a partir do oferecimento da denúncia ou queixa, na forma do *caput* do art. 396 do CPP. Então, a primeira fase da persecução inicia-se desde a instauração de investigação e perdura até o oferecimento da denúncia ou queixa na forma do art. 396 do CPP, consoante a decisão do STF, e não mais permanece adstrita ao recebimento ditado pelo art. 399 do CPP; a segunda começa a partir de então e se compõe dos demais atos processuais necessários ao trânsito em julgado da sentença.

Fruto dessa cisão, inaugura-se nova espécie de impedimento funcional, por fases da persecução criminal, eis que não consta nas hipóteses dos arts. 252 a 254 do CPP (impedimento, suspeição e incompatibilidade).

---

[25] Mauro Fonseca Andrade, *Juiz das garantias*, 2. ed., 2015.

Destarte, enfim, **o conceito de juiz das garantias** amolda-se à função exercida, por juiz, no controle da legalidade e na salvaguarda de direitos individuais, em especial daqueles subordinados à reserva de jurisdição, no âmbito da fase de investigação criminal até o oferecimento da denúncia ou queixa-crime na forma do art. 396 do CPP, exceto nos processos de competência originária do STJ e do STF, naqueles ligados à competência do Tribunal do Júri, nas infrações penais cometidas em contexto de violência doméstica e familiar contra a mulher e nos crimes de menor potencial ofensivo.

7. ESPECIFICAÇÃO DA COMPETÊNCIA

A partir da introdução do juiz das garantias e após a decisão das ADIs pelo STF, como visto – à exceção dos processos de competência originária do STJ e do STF, daqueles ligados à competência do Tribunal do Júri, das infrações penais cometidas em contexto de violência doméstica e familiar contra a mulher e dos crimes de menor potencial ofensivo –, independentemente do rito, a persecução penal passa a se submeter a uma espécie de competência funcional por fase do processo *lato sensu*. A primeira, a cargo do juiz das garantias, desde a instauração da investigação criminal até o oferecimento da denúncia ou queixa-crime, a teor da disposição do art. 396 do CPP; a segunda, por outro juiz, responsável pelos atos processuais posteriores ligados à instrução e ao trânsito em julgado da sentença.

Assim, o STF desfigurou integralmente a competência antes disposta no *caput* do art. 3º-C do CPP. Em continuidade à fixação daquela competência geral de *controle da legalidade da investigação criminal e pela salvaguarda dos direitos individuais*, o art. 3º-B, por meio de 18 incisos, trouxe um rol exemplificativo de atividades específicas do juiz das garantias, as quais restaram, em parte, modificados pelo entendimento do STF:

7.1. Receber a comunicação imediata da prisão, nos termos do inciso LXII do *caput* do art. 5º da Constituição Federal (inciso I do art. 3º-B)

Levando em conta que não há distinção constitucional entre a espécie de prisão a ser comunicada, conforme igualmente prevê o art. 306, *caput*, do CPP, tanto a temporária como a preventiva ou a flagrante não prescindem da imediata comunicação, sem prejuízo, nesta última hipótese, da remessa dos autos e apresentação do preso ao juiz competente, no prazo de 24 horas (§ 1º do art. 3º-B), para a realização da audiência de custódia, nos termos do art. 310, *caput*, do mesmo Código.

A peculiar característica da prisão em flagrante do agente consistente na faculdade de sua efetivação por qualquer do povo, ou resultante do dever das autoridades – portanto, não derivada de ordem judicial –, exige a imediata comunicação para que o juiz possa exercer o controle da legalidade da atividade investigativa, inclusive no que toca ao termo inicial relativo à contagem do prazo de 24 horas, desde a captura do preso e de sua apresentação em juízo.

Almeja-se, neste ponto, sob supervisão do juiz das garantias, evitar a segregação de preso pautada na clandestinidade e ao arrepio da proteção jurídica lastreada na legalidade, cuja inobservância pode amoldar-se às condutas descritas no *caput* e incisos do art. 12 da Lei n. 13.869/2019 (Lei de Abuso de Autoridade).

7.2. Receber o auto da prisão em flagrante para o controle da legalidade da prisão, observado o disposto no art. 310 deste Código (inciso II do art. 3º-B)

Registra-se que o texto do § 1º do art. 3º-B dialoga com aqueles insculpidos nos arts. 245, § 6º, 287, 290, § 2º, e 310, *caput*, todos do CPP, e determina o encaminhamento do preso, em flagrante ou por força de mandado de prisão, à presença do juiz das garantias, dentro do prazo de 24 horas, oportunidade em que será realizada audiência na presença do Ministério Público, Defensoria Pública ou de advogado constituído, com vedação do emprego de videoconferência.

O ajuste a ser observado nesse instante da persecução criminal advém da interpretação conforme atribuída pelo STF ao *caput* do art. 310 do CPP, com a redação dada pela Lei n. 13.964/2019, e ao § 1º do art. 3º-B do mesmo Código, para autorizar o juiz, excepcionalmente, a decidir pela realização da audiência de custódia por videoconferência, quando houver impossibilidade fática de apresentação do preso naquele prazo de 24 horas, desde que haja urgência e o meio seja idôneo, isto é passível de se aferir a ausência de coação ao redor do preso, bem como capaz de projetar som e imagem adequadas à visualização de sua higidez física e mental, semelhante à forma presencial. Merece destaque o fato de que a tecnologia atual comporta baixo custo, proporciona eficácia na observação das condições da pessoa sob custódia num ângulo de 360º, propicia a sondagem de sua integridade física e a inexistência de coação moral.

Cada vez mais se avança na expectativa de aperfeiçoamento do sistema tecnológico aplicado à produção probatória e às audiências judiciais, de sorte que a presença física das partes e demais envolvidos, gradualmente, figure como exceção

Em seguida, atento às determinações dispostas nos incisos do art. 310 do CPP, o juiz: relaxará a prisão, se ilegal (inciso I); concederá liberdade ao preso, com ou sem fiança, podendo cumular com outras medidas cautelares diversas da prisão, dentre as listadas no art. 319 do CPP, também naquelas disciplinadas em legislação processual penal estravagante (inciso III) ou, na última hipótese, converterá a prisão em flagrante em preventiva, caso estejam presentes os requisitos e fundamentos constantes nos arts. 312 e 313, e se exibam inadequadas ou insuficientes as cautelares não prisionais (inciso II). A menção invertida dos incisos do art. 310 foi proposital, a fim de se enfatizar que a custódia preventiva deve ser a última opção do juiz, ao decidir pela necessidade de aplicação de alguma medida cautelar, à luz dos incisos I e II e § 6º do art. 282 do CPP.

Digno de nota foi a interpretação conforme atribuída pelo STF, também, ao § 4º do art. 310 do CPP, que estabelecia a realização da audiência de custódia no prazo de 24 horas, após o juiz receber o auto de prisão em flagrante delito, sob pena de ensejar a ilegalidade da prisão e seu relaxamento, caso não houvesse motivação idônea para o transcurso do prazo sem sua efetivação, não obstante fosse possível a imediata decretação de prisão preventiva. O entendimento assentou que a autoridade judiciária deve avaliar a presença dos requisitos para prorrogar excepcionalmente o prazo ou realizar a audiência de custódia por videoconferência, e manteve, sem prejuízo, a possibilidade de imediata decretação de prisão preventiva.

A Corte foi sensível às reais dificuldades de implementação da audiência de custódia no prazo de 24 horas, ante os significativos índices criminais e correspondentes razoáveis números de prisões provisórias, aliadas à precária condição de transporte e apresentação segura dos presos em juízo, sem sacrificar a atividade policial da comunidade com a retirada de policiais para servirem a cumuladas e longínquas escoltas, por vezes sob risco de resgate dos conduzidos.

Nessa ótica, confiou-se ao juiz a análise da situação para decidir pela prorrogação do prazo adequado e razoável para a realização presencial da audiência ou por videoconferência, método este que deve observar a aptidão do meio para assegurar os direitos do preso; tudo sem olvidar do possível manejo imediato da prisão preventiva.

Precisa-se ler conjuntamente as redações dos incisos I e II do art. 3º-B do CPP. Naquele, ocorre a mera comunicação imediata da prisão; neste, além da pronta comunicação, os autos devem ser remetidos ao juiz das garantias, no prazo de 24 horas.

7.3. Zelar pela observância dos direitos do preso, podendo determinar que este seja conduzido à sua presença, a qualquer tempo (inciso III do art. 3º-B)

Necessariamente, o zelo direciona-se ao preso provisório sujeito à medida cautelar prisional, porque albergado dentro da competência do juiz das garantias, e não se confunde com aquela tarefa do juiz das execuções criminais, responsável pelo condenado encarcerado durante o cumprimento de pena definitiva.

O espírito de liberdade campeia e caracteriza o Estado Democrático de Direito, logo, sua restrição ou privação precisa obedecer aos ditames legais. Em sintonia com a Declaração Universal dos Direitos Humanos, proclamada, no ano de 1948, pela Assembleia Geral da ONU, e harmônica com a Convenção Americana sobre Direitos Humanos (Pacto de San José da Costa Rica, 1969), a Constituição Federal foi pródiga na emissão de comandos normativos de vinculação obrigatória das leis subalternas e dos agentes públicos, por vezes, de matriz principiológica, a fim de assegurar direitos e garantias individuais. Nesse aspecto, a Lei Fundante não se olvidou da pessoa submetida à investigação ou à punição originária da prática de infrações penais.

A título exemplificativo, ao preso deve ser assegurado: o silêncio, o conhecimento dos autores de sua prisão; a comunicação à família ou à pessoa por ele indicada; a assistência de advogado se ele o requerer às suas expensas; zua apresentação ao juiz competente, em 24 horas; recebimento da nota de culpa no mesmo prazo; respeito a sua incolumidade física e moral; concessão de fiança arbitrada pela autoridade policial ou judicial; responder ao processo em liberdade; manutenção da prisão cautelar somente como *ultima ratio*, se insuficientes ou inadequadas a estipulação de medidas cautelares diversas do encarceramento etc. Esses direitos são de estatura constitucional, expressos ou implicitamente extraídos do Texto Maior (art. 5º, XLIX, LXII, LXIII, LXIV)[26].

Não obstante o § 3º do art. 2º da Lei n. 7.960/89, que dispõe sobre a prisão temporária, preveja que o juiz, de ofício ou provocado, pode determinar a apresentação do preso, semelhante ao rito do *habeas corpus* (art. 656 do CPP), fato é que a audiência de custódia, comumente realizada após qualquer tipo de prisão, supre parte significativa da pretensão desse dispositivo. No entanto, seu manejo permanece hígido na apuração de eventuais condutas violadoras de direitos do preso ocorridas depois daquela audiência.

7.4. Ser informado sobre a instauração de qualquer investigação criminal (inciso IV do art. 3º-B)

Pode-se dizer que essa regra se perfaz novidade no sistema processual penal, pois inexistia qualquer previsão para impor a obrigação, ao órgão policial ou do Ministério Público, de comunicar a instauração de investigação criminal ao Poder Judiciário. Porém, a partir de sua vigência, os órgãos investigativos da conduta criminosa devem comunicar, de imediato, o juiz das garantias a respeito da abertura de investigação criminal, seja decorrente da lavratura de auto de prisão em flagrante delito ou da instauração de inquérito policial, mediante portaria do delegado de polícia (de ofício, derivada de requisição do Ministério Público ou do Ministro da Justiça, a requerimento do ofendido ou de seu representante legal). Igualmente se aplica às investigações encetadas pelo Ministério Público, por meio do procedimento investigatório criminal, bem como a qualquer outra espécie de instrumento voltado à apuração de crime.

Para quem tinha alguma dúvida quanto a essa obrigação, no julgamento das ADIs, o STF atribuiu interpretação conforme aos incisos IV, VIII e IX do art. 3º-B do CPP, e assentou que todos os atos praticados pelo *parquet*, na condução de investigação criminal, submetem-se ao controle judicial. A par disso, a Suprema Corte determinou aos representantes do MP o encaminhamento de todos os procedimentos de investigação criminal no prazo de 90 dias, a contar da publicação da ata do julgamento, sob pena de nulidade dos atos.

---

[26] Fernando da Costa Tourinho Filho, *Manual de processo penal*, 17. ed.

Em que pese a omissão da interpretação legislativa, quanto à intenção e alcance do dispositivo, acredita-se que visa atender ao comando exposto no inciso IX do mesmo artigo, que determina *o trancamento do inquérito policial quando não houver fundamento razoável para sua instauração ou prosseguimento.* Assim, o controle da instauração de investigação prosseguirá a cargo do Judiciário e, diversamente, ao Ministério Público, por ser o *dominus litis,* incumbirá a gestão, se o caso, do seu arquivamento, nos moldes firmados pelo STF.

O ponto negativo a destacar é que a mera comunicação do início da investigação criminal exigirá dois juízes, um para cada fase da persecução, e redundará desperdício de meios e aumento de despesas, nas hipóteses de investigação em que nada se exige de intervenção do juiz das garantias. A prática forense demonstra que há muitas condutas criminosas investigadas e concluídas pela autoridade policial que implicam a denúncia oferecida pelo Ministério Público, sem a anterior atuação do juiz, salvo para atos ordinatórios irrelevantes à condição de investigado em liberdade. Nesse trilho, não se entrevê ato capaz de formar juízo de convicção sobre o mérito da causa, com aptidão para elidir a imparcialidade do julgador. Fosse assim, o juiz nem sequer poderia ler jornais, acessar redes sociais, tampouco residir na comarca em que exerce a jurisdição, dentre diversas fontes de informação a respeito dos fatos narrados nos autos.

7.4.1. O juiz das garantias e a promoção de arquivamento pelo Ministério Público

A nova moldura estatuída pelo STF aparenta aceitar e adaptar a pretensão de que o titular da ação penal pública possa determinar o arquivamento das investigações, quando estiver dotado de estrutura organizacional capacitada a esse desiderato, sem olvidar a fiscalização externa.

Comparado ao Judiciário, a depender da localidade do país, o MP não dispõe de aparato suficiente ao cumprimento do disposto no art. 28 do CPP, alterado pela Lei n. 13.964/2019; sobretudo, não há instância de revisão das ordens de arquivamento promovidas pelos seus órgãos. Ante a suspensão da nova redação, consoante a disposição anterior, cada órgão ministerial requer o arquivamento das investigações ao juiz de competência correspondente a sua atribuição, e somente na excepcional e reduzida compreensão de que há elementos bastantes ao oferecimento da denúncia é que o juiz remete os autos ao Procurador-Geral, para que ele ofereça a peça acusatória, nomeie outro órgão do MP para oferecê-la ou insista no arquivamento, quando, então, o juiz assim procede em respeito aos termos da lei. A pulverização de requerimentos e o acolhimento pelos variados órgãos judiciais oxigena o sistema de fiscalização dos órgãos do MP pela sua cúpula.

O mesmo não acontecerá se todos os requerimentos de arquivamento forem submetidos à instância revisora, como pretendia a redação dada pela Lei n. 13.964/2019. Na percepção dessa realidade, o STF atribuiu interpretação conforme ao § 1º e ao *caput* do art. 28 do CPP, e definiu variações no controle do arquivamento das investigações. No primeiro modelo, o órgão do MP submeterá sua manifestação ao juiz competente e comunicará à vítima, ao investigado e à autoridade policial. Cientes, a vítima ou seu representante legal, e mesmo a autoridade judicial competente poderá submeter a matéria à revisão na instância própria do órgão do MP, caso constate patente ilegalidade ou teratologia no ato de arquivamento.

Não basta que o interessado na revisão exponha seu inconformismo com o ato e requeira simplesmente o reexame; nem por se sentir "injustiçado"; sequer seria aceitável genericamente apontar alguma ilegalidade ou a existência dos requisitos da denúncia. A revisão da promoção do arquivamento reclama a demonstração de flagrante ilegalidade, de clara e pronta verificação; o ato ilegal não se perfaz quando a interpretação do MP está sedimentada em corrente doutrinária ou jurisprudencial minoritárias sobre a matéria. A teratologia da decisão significa o desvirtuamento do raciocínio razoável daquilo que se analisou, fora dos limites da intelecção, destoante da racionalidade compreensível do sistema jurídico e dos fatos.

Toda essa exigência emerge da independência funcional do órgão ministerial na interpretação dos fatos, dos elementos probatórios colhidos e do direito a ser empregado, que merece respeito. A fiscalização *interna corporis,* legalmente regrada, sempre preponderará, em homenagem à opção da CF de atribuir, privativamente, ao MP a promoção da ação penal pública. E não é à toa que o segundo modelo prevê o encaminhamento dos autos para o Procurador-Geral ou à instância de revisão ministerial, quando houver, para fins de homologação, na forma da lei. Em síntese, se houver instância revisora, o órgão do MP, além de proceder à submissão de suas manifestações ao juiz competente, comunicará à vítima, ao investigado, à autoridade policial – a fim de assegurar o direito dos legitimados para pugnarem pela revisão; internamente ele remeterá os autos para a homologação de seu ato.

Não fosse assim, ninguém estaria seguro das manipulações procedimentais levadas a cabo por suposta vítima, para prolongar as apurações inférteis, com foco no prejuízo financeiro e no desgaste emocional do investigado, numa predisposição ao sadismo, à opressão, à humilhação, como espécies de vingança ou outra maldade.

7.5. Decidir sobre o requerimento de prisão provisória ou outra medida cautelar, observado o disposto no § 1º deste artigo (inciso V do art. 3º-B)

Afora as hipóteses da seara militar e flagrante delito ali excepcionadas, convém lembrar que o inciso LXII do art. 5º da CF, no que toca à prisão, reclama ordem judicial escrita e fundamentada da autoridade competente. Espelham esse comando e a fixação de medidas cautelares diversas da custódia os arts. 283 a 319 do CPP, o art. 2º, *caput*, da Lei n. 7.960/89, o art. 294, *caput*, da Lei n. 9.503/97 (Código de Trânsito Brasileiro – CTB), os arts. 12-C, §§ 1º e 2º, 18 a 24, todos da Lei n. 11.340/2006 (Lei sobre violência doméstica e familiar – "Maria da Penha"), entre outras. No entanto, os critérios orientadores para a imposição de medidas cautelares pessoais - prisionais ou diversas da prisão no CPP - situam-se a partir do art. 282, e a respectiva reserva de jurisdição, excetuada a prisão em flagrante, mostra-se exigível a todas as demais (§ 2º do art. 282), mediante requerimento das partes ou, quando no curso da fase processual, do Ministério Público ou por representação da autoridade policial.

No prisma da lei modificada pelo STF, incumbe ao juiz das garantias a análise dos pedidos atinentes ao procedimento cautelar até o oferecimento da denúncia ou queixa, pois, como dito, o desejo de seus defensores consiste em obstar o contato do juiz da instrução e do julgamento do processo com o material informativo da etapa inquisitiva, e evitar que tome decisões naquela fase, de maneira a livrá-lo da formação de juízo prévio capaz de resguardar sua imparcialidade.

7.6. Prorrogar a prisão provisória ou outra medida cautelar, bem como substituí-las ou revogá-las, assegurado, no primeiro caso, o exercício do contraditório em audiência pública e oral, na forma do disposto neste Código ou em legislação especial pertinente (inciso VI do art. 3º-B)

O STF, por unanimidade, atribuiu interpretação conforme a esse inciso para prever que o exercício do contraditório será, preferencialmente, em audiência pública e oral. A alteração permite que o exercício do contraditório admita restrição de pessoas na audiência, em prol da segurança pública, intimidade das pessoas, bem como autoriza sua efetivação por meio virtual ou por meio da apresentação de memoriais.

Inegável a dificuldade de implementação do juiz das garantias tendo em conta os quadros deficitários de juízes nos órgãos da justiça em geral. Assim, espera-se que os juízes investidos na função estejam distantes do local de apreciação do pedido, e a experiência bem-sucedida na realização de audiências por videoconferência, durante e após a pandemia do covid-19, pode assegurar o interesse público expressado na celeridade do ato e sua correspondente economia de meios, ao mesmo tempo que garante o adequado contraditório para fomentar a justa decisão. Se injustificada outra forma, a audiência deve respeitar os princípios da publicidade e oralidade.

Adicione-se que, no ordenamento pátrio, a única prisão passível de dilação de tempo é a temporária, com prazo de duração de 5 dias ou, no caso de crime hediondo, 30 dias, cada qual prorrogável por igual período (art. 2º, *caput*, da Lei n. 7.960/89; e sua combinação com o art. 2º, § 4º, da Lei n. 8.072/90 – Lei dos Crimes Hediondos). Impende lembrar que a prisão em flagrante apresenta seu termo final ao ser apreciada pelo juiz na fase do art. 310 do CPP, ao passo que a prisão preventiva não prediz limite temporal, como igualmente não há tempo certo firmado para as cautelares diversas da prisão.

Isso implica dizer que a duração se lastreia naqueles critérios norteadores originários dos princípios da necessidade e adequação (art. 282, I e II, do CPP), razão pela qual a brevidade na aplicação da medida cautelar também integra sua característica principiológica, e acarreta o efeito dinâmico tendente à modificação do estado de restrição da liberdade, tanto em relação a sua permanência quanto à substituição ou cessação.

Digno de registro, à custódia preventiva aplica-se a disposição inserta no parágrafo único do art. 316 do CPP, o qual obriga a sua revisão periódica, de ofício, pelo juiz e em decisão fundamentada, a cada 90 dias, sob pena de se tornar prisão ilegal.

No que tange à substituição ou revogação da prisão preventiva, ou de outra cautelar para minorar a restrição à liberdade, o juiz das garantias prescinde de provocação e de audiência; o faz, de ofício, em atenção ao art. 282, § 5º, c/c art. 316, *caput*, do CPP.

Todo esse cenário requer a pronta atuação do juiz das garantias na aferição da mutação fática ao longo do percurso temporal, a compor o adequado instrumento de acautelamento ou a sua dispensa.

No que se refere ao prévio contraditório, a leitura precisa ser conjunta com o texto do § 3º do art. 282 do CPP. A despeito de se prestigiar à oitiva daquele que suportará os efeitos da decisão judicial, no âmbito cautelar privilegia-se a eficácia da medida perante sua urgência. Logo, se houver risco de prejuízo à cautela, o juiz das garantias deverá impô-la *inaudita altera pars*.

7.7. Decidir sobre o requerimento de produção antecipada de provas consideradas urgentes e não repetíveis, assegurados o contraditório e a ampla defesa em audiência pública e oral (inciso VII do art. 3º-B)

O STF atribuiu interpretação conforme a esse dispositivo para estabelecer que o juiz pode deixar de realizar a audiência, quando houver risco para o processo, ou diferi-la em caso de necessidade.

A antecipação na produção de provas derivada da urgência liga-se à previsão de que a prova oral e pessoal possa não estar disponível ao tempo futuro da instrução processual (art. 225 do CPP).

Respeitante à criança ou adolescente menores de 7 anos ou em caso de violência sexual, a Lei n. 13.431/2017 previu o rito especial de antecipação de provas inclinado ao depoimento especial, consistente numa única oitiva sempre que possível, e a repetição do ato fica restrita a sua imprescindibilidade justificada pela autoridade competente e à concordância da vítima ou da testemunha, ou de seu representante legal. A condição especial de desenvolvimento físico e mental da pessoa menor de 18 anos atrai a cautela em sua utilização, como fonte de prova, mormente para que não revisite mentalmente o episódio violento e se submeta a denominada "revitimização", com sensível prejuízo a si. Por isso, em regra haverá somente uma oportunidade para ouvi-la.

Nessa toada, forçoso reconhecer a distinção desse modelo de antecipação, em que o juiz das garantias decide depois de provocação – *decidir sobre o requerimento* –, daquela situada no art. 155 do CPP, a qual pode ser promovida *ex officio*.

Por outro giro, a expressão "não repetíveis" tem significado diverso para indicar àquela prova impossível de ser novamente produzida, em decorrência do exaurimento de sua fonte, de seu desaparecimento ou extinção. O exemplo tradicional são os vestígios da infração que desaparecem no tempo, motivo pelo qual a perícia acaba realizada e o contraditório será diferido. Nem todas as provas irrepetíveis carecem de aval judicial, eis que incumbe à autoridade policial determinar as perícias necessárias no local do crime em que haja vestígios, à luz do art. 6º, VII, do CPP.

7.8. Prorrogar o prazo de duração do inquérito, estando o investigado preso, em vista das razões apresentadas pela autoridade policial e observado o disposto no § 2º deste artigo (inciso VIII do art. 3º-B)

O inquérito policial presidido por delegado estadual tem o prazo de 10 dias para seu encerramento, quando o investigado estiver preso, e não havia possibilidade de prorrogação (art. 10 do CPP). No campo de atribuição do delegado federal, o inquérito policial goza de 15 dias para seu termo final, só que prorrogável por mais 15 dias, mediante pedido fundamentado pela autoridade policial e deferido pelo juiz (art. 66 da Lei n. 5.010/66).

Ao se analisar a remissão feita ao § 2º do art. 3º-B do CPP, extrai-se que não se olvidou do indispensável ajuste no tempo de duração do inquérito, à vista da dificuldade no desfecho dos trabalhos investigativos, em relação às condutas delitivas sofisticadas e complexas de serem apuradas. A fórmula resultou na atribuição de competência ao juiz das garantias para prorrogar, mediante representação da autoridade policial e ouvido o Ministério Público, por uma única vez, em até 15 dias, o prazo de duração do inquérito, sob pena de relaxamento da prisão, se ainda assim não for concluída a investigação.

Sem embargo da previsão legal, o STF atribuiu interpretação conforme e assentou que o juiz, de forma fundamentada, pode decidir reconhecendo a necessidade de novas prorrogações do inquérito, diante de elementos concretos e da complexidade da investigação; e que não se perfaz automática a revogação da prisão preventiva, caso inobservado o prazo previsto em lei, devendo o juiz ser provocado a avaliar os motivos que a ensejaram (ADI 6.581).

A vedação da automaticidade na revogação da custódia preventiva responde às divergências advindas do disposto no parágrafo único do art. 316 do CPP, que obriga o órgão judicial emissor do decreto prisional revisar a necessidade de sua manutenção a cada 90 dias, por meio de decisão fundamentada, sob pena de se tornar a medida ilegal. Para uma corrente, haveria a necessidade de provocação do juiz ao reexame nonagesimal; outra entendia que o transcurso do prazo sem a análise judicial, de ofício, seria suficiente a ensejar a ilegalidade da prisão, com a soltura do clausulado.

7.9. Determinar o trancamento do inquérito policial quando não houver fundamento razoável para sua instauração ou prosseguimento (inciso IX do art. 3º-B)

A função fiscalizadora da legalidade dos atos atinentes ao inquérito policial justifica ao juiz das garantias, de ofício, ou por requerimento do investigado ou do Ministério Público – este na função de fiscal da lei –, determinar o trancamento do procedimento inquisitivo, o que implica a extinção da investigação. À míngua de especificação, o argumento sobre a ausência de fundamento razoável pode recair naquele de fato ou de direito.

Pode acontecer de a autoridade policial ou o MP instaurar a investigação, sem a cautela de aferir um mínimo de lastro de veracidade sobre a existência do crime a ser investigado, como na hipótese de "delação ou denúncia anônima", na intangibilidade da prescrição, o aperfeiçoamento da decadência do crime ou sua atipicidade.

Certamente o mecanismo em comento impacta no número de *habeas corpus* antes impetrados contra as autoridades responsáveis pela investigação, eis que não se exige ação de rito especial para se obter a ordem de trancamento das investigações. O remédio constitucional assegurava o trancamento das investigações não só na sua modalidade liberatória ou repressiva, e era vertido, também, na espécie preventiva para garantir a liberdade de deambulação, por meio do denominado "salvo-conduto". Há quem nomine de *habeas corpus* profilático ao que visa suspender ou trancar medidas ou atos processuais que possam redundar em prisão.

Doravante, a singela petição juridicamente fundamentada, se o caso, com elementos probatórios suficientes, permitirá ao juiz das garantias lastrear sua decisão favorável ao interessado. A prudência, pautada nos princípios gerais do direito, qualifica a prévia oitiva da autoridade coatora apontada no pleito, a fim de ser viabilizada a adequada decisão, mesmo porque o agente público integrante da Administração, ao praticar ato administrativo, atrai a presunção relativa de sua legalidade.

Considerando que o inquérito policial automaticamente se instaura no instante em que a autoridade policial lavra o auto de prisão em flagrante, emerge a perspectiva de que o pedido concedido pelo juiz das garantias determine o trancamento das investigações e a soltura do preso, como efeito direto e imediato da decisão judicial, antes, durante ou mesmo após a audiência de custódia do art. 310 do CPP. Na última hipótese, a possibilidade advém da máxima de que não incide coisa julgada material na decisão que impôs medida cautelar ao preso, podendo o juiz das garantias rever seu entendimento.

7.10. Requisitar documentos, laudos e informações ao delegado de polícia sobre o andamento da investigação (inciso X do art. 3º-B)

A requisição do juiz das garantias verte-se àquilo que está concebido, podendo estar ou não encartado nos autos do inquérito policial.

Descabe ao juiz imiscuir-se na investigação para determinar diligências ou construção de elemento probatório. Nesse ângulo é que se pautam as eventuais requisições de documentos, laudos e informações; aqueles não juntados ao inquérito, a fim de se preservar o êxito das diligências em curso, não se afastam da obrigação de remessa ao juiz. Então, os expedientes relativos à interceptação telefônica em andamento podem não constar dos autos do inquérito para se assegurar a investigação, contudo o juiz não pode ficar alijado do conhecimento de tais, sob pena de se fulminar seu dever fiscalizador e de garante.

7.11. Decidir sobre os requerimentos de (alíneas *a* a *e* do inciso XI do art. 3º-B) – interceptação telefônica, do fluxo de comunicações em sistemas de informática e telemática ou de outras formas de comunicação, afastamento dos sigilos fiscal, bancário, de dados e telefônico, busca e apreensão domiciliar, acesso a informações sigilosas, outros meios de obtenção da prova que restrinjam direitos fundamentais do investigado

Merece exame conjunto essa temática, em virtude da magnitude dos direitos fundamentais em cotejo com o interesse público na eficácia investigativa de crimes. Aqui o palco sedimenta-se no requerimento para que o juiz das garantias autorize meios de obtenção de provas aptos à investigação de um fato criminoso concreto.

A autorização judicial de cada meio de prova, elencado nas alíneas *a* a *e* do inciso XI do art. 3º-B do CPP, estão, parcialmente, sob a chamada reserva de jurisdição (alíneas *a* e *c*), haja vista que determinadas autoridades públicas podem, direta e justificadamente, acessar informações e dados sigilosos (comunicação de crimes financeiros pelas instituições às autoridades; acesso de Comissão Parlamentar de Inquérito de dados diretamente das instituições financeiras). Trata-se de rol exemplificativo de matéria a ser decidida, em parte, tão somente pelo Poder Judiciário, no diagnóstico de hipótese específica, podendo restringir, provisoriamente, o direito do investigado, em prol do interesse público, desde que preenchidos os requisitos legais próprios à medida requerida.

No que se refere à interceptação de comunicações telefônicas, de fluxo de comunicações em sistema de informática e telemática, bem como à captação ambiental de sinais eletromagnéticos, ópticos ou acústicos, o procedimento e seus respectivos requisitos encontram previsão na Lei n. 9.296/96. O sigilo e a quebra de dados das operações financeiras estão dispostos na Lei Complementar n. 105/2001. E o acesso a informações sigilosas, na Lei n. 12.527/2011. A inviolabilidade de domicílio protegida pelo art. 5º, XI, da CF admite a penetração no seu interior, durante o dia, por determinação judicial, além de outras exceções citadas no corpo do dispositivo (consentimento do morador; em hipótese de flagrante delito ou desastre; ou para prestar socorro).

Quanto aos outros meios de obtenção da prova, é exemplo a infiltração de agentes, inclusive no formato virtual; consta na Lei n. 12.850/2013, que trata da definição de organizações criminosas e estabelece meios de obtenção de provas.

O fundamento dessa intervenção reflete o direito de o Estado exigir dos indivíduos certos sacrifícios para o bem comum. Cedem-se bens (impostos), serviços (jurados, mesário eleitoral), inclusive a vida, como aquele morto ao defender a pátria. Consiste no pagamento da vida engajada socialmente, e em prol do bem-estar comum há certo contributo de cada integrante. E na exposição de Tornaghi: "se, portanto, esse bem comum exige que o indivíduo seja segregado a fim de se poder apurar um fato e fazer justiça, não se pode tachar de injustiça essa segregação"[27]. Diferencia-se da justiça particular – na qual a premissa se reveste da máxima de dar a cada um o que é seu, o que reflete em pena – e da justiça legal, eis que esta última obriga a cada componente da sociedade a observação de atividades capazes de prover o bem comum. Quanto à prisão provisória, não há dúvidas de que gera aflição. Iguala-se a um mal como os impostos (privação de patrimônio), serviço eleitoral, oitiva testemunhal (tempo), óbito do soldado (vida).

Nesse caminhar, a ferida oriunda da atividade do cirurgião irá gerar aflição, mas não perfaz pena. Claro que esse mal deve relegado o máximo possível, e de forma parelha a internação de um ente querido agressivo e incurável num hospício, no anseio de obstar perigo aos outros. Conclui-se que não há também dúvidas de que a prisão provisória consiste em um mal necessário, e finaliza Tornaghi: "É necessária para evitar mal maior. Mas que seja *injustiça necessária* é que se deve negar peremptoriamente: ela, em si, não é injusta".

No equivalente pensamento, *mutatis mutandis*, envolvendo a restrição de direitos fundamentais em benefício da intervenção do Estado, por meio do emprego de meios eficazes de coleta de provas e legalmente autorizados pelo juiz das garantias, no máximo, traduz-se a intervenção em tela num mal necessário, mas nunca ato de injustiça.

7.12. Julgar o *habeas corpus* impetrado antes do oferecimento da denúncia (inciso XII do art. 3º-B)

A competência para processar e julgar *habeas corpus* impetrado contra ato ilegal da autoridade policial ou particular é da primeira instância, leia-se, juiz das garantias, ressalvada a condição de o coator, ou mesmo autor da investigação, possuir foro por prerrogativa de função, como o Ministério Público, devendo prevalecer a competência originária.

---

[27] Hélio Tornaghi, *Manual de processo penal:* prisão e liberdade, v. 1.

Tendo o STF atribuído interpretação conforme para consolidar a cessação da competência do juiz das garantias até o oferecimento da denúncia, esse dispositivo se mostra irretocável.

7.13. Determinar a instauração de incidente de insanidade mental (inciso XIII do art. 3º-B)

A dúvida sobre a higidez mental do imputado poderá ocorrer na fase do inquérito policial ou durante o trâmite do processo. O procedimento a ser instaurado remete aos arts. 149 a 154 do CPP, e a instauração é de competência judicial (art. 149, *caput* e § 1º, do CPP). A linha divisória da competência do juiz das garantias e do juiz responsável pela fase processual, na instauração do incidente em tela, apoia-se na demarcação traçada no art. 3º-B, *caput* e inciso XIV, do CPP, com a modificação encetada pelo STF. Ao primeiro compete instaurar na fase da investigação policial até o oferecimento da denúncia (art. 396 do CPP); depois, ao segundo.

7.14. Decidir sobre o recebimento da denúncia ou queixa, nos termos do art. 399 deste Código (inciso XIV do art. 3º-B)

Como explanado, o STF declarou a inconstitucionalidade da expressão "o recebimento da denúncia ou queixa, nos termos do art. 399 deste Código", e atribuiu interpretação conforme para definir que a competência do juiz das garantias cessa com o oferecimento da denúncia ou queixa.

A explicação da redação original fundava-se na divergência entre correntes da doutrina a respeito do momento de recebimento da denúncia. Baseadas no CPP, uma se orienta pelo art. 396, outra pelo art. 399, e o principal efeito reside na contagem do prazo da prescrição, eis que o recebimento da denúncia é causa interruptiva da prejudicial de mérito (art. 117, I, do CP).

Talvez por notar a controvérsia, a lei se antecipou e definiu que o juiz das garantias detém competência até para receber a denúncia, e deixou expresso que seria aquela segundo os termos do art. 399 do CPP. Consequentemente, atuaria: na aferição da denúncia oferecida, instante em que lhe será possível rejeitá-la liminarmente (ausência de pressupostos processuais, p. ex.); se não a fizer, determinará a citação; se necessário, nomeará defensor ao réu; receberá a resposta do acusado, momento propício para absolvê-lo sumariamente, a teor dos incisos do art. 397 do CPP.

Na tentativa de obstar ao juiz da instrução e do julgamento do processo o conhecimento dos autos do inquérito policial, a lei estendeu a competência do juiz das garantias até o recebimento da denúncia do art. 399. Mas, com essa postura, contrariou o básico fundamento utilizado por seus defensores para introduzir a figura do juiz das garantias no CPP, qual seja, a proteção da imparcialidade do juiz para o julgamento final do processo. Se o juiz das garantias tem competência para exercer o controle, a fiscalização da fase inquisitiva e proferir decisões importantes como a imposição de medidas cautelares, segundo o mesmo fundamento *supra*, sua imparcialidade estaria comprometida e jamais deveria ser responsável pela análise de rejeição ou recebimento da denúncia, muito menos prolatar sentença de absolvição sumária do acusado.

Menor seria o problema se a competência do juiz das garantias ficasse restrita à fase extraprocessual propriamente dita. Oferecida a denúncia explicitada no art. 396, cessaria sua competência, a fim de se garantir a imparcialidade do juiz do processo para decidir pela rejeição ou recebimento da peça acusatória, prosseguindo nos atos processuais subsequentes.

Exatamente nesse instante processual de oferecimento da denúncia ou queixa foi que o STF assentou a cessação da competência do juiz das garantias.

A correção efetuada pela E. Corte trouxe coerência à exigência do § 2º do art. 3º-C, o qual determina ao juiz da instrução do processo, após o recebimento da peça de acusação, *reexaminar a necessidade das medidas cautelares em curso, no prazo máximo de 10 dias.* Basilar que o recebimento ou não da denúncia, a absolvição sumária e o reexame das cautelares demandam o conhecimento dos autos da investigação.

Porém, o § 3º do art. 3º-C dispunha que os autos que compõem as matérias do juiz das garantias não seguiriam ao juiz do processo, e ficariam acautelados na secretaria daquele, à disposição do Ministério Público e da defesa, salvo os documentos relativos às provas irrepetíveis, medidas de obtenção de provas ou de antecipação de provas.

Sem embargo, o STF declarou a inconstitucionalidade, com redução de texto, dos §§ 3º e 4º do art. 3º-C do CPP, bem como atribuiu interpretação conforme para disciplinar que os autos das matérias de competência do juiz das garantias não ficarão no arquivo de sua secretaria, e serão remetidos ao juiz da instrução e julgamento. Em consequência, este último juiz terá condições fáticas permissivas para a tomada de decisões relativas ao recebimento da denúncia e reexame das medidas cautelares impostas pelo juiz antecessor.

7.15. Assegurar prontamente, quando se fizer necessário, o direito outorgado ao investigado e ao seu defensor de acesso a todos os elementos informativos e provas produzidos no âmbito da investigação criminal, salvo no que concerne, estritamente, às diligências em andamento (inciso XV do art. 3º-B)

Muito embora a lei não assegure assistência gratuita de defensor ao investigado na fase policial, pode ele constituir advogado particular, no intuito de receber orientações jurídicas e comportamentais em sede de seu interrogatório administrativo, sem se olvidar da função de garante dos demais direitos do preso, mormente ao silêncio, à sua integridade física e mental. Essa atividade decorre do comando contido na parte final do inciso LXIII do art. 5º da CF, e seu exercício está respaldado na Lei n. 8.906/94 (Estatuto da Advocacia e a Ordem dos Advogados do Brasil). Precisamente no art. 7º, XIII e XIV, desse Estatuto encontra-se a autorização para que qualquer advogado possa examinar, respectivamente, processos não sigilosos, autos de flagrante e de investigação inquéritos.

Todavia, somente em relação aos processos sigilosos houve vedação de acesso ao advogado não constituído pela parte, com silêncio sepulcral no tocante às peças de investigação em andamento, a ponto de o Supremo Tribunal Federal editar o enunciado sumular vinculante n. 14: *É direito do defensor, no interesse do representado, ter acesso amplo aos elementos de prova que, já documentados em procedimento investigatório realizado por órgão com competência de polícia judiciária, digam respeito ao exercício do direito de defesa.*

Dessa conjugação jurídica nasce a competência do juiz das garantias para assegurar que as peças já encartadas nos autos da investigação sejam conhecidas do advogado, ressalvada – na hipótese de sigilo decretado pela autoridade policial – a exigência de poderes outorgados pelo investigado. No caso de decreto judicial, a bem da garantia da celeridade e da eficácia da investigação promovida contra organizações criminosas, exige-se, ainda, a respectiva autorização judicial daquele juiz, salvo no que diz respeito às diligências em andamento, conforme preceitua o art. 23, *caput*, da Lei n. 12.850/2013.

7.16. Deferir pedido de admissão de assistente técnico para acompanhar a produção da perícia (inciso XVI do art. 3º-B)

Infere-se dos §§ 3º e 4º do art. 159 do CPP que as partes e o assistente de acusação têm a faculdade de indicar assistente técnico, e, à míngua da figura do investigado, o entendimento resultante era o de que esse auxiliar – dotado de conhecimento específico – atuava somente na etapa processual, sob prévia admissão judicial, e depois da conclusão dos exames e elaboração do laudo pelos peritos oficiais.

A partir da Lei n. 13.964/2019, torna-se possível a atuação do assistente técnico já na fase investigativa, visto que o deferimento de sua admissão, pelo juiz das garantias, presta-se a acompanhar a produção da perícia.

Logo, a facultatividade na indicação de assistente técnico antes existente na fase processual doravante estará na etapa de competência do juiz das garantias. Sua garantia deverá ser exteriorizada, por meio da comunicação das partes, sobre a data, hora e local em que determinado ato pericial será levado a efeito, sob pena de ser ceifado o exercício da faculdade. Cientes da perícia, a efetivação desta não se vincula ao comparecimento de assistente técnico admitido judicialmente, à vista do prejuízo a que o ato se submeteria com o desaparecimento dos vestígios do crime.

Abstrai-se do regramento que a admissão do assistente técnico está restrita ao acompanhamento da perícia; a confecção e apresentação de seu parecer devem sintonizar-se com o § 4º do art. 159 do CPP. Nesse pensar, a admissão para o mero acompanhamento atende à reclamação de que a admissão do assistente técnico somente na fase processual prejudicava a adequada análise do corpo de delito, tolhia a correta aferição dos trabalhos do perito oficial e a elaboração de parecer com qualidade satisfatória. Não se confunde esse momento de participação na perícia com o instante de apresentação do parecer pelo assistente técnico, que deverá respeitar a precedência da juntada do laudo pericial.

Imaginar que o assistente possa, agora, nos autos da investigação e após a juntada do laudo do perito oficial, carrear o seu parecer significaria destoar da interpretação sistemática e traduzir morosidade à conclusão da investigação administrativa.

7.17. Decidir sobre a homologação de acordo de não persecução penal ou os de colaboração premiada, quando formalizados durante a investigação (inciso XVII do art. 3º-B)

Tais acordos representam outra parte da inovação conferida pela Lei n. 13.964/2019. O art. 28-A discorre sobre o acordo a ser celebrado entre as partes, e seus §§ 4º e 6º exigem o concurso judicial à eficácia do procedimento, à semelhança do disposto no art. 4º, § 7º, da Lei n. 12.850/2013.

Então, os acordos enumerados acima, quando firmados durante a etapa de competência do juiz das garantias, por ele serão homologados.

7.18. Outras matérias inerentes às atribuições definidas no *caput* deste artigo (inciso XVIII do art. 3º-B)

Não se desconhece a incapacidade de o legislador esgotar todas as contingências das condutas criminosas e merecedoras de semelhante censura penal. Tamanha dificuldade também se verifica na atribuição da competência do juiz das garantias, motivo pelo qual será estendida para conhecer e resolver questões variadas passíveis de desaguarem até o oferecimento da denúncia ou queixa. Para tanto, utilizam-se os moldes da técnica empregada pela lei penal, por exemplo, no homicídio qualificado dos incisos I, III e IV do § 2º do art. 121 do Código Penal.

Nas lições do "Principe dos Penalistas", o método da interpretação analógica incide "Toda vez que uma cláusula genérica se segue a uma fórmula casuística, deve entender-se que aquela somente compreende os casos análogos aos destacados por esta, que, do contrário seria inteiramente ociosa"[28]. Realmente, nota-se, no inciso III do § 2º do art. 121 do CP, que há uma fórmula casuística (*emprego de veneno, fogo, explosivo, asfixia, tortura*), seguida da cláusula genérica (*ou outro meio insidioso ou cruel ou de que possa resultar perigo comum*); então, se alguém for morto mediante emprego de ácido

[28] Nelson Hungria, *Comentários ao Código Penal*, v. 4, t. I.

sulfúrico, por ser um meio cruel semelhante ao veneno, responderá pelo cometimento de homicídio qualificado.

Exemplifica a nuance pretendida na fase da investigação a determinação de condução coercitiva da testemunha para depoimento no inquérito policial, como competência do juiz das garantias.

Repise-se, por oportuno, que o STF atribuiu interpretação conforme aos incisos IV, VIII e IX do art. 3º-B do CP, para que todos os atos praticados pelo Ministério Público como condutor de investigação penal se submetam ao controle judicial, a espelhar que o juiz das garantias atuará na gestão investigativa do *parquet*, similarmente à atuação junto ao inquérito policial.

8. DELIMITAÇÃO DA COMPETÊNCIA DO JUIZ DAS GARANTIAS

A interpretação conforme atribuída pelo STF à primeira parte do *caput* do art. 3º-C do CPP restringiu a competência do juiz das garantias, e suas normas não se aplicam às seguintes situações: a) processos de competência originária dos tribunais, os quais são regidos pela Lei n. 8.038/90; b) processos de competência do tribunal do júri; c) casos de violência doméstica e familiar; e d) infrações penais de menor potencial ofensivo. Salienta-se que, na dicção original do dispositivo, tão só era ressalvada a não aplicação perante estas últimas (letra *d*).

Causam espanto as exceções à competência do juiz das garantias, já que a essência do instituto visa à preservação da imparcialidade do juiz da instrução do processo e julgamento, mediante sua privação da prática de atos na etapa pré-processual, obstáculo fincado e orientado a impedir sua prévia formação de juízo e convicção, na quadra onde não há o exercício do contraditório e da ampla defesa.

Torna-se inevitável conjecturar, para além das explanações precedentes a respeito da desnecessidade da figura do juiz das garantias, sobre o motivo de nas situações acima descritas não haver a contaminação do julgador do processo.

8.1. Incompetência perante as infrações de menor potencial ofensivo

Certo desatino campeia a exceção da competência do juiz das garantias relativa às infrações de menor potencial ofensivo. Sabe-se que os crimes de menor potencial ofensivo são as contravenções penais e os crimes a que a lei comine pena máxima não superior a dois anos, cumulada ou não com multa, exceto aquelas derivadas de violência doméstica e familiar (art. 41 da Lei n. 11.340/2006), e, em regra, no lugar do inquérito policial se lavra, tão só, um termo circunstanciado (arts. 61 e 69 da Lei n. 9.099/95). O procedimento especial prevê a mera arrecadação de elementos probatórios, sem, contudo, alcançar o patamar de investigação criminal. Apesar de que dificilmente há necessidade da aplicação de medidas cautelares, tem-se inequívoco serem essas infrações passíveis de benefícios legais, como a composição civil e a transação penal, propostas pelo órgão de acusação, sujeitas ao esclarecimento e à homologação judicial (arts. 72, 74, *caput*, e 76 da Lei Especial). No entanto, por variados motivos – desde a ausência de direito ao benefício, a não aceitação do acordo ou o seu descumprimento –, o autor poderá ser submetido a julgamento. Dessa maneira, parece incoerente não atribuir competência ao juiz das garantias para a fase extraprocessual nessas infrações, porque a *ratio* deveria ser a mesma, no que tange à "contaminação" do juiz de instrução do processo e do julgamento da causa, visto que tomou conhecimento do acervo carreado aos autos antes da instrução processual.

Ecoa contrassenso pensar que o juiz atuante nos juizados criminais se mantém imune, enquanto aquele recebedor de singela informação sobre a instauração de qualquer investigação criminal (art. 3º-B, IV, do CPP) perdura impedido de atuar na instrução processual, impedimento este fixado pelo *caput* do art. 3º-D, a despeito da declaração de inconstitucionalidade desse dispositivo pelo STF.

8.2. Ausência do juiz das garantias nos processos de competência do Tribunal do Júri e nos casos de violência doméstica e familiar

No mesmo sentido, o disparate se espraia, por efeito da mencionada decisão do STF que excluiu a competência do juiz das garantias nos crimes julgados pelo júri (doloso contra a vida, tentado ou consumado, e seus conexos – art. 5º, XXXVIII, *d*, da CF e arts. 74, § 1º, e 78, I, do CPP). O incremento dessa exceção fere o objetivo de implantação do juiz das garantias, dado que resvala na incoerência de afastar a divisão de competências entre as funções exercidas pelo juiz togado nas etapas do procedimento dos processos afeitos ao Tribunal do Júri. Convém lembrar que na primeira fase do rito especial há o juízo de admissibilidade levado a cabo por um juiz togado; após a confirmação da pronúncia, a depender da competência da Vara Judicial, cumulativa ou especializada, o mesmo juiz figurará na condição de presidente do Júri, e, caso os jurados leigos desclassifiquem o crime doloso contra vida para outro não integrante de sua competência constitucional e legal, incumbirá ao juiz presidente conhecer dos fatos, sopesar as provas e proferir sentença, ocasião em que se poderia suscitar a parcialidade do julgador, pela "contaminação", simplesmente por ter mantido contato com as peças da investigação, ou até mesmo aplicado medidas cautelares, ou devido à sua decisão anterior de pronúncia do réu.

Análoga incongruência manifesta-se nas hipóteses dos crimes originados do contexto da violência doméstica e familiar (Lei n. 11.340/2006), no respeitante à "contaminação". A compreensão de que essas infrações prescindem da função do juiz das garantias, no modelo instituído pela Lei n. 13.964/2019, reforça os argumentos expendidos sobre a controvérsia existente, em especial quanto a sua necessidade de implantação a qualquer infração penal, porque deságua no paradoxo de que o problema já não está no juiz, e sim na matéria a ser apreciada no processo.

Em termos de formação de juízo prévio na fase da investigação, dificilmente se consegue justificar que o juiz ficaria vinculado ao seu parâmetro anterior de conhecimento e aos fundamentos de decisão dos fatos em tal etapa, quando aprecia crime em que, por exemplo, o vizinho estuprou, causou lesão física grave ou subtraiu o patrimônio da vítima mulher, e não estaria "contaminado" ao apreciar os mesmos tipos penais praticados, agora, pelo marido, companheiro, namorado ou irmão da ofendida, dentro do espectro da violência doméstica e familiar.

8.3. Inaplicabilidade nos processos de competência originária dos Tribunais

Por força da decisão do STF, não haverá a aplicação das normas do juiz das garantias aos processos de competência originária dos tribunais, os quais são regidos pela Lei n. 8.038/90. Numa análise perfunctória do texto dessa lei, aparentemente, a exceção ficaria restrita aos processos de competência originária do STJ e do STF. Contudo, ao se aferir as disposições da Lei n. 8.658/93, constata-se que seu art. 1º determina que às ações penais de competência originária dos Tribunais de Justiça dos Estados e do Distrito Federal e dos Tribunais Regionais Federais sejam aplicadas as normas dos arts. 1º a 12 da Lei n. 8.038/90. Esses dispositivos cuidam, justamente, do procedimento especial adotado nos processos de competência originária junto ao STJ e ao STF. Portanto, pode-se concluir que os processos de competência originária dos tribunais são também regidos pela Lei n. 8.038/90, e se enquadram na exceção implementada pela Suprema Corte.

Carece pontuar a margem de incompreensão da supressão do juiz de garantias, simplesmente porque lei especial trata do procedimento de competência originária dos tribunais, ou sob o ângulo de que o julgamento é colegiado, e essa característica eliminaria o viés da "contaminação". Fosse assim, também estariam excluídos todos os processos que tramitam pelos tribunais, uma vez que os regimentos internos são especiais em comparação com o CPP e o julgamento se perfaz colegiadamente.

No silêncio da Lei n. 13.964/2019 e do STF, implica dizer que haverá atuação do juiz das garantias nos demais processos analisados pelos tribunais, e que não integram sua competência originária para o julgamento. Ainda, o efeito das exceções do juiz das garantias em sede de primeiro estende-se ao segundo grau, razão pela qual essa função não existirá no tribunal quando os processos forem oriundos do contexto da violência doméstica ou da competência do Tribunal do Júri. Na inconsistência do instituto exemplificada pela prática de estupro pelo ex-marido ou namorado contra a mulher, sem a atuação do juiz das garantias, e na mesma conduta criminosa praticada pelo vizinho, como dito alhures, caso este em que atuará esse juiz, de igual maneira a insensatez acompanhará a forma de proceder do tribunal ao apreciar o respectivo recurso.

De qualquer jeito, os tribunais precisarão regrar o procedimento de atuação do juiz das garantias em segundo grau, a fim de atender às demandas recursais, dentro da projeção de preservação da Câmara Criminal que, futuramente, julgará eventual apelação, sem que antes se possa "contaminar", ao julgar, por exemplo, um recurso em sentido estrito referente ao mesmo processo.

No que concerne aos recursos dos julgados das infrações de menor potencial ofensivo, é cediço que são interpostos perante o Colégio Recursal, onde, com norte no mesmo raciocínio, não contarão com a atuação do juiz das garantias.

9. REGRA DE TRANSIÇÃO E EFICÁCIA TEMPORAL AO INÍCIO DO JUIZ DAS GARANTIAS

Importante registrar a decisão do STF que fixou a seguinte regra de transição: "quanto às ações penais já instauradas no momento da efetiva implementação do juiz das garantias pelos tribunais, a eficácia da lei não acarretará qualquer modificação do juízo competente".

O regramento do art. 2º do CPP dispõe que a lei processual penal se aplica, nas searas administrativa e judicial, a contar de sua vigência, sem prejudicar a validade dos atos realizados sob a vigência da lei anterior. Apesar disso, tendo em conta que a doutrina discute hipóteses de retroação de leis híbridas e daquelas tipicamente processuais, mas relacionadas a direitos humanos fundamentais, andou bem o STF ao definir a regra de transição e promover, desde logo, segurança jurídica.

Nessa toada, ao ser implantado o juiz das garantias, sua atuação incidirá sobre as investigações em curso e propiciará o exercício da função de juiz da instrução do processo e julgamento a partir do oferecimento das denúncias provenientes da etapa em que atuou.

A par disso, considerando que o oferecimento da denúncia cessa a competência do juiz das garantias, e se presta a inaugurar o processo, aquelas ações já iniciadas poderão contar com o mesmo juiz que participou da fase das investigações, agora na fase da instrução do processo e seu julgamento.

Por lógica, o STF declarou a inconstitucionalidade parcial, por arrastamento, do art. 20 da Lei n. 13.964/2019, no que se refere ao prazo de 30 dias para a instalação do juiz das garantias, e, ao declarar a constitucionalidade do art. 3º-B do CPP, fixou o prazo de 12 meses, a contar da publicação da ata do julgamento, para que sejam adotadas as medidas legislativas e administrativas necessárias à efetiva implantação e funcionamento do juiz das garantias em todo o país, conforme as diretrizes do Conselho Nacional de Justiça (CNJ) e sob supervisão dele. Previu a prorrogação do prazo, por no máximo 12 meses, devendo a justificativa ser apresentada em procedimento realizado junto ao mesmo Conselho.

10. CONSIDERAÇÕES FINAIS

Considerando a declaração de inconstitucionalidade da expressão "recebimento da denúncia ou queixa na forma do art. 399 deste Código, o CPP", e a atribuição de interpretação conforme para fixar que a competência do juiz das garantias cessa com o oferecimento da denúncia ou queixa, consequentemente, o STF adotou idêntico procedimento para declarar inconstitucional o termo "Recebida" inserido no § 1º do art. 3º-C do CPP, e assentar que, oferecida a denúncia ou queixa, as questões pendentes serão decididas pelo juiz da instrução e julgamento.

Novamente, com base na motivação já declinada, o STF declarou inconstitucional o termo "recebimento" contido no § 2º do art. 3º-C do CPP, e assentou que, após o oferecimento da denúncia ou queixa, o juiz da instrução e julgamento deverá reexaminar a necessidade das medidas cautelares em curso, no prazo máximo de 10 dias.

As atividades relacionadas à solução das questões pendentes e o reexame das medidas cautelares impostas pelo juiz das garantias obviamente impunham o acesso dos autos da fase investigativa pelo juiz da instrução e julgamento, a fim de conhecer os fatos e proferir adequadas decisões. Acontece que os §§ 3º e 4º do art. 3º-C do CPP impediam a remessa dos autos correspondentes às matérias de competência do juiz das garantias ao juiz da instrução. Ficariam acautelados na secretaria do primeiro juiz, assegurado amplo acesso às partes, seguindo aos autos do processo tão somente os documentos relativos às provas irrepetíveis, medidas de obtenção de provas ou de antecipação de provas, que deverão ser remetidos para apensamento em apartado.

A simples reflexão daquela vedação do apensamento dos autos do inquérito aos autos do processo enviado ao juiz da instrução ou do processo, aparentemente, seria prontamente frustrada no instante em que qualquer das partes promovesse sua juntada, com o fito de justificar algum pedido. E, como aquele material foi produzido sob o controle e a fiscalização judicial, não se entrevê ilicitude na formação da prova para que se obstasse o ingresso nos autos do processo. A proibição da lei limitava a remessa dos autos de competência do juiz das garantias ao juiz de instrução, sem que vedasse a promoção da juntada das peças do procedimento administrativo pelas partes interessadas, o que afasta eventual alegação de nulidade por prova ilegítima – violadora de regra processual –, que consiste numa espécie de prova ilícita.

Todo esse descalabro findou-se com a declaração de inconstitucionalidade, com redução de texto, dos §§ 3º e 4º do art. 3º-C do CPP, e a atribuição de interpretação conforme para entender que os autos que compõem as matérias de competência do juiz das garantias serão remetidos ao juiz da instrução e julgamento.

Não é só. O art. 3º-D, incluído pela Lei n. 13.964/2019, estava mal redigido, e demonstrava ser cópia não adaptada do Projeto do Novo Código de Processo Penal que tramita pela Comissão Especial da Câmara dos Deputados, *in verbis*: "O juiz que, na fase de investigação, praticar qualquer ato incluído nas competências dos arts. 4º e 5º deste Código ficará impedido de funcionar no processo". Basta a simples conferência para constatar que as "competências dos arts. 4º e 5º deste Código" não correspondem ao texto relativo a competências, mas referem-se à atribuição da polícia judiciária e às formas de instauração do inquérito policial. Não menos ruim se revelou a invasão legiferante do Parlamento, contida no parágrafo único do malfadado art. 3º-D, ao estabelecer que os tribunais devem criar um sistema de rodízio entre magistrados, a fim de implantar o juiz das garantias nas comarcas em que funcionar apenas um juiz. Sob viés de mecanismo da processualística penal, nítido que esse comando afrontava a autonomia de organização judiciária inerente aos tribunais (arts. 96 e 125, § 1º, da CF). Atento a isso, o STF declarou a inconstitucionalidade do *caput* do art. 3º-D, e a inconstitucionalidade formal de seu parágrafo único.

A Corte vedou a transitoriedade e a escolha direcionada do magistrado para o exercício da função de juiz das garantias. Nessa acepção atribuiu interpretação conforme ao art. 3º-E do CPP, para assentar que tal juiz será investido e não designado, conforme as normas de organização judiciária da União, dos Estados e do Distrito Federal, observando critérios objetivos a serem periodicamente divulgados pelo respectivo tribunal.

Quanto ao *caput* do art. 3º-F do CPP, o STF declarou sua constitucionalidade. Mas atribuiu interpretação conforme ao seu parágrafo único, para assinalar que a divulgação de informações sobre a realização da prisão e a identidade do preso pelas autoridades policiais, Ministério Público e magistratura deve assegurar a efetividade da persecução penal, o direito à informação e a dignidade da pessoa submetida à prisão.

A postura da lei e a modificação do STF pretendem harmonizar a tarefa do juiz das garantias de assegurar o tratamento digno aos presos – impedindo o ajuste entre qualquer autoridade com órgãos da imprensa para explorar a imagem da pessoa submetida à prisão, sob pena de responsabilidade –, com a divulgação de informações capazes de auxiliar a atividade persecutória e o direito à informação.

Invariavelmente, vê-se a exposição gratuita de pessoa sob custódia estatal, numa roupagem própria de espetáculo público, tendente à promoção política ou visibilidade pessoal do servidor público, de seu superior hierárquico ou mesmo do órgão a que pertence, em detrimento da imagem de pessoa presumidamente não culpada ou inocente, e, mesmo que condenada, não estaria ela sujeita à execração pública.

Por outro giro, a divulgação de informações concernentes à prisão ou sobre a identidade do preso pode auxiliar na investigação, sobretudo na redução do pânico social e elevação da sensação de segurança, além da descoberta de vítimas que se apresentam às autoridades, de comparsas etc.

A disciplina da questão certamente perpassa pela ponderação de valores e princípios em aparente conflito, e o critério da proporcionalidade no sopesamento dessas grandezas determinará qual prepondera no caso concreto, com redução de direitos e não o seu esgotamento, em favor do interesse público objetivamente projetado.

11. CONCLUSÃO

As preocupações apresentadas nos itens 2 e 3 foram minimizadas pela intervenção do Supremo Tribunal Federal, ao julgar as ações diretas de inconstitucionalidade listadas na introdução.

Especialmente, a redução da extensão da competência do juiz das garantias, a cessação da competência dele no instante do oferecimento da denúncia e a remessa dos autos da fase investigativa em que ele figurou aos autos do processo desconstruíram, em parte, o argumento de que o juiz perde a imparcialidade ao manter contato com peças do procedimento investigativo, e tornaram exequíveis as atividades previstas em alguns dispositivos, como o reexame da medida cautelar imposta pelo juiz das garantias a ser levada a termo pelo juiz da instrução do processo.

A autorização excepcional para a realização da audiência de custódia, por meio de videoconferência, a adequação de prazos a sua realização e do inquérito, representaram avanços significativos, porque mais afeitos à realidade tecnológica, às distâncias geográficas entre os sujeitos processuais, à natureza dos delitos, aos índices criminais e à complexidade de apuração criminal inerentes aos variados tipos penais.

Realmente, a inconstitucionalidade do comando legal que determinava um rodízio entre magistrados para comporem o juiz das garantias na comarca em que funciona apenas um juiz trouxe o efeito de ressaltar a importância da independência do Judiciário em sua organização, porquanto conhece sua área de competência, recursos humanos e financeiros, para projetar o investimento necessário ao cumprimento da tarefa, além de obstar a escolha rotativa ou direcionada à designação no novo modelo de função processual.

O controle pelo Judiciário da investigação criminal promovida pelo Ministério Público acompanhou o mesmo procedimento relativo ao inquérito policial, em aparente perenização do mecanismo, de índole constitucional, chamado de "freios e contrapesos", de modo que um Poder da República, de alguma forma, exerce relativo controle sobre o outro.

A dificuldade de analisar *interna corporis* todas as promoções de arquivamento pelo Ministério Público – de inquéritos policiais, PIC, demais peças e espécies de investigação – contou com uma formatação abrangente para aferição e controle do ato. Desde a remessa interna, como a submissão ao juiz competente, com a comunicação da vítima, do investigado e da autoridade policial, representam a lúcida transparência de atuação do órgão ministerial e oportunizam aperfeiçoamento dos trabalhos ligados à persecução penal.

No tocante à fixação dos 12 meses de prazo para efetiva implementação e funcionamento do juiz das garantias em todo o país, com critério de prorrogação por igual período, viabiliza a inserção das despesas junto ao orçamento anual, e permite a adoção de medidas atinentes à exigência peculiar da divisão da função do juiz na persecução penal, desde acomodações prediais, efetivo humano, equipamentos, materiais e modificação legislativa.

O estabelecimento da regra de transição atraiu segurança jurídica e evitará a proliferação de recursos junto aos tribunais e cortes superiores.

Após expostas muitas das incoerências do modelo de juiz das garantias pretendido pelos seus defensores, com lastro em sistemas processuais distintos, mostrou-se o produto deformado – ao arrepio de institutos processuais penais consagrados, transmitidos por notáveis e inesquecíveis juristas –, revelando-se inservível ao que se pretendia.

A sobrevivência do instituto transpareceu o socorro e o esforço da Suprema Corte, que operou profundamente para retalhar e expurgar suas bases originais, na tentativa de construir uma figura capaz de representar, ao menos, certa porção do espírito da criatura imaginada, como se fértil fosse à preservação da imparcialidade do julgador do processo.

E, nas palavras vertidas em sua mais recente obra, Fernando da Costa Tourinho Filho, ao entender desnecessária e tecer severas críticas à introdução do juiz das garantias no processo penal, leciona: "O nosso Código de Processo Penal não deve conter disposições mirabolantes nem empavonadas, uma vez que a maioria das nossas comarcas tem apenas um juiz (quando tem!), de sorte que teríamos uma aplicação desunificada do CPP, a menos que venham a ser criados cargos de 'juiz das garantias', com evidente sangria aos cofres públicos, descaradamente maltratados, em detrimento do bem-estar da população carente e sofrida, que no Brasil assume proporção bem significativa, para não dizer alarmante, e sem nenhum proveito"[29].

O sistema criminal brasileiro diferencia-se dos demais, a começar pela posição da autoridade policial, sem vínculo de subordinação com o Ministério Público, em concorrência de atribuições para a investigação criminal, ao menos no âmbito estadual, onde há maior incidência de práticas criminosas. O Poder Judiciário não integra a magistratura, e não há revezamento de funções entre juízes e promotores, tão menos existe a figura do juiz de instrução, com ascendência investigativa, nem o modelo de julgamento colegiado ou escabinado. A representação continental, a ausência de infraestrutura e a miséria bastam para representar tantas outras diferenças que seriam essenciais à contabilização para tamanha modificação procedimental no estatuto processual penal, levada a termo sem base empírica e estudo científico sólido da figura do juiz das garantias, quanto a sua eficácia, superior vantagem ao modelo atual, e na sua repercussão nos setores jurídico, estrutural, humano e econômico dos entes federativos.

Espera-se que as acomodações trançadas pelo Supremo Tribunal Federal surtam sucesso no objetivo desenhado ao juiz das garantias. Por outro ângulo, caso detectada sua inservibilidade, seu

[29] Fernando da Costa Tourinho Filho, *Código de Processo Penal comentado*, 19. ed., v. 1.

prejuízo à celeridade na persecução criminal sem alcançar a adequada preservação da imparcialidade do julgador, mesmo mensurado seu elevado dispêndio ao erário público, aliado ao baixo aproveitamento, seja a figura retirada do processo antes que a corrosão e corrupção prestem-se ao arranjo da falência do sistema processual penal.

12. SÍNTESE

A relação jurídica processual penal

O processo tem uma faceta formal, podendo ser visto como conjunto ordenado de atos voltados a uma finalidade específica, e também tem seu aspecto relacional (dinâmico), pois as partes efetivamente atuam no processo, assumindo, por vezes, posições jurídicas diversas.

Características da relação jurídica processual

• *trilateralidade*: juiz, autor e réu;

• *autonomia*: o processo tem autonomia em relação ao seu objeto;

• *caráter público da relação jurídica processual*: uma vez que se desenvolve sob a direção e intervenção do Estado;

• *progressividade*: avança rumo à decisão final;

• *complexidade*: ora a parte é titular de direitos e poderes, ora de ônus e obrigações.

Pressupostos processuais

a) Pressupostos de existência

• existência de órgão investido de jurisdição penal;

• pedido (objeto do processo);

• partes.

b) Pressupostos de validade

• quanto ao juiz:

– competência;

– imparcialidade.

• quanto às partes:

– capacidade de ser parte;

– capacidade processual;

– capacidade postulatória.

• quanto ao objeto:

– originalidade – inexistência de atos impeditivos;

– inexistência de irregularidade procedimental que enseje prejuízo às partes.

Sistemas processuais

Têm as mesmas características, que aparecem em maior ou menor grau. São eles:

• *inquisitivo*;

• *acusatório*.

Há duas correntes acerca da classificação do sistema processual brasileiro:

a) *Misto:*

– 1ª fase: inquisitiva – inquérito policial – por não haver contraditório;

– 2ª fase: acusatória – instauração da relação processual – passam a vigorar as garantias constitucionais das partes, principalmente as que beneficiam o acusado.

b) *Acusatório:* – há parte da doutrina que defende que nosso sistema é apenas acusatório, pois inquérito policial não é processo.

Capítulo IV
OS PRINCÍPIOS DO PROCESSO PENAL

1 INTRODUÇÃO E CONCEITO

Antes de falarmos em "princípios do processo penal", falemos em "princípios". A expressão "princípio" na ciência do direito é vaga e ambígua. Seu conteúdo é objeto de grande controvérsia[1]. De sua origem etimológica, temos que, do latim, *principium,* compõe-se de duas ideias: a de *primus,* "primeiro", e a de *cipium,* que provém de *capio,* significando pegar ou considerar[2]. Assim, "princípio" é considerar algo do começo, ou compreender (tomar) o que vem primeiro. Esse sentido – apenas um dos vários possíveis – já fora analisado por Aristóteles, na medida em que busca o ponto de partida de um conhecimento, sua análise e interpretação de algo[3].

Como as definições doutrinárias não são precisas, identificam-se até 11 diferentes conceitos para o termo[4], isto porque se entende aplicável a todas as coisas concebidas como fundamento ou começo de operações físicas ou mentais[5]. Assim, no processo penal, por conseguinte, reproduz-se a profusão conceitual. Por primeiro, alude-se aos princípios como direitos e garantias individuais, tratando-os sob a mesma epígrafe. Outros, ainda, tratam de princípios como requisitos da jurisdição, falando, inclusive, em princípios do procedimento e princípios do processo, dentre vários outros sentidos.

Para efeito didático e visando ao conceito mais condizente com a doutrina brasileira, entendemos os *princípios do processo penal – ou princípios informativos do processo penal* – como aquelas *normas que, por sua generalidade e abrangência, irradiam-se por todo o ordenamento jurídico, informando e norteando a aplicação e a interpretação das demais normas de direito, ao mesmo tempo que conferem unidade ao sistema normativo e, em alguns casos, diante da inexistência de regras, resolvendo diretamente os conflitos*. Destarte, quando tais normas (princípios) conferem garantias de cunho fundamental (direitos fundamentais[6]) aos jurisdicionados, alude-se então às *garantias fundamentais*, que, em sede de processo penal, configuram as *garantias processuais*. Bem se vê, daí, o diálogo constante e a difícil separação da expressão "princípios" e "garantias".

Afirmada a plurivocidade da expressão "princípio", combate-se, igualmente, o seu uso abusivo, que conduz à perda de significado de tão importante conceito jurídico[7]. Dada sua transcendental importância na dinâmica processual, passemos a um estudo sistemático dos princípios.

---

[1] Jerzy Wróblewski, *The judicial application of law*, p. 40.

[2] Guillermo J. Yacobucci, *El sentido de los principios penales*, p. 59.

[3] Guillermo J. Yacobucci, *El sentido de los principios penales*, p. 58.

[4] Manuel Atienza e Juan Ruiz Manero, *A theory of legal sentences*, p. 5.

[5] Yacobucci, *El sentido de los principios penales*, p. 59.

[6] A confusão conceitual e a profusão vernacular não são fenômenos isolados em território brasileiro. A propósito, *vide* Juan Montero Aroca, *Derecho jurisdiccional III: proceso penal*, 11. ed., p. 33-39. Especialmente, temos que o problema terminológico gera uma interconexão de diversas categorias processuais e constitucionais de difícil distinção. Por exemplo, somente para falarmos em termos de *direitos fundamentais*, Scheuner, em *um* artigo, tratando destes, utiliza 21 diferentes expressões com conotações teórico-estruturais: "garantias de liberdade", "princípios de conformação social", "elementos de ordenação social", "princípios constitucionais", "barreira" (da liberdade de conformação do legislador), "objetivo", "missão", "diretriz obrigatória", "princípios e determinações em seu conteúdo institucional-funcional", "máximas", "determinações objetivas", "marco", "liberdades dos direitos fundamentais", "objetivos dos direitos fundamentais", "participação", "direitos sociais", "determinação dos fins do Estado", "concepções dos fins", "vinculação a fins", "mandatos legislativos" e "diretrizes" (cf. Robert Alexy, *Teoría de los derechos fundamentales*, 2. reimpr. p. 41).

[7] Teresa Armenta Deu, *Lecciones de derecho procesal penal*, p. 69.

1.1. Estudo sistemático dos princípios

Com efeito, tal estudo – o do sistema de princípios processuais – é ainda recente na doutrina processual penal. As primeiras linhas da matéria foram desenvolvidas por doutrinadores alemães (Hellwig, Goldschmidt etc.) ainda nas primeiras décadas do século XIX[8], uma vez que os autores italianos do século XIX (Pescatore, Mattirolo etc.) não haviam estudado o tema de forma sistemática[9]. Mesmo Chiovenda, Carnelutti e Calamandrei, já ao longo do século XX, cujas contribuições ao direito processual são gigantes, não estudam o tema como uma teoria geral de princípios, mas o fazem de forma dispersa, não sistemática, deixando de dar-lhes unicidade[10].

No específico âmbito do processo penal, os princípios inerentes a ele devem ser estudados sob a ótica do direito constitucional e do direito processual em íntima relação. Com efeito, como já se referiu alhures, "estudar o tema dos princípios de processo penal é o mesmo que analisá-lo em seu conjunto, pois qualquer que seja o aspecto, momento, ou ato do mesmo que se considere, permite a referência aos postulados que o inspira, condiciona e o configura"[11], daí falar-se em estudo sistemático. É que a configuração dos princípios processuais constitui um elemento essencial para que se possa compreender toda a mecânica e íntima fisiologia do sistema processual, donde reside sua máxima importância prática, principalmente porque, em sua maioria, os princípios estão positivados, já não mais pertencendo à antiga configuração de "princípios gerais de direito", constituindo, hoje, normas de aplicação direta[12].

2. CRITÉRIOS PARA CLASSIFICAÇÃO

No que diz respeito aos critérios adotados para a classificação dos princípios, é possível dividi-los em:

a) *explícitos,* ou seja, aqueles expressamente formulados em dispositivos normativos na ordem jurídica (CF, CPP); e

b) *implícitos,* que são aqueles, que embora não expressamente formulados nas leis, extraem-se intelectualmente das proposições normativas existentes na ordem jurídica, interpretando-as como um conjunto coerente.

3. QUANTO À CLASSIFICAÇÃO

A classificação dos princípios é arbitrária na doutrina, variando enormemente. Há quem defenda a classificação de Roxin como a mais clara[13]. De fato, por manter a preocupação de uma coerência lógica, a reproduzimos, de modo a adaptá-la ao processo penal brasileiro, facilitando assim o seu estudo. Destarte, os princípios processuais penais se classificam conforme consideremos[14]:

a) *a iniciação do processo*: princípio da oficialidade, princípio do devido processo legal, princípio do juiz natural etc.;

b) *a relação processual*: princípio da investigação (instrução, averiguação e princípio da verdade material); princípio da igualdade das partes, do contraditório; princípio da celeridade processual etc.;

---

[8] Millar, The formative principles of civil procedure, *Illinois Law Review*, 1923, v. 8, p. 89.

[9] J. Picó I Junoy, *El principio de la buena fe procesal*, p. 45.

[10] J. Picó I Junoy, *El principio de la buena fe procesal*, p. 45-46.

[11] Alberto Montón Redondo, Principios fundamentales del proceso penal, *in Homenaje a Don Antonio Hernández Gil*, v. 3, p. 3191.

[12] J. Picó I Junoy, *El principio de la buena fe procesal*, p. 49.

[13] Juan-Luis Gomez Colomer, *El proceso penal alemán: introducción y normas básicas*, p. 44.

[14] Claus Roxin, *Derecho procesal penal*, p. 77 e s.

c) *probatórios*: princípio do livre convencimento, princípio da "proibição de prova ilícita", princípio do *in dubio pro reo* etc.;

d) *a forma:* oralidade, publicidade.

Bem de ver que a classificação não é rígida, podendo os princípios figurar concomitantemente em tópicos diversos. Assim, quando dizemos "forma oral", aduzimos igualmente o "devido processo legal", que se encontra classificado segundo "a iniciação do processo"; quando aludimos ao critério probatório da "proibição da prova ilícita", aludimos igualmente a igualdade das partes (critério da realização do processo), podendo-se dar campo a infinitas combinações. *A taxonomia, portanto, é flexível e dialoga consigo mesma.*

4. AS ANTÍTESES TEÓRICAS (DOS PRINCÍPIOS DO PROCESSO PENAL)

As *antíteses teóricas*[15] são as possibilidades lógicas de opor a cada um dos princípios um correspondente princípio antagônico. Assim, ao *princípio da oficialidade* opõe-se o *princípio da iniciativa das partes;* ao *princípio da verdade material* contrapõe-se o *princípio da verdade formal;* ao *princípio "in dubio pro reo"* antagoniza-se o *princípio "in dubio pro societate"*; ao *princípio da legalidade ou da obrigatoriedade* opõe-se o *princípio da oportunidade* etc.

5. CONFLITO DE PRINCÍPIOS (GARANTIAS) PROCESSUAIS

Questão tormentosa para a doutrina é saber a natureza jurídica das normas positivadas no ordenamento jurídico-processual. Sabendo que as normas podem ser divididas em regras ou princípios, resta saber se os chamados "princípios processuais", uma vez positivados, são "normas-regras" ou "normas-princípios", dificuldade acentuada pelo fato da grande e arbitrária classificação havida dos princípios no processo penal. No caso de aceitarmos a natureza jurídica dos "princípios" (garantias) como "princípios do direito" – "os princípios processuais têm natureza de *princípios*" –, estariam eles sujeitos ao chamado "conflito de princípios" sempre que, em dada situação jurídica, princípios colidentes aparentassem aplicação a essa mesma situação. Nesse caso – conflito dos princípios –, somente saberemos qual deles deverá ser aplicado por meio de novos métodos hermenêuticos: os *critérios de ponderação, razoabilidade ou do chamado "princípio da proporcionalidade"*, isto porque os métodos clássicos de interpretação jurídica (literal, lógico, teleológico etc.) foram concebidos em uma época em que o ordenamento jurídico processual era tido como repositório de "regras", não sendo concebido naquele tempo, com maior profundidade, o estudo dos princípios. Assim, no caso de os "princípios" serem reputados "regras", geralmente se aplica uma ou outra delas, por validez, de ordinário recorrendo-se à metodologia hermenêutica clássica. Uma das regras, portanto, sendo válida, provoca a invalidez de outra, pois as regras são aplicáveis ao modo *all or nothing* (tudo ou nada) – na lição de Ronald Dworkin –, enquanto os princípios não são considerados inválidos. Ao contrário, continuam vigendo mesmo que não os apliquemos, somente que, em dado caso concreto, cedem passo a outro, reputado de maior valor para aquele caso, uma vez feita a ponderação dos valores em jogo. *Vide* como exemplo a questão da ilicitude das provas e o princípio da proporcionalidade, ao qual remetemos o leitor. Nesse caso, considerada a norma constitucional que veda a utilização de provas ilícitas uma "regra" (o chamado princípio da proibição de provas ilícitas), esta não admite flexibilização, ou seja, veda-se terminantemente a utilização de qualquer prova nessas condições; contudo, se entendermos que tal norma é um "princípio" (e não uma regra), em determinadas situações, considerando-se o caso que se julga, pode-se ou não validar a chamada prova ilícita, porquanto se fará uma ponderação ou sopesamento entre os valores ou interesses que se opõem.

---

[15] Claus Roxin, *Derecho procesal penal*, p. 79.

6. PRINCIPAIS PRINCÍPIOS PROCESSUAIS PENAIS

Os princípios mais comumente mencionados pela doutrina e jurisprudência pátrias, de acordo com sua topografia legal, são apresentados a seguir.

6.1. Princípio do devido processo legal (devido processo penal)

Fundamento legal: art. 5º, LIV, da Constituição Federal ("ninguém será privado da liberdade ou de seus bens sem o devido processo legal").

Mais tecnicamente, em sede penal, chamado de *devido processo penal*[16]. "Devido processo legal" é expressão que deriva do inglês *due process of law*[17], constituindo, basicamente, a garantia de que o conteúdo da jurisdicionalidade é a legalidade (*nullus actum sine lege*)[18], ou seja, o rigor de obediência ao previamente estabelecido na lei. De fato, a origem histórica do princípio é inglesa (art. 39 da Magna Carta, outorgada em 1215 por João Sem Terra aos barões ingleses[19]), muito embora a concepção moderna do que venha a ser o devido processo legal se deva, em grande medida, à construção jurisprudencial da Suprema Corte norte-americana.

6.1.1. Princípio do devido processo legal material e formal

A moderna doutrina o considera *cláusula de segurança* do sistema jurídico, identificando dois distintos aspectos ínsitos ao princípio do devido processo legal:

a) devido processo legal material; e

b) devido processo legal formal.

a) O *devido processo legal em sentido material* ou *substancial* (*substantive due process of law*) refere-se ao direito material de garantias fundamentais do cidadão, representando, portanto, uma *garantia* na medida em que protege o particular *contra qualquer atividade estatal que, sendo arbitrária, desproporcional ou não razoável, constitua violação a qualquer direito fundamental*.

É um *princípio de conceituação aberta*, porque implica o fato de que seu *conteúdo não é definido "a priori"*. Assim, a aplicação do princípio do devido processo legal material refere-se à apreciação de cada caso, avaliando-se, diante das peculiaridades de cada situação individualmente considerada, se houve, pela atuação do Estado, afronta a direito do particular.

O desrespeito ao devido processo legal pode ser oposto a atos de qualquer natureza, emanados de qualquer dos órgãos do governo e de qualquer dos Poderes do Estado, inclusive do Legislativo. Vale dizer, o Estado não pode legislar abusivamente, mas deve fazê-lo respeitando o princípio da proporcionalidade; este, por sua vez, arrima-se em várias cláusulas constitucionais, donde ressalta, dentre elas, principalmente, aquela que garante o *substantive due process of law* (CF, art. 5º, LIV)[20]. Assim, o Poder Judiciário, provendo a sociedade com um devido processo legal, poderá proferir ju-

---

[16] Rogério Lauria Tucci, *Direitos e garantias individuais no processo penal brasileiro*, 2. ed., p. 67.

[17] A tradução usual – "devido processo legal" – não parece a mais adequada, porquanto a expressão "law", em inglês, não poderia ser trasladada ao português apenas como "lei", por ser algo mais amplo, a retratar todo o universo jurídico, o mundo do direito a que se aferra o princípio do devido processo legal. Isso é tão mais marcante pelo fato de que na esfera anglo-americana – onde nasce o princípio – a diferença entre "regras" e "princípios" (mandatos de dever-ser pertencentes ao gênero norma) tem relevância ímpar, uma vez que, nesses países, ao contrário do Brasil, o direito nasce principalmente da *case law*, não tendo como fonte primária o direito legislado.

[18] Rosemiro Pereira Leal, *Teoria geral do processo*, p. 173.

[19] Sendo o art. 39 da Magna Carta inglesa o antecedente mais antigo da garantia do devido processo legal – assim é aceito pela doutrina –, vieram-lhe textos subsequentes, que lhe foram estruturando, tal como hoje o concebemos. *Vide*, a propósito, Vicente Greco Filho, *Tutela constitucional das liberdades*, p. 32.

[20] STF, TP, ADI 1.407-2, Rel. Min. Celso de Mello, j. 7.3.1996, *DJU*, 24.11.2000, p. 86.

ízos acerca da própria razoabilidade ou proporcionalidade de determinado dispositivo normativo, mitigando sua aplicação ou mesmo determinando sua inaplicabilidade a partir de seu prudente arbítrio. Trata-se, pois, de um instrumento amplo para flexibilizar a atuação do poder do Estado de acordo com parâmetros de racionalidade ou do princípio da proporcionalidade.

b) Por seu turno, o *devido processo legal formal,* ou em *sentido processual* (*procedural due process of law*), tem como conteúdo certas *garantias de natureza processual*, conferidas às partes tanto no trâmite do processo quanto no que diz respeito à sua relação com o Poder Judiciário.

A cláusula do devido processo legal estabelece a garantia do acusado de ser processado segundo a forma legalmente prevista, reconhecendo no processo penal, além de sua instrumentalidade, também sua *natureza constitucional*[21]. O Estado está obrigado, na busca da satisfação de sua pretensão punitiva, a obedecer ao procedimento previamente fixado pelo legislador, vedada a supressão de qualquer fase ou ato processual ou o desrespeito à ordem do processo. À guisa de exemplo, o funcionário público acusado da prática de um crime funcional afiançável deverá ser processado conforme o rito previsto nos arts. 513 e seguintes do Código de Processo Penal, sob pena de nulidade do feito.

Ao lado dessa dimensão fundamentalmente procedimental – que constitui o sentido original do princípio do devido processo legal, paulatinamente alargado com o tempo –, o devido processo legal formal consubstancia-se também na disponibilização, aos cidadãos, de mecanismos eficazes de atuação perante o poder estatal. *A implementação de um devido processo legal processual, portanto, implica garantir às partes uma atuação efetiva durante o desenrolar do processo (deduzindo pretensões, produzindo provas, fazendo alegações), na busca do convencimento do juiz*, obrigando este à plena obediência ao princípio. Nesse sentido, já se reconheceu o *cabimento de recurso extraordinário por ofensa direta à Constituição Federal*, quando o órgão julgador deixou de analisar pressupostos de recorribilidade, e, portanto, fez com que seu silêncio configurasse vício (de procedimento) infrator da garantia do devido processo legal[22]. O devido processo legal, assim, constitui um conjunto de garantias suficientes para possibilitar às partes o exercício pleno de seus direitos, poderes e faculdades processuais.

6.2. Princípio do contraditório

Fundamento legal: art. 5º, LV, da Constituição Federal ("aos litigantes, em processo judicial ou administrativo, e aos acusados em geral são assegurados o *contraditório* e ampla defesa, com os meios e recursos a ela inerentes").

O contraditório, na já clássica definição de Canuto Mendes de Almeida, é "a ciência bilateral dos atos e termos processuais e possibilidade de contrariá-los"[23], pelo que representa uma garantia conferida às partes de que elas efetivamente participarão da formação da convicção do juiz. Nesse sentido, como muitos dos princípios referidos nesse capítulo, está, em certa medida, contido no conjunto das garantias que constituem o princípio do devido processo legal formal.

O princípio do contraditório significa que cada ato praticado durante o processo seja resultante da participação ativa das partes. Origina-se do brocardo *audiatur et altera pars*. A aplicação do princípio, assim, não requer meramente que cada ato seja comunicado e cientificado às partes (contraditório formal). Relevante é que o juiz, antes de proferir cada decisão, ouça as partes, dando-lhes igual oportunidade para que se manifestem, apresentando argumentos e contra-argumentos. Destarte, o juiz, ao proferir a decisão, deve oferecer às partes oportunidade para que busquem, pela via da argumentação, ou juntando elementos de prova, se for o caso, influenciar a formação de sua convicção

[21] TACrimSP, AP, Rel. Ary Belfort, *JTACrimSP*, 69/300.

[22] STF, 2ª T., HC 79.572-3, Rel. Min. Marco Aurélio, j. 29.2.2000, *DJU*, 22.2.2002, p. 34.

[23] Joaquim Canuto Mendes de Almeida, *Princípios fundamentais do processo penal*, p. 82.

(contraditório material). Da mesma forma, a publicação e comunicação às partes de cada decisão têm por finalidade submeter a seu crivo as decisões proferidas, e, via de regra, as partes terão novamente oportunidade para manifestação, ainda que seja pela via recursal.

Além disso, também em respeito ao princípio da igualdade (*vide,* adiante), cada oportunidade de manifestação concedida a uma das partes deve ser igualmente concedida à parte contrária. Por esse motivo, deve-se assegurar a ambas as partes iguais direitos de participar da produção da prova e de se manifestar sobre os documentos juntados e argumentos apresentados pelo *ex adverso* ou pelo juiz[24].

O respeito ao contraditório deve ser registrado pelo juiz. Com efeito, a motivação das decisões (*vide*, adiante, o princípio da motivação dos atos judiciais) pelo julgador deve indicar os critérios adotados para que se dê pela procedência ou improcedência dos argumentos trazidos pelas partes, já que constitui garantia (contraditório) de que os pedidos deduzidos pelas partes, bem como os argumentos trazidos para sustentá-los, ainda que não acolhidos, efetivamente influenciaram no resultado da decisão, legitimando assim o exercício do poder estatal.

Vale salientar que o princípio do contraditório pode sofrer mitigações excepcionais, tal como no caso das medidas urgentes – *verbi gratia,* a decretação da prisão preventiva, as medidas assecuratórias etc. – em que o pronunciamento judicial se dará *inaudita altera pars,* sob pena de prejuízo à própria efetividade do processo.

6.2.1. Espécies de contraditório

Em razão do que vimos, podem-se identificar com a doutrina duas espécies de contraditório:

a) *Contraditório real:* assim se denomina o que se efetiva no mesmo tempo da produção probatória, como ocorre, por exemplo, durante a inquirição de testemunhas em juízo. Nessa oportunidade, confere-se imediatamente à parte contrária a possibilidade de reperguntas.

b) *Contraditório diferido:* o que ocorre posteriormente à produção da prova, ou seja, quando das alegações, debates, requerimentos e impugnações ulteriormente efetuadas pelas partes[25]. Desse modo, em caso de impossibilidade de efetivação do contraditório real, pela natureza da prova (interceptação telefônica, busca e apreensão etc.) ou pela natureza do procedimento (inquérito policial), ou ainda pelo momento em que se realiza (p. ex., exame perinecroscópico em um morto, sem que se tenha ainda determinada a natureza jurídica da morte e/ou suspeita de autoria), deve ser garantido às partes o contraditório diferido[26], em respeito ao art. 5º, LV, da Constituição Federal[27].

6.3. Princípio da ampla defesa

Fundamento legal: art. 5º, LV, da Constituição Federal ("aos litigantes, em processo judicial ou administrativo, e aos acusados em geral são assegurados o contraditório e *ampla defesa*, com os meios e recursos a ela inerentes").

---

[24] "Para que o contraditório possa se perfectibilizar no Processo penal, é preciso necessariamente que sejam atendidos 3 (três) direitos das partes, são eles: 1. Direito à informação: é o direito que a parte possui de ser comunicada sobre os fatos e provas. Nesse contexto, são dignos de destaque os atos de comunicação processual (citação, intimação e notificação). 2. Direito de participação: é o direito de a parte atuar, oferecendo reação, manifestação ou contrariedade sobre os fatos e provas. 3. Direito de interferência: é o direto de a parte efetivamente interferir no pronunciamento do juiz" (Leonardo Barreto Moreira Alves, *Manual de processo penal*, p. 92-93).

[25] Carlos Frederico Coelho Nogueira, *Comentários ao Código de Processo Penal*, v. 1, p. 133.

[26] "Perícias e documentos, mesmo produzidos na fase do inquérito policial, constituem-se efetivamente em prova, com contraditório postergado para a ação penal, sem refazimento necessário na ação penal" (STJ, 6ª T., AgRg no AREsp 1.704.610/SP, Rel. Min. Nefi Cordeiro, j. 20.10.2020).

[27] STJ, 6ª T., AgRg no AREsp 1.704.610/SP, Rel. Min. Nefi Cordeiro, j. 20.10.2020.

O princípio da ampla defesa consubstancia-se no direito das partes de oferecer argumentos em seu favor e de demonstrá-los, nos limites em que isso seja possível. Conecta-se, portanto, aos princípios da igualdade e do contraditório. Não supõe o princípio da ampla defesa uma infinitude de produção defensiva a qualquer tempo, mas, ao contrário, que esta se produza pelos meios e elementos totais de alegações e provas *no tempo processual oportunizado por lei*[28].

A defesa pode ser exercida por meio da defesa técnica e também da autodefesa.

A defesa técnica é aquela exercida em nome do acusado por advogado habilitado, constituído ou nomeado, e garante a paridade de armas no processo diante da acusação, que, em regra, é exercida por um órgão do Ministério Público. A defesa técnica é indisponível. Caso o réu não possa contratar um advogado, o juiz deverá nomear para sua defesa um advogado dativo ou, quando possível, determinar que assuma a defesa um defensor público. Sem isso, não poderá prosseguir o processo (arts. 261 a 264 do CPP). Constatando-se a falta de atuação de defesa técnica ou que esta foi feita por defensor cuja inscrição está suspensa na OAB, os atos praticados serão considerados nulos[29]. A esse respeito, a Súmula 523 do STF deixa claro que a falta de defesa constitui nulidade absoluta, enquanto sua deficiência só ocasionará nulidade quando demonstrado o prejuízo para o réu.

O exercício da ampla defesa prestigia, ainda, a possibilidade de o defensor interpor recurso de apelação contra decisão exarada nos autos, ainda que o réu tenha renunciado a esse direito (Súmula 705/STF).

Vale salientar, ainda, que a defesa técnica reveste-se de suma importância no processo penal, tanto que o legislador, na redação do art. 396-A, § 2º, do Código de Processo Penal, exige a nomeação de defensor ao réu que não o tiver, sob pena de nulidade absoluta.

A autodefesa é exercida diretamente pelo acusado. É livremente dispensável, e tem por finalidade assegurar ao réu o direito de influir diretamente na formação da convicção do juiz (direito de audiência) e o direito de se fazer presente nos atos processuais (direito de presença)[30]. Assim, também, a necessidade de que o acusado seja interrogado presencialmente, conforme o preceito do art. 185 do Código de Processo Penal, sob pena de nulidade. Cumpre alertar que o "direito ao silêncio" (art. 5º, LXIII, da Constituição da República) é uma extensão do direito a autodefesa, na medida em que pode optar pela tentativa de influir no convencimento do Magistrado, apresentando sua versão dos fatos, ou, de outro modo, ficando calado. Na segunda hipótese, o silêncio não será interpretado pelo magistrado em desfavor do réu (*vide,* adiante, na análise do interrogatório). Existente a defesa técnica, é direito das partes a produção de provas que demonstrem a ocorrência dos fatos alegados que tenham pertinência à causa. Assim, se o juiz da causa rejeita a produção de uma prova que objetivamente seja necessária para a apuração da ocorrência de determinado delito, configura-se o cerceamento ao exercício do direito à ampla defesa (abreviadamente referido como "cerceamento de defesa"), o que configura nulidade. Há que ressaltar que, nesse caso, não importa se a prova tenha sido requerida pela defesa ou pela acusação. O direito de defesa, nesse aspecto, relaciona-se com o dever que as partes no processo penal têm perante a apuração da verdade (*vide*, adiante, o princípio da verdade real), que deverá prevalecer sobre a vontade individual das partes.

Por fim, há que fazer a ressalva de que o indeferimento de provas ou de outros instrumentos de defesa, em si, não constitui a priori cerceamento ao direito à ampla defesa. Com efeito, deve-se também atentar para o princípio

---

[28] Rosemiro Pereira Leal, *Teoria geral do processo*, p. 104.

[29] Nesse sentido: STF, 1ª T., HC 110.271/ES, Rel. Min. Marco Aurélio, j. 7.5.2013.

[30] Surpreendente decisão da 2ª Turma do STF que concluiu que réus foragidos podem participar a audiência de instrução e julgamento por videoconferência, com fundamento na ampla defesa e no contraditório (HC 227.671, Rel. Min. Edson Fachin, j. 7.8.2023).

do livre convencimento racional do juiz (vide, adiante). Se a prova faltante não for, efetivamente, essencial para a apuração da verdade, ou quando o juiz entender dispensável a prova requerida, por entender suficiente a prova já existente, não se configurará a nulidade, desde que a negativa em determinar sua produção seja razoável e desde que seja devidamente motivada a decisão denegatória.

6.4. Princípio do estado de inocência, da "presunção" de inocência ou princípio da não culpabilidade

Fundamento legal: art. 5º, LVII, da CF ("ninguém será considerado culpado até o trânsito em julgado de sentença penal condenatória").

Precedentes históricos: o princípio se positiva pela primeira vez no art. 9º da Declaração dos Direitos do Homem e do Cidadão (Paris, 26.8.1789), inspirado na razão iluminista (Voltaire, Rousseau etc.). Posteriormente, foi reafirmado no art. 26 da Declaração Americana de Direitos e Deveres (22.5.1948) e no art. 11 da Declaração Universal dos Direitos Humanos, na Assembleia das Nações Unidas (Paris, 10.12.1948).

6.4.1. Análise terminológica

Sustenta a boa doutrina que a expressão "presunção de inocência" é de utilização vulgar, já que não é tecnicamente correta[31]. É verdade. Presunção, em sentido técnico, é o nome da operação lógico-dedutiva que liga um fato provado (um indício) a outro probando, ou seja, é o nome jurídico para descrição justamente desse liame entre ambos. No caso, o que se tem mais propriamente é a consagração de um princípio de não culpabilidade, até porque a Constituição Federal (art. 5º, LVII), não afirma presumir uma inocência, mas sim garantir que "ninguém será considerado culpado até o trânsito em julgado da sentença penal condenatória" (art. 5º, LVII). Assim, o princípio em questão alberga uma garantia constitucional, referindo-se, pois, a um "estado de inocência"[32] ou de "não culpabilidade": vale dizer, ninguém pode ser reputado culpado até que transite em julgado sentença penal condenatória.

6.4.2. Conteúdo do princípio

Este princípio reconhece, assim, um estado transitório de não culpabilidade, na medida em que referido *status* processual permanece enquanto não houver o trânsito em julgado de uma sentença condenatória.

O princípio do estado de inocência refere-se sempre aos fatos[33], já que implica que seja ônus da acusação demonstrar a ocorrência do delito (*actori incumbit probatio*), e demonstrar que o acusado é, efetivamente, autor do fato delituoso. Portanto, *não é princípio absoluto*[34], alterando-se a "presunção" da

---

[31] Cf. J. Montero Aroca: "Pese sua denominação pela jurisprudência como 'presunção' *juris tantum*, 'verdade interina de inculpabilidade', trata-se de maneira pouco adequada de afirmar que o acusado é inocente enquanto não se demonstre o contrário. A presunção exige um fato base ou indício, do que se desprende a existência do segundo, o fato presumido, com o nexo lógico entre eles que é a presunção" (*Derecho jurisdiccional III: proceso penal*, p. 288). "O denominado 'direito à presunção de inocência'", escreve Andrés Oliva Santos, "muito duvidosamente pode se entender, a nosso juízo, como um verdadeiro direito subjetivo e, sem gênero de dúvida, não se refere a nenhuma verdadeira presunção. [...] não é uma verdadeira presunção porque esta supõe dois fatos (o indício ou base e o presumido) que na presunção de inocência não se dão" (*Derecho procesal penal*, p. 84); também, Philippe Merle, *Les présomptions légales en droit pénal*, p. 6.

[32] No Brasil, terminologia adotada por Mirabete; Tourinho, a seu turno, fala em "princípio da inocência" (*Manual de processo penal*, 6. ed., 2004, p. 28).

[33] Manuel Jaén Vallejo, *Principios y garantías del proceso penal*, p. 15.

[34] Jean Pradel, *Procédure pénale*, p. 312.

inocência ("presunção" *juris tantum*[35]) uma vez provada a autoria do fato criminoso. Nos casos em que não for provada a existência do fato, não existir prova de ter concorrido para a prática da infração penal ou não existir prova suficientemente segura para fundamentar o juízo condenatório (art. 386, II, V e VII, do CPP), será o juiz obrigado a absolver o acusado, não se lhe podendo imputar a culpa por presunção. Nesse caso, porém, falamos da aplicação do princípio *in dubio pro reo* (*vide* distinção adiante). Vale consignar, também, como exceção à regra de que o ônus da prova sempre recai para a acusação, que há aquelas que ficam a cargo da defesa, entre as quais a prova da existência de causas de justificação (p. ex., legítima defesa) ou de extinção da punibilidade (art. 107 do CP), além de circunstâncias que minoram a sanção.

Também decorre desse princípio a excepcionalidade de qualquer modalidade de prisão processual. Com efeito, a prisão processual não constitui cumprimento de pena, ao contrário do que a denominação reservada a algumas modalidades de prisão processual possa erroneamente sugerir. Seu fundamento é diverso. Ainda assim, a decretação da prisão sem a prova cabal da culpa somente será exigível quando estiverem presentes elementos que justifiquem a necessidade da prisão[36] (de modo geral, provas que, embora não demonstrem cabalmente a culpa do acusado, sejam suficientes para constituir suspeita válida de que o acusado efetivamente seja culpado – o *fumus boni juris*, ou fumaça do bom direito – e a existência de risco social no caso em que não seja decretada sua prisão – o *periculum libertatis*). Sem esses elementos, que devem ser avaliados em cada caso concreto, a prisão se torna ilegal, podendo ser atacada pela via do *habeas corpus*. Aqui, mais atento ao princípio da presunção de inocência a garantir que a prisão processual seja, de fato, uma medida excepcional, o legislador infraconstitucional, ao idealizar a Lei n. 13.964/2019 (Pacote Anticrime), ampliou as exigências da manutenção da prisão cautelar, obrigando o magistrado a revisar a análise da necessidade da medida restritiva de liberdade a cada 90 dias, fundamentando-se na existência de fatos novos ou contemporâneos que justifiquem sua decisão (art. 315 do CPP). No caso do flagrante, diante da citada Lei n. 13.964/2019, o juiz deverá designar audiência de custódia (com a presença do custodiado, seu advogado e representante do Ministério Público), no prazo de 24 horas, sendo certo que eventual descumprimento poderá ensejar a responsabilização da autoridade, com espeque no art. 311, § 3º, do Código Penal e no art. 19 da Lei n. 13.869/2019 (Lei de Abuso de Autoridade).

Por fim, é corolário do princípio da não culpabilidade a impossibilidade de se considerarem, para efeitos de dosimetria da pena, os inquéritos e processos criminais em andamento do acusado, sem trânsito em julgado. Aliás, esse é o teor da Súmula 444 do STJ: "É vedada a utilização de inquéritos policiais e ações penais em curso para agravar a pena-base".

6.4.3. Prisão provisória e princípio do estado de inocência

A jurisprudência reconhece pacificamente que as modalidades de prisões provisórias não ferem o princípio do estado de inocência[37].

---

[35] Manuel Jaén Vallejo, *Principios*, p. 15.

[36] "Princípio da presunção da inocência. Aplicação de medidas coercitivas à liberdade antes de decisão transitada em julgado. Possibilidade, desde que preenchido o requisito da necessidade" (STF, 2ª T., HC 80.830-1, Rel. Min. Maurício Corrêa, j. 5.3.2002, *DJU*, 28.6.2002, p. 142). Nesse sentido, o TJRJ: HC 0041975-94.2023.8.19.0000, São João de Meriti, 5ª Câm. Crim., Rel. Des. Cairo Italo França David, *DORJ*, 18.8.2023, p. 287).

[37] "A prisão *ad cautelam*, fulcrada na lei, não entra em choque com o disposto no art. 5º, inc. LVII, da Carta Magna" (STJ, 5ª T., RHC 6497, Rel. Min. Felix Fischer, j. 5.8.1997, *DJU*, 8.9.1997, p. 42530). Assim, também STJ, 5ª T., Rel. Min. Gilson Dipp, RHC 9.888, j. 19.9.2000, *DJU*, 23.10.2000, p. 148; STJ, 6ª T., RHC 10.302, Rel. Min. Hamilton Carvalhido, j. 26.9.2000, *DJU*, 19.2.2001, p. 241.

Também, consoante assentado pelos tribunais[38], são válidas as prisões temporárias, em flagrante[39], preventivas[40].

6.5. Princípio do *favor rei* (*in dubio pro reo* ou *favor libertatis*)

Esse princípio *tem por fundamento a presunção de inocência*. Em um Estado de Direito, deve-se privilegiar a liberdade em detrimento da pretensão punitiva. Somente a certeza da culpa surgida no espírito do juiz poderá fundamentar uma condenação (art. 386, VII, do CPP). Havendo dúvida quanto à culpa do acusado ou quanto à ocorrência do fato criminoso, deve ele ser absolvido.

6.5.1. *In dubio pro reo* e *in dubio pro societate*

O princípio *in dubio pro reo* tem sua *antítese teórica* no princípio *in dubio pro societate,* que preceitua que, no caso de dúvida acerca da culpabilidade do acusado, decida-se em favor da sociedade. Em nosso sistema, no entanto, o princípio *in dubio pro societate* somente tem aplicação em específicas oportunidades: quando do oferecimento da inicial acusatória (denúncia ou queixa), porquanto não se cobra certeza definitiva quanto à autoria criminosa, somente indícios de autoria; e nos processos do Júri, quando do encerramento da primeira fase (*judicium accusationis*), no momento da decisão de *pronúncia* pelo juiz (art. 413 do CPP)[41]. Contudo, qualquer que seja o tipo de procedimento, sempre que se tratar de decisão definitiva de mérito – sentença em sentido estrito –, vigerá o princípio *in dubio pro reo.*

6.6. Princípio da verdade real

Toda a atividade processual, em especial a produção da prova, deve conduzir ao descobrimento dos fatos conforme se passaram na realidade. O conjunto instrutório deve refletir, no maior grau de fidelidade possível, os acontecimentos pertinentes ao fato investigado.

As assertivas são de especial relevo no direito processual penal. Isso porque *o princípio da verdade real contrapõe-se ao princípio da verdade formal*, vigente, ainda que hoje em dia mitigado, no âmbito do processo civil[42].

A distinção se justifica. No âmbito cível, a maioria das causas versa sobre interesses patrimoniais disponíveis, que em tese têm menor grau de relevância para a sociedade. Já no âmbito penal, tendo em vista a possibilidade concreta de aplicação de penas que restrinjam o direito fundamental da liberdade, bem como pelo elevado grau de interesse social com relação às condutas tuteladas no direito penal material, é muito mais relevante que a elucidação dos fatos que fundamentam as decisões seja feita da forma mais acurada possível. *De forma excepcional, somente, aplica-se o princípio da verdade formal*, como na hipótese de absolvição por insuficiência de provas (art. 386, VII, do CPP).

O dever de produção de provas não é apenas das partes, portanto. Havendo interesses maiores em discussão, as provas são produzidas em favor da sociedade. Para tanto, além das próprias partes, também o órgão julgador deverá diligenciar na busca de todos os elementos que permitam a reconstrução dos acontecimentos levados a juízo. Nesse sentido, o juiz, por expressa previsão legal, poderá determinar a produção de provas que repute relevantes (art. 156, I, do CPP), não obstante grande

---

[38] Precedente do STF: 1ª T., RHC 217.679-AGR/SC, Rel. Min. Roberto Barroso, j. 3.10.2022, *DJe*, 6.10.2022.

[39] STJ, 6ª T., HC 425.414/RS, Rel. Min. Nefi Cordeiro, j. 6.3.2018, *DJe*, 14.3.2018.

[40] 2ª T., HC 135.072 AgR, Rel. Min. Edson Fachin, j. 5.12.2017, *DJe*, 19.12.2017; 6ª T., RHC 98.436/MG, Rel. Min. Antonio Saldanha Palheiro, j. 2.8.2018, *DJe*, 9.8.2018.

[41] TJMG, 1ª Câm. Crim., RSE 0007600-03.2022.8.13.0313, Rel. Des. Wanderley Paiva, j. 6.6.2023, *DJEMG,* 7.6.2023.

[42] Parte da doutrina sustenta, contudo, que a verdade real também não é palpável no processo penal, devendo-se trabalhar com o conceito da verdade possível, dentro de regras processuais rígidas e o sistema de tipicidade processual (nulidades).

parte da doutrina entenda que o dispositivo em questão viola o princípio do *ne procedat judex ex officio* e o da imparcialidade, aproximando-se do sistema inquisitivo de produção de provas. A discussão ganhou novos contornos após a reformulação do art. 3º-A do Código de Processo Penal pela Lei do Pacote Anticrime, que expressamente veda ao juiz praticar atos de investigação ou de substituir a atuação probatória do órgão de acusação[43]. Sobre a matéria, está mantido, todavia, o poder instrutório do magistrado sempre de maneira complementar às partes, com atuação residual e supletiva[44]. Nesse sentido é o posicionamento dominante na jurisprudência[45].

Prevalece, via de regra, no processo penal, a liberdade dos meios probatórios, desde que não violem o ordenamento jurídico (art. 155, parágrafo único, do CPP). Não mais vigora, assim, o sistema das provas típicas, em que apenas aquelas provas expressamente previstas tinham valor perante o juízo.

6.7. Princípio da vedação das provas ilícitas

Fundamento legal: art. 5º, LVI, da Constituição Federal ("são inadmissíveis, no processo, as provas obtidas por meios ilícitos").

O princípio constitui, em verdade, uma vedação a que o juízo adote, como elemento de convencimento no curso do processo penal, elementos de prova obtidos por meios considerados ilícitos. O valor "justiça" não é absoluto, mas relativo. Nesse sentido, não pode ser perseguido *à tout prix*[46]. Assim, conquanto o processo penal tenha por finalidade a busca pela verdade real, esse valor encontra limites em outros valores tutelados pelo ordenamento jurídico, principalmente nos direitos e garantias fundamentais assegurados ao cidadão. Provas obtidas por meios ilegítimos, portanto, não devem influir na formação do convencimento do juiz.

De acordo com grande parte da doutrina e da jurisprudência, o postulado em questão excepciona-se no tocante à utilização das provas ilícitas em favor do réu. É a aplicação de uma das facetas do princípio da proporcionalidade.

A questão da licitude das provas será novamente abordada em capítulo posterior.

6.8. Princípio da igualdade das partes ou da paridade processual ou da paridade de armas

A *igualdade processual é um desdobramento do princípio da isonomia ou da igualdade* (art. 5º, *caput*, da CF), reconhecida como verdadeira *medula do devido processo legal*[47]. No âmbito do processo penal, às partes devem ser asseguradas as mesmas oportunidades de alegação e de prova, cabendo-lhes iguais direitos, ônus, obrigações e faculdades. O modelo adotado pelo sistema jurídico brasileiro para a solução de conflitos de interesses pressupõe, portanto, a exigência de igualdade de tratamento pro-

---

[43] Sobre o tema, o Ministério Público de São Paulo se posicionou, por meio do Enunciado n. 5 PGJ-CGMP, que o art. 3º-A do CPP não revogou os incisos I e II do art. 156 do mesmo diploma legal, com exceção da parte que autoriza o juiz, de ofício, a determinar a produção antecipada de prova, na fase de investigação.

[44] "É exatamente em relação a casos de insuficiente reconstrução fática em juízo que a exigência de imparcialidade do juiz, no sentido da ausência de comprometimento do órgão julgador a favor de uma das testes sustentadas, orienta o exercício dos poderes instrutórios de ofício, os quais devem ser considerados como uma forma de garantir a completude do aporte cognitivo das fontes de prova e, assim buscando evitar que a imperfeição de um exame probatório lacunoso condicione o conteúdo da deliberação penal" (Frederico Valdez Pereira, *Fundamentos do justo processo penal convencional:* as garantias processuais e o valor instrumental do devido processo, p. 393).

[45] STJ, 6ª T., HC 496.662/SP, Rel. Min. Rogério Schietti Cruz, j. 13.9.2022, *DJ*, 27.9.2022.

[46] Jacobo López Barja de Quiroga, *Instituciones de derecho procesal penal*, p. 249-251.

[47] STF, TP, HC 83.255-5, Rel. Min. Marco Aurélio, j. 5.11.2003.

cessual entre aquele que se diz detentor da pretensão deduzida em juízo e aquele que resiste ao direito pretendido. Revela-se, assim, como cerne do processo penal o conflito existente entre dois interesses indisponíveis que reclamam o trato paritário: o direito de punir e o direito de liberdade[48].

6.8.1. Objetivo

Dessa forma, dando-se paridade de armas[49] às partes na dialética processual, objetiva-se evitar uma situação de privilégio ou supremacia de uma das partes, equilibrando-se o processo pelo respeito à igualdade[50], na medida em que as partes devem ser "munidas de forças similares"[51].

6.8.2. Caráter relativo

Essa igualdade, no entanto, não é absoluta, sofrendo temperamentos, principalmente pelo princípio do *favor rei*. De fato, o processo penal caracteriza-se por uma desigualdade essencial entre as posições de acusador e acusado, evidenciada principalmente quando se tem por paradigma o processo civil, no qual prevalecem disputas entre particulares.

Com efeito, no âmbito do processo penal, no mais das vezes o litígio contraporá o particular a um órgão do Estado. As partes litigantes, portanto, serão essencialmente diferentes. Além disso, no litígio penal estará em jogo a liberdade individual do acusado, direito fundamental, o que justifica que o princípio da igualdade, no processo penal, seja mitigado de forma a favorecer, em algumas situações, a posição do acusado (p. ex., art. 386, VII, do CPP). Não se considera inconstitucional, assim, que disponha ele de alguns instrumentos aos quais a acusação não tem acesso. Inexiste inconstitucionalidade, portanto, no fato de caber somente à defesa a utilização de determinados recursos, por exemplo, os embargos infringentes e de nulidade (art. 609, parágrafo único, do CPP), bem como em face da inexistência, em nosso sistema, da revisão criminal *pro societate*.

6.9. Princípio da publicidade

Fundamento legal: arts. 5º, LX ("a lei só poderá restringir a publicidade dos atos processuais quando a defesa da intimidade ou o interesse social o exigirem"), e 93, IX ("todos os julgamentos dos órgãos do Poder Judiciário serão públicos, e fundamentadas todas as decisões, sob pena de nulidade, podendo a lei, se o interesse público o exigir, limitar a presença em determinados atos, às próprias partes e a seus advogados, ou somente a estes"), da Constituição Federal e art. 792, primeira parte, do Código de Processo Penal ("as audiências, sessões e os atos processuais serão, em regra, públicos e se realizarão nas sedes dos juízos e tribunais...").

6.9.1. Publicidade imediata e mediata

A Carta Magna estabelece, como regra geral, que os atos processuais serão públicos (art. 5º, LX), constituindo-se em garantia inseparável do conceito de *democracia,* na medida em que se exige *transparência* nos assuntos públicos[52]. É por isso que, conforme salienta Roxin, o princípio da publicidade revela-se ineficaz ou pervertido nos Estados totalitários, já que na maioria das vezes os opositores políticos são condenados em procedimentos secretos ou em simulacros de processos[53]. Dessa forma, ao conferir

[48] STJ, 5ªT., HC 28.481, Rel. Min. José Arnaldo da Fonseca, j. 16.9.2003, *DJU*, 13.10.2003, p. 389. Também em: STJ, 5ªT., RHC 95.446/SC, Rel. Min. Reynaldo Soares da Fonseca, j. 15.5.2018, *DJe*, 25.5.2018.

[49] Sobre o tema, Welton Roberto, *Paridade de armas no processo penal*.

[50] J. Picó I Junoy, *Las garantías constitucionales del proceso*, p. 132.

[51] Antonio Scarance Fernandes, *Processo penal constitucional*, 3. ed., p. 58.

[52] Antonio Magalhães Gomes Filho, *A motivação das decisões penais*, p. 48.

[53] Claus Roxin, *Derecho procesal penal*, p. 11.

publicidade aos atos processuais, reconhecemos um dos alicerces do Estado Democrático, na medida em que temos como primeiro fundamento o fato de que tanto as partes quanto a sociedade *podem* exercer controle sobre os atos praticados em juízo. Podemos, assim, falar em:

a) *publicidade imediata:* as partes estão presentes e têm contato direto com os atos processuais; e

b) *publicidade mediata*, geralmente resultante da divulgação de tais atos pelos meios de comunicação[54].

Em regra, o acesso aos autos dos processos, a audiências, sessões de julgamentos e demais atos processuais é público, sendo ilegal qualquer restrição imposta ao seu acompanhamento (dentro, obviamente, do critério da razoabilidade).

Abre-se *exceção* apenas àqueles *casos em que a defesa da intimidade ou o interesse social ou público aconselharem a adoção de uma publicidade restrita* (art. 792, § 1º, do CPP). Ainda *nos casos* de atos processuais que corram *em sigilo*, entretanto, *não existe vedação total*. O grau máximo de restrição à publicidade compreende o processo ao qual tenham acesso, além do juiz, apenas as partes e seus procuradores. Estes em hipótese alguma podem ficar alijados dos atos processuais.

6.9.2. Publicidade absoluta, plena ou externa e publicidade restrita, especial ou interna

Classificamos a publicidade dos atos processuais, portanto, como:

a) *publicidade absoluta ou plena (ou externa*[55]*)*: garantia assegurada à população em geral do livre acesso aos atos processuais. É a regra no direito brasileiro;

b) *publicidade restrita ou especial (ou interna*[56]*)*: quando presente o interesse social ou a necessidade da defesa da intimidade, ou, nos termos do art. 792, § 1º, do Código de Processo Penal, se da publicidade "puder resultar escândalo, inconveniente grave ou perigo de perturbação da ordem", poder-se-á determinar a publicidade restrita a um número reduzido de pessoas. Exemplo disso é o art. 234-B do Código Penal, que presumiu o inconveniente grave e determinou que os processos em que se apuram crimes contra a dignidade sexual tramitarão em segredo de justiça.

6.9.3. Publicidade, sistema acusatório e sigilo

O princípio da publicidade coaduna-se com o sistema acusatório do processo penal brasileiro. Apenas um rol reduzido de atos, por sua natureza peculiar, não será conduzido de forma completamente pública. Com efeito, *não ofende esse princípio o sigilo do inquérito policial (art. 20 do CPP)*[57] *nem o recolhimento dos jurados em uma sala secreta para procederem à votação dos quesitos* formulados pelo juiz presidente nos julgamentos de competência do Tribunal do Júri, caso em que a própria Constituição Federal assegura o sigilo das votações (art. 5º, XXXVIII, *b*). A restrição à publicidade desses atos, entretanto, é relativa. No caso do inquérito policial, o sigilo acerca das informações reunidas sobre o investigado somente deverá perdurar enquanto a publicidade oferecer risco ao próprio sucesso das investigações. Uma vez encerradas estas e, principalmente, se usadas em juízo as provas produzidas sigilosamente, é imperativo que o investigado tenha pleno acesso a todos os elementos obtidos, sob pena de afronta aos princípios do contraditório e da ampla defesa (*vide,* acima), e mesmo por força de determinação legal, já que o Estatuto da Advocacia (Lei n. 8.906/94) garante ao advogado acesso

---

[54] Antonio Magalhães Gomes Filho, *A motivação das decisões penais*, p. 50.

[55] Rogério Lauria Tucci, *Direitos e garantias individuais no processo penal brasileiro*, p. 213.

[56] Rogério Lauria Tucci, *Direitos e garantias individuais no processo penal brasileiro*, p. 213.

[57] O procedimento de investigação criminal, por regra, é sigiloso, buscando, com a restrição da publicidade, conferir maior resultado na apuração da prática criminosa. STJ, 5ª T., HC 306.035/MG, Rel. Min. Felix Fischer, j. 3.2.2015, *DJe*, 24.2.2015. E também em STF, TP, Rcl 16.436 AgR, Rel. Min. Gilmar Mendes, j. 28.5.2014, *DJe*, 29.8.2014.

aos autos de flagrante e de inquérito (Súmula Vinculante 14/STF). Da mesma forma, o recolhimento dos jurados em sala secreta para que respondam aos quesitos de julgamento respeita a necessidade de que esse ato seja praticado sem interferência externa. O sigilo, considerando-se o caráter leigo dos jurados, torna-se, assim, recomendável, recebendo respaldo da Constituição Federal. Não obstante, como no caso do inquérito, *o resultado dos atos praticados sob o manto do sigilo ficará sujeito à publicidade*.

Outro exemplo claro de mitigação ao princípio da publicidade é, ainda, a retirada dos acusadores e defensores que, na sala secreta, intencionem turbar a manifestação do Conselho de Sentença (art. 485, § 2º, do CPP) ou, também, quando determinada a retirada do réu da sala de audiência se o juiz verificar que sua presença causará humilhação, temor ou sério constrangimento à testemunha ou ao ofendido, de modo que prejudique a colheita da verdade no depoimento (art. 217 do CPP).

Finalmente, ressalve-se que a *falta de intimação à parte ou ao seu patrono acerca da ocorrência de determinado ato processual*, menos do que representar afronta ao princípio da publicidade, *desrespeita os princípios do contraditório*, ao potencialmente restringir a possibilidade de manifestação da parte no processo, e *da ampla defesa*, ao dificultar a eventual impugnação do ato não comunicado. Isso porque para as partes e seus patronos, como referido, os atos processuais serão sempre públicos, de modo que o acesso ao seu conteúdo será sempre possível.

Ainda na linha da restrição à publicidade dos atos processuais e suas consequências jurídicas, insta salientar que a Lei n. 12.681/2012 acrescentou parágrafo único ao art. 20 do Código de Processo Penal, explicitando que, nos atestados de antecedentes que lhe forem solicitados, a autoridade policial não poderá mencionar quaisquer anotações referentes a instauração de inquérito contra os requerentes. Trata-se de nova mitigação à ampla publicidade processual, em respeito à intimidade da pessoa e à presunção de inocência, notadamente em razão da inexistência de sentença condenatória transitada em julgado.

Ademais, observa-se também que há mitigação à publicidade dos autos quando se nega ao réu acesso a termos de declaração prestados por colaborador premiado e que não digam respeito aos fatos imputados ao acusado, especialmente se tais declarações ainda estão sendo investigadas, situação na qual existe previsão de sigilo, nos termos do art. 7º da Lei n. 12.850/2013. Neste caso, entende-se que a negativa não viola a Súmula Vinculante 14 do STF[58].

6.10. Princípio da persuasão racional ou do livre convencimento motivado

Fundamento legal: art. 155 do Código de Processo Penal ("o juiz formará sua convicção pela livre apreciação da prova produzida em contraditório judicial, não podendo fundamentar sua decisão exclusivamente nos elementos informativos colhidos na investigação, ressalvadas as provas cautelares, não repetíveis e antecipadas").

No tempo das ordenações, que vigeram no Brasil, a importância de algumas provas era avaliada numericamente. A própria lei estabelecia, objetivamente, os valores que cada prova deveria assumir no julgamento, restringindo a liberdade do julgador em sua apreciação. À confissão, por exemplo, atribuía-se o maior valor, sendo então chamada e considerada a "rainha das provas".

Esse sistema, demasiado rígido, foi abolido. *No sistema atual, o juiz tem liberdade na formação de sua convicção acerca dos elementos da prova, não podendo, contudo, fundamentar sua decisão apenas em provas colhidas na fase investigatória da persecução penal – na qual não vige o princípio do contraditório – excetuadas as provas cautelares* (aquelas produzidas antes do momento oportuno, em virtude de situação de urgên-

[58] STF, 2ª T., Rcl 22.009 AgR/PR, Rel. Min. Teori Zavascki, j. 16.2.2016, *Informativo do STF* n. 814.

cia, por exemplo, a oitiva antecipada de testemunhas, nas hipóteses do art. 225 do CPP), *irrepetíveis* (são as provas que não podem ser repetidas em juízo, como ocorre com muitas perícias realizadas no inquérito policial) *e antecipadas* (decorrem do poder geral de cautela do juiz, de ordenar, de ofício, a realização de provas consideradas urgentes e relevantes, antes mesmo da ação penal, se preenchidos os sub-requisitos do princípio da proporcionalidade – necessidade, adequação e proporcionalidade em sentido estrito)[59].

O valor de cada prova produzida é atribuído pelo próprio julgador, no momento do julgamento, e *essa valoração é qualitativa*. Assim, já na Exposição de Motivos do Código de Processo Penal, o Min. Francisco Campos esclarece:

"Não é prefixada uma hierarquia de provas: na livre apreciação destas o Juiz formará honesta e lealmente a sua convicção... Todas as provas são relativas: nenhuma delas terá, *ex vi legis,* valor decisivo, ou necessariamente maior prestígio que outra. Se é certo que o juiz fica adstrito às provas constantes dos autos, não é menos certo que não fica subordinado a nenhum critério apriorístico no apurar, através delas, a verdade material...".

Essa liberdade conferida ao juiz encontra equilíbrio na obrigatoriedade de que este exponha, motivando as decisões que proferir, os elementos de prova que fundamentam suas decisões e as razões – pois os fundamentos devem ser racionais – pelas quais esses elementos serão considerados determinantes (art. 381, III, do CPP). Ao decidir, o julgador apresentará, assim, os argumentos que sustentam sua decisão. Nesse sentido, conclui a Exposição de Motivos do Código de Processo Penal: "Nunca é demais... advertir que livre convencimento não quer dizer puro capricho de opinião ou mero arbítrio na apreciação das provas. O juiz está livre de preconceitos legais na aferição das provas, mas não pode abstrair-se ou alhear-se ao seu conteúdo. Não estará ele dispensado de motivar sua sentença. E precisamente nisto reside a suficiente garantia do direito das partes e do interesse social". Não por outro motivo que o novo Código de Processo Civil (Lei n. 13.105/2015) suprimiu a expressão "livre", no texto do art. 371, deixando apenas "convencimento do juiz" e conferindo a exata noção de que a liberdade de decidir do magistrado é sempre regrada e sujeita aos limites do ordenamento jurídico[60]. Se no processo civil essa restrição restou evidente, com maior razão será no processo penal, em face dos interesses públicos em questão.

Note-se, contudo, que, no momento da decisão, o juiz estará sempre adstrito àquelas provas que se encontram nos autos, sob pena de nulidade (art. 93, IX, da CF).

6.11. Princípio da motivação dos atos judiciais

Fundamento legal: art. 93, IX, da Constituição Federal e art. 381, III, do Código de Processo Penal.

Se por um lado o juiz é livre para formar seu convencimento acerca da prova, *é imperativo que exponha, motivando as decisões que proferir, os elementos de prova que fundamentam suas decisões e as razões pelas quais esses elementos serão considerados determinantes*. A motivação inclui, ainda, a fundamentação legal da decisão, por referência aos dispositivos normativos que, confrontados aos elementos de prova, determinam a decisão proferida.

Conforme mencionado, a *obrigatoriedade* de que toda *decisão* seja *motivada representa uma garantia contra arbitrariedades* no exercício do *poder estatal*. Tal se dá como garantia política dos cidadãos, característica precípua do Estado Democrático, sintetizado como o "Estado que se justifica", na expressão

---

[59] O estudo detalhado dos sub-requisitos do princípio da proporcionalidade foi feito no item 10.3 do Capítulo XV.

[60] Leonardo Barreto Moreira Alves, *Manual de processo penal,* p. 704.

de Bruggemann[61], consistindo, pois, em "fator de limitação do arbítrio do Estado"[62]. Ao motivar, o juiz (Estado) presta conta às partes e à sociedade, demonstrando sua efetiva participação na formação da convicção contida na decisão proferida. A motivação, portanto, concretiza nos autos a observância ao princípio do contraditório. *É condição absoluta de validade dos autos judiciais, sendo, pois, pressuposto de sua eficácia* e devendo ser deduzida em necessária relação com as questões fático-jurídicas ofertadas pela acusação e pela defesa. Não se pode, por isso, simplesmente repetir expressões ou termos legais, postos em relação, de forma abstrata, com os fatos dos autos[63].

6.11.1. Função endoprocessual e extraprocessual da motivação

a) A *função endoprocessual* das decisões judiciais *é voltada às partes*. Figura como a exigência destinada a assegurar a elas a exatidão da decisão, possibilitando um *controle interno* no processo sobre o fundamento da sentença, com relação à possibilidade de impugnação[64].

b) A *função extraprocessual*[65], por seu turno, *é voltada à sociedade*. Desenvolve uma atividade eminentemente democrática, uma vez que possibilita um *controle externo* sobre o fundamento da decisão, em razão de que com a motivação o juiz expõe e justifica as razões de sua opção, ao fazer o exercício do poder decisório, administrando a justiça em nome do povo[66].

6.11.2. Relevância da motivação

A motivação é relevante ao possibilitar a interposição de recursos contra as decisões, ao passo que *permite ao recorrente*, deduzindo seus *argumentos, atacar os fundamentos da decisão recorrida*, de modo que o princípio da motivação dos atos judiciais tem, também, relação com o princípio do duplo grau da jurisdição. Por isso, embora o art. 381 do Código de Processo Penal refira-se apenas à sentença, dúvidas subsistem, na doutrina e na jurisprudência, sobre a necessidade de determinados despachos e decisões interlocutórias serem motivados (*vide* o tópico seguinte).

6.11.3. Dispensa e exigência de motivação

Está assente na jurisprudência que *o despacho de recebimento da denúncia não necessita de fundamentação*, por não conter carga decisória, uma vez que analisa apenas em tese a ocorrência de uma ação penal[67].

Contudo, tratando-se de processo penal de competência originária dos tribunais (Leis n. 8.038/90 e 8.658/93), exige-se fundamentação no ato do recebimento ou rejeição da denúncia[68], da mesma forma que se exige fundamentação para a decretação ou restabelecimento de prisão pro-

---

[61] *Apud* Antonio Magalhães Gomes Filho, *A motivação das decisões penais*, p. 75.

[62] STF, 1ª T., HC 68.571-4, Rel. Min. Celso de Mello, j. 1º.10.1991, *RJ*, 184/92.

[63] STJ, 6ª T., HC 21.006, Rel. Min. Hamilton Carvalhido, j. 18.4.2003, *DJU*, 26.5.2003, p. 378.

[64] Art. 93, IX, da CF: "Todos os julgamentos dos órgãos do Poder Judiciário serão públicos, e fundamentadas todas as decisões, sob pena de nulidade, podendo a lei, se o interesse público o exigir, limitar a presente, em determinados atos, às próprias partes e a seus advogados, ou somente a eles".

[65] Paolo Tonini, *A prova no processo penal italiano*, p. 104; M. Massa, Motivazione (IV. Motivazione della sentenza – dir. proc. pen.), *in Enciclopedia giuridica* (Treccani), p. 4 e s.; ainda, a análise da doutrina italiana (M. Taruffo, E. Amodio, Crisafulli, Paladin, Denti etc.), *in* Juan Igartua Salaverría, *La motivación de las sentencias, imperativo constitucional*, p. 22, 23 e s.

[66] Paolo Tonini, *A prova no processo penal italiano*.

[67] STF, AgRg no HC 107.066/SP, Rel. Min. Celso de Mello, j. 12.11.2013; e STJ, RHC 56.980/SC, Rel. Min. Reynaldo Soares da Fonseca, j. 2.6.2016.

[68] STF, 1ª T., HC 76.258, Rel. Min. Sepúlveda Pertence, j. 17.3.1998, *RTJ*, 167/598.

visória[69] ou preventiva[70], prisão civil[71] e nos procedimentos do Estatuto da Criança e do Adolescente atinentes à internação do menor[72].

6.11.4. Sentença do Tribunal do Júri

Dada a composição heterogênea do Tribunal do Júri – juízes de fato e juiz togado –, a sentença proferida ao final do julgamento é *ato subjetivamente complexo*[73], uma vez que se integra pela vontade dos jurados, ao decidirem sobre a autoria do crime e sua materialidade, e pela do magistrado, ao aplicar as sanções em caso de condenação. Nesse passo, diante da dinâmica do Júri, na qual a análise do mérito sobre os fatos fica a cargo dos jurados e o ajuste da sanção penal ao que foi decidido pelo Conselho de Sentença fica sob responsabilidade do juiz presidente, não se aplica o princípio da persuasão racional, na medida em que os jurados não necessitam apresentar a motivação que os levou a votar. Aliás, é bom que se diga que os jurados nem sequer poderiam apresentar a fundamentação, em face do princípio do sigilo da votação, fulcrado no art. 5º, XXXVIII, *b*, da Constituição da República. É por esse motivo que se diz que, excepcionalmente, adota-se, no âmbito do Júri, o princípio da íntima convicção do juiz.

6.12. Princípio da economia processual

Fundamento legal: arts. 563 ("nenhum ato será declarado nulo, se da nulidade não resultar prejuízo para a acusação ou para a defesa") e 566 ("não será declarada a nulidade de ato processual que não houver influído na apuração da verdade substancial ou na decisão da causa") do Código de Processo Penal e art. 65 da Lei n. 9.099/95 ("Os atos processuais serão válidos sempre que preencherem as finalidades para as quais forem realizados...").

O princípio da economia processual consubstancia-se no aproveitamento dos atos judiciais praticados, ainda que tenham sido conduzidos de maneira diversa daquela prescrita em lei. O princípio tem por finalidade evitar a repetição desnecessária de atos processuais. Se um ato determinado, embora tenha sido conduzido de forma diversa daquela estabelecida na lei, foi eficaz no atingimento dos objetivos para os quais foi realizado, é racional que o trâmite do processo não seja prolongado, uma vez que não houve qualquer prejuízo às partes ou ao processo.

O princípio da economia processual é consagrado no brocardo francês *pas de nullité sans grief*, ou seja, não há nulidade sem prejuízo. O mandamento está consubstanciado no art. 563 do Código de Processo Penal.

Segundo o mesmo fundamento racional, tampouco serão repetidos aqueles atos cuja prática se tenha dado de maneira irregular, mas que não tenham influído na apuração dos fatos que constituam a lide ou na decisão da causa (art. 566 do Código de Processo Penal). Mais uma vez, evita-se a repetição de atos se a irregularidade na sua prática é irrelevante para o processo.

Como o processo penal compreende a prática regrada e sucessiva de atos com o objetivo de chegar a uma verdade sobre o cometimento de uma infração penal para posterior responsabilização do autor, é necessário que essa marcha processual se dê de maneira eficiente, a fim de se evitar a morosidade na prestação jurisdicional, garantindo uma razoável duração do processo (nem tão rápi-

---

[69] STJ, 6ª T., HC 28.522, Rel. Min. Hamilton Carvalhido, j. 26.6.2003, *DJU*, 4.8.2003, p. 443.

[70] STF, HC 156.889, Rel. Min. Ricardo Lewandowski, j. 20.6.2018, *DJe*-125, 25.6.2018; e STJ, 5ª T., HC 446.854/MG, Rel. Min. Joel Ilan Paciornik, Rel. p/ Acórdão Min. Reynaldo Soares da Fonseca, j. 26.6.2018, *DJe*, 29.6.2018.

[71] STJ, 6ª T., HC 2002/0175128-0, Rel. Min. Paulo Medina, j. 13.5.2003, *DJU*, 9.6.2003, p. 304.

[72] STJ, 5ª T., HC 26.101/SP, Rel. Min. Gilson Dipp, j. 20.2.2003, *DJU*, 22.4.2003, p. 247.

[73] Rogério Lauria Tucci, *Direitos e garantias individuais no processo penal brasileiro*, p. 241.

do que de afogadilho lhe escape a garantia de direitos fundamentais do réu, nem tão demorado que deixe desguarnecida a vítima e a sociedade pela prescrição na efetivação da impunidade).

Umbilicalmente atrelado aos princípios da celeridade e da duração razoável do processo, o princípio da economia processual afasta a atividade jurisdicional desnecessária, evitando despender esforços (energia e tempo) em atos de pouca valia e que nada contribuam para o deslinde do processo ou que, de outra forma, já se tenha obtido o efeito desejado.

Evidencia-se, também, o princípio da economia processual nos institutos da conexão e continência, previstos nos arts. 76 e 77 do Código de Processo Penal, por exemplo, na aceitação de prova emprestada (produzida em um processo e utilizada em outro).

Na Lei n. 9.099/95 (Lei dos Juizados Especiais), o princípio da economia processual vem formulado no art. 62, que determina seja privilegiada a consecução da finalidade do ato processual em detrimento de sua forma (expressando, de modo mais abstrato, o fundamento dos arts. 563 e 566 do Código de Processo Penal).

6.13. Princípio do duplo grau de jurisdição

Princípio segundo o qual as decisões podem ser revistas por órgãos jurisdicionais de grau superior, por meio da interposição de recursos. Abrange tanto as questões de fato quanto as questões de direito, alcançando as sentenças e as decisões interlocutórias.

O princípio não encontra previsão expressa na Constituição. Parte da doutrina sustenta que a Constituição Federal, quando organizou o Poder Judiciário em instâncias, consagrou esse princípio implicitamente.

De qualquer forma, o princípio do duplo grau de jurisdição emerge textualmente no art. 8º, item 2, h, do Pacto de San José da Costa Rica da Convenção Americana de Direitos Humanos, tendo sido recepcionado no art. 5º, § 2º, da Constituição Federal.

Malgrado seja a regra, existem exceções ao princípio do duplo grau de jurisdição, entre elas a ausência de previsão para impugnar algumas decisões, como, normalmente, ocorre nas decisões interlocutórias simples (p. ex., recebimento da denúncia). Ainda, ao fixar determinados casos de competência originária do Supremo Tribunal Federal, a Constituição acaba por instituir situações em que inexistirá o duplo grau de jurisdição. Com efeito, dos casos julgados originariamente por aquele tribunal, a Corte constituirá única e última instância. Também algumas das decisões proferidas por Juizados Especiais não estão, a rigor, sujeitas ao duplo grau de jurisdição. Isso porque o órgão dotado de competência recursal para os casos submetidos à jurisdição daquela corte compõe-se de magistrados que atuam na primeira instância. Assim, conquanto haja recurso para a impugnação de suas decisões, não há propriamente duplo grau de jurisdição.

Não estando a hipótese entre as exceções, há que observar o percurso processual entre as instâncias, não se permitindo pular etapas. Nesse sentido, já se decidiu pela impossibilidade de supressão de instância, ainda que seja para impugnar vício que cause nulidade absoluta, prevalecendo o princípio do duplo grau de jurisdição[74].

Vale alertar, ainda, para a discussão acerca da possibilidade de recurso da acusação contra a sentença de absolvição pelo quesito genérico, no Tribunal do Júri. Como deseja parte da doutrina, sob o argumento da prevalência da soberania do Conselho de Sentença, não seria possível, nessa situação, o Ministério Público recorrer para reformar a decisão absolutória. Todavia, com o fito de reforçar o princípio do duplo grau de jurisdição, o STF já decidiu pela possibilidade de recurso da acusação, afastando a confusão entre soberania do Júri e poder ilimitado dos jurados[75].

---

[74] STJ, 5ª T., AgRg nos EDcl no HC 732.901/SP, Rel. Min. Messod Azulay Neto, j. 13.12.2022, *DJ*, 18.12.2022.

[75] "A introdução do quesito genérico na legislação processual penal (Lei 11.689/2008) veio claramente com o intuito de simplificar a votação dos jurados – reunindo as teses defensivas em um único quesito –, e não para transformar o corpo de jurados em um

6.14. Princípio da vedação do *bis in idem*

Fundamento legal: art. 8º, 4, da Convenção Americana sobre Direitos Humanos, recepcionado pelo art. 5º, § 2º, da Constituição Federal.

No âmbito da proteção à coisa julgada, o princípio representa uma garantia ao acusado que tenha sido absolvido por sentença transitada em julgado. Não poderá o Estado deduzir uma pretensão punitiva que tenha por objeto o mesmo fato, contra o mesmo acusado, se este foi considerado inocente em decisão definitiva, não mais sujeita a recurso. Representa, entre nós, a *double jeopardy protection* do direito americano.

Há que ressaltar que não ocorre afronta ao princípio da vedação ao *bis in idem* quando, pelo mesmo fato, o acusado vem a responder, simultânea ou sucessivamente, nos âmbitos penal, cível e administrativo. As esferas penal, cível e administrativa são independentes entre si, não havendo relação de dependência entre elas, salvo no que tange a alguns efeitos específicos da sentença penal no âmbito cível (*vide* o capítulo referente à sentença). Assim, se um funcionário público, condenado pela prática de crime contra a administração pública, após sindicância, é penalizado administrativamente, e é também condenado a ressarcir civilmente os prejuízos que houver causado à administração, todas essas decisões são válidas e eficazes por si mesmas. Nesse caso, não será possível arguir o princípio da vedação ao *bis in idem* para afastar qualquer das condenações, sendo irrelevante a circunstância de que se tenham originado dos mesmos fatos.

Embora não seja uma norma que trata especificamente da proibição da dupla punição, o art. 8º do Código Penal[76] traz um regramento acerca da responsabilização penal por crimes cuja competência seja distribuída a mais de um país[77].

Ainda sobre o tema, na situação em que tenham tramitado, no território pátrio, equivocadamente, duas ações sobre o mesmo fato delituoso, se a questão envolve incompetência absoluta de um dos juízes sentenciantes, é certo que valerá a decisão do juiz competente, enquanto a outra será considerada nula. Todavia, se, na mesma situação, a questão envolver apenas incompetência relativa ou problema de distribuição de feitos na mesma comarca (onde haja mais de uma vara), deverá prevalecer a decisão que transitou em julgado em primeiro lugar, independentemente de ser mais benéfica ou prejudicial ao réu[78]. Nota-se, contudo, que o tema está longe de ser pacífico, porquanto já se decidiu, também, que deve prevalecer a sentença mais favorável ao réu, em face do princípio do *favor rei*[79]. Vale alertar que a primeira corrente encontra respaldo nos princípios da boa-fé objetiva e da lealdade processual, na medida em que o réu deveria saber que existem contra si duas ou mais ações

---

'poder incontrastável e ilimitado'. [...] Em nosso ordenamento jurídico, embora soberana enquanto decisão emanada do Juízo Natural constitucionalmente previsto para os crimes dolosos contra a vida, o específico pronunciamento do Tribunal do Júri não é inatacável, incontrastável ou ilimitado, devendo respeito ao duplo grau de jurisdição. Precedentes" (STF, AgRg no RHC 218.697, Rel. Min. Dias Toffoli, red. p/ Acórdão Min. Alexandre de Moraes, por maioria, sessão virtual de 2 a 13.9.2022, *DJ*, 5.10.2022).

[76] Art. 8º do Código Penal: "A pena cumprida no estrangeiro atenua a pena imposta no Brasil pelo mesmo crime, quando diversas, ou nela é computada, quando idênticas".

[77] "Apreciando o princípio em comento, o STJ, em determinado caso concreto, decidiu que a pendência de julgamento de litígio no exterior não impede, por si só, o processamento da ação penal no Brasil, não configurando, pois 'bis in idem' (*Informativo* n. 656). Até mesmo porque, como é cediço, no curso da ação penal pode ocorrer tanto a alteração da capitulação ('emendatio libelli') como, também, da imputação penal ('mutatio libelli'), o que, por si só, é suficiente para exigir maior cautela na extinção prematura de demandas criminais em Estados soberanos distintos. Seria temerário, portanto, também sob esse aspecto, aniquilar o cumprimento da pena no território brasileiro. Além disso, poderá incidir o art. 8º do Código Penal, que, embora não cuide proibição de dupla punição e persecução penais, dispõe sobre o modo como deve ser resolvida a situação de quem é punido por distintos Estados soberanos pela prática do mesmo delito..." (Leonardo Barreto Moreira Alves, *Manual de processo penal*, p. 118-119).

[78] STJ, 5ª T., RHC 77.692/BA, Rel. Min. Felix Fischer, *DJe*, 18.10.2017.

[79] *Informativo do STJ* n. 616.

e, no curso do processo, poderia ter avisado o magistrado acerca da litispendência. Se não o fez a tempo e modo, aguardando qual das decisões lhe fosse mais favorável, seria como se fosse premiado por se valer da própria torpeza. Por isso, não lhe cabe escolher a mais benéfica decisão, e sim aquela que transitou em primeiro lugar.

6.15. Princípio da proporcionalidade

Não há unanimidade na doutrina quanto ao fundamento legal do princípio da proporcionalidade. São encontradas as seguintes posições: art. 1º, *caput* (fórmula política do "Estado Democrático de Direito"); art. 1º, III (dispondo sobre a proteção da dignidade humana no Estado Democrático de Direito[80]); art. 5º, *caput* (princípio da igualdade); art. 5º, XXXV ("A lei não excluirá da apreciação do Poder Judiciário lesão ou ameaça a direito"); art. 5º, LIV ("devido processo legal") e art. 6º (direito social à segurança), todos da Constituição Federal; por fim, existe ainda a tese de Paulo Bonavides[81] e Willis Santiago Guerra Filho[82], que sustentam que a proporcionalidade do § 2º do art. 5º resulta do regime e dos princípios adotados na Constituição.

Doutrinariamente, discute-se também a *natureza jurídica do princípio da proporcionalidade*, ou seja, sua validade como verdadeiro "princípio", no sentido de ser uma *norma-princípio* de necessária aplicação. *Aduz-se, contudo, não ser apenas um "princípio", tal como estes são tradicionalmente concebidos, mas um princípio mais importante, um "princípio dos princípios", ou um "superprincípio", porque, enquanto todos os demais princípios jurídicos são relativos (não absolutos) e admitem flexibilizações ou balanço de valores, o princípio da proporcionalidade é um método interpretativo e de aplicação do direito para a solução do conflito de princípios – metáfora da colisão de princípios – e do balanço dos valores em oposição (p. ex., tutela da intimidade em oposição à proteção da segurança pública), não se flexibilizando e, assim, configurando-se em um princípio absoluto*. É nossa posição. Assim, em caso de conflito de princípios, funciona como método hermenêutico para dizer qual deles e de que forma prevalece sobre o outro princípio antagônico. Argumenta-se, dessa forma, ser o princípio da proporcionalidade, na verdade, um "princípio hermenêutico", uma nova categoria, próxima ou análoga a um verdadeiro método de interpretação jurídico posto em prática sempre que houver a necessidade de restringir direitos fundamentais. Objetiva ser uma *restrição às restrições* dos direitos fundamentais por parte do Estado. Como o processo penal constantemente necessita contrabalançar valores e princípios que rotineiramente se opõem (p. ex., o direito à liberdade do indivíduo e o dever do Estado de punir o culpado), o princípio da proporcionalidade tem grande e variada aplicação no processo penal, ainda que parte da doutrina e da jurisprudência resista a aceitá-lo. Hoje, decisivamente, é francamente empregado nos países mais avançados da Europa e adotado largamente nas decisões prolatadas pelo Tribunal Europeu de Direitos Humanos. No Brasil, ainda que muitas vezes não obedeça a uma harmonia de método, confundindo-se inclusive com o "princípio da razoabilidade"[83], o STF já o reconheceu em variadas oportunidades.

6.15.1. A modalidade "proibição de excesso"

Em um *primeiro aspecto*, sua concretização implica a proibição de que o Estado, ao agir, tanto na posição de acusador quanto na de julgador, pratique, em sua atividade, qualquer excesso. Assim, o

---

[80] Posição defendida, dentre outros, por Gilmar Ferreira Mendes, O princípio da proporcionalidade na jurisprudência do Supremo Tribunal Federal: novas leituras, *Repertório IOB de Jurisprudência: Tributário, Constitucional e Administrativo*, 14, 2000, p. 361-72; Luís Roberto Barroso, Os princípios da razoabilidade e da proporcionalidade no direito constitucional, *Revista dos Tribunais – Cadernos de Direito Constitucional e Ciência Política*, v. 23, 1998, p. 65-78.

[81] *Curso de direito constitucional*, 9. ed., p. 396.

[82] *Princípio da proporcionalidade e teoria do direito*, *in* Eros Roberto Grau e Willis Santiago Guerra Filho (org.), *Direito constitucional*: estudos em homenagem a Paulo Bonavides, p. 278.

[83] Cf. Virgílio Afonso da Silva, O proporcional e o razoável, *RT*, 798/23-50, 2002.

princípio da proporcionalidade é também conhecido como princípio da "proibição do excesso" (do alemão, de onde se origina, literalmente, *Übermassverbot*), na medida em que, a pretexto de combater infrações penais, sejam cometidos excessos na restrição aos direitos fundamentais. É preciso, portanto, moderação, a par de justificada necessidade. Dessa forma, o modo de restringir tais direitos fundamentais deverá ser aquele do princípio da proporcionalidade, possibilitando assim, por meio de seu método, um controle intersubjetivo das ações do Estado-juiz ou de qualquer órgão estatal incumbido da aplicação do direito. Nesse sentido, seu conteúdo aproxima-se ao do princípio do devido processo legal, no sentido material.

6.15.1.1. O "teste alemão" (adequação, necessidade e proporcionalidade em sentido estrito)

A atuação do Estado, portanto, deve ser proporcional, mas uma proporcionalidade, insista-se, obtida por meio de um método científico. A proporcionalidade, assim, consubstancia-se em três subprincípios – também denominados "teste alemão"[84] –, *que devem ser concomitante ou sucessivamente atendidos: adequação, necessidade e "proporcionalidade em sentido estrito"*.

A adequação consubstancia-se em medida apta a alcançar o objetivo visado, que deve necessariamente ser um fim constitucionalmente legítimo. Portanto, é necessária a adequação do meio para a consecução dessa finalidade. É uma relação de meio e fim. Assim, por exemplo, decreta-se a prisão preventiva para com isso impedir o réu de turbar a instrução penal ("conveniência da instrução criminal"). *A necessidade – ou exigibilidade – impõe que a medida adotada represente gravame menos relevante do que o interesse que se visa tutelar* (ou seja, resulte numa relação custo/benefício que se revele benéfica). Seguindo nosso exemplo, a prisão preventiva, portanto, será decretada quando não tivermos outro meio menos gravoso para a preservação de determinado interesse. *E "proporcionalidade em sentido estrito", quando se faz um balanço entre os bens ou valores em conflito, promovendo-se a opção*. A proporcionalidade pauta-se, portanto, pelos dois elementos inicialmente expostos (ou subprincípios), impondo-se por fim uma ponderação entre os interesses em jogo, de modo que seja possível reconhecer como justificada a medida. A implementação desse princípio relaciona-se ao reconhecimento da prevalência de um interesse sobre o outro, de modo que é comum adotar, para justificar como proporcional um ato, o princípio da supremacia do interesse público sobre o interesse privado, reconhecido aquele como o de maior valor ou importância.

Por exemplo, tem-se admitido como meio de prova a gravação telefônica realizada por um dos interlocutores sem a autorização do outro, com fundamento no princípio da proporcionalidade, quando presentes circunstâncias que denotem a existência de um interesse público superior, isto é, suspeita da prática de infração penal[85].

Note-se, assim, que um dos grandes campos de aplicação desse *princípio é no terreno da valoração da prova*. De acordo com os critérios (subprincípios) que constituem o princípio da proporcionalidade (adequação e necessidade), julga-se a admissibilidade ou não de determinados meios de prova, mitigando, assim, diante do que estritamente requerer cada caso, as vedações às provas obtidas por meios ilícitos e das provas ilícitas por derivação, com o filtro final da "proporcionalidade em sentido estrito".

---

[84] O primeiro acórdão do Tribunal Constitucional alemão que reuniu os três elementos do princípio da proporcionalidade tratados no texto, dando origem ao "teste alemão", data de 11 de junho de 1958, cf. Diana Urania Galetta, Discrezionalità amministrativa e principio di proporzionalità, *Rivista Italiana di Diritto Pubblico Comunitario*, p. 146-147, nota 18, 1994, citada por Mariângela Gama de Magalhães Gomes, *O princípio de proporcionalidade no direito penal*, p. 60.

[85] STJ, *RT*, 755/180; TJSP, *RT*, 693/341; STF, HC 75.388, *DJU*, 25.9.1998, p. 11. Nesse sentido: TJDF, 2ª T. Crim., Rec 07004.88-74.2021.8.07.0011, 170.4307, Rel. Des. Robson Barbosa de Azevedo, j. 18.5.2023, *PJe* 31.5.2023.

6.15.2. Proibição de infraproteção ou proibição de proteção deficiente: a outra vertente do princípio da proporcionalidade

Por fim, a outra modalidade do princípio da proporcionalidade – esta praticamente desconhecida na doutrina e jurisprudência nacionais[86] – é a da "proibição da proteção deficiente" ou princípio da proibição da infraproteção[87] (*Untermassverbot,* dos alemães), pela qual se compreende que, uma vez que o Estado se compromete pela via constitucional a tutelar bens e valores fundamentais (vida, liberdade, honra etc.), deve fazê-lo obrigatoriamente na melhor medida possível. Desse modo, assegura-se não somente uma garantia do cidadão perante os excessos do Estado na restrição dos direitos fundamentais (princípio da proibição de excesso) – a chamada "proteção vertical", na medida em que os cidadãos têm no princípio da proporcionalidade (modalidade proibição de excesso)[88] um anteparo constitucional contra o poder do Estado (verticalizado, portanto, de "cima para baixo") –, mas também uma garantia dos cidadãos contra agressões de terceiros – "proteção horizontal" –, na qual o Estado atua como garante eficaz dos cidadãos, impedindo tais agressões (tutelando eficazmente o valor "segurança", garantido constitucionalmente) ou punindo os agressores (valor "justiça", assegurado pela Constituição Federal). Dessa forma, pelo "princípio da proibição da infraproteção", toda atividade estatal que o infringir seria nula, ou seja, inquina-se o ato jurídico violador do princípio com a sanção de nulidade[89].

Note-se que ambas as modalidades do princípio da proporcionalidade (proibição de excesso e proibição de proteção deficiente) se aplicam não somente à criação da lei processual (dirigindo o princípio ao Poder Legislativo), mas também à aplicação da lei processual (dirigindo o princípio do Poder Judiciário). Uma das consequências, a nosso sentir, da violação do princípio da proporcionalidade em qualquer de suas vertentes é a possibilidade, não somente por parte da parte prejudicada, de sustentar a *nulidade do ato judicial* (ou *inconstitucionalidade da lei aprovada pelo Legislativo*) viciado por meio de recursos ordinários, como prequestionar a violação da Constituição Federal, podendo fundamentar e interpor até mesmo recurso extraordinário, socorrendo-se assim do Supremo Tribunal Federal, como guardião da Constituição Federal[90].

Um exemplo recente da aplicação do princípio da proteção deficiente é a propositura, pela Procuradoria-Geral da República, da Ação Direta de Inconstitucionalidade n. 4.301/DF quanto à nova redação dada pelo art. 225 do Código Penal.

Isto porque, a partir da reforma trazida pela Lei n. 12.015/2009, passou-se a dispor que, nos casos em que o crime de estupro é qualificado por lesão corporal grave ou morte, a ação penal será pública condicionada, contrariando a revogada lei que a dispunha como sendo pública incondicionada, bem como a Súmula 608 do Supremo Tribunal Federal.

A Procuradoria-Geral da República alega, para tanto, que, ao condicionar à representação o início da ação penal pública, restaria ferido o princípio da proporcionalidade em sua modalidade de proteção deficiente, na medida em que, em casos gravíssimos, não se poderia deixar ao alvedrio da vítima ou seus representantes legais a decisão de inaugurar a persecução penal contra o agente. Sus-

---

[86] Em sede de direito penal e constitucional, *vide*, pioneiramente, Ingo Sarlet, Constituição e proporcionalidade: o direito penal e os direitos fundamentais entre proibição de excesso e de insuficiência, *Revista de Estudos Criminais*, n. 12, ano 3, p. 86 e s.

[87] Gregor Staechelin, ¿Es compatible la "prohibición de infra-protección" con una concepción liberal del derecho penal?, *in La insostenible situación del derecho penal*, p. 290; Carlos Bernal Pulido, *El principio de proporcionalidad y los derechos fundamentales*, p. 799.

[88] Sobre o tema já decidiu o STF, 2ª T., HC 104.410, Rel. Min. Gilmar Mendes, *DJe,* 27.3.2012.

[89] Edilson Mougenot Bonfim, *El principio de proporcionalidad en el proceso penal*.

[90] Essa é uma de nossas conclusões em *El principio de proporcionalidad en el proceso penal*.

tenta, ainda, que o próprio art. 225, em seu parágrafo único, dispôs que a ação penal seria pública incondicionada quando a vítima fosse menor de 18 anos ou pessoa vulnerável.

Logo, restaria evidente a contradição, na medida em que, para um crime substancialmente menos grave (art. 217-A do CP), estabeleceu-se que a ação penal será pública incondicionada, enquanto para um crime evidentemente mais grave (art. 213, §§ 1º e 2º, do CP), produzindo resultados que, individualmente considerados, constituem crimes autônomos (arts. 129, § 1º, e 121 do CP, cuja ação penal é pública incondicionada), optou o legislador por determinar que a ação penal será condicionada à representação do ofendido ou seu representante legal.

Em 25 de setembro de 2018 foi sancionada a Lei n. 13.718, que alterou o *caput* do art. 225 do Código Penal e revogou seu parágrafo único, determinando que em todos os crimes contra a liberdade sexual e todos os crimes sexuais contra vulneráveis (Capítulos I e II do Título VI do Código Penal) se procede mediante ação penal pública incondicionada, encerrando o quanto proposto pela Ação Direta de Inconstitucionalidade n. 4.301/DF.

A observância da dupla face do princípio da proporcionalidade, seja da proibição do excesso como, também, da vedação da proteção insuficiente, recebeu por parte da doutrina a denominação de "garantismo integral"[91], em uma revisitação da teoria de Luigi Ferrajoli, que, interpretada equivocadamente, pendia pela sobreposição da primeira proibição em detrimento da segunda.

Apenas a título de exemplo, todas as condenações sofridas pelo Brasil por intermédio da Corte Internacional de Direitos Humanos (IDH) se deram em razão de falhas na proteção advindas de uma persecução penal acanhada e não em decorrência de algum excesso estatal[92]. Vale alertar, também, quanto ao caráter vinculante das sentenças proferidas pela IDH[93].

6.15.3. Violações do princípio em abstrato e em concreto

Imaginemos uma hipótese de violação do princípio da proporcionalidade *in abstracto*. Assim, se o Poder Legislativo aprovasse uma lei e esta, sancionada, criasse tão grande número de recursos processuais penais que, na prática, tornasse inviável a aplicação do direito penal, tal lei seria inconstitucional por violação do princípio da "proibição de infraproteção". Isso seria passível de demonstra-

---

91 "O 'garantismo penal integral' procura exatamente enfatizar que os direitos e os deveres fundamentais precisam ser compreendidos e aplicados na máxima medida possível, não se podendo esquecer jamais que há obrigação de o Estado agir positivamente para exatamente garantir também a proteção dos direitos fundamentais dos demais integrantes da sociedade, e não apenas daqueles que, por suas ações, possam ter violado o ordenamento jurídico. Não se pretende exclusão ou minimização de direitos fundamentais de primeira geração, mas que são apenas mais uma engrenagem num sistema que contempla inúmeros outros valores, princípios e obrigações" (Douglas Fischer e Frederico Valdez Pereira, *As obrigações processuais penais positivas*: segundo as Cortes Europeia e Interamericana de Direitos Humanos, 2. ed., p. 30).

92 "... todas as condenações impostas ao Brasil pela Corte IDH sobre essa temática decorreram de omissões do Estado brasileiro em conferir efetivo cumprimento às suas obrigações positivas de proteção aos direitos humanos pela tutela penal. É dizer, todas as vezes que o Brasil foi internacionalmente responsabilizado pela Corte IDH se fez presente a inação do Estado brasileiro relativa aos procedimentos nacionais de persecução penal, não garantindo às vítimas de violações a direitos humanos a devida reparação do Estado. Não se tratou, portanto, de eventual excesso no manejo de tais procedimentos pelos órgãos brasileiros do sistema de justiça, senão de inefetividade do Estado brasileiro na persecução penal contra os responsáveis pelo cometimento de crimes em território brasileiro" (Valerio de Oliveira Mazzuoli, Marcelle Rodrigues da Costa Faria e Kledson Dionysio de Oliveira, *Controle de convencionalidade pelo Ministério Público*, p. 126-127).

93 "... a sentença da Corte IDH produz autoridade de coisa julgada internacional, com eficácia vinculante e direta às partes. Todos os órgãos e poderes internos do país encontram-se obrigados a cumprir a sentença" (STH, 5ª T., AgRg no RHC 136.961/RJ, Rel. Min. Reynaldo Soares da Fonseca, j. 15.6.2021, *DJe*, 21.6.2021). Na mesma linha: STJ, 6ª T., AgRg no HC 697.146/RJ, Rel. Min. Olinto Menezes, j. 15.2.2022, *DJe*, 21.2.2022; STJ, 5ª T., HC 774.763/PE, Rel. Min. Reynaldo Soares da Fonseca, j. 7.2.2023, *DJ*, 13.2.2023.

ção empírica, ou seja, somando a quantidade dos recursos possíveis, computando os prazos processuais, o tempo de tramitação etc. e demonstrando que, ao final, o agente não seria punido, em face de certeira prescrição ou outra causa de extinção de sua punibilidade. Da mesma forma, por exemplo, se nova lei processual penal suprimisse as hipóteses de "prisão preventiva" tendentes à garantia da ordem pública ou conveniência da instrução criminal. Destarte, não se poderia aceitar uma legislação processual que retirasse a proteção do cidadão ameaçado, por exemplo, por ser testemunha em um processo penal, e cuja garantia para tanto repousaria precipuamente na força e na possibilidade de custódia preventiva contra aquele que o ameaçava. Tal lei, se existente, constituiria flagrante violação do princípio da proporcionalidade na modalidade "proibição de infraproteção", tornando-se inconstitucional, porquanto, a despeito da independência do Parlamento e do "princípio da presunção da constitucionalidade das leis", tal lei "destutelaria" completamente os cidadãos, violando a Constituição Federal, que obriga o Estado à proteção de determinados bens e valores fundamentais.

Da mesma forma, um ato ou decisão judicial, para adequar-se em perfeita *tipicidade processual constitucional*, deve sempre atender ao "princípio da proibição de excesso" e ao "princípio da proibição de infraproteção", pena de nulidade. Destarte, uma indevida prisão preventiva (violadora do princípio da dignidade humana, da liberdade, do estado de inocência), uma escuta telefônica sem razão de ser (violadora do princípio da dignidade humana, da intimidade etc.) violariam o princípio da proibição de excesso *in concreto*, acarretando a nulidade do ato processual. A rigor e conforme o compreendemos, tanto padecem de nulidade as decisões que violem um ou outro dos aspectos do princípio, ou seja, a "proibição de excesso" ou a "proibição de infraproteção".

6.15.4. Estado Legal e Estado Constitucional

Ao acatar-se, portanto, o "princípio da proporcionalidade", reconhecemos a transposição de um "Estado Legal", onde há a supremacia da lei, identificando-se o direito com a lei, tendo o Parlamento maior autonomia perante a Constituição – esta é apenas uma forte referência – para um "Estado Democrático de Direito" ou "Estado Constitucional", no qual a Constituição passa a ter força normativa, impondo limites – nem sempre bem definidos, é verdade – ao Poder Legislativo e condicionando toda a estruturação do processo penal, de sua concepção legislativa à sua aplicabilidade prática ou concreta.

6.16. Princípio da oficialidade

Fundamento legal: arts. 129, I, e 144, § 4º, da Constituição Federal; art. 4º do Código de Processo Penal.

Em nosso sistema, não só a aplicação da pena ao transgressor da norma jurídica (jurisdição penal) cabe ao Estado. Também a própria persecução aos transgressores e a apuração dos fatos que se suspeita constituírem crimes (persecução penal) são deveres do Estado. Ao contrário da jurisdição, que somente se manifesta sob provocação (*vide* princípio da inércia, referente à jurisdição, acima), a persecução penal é, por determinação legal, atribuição que o Estado deve desempenhar *ex officio*.

O Estado, assim, não é somente titular de uma pretensão material. Mais do que isso, tem o poder-dever de concretizar essa pretensão por meio de uma atividade persecutória, em regra independente da manifestação do ofendido.

Esse princípio não é absoluto, entretanto. A persecução propriamente dita pode ser dependente da manifestação do ofendido, nos casos em que a ação penal seja pública condicionada, ou totalmente substituída pela atuação do particular, nos raros casos em que a ação penal deva ser movida por iniciativa privada.

6.17. Princípio da obrigatoriedade (ou legalidade)

Tal princípio tem caráter bifronte:

a) *Dirige-se à autoridade policial*, obrigando-a a instaurar inquérito policial sempre que souber da ocorrência de crime apurável mediante ação penal pública.

b) *Dirige-se ao Ministério Público*, obrigando-o a promover a ação penal em crimes de ação pública, sempre que tiver os elementos mínimos necessários para tanto. A *antítese teórica* de referido princípio é o *princípio da oportunidade* – largamente utilizado em outros países –, pelo qual se faculta ao órgão do Ministério Público promover ou não a ação penal. Entre nós, somente poderemos falar em *princípio da oportunidade – ou conveniência* – naqueles casos de ação privada, porquanto o titular do direito ofendido ou seu representante legal têm discricionariedade para dispor da ação penal. Assim, contrapomo-nos à parcela doutrinária (*v.g.*, Mirabete) que entende vigorar o princípio da oportunidade nos casos de ação pública condicionada à representação e requisição do Ministro da Justiça, porquanto, nesses casos, a nosso sentir, somente se pode falar em oportunidade no que se refere à possibilidade de oferecimento de representação ou requisição; contudo, estas, uma vez ofertadas (a representação ou requisição), obrigarão o órgão do Ministério Público à promoção da ação penal.

É necessário destacar, outrossim, que a Lei n. 9.099/95 (p. ex., transação penal e suspensão condicional do processo), Lei n. 12.850/2013 (p. ex., colaboração premiada), Leis n. 12.529/2011 e 12.846/2013 (p. ex., acordos de leniência) e, agora, a Lei n. 13.964/2019 (Pacote Anticrime – art. 28-A do CPP: acordo de não persecução penal) consolidam uma nova tendência de Justiça Penal Negocial, trazendo institutos, conceitos e regras que mitigam o princípio da obrigatoriedade[94].

6.18. Princípio da boa-fé processual

Princípio geral de direito, decorrente do "princípio do devido processo legal" e da "paridade de armas", implicando a busca de um *fair play*, um processo justo. Trata-se de princípio que, embora não esteja inserido expressamente no Código de Processo Penal e malgrado seja desprezado pela doutrina conservadora, vem recebendo paulatino reconhecimento também na jurisprudência[95]. Embora ainda seja forte e expressivo o entendimento segundo o qual o princípio da boa-fé não existiria no processo penal, a evolução doutrinária, contudo, parece apontar caminho diverso[96], sendo notório seu reconhecimento no direito comparado, mister em importantes Cortes de Justiça europeias, como nas decisões do Supremo Tribunal da Espanha a partir de 2001: STS n. 36.736, de 23.10.2001, e STS n. 3.562, de 21.3.2001, que, entre outras, acolheram-no, impondo sua aceitação.

Parcela doutrinária, de outra sorte, reconhece o princípio da boa-fé processual no processo penal, aplicando-o, no entanto, somente à parte acusadora[97], já que se garantiria ao acusado o pleno gozo de seu direito à liberdade e à defesa – e os princípios daí decorrentes –, o que tornaria impossível, a teor dessa argumentação, cobrar a mesma boa-fé processual exigível à acusação[98].

---

[94] Surgiu, ainda, o entendimento de que os institutos negociais não mitigam o princípio da obrigatoriedade, mas apenas se afiguram como derivações deste, porquanto fazem parte do cardápio de soluções processuais, entre as quais o órgão de persecução penal está obrigado a escolher. Em outras palavras, os institutos de despenalização, por exemplo, são caminhos processuais a serem trilhados tal qual a opção pela busca da verdade em uma sentença de mérito. Seja por um ou outro, o órgão persecutório está obrigado a promover uma solução prevista na lei, seguindo os regramentos processuais.

[95] "... No sistema processual penal vigora o princípio da lealdade e da boa-fé objetiva, não sendo lícito à parte arguir vício com o qual tenha concorrido, sob pena de se violar o princípio do *nemo auditur propriam turpitudinem allegans*..."(STJ, 5ª T., AgRg no HC 808.230/PE, Rel. Min. Reynaldo Soares da Fonseca, j. 6.6.2023, *DJ*, 15.6.2023).

[96] Entre outros, José María Rifa Soler e J. F. Valls Gombáu, *Derecho procesal penal*, p. 43; Juan Picó I Junoy, *El principio de la buena fe procesal*, p. 177.

[97] G. Bellavista, Il litigante temerario nel processo penale, *in Studi sul processo penale*, p. 33.

[98] M. Gómez Del Castillo, *El comportamiento procesal del imputado (silencio y falsedad)*, p. 35.

6.18.1. Nossa posição

Referido entendimento não constitui novidade, pois já havia sido analisada por Manzini em sua clássica obra[99]. Contudo, parece-nos que tal compreensão já não mais se ajusta ao novo modelo de processo penal constitucional. Entendemos que tal posição somente diz respeito às questões de direito material – a máxima *nemo tenetur edere contra se* – ou ao mérito da própria ação penal, isto é, nesse caso não se pode exigir do acusado a referida boa-fé, podendo ele exercitar amplamente seu direito à defesa, inclusive mentir[100]. Essa garantia, assim, aplicada no terreno substancial penal, assegura-lhe o direito de não declarar ou confessar sua culpabilidade, vale dizer, nenhuma sanção lhe pode ser aplicada por ter restado silente ou por haver mentido. Sem embargo, no campo processual, com respeito ao seu modo de intervenção em juízo, sua boa-fé processual é totalmente exigível[101], como superiormente sustenta Picó I Junoy: "Ainda que o acusado tenha constitucionalmente reconhecida a possibilidade de mentir[102], isso não significa que se legitime sua conduta maliciosa dentro do processo, em razão do que o princípio da boa-fé processual também lhe é exigível em tudo aquilo que não se refira ao fundo da questão investigada no processo penal, pois somente neste caso excepcional, não se pode exigir-lhe que atue de boa-fé"[103].

Aludida interpretação vem no sentido de privilegiar o *fair play*, especialmente quando hoje concebemos o direito processual em uma tensão dialética da proteção das garantias fundamentais com a efetividade da prestação jurisdicional, ou, dito de outro modo, o papel do Estado, em seu constante desafio de não somente tutelar as garantias dos cidadãos perante seu poder punitivo, mas também tutelar um verdadeiro direito (subjetivo) de segurança jurídica, entendida esta em todos os seus níveis: tanto o direito à segurança – no sentido de não sofrer o cidadão nenhuma violência criminosa – como a segurança de que o Estado punirá o infrator em caso de crime, exercitando seu poder-dever jurisdicional. Essa tendência, aliás, foi claramente exposta no Brasil na Exposição de Motivos da Lei n. 9.613/98 ("Lei de Lavagem de Dinheiro"), quando aduziu que o art. 2º, § 2º[104], tem por objetivo impedir "um prêmio para os delinquentes astutos e afortunados e um obstáculo para a descoberta de uma grande variedade de ilícitos que se desenvolvem junto com a lavagem ou a ocultação...".

A presença do princípio da boa-fé no processo penal se faz mais evidente ainda pelas tipificações do art. 347 do Código Penal (fraude processual) e do art. 342 (falso testemunho e falsa perícia).

6.19. Princípio da identidade física do juiz

Inserido pela Lei n. 11.719/2008 no processo penal, estabelece que o magistrado que presidir a instrução obrigatoriamente prolatará a sentença (art. 399, § 2º, do CPP) Não obstante haja manifestação doutrinária em sentido diverso, entendemos que o referido princípio deve ser estendido a

---

[99] Vincenzo Manzini, *Tratado de derecho procesal penal*, v. 2, p. 422 e 752.

[100] Na Espanha o acórdão do Tribunal Constitucional 129, prolatado em 9 de julho de 1996, destaca em seu fundamento jurídico: "O acusado não somente não tem essa obrigação (de dizer a verdade), como também pode calar total ou parcialmente ou inclusive mentir, pois até aí chega o direito de defesa". Cf. também o acórdão 49/1998, de 2 de março (Tribunal Constitucional), entre outros.

[101] Juan Picó I Junoy, *Las garantías constitucionales del proceso*, p. 183.

[102] Vale destacar que o direito de mentir encontra ressonância distinta na doutrina, porquanto entendem alguns que o juiz pode valorar a mentira na dosimetria da pena, na fixação da pena-base, considerando a personalidade do agente como circunstância judicial desfavorável. Além do mais, o ordenamento jurídico pune a autoacusação falsa (art. 341 do CP), a comunicação falsa de crime (art. 340 do CP) e a denunciação caluniosa (art. 339 do CP), restringindo o citado direito de não falar a verdade.

[103] Juan Picó I Junoy, *Las garantías constitucionales del proceso*, p. 184.

[104] Art. 2º, § 2º, da Lei n. 9.613/98: "No processo por crime previsto nesta Lei, não se aplica o disposto no art. 366 do Decreto-Lei n. 3.689, de 3 de outubro de 1941 (Código de Processo Penal), devendo o acusado que não comparecer nem constituir advogado ser citado por edital, prosseguindo o feito até o julgamento, com a nomeação de defensor dativo".

todos os tipos de procedimento, inclusive os especiais, não se restringindo ao procedimento comum ordinário.

Muito embora a regra processual penal seja bastante genérica, devem ser aplicadas, analógica e subsidiariamente, por força do art. 3º do CPP, as regras processuais civis que se relacionem com a matéria.

Nessas hipóteses – juiz convocado, licenciado, afastado por qualquer motivo, promovido ou aposentado –, entendemos que os autos deverão ser repassados ao seu sucessor legal, que deverá obrigatoriamente sentenciar o feito. Essa exceção, prevista no art. 132 do Código de Processo Civil de 1973 e que era aplicada no processo penal por analogia, acabou não se reproduzindo no texto do Código de Processo Civil de 2015. Doravante, passou-se a aplicar uma analogia a uma norma que já não mais se encontra em vigor, mas que, por questão de razoabilidade e coerência, ainda regula as exceções ao princípio da identidade física do juiz, diante da completa omissão do ordenamento jurídico vigente. Diante disso, estando em uma das hipóteses de exceção ao princípio da identidade física do juiz, o magistrado que suceder, se entender necessário à formação de sua convicção, poderá determinar a repetição de algumas provas já produzidas – notadamente as orais –, atentando sempre para o postulado da duração razoável do processo, assegurado pelo art. 5º, LXXVIII, da Constituição Federal.

Ademais, analisando-se teleologicamente o referido princípio e aplicando-se analogicamente o dispositivo processual pertinente à questão, pode-se afirmar que apenas o juiz que tiver contato com a prova oral – e não com as demais provas de outra natureza – é que estará vinculado a julgar a causa. Isto porque é ele quem terá tido contato com a reação pessoal das partes, a credibilidade em seus relatos, a veracidade em suas manifestações etc., tornando-o mais próximo dos fatos narrados, o que justifica a inclusão do referido princípio no âmbito processual penal.

Por derradeiro, cunha assentar a desobediência ao princípio da identidade física do juiz, da mesma forma que no processo civil constitui causa de nulidade da sentença. Fora das exceções vistas, em face da identidade física do juiz, os autos do processo deverão ser-lhe remetidos para julgamento, ainda que não mais esteja judicando no mesmo órgão[105].

7. PRINCÍPIOS DE APLICAÇÃO ESPECÍFICA AOS JUIZADOS ESPECIAIS CRIMINAIS

O processo que tramite perante um Juizado Especial Criminal, segundo o art. 62 da Lei n. 9.099/95, "orientar-se-á pelos critérios da oralidade, simplicidade, informalidade, economia processual e celeridade". A adoção desses princípios diferenciados tem por fundamento a necessidade de criar um procedimento mais célere e menos formal, de modo a tornar mais rápida a tramitação das causas perante o Poder Judiciário. A seguir, discorre-se sobre esses princípios.

7.1. Princípio da oralidade

Consiste em que se dê, durante a instrução criminal, primazia à prova produzida oralmente, em audiência. O princípio se opera pela imediatidade ou *imediação*, consistindo na aproximação das partes, juiz e demais sujeitos do processo, já que participam do *círculo hermenêutico* (interpretativo), podendo transmitir uns aos outros, na presença desse mesmo juiz, impressões sobre a realidade processual[106]. O corolário lógico do princípio da oralidade é, consequentemente, *a identidade física do juiz e a concentração dos atos* em audiência.

---

[105] Marcus Vinicius Rios Gonçalves, *Novo curso de direito processual civil*, v. 1, p. 41-42.

[106] Rosemiro Pereira Leal, *Teoria geral do processo*, 5. ed., p. 105.

Por conseguinte, a imediatidade reflete-se na ideia de evitar o espaçamento e as formalidades que usualmente separam os atos processuais entre si (numerosas certificações, expedição de mandados para intimação etc.), economizando recursos materiais e tempo.

A identidade física do juiz, a seu turno, consiste em que a pessoa do julgador seja a mesma que tenha acompanhado a instrução do feito. Dessa forma, evita-se a perda de informação, uma vez que se presume que o julgador que tenha participado da instrução, íntimo dos fatos que compõem a lide, requeira menor lapso de tempo para inteirar-se da prova a fim de proferir o julgamento.

A *concentração dos atos* em audiência liga-se estreitamente à imediatidade. A ideia é que o maior número de atos possível seja praticado em audiência, evitando-se a prática de atos desnecessários.

A partir da Lei n. 11.719/2008, o princípio da oralidade se tornou a regra dos procedimentos previstos no Código de Processo Penal, mais evidente nos Juizados Especiais Criminais e no plenário do Tribunal do Júri. Embora presente nos demais ritos, é no procedimento sumaríssimo que o princípio da oralidade é aplicado com maior amplitude.

No procedimento adotado nos Juizados Especiais Criminais, assim, o interrogatório do réu, bem como a tomada do depoimento das testemunhas, serão feitos oralmente, ressalvadas as exceções legais.

Da mesma forma, existe previsão para o exercício da representação verbal (art. 75 da Lei n. 9.099/95), para a possibilidade de deflagração oral da acusação (denúncia ou queixa), prevista no art. 77 da Lei do Juizado Especial, e para a apresentação de alegações orais (art. 81 da referida lei).

7.2. Princípio da informalidade

A formalidade consubstancia-se no respeito à forma que a lei prescreve como obrigatória para os atos jurídicos. Classicamente, os atos processuais, tanto no processo civil quanto no penal, devem todos ser realizados por escrito, formando-se, assim, os autos do processo. Além disso, determinados atos requerem o respeito a determinados requisitos. Assim, por exemplo, a prática de atos em comarca diversa daquela em que tramita o processo deverá, de acordo com as regras do Código de Processo Penal, realizar-se pela expedição de carta precatória para a comarca onde o ato deverá ser realizado.

A informalidade, em sentido contrário, visa à flexibilização dos instrumentos (formas) pelos quais os atos processuais podem ser praticados, abolindo as formas rígidas, já que estas nem sempre se mostram as mais adequadas à consecução de um processo justo e ao mesmo tempo célere.

O princípio da informalidade permeia diversos dos dispositivos referentes aos Juizados Especiais Criminais. O art. 65 da Lei n. 9.099/95, por exemplo, em seus §§ 2º e 3º, consagra a informalização dos atos processuais. Com efeito, o § 2º do citado artigo determina que a prática de atos processuais em outras comarcas seja feita "por qualquer meio hábil de comunicação", tornando assim dispensável o moroso rito das cartas precatórias. Já o § 3º abre a possibilidade de que os atos realizados em audiência de instrução e julgamento sejam registrados "em fita magnética ou equivalente". Reduz-se, assim, a formalidade excessiva e desnecessária, em face dos recursos tecnológicos disponíveis.

No Juizado Especial Criminal, o princípio da informalidade se mostra mais evidente na dispensa de relatório na sentença (art. 81, § 3º, da Lei n. 9.099/95), na possibilidade de exame de corpo de delito indireto (art. 77, § 1º), na substituição do inquérito policial pelo termo circunstanciado de ocorrência (art. 69) e na possibilidade de intimação por qualquer meio idôneo (art. 67)[107].

7.3. Princípio da economia processual

Consubstancia-se no aproveitamento dos atos judiciais que tenham atingido suas finalidades,

[107] Pablo Gran Cristóforo e Marcelo de Oliveira Milagres, *Juizado Especial Criminal*, p. 18.

ainda que conduzidos de maneira diversa daquela prescrita em lei (*vide*, acima, abordagem mais detalhada acerca do assunto).

7.4. Princípio da celeridade

O princípio da celeridade constitui, em verdade, o fundamento principal da instituição da nova modalidade de processo criada com o advento dos Juizados Especiais.

Trata-se de um princípio pelo qual não só os atos processuais, vistos isoladamente como partículas do procedimento, mas também a concessão da própria tutela requerida, nos casos em que o requerente tenha razão, sejam providos com celeridade, privilegiando a eficácia da tutela concedida. O princípio, evidentemente, deve ser contraposto à necessidade de um grau aceitável de segurança jurídica, já que a consecução da função jurisdicional apenas se dará de forma plena se houver equilíbrio entre a eficácia e a correção das decisões.

A Lei n. 9.099/95 visa imprimir velocidade à marcha processual, encurtando os espaços entre os atos processuais, a fim de obter uma solução o quanto antes. Não por outro motivo, após a prática da infração penal, todos os envolvidos devem ser encaminhados à autoridade policial para elaboração do Termo Circunstanciado de Ocorrência – TCO (art. 69) e enviados à audiência preliminar para tentativa de composição civil (art. 75), colheita da representação criminal, quando necessário, oferecimento, quando possível, de transação penal (art. 76) ou oferecimento de denúncia oral (art. 77) e apresentação ao Judiciário na própria audiência[108]. Tudo em curto espaço de tempo, condensando-se vários atos, no intuito de evitar a morosidade na prestação jurisdicional.

7.5. Princípio da simplicidade

A Lei n. 13.603/2018 alterou o texto do art. 62 da Lei n. 9.099/95, acrescentando, entre os princípios do Juizado Especial, o princípio da simplicidade, segundo o qual deve o magistrado primar pela objetividade do rito processual. A linguagem deve ser clara, de forma a garantir ao jurisdicionado a acessibilidade ao conteúdo do ato processual.

O princípio da simplicidade guarda íntima relação com o princípio da informalidade, de modo que, dentre todas as opções possíveis para se chegar à solução desejada, deve-se evitar aquela complexa e de difícil realização. Exemplo disso é a escolha pelo TCO em substituição ao inquérito policial.

8. SÍNTESE

Os princípios do processo penal

Princípios são normas que, por sua generalidade e abrangência, irradiam-se por todo o ordenamento jurídico, informando e norteando a aplicação e a interpretação das demais normas de direito, ao mesmo tempo que conferem unidade ao sistema normativo e, em alguns casos, diante da inexistência de regras, resolvem diretamente os conflitos.

Principais princípios do processo penal

a) *Princípio do devido processo legal* (fundamento legal: art. 5º, LIV, da CF): constitui o conjunto de garantias suficientes para possibilitar às partes o exercício pleno de seus direitos, poderes e faculdades processuais. A doutrina tem identificado dois distintos aspectos ínsitos a ele:

- em sentido material ou consubstancial: representa uma garantia ao particular contra qualquer atividade estatal que, sendo arbitrária, desproporcional ou não razoável, constitua violação a qualquer direito fundamental;

---

[108] Pablo Gran Cristóforo e Marcelo de Oliveira Milagres, *Juizado Especial Criminal*, p. 18.

- formal ou em sentido processual: representa a obrigação de, na busca da satisfação da pretensão punitiva, obedecer a procedimento previamente fixado pelo legislador, vedada a suspensão de qualquer fase ou ato processual ou desrespeito à ordem do processo.

b) *Princípio do contraditório* (fundamento legal: art. 5º, LV, da CF): significa que cada ato praticado durante o processo deve ser resultante da participação ativa das partes. Espécies de contraditório:

- real: se efetiva no mesmo tempo da produção probatória, como na inquirição de testemunhas, por exemplo;
- diferido: ocorre após a produção probatória.

c) *Princípio da ampla defesa* (fundamento legal: art. 5º, LV, da CF): consubstancia-se no direito das partes de oferecer argumentos em seu favor e demonstrá-los no limite em que seja isso possível.

d) *Princípio do estado de inocência, da "presunção" de inocência ou da não culpabilidade* (fundamento legal: art. 5º, LVII, da CF): este princípio reconhece um estado transitório de não culpabilidade, na medida em que referido *status* processual permanece enquanto não houver trânsito em julgado de uma sentença condenatória.

e) *Princípio do "favor rei" ("in dubio pro reo" ou "favor libertatis")*: havendo dúvida quanto a culpa do acusado ou ocorrência do fato criminoso, deverá ele ser absolvido.

Em antítese a esse princípio, existe o princípio do *in dubio pro societate,* em que, na dúvida, a decisão deve se dar em favor da sociedade. Porém, em nosso sistema, tal antítese só será utilizada em situações bem específicas, como quando do oferecimento da denúncia e nos processos do Júri, no encerramento da primeira fase.

f) *Princípio da verdade real*: a produção da prova deve conduzir ao descobrimento dos fatos conforme a realidade. Ressalte-se que o dever de produção de provas não é apenas das partes, podendo o juiz determinar a produção de provas que reputar relevantes (CPP, art. 156, I).

g) *Princípio da vedação das provas ilícitas* (fundamentação legal: art. 5º, LVI, da CF): por ele, o juízo não pode adotar, como elemento de convencimento, provas obtidas por meios considerados ilícitos, porém a doutrina e a jurisprudência têm excetuado a sua utilização em favor do réu.

h) *Princípio da igualdade das partes ou da paridade processual* (fundamentação legal: art. 5º, *caput*, da CF): às partes devem ser asseguradas as mesmas oportunidades de alegação e de prova, cabendo-lhes iguais direitos, ônus, obrigações e faculdades.

i) *Princípio da publicidade* (fundamento legal: arts. 5º, LX, e 93, X, da CF e art. 792 do CPP): os atos processuais serão públicos. Pressupõe-se que existe:

- publicidade imediata: as partes estão presentes e têm contato direto com os atos processuais;
- publicidade mediata: resultante da divulgação dos atos pelos meios de comunicação.

A regra no direito brasileiro é a publicidade absoluta, porém, quando presente interesse social, necessidade de defesa da intimidade, ou puder resultar escândalo, inconveniente grave ou perigo de perturbação da ordem (CPP, art. 792, § 1º), poderá ser determinada a publicidade restrita.

j) *Princípio da persuasão racional ou do livre convencimento motivado* (fundamentação legal: art. 155 do CPP): o juiz é livre de preconceitos legais no aferimento das provas, mas não pode abstrair-se ou alhear-se ao seu conteúdo.

k) *Princípio da motivação dos atos judiciais* (fundamento legal: art. 93, IX, da CF): o juiz é livre para formar o seu convencimento, mas deve motivar as decisões que proferir, expondo os elementos de prova que as fundamentam. Tal obrigatoriedade representa uma garantia contra a arbitrariedade do poder estatal e possibilita a interposição de recursos por permitir ao recorrente atacar os fundamentos da decisão recorrida.

Observe-se que o despacho de recebimento da denúncia não necessita de fundamentação por não conter carga decisória, uma vez que apenas analisa a ocorrência de uma ação penal, sendo que em processos de competência originária dos tribunais é exigida.

l) *Princípio da economia processual* (fundamentação legal: art. 563 do CPP e art. 65 da Lei n. 9.099/95): consubstancia-se no aproveitamento dos atos judiciais praticados, ainda que tenham sido conduzidos de maneira diversa daquela prescrita em lei. O objetivo é evitar a repetição desnecessária de atos.

m) *Princípio do duplo grau de jurisdição*: segundo ele, as decisões podem ser revistas por órgãos jurisdicionais de grau superior, por meio de interposição de recursos. Porém, tal princípio não é absoluto, pois há na Constituição Federal casos de competência originária no Supremo Tribunal Federal.

n) *Princípio da vedação do "bis in idem"* (fundamentação legal: art. 8º, 4, da Convenção Americana sobre Direitos Humanos, recepcionada pelo art. 5º, § 2º, da CF): por ele, não poderá o Estado deduzir uma pretensão punitiva tendo por objeto o mesmo fato contra o mesmo acusado, se este foi considerado inocente em decisão da qual não caiba mais recurso. Ressalte-se que não ocorre afronta a este princípio quando, pelo mesmo fato, o acusado responde nas esferas penal, cível e administrativa, uma vez que são autônomas.

o) *Princípio da proporcionalidade*: em caso de conflito de princípios, funciona como método hermenêutico para dizer qual deles e de que forma prevalece sobre o outro princípio antagônico. Modalidades:

- proibição de excesso: o Estado, quando agir, seja como acusador ou julgador, não poderá praticar excessos nas restrições dos direitos fundamentais;
- proibição da infraproteção ou da proteção deficiente: uma vez que o Estado se compromete, pela via constitucional, a tutelar bens e valores fundamentais, deve fazê-lo da melhor medida possível, não podendo dar proteção insuficiente.

p) *Princípio da oficialidade* (fundamento legal: arts. 129, I, e 144, § 4º, da CF e art. 4º do CPP): no processo penal, a instauração da ação e a apuração dos fatos são deveres do Estado. Ressalte-se, porém, que tal princípio não é absoluto, uma vez que algumas ações dependem da representação do ofendido e outras raras são substituídas pela atuação do particular, nas ações penais privadas.

q) *Princípio da obrigatoriedade (ou legalidade)*: tem caráter bifronte, dirige-se à autoridade policial, que é obrigada a instaurar inquérito policial quando souber da existência de crime e ao Ministério Público, que é obrigado a promover ação nos crimes de ação penal pública, sempre que tiver os elementos mínimos necessários.

r) *Princípio da boa-fé processual*: é a busca do processo justo.

s) *Princípio da identidade física do juiz*: o magistrado que preside a instrução obrigatoriamente prolatará a sentença.

Princípios de aplicação específica aos Juizados Especiais Criminais

- princípio da oralidade;
- princípio da informalidade;
- princípio da economia processual;
- princípio da celeridade;
- princípio da simplicidade.

Capítulo V
DA APLICAÇÃO DA LEI PROCESSUAL PENAL

1. INTERPRETAÇÃO DA LEI PROCESSUAL PENAL

Alguns sistemas jurídicos caracterizam-se por constituírem-se predominantemente de normas consuetudinárias (costumeiras). Outros, pela adoção do juízo de equidade como critério principal de decisão dos casos jurídicos que se apresentam ao Poder Judiciário.

O sistema legal brasileiro, filiado à tradição europeia continental, funda-se precipuamente em normas positivadas por escrito. Assim, a Constituição, as leis, decretos e outros dispositivos normativos são elaborados pelo Estado, prevendo preceitos genéricos e aplicáveis a um número indefinido de casos (todos aqueles que ocorrerem após o início da vigência do dispositivo).

Dessa forma, o ordenamento jurídico brasileiro encontra-se consubstanciado em um extenso conjunto de textos legais. Para aqueles que aplicam o direito, seja julgando, seja demandando perante os órgãos do Estado, portanto, torna-se imprescindível proceder à interpretação desses textos legais, de modo a deles extrair as normas jurídicas aplicáveis aos casos concretos. *A atividade interpretativa, portanto, precede a aplicação legal.*

A interpretação – objeto da ciência da hermenêutica – *consiste em extrair o conteúdo e o sentido de uma norma, de modo que possa ser aplicada ao caso concreto*[1]. Nessa atividade, o jurista "traz à compreensão o sentido de um texto que se lhe torna problemático"[2]. Contudo, ao contrário do que pode sugerir essa definição, a atividade interpretativa não é aplicável apenas àqueles casos em que haja textos legais de difícil compreensão. Toda norma jurídica deve ser interpretada. O objetivo da interpretação é a construção de um sentido (uma ideia, uma unidade dotada de sentido) a partir do texto interpretado, com o que o intérprete estará apto a compreendê-lo. Se o texto é claro e de fácil compreensão, o trabalho interpretativo será de fato menos penoso, entretanto ainda assim se fará presente. Portanto, não é tecnicamente correto sustentar o antigo brocardo *in claris cessat interpretatio* (na clareza cessa a interpretação), uma vez que sempre existe a atividade interpretativa para a aplicação jurídica.

Destarte, somente quando compreendido pelo intérprete o conteúdo da norma jurídica é que se poderá proceder à sua aplicação, que, por sua vez, realiza-se pelo confronto da norma aos fatos que se apresentam, para que se possa determinar quais efeitos jurídicos esses fatos produzirão.

Por fim, as regras referentes à interpretação prestam-se, ainda, a resolver aquelas situações em que sobre um mesmo fato incidem duas ou mais normas jurídicas de conteúdo conflitante. Trata-se das situações de conflito aparente entre normas jurídicas.

2. O CONTEXTO DA INTERPRETAÇÃO

As normas jurídicas se enquadram em um tríplice contexto que demarca a atividade interpretativa[3]:

---

[1] Celso Ribeiro Bastos, A interpretação como fator de desenvolvimento e a atualização das normas constitucionais, *in Interpretação constitucional*, de Virgílio Afonso da Silva (org.), p. 154.

[2] Karl Larenz, *Metodologia da ciência do direito*, 3. ed., p. 439.

[3] Cf. J. Wróblewski, An outline of a general theory of legal interpretation and constitutional interpretation, *in* J. Igartua (coord.), *La interpretación de la Constitución*, p. 49-58.

a) *Linguístico:* observando a linguagem legislativa, percebe-se ser uma subclasse da linguagem vulgar (leiga), ostentando, contudo, peculiaridades semânticas. Ambas têm em comum, por outro lado, as mesmas indeterminações, vale dizer, tanto a linguagem leiga quanto o vocabulário legal contêm indeterminações que possibilitam variadas compreensões de seus significados pelo intérprete.

b) *Sistêmico:* a norma jurídica integra um sistema, daí que não pode ser contraditória ou incoerente com o conjunto sistêmico em que está inserida;

c) *Funcional:* o contexto funcional advém das relações de interdependência que o sistema jurídico mantém com a sociedade. Dessa forma, o direito pertence e dialoga com os mais diversos fatores sociais, culturais, econômicos, políticos etc. Por conseguinte, a atividade do intérprete consiste em perquirir de onde proveio a norma a ser interpretada, quando, como, para que finalidade etc., e quais são as circunstâncias histórico-sociais que ensejam a sua aplicação.

3. FINALIDADES DA INTERPRETAÇÃO

A interpretação pode ser estudada sob diversos aspectos. Sobre o escopo (finalidade) da interpretação, predominam duas teorias:

a) *Teoria subjetivista ou da vontade.* Para os defensores dessa teoria, o intérprete deverá sempre buscar o conteúdo da vontade "histórico-psicológica" do legislador. Busca-se a *mens legislatoris* (a mente do legislador), ou seja, visa-se reconstruir a intenção do legislador ao conferir ao dispositivo legal interpretado determinada redação, em detrimento das outras possíveis.

b) *Teoria objetivista.* Segundo essa teoria, a atividade interpretativa tem por finalidade o descobrimento de um sentido que seja inerente à própria lei. Funda-se na ideia de que, com o passar do tempo, a lei adquire vida própria, desvinculando-se da vontade original do legislador. Com efeito, os valores considerados relevantes pela sociedade e suas circunstâncias históricas tornam, por vezes, necessário alterar a forma pela qual determinado texto é interpretado. Isso ocorre frequentemente, já que é natural que cada lei, conforme se prolonga sua vigência no tempo, acabe tendo de ser aplicada a fatos cuja ocorrência era impossível prever ao tempo da elaboração do texto legal. Assim, interpretam-se essas leis em busca da *mens legis*, ou seja, de uma intenção consubstanciada na própria lei.

4. MÉTODOS DE INTERPRETAÇÃO

O que se costuma chamar de métodos de interpretação são, em verdade, critérios ou modos de argumentação, identificados originariamente por Savigny, largamente adotados pelas doutrinas positivistas tradicionais e utilizados ainda na atualidade para sistematizar a atividade do intérprete na descoberta do sentido ínsito no texto da lei. Diz-se sentido e interpretação porque os enunciados normativos em regra não são unívocos; ao contrário: somente são passíveis de sentido único (univocidade) no que se refere às formas, mas não no que respeita aos conteúdos[4]. A maioria dos dispositivos legais é pouco nítida e requer interpretação, pois somente os conceitos matemáticos – "18 anos de idade" – são realmente claros, unívocos, não permitindo campo à argumentação interpretativa[5].

Importante frisar que, entre os referidos métodos interpretativos, não há claramente uma "ordem hierárquica racional"[6], pois não há sistemas rígidos de interpretação, mas um método verdadeiramente flexível[7], ou, mais propriamente, o que existe é um *sincretismo metodológico,* na medida em

[4] Arthur Kaufmann, *Filosofía del derecho*, p. 94.

[5] Arthur Kaufmann, *Filosofía del derecho*, p. 108.

[6] Arthur Kaufmann, *Filosofía del derecho*, p. 124-125.

[7] José Frederico Marques, *Elementos de direito processual penal*, 2. ed., v. 1, p. 41.

que os métodos – ou conjuntos de métodos – são apresentados como complementares entre si[8]. Com efeito, "nunca nenhum dos que ofereceram um estudo pluralista dos métodos conseguiu eleger, com razões plenamente justificadas, um deles como o correto, de modo a repudiar os demais" (Recaséns Siches[9]), levando à crítica dos realistas, segundo os quais a questão dos métodos de interpretação configura-se "somente em moral travestida de ciência" (Tarello)[10].

Como vê o STF a questão? Reconhece nosso Supremo Tribunal que o ordenamento normativo "nada mais é senão sua própria interpretação" (Min. Celso de Mello), e que, *qualquer que seja o método hermenêutico utilizado, o que se busca é a definição do sentido*, esclarecendo o alcance de determinado preceito inscrito no ordenamento jurídico positivo do Estado[11]. Tal atividade interpretativa, seja da Constituição, seja dos textos legais, não se configura em usurpação das atribuições normativas dos demais Poderes da República[12]. Evidentemente, *tudo dependerá* da eleição do método utilizado, dos argumentos expendidos na *fundamentação do ato judicial* (*vide* tópico referente).

De fato, o intérprete prudente procurará adotar concomitantemente o maior número possível de critérios, de modo a permitir a construção, a partir do texto, de um sentido que reflita com precisão o espírito e a finalidade da lei (conforme determina o art. 5º da Lei de Introdução às Normas do Direito Brasileiro).

Os métodos de interpretação classicamente reconhecidos (os quatro adiante descritos)[13] foram complementados por outros muitos (os seguintes – o rol não é completo):

a) *Gramatical ou literal*. Entendia Montesquieu que as sentenças não podiam em nada diferir de uma "cópia exata da lei", e, para tanto, o juiz necessitaria somente de "olhos para ler", reproduzindo assim fielmente o texto legal. Inexistiria, destarte, a aplicação de sua vontade, devendo-se constituir em um *pouvoir neutre* (poder neutro), que consistiria unicamente em *la bouche qui prononce les paroles de la loi* (a boca que pronuncia as palavras da lei)[14].

Depois, foi igualmente defendido como método por Beccaria, como reação ao arbítrio dos juízes do "antigo regime", pressupondo, para tanto, uma lei perfeita e um legislador infalível, que, como se sabe, são *deux qualités qui ne son pas de ce monde* (duas qualidades que não são deste mundo), na expressão de Desportes e Le Gunehec[15].

Hoje o *método gramatical ou literal* é geralmente utilizado apenas como ponto de partida do processo interpretativo. *Consiste em apurar, com relação aos termos (palavras) e frases que compõem o dispositivo legal interpretado, seus significados mais comuns e de acepção mais larga, partindo de seu uso linguístico geral. Estabelece-se, assim, um sentido literal para o texto legal*. A aplicabilidade desse método baseia-se na constatação de que a linguagem do direito, apesar de técnica, não se encontra totalmente desvinculada da linguagem comum.

b) *Lógico*. Parte da premissa de que os termos legais devem ser entendidos conforme a necessária relação de conexão que guardam com os demais, dentro de um contexto legal. O sentido de cada termo é dado não só pelos seus significados isolados, mas também pelas funções que desempenham

---

[8] Virgílio Afonso da Silva, Interpretação constitucional e sincretismo metodológico, *in Interpretação constitucional*, p. 133.

[9] Recaséns Siches, *Filosofía del derecho*, 13. ed., p. 265.

[10] Giovanni Tarello, *Il realismo giuridico americano*, p. 171.

[11] Boa doutrina nacional sobre a hermenêutica no processo penal, especialmente no registro que faz dos ensinamentos de Ronald Dworkin e Robert Alexy, *vide* Eugenio Pacelli de Oliveira, *Processo e hermenêutica na tutela penal dos direitos fundamentais*, p. 153 e s.

[12] STF, 2ª T., AgRg no Ag 258.867-2, Rel. Min. Celso de Mello, j. 26.9.2000, *DJU*, 2.2.2001, p. 77.

[13] Para uma boa descrição, ver Christiano José de Andrade, *O problema dos métodos da interpretação jurídica*.

[14] C. Montesquieu, *De l'esprit des lois*, Livro XI, Capítulo VI.

[15] Frédéric Desportes e Francis Le Gunehec, *Droit pénal général*. 9. ed., p. 164.

em relação aos termos a ele associados, ou seja, o sentido dos termos varia de acordo com o contexto em que se encontram. Esse método pressupõe a racionalidade interna do sistema, a exigir compatibilidade lógica entre seus elementos.

c) *Sistemático*. Cada um dos preceitos legais (um artigo do Código Penal, por exemplo) não tem vigência isoladamente. Assim, o parágrafo é visto e comparado com o *caput* do artigo, este analisado no contexto do capítulo a que pertence e assim sucessivamente; sua força provém do fato de estar esse preceito inserido em um ordenamento jurídico, formando, juntamente com os demais preceitos normativos, uma unidade. Isso em vista, uma interpretação precisa pressupõe que se considere o sentido de determinado preceito legal, considerando o contexto em que esse preceito está inserido, ou seja, outras disposições correlatas que existam no ordenamento jurídico. Deve, portanto, tal preceito ser tomado em um sentido que esteja em concordância com as demais disposições, conferindo compatibilidade ao âmbito de regulação ao qual pertence (isto é, em harmonia com as normas jurídicas de temática mais proximamente relacionadas) e, em última análise, ao ordenamento jurídico como um todo. Este modo de interpretação traz consigo o chamado *princípio da plenitude hermética* do ordenamento jurídico[16], contemplando-o como uma unidade ou um todo harmônico.

d) *Teleológico*. O termo "teleologia" tem origem no vocábulo grego "téleios", que significa *finalidade*. O método teleológico de interpretação, portanto, implica buscar, a partir do texto da lei, um sentido tal que, aplicado aos casos concretos, resulte no atingimento dos fins a que se destina a lei interpretada. Esse critério tem fundamento legal na regra geral insculpida pelo art. 5º da Lei de Introdução às Normas do Direito Brasileiro, que estabelece caber aos juízes, quando da aplicação da lei, atender aos fins sociais do direito e ao bem comum. A par desses objetivos gerais, deve a atividade de interpretação permitir que a norma alcance o resultado para o qual foi idealizada. A interpretação teleológica, portanto, deve ter em conta, mais do que o sentido intrínseco do preceito interpretado, as implicações que essa interpretação venha a ensejar diante das situações concretas.

e) *Histórico*. Método hermenêutico que busca o sentido do texto legal a partir da investigação das circunstâncias históricas nas quais determinado preceito legal foi concebido e positivado. Busca-se conhecer os precedentes normativos, o processo legislativo, as discussões que cercaram a elaboração do dispositivo interpretado, tudo de forma a reconstruir o contexto histórico do momento de sua criação.

f) *Método comparado ou "quinto método"*, bastante citado hodiernamente e com franca utilização, porque diz respeito principalmente à matéria de direitos e garantias fundamentais, sempre referendadas por tratados e pactos internacionais e cuja matéria hoje é preocupação mundial. Chamado especialmente de "quinto método"[17] ou método *comparado*[18], é utilizado quando se dá uma "abertura

---

[16] Karl Engisch, *Introducción al pensamiento jurídico*, p. 189.

[17] "Em 1988, em um Congresso celebrado em Madri", escreve Fernández Segado, "Häberle propunha a canonização do Direito comparado como quinto método de interpretação, a somar-se aos quatro métodos que em 1840 formulara Friedrich Carl von Savigny, partindo dos conceitos nascidos dos grandes juristas romanos: histórico, teleológico, gramatical e sistemático. A juízo de nosso autor – Häberle –, se no sistema de Savigny – criador, como é sobejamente conhecido, da 'Escola histórica do Direito' – era natural que tivesse um lugar proeminente a interpretação histórica, no marco de uma teoria sobre o tipo do 'Estado constitucional', incumbe à comparação constitucional um lugar 'paralelamente' importante. Da dimensão histórica se deriva, aqui e agora, a comparação da dimensão contemporânea, isto é, a comparatística constitucional. A comparação constitucional é, ademais, a via mediante a qual podem comunicar-se entre si as diversas Constituições, o que possibilita que adquira sua maior eficácia a força conformadora do 'único' tipo de Estado constitucional" (Peter Häberle: La gigantesca construcción constitucional de un humanista europeo, *in* Peter Häberle, *La garantía del contenido esencial de los derechos fundamentales*, p. XLIII).

[18] P. Häberle, *Contribuciones en Antonio López Pina* (ed.), *La garantía constitucional de los derechos fundamentales: Alemania, España, Francia e Italia*, p. 260 e s.; também, do mesmo autor, *El concepto de los derechos fundamentales*, p. 109.

ao exterior" dos textos constitucionais para indagar o sentido dos direitos fundamentais[19] próprios de toda Constituição. Com isso, desde a ótica constitucional, deixa-se de dar ênfase a uma *comparação no tempo* – própria de uma jurisprudência que buscava o significado histórico da norma para fundamentar o seu sentido atual – para enfatizar uma *comparação no espaço*, na qual, para revelar o sentido das normas internas, socorre-se o intérprete, igualmente, da exploração de ordenamentos circundantes, estrangeiros[20], promovendo assim uma interpretação sincrônica (referente ao espaço), mais que diacrônica (temporal).

g) *Progressivo ou evolutivo*. A atividade interpretativa deve ter por princípio a preservação da norma jurídica. Assim, dispositivos que, por razões históricas, passem a conter referências a conceitos que tenham significado diverso daquele original devem ser interpretados com razoabilidade, de modo a adaptar-se o sentido original às circunstâncias atuais. Assim, expressões como "Chefe de Polícia" ou "Tribunal de Apelação", presentes no Código de Processo Penal, passam a ser entendidas como "Secretário da Segurança Pública" e "Tribunais de segundo grau", entidades que atualmente exercem as funções e atribuições que originalmente cabiam àquelas mencionadas no texto legal.

h) *Interpretação conforme à Constituição*. É um critério hermenêutico, também denominado "princípio do constitucionalismo" ou "princípio da conformidade", na expressão de Gomes Canotilho. Trata-se, na verdade, de uma especificação do método sistemático acima mencionado em vista da estruturação hierarquizada do ordenamento jurídico. Segundo o princípio da hierarquia das normas jurídicas, toda a legislação infraconstitucional, para ter validade, deve estar em harmonia com as normas e princípios estabelecidos na Lei Maior. Dessa forma, naquelas ocasiões em que se reconhecer em um mesmo preceito legal a possibilidade de existirem duas ou mais interpretações diferentes, deverá o intérprete fazer prevalecer aquela que não viole o texto constitucional ou que com ele melhor se harmonize, procurando assim conferir harmonia ao conjunto de normas do ordenamento. Valerá sempre a interpretação que confira à norma sentido e alcance conformes à Constituição, uma vez que, nas conhecidas palavras de Pellegrino Rossi[21], todos os ramos do direito têm na Constituição Federal suas *têtes de chapitres* ("cabeças de capítulos") ou *estrutura fundante*, isto é, aquela *carga genética* (Zaffaroni[22]) que, advinda da Constituição, informa e condiciona todos os demais ramos do direito.

5. A INTERPRETAÇÃO QUANTO AO RESULTADO

Conforme o resultado visado ou alcançado por meio da atividade hermenêutica, a interpretação classifica-se em:

a) *Restritiva*. Obtida quando o sentido da norma, originalmente amplo ou genérico, é limitado pelo intérprete. A literalidade do enunciado normativo é mitigada, assim, aplicando-se os critérios interpretativos sistemático e teleológico, em favor da compatibilização interna do sistema. De modo geral, interpretam-se restritivamente: i) dispositivos normativos que estabeleçam exceções a regras gerais e ii) dispositivos normativos que estabeleçam restrições a direitos e garantias do réu.

b) *Extensiva*. Modo interpretativo por meio do qual o alcance do preceito legal é ampliado, alargando o sentido do dispositivo. Por meio dessa forma de interpretação, atribui-se um sentido à nor-

---

[19] "Los derechos fundamentales son aquellos derechos humanos positivizados a través de las constituciones en su llamada 'parte dogmática', expresando el término 'fundamental' ese sentido esencial y trascendente, ligado a la forma de ser de las personas y de los colectivos sociales, que le dan la trascendencia y la personalidad a todo un régimen político y social" (Diego Lopez Garrido *et al.*, *Nuevo derecho constitucional comparado*, p. 158-159).

[20] Cf. Ángel Rodríguez, *Integración europea y derechos fundamentales*, p. 289.

[21] *Vide Lineamenti di diritto penale e costituzionale*.

[22] Eugenio Raúl Zaffaroni, *Tratado de derecho penal: parte general*, p. 154.

ma que não estava explícito no texto legal. A norma, assim, passa a incidir sobre situações que aparentemente não seriam por ela alcançadas. Consta de previsão legal expressa (art. 3º do Código de Processo Penal).

c) *Especificadora*. É a interpretação que resulta em total coincidência entre a literalidade do preceito legal e a vontade da lei. A atividade do intérprete limita-se à aplicação da letra da norma.

6. INTEGRAÇÃO DA LEI PROCESSUAL PENAL

Haverá casos em que o ordenamento não preverá – ou não preverá explicitamente – determinadas situações, colocando o aplicador da lei diante do que se convencionou chamar "lacuna da lei". Há lacuna sempre que inexista uma norma aplicável ao fato concreto. Nesses casos, a aplicação da lei deverá ser precedida pela atividade de integração.

Para esse fim, o art. 3º do Código de Processo Penal determina que a lei processual admitirá a aplicação analógica e o suplemento dos princípios gerais de direito.

7. ANALOGIA

7.1. Conceito

Processo de integração da norma jurídica escrita por meio do qual, diante do silêncio da lei sobre determinada situação, utiliza-se outro preceito legal que rege situação semelhante.

7.2. Considerações

A analogia implica a busca de semelhanças entre situações diferentes. A aplicação analógica a que se refere o art. 3º do Código de Processo Penal consiste, portanto, na aplicação, em face de determinado caso concreto, de uma norma originalmente destinada a casos diversos. Não se trata de ampliar o sentido de uma norma para que nele caibam casos não expressamente previstos em sua letra, mas sim de aplicar a mesma norma a casos que, embora não previstos, apresentem, em relação àqueles previstos, semelhanças relevantes.

Evidentemente, a analogia, como instrumento de integração do direito, tem por pressuposto que não exista norma que regule o caso específico sobre o qual se debruça o intérprete, ou seja, que exista uma lacuna na lei.

A dificuldade estará em avaliar, entre o caso previsto abstratamente na norma e o caso sob estudo, se existem semelhanças suficientes para justificar a aplicação da norma ao caso. Quanto a isso, vale lembrar a lição de Hélio Tornaghi[23], que estabelece critérios segundo os quais se pode determinar se aplicável analogicamente determinada norma jurídica:

a) *Analogia entre o caso previsto e o não previsto*. Deve haver uma semelhança essencial entre os casos. As diferenças devem ser acidentais, ou seja, secundárias, de menor importância, preponderando sobre elas as similaridades entre o caso previsto e o não previsto.

b) *Igualdade de valor jurídico*. A analogia, em si, não garante a aplicabilidade da norma ao caso não previsto. É possível que o próprio legislador haja propositadamente discriminado uma situação análoga àquela prevista em lei, reservando-lhe tratamento diverso. Assim, o aplicador precisa certificar-se de que ambas as situações se posicionam de igual maneira perante o valor jurídico tutelado pela norma jurídica, para não tratar de forma idêntica aquilo que o legislador visou diferenciar.

c) *Igualdade de razão*. Fatos semelhantes merecem igual tratamento. Quando ocorrerem circunstâncias (razões) iguais, a fim de que se promova a justiça, é preciso que as soluções sejam igualmente

[23] *Instituições de processo penal*, v. 1, p. 142-143.

iguais. O preceito reflete o brocardo latino segundo o qual *ubi eadem ratio, ibi idem ius* (onde existe a mesma razão, aplica-se a mesma lei).

7.3. Hipóteses de integração analógica

Autointegração: quando o outro preceito está inserido em lei processual penal.

Heterointegração: quando o preceito faz parte de outro ramo jurídico.

7.4. Admissibilidade de utilização

De notar que, diante da necessidade de eficácia da persecução penal, admite-se a analogia *in bonam partem* e *in malam partem*, desde não lese direito processual básico, cerceamento da acusação ou defesa[24].

8. INTERPRETAÇÃO ANALÓGICA

Não há confundir a aplicação analógica, prevista no art. 3º do Código de Processo Penal, com a interpretação analógica.

A *analogia* consiste na aplicação de uma norma a um caso nela não previsto. *Não é, portanto, método de interpretação, mas sim de integração*. No plano lógico, a integração sucede-se à interpretação.

A interpretação analógica é método hermenêutico, interpretativo, que se aplica àqueles dispositivos legais que trazem um rol de fórmulas casuísticas (rol exemplificativo). Dos casos citados no texto legal, é possível inferir – por meio do raciocínio indutivo – uma regra genérica, que permitirá identificar outros casos aos quais a norma será, também, aplicável. Trata-se, portanto, de método interpretativo destinado a identificar casos implicitamente previstos no preceito normativo. Por exemplo, o art. 2º da Lei n. 12.037/2009 prevê, nos incisos I a V, um rol de documentos que servem para atestar a identificação civil das pessoas, eximindo-as, portanto, da identificação criminal (art. 1º do mesmo diploma legal). O inciso VI do art. 2º dispõe, no entanto, que a identificação civil poderá ser atestada por "VI – outro documento público que permita a identificação do indiciado". O referido inciso, a bem da verdade, é claro exemplo da interpretação analógica em normas processuais penais, à medida que disciplina ser possível a identificação civil com quaisquer outros documentos públicos, desde que guardem semelhança com o rol disciplinado nos incisos I a V do mesmo dispositivo[25].

9. PRINCÍPIOS GERAIS DE DIREITO

O art. 3º do Código de Processo Penal prevê, por fim, a adoção, em caráter suplementar, a fim de suprir as lacunas da lei, dos princípios gerais de direito. Estes são regras gerais que se podem inferir da apreciação do ordenamento jurídico estatal como um todo. Trata-se, pois, de aplicar à lacuna uma regra que coaduna com o sistema, resolvendo o caso concreto de forma harmônica com as normas destinadas aos outros casos.

Com efeito, os princípios gerais são regras que conferem coesão e unidade ao ordenamento jurídico, retirando seu fundamento da própria ideia de direito. Sua utilização terá, assim, natureza eminentemente integrativa.

---

[24] STJ, 5ª T., HC 372.065/RS, Rel. Min. Reynaldo Soares da Fonseca, j. 21.2.2017, *DJe*, 24.2.2017; 6ª T., HC 412.047/AM, Rel. Min. Sebastião Reis Júnior, j. 12.12.2017, *DJe*, 19.12.2017; 5ª T., HC 378.957/RS, Rel. Min. Reynaldo Soares da Fonseca, j. 9.3.2017, *DJe*, 14.3.2017; 6ª T., REsp 14.209.60/MG, Rel. Min. Sebastião Reis Júnior, j. 24.2.2015, *DJe*, 2.3.2015.

[25] STJ, 5ª T., HC 5.466/SP, Rel. Min. Edson Vidigal, j. 24.3.1997, *RT*, 746/543.

Exteriorizam-se, como regra, em brocardos como, *verbi gratia*, o do "*In eo quod plus est semper inest et minus*" ("quem pode o mais, pode o menos"[26]), e "*nemo auditur propriam turpitudinem allegans*" ("a ninguém é dado alegar a própria torpeza"), entre outros aplicáveis costumeiramente a todos os ramos jurídicos e, principalmente, ao direito processual penal.

10. SÍNTESE

Da aplicação da lei processual penal

O conteúdo da norma jurídica só poderá ser aplicado quando for compreendido pelo intérprete.

Contexto da interpretação

- *linguístico*: a linguagem legislativa é uma subclasse da linguagem vulgar (leiga), ostentando, contudo, peculiaridades semânticas;
- *sistêmico*: por integrar um sistema, a norma jurídica não pode ser contraditória ou incoerente com o conjunto em que está inserida;
- *funcional*: o sistema jurídico é interdependente da sociedade, razão pela qual o intérprete precisa saber a função da norma.

Finalidades da interpretação

- *teoria subjetivista ou da vontade*: busca-se a *mens legislatoris*, ou seja, visa-se reconstruir a intenção do legislador ao conferir ao dispositivo legal interpretado determinada redação, em detrimento das outras possíveis;
- *teoria objetivista*: os valores considerados relevantes pela sociedade e suas circunstâncias históricas tornam, por vezes, necessário alterar a forma pela qual determinado texto é interpretado. Busca-se, portanto, a *mens legis*, ou seja, a intenção consubstanciada na própria lei.

Métodos de interpretação

- *gramatical ou literal*: leva em conta a reprodução fiel do texto legal;
- *lógico*: o sentido dos termos varia de acordo com o contexto em que se encontram. Pressupõe a racionalidade interna do sistema, a exigir a compatibilidade lógica entre seus elementos;
- *sistêmico*: o preceito deve ser tomado no sentido em que esteja em concordância com as demais disposições do texto a que pertence e ao ordenamento jurídico como um todo;
- *teleológico*: a interpretação deve ter em conta mais do que o sentido intrínseco do preceito interpretado, pois visa-se às implicações que essa interpretação venha a ensejar diante de situações concretas;
- *histórico*: busca o sentido do texto legal a partir das circunstâncias históricas nas quais determinado preceito legal foi concebido e positivado;
- *método comparado ou "quinto método"*: deixa-se de dar ênfase a uma comparação no tempo, para uma comparação no espaço, na qual, para revelar o sentido das normas internas, socorre-se o intérprete da exploração de ordenamentos circundantes, estrangeiros;
- *progressivo ou evolutivo*: dispositivos que, por razões históricas, passem a conter referências a conceitos que tenham significado diverso daquele e original devem ser interpretados com razoabilidade, de modo a se adaptar o sentido original às circunstâncias atuais;

---

[26] Tradução de Carlos Maximiliano em *Hermenêutica e aplicação do direito*, p. 343.

- *interpretação conforme à Constituição*: em ocasiões em que se reconheçam, em um mesmo preceito legal, duas ou mais intepretações, o intérprete deve escolher aquela que melhor se harmonizar com o texto da Constituição.

Interpretação quanto ao resultado

- *restritiva*: obtida quando o sentido da norma, originalmente amplo ou genérico, é limitado pelo intérprete. De modo geral, interpretam-se restritivamente:
  – dispositivos normativos que estabeleçam exceções a regras gerais e
  – dispositivos normativos que estabeleçam restrições a direitos e garantias do réu;
- *extensiva*: modo interpretativo por meio do qual o alcance do preceito legal é ampliado, alargando o sentido do dispositivo;
- *especificadora*: a atividade do intérprete limita-se à aplicação da letra da norma.

Integração da lei processual penal

Há lacuna na lei sempre que inexista uma norma aplicável ao fato concreto, ocasião em que a aplicação da lei se dará pela atividade da integração. Para esse fim, determina o art. 3º do CPP que a lei processual admitirá a aplicação analógica e o suplemento dos princípios gerais de direito.

Analogia

Processo de integração da norma jurídica escrita por meio do qual, diante do silêncio da lei sobre determinada situação, utiliza-se outro preceito legal que rege situação semelhante. Os critérios para determinar aplicável analogicamente determinada norma jurídica são:

- *analogia entre o caso previsto e o não previsto*: semelhança essencial sobre os casos (as diferenças devem ser de menor importância);
- *igualdade de valor jurídico*: não deve ser tratado de forma idêntica aquilo que o legislador visou diferenciar;
- *igualdade de razão*: fatos semelhantes merecem igual tratamento.

São hipóteses de integração analógica:

a) *autointegração*: quando o outro preceito está inserido em lei processual penal;

b) *heterointegração*: quando o outro preceito faz parte de outro ramo jurídico.

Capítulo VI
EFICÁCIA DA LEI PROCESSUAL PENAL

1. INTRODUÇÃO

Eficácia é a aptidão de determinada norma jurídica para produzir efeitos jurídicos. Uma norma é eficaz, portanto, se está apta a produzir efeitos. Essa eficácia, entretanto, é limitada por alguns fatores.

É possível, assim, falar em âmbito de eficácia das normas jurídicas, ou seja, admite-se que a eficácia de uma norma jurídica (o alcance dos efeitos que ela produz) é limitada a certa medida. Conhecer os fatores que determinam (limitam) a eficácia de uma norma jurídica permite identificar as situações nas quais essa norma produzirá efeitos e as situações em que não os produzirá.

As principais limitações à eficácia das normas jurídicas, em geral, e das normas de direito processual penal, em especial, são de ordem espacial e temporal. Uma norma jurídica tem seu alcance limitado no espaço – poderá produzir efeitos em determinados locais, mas não em outros – e no tempo – poderá produzir efeitos apenas em dado intervalo de tempo.

2. EFICÁCIA DA NORMA PROCESSUAL NO ESPAÇO: O PRINCÍPIO DA TERRITORIALIDADE

No direito material (tanto no âmbito penal quanto no extrapenal) existe a possibilidade concreta de que a lei nacional seja aplicada no estrangeiro. Os princípios de direito internacional, destinados à determinação da lei aplicável em face dos fatos que lancem efeitos sobre as ordens jurídicas de mais de um Estado, preveem casos em que as normas que disciplinarão esses fatos, ainda que julgados no país, serão exclusivamente aquelas promulgadas por um Estado estrangeiro (*e.g.*: aquele onde se deu a prática do crime).

Assim, por exemplo, será eficaz no estrangeiro a lei penal brasileira nos casos de crimes cometidos contra a vida ou a liberdade do Presidente da República (Código Penal, art. 7º, I, *a*) ou contra o patrimônio ou a fé pública da Administração Pública (CP, art. 7º, I, *b* e *c*), bem como nos casos de crime de genocídio (CP, art. 7º, I, *d*). A matéria é incluída sob a rubrica da extraterritorialidade da lei penal.

O direito processual, entretanto, liga-se com muito mais intensidade ao território de seu Estado de origem. De fato, já observamos anteriormente que o direito processual pode ser encarado como um conjunto de normas destinado a instrumentalizar o exercício do poder soberano do Estado (especificamente, sua parcela consubstanciada na jurisdição).

Assim, a possibilidade de aplicação da lei processual de um Estado dentro dos limites territoriais de outro representaria, de certa forma, afronta à soberania de um Estado por outro. Portanto, as normas que disciplinam o exercício do poder em determinado Estado, em regra, não terão vigência fora dos seus limites territoriais. Vige, no âmbito específico do direito processual, o princípio da territorialidade (*lex fori*).

Nesse sentido, nosso Código de Processo Penal, já em seu art. 1º, determina expressamente que "o processo penal reger-se-á, em todo o território brasileiro, por este Código". A redação do dispositivo traduz o conteúdo do princípio da territorialidade[1].

---

[1] Tourinho Filho destacará ainda uma motivação histórica para a ênfase que o art. 1º do Código de Processo Penal dispensa ao princípio da territorialidade. É que, até o advento da Constituição de 1934, a competência para legislar acerca do direito proces-

A determinação estende-se não apenas aos processos que tramitem no Brasil, mas também a outros atos processuais que aqui devam ser praticados, tais quais as cartas rogatórias a cumprir no País (art. 784, § 1º, do Código de Processo Penal), a homologação de sentença estrangeira (arts. 787 do Código de Processo Penal e 9º do Código Penal), que deverão, dessa forma, seguir os ritos previstos em nossa lei processual.

Destaque-se apenas: pela aplicação do princípio da territorialidade, não ficam excluídos da apreciação pelo Poder Judiciário brasileiro os crimes ocorridos no estrangeiro. O princípio aplicar-se-á sempre que o processo penal tramitar em território brasileiro, pouco importando se o fato nele discutido ocorreu total ou parcialmente no estrangeiro.

2.1. As ressalvas do art. 1º do Código de Processo Penal

O art. 1º do Código de Processo Penal estabelece, em seus incisos, ressalvas à própria aplicabilidade. O inciso I do artigo citado exclui do âmbito de regência desse diploma "os tratados, as convenções e regras de direito internacional".

A menção a essa exceção, entretanto, costuma causar controvérsia. Porquanto à primeira vista o inciso possa sugerir que o juiz brasileiro aplicaria, nesses casos, norma processual penal alienígena, na verdade o que sucede é que fatos de natureza penal regidos por legislação internacional estão excluídos do alcance do próprio poder jurisdicional brasileiro. Não ocorre, portanto, como aponta Frederico Marques[2], derrogação do princípio da territorialidade, já que o próprio processamento dessas causas será conduzido por poder externo, o que justifica a não aplicação da norma processual penal brasileira.

Tampouco as demais ressalvas estatuídas no art. 1º constituem exceções ao princípio da territorialidade da lei processual penal. O que não se aplicará nesses casos é o Código de Processo Penal. Entretanto, a legislação processual penal aplicável será, ainda, a brasileira, com a diferença de que as normas que regerão os processos nessas situações estarão consubstanciadas em diplomas legais diferentes.

Ainda no tocante aos tratados, convenções e regras de direito internacional, vale frisar que o Brasil aderiu ao Estatuto de Roma do Tribunal Penal Internacional (CF, art. 5º, § 4º), que tem a competência para julgar os crimes de genocídio, contra a humanidade, crimes de guerra e de agressão.

A submissão de nacionais ao Tribunal Penal Internacional é meramente subsidiária, incidindo, como regra, nos casos em que o Estado, em sua jurisdição primária, deixa de investigar os crimes mencionados ou simplesmente não possui capacidade para fazê-lo.

Em alguns desses casos, serão diversos também os órgãos encarregados do exercício da jurisdição. O processamento e o julgamento de determinados crimes de responsabilidade, por exemplo, são excluídos da competência do Poder Judiciário, sendo transferidos ao Poder Legislativo, que exerce o que se denomina "jurisdição política". Já os crimes militares estão sob a jurisdição da Justiça Militar, integrada pela Justiça Militar Federal e pela Justiça Militar Estadual.

Cumpre ressaltar que não mais existe no Brasil o Tribunal de Segurança Nacional, previsto no art. 122, n. 17, da Constituição de 1937 e extinto pela Lei Constitucional n. 14/45.

Quanto à Lei de Imprensa, o Supremo Tribunal Federal, no julgamento da Arguição de Descumprimento de Preceito Fundamental (ADPF) n. 130, por maioria, declarou não recepcionado

---

sual era, por disposição constitucional, dos Estados da Federação. Com o advento da nova Carta Magna, a matéria passou a ser de competência privativa da União. Dessa forma, o Código de Processo Penal, de 1941, veio pôr fim ao pluralismo de legislações processuais até então existentes, determinando, com a pretensão da taxatividade, que o processo penal seria regido por esse diploma legal "em todo o território brasileiro" (*Processo penal*, 8. ed., v. 1, p. 115-116).

[2] *Elementos de direito processual penal*, v. 1, 1997.

pela Constituição Federal de 1988 o conjunto de dispositivos da Lei Federal n. 5.250/67 (Lei de Imprensa).

Assim, não mais subsiste a restrição prevista no art. 1º, V, passando a incidir a legislação comum – Código Civil, Penal, Processo Civil e Processo Penal – às causas decorrentes das relações de imprensa[3].

Tourinho Filho sustenta que, "embora haja omissão na enumeração das ressalvas feitas pelo art. 1º do CPP, podemos dizer ser este inaplicável às infrações eleitorais e às que lhes forem conexas"[4], muito embora o próprio art. 364 do Código Eleitoral faça a ressalva quanto à possibilidade da aplicação subsidiária do Código de Processo Penal.

Quando houver, em outras leis, a previsão de procedimentos especiais, aplicar-se-á subsidiariamente o disposto no Código de Processo Penal (art. 1º, parágrafo único).

Como verdadeiras exceções ao princípio da territorialidade, a doutrina aponta somente aquelas situações em que efetivamente ocorrem processos sobre causas de natureza penal, dentro de determinado Estado, conduzido por autoridades de Estado diverso. É o caso dos tribunais estatuídos em tempo de guerra, por exemplo, para o julgamento de fatos em que sejam parte nacionais de determinado Estado estrangeiro. Trata-se, entretanto, de hipóteses em que a soberania de um Estado efetivamente sobrepõe, em certos casos, o poder do Estado em que esses julgamentos são realizados. As raríssimas exceções vêm, afinal, reforçar a regra da territorialidade, demonstrando o elevado grau de relação entre o processo e o poder.

3. EFICÁCIA DA LEI PROCESSUAL PENAL NO TEMPO: O PRINCÍPIO DA APLICAÇÃO IMEDIATA

O período compreendido entre a entrada em vigor de uma lei e sua revogação (*vide* item 7) denomina-se *atividade,* significando, com isso, sua plena aptidão para a regulação e aplicação da lei a fatos ocorridos nesse interstício temporal.

Assim, o art. 2º do Código de Processo Penal determina que a lei processual penal "aplicar-se-á desde logo". É a consubstanciação *do princípio da imediata aplicação da norma processual penal.*

Pelo princípio da aplicação imediata, em processos já em andamento, os atos cuja prática ainda não se tenha iniciado serão praticados já sob a disciplina da nova legislação. Os atos já findos, bem como aqueles que já estejam sendo praticados, não serão afetados. Não tem, portanto, a lei processual penal efeito retroativo, já que não alcança os fatos jurídicos passados[5].

Interessante julgado entendeu por intempestivo agravo de recurso especial interposto antes da modificação da contagem da data da abertura dos prazos no recesso forense. No caso, não se permitiu a retroatividade do art. 798-A do Código de Processo Penal em razão do princípio *tempus regit actum*[6].

Pode ocorrer exceção ao princípio da imediata aplicação da lei processual penal quando a própria lei assim o previr, conferindo ultra-atividade a lei anterior.

O Decreto-lei n. 3.931, de 11 de dezembro de 1941 (Lei de Introdução ao Código de Processo Penal), por exemplo, dispõe em seu art. 2º: "À prisão preventiva e à fiança aplicar-se-ão os dispositi-

---

[3] STF, ADPF 130, *DJe*, 6.11.2009, v. 2381-01, p. 1.

[4] Fernando da Costa Tourinho Filho, *Processo penal*, 27. ed., 2005, v. 1, p. 157.

[5] A questão é relevante, porque a norma processual penal mais recente poderá alterar processos que versem sobre fatos ocorridos anteriormente a sua vigência. Esse efeito não se traduz em retroatividade, entretanto, porque o objeto da norma processual é o próprio processo, relação jurídica absolutamente autônoma da relação de direito material que lhe serve de objeto.

[6] STJ, 6ª T., AgRg no Ag em REsp 2.243.962/BA, Rel. Min. Laurita Vaz, j. 7.3.2023, *DJ*, 15.3.2023.

vos que forem mais favoráveis". Entende-se, por interpretação extensiva, que o dispositivo se aplica a qualquer uma das modalidades de prisão processual. Imagine-se hipoteticamente que foi decretada a prisão temporária de alguém, pelo prazo de 5 dias (máximo para crimes não hediondos ou equiparados). Porém, após a decretação da prisão, entra em vigor uma lei aumentando para 20 dias o prazo da prisão temporária. Conquanto a lei processual entre em vigor imediatamente, a norma não se aplicará àqueles que tiveram prisão decretada antes da entrada em vigor da lei, pois a LICPP prevê exceção ao princípio ora estudado. O mesmo se dá em relação à fiança.

Um exemplo importante da incidência do princípio da aplicação imediata é quanto ao "protesto por novo júri", abolido do ordenamento jurídico com o advento da Lei n. 11.689/2008. Por se tratar de norma eminentemente processual, os casos julgados após a entrada em vigor da lei não mais comportarão a referida modalidade recursal.

No entanto, nos processos julgados pelo Tribunal do Júri antes da entrada em vigor da novel legislação, deve ser conferida ao réu a possibilidade de se valer daquela modalidade recursal, uma vez que, quando da publicação da decisão, possuía ele o direito subjetivo de utilizá-la[7].

Outra importante regra que excepciona a imediata aplicação da lei é o art. 3º da LICPP: "O prazo já iniciado, inclusive o estabelecido para a interposição de recurso, será regulado pela lei anterior, se esta não prescrever prazo menor do que o fixado no Código de Processo Penal". Assim, em havendo a deflagração do prazo para a prática de um ato processual, lei posterior não terá o condão de afetá-lo, salvo se a previsão for no sentido de ampliação dele. A apelação, *v.g.*, deve ser interposta no prazo de 5 dias. Iniciado o prazo, se lei posterior o diminuir para 3 dias, em nada tal disposição afetará o prazo já iniciado. No entanto, se o aumentar para 7 dias, a lei processual nova vigorará imediatamente ao caso concreto. O entendimento majoritário é no sentido de que não importará, no caso da lei processual penal, que a nova legislação seja mais gravosa ao acusado, em face do princípio *tempus regit actum* (o tempo rege o ato), do qual *deflui o princípio da aplicação imediata*. Parte da doutrina, entretanto, estende os princípios informadores da aplicação das normas penais materiais – entre os quais o da aplicação da lei mais benéfica – também às leis processuais que atinjam o *status libertatis* do réu, em uma concepção garantista do processo penal. Isso ocorre nos chamados casos das chamadas *normas heterotópicas*, como se vê a seguir.

4. NORMAS HETEROTÓPICAS

A doutrina e a jurisprudência do passado reconheciam a natureza jurídica das normas processuais penais em bases puramente conceitualistas, subsuntivas ou topográficas: pelo só fato de estarem no Código de Processo Penal – ou em determinada lei processual penal –, seriam normas processuais penais. Não se distinguia, assim, a verdadeira natureza da norma, ou seja, separando aquelas estritamente processuais de outras de natureza substantiva, indo mais além do mero critério topográfico[8]; disso decorria a constante afirmação de sua natureza processual e a aplicação do princípio da imediatidade das normas processuais penais a todas as hipóteses de leis *formalmente* nominadas processuais. Hoje, todavia, dizemos que será de caráter penal (logo, uma *norma processual de conteúdo material*) toda norma (regra) que criar, ampliar, reduzir ou extinguir a pretensão punitiva estatal, tornando mais intensa ou mais branda sua satisfação. Nesse caso, embora a lei receba a epígrafe de "lei processual", a natureza jurídica de norma nela inserida pode ser diversa, pois de conteúdo de direito material, não se aplicando, por conseguinte, o art. 2º do CPP, mas sim os princípios constitu-

[7] STJ, HC 89.090, Rel. Min. Laurita Vaz, *DJe*, 8.2.2010; *RTJ* 214/475.

[8] Jorge de Figueiredo Dias, *Direito processual penal*: lições do Prof. Doutor Jorge de Figueiredo Dias coligidas por Maria João Antunes, p. 12; *vide*, também, Américo A. Taipa de Carvalho, *Sucessão de leis penais*, p. 259-260.

cionais que disciplinam o direito penal material[9], isto é, a ultratividade e a retroatividade da lei mais benigna (art. 5º, XXXIX e XL, da CF, e art. 2º do CP). Estas são as chamadas *normas heterotópicas*, expressão que alude às normas jurídicas que, sendo da natureza e classe "A", estão incluídas em lei ou outro instrumento jurídico em que só deveria achar-se regra jurídica da natureza e classe "B"[10].

O problema prático consiste em identificar corretamente essa *zona cinzenta*[11], distinguindo *verdadeiramente* a natureza jurídica da norma – se processual ou substantiva – e impedindo a indevida caracterização de "norma penal" para aquilo que, de regra, consiste em norma processual[12].

De qualquer modo, pode-se dizer, normas que criam novos tipos penais incriminadores ou ampliam o rol das causas extintivas da punibilidade têm conteúdo nitidamente penal. Diferenciam-se, portanto, da verdadeira *norma processual*, na medida em que esta contempla efeitos que repercutem diretamente sobre o processo, não tendo relação com o direito de punir do Estado. É o caso das regras que disciplinam a prisão provisória, pois a restrição da liberdade não tem relação com o *jus puniendi*, mas com as exigências de conveniência ou necessidade do próprio processo.

5. NORMAS MISTAS OU HÍBRIDAS

Dúvida maior, talvez, surgirá nos casos em que a lei mais recente tenha caráter misto, compreendendo não apenas matéria processual, mas também matéria penal. Nesses casos, entende a doutrina que a regra da incidência imediata da lei processual penal não se aplicaria, uma vez que se refere tão somente às normas que tenham por conteúdo matéria exclusivamente processual. Para estas, aplicar-se-á o *princípio da retroatividade da lei mais benéfica ao acusado, estatuído no art. 2º, parágrafo único, do Código Penal, posição que tem sido sustentada majoritariamente pela jurisprudência*[13]*, especialmente por aqueles que entendem serem tais normas mistas, indecomponíveis, razão pela qual não poderiam retroagir para prejudicar o réu, tampouco poderiam ter aplicação parcial*[14].

No tocante às normas mistas ou híbridas, importante a advertência de Denilson Feitoza, quando diz que "não podemos levar ao extremo a teoria das normas mistas, pois, nessa linha, o próprio procedimento processual penal como um todo afeta a aplicação da pena e, assim, seria aplicável o procedimento vigente ao tempo da prática da infração penal"[15].

No caso da Lei n. 11.343/2006, que trata de normas penais e processuais, conforme disposto na Súmula 501 do STJ, será cabível a sua aplicação retroativa apenas se o resultado das suas disposições, na íntegra, seja mais favorável ao réu que a aplicação da Lei n. 6.368/76, vedando-se expressamente a combinação de leis.

Interessante discussão surgiu a partir da nova exigência de representação para o crime de estelionato, com a alteração da natureza da ação penal para pública condicionada, pela inserção do texto do parágrafo 5º do art. 171 do Código Penal. Por se tratar de norma mista e mais benéfica ao réu, parte

---

[9] Assim se decidiu: "*Este Superior Tribunal de Justiça firmou entendimento no sentido da irretroatividade do art. 366 do Código de Processo Penal, com a nova redação dada pela Lei n. 9.271/96, ao réu revel que tenha praticado o delito antes da sua entrada em vigor, uma vez que não se admite a cisão da referida norma, que dispõe a respeito de regra de direito processual – suspensão do processo – e de direito material – suspensão da prescrição – já que a aplicação desta importaria em prejuízo ao réu. Precedentes*" (STJ, 5ª T., HC 156.477/AM, Rel. Min. Laurita Vaz, j. 22.11.2011, *DJe*, 2.12.2011).

[10] Pontes de Miranda, *Comentários ao Código de Processo Civil*, 4. ed., t. 1, p. 35.

[11] João Gualberto Garcez Ramos, *A tutela de urgência no processo penal brasileiro*, p. 101 e s.

[12] Uma boa leitura sobre o tema, em João Gualberto Garcez Ramos, *A tutela de urgência*.

[13] Entendendo, em caso de normas mistas – de natureza penal e processual –,devam ser aplicadas de acordo com princípios e regras mais favoráveis ao réu: STJ, REsp 1.290.263/MG, Rel. Min. Marco Aurélio Bellizze, j. 2.10.2012, *DJe*, 9.10.2012.

[14] STJ, 6ª T., REsp 883.342/RJ, Rel. Carlos Fernando Mathias (Juiz Convocado do TRF 1ª R.), j. 9.10.2007, *DJ*, 29.10.2007, p. 32.

[15] Denilson Feitoza, *Reforma processual penal:* uma abordagem sistêmica, p. 3.

da jurisprudência tem se inclinado pela retroatividade para as ações penais em curso, determinando-se a intimação da vítima nos moldes do art. 91 da Lei n. 9.099/95 c/c art. 3º do Código de Processo Penal[16]. Frise-se, contudo, que a temática é alvo de dissidência entre a 1ª e a 2ª Turmas do STF[17].

Ainda sobre a aplicação do princípio do *tempus regit actum*, cumpre apresentar a divergência de posicionamento jurisprudencial no caso do Acordo de Não Persecução Penal (ANPP) para fatos ocorridos antes do início de vigência do Pacote Anticrime. A 1ª Turma do STF segue a tendência da irretroatividade na situação em que já havia denúncia recebida, impedindo, com isso, a realização do Acordo de Não Persecução Penal[18]. Contudo, a 2ª Turma diverge do posicionamento da 1ª Turma, concluindo ser possível a retroatividade da Lei n. 13.964/2019.

6. EXCEÇÃO AO ART. 2º DO CPP: HIPÓTESE DA LEI N. 9.099/95

A Lei n. 9.099/95 vedou, em seu art. 90, a aplicação de suas disposições aos processos que já estivessem, na ocasião, na fase instrutória, estabelecendo, assim, em favor da economia processual, exceção à determinação do disposto no art. 2º do Código de Processo Penal. Essa regra não se aplica, entretanto, às normas de natureza penal constantes na referida lei (arts. 74, parágrafo único, 76, 78 e 89). Nesse sentido decidiu o Supremo Tribunal Federal no julgamento da Ação Direta de Inconstitucionalidade n. 1.719-9, dando ao mencionado art. 90 interpretação conforme a Constituição para excluir de sua abrangência as normas de direito penal mais favoráveis ao réu, que devem, portanto, retroagir, com fulcro no art. 5º, XL, da Lei Maior.

7. CESSAÇÃO DA VIGÊNCIA DA LEI PROCESSUAL

Encerra-se a vigência da norma processual penal por sua revogação, seja pelo advento de norma posterior que diga respeito à mesma matéria ou se mostre incompatível com a norma anterior (revogação tácita – art. 2º, § 1º, do Decreto-Lei n. 4.657/42 – LINDB), seja pela expressa determinação de sua revogação (revogação expressa), esta, de forma total (ab-rogação) ou parcial (derrogação).

Excepcionalmente, em casos de leis temporárias, pode ocorrer a autorrevogação da lei, por haver decorrido o prazo de sua vigência; também, de mencionar o caso das leis excepcionais: uma vez finda a cessação da anormalidade que justificava sua edição, referidas leis, de idêntica forma, autorrevogam-se.

Por fim, registre-se que os fatos ocorridos fora do âmbito de vigência de uma norma não são atingidos por seus efeitos, exceto se iniciada sua ocorrência ainda durante a vigência dessa norma.

8. IMUNIDADES PROCESSUAIS PENAIS

Certas pessoas, durante o exercício de determinadas funções, não estão submetidas à autoridade do Poder Judiciário. Ficam, assim, excluídas do âmbito de vigência de algumas normas processuais enquanto permanecerem no exercício da função.

---

[16] STF, 2ª T., AgRg no RO em HC 215.032, Rel. Min. Edson Fachin, sessão virtual de 17 a 28.2.2023, *DJ*, 10.3.2023.

[17] "Não ocorre a retroatividade da Lei n. 13.964/2019, que previu a ação penal pública condicionada, como regra, no crime de estelionato, quanto já oferecida a denúncia (ato jurídico perfeito)" (HC 610.201/SP, Rel. Min. Ribeiro Dantas, 3ª S., j. 24.3.2021, *DJe*, 8.4.2021. – A Primeira Turma do Supremo Tribunal Federal, no julgamento do HC 187.341, da relatoria do E. Ministro Alexandre de Moraes, decidiu, por unanimidade, que é inaplicável a retroatividade do § 5º do art. 171 do Código Penal, nas hipóteses nas quais o Ministério Público tiver oferecido a denúncia antes da entrada em vigor da Lei n. 13.964/2019 (1ª T., HC 187.341, Rel. Min. Alexandre de Moraes, j. 13.10.2020, *DJe*-263, divulgado em 3.11.2020 e publicado em 4.11.2020).

[18] STF, AgRg no HC 218.615, Rel. Min. Roberto Barroso, sessão virtual de 14 a 21.10.2022, *DJ*, 27.10.2022.

O Presidente da República não pode ser preso por crimes comuns (não relacionados à função) enquanto estiver no exercício da função, salvo por sentença condenatória com trânsito em julgado (art. 86, § 3º, da Constituição Federal), bem como não poderá ser responsabilizado, na vigência do seu mandato, por atos estranhos ao exercício de suas funções (art. 86, § 4º, da CF).

Aos parlamentares federais – deputados e senadores[19] –, após a expedição do diploma, garante-se inviolabilidade civil e penal por suas opiniões, palavras e votos (art. 53 da Constituição Federal) e imunidade processual.

Cumpre observar que, mesmo após o término do mandato, não é possível a referida responsabilização penal ou civil do parlamentar por suas opiniões, palavras e votos no exercício do mandato, haja vista ser absoluta a imunidade (art. 53 da Constituição Federal).

Acerca do tema, é de destacar controvérsia existente na doutrina quanto à diferenciação entre os casos de inviolabilidade e de imunidade.

Alguns autores simplesmente tratam de forma indiferenciada ambos os conceitos. Hely Lopes Meirelles[20], entretanto, estabelece diferenciação no sentido de que a inviolabilidade é instituto que limita a incidência das normas de direito material, de modo que, durante o exercício do mandato, fica excluído o caráter criminoso da conduta do parlamentar, no que tange às suas opiniões, palavras e votos, enquanto a imunidade diz respeito à imposição de impedimentos para que o parlamentar venha a figurar no polo passivo de um processo judicial. Uma terceira corrente doutrinária distingue duas vertentes no conceito de imunidade: a imunidade material, correspondente à limitação da incidência das normas de natureza material (conceitualmente equivalente à inviolabilidade, segundo o conceito de Hely Lopes Meirelles), e a imunidade formal ou processual, que corresponde à existência de impedimentos para que seja o parlamentar processado (equivalente à imunidade, na classificação anteriormente mencionada).

Não é essa a sede para discussões acerca da inviolabilidade (ou imunidade material), instituto eminentemente ligado ao direito material. Passa-se, assim, a versar sobre as restrições que constituem imunidades de caráter formal ou processual.

Com efeito, deputados e senadores não são obrigados a dar testemunho sobre "informações recebidas ou prestadas em razão do exercício do mandato, nem sobre as pessoas que lhes confiaram ou delas receberam informações" (§ 6º do art. 53 da CF).

Além disso, deputados e senadores não podem ser presos senão em flagrante delito, pela prática de crime inafiançável, caso em que ainda assim a casa legislativa respectiva poderá deliberar sobre a prisão (art. 53, § 2º, da Constituição Federal).

Finalmente, o art. 53, § 3º, da Constituição prevê que, durante o trâmite do processo, até a prolação de decisão final, a casa legislativa a que pertencer o parlamentar processado poderá sustar o andamento da ação, determinando sua suspensão enquanto durar o mandato. Durante o período de suspensão do processo, ficará suspenso, também, o curso do prazo prescricional da pretensão punitiva (§ 5º do dispositivo legal mencionado).

Por derradeiro, se eventualmente processados, têm a garantia de foro por prerrogativa de função, tal como disposto no art. 53, § 1º, da Constituição Federal.

---

[19] De notar, conforme se decidiu, que as investigações envolvendo autoridades com foro privativo no STF somente podem ser iniciadas após autorização formal do próprio STF. De igual modo, as diligências investigatórias envolvendo autoridades com foro privativo no STF precisam ser previamente requeridas e autorizadas por esse Tribunal (STF, 2ª T., Inq 3.387 AgR/CE, Rel. Min. Dias Toffoli, j. 15.12.2015 – *Informativo do STF* n. 812).

[20] *Direito municipal brasileiro*, 6. ed., p. 451-452.

A inviolabilidade e a imunidade (ou, preferindo-se classificação diversa, as imunidades material e formal) garantidas aos deputados e senadores aplicam-se, também, aos deputados estaduais, por expressa determinação do art. 27 da Constituição Federal, segunda parte.

Aos vereadores, a Constituição garante apenas a inviolabilidade "por suas opiniões, palavras e votos no exercício do mandato e na circunscrição do Município" (art. 29, VIII). Silencia, portanto, sobre as imunidades processuais. Por se tratar de garantia de cunho político e processual, os Municípios não podem estabelecer, para seus vereadores, a imunidade processual[21], motivo pelo qual essa garantia não se aplica aos vereadores.

Não se olvide, apenas, que a inviolabilidade conferida aos parlamentares tem o efeito reflexo de impedir o seguimento dos processos penais movidos contra eles pela prática dos fatos sobre os quais incide aquela inviolabilidade. Assim, não serão senadores, deputados federais e estaduais e vereadores processados por injúria ou difamação cometidos no exercício de suas funções. Entretanto, isso se deverá não a uma garantia de cunho processual, mas sim à inexistência de interesse processual (*vide* o capítulo referente às condições da ação) em mover processo contra esses parlamentares, uma vez que o fato que eventualmente sustentaria a acusação evidentemente não constitui crime. Por esse motivo, eventual denúncia oferecida contra parlamentares, imputando-lhes a prática desses crimes, desde que no exercício da função, deverá ser rejeitada com fundamento no art. 395, II, do Código de Processo Penal.

Por fim, por força da Convenção de Viena, à qual aderiu o Brasil, os diplomatas, além de gozarem de imunidade penal, não podem ser obrigados a testemunhar. Em verdade, exercendo parcelas do poder do Estado em nome do qual desempenham suas funções, os diplomatas e representantes de governos estrangeiros em geral não se submetem, em face da soberania estatal, ao poder jurisdicional do país em que se encontrem.

9. SÍNTESE

Eficácia da lei processual penal

Eficácia é a aptidão de determinada norma jurídica para produzir efeitos jurídicos, que, entretanto, será limitada por alguns fatores. As principais limitações à eficácia das normas jurídicas processuais penais são de ordem temporal e espacial.

Eficácia da norma processual no espaço: o princípio da territorialidade

No direito material existe a possibilidade concreta de a lei nacional ser aplicada no estrangeiro, por exemplo, nos crimes cometidos contra a vida ou liberdade do Presidente da República (CP, art. 7º, I, *a*) ou contra o patrimônio ou a fé pública da Administração Pública (CP, art. 7º, I, *b* e *c*), bem como nos casos de crime de genocídio (CP, art. 7º, I, *d*). Porém, a aplicação de norma processual de um Estado em outro poderia representar, de certa forma, afronta à soberania.

Dessa forma, o Código de Processo Penal preceitua, no art. 1º, que "o processo penal reger-se-á, em todo o território brasileiro, por este Código", sendo certo que conduz os processos que tramitam no Brasil e os atos processuais que aqui devam ser praticados, como as cartas rogatórias a cumprir no país e a homologação de sentença estrangeira. As raríssimas exceções a essa regra são atinentes a processos de natureza penal conduzidos por autoridades de Estado diverso, como nos tribunais estatuídos em tempo de guerra.

---

[21] Hely Lopes Meirelles, *Direito municipal brasileiro*, p. 452. No mesmo sentido, Pinto Ferreira, *Comentários à Constituição brasileira*, p. 273-274.

Eficácia da lei processual no tempo: o princípio da aplicação imediata

A lei processual penal, salvo quando ela mesma previr, será aplicada de maneira imediata. Assim, no surgimento de novas regras, em processos que estejam em andamento, os novos atos serão regidos de acordo com a nova legislação, enquanto os atos já praticados não são afetados.

Cessação da vigência da lei processual

A vigência da norma processual penal se dá até sua revogação, que pode ser tácita, pelo advento de norma processual que diga respeito à mesma matéria ou se mostre incompatível com a norma anterior, ou pela expressa determinação de sua revogação por lei nova, que pode ser total (ab-rogação) ou parcial (derrogação). Excepcionalmente, em casos de leis temporárias, ocorre a autorrevogação, por ter decorrido o prazo de sua vigência, ou no caso de leis excepcionais, quando finda a anormalidade que justificou a sua edição.

Imunidades processuais penais

Durante o exercício de determinadas funções, algumas pessoas ficam excluídas do âmbito de vigência de algumas normas processuais. Citaremos alguns exemplos:

O Presidente da República não pode ser preso por crimes comuns (não relacionados à função), enquanto estiver no exercício da função, salvo por sentença condenatória com trânsito em julgado (CF, art. 86, § 3º), bem como não poderá ser responsabilizado, na vigência de seu mandato, por atos estranhos ao exercício de suas funções (CF, art. 86, § 4º).

Aos parlamentares federais (deputados e senadores – que têm garantia de foro por prerrogativa de função – CF, art. 53, § 1º), após a expedição do diploma, bem como após o término do mandato, garante-se inviolabilidade civil e penal por suas opiniões, palavras e votos (CF, art. 53, *caput*) e imunidade processual. Com efeito, não serão obrigados a dar testemunho sobre informações recebidas ou prestadas em razão do exercício do mandato ou sobre as pessoas que lhes confiaram ou delas receberam informações (CF, art. 53, § 6º).

Outrossim, não poderão ser presos senão em flagrante delito, pela prática de crime inafiançável, casos em que, ainda assim, a casa legislativa respectiva poderá deliberar sobre a prisão (CF, art. 53, § 2º). Tal casa também poderá sustar o andamento da ação, determinando sua suspensão enquanto durar o mandato, ocasião em que também ficará suspenso o prazo prescricional da pretensão punitiva (CF, art. 53, § 5º).

A inviolabilidade e a imunidade conferidas aos deputados federais e senadores também se aplicam aos deputados estaduais (CF, art. 27, segunda parte). Já aos vereadores só há garantia em relação à inviolabilidade por suas opiniões, palavras e votos no exercício do mandato na circunscrição do Município (CF, art. 29, VIII).

Capítulo VII
A PERSECUÇÃO PENAL

1. INTRODUÇÃO

A lei penal prevê condutas associadas a sanções. Assim, se determinado indivíduo subtrai, para si ou para outrem, coisa alheia móvel, por exemplo, a lei determina seja ele punido com pena de reclusão de 1 a 4 anos e multa. A ocorrência do delito de furto, portanto, supõe seja este seguido da aplicação ao infrator de uma sanção que lhe seja correspondente, ou seja, que obedeça aos parâmetros fixados na lei.

Como se sabe, a aplicação de sanções é, hoje, função privativa do Estado, isto é, o Estado é o único autorizado a impor uma pena a um infrator, ainda que essa pena seja determinada em lei.

Dessa forma, é preciso assegurar um meio pelo qual a ocorrência do crime chegue ao conhecimento do Estado. Se isso não ocorrer – se um órgão do Estado não vier a conhecer com mínima precisão o autor e as circunstâncias da prática delituosa –, abre-se oportunidade para que ocorram inúmeras injustiças, consubstanciadas na condenação de pessoas inocentes, ou na impunidade de quem seja culpado.

Ambas as situações são, obviamente, indesejáveis à sociedade. Tanto melhor será o sistema jurídico se o Estado, por sua atividade jurisdicional, efetivamente distribuir justiça. Dessa forma, é absolutamente essencial para o funcionamento do sistema penal que o Estado tenha o mais pleno conhecimento – dentro das possibilidades que as circunstâncias ensejarem – acerca da ocorrência do crime e de sua autoria, antes que qualquer sanção seja aplicada.

Obviamente, nem sempre os elementos que demonstram a ocorrência de um crime (provas, no sentido amplo) afiguram-se claros e completos. Por vezes, tem-se notícia da ocorrência de um crime, mas não se sabe quem é o autor da prática delitiva. Por outras, há apenas mera suspeita da prática de crime, sem que se conheçam com detalhes as circunstâncias em que teria aquele ocorrido.

Assim, havendo notícia da suposta ocorrência de uma transgressão, será necessário agir de modo a buscar, primeiro, a apuração do fato, de modo a certificar ser fundada a suspeita. Sendo esta confirmada, pode-se buscar a aplicação exata da punição prevista em lei para o autor do fato.

Essa atividade, denominada "persecução penal", é o caminho que percorre o Estado-Administração para satisfazer a pretensão punitiva, que nasce no exato instante da perpetração da infração penal. A *persecutio criminis* divide-se em três fases: investigação preliminar (compreende a apuração da prática de infrações penais, com vistas a fornecer elementos para que o titular da ação penal possa ajuizá-la), ação penal (atuação junto ao Poder Judiciário, no sentido de que seja aplicada condenação aos infratores, realizando assim a concretização dos ditames do direito penal material diante de cada caso concreto que se apresentar) e execução penal (satisfação do direito de punir estatal, reconhecido definitivamente pelo Poder Judiciário).

Conforme anteriormente exposto, cabe ao Estado a aplicação da pena ao transgressor da norma jurídica. A aplicação da pena é a expressão, no âmbito do direito penal, da função jurisdicional, que, conforme também já se viu, é exercida, no mais das vezes, pelo Poder Judiciário. Da mesma forma, também a própria persecução aos transgressores e a apuração dos fatos que se suspeita constituírem crimes caberão, em regra, ao Estado (há, de fato, relevantes exceções, que serão abordadas oportunamente).

Mister ressaltar que o *jus puniendi*, de titularidade do Estado, mais do que um direito, é um dever estatal. Com efeito, na sua atribuição de manter a ordem e a paz social, afrontada pelo comportamento transgressor, é necessária a punição aos infratores da lei penal. O Estado proíbe o exercício, por seus cidadãos, da autotutela, o que configura, ainda, o crime previsto no art. 345 do CP (exercício arbitrário das próprias razões). Como contrapartida, deve prover a punição aos que afrontam os bens e interesses relevantes à sociedade.

Ao contrário da jurisdição, que, no mais das vezes, somente se manifesta sob provocação (*vide* princípio da inércia, referente à jurisdição, acima), a persecução penal, na grande maioria dos casos, deverá ser exercida de ofício, independentemente de provocação. Se a persecução aos infratores da lei penal constitui um serviço que o Estado deve prover à sociedade, o desempenho da atividade persecutória, em regra, será independente, inclusive, da manifestação do próprio ofendido.

2. A POLÍCIA: FUNÇÕES E TIPOS

O termo "polícia" advém do grego *politeia*, que significava a "arte de governar". Para os romanos o vocábulo significava a "manutenção da ordem pública" e, posteriormente, o "órgão estatal ao qual cabia proteger a segurança dos cidadãos"[1].

Polícia é órgão estatal incumbido de prevenir a ocorrência de infrações penais, apurar autoria e materialidade das já perpetradas, sem prejuízo de outras funções não atinentes à persecução penal.

São funções de polícia[2]:

a) *preventiva*: tem por escopo evitar a ocorrência de crimes e contravenções. Ex.: patrulhamento feito por policiais militares em determinado lugar considerado ponto de venda de drogas;

b) *judiciária*: consiste na apuração das infrações penais por meio do inquérito policial;

c) *administrativa*: como o próprio nome indica, tal função consubstancia-se na prática de atos administrativos que não se relacionam à *persecutio criminis*. Ex.: expedição de passaporte pela Polícia Federal.

É comum na doutrina a classificação da polícia (mais tecnicamente funções de polícia) em preventiva (também chamada de administrativa) e judiciária, não se incluindo as atribuições dissociadas da persecução penal.

Denilson Feitoza Pacheco, com base no art. 144, § 4º, da CF, que estabelece incumbir às polícias civis as funções judiciária e de apuração de infrações penais, sustenta que a Lei Maior empregou o significado "polícia judiciária" tão somente para designar a atividade de auxílio ao Poder Judiciário no cumprimento de determinações (mandados de prisão, conduções coercitivas etc.), ao passo que a função de apurar infrações penais seria da denominada "polícia investigativa"[3].

A Lei Maior, nos incisos do *caput* do art. 144, dispõe acerca da segurança pública, disciplinando os órgãos policiais dela incumbidos (Polícia Federal, Polícia Rodoviária Federal, Polícia Ferroviária Federal, Polícias Civis, Polícias Militares e Corpos de Bombeiros Militares e, finalmente, polícias penais federal, estaduais e distrital – conforme a Emenda Constitucional n. 104, de 2019).

As polícias rodoviária e ferroviária federal têm função notadamente preventiva, uma vez que exercem o patrulhamento ostensivo das rodovias e ferrovias federais, respectivamente, consoante o disposto nos §§ 2º e 3º do art. 144 da CF.

---

[1] Fernando da Costa Tourinho Filho, *Manual de processo penal*, 4. ed., p. 58.

[2] É a classificação adotada por Carlos Frederico Coelho Nogueira, *Comentários ao Código de Processo Penal*, 2002, v. 1, p. 141.

[3] Denilson Feitoza Pacheco, *Direito processual penal: teoria, crítica, práxis*, p. 161-162.

A Polícia Federal, por sua vez, exerce as três funções acima delineadas: preventiva, judiciária e administrativa. Com efeito, cabe à Polícia Federal (art. 144, § 1º): "I – apurar infrações penais contra a ordem política e social ou em detrimento de bens, serviços e interesses da União ou de suas entidades autárquicas e empresas públicas, assim como outras infrações cuja prática tenha repercussão interestadual ou internacional e exija repressão uniforme, segundo se dispuser em lei; II – prevenir e reprimir o tráfico ilícito de entorpecentes e drogas afins, o contrabando e o descaminho, sem prejuízo da ação fazendária e de outros órgãos públicos nas respectivas áreas de competência; III – exercer as funções de polícia marítima, aeroportuária e de fronteiras; IV – exercer, com exclusividade, as funções de polícia judiciária da União".

Vale ressaltar que a Lei n. 10.446/2002 ampliou o rol de atribuições da Polícia Federal, dispondo (art. 1º) que, nos casos em que houve repercussão interestadual ou internacional que exija repressão uniforme, caberá a ela proceder, sem prejuízo da responsabilidade dos demais órgãos públicos, à investigação dos crimes de: "I – sequestro, cárcere privado e extorsão mediante sequestro (arts. 148 e 159 do Código Penal), se o agente foi impelido por motivação política ou quando praticado em razão da função pública exercida pela vítima; II – formação de cartel (incisos I, *a*, II, III e VII do art. 4º da Lei n. 8.137, de 27 de dezembro de 1990); III – relativas à violação a direitos humanos, que a República Federativa do Brasil se comprometeu a reprimir em decorrência de tratados internacionais de que seja parte; e IV – furto, roubo ou receptação de cargas, inclusive bens e valores, transportadas em operação interestadual ou internacional, quando houver indícios da atuação de quadrilha ou bando em mais de um Estado da Federação; V – falsificação, corrupção, adulteração ou alteração de produto destinado a fins terapêuticos ou medicinais e venda, inclusive pela internet, depósito ou distribuição do produto falsificado, corrompido, adulterado ou alterado (art. 273 do Decreto-lei n. 2.848, de 7 de dezembro de 1940 – Código Penal). (Incluído pela Lei n. 12.894, de 2013); VI – furto, roubo ou dano contra instituições financeiras, incluindo agências bancárias ou caixas eletrônicos, quando houver indícios da atuação de associação criminosa em mais de um Estado da Federação. (Incluído pela Lei n. 13.124, de 2015); e VII – quaisquer crimes praticados por meio da rede mundial de computadores que difundam conteúdo misógino, definidos como aqueles que propagam o ódio ou a aversão às mulheres (Incluído pela Lei n. 13.642, de 2018)".

O rol em questão não é taxativo, cabendo à Polícia Federal proceder à apuração de outros casos em que, igualmente, se constatar a repercussão interestadual ou internacional que exija repressão uniforme, desde que a providência seja determinada ou autorizada pelo Ministério da Justiça (art. 1º, parágrafo único).

Ademais, o art. 11 da Lei n. 13.260/2016, que regulamentou o inciso XLIII do art. 5º da Lei Maior quanto ao terrorismo, estabelece que, para todos os efeitos legais, os crimes nela previstos "são praticados contra o interesse da União, cabendo à Polícia Federal a investigação criminal, em sede de inquérito policial, e à Justiça Federal o seu processamento e julgamento, nos termos do inciso IV do art. 109 da Constituição Federal".

A par das funções constitucionalmente elencadas, a Polícia Federal expede passaportes, concede porte de armas etc., atividades de cunho nitidamente administrativo, que não guardam relação com a prevenção ou repressão de crimes.

No âmbito estadual, consoante o § 4º do texto constitucional, "às polícias civis, dirigidas por delegados de polícia de carreira, incumbem, ressalvada a competência da União, as funções de polícia judiciária e a apuração de infrações penais, exceto as militares". Assim, a função das polícias civis resume-se à investigação de ilícitos penais por meio do inquérito policial.

Na maior parte das situações participarão da persecução, exercendo investigação de caráter predominantemente inquisitivo (ou seja, sem a participação ativa do investigado), a Polícia Civil ou a Polícia Federal, cada qual no âmbito de suas atribuições.

As polícias militares dos Estados atuam preventivamente, com o intuito de assegurar que os bens jurídicos penalmente tutelados permaneçam incólumes, isto é, têm como objetivo evitar crimes e contravenções penais. Excepcionalmente exercem função judiciária, apurando a ocorrência de crimes militares, na forma prevista no Código de Processo Penal Militar.

Nos termos do § 5°-A do art. 144 da CF (redação dada pela Emenda Constitucional n. 104, de 2019), cabe às polícias penais (vinculadas ao órgão administrador do sistema penal da unidade federativa a que pertencem) a segurança dos estabelecimentos penais.

Por fim, as guardas municipais, destinadas à proteção dos bens, serviços e instalações dos Municípios, conforme dispõe o § 8° do art. 144 da CF, integram o Sistema único de Segurança Pública (art. 9°, VII, da Lei n. 13.675/2018), não havendo consenso jurisprudencial acerca da possibilidade de que realizem atividades típicas de policiamento. A propósito do tema, a 5ª Turma do STJ[4] já adotou o entendimento de que a guarda municipal não desempenha a função de policiamento ostensivo, podendo atuar – como qualquer do povo – apenas nas situações de flagrância, nos termos dos arts. 301 e 302 do CPP. Por outro lado, a 6ª Turma do STJ[5] já se posicionou pela admissibilidade da realização de busca pessoal pelas guardas municipais nas hipóteses em que, além de justa causa para a medida (art. 240, § 2º, do CPP), se verifique relação clara, direta e imediata com a necessidade de proteção da integridade dos bens e instalações ou garantia da adequada execução dos serviços municipais. Ressalvou, contudo, que isso não se confunde com a permissão para que as guardas municipais realizem atividades ostensivas ou investigativas típicas das polícias militar e civil para combate da criminalidade urbana diária.

As polícias, entretanto, não detêm o poder de pleitear, junto ao Poder Judiciário, a punição daqueles que cometem as infrações apuradas. Uma vez reunidos elementos que permitam estabelecer fundada suspeita de prática criminosa, o resultado das investigações deverá ser apresentado ao Ministério Público, que detém, em caráter de monopólio, o poder de exercício da ação penal pública.

O Ministério Público, portanto, é encarregado de promover judicialmente a acusação. Pode basear-se nas informações recolhidas pela polícia ou por outras que obtiver por meios lícitos. Estando o órgão do Ministério Público (o promotor de justiça ou o procurador da República, por exemplo) convencido da existência de delito e de sua autoria, ajuizará a ação penal pública, iniciando-se assim a fase judicial da persecução penal.

3. OUTROS MEIOS PELOS QUAIS SE CONCRETIZA A PERSECUÇÃO PENAL

A investigação é função primordialmente exercida pelas polícias judiciárias. Essa atribuição vem explicitada na Lei n. 12.830/2013, que trouxe essenciais definições acerca da atividade policial, bem como assegurou um plexo de garantias ao delegado de polícia em sua atuação, permitindo-se, *v.g.*, a avocação do inquérito ou procedimento investigativo por autoridade hierarquicamente superior de forma justificada, "*por motivo de interesse público ou nas hipóteses de inobservância dos procedimentos previstos em regulamento da corporação que prejudique a eficácia da investigação*" (art. 2º, § 4º), e vedando-se, por conseguinte, a remoção desmotivada e arbitrária da autoridade policial (art. 2º, § 5º), o que sói ocorrer como represália à atividade investigativa encetada.

As disposições trazidas no bojo da novel legislação vão ao encontro dos princípios que informam o Estado Democrático de Direito. Ainda que, em organograma institucional, estejam submetidas ao Poder Executivo, é salutar que sejam garantidas às autoridades policiais a tranquilidade necessária para que exerçam a investigação criminal sem pressões ou ingerências externas indevidas.

---

[4] STJ, 5ª T., AgRg no HC 678.534/SP, Rel. Min. Jesuíno Rissato, j. 28.9.2021.

[5] STJ, 6ª T., REsp 1.977.119/SP, Rel. Min. Rogério Schietti Cruz, j. 16.8.2022.

Assim, resta evidente que a atividade investigativa deve ser exercida, de forma precípua, pela Polícia Judiciária. Todavia, essa regra comporta exceções, conforme adiante se verá.

Com efeito, no que diz respeito à busca e sistematização de elementos que reforcem a suspeita acerca da prática de um delito de natureza penal – a atividade investigativa –, poderá bem esta ser exercida por um particular. A Lei n. 13.432/2017 dispõe sobre o exercício da profissão de detetive particular, a quem é permitido colaborar com investigações policiais em curso, desde que expressamente autorizado pelo contratante e mediante concordância do delegado de polícia, que poderá admitir ou rejeitar tal cooperação a qualquer tempo. É certo que as pessoas do povo em geral não dispõem dos instrumentos de investigação postos à disposição das polícias judiciárias. Nada impede, porém, que alguém, dada a peculiaridade do caso concreto, possa reunir todos os elementos de prova necessários para a formação da convicção do órgão do Ministério Público acerca da prática de um delito penal e respectiva autoria. Nesse caso, o Ministério Público poderá oferecer a denúncia sem que seja necessária a investigação policial (*vide* capítulo seguinte).

Além disso, a legislação prevê casos em que a investigação acerca de fatos de natureza penal possa ser levada a termo por meio de outros instrumentos, cuja realização é atribuída a outras pessoas. Nesse sentido o parágrafo único do art. 4º do Código de Processo Penal, que estabelece a possibilidade de outras autoridades administrativas conduzirem atividades persecutórias, desde que haja autorização legal. Tomem-se como exemplos os parlamentares, nas Comissões Parlamentares de Inquérito; os magistrados, nos casos de inquérito judicial, e os oficiais militares, por meio de inquérito militar.

A instauração e a tramitação de procedimento investigatório criminal a cargo do Ministério Público são regulamentadas pela Resolução n. 181/2017 do CNMP, expedida com lastro no que dispõem os arts. 127, *caput*, e 129, I, II, VIII e IX, da Constituição da República Federativa do Brasil, bem como no art. 8º da Lei Complementar n. 75/93 (LOMPU) e no art. 26 da Lei n. 8.625/93 (Lei Orgânica Nacional do Ministério Público). Conforme dispõe o art. 1° da referida resolução, tal procedimento é instrumento sumário e desburocratizado de natureza administrativa e investigatória, instaurado e presidido pelo membro do Ministério Público com atribuição criminal, com a finalidade de apurar a ocorrência de infrações penais de iniciativa pública, servindo como preparação e embasamento para o juízo de propositura, ou não, da respectiva ação penal.

Por fim, há também alguns delitos para os quais a própria lei penal estabelecerá que o exercício da atividade investigatória e o ajuizamento da ação penal fiquem condicionados à manifestação favorável do ofendido. São os casos de ação penal pública condicionada (*rectius*, os delitos em que a iniciativa de propositura da ação penal, embora caiba ao Ministério Público, seja condicionada à manifestação do ofendido). Em outras hipóteses, a lei prevê que a atuação estatal seja integralmente substituída pela atuação do particular. São aquelas em que a ação penal será de iniciativa privada. Essas situações serão abordadas em detalhes no capítulo referente à ação penal.

4. SÍNTESE

A persecução penal

A persecução penal é o caminho que percorre o Estado-Administração para satisfazer a pretensão punitiva, que nasce no exato instante da perpetração da infração penal. A *persecutio criminis* divide-se em três fases:

- *investigação preliminar*: apuração da infração penal cometida, com vistas a fornecer elementos suficientes para embasar futura ação penal;
- *ação penal*: momento em que o direito penal material se concretizará diante de cada caso; e
- *execução penal*: satisfação do direito de punir estatal.

A polícia: funções e tipos

Polícia é o órgão estatal incumbido de prevenir a ocorrência de infrações penais, apurar autoria e materialidade das já perpetradas, sem prejuízo de outras funções não atinentes à persecução penal. São funções da polícia:

a) *preventiva*: com a finalidade de evitar a ocorrência de crimes e contravenções penais;

b) *judiciária*: consiste na apuração das infrações penais por meio do inquérito policial; e

c) *administrativa*: consubstancia-se na prática de atos administrativos que não se relacionam à *persecutio criminis*.

Os órgãos policiais incumbidos da segurança pública, de acordo com o art. 144, *caput*, da CF, são: Polícia Federal, Polícia Rodoviária Federal, Polícia Ferroviária Federal, Polícias Civis, Polícias Militares e Corpos de Bombeiros Militares e, finalmente, polícias penais federal, estaduais e distrital.

As Polícias Rodoviária e Ferroviária Federal têm função notadamente preventiva, exercendo patrulhamento nas rodovias e ferrovias federais. A Polícia Federal, por sua vez, exerce as funções preventiva, judiciária e administrativa.

A função das Polícias Civis resume-se a investigações de ilícitos penais por meio do inquérito policial, exercendo função judiciária, portanto. Por outro lado, as Polícias Militares dos Estados têm função preventiva, a exemplo das polícias penais federal, estaduais e distrital.

Apesar das funções conferidas às polícias, é certo que elas não podem pleitear, junto ao Poder Judiciário, a punição daqueles que cometem as infrações apuradas, ficando tal função a cargo do Ministério Público e excepcionalmente do próprio ofendido.

Capítulo VIII
INQUÉRITO POLICIAL

1. INTRODUÇÃO

A *persecutio criminis*, como visto, é o caminho percorrido pelo Estado-Administração para que seja aplicada uma pena ou medida de segurança àquele que cometeu uma infração penal, consubstanciando-se em três fases: investigação preliminar, ação penal e execução penal.

A investigação preliminar será necessária quando o autor da ação penal não dispuser de elementos mínimos para propô-la – a efetiva prova da existência da infração penal e indícios de quem a perpetrou. Assim, a finalidade precípua da investigação é coletar a prova da existência da infração e indícios de quem seja seu provável autor. A petição inicial (denúncia ou queixa) pode ser oferecida sem que haja inquérito policial, sendo este dispensável. Para tanto, basta que o autor da ação penal detenha elementos que comprovem a materialidade (existência) e indiquem a autoria da infração penal, conforme se verá.

Muito embora a fase investigatória da persecução possa ser realizada por diversos meios, o instrumento usualmente adotado na investigação pré-processual é o inquérito policial, procedimento conduzido pela polícia, no exercício da função judiciária e presidido por uma autoridade policial, o delegado de polícia, funcionário público integrante de carreira.

Nesse sentido o art. 4º do CPP, ao dispor: "A polícia judiciária será exercida pelas autoridades policiais no território de suas respectivas circunscrições e terá por fim a apuração das infrações penais e da sua autoria".

2. CONCEITO

O Decreto n. 4.824, de 22 de novembro de 1871, instituiu no Brasil o inquérito policial, estabelecendo a separação entre a Polícia e o Poder Judiciário. O art. 42 do referido diploma legal determinava que "o inquérito policial consiste em todas as diligências necessárias para o descobrimento do fato criminoso, de suas circunstâncias e dos seus autores e cúmplices".

Com base nas características reconhecidas atualmente pela doutrina e pela jurisprudência, pode-se conceituar *o inquérito policial* como o *procedimento administrativo, preparatório e inquisitivo, presidido pela autoridade policial, e constituído por um complexo de diligências realizadas pela polícia, no exercício da função judiciária, com vistas à apuração de uma infração penal e à identificação de seus autores.*

Urge mencionar que a CF, no art. 129, VII, destaca como função institucional do Ministério Público o exercício do controle externo da atividade policial, na forma das respectivas leis complementares.

3. CARACTERÍSTICAS

3.1. Instrumentalidade

O inquérito policial tem caráter essencialmente instrumental. Sua finalidade é possibilitar a reunião de elementos de prova que reforcem e fundamentem as suspeitas acerca da prática de delito de natureza penal. Nesse sentido, o inquérito policial é um procedimento preparatório para eventual ajuizamento de ação penal.

Além disso, o inquérito policial serve também como elemento de "filtragem" do sistema penal, ao prevenir a movimentação do Poder Judiciário para o processamento de fatos não esclarecidos ou de autoria ainda desconhecida.

3.2. Obrigatoriedade ou oficiosidade

A obrigatoriedade ou oficiosidade do inquérito policial deve ser analisada sob dois aspectos.

Uma vez oferecida a *notitia criminis* – ou seja, uma vez que a autoridade policial, por qualquer meio, tenha conhecimento da potencial prática de infração penal objeto de ação penal pública incondicionada –, estará essa autoridade obrigada a instaurar, de ofício, inquérito policial para sua investigação. A obrigatoriedade decorre da redação do art. 5º do Código de Processo Penal, que determina o seguinte: "Nos crimes de ação pública o inquérito policial *será iniciado*", não deixando margem, portanto, para a discricionariedade da autoridade policial. É indeclinável que a autoridade policial promova a capitulação do fato investigado, e, conquanto tal capitulação seja provisória e não vincule o Ministério Público, faz-se necessária, seja para justificar a decisão inicial de instaurar o inquérito, seja ainda para a solução de questões incidentais relevantes de seu procedimento[1]. O delegado de polícia, por exemplo, pode conceder fiança nos casos de infração cuja pena privativa de liberdade máxima não seja superior a 4 anos (art. 322 do CPP). É mediante a capitulação provisória que o delegado analisará a possibilidade da concessão de fiança.

Além disso, uma vez instaurado, o inquérito policial não pode ser arquivado por iniciativa da autoridade policial. O art. 17 do Código de Processo Penal consagra a indisponibilidade do inquérito policial. Instaurado, deve o inquérito ser conduzido até seu encerramento, que se dará formalmente com a apresentação de um minucioso relatório final, da lavra da autoridade que o presidiu. É o que dispõe o art. 10, § 1º, do Código de Processo Penal.

Por outro lado, é certo que o exercício da ação penal não requer a prévia conclusão – ou sequer a prévia instauração – do inquérito policial. Poderá haver ação penal, pública ou privada, sem que tenha havido prévio inquérito policial. Essa facultatividade, se não encontra previsão legal expressa, pode ser deduzida da redação de diversos artigos do Código de Processo Penal.

Com efeito, o art. 12 do referido diploma prevê que o inquérito policial deverá acompanhar a denúncia ou queixa "sempre que servir de base a uma ou outra". Preveem-se, assim, por exclusão, situações em que o inquérito policial não servirá de base à denúncia ou à queixa.

Ademais, o art. 46, § 1º, do Código de Processo Penal estabelece prazo para que o Ministério Público ofereça denúncia no caso em que "dispensar o inquérito policial". Também no art. 39, § 5º, do mesmo diploma legal, prevê-se hipótese em que "o órgão do Ministério Público dispensará o inquérito", embora essa dispensa seja, no caso, condicionada à existência prévia de representação que permita, por seu conteúdo, o oferecimento de denúncia.

Outro argumento a favor da tese da facultatividade é a ideia de que os órgãos do Ministério Público, em razão da independência funcional a eles atribuída pela Constituição Federal, art. 127, § 1º, e pela Lei Complementar n. 75/93, art. 4º, têm liberdade para formar convicção acerca da ocorrência do crime (a chamada *opinio delicti*). Desse modo, não seria razoável exigir que o Ministério Público seja obrigado a requerer e acompanhar diligências em inquérito policial se entender que os elementos já existentes são suficientes para fundamentar o ajuizamento de ação penal.

Ainda por força da independência funcional, o Ministério Público, recebendo os autos do inquérito, não fica vinculado às conclusões da autoridade policial acerca dos fatos apurados. Assim, mesmo

[1] STF, 1ª T., HC 80.772-1, Rel. Min. Sepúlveda Pertence, j. 3.4.2001, *DJU*, 29.6.2001, p. 34.

que o delegado, uma vez encerrada a investigação, conclua pela prática de determinado crime, poderá o Ministério Público, à sua discricionariedade, oferecer denúncia pela prática de crime diverso.

Não se exige, portanto, que a ação penal seja necessariamente embasada nos elementos obtidos por meio de inquérito. A denúncia ou queixa poderão fundar-se em elementos colhidos por meio de outros procedimentos administrativos ou mesmo por documentos idôneos obtidos por meios diversos, respeitada apenas a necessária licitude dos meios pelos quais as provas serão obtidas. O inquérito policial, portanto, é prescindível na exata medida em que seu objetivo – apuração da ocorrência de crime e indícios do provável autor –, nas hipóteses referidas, foi alcançado.

3.3. Caráter meramente informativo

O inquérito policial tem caráter meramente informativo. Conquanto tenha por finalidade última possibilitar a punição daqueles que infringem a ordem penal, não se presta, em si mesmo, como instrumento punitivo, uma vez que não é idôneo a provocar manifestação jurisdicional. A pretensão punitiva pode apenas ser veiculada pela ação penal, que não pode ser exercida pela autoridade policial, como se viu.

Os elementos de prova produzidos por meio do inquérito, portanto, servirão apenas para fundamentar a formação da convicção do órgão incumbido de exercer a ação penal (o Ministério Público, no mais das vezes) acerca da existência de crime (*vide*, porém, o que se diz a respeito do valor probatório do inquérito, abaixo).

Exatamente por ser o inquérito policial peça meramente informativa, os vícios incorridos durante seu trâmite não contaminarão a ação penal ajuizada. As irregularidades presentes no inquérito não invalidam o processo, atingindo somente a eficácia do ato viciado. Assim, a título de exemplo, eventual vício na lavratura do auto de prisão em flagrante deverá tão somente redundar no relaxamento da prisão, e não na necessidade de que seja reconduzido o inquérito policial a partir desse ato.

3.4. Discricionariedade

Como se viu, à autoridade policial não é permitido arquivar o inquérito que presidir. Entretanto, a escolha das diligências investigatórias a serem realizadas no curso do inquérito é discricionária da autoridade. O delegado de polícia, assim, efetivamente conduzirá o trabalho investigatório, ordenando a realização das diligências que julgar necessárias à apuração da infração penal.

O delegado de polícia deverá, no entanto, realizar as diligências requisitadas pelo juiz ou pelo Ministério Público (art. 13, II, do Código de Processo Penal). Não estará a autoridade policial, contudo, obrigada a realizar as diligências requeridas pelo indiciado, pelo ofendido ou pelo representante legal deste último (art. 14 do Código de Processo Penal).

Oportuno frisar que, a despeito de ser conferida discricionariedade ao delegado de polícia que conduzirá a investigação, algumas medidas não podem ser determinadas por ele de ofício, haja vista que necessitam de competente autorização judicial, tais como, *v.g.*, a busca e apreensão e a interceptação telefônica.

3.5. Forma escrita

Por estrita determinação legal, o inquérito policial deve ser escrito (art. 9º do Código de Processo Penal). A adoção da forma escrita constitui, também, uma garantia do investigado. Conquanto o inquérito policial seja peça informativa, é possível que, no seu decorrer, seja atingido o patrimônio jurídico do investigado, seja pela necessidade de acesso a informações ordinariamente cobertas pelo sigilo, seja, mesmo, pela possibilidade de decretação de sua prisão ainda durante o inquérito.

Dessa forma, a documentação em peças escritas é essencial para que a atividade policial de investigação possa ser submetida ao controle de legalidade.

3.6. Sigilo

O inquérito policial será sigiloso somente se necessário à elucidação do fato ou para preservar o interesse social (art. 20 do Código de Processo Penal, recepcionado pela Constituição Federal)[2]. Não é o sigilo, portanto, característica de todo e qualquer inquérito policial. É o delegado de polícia que decidirá, discricionariamente, acerca da necessidade ou não do sigilo. Há, entretanto, que fazer *distinção entre:* a) *o sigilo externo* e b) *o sigilo interno. O sigilo externo diz respeito à restrição à publicidade dos atos de investigação com relação às pessoas do povo. Já o sigilo interno constitui impossibilidade de o investigado tomar ciência das diligências realizadas e acompanhar os atos investigatórios a serem realizados.*

O sigilo que pode cercar o inquérito policial não é, entretanto, absoluto. Com efeito, o Ministério Público e o Poder Judiciário, em qualquer situação, têm a prerrogativa de acompanhar o desenvolvimento do inquérito.

É garantido ao advogado, por força do art. 7º, XIV, da Lei n. 8.906/94 (Estatuto da Advocacia), o direito de "examinar em qualquer repartição policial, mesmo sem procuração, autos de flagrante e de inquérito, findos ou em andamento, ainda que conclusos à autoridade, podendo copiar peças e tomar apontamentos". Por outro, é evidente que a eficácia de algumas diligências depende do sigilo. Com efeito, a lei expressamente admite a realização de determinadas diligências que excluem, por sua própria essência, a possibilidade de que sejam acompanhadas pelo investigado ou por seu advogado. Citem-se, a título de exemplo, as diligências de interceptação de comunicações telefônicas (art. 8º da Lei n. 9.296/96), a captação e a interceptação ambiental de sinais eletromagnéticos, óticos ou acústicos, e o seu registro e análise, e a infiltração de agentes de polícia ou de inteligência, em tarefas de investigação das ações praticadas por organizações criminosas (art. 10 da Lei n. 12.850/2013).

Sobre essas diligências recairá sigilo absoluto até que sua realização esteja concluída. Lembre-se de que não se aplica o princípio da ampla defesa ao inquérito policial, por ser procedimento meramente informativo de natureza administrativa[3], e cujo necessário sigilo pode ser imprescindível para as investigações, reconhecendo a prevalência do interesse público sobre o privado[4]. Após sua conclusão, entretanto, o acesso às informações obtidas por meio das investigações deverá ser franqueado ao investigado e a seu advogado.

Assim, o art. 7º, § 11, da Lei n. 8.906/94, incluído pela Lei n. 13.245/2016, prevê que "a autoridade competente poderá delimitar o acesso do advogado aos elementos de prova relacionados a diligências em andamento e ainda não documentados nos autos, quando houver risco de comprometimento da eficiência, da eficácia ou da finalidade das diligências".

Esse dispositivo veio consolidar a solução que a jurisprudência do Supremo Tribunal Federal havia dado com o julgamento do *Habeas Corpus* n. 82.354, versando sobre o direito do advogado da parte de obter acesso aos autos de inquérito no qual se realizavam diligências de caráter sigiloso, decidindo-se que "o direito do indiciado, por seu advogado, tem por objeto as informações já introduzidas nos autos do inquérito, não as relativas à decretação e às vicissitudes da execução de diligências em curso"[5].

Ainda, não se pode deixar de mencionar, sobre o tema, que o Supremo Tribunal Federal editou a Súmula Vinculante 14, que dispõe: "É direito do defensor, no interesse do representado, ter acesso

---

[2] STF, 1ªT., HC 82.354, Rel. Min. Sepúlveda Pertence, j. 10.8.2004, *DJ*, 24.9.2004, p. 42, Ement v. 02165-01, p. 29 *RTJ*, v. 191-02, p. 54, e também em STJ, 5ªT., HC 58.377/RJ, Rel. Min. Laurita Vaz, *DJe*, 30.6.2008.

[3] STJ, 5ªT., AgRg no HC 798.225/RS, Rel. Min. Ribeiro Dantas, j. 12.6.2023, *DJe*, 16.6.2023.

[4] STF, 1ªT., HC 94.387/RS, Rel. Min. Ricardo Lewandowski, *DJe*, 5.2.2009.

[5] STF, 1ªT., HC 82.354/PR, Rel. Min. Sepúlveda Pertence, *DJ*, 24.9.2004, p. 42.

amplo aos elementos de prova que, já documentados em procedimento investigatório realizado por órgão com competência de polícia judiciária, digam respeito ao exercício do direito de defesa".

A nosso juízo, a súmula teve por objetivo unicamente combater a existência de investigações sigilosas, com perene segredo, impossibilitando que o réu tivesse ciência acerca dos fatos que são investigados e fosse, ao final, surpreendido com a denúncia pelo Ministério Público. Contudo, se houver sigilo, como ocorre, por exemplo, na apuração de crime sexual, a apresentação de procuração será a tanto indispensável (art. 7º, § 10, da Lei n. 8.906/94, incluído pela Lei n. 13.245/2016).

Portanto, não sendo o caso, ainda são aplicáveis as limitações quanto à visualização dos autos por advogados nos casos em que o sucesso da investigação dependa, *incontinenti*, da restrição provisória de acesso. O art. 7º, § 12, da Lei n. 8.906/94, incluído pela Lei n. 13.245/2016, prevê que, em caso de inobservância dos direitos estabelecidos no inciso XIV, do fornecimento incompleto de autos ou do fornecimento de autos em que houve a retirada de peças já incluídas no caderno investigativo, a autoridade que impedir o acesso do advogado com o intuito de prejudicar o exercício da defesa, sem prejuízo do direito subjetivo do advogado de requerer acesso aos autos ao juiz competente, poderá ser responsabilizada criminal e funcionalmente por abuso de autoridade. Nesse sentido, o art. 32 da Lei n. 13.869/2019 tipifica como crime (punido com detenção de 6 meses a 2 anos) as condutas de "negar ao interessado, seu defensor ou advogado acesso aos autos de investigação preliminar, ao termo circunstanciado, ao inquérito ou a qualquer outro procedimento investigatório de infração penal, civil ou administrativa, assim como impedir a obtenção de cópias".

Ressalva, contudo, as hipóteses de acesso a peças relativas a diligências em curso, ou que indiquem a realização de diligências futuras, cujo sigilo seja imprescindível. Instaura-se, assim, uma *publicidade diferida*, solução encontrada para acomodar a necessidade de sigilo imposta pela natureza dos atos investigatórios e a garantia, à parte, do exercício de seu direito de defesa, por meio do acesso aos autos do inquérito policial[6]. A propósito do tema, recente decisão da 2ª Turma do STF[7] concluiu que a restrição de acesso aos dados pessoais de testemunha protegida não implica violação ao enunciado da Súmula Vinculante 14.

Por fim, cumpre assinalar que a Lei n. 12.681/2012 acrescentou parágrafo único ao art. 20, com o seguinte teor: "Parágrafo único. Nos atestados de antecedentes que lhe forem solicitados, a autoridade policial não poderá mencionar quaisquer anotações referentes a instauração de inquérito contra os requerentes". Dessa feita, resta evidente que a norma se encontra alinhavada com o princípio constitucional da presunção de não culpabilidade, haja vista que os inquéritos policiais não impingem juízo de certeza, e sua manutenção nas folhas de antecedentes criminais acessíveis ao público pode acarretar sérios prejuízos ao investigado.

Dispõe o art. 23 da Lei n. 12.850/2013 que "o sigilo da investigação poderá ser decretado pela autoridade judicial competente, para garantia da celeridade e da eficácia das diligências investigatórias, assegurando-se ao defensor, no interesse do representado, amplo acesso aos elementos de prova que digam respeito ao exercício do direito de defesa, devidamente precedido de autorização judicial, ressalvados os referentes às diligências em andamento".

Assim, denota-se que o dispositivo legal caminhou no mesmo sentido da Súmula Vinculante 14 do STF[8], assegurando-se ao investigado e seu defensor devidamente constituído o acesso às provas já

---

[6] Para uma análise mais pormenorizada do tema, inclusive com descrição da jurisprudência constitucional norte-americana, ver Paulo Thadeu Gomes da Silva, Inquérito policial e direito de defesa, *Revista Brasileira de Ciências Criminais*, n. 54, maio/jun. 2005, p. 315-25.

[7] STF, 2ª T., AgR/CE, Rel. Min. Ricardo Lewandowski, j. 24.5.2023.

[8] "É direito do defensor, no interesse do representado, ter acesso amplo aos elementos de prova que, já documentados em proce-

produzidas, vedando-se, entretanto, a consulta no tocante às diligências em andamento, sob pena de fadar-se ao insucesso das investigações, dificultando-se a colheita dos elementos probatórios que incriminem o acusado.

Saliente-se que o dispositivo legal trouxe outra peculiaridade, especialmente no tocante ao acesso aos autos pelo advogado quando designado depoimento do investigado. Prevê o parágrafo único do precitado art. 23 que, "determinado o depoimento do investigado, seu defensor terá assegurada a prévia vista dos autos, ainda que classificados como sigilosos, no prazo mínimo de 3 (três) dias que antecedem o ato, podendo ser ampliado, a critério da autoridade responsável pela investigação". Depreende-se, pois, que foi assegurado aos defensores o prazo mínimo de 3 dias antes da oitiva, franqueando-se o acesso aos autos e garantindo-se o amplo exercício do direito de defesa.

Frise-se que o acesso mencionado não pode ter o condão de constituir verdadeira antecipação do contraditório, o que será assegurado em fase judicial. O direito de ter conhecimento e vista dos autos não implica a atuação meritória precoce, sob pena de que seja tisnado o próprio sucesso da investigação.

3.7. Caráter inquisitivo

O *inquérito policial*, como se viu, *é procedimento meramente informativo, destinado à investigação de um fato possivelmente criminoso e à identificação de seu autor, com vistas à obtenção de elementos suficientes para a propositura de uma ação penal*. Por isso, não integrando o processo penal em sentido estrito, conforme pacífica jurisprudência do STF e do STJ, não está sujeito ao princípio do contraditório[9] ou da ampla defesa. O suspeito ou indiciado apresenta-se apenas como objeto da atividade investigatória, resguardados, contudo, seus direitos e garantias individuais.

Ademais, o art. 5º, LV, da CF, que consagra os princípios do contraditório e da ampla defesa, refere-se aos "litigantes" e aos "acusados em geral", não se podendo aplicá-los ao indiciado, uma vez que não há nessa fase investigativa acusação propriamente dita. Caso se entendesse em sentido diverso, isto é, pela possibilidade de aplicar tais princípios ao inquérito policial, uma série de possibilidades se apresentaria possível, tais como o direito de reperguntar às testemunhas, arguir suspeição do delegado de polícia – medida vedada pelo art. 107 do CPP – e fundar-se a condenação unicamente no quanto produzido no bojo da investigação, o que é proibido pelo art. 155, *caput*, do CPP. Iniciada a ação penal, por intermédio do recebimento da petição inicial, nasce a figura do acusado, que, cientificado da ação penal, submeter-se-á ao devido processo legal, com a consequente observância dos princípios constitucionais informadores do direito processual penal.

Outrossim, o art. 7º, XXI, da Lei n. 8.906/94, incluído pela Lei n. 13.245/2016, previu como direito do advogado "assistir a seus clientes investigados durante a apuração de infrações, sob pena de nulidade absoluta do respectivo interrogatório ou depoimento e, subsequentemente, de todos os elementos investigatórios e probatórios dele decorrentes ou derivados, direta ou indiretamente, podendo, inclusive, no curso da respectiva apuração: a) apresentar razões e quesitos".

Tal modificação legislativa não desnaturou a inquisitoriedade de que são dotados o inquérito policial e outros instrumentos de investigação preliminar; tampouco tornou obrigatória a presença do advogado na fase investigativa da persecução penal.

---

dimento investigatório realizado por órgão com competência de polícia judiciária, digam respeito ao exercício do direito de defesa."

[9] STF, 2ªT., HC 171.571 AgR, Rel. Min. Ricardo Lewandowski, j. 5.8.2019; STJ, 5ªT., RHC 105.078/SC, Rel. Min. Félix Fischer, j. 12.2.2019; STJ, 5ªT., AgRg no RHC 149.526 /MG, Rel. Min. Joel Ilan Paciornik, j. 6.3.2023.

A eficácia da atividade investigatória do Estado estaria comprometida se a lei nela instalasse o contraditório e a ampla defesa. Percuciente, a propósito, a provocação de José Frederico Marques: "Alguém já imaginou a Scotland Yard, ou qualquer outra polícia mais famosa do mundo, com advogados de defesa colados a seus detetives e investigadores, nas pesquisas sobre delitos e respectivas autoria?"[10].

Ademais, fossem essas garantias – constitucionalmente destinadas aos "litigantes" e aos "acusados em geral" – transplantadas à investigação preliminar, não faria sentido proibir-se – como, aliás, proíbe o art. 155, *caput*, do CPP – a condenação calcada unicamente nos dados nela colhidos.

Não bastasse isso, não se previu, na investigação pré-processual, a presença do titular da virtual ação penal. Portanto, não remanesce dúvida de que a primeira etapa da persecução penal continua inquisitiva.

Sobreleva notar, entretanto, que a Lei n. 13.245/2016 dotou o advogado de instrumental que lhe permitirá atuar de modo mais efetivo, na investigação preliminar, na defesa dos interesses de seus clientes investigados.

Nesse sentido, garantiu-se ao causídico o direito – que, obviamente, dependerá de postulação dirigida à autoridade que presidir a investigação – de acompanhar interrogatórios e depoimentos.

Cumpre ressaltar que a consequência prevista para a inobservância dessa prerrogativa profissional do advogado é a "nulidade absoluta" do interrogatório ou depoimento a que não se permitiu estivesse presente, bem como dos elementos que deste decorram ou derivem, direta ou indiretamente.

Não foi feliz o legislador ao estabelecer uma "nulidade" e classificá-la como "absoluta", resultado do desrespeito ao direito de presença do advogado a atos da investigação preliminar.

Nulidade deve ser entendida sob duplo aspecto: (a) como vício ou defeito de que padece o ato processual atípico, isto é, praticado em desconformidade com as prescrições legais; (b) como sanção imposta judicialmente, invalidando o ato processual e lhe retirando determinados efeitos jurídicos.

Assim, o que previu o art. 7º, XXI, da Lei n. 8.906/94 foi uma ilegalidade, passível de propagação a outros elementos que guardem alguma relação com aqueles coligidos no ato em que não se respeitou o direito do advogado.

De qualquer maneira, considerada a literalidade do texto legal, convém lembrar que a jurisprudência dos tribunais superiores vem exigindo a comprovação de prejuízo mesmo nas nulidades tidas por absolutas[11]. Despe-se, pois, de relevância prática, em certa medida, a insólita adjetivação da nulidade promovida pela Lei n. 13.245/2016.

E, quanto ao direito de o advogado oferecer "razões e quesitos", cuida-se de mera especificação do direito de petição, previsto no art. 5º, XXXIV, *a*, da Constituição Federal, que poderá ser usado, por exemplo, com o propósito de convencer o titular da ação penal pública a requerer o arquivamento da investigação preliminar.

Finalmente, o art. 14-A do CPP dispõe que "Nos casos em que servidores vinculados às instituições dispostas no art. 144 da Constituição Federal figurarem como investigados em inquéritos policiais, inquéritos policiais militares e demais procedimentos extrajudiciais, cujo objeto for a investigação de fatos relacionados ao uso da força letal praticados no exercício profissional, de forma consumada ou tentada, incluindo as situações dispostas no art. 23 do Decreto-Lei n. 2.848, de 7 de dezembro de 1940 (Código Penal), o indiciado poderá constituir defensor". Nos termos do § 1º desse

---

[10] José Frederico Marques, *Estudos de direito processual penal*, p. 61.

[11] STF, 1ª T., HC 221.838 AgR, Rel. Min. Roberto Barroso, j. 19.12.2022; STF, 1ª T., HC 225.158 AgR, Rel. Min. Luiz Fux, j. 3.4.2023; STJ, 5ª T., AgRg no HC 704.819/SP, Rel. Min. Messod Azulay Neto, j. 19.6.2023.

artigo, o investigado deverá ser citado (*sic*) da instauração do procedimento investigatório, e poderá constituir defensor no prazo de até 48 horas a contar do recebimento da citação. Esgotado esse prazo sem a nomeação de defensor pelo investigado, a autoridade responsável pela investigação deverá intimar a instituição a que o servidor estava vinculado à época da ocorrência dos fatos, para que essa, no prazo de 48 horas, indique defensor para a representação do investigado (art. 14-A, § 2°, do CPP). Como observa Avena[12], ainda que implique maior tutela aos direitos e garantias dos servidores nele mencionados, o art. 14-A não está consagrando garantias da ampla defesa e do contraditório nos casos a que se refere. A norma tem em vista, primordialmente, a preservação das funções legal e constitucionalmente estabelecidas para as instituições de segurança pública, às quais é facultada, em prol do próprio interesse (e, indiretamente, em favor do servidor investigado), a constituição de defensor, conclui o autor.

Exceção à regra da inquisitoriedade é a do inquérito policial instaurado para expulsão de estrangeiro. O Decreto n. 9199/2017, que regulamenta a Lei n. 13.445/2017 (Lei de Migração), prevê que o procedimento de expulsão de estrangeiro será iniciado por meio de Inquérito Policial de Expulsão, instaurado pela Polícia Federal. O art. 195, § 3°, do referido diploma estabelece que os procedimentos concernentes à expulsão observarão os princípios do contraditório e da ampla defesa.

4. NATUREZA JURÍDICA

O inquérito policial é procedimento administrativo. Não é processo, porquanto não se constitui em relação trilateral, já que o investigado não é parte do procedimento. *Desenvolve-se*, pois, *unilateralmente*.

Classificá-lo como procedimento administrativo, entretanto, não significa dizer que não devam ser resguardados, no seu desenrolar, os direitos fundamentais do investigado[13]. A autoridade policial, o magistrado e o Ministério Público, exercendo o controle externo da polícia, devem zelar para que a investigação seja conduzida de forma a evitar, o quanto possível, afrontas aos direitos do investigado, sempre com o objetivo de equilibrar o interesse social em que o Estado desvende a prática de uma afronta aos seus bens e interesses mais relevantes com a necessidade de respeitar os direitos e liberdades fundamentais de cada indivíduo. Nesse sentido, *seu curso não pode ser obstruído ou paralisado*[14] nem mesmo por *habeas corpus*, salvo hipóteses excepcionais, em que desde logo se evidencie *uma atipicidade do fato*[15] (p. ex., ausência do elemento subjetivo ou da materialidade do delito) sob investigação[16] *ou evidente constrangimento ilegal*, como no caso da falta de interesse de agir (p. ex., o fato, se configurasse crime, estaria prescrito)[17].

Com efeito, não obstante as inúmeras críticas dirigidas contra a existência do inquérito policial, esse instrumento firmou-se como principal instrumento de investigação do Estado, permitindo a apuração dos fatos *enquanto ainda persiste a trepidação moral causada pelo crime,* servindo de *garantia contra apressados e errôneos juízos* (Exposição de Motivos ao Código de Processo Penal, n. IV).

---

[12] Norberto Avena, *Processo penal*, p. 145-7.

[13] "Apesar da natureza inquisitorial do inquérito policial, não se pode perder de vista que o suspeito, investigado ou indiciado possui direitos fundamentais que devem ser observados mesmo no curso da investigação, entre os quais o direito ao silêncio e o de ser assistido por advogado" (STJ, 6ª T., RHC 92.703/RS, Rel. Min. Maria Thereza de Assis Moura, j. 24.4.2018, *DJe*, 11.5.2018).

[14] Assim se decidiu: "O inquérito policial constitui procedimento administrativo de caráter informativo, não probatório, de modo que eventuais vícios, inclusive quanto à definição jurídica dos fatos investigados, não têm o condão de macular os elementos nele obtidos, que mantêm sua qualidade informativa, para que se inicie, se o caso, a ação penal (Precedentes)" (STJ, 5ª T., RHC 39.140/SP, Rel. Min. Reynaldo Soares da Fonseca, j. 17.5.2016, *DJe*, 8.6.2016).

[15] Sobre a tipicidade penal, *vide* o nosso *Direito penal: parte geral*, p. 375 e s.

[16] STJ, 6ª T., AgRg no RHC 1.798.849/BA, Rel. Min. Rogério Schietti Cruz, j. 26.6.2023, *DJe*, 28.6.2023.

[17] STJ, 5ª T., RHC 43.659/SP, Rel. Min. Jorge Mussi, j. 4.12.2014, *DJe*, 15.12.2014.

5. INSTAURAÇÃO

Não obstante decorram de um poder discricionário da autoridade que o preside, os atos que constituem o inquérito policial devem agrupar-se em uma sequência ordenada. Desse fato decorre sua natureza procedimental. O inquérito policial terá, portanto, início, meio e fim, desenvolvendo-se em um razoável lapso temporal.

5.1. *Notitia criminis*

O inquérito policial inicia-se por meio da *notitia criminis* (literalmente, notícia do crime), expressão que designa, genericamente, o conhecimento pela autoridade policial da ocorrência de um fato possivelmente criminoso. A doutrina identifica quatro tipos de *notitia criminis*, conforme a situação em que a autoridade toma conhecimento do fato potencialmente criminoso:

a) *Direta, espontânea* ou *de cognição imediata*: ocorre quando a autoridade policial toma diretamente ciência do fato, em razão do exercício de sua atividade funcional. *O conhecimento do fato criminoso, portanto, é espontâneo,* como nos casos em que desenvolve investigações sobre determinado crime, ou dele sabe pela *vox populi*[18], por meio da imprensa (jornais, rádios, TV), por um encontro casual do produto de um roubo ou de um cadáver etc.

b) *Indireta, provocada* ou *de cognição mediata*: é o caso em que o fato é relatado à autoridade policial por iniciativa de terceiros. O relato de fato potencialmente criminoso poderá ser comunicado à autoridade por qualquer meio (requerimento da vítima ou de seu representante legal, representação, bem como requisição do juiz ou do Ministério Público – *vide* hipóteses do art. 5º, II e §§ 1º, 3º e 5º, dentre outros).

c) *Coercitiva*: é aquela que ocorre nos casos de prisão em flagrante, apresentando-se o autor do crime à autoridade policial (CPP, art. 302 e incisos). Na verdade, essa modalidade de *notitia criminis* poderá configurar-se como modalidade de *notitia criminis* direta ou indireta, conforme participe ou não do flagrante a própria autoridade policial. Pode ocorrer tanto nos casos de ação pública condicionada, incondicionada, como ainda nas hipóteses de ação privada, caso este em que, para a lavratura do auto flagrancial, é exigível a observação dos requisitos do art. 5º, §§ 4º e 5º, do CPP.

d) *Delatio criminis*: a autoridade policial agirá por ter sido noticiada por qualquer do povo para providências e solicitação de punição do responsável. Não age a autoridade porque investigou, ou porque a vítima ou o Estado, por intermédio do Ministério Público ou do juiz, provocou, ou por meio de uma prisão em flagrante, mas pela atuação de uma pessoa que tomou conhecimento do fato punível e pediu providências para a punição[19].

Note-se que a representação ou *delatio criminis* postulatória ocorre quando a vítima comunica o crime e exige providências do Estado para punir seu responsável, ou seja, nos casos de ações penais públicas condicionadas a representação.

5.2. Modos que ensejam a instauração

A lei processual penal estabelece os modos pelos quais será iniciado o inquérito policial, e estes variam de acordo com a espécie de ação penal – de iniciativa privada, pública, condicionada ou incondicionada – que a lei determinar como aplicável ao caso a investigar.

Nos casos em que a ação penal seja de iniciativa pública incondicionada, pode o inquérito ser instaurado de cinco formas distintas:

---

[18] José Frederico Marques, *Elementos de direito processual penal*, 2. ed., v. 1, p. 134.

[19] STJ, 5ª T., HC 416.685/MG, Rel. Min. Ribeiro Dantas, j. 15.5.2018, *DJe*, 22.5.2018.

a) *De ofício ("ex officio")*. Em se tratando de crimes para os quais a lei prevê que a ação penal seja de iniciativa pública incondicionada, a autoridade policial tem o dever de iniciar o inquérito policial sempre que tomar conhecimento de fato que possivelmente constitua crime. Se tiver ciência da ocorrência de tais fatos no curso de suas atividades habituais (art. 5º, I, do Código de Processo Penal), será obrigado a instaurar de ofício o procedimento investigatório.

Ressalte-se que, embora o art. 5º, *caput*, mencione que, "nos crimes de ação pública", o inquérito será instaurado de ofício, a interpretação correta do dispositivo é no sentido de que apenas com relação àqueles crimes em que se preveja a ação penal de iniciativa pública *sem* a necessidade de representação ou requisição (*vide*, abaixo) o inquérito poderá ser instaurado *ex officio*. O entendimento decorre da interpretação conjunta com o § 4º do mesmo artigo, que condiciona a instauração do inquérito à representação.

b) *Por meio de requisição*. Tendo notícia da ocorrência de fato potencialmente criminoso, o juiz ou o órgão do Ministério Público poderão dirigir à autoridade policial requisição para que seja instaurado inquérito com a finalidade de apurar esse fato (art. 5º, II, do Código de Processo Penal). No que concerne à possibilidade de requisição de instauração de inquérito pelo juiz, cumpre notar que o art. 3º-A do CPP, incluído pela Lei n. 13.964/ 2019, dispõe que "O processo penal terá estrutura acusatória, vedadas a iniciativa do juiz na fase de investigação e a substituição da atuação probatória do órgão de acusação". Contudo, a eficácia do referido artigo foi suspensa por medida cautelar deferida pelo STF (j. 22.01.2020) nas Ações Diretas de Inconstitucionalidade n. 6.298, 6.299, 6.300 e 6.305. A atualização mais recente do julgamento (28.6.2023) dá conta de que houve pedido de vista dos autos após o voto do Ministro Luiz Fux (Relator), que, no ponto específico, dava interpretação conforme ao art. 3º-A, que ficaria assim redigido: "O processo penal terá estrutura acusatória, vedadas a iniciativa do juiz na fase de investigação e a substituição da atuação probatória das partes, podendo o juiz, pontualmente, nos limites legalmente autorizados, determinar a realização de diligências suplementares, para o fim de dirimir dúvida sobre questão relevante para o julgamento do mérito". O atendimento à requisição é obrigatório. Divergem os doutrinadores, entretanto, acerca do fundamento dessa obrigatoriedade. Para parte da doutrina, a instauração é obrigatória porque a requisição constitui uma ordem. O argumento, entretanto, não prospera, diante da inexistência de subordinação hierárquica do delegado de polícia em relação aos autores da requisição. Compreensão mais precisa implica identificar como fundamento da obrigatoriedade da requisição o dever funcional da autoridade policial de instaurar investigação tão logo tenha conhecimento de alguma prática potencialmente criminosa. Dessa forma, a requisição funcionaria como *notitia criminis* indireta.

c) *Por meio de requerimento do ofendido ou de quem tenha qualidade para representá-lo* (art. 5º, II, do Código de Processo Penal)[20]. Requerimento é um pedido encaminhado pela vítima ou por seu representante para que a autoridade policial instaure o inquérito (*vide*, em maior detalhe, abaixo).

d) *Por força da "delatio criminis"*. Qualquer pessoa, ciente da prática de uma infração criminosa, pode noticiá-la à autoridade policial (art. 5º, § 3º, do Código de Processo Penal). Os termos "denúncia" e "queixa", normalmente utilizados pelos leigos para se referir à *notitia criminis* (*lato sensu*), são

[20] *Justa causa para instauração de inquérito policial na ação privada:* para a instauração de inquérito policial na ação privada é necessário o requerimento do titular do direito de queixa. Com sua apresentação estará configurada a justa causa para a persecução penal (STJ, *RT*, 789/552). Todavia, mera irregularidade poderá ser suprida pela ratificação por parte do ofendido (*Habeas Corpus* n. 458.869-3/1, Nhandeara, 3ª Câm. Crim. Extraordinária, Rel. Marcos Zanuzzi, 12.5.2004, v.u.; TRF 3ª Reg.: *RT*, 822/719; STF, *RT*, 817/501; *Habeas Corpus* n. 438.677-3/9, Ribeirão Preto, 3ª Câm. Crim., Rel. Walter de Almeida Guilherme, 18.11.2003, v.u.; TRF 5ª R.: *RT*, 813/729; *Habeas Corpus* n. 386.598-3/5, Taubaté, 4ª Câm. Crim., Rel. Canellas de Godoy, 13.8.2002, v.u.). A investigação iniciada sem o referido requerimento poderá ser trancada por via de *habeas corpus*, uma vez que não se trata de nulidade prevista no CPP, art. 564, já que não existe nulidade em inquérito policial.

tecnicamente incorretos, porquanto significam, no âmbito do direito processual penal, as petições iniciais das ações penais de iniciativa pública e privada, respectivamente.

Em regra, a *delatio criminis* é facultativa, podendo a lei, em determinados casos, impor sua obrigatoriedade. Assim, são obrigados por lei a comunicar à "autoridade competente" fatos que constituam crime de ação penal pública incondicionada: a) os funcionários públicos, com relação aos fatos de que tiverem conhecimento no exercício da função e b) os médicos, quanto aos fatos sobre os quais tiverem ciência no exercício da medicina ou outra profissão sanitária, desde que a delação não exponha o próprio cliente a procedimento criminal (contravenções previstas no art. 66 da Lei n. 3.688/41, a Lei das Contravenções Penais).

Quanto às "denúncias anônimas"[21], a doutrina reluta em admiti-las como espécie de *delatio criminis*, ressaltando apenas que, nesses casos, caberá à autoridade policial, se dispuser de informações minimamente suficientes, a investigação acerca dos fatos relatados.

O Superior Tribunal de Justiça já decidiu no sentido de que as "denúncias anônimas" são admitidas em nosso ordenamento jurídico como aptas a determinar a instauração de inquérito policial, desde que contenham elementos idôneos suficientes e sejam observadas as devidas cautelas no tocante à identidade do investigado[22].

e) *Mediante prisão em flagrante*. Tão logo seja detido em flagrante, o infrator deverá ser apresentado à autoridade policial. Convencendo-se esta de que, ao menos potencialmente, houve prática delituosa, deverá lavrar o auto de prisão, peça que dará, nesses casos, início ao inquérito.

6. TRANCAMENTO DO INQUÉRITO POLICIAL

O trancamento do inquérito policial consiste na extinção anormal deste, em virtude de decisão proferida em sede de *habeas corpus* e, em casos excepcionais, por exemplo, em inquérito que se apure crime ambiental cometido por pessoa jurídica, mandado de segurança. São exemplos de hipóteses ensejadoras de trancamento do inquérito policial a atipicidade do fato, a extinção da punibilidade pelo advento, por exemplo, da decadência, nos casos de ação penal pública condicionada à representação, ou, ainda, nas ações de iniciativa privada.

Admite-se, ainda, o pedido de trancamento do inquérito policial, por via de *habeas corpus*, quando houver constatação, de plano, da atipicidade da conduta atribuída ao acusado, superveniência de causa extintiva da punibilidade ou ausência de elementos mínimos que demonstrem a autoria ou a materialidade do delito[23].

---

[21] A Suprema Corte já decidiu que a instauração de procedimento criminal originado exclusivamente em denúncia anônima seria inconstitucional, uma vez que a Carta Magna veda o anonimato (STF, 1ª T., HC 84.827/TO, Rel. Min. Marco Aurélio, j. 7.10.2007, *DJe*, 22.11.2007). As denúncias anônimas são, contudo, aceitas para ensejar a realização de diligências preliminares a fim de investigar a veracidade das afirmações apócrifas e, a partir das informações obtidas, instaurar inquérito policial (STF, 1ª T., ARE 1.374.032 AgR, Rel. Min. Roberto Barroso, j. 2.5.2022).

[22] "Muito embora não prevista, expressamente, no Código de Processo Penal, a modalidade da denúncia anônima, denominada *delatio criminis* inqualificada, tem respaldo no ordenamento jurídico e na jurisprudência dos Tribunais Superiores, como instrumento noticiador de comportamentos ilícitos e que, aliado a outros elementos reveladores dos fatos criminosos, enseja, de modo idôneo e em conformidade com devido processo legal, o início da *persecutio criminis*" (STJ, 5ª T., AgRg no RHC 136.230/SP, Rel. Min. Ribeiro Dantas, j. 9.3.2021, *DJe*, 15.3.2021).

[Súmula] 611/STJ: "Desde que devidamente motivada e com amparo em investigação ou sindicância, é permitida a instauração de processo administrativo disciplinar com base em denúncia anônima, em face do poder-dever de autotutela imposto à Administração" (STJ, 1ª S., aprovada em 9.5.2018, *DJe*, 14.5.2018).

[23] STJ, 5ª T., AgRg no RHC 154.768/RO, Rel. Min. Reynaldo Soares da Fonseca, j. 18.10.2022, *DJe*, 24.10.2022.

7. REPRESENTAÇÃO, REQUISIÇÃO E REQUERIMENTO

A lei penal exige para alguns delitos, conforme será oportunamente detalhado (Capítulo IX, item 8), o implemento de uma condição para que a autoridade policial possa investigar o suposto fato criminoso e para o próprio órgão do Ministério Público ajuizar a competente ação penal. Trata-se das denominadas "condições de procedibilidade", que nada mais são do que manifestações de vontade, autorizações no sentido de que supostos fatos delituosos sejam investigados e as respectivas ações sejam intentadas. Existem *duas condições de procedibilidade*: *a requisição do Ministro da Justiça*, cuja natureza, não obstante o nome, é de requerimento; e *a representação do ofendido ou de seus representantes legais*, na forma do art. 31 do CPP. Finalmente, nos casos de ação penal privada, a investigação dependerá de *requerimento* do ofendido expressando a vontade de que seja investigada a prática delituosa.

Os três institutos jurídicos, dessa forma, embora encontrem aplicabilidade já em sede de inquérito, melhor se classificam sob a rubrica da classificação das ações penais quanto à titularidade, capítulo em que serão abordados em detalhes.

8. PROCEDIMENTO INVESTIGATIVO

O ato administrativo pelo qual a autoridade policial instaura o inquérito policial nos casos de *notitia criminis* diversa da modalidade coercitiva é denominado portaria. O ato será praticado assim que o delegado de polícia receber a *notitia criminis*, contendo as circunstâncias já conhecidas do fato a investigar (local e hora do fato, identificação de autor e vítima), bem como a conclusão pela necessidade de instauração do inquérito e a determinação de sua instauração propriamente dita. O inquérito policial, quando a *notitia criminis* for coercitiva (hipótese de prisão em flagrante), terá como peça inaugural o auto de prisão em flagrante, documento em que se registra a teatralidade do ocorrido[24].

Note-se, ainda, quanto à peça inaugural do inquérito policial, que parte da doutrina entende que também constituem peças iniciadoras do inquérito policial a requisição do magistrado e do órgão do Ministério Público, a requisição do Ministro da Justiça e o requerimento da vítima.

9. DILIGÊNCIAS DA AUTORIDADE POLICIAL

Durante a investigação criminal, conforme dispõe a Lei n. 12.830/2013, caberá à autoridade policial a requisição de perícia, informações, documentos e dados que interessem à apuração dos fatos, assegurando-se a discricionariedade necessária para a boa consecução de suas atividades e o sucesso da perscrutação criminal.

Não obstante gozar de ampla discricionariedade na condução das investigações, o Código de Processo Penal determina algumas práticas que, se adequadas aos casos concretamente apresentados, deverão ser adotadas, demonstrando a *complexidade*[25] do inquérito, na medida em que a autoridade policial realizará várias medidas que configurarão o todo das investigações (*vide* tópico adiante). Deverá a autoridade policial, portanto, realizar as diligências previstas no art. 6º do Código de Processo Penal, evidentemente se pertinentes ao fato investigado, cabendo-lhe livremente – dentro dos parâmetros legais – eleger outras que julgar necessárias e eficientes para a elucidação do fato.

A seguir, abordar-se-á cada uma das diligências determinadas nos incisos do art. 6º do Código de Processo Penal:

I – *Dirigir-se ao local, providenciando para que não se alterem o estado e conservação das coisas, até a chegada dos peritos criminais.* O local da prática do crime, constituindo-se como principal fonte de

---

[24] Tales Castelo Branco, *Da prisão em flagrante*, p. 113.

[25] João Gualberto Garcez Ramos, *A tutela de urgência no processo penal brasileiro*, p. 260.

vestígios e elementos materiais úteis para o esclarecimento do fato e de todas as suas circunstâncias, deve ser preservado, mantendo-se o quanto possível inalterado a partir do momento da prática do crime. A preservação do local do crime é indispensável ao sucesso do exame pericial. Ademais, o contato com os elementos existentes no local do crime em muitos casos permitirá à autoridade vislumbrar as diligências adicionais cuja realização se afigurará necessária para o esclarecimento do fato investigado.

A Lei n. 5.970, de 11 de dezembro de 1973, em seu art. 1º, traz exceção à regra da preservação do local do crime, nos casos de acidente de trânsito, autorizando a remoção das pessoas e veículos envolvidos da via pública. O dispositivo determina: "Em caso de acidente de trânsito, a autoridade ou agente policial que primeiro tomar conhecimento do fato poderá autorizar, independentemente de exame do local, a imediata remoção das pessoas que tenham sofrido lesão, bem como dos veículos nele envolvidos, se estiverem no leito da via pública e prejudicarem o tráfego".

II – *Apreender os objetos que tiverem relação com o fato, após liberados pelos peritos criminais.* Neste grupo incluem-se não apenas os instrumentos do crime, mas todos os demais objetos que interessarem, ainda que indiretamente, à busca da verdade. Esses objetos, conforme determina o art. 11 do Código de Processo Penal, deverão acompanhar os autos do inquérito, sendo enviados ao foro competente após sua conclusão. De notar que a autoridade judicial, ao tomar conhecimento do fato delituoso, pode determinar a busca e apreensão dos objetos com ele relacionados, antes da instauração do inquérito correspondente[26], já se tendo decidido, inclusive, que a apreensão de objetos e provas procedida pela polícia no local do crime prescinde de prévia expedição de mandado judicial, sob pena de perda da oportunidade[27]. Bem de ver que situações existem cuja urgência reclama a apreensão de tais objetos e provas pela polícia, e que a representação pela expedição de um mandado de busca poderia comprometer a efetividade da medida.

Afinal, a retenção dos objetos relacionados ao crime tem por objetivo primário permitir a realização de atos posteriores que contribuirão para o esclarecimento do fato investigado. Os instrumentos diretamente empregados para a prática da infração deverão ser submetidos a perícia, para verificação de sua natureza e eficiência (art. 175 do Código de Processo Penal), enquanto as coisas destruídas, deterioradas ou que constituam produto de crime estarão sujeitas a avaliação (art. 172, *caput*, do Código de Processo Penal). Além disso, por força do art. 122 do Código de Processo Penal, os objetos relacionados à prática do crime poderão ser alvo de pena de perdimento em favor da União.

De observar, quanto à busca e apreensão:

A apreensão é medida cautelar e meio de prova, podendo ou não ser precedida de busca, pois a tomada de posse para o fim probatório ou apenas investigatório pode ocorrer de algo que não foi objeto de procura. Quanto ao momento de sua realização, é cabível antes da abertura do inquérito, em seu curso ou na ação penal já instaurada.

Pode ser uma medida de:

a) *coerção real*, quando incide sobre coisa, e,

b) *coerção pessoal*, caso incida sobre pessoa.

Caso a diligência de busca e apreensão seja realizada no domicílio de alguém, mister se faz a observância das restrições impostas pela inviolabilidade do domicílio, consagrado no art. 5º, XI, da

[26] STJ, 5ª T., HC 416.685/MG, Rel. Min. Ribeiro Dantas, j. 15.5.2018, *DJe*, 22.5.2018.

[27] STF, 2ª T., RHC 117.767/DF, Rel. Min. Teori Zavascki, j. 11.10.2016 (*Informativo do STF* n. 843); STJ, 6ª T., HC 216.437/DF, Rel. Min. Sebastião Reis Júnior, j. 20.9.2012; STJ, 5ª T., RHC 67.379/RN, Rel. Min. Ribeiro Dantas, j. 20.9.2016.

CF. O conceito de "casa", entendida como sinônimo de "domicílio", é trazido pelo art. 150, § 4º, I a III, do CP.

III – *Colher todas as provas que servirem para o esclarecimento do fato e suas circunstâncias.* Diante da natureza informativa do inquérito policial, cabe à autoridade policial envidar esforços com vistas a obter elementos probatórios – desde que por meios lícitos –, que servirão de supedâneo à propositura de eventual ação penal.

A busca por elementos de prova ocorre tanto no local do crime quanto em outros que se revelarem relevantes para o deslinde das investigações. Assim, a própria autoridade, ou quem estiver sob suas ordens, poderá realizar buscas em locais diversos (p. ex., a residência do potencial autor do fato), escolhidos discricionariamente dentre aqueles que guardarem relação com o fato investigado.

IV – *Ouvir o ofendido.* A autoridade policial deverá providenciar a oitiva da vítima, sempre que possível e logo após a prática da infração penal.

Mormente naqueles casos em que o ofendido seja objeto do crime, seu depoimento pode ser de extraordinária importância, servindo de base para toda a investigação. Porém, conquanto evidente a importância das declarações da vítima, é de lembrar que, segundo postulados da psicologia judiciária, as declarações do ofendido, não obstante constituam importante meio probatório, devem ser avaliadas com certa cautela, pois a vítima, além de possuir interesse na futura condenação do infrator, pode estar sujeita a perturbações psicológicas, decorrentes da violência, ameaça, lesão ou do prejuízo sofrido. Em vista dessas ressalvas é que o ofendido não é considerado testemunha, ficando dispensado de prestar compromisso.

Uma vez intimado a depor, se não comparecer sem motivo justo, poderá a autoridade policial determinar-lhe a condução coercitiva à sua presença, a fim de que seja qualificado e ouvido (art. 201, § 1º, do Código de Processo Penal). Discute-se se a condução coercitiva seria constitucional em razão de revelar-se uma forma de prisão não contemplada pela Constituição Federal de 1988, haja vista não se estar diante de "flagrante delito" e tampouco ao amparo de ordem judicial.

Embora vozes doutrinárias ecoem sua impossibilidade por constituir privação da liberdade temporária sem amparo legal, o Supremo Tribunal Federal decidiu pela sua concreta aplicabilidade, haja vista a expressão "previsão legal" do Código de Processo Penal[28].

As vítimas de violência sexual, a fim de que não sofram traumas ainda maiores, deverão ter atendimento diferenciado, conforme as diretrizes do Decreto n. 7.958/2013 e da Lei n. 12.845/2013, que dispõem sobre a humanização do tratamento dado a elas pelos profissionais de saúde e segurança públicas, bem como sobre os serviços postos à sua disposição nos hospitais integrantes da rede SUS.

Inclusive, dispõe o art. 3º, § 3º, da Lei n. 12.845/2013 que cabe ao órgão de medicina legal o exame de DNA para identificação do agressor. Ressalte-se que parte da doutrina trouxe questionamentos no tocante à previsão legal, especialmente diante do *nemo tenetur se detegere* (*privilege against self-incrimination*), que decorre da combinação dos princípios da presunção do estado de inocência (art. 5º, LVII), ampla defesa (art. 5º, LV), com o direito ao silêncio do acusado (art. 5º, LXIII).

Entendemos, todavia, que o dispositivo legal não afronta o postulado em questão, na medida em que contempla previsão de cunho eminentemente administrativo, estabelecendo-se apenas o órgão oficial para a realização do exame de DNA.

Vale dizer, ainda prevalecem as disposições do princípio em questão, de modo que o acusado não é obrigado a fornecer material genético para o exame.

---

[28] STF, HC 175.007/SP, Rel. Min. Alexandre de Moraes, j. 13.9.2019, *DJe*, 18.9.2019.

Outros meios de prova, entretanto, podem possibilitar a análise do material de forma passiva e não invasiva, por meio de vestígios deixados no corpo da vítima, oportunidade em que a realização do exame não causa qualquer afronta às normas legais e constitucionais.

V – *Ouvir o indiciado, com observância, no que for aplicável, do disposto no Capítulo III do Título VII deste Livro, devendo o respectivo termo ser assinado por duas testemunhas que lhe tenham ouvido a leitura*. Nem sempre o investigado será ouvido para ser indiciado. Com efeito, o investigado apenas assume a condição de indiciado se, após o início das investigações, houver elementos suficientes para que sobre ele recaiam suspeitas fundadas acerca da autoria do delito investigado. Somente na existência desses elementos é que sobrevirá o ato do indiciamento (*vide*, abaixo), após o qual o investigado passará a ser, efetivamente, indiciado.

A oitiva do investigado constitui um dos atos do indiciamento e somente será realizada se desde já se conhecer alguém a quem se possa imputar a suspeita da prática do fato investigado. O STF estabeleceu que o direito de ausência ao interrogatório afasta a possibilidade de *condução coercitiva do investigado*, declarando a incompatibilidade dessa diligência com a Constituição Federal[29]. O direito ao silêncio tem sede constitucional (art. 5º, LXVIII, da Constituição Federal). Importante ressaltar que garantir ao investigado o direito de ficar em silêncio deve necessariamente significar que o exercício desse direito não poderá ser tomado em prejuízo da defesa, não importando em confissão (art. 186, parágrafo único, do Código de Processo Penal).

A determinação, estatuída na lei, de que sejam observadas, no que couber, as prescrições estabelecidas nos arts. 185 a 196 do Código de Processo Penal, com as alterações estabelecidas pela Lei n. 10.792/2003, traduz-se em que devam ser aplicadas, na oitiva do investigado, as regras que disciplinam o interrogatório do réu em juízo. A falta de oitiva do indiciado (interrogatório) no inquérito, contudo, não nulifica a ação penal[30].

Finalmente, conclui-se que, não obstante a modificação legislativa referida, não há necessidade da presença de advogado quando da oitiva do investigado, bem como o direito à formulação de esclarecimentos do art. 188 do CPP não é aplicável, porquanto inerentes à ampla defesa, que, como já analisado, não norteia o inquérito policial. De qualquer sorte, ainda que admitida a alegação de nulidade do interrogatório do inquérito policial em razão da ausência de advogado, seu caráter é relativo, demandando demonstração de efetivo prejuízo, em regra ilidida pela circunstância de que o interrogatório é repetido "em solo judicial sob o crivo do contraditório"[31].

VI – *Proceder ao reconhecimento de pessoas e coisas e a acareações*. Em geral, a primeira identificação do autor do delito se dá na delegacia de polícia a partir das exibições às testemunhas e vítimas de álbuns fotográficos de criminosos. Referido procedimento permite iniciar a investigação e orientar a linha investigatória, concentrando-se a atenção, no que se refere à autoria delitiva, em uma pessoa determinada. É, pois, um legítimo meio de investigação policial. Podemos assim definir o reconhecimento como o *ato por meio do qual alguém atribui uma identidade a determinada pessoa ou coisa*. Observar-se-á, na realização dos atos de reconhecimento, o disposto nos arts. 226 a 228 do CPP.

---

[29] STF, ADPF 444, Rel. Min. Gilmar Mendes, j. 14.6.2018.

[30] "A falta de interrogatório policial em nada prejudica as partes ou o processo. Como se sabe, o inquérito policial é peça meramente informativa, destinada a fornecer elementos de convicção e indícios para a promoção da ação penal. A prova é produzida posteriormente, em fase judicial, sob o crivo do contraditório e garantidas a paridade de armas e a ampla defesa" (TJSP, Ap. Crim. 0001229-81.2018.8.26.0028, Rel. Nogueira Nascimento; Órgão Julgador: 12ª Câm. Dir. Crim., Foro de Aparecida – 2ª Vara, j. 8.8.2023; data de registro: 15.8.2023).

[31] STJ, AgRg no AREsp 192.2091/SP, Rel. Min. Reynaldo Soares da Fonseca, j. 9.11.2021.

Além do reconhecimento pessoal, tem-se também admitido o reconhecimento fotográfico como meio de investigação e como meio de prova, por força do art. 155, parágrafo único, do CPP[32]. Trata-se de medida de caráter subsidiário, quando inviável o reconhecimento policial do suspeito. Assim, entendemos que a utilização de fotografias para identificar o possível autor de um delito somente será admissível quando ocorra uma das seguintes circunstâncias:

a) quando, por razões alheias ao controle da autoridade policial, não for possível ou necessário realizar o reconhecimento pessoal;

b) quando não exista um suspeito do ato delitivo;

c) quando, existindo um suspeito, este se negar a participar do reconhecimento pessoal, ou o seu comportamento ou ausência impeça de realizar referido ato adequadamente[33];

d) quando existam razões para supor que o suspeito interromperá a realização do reconhecimento;

e) a testemunha não aceita ou não é capaz de fazer o reconhecimento pessoal;

f) não existam pessoas semelhantes ao suspeito para o reconhecimento pessoal, mas existam fotografias semelhantes ao suspeito para o reconhecimento fotográfico;

g) a prática do reconhecimento pessoal retarde a oportunidade da testemunha para tentar o reconhecimento enquanto sua memória é ainda recente, recomendando-se, nesse caso, o reconhecimento fotográfico[34].

A neutralidade da investigação aqui é ponto importantíssimo, na medida em que a exibição de fotografias à vítima ou testemunhas deve se dar de modo a não influenciar os reconhecentes. Dessa forma, mostrar somente a fotografia do suspeito – sem que se apresente um álbum de fotos, por exemplo – é bastante perigoso pela carga de sugestibilidade que contém. Recomenda Angel Prieto Ederra que, para se garantir a objetividade do reconhecimento, é aconselhável advertir ao reconhecente que procederá ao ato que o suspeito pode não estar entre as fotografias que lhe são exibidas, evitando-se assim que a pessoa se sinta inclinada a apontar o rosto mais parecido com o autor do fato criminoso, como se do próprio autor se tratasse. Deve se advertir ao reconhecente, igualmente, e por outro lado, que a pessoa a ser reconhecida pode estar nas fotografias, mas com aspecto diverso daquele em que fora observado quando do evento criminoso, ou seja, com mudança de penteado, utilização de óculos, etc., visando dificultar seu reconhecimento[35]. Vale ainda a lembrança do fenômeno conhecido por "transferência inconsciente", ou seja, aquele que se produz quando a testemunha identifica como autor do delito uma pessoa presente no palco dos acontecimentos, mas que nenhuma implicação teve com os fatos. Isto se deve a que, em algumas ocasiões, a testemunha pode se

---

[32] "1. Como é de conhecimento, a Sexta Turma desta Corte Superior, no julgamento do HC 598.886 (Rel. Min. Rogério Schietti Cruz, *DJe* de 18/2/2020, propôs nova interpretação do art. 226 do CPP, estabelecendo que: 'O reconhecimento de pessoa, presencialmente ou por fotografia, realizado na fase do inquérito policial, apenas é apto, para identificar o réu e fixar a autoria delitiva, quando observadas as formalidades previstas no art. 226 do Código de Processo Penal e quando corroborado por outras provas colhidas na fase judicial, sob o crivo do contraditório e da ampla defesa'. Tal entendimento foi acolhido pela Quinta Turma desta Corte, no julgamento do *Habeas Corpus* n. 652.284/SC, de minha relatoria, em sessão de julgamento realizada no dia 27/4/2021. 2. Na hipótese dos autos, dos elementos probatórios que instruem o feito, verifica-se que a autoria delitiva do crime de roubo não tem como único elemento de prova o reconhecimento fotográfico na delegacia e em juízo, o que gera *distinguishing* em relação ao acórdão paradigma da alteração jurisprudencial. Com efeito, além de a vítima ter, indene de dúvidas, realizado o reconhecimento fotográfico do réu, considerando que o celular da vítima foi registrado em nome da mãe do filho do réu e por ela utilizado poucos dias depois do roubo e que foi identificado que o celular do próprio réu estava nas redondezas do fato no dia do roubo. 3. Agravo desprovido" (STJ, 5ª T., AgRg no HC 798.408/SP, Rel. Min. Ribeiro Dantas, j. 14.8.2023, *DJe*, 16.8.2023).

[33] L. Chiesa Alponte, *Derecho procesal penal de Puerto Rico y Estados Unidos*, v. I, p. 151.

[34] Angel Prieto Ederra, Problemática psicológica en la obtención de pruebas testificales, *Revista Jurídica Galega*, n. 3, 1993, p. 16.

[35] Angel Prieto Ederra, Problemática psicológica en la obtención de pruebas testificales, *Revista Jurídica Galega*, n. 3, 1993, p. 16.

recordar do rosto, mas não em que circunstâncias o viu; "esta familiaridade aumenta a probabilidade de erro na identificação"[36].

Ainda no tocante ao reconhecimento de pessoas, cumpre observar que as disposições sobre o tema encontram-se disciplinadas no art. 226 do CPP.

A acareação consiste em contrapor pessoas envolvidas com o fato investigado e que tenham prestado depoimentos divergentes. Assim, poderá haver acareação entre investigados, entre testemunhas ou entre vítimas, bem como entre investigado e testemunhas, investigado e vítima ou entre esta e testemunhas. O objetivo da acareação é obter a harmonização dos depoimentos no que diz respeito às circunstâncias relevantes para a investigação.

Se uma das pessoas não estiver presente, pode-se realizar a acareação apresentando à pessoa presente as divergências existentes entre os depoimentos, buscando esclarecê-las. Nesse caso, não ocorrerá propriamente acareação, mas mero confronto entre as versões do fato apresentadas pelos ouvidos, a fim de dirimir controvérsias entre os depoimentos.

VII – *Determinar, se for caso, que se proceda a exame de corpo de delito e a quaisquer outras perícias*[37]. A autoridade policial pode determinar a realização de qualquer perícia que julgar relevante para as investigações, em conformidade com os arts. 158 a 184 do Código de Processo Penal. Cumpre ressaltar que o ofendido ou seu representante legal, bem como o investigado, poderão requerer qualquer diligência (incluindo a realização de perícias). Sua realização, entretanto, fica a critério da autoridade (art. 14 do Código de Processo Penal). Pode a autoridade policial negar a perícia requerida pelas partes, quando não for necessária ao esclarecimento da verdade, exceção feita ao exame de corpo de delito naqueles crimes que deixarem vestígios, casos em que esse exame será de realização obrigatória (art. 184 do Código de Processo Penal), independentemente de requerimento das partes.

O corpo de delito, diversamente do que a denominação pode sugerir, é o conjunto de vestígios materiais deixados pelo crime, independentemente de ter sido objeto material do crime pessoa ou coisa. Assim, tanto se poderá realizar o exame de corpo de delito em pessoas como em coisas.

Não obstante, não se insere sob o âmbito da facultatividade a realização de exames de corpo de delito nos crimes que deixem vestígio, dado o caráter obrigatório imposto pelos arts. 158 e 184 do CPP.

Importante ressaltar que, embora o inciso ora analisado se refira a "quaisquer perícias", é certo que o delegado de polícia, *ex officio*, não pode determinar a realização do exame de sanidade mental, objeto do incidente de insanidade mental, devendo, em caso de suspeita acerca da higidez mental do indiciado, representar ao juiz, para que este determine a instauração do incidente processual, *ex vi* do disposto no art. 149, § 1º, do CPP.

VIII – *Ordenar a identificação do indiciado pelo processo datiloscópico, se possível, e fazer juntar aos autos sua folha de antecedentes*. A identificação consiste em registrar determinados dados e sinais que caracterizam a pessoa do investigado, diferenciando-o dos demais indivíduos. Estabelece-se, assim, a identidade do investigado, a fim de que se possa, posteriormente, demonstrar com segurança, em caso de

---

[36] Luiz Alfredo de Diego Díez, *Identificación fotográfica y reconocimiento en rueda del inculpado*, p. 68.

[37] *Peritos criminais*: de acordo com a Súmula 361 do STF, o exame feito por um só perito é nulo. O art. 159 do Código de Processo Penal, em sua nova redação, confirmou o teor da súmula, passando a exigir, expressamente, dois peritos oficiais. Já em seu § 1º, mencionou duas pessoas idôneas, portadoras de diploma de curso superior, de preferência com habilitação técnica compatível com a natureza do exame pericial (STJ, AgRg no REsp 180.146/RS, Rel. Min. Leopoldo de Arruda Raposo, j. 28.4.2015).

Todavia, há de consignar que em nossos tribunais já foi validado laudo subscrito por um só perito, dado como mera irregularidade, insuficiente para comprometer a validade da conclusão exposta pelo *expert*. Tem-se entendido como indispensável a presença de dois peritos apenas nos casos de serem eles leigos (STJ, 5ª T., HC 35.216/SP, Rel. Min. Gilson Dipp, j. 28.9.2004, *DJ*, 3.11.2004, p. 216).

dúvida, que o indivíduo que compareceu perante a autoridade (policial ou judicial, caso eventualmente venha a ser ajuizado um processo judicial) é aquele ao qual foi inicialmente atribuída a suspeita da prática do crime.

Para esse fim é que se costuma colher as impressões digitais do investigado. As impressões digitais guardam características que as tornam de enorme valia para a diferenciação entre os indivíduos: a) são diferentes de indivíduo para indivíduo, sendo baixíssima (praticamente nula) a probabilidade de que sejam encontrados dois indivíduos com impressões digitais idênticas; b) são perenes, permanecendo imutáveis durante toda a vida do indivíduo, salvo em casos de ferimentos graves ou mutilações; c) são passíveis de classificação, por meio de um método relativamente simples de identificação de características recorrentes.

A reunião de todas essas características conferiu ao critério de identificação datiloscópica larga aceitação, não só no âmbito das ciências criminais, mas também na atividade estatal de identificação civil.

As impressões digitais, entretanto, não são os únicos dados colhidos por ocasião da identificação do indivíduo. Com efeito, as marcas dactiloscópicas serão tanto mais úteis se forem relacionadas a informações pessoais do investigado. Por ocasião da identificação, portanto, a autoridade policial qualificará o investigado, entrevistando-o a fim de obter outras informações que permitam diferenciá-lo das demais pessoas (ocupação, nome dos pais, idade, endereço etc.). Se estiver foragido o suspeito, tornando-se impossível a identificação datiloscópica, deverá o delegado proceder à qualificação indireta, por meio de informações colhidas de parentes.

A providência prevista no art. 6º, VIII, do Código de Processo Penal diz respeito à identificação criminal, cuja finalidade é a reunião de dados de identificação acerca de pessoas que já tenham sido investigadas no âmbito penal. Existe também, entretanto, a identificação civil, que visa manter registros acerca de todos os cidadãos, indistintamente.

A ressalva é pertinente, uma vez que a Constituição Federal estabelece, como regra geral, que o civilmente identificado não será submetido à identificação criminal, ressalvadas as hipóteses previstas em lei (art. 5º, LVIII)[38]. As ressalvas a que se refere a Constituição estão estabelecidas na Lei n. 12.037/2009, que estabelece que a identificação civil será atestada por qualquer dos documentos elencados nos incisos do art. 2º da referida lei, quais sejam: *a*) carteira de identidade; *b*) carteira de trabalho; *c*) carteira profissional; *d*) passaporte; *e*) carteira de identificação funcional; e *f*) outro documento público que permita a identificação do indiciado.

De acordo com o que estabelece o art. 3º da Lei n. 12.037/2009, o civilmente identificado somente será submetido à identificação criminal quando: I – o documento apresentar rasura ou tiver indício de falsificação; II – o documento apresentado for insuficiente para identificar cabalmente o indiciado; III – o indiciado portar documentos de identidade distintos, com informações conflitantes entre si; IV – a identificação criminal for essencial às investigações policiais, segundo despacho da autoridade judiciária competente, que decidirá de ofício ou mediante representação da autoridade policial, do Ministério Público ou da defesa; V – constar de registros policiais o uso de outros nomes ou diferentes qualificações; VI – o estado de conservação, a distância temporal ou a localidade da expedição do documento apresentado impossibilite a completa identificação dos caracteres essenciais.

[38] *Identificação criminal*: caberá mandado de segurança caso o civilmente identificado seja intimado a submeter-se a identificação criminal, pois se trata de violação de direito líquido e certo. Todavia, entendimento majoritário, da doutrina e da jurisprudência afirma ser o *habeas corpus* meio idôneo para coibir tal ato (TACrimSP, *RT*, 796/635, 647/301; TJSP, *RT*, 775/596, 723/587; STJ, *RT*, 666/355; STF, *RT*, 645/354, 647/350, 643/358).

Dessarte, o advento da Constituição Federal, em 1988, tornou inaplicável a Súmula 568 do STF, que dispunha que "a identificação criminal do indiciado pelo processo datiloscópico não constitui constrangimento ilegal, ainda que já identificado civilmente". O preceito constitucional é autoaplicável, tornando ineficaz a súmula daquele Tribunal.

Caberá mandado de segurança caso o civilmente identificado seja intimado a submeter-se a identificação criminal, pois se trata de violação de direito líquido e certo. Todavia, entendimento majoritário da doutrina e jurisprudência afirma ser o *habeas corpus* meio idôneo para coibir tal ato[39].

Nos casos em que se fizer necessária a identificação criminal, a autoridade competente tomará as medidas cabíveis para evitar o constrangimento do identificado.

Por fim, é vedada a menção à identificação criminal do indiciado em atestados de antecedentes ou em qualquer informação não destinada ao juízo criminal, até que se dê o trânsito em julgado da sentença condenatória. Além disso, em caso de não oferecimento ou rejeição da denúncia, ou absolvição, é facultado ao indiciado ou ao réu, tão logo ocorra o arquivamento definitivo do inquérito ou o trânsito em julgado da sentença, requerer a retirada da identificação fotográfica do inquérito, ou dos autos do processo, desde que apresente provas de sua identificação civil.

IX – *Averiguar a vida pregressa do indiciado, sob o ponto de vista individual, familiar e social, sua condição econômica, sua atitude e estado de ânimo antes e depois do crime e durante ele, e quaisquer outros elementos que contribuírem para a apreciação do seu temperamento e caráter.* Informações sobre o caráter e o comportamento do investigado não apenas podem ajudar a elucidar os fatos investigados como são, também, relevantes em caso de condenação do suspeito, quando todos esses dados influirão na fixação da pena aplicada e no juízo acerca da concessão de algum benefício ao condenado.

O levantamento de informações acerca da vida pregressa do investigado pode ter como base a folha de antecedentes. Porém, eventual condenação penal anterior, a caracterizar reincidência, somente poderá ser demonstrada de modo idôneo pela extração de certidões judiciais.

Nomenclatura legal: "*temperamento*", "*caráter*", "*antes e depois do crime*". A terminologia empregada pelo Código de Processo Penal trata de uma arquitetura psicopsiquiátrica em voga na década de 1940. Ou seja, eram expressões de propriedade técnica no que se referia, especialmente, à psicologia judiciária penal, tal como estudada à época.

Temperamento. "Se por constituição entendemos 'o conjunto de propriedades morfológicas e bioquímicas transmitidas ao indivíduo por herança'", leciona Mira y López, "podemos definir o temperamento como a resultante funcional direta da constituição corporal, que marca em todo momento a especial modalidade da primitiva tendência de reação frente aos estímulos ambientais"[40]. É um mecanismo de reação individual também herdado pelo indivíduo, denotando a forma como, pela tendência constitucional, reagirá às provocações nascidas no ambiente circundante. Assim, uns são calmos, outros agitados, uns impulsivos, outros contidos. A maciça maioria dos autores entende ser o temperamento irrelevante para modificação da capacidade penal. É nossa posição, pena de cairmos no insolúvel terreno da Escola Clássica de Direito Penal, no que tange ao livre-arbítrio. Genival França, entendendo deva ser o temperamento considerado, uma vez "não ser possível colocar em uma mesma balança delitos cometidos por pessoas com temperamentos impulsivos, que agem de inopino, e os praticados por pessoas com temperamentos tranquilos, que perpetram o crime de modo estudado, planejado, com precisão e frieza"[41]. A nosso sentir, o tema remete à dosificação

---

[39] TACrimSP, *RT*, 796/635, 647/301; TJSP, *RT*, 775/596, 723/587; STJ, *RT*, 666/355; STF, *RT*, 645/354, 647/350, 643/358.

[40] Mira y López, *Manual de psicologia jurídica*, p. 34.

[41] *Apud* Eduardo Roberto Alcântara Del-Campo, *Medicina legal*.

apenatória (art. 59 do CP, especialmente), mas não à aferição do grau de imputabilidade penal (art. 26 do CP).

Caráter. É um mecanismo de reação individual de origem mista, pois representa o "termo de transição entre os fatores endógenos e os fatores exógenos integrantes da personalidade, representando definitivamente o resultado dessa luta"[42]. É comum confundir temperamento e caráter. Este, contudo, "vem definido objetivamente pelo tipo de reação predominante, exibida pelo indivíduo frente a distintas classes de estímulos e situações e claramente se compreende que nem sempre a tendência primitiva de reação coincide com a reação exibida, já que entre ambas interfere todo o conjunto das funções intelectuais (discriminativas, críticas, judicativas) e das inibições criadas pela educação. E mais, em muitos casos o caráter de uma pessoa se desenvolve – por supercompensação psíquica secundária – em uma direção oposta à de seu temperamento... Assim, quantas vezes uma reação agressiva e um caráter violento têm sua explicação na existência de um temperamento medroso!"[43].

"*Antes e depois do crime*". É a chamada "constelação", ou seja, "a influência que a vivência ou experiência imediatamente antecedente exerce na determinação da resposta à situação atual. É evidente que um indivíduo que sai de um concerto de música ou depois de ouvir um sermão religioso não se encontra em igual disposição para uma pancadaria do que quando sai de uma luta de boxe ou de uma partida de futebol...; 'a constelação' tem, pois, um intenso valor na determinação da reação individual, e isso é conhecido empiricamente pelas pessoas quando perguntam que hora é melhor para pedir um favor ou fazer uma visita"[44].

X – Colher informações sobre a existência de filhos, respectivas idades e se possuem alguma deficiência e o nome e o contato de eventual responsável pelos cuidados dos filhos, indicado pela pessoa presa. Este inciso foi inserido pela Lei n. 13.257/2016, conhecida como "Estatuto da Primeira Infância", e deverá fazer com que a autoridade policial adote providências que porventura sejam necessárias para a proteção de filhos de pessoas que vieram a ser presas em flagrante, temporária ou preventivamente.

Aliás, essas informações também terão de constar do auto de prisão em flagrante e do interrogatório judicial, conforme dispõem o § 4º do art. 304 e o § 10 do art. 185, respectivamente – acrescentados pela mesma lei.

10. REPRODUÇÃO SIMULADA DOS FATOS

Além das medidas já mencionadas, a autoridade policial poderá proceder à reprodução simulada dos fatos – vulgarmente chamada "reconstituição do crime" –, desde que essa prática não contrarie a moralidade ou a ordem pública (art. 7º do Código de Processo Penal).

A reprodução simulada não é obrigatória, ficando a critério do próprio delegado decidir pela sua realização. A reconstituição dos fatos pode ter, conforme o caso, diversas utilidades. O contato com elementos do crime pode facilitar a rememoração de detalhes sobre ele, e a repetição detalhada dos atos investigados pode evidenciar contradições ou inconsistências nos depoimentos colhidos anteriormente. Além disso, a reprodução simulada pode ser eficaz para esclarecer pormenores acerca do modo e das circunstâncias da prática da infração.

O indiciado, ressalte-se, conquanto possa ser forçado a presenciar o ato de reprodução simulada dos fatos, não tem obrigação de colaborar com sua realização, porquanto ninguém está obrigado a

[42] Mira y López, *Manual de psicologia jurídica*, p. 37.

[43] Mira y López, *Manual de psicologia jurídica*, p. 34.

[44] Mira y López, *Manual de psicologia jurídica*, p. 38.

fazer prova contra si mesmo, conforme o princípio *nemo tenetur se detegere (privilege against self-incrimination)*[45], que decorre da combinação dos princípios da presunção do estado de inocência (art. 5º, LVII), ampla defesa (art. 5º, LV), com o direito ao silêncio do acusado (art. 5º, LXIII). Esse é o entendimento do Supremo Tribunal Federal[46].

11. OUTRAS ATRIBUIÇÕES DA AUTORIDADE POLICIAL

O art. 13 do Código de Processo Penal prevê incumbências para a autoridade policial, que refletem, em última análise, a própria natureza e finalidade do inquérito policial. Por força desse dispositivo legal, deverá a autoridade policial:

I – *Fornecer às autoridades judiciárias as informações necessárias à instrução e julgamento dos processos.* Durante o trâmite das investigações, ou após seu encerramento, a autoridade policial é obrigada a fornecer ao juízo qualquer informação que detenha acerca da prática investigada.

II – *Realizar as diligências requisitadas pelo juiz ou pelo Ministério Público.* Como mencionado anteriormente, a autoridade policial, embora não seja hierarquicamente subordinada ao juiz ou ao órgão do Ministério Público, tem por dever funcional realizar as diligências que essas autoridades requisitarem. O fundamento desse dever é a instrumentalidade da função desempenhada pelo delegado, que tem por finalidade a obtenção de elementos de prova para a punição daqueles que infringirem a norma penal. Assim, não pode a autoridade policial recusar-se a realizar diligência que tenha essa finalidade.

Quanto à recusa do delegado de polícia em cumprir as diligências requisitadas pelo juiz e pelo Ministério Público, a jurisprudência tem entendido que o fato não acarreta a responsabilidade pelo crime de desobediência, repercutindo unicamente no âmbito administrativo-disciplinar[47].

III – *Cumprir os mandados de prisão expedidos pelas autoridades judiciárias.* A autoridade policial tem, também, a função de concretizar os mandamentos proferidos pelo Poder Judiciário. Assim, o encarceramento do réu condenado ou do suspeito sobre o qual recaia mandado de prisão, uma vez expedido esse mandado, deverá ser cumprido pelas forças policiais, sob as ordens do delegado de polícia, com observância dos preceitos dos arts. 282 a 300 do Código de Processo Penal.

IV – *Representar acerca da prisão preventiva.* O delegado de polícia, identificando a ocorrência dos requisitos para a prisão preventiva (previstos nos arts. 312 e 313 do Código de Processo Penal), deverá representar à autoridade judicial pela decretação da prisão do investigado.

São, ainda, atribuições do delegado de polícia: a) representar ao juiz acerca da decretação da prisão temporária (art. 2º da Lei n. 7.960/89); b) proceder à restituição dos objetos apreendidos, quando cabível e desde que não exista dúvida quanto ao direito do reclamante, mediante termo nos autos (art. 120, *caput*, do Código de Processo Penal); c) representar ao juiz competente no sentido de proceder ao exame de sanidade mental (realizado em incidente de insanidade mental) do indiciado, na fase do inquérito (art. 149, § 1º, do Código de Processo Penal); d) conceder fiança nos casos

---

[45] "Basta recordar que o réu não está obrigado a colaborar ou a participar da produção da prova e que a presença e a atuação do defensor que o represente asseguram a validade do processo. Tanto é assim que o acusado pode se recusar a responder perguntas, sem que isso importe em prejuízo para sua defesa, como da mesma forma pode se recusar a participar da produção de outras provas, como o reconhecimento, a reprodução simulada dos fatos, etc., tudo como corolário do princípio *nemo tenetur se detegere*, consagrado no art. 5º, LXIII, da Carta da República" (TJSP, HC Criminal n. 2175288-93.2021.8.26.0000, Rel. João Morenghi, 12ª Câm. Dir. Crim., Bauru/DEECRIM UR3 – Unidade Regional de Departamento Estadual de Execução Criminal DEECRIM 3ª RAJ, j. 13.9.2021; data de registro: 13.9.2021).

[46] *RT*, 697/385.

[47] *RT*, 747/624.

de infração cuja pena privativa de liberdade máxima não seja superior a 4 anos (art. 322, *caput*, do Código de Processo Penal); e) lavrar o termo circunstanciado; f) realizar outras diligências previstas na legislação especial.

Os poderes do delegado de polícia não estão limitados à circunscrição policial onde exerce suas funções, sendo-lhe facultado, nos inquéritos que esteja presidindo, ordenar diligências em outra circunscrição, independentemente de precatórias ou requisições, além de tomar as providências necessárias, até o comparecimento da autoridade competente, sempre que tomar conhecimento de fatos que ocorram em sua presença (art. 22 do Código de Processo Penal).

Assim, poderão a autoridade policial ou seus agentes ingressar no território de circunscrição alheia, mesmo que em outro Estado, a fim de proceder à apreensão de pessoas ou coisas, desde que estejam em perseguição, devendo apresentar-se à autoridade local antes da diligência ou após, se houver urgência na realização do ato (art. 250, *caput,* do Código de Processo Penal).

12. O INDICIADO MENOR DE IDADE

O art. 15 do Código de Processo Penal determina que, sendo o indiciado (na verdade, o investigado) menor de idade, "ser-lhe-á nomeado curador pela autoridade policial". O dispositivo, segundo a doutrina, referia-se à maioridade civil, que na vigência do Código Civil de 1916 era atingida apenas aos 21 anos. Assim, se o indiciado contasse mais de 18 anos, porém menos de 21, caberia à autoridade policial nomear curador para que o assistisse durante o inquérito.

Com o advento da Lei n. 10.406/2002 (novo Código Civil), estabelecendo a cessação da menoridade aos 18 anos completos, a doutrina majoritária passou a entender que o art. 15 do Código de Processo Penal não tem mais aplicação, perdendo sua eficácia por derrogação do art. 4º, I, do Código Civil, com o que desaparece a figura do "indiciado menor de idade". Não bastasse a edição do novo diploma civil, também a Lei n. 10.792, de 1º de dezembro de 2003, revogou expressamente o art. 194 do Código de Processo Penal, que determinava: "Se o acusado for menor, proceder-se-á ao interrogatório na presença do curador", não mais se falando em assistência de curador ao menor, uma vez que o art. 6º, V, do Código de Processo Penal determina que ao proceder-se ao interrogatório do indiciado no inquérito policial, deve ser obedecido o mesmo modelo legal vigente no interrogatório judicial[48].

No caso de entender-se que o preceito processual é, ainda, vigente, deverá a autoridade nomear curador ao menor, não podendo essa nomeação recair sobre analfabeto, incapaz, agentes policiais ou pessoas que, por qualquer outro motivo, não estejam em condições de zelar pelos interesses do menor de idade.

13. INDICIAMENTO

Indiciamento é o ato pelo qual o delegado atribui a alguém a prática de uma infração penal, baseado em indícios suficientes e convergentes de autoria. O investigado, inicialmente mero suspeito da prática do crime, após o indiciamento passa a ser considerado provável autor, condição que obviamente poderá ser elidida posteriormente, durante o inquérito ou já após o ajuizamento de ação penal, com a produção de prova favorável ao indiciado.

Muito embora o juiz e o Ministério Público possam requisitar a realização de diligências à autoridade policial, tal possibilidade não se estende à requisição do indiciamento de determinado suspei-

[48] Marta Saad, *O direito de defesa no inquérito policial*, p. 310.

to, uma vez que se trata de ato privativo da autoridade policial, conforme dispõe o § 6º do art. 1º da Lei n. 12.830/2013[49].

O indiciamento é ato complexo da autoridade policial, dividindo-se em três partes (art. 6º, V, VIII e IX, tratados no item 9, *supra*): deve o delegado, inicialmente, interrogar o suspeito, com observância, no que for cabível, do previsto para o interrogatório judicial, devendo a leitura do respectivo termo ser presenciada por duas testemunhas. Depois, será ordenada a identificação do investigado e, finalmente, elaborada a folha de vida pregressa deste.

Têm ainda o Pretório Excelso[50] e o Superior Tribunal de Justiça[51] reconhecido que descabe o indiciamento após o recebimento da denúncia nos autos da ação penal, sob o fundamento de que o ato de indiciamento é próprio da fase inquisitória da persecução penal, sendo descabida sua realização quando já se houver instaurado a relação jurídica processual. Afigura-se coerente a postura jurisprudencial consignada, porquanto o indiciamento é ato próprio da fase policial, que nada acrescenta ao processo, uma vez que a *opinio delicti* do órgão do Ministério Público foi formada para o oferecimento da denúncia, bem como os indícios de autoria reconhecidos pelo magistrado ao recebê-la. Trata-se de ato extemporâneo e inócuo.

Constitui, ainda, constrangimento ilegal o indiciamento se inexistirem indícios de autoria[52] ou elementos que o justifiquem[53], sendo certo que, muito embora prescinda de um juízo de certeza quanto à autoria do fato criminoso, é necessário um mínimo probatório que leve à possibilidade de se responsabilizar alguém pela prática delitiva, sob pena de constituir um ato arbitrário, com graves implicações jurídicas e morais[54].

O indiciamento pode ser sustado por meio de *habeas corpus*. Tanto o Superior Tribunal de Justiça[55] quanto o Supremo Tribunal Federal[56] já decidiram no sentido de que a sustação pela via do *writ* constitucional é possível nos casos em que não exista justa causa para o indiciamento, isto é, quando seja possível comprovar de plano, no momento da impetração do *habeas corpus*, a completa ausência de elementos que indiquem que o delito foi praticado pelo indiciado, bem como nas hipóteses em que seja insofismável a inocência do indiciado. Como medida excepcional, exige-se, nesse caso, que a prova seja cabal, ou seja, que não haja nenhum tipo de dúvida quanto à culpa do indiciado. Não basta, portanto, a falta de provas quanto à culpa. Exige-se a prova cabal da inocência.

Além do indiciamento direto, feito com a presença do suspeito, que é interrogado e identificado, há o denominado indiciamento indireto, que ocorre quando aquele em face de quem há indícios de autoria da prática delitiva desapareceu. Assim, nada impede que a autoridade policial indicie aquele que está foragido.

Em regra, qualquer pessoa pode ser indiciada. Há, porém, inúmeras exceções, por exemplo, os menores de 18 anos, penalmente inimputáveis, que se submetem ao regime do Estatuto da Criança e do Adolescente, os diplomatas estrangeiros que gozam de imunidade por força de tratados e con-

---

49 Nesse sentido: STF, 2ª T., HC 115.015/SP, Rel. Min. Teori Albino Zavascki, j. 27.8.2013.

50 STF, HC 87.675/SP, Rel. Min. Celso de Mello, j. 3.1.2006, *DJ*, 1º.2.2006, p. 30: "Com o recebimento da denúncia, a princípio, não mais se justifica o indiciamento dos acusados".

51 STJ, 5ª T., HC 218.124/SP, Rel. Min. Marilza Maynard (Desembargadora convocada do TJSE), j. 7.5.2013, *DJe*, 10.5.2013.

52 TRF, 1ª R., 4ª T., HC 2005.01.00.015161-1, Rel. Ítalo Fioravanti Sabo Mendes, j. 24.5.2005, *DJ*, 17.3.2006.

53 STF, 2ª T., HC 85.541/GO, Rel. Min. Cezar Peluso, j. 22.4.2008, *DJe*, 21.8.2008.

54 STF, Inq 2.041/MG, Rel. Min. Celso de Mello, *DJ*, 6.10.2003, *Informativo do STF* n. 323.

55 STJ, 5ª T., HC 35.588/RJ, Rel. Min. Felix Fischer, *DJ*, 18.10.2004, p. 311: "Processual penal. *Habeas corpus*. Indiciamento. Esta Corte tem firmado entendimento de que o mero indiciamento, desde que não seja abusivo e ocorra antes de recebida a denúncia, não constitui constrangimento ilegal sanável pela via do *habeas corpus*. (Precedentes). *Writ* denegado".

56 STJ, 1ª T., HC 80.772/PR, Rel. Min. Sepúlveda Pertence, *DJ*, 29.6.2001, p. 34.

venções internacionais; os membros do Ministério Público e da magistratura, nos termos das respectivas leis complementares.

Cumpre esclarecer que nem todo aquele que detém o foro por prerrogativa de função é imune ao indiciamento. Assim, deputados e senadores podem ser indiciados sem prévia autorização da Casa Legislativa a que pertençam.

14. ENCERRAMENTO DO INQUÉRITO: RELATÓRIO

Concluída a investigação, seja pelo esgotamento do prazo determinado em lei (*vide*, abaixo), ou entendendo estarem exauridas as investigações, pela determinação e conclusão de todas as diligências que poderiam ter sido realizadas com vistas à apuração da infração penal objeto do inquérito, a autoridade policial dará por encerrado o inquérito policial.

O término do inquérito não pressupõe necessariamente que todas as dúvidas acerca do fato investigado tenham sido resolvidas, mas apenas que foram realizadas todas as diligências possíveis. Se a autoridade policial não vislumbrar a possibilidade de reunir elementos suficientes corroborando a suspeita inicial, ou se encontrar elementos que demonstrem a inocência do investigado, o inquérito poderá igualmente ser encerrado.

A autoridade policial, com a conclusão do inquérito, deverá elaborar minucioso relatório do que houver sido apurado. O relatório deverá conter apenas a narrativa, isenta e objetiva, dos fatos apurados. A autoridade policial não deve emitir juízo de valor ou tecer considerações acerca da culpabilidade do investigado ou da antijuridicidade da conduta[57]. Com o relatório, os autos deverão ser enviados ao juiz competente (art. 10, § 1º, do Código de Processo Penal), juntamente com os instrumentos e os objetos que interessarem à prova, objetos esses que ficarão à disposição das partes e do juiz (art. 11 do Código de Processo Penal).

Poderá a autoridade incluir no relatório, ainda, indicação de testemunhas que não tiverem sido inquiridas, mencionando o lugar onde possam ser encontradas (art. 10, § 2º, do Código de Processo Penal), ou indicar diligências não realizadas.

Constituindo o inquérito peça meramente informativa, a ausência de relatório final representa mera irregularidade, não acarretando qualquer efeito processual. A autoridade desidiosa poderá, entretanto, sujeitar-se a medidas disciplinares de natureza administrativa.

Concluída a investigação, nos crimes em que a ação depender de iniciativa privada, os autos do inquérito policial serão remetidos ao juízo competente. Após os registros de praxe, o juiz abrirá vista ao Ministério Público, que verificará a natureza da ação penal (pública ou privada). Em sendo privada, requererá que os autos aguardem a iniciativa do ofendido ou de seu representante legal. Os autos poderão, ainda, ser entregues ao titular da ação penal, a seu pedido, mediante traslado (art. 19 do Código de Processo Penal), cabendo-lhe, segundo seu livre juízo de conveniência e oportunidade, ajuizar ou não a ação penal.

14.1. Providências do Ministério Público

Recebido o inquérito policial, seis diferentes providências pode adotar o Ministério Público:

a) *Oferecer denúncia*, sempre que julgar ter os elementos necessários à propositura da ação penal – prova da existência do crime (materialidade) e indícios de autoria.

b) *Devolvê-lo à autoridade policial, para a realização de "novas diligências, imprescindíveis ao oferecimento da denúncia"* (art. 16 do CPP). Nesta hipótese, julgando necessárias novas diligências para a forma-

[57] Fernando da Costa Tourinho Filho, *Processo penal*, 8. ed., v. 1, p. 244.

ção da *opinio delicti*, o órgão ministerial as especificará em sua cota dirigida ao magistrado, incumbindo-se a autoridade policial de realizá-las (art. 16). Tratando-se o Ministério Público do *dominus litis* da ação penal, não deve o magistrado indeferir-lhe o pedido. Contudo, o indeferimento é passível de correição parcial (a jurisprudência se divide a respeito), a ser interposta pelo *Parquet* (arts. 93 a 96 do Código Judiciário de São Paulo, Decreto-lei Complementar n. 3/69). De outra parte, pode, igualmente, sem a intermediação do magistrado, requisitar maiores esclarecimentos e documentos complementares[58] ou novos elementos de convicção, diretamente da autoridade ou funcionário "que devam ou possam fornecê-los" (art. 47), não sendo permitido a estes recusarem cumprimento (art. 129, VIII, da CF; art. 26, I, *b*, da LONMP).

c) *Requerer o arquivamento do inquérito*, por julgar não ter havido um crime, ter ocorrido a extinção da punibilidade ou pela ausência de provas quanto à autoria e materialidade do mesmo.

d) *Requerer a permanência dos autos em cartório*, nos casos de ação penal privada, nos termos do art. 19 do CPP.

e) *Requerer a remessa dos autos ao juízo competente*, nos casos em que julgar incompetente aquele juízo para apreciar o inquérito policial.

f) *Não sendo caso de arquivamento e tendo o investigado confessado formal e circunstancialmente a prática de infração penal sem violência ou grave ameaça e com pena mínima inferior a 4 anos, propor acordo de não persecução penal,* desde que necessário e suficiente para reprovação e prevenção do crime, com base nas condições ajustadas no art. 28-A do CPP.

14.1.1. Arquivamento indireto

Se o juiz se dá por competente e o membro do Ministério Público recusa-se a oferecer a denúncia, ocorre o que se convencionou chamar de "arquivamento indireto". Segundo parcela da doutrina, como não há regulação desse conflito de atribuições pela lei – entre juiz e órgão do *Parquet* –, caberia ao magistrado remeter os autos ao Procurador-Geral, Chefe do Ministério Público, aplicando analogicamente o art. 28 do CPP, em face desse "arquivamento indireto"[59].

Parece-nos, porém, equivocada essa posição. Não se trata de conflito de atribuições, a ser resolvido pelo Chefe do Ministério Público, com a aplicação analógica do art. 28 do CPP, uma vez que os órgãos que divergem pertencem a instituições diferentes, bem como a matéria é de competência jurisdicional (delimitação do poder de julgar), afeta ao Poder Judiciário.

Ademais, o nome "arquivamento indireto" é tecnicamente incorreto, porquanto a exordial acusatória (denúncia) não é oferecida simplesmente pelo fato de o Ministério Público entender que o juízo perante o qual oficia não tem competência para o caso. É notório que inexiste conflito de atribuições, *interna corporis*, de caráter administrativo. A questão envolve matéria de competência, cabendo ao Poder Judiciário resolvê-la. A solução adequada no caso de o juiz declarar-se competente é a impetração, perante o Tribunal de Justiça ou o Tribunal Regional Federal (dependendo da esfera – estadual ou federal, respectivamente), pelo órgão do Ministério Público, de *"habeas corpus" preventivo*, fundado nos arts. 648, VI, e 654, ambos do CPP, por tratar-se de *error in procedendo*[60].

15. PRAZOS

O inquérito policial deve ser realizado dentro de um prazo determinado em lei. Em regra, o inquérito deverá terminar em 30 dias (art. 10, *caput*, parte final, do Código de Processo Penal). Es-

[58] TRF, 5ª R., MS 0001658-34.2010.4.05.000, Rel. Min. Francisco Wildo, j. 30.3.2010, *DJ*, 8.4.2010, p. 478.

[59] É a posição de Denilson Feitoza Pacheco, *Direito processual penal: teoria, crítica, práxis*, p. 157.

[60] Carlos Frederico Coelho Nogueira, *Comentários ao Código de Processo Penal*, v. 1, p. 504-505.

tando preso o investigado, entretanto, seja por força do flagrante, seja por força de prisão preventiva decretada no curso do inquérito, o prazo será de 10 dias, contados, nesta última hipótese, a partir do dia em que se executar a ordem de prisão (art. 10, *caput,* primeira parte).

A contagem desses prazos será procedida conforme o preceito do art. 798, § 1º, do Código de Processo Penal, computando-se o dia do vencimento, mas não o dia do começo. Expressiva corrente, entretanto, defende a aplicabilidade, no caso, do art. 10 do Código Penal, segundo o qual se computa o dia do começo do prazo, sob o argumento de que, tratando-se de medida restritiva à liberdade do indivíduo, aplica-se a norma de natureza material, que é, também, mais benéfica ao investigado.

Estando o indiciado solto, mediante fiança ou sem ela, incide o prazo padrão, de 30 dias. Nesse caso, pode a autoridade policial, quando estiver diante de caso de difícil elucidação, requerer a prorrogação ao juiz competente, que poderá assinar novo prazo para a conclusão das diligências faltantes (art. 10, *caput* e § 3º).

Outros prazos fixados na legislação extravagante:

a) nos inquéritos atribuídos à Polícia Federal (art. 66 da Lei n. 5.010/66), estando o investigado preso, o prazo será de 15 dias, podendo ser prorrogado por mais 15;

b) nos crimes contra a economia popular, o prazo para a conclusão do inquérito será de 10 dias, não sendo relevante a circunstância de encontrar-se o investigado solto ou preso (art. 10, § 3º, da Lei n. 1.521/51);

c) nos crimes envolvendo drogas, a Lei n. 11.343/2006 fixa o prazo de 30 dias, se estiver preso o investigado, e de 90 dias, quando estiver solto (art. 51, *caput*). O parágrafo único desse dispositivo prevê que os prazos de 30 e 90 dias para a conclusão do inquérito podem ser duplicados pelo juiz, desde que haja pedido justificado da autoridade policial, após a oitiva do Ministério Público;

d) nos inquéritos militares, o prazo para conclusão é de 20 dias no caso de investigado preso, e de 40 dias no caso de investigado solto (art. 20 do Código de Processo Penal Militar), e, no último caso, o prazo poderá ser prorrogado por mais 20 dias, desde que não estejam concluídos exames ou perícias já iniciados, ou se houver necessidade de diligência indispensável à elucidação do fato (§ 1º do art. 20).

16. ARQUIVAMENTO

Conforme mencionado, não é dado à autoridade policial determinar o arquivamento dos autos do inquérito policial (art. 17 do CPP). A legitimidade para promover o arquivamento do inquérito é do Ministério Público, titular da ação penal.

O pedido de arquivamento, de acordo com a redação original do CPP, dirige-se ao juiz, que, concordando com os fundamentos do requerimento, poderá acatá-lo. Dessa forma, considerando improcedentes as razões invocadas pelo órgão do Ministério Público, deverá o juiz remeter os autos de inquérito ou peças de informação ao Procurador-Geral (trata-se do princípio da devolução, que estabelece a função anormal do magistrado, no sentido de devolver ao Chefe do *Parquet* a decisão acerca do arquivamento ou não do inquérito). Este, por sua vez, poderá oferecer a denúncia, designar outro membro do Ministério Público para oferecê-la (caso em que o promotor de justiça escolhido estará obrigado a oferecer a denúncia, pois atuará em nome do chefe da instituição), ou insistir no pedido de arquivamento, hipótese em que o juiz estará obrigado a atendê-lo (art. 28 do CPP)[61].

---

[61] A obrigatoriedade de atender ao pedido de arquivamento não pressupõe a prevalência da autoridade do Ministério Público sobre a do magistrado, como em princípio poderia parecer. Ocorre que o órgão do Ministério Público tem liberdade para formar convicção acerca da prática de delito: se, examinando os autos do inquérito policial, concluir pela inexistência de delito, não pode ser

Não se demonstra possível o arquivamento *ex officio* pela autoridade judicial sem que haja requerimento do Ministério Público, sendo certo que eventual decisão neste sentido será passível de correição parcial.

Também não há possibilidade de impetração de mandado de segurança por parte da vítima com o intuito de impedir arquivamento de inquérito ou peças de informação[62].

No âmbito da Justiça Federal, não é o Procurador-Geral da República que atuará na hipótese de o juiz não concordar com o pedido de arquivamento formulado pelo procurador da República, mas sim uma Câmara de Coordenação e Revisão, nos termos do art. 62, IV, da Lei Complementar n. 75, de 1993 (Estatuto do Ministério Público da União).

A 2ª Câmara de Coordenação e Revisão tem atribuição para atuar na hipótese do art. 28 do CPP, decidindo por maioria. A Câmara é integrada por três Subprocuradores-Gerais da República, sendo um indicado pelo Procurador-Geral e os outros dois indicados pelo Conselho Superior do Ministério Público Federal, para mandato de dois anos. É o que dispõe o art. 3º da Resolução n. 20, de 6 de fevereiro de 1996.

Enviados os autos de inquérito policial à 2ª Câmara de Coordenação e Revisão, seja diretamente pelo juiz, seja por intermédio da Procuradoria-Geral da República, haverá decisão, por maioria, podendo, da mesma forma que na esfera estadual, nos termos do art. 28 do Código de Processo Penal, haver designação de outro membro da instituição para oferecê-la (caso em que o procurador da República escolhido estará obrigado, agindo por delegação), ou insistir no pedido de arquivamento, hipótese em que o juiz estará obrigado a atendê-la.

A decisão que determina o arquivamento via de regra é irrecorrível[63].

A Lei n. 13.964/2019 deu nova redação ao art. 28 do CPP, que passou a prever: "Ordenado o arquivamento do inquérito policial ou de quaisquer elementos informativos da mesma natureza, o órgão do Ministério Público comunicará à vítima, ao investigado e à autoridade policial e encaminhará os autos para a instância de revisão ministerial para fins de homologação, na forma da lei. § 1º Se a vítima, ou seu representante legal, não concordar com o arquivamento do inquérito policial, poderá, no prazo de 30 (trinta) dias do recebimento da comunicação, submeter a matéria à revisão da instância competente do órgão ministerial, conforme dispuser a respectiva lei orgânica. § 2º Nas ações penais relativas a crimes praticados em detrimento da União, Estados e Municípios, a revisão do arquivamento do inquérito policial poderá ser provocada pela chefia do órgão a quem couber a sua representação judicial".

A nova redação do art. 28 do CPP, que também disciplina o arquivamento do Procedimento Investigatório Criminal (PIC), instaurado e instruído pelo Ministério Público, teve sua eficácia suspensa por medida cautelar concedida pelo STF na Ação Direta de Inconstitucionalidade n. 6.299/DF (Relator Min. Luiz Fux). Até o encerramento desta edição, a última movimentação da ADI era a seguinte: "Após os votos dos Ministros Alexandre de Moraes, Nunes Marques e Edson Fachin, que julgavam parcialmente procedentes as ações diretas, nos termos de seus votos, o julgamento foi suspenso. Presidência da Ministra Rosa Weber. Plenário, 17.8.2023".

---

obrigado a ajuizar a ação penal. A participação do juiz no ato arquivamento, assim, deve ficar restrita ao controle acerca do atendimento ao princípio da obrigatoriedade da ação penal. Se, no seu entendimento, houver elementos suficientes para o ajuizamento da ação penal, o magistrado poderá determinar a remessa dos autos ao chefe do Ministério Público para que este emita opinião final e definitiva.

[62] STJ, Corte Especial, MS 21.081/DF, Rel. Min. Raul Araújo, j. 17-6-2015, *Informativo do STJ* n. 565.

[63] *RT*, 730/635.

16.1. Casos de competência originária

Nos casos de competência originária, em que o pedido de arquivamento é realizado pelo chefe do Ministério Público (Procurador-Geral da República ou Procurador-Geral de Justiça) diretamente ao tribunal competente, evidentemente não incide o art. 28 do CPP[64].

Ainda que o pedido seja feito pelo Subprocurador-Geral da República, no caso de discordância do pedido de arquivamento pelo STJ, não haverá remessa dos autos ao Procurador-Geral da República, nos termos do citado art. 28, pois os membros do Ministério Público Federal que atuam no Órgão Superior o fazem por delegação deste, estando o STJ nesse caso obrigado, portanto, a acolher o requerimento[65].

Deve-se notar, contudo, que, nessa hipótese (crimes de atribuição originária do Procurador--Geral de Justiça), prevê o art. 12, XI, da Lei n. 8.625/93 (Lei Orgânica Nacional do Ministério Público) a possibilidade de que o legítimo interessado interponha recurso administrativo ao Colégio de Procuradores contra o arquivamento promovido pelo Procurador-Geral de Justiça. Em São Paulo, por disposição da Lei Complementar estadual n. 734, de 26 de novembro de 1993, tal recurso deve ser interposto em até 5 dias, contados da publicação no *Diário Oficial*, e será julgado pelo órgão especial do Colégio de Procuradores de Justiça.

No âmbito do Supremo Tribunal Federal, uma vez requerido o arquivamento pela Procuradoria-Geral da República, estará o STF compelido a determinar o requerimento formulado[66].

16.2. Efeito do arquivamento

O arquivamento do inquérito policial, embora não faça coisa julgada, impede o ajuizamento da ação penal – no que diz respeito aos fatos investigados – enquanto não surgirem novas provas.

A determinação encontra-se expressa na Súmula 524 do Supremo Tribunal Federal ("Arquivado o inquérito policial, por despacho do juiz, a requerimento do promotor de justiça, não pode a ação penal ser iniciada sem novas provas"). É de notar que a prova exigida pelo dispositivo legal deve ser materialmente nova, vale dizer, aquela de que não se tinha notícia no curso das investigações.

A vedação incide também nos casos em que a ação penal seja de iniciativa privada, de modo que o arquivamento do inquérito impede a propositura de ação penal privada por parte do ofendido.

Se o fundamento adotado para que seja determinado o arquivamento do inquérito, entretanto, houver sido a ausência de elementos suficientes para justificar o oferecimento da denúncia, o delegado poderá proceder a novas pesquisas, se de outras provas tiver notícia (art. 18 do Código de Processo Penal). Não fica obstado, portanto, o prosseguimento das investigações caso surjam novos elementos sobre o caso. Entretanto, caso o fundamento do pedido de arquivamento seja a extinção da punibilidade, ou, ainda, a atipicidade do fato, impossível a reabertura[67], por estar caracterizada a coisa julgada material[68].

A jurisprudência fixou três critérios para que se proceda ao desarquivamento do inquérito policial: a) que as provas sejam formalmente novas, isto é, que sejam apresentados fatos anteriormente

---

[64] "1. No âmbito dos Tribunais Superiores, a promoção do Ministério Público Federal pelo arquivamento das peças de informação vincula o Poder Judiciário. 2. Inaplicabilidade do art. 28, do CPP no âmbito dos tribunais superiores. 3. O Superior Tribunal de Justiça não tem competência para analisar supostas irregularidades cometidas em procedimentos judiciais em casos não previstos no artigo 105, I, II e III, da Constituição Federal. 4. Agravo interno conhecido e desprovido" (STJ, AgRg na Pet 15.535/DF, Rel. Min. Ricardo Villas Bôas Cuevas, j. 27.6.2023).

[65] STJ, Corte Especial, AgRg na Pet 14.249/RJ, Rel. Min. Jorge Mussi, j. 10.8.2021.

[66] STF, Pet no Ag 2.820/RN, Rel. Min. Celso de Mello, j. 18.2.2004.

[67] HC 84.156/MG, Rel. Min. Celso de Mello, *Informativo do STF* n. 367.

[68] STJ, REsp 791.471/RJ, Rel. Min. Nefi Cordeiro, j. 25.11.2014, *DJe*, 16.12.2014 (*Informativo do STJ* n. 554).

desconhecidos; b) que as provas sejam substancialmente novas, isto é, tenham idoneidade para alterar o juízo anteriormente proferido sobre a desnecessidade da persecução penal; c) a prova seja apta a produzir alteração no panorama probatório dentro do qual foi concebido e acolhido o pedido de arquivamento[69].

Por derradeiro, é de ressaltar que, embora nosso ordenamento jurídico contemple a impossibilidade de revisão criminal *pro societate,* o arquivamento de inquérito policial por juiz materialmente incompetente não faz sequer coisa julgada formal, haja vista que as partes legitimadas ao processo nem mesmo participaram do regular procedimento.

16.3. Pedido expresso e fundamentação

O pedido de arquivamento deve ser expresso. Não existe, portanto, pedido implícito, tácito ou indireto de arquivamento, em que o Ministério Público omite na denúncia algum ou alguns dos indiciados, deixando de requerer quanto a eles o arquivamento[70]. Ocorre o arquivamento do inquérito policial com a decisão judicial que o determina. Ademais, o juiz somente deverá acolher os pedidos devidamente fundamentados.

A Lei n. 1.521/51 prevê que, nos casos de crimes praticados contra a economia popular ou a saúde pública, os juízes "recorrerão de ofício" (art. 7º) da decisão que determinar o arquivamento do inquérito. Conforme se verá adiante, a expressão "recurso de ofício" é infeliz, porque imprecisa. Não existe recurso que seja interposto de ofício pelo juiz, constituindo o mandamento desse artigo, na verdade, a obrigatoriedade de que seja revista, por órgão julgador de grau superior, a decisão do juiz que determinar o arquivamento do inquérito.

Finalmente, quanto às contravenções penais previstas nos arts. 58 e 60 ("jogo do bicho") do Decreto-lei n. 6.259/44, o art. 6º, parágrafo único, da Lei n. 1.508/51 dispõe que caberá recurso em sentido estrito contra a decisão que arquiva inquérito policial instaurado em relação àqueles delitos.

17. INCOMUNICABILIDADE

O art. 21 do Código de Processo Penal prevê a possibilidade de que seja decretada a incomunicabilidade do investigado. A incomunicabilidade prestava-se àquelas situações em que o contato do investigado com terceiros pudesse ser prejudicial à sociedade ou à investigação. Sua decretação dependia de despacho fundamentado nos autos do inquérito policial, e somente era permitida "quando o interesse da sociedade ou a conveniência da investigação" o exigisse, no prazo máximo de 3 dias.

A maior parte da doutrina reconhece que o dispositivo não foi recepcionado pela Constituição de 1988, não se podendo mais cogitar da incomunicabilidade de qualquer preso, político ou não.

O principal argumento em favor da tese é a vedação expressa, determinada na Constituição, a que se decrete a incomunicabilidade do preso no estado de defesa. O estado de defesa constitui situação em que, excepcionalmente, admite-se a restrição de alguns direitos fundamentais do cidadão. Argumenta-se, portanto, que, se mesmo nessa situação restritiva de direitos a incomunicabilidade é vedada, muito menos haverá que se admitir essa restrição ao direito do investigado naquelas situações de normalidade.

Além disso, alguns autores destacam também que a incomunicabilidade fere os direitos fundamentais assegurados pelo art. 5º, incisos LXIII, que garante ao preso a assistência da família e de advogado, e LXII, que determina que toda prisão seja comunicada imediatamente ao juiz competente

[69] STJ, 6ª T., RHC 18.561/ES, Rel. Min. Hélio Quaglia Barbosa, j. 11.4.2006, *DJ,* 1º.8.2006.

[70] Nesse sentido: STJ, 6ª T., RHC 75.856/SP, Rel. Min. Nefi Cordeiro, j. 6.12.2016, *DJe*, 16.12.2016.

e à família do preso ou à pessoa por ele indicada, motivo pelo qual o art. 21 do Código de Processo Penal não teria sido recepcionado pela nova ordem constitucional[71].

Uma corrente minoritária[72] admite a subsistência da incomunicabilidade dos presos comuns, argumentando que o art. 136, § 3º, da Constituição vedaria apenas que se decretasse a incomunicabilidade dos criminosos políticos.

Ainda que se admita a existência, sob a ordem da Constituição de 1988, da incomunicabilidade, é de destacar que essa vedação não pode, sob nenhum pretexto, impedir o contato do investigado preso com seu advogado. Esse o teor do art. 7º, III, da Lei n. 8.906/94 (Estatuto da Advocacia), que faculta ao advogado comunicar-se com seus clientes, pessoal e reservadamente, quando estes se encontrarem presos ou detidos, ainda que considerados incomunicáveis.

18. VALOR PROBATÓRIO

A doutrina discute acaloradamente acerca da possibilidade de que elementos probatórios colhidos durante o inquérito policial sejam utilizados como fundamento para a condenação do réu, em juízo. Isto, principalmente, em virtude do caráter inquisitivo desse procedimento preliminar, a que não se aplicam, em sua integralidade, as regras inerentes aos princípios do devido processo legal e do contraditório.

Parte da doutrina admite o valor probante do inquérito policial (p. ex., Magalhães Noronha[73]), principalmente no que toca às provas periciais (expressivo número de autores), de difícil ou impossível repetição em juízo. Essas provas, segundo os argumentos dos autores que defendem sua aceitabilidade, estariam sujeitas a um contraditório diferido, uma vez que o réu, no curso do processo penal, terá oportunidade de examiná-las e impugná-las como se houvessem sido produzidas no curso do processo. Assim, há uma importante classificação das provas, quanto à possibilidade de se repetirem em juízo, em *repetíveis* e *irrepetíveis*. As primeiras, como o próprio nome indica, podem ser realizadas novamente sob a égide do princípio do contraditório em juízo (*v.g.*, a confissão, o reconhecimento e a oitiva de testemunhas). Já as provas irrepetíveis são aquelas que não podem ser renovadas na fase processual, uma vez que possuem caráter definitivo (*v.g.*, exame de lesões corporais, em que os vestígios desaparecerão).

No entanto, a maior parte da doutrina tende a negar a possibilidade de uma condenação lastreada tão somente em provas obtidas durante a investigação policial. Admitem, quando muito, que essas provas tenham natureza indiciária, sejam *começos de prova*, vale dizer, dados informativos que não permitem lastrear um juízo de certeza no espírito do julgador, mas de probabilidade, sujeitando-se a posterior confirmação. Isso porque sua admissão como elemento de prova implicaria infringência ao princípio do contraditório, estatuído em sede constitucional.

Nesse sentido se tem posicionado a jurisprudência, ao admitir o valor probatório do inquérito apenas quando corrobora a prova produzida em juízo. A prova produzida durante o inquérito seria, assim, mero reforço indiciário, a reforçar o convencimento do julgador[74].

---

[71] Julio Fabbrini Mirabete, *Código de Processo Penal interpretado*, 11. ed., p. 130-131.

[72] É a posição defendida, dentre outros, por Damásio de Jesus e Vicente Greco Filho.

[73] Assim, "não obstante a natureza inquisitorial da investigação da polícia, não se pode de antemão repudiar o inquérito, como integrante do complexo probatório que informará a livre convicção do magistrado", advertindo, contudo, que, "se a instrução judicial for inteiramente adversa aos elementos que ele contém, não poderá haver prevalência sua" (E. Magalhães Noronha, *Curso de direito processual penal*, 28. ed., p. 29).

[74] TRF, 4ª R., 7ª T., Rel. Tadaaqui Hirose, j. 11.10.2005, *DJ*, 26.10.2005, p. 732.

19. TERMO CIRCUNSTANCIADO

O procedimento dos Juizados Especiais Criminais, como medida de celeridade e economia, dispensa a realização de inquérito policial. Em lugar desse procedimento investigatório, o art. 69, *caput*, da Lei n. 9.099/95 introduz no ordenamento jurídico, como sucedâneo do inquérito policial na apuração das infrações de menor potencial ofensivo, uma fase preliminar, iniciada pela lavratura do termo circunstanciado.

Essa peça assemelha-se a um boletim de ocorrência, mais minucioso em seu conteúdo, elaborado de forma a conter a narração razoavelmente detalhada dos fatos, a indicação do autor e da vítima e o rol de testemunhas.

A lavratura do termo circunstanciado caberá à autoridade policial que tomar conhecimento da ocorrência. O procedimento que segue à lavratura do termo será detalhado oportunamente.

20. INVESTIGAÇÃO PELO MINISTÉRIO PÚBLICO

Houve relevante controvérsia doutrinária e jurisprudencial acerca da possibilidade de que o órgão do Ministério Público – promotor ou procurador – conduza por conta própria (ao largo da atividade policial) um procedimento de investigação criminal, já que, ao contrário dos casos de investigação civil, prevista expressamente no rol de atribuições dessa instituição (art. 129, III, da Constituição Federal), a investigação criminal não encontra fundamento constitucional expresso.

Para parte da doutrina, o art. 129, VI, ao conferir ao Ministério Público a prerrogativa de "expedir notificações nos procedimentos administrativos de sua competência, requisitando informações e documentos para instruí-los, na forma da lei complementar respectiva", em conjunto com o art. 8º, II e IV e § 2º, da Lei Complementar n. 75/93 (Lei Orgânica do Ministério Público), abre a possibilidade de que o órgão do *Parquet* desempenhe função investigativa também na esfera criminal. Isto porque, como já reconheceu o STJ, tal atribuição da polícia judiciária não excluiria a de outras autoridades administrativas[75].

Ainda na linha dos que defendem a possibilidade da investigação pelo Ministério Público, há de se rememorar a teoria dos poderes implícitos, de origem norte-americana (caso *McCulloch vs. Maryland* – 1819), definido em julgado de relatoria do Ministro Celso de Mello: "a outorga de competência expressa a determinado órgão estatal importa em deferimento implícito, a esse mesmo órgão, dos meios necessários à integral realização dos fins que lhe foram atribuídos"[76].

Invocando a teoria supracitada, o Supremo Tribunal Federal sustentou sua aplicação para ver reconhecida a possibilidade de investigação do *Parquet*, aduzindo que *"é princípio basilar da hermenêutica constitucional dos 'poderes implícitos', segundo o qual, quando a Constituição Federal concede os fins, dá os meios. Se a atividade-fim – promoção de ação penal pública – foi outorgada ao 'Parquet' em foro de privatividade, não haveria como não lhe oportunizar a colheita de prova para tanto, já que o CPP autoriza que 'peças de informação' embasem a denúncia. Assim, reconheço a possibilidade de, em algumas hipóteses, ser reconhecida a legitimidade da promoção de atos de investigação por parte do Ministério Público, mormente quando se verifique algum motivo que se revele autorizador de tal investigação"*[77].

No que diz respeito especificamente à possibilidade de que o Ministério Público proceda a investigações acerca de crimes cometidos por autoridades e agentes policiais, destacam-se as atribuições institucionais previstas no art. 129, incisos II, que determina que o Ministério Público deve

---

[75] STJ, REsp 331.788/DF, Rel. Min. Laurita Vaz, *DJU*, 18.8.2003, p. 228.

[76] STF, MS 26.547-MC/DF, j. 23.5.2007, *DJ*, 29.5.2007.

[77] STF, RE 535.478, Rel. Min. Ellen Gracie, j. 28.10.2008, *DJe*, 21.11.2008.

"zelar pelo efetivo respeito dos poderes públicos e dos serviços de relevância pública aos direitos assegurados nesta Constituição, *promovendo as medidas necessárias a sua garantia*", e VII, que atribui a essa instituição o exercício do controle externo da atividade policial.

Por outro lado, como já se mencionou anteriormente neste capítulo, as normas do art. 144, §§ 1º, I, e 4º, preveem expressamente que as polícias federal e civil têm por atribuição apurar a prática de infrações penais, não havendo previsão análoga no que tange ao Ministério Público. Em face da estrita legalidade que pauta a atuação dos órgãos estatais, portanto, pode-se argumentar que não estaria o Ministério Público legitimado a conduzir diretamente a investigação criminal.

A matéria seguiu, assim, controversa, havendo decisões nos tribunais superiores tanto no sentido de que a investigação é atribuição do Ministério Público[78] como no sentido de que a prática de atos de investigação cabe apenas às polícias judiciárias, tendo o *Parquet* atribuição apenas para requerer a realização de diligências e fiscalizar seu cumprimento.

Uma descrição de todos os posicionamentos existentes permite a conclusão de que a condução das investigações pelo Ministério Público é admissível, desde que se pense na execução dessa tarefa como equivalente funcional que o próprio órgão ministerial presta ao sistema de administração da justiça, no qual a polícia judiciária também desenvolve atividade investigativa por excelência.

Podemos considerar que a colheita de elementos de prova se afigura indissociável às funções do Ministério Público, tendo em vista o poder-dever a ele conferido na defesa da ordem jurídica, do regime democrático e dos interesses sociais e individuais indisponíveis (CF, art. 127)[79].

A 2ª Turma do Supremo Tribunal Federal pacificou entendimento quanto à possibilidade de investigação criminal pelo Ministério Público[80].

Em que pese haja diversas decisões de Turmas do Supremo Tribunal Federal, o assunto finalmente foi posto em discussão perante o pleno daquela Corte Máxima no bojo do Recurso Extraordinário n. 593.727/MG.

Na oportunidade, iniciado o julgamento em 27 de junho de 2012, o relator e então Ministro Cezar Peluso, acompanhado do Ministro Ricardo Lewandowski, votou pelo provimento ao recurso extraordinário e afastou a legitimidade investigatória autônoma do Ministério Público, reconhecendo, entretanto, a competência do *Parquet* para realizar diretamente atividades de investigação da prática de delitos, para fins de preparação e eventual instauração de ação penal apenas em hipóteses excepcionais e taxativas. Da decisão foi aberta divergência, encabeçada pelos Ministros Gilmar Mendes, Celso de Mello, Ayres Britto e Joaquim Barbosa, que votaram pelo improvimento do recurso, reconhecendo base constitucional para os poderes de investigação do Ministério Público.

O julgamento foi interrompido por pedido de vista formulado pelo Ministro Luiz Fux, que, na sessão de 19 de dezembro de 2012, votou pelo improvimento do recurso, reconhecendo a legitimidade do poder investigatório do Ministério Público. Posteriormente, o Ministro Marco Aurélio Mello pediu vista dos autos.

Retomado o julgamento em 14 de maio de 2015, o Pretório Excelso, por maioria de votos, negou provimento ao recurso e afirmou o poder de investigação do Ministério Público, nos termos dos votos dos Ministros Gilmar Mendes, Celso de Mello, Ayres Britto, Joaquim Barbosa, Luiz Fux,

---

[78] STJ, 5ª T., HC 12.685/MA, Rel. Min. Gilson Dipp, v.u., *DJ*, 11.6.2001, *EJSTJ*, 31/252; STJ, 5ª T., HC 37693/SC, Rel. Min. Felix Fischer, *DJ*, 22.11.2004, p. 371.

[79] RHC 97.926/GO, Rel. Min. Gilmar Mendes, j. 1º.10.2013.

[80] STF, 2ª T., HC 91.661/PE, Rel. Min. Ellen Gracie, j. 10.3.2009, *DJe*, 3.4.2009; HC 100.042, j. 2.10.2009, *DJe*, 8.10.2009; HC 87.610, j. 27.10.2009, *DJe*, 4.12.2009; HC 90.099, j. 27.10.2009, *DJe*, 4.12.2009; HC 94.173, j. 27.10.2009, *DJe*, 4.12.2009, todos de relatoria do Ministro Celso de Mello, e RHC 97.926/GO, 1º.10.2013, de relatoria do Ministro Gilmar Mendes.

Rosa Weber e Cármen Lúcia, vencido o Ministro Marco Aurélio, que dava provimento ao recurso e negava ao Ministério Público o poder de investigação, assim como os Ministros Cezar Peluso, Ricardo Lewandowski e Dias Toffoli, que davam provimento ao recurso e reconheciam, em menor extensão, o poder de investigação do *Parquet*.

Enfim, decidiu o Supremo Tribunal Federal: "Questão constitucional com repercussão geral. Poderes de investigação do Ministério Público. Os artigos 5º, incisos LIV e LV, 129, incisos III e VIII, e 144, inciso IV, § 4º, da Constituição Federal, não tornam a investigação criminal exclusividade da polícia, nem afastam os poderes de investigação do Ministério Público. Fixada, em repercussão geral, tese assim sumulada: 'O Ministério Público dispõe de competência para promover, por autoridade própria, e por prazo razoável, investigações de natureza penal, desde que respeitados os direitos e garantias que assistem a qualquer indiciado ou a qualquer pessoa sob investigação do Estado, observadas, sempre, por seus agentes, as hipóteses de reserva constitucional de jurisdição e, também, as prerrogativas profissionais de que se acham investidos, em nosso País, os Advogados (Lei 8.906/94, artigo 7º, notadamente os incisos I, II, III, XI, XIII, XIV e XIX), sem prejuízo da possibilidade – sempre presente no Estado Democrático de Direito – do permanente controle jurisdicional dos atos, necessariamente documentados (Súmula Vinculante 14), praticados pelos membros dessa instituição'. Maioria".

A polêmica da questão, entretanto, não se limitou às entranhas judicantes. Em sede legislativa, foi editado um Projeto de Emenda à Constituição (PEC) n. 37/2011, de autoria do deputado federal Lourival Mendes (PTdoB/MA), que deliberou pela inclusão do § 10 no art. 144 da Constituição Federal, com o seguinte teor: "§ 10. A apuração das infrações penais de que tratam os §§ 1º e 4º deste artigo, incumbem privativamente às polícias federal e civis dos Estados e Distrito Federal, respectivamente".

A proposta em questão, como se percebe colocaria fim à discussão ao vedar, implicitamente, o poder de investigação do Ministério Público e de outros órgãos (p. ex., TCU, CGU etc.), haja vista ter estabelecido exclusividade às Polícias no exercício da perscrutação criminal.

Todavia, em 25 de junho de 2013, sob forte pressão popular, a PEC 37 foi posta em votação e rejeitada com 430 votos contrários, 9 a favor e duas abstenções, sepultando-se a discussão e permitindo-se, *a contrario sensu*, o desenvolvimento de investigações independentes pelo Ministério Público.

Ressalte-se que o Supremo Tribunal Federal, em decisão de 2 de setembro de 2014, por intermédio de sua 2ª Turma, reconheceu à unanimidade o poder de investigação do Ministério Público[81].

21. ACORDO DE NÃO PERSECUÇÃO PENAL

Incluído no CPP pela Lei n. 13.964, de 2019, o art. 28-A prevê que, "Não sendo caso de arquivamento e tendo o investigado confessado formal e circunstancialmente a prática de infração penal sem violência ou grave ameaça e com pena mínima inferior a 4 (quatro) anos, o Ministério Público poderá propor acordo de não persecução penal, desde que necessário e suficiente para reprovação e prevenção do crime, mediante as seguintes condições ajustadas cumulativa e alternativamente: I – reparar o dano ou restituir a coisa à vítima, exceto na impossibilidade de fazê-lo; II – renunciar voluntariamente a bens e direitos indicados pelo Ministério Público como instrumentos, produto ou proveito do crime; III – prestar serviço à comunidade ou a entidades públicas por período correspondente à pena mínima cominada ao delito diminuída de um a dois terços, em local a ser indicado pelo juízo da execução, na forma do art. 46 do Decreto-Lei n. 2.848, de 7 de dezembro de 1940 (Código Penal) IV – pagar prestação pecuniária, a ser estipulada nos termos do art. 45 do Decreto-Lei n.

[81] STF, RHC 97.926/GO, Rel. Min. Gilmar Mendes.

2.848, de 7 de dezembro de 1940 (Código Penal), a entidade pública ou de interesse social, a ser indicada pelo juízo da execução, que tenha, preferencialmente, como função proteger bens jurídicos iguais ou semelhantes aos aparentemente lesados pelo delito; ou V – cumprir, por prazo determinado, outra condição indicada pelo Ministério Público, desde que proporcional e compatível com a infração penal imputada".

Conforme entendimento do STF[82], o investigado não tem direito subjetivo à proposta do acordo. Concede-se ao Ministério Público a opção, devidamente fundamentada, entre denunciar ou celebrar ANPP, a partir da estratégia de política criminal adotada pela Instituição, sem que caiba ao Poder Judiciário impor a obrigação da oferta[83].

O § 14 do art. 28-A do CPP garante ao investigado o direito de requerer a remessa dos autos a órgão superior do Ministério Público nas hipóteses em que a acusação tenha se recusado a propor ANPP na origem. De acordo o STF[84], é desnecessária a intimação do acusado acerca dessa recusa ministerial, pois inexiste previsão legal nesse sentido. Além disso, uma vez explicitadas as razões da inviabilidade da oferta, não há ilegalidade no fato de o órgão acusatório haver deixado de realizar tratativas com a defesa sobre a propositura de ANPP.

No que concerne à retroatividade da norma, já se decidiu no sentido de que ela alcançaria os processos em curso, tendo como limite o trânsito em julgado da sentença (momento em que se encerra a persecução penal). Dessa forma, nem o recebimento da denúncia, nem a existência de sentença condenatória impediriam a propositura do ANPP[85]. Não comungamos de tal interpretação. Julgamos mais correto o entendimento segundo o qual a finalidade do ANPP é evitar que se inicie o processo, não havendo qualquer lógica, portanto, em discutir a composição depois da condenação[86]. Por idêntico fundamento, aliás, admite-se a possibilidade de ANPP em relação a fatos ocorridos antes da Lei n. 13.964/2019, desde que ainda não recebida a denúncia[87].

Em qualquer hipótese, a confissão formal da prática da infração penal pelo investigado constitui requisito objetivo do ANPP. Sem ela, não é cabível sequer a remessa do caso para apreciação do órgão superior do Ministério Público (art. 28-A, § 14, do CPP), ante a eventual negativa de oferta do acordo pelo órgão ministerial[88]. Não há, igualmente, possibilidade de celebração do acordo em relação às infrações penais cometidas com violência ou grave ameaça, ou cuja pena mínima não seja inferior a 4 anos, consideradas as causas de aumento e diminuição aplicáveis ao caso concreto (art. 28-A, § 1°, do CPP). Para fins de concessão do benefício, a jurisprudência tem entendido que referidas causas de aumento e diminuição devem estar descritas na denúncia, não sendo possível considerar, no cálculo da pena mínima cominada, a diminuição reconhecida apenas quando da sentença[89]. Nesse sentido, destaca-se o precedente do STJ[90] segundo o qual na aferição da pena mínima cominada ao delito

---

[82] STF, HC 199.950, Rel. Min. Marco Aurélio, *DJe*, 18.6.2021; 1ª T., HC 191.124 AgR, Rel. Min. Alexandre de Moraes, *DJe*, 13.4.2021; HC 191.464-AgR/SC, Rel. Min. Roberto Barroso, *DJe*, 26.11.2020; 1ª T., ARE 1294303 AgR-segundo-ED, Rel. Min. Rosa Weber, *DJe*, 26.4.2021; RHC 200.311 AgR, 1ª T., Rel. Min. Dias Toffoli, *DJe*, 4.8.2021. 4. Agravo Regimental a que nega provimento (1ª T., HC 228.323 AgR, Rel. Min. Alexandre de Moraes, j. 19.6.2023).

[83] *Vide* nota anterior.

[84] STF, 6ª T., REsp 2024.381/TO, Rel. Jesuíno Rissato (Desembargador convocado do TJDFT), j. 7.3.2023 (*Informativo do STF* n. 766, de 14.3.2023).

[85] STF, 2ª T., RHC 213.118 AgR, Rel. Min. André Mendonça, j. 19.6.2023, processo eletrônico *DJe*-s/n divulg 6.7.2023 public 7.7.2023; 2ª T., HC 219.371 AgR, Rel. Min. Edson Fachin, j. 27.3.2023.

[86] STF, 1ª T., HC 216.895 AgR, Rel. Min. Alexandre de Moraes, j. 22.8.2022.

[87] STF, 1ª T., HC 228.323 AgR, Rel. Min. Alexandre de Moraes, j. 19.6.2023.

[88] STJ, 5ª T., AgRg nos EDcl no REsp 2.048.216/SP, Rel. Min. Ribeiro Dantas, j. 8.5.2023.

[89] STJ, 5ª T., AgRg no HC 788.988/SC, Rel. Min. Reynaldo Soares da Fonseca, j. 9.5.2023.

[90] STJ, 5ª T., EDcl no AgRg no AgRg no AREsp 163578/SP, Rel. Min. Reynaldo Soares da Fonseca, j. 4.8.2020.

(para fins de ANPP) não é possível considerar a causa de diminuição reconhecida apenas quando do julgamento do recurso especial. Conforme destacado na decisão, no caso do delito de tráfico, em regra é necessário o curso da ação penal para aferir os requisitos previstos no art. 33, § 4º, da Lei n. 11.343/2006, o que obsta a aplicação do benefício. Tal circunstância, conclui-se, decorre "do próprio tratamento constitucional e da lei que são rigorosos na repressão contra o tráfico de drogas, crime grave, que assola o país, merecendo um maior rigor estatal".

Da mesma forma, nos termos do art. 28-A, § 2°, do CPP, é inviável o ANPP: a) se for cabível transação penal de competência dos Juizados Especiais Criminais, nos termos da lei (Lei n. 9.099/95); b) se o investigado for reincidente (art. 63 do CP) ou se houver elementos probatórios que indiquem conduta criminal habitual, reiterada ou profissional, exceto se insignificantes as infrações penais pretéritas[91]; c) caso o agente tenha sido beneficiado nos 5 anos anteriores ao cometimento da infração, em acordo de não persecução penal, transação penal ou suspensão condicional do processo; d) nos crimes praticados no âmbito de violência doméstica ou familiar, ou praticados contra a mulher por razões da condição de sexo feminino, em favor do agressor (Lei n. 11.340/2006).

O STJ[92] já decidiu que a existência de vários registros policiais e infracionais, bem como a utilização de posição de liderança religiosa para a prática de delito de violação sexual mediante fraude, constitui fundamentação idônea para o não oferecimento de ANPP, não obstante a primariedade do réu. Também se considerou legítima a negativa de oferta do ANPP quando tida como insuficiente para a reprovação e prevenção de crime praticado no contexto de uma rede criminosa envolvendo vários empresários do ramo alimentício e servidores do Ministério da Agricultura. Entendeu-se, no caso, que a recusa do oferecimento de proposta foi devidamente fundamentada na ausência dos requisitos subjetivos legais necessários à elaboração do acordo, que não atenderia aos critérios de necessidade e suficiência em face do caso concreto, com violação à proibição de proteção deficiente[93].

Nos termos do art. 28-A, § 3º, do CPP, o acordo de não persecução penal será formalizado por escrito, firmado pelo membro do Ministério Público, pelo investigado e por seu defensor. Para homologação do acordo, será realizada audiência na qual o juiz deverá verificar sua voluntariedade, por meio da oitiva do investigado na presença do seu defensor, e sua legalidade (art. 28, § 4º, do CPP).

O § 5º do art. 28-A do CPP prevê que, se o juiz considerar inadequadas, insuficientes ou abusivas as condições dispostas no ANPP, devolverá os autos ao Ministério Público para que seja reformulada a proposta de acordo, com concordância do investigado e seu defensor. Tal medida vem ao encontro da jurisprudência do STJ, que identifica no ANPP mais uma forma de justiça penal negociada (a exemplo da transação penal e da suspensão condicional do processo): se, por um lado, não constitui direito subjetivo do réu, por outro, também não é mera faculdade a ser exercida ao alvedrio do

---

[91] "No caso, o acordo pretendido deixou de ser ofertado ao recorrente em razão do Ministério Público ter considerado estarem ausentes os requisitos objetivos e subjetivos para a proposição do acordo, tendo sido destacado que ele possui contra si condenação pelo crime de estelionato, a qual, embora não tenha transitado em julgado, aponta, no entendimento do titular da ação penal, para uma reiteração de conduta criminosa. 3. Esta Corte Superior entende que não há ilegalidade na recusa do oferecimento de proposta de acordo de não persecução penal quando o representante do Ministério Público, de forma fundamentada, constata a ausência dos requisitos subjetivos legais necessários à elaboração do acordo, de modo que este não atenderia aos critérios de necessidade e suficiência em face do caso concreto. 4. De acordo com entendimento já esposado pela Primeira Turma do Supremo Tribunal Federal, a possibilidade de oferecimento do acordo de não persecução penal é conferida exclusivamente ao Ministério Público, não constituindo direito subjetivo do investigado. 5. Cuidando-se de faculdade do *Parquet*, a partir da ponderação da discricionariedade da propositura do acordo, mitigada pela devida observância do cumprimento dos requisitos legais, não cabe ao Poder Judiciário determinar ao Ministério Público que oferte o acordo de não persecução penal. 6. Recurso não provido" (STJ, RHC 159.643/RJ, Rel. Min. Ribeiro Dantas, j. 19.4.2022).

[92] *Informativo STJ* n. 750, 5ª T., 26.9.2022, Segredo de Justiça, Rel. Min. Reynaldo Soares da Fonseca.

[93] STJ, 5ª T., RHC 161.251/PR, Rel. Min. Ribeiro Dantas, j. 10.5.2022.

Ministério Público. O acordo é um poder-dever do *Parquet*, negócio jurídico pré-processual entre o órgão (consoante sua discricionariedade regrada) e o investigado, com o fim de evitar a judicialização criminal. Como poder-dever, conclui a decisão, submete-se ao princípio da supremacia do interesse público, consistente na criação de mais um instituto despenalizador em prol da otimização do sistema de justiça criminal, e não pode ser renunciado, tampouco deixar de ser exercido sem fundamentação idônea, pautada pelas balizas legais estabelecidas no art. 28-A do CPP[94].

Dispõe o § 6º do art. 28-A do CPP que, uma vez homologado judicialmente o acordo de não persecução penal, o juiz devolverá os autos ao Ministério Público para que inicie sua execução perante o juízo de execução penal. O juiz poderá, contudo, recusar homologação à proposta que não atender aos requisitos legais ou quando não for realizada a adequação a que se refere o § 5º do art. 28-A do CPP, tal como dispõe o art. 28-A, § 7º, do mesmo diploma legal.

Recusada a homologação, o juiz devolverá os autos ao Ministério Público para a análise da necessidade de complementação das investigações ou o oferecimento da denúncia (art. 28-A, § 8º, do CPP). É cabível a interposição de RSE da decisão de não homologação do acordo, forte no art. 581, XXV, do CPP.

A vítima será intimada da homologação do ANPP e de seu descumprimento (art. 28-A, § 9º, do CPP), incumbindo ao Ministério Público comunicar ao juízo o descumprimento de quaisquer das condições estipuladas no ANPP, para fins de sua rescisão e posterior oferecimento de denúncia (art. 28-A, § 10, do CPP). Nos termos do art. 28-A, § 11, do CPP, o descumprimento do acordo de não persecução penal pelo investigado poderá ser utilizado pelo Ministério Público como justificativa para o eventual não oferecimento de suspensão condicional do processo.

Finalmente, conforme disposto no art. 28-A, § 12, do CPP a celebração e o cumprimento do acordo de não persecução penal não constarão de certidão de antecedentes criminais, exceto para os fins previstos no inciso III do § 2º do art. 28 do CPP. Cumprido integralmente o acordo, o juízo competente decretará a extinção de punibilidade (art. 28-A, § 13, do CPP).

22. SÍNTESE

Inquérito policial

Inquérito policial é o procedimento administrativo, preparatório e inquisitivo, presidido pela autoridade policial, e constituído por um complexo de diligências realizadas pela polícia, no exercício da função judiciária, com vistas à apuração de uma infração penal e à identificação de seus autores.

Características

- *instrumentalidade*: pois é procedimento preparatório para eventual ajuizamento de ação penal;
- *obrigatoriedade ou oficiosidade*: que deve ser analisada sob dois aspectos, inicialmente porque, uma vez que a autoridade policial tomar conhecimento da prática de um crime, tem a obrigação de instaurar, de ofício, inquérito e, por outro lado, porque, uma vez instaurado, não poderá ser arquivado por iniciativa do delegado de polícia;
- *caráter meramente informativo*: reúne elementos para fundamentar a formação da convicção do órgão incumbido de instaurar a ação penal. Por não ter caráter punitivo, os vícios ocorridos durante o seu trâmite não são capazes de viciar ação penal ajuizada por intermédio dele;
- *discricionariedade*: a autoridade policial pode escolher as diligências a serem realizadas, porém algumas não podem ser determinadas de ofício, necessitando de autorização judicial, como a busca e apreensão e a interceptação telefônica;

[94] STJ, RHC 174.757, Rel. Jesuíno Rissato (Desembargador convocado do TJDFT), j. 29.5.2023.

• *forma escrita*:

• *sigilo*: será sigiloso somente se necessário à elucidação do fato ou para preservar interesse social. O sigilo pode ser externo, quando há proibição de publicidade em relação às pessoas do povo, e interno, quando o próprio investigado não puder tomar conhecimento das diligências realizadas. Interessante lembrar que, em que pese o fato de ser garantido ao advogado o direito de examinar inquéritos em repartições policias, é certo que não poderá acompanhar diligências que possam ser prejudicadas por ele, como a interceptação telefônica, por exemplo;

• *inquisitivo*: não está sujeito ao contraditório ou ampla defesa, resguardados, contudo, seus direitos e garantias individuais.

Notitia criminis

É o conhecimento, pela autoridade policial, da ocorrência de um fato possivelmente criminoso. A doutrina identifica quatro tipos:

a) *direta, espontânea ou de cognição imediata*: ocorre quando a autoridade policial toma conhecimento do fato de forma direta, no exercício da sua atividade funcional;

b) *indireta, provocada ou de cognição mediata*: caso em que o fato é relatado ao delegado por iniciativa de terceiros;

c) *coercitiva*: casos de prisão em flagrante quando o autor se apresenta à autoridade policial;

d) *"delatio criminis"*: a autoridade agirá por ter sido noticiada por qualquer do povo para providências e solicitação de punição do responsável.

Formas pelas quais haverá instauração de inquérito policial:

a) de ofício;

b) por meio de requisição;

c) por meio de requerimento do ofendido ou de quem tenha qualidade para representá-lo;

d) por força da *delatio criminis*;

e) mediante prisão em flagrante.

Trancamento do inquérito policial

Consiste na extinção anormal em virtude de decisão proferida em *habeas corpus*, ou, excepcionalmente, por mandado de segurança, em casos de apuração de crime ambiental cometido por pessoa jurídica, por exemplo.

Diligências da autoridade policial

O art. 6º do CPP determina que, se adequadas ao caso concreto apresentado, deverá a autoridade policial realizar as seguintes diligências:

I – dirigir-se ao local, providenciando para que não alterem o estado e a conservação das coisas, até a chegada dos peritos criminais. Ressalte-se, porém, que a Lei n. 5.790/73 abre exceção à regra de preservação de local do crime nos casos de acidente de trânsito a fim de que o tráfego de veículos seja liberado;

II – apreender os objetos que tiverem relação com o fato após liberados pelos peritos criminais;

III – colher todas as provas que servirem para o esclarecimento do fato e suas circunstâncias;

IV – ouvir o ofendido;

V – ouvir o indiciado, observando-se que a falta da oitiva do indiciado no inquérito não nulifica a ação penal;

VI – proceder ao reconhecimento de pessoas e coisas e à acareação. O reconhecimento de pessoas é disciplinado pelas recomendações do art. 226 do CPP, enquanto a acareação consiste na contraposição de pessoas envolvidas com o fato e que tenham prestado depoimentos divergentes;

VII – determinar, se for o caso, que se proceda a exame de corpo de delito e a quaisquer outras perícias, conforme disciplinado nos arts. 158 a 184;

VIII – ordenar a identificação do indiciado pelo processo datiloscópico, se possível, e fazer juntar aos autos sua folha de antecedentes. Contudo, observe-se que a identificação datiloscópica é exceção, uma vez que o art. 3º da Lei n. 12.037/2009 estabelece que o civilmente identificado só se submeterá a identificação criminal nas hipóteses por ele avençadas;

IX – averiguar a vida pregressa do indiciado, sob o ponto de vista individual, familiar e social, sua condição econômica, sua atitude e estado de ânimo antes, durante e depois do crime, e quaisquer outros elementos que contribuam para a apreciação do seu temperamento e caráter;

X – colher informações sobre a existência de filhos, respectivas idades e se possuem alguma deficiência e o nome e o contato do eventual responsável pelos cuidados dos filhos, indicado pela pessoa presa.

Reprodução simulada dos fatos

É feita a critério da autoridade policial, desde que a sua prática não contrarie a moralidade ou a ordem pública. Considerando que ninguém é obrigado a fazer prova contra si mesmo, temos como certo que, embora o indiciado seja obrigado a presenciar a simulação, não tem a obrigação de colaborar.

Outras atribuições da autoridade policial

Estão previstas no art. 13 do CPP:

I – fornecer às autoridades judiciárias as informações necessárias à instrução e julgamento dos processos;

II – realizar as diligências requisitadas pelo juiz ou pelo Ministério Público;

III – cumprir os mandados de prisão expedidos pelas autoridades judiciárias;

IV – representar acerca da prisão preventiva.

Deve ainda:

– representar ao juiz acerca de prisão temporária (art. 2º da Lei n. 7.960/89);

– proceder à restituição dos objetos apreendidos (art. 120, *caput*, do CPP);

– representar ao juiz competente no sentido de proceder ao exame de sanidade mental do indiciado, na fase de inquérito (art. 149, § 1º, do CPP);

– conceder fiança nos casos de infração cuja pena privativa de liberdade máxima do crime não exceda 4 anos (art. 322, *caput*, do CPP);

– lavrar o termo circunstanciado entre outras diligências previstas na legislação penal.

Indiciamento

Ato pelo qual o delegado, baseado em indícios suficientes e convergentes de autoria, atribui a alguém a prática de infração penal. O indiciado pode deixar essa situação durante o inquérito ou já na ação penal. É ato complexo da autoridade policial que se divide em três partes: o suspeito deve ser interrogado e o termo deve ser lido na frente de duas testemunhas, depois será ordenada sua identificação e, por fim, elaborada a folha de sua vida pregressa.

Encerramento do inquérito

Dá-se ou por esgotamento de prazo, ou quando se entenderem exauridas as possibilidades de diligências a serem realizadas. Com a conclusão do inquérito, a autoridade policial deverá elaborar minucioso relatório do que houver sido apurado.

Recebimento do inquérito pelo Ministério Público

Seis providências podem ser adotadas pelo Ministério Público:

a) oferecer denúncia;

b) devolvê-lo à autoridade policial para a realização de novas diligências imprescindíveis ao oferecimento da denúncia;

c) requerer o arquivamento do inquérito;

d) requerer a permanência dos autos em cartório;

e) requerer a remessa dos autos ao juízo competente;

f) celebrar acordo de não persecução penal

Prazos

Tratando-se de investigado solto, o Código de Processo Penal dispõe que será de 30 dias o prazo para que o inquérito termine; no entanto, se estiver preso, esse prazo é reduzido para 10 dias (prazo que se conta a partir do dia em que se executar a ordem de prisão). A legislação extravagante prevê outros prazos em situações excepcionais.

Arquivamento

A legitimidade para requerer o arquivamento do inquérito policial é do Ministério Público. O pedido é dirigido ao juiz, que, não concordando com os fundamentos do requerimento, remeterá os autos de inquérito ou peças de informação ao Procurador-Geral, o qual, de acordo com o art. 28 do CPP, poderá oferecer denúncia, designar outro membro do Ministério Público para oferecê-la ou insistirá no pedido de arquivamento, hipótese em que o magistrado será obrigado a atendê-lo.

Efeito do arquivamento: embora não faça coisa julgada, o arquivamento impede o ajuizamento de ação penal no que diz respeito aos fatos investigados enquanto não surgirem provas novas.

Valor probatório

A maior parte da doutrina nega a possibilidade de condenação lastreada apenas em provas obtidas durante a investigação, porém elas podem ser usadas quando irrepetíveis.

Termo circunstanciado

Instaurado em casos de infrações de menor potencial ofensivo em razão do procedimento utilizado dos Juizados Especiais Criminais. A peça se assemelha a um boletim de ocorrência, mais minucioso em seu conteúdo, sendo que há narração razoavelmente detalhada dos fatos, indicação de autor, vítima e rol de testemunhas.

Investigação pelo Ministério Público

Parte da doutrina entende que o Ministério Público pode desempenhar função investigatória no âmbito criminal. Tal tese foi reforçada após o afastamento do Projeto de Emenda Constitucional n. 37/2011, que limitava a apuração das infrações penais às polícias.

Acordo de não persecução penal

Cabe ao Ministério Público a opção, devidamente fundamentada, entre denunciar ou celebrar ANPP. Se o juiz considerar inadequadas, insuficientes ou abusivas as condições dispostas no acordo de não persecução penal, devolverá os autos ao Ministério Público para que seja reformulada a proposta de acordo, com concordância do investigado e seu defensor. O juiz poderá, contudo, recusar homologação à proposta que não atender aos requisitos legais ou quando não for realizada a adequação a que se refere o § 5º do art. 28-A do CPP, tal como dispõe o art. 28-A, § 7º, do mesmo diploma legal. Nessa hipótese, ele devolverá os autos ao Ministério Público para a análise da necessidade de complementação das investigações ou o oferecimento da denúncia (art. 28-A, § 8º, do CPP). Tal decisão desafia a interposição de RSE. Cumprido integralmente o acordo, o juízo competente decretará a extinção de punibilidade.

Capítulo IX
AÇÃO PENAL

1. O DIREITO DE AÇÃO

Uma vez que o Ministério Público – ou o particular, para aqueles crimes aos quais o Código Penal reserva a ação de iniciativa privada – reúna elementos de prova que lhe convençam da prática de uma conduta criminosa, torna-se necessário prosseguir na persecução penal com o ajuizamento de uma ação penal.

Com efeito, o Ministério Público, as polícias, no exercício da função judiciária, ou o particular não podem, por conta própria, proceder à aplicação da pena que entendam justa em face dos fatos que eventualmente apurarem. A aplicação da pena, como manifestação do poder jurisdicional do Estado, é reservada aos órgãos aos quais seja atribuído o exercício da jurisdição.

Assim, aquele que promover a acusação, para obter guarida à sua pretensão punitiva, será obrigado a provocar a manifestação do órgão encarregado do exercício da jurisdição (em regra, o Poder Judiciário).

Dessa forma, o direito de ação constitui o direito (ou poder) que tem o acusador de, dirigindo um pedido ao Poder Judiciário, provocar sua manifestação sobre esse pedido.

Essa conceituação de direito de ação abrange tanto a ação penal quanto a civil, o que mais uma vez denota a unidade da disciplina do direito processual como um todo. A diferença entre uma e outra reside tão somente na natureza da matéria alegada, ou seja, nas normas de direito material que servem de fundamento para o pedido veiculado em uma ou em outra[1]. Dessa diferença é que se determinará, ainda, o órgão que exercerá a jurisdição diante do caso que se apresente.

2. DIREITO DE AÇÃO OU PODER DE AÇÃO

A natureza jurídica da ação é objeto de intensa discussão doutrinária. Conquanto a definição clássica de ação a trate como um direito, cujo objeto consiste em peticionar perante o Poder Judiciário – a definição de Frederico Marques é no sentido de que a ação constitui "o direito de agir exercido perante os juízes e tribunais da justiça criminal"[2] –, parte significativa da doutrina vê a ação como um poder, na medida em que sua contrapartida constitui uma sujeição.

De fato, o Estado, por meio do Poder Judiciário, encontra-se em relação de sujeição em face de quem deseje provocar-lhe a manifestação. Uma vez ajuizada a ação, não é dado ao Poder Judiciário não se manifestar (daí se dizer que no sistema jurídico impera a vedação ao *non liquet*, ou seja, a proibição de não decidir, portanto, uma dupla negativa). Ainda que seja para denegar sumariamente o pedido, o ajuizamento da ação, penal ou civil, implica a criação de um dever para o Estado de emitir uma decisão.

Dessa forma, mais do que um direito, pode-se vislumbrar verdadeiro *poder de ação*. Saliente-se, entretanto, que boa parte da doutrina prossegue adotando a noção de ação enquanto direito, motivo pelo qual não se adotará, peremptoriamente, nesta obra, um ou outro conceito.

---

[1] J. Frederico Marques, *Elementos de direito processual penal*, v. 1, p. 284.

[2] J. Frederico Marques, *Elementos de direito processual penal*, v. 1, p. 284.

3. CARACTERÍSTICAS DA AÇÃO PENAL

A doutrina clássica atribui ao direito de ação penal as seguintes características:

a) *Caráter público*: a ação penal é direito público, porquanto, do ponto de vista subjetivo, é exercido em face do Poder Público (Estado), e, do ponto de vista objetivo, contém uma pretensão de elevada relevância social (uma pretensão punitiva, fundada em direito material penal). Além disso, o direito de ação é sempre exercido em face do Estado, já que tem por objetivo último provocar a aplicação do direito penal material a um fato concreto.

b) *Constitui direito subjetivo*: o direito de ação, categoria na qual se inclui o direito de ação penal, constitui uma faculdade – ou dever, no caso da ação penal pública, como adiante se verá – de agir, com a finalidade de obter tutela a determinado interesse.

c) *É direito autônomo*: a autonomia do direito de ação penal significa que sua existência e a possibilidade de que seja exercido independem de qualquer relação jurídica material. Sua autonomia decorre da própria autonomia do direito processual com relação ao direito material, já anteriormente abordada.

d) *É direito abstrato*: essa característica da ação penal é, também, decorrente da autonomia do direito de ação em relação ao direito material. A doutrina que classifica a ação como direito abstrato contrapõe-se à corrente, outrora dominante, que a encara como direito concreto, segundo a qual o direito de ação surge da situação concreta em que ocorra violação de um direito material. Com efeito, o direito de ação, ou seja, o direito (ou poder) de obter um pronunciamento do Poder Judiciário, ao contrário do que inicialmente se considerava, não decorre da violação de direito material. Qualquer pessoa que tenha capacidade de agir poderá exercer o direito de ação, ainda que nenhuma violação a direito tenha ocorrido. A circunstância de que o autor da ação não tenha razão, ou de que não se tenham preenchido os requisitos necessários para que obtenha a tutela pleiteada, não obsta à concretização do direito de ação, uma vez que em todos esses casos o Poder Judiciário estará obrigado a manifestar-se, ainda que seja para decidir contra o autor da ação, ou para declarar extinto o processo sem julgamento do mérito. É, pois, direito abstrato porque independe do provimento jurisdicional, seja ele favorável ou desfavorável, justo ou injusto[3].

4. FUNDAMENTO LEGAL

A despeito de se constituir o direito de ação instituto de natureza eminentemente processual, no sistema jurídico brasileiro a ação penal é em parte disciplinada pelo Código Penal. Com efeito, o Título VII da Parte Geral do Código Penal (arts. 100 a 106) dedica-se integralmente a disciplinar o exercício da ação penal.

No Código de Processo Penal, a ação penal é disciplinada no Título III do Livro I (arts. 24 a 62).

5. CONDIÇÕES DA AÇÃO

Conquanto a expressão "condições da ação" tenha enorme aceitação na doutrina do direito processual como um todo, é certo que o direito de ação, em si, não é condicionado, conforme já mencionado. Qualquer pessoa do povo, bem como os órgãos do Ministério Público, podem livremente ajuizar ações perante o Poder Judiciário, após o que o órgão provocado estará obrigado a conceder ao autor uma resposta, ainda que seja para negar seguimento à ação ajuizada.

Por isso, ao contrário do que ensinava a doutrina tradicional, não é propriamente o exercício do direito de ação que é condicionado, mas sim o direito de que o movimento desencadeado pelo ajui-

[3] Ada Pellegrini Grinover *et al.*, *Teoria geral do processo*, p. 255.

zamento da ação se desenvolva, por meio do processo, em direção a um julgamento de mérito. Nesse sentido, a definição de Liebman, segundo a qual as condições da ação constituem as "condições essenciais para o exercício da função jurisdicional com referência à situação concreta deduzida em juízo"[4].

Em outros termos, pode-se dizer que toda ação ajuizada contém em si dois pedidos, ainda que um deles possa ser implícito: *o primeiro pedido refere-se ao direito material sobre o qual versa a ação* – que, no caso do direito processual penal, constituirá requerimento no sentido de que o acusado seja condenado pela prática de determinada infração penal. *O segundo, por sua vez, é de natureza processual e consiste em requerimento no sentido de que seja constituída a própria relação jurídica processual*, cujo desenrolar permitirá o pronunciamento jurisdicional final. Observe-se que somente após o atendimento do segundo pedido é que será possível apreciar o primeiro, motivo pelo qual as questões referentes ao processo em si são *prejudiciais* à apreciação do pedido referente ao direito material (e, nesse sentido, efetivamente *condicionam*, como disse Liebman, a atuação da jurisdição com relação a esse pedido).

O pedido referente ao direito material constitui o mérito da demanda. Dessa forma, quando enfrentado pelo julgador – seja para ser acolhido ou desacolhido –, ensejará a chamada decisão de mérito. Entretanto, para que essa decisão seja proferida, faz-se necessário que sejam preenchidas algumas condições precedentes, sem as quais o processo será extinto *sem julgamento do mérito*, ou seja, sem que seja apreciada aquela questão de direito material que se apresenta ao julgador. Essas condições é que são, imprecisamente, denominadas "condições da ação".

6. CONDIÇÕES GENÉRICAS

A doutrina processual usualmente identifica três condições genéricas da ação. São classificadas como genéricas porque são aplicáveis a qualquer ação judicial, pouco importando a natureza – penal ou civil – da pretensão veiculada por meio da ação, ou quem seja seu titular.

São condições genéricas da ação penal:

a) *Possibilidade jurídica do pedido*. No caso específico do direito processual penal, a possibilidade jurídica do pedido expressa-se na circunstância de que a conduta imputada na peça acusatória pelo autor da ação penal seja típica, ilícita e culpável. Dessa forma, para que o pedido seja juridicamente possível, é preciso que haja um dispositivo de lei determinando que a conduta descrita pelo acusador e imputada ao acusado constitua delito de natureza penal (crime ou contravenção). Em outros termos, é preciso haver um tipo penal incriminando a conduta que, segundo o acusador, foi praticada pelo acusado. Diferentemente ocorre na seara do direito processual civil, em que o pedido veiculado por meio da ação não pode ser vedado pelo ordenamento jurídico.

Norberto Avena, no entanto, sustenta que, nesta primeira condição da ação penal, não se integram os aspectos relativos à ilicitude da conduta e à culpabilidade do acusado[5].

b) *"Legitimatio ad causam" (legitimação para agir)*. A legitimidade *ad causam* consiste em existir previsão legal para que as partes que figuram no processo ocupem suas respectivas posições processuais. Fala-se, assim, em legitimidade ativa, referindo-se à existência de previsão legal no sentido de que o autor da ação figure como parte acusadora no processo, e em legitimidade passiva, quando se cogita de análoga qualificação, porém com relação ao réu.

A ação penal, via de regra, deverá ser proposta pelo único titular do *jus puniendi* (direito de punir): o Estado. No caso específico da propositura da ação penal, o Estado agirá por meio do órgão

[4] E. T. Liebman, *Manual de direito processual civil*, 2. ed., v. 1, p. 154.

[5] Norberto Avena, *Processo penal esquematizado*, p. 152-153.

do Ministério Público, titular da ação penal (art. 129, I, da Constituição Federal). Essa instituição, portanto, na maioria dos casos, deterá a legitimidade ativa para o ajuizamento – por meio de seus órgãos – da ação penal: será o *dominus litis*.

Em certos casos, detalhados adiante, será legitimado para a propositura da ação penal um particular: determinada pessoa do povo ou, mesmo, uma pessoa jurídica. Nesse caso, o próprio particular – e não um órgão do Estado – é que atuará no processo, militando para a condenação do acusado.

Importa ressaltar que esses casos, ao contrário do que pode parecer, não constituem exceção à regra de que o direito de pleitear a punição dos infratores da lei penal assiste ao Estado. Com efeito, o particular, ajuizando a ação penal e conduzindo o processo, postulará pleiteando direito alheio em nome próprio. A pretensão punitiva, portanto, pertence sempre ao Estado, em caráter de monopólio, de modo que ocorre, no caso da ação penal de iniciativa privada, o fenômeno da substituição processual (legitimação extraordinária), em que aquele que exerce a ação penal não é – nem necessita ser – titular do direito material que a ação visa pleitear.

Quanto à legitimidade passiva, no processo penal ela ocorre quando a pessoa a que se atribui a prática da infração penal pode, do ponto de vista jurídico, sofrer a sanção determinada na lei penal[6]. O ajuizamento da ação penal, com efeito, visa, do ponto de vista do acusador, à imposição de uma penalidade ao acusado. Se o acusado não pode, sequer em tese, ser penalmente punido – seja porque contava, na data do crime a ele imputado, menos de 18 anos, seja porque em seu favor incide uma causa de imunidade –, não poderá figurar no polo passivo do processo, sendo, portanto, *parte ilegítima*, de modo que o processo contra ele, acusado, não poderá ser instaurado.

Vale salientar que há divergência doutrinária acerca da possibilidade de pessoas jurídicas figurarem no polo passivo da ação penal, por não terem consciência e vontade, de modo que somente a pessoa-indivíduo possa ser qualificada como autor ou partícipe de um delito. Outra corrente, no entanto, assenta-se na possibilidade expressa da responsabilização da pessoa jurídica pela Constituição Federal (art. 225, § 3º) e pela Lei de Crimes Ambientais (art. 3º da Lei n. 9.605/98), bem como pelo fato de que possuem existência própria no ordenamento jurídico e a possibilidade de praticar atos por meio dos seus administradores.

O STF tem entendido pela responsabilização da pessoa jurídica pela prática de crime ambiental ainda que absolvidas as pessoas físicas ocupantes de cargo de presidência ou de direção do órgão responsável pela prática criminosa[7].

Por derradeiro, quanto à legitimidade ativa, é expressa a possibilidade de poderem figurar como autores, tal como se depreende dos arts. 37 e 60, IV, do CPP.

c) *Interesse de agir* (interesse processual). Em geral, o interesse de agir é entendido como a reunião de três requisitos, sejam eles: a necessidade de agir em juízo, a adequação da medida pleiteada e a utilidade do provimento jurisdicional final. Parte da doutrina inclui nesse rol, ainda, um quarto elemento: a justa causa para o ajuizamento da ação.

A necessidade de agir em juízo consubstancia-se na circunstância de que a pretensão do autor não possa ser satisfeita por outro meio senão pelo pronunciamento jurisdicional. Ocorre que, ao contrário do que se verifica no âmbito do processo civil, toda pretensão de natureza penal somente poderá ser satisfeita pelo poder jurisdicional, após o devido processo legal. Enquanto o devedor cível

---

[6] Essa a definição que se pode depreender da conceituação negativa que faz J. Frederico Marques, *Elementos de direito processual penal*, 2. ed., v. 1, p. 320: "Falta legitimação passiva *ad causam* quando sanção penal alguma pode ser imposta, no delito que a acusação descreve, à pessoa a quem se atribui a sua prática".

[7] RE 548.181/PR, 1ª T., Rel. Min. Rosa Weber, j. 6.8.2013. No mesmo sentido: STJ, 5ª T., AgRg no REsp 1.988.504/RN, Rel. Min. Ribeiro Dantas, j. 14.6.2022.

sempre poderá quitar voluntariamente a dívida cobrada, o infrator penal jamais poderá voluntariamente submeter-se à sanção penal sem que antes disso tenha sido devidamente julgado e condenado. Por isso, no âmbito do direito processual penal, a necessidade de agir em juízo consubstancia-se com a existência de uma situação de fato, concreta, que tenha constituído infração penal. Uma vez que o acusador afirme a ocorrência de infração penal, far-se-á necessário, pelo menos em tese, o pronunciamento jurisdicional.

A adequação, por sua vez, emerge da compatibilidade entre o fato narrado pelo autor da ação e a consequência jurídica que ele pleiteia com fundamento nesse fato. No caso do processo penal, será adequado o pedido quando, narrada uma conduta típica, o acusador pleitear a condenação do acusado, de acordo com os parâmetros do tipo incriminador, que estabelece a punição objetivamente adequada para cada delito.

No que tange à utilidade, expressa-se ela no caso concreto na idoneidade do processo para ensejar, em seu final, os efeitos que dele se desejam. A ação penal condenatória tem por finalidade impor determinada pena ao acusado. Se por qualquer motivo existente no caso concreto essa pena não mais puder ser imposta (*v.g.*, a ocorrência de prescrição da pretensão punitiva), então o ajuizamento da ação será inútil, de modo que será inexistente o interesse de agir.

A chamada "prescrição virtual" ou "prescrição antecipada" – hipótese em que, embora não tenha efetivamente ocorrido a prescrição, seria ela provável (ou possível) com base na *provável* pena *in concreto* a ser aplicada ao autor do fato (*se* condenado) – não afeta o interesse de agir[8], pois que "é impossível a rejeição da denúncia face ao reconhecimento antecipado da prescrição retroativa, vez que isso implicaria em antecipação de tutela jurisdicional, que, no domínio penal, é inadmissível, configurando verdadeiro prejulgamento, em detrimento do réu, que poderia vir a ser absolvido"[9]. Anote-se, ainda, que a "prescrição virtual" é instituto não amparado pelo ordenamento jurídico[10], uma vez que a peça acusatória não será recebida quando já estiver extinta a punibilidade, e não quando a causa extintiva for provável. É o que estabelece o art. 395, II, do CPP, ao prever que a denúncia ou queixa será rejeitada se ausente "condição para o exercício da ação penal".

Frise-se que, em que pese o grande apelo pelo reconhecimento do referido instituto, como medida de economia processual, o Superior Tribunal de Justiça vem decidindo, reiteradamente, pela impossibilidade do reconhecimento do referido instituto, pacificando a questão por meio da Súmula 438: "É inadmissível a extinção da punibilidade pela prescrição da pretensão punitiva com fundamento em pena hipotética, independentemente da existência ou sorte do processo penal".

Ademais, ressalte-se que a reforma trazida pela Lei n. 12.234/2010 dificultou a ocorrência dessa modalidade de prescrição, haja vista que a novel legislação determinou que a prescrição retroativa não pode ter por termo inicial data anterior à denúncia ou queixa (art. 110, § 1º, do Código Penal).

Dessa feita, somente após o recebimento da denúncia – primeira causa interruptiva da prescrição – é que se poderá cogitar, entre os marcos interruptivos, da incidência da prescrição retroativa com base na pena concretamente fixada na sentença condenatória.

---

[8] No mesmo sentido: "AGRAVO REGIMENTAL EM *HABEAS CORPUS*. PENAL. PRESCRIÇÃO ANTECIPADA PELA PENA EM PERSPECTIVA. AUSÊNCIA DE PREVISÃO LEGAL. MATÉRIA DECIDIDA PELO PLENÁRIO DO SUPREMO TRIBUNAL FEDERAL SOB A SISTEMÁTICA DA REPERCUSSÃO GERAL. REAFIRMAÇÃO DA JURISPRUDÊNCIA. *TEMA 239*. AGRAVO REGIMENTAL A QUE SE NEGA PROVIMENTO. I – A remansosa jurisprudência desta Suprema Corte tem repelido, de forma sistemática, a denominada prescrição antecipada pela pena em perspectiva, em razão de ausência de previsão em nosso ordenamento jurídico. Precedentes. II – Esse entendimento foi reafirmado pelo Plenário do Supremo Tribunal Federal no julgamento do RE 602.527 QO-RG/RS, de relatoria do Ministro Cezar Peluso, representativo do *Tema 239* da Sistemática da Repercussão Geral. III – Agravo regimental a que se nega provimento" (STF, 1ª T., HC 198.709, Rel. Min. Ricardo Lewandowski, j. 8.4.2021).

[9] *RJDTACrim*, 22/492.

[10] STF, RE 602.527 QO-RG, Rel. Min. Cezar Peluso, j. 19.11.2009, Repercussão Geral – Mérito, *DJe*-237, 18.12.2009.

7. JUSTA CAUSA PARA O AJUIZAMENTO DA AÇÃO PENAL

Além das três condições genéricas abordadas, mencionou-se a existência de um quarto elemento, constituído pela justa causa para o ajuizamento da ação penal. A justa causa – identificada por parte da doutrina como uma condição da ação autônoma – consiste na obrigatoriedade de que existam, no momento do ajuizamento da ação, prova acerca da materialidade delitiva e, ao menos, indícios de autoria, de modo a existir fundada suspeita acerca da prática de um fato de natureza penal. Em outros termos, é preciso que haja provas acerca da possível existência de uma infração penal e indicações razoáveis do sujeito que tenha sido o autor desse delito.

Não obstante a posição daqueles que entendem que a justa causa constitui condição autônoma da ação – isto é, distinta das três condições genéricas já mencionadas –, tem-se que esse requisito não expressa mais do que a existência, em cada caso concreto, do interesse de agir e da legitimidade passiva *ad causam*. Com efeito, as provas acerca da materialidade delitiva demonstram a necessidade de que seja instaurado um processo para que se apure o fato narrado. Já os indícios de autoria é que tornarão possível determinar, ainda que de forma relativamente incerta, a pessoa que deverá constar no polo passivo da demanda.

Necessário ressaltar que a falta de justa causa para a ação penal constitui ilegalidade e enseja impetração de *habeas corpus* nos termos do art. 648, I, do CPP.

8. CONDIÇÕES ESPECÍFICAS DA AÇÃO PENAL

Além das condições genéricas da ação, aplicáveis de modo geral a todas as espécies de ação, há também as condições específicas, que representam requisitos para o exercício da ação apenas em algumas circunstâncias.

Também chamadas de condições de procedibilidade, são condições exigidas pela lei para o exercício da ação penal em determinados casos. Entre as principais, a doutrina destaca:

a) representação do ofendido ou de seu representante;

b) requisição do Ministro da Justiça;

c) ingresso do agente em território nacional, em crimes praticados fora do território nacional (extraterritorialidade da lei penal).

Diante do rol, vê-se logo que essas condições nem sempre devem ser satisfeitas para que se afigure admissível o ajuizamento da ação penal. De fato, a representação do ofendido ou de seu representante, ou a requisição do Ministro da Justiça, apenas condicionam o exercício da ação penal naqueles casos em que a própria lei determina que o exercício da ação penal fica obstado sem sua ocorrência. Se nada for dito a respeito, assume-se que não existe o condicionamento.

O mesmo raciocínio deve ser aplicado em relação ao ingresso do agente em território nacional: trata-se de requisito objetivo que se coloca ao exercício do *ius puniendi* estatal naqueles casos em que o crime tenha sido cometido fora do território nacional.

Atualmente, a doutrina tem entendido que tanto as condições genéricas como as condições específicas da ação constituem espécies das condições de procedibilidade, ou seja, condições que, se não satisfeitas, impedem o prosseguimento do processo rumo ao pronunciamento quanto ao mérito da questão.

Diante da inexistência, no caso concreto, de qualquer das condições da ação penal, o juiz deverá decretar a carência da ação, anulando o processo "ab initio", extinguindo-o sem proceder ao julgamento do mérito, que, no processo penal, é a pretensão punitiva do Estado. O exame acerca do atendimento, em cada caso concreto, dessas condições pode ser realizado a qualquer momento durante o processo. Caso seja verificada a ausência de condição da ação no momento do oferecimento da exordial acusatória, deve o magistrado rejeitá-la com fulcro no art. 395, II, do CPP. Não obstante esse controle prévio acerca das condições da ação, caso o processo continue indevidamente, a qualquer tempo poderá ser decretada a nulificação do feito, com base no art. 564, II, do CPP.

9. CONDIÇÕES DA AÇÃO E CONDIÇÕES OBJETIVAS DA PUNIBILIDADE

Não há confundir as condições, genéricas ou específicas, da ação com as chamadas condições objetivas de punibilidade. Os institutos não têm qualquer relação, a despeito de a nomenclatura ser semelhante.

As condições da ação constituem fatos relacionados ao direito processual e que são necessários para que o exercício da ação penal possa originar validamente um processo penal. Já as condições objetivas da punibilidade são institutos contidos no plano do direito material. São fatos, externos ao tipo penal, que devem ocorrer para que a prática do tipo penal constitua fato punível. Constitui condição objetiva de punibilidade, por exemplo, a ocorrência de prejuízo no caso de crime de introdução ou abandono de animais em propriedade alheia ou a sentença que decreta a falência e concede a recuperação judicial e extrajudicial, nos crimes falimentares, conforme dispõe o art. 180 da Lei n. 11.101/2005.

Também é necessário estabelecer uma distinção entre as condições da ação e as escusas absolutórias, que atingem diretamente o direito de punir do Estado, fazendo com que a pena deixe de ser imposta por circunstâncias pessoais do agente. Como exemplos de escusas absolutórias temos a imunidade parlamentar (prevista no art. 53 da Constituição Federal) e aquelas previstas nos arts. 181 e 348, § 2º, do Código Penal.

10. PENDÊNCIA DE PROCEDIMENTO ADMINISTRATIVO

Tema que tem causado debate na doutrina e na jurisprudência diz respeito à possibilidade de que seja ajuizada ação penal na pendência de procedimento administrativo referente ao fato criminoso – seja um inquérito policial, procedimento de natureza administrativa, seja procedimento de natureza diversa.

A jurisprudência dos tribunais superiores (Supremo Tribunal Federal e Superior Tribunal de Justiça) tem sido constante no sentido de não reconhecer, no mais das vezes, relação de dependência entre os procedimentos investigativos de natureza administrativa e o ajuizamento da ação penal.

O fundamento para tal entendimento baseia-se na noção de que o órgão do Ministério Público, como *dominus litis*, tem liberdade para ajuizar a ação assim que entender existentes indícios suficientes de autoria e provas da materialidade do delito, independentemente de haver sido concluído ou não procedimento administrativo eventualmente existente[11].

Há, entretanto, relevantes hipóteses em que a pendência de procedimento administrativo objetivamente impede o ajuizamento da ação penal, ou implica sua suspensão.

Nesse sentido, vale mencionar que o art. 68 da Lei n. 11.941/2009 determina a suspensão da pretensão punitiva do Estado referente aos crimes previstos nos arts. 1º e 2º da Lei n. 8.137/90 (crimes contra a ordem tributária) e nos arts. 168-A e 337-A do Código Penal (referente ao não

---

[11] STJ, 5ª T., HC 37.919/MG, Rel. Min. Arnaldo Esteves Lima, *DJ*, 7.3.2005, p. 304; STJ, 5ª T., HC 24250/ES, Rel. Min. Jorge Scartezzini, *DJ*, 18.8.2003, p. 217. Ainda: STF, Tribunal Pleno, ADI 1.571/DF, Rel. Min. Gilmar Mendes: "O Ministério Público pode, entretanto, oferecer denúncia independentemente da comunicação, dita 'representação tributária', se, por outros meios, tem conhecimento do lançamento definitivo. Não configurada qualquer limitação à atuação do Ministério Público para propositura da ação penal pública pela prática de crimes contra a ordem tributária".

recolhimento de valores devidos à Previdência Social) com a concessão do parcelamento, impedindo, assim, que se ofereça a denúncia contra os agentes que tenham cometido os crimes mencionados e que permaneçam em situação regular de parcelamento ajustado na forma da lei. Nesse período, portanto, não poderá ser proposta a ação penal, sendo suspensas aquelas que estiverem pendentes.

Importa destacar, entretanto, que essa hipótese não implica propriamente exceção ao princípio da independência entre as esferas administrativa – à qual pertence o parcelamento previsto na Lei n. 11.941/2009 – e penal.

De fato, o motivo que impede a propositura ou o seguimento da ação penal nesse caso não é a mera existência de procedimento administrativo, mas sim a suspensão da própria pretensão punitiva do Estado. Suspensa a pretensão punitiva durante o período que a lei determina (a concessão do parcelamento e o regular cumprimento do disposto no programa ao qual a pessoa jurídica devedora aderiu), as condutas criminosas previstas nos arts. 1º e 2º da Lei n. 8.137 e nos arts. 168-A e 337-A do Código Penal deixam, ainda que temporariamente, de ser puníveis. O instituto, portanto, atinge a própria eficácia do direito material, e não o direito de obter pronunciamento judicial (direito de ação). A ação penal, nesse caso, somente não pode ser julgada em seu mérito porque o Ministério Público será carecedor de interesse de agir, uma vez que seria inútil o ajuizamento do processo se de qualquer maneira o agente não puder ser punido.

Ainda sobre o tema das relações entre as esferas administrativa e penal, merecem menção os casos em que a própria materialidade do delito fica dependente da atuação administrativa. É o que ocorre nos crimes materiais ou de resultado tipificados na mencionada Lei n. 8.137/90. Nesses casos, a existência do crime necessariamente pressupõe a preexistência de um tributo, cujo pagamento possa ser sonegado pelo agente. Há que verificar, entretanto, que o entendimento jurisprudencial dos tribunais pátrios adota, majoritariamente, a noção de que o tributo, enquanto obrigação de pagar determinada quantia ao Fisco, apenas passa a existir juridicamente após o lançamento, ato administrativo que teria, portanto, o condão de criar a obrigação jurídica consistente no dever de verter determinada quantia aos cofres governamentais. Sem o lançamento simplesmente inexistiria qualquer tributo a sonegar, motivo pelo qual não seria possível cogitar da prática de crime.

Adotado esse entendimento, será lógica a conclusão – adotada pelos tribunais[12] – de que a pendência de recurso que questione a própria existência do crédito tributário, atacando os fundamentos do lançamento realizado pela Administração Pública, impede o ajuizamento da ação penal enquanto não definitivamente julgado. Isso porque na pendência de procedimento administrativo haverá a possibilidade de que o tributo devido seja desconstituído, hipótese em que da mesma forma seria impossível identificar conduta criminosa no seu não pagamento. A incerteza acerca do elemento exigido pelo tipo penal, segundo o entendimento pretoriano, redundaria na inexistência de materialidade delitiva e, dessa forma, na carência de interesse de agir, motivo pelo qual a ação penal não poderia ser proposta.

Aliás, nesse sentido, foi editada pelo Supremo Tribunal Federal a Súmula Vinculante 24, com o seguinte teor: "Não se tipifica crime contra a ordem tributária, previsto no art. 1º, incisos I a IV, da Lei n. 8.137/90, antes do lançamento definitivo do tributo".

Novamente, dessarte, o motivo impeditivo do seguimento da ação penal não será a pendência do recurso administrativo em si, mas sim a circunstância de que não é possível identificar a prática de crime.

[12] Nesse sentido, adotando a tese da natureza constitutiva do lançamento tributário: STF, Pleno, HC 81.611/DF, Rel. Min. Sepúlveda Pertence, j. 10.12.2003; STJ, 6ª T., RHC 13.569/SP, Rel. Min. Hamilton Carvalhido, *DJ*, 11.4.2005, p. 382; TRF3, 1ª T., HC 18.055, Rel. Des. Fed. Johonsom di Salvo.

Por essa razão, é evidente que nem todo recurso administrativo será apto a obstar a ação penal. Somente aqueles recursos que consistentemente impugnam a existência de tributo é que terão esse condão[13], não se prestando a esse efeito os recursos meramente formais ou procrastinatórios. A possibilidade de seguimento da ação penal, portanto, terá de ser apreciada caso a caso, diante das peculiaridades de cada situação, e a questão, ao que parece, será resolvida menos pela consideração que se atribui à existência de processo administrativo como condição objetiva de punibilidade ou condição de procedibilidade da ação penal e mais pelo resultado naturalístico que remete à tipicidade.

11. DENÚNCIA E QUEIXA-CRIME

11.1. Conceito

A ação penal é promovida por meio do oferecimento de uma petição inicial, que, despachada pelo juiz, dá início ao processo penal. Nos casos em que o órgão do Ministério Público apresenta a peça acusatória, esta recebe o nome de "denúncia". Quando couber ao ofendido ou a seu representante legal dar início à *persecutio criminis in iudicio,* deverão fazê-lo por meio do oferecimento de "queixa-crime", nome dado à peça acusatória nas ações penais privadas (exclusivas ou subsidiárias).

Segundo José Frederico Marques, a peça acusatória é "o ato processual que formaliza a acusação"[14], por isso deve atender a requisitos formais, as condições da ação (genéricas e específicas), e a pressupostos processuais.

11.2. Requisitos formais da denúncia

Os requisitos formais que a peça acusatória deve preencher estão contidos no art. 41 do CPP e analogicamente no disposto no art. 319 do CPC, que elenca os requisitos da petição inicial. Tais requisitos se resumem, basicamente, nos *elementos identificadores da ação (partes, pedido e causa de pedir).* Assim, deve a peça acusatória conter a exposição do fato criminoso, com todas as suas circunstâncias (o que em última análise constitui a *causa de pedir*, pois é a exposição do fato que – ao menos em tese – violou a norma penal objetiva), e a classificação do crime; a qualificação do acusado ou esclarecimentos pelos quais se possa identificá-lo, bem como a identificação do órgão do Ministério Público (ou querelante) e sua assinatura (ou seja, a qualificação das *partes*); o *pedido* de condenação (completando os elementos da ação); por fim, há de ser a peça acusatória redigida em vernáculo, contendo o devido endereçamento e o pedido de citação do réu para que integre o processo.

O prazo para oferecimento da denúncia, estando o réu preso, será de 5 dias, contado da data em que o órgão do Ministério Público receber os autos do inquérito policial. Se o réu estiver solto, o prazo será de 15 dias. Neste último caso, se houver devolução do inquérito à autoridade policial, contar-se-á o prazo da data em que o órgão do Ministério Público receber novamente os autos.

Ao elaborar a denúncia, deve o membro do Ministério Público ater-se ao seguinte[15]:

---

[13] Nesse sentido pronunciou-se o Desembargador Federal Johonsom di Salvo, relatando o julgamento do HC 18.055, em que proferiu voto no sentido de que "o recurso administrativo interposto contra o lançamento de ofício ou o auto de infração, o qual dispõe de efeito suspensivo da exigibilidade do crédito tributário, e que evitaria o pronto reconhecimento da materialidade, consumação ou tentativa, do ilícito penal decorrente do ilícito tributário, é somente aquele recurso que, fundamentadamente, se volta contra qualquer dos elementos constitutivos do fato gerador da obrigação principal (art. 114 do Código Tributário Nacional) ou acessória (art. 115 do Código Tributário Nacional), revelando-se aparentemente útil para descaracterizar a obrigação principal ou acessória que, descumprida, deu ensejo à consideração da ocorrência também do ilícito penal".

[14] José Frederico Marques, *Elementos de direito processual penal*, v. 2, p. 177.

[15] Recomendações aos membros do Ministério Público do Ato n. 1/84 da Procuradoria-Geral do Ministério Público de São Paulo, editado conjuntamente com o Conselho Superior e com a Corregedoria-Geral do Ministério Público Paulista.

"I – mencionar todos os nomes e apelidos usados pelo acusado, bem como as folhas dos autos em que se encontra a sua qualificação;

II – indicar, sempre que possível, dia, hora e lugar da infração;

III – descrever o fato delituoso com todas as suas circunstâncias;

IV – nos casos de coautoria, descrever a participação isolada de cada um dos coautores, quando desenvolverem condutas distintas;

V – consignar a motivação dos crimes dolosos e, nos delitos culposos, descrever o fato caracterizador da culpa e sua modalidade (imprudência, imperícia e negligência);

VI – mencionar o tipo penal ao qual se subsome o fato descrito, indicando, quando for o caso, a aplicação combinada das normas atinentes à coautoria, ao concurso de delitos, à tentativa, às circunstâncias agravantes e às qualificadoras;

VII – indicar o rito processual;

VIII – formular o pedido de condenação ou pronúncia;

IX – apresentar o rol de testemunhas".

A denúncia e a queixa devem ser elaboradas de maneira sintética, tendo em vista que a finalidade da exordial é simplesmente imputar uma conduta tipificada em lei como crime ou contravenção a alguém. Nela não se realiza análise de provas, bastando a descrição do fato criminoso com todas as suas circunstâncias, sendo inadequada, inclusive, a transcrição de excertos doutrinários e jurisprudenciais em seu corpo.

Ademais, o órgão do *Parquet* deverá, ao oferecer a inicial acusatória, formular, em folha apartada que a precederá, um ou alguns dos seguintes requerimentos, desde que pertinentes ao caso concreto:

I – de prisão preventiva, quando cabível, explicitando os elementos dos autos que justificam a medida;

II – de juntada da folha de antecedentes e certidões dos processos que nela constar;

III – de remessa a juízo dos laudos periciais faltantes, inclusive os complementares;

IV – de juntada de fotografia do réu, quando necessária para o reconhecimento em juízo;

V – de juntada de certidões de peças de outros procedimentos, quando relacionadas ao fato narrado na denúncia;

VI – pedido de arquivamento do inquérito em relação aos indiciados não denunciados;

VII – de realização de exame pericial complementar na vítima, se necessário à exata capitulação do crime;

VIII – de certidão de remessa a juízo, juntamente com o inquérito, das armas e instrumentos do crime e de outros objetos apreendidos na fase do inquérito policial, fiscalizando o seu recebimento pelo Cartório, por meio do respectivo termo nos autos[16].

Ainda no que pertine à denúncia, em se tratando de crimes societários, a jurisprudência diverge quanto à necessidade de se individualizar a atuação específica de cada agente na empreitada criminosa.

O STF entendeu que é suficiente a indicação de que os denunciados sejam responsáveis, de algum modo, pela condução da sociedade, e que esse fato não fosse, de plano, infirmado pelo ato constitutivo da pessoa jurídica[17]. Já o STJ, no entanto, entende ser possível atribuir a todos os denunciados a prática de um mesmo ato (denúncia geral), porquanto todos dele participaram, mas não

[16] Instruções extraídas do *Manual de atuação funcional dos promotores de justiça do Estado de São Paulo*, Ato n. 1/84, p. 60-61.

[17] STF, HC 177.544/MS, Rel. Min. Luiz Fux, j. 25.10.2019.

é possível narrar vários atos sem dizer quem os praticou, atribuindo-os a todos, pois neste caso não se tem uma denúncia geral, mas sim "genérica"[18].

11.3. Requisitos formais da queixa-crime

A queixa-crime, petição inicial da ação penal privada, deve obedecer aos mesmos requisitos da denúncia previstos no art. 41 do CPP, complementados pela aplicação analógica do art. 319 do CPC. O art. 44 do CPP, no entanto, exige que a queixa seja proposta por procurador com poderes especiais, devendo constar do instrumento do mandato o nome do querelado[19] e a menção do fato criminoso. Desse modo, o STF tem entendido que o instrumento de mandato judicial deverá conter, ao menos, referência individualizadora do evento delituoso, e não apenas o *nomen iuris*. Asseverou-se, por outro lado, não ser necessária a descrição minuciosa ou a referência pormenorizada do fato. Observou-se, ainda, que, embora a presença do querelante na audiência de conciliação possibilite suprimento de eventual omissão da procuração judicial, a regularização do mandato somente ocorrerá se ainda não consumada a decadência do direito de queixa. Sucede que, decorrido *in albis* o prazo decadencial sem a correção do vício apontado, impor-se-á o reconhecimento da extinção da punibilidade do querelado[20]. Na rejeição da queixa pela falta desses requisitos, a ação pode ser renovada, desde que o prazo decadencial não tenha decorrido. Tem ainda a jurisprudência entendido que tais requisitos são dispensáveis na procuração, desde que a queixa seja assinada também pelo querelante[21].

Ademais, eventual falha na procuração não é questão pertinente à legitimidade de parte, mas sim à representação, razão pela qual possibilita ao julgador aplicar o disposto no art. 568 do CPP ("poderá a todo tempo ser sanada"), inclusive se superado o prazo decadencial[22].

Essas exigências permitem, além do exercício da ampla defesa pelo acusado, que passa a conhecer com precisão todos os limites da imputação, a viabilização da aplicação da lei penal, pois permite ao órgão jurisdicional dar adequada correspondência normativa ao fato narrado[23].

11.4. Rejeição da petição inicial

Será rejeitada a petição inicial, nos termos do art. 395 – aplicável à generalidade de procedimentos por força do art. 394, § 4º –, quando:

I – For manifestamente inepta: a denúncia e a queixa não podem ser elaboradas ao bel-prazer de seu autor, devendo preencher os requisitos formais elencados pelo art. 41 do CPP, combinados com o disposto no art. 319 do CPC, aplicado por analogia. A ausência de um desses requisitos, por exemplo, a não identificação do querelado, impede que a prefacial acusatória produza seus normais efeitos jurídicos, razão pela qual será, de plano, rejeitada. A inépcia, portanto, traduz-se na ausência de aptidão da petição inicial para a produção de efeitos jurídicos.

II – Faltar pressuposto processual ou condição para o exercício da ação penal: a inexistência de pressupostos processuais – requisitos necessários à existência e ao desenvolvimento válido do processo – e das condições genéricas ou específicas da ação penal impõe a rejeição da petição inicial. Vimos, por exemplo, que a possibilidade jurídica do pedido – condição genérica da ação – consubstancia-se na

---

[18] STJ, 5ª T., AgRg no REsp 1.221.527/RS, Rel. Min. Laurita Vaz, j. 27.8.2013, *DJe*, 4.9.2013.

[19] Onde se lê "querelante" no art. 44 do CPP, leia-se "querelado", uma vez que se trata de erro material da lei.

[20] STF, Pet 9.725 AgR/DF, Tribunal Pleno, Rel.: Min. Rosa Weber, j. 13.6.2022.

[21] *RJDTACrim*, 2/139.

[22] STJ, 5ª T., HC 67.830/SC, Rel. Min. Gilson Dipp, j. 10.5.2007, *DJ*, 18.6.2007.

[23] Eugenio Pacelli de Oliveira, *Curso de processo penal*, p. 143.

existência de um tipo penal que incrimine a conduta que, segundo o acusador, foi perpetrada pelo réu. Portanto, quando o fato narrado na exordial não constituir crime ou contravenção penal, deverá a peça acusatória ser rejeitada. Imagine-se que o autor da ação narre na peça vestibular a prática de incesto. Apesar de moralmente reprovável, tal conduta não constitui crime ou contravenção penal, não podendo instaurar-se, por impossibilidade jurídica do pedido, a relação jurídica processual.

III – Faltar justa causa para o exercício da ação penal: a previsão de falta de justa causa para a ação penal nem sequer deveria ter sido prevista como hipótese autônoma de rejeição da petição inicial, por estar englobada no inciso anterior, já que se trata de condição genérica da ação penal, em que pese a divergência doutrinária no sentido de ser ela condição autônoma ou requisito do interesse de agir. Com efeito, a justa causa nada mais é do que a prova da materialidade e de indícios de autoria. Não se verificando cumulativamente esses requisitos, resta ao magistrado não receber a denúncia ou queixa.

Sobre a hipótese de *rejeição parcial* da peça acusatória, é admissível desde que, imputando (a peça acusatória) fatos diversos ao mesmo acusado, se verifica que um deles evidentemente não constitui crime[24], ou, de igual modo, se faltam elementos informativos mínimos acerca da autoria e materialidade de um dos crimes[25], sendo, no entanto, incabível se implicar indevida antecipação do juízo de mérito.

11.5. Recurso

Da decisão que não recebe a denúncia ou queixa caberá, regra geral, recurso em sentido estrito (art. 581, I, do CPP). Nas infrações penais de menor potencial ofensivo, a decisão desafia a apelação (art. 82 da Lei n. 9.099/95).

O STF, por meio da Súmula 707, estabeleceu que "constitui nulidade a falta de intimação do denunciado para oferecer contrarrazões ao recurso interposto da rejeição da denúncia, não a suprindo a nomeação de defensor dativo".

Assim, também, valerá pelo recebimento da peça inicial o acórdão que provê o recurso contra a rejeição da denúncia, "salvo quando nula a decisão de primeiro grau" (Súmula 709 do STF).

A rejeição da peça acusatória de competência originária dos tribunais comporta agravo para o órgão especial, Seção ou Turma no prazo de 5 dias (art. 39 da Lei n. 8.038/90).

Da decisão que recebe a denúncia ou queixa não cabe recurso, podendo a parte impetrar *habeas corpus*, se for o caso.

Contra a decisão do juiz que se julgar incompetente, por sua vez, caberá recurso em sentido estrito (art. 581, II, do Código de Processo Penal).

11.6. Imputação alternativa

A denúncia (ou queixa) alternativa consubstancia-se na peça acusatória em que se atribui mais de uma conduta criminosa provável ao mesmo agente, mas apenas uma delas foi efetivamente realizada[26], por exemplo, a denúncia que imputa ao acusado o delito de furto *ou* de receptação, em virtude do quadro probatório não se apresentar claro quanto à configuração de um ou de outro delito.

Essa medida, segundo a corrente a que nos filiamos, atinge diametralmente o princípio da ampla defesa, obrigando o acusado a apresentar argumentos defensivos em vários sentidos, sem saber, no

[24] STJ, 6ª T., RHC 11.117/SP, Rel. Min. Vicente Leal, j. 28.8.2001.

[25] TACrim, 12ª Câm., Rec. 134.361-1/9, Rel. Pinheiro Franco, j. 7.4.2003, Rolo-flash 1.570/38.

[26] Afrânio Silva Jardim, *Direito processual penal*, p. 149.

entanto, efetivamente contra qual conduta será ele perseguido penalmente. Nesse sentido, a Súmula 1 das Mesas de Processo Penal[27], realizadas na Faculdade do Largo São Francisco, coordenadas por Ada Pellegrini Grinover: "A acusação deve ser determinada, pois a proposta a ser demonstrada há de ser concreta. Não se deve admitir denúncia alternativa, principalmente quando haja incompatibilidade lógica entre os fatos imputados". Contudo, força é convir que, em situações excepcionais que não importem "incompatibilidade lógica" entre as condutas imputadas alternativamente, o rigor do posicionamento deve ser atenuado em face da impossibilidade de uma imputação estrita e precisa.

Outros autores[28] entendem contrariamente ao exposto, admitindo que a imputação alternativa, não vedada pelo Código de Processo Penal, torna apenas mais complexa a defesa do acusado, não a suprimindo. Ademais, segundo essa vertente doutrinária, os fatos imputados ao réu são certos e determinados, o que possibilita o exercício da ampla defesa e, sobretudo, atende ao princípio da correlação. É pacífica, porém, a impossibilidade de condenação alternativa.

11.7. Aditamento à petição inicial

Aditar significa acrescer, ampliar, complementar. Em sentido jurídico, toma igualmente o significado de "retificar", de qualquer sorte, inovando, de alguma forma, o sentido original. O aditamento nada mais é do que o complemento da peça inicial acusatória, que tem por finalidade a correção de erros materiais, a mudança da acusação (em virtude da prova produzida no curso do processo) ou a inclusão de corréu.

A primeira hipótese de aditamento consta no art. 569 do CPP, segundo o qual as omissões da denúncia ou queixa-crime podem a qualquer tempo, antes da sentença, ser sanadas. Contudo, não é toda e qualquer omissão que pode ser suprida pelo aditamento, como erroneamente se pode concluir da leitura do dispositivo. O acusado se defende dos fatos a ele imputados, que devem estar devidamente narrados, com todas as suas circunstâncias, na exordial (art. 41 do CPP). Por conta disso, somente as omissões ou erros materiais, que não obstem o exercício da ampla defesa, podem ser corrigidos por meio do aditamento. Se o vício for insanável, a hipótese será de nulidade absoluta, insuscetível de convalidação.

Também pode ocorrer o aditamento em caso de *mutatio libelli,* prevista no art. 384, *caput*, do CPP. Durante a instrução criminal, com a produção da prova, podem surgir fatos novos, que impliquem a necessidade de mudança da acusação. Imagine-se, por exemplo, uma denúncia por crime de furto simples (art. 155, *caput,* do CP). Com a produção da prova, verifica-se que, na verdade, trata-se de crime de roubo (art. 157 do CP). Há a evidente necessidade de mudança da acusação – *mutatio libelli* (tratada no Capítulo XXI, item 12, ao qual remetemos o leitor).

Finalmente, o aditamento pode ser usado para a inclusão de corréu. Nesse caso, em atendimento ao devido processo legal, deve haver citação e as demais providências previstas no procedimento cabível em relação ao acusado que passará a integrar a relação jurídica processual. No rito do Júri, tal medida é prevista no art. 417 do CPP, segundo o qual, se dos autos constarem indícios de autoria ou de participação de outros indivíduos não compreendidos na denúncia ou queixa, o juiz, ao proferir a decisão de pronúncia ou impronúncia, ordenará que os autos voltem ao Ministério Público, por 15 dias, aplicando-se, no que couber, o disposto no art. 80. Assim, o Ministério Público ou o querelante aditará a inicial ou requererá a separação de processos, com o oferecimento de denúncia (ou queixa) contra o coautor ou partícipe. Conquanto a lei mencione como momento processual a prolação da decisão de pronúncia ou impronúncia, é certo que a qualquer momento da primeira fase do proce-

---

[27] *Apud* Tourinho Filho, *Processo penal*, v. 1, p. 400.

[28] É a posição de Afrânio Silva Jardim, Carlos Frederico Coelho Nogueira e Julio Fabbrini Mirabete.

dimento pode o juiz abrir vista ao Ministério Público para aditamento, bem como este, *ex officio*, pode fazê-lo.

Da decisão que rejeita o aditamento caberá recurso em sentido estrito, com base no art. 581, I, do CPP, embora alguns autores entendam ser cabível apelação, com fulcro no art. 593, II, do CPP. De qualquer forma, o recurso deverá ser recebido e processado, em razão do princípio da fungibilidade, positivado no art. 579 do CPP. Caso o juiz baixe os autos ao Ministério Público para aditamento e este não concorde, deve haver aplicação analógica do art. 28 do CPP, com a remessa dos autos ao Procurador-Geral de Justiça (esfera estadual) ou à Câmara de Coordenação e Revisão (esfera federal).

12. Classificação

Dentre os diversos critérios classificatórios da ação penal, ganhou relevância aquele que se embasa na titularidade do direito de exercê-la – vale dizer, o critério de classificação segundo os sujeitos que detêm a legitimidade ativa. A classificação encontra sólido respaldo na doutrina e é adotada pela própria lei, conforme se verá.

De acordo com esse critério, encontram-se dois gêneros (duas categorias) de ação penal: a ação penal de iniciativa pública e a ação penal de iniciativa privada, denominadas na lei e na majoritária doutrina, mais simplesmente, ação penal pública e ação penal privada.

Conquanto o uso corrente tenha consagrado essa terminologia, tem-se que as expressões "ação penal pública" e "ação penal privada" não coadunam de forma precisa com os conceitos que representam. Com efeito, conforme se viu anteriormente, a ação penal é sempre um direito público. Não é, dessa forma, de todo correto afirmar a existência de uma ação penal privada. Privada não é a ação, mas sim a qualificação do sujeito que irá exercê-la. A ação, seja enquanto direito, seja enquanto poder, é pública mesmo quando exercida por um acusador que não atue em nome do Estado.

Dessarte, onde a lei fizer referência à ação penal pública e à ação penal privada, deve-se compreender que as expressões mais adequadas para designá-las seriam "ação penal de iniciativa pública" e "ação penal de iniciativa privada". De fato, entre um e outro tipo de ação não há diferenças essenciais. O que varia é tão somente o sujeito legitimado para a propositura da ação: no caso da ação penal pública, somente o Ministério Público poderá ajuizá-la. Por outro lado, a ação penal privada é aquela ajuizada por um sujeito privado.

Feita a ressalva – e admitindo o uso corrente da nomenclatura que resulta na distinção entre ação penal pública e privada –, é de destacar também que cada um desses gêneros contém espécies.

A ação penal pública pode ser incondicionada ou condicionada, enquanto a ação penal privada poderá ser principal (ou exclusiva), subsidiária da ação penal pública ou personalíssima.

Haveria também, ainda adotando o critério da legitimidade ativa, um terceiro gênero, que abarca a chamada ação penal popular. Há divergências, entretanto, acerca da sobrevivência desse instituto jurídico. Enquanto parte da doutrina reconhece sua existência em nosso ordenamento, vislumbrando seu fundamento no art. 14 da Lei n. 1.079/50, há aqueles que, em polo oposto, defendem a inexistência desse gênero, entendendo não haver, em nosso sistema, ação penal popular de natureza condenatória[29].

---

[29] Hélio Tornaghi, em seu *Curso de processo penal*, 8. ed., v. I, p. 38, ensina, em assertiva que expressa a controvérsia: "Sem dúvida, portanto, inexiste no Direito brasileiro vigente a ação popular em matéria penal. Única exceção é a da Lei n. 1.079/50 (arts. 14, 41, 52, 58, 60, 61, 65 e 66), que 'define os crimes de responsabilidade do Presidente da República e dos Ministros de Estado e regula o respectivo processo e julgamento'".

13. SÍNTESE

Ação penal

O direito de ação constitui o direito (ou poder) que tem o acusador de, dirigindo um pedido ao Poder Judiciário, provocar sua manifestação sobre esse pedido. A ação penal pública pode ser condicionada ou incondicionada, enquanto a ação privada poderá ser principal (ou exclusiva), subsidiária da pública ou personalíssima.

Características da ação

a) caráter público;

b) constitui direito subjetivo;

c) é direito autônomo;

d) é direito abstrato.

Condições da ação

a) *genéricas*: são aplicáveis a qualquer ação judicial. São três:

- possibilidade jurídica do pedido: no caso do direito processual penal, expressa-se na circunstância de que a conduta imputada na peça acusatória pelo autor da ação penal seja típica, ilícita e culpável;
- legitimação para agir: em regra é do Ministério Público, mas em alguns casos será do particular, quando em ações penais privadas;
- interesse de agir: necessidade de agir em juízo, adequação da medida pleiteada e utilidade do provimento.

b) *específicas*: são condições exigidas pela lei para o exercício da ação penal em determinados casos:

- representação do ofendido ou de seu representante;
- requisição do Ministro da Justiça;
- ingresso do agente em território nacional, em crimes praticados fora do território nacional (extraterritorialidade da lei penal).

Pendência de procedimento administrativo

Tem-se entendido que não se deve reconhecer, no mais das vezes, relação de dependência entre os procedimentos investigativos de natureza administrativa e o ajuizamento da ação penal. Porém, em alguns casos específicos, por exemplo, nos crimes contra a ordem tributária, previstos nos arts. 1º e 2º da Lei n. 8.137/90, não haverá crime antes do lançamento definitivo do tributo.

Denúncia e queixa-crime

É a petição inicial que, despachada pelo juiz, dá início ao processo penal. Nos casos em que o Ministério Público apresenta a peça acusatória, haverá denúncia, e, quando essa petição for oferecida por um particular, será queixa-crime. Os requisitos formais da denúncia a serem observados pelo promotor de justiça são os seguintes:

a) mencionar todos os nomes e apelidos usados pelo acusado, bem como as folhas dos autos em que se encontra a sua qualificação;

b) indicar, sempre que possível, dia, hora e lugar da infração;

c) nos casos de coautoria, descrever a conduta separada de cada um;

d) descrever a motivação nos crimes dolosos e a causa e a modalidade de culpa (negligência, imprudência ou imperícia) nos culposos;

e) mencionar o tipo penal ao qual se subsome o fato descrito;

f) indicar o rito processual;

g) formular pedido de condenação ou pronúncia;

h) apresentar rol de testemunhas.

Ademais, o *Parquet* poderá, em folha apartada, requerer algumas diligências, como prisão preventiva e laudos faltantes.

A queixa-crime deve obedecer aos mesmos requisitos da denúncia, no entanto deve ser proposta por procurador com poderes especiais.

Rejeição da petição inicial

De acordo com o art. 395 do CPP, deve ser rejeitada a petição inicial quando:

I – for manifestamente inepta;

II – faltar pressuposto processual ou condição para exercício da ação penal;

III – faltar justa causa para o exercício da ação penal.

Recurso

Da decisão que não recebe a denúncia ou queixa caberá, regra geral, recurso em sentido estrito, porém, nas infrações penais de menor potencial ofensivo, caberá apelação. A rejeição de peça acusatória de competência originária dos tribunais comporta agravo para o órgão especial, Turma ou Seção, no prazo de 5 dias.

Da decisão que recebe a denúncia não cabe recurso, podendo a parte impetrar *habeas corpus* quando for o caso. Outrossim, contra decisão do juiz que se julgar incompetente caberá recurso em sentido estrito.

Imputação alternativa

A denúncia (ou queixa) alternativa consubstancia-se na peça acusatória em que se atribui mais de uma conduta criminosa provável ao agente, sendo que apenas uma delas foi efetivamente realizada. Desrespeita o princípio da ampla defesa, uma vez que o agente precisa saber sobre quais fatos precisa se defender, porém, há outra corrente que entende que o indiciado se defende dos fatos e não da imputação e que, portanto, a imputação alternativa é aceitável.

Aditamento

O aditamento é o complemento da peça inicial acusatória, que tem por finalidade a correção de erros materiais, a mudança da acusação (em virtude de prova produzida no curso do processo) ou a inclusão de corréu. Da decisão que rejeita o aditamento caberá recurso em sentido estrito.

Capítulo X
AÇÃO PENAL PÚBLICA

1. CONCEITO

A ação penal pública – que, como se viu, seria mais precisamente denominada ação penal de iniciativa pública – é a ação penal (direito ou poder de obter a manifestação jurisdicional) quando exercida pelo Estado, por meio do Ministério Público, representando o próprio interesse social. "Ela intenta defender a sociedade", como lecionou Faustin Hélie, "a protegê-la, a reapertar o liame que a une, a rechaçar os atos que ameaçam esta sociedade, porque ela tem por missão fazer reinar o direito, que é o fundamento da vida social e de manter as leis, que são o patrimônio de todos os cidadãos"[1].

A ação pública é a regra no direito processual penal. Com efeito, conforme determinação do art. 100 do Código Penal, "a ação penal é pública, salvo quando a lei expressamente a declara privativa do ofendido". Dessa forma, quando a lei penal, tipificando uma infração penal, não determinar expressamente que a ação deva ser movida pelo ofendido, deve-se assumir que a ação penal será de iniciativa pública.

Além disso, dispõe o art. 24, § 2º, do Código de Processo Penal que, nos crimes praticados em detrimento do patrimônio ou interesse da União, Estado e Município, a ação será sempre pública.

2. TITULARIDADE

Cabe exclusivamente ao Ministério Público o exercício da ação penal pública (art. 129, I, da Constituição Federal), por meio do oferecimento de denúncia, devendo, também, atuar durante todo o curso do processo até a sentença final, desenvolvendo a acusação, velando pela legalidade do procedimento e interpondo os recursos cabíveis.

3. PRINCÍPIOS QUE REGEM A AÇÃO PENAL PÚBLICA

A ação penal pública rege-se pelos seguintes princípios:

Princípio da oficialidade. Tendo em conta que a ação penal pública é, por definição, aquela em relação à qual a legitimidade ativa cabe ao Estado, aplica-se à ação penal pública o princípio da oficialidade. Segundo esse princípio, a ação penal pública somente poderá ser proposta por um órgão do Estado: o Ministério Público. Mais do que isso, o Ministério Público, conforme já se viu, desde que se convença da existência de um fato criminoso, tem o dever de ajuizar de ofício a ação penal. A prerrogativa do órgão do *Parquet* vem consubstanciada nos ditames da Constituição Federal, que estabelece como uma das funções institucionais do Ministério Público promover privativamente a ação penal pública, na forma da lei (art. 129, I), ação essa que será exercida por meio de denúncia (art. 24, *caput*, do Código de Processo Penal).

Caracterize-se como exceção ao referido princípio a ação penal privada subsidiária, prevista no art. 5º, LIX, da CF, art. 29 do CPP e art. 100, § 3º, do CP.

Princípio da obrigatoriedade (legalidade). O representante do Ministério Público, se dispuser de elementos suficientes para amparar a acusação (prova da materialidade e indícios sufi-

[1] Faustin Hélie, *Traité de l'instruction criminelle*, I, n. 472, p. 556.

cientes da autoria), estará obrigado a oferecer denúncia, exercendo o poder-dever de ação. A obrigatoriedade decorre do próprio texto legal (art. 24 do Código de Processo Penal). Esse princípio fundamenta a vedação a que o órgão do Ministério Público, finalizado o inquérito policial, determine seu arquivamento. Finalizada a investigação, caso o representante do Ministério Público entenda não haver elementos de prova suficientes para fundamentar o ajuizamento da ação penal (justa causa), deverá ele propor o arquivamento do inquérito ao juiz competente, ficando a decisão acerca do arquivamento sob o controle – exclusivamente no que tange ao atendimento do princípio da obrigatoriedade – do magistrado perante o qual oficia o órgão do Ministério Público. Acerca do procedimento adotado em situações de impasse entre o juiz e o órgão do *Parquet*, veja-se o capítulo referente ao inquérito policial.

Assim, tem-se entendido que, para o início da ação penal pública, basta a presença de indícios suficientes de autoria e prova da materialidade delitiva. Portanto, o Ministério Público não deverá sequer adentrar o mérito da existência de causas excludentes de ilicitude ou de culpabilidade.

Todavia, em situações específicas em que se afigure inequívoca e evidente a presença das referidas causas excludentes, entende-se ser possível que o Ministério Público deixe de ingressar com a ação penal, propondo o arquivamento do inquérito policial.

O princípio da obrigatoriedade, antes considerado absoluto, veio a ser mitigado com o advento da Lei n. 9.099/95, que instituiu um modelo consensual no processo penal, adotando o *princípio da discricionariedade regrada,* também chamado de *princípio da disponibilidade temperada,* para as infrações de menor potencial ofensivo. Exceção também foi trazida pelo art. 4º da Lei n. 12.850/2013 (Lei das Organizações Criminosas) em razão de acordo feito em delação premiada e pelo acordo de não persecução penal previsto no art. 28-A do CPP (incluído pela Lei n. 13.964/2019), acerca do qual tratamos no capítulo anterior.

Princípio da indisponibilidade. A obrigatoriedade da ação penal estende-se durante o curso do processo. Não pode o Ministério Público desistir da ação penal (art. 42 do Código de Processo Penal). Com efeito, o órgão do *Parquet*, ao ajuizar a ação e conduzir a acusação, não age em interesse próprio. Representa o Estado, titular do direito defendido, que em última análise pertence à sociedade como um todo. Assim, não tem o Ministério Público poder para transigir, abrindo mão de interesse que não lhe pertence. A Lei n. 9.099/95, no art. 89, ao estabelecer a possibilidade de suspensão condicional do processo, excepcionou o princípio em tela com a possibilidade de o Ministério Público oferecer a suspensão do curso do processo, com a imposição de determinadas condições ao beneficiado, durante certo período de prova, que poderá levar à extinção da punibilidade[2].

Princípio da intranscendência. A ação penal será promovida sempre e somente contra as pessoas a quem se atribui a prática de uma infração penal[3].

Princípio da divisibilidade. Há discordância acerca da aplicabilidade, no caso de ação penal pública, do princípio da indivisibilidade da ação penal, insculpido no art. 48 do Código de Processo Penal. Tourinho Filho defende a indivisibilidade da ação penal pública, o que equivaleria a dizer que a ação penal obrigatoriamente deverá ser ajuizada contra todos os autores da infração penal, havendo exceção somente nos casos de separação do processo.

Em posicionamento contrário, a jurisprudência do Supremo Tribunal Federal reconhece expressamente a divisibilidade da ação penal pública, tendo decidido no sentido de que, "embora a ação penal pública seja pautada, como regra, pelo princípio da obrigatoriedade, o Ministério Público, sob pena de abuso no exercício da prerrogativa extraordinária de acusar, não pode ser constrangido,

[2] Sobre esse tema, *vide* Capítulo XXVII, item 9.

[3] Fernando da Costa Tourinho Filho, *Processo penal*, 20. ed., p. 330.

diante da insuficiência dos elementos probatórios existentes, a denunciar pessoa contra quem não haja qualquer prova segura e idônea de haver cometido determinada infração penal"[4].

A posição do tribunal supremo chancela a majoritária da jurisprudência, que reconhece ser a ação penal pública regida pelo *princípio da divisibilidade*. Dessa forma, especialmente em casos complexos em que estejam envolvidos diversos investigados, o Ministério Público poderá oferecer denúncia em face daqueles acerca dos quais houver reunido indícios suficientes de autoria. Com a continuidade das investigações, poderá, mais tarde, aditar posteriormente a denúncia para a inclusão de corréu(s), ou mesmo propor, separadamente, nova ação penal contra os indivíduos cuja autoria somente venha a ser suficientemente esclarecida em ocasião posterior.

O que não pode ocorrer, evidentemente, é o Ministério Público, de forma discricionária, deixar de oferecer denúncia em face de um ou outro suspeito contra o qual militem provas significativas. Entretanto, essa vedação não é mais do que expressão do princípio da obrigatoriedade da ação penal.

4. AÇÃO PENAL PÚBLICA INCONDICIONADA

É aquela promovida pelo Ministério Público sem que haja a necessidade de manifestação de vontade de terceira pessoa (representação do ofendido ou requisição do Ministro da Justiça) para sua propositura.

No silêncio da lei, a ação penal pública será incondicionada. Vale dizer, a regra em nosso direito é que a ação penal pública não dependa da manifestação de terceiros. A exigência de prévia manifestação, portanto, somente existirá se for expressamente prevista em lei, por meio de expressões como "somente se procede mediante representação", ou "somente se procede mediante requisição do Ministro da Justiça".

Se a lei nada prevê, o Ministério Público, convencendo-se da prática de crime, ajuizará a ação *ex officio*, oferecendo a denúncia.

Há, porém, outro critério para determinar o caráter público da ação penal. Se o delito for perpetrado em detrimento do patrimônio ou interesse dos entes políticos (União, Estados-membros, Distrito Federal ou Municípios), a ação penal, conquanto originariamente privada, será pública (art. 24, § 2º, do CPP).

5. AÇÃO PENAL PÚBLICA CONDICIONADA

Em determinados casos, a lei sujeitará expressamente (art. 24, *caput*, do Código de Processo Penal e art. 100, § 1º, do Código Penal) a propositura da ação penal pública ao implemento de uma condição, qual seja, a representação do ofendido (ou de quem o represente), ou a requisição do Ministro da Justiça.

A natureza da manifestação de vontade que condiciona o ajuizamento da ação penal é controvertida. A doutrina ora a classifica como condição suspensiva de procedibilidade, ora como condição objetiva de punibilidade, ou mesmo como condição de procedibilidade. *O entendimento majoritário, entretanto, é no sentido de que a representação e a requisição do Ministério da Justiça constituem instituto processual e não material.*

5.1. Representação

O que a lei chama de representação nada mais é do que a manifestação de consentimento no sentido de que o Ministério Público possa proceder ao ajuizamento da ação penal (ou de que a polícia

[4] STF, 2ª T., HC 117.589, Rel. Min. Teori Zavascki, j. 12.11.2013, *DJe*-231, 25.11.2013.

judiciária possa proceder à instauração de inquérito policial), nos termos do art. 5º, § 4º, do Código de Processo Penal.

Repise-se: a representação é manifestação de mero consentimento. Não constitui *pedido*, embora, evidentemente, nada impeça que o ofendido ou seu representante legal *requeiram* a instauração de inquérito ou o ajuizamento da ação penal.

A representação somente é necessária quando a lei determina expressamente que o ajuizamento da ação penal é a ela condicionado. O crime de ameaça, previsto no art. 147 do Código Penal, é um exemplo de delito de ação penal pública condicionada à representação. O parágrafo único do referido dispositivo estabelece: "Somente se procede mediante representação".

Além das hipóteses em que o próprio Código Penal determina que a ação penal será condicionada, também a Lei n. 9.099/95 prevê a exigência de representação do ofendido para as ações penais relativas aos crimes de lesões corporais leves e lesões corporais culposas (art. 88). Ademais, a Súmula 714 do Supremo Tribunal Federal declara ser concorrente a legitimidade do ofendido, mediante queixa, e do Ministério Público, condicionada à representação do ofendido, para a ação penal por crime contra a honra de servidor público em razão do exercício de suas funções.

A regra geral da legitimidade para agir no caso dos crimes contra a honra (arts. 138 a 140 do Código Penal) é a da iniciativa privada, ou seja, o processamento desses crimes somente se procede se o próprio ofendido ou seu representante legal ajuíza e conduz por conta própria a ação penal. Essa é a regra insculpida no art. 145 do diploma penal, à qual, entretanto, o próprio Código impõe exceção, na hipótese em que esses crimes tenham sido cometidos contra: I – o Presidente da República, ou contra chefe de governo estrangeiro (quando o ajuizamento da ação penal dependerá de requisição do Ministro da Justiça); II – funcionário público, em razão do exercício de suas funções, caso em que a ação será condicionada à representação do ofendido (art. 145, parágrafo único, c/c o art. 141, I e II, ambos do Código Penal) e III – se a injúria consiste na utilização de elementos referentes a raça, cor, etnia, religião, origem ou a condição de pessoa idosa ou portadora de deficiência física (art. 145, parágrafo único, c/c o art. 140, § 3º, ambos do Código Penal).

5.2. Titularidade

Tem legitimidade para promover a representação, em princípio, o ofendido ou quem tenha qualidade para representá-lo (art. 24 do Código de Processo Penal). A representação pode ser exercida pessoalmente ou por meio de procurador, desde que possua esses poderes especiais (art. 39 do Código de Processo Penal).

Alguma controvérsia existe quanto à representação do ofendido que tenha entre 18 e 21 anos. Para a doutrina majoritária, com o advento do novo Código Civil, que passou a reconhecer o maior de 18 anos como plenamente capaz, a regra contida no art. 34 do Código de Processo Penal (aplicada por analogia aos casos de representação) teria caído no vazio, não mais cabendo a representação legal do ofendido capaz, maior de 18 anos. Adotado esse posicionamento, há que ter por inaplicável a Súmula 594 do STF, no sentido de que "os direitos de queixa e de representação podem ser exercidos, independentemente, pelo ofendido ou por seu representante legal".

No entanto, para outros, uma vez que o art. 34 do Código de Processo Penal não se refere à maioridade, mencionando nominalmente os limites de idade para os quais haveria representação legal, persistiria a necessidade de que o ofendido maior de idade que conte menos de 21 anos ainda deva ser assistido legalmente no exercício desse direito, vigendo integralmente a disposição do art. 34 do diploma processual penal.

Optando por esse entendimento, é importante esclarecer que, no caso em que o ofendido seja maior de idade mas menor de 21 anos, o "direito de representação" pertencerá, de maneira independente, tanto ao ofendido quanto a quem o represente, conforme determinação da mencionada Súmula 594 do STF. Assim, se um deles se manifestar favoravelmente às investigações ou ao ajuizamento da ação penal, o outro não terá poderes para impedir o seguimento das investigações ou da ação penal. Cada um dos dois, isoladamente, portanto, poderá exercer de forma eficaz a representação.

No caso de ofendido menor de 18 anos, como visto, a titularidade da representação será de seu representante legal. Se durante a fluência do prazo a vítima atingir a maioridade civil, terá integralmente os 6 meses para representar, independentemente do prazo já decorrido de seu representante legal.

Há certa discussão, entretanto, no caso da completação de 18 anos pelo menor após transcorrido o prazo de seu representante legal.

Parcela da doutrina, com fulcro na Súmula 594 do STF, sustenta que não há deflagração do prazo para o menor até que atinja a maioridade civil, existindo, portanto, dois prazos decadenciais – o primeiro, do representante legal, contado da data do conhecimento da autoria; o segundo, do menor, após o atingimento da maioridade civil[5].

Noutro sentido cremos estar a solução mais adequada sobre a controvérsia. Com o transcurso, sem manifestação do representante legal, do prazo de 6 meses para o exercício do direito de representação, estará a punibilidade (possibilidade jurídica de imposição de sanção penal) extinta, nos termos do art. 107, IV, do CP. A extinção da punibilidade é imutável, uma vez que o Estado perde o seu *jus puniendi*. Dessa forma, o não exercício do direito de representação pelo único titular – no caso, o representante legal – acarreta a irreversível decadência, causa extintiva da punibilidade. Entendemos, portanto, com fulcro no princípio da segurança jurídica, que não há possibilidade alguma de a vítima, ao completar 18 anos, oferecer representação se decorrido o prazo de seu representante legal[6].

Morto o ofendido – seja em decorrência do próprio crime, seja por evento superveniente – ou declarado ausente, o direito de representação passará ao cônjuge, ascendente, descendente ou irmão (art. 24, § 1º, do Código de Processo Penal). A ordem em que os legitimados são mencionados pelo preceito legal determina uma escala de precedência. Explica-se: morto ou declarado ausente[7] o ofendido, sucedê-lo-á no "direito de representação", o cônjuge. Somente inexistindo esse é que o direito passa aos ascendentes (art. 36 do Código de Processo Penal, aplicável por analogia ao art. 24, § 1º).

Sendo o ofendido menor de 18 anos, ou absolutamente incapaz, poderá o seu representante legal realizar a representação; no entanto, se o incapaz não tiver representante legal, ou se os interesses do representante colidirem com os seus – se, por exemplo, o representante legal for o próprio agressor, ou se for conivente com a agressão –, o juiz nomeará, de ofício ou a requerimento do Ministério Público, curador especial para exercer por ele a representação. O curador, evidentemente, não é obrigado a exercer a representação (o que descaracterizaria, como tal, a ação penal pública condicionada), devendo avaliar a conveniência, de acordo com os interesses do ofendido, de que seja ela exercida. O art. 33 do Código de Processo Penal, embora faça referência ao direito de queixa, aplica-se, por analogia, ao exercício da representação.

As fundações, associações ou sociedades legalmente constituídas também poderão exercer o direito de representação (art. 37 do Código de Processo Penal, aplicável por analogia à representa-

[5] É a posição de Vicente Greco Filho.

[6] Nesse sentido, a posição de Edgard Magalhães Noronha e Fernando da Costa Tourinho Filho.

[7] O instituto da ausência é de natureza civil. A ausência consiste na situação em que o sujeito desaparece sem que dele se tenha notícia. O reconhecimento dessa condição depende de declaração judicial.

ção), desde que representadas por quem seus atos constitutivos designarem ou, no silêncio destes, pelos seus diretores ou sócios-gerentes.

5.3. Forma

A representação define-se como a declaração da vítima ou de seu representante legal autorizando – ou requerendo – o Estado a proceder à *persecutio criminis*. A lei não lhe prescreve forma, de modo que poderá ela ser formulada por escrito, ou oralmente, sendo reduzida a termo, se necessário (art. 39, § 1º). Sua apresentação é opcional, cabendo ao interessado decidir se deseja ou não permitir o início das investigações.

A determinação do art. 39, § 2º, do Código de Processo Penal, no sentido de que a peça deve conter todas as informações que possam servir à apuração do fato a da autoria, não constitui exigência formal para que se repute válida a representação. De fato, a representação não precisa sequer ser expressa. A simples circunstância de que o ofendido se dirija à delegacia relatando a existência dos fatos criminosos demonstra sua concordância, podendo ser tomada como exercício da representação. A norma insculpida no referido § 2º constitui tão somente, assim, "norma ritual", nas palavras de Hélio Tornaghi[8]. A representação, como mera autorização para que se proceda à investigação de um fato criminoso, não tem, por si só, essência investigativa, de modo que a circunstância de que não seja ela acompanhada de todas as informações necessárias para a apuração do fato não lhe pode acarretar nulidade.

5.4. A quem se dirige a representação

A representação pode ser dirigida diretamente à autoridade policial, ao órgão do Ministério Público ou ao próprio juiz (art. 39, *caput*, do CPP). Nos dois últimos casos, entendendo pertinente a narrativa do ofendido ou de seu representante, o juiz ou o Ministério Público determinarão à autoridade policial que inicie o inquérito policial (art. 39, § 4º).

O Código de Processo Penal prevê, entretanto, que, nos casos em que a representação venha acompanhada de elementos suficientes para o ajuizamento da ação penal, o Ministério Público poderá dispensar a realização de inquérito policial (art. 39, § 5º).

5.5. Prazo

O exercício da representação está sujeito ao prazo decadencial de 6 meses (art. 38, *caput*, do CPP). O termo *a quo* desse prazo será o dia em que o ofendido – ou quem quer que seja titular do direito de representação – vem a saber quem é o autor do crime.

Menos clara é a determinação do *dies a quo* do prazo decadencial na hipótese em que esteja morto ou ausente o ofendido. O art. 38, parágrafo único, do CPP determina que a decadência verifica-se no mesmo prazo (6 meses) quando ocorrerem as hipóteses previstas nos arts. 24, parágrafo único[9], e 31.

Os arts. 24, § 1º, e 31 fazem referência ao caso de morte ou ausência do ofendido. Nessa circunstância, o entendimento da doutrina é no sentido de que o dia inicial do prazo decadencial deve ser aquele em que morre o ofendido, caso já antes fosse conhecido o ofensor, ou o dia em que o titular do direito de representação venha a conhecer o autor do crime, nos casos em que isso somente venha a ocorrer após a morte ou ausência do ofendido.

---

[8] Hélio Tornaghi, *Curso de processo penal*, 8. ed., v. 1, p. 49.

[9] O parágrafo único do art. 24 foi renumerado pela Lei n. 8.699/93 sem que fosse alterada a remissão do art. 38. A disposição do antigo parágrafo único dizia respeito ao caso de morte ou ausência do cônjuge, hoje previsto no § 1º do mesmo artigo.

O direito de representação dos familiares do ofendido, portanto, independeria, no que diz respeito ao prazo, do direito do próprio ofendido. Seguindo esse mesmo raciocínio, deve-se entender que, naqueles casos em que aquele que detém a legitimidade para representar morra ou se torne ausente, o prazo decadencial do novo legitimado (aquele que se encontra na posição seguinte do rol determinado no art. 24, § 1º) é, também, de 6 meses. Parte da doutrina, entretanto, argumenta no sentido de que, com a morte de um legitimado, o direito de representação transfere-se ao próximo por sucessão, sub-rogando-se o novo legitimado ao direito do legitimado anterior. Ora, se assim é, não pode o prazo decadencial iniciar-se novamente, pois ninguém pode transferir direito maior do que aquele que detém. Segundo esse entendimento, o prazo decadencial continuaria a fluir, restando ao novo legitimado apenas a parcela de prazo que ainda faltava escoar com relação ao legitimado anterior.

Em todos os casos, a contagem do prazo decadencial segue a regra do art. 10 do Código Penal, que determina seja incluído na contagem o dia do começo.

5.6. Retratação

Ao exercício da representação – ou seja, a manifestação de autorização para que se desenvolva a persecução penal – segue um lapso de tempo durante o qual o titular da representação poderá retratar-se desse exercício. Com efeito, o art. 25 do Código de Processo Penal, repetido pelo art. 102 do Código Penal, determina que a representação é retratável enquanto o órgão acusatório não oferecer a denúncia.

A doutrina majoritária entende, ainda, ser possível a retratação da retratação (ou a revogação da retratação). Nesse caso, basta que o ofendido ofereça nova representação, após haver-se retratado, para que possa prosseguir a persecução penal (desde que não expirado o prazo decadencial correspondente).

Vale salientar que a jurisprudência já decidiu ser inaceitável a retratação da representação quando a vítima não se manifesta com isenção suficiente a imprimir veracidade ao que pronuncia[10].

5.7. Renúncia à representação

A Lei n. 9.099/95, em seu art. 74, parágrafo único, estabelece hipótese em que se admite a renúncia ao direito de representação. Determina referido dispositivo que o acordo civil homologado acarreta a renúncia ao direito de queixa e de representação. Uma vez aceita a composição civil, portanto, extingue-se o direito de representação, tornando-se impossível o prosseguimento da ação penal pública condicionada.

Nos casos em que a infração tenha sido cometida por vários agentes, a composição civil dos danos somente implica renúncia com relação ao autor que houver concordado em reparar o dano, salvo se ocorrer reparação integral. Assim também, quando houver pluralidade de vítimas, o acordo civil celebrado por uma delas não impedirá que a outra exerça seu direito de representação ou de queixa.

A possibilidade de renúncia ao direito de representação, ressalte-se, somente existe nos crimes que se processam pelo rito estabelecido na referida Lei n. 9.099/95 (crimes de menor potencial ofensivo).

Frise-se que, no tocante à renúncia à representação, a Lei n. 11.340/2006 (Lei Maria da Penha) instituiu regra específica, prevista no art. 16, dispondo expressamente que, "nas ações penais públicas

[10] STJ, HC 137.622/DF, Rel. Min. Napoleão Nunes Maia Filho, j. 23.3.2010, *DJ*, 3.5.2010.

condicionadas à representação da ofendida de que trata esta Lei, só será admitida a renúncia à representação perante o juiz, em audiência especialmente designada com tal finalidade, antes do recebimento da denúncia e ouvido o Ministério Público".

Evidencia-se, pois, o notório cunho protetivo da lei, acautelando-se para que a retratação não seja realizada sob o pálio de ameaças que possam inquinar a vontade da vítima, que por vezes sucumbe aos apelos e temores impingidos pelo agressor.

Nessa mesma toada, cumpre assinalar a completa inaplicabilidade da Lei n. 9.099/95 aos casos de violência doméstica e familiar contra a mulher (art. 41 da Lei n. 11.340/2006). Com efeito, considerando que a lesão corporal de natureza leve era processada mediante ação penal pública condicionada à representação por força, justamente, do art. 88 da Lei n. 9.099/95, o Supremo Tribunal Federal, em decisão na Ação Direta de Inconstitucionalidade n. 4.424/DF, ajuizada pela Procuradoria-Geral da República, reconheceu, por maioria, que a lesão corporal de natureza leve, quando praticada no contexto de violência doméstica e familiar contra a mulher, independe de representação, processando-se por ação penal pública incondicionada.

Verifica-se, pois, que o art. 16 da Lei n. 11.340/2006 ficou limitado aos crimes processados mediante ação penal pública condicionada à representação que estejam previstos no Código Penal e em outras leis esparsas (com exceção da Lei n. 9.099/95), tal como, *v.g.*, o delito de ameaça (art. 147 do CP).

6. AÇÃO PENAL PÚBLICA CONDICIONADA À REQUISIÇÃO DO MINISTRO DA JUSTIÇA

Nos crimes cuja apuração dependa de requisição ministerial, o inquérito policial só poderá ser iniciado após a manifestação de vontade do Ministro da Justiça.

Requisição é a autorização, fundamentada em razões políticas, para que o Ministério Público promova a ação penal pública. A requisição é prevista como condicionante para o exercício da ação penal em certos crimes de cunho eminentemente político (crimes contra a honra praticados contra o Presidente da República, ou contra chefe de governo estrangeiro, por exemplo), motivo pelo qual se justifica que a persecução penal fique condicionada ao prudente arbítrio do Ministro da Justiça, que julgará a conveniência e oportunidade de que seja ajuizada ação penal para cada caso que se lhe apresente.

Não obstante o termo "requisição" signifique "ordem", esta não vincula o órgão do Ministério Público, sendo mera autorização para que o *Parquet* promova a ação penal.

A requisição, como a representação, não exige forma especial. Deve, entretanto, conter, quando possível, informações acerca do fato e sua autoria.

Diferentemente da representação, o exercício da requisição não está sujeito à decadência. Poderá ser exercida a qualquer tempo, enquanto não surgir causa extintiva da punibilidade (prescrição da pretensão punitiva, por exemplo).

Quanto à possibilidade de retratação da requisição, a doutrina divide-se em duas correntes. Há os que defendem a possibilidade de retratação, aplicando-se por analogia, nesse caso, os dispositivos referentes à retratação da representação. Outros, ao contrário, entendem que a retratação não é possível, por inexistir expressa disposição legal acerca da possibilidade de retratação da requisição, não havendo, no caso, possibilidade de analogia com os dispositivos legais referentes à representação em face da diferença essencial entre esta e a requisição, ato político de autoridade do Estado que é o Ministro da Justiça.

7. SÍNTESE

Ação penal pública

Trata-se da ação penal exercida pelo Estado. Cabe exclusivamente ao Ministério Público o exercício da ação penal pública (CF, art. 129, I), por meio do oferecimento de denúncia, devendo, também, atuar durante todo o curso do processo até a sentença final, desenvolvendo a acusação, velando pela legalidade do procedimento e interpondo os recursos cabíveis.

Princípios que regem a ação penal pública

- *princípio da oficialidade*: a ação penal pública só poderá ser proposta por um órgão do Estado, o Ministério Público;
- *princípio da obrigatoriedade (legalidade)*: o representante do Ministério Público, quando presentes a prova da materialidade e indícios suficientes de autoria, está obrigado a oferecer denúncia, exercendo o poder-dever de ação;
- *princípio da indisponibilidade*: a obrigatoriedade se estende durante o curso do processo, não podendo o Ministério Público desistir de ação já proposta. O art. 89 da Lei n. 9.099/95 excetuou esse princípio ao prever a possibilidade de o *Parquet*, em alguns casos, oferecer a suspensão do processo, durante o seu curso, com a imposição de determinadas condições, por certo tempo de prova, que poderá extinguir a punibilidade do réu;
- *princípio da intranscendência*: a ação penal será promovida sempre e somente contra a quem se atribui a prática de infração penal;
- *princípio da divisibilidade*: em casos complexos em que esteja envolvida grande quantidade de investigados, poderá o Ministério Público oferecer denúncia inicialmente apenas contra alguns deles, denunciando outros durante o curso do processo quando produzidas outras provas.

Ação penal pública incondicionada

É aquela promovida pelo Ministério Público sem que haja a necessidade de manifestação de vontade de terceira pessoa para a sua propositura.

Ação penal pública condicionada

Casos em que a lei sujeitará, expressamente, a propositura da ação penal pública ao implemento de uma condição, que pode ser a representação do ofendido ou a requisição do Ministro da Justiça.

Representação: é a manifestação de consentimento no sentido de que o Ministério Público possa proceder ao ajuizamento da ação penal.

Titularidade: tem legitimidade para promover a representação, em princípio, o ofendido e quem tenha qualidade para representá-lo. A representação pode ser oferecida pessoalmente ou por meio de procurador, desde que este possua estes poderes especiais.

Forma: a lei não prescreve forma, de modo que poderá ela ser formulada por escrito, ou oralmente, sendo reduzida a termo, se necessário.

A quem se dirige a representação: pode ser dirigida diretamente à autoridade policial, ao órgão do Ministério Público ou ao próprio juiz.

Prazo: o exercício da representação está sujeito ao prazo decadencial de 6 meses. O termo *a quo* desse prazo será o dia em que o ofendido ou quem seja o titular do direito de representação vem a saber quem é o autor do crime.

Retratação: a representação é retratável enquanto o órgão acusatório não oferecer a denúncia. A doutrina majoritária entende, ainda, ser possível a retratação da retratação desde que não expirado o prazo decadencial correspondente.

Renúncia à representação: o parágrafo único do art. 74 da Lei n. 9.099/95 dispõe que, nos crimes de menor potencial ofensivo, o acordo civil homologado acarreta a renúncia ao direito de queixa e de representação.

Ação penal pública condicionada à requisição do Ministro da Justiça

Requisição é a autorização, fundamentada em razões políticas, para que o Ministério Público promova a ação penal pública. Tal requisição não vincula o órgão do Ministério Público, sendo mera autorização para a propositura da ação.

Diferentemente da representação, o exercício da requisição não está sujeito à decadência. Poderá ser exercida a qualquer tempo, enquanto não surgir causa extintiva da punibilidade (prescrição da pretensão punitiva, por exemplo).

Capítulo XI
AÇÃO PENAL PRIVADA

1. INTRODUÇÃO

Via de regra, a ação penal deverá ser exercida pelo Poder Público. É o que acontece na grande maioria das vezes. Nesses casos, a ação penal será ajuizada pelo Ministério Público, instituição à qual a Constituição Federal (art. 129) atribui, privativamente, a iniciativa para sua propositura.

Em certas ocasiões, entretanto, a própria lei reserva o exercício da ação penal a um particular. São aqueles casos em que, por determinação legal, a ação penal será de iniciativa privada (ou, abreviadamente, os casos de ação penal privada). O autor da ação será chamado de *querelante* e o réu, de *querelado*.

Conforme já se disse, ao transferir para o ofendido o exercício da ação penal (*jus accusationis*), o Estado continua a deter, com exclusividade, o direito de punir (*jus puniendi*). O particular, ajuizando e conduzindo a ação penal, na verdade, defende não apenas seu próprio interesse em ver punido o suposto autor de uma conduta criminal que se perpetra contra ele, mas também, e principalmente, o interesse social em que sejam perseguidos e devidamente punidos aqueles que infringem a lei penal.

Nesse ponto, a denominação consagrada do instituto – ação penal privada – pode induzir a erro. A ação penal, seja a de iniciativa pública, seja a de iniciativa privada, é sempre direito público, uma vez que exercido perante um poder público. Além disso, não obstante seja iniciada e conduzida por um particular, tem por conteúdo uma pretensão cuja titularidade é, também, pública. Dessarte, o caráter privado da assim denominada ação penal privada restringe-se tão somente ao sujeito que detém a titularidade da ação.

É exatamente porque o particular, ao exercer o direito de ação, defende um direito público que se justifica a obrigatória atuação do Ministério Público durante toda a marcha processual. O órgão do *Parquet*, embora em princípio não atue no processo na qualidade de parte, atuará constantemente na condição de *custos legis* (fiscal da lei), velando pela legalidade do processo, sendo irrelevante, nesse caso, se a ação penal tenha sido ajuizada por ser a única cabível (ação penal privada exclusiva) ou se tenha ela sido ajuizada em caráter subsidiário (ação penal privada subsidiária da pública).

2. PRINCÍPIOS

Não é difícil perceber que a situação em que o ajuizamento da ação penal cabe a um particular é substancialmente diversa daquela situação em que é o Poder Público que ajuíza e conduz a ação. A ação privada, com efeito, rege-se por regras processuais próprias, sujeitando-se, inclusive, a um conjunto de princípios diverso daquele que informa a ação penal pública.

2.1. Princípio da oportunidade (ou conveniência)

O princípio da oportunidade contrapõe-se ao princípio da obrigatoriedade, que rege a ação penal pública. Enquanto o órgão do Ministério Público, se dispuser de elementos de prova que o convençam da prática de crime, estará obrigado a ajuizar a lei penal, no caso da ação penal privada isso não ocorre. De fato, a lei confere à vítima ou a seu representante legal a faculdade, e não a obrigação, de promover a ação penal. O particular é livre para formar seu próprio juízo de conveniência. Somente iniciará o processo, ajuizando a ação penal, se assim o desejar, ou seja, se julgar que o ajuizamento da ação é conveniente para si. Caso contrário, poderá evitar o *strepitus iudicii*, se julgá-lo inoportuno, deixando impune a conduta criminosa.

2.2. Princípio da disponibilidade

Ainda em contraposição ao princípio da obrigatoriedade, rege a ação penal privada o princípio da disponibilidade. Segundo esse princípio, o titular da ação penal privada terá diversos meios de dela dispor, efetivamente decidindo se deseja que o suposto infrator da norma penal seja julgado. Com efeito, o titular da ação pode simplesmente deixar de exercê-la, permitindo, por sua inércia, a decadência desse direito. Poderá, também, renunciar ao direito de exercê-la. Já durante o curso do processo, poderá ainda, simplesmente, abandoná-la.

Nos casos de ação penal privada exclusiva, o titular da ação poderá ainda perdoar o querelado (termo que designa o acusado quando a ação penal é privada) ou perimi-la, possibilidades inexistentes quando a ação privada for subsidiária da ação pública.

2.3. Princípio da intranscendência

Não pode a ação penal privada atingir pessoas estranhas à autoria do fato, alcançando tão somente os autores, coautores e partícipes da infração penal.

2.4. Princípio da indivisibilidade

O titular da ação penal privada poderá decidir livremente se deseja ou não ajuizar a ação penal. Uma vez que se decida pelo seu ajuizamento, entretanto, deverá incluir no polo passivo da ação todos os agentes da infração penal. Não poderá o titular da ação, portanto, decidir-se por ajuizar a ação contra um dos autores, mas não contra outro. Com efeito, determina expressamente o art. 48 do Código de Processo Penal que o oferecimento de queixa (meio pelo qual se exerce a ação penal privada) contra qualquer dos autores do crime obrigará a que todos sejam processados. Cabe ao órgão do Ministério Público velar pelo respeito ao princípio da indivisibilidade da ação penal privada.

Ademais, ainda como reflexo do princípio da indivisibilidade, o art. 49 do Código de Processo Penal determina que a renúncia ao direito de queixa em relação a qualquer dos autores da infração deve necessariamente aproveitar aos outros coautores ou partícipes.

Desrespeitado o princípio da indivisibilidade, deve o Ministério Público, como fiscal da lei, agir para que sejam processados todos os infratores. A doutrina e a jurisprudência divergem, nesse ponto, acerca da possibilidade de que o Ministério Público venha a aditar a queixa para incluir os autores indevidamente excluídos da lide. Sobre essa questão, existem três posições:

a) Para alguns, o membro do *Parquet*, cumprindo *ex officio* seu dever de agir como fiscal da lei, deverá aditar a peça acusatória, de forma a incluir os agentes que haviam sido omitidos.

b) Para outros, o aditamento da queixa por parte do Ministério Público representaria usurpação ao direito de ação, que, no caso específico da ação penal privada, cabe exclusivamente ao particular. Dessa forma, seria vedado ao órgão do *Parquet* aditar a queixa para nela incluir outros coautores ou partícipes. Para os adeptos desse entendimento, portanto, a omissão do autor da ação em incluir esses coautores ou partícipes deverá ser interpretada como o exercício de renúncia em relação a eles. Ocorre, entretanto, que, por força do mencionado art. 49 do Código de Processo Penal, a renúncia exercida em face de uns necessariamente aproveita aos demais, de modo que a hipótese redundaria na renúncia do querelante com relação a todos os coautores ou partícipes, equivalendo, em seus efeitos, à renúncia à ação penal como um todo.

c) Finalmente, uma terceira corrente, posicionando-se entre as duas anteriores, defende que, muito embora seja vedado ao membro do *Parquet* substituir-se ao ofendido para incluir os outros autores, existe a possibilidade de que o representante do Ministério Público, ao deparar-se com a situação de que um ou mais agentes tenham sido omitidos pelo querelante, suscite a ocorrência da omissão, de modo a abrir a oportunidade para que o querelante proceda, desejando, ao seu aditamento. Somente a recusa do querelante em proceder, por conta própria, ao aditamento da queixa consubstanciar-se-ia em renúncia ao direito de queixa, nos termos do art. 49 do Código de Processo Penal.

Já decidiu o STJ, paradigmaticamente, no sentido de que, se a omissão foi voluntária, se o querelante deixou de apresentar queixa-crime contra um ou alguns dos autores deliberadamente, o juiz deverá rejeitar a queixa e declarar a extinção da punibilidade de todos os autores (arts. 104 e 109, V, do CP). No entanto, se a omissão for involuntária, o Ministério Público deverá requerer a intimação do querelante para que ele faça o aditamento da queixa-crime e inclua os demais coautores ou partícipes que ficaram de fora[1].

Outra situação que pode ensejar dúvida é aquela em que nem todos os autores da infração penal sejam conhecidos no momento em que seja oferecida a queixa. Nesse caso, não se poderá exigir que querelante e acusado permaneçam à espera de que sejam localizados os demais autores ou partícipes do crime para que venha a ser ajuizada a ação penal. Por outro lado, o processo não poderá produzir efeitos com relação àqueles que não sejam partes no processo, já que a extensão subjetiva da coisa julgada (ou seja, o alcance dos efeitos de uma sentença ou acórdão que tenha transitado em julgado), em especial no que diz respeito a sentenças ou acórdãos condenatórios, limita-se necessariamente àquelas pessoas que efetivamente atuaram no processo na qualidade de partes.

A Súmula 16 das Mesas de Processo Penal da Universidade de São Paulo estabelece: "Em face dos princípios que regem a ação privada, não é possível o aditamento à queixa pelo Ministério Público para inclusão de corréu".

Assim, a solução proposta pela doutrina[2] é no sentido de que a queixa seja oferecida, tão logo o deseje o querelante, em face daqueles acerca de quem já existam indícios suficientes de autoria. Mais tarde, a queixa poderá vir a ser aditada para que constem os demais autores da prática delituosa, conforme venham estes a ser conhecidos. Se já iniciada a instrução, deverão ser novamente realizados os atos a ela referentes, ao menos com relação aos novos querelados. Se, no entanto, já houver sido prolatada sentença, somente restará a possibilidade de que se ajuíze nova ação, que deverá tramitar perante o mesmo juízo que houver julgado os demais querelados. *Encontra-se, nessa hipótese, uma exceção ao princípio da indivisibilidade da ação penal privada.*

3. TITULARIDADE

Tem legitimidade para propor a ação penal o ofendido ou seu representante legal (art. 30 do Código de Processo Penal e art. 100, § 2º, do Código Penal).

Também poderá promovê-la o representante legal, nos casos em que o ofendido seja menor de 18 anos, mentalmente enfermo ou tenha desenvolvimento legal incompleto, ou o curador especial, se o ofendido não dispuser de representante legal, ou ainda naqueles casos em que colidam os interesses do incapaz e de seu representante (*v.g.*, se o próprio representante for suspeito de haver praticado o crime acerca do qual se cogita o ajuizamento da ação penal). Nessas hipóteses, o art. 33 do Código de Processo Penal determina a nomeação de um curador especial pelo magistrado, de ofício ou a requerimento do Ministério Público. O curador, evidentemente, não estará obrigado a exercer

---

[1] STJ, 5ª T., RHC 55.142/MG, Rel. Min. Felix Fischer, j. 12.5.2015, *Informativo do STJ* n. 562.

[2] Hélio Tornaghi, *Curso de processo penal*, 8. ed., v. 1, p. 64.

a ação penal, que, sendo privada, é disponível. Em vez disso, deverá, diante do caso concreto, avaliar a conveniência, de acordo com os interesses do ofendido, de que seja ela exercida.

Na hipótese de morte do ofendido, seja em decorrência do próprio crime, seja por evento superveniente, ou se for esse declarado ausente por decisão judicial, passará o direito ao seu cônjuge, ascendente, descendente ou irmão, os quais poderão prosseguir na ação penal já instaurada (art. 31 do CPP e art. 100, § 4º, do CP). Nas ações privadas ditas personalíssimas, não se verifica essa sucessão, extinguindo-se o direito com a morte de seu único e exclusivo titular, o ofendido.

Analogamente ao que ocorre com relação ao art. 24, § 1º, do Código de Processo Penal, entende-se que a ordem de legitimidade determinada pelo preceito legal é sucessiva, ou seja, havendo cônjuge supérstite, este é quem assumirá a ação penal, somente passando a legitimidade ao ascendente (e, sucessivamente, aos demais) na ausência daquele (art. 36 do Código de Processo Penal).

Alguma controvérsia existe quanto ao exercício do direito de queixa nos casos em que o ofendido tenha entre 18 e 21 anos de idade. Para parte da doutrina, com o advento do novo Código Civil, que passou a reconhecer o maior de 18 anos como plenamente capaz, a regra contida no art. 34 do Código de Processo Penal teria caído no vazio, não cabendo mais a representação legal do ofendido capaz, maior de 18 anos. Adotado esse posicionamento, há que ter por inaplicável a Súmula 594 do STF, no sentido de que "os direitos de queixa e de representação podem ser exercidos, independentemente, pelo ofendido ou por seu representante legal".

Para outros, uma vez que o art. 34 do Código de Processo Penal não se refere à maioridade, mencionando nominalmente os limites de idade para os quais haveria representação legal, persiste a necessidade de que o ofendido maior de idade que conte menos de 21 anos ainda deva ser assistido legalmente no exercício desse direito, vigendo integralmente a disposição do art. 34 do diploma processual penal.

Optando por esse entendimento, é importante esclarecer que, no caso em que o ofendido seja maior de idade mas menor de 21 anos, o direito de queixa pertencerá, de maneira independente, tanto ao ofendido quanto a quem o represente, conforme determinação da mencionada Súmula 594 do STF. Assim, se qualquer deles ajuizar a ação penal, o outro não terá poderes para impedir seu seguimento. Cada um dos dois, isoladamente, portanto, poderá exercer seu direito de forma eficaz.

A queixa deverá ser oferecida por procurador com poderes especiais (art. 44 do Código de Processo Penal), não bastando para tanto o mandato *ad judicia* simples. A pedido do querelante comprovadamente pobre, caberá ao juiz nomear-lhe advogado para propor a ação penal (art. 32, *caput*, do Código de Processo Penal). Vale, quanto a isso, ressaltar que a lei processual define como pobre aquele que não puder prover às despesas do processo sem que para isso tenha de privar-se dos recursos indispensáveis ao próprio sustento, ou ao de sua família (art. 32, § 1º, do Código de Processo Penal).

Ainda no tocante à procuração outorgada pelo querelante ao seu advogado, cumpre assinalar que o Superior Tribunal de Justiça tem decidido que sua regularidade dispensa a descrição pormenorizada do fato criminoso[3], exigindo-se, contudo, que constem no mandato a indicação do nome do querelado e a menção expressa ao *fato,* que permita individualizá-lo[4].

As pessoas jurídicas legalmente constituídas podem propor ação privada, desde que representadas por quem seus atos constitutivos designarem ou, no silêncio destes, pelos seus diretores ou sócios-gerentes (art. 37 do Código de Processo Penal).

---

[3] STJ, 5ª T., AgRg no HC 819.760/PE, Rel. Min. Reynaldo Soares da Fonseca, j. 12.6.2023.

[4] STF, Pet 9.415/DF, Rel. Min. Dias Toffoli, j. 6.12.2021.

4. REQUERIMENTO DO TITULAR DA AÇÃO PENAL PRIVADA

Nos delitos cujo processamento deva dar-se por meio de ação penal privada, a instauração de inquérito policial ficará condicionada a requerimento de quem seja o titular da ação penal (art. 5º, § 5º, do Código de Processo Penal). Essa manifestação de vontade, como ocorre com a representação, não está sujeita a formalidade, podendo adotar forma escrita ou oral (caso em que será reduzida a termo). O direito de exercer o requerimento também está sujeito a prazo decadencial.

O requerimento, sempre que possível, conterá: a) a narração dos fatos, com todas as suas circunstâncias; b) a individualização do autor ou seus sinais característicos, caso em que deverá o ofendido aduzir as razões que geraram sua convicção ou presunção acerca da autoria. Quando da impossibilidade de identificar o autor da infração deverá o requerimento mencionar os motivos impeditivos; c) a nomeação das testemunhas e sua qualificação (art. 5º, § 1º, do Código de Processo Penal). Embora a redação do dispositivo possa sugerir a obrigatoriedade de que esses elementos estejam presentes para que seja válido o requerimento, o não atendimento dessas especificações não impedirá o início do inquérito policial, constituindo mera irregularidade.

O Código de Processo Penal prevê que o requerimento do ofendido possa ser recusado, designando até mesmo a autoridade a quem se dirigirá o recurso cabível nesse caso. Com efeito, o art. 5º, § 2º, do Código de Processo Penal prevê que, caso o requerimento seja indeferido pelo delegado de polícia, o solicitante poderá interpor recurso ao "chefe de polícia".

Inexistindo, atualmente, a figura do chefe de polícia, parte da doutrina tem entendido que a autoridade competente para o julgamento desse recurso será o Delegado-Geral de Polícia, enquanto outros autores sustentam que a competência é do Secretário da Segurança Pública.

No âmbito federal, a competência será da Superintendência da Polícia Federal.

A possibilidade de indeferimento não constitui, como bem destaca Tourinho Filho[5], exceção à obrigatoriedade de que o delegado de polícia instaure o inquérito tão logo receba notícia da ocorrência de fato criminoso. O indeferimento do pedido de instauração somente pode ocorrer: a) se o particular não trouxer ao conhecimento da autoridade elementos suficientes para caracterizar o crime; b) se os fatos trazidos ao seu conhecimento pelo particular não constituírem crime ou c) se for evidente a existência de alguma circunstância extintiva da punibilidade do autor do fato (se houver prescrito, por decurso do prazo, a pretensão punitiva estatal, por exemplo). Ressalvadas essas exceções, o delegado estará obrigado a instaurar o inquérito policial.

Nos crimes de ação privada, uma vez concluído o procedimento investigatório, o Código de Processo Penal prevê duas hipóteses: a) a remessa dos autos do inquérito ao juízo competente, aguardando em cartório a iniciativa do ofendido ou de seu representante legal; ou b) o traslado dos autos do inquérito à vítima ou seu representante legal (art. 19 do Código de Processo Penal).

5. CLASSIFICAÇÃO DAS AÇÕES PENAIS PRIVADAS

De acordo com a circunstância que enseja a determinação, sempre excepcional, da titularidade da ação penal a um particular, a ação penal privada pode ser classificada sob dois gêneros diversos: a ação penal privada exclusiva, que tem, ainda, como subespécie, a ação penal privada personalíssima, e a ação penal privada subsidiária.

5.1. Ação privada exclusiva

Também chamada de ação privada propriamente dita ou ação privada principal, é aquela que deve ser proposta pelo ofendido ou por quem legalmente o represente para a persecução de deter-

[5] Tourinho Filho, *Processo penal*, p. 198-200.

minados crimes, cuja apuração e julgamento ficam sujeitos, por expressa determinação legal, à exclusiva iniciativa do ofendido.

É o caso padrão de ação penal privada, aplicável quando a lei determina que a ação deva ser proposta mediante queixa, mas não especifica seu caráter personalíssimo, nem condiciona sua propositura à inércia do Ministério Público em ajuizar a ação penal pública.

5.2. Ação privada personalíssima

Em certos casos, a ação privada somente poderá ser promovida pelo próprio ofendido, sem que, por sua morte ou ausência, esse direito se transmita aos sucessores previstos no art. 31 do Código de Processo Penal (daí sua qualificação como *personalíssima*).

Assim, o falecimento do ofendido acarretará a extinção da punibilidade do ofensor. Já se o ofendido for incapaz, o direito também não será transmissível aos seus representantes, sendo que a única providência a ser tomada é aguardar a cessação da incapacidade para, aí sim, ingressar com a queixa-crime, permanecendo suspenso, nesse ínterim, o prazo decadencial.

A doutrina identificava como hipóteses de ação privada personalíssima apenas os casos de adultério e de induzimento a erro essencial e ocultação de impedimento, crime contra o casamento. Com o advento da Lei n. 11.106/2005, que revogou o art. 240 do CP, que tipificava o crime de adultério, resta apenas uma hipótese de ação privada personalíssima, portanto.

A ação penal relativa ao crime de induzimento a erro essencial e ocultação de impedimento somente poderá ser proposta mediante queixa do contraente enganado, e não poderá ser intentada senão depois de transitar em julgado a sentença que, por motivo de erro ou impedimento, anule o casamento (art. 236, parágrafo único, do Código Penal).

5.3. Ação privada subsidiária da pública

Se, nos casos em que a ação penal seja ordinariamente de iniciativa pública, o Poder Público, por meio do Ministério Público, não intenta a ação penal no prazo legal, o ofendido ou seu representante legal poderão, subsidiariamente, ajuizá-la. A ação penal privada subsidiária da ação penal pública é prevista em sede constitucional (art. 5º, LIX, da Constituição Federal), encontrando ainda previsão legal tanto no Código de Processo Penal (art. 29) quanto no Código Penal (art. 100, § 3º).

O exercício da queixa-crime fica, também nesse caso, sujeito ao prazo decadencial para o exercício da ação penal privada (6 meses, nos termos do art. 103 do Código Penal e do art. 38 do Código de Processo Penal), que se conta, nesse caso, a partir da data em que houver expirado o prazo legal para o exercício da ação penal pública (art. 46 e § 1º).

A existência da ação penal privada subsidiária da pública constitui garantia constitucional do ofendido contra possível desídia ou arbitrariedade do Estado. Mitiga o dogma da exclusividade do exercício da ação penal pública em favor dos interesses do ofendido e da sociedade em verem punidos eventuais infratores da ordem penal, ainda que permaneça inerte e silente o órgão público designado por lei para promover a persecução.

6. LEGITIMIDADE

Além do próprio ofendido e de seu representante legal, o Código de Defesa do Consumidor passou a prever outros legitimados para a propositura de ação penal privada subsidiária:

a) as entidades e órgãos da Administração Pública, direta ou indireta, especificamente destinados à defesa dos interesses e direitos do consumidor, ainda que não tenham personalidade jurídica;

b) as associações legalmente constituídas há pelo menos um ano que incluam entre seus fins institucionais a defesa dos interesses e direitos do consumidor, dispensada para tanto a autorização assemblear (art. 80, em combinação com o art. 82, III e IV, da Lei n. 8.078/90).

7. ATUAÇÃO DO MINISTÉRIO PÚBLICO NA AÇÃO PENAL PRIVADA SUBSIDIÁRIA

Ainda que não tenha ajuizado a ação penal no prazo legalmente assinalado, o Ministério Público, nos termos do art. 29 do Código de Processo Penal, uma vez ajuizada a ação penal privada subsidiária, poderá tomar parte no processo, independentemente dos motivos que ensejaram a perda do prazo.

Para parte da doutrina, o Ministério Público atua, nesse caso, como verdadeiro assistente litisconsorcial. Os que se rebelam quanto a essa posição entendem que a titularidade da ação penal nunca passou a ser do querelante, sendo que se defere a ele apenas a iniciativa do oferecimento da queixa, mas jamais sua titularidade. Assim, remanesce ao Ministério Público a possibilidade de intervir em todos os atos do processo e retomar, nas situações previstas em lei, sua titularidade.

O mencionado art. 29 determina a obrigatória intervenção do órgão do *Parquet*, no processo que se originar do ajuizamento de ação privada subsidiária para:

a) aditar a queixa, suprindo qualquer omissão da peça acusatória, seja para incluir outros autores da infração, seja para adicionar novos elementos ou circunstâncias olvidados pelo querelante;

b) repudiar a queixa oferecida, se reconhecê-la inepta, oferecendo nesse caso denúncia substitutiva;

c) intervir em todos os termos do processo, sob pena de nulidade (art. 564, III, *d*, do Código de Processo Penal). A nulidade resultante da não intervenção do Ministério Público, nesses casos, constituirá nulidade relativa, sanável e arguível apenas em caso de prejuízo (art. 563 do Código de Processo Penal);

d) fornecer elementos de prova, participando ativamente da instrução, comparecendo a audiências e requerendo a produção das provas que julgar relevantes;

e) interpor recurso;

f) retomar a ação como parte principal, a qualquer tempo, no caso de negligência do querelante na condução do processo. A existência desse dever torna inexistente nos casos de ação penal privada subsidiária o fenômeno da perempção. Nas hipóteses de o querelante abandonar a ação ou mesmo perdoar o réu, caberá ao Ministério Público assumir a posição de parte do processo, passando a conduzir a acusação.

Vale ressaltar que, se o Ministério Público delibera pelo arquivamento do inquérito policial e o juiz acolhe, não há possibilidade para que se ingresse com a ação penal privada subsidiária, por não se ter configurada a inércia do representante do *Parquet*.

8. AÇÃO PENAL PRIVADA CONCORRENTE

Além das hipóteses já mencionadas, a doutrina e a jurisprudência debateram acerca da questão da legitimidade para a propositura da ação penal nos casos dos crimes contra a honra cometidos contra funcionário público em razão do exercício de suas funções.

A questão se põe problemática porque a regra geral da legitimidade para agir no caso dos crimes contra a honra (arts. 138 a 140 do Código Penal) é a da iniciativa privada, ou seja, o processamento desses crimes somente se procede se o próprio ofendido ou seu representante legal ajuíza e conduz por conta própria a ação penal. Essa a regra insculpida no art. 145 do diploma penal, à qual, entretanto, o próprio Código impõe exceção, na hipótese em que esses crimes tenham sido cometidos contra a) o Presidente da República, ou contra chefe de governo estrangeiro (quando o ajuizamento da ação penal dependerá de requisição do Ministro da Justiça) ou b) funcionário público, em razão do exercício de suas funções, caso em que a ação será condicionada à representação do ofendido (arts. 145, parágrafo único, c/c o 141, I e II, ambos do Código Penal).

Nesses casos, portanto, a ação penal será pública condicionada. Especificamente em se tratando da hipótese em que a ofensa à honra se dirija contra funcionário público no exercício de suas funções, a determinação de que a legitimação ativa caberia ao Ministério Público em princípio se deveria constituir num favor ao funcionário público, que, ofendido em razão do exercício da função, ficaria desonerado de arcar com os custos e os ônus de propor e conduzir a ação penal contra seu ofensor.

Entretanto, vêm entendendo os tribunais superiores que a defesa da honra é garantida na forma de direito subjetivo constitucional de cada indivíduo (art. 5º, X, da Lei Maior), de modo que seria incabível subtrair de alguém a possibilidade de defendê-la pessoalmente perante o Poder Judiciário. Assim, a jurisprudência tem reiteradamente afirmado que o entendimento conforme à Constituição Federal implica reconhecer que a legitimidade do Ministério Público para a propositura da ação penal nos casos de crimes contra a honra cometidos em prejuízo do funcionário público não subtrai do ofendido o direito de proceder ao processo mediante queixa. Em vez disso, e de modo a homenagear a determinação do mencionado dispositivo constitucional, persistiriam concomitantemente vigentes ambas as regras de legitimação, resultando na possibilidade de que tanto o Ministério Público, exercendo a ação penal pública, quanto o ofendido, exercendo a ação penal privada, possam ajuizar ação com fundamento na ocorrência dos crimes contra a honra do funcionário público.

O entendimento, em que pesem as críticas que recebeu, tornou-se dominante, tendo sido sumulado pelo STF em 2003 (Súmula 714). Ademais, também o Superior Tribunal de Justiça tem adotado a tese[6].

Não obstante, o Supremo Tribunal Federal entendeu que, se o funcionário optar pela representação, restará preclusa a oportunidade de oferecer a queixa-crime, haja vista que, nesta hipótese, estaria o *Parquet* definitivamente investido para a causa[7].

9. FUNDAMENTO

A existência de hipóteses em que a titularidade da ação penal, fugindo à regra geral, é do particular deve-se a uma escolha de política processual, decorrente da busca de um equilíbrio naquelas situações em que potencialmente exista conflito entre os interesses públicos e os interesses da vítima de cada delito penal, no que tange ao ajuizamento da ação penal.

Em determinados casos, o Estado, ao legislar, privilegia a posição da vítima, subordinando o direito de punir do Estado ao interesse privado do particular, concedendo a esse a possibilidade de julgar, a partir de seus próprios critérios, a conveniência de ajuizar a ação penal e, com isso, expor-se aos eventuais constrangimentos que esse ato possa lhe causar. Com efeito, os casos em que a lei prevê a ação penal privada exclusiva geralmente envolvem situações relativas à intimidade e à vida privada do ofendido (*v.g.*: algumas hipóteses de crimes contra a liberdade sexual; crime de injúria sem violência).

Tourinho Filho, a seu turno, sustenta que a ação penal privada é admitida atendendo: "a) a tenuidade da lesão à sociedade; b) o assinalado caráter privado do bem jurídico tutelado; c) o *strepitus judicii* (o escândalo do processo, a publicidade dada ao fato em decorrência do processo), que pode ser muito mais prejudicial ao interesse da vítima que a própria impunidade do culpado etc."[8].

Já nos casos de ação privada subsidiária, o que existe é a proteção aos interesses da vítima e da sociedade, como um todo, de ver processado e julgado o autor de uma infração penal que lhes fira os valores tutelados pela lei penal. Assim, a própria Constituição (art. 5º, LIX) garante que, na inércia

---

[6] STJ, 5ª T., RHC 113.461/CE, Rel. Min. Reynaldo Soares da Fonseca, j. 25.6.2019.

[7] STF, Inq 1.939/BA, Rel. Min. Sepúlveda Pertence, Pleno, j. 3.3.2004.

[8] Tourinho Filho, *Processo penal*, v. 1, p. 439.

do órgão oficial acusatório – independentemente dos motivos que a ocasionem –, qualquer particular poderá a ele substituir-se, reforçando, dessa forma, o princípio da inafastabilidade do Poder Judiciário (art. 5º, XXXV, da Constituição Federal), e assegurando a eficácia da lei penal material.

10. RENÚNCIA

O direito de queixa, plenamente disponível pelo seu titular, pode ser objeto de renúncia. A renúncia consiste em manifestação de vontade do ofendido por meio da qual ele desiste de exercer seu direito de ação.

Uma vez exercida a renúncia, expressa ou tacitamente, nos termos do art. 104, *caput*, do Código Penal, o direito de queixa não mais poderá ser exercido. A renúncia expressa implica manifestação formalizada, assinada pelo ofendido, por seu representante legal ou procurador que tenha poderes especiais para tanto (art. 50 do Código de Processo Penal). Já a renúncia tácita ocorre em qualquer hipótese em que o titular da ação penal se porte de forma inequivocamente incompatível com a vontade de ajuizá-la (art. 104, parágrafo único, do Código Penal). A prova da renúncia tácita pode ser feita por qualquer meio lícito de prova (art. 57 do Código de Processo Penal).

A jurisprudência tem entendido que o oferecimento de queixa-crime somente contra alguns dos supostos autores ou partícipes da prática delituosa, com exclusão dos demais envolvidos, configura hipótese de violação ao princípio da indivisibilidade (CPP, art. 48), implicando, por isso mesmo, renúncia tácita ao direito de querela (CPP, art. 49), acarretando a extinção da punibilidade[9].

O mesmo art. 104, parágrafo único, do Código Penal estabelece ressalva no sentido de que a aceitação de reparação pecuniária pelos danos causados pelo crime não implica renúncia tácita. Essa disposição, entretanto, encontra exceção naqueles casos em que o rito cabível é o da Lei n. 9.099/95. Isso porque a referida lei, em seu art. 74, parágrafo único, determina que o acordo civil homologado acarreta renúncia ao direito de queixa – e também ao direito de representação, conforme já se viu. A regra geral, portanto, é a de que a aceitação de indenização civil não implica renúncia, *exceto* nos casos em que se manifesta o rito da Lei n. 9.099/95, aplicável por especialidade.

Ainda sobre a hipótese do art. 74, parágrafo único, da Lei n. 9.099/95, se a infração houver sido cometida por vários agentes, a composição civil dos danos somente implica renúncia com relação ao autor que houver concordado em reparar o dano, salvo se ocorrer reparação integral. Assim também, quando houver pluralidade de vítimas, o acordo civil celebrado por uma delas para obter o ressarcimento do dano que lhe toca não impedirá que a outra exerça seu direito de representação ou de queixa.

A renúncia é ato unilateral, pois seus efeitos operam independentemente de qualquer manifestação de vontade do autor da infração. Deve ocorrer antes do início da ação penal, porquanto seja impossível renunciar a direito já exercido. O exercício da renúncia ao direito de queixa extingue a punibilidade do autor da infração penal (art. 107, V, do Código Penal).

Nos termos do art. 49 do Código de Processo Penal, a renúncia ao exercício do direito de queixa em relação a um dos autores do crime a todos aproveitará. O dispositivo é corolário do princípio da indivisibilidade da ação penal privada.

A renúncia poderá ser exercida por qualquer indivíduo que, contando 18 anos ou mais, não seja incapaz. Em virtude da entrada em vigor do novo Código Civil, o parágrafo único do art. 50 do Código de Processo Penal não encontra mais aplicação, já que inexiste a figura do indivíduo que, contando 18 anos, seja ainda menor de idade. Referindo-se a lei, nesse caso, expressamente ao limite de idade, não deixa espaço para dúvidas acerca da eventual persistência do limite anterior, de 21 anos.

[9] STF, 1ª T., Inq 3.526/DF, Rel. Min. Roberto Barroso, j. 2.2.2016, *Informativo do STF* n. 813.

A renúncia exercida pelo particular não impede que o Ministério Público, naqueles casos em que se tratar de ação privada subsidiária, promova a ação penal pública em caráter principal. Prevalece, nesse caso, a obrigatoriedade da ação penal pública sobre a discricionariedade do particular, já que a finalidade da ação penal privada subsidiária limita-se a permitir o ajuizamento da ação penal pelo particular nos casos de inércia do órgão oficial, não podendo, portanto, prevalecer sua vontade se o órgão do Ministério Público decidir exercê-la.

11. PERDÃO DO OFENDIDO

O perdão do ofendido consiste na desistência da demanda, manifestada por seu autor. Dessa forma, por sua própria essência, deverá ser exercido posteriormente à propositura da ação penal – já que não se pode, tecnicamente, desistir de direito ainda não exercido. Por outro lado, o perdão somente poderá ser exercido até o trânsito em julgado da sentença condenatória (art. 106, § 2º, do Código Penal).

Diversamente do direito de renúncia à queixa-crime, o perdão é um ato bilateral. A mera manifestação do querelante não é suficiente para que se obste o prosseguimento do processo penal. Uma vez ajuizada a ação, o querelado tem o direito de ser processado até a prolação de sentença, já que terá legítimo interesse jurídico em provar sua própria inocência acerca dos fatos que lhe sejam imputados. Dessa forma, o perdão somente produzirá efeitos se aceito pelo querelado. Nesse caso, ensejará a extinção da punibilidade do querelado (art. 107, IV, *in fine*, do Código Penal).

O perdão somente é cabível nas hipóteses de ação privada exclusiva, referente aos crimes em que somente se procede mediante queixa (art. 105 do Código Penal). O fundamento da possibilidade de que o querelante perdoe o querelado é o princípio da disponibilidade, que rege a ação penal privada exclusiva. No caso da ação penal privada subsidiária da pública não existe a possibilidade de desistência, já que, subtraindo-se o particular do processo, o Ministério Público deverá assumir a posição de acusador.

Ressalte-se que o perdão do querelante não se confunde com a figura do perdão judicial, concedido por sentença, que configura, também, uma causa extintiva da punibilidade. O perdão judicial é aquele concedido pelo próprio juiz da causa, desde que concorram os elementos exigidos pela lei para que se conceda (p. ex.: a hipótese prevista no art. 121, § 5º, do Código Penal, que autoriza o juiz a deixar de aplicar a pena se as consequências do homicídio culposo atingirem o próprio agente de forma tão grave que a sanção penal se torne desnecessária).

12. FORMA

O perdão, como a renúncia ao direito de queixa, pode ser expresso ou tácito. Expresso se manifestado por meio de declaração assinada pelo próprio querelante, seu representante legal ou procurador com poderes especiais. Tácito se resultar da prática de ato inequivocamente incompatível com a vontade de prosseguir na ação (art. 106, § 1º, do Código Penal). A prática de ato incompatível com a vontade de ajuizar a ação poderá ser demonstrada por todos os meios lícitos de prova (art. 57 do Código de Processo Penal).

Pode, ainda, o perdão ser processual ou extraprocessual, conforme seja concedido dentro ou fora do processo.

13. INDIVISIBILIDADE

Em observância ao princípio da indivisibilidade da ação penal privada, o perdão concedido a um dos querelados aproveitará a todos (art. 51, primeira parte, do Código de Processo Penal e art. 106,

I, do Código Penal), sendo vedado ao querelante desistir da ação penal apenas em relação a alguns dos querelados. O perdão não produzirá efeitos, entretanto, em relação ao querelado que o recusar (art. 51, *in fine*, do Código de Processo Penal e art. 106, III, do Código Penal).

No caso de pluralidade de vítimas, o perdão concedido por um dos ofendidos não prejudica o direito de ação dos outros (art. 106, II, do Código Penal).

14. ACEITAÇÃO

Uma vez concedido o perdão, mediante declaração expressa do querelante nos autos, o querelado será intimado a manifestar-se nos autos, no prazo de 3 dias, para declarar se o aceita. Ao seu silêncio, a lei expressamente confere o efeito de aceitação (art. 58, *caput*, do Código de Processo Penal).

Assim como o perdão, sua aceitação pode ser processual ou extraprocessual, conforme ocorra dentro ou fora dos autos. Em um ou outro caso, para que produza efeitos, sua ocorrência deverá ser demonstrada nos autos, motivo pelo qual determina o art. 59 do Código de Processo Penal que a aceitação do perdão por parte do querelado, se ocorrida fora dos autos, deverá ser comprovada por meio de declaração assinada pelo querelado, por seu representante legal ou procurador com poderes especiais. Esse o caso de aceitação expressa. Poderá a aceitação ser tácita, o que ocorrerá se o querelado deixar de se manifestar no tríduo legal[10].

Sendo o querelado mentalmente enfermo ou portador de desenvolvimento mental incompleto, e se não tiver representante legal, ou no caso de colisão de interesses entre o querelado e quem o represente, o juiz lhe nomeará curador especial para que este, apreciando o caso do ponto de vista do querelado, decida-se por aceitar ou recusar o perdão.

A aceitação poderá, ainda, ser exercida por procurador com poderes especiais (art. 55 do Código de Processo Penal).

15. QUERELANTE E QUERELADO MENORES DE IDADE

Assim como no que diz respeito à representação, o Código de Processo Penal determina que, nos casos em que o querelante tenha idade entre 18 e 21 anos, o perdão e sua aceitação possam ser exercidos tanto pelo próprio ofendido quanto por seu representante legal.

Para parte da doutrina, com o advento do novo Código Civil, que passou a reconhecer o maior de 18 anos como plenamente capaz, as regras contidas nos arts. 52 e 54 do Código de Processo Penal teriam caído no vazio, não cabendo mais a representação legal do ofendido capaz, maior de 18 anos.

Para outros, uma vez que o art. 52 do Código de Processo Penal não se refere à maioridade, mencionando nominalmente os limites de idade para os quais haveria representação legal, persiste a necessidade de que o ofendido maior de idade que conte menos de 21 anos ainda deva ser assistido legalmente no exercício desse direito, vigendo integralmente a referida disposição legal.

Optando por esse entendimento, é importante esclarecer que, no caso em que o ofendido seja maior de idade mas menor de 21 anos, o perdão, embora possa ser oferecido tanto pelo querelante quanto por seu representante, não surtirá efeitos se houver oposição do outro. Dessa forma, diversamente do que ocorre no caso do direito de representação, o exercício do perdão pelo ofendido ou por seu representante requer a concordância, ainda que tácita, do outro colegitimado para seu exercício. O mesmo vale no que tange à aceitação do perdão, por expressa determinação legal (art. 54): a aceitação manifestada por um pode ser obstada, em seus efeitos, pela discordância do outro.

[10] TJSC, 1ª Câm. Crim., Queixa-Crime n. 2006.029363-4, Rel. Rui Fortes, j. 11.12.2009.

16. PEREMPÇÃO

Perimir significa, genericamente, matar, destruir. Assim, conforme Hélio Tornaghi, "perimir o direito de ação é matá-lo"[11].

A perempção compreende, na verdade, duas espécies distintas de fatos. Compreende aquelas hipóteses em que a ação penal é abandonada pelo seu autor, que simplesmente deixa de prover-lhe movimento, deixando-a extinguir por inércia, e também aquelas em que desaparece o autor da ação sem que alguém lhe suceda.

Em ambos os casos, a *perempção* constituirá *causa de extinção da punibilidade* (art. 107, IV, do Código Penal).

Por sua própria natureza, a perempção somente pode ocorrer depois de proposta a ação penal, já estando em curso o processo penal. Ademais, somente se há que falar em perempção nos casos de ação privada exclusiva, em que somente se procede mediante queixa, excluindo-se, portanto, a possibilidade de perempção no caso da ação penal privada subsidiária da pública.

A lei processual arrola quatro hipóteses que ensejam a perempção (art. 60 do Código de Processo Penal):

I – Quando, iniciada a ação penal, o querelante deixar de promover, *injustificadamente*, o andamento do processo durante 30 dias consecutivos. Nesse caso, a perempção afigura-se como uma consequência do abandono do autor com relação à ação ajuizada. O prazo assinalado justifica-se. Não podem o querelado e o Poder Judiciário ficar à mercê da vontade do querelante. Não provendo ele a movimentação do processo, há que determinar sua extinção. Importa ressaltar que o prazo exigido é de 30 dias consecutivos, não autorizando a lei a soma de períodos descontínuos em que o processo eventualmente tenha permanecido sobrestado.

II – Quando, falecendo o querelante, ou sobrevindo sua incapacidade, não comparecer em juízo, para prosseguir no processo, dentro do prazo de 60 dias, qualquer das pessoas a quem couber fazê-lo (rol do art. 36 do Código de Processo Penal). Nessa hipótese, a lei atribui consequência jurídica à situação em que, impossibilitado de prosseguir o querelante nessa posição, seus sucessores não venham a substituí-lo. Não se exige, nesse caso, a intimação dos sucessores, contando-se o prazo, portanto, da data em que ocorrer o falecimento ou em que sobrevier a incapacidade do querelante. Se a incapacidade resultou da ausência, caberá prosseguir na ação às pessoas indicadas no art. 31 do Código de Processo Penal. Emanando a incapacidade de outras causas, caberá ao representante legal do querelante prosseguir no feito.

III – Quando o querelante deixar de comparecer, sem motivo justificado, a qualquer ato do processo a que deva estar presente, ou deixar de formular o pedido de condenação nas alegações finais. As hipóteses previstas nesse inciso determinam um ônus ao querelante. Com efeito, não há aqui que se falar em dever jurídico (obrigatoriedade no sentido estrito), porquanto não há, propriamente, sanção para o querelante que não comparece ao ato a que a lei previa sua presença. A consequência jurídica do seu não comparecimento consistirá tão somente no não atendimento do pedido que deduziu ao ajuizar a ação penal, e que, presume-se, constitui seu próprio interesse. Sobre o exercício desses ônus, dois casos exigem análise mais percuciente:

a) A doutrina diverge quanto à hipótese do não comparecimento do querelante à audiência de conciliação prevista no art. 520 do Código de Processo Penal (ato que faz parte do procedimento adotado no processamento de crimes contra a honra).

[11] Hélio Tornaghi, *Curso de processo penal*, 8. ed., v. 1, p. 48.

Há aqueles que reconhecem na ausência do querelado a esse ato processual uma causa que enseja perempção, pois essa audiência seria um ato relativo ao processo, configurando verdadeira condição de procedibilidade da ação.

Defendendo posição oposta, argumentam outros doutrinadores que a mencionada audiência, uma vez que ocorre em momento anterior à própria propositura da ação penal, não constitui um ato processual, de modo que não haveria como admitir que o não comparecimento do querelante ensejaria a perempção, instituto que só existe em atos de natureza processual. Antes de haver processo, portanto, não haveria como existir perempção[12]. Conforme recente decisão do STF, diante da inequívoca manifestação do querelante no sentido da impossibilidade da conciliação, a não realização de audiência para esse fim, nos termos do art. 520 do Código de Processo Penal, não enseja nulidade[13].

b) Quanto à segunda hipótese prevista no inciso III – o caso de ausência de pedido expresso de condenação nas alegações finais –, alguns autores defendem uma interpretação menos presa à literalidade do texto, afirmando que, naqueles casos em que do teor das alegações finais se possa denotar a inequívoca vontade do querelante no sentido de que seja o querelado condenado, não deve o juiz reconhecer a ocorrência de perempção, ainda que não haja expresso pedido nesse sentido. Trata-se, aqui, de corrente doutrinária que homenageia o princípio segundo o qual os atos jurídicos devem ser interpretados à luz da intenção de seu praticante, relevando, quando o caso requerer, a estrita formalidade da lei. Outros autores, entretanto, preferem prestigiar a literal disposição legal, entendendo haver exigência no sentido de que o pedido de condenação deva vir claramente enunciado, não sendo suficiente o simples pedido de *fiat iustitia* para suprir-lhe a ausência.

IV – Quando, sendo o querelante pessoa jurídica, esta se extinguir sem deixar sucessor. Na existência de sucessor, terá este o prazo de 60 dias para, substituindo-se ao querelante extinto, assumir o polo ativo no processo penal.

Como última observação, há que dizer que o instituto da perempção constitui certa incongruência sistemática da lei processual penal. Ao estatuir as hipóteses de perempção, a própria lei processual penal acaba por desproteger o interesse do querelado no prosseguimento do processo para que reste demonstrada sua inocência. Com efeito, se o abandono da causa por seu autor, ou se a mera circunstância de ele deixar de requerer a condenação do querelado em suas alegações finais são suficientes para configurar a extinção da punibilidade do último, torna-se inoperante a exigência, relativa ao perdão do querelante, de aceitação por parte do querelado. De fato, desejando, o autor da ação penal privada poderá, pela via da perempção, fazer valer unilateralmente o "perdão" ao querelado, ainda que à revelia deste último, bastando para tanto que abandone a causa ou que se omita propositadamente em suas alegações finais, sem que possa o querelado agir para evitar o perecimento do processo.

17. DECADÊNCIA

Prevista no art. 107, IV, do Código Penal como causa extintiva da punibilidade, a decadência consiste na perda do direito de ação (privada) ou do direito de representação, pelo não exercício dentro do prazo legal. O instituto é disciplinado indistintamente, sendo as disposições a ele atinentes aplicáveis tanto nas hipóteses de ação privada (exclusiva ou subsidiária) quanto nos casos de ação pública condicionada, no que tange ao direito de representação.

---

[12] STJ, 6ª T., HC 9.843/MT, Rel. Min. Fernando Gonçalves, *DJ*, 17.4.2000; STF, 2ª T., HC 81.264-3, Rel. Min. Maurício Corrêa, *DJ*, 27.2.2004.

[13] STF, Tribunal Pleno, Pet 10.409, Rel. Min. Alexandre de Moraes, j. 11.11.2022.

A regra geral, estatuída no art. 103 do Código Penal e no art. 38 do Código de Processo Penal, estabelece o prazo de 6 meses para que o ofendido ou seu representante legal exerça o direito de queixa ou de representação. O termo *a quo* do prazo decadencial é o dia em que o titular do direito de queixa ou de representação venha a saber quem foi o autor do crime (nos casos de ação privada exclusiva e ação pública condicionada), ou do dia em que se esgotar o prazo legal para que o Ministério Público ofereça a denúncia (nas hipóteses de ação privada subsidiária da pública).

Há, ainda, casos especiais, para os quais a lei fixa prazos diversos:

a) crime contra o casamento, consistente no induzimento a erro essencial e ocultação de impedimento: o prazo será de 6 meses, porém seu termo *a quo* será a data em que transitar em julgado a sentença que, por motivo de erro ou impedimento, anular o casamento (art. 236, parágrafo único, do Código Penal);

b) crimes contra a propriedade imaterial sujeitos a ação privada exclusiva: o prazo será de 30 dias, contados da homologação do laudo (art. 529, *caput*, do Código de Processo Penal).

Diz-se que o prazo decadencial é fatal e improrrogável, isto é, não poderá ser prorrogado sequer na hipótese em que seu *dies ad quem* seja dia não útil. Sua contagem faz-se de acordo com a regra do art. 10 do Código Penal, computando-se o dia do início.

Ademais, o prazo decadencial não poderá ser interrompido ou suspenso. É relevante, nesse sentido, a observação de Tourinho Filho[14] de que a *notitia criminis* dirigida à autoridade policial, ou a instauração de inquérito, em nada atinge o curso do prazo decadencial. Com efeito, deve o querelante prever a necessidade de que o inquérito referente ao crime sujeito à ação privada seja iniciado e concluído dentro do prazo de 6 meses (ou aos prazos alternativos previstos em lei, conforme o caso), não cabendo, posteriormente, devolução do prazo sob a alegação de que o inquérito policial não estava ainda concluído quando do decurso do prazo decadencial.

Considera-se exercido o direito de queixa quando da distribuição do feito, e não da data do despacho que determina o recebimento da peça inicial.

Finalmente, há que destacar a forma de contagem do prazo em alguns casos específicos:

a) no crime continuado, o prazo será apreciado em relação a cada delito, de forma individualizada;

b) no crime habitual, o prazo será computado a partir do último ato praticado conhecido pelo ofendido;

c) no crime permanente, conta-se o prazo a partir da ciência, por parte da vítima, de quem seja o seu autor, e a partir da data dos fatos posteriores a essa ciência, se persistirem os efeitos da infração.

18. SÍNTESE

Ação penal privada

Em algumas ocasiões o exercício da ação penal é direcionada a um particular. Nestes casos, a ação penal será de iniciativa privada, porém o Estado continuará detendo o poder de punir. O autor da ação será chamado de querelante e o réu de querelado.

Princípios

- *princípio da oportunidade (ou conveniência)*: a lei confere à vítima ou a seu representante legal a faculdade, e não a obrigação, de promover a ação penal;

[14] Tourinho Filho, *Processo penal*, 8. ed., v. 1, p. 387-388.

- *princípio da disponibilidade*: o titular da ação penal privada terá diversos meios para dela dispor;
- *princípio da intranscendência*: não pode a ação atingir pessoas estranhas à autoria do fato;
- *princípio da indivisibilidade*: não poderá o titular da ação decidir por ajuizar ação contra um dos autores e não contra outro.

Titularidade

Terá legitimidade para propor ação penal privada o ofendido ou seu representante legal, que poderá propô-la nos casos em que o ofendido tenha menos de 18 anos, seja mentalmente enfermo ou tenha desenvolvimento mental incompleto. No caso do ofendido que, apesar de necessitar, não possuir representante legal ou cujos interesses colidam, haverá nomeação de curador especial.

Inquérito policial em crimes de ação penal privada

A instauração de inquérito policial, nos casos de crimes de ação penal privada, ficará condicionada a requerimento de quem seja o titular da ação penal. O requerimento, sempre que possível, conterá:

a) a narração do fato com todas as suas circunstâncias;

b) a individualização do autor ou seus sinais característicos; e

c) a nomeação das testemunhas e a sua qualificação.

Classificação das ações penais privadas

- *ação privada exclusiva*: deve ser proposta pelo ofendido ou seu representante legal;
- *ação privada personalíssima*: somente poderá ser proposta pelo ofendido sem que, por sua morte ou ausência, esse direito se transmita aos seus sucessores;
- *ação privada subsidiária da pública*: nos casos de ação penal pública, quando o Ministério Público não intenta a ação penal no prazo legal, o ofendido ou seu representante legal poderá, subsidiariamente, ajuizá-la. O exercício da queixa-crime, neste caso, estará sujeito ao prazo decadencial de 6 meses.

Legitimidade

Além do ofendido e do seu representante legal, o Código de Defesa do Consumidor confere outros legitimados para propor ação penal privada subsidiária da pública:

a) entidades e órgãos da Administração Pública, direta ou indireta, especificamente destinados à defesa dos interesses e direitos do consumidor, ainda que não tenham personalidade jurídica;

b) associação legalmente constituídas há pelo menos um ano, que incluam entre os seus fins institucionais a defesa dos interesses e direitos do consumidor, dispensada, para tanto, a autorização assemblear.

Renúncia

Tratando-se de direito disponível, pode o titular da ação penal renunciá-lo, seja expressa ou tacitamente.

Perdão do ofendido

Deve-se dar após a propositura da ação penal e antes do trânsito em julgado da sentença condenatória. É ato bilateral que depende da manifestação tanto do querelante quanto do querelado, podendo se dar de forma expressa ou tácita. Em observância ao princípio da indivisibilidade, o perdão concedido a um dos querelados aproveitará a todos. O silêncio do querelado importará em aceitação do perdão concedido.

Perempção

Dá-se quando a ação penal não corre por culpa de seu titular. O art. 60 do CPP arrola quatro hipóteses que ensejam a perempção:

I – quando, iniciada a ação penal, o querelante deixar de promover, injustificadamente, o andamento do processo durante 30 dias consecutivos;

II – quando, falecendo o querelante, ou sobrevindo sua incapacidade, não comparecer em juízo, para prosseguir com o processo, dentro de 60 dias, qualquer das pessoas a quem couber fazê-lo;

III – quando o querelante deixar de comparecer, sem motivo justificado, a qualquer ato do processo a que deva estar presente, ou deixar de formular o pedido de condenação nas alegações finais;

IV – quando o querelante, sendo pessoa jurídica, se extinguir sem deixar sucessor.

Decadência

Consiste na perda do direito de ação ou do direito de representação pelo não exercício dentro do prazo legal. O prazo será de 6 meses contados do dia em que o titular do direito de queixa ou representação souber quem foi o autor do crime. Porém, há casos especiais para os quais a lei fixa prazos diversos:

a) crime contra o casamento, consistente no induzimento a erro essencial e ocultação de impedimento: o prazo será de 6 meses contados a partir da data em que transitar em julgado a sentença que, por motivo de erro ou impedimento, anular o casamento;

b) crimes contra a propriedade imaterial sujeitos a ação penal privada exclusiva: o prazo será de 30 dias contados a partir da homologação do laudo.

O prazo decadencial é fatal e improrrogável, não podendo ser prorrogado nem mesmo quando o *dies ad quem* cair em um dia não útil. Contudo, o prazo será contado de forma diferente em alguns casos específicos:

a) no crime continuado, o prazo será contado em relação a cada delito, de forma individualizada;

b) no crime habitual, o prazo será computado a partir do último ato praticado conhecido pelo ofendido;

c) no crime permanente, conta-se o prazo a partir da ciência, por parte da vítima, de quem seja seu autor, e a partir da data dos fatos posteriores a essa ciência, se persistirem os efeitos da infração.

Capítulo XII
AÇÃO CIVIL *EX DELICTO*

1. CONSIDERAÇÕES PRELIMINARES

Muitas vezes, o fato que a lei tipifica como crime repercute na esfera do particular de maneira a causar-lhe prejuízo. Conforme já se viu, entretanto, a esfera jurídica penal é independente da civil, de maneira que, em princípio, a condenação de alguém pela prática de um crime pode não gerar o ressarcimento integral dos danos sofridos pela vítima. Em outros termos, a ação penal pode não prover a reparação integral ao ofendido, que para esse fim, em caso de condenação criminal transitada em julgado, deverá executar o valor fixado na sentença condenatória, sem prejuízo de liquidação para apuração do dano efetivamente sofrido. Poderá, também, no curso da persecução penal ou em determinadas hipóteses de absolvição, ajuizar uma ação perante o juízo cível, a fim de obter deste uma sentença, também de natureza civil, condenando o autor da ação criminosa a ressarci-lo pelos danos que haja sofrido em razão da infração penal. Assim, se ocorrer absolvição por insuficiência de provas, por exemplo, não haverá vinculação na esfera cível. Pode-se ingressar com uma ação de indenização, já que no âmbito cível o juízo de reprovação é menos rigoroso e até mesmo a culpa levíssima enseja a obrigação de indenizar[1].

A ação civil *ex delicto*, portanto, em nada se distingue das demais ações cíveis indenizatórias. Com efeito, trata-se essencialmente de ação civil, cuja única vinculação com o juízo penal decorrerá da circunstância de que a causa de pedir de ambas as ações – penal e civil – será um mesmo fato, que, além de constituir ilícito civil, também constituirá delito penal.

2. CONCEITO

É a ação proposta no juízo civil pelo ofendido, seu representante legal ou seus herdeiros para obter a reparação do dano provocado pela infração penal. Abrange tanto o ressarcimento do dano patrimonial (dano emergente e lucro cessante) como a reparação por dano moral.

3. SISTEMAS DE REPARAÇÃO

No sistema brasileiro, os pedidos de reparação civil e de condenação penal devem ser veiculados em ações diversas. Em outros sistemas jurídicos, entretanto, por vezes se admite a cumulação dos pedidos em uma única ação. Com base na possibilidade ou não de a vítima cumular à pretensão punitiva (de natureza penal) a pretensão reparatória (de cunho civil) em um único processo, a doutrina enumera os seguintes sistemas de reparação do dano oriundo de infração penal:

a) *Sistema da livre escolha*. Por esse sistema, cabe ao ofendido escolher se deseja ou não cumular as duas pretensões no processo penal. Poderá, portanto, deduzir a pretensão da reparação do dano tanto em sede penal quanto em sede civil.

b) *Sistema da confusão*. Nesse sistema, os pedidos são necessariamente cumulados em uma única ação, que terá, portanto, natureza dúplice (penal e civil). Caberá ao juízo que a decidir, se condenatória, proceder tanto à dosimetria da sanção penal quanto à quantificação da reparação civil.

---

[1] STJ, 3ª T., REsp 14.744.52/SC, Rel. Min. Ricardo Villas Bôas Cueva, j. 15.9.2015, *DJe*, 18.9.2015.

c) *Sistema da solidariedade*. Nesse sistema, embora haja duas ações, uma penal e outra civil, são elas julgadas conjuntamente no mesmo processo, de modo a ser proferida apenas uma sentença.

d) *Sistema da separação ou da independência*. É o sistema adotado no Brasil. Nele se dividem os juízos penal e civil, sendo que as ações deverão ser propostas separadamente perante os respectivos juízos competentes. Caberá, entretanto, ao juízo criminal, além de decidir a lide penal, acolhendo ou não a pretensão punitiva, fixar, em caso de condenação, um valor mínimo para reparação dos danos causados pela infração penal, considerando os prejuízos do ofendido.

4. SISTEMA PÁTRIO

Conforme mencionado, o sistema adotado pelo legislador pátrio é o da separação (ou independência) entre os juízos penal e cível. Contudo, o legislador o adotou de forma mitigada, uma vez que a separação não é completa, havendo pontos de interação (efeitos transcendentes) entre as decisões proferidas por um e outro juízo.

Com efeito, além da menção, no Código Penal e no Código de Processo Penal, acerca dos efeitos da coisa julgada penal no âmbito cível e da fixação do valor mínimo para reparação dos danos em caso de condenação, o próprio Código Civil, em seu art. 935, logo após afirmar que a responsabilidade civil é independente da criminal, veda nova discussão, em sede civil, acerca da existência de fato ou de sua autoria, se essas questões já houverem sido decididas no juízo criminal. Reforça-se, portanto, a imperatividade da coisa julgada decorrente de sentença ou acórdão penal perante o juízo civil, que ficará vinculado, na formação de seu convencimento, ao reconhecimento da existência do fato e sua autoria, desde que essas circunstâncias tenham sido reconhecidas pelo juízo penal.

Além disso, é certo que também o Código de Processo Penal prevê diversas medidas acautelatórias que têm por fundamento a garantia da futura reparação à vítima, como o arresto e a hipoteca legal.

5. EFEITOS DA CONDENAÇÃO PENAL NO PLANO CÍVEL

O art. 91, I, do Código Penal determina que um dos efeitos da condenação penal é tornar certa a obrigação de indenizar o dano causado pelo crime. Dessa forma, não obstante a responsabilidade penal seja independente da responsabilidade civil, o sistema brasileiro acaba por conferir à sentença condenatória penal transitada em julgado a natureza de título executivo judicial (art. 515, VI, do CPC e art. 63 do CPP), consubstanciando entre nós o sistema da independência *mitigada* entre as esferas cível e penal.

Há que ter certa cautela, entretanto, ao interpretar a disposição genérica da lei processual penal. Isso porque nem sempre a prática de conduta criminosa ensejará direito de indenização a algum particular, seja pela circunstância de que o ilícito penal pode não constituir ilícito civil, seja porque a prática do crime não tenha atingido negativamente o patrimônio jurídico de ninguém. Nessa hipótese, é evidente que o reconhecimento da materialidade e da autoria delitivas não poderá redundar na constituição de título executivo cível. A título de exemplo, se alguém pratica ato obsceno, poderá ser processado e condenado criminalmente, sem que com esse ato tenha causado prejuízo a outrem, e, nesse caso, por óbvio, a sentença condenatória não constituirá título executivo perante o juízo cível. É que nem sempre haverá coincidência entre os bens tutelados pelo direito penal e o direito civil, embora no mais das vezes a coincidência seja a regra, e não a exceção.

É necessário ressaltar que, com o advento da Lei n. 11.719/2008, o juiz, na sentença condenatória, deverá fixar valor mínimo para reparação dos danos causados pela infração, tendo em vista os prejuízos experimentados pela vítima. A partir do trânsito em julgado da condenação, o ofendido poderá executar o valor fixado na condenação criminal no juízo cível, bem como apurar – em liquidação – o efetivo prejuízo gerado pela infração penal. No mesmo sentido, o art. 20, *caput,* da Lei n. 9.605/98, denominada Lei dos Crimes Ambientais, estabelece que, quando for possível, a sentença penal condenatória fixará o valor mínimo para reparação dos danos causados pela infração, levando-se em conta os prejuízos sofridos pelo ofendido ou pelo meio ambiente. O parágrafo único do referido dispositivo dispõe que, após o trânsito em julgado, poderá haver execução pelo valor fixado na decisão penal condenatória, sem prejuízo da liquidação para apuração do dano efetivamente experimentado.

A ação civil tanto poderá ser proposta pelo ofendido ou por seu representante legal quanto por seus sucessores, ou quem quer que haja sofrido dano provocado pela infração penal e que possa ser reparado civilmente. A indenização pleiteada pode abranger tanto o ressarcimento do dano patrimonial (dano emergente e lucro cessante) quanto a reparação do dano moral.

No que diz respeito especificamente ao direito processual, é possível reconhecer certa tendência do legislador a dar prevalência às decisões proferidas pelo juízo penal. Com efeito, o art. 63, *caput*, do Código de Processo Penal faculta à vítima a possibilidade de aguardar o trânsito em julgado da sentença condenatória, para só posteriormente promover a execução civil dessa sentença, que, como se viu, constituirá título executivo perante o juízo cível. Essa possibilidade é reforçada por disposição da lei cível, já que o art. 200 do Código Civil veda a prescrição da pretensão cível, de 3 anos, nos termos do art. 206, § 3º, V do Código Civil, que decorrer de fato que deva ser apurado no juízo criminal enquanto não for proferida pelo juízo penal a respectiva sentença definitiva.

Apesar disso, a vítima, não desejando esperar o deslinde da causa penal, poderá decidir-se por ajuizar desde logo a ação de ressarcimento do dano, perante o juízo cível, contra o autor da infração e, se for o caso, contra o seu responsável civil (art. 64, *caput*, do Código de Processo Penal). Nesse caso, entretanto, a lei processual civil permite que o juízo perante o qual tramita a ação civil suspenda o seu curso até o julgamento definitivo da ação penal (art. 64, parágrafo único).

A medida, com efeito, é salutar e favorece o senso de justiça e a isonomia, ao evitar que sejam proferidas decisões contraditórias. Além disso, caracteriza-se em certa medida uma relação de prejudicialidade da matéria de natureza penal em relação à decisão proferida pelo juízo cível, com o que o legislador reconhece e homenageia a abordagem diferenciada perante a produção e a valoração da prova nos juízos penal e cível.

Isso porque, como já se disse ao abordar os princípios aplicáveis ao processo penal, o juízo penal, via de regra, deve ser muito mais rigoroso na apreciação da prova acerca da existência dos fatos e de sua autoria. O maior rigor se justifica em face da importância da pretensão veiculada na ação penal, que, embora lance efeitos sobre a esfera cível do réu, diz respeito, em último plano, à sua liberdade de ir e vir. A condenação penal é a mais séria restrição jurídica que se pode impor legalmente a alguém, e é apenas por esse motivo que imperam, no processo penal, diversas regras que desequilibram o processo em favor do réu (consubstanciadas sob o princípio do *favor rei*).

Dessa forma, *a priori* e em tese, os fatos que houverem sido reconhecidos pelo juízo penal podem pacificamente ser tidos por verdadeiros perante o juízo cível. A via reversa, entretanto, não é verdadeira. Com efeito, sabe-se que a prova cível, regida pelo princípio da verdade formal, por vezes admite validamente que o julgador decida com base em presunções e ficções, permitindo, em muitos casos, que sejam tidos por verdadeiros os fatos alegados por uma das partes se a outra não os contesta (um dos efeitos da revelia no âmbito cível, absolutamente vedado na esfera penal). Dessa forma, se o reconhecimento pelo juízo cível da prova produzida no âmbito penal é seguramente admissível, o reconhecimento pelo juízo penal da prova produzida no âmbito cível é absolutamente temerário, sob pena de desrespeito aos mais relevantes princípios vigentes no direito processual penal.

Com base nessa relação de prejudicialidade da decisão do juízo penal em relação à decisão do juízo cível é que parte da doutrina entende que a determinação no sentido de que seja suspenso o curso do processo civil na pendência de processo penal acerca do mesmo fato não constitui mera faculdade do juízo civil, mas sim sua obrigação. Tal dever decorreria, dessa forma, da determinação do art. 313, V, *a*, do CPC, no sentido de que é obrigatória a suspensão do processo na circunstância em que o juízo do mérito no cível dependa de "julgamento de outra causa, ou da declaração da existência ou inexistência da relação jurídica, que constitua o objeto principal de outro processo pendente", e, nesse sentido, "a suspensão requerida em razão da dependência de julgamento de questão prejudicial ou de realização de ato em outro processo (art. 313, V) não pode ultrapassar o período máximo de um ano de duração, cabendo ao juiz, de ofício, determinar seu prosseguimento após vencido tal lapso (art. 315, § 2º)".

O sistema da independência mitigada entre os juízos penal e cível pode acarretar decisões conflitantes, como, por exemplo, no caso da ação civil, que retoma seu curso após a suspensão por 1 ano sem resolução da lide penal e é julgada procedente. Imagine-se que na fase executória são praticados atos expropriatórios e é satisfeito o direito expresso no título executivo judicial. Após, é julgado o processo criminal, reconhecendo a legítima defesa própria. Caberá, nesse caso, ação de repetição de indébito, com fulcro no art. 876 do Código Civil e no art. 776 do Código de Processo Civil. Na hipótese inversa, em que o pedido deduzido na ação civil é julgado improcedente e, posteriormente ao trânsito em julgado desta, sobrevém a coisa julgada penal condenatória, a solução é o ajuizamento da ação rescisória, prevista nos arts. 966 e 975 do CPC, desde que no prazo de 2 anos, contado do trânsito em julgado da decisão a ser rescindida[2].

Importante salientar que a morte do agente antes do trânsito em julgado e a sentença absolutória imprópria – por não ser decisão condenatória propriamente dita – não têm efeitos extrapenais, inexistindo o dever de indenizar.

Quanto à *abolitio criminis*, há divergência doutrinária acerca da persistência dos efeitos extrapenais. Já em relação à morte do agente após o trânsito em julgado da sentença penal condenatória e as decisões que extinguem a punibilidade com base na anistia, graça, indulto e prescrição, persistem os efeitos extrapenais e, como regra, o dever de indenizar.

6. EFEITOS DA SENTENÇA PENAL NÃO CONDENATÓRIA

Não são apenas as decisões de cunho condenatório que repercutem na esfera cível.

A absolvição criminal fundada na circunstância de estar provada a inexistência do fato (art. 386, I, do CPP) ou de estar provado não ter o réu concorrido para a infração penal (art. 386, IV, do CPP) fazem coisa julgada no cível, impedindo a ação de indenização contra o ofensor absolvido em processo criminal.

Também faz coisa julgada no juízo cível a sentença penal que reconhecer que o réu tenha praticado o ato em estado de necessidade, em legítima defesa, em estrito cumprimento de dever legal ou no exercício regular de direito (art. 65 do Código de Processo Penal). Essas circunstâncias são classificadas pela doutrina penal sob a rubrica das causas excludentes de ilicitude (ou causas de justificação), arroladas no art. 23 do Código Penal. Assim como ocorre em relação aos fatos e à autoria dos fatos sobre os quais decidir o juízo penal, uma vez reconhecidas na sentença penal, não poderão ser essas circunstâncias novamente discutidas em sede civil. O art. 65 do CPP, conjuntamente com o art. 160 do CC, reconhece a inexistência de ilicitude nos atos praticados em legítima defesa ou no exer-

---

[2] Ênio Santarelli Zuliani, *Jurisdição penal & civil*: integração e conflitos, *Revista Jurídica UNIJUS*, Uberaba-MG, v. 8, n. 8, p. 147-148, maio 2005.

cício regular de um direito reconhecido. O trânsito em julgado da sentença absolutória reconhecedora da legítima defesa, ainda que superveniente à condenação na esfera cível, teria o condão de afastar a responsabilidade do réu de ressarcir o dano, nos termos, aliás, de entendimento já manifestado pelo STJ.

A regra do art. 65 do Código de Processo Penal não é absoluta. Aquele que em legítima defesa atinge, por erro na execução – *aberratio ictus* –, terceiro inocente, pode ser condenado a ressarcir os danos materiais e morais a este causados. Terá, entretanto, direito de regresso em face de seu agressor (art. 188, II, c/c o art. 930, parágrafo único, do Código Civil). Da mesma forma, no caso de estado de necessidade agressivo – em que o sujeito se volta contra coisa ou pessoa distinta da que ocasionou o perigo –, pode o inocente processar, na esfera cível, aquele que agiu acobertado pela excludente. Este, por sua vez, terá ação de regresso contra o causador do perigo (art. 188, II, c/c os arts. 929, *caput*, e 930 do Código Civil).

Já no caso de legítima defesa putativa entende a jurisprudência que a absolvição não desincumbe o réu da indenização como na legítima defesa real. A doutrina, apoiando essa interpretação, compreende que o dever de indenizar provém da culpa, e, no caso da legítima defesa, temos que quem age com culpa é a própria vítima, é dela a origem do ato que causa dano, o que supre a responsabilidade do réu[3]. Ocorre, então, que na legítima defesa putativa subsiste a responsabilidade de indenizar do autor do dano, a menos que demonstre que a vítima agiu culposamente, de forma a provocar, no agente, a repulsa ao que justificadamente acreditava tratar-se de agressão. A legítima defesa putativa exclui a culpa mas não a antijuridicidade do ato. Trata-se de erro de fato, não se aplicando o art. 65 do CPP. Não se pune penalmente o ato ilícito apenas por ele não ser, pelas circunstâncias, reprovável[4].

Certo é que o reconhecimento dessas circunstâncias não impede desde logo a reparação civil de danos eventualmente causados pela conduta do réu absolvido no processo penal. Isso porque os requisitos para a reparação civil podem diferir daqueles exigidos para a condenação, não redundando a absolvição perante o juízo penal, portanto, na inexistência de direito à indenização perante o juízo cível. O que não pode é o juízo competente para o julgamento do processo civil contradizer o juízo penal, deixando de reconhecer os fatos já reconhecidos no âmbito penal. Os efeitos não penais desses atos, entretanto, estarão sujeitos unicamente ao que dispuser a legislação civil, e será perfeitamente possível que a esses fatos a lei civil não atribua qualquer efeito jurídico.

Da mesma forma, será possível que o réu absolvido por sentença que reconhecer a inexistência de um elemento do tipo seja condenado à indenização na esfera cível. Isso porque o fato reconhecido pela sentença penal poderá constituir ilícito civil ainda que não constitua delito penal. A hipótese é frequente, já que numerosos tipos penais exigem, para a constituição do crime, que a conduta descrita no tipo se tenha perpetrado dolosamente, enquanto no âmbito cível a regra geral da responsabilidade civil (art. 186 do Código Civil) admite a responsabilização pela prática culposa de ato ilícito. Nesse caso, a indenização civil obtida não será, obviamente, *ex delicto*, dependendo da existência de prova acerca dos elementos exigidos pela lei civil para a configuração do ilícito.

Tampouco impedem a propositura da ação civil de índole reparatória:

a) A sentença prolatada no juízo criminal que tenha absolvido o réu por insuficiência de provas acerca da ocorrência de delito (art. 66 do Código de Processo Penal). A disposição funda-se na já abordada noção de que a prova do ilícito penal deva ser mais rigorosa do que aquela produzida no âmbito do processo civil. Dessa forma, a circunstância de que a conduta ilícita não tenha sido identificada suficientemente no processo penal não impedirá que, no cível, o juízo entenda suficiente a

---

[3] Nesse sentido: Aguiar Dias, *Da responsabilidade civil*, 6. ed., v. 2, p. 530.

[4] Nesse sentido: Carlos Roberto Gonçalves, *Responsabilidade civil*, 5. ed., p. 484; Sílvio de Salvo Venosa, *Direito civil*, v. 3, p. 564; *RT*, 808/224.

prova existente para condenar o autor da conduta ao ressarcimento civil. Se, porém, a absolvição se houver dado pela existência de prova de que o réu não tenha concorrido para a infração penal (art. 386, IV, do Código de Processo Penal), não caberá – exclusivamente em face do fato apurado pelo juízo penal – a reparação civil, por força do preceito contido no art. 935 do Código Civil. Com isso, o réu tem o legítimo interesse recursal de pleitear reforma de fundamentação de sentença absolutória firmada na insuficiência de prova, com o intuito de ver reconhecida a inexistência do fato (art. 386, I, do CPP) a fim de não ter de enfrentar efeitos indenizatórios na esfera cível[5].

b) O despacho que determinar o arquivamento do inquérito ou das peças de informação (art. 67, I, do Código de Processo Penal). Aquele que se sentir lesado civilmente não pode ficar à mercê das diligências produzidas pela autoridade policial ou por quem quer que tenha conduzido as investigações no âmbito criminal. Desejando, poderá propor a ação civil, cujas provas poderão até mesmo embasar futuramente o prosseguimento das investigações criminais, conforme o caso.

c) A decisão que julgar extinta a punibilidade do agente (art. 67, II, do Código de Processo Penal), incluindo-se as hipóteses de anistia, graça e indulto. Para esse caso se ressalva a hipótese de extinção da punibilidade pelo *subsequens matrimonium*, em que o casamento implicou reparação[6].

d) A sentença absolutória que decidir que o fato imputado não constitui crime (art. 67, III, do Código de Processo Penal).

7. SENTENÇA QUE CONCEDE O PERDÃO JUDICIAL

O perdão judicial é causa extintiva da punibilidade (art. 107, IX, do Código Penal), que permite ao juiz deixar de aplicar a pena quando as consequências da infração penal atingem o próprio agente de forma tão grave que a sanção se torna desnecessária. Deve estar expressamente previsto em lei.

O fundamento do perdão judicial é a desproporção que se estabelece em alguns casos entre as consequências *físicas* ou *morais* do crime e a sanção penal prevista para o autor. Imagine o condutor de um veículo que tem as pernas amputadas em razão do acidente. Essa consequência física traz o efeito de uma condenação perpétua. Embora tenha agido de forma culposa, não há sanção penal a ser aplicada. No mesmo caminho, as consequências morais do crime podem mostrar-se tão graves que a punição penal se torne desnecessária. É o caso do pai que, agindo de forma imprudente no trânsito, causa um acidente que resulta na morte do próprio filho.

O perdão judicial é concedido na sentença, após a apuração do fato, mediante o devido processo legal. Com efeito, se o agente não atuou com culpa, deve ser absolvido, pois o fato é atípico. Questão divergente na doutrina é a natureza da sentença concessiva do perdão judicial. Três são as principais correntes:

a) *Absolutória*: defende-se ser impossível condenação sem imposição de pena. Ao conceder o perdão judicial, absolve-se o réu.

b) *Declaratória da extinção da punibilidade*: o perdão judicial está no rol do art. 107 do Código Penal. A sentença tem a natureza do instituto, declarando, portanto, a extinção da punibilidade. Nesse sentido, a Súmula 18 do Superior Tribunal de Justiça: "A sentença concessiva do perdão judicial é declaratória da extinção da punibilidade, não subsistindo qualquer efeito condenatório".

c) *Condenatória*: só é possível *perdoar* quem é culpado. Por isso, condena-se o agente, excluindo-o da sanção penal por merecer a aplicação do instituto. Para essa corrente, a qual nos filiamos, os efeitos secundários da condenação persistem. É o entendimento do Supremo Tribunal Federal.

---

[5] TRF 4, 7ª T., ACR 1.064/PR, Rel. Tadaaqui Hirose, j. 14.12.2010, *DJe*, 14.1.2011.

[6] Tourinho Filho, *Código de Processo Penal comentado*, 6. ed., p. 170-171.

Assim, para aqueles que atribuem natureza condenatória à sentença que concede o perdão judicial, poderá ela, uma vez transitada em julgado, servir de título executivo apto a embasar a pretensão reparatória da vítima.

8. JUIZADOS ESPECIAIS E ANPP

A Lei n. 9.099/95 aproximou a responsabilidade penal da responsabilidade civil, mitigando ainda mais o sistema de separação adotado pelo legislador pátrio. A aproximação, ressalte-se, não é aleatória. A lei mencionada insere-se num esforço de política criminal no sentido de flexibilizar o processamento das infrações penais de menor potencial ofensivo, conforme definição legal.

Dessa forma, o processo penal abrangido pelo referido diploma terá em seu escopo não somente a pretensão punitiva estatal como, também, e sempre que possível, a busca pela reparação dos danos sofridos pela vítima (art. 62). Ao permitir a composição dos danos civis para as infrações de menor potencial ofensivo, inclusive com a presença do responsável civil, passando a conferir eficácia de título executivo ao acordo civil homologado pelo juiz (arts. 72 a 74), o legislador criou, na verdade, verdadeira condição de procedibilidade da ação penal, já que nesses casos a transação civil, com a subsequente reparação do dano que o delito penal houver causado, poderá obstar o seguimento da ação penal.

Na mesma senda, o art. 28-A do CPP (incluído pela Lei n. 13.964/2019), que disciplina o acordo de não persecução penal (Capítulo VIII desta obra), prevê, entre as condições para a celebração do acordo, a reparação do dano ou restituição da coisa à vítima, exceto na impossibilidade de fazê-lo (art. 28-A, I, do CPP).

9. LEGITIMAÇÃO

Legitimação ativa. Poderão propor a ação civil *ex delicto* o ofendido ou seu representante legal, ou seus sucessores (art. 63 do Código de Processo Penal), tanto no interesse do ofendido quanto no seu próprio, nos casos de homicídio, em que a vítima deixa de existir. Quando qualquer dos legitimados for pobre, na acepção jurídica do termo, poderá o Ministério Público, a requerimento dele, propor a execução da sentença condenatória ou a ação civil (art. 68 do Código de Processo Penal).

Assim, ao Ministério Público se confere a legitimação extraordinária para ser substituto processual da vítima pobre, a partir da prerrogativa da necessidade de restauração da plenitude do ordenamento jurídico, mediante a reparação integral das consequências danosas advindas, na área civil, à infração da lei penal, tendo assim não o caráter meramente de defesa de interesse individual, mas sim o social. Referido dispositivo (art. 68 do CPP) não foi revogado pela Lei n. 8.906/94 (Estatuto da Advocacia), pois tais normas concernem à representação processual, cometida privativamente aos advogados, ao passo que o art. 68 do CPP disciplina caso de substituição processual, um papel de garantia, sem prejuízo da legitimação ordinária da vítima para demandar por intermédio de advogado ou defensor público. Após a Constituição de 1988, contudo, questionou-se se a legitimidade do Ministério Público prevista no art. 68 ainda remanesceria, uma vez que o art. 129 da Constituição Federal, ao prever as atribuições do Ministério Público, não aludiu à legitimidade para a propositura de ação civil *ex delicto.* Para aqueles que assim entendiam, a omissão do Texto Constitucional era proposital, no sentido de vedar a legitimação ativa ao Ministério Público, que era transferida às Defensorias Públicas de cada Estado. O Supremo Tribunal Federal tem decidido reiteradamente que aquela permanece somente nos locais onde não existir Defensoria Pública[7].

---

[7] STF, RE 341.717/SP, Rel. Min. Celso de Mello, j. 10.6.2002, entre outros.

Note-se que a organização das Defensorias Públicas não tem ocorrido em ritmo desejável. De fato, em muitos locais simplesmente não há Defensoria, e, mesmo quando elas existem, muitas vezes não contam com número de defensores suficiente para atender à demanda da população. Assim, a interpretação crua da Constituição acabaria por prejudicar justamente aqueles que necessitam da assistência que a própria Lei Magna visou garantir. Não cabe, pois, a pretexto de preservar a vigência constitucional, negar o benefício que ela previa. Por esse motivo é que o Supremo Tribunal Federal tem decidido no sentido de que, embora a Constituição Federal haja efetivamente transferido a legitimidade para a propositura da ação civil *ex delicto* às Defensorias Públicas, o Ministério Público persistirá legitimado enquanto não regularmente organizadas e instituídas as Defensorias locais[8]. Cabe ressaltar que a questão ainda não é pacífica, havendo substanciosa doutrina que entende que a legitimação prevista no art. 68 se harmoniza com o art. 129, XI, da Constituição Federal, que confere ao Ministério Público a atribuição de "exercer outras funções que lhe forem conferidas, desde que compatíveis com sua finalidade", motivo pelo qual o Ministério Público seria legitimado para a propositura da ação civil *ex officio* ainda que as Defensorias Públicas passem a atuar plenamente nas respectivas localidades.

Legitimação passiva. Diante dos limites subjetivos da coisa julgada, que, via de regra, lança efeitos apenas em face de quem tenha sido parte nos processos dos quais se origina a decisão, a execução da sentença condenatória transitada em julgado somente poderá ser realizada contra o condenado, parte no processo penal. A responsabilidade civil de terceiros, inclusive do responsável civil, quando for o caso, dependerá de reconhecimento posterior pelo juízo civil, devendo contra ele ser ajuizado processo civil com o intuito de reconhecê-lo, se for o caso, como parte e como responsável. O ajuizamento de ação civil autônoma será de rigor. Entendimento contrário redundaria em impor um gravame jurídico ao responsável civil sem que em seu benefício tenham sido disponibilizados os devidos instrumentos processuais, em flagrante afronta ao contraditório e à ampla defesa. Nada impede, entretanto, que seja ajuizada ação civil contra ele para apuração da responsabilidade, que, nesses casos, poderá inclusive alcançar os herdeiros do autor do fato, no limite das forças da herança.

Finalmente, no caso de haver pluralidade de réus condenados pela mesma prática criminosa, responderão eles solidariamente[9].

10. COMPETÊNCIA

A ação civil *ex delicto* é, antes de tudo, ação cível, sendo que, exceto pelo que diz respeito aos dispositivos legais acima mencionados, sua relação ao delito de natureza penal restringe-se ao fato de que um mesmo fato será causa de pedir tanto perante o juízo penal quanto no juízo cível. Por esse motivo, a competência para a execução da sentença condenatória será fixada seguindo os preceitos da legislação processual civil. Com efeito, o art. 515, VI, do CPC determina que caberá *ao juízo cível competente* a liquidação e a execução da sentença penal condenatória. Da mesma forma, o rito adotado e demais peculiaridades do processo reger-se-ão de acordo com as leis processuais civis.

11. SÍNTESE

Ação civil *ex delicto*

É a ação proposta no juízo civil pelo ofendido, seu representante legal ou seus herdeiros, para obter a reparação do dano provocado pela infração penal. Abrange tanto o ressarcimento do dano patrimonial (dano emergencial e lucro cessante) como a reparação por dano moral.

---

[8] 1ªT., RE 213.514, Rel. Min. Moreira Alves, *DJ*, 4.5.2001, p. 36. No mesmo sentido, Pleno, RE 135.328, Rel. Min. Marco Aurélio, *RTJ*, 177-02/879; STJ, 4ªT., REsp 888.061/MG, Rel. Min. Raul Araújo, j. 15.9.2016 (*Informativo do STJ* n. 592).

[9] *RT*, 565/131, *apud* J. F. Mirabete, *Processo penal*, 17. ed., p. 172.

Efeitos da sentença penal no plano cível

O art. 91, I, do CP determina que um dos efeitos da condenação penal é tornar certa a obrigação de indenizar o dano causado pelo crime. Assim, a sentença condenatória penal transitada em julgado trata-se de título executivo judicial. Quanto à *abolitio criminis* há divergência, porém, em relação à morte do agente após o trânsito em julgado da sentença penal condenatória e as decisões que extinguem a punibilidade com base na anistia, graça, indulto e prescrição, persistem os efeitos extrapenais e, como regra, o dever de indenizar.

Por outro lado, a absolvição criminal fundada na circunstância de estar provada a inexistência do fato (CPP, art. 386, I) ou de estar provado não ter o réu concorrido para a infração penal (CPP, art. 386, IV) faz coisa julgada no cível, impedindo a ação de indenização contra o ofensor absolvido em processo criminal. Também faz coisa julgada no cível a sentença penal que reconhecer que o réu tenha praticado o ato em estado de necessidade, em legítima defesa, em estrito cumprimento do dever legal ou no exercício regular de um direito (CPP, art. 65).

Porém, não impedem a propositura da ação civil de índole reparatória:

a) a sentença prolatada no juízo criminal que tenha absolvido o réu por insuficiência de provas acerca da ocorrência de delito (CPP, art. 66);

b) o despacho que determinar o arquivamento do inquérito ou das peças de informação (CPP, art. 67, I);

c) a decisão que julgar extinta a punibilidade do agente (CPP, art. 67, II), incluindo-se as hipóteses de anistia, graça e indulto;

d) a sentença absolutória que decidir que o fato imputado não constitui crime (CPP, art. 67, III).

Em relação à sentença que concede o perdão judicial, há divergência na doutrina.

Legitimação ativa: poderão propor a ação civil *ex delicto* o ofendido ou seu representante legal, ou seus sucessores (CPP, art. 63), tanto no interesse do ofendido quanto no seu próprio, nos casos de homicídio, em que a vítima deixa de existir.

Legitimação passiva: só poderá ser contra parte no processo penal, seja condenado ou investigado.

Competência

A competência para a execução da sentença condenatória será fixada seguindo os preceitos da legislação processual civil.

Capítulo XIII
COMPETÊNCIA

1. CONCEITO

Todo juiz é investido, pela Constituição Federal, do poder jurisdicional. Entretanto, nem todos os juízes podem julgar todas as causas. A extensão do poder jurisdicional que cabe a cada juiz é limitada, segundo uma série de critérios que a lei elege, estabelecendo-se, dessa forma, a competência de cada julgador. A competência é, assim, a medida ou limite em que poderá o julgador exercer o poder de jurisdição. Representa a porção do poder jurisdicional que é conferido a cada órgão investido de jurisdição.

Dessarte, não obstante todo magistrado seja dotado de poder jurisdicional, somente poderá exercê-lo dentro de certos limites fixados em lei, é dizer, dentro de sua esfera de competência.

Assim, podemos dizer que, enquanto *abstratamente* todos os órgãos do Poder Judiciário são investidos de jurisdição, as regras de competência é que *concretamente* atribuem a cada um desses órgãos o efetivo exercício da função jurisdicional[1].

2. CRITÉRIOS DE FIXAÇÃO DA COMPETÊNCIA

A determinação de competência é das matérias de maior complexidade no que diz respeito ao estudo do processo, e essa complexidade se deve, em boa parte, à existência de numerosos critérios segundo os quais a competência para o julgamento de um caso pode ser estabelecida. O Código de Processo Penal, em seu art. 69, discrimina os critérios que reputam determinativos da "competência jurisdicional", e que serão estudados adiante:

I – *o lugar da infração;*

II – *o domicílio ou residência do réu;*

III – *a natureza da infração;*

IV – *a distribuição;*

V – *a conexão ou continência;*

VI – *a prevenção;*

VII – *a prerrogativa de função.*

Ao longo do tempo, a doutrina buscou sistematizar os critérios adotados na lei para a distribuição de competências entre os órgãos jurisdicionais. As teorias mais aceitas dão conta de que a fixação da competência constitui um procedimento lógico de concretização, ou seja, requer um raciocínio que parte de critérios mais genéricos para critérios mais específicos.

Nesse sentido, a doutrina identifica como critérios mais abstratos de fixação de competência dois elementos: as características da lide (da relação jurídica material que constitui o objeto do processo) e os atos processuais. O primeiro elemento diz respeito à chamada competência material, enquanto o segundo se relaciona à competência funcional.

[1] Maria Lúcia Karam, *Competência no processo penal*, p. 16.

3. COMPETÊNCIA MATERIAL

A competência material divide-se em três aspectos: a) o direito material que rege a relação jurídica levada à apreciação do Poder Judiciário; b) a qualificação das pessoas envolvidas no litígio e c) o território.

3.1. Competência *ratione materiae*

A natureza do direito material que rege a relação jurídica delimita o que se conhece por competência *ratione materiae*, ou seja, determinada em razão da natureza do direito material que rege a relação jurídica levada a conhecimento do órgão jurisdicional. No âmbito constitucional, o critério *ratione materiae* é adotado para estabelecer a competência dos diversos órgãos em que se divide o Poder Judiciário (servindo de critério, p. ex., para a atribuição da competência das chamadas Justiças Especiais, que serão abordadas em detalhe adiante). Especificamente no que diz respeito ao direito processual penal, a competência pode, também, ser determinada por certas características relativas ao direito material incidente sobre os fatos apreciados. Fala-se, assim, na determinação de competência em razão da *natureza da infração*.

Esse o critério adotado pela Constituição Federal ao estabelecer que os crimes dolosos contra a vida devem ser necessariamente submetidos ao julgamento do Tribunal do Júri (art. 5º, XXXVIII, *d*). Além disso, o critério da natureza da infração também é adotado nas leis de organização judiciária (art. 74, *caput*, do Código de Processo Penal), cuja elaboração fica a cargo dos Estados da Federação.

3.2. Competência *ratione personae*

De acordo com uma qualidade (característica circunstancial) das pessoas envolvidas no litígio, a competência pode ser de um ou outro órgão jurisdicional. Por questões de política criminal, entende-se que determinadas pessoas, ao desempenhar certas funções ou ocupar certos cargos, devem ser julgadas por órgãos diferentes daqueles que ordinariamente julgariam os demais infratores. Nos processos em que figurem como rés essas pessoas, portanto, a competência será de determinados órgãos, que serão competentes segundo o critério *ratione personae*, enquanto as mesmas infrações, se praticadas pelas demais pessoas, serão julgadas por outros órgãos.

O critério *ratione personae* é utilizado, por exemplo, para a determinação de algumas hipóteses em que serão competentes as justiças estaduais, casos esses que serão abordados em detalhes adiante. Também é esse o critério adotado nos casos em que se estabelece a competência por prerrogativa de função (vulgarmente, foro privilegiado), segundo o qual a competência para o julgamento de certas causas é, excepcionalmente, originária de um tribunal, ficando afastada, dessarte, a atuação dos órgãos julgadores que atuam na primeira instância.

3.3. Competência *ratione loci*

Como dito, o poder jurisdicional do Estado é uno. A jurisdição pode ser exercida em todo o território nacional. Entretanto, os casos que se apresentam ao Poder Judiciário (ou aos outros órgãos jurisdicionais) somente poderão ser julgados pelos órgãos julgadores situados em locais que guardem alguma relação com os fatos que os originam. Essa a essência da competência em razão do território. Para sua fixação, ora se adota como critério o local em que os fatos ocorreram, ora o local do domicílio ou residência do réu.

4. COMPETÊNCIA FUNCIONAL

O processo, em seu aspecto procedimental, pode ser encarado como uma série de atos encadeados. Em princípio, o juízo competente em face dos critérios materiais é competente para a prática de todos os atos no âmbito de um mesmo processo. Entretanto, é também muito comum que os atos processuais, ainda que no escopo de um único processo, sejam praticados por juízes diversos. A doutrina identifica três situações em que isso ocorre:

a) *Distribuição conforme a fase do processo*. Por vezes, pode-se determinar a competência de diversos órgãos jurisdicionais conforme as fases pelas quais transita o processo. É o que ocorre, por exemplo, no Tribunal do Júri, em que a instrução é conduzida por um órgão e o julgamento por outro. Também a execução penal poderá ser conduzida por juízo diverso daquele que presidiu o processo de conhecimento.

b) *Distribuição quanto ao objeto do juízo*. Fala-se em objeto do juízo quando os órgãos julgadores apenas podem atuar no processo em relação a uma parcela específica do seu objeto. Mais uma vez, o exemplo é o do Tribunal do Júri, em que a competência dos jurados se restringe a responder aos quesitos relativos às questões controversas, enquanto ao juiz caberá decidir as questões de direito, lavrando a sentença e fixando a pena aplicável (arts. 492 do Código de Processo Penal e 59 do Código Penal).

c) *Distribuição vertical*. Podem atuar no processo órgãos julgadores alocados em diferentes instâncias. Interposto recurso de apelação, por exemplo, deixará de ser competente para conduzir o processo o juízo do primeiro grau, passando a ser competente o tribunal ao qual se dirige o recurso. Fala-se, nesse caso, em competência vertical, em contraposição aos dois critérios anteriores, em que atuam no processo diferentes juízes situados em mesma instância.

5. COMPETÊNCIA ABSOLUTA E COMPETÊNCIA RELATIVA

A competência de determinado juiz pode ser estabelecida de forma absoluta ou relativa. Chama-se competência absoluta aquela que não admite prorrogação. A competência relativa, em contrapartida, é aquela que a admite. A competência de um juízo será absoluta ou relativa de acordo com os critérios que a determinem.

As competências *ratione materiae* e *ratione personae*, bem como a funcional, são casos de competência absoluta. Por outro lado, será relativa a competência determinada segundo o critério territorial (*ratione loci*).

Os atos decisórios praticados por juízo absolutamente incompetente serão nulos, enquanto a não arguição da incompetência no caso em que seja ela relativa não redundará vício processual, diante da ocorrência da prorrogação (o juízo originalmente incompetente se torna competente, prorrogando sua competência sobre o caso concreto).

A doutrina majoritária posiciona-se no sentido de que no juízo penal tanto a competência absoluta quanto a relativa podem ser reconhecidas de ofício pelo órgão julgador, com fundamento no art. 109 do CPP, diferentemente do que se passa no processo civil. Há, porém, opinião em contrário.

6. DISTRIBUIÇÃO DA COMPETÊNCIA NO SISTEMA PÁTRIO

A distribuição da parcela de jurisdição cujo exercício legítimo é atribuído a cada órgão jurisdicional (ou seja, a distribuição de competências aos órgãos jurisdicionais) é, no sistema brasileiro, determinada por dispositivos normativos de diversos graus hierárquicos.

A Constituição Federal, norma superior do ordenamento, ao instituir os órgãos que detêm o poder jurisdicional, já determina em linhas gerais a distribuição de competência entre esses órgãos.

Nos arts. 102 a 103 está discriminada a competência do Supremo Tribunal Federal, tribunal superior ao qual cabe a guarda da Constituição Federal. No art. 105, determina-se a competência do Superior Tribunal de Justiça.

Os arts. 108 e 109 determinam a competência da Justiça Federal comum. Também estão fixadas na Lei Maior as competências das chamadas justiças especiais (Justiça Eleitoral, art. 121, Justiça Militar, arts. 124 e 125, §§ 4º e 5º, e Justiça do Trabalho, art. 114). A competência da Justiça Estadual comum, em caráter residual e também quanto à competência dos Tribunais de Justiça, está disciplinada na Lei Maior (arts. 96, III, e 125, § 1º).

Finalmente, a Constituição cuidou ainda da competência do Tribunal do Júri (federal ou estadual; art. 5º, XXXVIII), atribuindo-lhe obrigatoriamente o julgamento dos crimes dolosos contra a vida, e da competência dos Juizados Especiais Criminais (estaduais e federais) para a conciliação, julgamento e execução das infrações penais de menor potencial ofensivo (art. 98, I e parágrafo único).

Vale lembrar que a Constituição Federal também trata da Justiça Política, ou jurisdição extraordinária, exercida por órgãos que não integram o Poder Judiciário e que possuem competência para processar e julgar crimes de responsabilidade praticados por determinados agentes (p. ex.: art. 52, I e II, da Constituição Federal, com a redação conferida pela Emenda Constitucional n. 45/2004).

Há, ainda, uma série de regras sobre a competência dos órgãos judiciais contidas na legislação federal, nas Constituições de cada Estado-membro e, finalmente, nas leis de organização judiciária (leis estaduais), que serão oportunamente abordadas, conforme os critérios de distribuição que adotem.

7. AS "JURISDIÇÕES" ESPECIAIS E COMUNS

No plano lógico, o estudo do juízo competente conforme o caso que se apresenta ao jurista geralmente se inicia pela busca do "tipo de jurisdição" que o ordenamento jurídico determina como incidente em cada caso.

Quanto a isso, costuma-se falar na existência de uma jurisdição especial, que se contraporia à jurisdição comum. A chamada jurisdição especial seria exercida pelas "justiças" especiais: a Justiça Militar federal, as Justiças Militares estaduais, onde houver, a Justiça Eleitoral e a Justiça do Trabalho. Já a jurisdição comum seria exercida pelas "justiças" comuns: a Justiça Federal e as Justiças Estaduais (não militares).

A terminologia, entretanto, é inadequada. O que ocorre é que a Constituição Federal, ao organizar o Poder Judiciário, instituiu diversos órgãos judiciários, "cada um deles constituindo uma unidade administrativa autônoma e recebendo da própria Lei Maior os limites de sua competência"[2]. As "justiças", portanto, são entidades autônomas da Administração Pública, mas não exercem "jurisdições" diferentes. A jurisdição, emanação do poder do Estado, é una; todos os órgãos judiciais são investidos desse poder. O que varia é a *medida* em que cada órgão poderá exercê-la, ou seja, a competência de cada um.

A Constituição Federal, ao distribuir competências entre as "justiças", o faz primordialmente sob o aspecto da natureza das causas das quais poderá cada uma conhecer. O critério, portanto, diz respeito à natureza da relação jurídica material que constitui o fato que se apresenta à apreciação do Poder Judiciário (competência *ratione materiae*).

O caráter especial das assim chamadas justiças especiais decorre exatamente da forma de distribuição de competências: às justiças especiais a Constituição atribui especificamente determinado conjunto de causas (delimitado por critérios relativos ao direito material) que por elas podem ser processadas e julgadas e que, via de regra, ficam excluídas da competência das demais "justiças". Já a competência das justiças comuns é residual, cabendo-lhes processar e julgar as matérias que não são da competência de qualquer das justiças especiais.

---

[2] A. C. A. Cintra, A. P. Grinover e C. R. Dinamarco, *Teoria geral do processo*, 18. ed., p. 146.

7.1. Justiça Militar

De acordo com a Constituição Federal, compete à Justiça Militar federal processar e julgar os crimes militares definidos em lei, praticados por integrantes do Exército, da Marinha ou da Aeronáutica, bem como os delitos praticados por civis contra instituições militares federais (art. 124, *caput*, da Constituição Federal). Dentre os crimes militares, caberá à Justiça Militar estadual o processo e julgamento dos policiais militares e bombeiros militares (art. 125, § 4º, da Constituição Federal).

Como o art. 124 da Constituição Federal faz referência aos crimes militares, as contravenções penais não poderão ser julgadas pela Justiça Militar. Logo, é da competência da justiça comum o julgamento de contravenções penais praticadas por militares, ainda que no exercício de suas funções.

Os crimes militares podem ser:

a) *Próprios (crimes propriamente militares).* São os crimes definidos somente pela lei penal militar, sem tipo semelhante na legislação penal comum. Alguns autores preferem definir tais crimes como aqueles que só podem ser praticados por militares, por constituírem violações a deveres próprios de sua função (p. ex., motim, dormir em serviço etc.).

b) *Impróprios (crimes impropriamente militares).* Eram, a senso contrário, os crimes que, previstos no Código Penal Militar, possuíam tipos análogos na legislação comum. A Lei n. 13.491/2017 ampliou o conceito de crimes militares impróprios, que agora não se limitam aos delitos previstos no Código Penal Militar, bastando que tenham sido praticados pelo militar em serviço ou no exercício da função, ainda que previstos na legislação penal comum.

Nos crimes militares próprios basta o enquadramento do fato ao tipo penal. Em relação aos delitos com previsão na legislação comum, para serem considerados militares, devem ser praticados em uma das hipóteses previstas no art. 9º, II, *a* a *e*, do Código Penal Militar. Assim, a caracterização de um crime impropriamente militar depende da referida norma de extensão, tendo em conta que a subsunção do fato ao tipo ocorre por subordinação indireta, que, como dito, não mais se limita aos tipos penais que constam no CPM. A título de exemplo, imagine-se um crime de tortura praticado por militar. Se estava em serviço, o crime será militar, tendo em vista o art. 9º, II, *c*, do Código Penal Militar. Se não estava em serviço, o crime será comum[3].

Cuidando-se de norma de natureza processual, a ampliação da competência da justiça militar tem aplicação imediata, incidindo mesmo para os crimes previstos na legislação comum, que foram cometidos por militares antes da vigência da novel legislação. Isso, sem prejuízo da aplicação das normas penais mais benéficas, que incidiam ao tempo do cometimento do crime, como é o caso das medidas despenalizadoras previstas na Lei n. 9.099/95, em regra não aplicáveis no âmbito da Justiça Militar[4].

A ampliação da competência da justiça militar é de duvidosa constitucionalidade. Embora o art. 124 da Constituição Federal entregue ao legislador a tarefa de definição dos crimes militares, é evidente que o exercício dessa competência não pode ser exercido de modo indiscriminado. Como afirma José Afonso da Silva: "a lei nada mais pode fazer, quanto à competência, que repetir e desdobrar esse núcleo de competência já constitucionalmente estabelecido: processar e julgar os crimes militares"[5]. A justiça militar serve para crimes militares, não para crimes dos militares, sob pena de se tornar privilégio de todo destoante da ordem constitucional. Por isso, só podem ser incluídas em

---

[3] STJ, 5ª T., HC 764.059/SP, Rel. Min. Joel Ilan Paciornik, j. 7.2.2023, *DJe*, 16.3.2020, *DJe*, 14. 2.2023; 3ª S., CC 163.365/MG, Rel. Min. Joel Ilan Paciornik, j. 25.11.2020, *DJe*, 27.11.2020.

[4] STJ, 3ª S., AgRg no CC 165.536/SP, Rel. Min. Antonio Saldanha Palheiro, j. 12.2.2020, *DJe*, 26.2.2020.

[5] José Afonso da Silva, *Direito constitucional positivo*, 19. ed., p. 573.

seus termos infrações penais que digam respeito à violação de bens jurídicos diretamente vinculados com as forças militares. O fato de uma infração ser cometida, no exercício da função, não faz com que a violação se restrinja à caserna.

Vale referir que a alteração legislativa foi objeto de impugnação nas ADIs n. 5.804 e 5.901, ainda pendentes de julgamento pelo Supremo Tribunal Federal.

7.1.1. Questões específicas

Alguns casos específicos ensejam ou ensejaram alguma controvérsia na doutrina e na jurisprudência, motivo pelo qual merecem estudo em separado:

Crimes de abuso de autoridade. Os crimes de abuso de autoridade, previstos na Lei n. 4.898/65, que foi revogada pela Lei n. 13.869/2019, não eram considerados militares. Por isso eram julgados pela justiça comum. O entendimento estava consolidado na Súmula 172 do STJ, segundo a qual "compete à Justiça Comum processar e julgar militar por crime de abuso de autoridade, ainda que praticado em serviço". Com o advento da Lei n. 13.491/2017, o entendimento sumular está superado. O fato de os crimes de abuso de autoridade estarem previstos na legislação penal comum não afasta a competência da justiça militar, desde que o delito seja praticado no exercício das funções do militar.

Pela mesma razão está superada a Súmula 75 do STJ, cujo enunciado dizia: "Compete à Justiça Comum Estadual processar e julgar o policial militar por crime de promover ou facilitar a fuga de preso de estabelecimento penal". Com a alteração da legislação, estando o militar em serviço, a competência, neste caso, será da Justiça Castrense.

Crimes dolosos contra a vida praticados por militares. A Lei n. 9.299/96, que alterou o art. 9º do Código Penal Militar, acrescentando-lhe o parágrafo único, transferiu a competência para o processo e julgamento dos crimes dolosos contra a vida praticados por militar contra civil para a justiça comum. No mesmo sentido, dispõe a Constituição Federal, art. 125, § 4º, no âmbito da Justiça Militar estadual, em razão da EC n. 45/2004. A Lei n. 9.299/96 revogou, ainda, a alínea *f* do art. 9º do Código Penal Militar, que considerava crime militar aquele praticado por militar em situação de atividade ou assemelhado que, embora não estando em serviço, fizesse uso de armamento de propriedade militar ou qualquer material bélico, sob guarda, fiscalização ou administração militar, para a prática de ato ilegal. Assim, a Súmula 47 do STJ já não tem aplicação.

Tratando-se de lei de natureza processual, por versar sobre matéria de competência, referida Lei n. 9.299/96 encontrou aplicação imediata, incidindo inclusive sobre os processos iniciados antes de sua vigência, não obstante a opinião de parte da doutrina que considerava sua aplicação a fatos pretéritos ofensiva à garantia constitucional do juiz natural.

O Superior Tribunal de Justiça já decidiu que, no caso de o crime conexo ser militar, o julgamento será cindido. Caberá ao Júri o julgamento do crime doloso contra a vida e à Justiça Militar o crime conexo. Isso em razão do disposto no art. 79, I, do Código de Processo Penal e da Súmula 90 do Superior Tribunal de Justiça[6].

No tocante ao crime praticado por militar contra militar, a competência será da Justiça Comum se os fatos não se enquadrarem nas hipóteses do art. 9º do CPM. Assim, o crime cometido fora do exercício do serviço, sem farda, e com motivação completamente alheia à função será de competência da Justiça Comum.

A Lei n. 13.491/2017 acrescentou o § 2° ao art. 9°do Código Penal Militar, afastando da competência do Tribunal do Júri os crimes dolosos contra a vida praticados contra civil nas seguintes hi-

---

[6] STJ, 5ª T., AgRg no RHC 174.110/SP, Rel. Min. Joel Ilan Paciornik, j. 17.4.2023, *DJe*, 19.4.2023.

póteses: a) no cumprimento de atribuições estabelecidas pelo Presidente da República ou pelo Ministro de Estado da Defesa; b) em ação que envolva a segurança de instituição militar ou de missão militar, mesmo que não beligerante; c) em atividade de natureza militar, de operação de paz, de garantia da lei e da ordem ou de atribuição subsidiária, realizadas em conformidade com o disposto no art. 142 da Constituição Federal. Nestes casos, os crimes dolosos contra a vida serão julgados pela justiça militar.

O referido dispositivo aplica-se apenas aos militares federais. O art. 125, § 4°, da Constituição Federal atesta a competência do Tribunal do Júri para o julgamento dos crimes dolosos contra a vida praticados pelos militares dos estados contra civis. Sendo norma hierarquicamente superior, ela não poderia sequer ser ressalvada pela legislação infraconstitucional.

Julgamento de civis pela Justiça Militar estadual. É vedado à Justiça Militar estadual processar e julgar civis, ainda que as infrações por eles praticadas atentem contra as instituições militares estaduais. O entendimento, consubstanciado na Súmula 53 do STJ ("compete à Justiça Comum Estadual processar e julgar civil acusado de praticar crime contra instituições militares estaduais"), decorre do art. 125, § 4º, da Constituição Federal, que limita de forma absoluta a competência dessa Justiça ao julgamento de fatos praticados por policiais e bombeiros militares.

Julgamento de civis pela Justiça Militar federal. Contrariamente, a Justiça Militar federal é competente para processar e julgar, além dos processos decorrentes de crimes praticados por militares, também aqueles resultantes de crimes praticados por civis, se praticados contra as instituições militares, pouco importando se houverem agido isoladamente ou em concurso com militares. A Súmula 298 do STF estabelece que o "legislador ordinário só pode sujeitar os civis à Justiça Militar em tempo de paz, nos crimes contra a segurança externa do País ou as instituições militares".

Acidente de trânsito envolvendo viatura da Polícia Militar. Súmula 6 do STJ: "Compete à Justiça Comum estadual processar e julgar delito decorrente de acidente de trânsito envolvendo viatura de Polícia Militar, salvo se autor e vítima forem policiais militares em situação de atividade". O enunciado está superado, em razão da Lei n. 13.491/2017, que ampliou a competência da Justiça Militar para delitos não previstos na legislação penal comum, desde que praticado no exercício das atividades do militar.

Crimes praticados fora do território em que é competente a Justiça Militar estadual local. A Súmula 78 do STJ determina que "compete à Justiça Militar processar e julgar policiais de corporação estadual ainda que o delito tenha sido praticado em outra unidade federativa"[7].

Sendo a competência da Justiça Militar estabelecida pela própria Constituição Federal, há autores que entendem ser inexistentes o processo e julgamento de crime militar realizado pela Justiça Comum, e o processo e julgamento por crime comum que tramitou perante a Justiça Militar[8].

Conexão e continência. Nos termos do art. 79, I, do Código de Processo Penal, a conexão e a continência não importarão, no concurso entre a jurisdição comum e a militar, em unidade de processo e julgamento. Em análogo sentido, ainda, a Súmula 90 do STJ, segundo a qual "compete à Justiça Estadual Militar processar e julgar o policial militar pela prática de crime militar, e à Comum pela prática do crime comum simultâneo àquele".

7.2. Justiça Eleitoral

O art. 121, *caput*, da Constituição Federal reza que caberá à lei complementar dispor sobre a organização e competência dos tribunais, dos juízes de direito e das Juntas Eleitorais. A inexistência

---

[7] STJ, 3ª S., CC 140.852/GO, Rel. Min. Antônio Saldanha, j. 27.11.2019, *DJe*, 6.12.2019.

[8] Ada Pellegrini Grinover *et al.*, *As nulidades do processo penal*, p. 56.

da referida lei tem sido fonte de divergência no trato dessa matéria, tanto na jurisprudência quanto na doutrina.

De início, quanto à definição do que sejam crimes eleitorais, existem duas correntes:

a) há autores que enquadram os crimes eleitorais entre os comuns, que se distinguem dos crimes de responsabilidade;

b) outros consideram os crimes eleitorais delitos de natureza especial (juntamente com os crimes militares). Por esse motivo, a competência da Justiça Eleitoral excluiria a possibilidade de que os crimes eleitorais fossem julgados pelas outras "justiças".

A Lei n. 4.737/65 (Código Eleitoral), em seu art. 35, II, confere aos juízes eleitorais a competência para processar e julgar os crimes eleitorais e, também, os crimes comuns que lhes forem conexos, ressalvada a competência do Tribunal Superior e dos Tribunais Regionais. Na hipótese de concurso de competências, portanto, prevalece a competência da Justiça Eleitoral em detrimento da competência dos demais órgãos judiciários (art. 78, IV, do Código de Processo Penal). No julgamento do AgRg no Inq 4.435, ocorrido em 14 de março de 2019, o Supremo Tribunal Federal decidiu que prevalece a competência da Justiça Eleitoral, mesmo nos casos de conexão com crimes da Justiça Federal, cuja competência decorre da própria Constituição[9].

Dúvida exsurge, entretanto, na hipótese em que ocorra concurso entre crime eleitoral e crime doloso contra a vida, já que a competência do Tribunal do Júri é fixada em sede constitucional. Parte da doutrina entende que, nesse caso, a competência da Justiça Eleitoral se prorroga, tornando-se esse órgão, excepcionalmente, competente para o julgamento do crime doloso contra a vida conexo a um crime eleitoral. Segundo essa corrente, constituir-se-ia aí, portanto, uma exceção constitucional à competência do Tribunal do Júri. Em sentido contrário, há quem entenda que nessa hipótese à Justiça Eleitoral caberá processar e julgar tão somente o crime eleitoral, competindo ao Tribunal do Júri julgar o crime doloso contra a vida, em respeito ao art. 5º, XXXVIII, *d*, da Constituição.

7.3. Justiça do Trabalho

Mesmo após o advento da Emenda Constitucional n. 45/2004, que alterou o inciso IV do art. 114 da Constituição Federal, permanece a Justiça do Trabalho sem competência criminal. O Supremo Tribunal Federal decidiu a matéria na ADI 3.684, julgada em 11 de maio de 2020, conferindo interpretação conforme ao disposto no art. 114, I, IV e IX, para afastar a possibilidade de a Justiça Laboral processar e julgar ações penais[10].

7.4. Justiça Federal

A Justiça Federal é comum em relação às "justiças especiais". É, entretanto, no que tange tão somente aos critérios de distribuição de competência, especial em relação às Justiças Estaduais comuns, já que a competência da Justiça Federal é fixada pela determinação expressa dos casos que lhe cabem, enquanto a competência da Justiça Estadual é residual em relação à da Justiça Federal e também às competências das demais "Justiças".

Com efeito, a competência da Justiça Federal comum vem traçada no art. 109 da Constituição Federal, segundo o qual competirá aos juízes federais processar e julgar:

a) os crimes políticos e as infrações penais praticadas em detrimento de bens, serviços ou interesse da União ou de suas entidades autárquicas ou empresas públicas, excluídas as contravenções e

---

[9] STF, Tribunal Pleno, Inq 4.435 AgR-quarto, Rel. Min. Marco Aurélio, j. 14.3.2019, *DJe*, 20.8.2019.

[10] STF, Tribunal Pleno, ADI 3.684, Rel. Min. Gilmar Mendes, j. 11.5.2020, *DJe*, 1º.6.2020.

ressalvada a competência da Justiça Militar e da Justiça Eleitoral (inciso IV); os crimes políticos definem-se como sendo a conduta que preenche os requisitos do art. 2º da Lei n. 7.170/83;

b) os crimes previstos em tratado ou convenção internacional, quando, iniciada a execução no País, o resultado tenha ou devesse ter ocorrido no estrangeiro, ou reciprocamente (inciso V);

c) os crimes contra a organização do trabalho e, nos casos determinados por lei, contra o sistema financeiro e a ordem econômico-financeira (inciso VI);

d) os *habeas corpus*, em matéria criminal de sua competência ou quando o constrangimento provier de autoridade cujos atos não estejam diretamente sujeitos a outra jurisdição (inciso VII);

e) os crimes cometidos a bordo de navios ou aeronaves, ressalvada a competência da Justiça Militar (inciso IX);

f) os crimes de ingresso ou permanência irregular de estrangeiro, a execução de carta rogatória, após o *exequatur*, e de sentença estrangeira, após a homologação, as causas referentes à nacionalidade, inclusive a respectiva opção, e à naturalização (inciso X).

Vale lembrar que compete ao Supremo Tribunal Federal julgar, em recurso ordinário, o crime político (art. 102, II, *b*, da CF).

Note-se, portanto, que a competência da Justiça Federal é residual em relação às chamadas "justiças estaduais" (inteligência da ressalva expressa à Justiça Militar e à Justiça Eleitoral), mas ainda assim é expressamente limitada.

Especialmente no que diz respeito às contravenções penais, o Superior Tribunal de Justiça editou a Súmula 38, segundo a qual "compete à Justiça Estadual Comum, na vigência da Constituição de 1988, o processo por contravenção penal, ainda que praticada em detrimento de bens, serviços ou interesse da União ou de suas entidades". Há divergência acerca da possibilidade de a Justiça Federal julgar contravenção penal quando esta for conexa a um crime de competência da Justiça Federal. Para alguns, a competência para julgamento será da Justiça Federal, por aplicação da Súmula 122 do STJ, a qual estabelece que "compete à Justiça Federal o processo e julgamento unificado dos crimes conexos de competência federal e estadual, não se aplicando a regra do art. 78, II, *a*, do Código de Processo Penal"[11].

Prevalece no STJ, todavia, o entendimento de que o processo deve ser cindido, sendo a contravenção penal julgada perante a Justiça Estadual, ao passo que o crime de competência da Justiça Federal deverá ser julgado por esta última[12].

Alguns casos merecem especial atenção, por suscitarem dúvidas na determinação do juízo competente, e serão abordados especificamente a seguir.

7.4.1. Crimes cometidos em detrimento de bens, serviços ou interesses da União (art. 109, IV, da CF)

Para a configuração da competência da Justiça Federal é imprescindível que a ofensa aos bens, serviços ou interesses da União seja direta, de modo que a ofensa meramente genérica e reflexa não tem o condão de atrair a competência federal ao crime praticado.

Nada obstante, o art. 11 da Lei n. 13.260/2016, que regulamentou o inciso XLIII do art. 5º da Lei Maior quanto ao terrorismo, estabelece que, para todos os efeitos legais, os crimes nela previstos "são praticados contra o interesse da União, cabendo à Polícia Federal a investigação criminal, em

---

[11] STJ, 3ª S., CComp 24.215/MA, Rel. Min. Fernando Gonçalves, *DJ*, 8.9.1999.

[12] STJ, 3ª S., CComp 177.030/PR, Rel. Min. Laurita Vaz, *DJe*, 12.2.2021.

sede de inquérito policial, e à Justiça Federal o seu processamento e julgamento, nos termos do inciso IV do art. 109 da Constituição Federal". Trata-se de presunção legal absoluta de ofensa a interesse da União, o que não ocorre nos casos suscitados abaixo.

Julgamento de crimes cometidos contra sociedade de economia mista. Determina a Súmula 42 do STJ que "compete à Justiça Comum Estadual processar e julgar as causas cíveis em que é parte sociedade de economia mista e os crimes praticados em seu detrimento". Assim, por exemplo, um roubo cometido contra agência do Banco do Brasil é de competência da Justiça Comum Estadual, pois referida instituição financeira é sociedade de economia mista.

Crimes de falso relativos a estabelecimentos particulares de ensino. A Súmula 104 do STJ é no sentido de que "compete à Justiça Comum estadual o processo e julgamento dos crimes de falsificação e uso de documento falso relativo a estabelecimento particular de ensino".

Estelionato mediante falsificação de guias de recolhimento de contribuições previdenciárias. Súmula 107 do STJ: "Compete à Justiça Comum Estadual processar e julgar crime de estelionato praticado mediante falsificação das guias de recolhimento das contribuições previdenciárias, quando não ocorrente lesão à autarquia federal".

Crimes ambientais. Encontra-se revogada a Súmula 91 do Superior Tribunal de Justiça, que fixava a competência da Justiça Federal para processar e julgar os crimes contra a fauna. Tais crimes são julgados pela Justiça Comum, exceto nas hipóteses em que o fato atingir bens e interesses da União (CF, art. 109, IV), como no caso de crime ambiental cometido em unidade de conservação da União. No caso de crimes praticados em rios interestaduais, sendo o dano apenas local, a competência será da Justiça Estadual[13].

Crime contra funcionário público federal ou por este praticado no exercício da função ou em razão dela. Súmula 147 do Superior Tribunal de Justiça: "Compete à Justiça Federal processar e julgar os crimes praticados contra funcionário público federal, quando relacionados com o exercício da função". Os delitos perpetrados por funcionário público federal no exercício da função ou em razão dela também são de competência da Justiça Federal[14].

Júri federal. É da competência do Tribunal do Júri, instituído no âmbito da Justiça Federal, o processo e julgamento de crime doloso contra a vida praticado contra funcionário público federal no exercício da função ou em virtude dela. Da mesma forma, compete ao Júri federal o processo e julgamento de funcionário público federal que comete crime doloso contra a vida no exercício da função ou em razão dela. Ademais, se o crime doloso contra a vida ocorrer a bordo de navio ou aeronave civil, a competência também será do Júri federal, *ex vi* do disposto no art. 109, IX, da Constituição.

---

[13] STJ, 3ª S., AgRg no CC 155.055/MG, Rel. Min. Maria Thereza de Assis Moura, j. 22.11.2017, *DJe*, 27.11.2017.

[14] Compete à Justiça Federal processar e julgar crime de latrocínio no qual tenha havido troca de tiros com policiais rodoviários federais que, embora não estivessem em serviço de patrulhamento ostensivo, agiam para reprimir assalto a instituição bancária privada. O art. 109 da CF prevê que compete à Justiça Federal processar e julgar "os crimes políticos e as infrações penais praticadas em detrimento de bens, serviços ou interesse da União ou de suas entidades autárquicas ou empresas públicas, excluídas as contravenções e ressalvada a competência da Justiça Militar e da Justiça Eleitoral". Assim, se um servidor público federal é vítima de um delito em razão do exercício de suas funções, tem-se que o próprio serviço público é afetado, o que atrai a competência da Justiça Federal para processar e julgar o feito (Súmula 147 do STJ). No caso, observa-se que, embora os policiais rodoviários federais não estivessem em serviço de patrulhamento ostensivo, têm, como agentes policiais, o dever legal de prender em flagrante quem estiver praticando crime, nos termos do art. 301 do CPP: "Qualquer do povo poderá e as autoridades policiais e seus agentes deverão prender quem quer que seja encontrado em flagrante delito". Assim, o certo é que era incumbência dos policiais rodoviários federais, naquele momento, reprimir a prática criminosa, motivo pelo qual não há dúvidas de que agiram no exercício de suas funções, o que revela a competência da Justiça Federal. Precedente citado: 5ª T., RHC 31.553/MT, *DJe*, 26.8.2013; HC 309.914/RS, Rel. Min. Jorge Mussi, j. 7.4.2015, *DJe*, 15.4.2015.

Crime de falso testemunho cometido no processo trabalhista. Súmula 165 do STJ: "Compete à Justiça Federal processar e julgar crime de falso testemunho cometido no processo trabalhista". O entendimento se justifica, uma vez que a Justiça do Trabalho é organizada em âmbito federal, constituindo o falso testemunho em processo trabalhista afronta aos interesses da União.

Crime de responsabilidade. Súmula 208 do STJ: "Compete à Justiça Federal processar e julgar prefeito municipal por desvio de verba sujeita a prestação de contas perante órgão federal".

Crimes cometidos por juízes estaduais e do Distrito Federal e Territórios ou por membros do Ministério Público. Excepcionando-se a determinação do inciso IV, pela regra da especialidade, não incide a competência da Justiça Federal quando o crime praticado em detrimento de bens, serviços ou interesses da União tenha como sujeito ativo juiz estadual e do Distrito Federal e Territórios ou membro do Ministério Público, nos crimes comuns e de responsabilidade. Nesses casos, por determinação do art. 96, III, da Constituição Federal, a competência será sempre do Tribunal de Justiça do Estado em que servir o magistrado ou integrante do Ministério Público, ressalvados apenas, por expressa determinação, os casos em que a competência seja da Justiça Eleitoral.

7.4.2. Crimes previstos em tratado e convenção internacional (inciso V)

Cumpre observar que, para que se atraia a competência da Justiça Federal, é necessário que a prática de crime previsto em tratado ou convenção internacional extrapole a mera repercussão interna, atingindo patamares internacionais.

Tráfico de drogas com o exterior. Súmula 522 do STF: "Salvo ocorrência de tráfico para o exterior, quando então a competência será da Justiça Federal, compete à Justiça dos Estados o processo e julgamento dos crimes relativos a entorpecentes".

Nos termos do art. 70, parágrafo único, da Lei n. 11.343/2006, o processamento e o julgamento de crime de tráfico com o exterior, quando praticado em Município que não seja sede de vara da Justiça Federal, caberão à vara federal da circunscrição respectiva.

7.4.3. Crimes contra a organização do trabalho, contra o sistema financeiro e a ordem econômico-financeira (inciso VI)

Somente serão da competência da Justiça Federal os crimes contra a organização do trabalho que ofenderem interesses trabalhistas de natureza coletiva[15]. No Título IV do Código Penal, arts. 197 a 207, estão previstos os crimes contra a organização do trabalho. Já no tocante aos crimes contra o sistema financeiro nacional, a competência será da Justiça Federal, conforme previsto no art. 26 da Lei n. 7.492/86 e no art. 109, VI, da Constituição Federal. No caso de delitos contra a ordem econômico-financeira, ausente previsão expressa na Lei n. 8.137/90, a competência, em regra, será da justiça estadual[16].

Falsa anotação em carteira de trabalho. Súmula 62 do STJ: "Compete à Justiça Estadual processar e julgar o crime de falsa anotação na Carteira de Trabalho e Previdência Social, atribuído à empresa privada".

Competência. Crime de redução à condição análoga à de escravo. O tipo previsto no art. 149 do CP caracteriza-se como crime contra a organização do trabalho e, portanto, atrai a competência da justiça federal (art. 109, VI, da CF/88)[17].

---

[15] 3ª S., STJ, AgRg no CC 166.918/SP, Rel. Min. Rogério Schietti Cruz, j. 11.9.2019, *DJe*, 17.9.2019.

[16] STJ, 3ª S., CC 195.150/SP, Rel. Min. Laurita Vaz, j. 12.4.2023, *DJe*, 19.4.2023; STJ, 3ª S., CC 148.159/SP, Rel. Min. Antônio Saldanha Palheiro, j. 26.6.2019, *DJe*, 1º.7.2019.

[17] STF, Plenário, RE 459.510/MT, Rel. orig. Min. Cezar Peluso, red. p/ Acórdão Min. Dias Toffoli, j. 26.11.2015.

7.4.4. Crimes cometidos a bordo de navios ou aeronaves (inciso IX)

A competência da Justiça Federal para o julgamento de crimes cometidos em navios ou aeronaves restringe-se aos navios e aeronaves civis, já que aqueles cometidos a bordo de embarcações e aeronaves militares recaem sob a competência da Justiça Militar.

Também é necessário que o navio esteja em deslocamento internacional ou em situação de potencial deslocamento (p. ex., esteja parado provisoriamente no porto, mas já seguirá rumo a outro país). Se o navio estiver atracado e não se encontrar em potencial situação de deslocamento, a competência será da Justiça Estadual[18].

Os tribunais superiores entendem que o termo "navio" deve ser traduzido de modo que somente seja tida por competente a Justiça Federal para o julgamento dos crimes cometidos em embarcação se for esse cometido em embarcações de grande calado, usadas em grandes viagens. Pequenas embarcações não se subsumiriam ao conceito de navio, sendo os crimes nelas cometidos processados e julgados pela Justiça Estadual[19]. A restrição não existe em se tratando de aeronaves, já que nesse caso o Texto Constitucional não faz distinção.

7.4.5. Crimes de ingresso ou permanência irregular de estrangeiro (inciso X)

O art. 338 do Código Penal define o crime de reingresso de estrangeiro expulso, que atenta contra a administração da justiça, sendo o seu julgamento de competência da Justiça Federal.

7.4.6. Crimes relativos a indígenas são da competência da Justiça Federal?

O art. 109, XI, da Constituição Federal atribui aos juízes federais o processo e julgamento de disputa sobre direitos indígenas. Entende a doutrina, entretanto, que o referido dispositivo *não* transfere à Justiça Federal a competência para conhecer dos crimes em que indígena figure como autor ou vítima. O entendimento, ademais, encontra respaldo na jurisprudência do Superior Tribunal de Justiça, que o consolidou por meio da Súmula 140.

7.4.7. Grave violação a direitos humanos (inciso V-A)

Com a Emenda Constitucional n. 45/2004, acrescenta-se ao rol de competências da Justiça Federal o processamento e julgamento de hipóteses de "grave violação de direitos humanos". Nesse caso, entretanto, o "deslocamento" da competência para a Justiça Federal dependerá de decisão do Superior Tribunal de Justiça, por provocação do Procurador-Geral da República, se este entender que o julgamento pela Justiça Federal seja necessário para "assegurar o cumprimento de obrigações decorrentes de tratados internacionais de direitos humanos dos quais o Brasil seja parte". Ainda segundo o Texto Constitucional, o "incidente de deslocamento de competência para a Justiça Federal" poderá ser suscitado em qualquer fase do inquérito ou processo.

Como se trata de uma excepcional alteração do juízo natural, o deferimento do incidente depende da demonstração da incapacidade, decorrente de inércia, omissão, negligência ou falta de vontade política de o Estado-Membro, por suas instituições e autoridades, conduzir adequadamente a persecução penal no caso concreto[20].

Independentemente da instauração ou acolhimento do incidente de deslocamento da competência, o art. 1º, III, da Lei n. 10.446/2002 prevê que a Polícia Federal detém atribuição para a realização da investigação de infrações penais relativas à violação de direitos humanos. A disposição legal

---

[18] STJ, 3ª S., CC 118.503/PR, Rel. Min. Rogerio Schietti Cruz, j. 22.4.2015, *Informativo do STJ* n. 560.

[19] STJ, 3ª S., CC 192.437/SP, Rel. Jesuíno Rissato, j. 23.3.2023, *DJe*, 24.3.2023.

[20] IDC 9/SP, 3ª S., Rel. Min. João Otávio de Noronha, j. 10.8.2022, *DJe*, 6.9.2022.

decorre da previsão constante do art. 144, § 1°, I, da Constituição Federal, que determina a atuação da Polícia Federal na apuração de infrações penais de repercussão internacional.

7.5. Justiça Estadual

Não sendo o caso de infração penal que por sua natureza deva ser julgada por uma das Justiças Especiais ou pela Justiça Federal, caberá à Justiça Comum dos Estados o processo e julgamento do feito. Por essa razão, diz-se que a Justiça Comum Estadual tem, no que tange ao critério *ratione materiae*, competência residual.

7.6. Concurso entre as competências da Justiça Federal e da Justiça Estadual

Ocorrendo concurso entre as competências da Justiça Federal e da Justiça Estadual Comum, a Justiça Federal exercerá sobre a Justiça Estadual Comum *vis attractiva*, prevalecendo a competência da primeira. Esse o entendimento consolidado pelo Superior Tribunal de Justiça na Súmula 122, segundo a qual "compete à Justiça Federal o processo e julgamento unificado dos crimes conexos de competência federal e estadual, não se aplicando [nesse caso específico] a regra do art. 78, II, 'a' do Código de Processo Penal".

A competência da Justiça Federal prevalecerá ainda que a sentença ou acórdão absolva o acusado do crime que determinou a competência do juízo federal, ou desclassifique a conduta imputada ao acusado para um tipo cujo julgamento caberia à Justiça Estadual. Esse o entendimento decorrente da regra geral insculpida no art. 81 do Código de Processo Penal, segundo o qual, "verificada a reunião dos processos por conexão ou continência, ainda que no processo da sua competência própria venha o juiz ou tribunal a proferir sentença absolutória ou que desclassifique a infração para outra que não se inclua na sua competência, continuará competente em relação aos demais processos".

Entretanto, o Superior Tribunal de Justiça tem decidido, reiteradamente, que nas hipóteses em que o crime que determinou a competência da Justiça Federal e, por conseguinte, exerceu a *vis attractiva*, tiver julgado extinta sua punibilidade ou for arquivado pelo procurador da República, estará cessada a competência da Justiça Federal, devendo os autos ser reencaminhados para o Juízo Estadual, competente para apreciar e julgar os delitos remanescentes[21].

7.7. Juizados Especiais Criminais

A Lei n. 11.313, de 28 de junho de 2006, alterou os arts. 60 e 61 da Lei n. 9.099/95 e o art. 2º da Lei n. 10.259/2001, resolvendo a divergência que havia entre os dois diplomas quanto à definição de infração de menor potencial ofensivo. Com a alteração, tanto nos Juizados Especiais Criminais estaduais quanto nos Juizados Especiais Federais, consideram-se infrações de menor potencial ofensivo os crimes com pena máxima não superior a 2 anos, ou multa, e as contravenções penais. Ressalte-se que o fato de o crime ser apenado por pena privativa de liberdade superior a 2 anos ou multa, tendo o magistrado discricionariedade sobre qual pena aplicar, não o torna de menor potencial ofensivo.

No caso dos Juizados Especiais da Justiça Federal, fica excluída a competência para julgamento de contravenções penais, por vedação constitucional (art. 109, IV), salvo no caso de conexão entre contravenção penal e crime de competência da Justiça Federal (Súmula 122 do STJ). No entanto, como já se frisou, o STJ entende que deverá haver a cisão no julgamento, cabendo à Justiça Estadual apurar a contravenção, ao passo que o Juízo Federal deverá julgar unicamente o crime de competência da Justiça Federal.

A competência dos Juizados, por ser fixada *ratione materiae,* é absoluta.

---

[21] STJ, 3ª S., AgRg no HC 741.358/MS, Rel. Min. Reynaldo Soares da Fonseca, j. 21.6.2022, *DJe*, 27.6.2022.

Havia discussão no que tange à aplicação da Lei dos Juizados Especiais Criminais no âmbito da Justiça Militar. A inserção do art. 90-A na Lei n. 9.099/95, pela Lei n. 9.839/99, encerrou a controvérsia, vedando expressamente a aplicação das disposições atinentes aos Juizados Especiais Criminais à Justiça Militar.

7.8. Tribunal Penal Internacional

Incluído entre as inovações trazidas pela Emenda Constitucional n. 45/2004, o Tribunal Penal Internacional possui "jurisdição sobre as pessoas responsáveis pelos crimes de maior gravidade com alcance internacional" (nos termos do art. 1º do Estatuto de Roma, que foi recepcionado pelo ordenamento jurídico brasileiro pelo Decreto n. 4.388, de 25.9.2002).

A previsão é uma decorrência do quanto previsto no art. 7° do Ato das Disposições Constitucionais Transitórias, cuja disposição atestava que o Brasil propugnaria pela formação de um tribunal internacional de direitos humanos. Com a criação da Corte, a adesão era um imperativo constitucional.

Tem tal órgão competência material *subsidiária*. Assim, somente será competente se inerte for o órgão originariamente competente para julgar os crimes de genocídio, os crimes contra a humanidade, os crimes de guerra (respectivamente, arts. 6º, 7º e 8º do Estatuto de Roma) e o crime de agressão (art. 8º *bis*, §§1º e 2º).

Assim, o Tribunal exercerá sua jurisdição "nos casos em que os Estados se mostrem incapazes ou não demonstrem efetiva vontade de puir os seus criminosos"[22].

As sentenças do TPI são internacionais, e não estrangeiras. Por isso, sua exequibilidade dispensa a homologação pelo Superior Tribunal de Justiça (CF, art. 105, I, *i*).

8. CRITÉRIO TERRITORIAL

Determinada a Justiça competente (*rectius*, a instituição judiciária competente para o julgamento da causa), insta determinar, dentro do território do País, o foro competente para processar e julgar o feito.

O critério territorial de determinação de competência pressupõe uma distribuição geográfica dos juízes investidos pela Constituição Federal do poder jurisdicional, cada qual competente para julgar fatos que de alguma maneira se relacionem com as respectivas localidades.

O território brasileiro, para efeito da distribuição da competência de foro da Justiça Federal comum, é dividido em seções judiciárias. Dispõe o art. 110, *caput*, da Constituição Federal que cada Estado, bem como o Distrito Federal, constitui uma seção judiciária, que será sediada na respectiva capital, e varas localizadas segundo o estabelecido em lei. Nos Territórios Federais, se vierem novamente a existir, a jurisdição e as atribuições cometidas aos juízes federais caberão aos juízes da Justiça local, na forma da lei (art. 110, parágrafo único, da Constituição Federal). Há, portanto, Varas Federais funcionando em todas as capitais dos Estados, sendo que existem, ainda, nos Estados mais populosos, Varas Federais sediadas no interior, para suprir a elevada demanda jurisdicional. Além disso, com o advento da Emenda Constitucional n. 45/2004, tornou-se possível a descentralização dos Tribunais Regionais Federais, pela constituição de câmaras regionais, "a fim de assegurar o pleno acesso do jurisdicionado à justiça em todas as fases do processo" (art. 107, § 3º, da Constituição Federal).

Em relação à Justiça Estadual Comum, as subdivisões territoriais dos Estados são denominadas comarcas, nas quais os órgãos jurisdicionais de primeira instância exercerão sua competência. A comarca representa, assim, o limite territorial da competência dos juízes estaduais.

---

[22] Valerio de Oliveira Mazzuoli, *Curso de direitos humanos*, 3. ed., p. 192.

A fixação do foro competente ora se opera em face do local em que os fatos ocorreram (*locus comissi delicti*), ora em razão do local do domicílio ou residência do réu.

8.1. Competência pelo lugar da infração

Regra geral, a competência para julgar a ação penal será do foro do local em que for consumada a infração (*locus comissi delicti*). Essa a determinação do Código de Processo Penal, art. 70, *caput*.

Reputa-se como local da infração, saliente-se, o local em que houver ocorrido o *resultado* da prática criminosa. O critério é diferente daquele determinado no art. 6º do Código Penal, que estabelece que o local do crime é tanto aquele "em que ocorreu a ação ou omissão, no todo ou em parte", quanto "onde se produziu ou deveria produzir-se o resultado". A definição do art. 6º do Código Penal não se aplica à determinação do foro competente para o julgamento (regra processual), mas sim à determinação da lei penal (material). Daí dizer-se que a lei processual adotou a teoria do resultado, enquanto a lei material teria adotado a teoria da ubiquidade.

A regra do art. 70, *caput*, portanto, ao contrário do que chegou a defender parte da doutrina com o advento da Lei n. 7.209/84 (que implementou a Parte Geral do Código Penal atualmente vigente), não derrogou o disposto no art. 6º do Código Penal, tampouco se choca com o art. 4º, também do Código Penal, que disciplina a aplicação da norma penal material no tempo, adotando a teoria da atividade.

Via de regra, portanto, uma vez praticado o crime, cumpre identificar no território de qual comarca ou seção judiciária (conforme a competência para o julgamento seja de Justiça Estadual ou da Justiça Federal) consumou-se o delito. Nos crimes tentados, será competente o foro em que foi realizado o último ato de execução (art. 70, *caput, in fine*, do CPP).

A opção do legislador, ao eleger como foro competente o local da consumação do delito, é calcada em dois motivos. O primeiro leva em conta razões de política criminal: para que a repressão penal atinja sua finalidade exemplificativa, é mais adequado que o julgamento da causa ocorra no lugar em que houve a violação da norma, em que, via de regra, o delito causa maior repercussão social. É a melhor forma de o Estado demonstrar à população local a prevalência da ordem jurídica vigente. O segundo motivo é de ordem instrumental, pois o lugar da infração é onde mais provavelmente se encontrarão os vestígios e provas do crime.

Por vezes a jurisprudência vem abrandando a *teoria do resultado*, admitindo-se excepcionalmente a competência do local em que se deu a ação delituosa, quando necessária para fins probatórios[23].

Os §§ 1º e 2º do art. 70 tratam da fixação da competência nas hipóteses dos chamados crimes a distância, cuja execução se inicia em um país e a consumação se dá em outro. Exclusivamente nesse aspecto o Código de Processo Penal adotou a *teoria da ubiquidade*. Assim, se iniciada a execução em território nacional, a infração se consumar no território de outro país, a competência será determinada pelo lugar em que tiver sido praticado, no Brasil, o último ato executório. Quando o último ato de execução ocorrer fora do território brasileiro, a competência será do juiz do lugar onde o crime, embora parcialmente, tenha produzido ou devia produzir seu resultado.

Em determinados casos, entretanto, não haverá, no momento do ajuizamento da ação penal, elementos suficientes para determinar o local da prática do delito. Para esses casos, determina o § 3º do citado art. 70 que a competência será firmada pela prevenção. O critério da prevenção será aplicável quando: a) for incerto o limite territorial entre duas ou mais jurisdições, ou b) for incerta a jurisdição por ter sido a infração consumada ou tentada nas divisas de duas ou mais jurisdições. Pela

[23] STJ, 5ª T., AgRg no HC 531.810/PR, Rel. Min. Joel Ilan Paciornik, j. 5.5.2020, *DJe*, 13.5.2020.

prevenção, portanto, serão competentes os juízos de qualquer dos foros onde se suspeita haja ocorrido o fato delituoso, até que a ação seja ajuizada. Tão logo isso ocorra, o primeiro juízo que conhecer da causa tornar-se-á prevento, cessando a competência, no caso concreto, dos juízes das demais localidades.

Tratando-se de infração continuada (definida no art. 71, *caput*, do Código Penal) ou de crime permanente (aquele cuja consumação se protrai no tempo, p. ex., o sequestro) praticados nos territórios de duas ou mais localidades, a competência, do mesmo modo, firmar-se-á pela prevenção. Se, no caso de crime continuado, for instaurado mais de um processo, aplica-se o disposto no art. 82 do Código de Processo Penal, segundo o qual caberá à autoridade prevalente (aquela que houver primeiro conhecido da ação) avocar os demais processos, que se reunirão sob a sua competência.

Além dessas regras presentes no Código, vale mencionar alguns casos especiais de determinação da competência territorial:

Crimes falimentares. O foro competente para os crimes falimentares é o do lugar onde for decretada a falência, concedida a recuperação judicial ou homologado o plano de recuperação extrajudicial, conforme o caso (art. 183 da Lei n. 11.101/2005).

Crimes plurilocais. Crimes plurilocais são aqueles em que a execução e a consumação se verificam em lugares diversos. Nesses casos, aplica-se a teoria do resultado, sendo competente o foro do local em que ocorre o resultado da prática delitiva.

Crimes de estelionato. Com o advento da Lei n. 14.155/2021, que incluiu o § 4° no art. 70 do Código de Processo Penal, a competência para o julgamento do crime de estelionato, praticado mediante a emissão dolosa de cheque sem provisão de fundos, passou a ser o domicílio da vítima. Em caso de pluralidade de ofendidos, a competência será definida pela prevenção. A nova lei tornou sem eficácia as Súmulas 521 do STF e 244 do STJ, que estipulavam a competência, nestes casos, no local do resultado do crime. A novel disposição incluiu na mesma regra os estelionatos praticados mediante pagamento frustrado ou transferência de valores.

Tratando-se de norma de natureza processual, sua aplicabilidade é imediata, valendo para os processos iniciados após a data de vigência da lei, ainda que o fato criminoso seja anterior[24].

No caso de crime de estelionato praticado mediante falsificação de cheque, a Súmula 48 do Superior Tribunal de Justiça determina como competente o "juízo do local da obtenção da vantagem ilícita". O enunciado permanece válido, pois não alcançado pela citada alteração legislativa.

Crimes qualificados pelo resultado. O foro competente será o do local em que ocorrer o resultado que o qualifica.

Crimes contra a vida. Mitigando a regra de competência segundo a qual o juízo competente é o do local em que ocorrer o resultado, no caso dos crimes contra a vida tem parte da doutrina (posição que se adota) e da jurisprudência[25] reconhecido a competência do juízo do local em que se deu o último ato de execução, caso o crime se tenha consumado em lugar diverso. Privilegia-se, com isso, o efeito preventivo do direito penal e a instrução criminal, fundamentos do critério de determinação de competência *ratione locus comissi delicti*. Existe, entretanto, doutrina em sentido contrário.

Crimes de uso de documento falso. A Súmula 200 do Superior Tribunal de Justiça enuncia que "o Juízo Federal competente para processar e julgar acusado de crime de uso de passaporte falso é do lugar onde o delito se consumou". Em consonância, a Súmula 546 do mesmo tribunal superior determina que a competência para processar e julgar o crime de uso de documento falso é firmada em

---

[24] STJ, 3ª S., AgRg no CC 196.475/SP, Rel. Min. Antonio Saldanha, j. 14.6.2023, *DJe*, 21.6.2023.

[25] STJ, 6ª T., AgRg no HC 821.102/TO, Rel. Min. Laurita Vaz, j. 6.6.2023, *DJe*, 13.6.2023.

razão da entidade ou órgão ao qual foi apresentado o documento público, não importando a qualificação do órgão expedidor.

8.2. Juizados Especiais Criminais

A Lei n. 9.099/95 dispõe, em seu art. 63, que será competente o Juizado do lugar em que foi praticada a infração penal. Inovou, portanto, a Lei dos Juizados Especiais ao adotar o termo "praticada", que tem sentido dúbio. Assim, surgiram na doutrina três entendimentos diversos quanto à interpretação desse preceito:

a) Para alguns, o foro competente seria o do local em que se realizou a ação ou omissão, tendo referida lei adotado a teoria da atividade.

b) Para outros, a lei, não obstante se utilize de termo diverso, manteve-se fiel ao critério adotado pelo estatuto processual penal, sendo, portanto, a competência territorial estabelecida pelo lugar da consumação da infração.

c) Finalmente, uma terceira corrente defende que, ao referir-se ao lugar onde foi praticada a infração, a lei teria adotado a teoria da ubiquidade, fixando a competência tanto pelo lugar em que ocorreu a ação ou omissão quanto pelo local em que se verificou o resultado da conduta. Havendo conflito de competência, seria resolvido pela prevenção. Essa corrente entende que deve ser aplicado o art. 6º do Código Penal em relação à expressão "praticada", pois tal artigo considera "praticado o crime no lugar em que ocorreu a ação ou omissão, no todo ou em parte, bem como onde se produziu ou deveria produzir-se o resultado"[26].

8.3. Competência pelo domicílio ou residência do réu

Quando desconhecido o lugar da infração, a competência será determinada pelo local do domicílio ou residência do réu (art. 72, *caput*, do Código de Processo Penal). Adotou, assim, o legislador o local do domicílio ou residência do réu como foro subsidiário ou supletivo, para as hipóteses em que houver impossibilidade de determinar o lugar da consumação do crime.

Se o réu tiver mais de uma residência, ou quando não tiver residência certa, bem como nos casos em que for ignorado seu paradeiro, a competência será firmada pela regra da prevenção (§§ 1º e 2º do art. 72), sendo competente o primeiro juízo que conhecer da causa, no primeiro caso, dentre os que atuarem nos diversos locais de residência do réu, e, no segundo caso, dentre todos os juízes abstratamente competentes para o julgamento do delito, em qualquer comarca ou seção judiciária.

Da mesma forma, determina-se a competência pela regra da prevenção quando houver pluralidade de réus, com domicílios ou residências diferentes.

Tratando-se de ação privada exclusiva, a lei processual faculta ao querelante optar pelo foro do domicílio ou da residência do réu, mesmo quando conhecido o lugar da infração. A *mens legis,* ao excepcionar a regra geral, foi evidentemente no sentido de facilitar a atuação do ofendido.

Quanto à questão de saber se o Código de Processo Penal equiparou os conceitos de domicílio e residência, a doutrina diverge: para alguns autores, a legislação processual não estabeleceu distinção entre os conceitos, tomando-os como sinônimos. A maior parte da doutrina entende, entretanto, que os termos conservam, em sede processual penal, os traços característicos estabelecidos pelo direito civil. Será considerado domicílio, assim, o local em que a pessoa "estabelece a sua residência com ânimo definitivo" (art. 70 do Código Civil), enquanto residência é "relação de fato, é o lugar em que a pessoa habita ou tem o centro de suas ocupações"[27]. Havendo diversos locais onde alternada-

---

[26] Ada Pellegrini Grinover *et al.*, *Juizados Especiais Criminais*: comentários à Lei 9.099, de 26.9.1995, p. 83.

[27] Washington de Barros Monteiro, *Curso de direito civil*, v. 1, p. 135.

mente viva, considerar-se-á seu domicílio qualquer deles. No que toca às relações concernentes à sua profissão, será o domicílio o local onde a pessoa a exerce (art. 72). Finalmente, não havendo residência habitual, o domicílio será qualquer lugar em que seja a pessoa encontrada (art. 73). Regra de igual teor encontra-se na Lei de Introdução às Normas do Direito Brasileiro, art. 7º, § 8º.

A competência territorial é relativa e, portanto, prorrogável. Não arguida, ou superada a arguição, torna-se, pela prorrogação, competente o juízo que originalmente não o fosse (exclusivamente no que tange à competência em razão da localidade).

8.4. Fixação do juízo competente

Estabelecido o foro competente, se nele houver mais de um juízo com idêntica competência, há que estabelecer qual deles julgará a causa penal. Os critérios para tanto são a prevenção e a distribuição.

A prevenção é critério residual de determinação de competência, incidindo nos casos em que há pluralidade de juízes igualmente competentes ou com jurisdição cumulativa (art. 83 do Código de Processo Penal). Havendo, pois, vários juízos igualmente competentes, torna-se prevento aquele que tiver antecedido aos outros na prática de algum ato do processo ou de medida a este relativa, ainda que anterior ao oferecimento da denúncia ou queixa (decisão acerca da concessão de fiança ou de prisão preventiva no curso de inquérito policial, por exemplo). *Prevenção*, portanto, significa *antecipação*.

Juízes igualmente competentes são, no dizer da doutrina, aqueles que possuem a mesma competência *ratione materiae* e também *ratione loci*. O fenômeno da jurisdição cumulativa, por sua vez, ocorrerá quando dois ou mais juízes possuírem idêntica competência em razão da matéria, sem, contudo, possuírem igual competência territorial[28].

A competência será determinada pela prevenção nas seguintes hipóteses:

a) quando incerto, entre duas ou mais localidades submetidas à competência de juízos diversos, o local em que se haja consumado o delito, ou quando não se puder determinar o juízo competente por haver sido a infração consumada ou tentada nas divisas entre diversas localidades (art. 70, § 3º, do Código de Processo Penal);

b) quando se tratar de infração continuada ou permanente, praticada em território submetido à competência de dois ou mais juízos (art. 71 do Código de Processo Penal);

c) quando, não sendo conhecido o lugar da infração, o réu tiver mais de uma residência, ou quando não possuir residência certa ou for ignorado o seu paradeiro (art. 72, §§ 1º e 2º, do Código de Processo Penal);

d) quando na determinação do foro prevalente, nos casos de conexão ou continência, a questão não puder ser solucionada pela aplicação dos critérios do art. 78 (art. 78, III, do Código de Processo Penal);

e) quando incerta e não se puder determinar a competência pelas regras dos arts. 89 e 90 do Código de Processo Penal, que estabelecem a competência relativa aos crimes praticados a bordo de embarcações e aeronaves (art. 91).

A competência determinada pelo critério da prevenção é relativa. Dessarte, e de acordo com a Súmula 706 do Supremo Tribunal Federal, será "relativa a nulidade decorrente da inobservância da competência penal por prevenção".[29]

---

[28] STJ, 3ª S., CComp 90.700/MG, Rel. Min. Napoleão Nunes Maia Filho, j. 28.3.2008, *DJ*, 23.4.2008, p. 1.

[29] STJ, 6ª T., HC 699.089/PR, Rel. Min. Laurita Vaz, j. 9.5.2023, *DJe*, 16.5.2023.

Finalmente, ainda em relação à prevenção, a Súmula 151 do Superior Tribunal de Justiça determina que "a competência para o processo e julgamento por crime de contrabando ou descaminho define-se pela prevenção do Juízo Federal do lugar da apreensão dos bens". Mais recentemente, o STJ vem admitindo a mitigação do teor da súmula, quando conveniente para o alcance da verdade real[30].

Caso não haja um juízo prevento e quando houver na mesma circunscrição judiciária pluralidade de juízes igualmente competentes, a fixação da competência proceder-se-á segundo o critério da **distribuição**.

A **distribuição** nada mais é que o ato de repartição dos feitos entre juízes que possuem idêntica competência. Sua existência tem por finalidade permitir o equilíbrio quantitativo entre os juízes das ações ajuizadas, evitando, ainda, o direcionamento das causas conforme os posicionamentos conhecidos de cada julgador acerca de uma ou outra tese jurídica.

Distribuída a ação, firma-se a competência do juízo da vara que primeiro a houver recebido (art. 75, *caput*, do Código de Processo Penal). Por força do parágrafo único do art. 75, mesmo a distribuição do inquérito inconcluso, para efeito de concessão de fiança ou da decretação de prisão preventiva ou de qualquer outra diligência, torna prevento o juiz que dele conhecer, fixando-se desde já sua competência para o processo e julgamento de ação que eventualmente daquele inquérito se originar.

8.5. *Perpetuatio jurisdictionis* em face da competência territorial

Pode ocorrer que, durante o trâmite do processo perante determinado juízo, altere-se, por modificação das leis de organização judiciária, o território de uma comarca ou de uma seção judiciária. Nesse caso, parte da doutrina e da jurisprudência entende que se desloca a competência para o juízo da comarca ou seção judiciária que se tornar competente, uma vez que, ao contrário do que ocorre no processo civil (art. 43 do CPC), não existe regra dispondo que a competência no processo penal deva determinar-se no momento do ajuizamento da demanda.

Não obstante, o Superior Tribunal de Justiça vem decidindo que "a competência jurisdicional é definida conforme as regras processuais vigentes no momento do oferecimento da denúncia ou queixa, sendo irrelevantes as modificações do estado de fato ou de direito ocorridas posteriormente, salvo quando suprimirem órgão judiciário ou alterarem a competência absoluta, nos termos do art. 43 do Código de Processo Civil, c.c. o art. 3º do Código de Processo Penal"[31].

Outros autores, entretanto, defendem que a falta dessa expressa disposição é suprida pela garantia constitucional do juiz natural, que se traduz efetivamente no direito a ser julgado por juiz competente no momento em que se pratica a infração. Esse princípio seria aplicável por força do art. 3º do Código de Processo Penal, homenageando, ademais, a possibilidade de prorrogação da competência insculpida no art. 83 do Código de Processo Penal. Esse o posicionamento de Julio Fabbrini Mirabete[32].

9. NATUREZA DA INFRAÇÃO

Uma vez firmada a jurisdição (ou Justiça) competente, e determinada a competência territorial, importa identificar o juiz competente para conhecer do feito, caso existam no mesmo foro juízes com jurisdição cumulativa. Um dos critérios para a solução da questão é a adoção da competência pela natureza da infração.

---

[30] STJ, 3ª S., CC 172.392/SP, Rel. Min. Joel Ilan Paciornik, j. 24.6.2020, *DJe*, 29.6.2020.

[31] STJ, 3ª S., CC 193.198/SP, Rel. Min. Laurita Vaz, j. 14.12.2022, *DJe*, 19.12.2022.

[32] Julio Fabbrini Mirabete, *Processo penal*, 17. ed., p. 187.

O art. 74, *caput*, do Código de Processo Penal determina que a competência pela natureza da infração será regulada pelas leis de organização judiciária, ressalvada a competência privativa do Tribunal do Júri para o julgamento dos crimes previstos nos arts. 121, §§ 1º e 2º, 122, parágrafo único, 123, 124, 125, 126 e 127 do Código Penal, consumados ou tentados (§ 1º do art. 74). Sempre que houver, portanto, crime doloso contra a vida, ainda que não consumado, a competência para o julgamento do delito e das infrações a ele relacionadas por conexão ou continência será do Tribunal do Júri. Nas demais hipóteses, a competência será – no que tange à natureza da infração – do juiz singular, quando as leis de organização judiciária não dispuserem diversamente.

10. *PERPETUATIO JURISDICTIONIS* EM FACE DA DESCLASSIFICAÇÃO

Havendo desclassificação do crime, ou seja, se entender o julgador que o dispositivo legal que tipifica o fato julgado seja diverso daquele apontado pela acusação, que importe em modificação da competência, o processo, via de regra, deverá ser remetido ao juiz competente *ratione materiae*. Isso não ocorrerá, entretanto, se mais graduada for a jurisdição do juiz que desclassificou a infração penal, situação em que esse juiz, por prorrogação, tornar-se-á competente para o julgamento do feito. Ocorrerá o fenômeno da *perpetuatio jurisdictionis* (art. 74, § 2º).

A doutrina diverge quanto à possibilidade da aplicação desse dispositivo, em face da atual organização judiciária do Brasil. Contra a opinião dos que acreditam não ter aplicação a citada regra, entende Tourinho Filho que a existência, na capital do Estado de São Paulo, de um foro central ao lado de foros regionais, cujas competências são determinadas em razão da natureza da infração, permite a incidência do preceito legal, pois seria mais graduada a jurisdição do foro central, prorrogando-se a competência daquele juízo.

Tramitando o processo perante o Tribunal do Júri, se o juiz da pronúncia desclassificar a infração para outra atribuída à competência do juiz singular, os autos serão a ele remetidos. O legislador não deu, contudo, solução do procedimento a ser adotado no juízo competente, parecendo-nos que deva ser aberta oportunidade de manifestação às partes, podendo, inclusive, requerer a produção de provas, antes da prolação da sentença, com fundamento nos princípios do contraditório e da ampla defesa (art. 5º, LV). Se a desclassificação for operada pelo próprio Tribunal do Júri, quando da votação dos quesitos pelos jurados, para outra infração que seja de competência do juiz singular, dispõe o art. 492, § 1º, que caberá ao presidente do tribunal proferir sentença, aplicando-se, se se tratar de infração de menor potencial ofensivo, os arts. 69 e seguintes da Lei n. 9.099/95. Já quanto ao *crime conexo* não doloso contra a vida, competirá ao juiz presidente julgá-lo, incidindo, da mesma forma, se se tratar de infração de menor potencial ofensivo, os mencionados dispositivos da Lei n. 9.099/95 (art. 492, § 2º).

11. LATROCÍNIO E TRIBUNAL DO JÚRI

Muito se discutiu acerca da competência para o julgamento do crime de latrocínio, que, embora se classifique sob a rubrica dos crimes contra o patrimônio, pode conter em si a conduta de atentar dolosamente contra a vida da vítima. Nesses casos, parte da doutrina sustentava ser competente o Tribunal do Júri, pois que o latrocínio seria, nas palavras de Mirabete, "um crime de homicídio praticado para assegurar a execução de outro crime"[33]. Entretanto, optando por homenagear o objetivo final da prática criminosa – a subtração de patrimônio –, consolidou o Supremo Tribunal Federal o entendimento de que "a competência para o processo e julgamento de latrocínio é do juiz singular e não do Tribunal do Júri" (Súmula 603).

---

[33] Julio Fabbrini Mirabete, *Processo penal*, 17. ed., p. 189.

12. COMPETÊNCIA POR CONEXÃO OU CONTINÊNCIA

Certas causas são tão intimamente relacionadas entre si que se torna desejável, por questões de economia processual – pois que a prova a produzir e os argumentos a deduzir em um poderiam ser aproveitados nos demais – e de efetividade jurisdicional – porquanto processos relacionados clamam por decisões harmônicas, a fim de satisfazer a finalidade de pacificação social, que permeia a função jurisdicional –, sua reunião sob a competência de um único juízo. A esses casos se aplicam as regras relativas à conexão e à continência.

Verificando-se, portanto, a relação entre duas ou mais infrações penais, independentes entre si, deverão elas ser reunidas em um único processo (*simultaneus processus*).

Não obstante a letra da lei refira-se à conexão e à continência como causas de determinação da competência, a doutrina as considera critérios de *modificação* da competência. Apesar disso, vale também lembrar que esses institutos, embora se encontrem regulados também no Código de Processo Civil, sob a rubrica "Da modificação da competência", recebem tratamento diverso no Código de Processo Penal.

12.1. Conexão

Conexão "é um vínculo que entrelaça duas ou mais ações, a ponto de exigir que o mesmo juiz delas tome conhecimento e as decida"[34]. A conexão apresenta as seguintes modalidades:

a) Conexão intersubjetiva (art. 76, I, do Código de Processo Penal). É a hipótese em que a conexão se afigura recomendável pela existência de circunstâncias que relacionam, por um ou outro motivo, os sujeitos da prática delituosa (seus autores). Existem três critérios de determinação da conexão intersubjetiva:

1. *Por simultaneidade* (também conhecida como conexão subjetivo-objetiva, ou meramente ocasional): ocorre quando duas ou mais infrações houverem sido praticadas por várias pessoas ocasionalmente reunidas (sem a intenção de reunião), em um só contexto espacial e temporal. Por exemplo, o saque praticado por diversos agentes contra determinado armazém, não estando presente qualquer liame subjetivo entre eles.

2. *Por concurso* (conexão subjetiva concursal): ocorre quando duas ou mais infrações são praticadas por várias pessoas em concurso, embora diverso o tempo e o lugar. É o caso, por exemplo, de dois agentes que praticam furtos em várias cidades no decorrer de um mês.

3. *Por reciprocidade*: é a hipótese em que duas ou mais infrações sejam cometidas por várias pessoas, umas contra as outras. A doutrina cita o exemplo de agressões praticadas entre integrantes de grupos rivais.

b) Conexão objetiva (art. 76, II, do Código de Processo Penal)

1. *Teleológica:* ocorre quando uma ou mais infrações houverem sido cometidas para facilitar a prática de outra ou outras. Ex.: matar o caseiro para roubar a casa da fazenda.

2. *Consequencial*: verifica-se sempre que uma ou mais infrações houverem sido praticadas para ocultar a prática de outras, ou para conseguir impunidade ou vantagem em relação a qualquer delas. A conexão, nesse caso, tem por finalidade obter a prova da existência da agravante prevista no art. 61, II, *b*, do Código Penal e da circunstância qualificadora do crime de homicídio prevista no art. 121, § 2º, V, do Código Penal.

c) Conexão probatória (instrumental). Ocorrerá quando a prova de uma infração ou de qualquer de seus elementos influir na prova de outra infração. Está disciplinada no art. 76, III, do

---

[34] Moacyr Amaral Santos, *Primeiras linhas de direito processual civil*, p. 257.

Código de Processo Penal. Por exemplo, a situação em que se esteja a apurar a prática dos crimes de furto e receptação acerca das mesmas mercadorias.

12.2. Continência

Configura-se a continência quando uma demanda, em face de seus elementos (partes, causa de pedir e pedido), esteja contida em outra. O art. 77 do Código de Processo Penal trata das hipóteses de continência, que ocorre em modalidades:

a) Por **cumulação subjetiva**, quando duas ou mais pessoas forem acusadas pela mesma infração. Nesse caso, do ponto de vista do direito material há que reconhecer a existência de apenas uma infração, praticada por vários agentes, configurando-se, portanto, o concurso de pessoas.

b) Por **cumulação objetiva**, nos casos de concurso formal de crimes (art. 70 do Código Penal), ou nas hipóteses de erro na execução (*aberratio ictus*) e resultado diverso do pretendido (*aberratio delictis*), previstos nos arts. 73 e 74, respectivamente. Ocorrerá cumulação objetiva sempre que a conduta do agente produzir mais de um resultado.

13. FIXAÇÃO DO *FORUM ATTRACTIONIS*

Constatada a conexão ou continência entre duas ou mais causas, será preciso determinar sob qual foro competente estas deverão reunir-se. Dos diversos foros eventualmente competentes para o julgamento das causas consideradas isoladamente, apenas um deles permanecerá, prorrogando-se, ademais, sua competência para processar e julgar também as causas para lá atraídas segundo os critérios de conexão ou de continência. O art. 78 do Código de Processo Penal estabelece critérios para estabelecer, nesses casos, o foro que exercerá a *vis attractiva*.

Júri e órgão comum. O inciso I do mencionado dispositivo estabelece que, no concurso entre a competência do Tribunal do Júri e a de outro órgão de competência comum, deve prevalecer a competência do Tribunal do Júri, que julgará, excepcionalmente, casos que não estariam sob seu âmbito de competência, desde que estejam esses em conexão ou continência com relação a um crime doloso contra a vida.

Caso o crime conexo seja da competência da Justiça Federal, o Tribunal do Júri atrairá a competência, porém, ele será realizado na esfera federal[35].

Jurisdições de mesmo grau. Em se tratando do concurso entre jurisdições de mesma categoria, isto é, de mesmo grau hierárquico, com juízes competentes para julgar as mesmas causas, estabelece o art. 78, II, três critérios distintos:

a) Gravidade da pena. Preponderará o foro do juízo competente para o julgamento da infração à qual for prevista, em abstrato, a pena mais grave. Há três graus de gravidade da pena. Em ordem decrescente: pena privativa de liberdade (reclusão, detenção e prisão simples), penas restritivas de direitos e penas pecuniárias. A gravidade da pena deverá levar em conta, ainda, as penas abstratamente previstas para o tipo penal em que incorrer o réu.

b) Número de infrações. Sendo as infrações de igual gravidade, prevalecerá o foro da localidade em que houver ocorrido o maior número de infrações.

c) Prevenção. Sendo as infrações a julgar de igual gravidade, e praticadas em igual número em cada uma das localidades, a competência firmar-se-á pela regra da prevenção (art. 83 do Código de Processo Penal). Esse o critério residual, aplicável quando não for possível fixar a competência pelas regras anteriores.

---

[35] STJ, 3ª S., CC 194.981/SP, Rel. Min. Laurita Vaz, j. 24.5.2023, *DJe*, 30.5.2023.

Jurisdições de graus diversos. Havendo concurso entre jurisdições de diversas categorias, isto é, entre órgãos que integram a jurisdição superior e magistrados que integram a jurisdição inferior, prorrogar-se-á a competência do órgão de maior graduação (art. 78, III, do Código de Processo Penal).

Em face dessa regra, nas hipóteses em que houvesse concurso de agentes e apenas sobre um deles incidisse a regra do foro por prerrogativa de função, seria prorrogada a competência do Tribunal, determinada pelo foro especial, permitindo-se o julgamento de ambos os acusados. Era assim que decidia o Supremo Tribunal Federal. De há muito a doutrina criticava essa solução, em razão da violação, dentre outros, ao princípio da igualdade. Ademais, nos casos em que a prerrogativa de função era determinada originariamente na Constituição Federal, a prorrogação mostrava-se inviável, já que não poderia a lei ordinária (no caso, o Código de Processo Penal, onde se encontra a regra de atração) alterar a competência constitucionalmente estabelecida, sendo a única solução possível a tramitação e o julgamento separado dos processos.

A situação se alterou a partir do julgamento pelo Supremo Tribunal Federal da Questão de Ordem na Ação Penal n. 937, que limitou o alcance da competência por prerrogativa de função. Assim, como houve a redução do alcance dos casos da competência especial, entendeu-se que não era mais devida a ampliação das pessoas com foro. A separação dos processos tornou-se a regra, só afastada em situações excepcionais, quando a separação provocar prejuízo ao esclarecimento da verdade ou julgamento da causa[36].

Pelo mesmo motivo, na hipótese em que uma pessoa que goza de foro por prerrogativa de função fixada na Lei Maior pratique crime doloso contra a vida em concurso com outra despida de tal privilégio, deverão ser ambos julgados separadamente, tanto pela nova orientação do Supremo sobre o tema como também pelo fato de a competência do Tribunal do Júri ser fixada em sede constitucional (art. 5º, XXXVIII), não havendo respaldo jurídico para que se proceda à reunião dos processos sob uma ou outra competência.

Jurisdição comum e jurisdição especial. Por fim, no concurso entre jurisdição comum e especial, prevalecerá esta. Em matéria penal compõem a jurisdição especial a Justiça Militar e a Justiça Eleitoral, cujas competências já foram objeto de estudo.

Em se tratando da Justiça Federal, é ela considerada especial em relação à Justiça Comum Estadual, cabendo-lhe o julgamento de crimes conexos de competência da Justiça dos Estados. Nesse sentido, a Súmula 122 do Superior Tribunal de Justiça, que afasta a incidência do art. 78, II, *a*, do Código de Processo Penal no concurso entre essas duas jurisdições. Vale lembrar que a Justiça Federal não é competente para processar e julgar contravenções penais, ainda que praticadas em detrimento de bens, serviços ou interesses da União (Súmula 38 do STJ), salvo em caso de conexão, nos termos da referida Súmula 122. Mais uma vez, no entanto, faz-se a ressalva acerca do entendimento do STJ quanto à cisão no julgamento dos processos conexos nestas circunstâncias.

No caso de conexão ou continência entre crime de competência do juízo comum ou do júri e infração de menor potencial ofensivo, serão aplicados os institutos despenalizadores da transação penal e da composição civil dos danos, de acordo com o que preceitua o art. 60, parágrafo único, da Lei n. 9.099/95, inserido pela Lei n. 11.313/2006.

14. SEPARAÇÃO DE PROCESSOS

Como se viu, nem sempre será possível, ainda que ocorra a conexão ou a continência, proceder à reunião dos processos sob a competência de um só órgão competente. Além das hipóteses já aven-

[36] STF, Tribunal Pleno, APn 937-QO, Rel. Min. Roberto Barroso, j. 3.5.2018, *DJe*, 11.12.2018. V. também: 1ª T., RE 1357888, Rel. Min. Alexandre de Moraes, j. 21.2.2022, *DJe*, 25.2.2022.

tadas, a própria lei excepciona a regra da reunião. Com efeito, o art. 79 do Código de Processo Penal impõe a separação obrigatória dos feitos, enquanto o art. 80 estabelece um rol não exaustivo de hipóteses em que os processos, conquanto em princípio unidos pela ocorrência de conexão ou continência, poderão ser, a critério do juiz, separados.

Será obrigatória a separação dos feitos quando (art. 79):

a) Houver concurso entre a jurisdição comum e a jurisdição militar (inciso I). Assim, o crime comum será processado e julgado pela Justiça Comum, cabendo à Justiça Militar processar e julgar o crime militar, mesmo que entre as infrações se verifique a conexão ou continência.

Quanto a isso, cumpre destacar que a Justiça Militar Federal tem competência para julgar militares e civis, enquanto à Justiça Militar Estadual cabe somente o julgamento de militares (policiais e bombeiros militares), mas nunca de civis. Essas questões foram abordadas no tópico referente à competência da Justiça Militar.

b) Houver concurso entre a jurisdição comum e a do juízo de menores (inciso II). Os menores de 18 anos são penalmente inimputáveis (art. 228 da Constituição Federal e art. 27 do Código Penal). A Justiça Comum será absolutamente incompetente para o julgamento dos atos infracionais por eles praticados, motivo pelo qual será impossível a reunião dos processos. A situação dos menores infratores fica sujeita às normas da legislação especial, conforme dispõe, também, o art. 104 da Lei n. 8.069/90 (Estatuto da Criança e do Adolescente). Contra o infrator penalmente imputável será instaurado o devido processo penal para a apuração do delito que cometeu, enquanto o menor será submetido ao Juízo da Infância e da Juventude, onde responderá pelo ato infracional praticado.

c) Em qualquer caso, se houver de suspender o processo em relação a um dos corréus, em virtude da superveniência de doença mental ocorrida durante o curso processual (art. 79, § 1º). É a hipótese prevista no art. 152 do Código de Processo Penal, que se destina às situações em que a doença mental se manifeste após a prática da infração penal.

d) No procedimento do Júri haverá separação do julgamento se, em razão das recusas, não for alcançado o número de 7 jurados para integrar o Conselho de Sentença (art. 469, § 1º). Cindido o julgamento, será submetido a Júri, em primeiro lugar, aquele a quem foi atribuída a autoria do fato, ou, em se tratando de coautoria, será observada a ordem de preferência traçada no art. 429.

O art. 80 do Código de Processo Penal prevê as hipóteses de separação facultativa dos processos, cabendo ao juiz deliberar quanto à conveniência da separação:

a) quando as infrações tiverem sido praticadas em circunstâncias de tempo ou de lugar diferentes;

b) quando houver excessivo número de acusados e para não lhes prolongar a prisão provisória;

c) por qualquer outro motivo relevante.

15. *PERPETUATIO JURISDICTIONIS* EM RELAÇÃO AOS PROCESSOS REUNIDOS

Ocorrendo a prorrogação da competência pela ocorrência de conexão ou continência, e verificada a reunião dos processos, a competência do órgão julgador fixar-se-á sobre todos os processos reunidos, ainda que nos autos do processo que exerceu a *vis attractiva* venha o juiz ou tribunal a proferir sentença absolutória, ou desclassifique a infração para outra que não se inclua na sua competência (art. 81, *caput*, do Código de Processo Penal). Ocorre, nesse caso, a perpetuação da competência do órgão do foro prevalente.

A regra, entretanto, encontra exceção no que diz respeito aos crimes submetidos à competência do Tribunal do Júri:

a) Decisão de pronúncia. Nos termos do art. 81, parágrafo único, do Código de Processo Penal, se a desclassificação, que exclua a competência do Tribunal do Júri, ou absolvição ocorrerem no momento da prolação da decisão de pronúncia, cessa a competência daquele órgão, devendo o processo ser remetido ao juízo competente.

A decisão de pronúncia, como adiante se detalhará, é o momento terminativo da primeira fase do procedimento do Júri (juízo de admissibilidade da acusação ou *judicium accusationis*), no qual caberá ao juiz que conduziu a instrução criminal decidir-se entre: i) enviar o réu a julgamento pelo Tribunal do Júri, pronunciando-o; ii) desclassificar a infração; iii) impronunciar o réu; ou iv) absolvê-lo sumariamente.

b) Absolvição pelo Conselho de Sentença. Caso a absolvição quanto ao crime doloso contra a vida decorra das respostas dos jurados aos quesitos propostos, aplica-se a regra geral do art. 81, *caput*, cumprindo ao Conselho de Sentença a apreciação dos crimes conexos ou continentes. Subsistem, assim, os efeitos da prorrogação da competência.

c) Desclassificação pelo Conselho de Sentença. Se o Conselho de Sentença, em vez de absolver o réu, desclassifica o crime doloso contra a vida para outro que escapa à competência do Tribunal do Júri (p. ex., lesão corporal), caberá ao juiz presidente proferir sentença, aplicando-se, se se tratar de infração de menor potencial ofensivo, os arts. 69 e seguintes da Lei n. 9.099/95 (art. 492, § 1º). Em relação a crime conexo não doloso contra a vida, competirá ao presidente julgá-lo, incidindo, também, se a infração for de menor potencial ofensivo, os referidos artigos da Lei n. 9.099/95 (art. 492, § 2º).

Vale referir que o Superior Tribunal de Justiça entende que, sendo arquivado o delito de competência para a Justiça Federal, passa a ser competente a Justiça Estadual, já que não mais subsiste a alegada conexão que justificava a reunião dos processos[37].

16. AVOCAÇÃO

Idealmente, todos os processos que devam ser reunidos sob as regras da conexão ou continência deverão ser propostos já perante o juízo competente. Entretanto, essa situação nem sempre ocorre, por vezes porque a acusação pode desconhecer, no momento do ajuizamento das ações concernentes a cada fato, a circunstância de existir qualquer das causas de reunião dos processos. Prevendo a ocorrência dessa situação, o art. 82 do Código de Processo Penal dispõe que compete à autoridade de competência prevalente (ou seja, o juízo para o qual se devam remeter os processos conexos ou contidos) avocar os processos que corram perante os outros juízes.

A regra não encontra aplicação, entretanto, para aqueles processos nos quais, não obstante tenham sido ajuizados perante outros juízos, já tenha sido proferida sentença definitiva (expressão que, no contexto desse dispositivo, deve ser entendida como decisão de primeiro grau). O posicionamento encontra-se consolidado na Súmula 235 do Superior Tribunal de Justiça, que estabelece que "a conexão não determina a reunião dos processos, se um deles já foi julgado".

Nesses casos, a unidade de processos só poderá ocorrer ulteriormente, durante a fase de execução da pena, para efeito de soma (concurso material), ou de unificação de penas (concurso formal e crime continuado).

A questão é especialmente relevante nos casos em que ocorre crime continuado ou concurso formal. Ocorre que o não reconhecimento dessas circunstâncias implicará desvantagem ao réu no cômputo da pena a aplicar, se eventualmente condenado por mais de uma infração. Isso porque, ao contrário do que ocorre no concurso material, nos casos de continuidade delitiva e de concurso formal não se aplicam integralmente as penas de todos os delitos agrupados, por força dos arts. 70 e

[37] STJ, 3ª S., AgRg no CC 160.281/MG, Rel. Min. Antonio Saldanha Palheiro, j. 13.3.2019, *DJe*, 25.3.2019.

71 do Código Penal. Por outro lado, é certo que a correta aplicação da pena dependerá de que todas as condutas que compõem o concurso material ou o crime cometido em continuidade sejam reconhecidas pelo juízo que aplicará ou executará a pena, de modo que será, nesse caso, imprescindível, ainda que não haja reunião de processos, haver comunicabilidade entre seus conteúdos.

Assim, a doutrina e a jurisprudência entendem que a regra do art. 82 do Código de Processo Penal encontra aplicação também na hipótese de crimes continuados, devendo-se proceder, nesses casos, à avocatória ou, não sendo mais possível, à unificação das penas perante o Juízo das Execuções.

17. COMPETÊNCIA PELA PRERROGATIVA DE FUNÇÃO

O legislador, ao estabelecer as regras de competência, excepcionou da incidência dos critérios gerais as pessoas que ocupam determinadas funções ou cargos públicos. Essas pessoas, assim, enquanto no exercício do cargo ou função, passarão a ter por prerrogativa serem processadas e julgadas perante órgãos diferenciados.

A competência por prerrogativa de função é vulgarmente conhecida como "foro privilegiado". Imprecisa a expressão, uma vez que o termo "foro", a rigor, diz respeito à divisão territorial de competências, e a prerrogativa de função implica, mais do que o deslocamento da competência territorial, a competência originária dos tribunais para o julgamento das causas sobre as quais incide. Tampouco se trata de privilégio, que implica favorecimento a alguém em razão de suas qualidades pessoais, mas sim de prerrogativa, vantagem atribuída não à pessoa, mas ao cargo ou função por ela exercida.

Além disso, não obstante consagrada em nosso sistema, há autores que não reconhecem a sua legitimidade, por violar a igualdade das pessoas perante a lei.

Mais recentemente, o Supremo Tribunal Federal limitou o alcance do foro por prerrogativa de função, no julgamento da Questão de Ordem na Ação Penal n. 937, em que foram estabelecidas as seguintes teses:

a) "o foro por prerrogativa de função aplica-se apenas aos crimes cometidos durante o exercício do cargo e relacionados às funções desempenhadas;

b) após o final da instrução processual, com a publicação do despacho de intimação para apresentação de alegações finais, a competência para processar e julgar ações penais não será mais afetada em razão de o agente público vir a ocupar cargo ou deixar o cargo que ocupava, qualquer que seja o motivo"[38].

Então, para que seja aplicado o foro pela prerrogativa da função é necessário que o ato tenha sido praticado durante o exercício do cargo e em função dele. Logo, um deputado federal que praticasse um crime no contexto da violência doméstica e familiar contra a mulher, ainda que durante o exercício do mandato, não faria jus ao foro especial, sendo julgado pelo juízo de primeiro grau.

A restrição é salutar. O foro especial tem razão de ser na relevância do cargo exercido pela autoridade. Por isso, só pode ter validade quando o ato se conecta com a função exercida, sob pena de se tornar mero privilégio. Cuida-se de uma norma de diferenciação, sendo de direito estrito, daí a necessidade de que seu alcance seja interpretado de forma restritiva.

Houve ainda a preocupação com a fixação de um termo final para alteração da instância de julgamento. Determinada a apresentação das alegações finais, não poderá haver alteração da competência para o julgamento da causa, mesmo que tenha havido a cessação do exercício da função. A medida visa evitar situações de tentativa de manipulação da instância, com o indevido prolongamento do

---

[38] STF, Pleno, AP 937-QO, Rel. Min. Roberto Barroso, j. 3.5.2018, *DJe*, 10.12.2018.

andamento do processo. Por isso sua afinidade com a boa-fé objetiva e a garantia de celeridade dos julgamentos do Poder Judiciário, prevista no inciso LXXVIII do art. 5° da Constituição Federal.

18. CASOS ESPECÍFICOS

A competência pela prerrogativa de função é fixada em vários níveis do ordenamento jurídico. Há normas estabelecendo critérios para sua determinação na Constituição Federal, nas Constituições Estaduais, nas leis ordinárias e nas leis de organização judiciária. Destacam-se, a seguir, os casos mais relevantes.

Supremo Tribunal Federal. Nos termos do art. 102, I, *b* e *c*, da Constituição Federal, compete à Corte Suprema processar e julgar, originariamente:

a) Nas infrações penais comuns, o Presidente da República e o Vice-Presidente, os membros do Congresso Nacional, seus próprios Ministros e o Procurador-Geral da República, e, embora não constando de previsão expressa, também o Advogado-Geral da União.

b) Nas infrações penais comuns e nos crimes de responsabilidade, os Ministros de Estado e os Comandantes da Marinha, do Exército e da Aeronáutica, ressalvado o disposto no art. 52, I, que atribui ao Senado Federal jurisdição para o julgamento dos Ministros de Estado e os Comandantes da Marinha, do Exército e da Aeronáutica nos crimes de responsabilidade conexos com os crimes praticados pelo Presidente ou pelo Vice-Presidente.

c) Ainda nas infrações penais comuns e nos crimes de responsabilidade, os membros dos Tribunais Superiores, os do Tribunal de Contas da União e os chefes de missão diplomática de caráter permanente.

As infrações penais comuns abrangem todas as modalidades de ilícitos penais (inclusive contravenções penais), exceto os chamados crimes de responsabilidade. Incluem-se, assim, entre as infrações penais comuns, para efeito de determinação de competência por prerrogativa de função, os crimes eleitorais e os militares[39].

Outrossim, observe-se que as investigações envolvendo autoridades com foro privativo no Supremo Tribunal Federal somente podem ser iniciadas após sua autorização formal, ou seja, as diligências investigatórias envolvendo autoridades com foro privativo no Supremo Tribunal Federal precisam ser previamente requeridas e autorizadas por ele. Ressalte-se, porém, que as diligências requeridas pelo Ministério Público Federal e deferidas pelo Ministro Relator são meramente informativas, não suscetíveis ao princípio do contraditório, de modo que não cabe à defesa controlar, *ex ante*, a investigação, o que acabaria por restringir os poderes instrutórios do Relator. Assim, o Ministro poderá deferir, mesmo sem ouvir a defesa, as diligências requeridas pelo Ministério Público que entender pertinentes e relevantes para o esclarecimento dos fatos[40].

O Supremo Tribunal Federal estendeu o entendimento sobre a necessidade de autorização e supervisão das investigações para as autoridades detentoras do foro especial em outros Tribunais, sob o fundamento de que "a mesma razão jurídica apontada para justificar a necessidade de supervisão judicial dos atos investigatórios de autoridades com prerrogativa de foro neste Supremo Tribunal Federal aplica-se às autoridades com prerrogativa de foro em outros Tribunais"[41].

Há ainda certa divergência na questão, pois o Superior Tribunal de Justiça, suscitando, justamente, a ausência de pacificação no tema, reiterou recentemente seu entendimento sobre a desne-

---

[39] J. F. Mirabete, *Processo penal*, 17. ed., p. 201.

[40] STF, 2ª T., Inq 3.387 AgR/CE, Rel. Min. Dias Toffoli, j. 15.12.2015, *DJe*, 9.12.2016.

[41] STF, Tribunal Pleno, ADI 7.083, Rel. Min. Cármen Lúcia, j. 16.5.2022, *DJe*, 24.5.2022.

cessidade de autorização para a abertura da investigação[42]. Imagina-se que prevalecerá a posição do Supremo.

Superior Tribunal de Justiça. Nos termos do art. 105, I, *a*, da Constituição Federal, compete ao Superior Tribunal de Justiça processar e julgar, originariamente:

a) nos crimes comuns, os Governadores dos Estados e do Distrito Federal;

b) nos crimes comuns e nos de responsabilidade, os desembargadores dos Tribunais de Justiça dos Estados e do Distrito Federal, os membros dos Tribunais de Contas dos Estados e do Distrito Federal, os dos Tribunais Regionais Federais, dos Tribunais Regionais Eleitorais e do Trabalho, os membros dos Conselhos ou Tribunais de Contas dos Municípios e os do Ministério Público da União que oficiem perante tribunais.

Tribunais Regionais Federais. Cabe a esses tribunais processar e julgar, originariamente: a) os juízes federais da área de sua jurisdição, incluídos os da Justiça Militar e da Justiça do Trabalho, nos crimes comuns e de responsabilidade e b) os membros do Ministério Público da União, ressalvada a competência da Justiça Eleitoral (art. 108, I, *a*, da Constituição Federal).

Tribunais de Justiça. De acordo com a Constituição Federal, compete aos Tribunais de Justiça:

a) O julgamento do Prefeito Municipal (art. 29, X) pela prática de crimes comuns de competência da Justiça Comum Estadual. Nesse sentido, a Súmula 701 do Supremo Tribunal Federal determina que "a competência do Tribunal de Justiça para julgar Prefeitos restringe-se aos crimes de competência da Justiça Comum Estadual; nos demais casos, a competência originária caberá ao respectivo tribunal de segundo grau". No mesmo diapasão a Súmula 208 do Superior Tribunal de Justiça, no sentido de que "compete à Justiça Federal processar e julgar prefeito municipal por desvio de verba sujeita a prestação de contas perante órgão federal", e a Súmula 209 do mesmo tribunal, segundo a qual "compete à Justiça Estadual processar e julgar prefeito por desvio de verba transferida e incorporada ao patrimônio do município".

Assim, será da competência do Tribunal Regional Eleitoral a prática, por Prefeito Municipal, de crime eleitoral. Caso venha a cometer crime doloso contra a vida, entretanto, será julgado pelo Tribunal de Justiça, graças à especialidade da norma do art. 29, X, da Constituição Federal.

b) O julgamento de juízes estaduais e do Distrito Federal e Territórios, bem como os membros do Ministério Público, nos crimes comuns e de responsabilidade, ressalvada a competência da Justiça Eleitoral (art. 96, III, da Constituição Federal).

Os magistrados e membros do Ministério Público serão julgados pelos Tribunais de Justiça do Estado em que exercem as suas funções. Prevalece a competência por prerrogativa de função sobre a competência de foro, ou seja, é irrelevante a circunstância de que o juiz ou promotor do Estado haja praticado um crime em outro Estado da Federação, ou um crime cuja competência ordinariamente seria atribuída à Justiça Federal (p. ex., crime contra interesse ou bem da União). Ainda assim estará sujeito à jurisdição do Tribunal de Justiça do Estado em que ocupa o cargo público.

Será competente o Tribunal de Justiça ainda que se trate de crime doloso contra a vida, porquanto se entende que o preceito do art. 96, III, da Constituição Federal é norma especial em relação à norma geral do art. 5º, XXXVIII, excepcionando a competência do Júri para esses casos.

Competência por prerrogativa de função determinada em Constituição Estadual. As Constituições Estaduais também podem fixar foro por prerrogativa de função para as autoridades do Estado. No entanto, o Supremo restringiu a competência dos Estados na fixação do foro especial, que passou a ficar restrita à presença da simetria com a Constituição Federal. É dizer, sendo o foro

[42] STJ, 5ª T., AgRg nos EDcl no RHC 173.319/RN, Rel. Min. Ribeiro Dantas, j. 4.4.2023, *DJe*, 27.4.2023.

norma de direito estrito, o máximo que as Constituições Estaduais podem fazer é prever o foro pela prerrogativa de função em situações que guardem similaridade com os termos da Carta Federal. É o caso, por exemplo, do Secretário de Estado, cuja função equivale à de Ministro de Estado[43].

A competência por prerrogativa de função estabelecida exclusivamente na Constituição Estadual não excepciona a competência do Tribunal do Júri, pois não se concebe que possa prevalecer norma consubstanciada na Constituição Estadual sobre norma de sede constitucional. É o que determinava a antiga Súmula 721 do Supremo Tribunal Federal, segundo a qual "a competência constitucional do Tribunal do Júri prevalece sobre o foro por prerrogativa de função estabelecido exclusivamente pela Constituição Estadual", que foi convertida na Súmula Vinculante 45, de mesmo texto, conforme aprovação pelo pleno em 8 de abril de 2015.

Conexão ou continência. Com a nova posição do Supremo Tribunal Federal de restrição ao alcance da competência por prerrogativa de função, em regra, a conexão ou continência não provocará o julgamento conjunto de pessoa que não detenha a indigitada garantia. Os processos deverão ser separados, salvo nas situações que estão de tal modo imbricadas que a separação causará prejuízos à apuração da verdade. O entendimento do Supremo leva em conta também o fato de que a extensão do julgamento ao não detentor do cargo violaria seu direito ao duplo grau de jurisdição. Como o foro especial reduz a possibilidade de rediscussão da matéria fática em âmbito recursal, a pessoa que não detém o cargo teria reduzidas as garantias de atuação e rediscussão no processo. Diante do novo cenário, está superada a Súmula 704 do Supremo Tribunal Federal, segundo a qual a atração por conexão ou continência do processo do corréu ao foro por prerrogativa de função não prejudicaria as garantias do juiz natural, da ampla defesa e do devido processo legal.

Duplo grau de jurisdição. O julgamento dos tribunais no exercício de competência originária *ratione personae* não estará sujeito ao duplo grau de jurisdição, o que serve de apoio àqueles que argumentam que o duplo grau não constitui garantia processual.

Lei n. 10.628/2002. Prevalência da competência especial após a cessação do exercício funcional. Nos termos do art. 84, *caput*, do Código de Processo Penal, alterado pela Lei n. 10.628/2002, a competência pela prerrogativa de função é do Supremo Tribunal Federal, do Superior Tribunal de Justiça, dos Tribunais Regionais Federais e dos Tribunais de Justiça dos Estados e do Distrito Federal, relativamente às pessoas que devam responder perante tais cortes por crimes comuns e de responsabilidade.

A competência por prerrogativa de função abrange tão somente os delitos praticados na duração do exercício funcional que a ensejar. Esse o entendimento consolidado na Súmula 451 do Supremo Tribunal Federal, que determina que "a competência especial por prerrogativa de função não se estende ao crime cometido após a cessação definitiva do exercício funcional".

Questão que se colocava controvertida na jurisprudência, entretanto, dizia respeito à extensão da competência *ratione personae* no que tange aos processos que, instaurados em razão de delitos praticados durante o exercício funcional, permaneciam em trâmite após a cessação desse exercício. Sobre a matéria, o Supremo Tribunal Federal editara a Súmula 394, determinando que, nessa hipótese específica, o processo deveria continuar tramitando perante o mesmo juízo originalmente competente. Tal súmula, no entanto, foi cancelada, de modo que, uma vez cessado o exercício da função, o processo ainda não julgado deveria ser remetido ao juízo comum, deixando a autoridade de gozar da prerrogativa.

A Lei n. 10.628/2002, no entanto, veio restabelecer o disposto na súmula cancelada, dispondo,

[43] STF, Pleno, ADI 2.553, Rel. Min. Gilmar Mendes, Rel. p/ Acórdão Min. Alexandre de Moraes, j. 15.5.2019, *DJe*, 14.8.2020.

em seu art. 84, § 1º, que a competência especial por prerrogativa de função, relativa a atos administrativos do agente, prevalece ainda que o inquérito ou a ação judicial sejam iniciados após a cessação do exercício da função pública.

A citada lei foi além, atribuindo, em seu art. 84, § 2º, competência originária por prerrogativa de função para os delitos de improbidade administrativa, previstos na Lei n. 8.429/92.

No entanto, em 15 de setembro de 2005, no julgamento da ADI 2.797/DF, o Supremo Tribunal Federal, por maioria de votos, julgou inconstitucionais os §§ 1º e 2º do art. 84, acrescentados pela Lei n. 10.628/2002. Dessa forma, ficou consolidado o entendimento de que não prevalece o foro por prerrogativa de função para o inquérito ou ação penal iniciados após a cessação do exercício da função pública, mantendo-se o entendimento pretoriano desde a revogação da Súmula 394.

Como o foro especial só pode ser aplicado para os atos praticados no exercício da função, depois de remetido o processo para o juízo de primeiro grau, mesmo que o acusado adquira novo cargo ou o mesmo de antes, a competência não será alterada. O julgamento permanecerá no juízo singular.

Vale repisar que a alteração da competência não será mais possível, mesmo com a perda do mandato, assim que publicada a intimação para apresentação das alegações finais[44].

Aposentadoria da autoridade e crime praticado durante a vigência do cargo. Dúvida exsurge, no entanto, no tocante à manutenção da competência especial por prerrogativa de função em relação às autoridades que se aposentaram, mas que tenham praticado o crime no período em que estavam no pleno exercício da função.

A questão foi pacificada, tendo o pleno do Supremo Tribunal Federal decidido que a aposentadoria do magistrado, ainda que voluntária, transfere a competência para processamento e julgamento de eventual ilícito penal para o primeiro grau de jurisdição[45].

Exceptio veritatis. Consoante interpretação do disposto no art. 85 do Código de Processo Penal, nos processos por crime contra a honra em que forem querelantes as pessoas para as quais a Constituição estabelece foro por prerrogativa de função, caberá aos tribunais que possuírem competência para julgar o ofendido (autoridade que exerça função pública) o julgamento da exceção da verdade porventura oposta e admitida. A providência se justifica, já que a admissão da exceção da verdade pode ensejar o reconhecimento da prática, pela autoridade querelante, da infração penal a ele imputada pelo querelado, o que ensejará o ajuizamento de ação penal contra aquela autoridade.

A competência do tribunal, nesse caso, limitar-se-á tão somente ao julgamento da exceção da verdade, cabendo a instrução do feito ao juiz de primeira instância, a quem retornarão os autos após o julgamento. Julgada improcedente a exceção, o juízo de origem julgará a ação penal. Se, entretanto, a exceção for julgada procedente, extrair-se-ão cópias das peças pertinentes, que serão encaminhadas ao Ministério Público, onde servirão de base a uma possível ação judicial.

A doutrina majoritária entende que o art. 85 do Código de Processo Penal, embora se refira genericamente aos crimes contra a honra, somente será aplicável nas hipóteses de crime de calúnia. Isso porque nos crimes de difamação, que também admitem, por lei, exceção da verdade, o que se imputa ao querelante não é a prática de fato definido como crime, mas sim de qualquer outro fato ofensivo à sua reputação (art. 139 do Código Penal), não subsistindo nesse caso, portanto, o fundamento do deslocamento da competência. Por fim, os crimes de injúria não admitem exceção da verdade, o que desde já exclui a aplicabilidade do referido dispositivo legal.

---

[44] STF, Pleno, AP 937 QO, Rel. Min. Roberto Barroso, j. 3.5.2018, *DJe*, 10.12.2018.

[45] STF, Tribunal Pleno, RE 549.560, Rel. Min. Ricardo Lewandowski, j. 22.3.2012, Repercussão Geral – Mérito, *DJe*-104, 30.5.2014.

Processos ou procedimentos que tenham por objeto crimes praticados por organizações criminosas. O aumento desenfreado das ações deletérias comandadas por organizações criminosas – "a associação de 4 (quatro) ou mais pessoas estruturalmente ordenada e caracterizada pela divisão de tarefas, ainda que informalmente, com objetivo de obter, direta ou indiretamente, vantagem de qualquer natureza, mediante a prática de infrações penais cujas penas máximas sejam superiores a 4 (quatro) anos, ou que sejam de caráter transnacional" (art. 2º da Lei n. 12.850/2013) – impulsionou a criação da Lei n. 12.694/2012, que dispôs sobre aspectos concernentes ao julgamento e segurança das partes e juízes que se debruçam sobre os processos que apuram os delitos praticados por essas organizações.

Com o objetivo de garantir a segurança dos juízes e reconhecendo a ineficiência estatal da proteção da vida e integridade física do magistrado e de seus familiares, a Lei n. 12.694/2012 determinou, em seu art. 1º, que nos processos ou procedimentos que tenham por objeto crimes praticados por organizações criminosas, o juiz poderá decidir pela formação de colegiado, para a prática de qualquer ato processual, especialmente: "I – decretação de prisão ou de medidas assecuratórias; II – concessão de liberdade provisória ou revogação de prisão; III – sentença; IV – progressão ou regressão de regime de cumprimento de pena; V – concessão de liberdade condicional; VI – transferência de preso para estabelecimento prisional de segurança máxima; e VII – inclusão do preso no regime disciplinar diferenciado".

Nota-se que o rol de atos processuais não é taxativo, podendo o juiz, por fundadas razões de segurança e verificando os motivos e circunstâncias que acarretem riscos à sua integridade física, decidir fundamentadamente pela formação dos colegiados em outras hipóteses que reputar conveniente, dando conhecimento ao órgão correcional (§ 1º).

De início, verifica-se que a formação do colegiado de juízes tem por objetivo dividir a responsabilidade no julgamento dos processos, afastando-se de uma única pessoa os riscos trazidos por eventual vingança perpetrada pelas organizações criminosas. Tal lógica de há muito já era seguida pelo Ministério Público, por meio dos Grupos de Atuação Especial de Combate ao Crime Organizado, os GAECOs, surgidos não só para o alcance de melhores resultados na repressão às organizações criminosas, como também para segurança dos membros, tendo em vista a atuação coletiva de seus componentes.

O colegiado será regulamentado no âmbito das competências dos tribunais (§ 7º) e, quando formado, deverá julgar apenas o ato para o qual foi convocado (§ 3º). Sua composição é constituída pelo juiz do processo e por dois outros juízes, escolhidos por sorteio eletrônico dentre aqueles de competência criminal em exercício no primeiro grau de jurisdição (§ 2º).

Para garantir a segurança dos juízes, as reuniões do colegiado formado poderão ser sigilosas sempre que houver risco de que a publicidade resulte em prejuízo à eficácia da decisão judicial (§ 4º), e eventualmente poderá ser realizada pela via eletrônica (§ 5º), no caso de juízes que residem em cidades diversas. Não há inconstitucionalidade na previsão dessa reunião sigilosa. Aplica-se o princípio da proporcionalidade, que faz prevalecer no caso concreto a proteção à segurança dos magistrados, além da garantia à imparcialidade das decisões, diante do risco das ações de poderosos grupos criminosos.

A própria formação do colegiado não implica violação a quaisquer dos deveres constitucionais de ampla defesa, do contraditório e do duplo grau de jurisdição. Frise-se que a decisão do colegiado deve ser regularmente fundamentada, em observância aos preceitos constitucionais, e deverá ser firmada por todos os integrantes, ainda que haja voto divergente por parte de algum dos magistrados que o compõem (§ 6º).

É de ressaltar que a providência em questão é absolutamente correta, sob pena de, sendo explicitados os votos divergentes, desnaturar-se o propósito da norma, que é o de evitar que a uma pessoa sejam atribuídas, com exclusividade, as decisões nos processos e procedimentos relacionados às organizações criminosas.

A Lei n. 12.694/2012 permite que os Tribunais de Justiça e os Tribunais Regionais Federais criem varas criminais colegiadas com competência para o processo e julgamento dos crimes de: I – organizações criminosas armadas ou que tenham armas à disposição; II – milícia privada; III – as infrações conexas a estes crimes (art. 1º-A). Aqui não será necessária a pontual formação do colegiado. O próprio funcionamento da unidade se dá desta forma, constituindo uma exceção à regra da atuação monocrática do juízo de primeiro grau.

A competência da Vara Colegiada abrange não apenas a investigação e a ação penal como também a execução penal, incluída a transferência do preso para estabelecimento prisional de segurança máxima ou para o regime disciplinar diferenciado.

Com relação à conexão com o crime de organização criminosa, vale referir que o Supremo Tribunal Federal tem o entendimento da inexistência de necessária conexão com os demais delitos praticados no seu contexto[46]. Logo, a conexão deverá ser avaliada de acordo com o caso concreto.

Ainda sobre o crime de organização criminosa, é importante que o juiz observe, conforme a conveniência do caso concreto, a possibilidade de separação dos processos, tendo por base o excessivo número de acusados, conforme autoriza o art. 80 do Código de Processo Penal.

19. DISPOSIÇÕES ESPECIAIS

Crimes cometidos no estrangeiro submetidos à jurisdição brasileira. Nos termos do art. 88 do Código de Processo Penal, será competente o processo e julgamento dos crimes praticados fora do território brasileiro o juízo da Capital do Estado onde houver por último residido o acusado. Se este nunca tiver residido no Brasil, será competente o juízo da Capital da República. Trata-se de hipótese de extraterritorialidade, ou seja, da aplicação da lei penal brasileira aos delitos cometidos em território estrangeiro.

Crimes cometidos em embarcações e aeronaves. Dispõe o art. 89 do Código de Processo Penal que o foro competente para o processo e julgamento dos crimes cometidos em qualquer embarcação nas águas territoriais brasileiras, ou nos rios e lagos fronteiriços, bem como a bordo de embarcações nacionais, em alto-mar, será aquele do primeiro porto brasileiro em que tocar a embarcação, após o crime ou, quando esta se afastar do Brasil, o do último porto em que houver tocado. Vale lembrar que compete à Justiça Federal o processo e julgamento dos crimes praticados a bordo de navios, entendidos como embarcações de grande porte, ressalvada a competência da Justiça Militar (art. 109, IX, da Constituição Federal).

Os crimes praticados a bordo de aeronave nacional, dentro do espaço aéreo correspondente ao território brasileiro, ou no alto-mar, ou a bordo de aeronave estrangeira, dentro do espaço aéreo correspondente ao território nacional, serão processados e julgados pela Justiça da localidade em cujo território se verificar o pouso após o crime, ou da localidade de onde houver partido a aeronave. Cabe à Justiça Federal o processo e julgamento dos crimes praticados em aeronaves, ressalvada a competência da Justiça Militar (art. 109, IX, da Constituição Federal).

20. SÍNTESE

Competência

Competência é a medida ou limite em que poderá o julgador exercer o poder de jurisdição. Representa a porção do poder jurisdicional que é conferido a cada órgão investido na jurisdição.

[46] STF, 2ª T., Inq 3.989/DF, Rel. Min. Edson Fachin, j. 11.6.2019, *DJe*, 23.8.2019.

O art. 69 do CPP discrimina os critérios que reputa determinativos da "competência jurisdicional":

I – o lugar da infração;

II – o domicílio ou residência do réu;

III – a natureza da infração;

IV – a distribuição;

V – a conexão ou continência;

VI – a prevenção; e

VII – a prerrogativa de função.

Competência material

Divide-se em três aspectos: a) o direito material que rege a relação jurídica levada à apreciação do Poder Judiciário (*ratione materiae*); b) a qualificação das pessoas envolvidas no litígio (*ratione personae*); e c) o território (*ratione loci*).

Competência absoluta e relativa

Chama-se absoluta aquela que não admite prorrogação, enquanto relativa é aquela que a admite. As competências *ratione materiae* e *ratione personae*, bem como a funcional, são casos de competência absoluta, enquanto a *ratione loci* tem caráter relativo.

Distribuição da competência no sistema pátrio

Os arts. 102 e 103 da CF discriminam a competência do STF, Tribunal Superior ao qual cabe a guarda da Constituição Federal. O art. 105 determina a competência do STJ, enquanto os arts. 108 e 109 determinam a competência dos Tribunais Federais comuns.

Também são fixadas na lei maior as competências das chamadas justiças especiais (Justiça Eleitoral, art. 121; Justiça Militar, arts. 124 e 125, §§ 4º e 5º; Justiça do Trabalho, art. 114). Por outro lado, a competência da Justiça Estadual comum, em caráter residual, aparece nos arts. 96, III, e 125, § 1º.

Finalmente, a Constituição fixou a competência do Tribunal do Júri para o julgamento dos crimes dolosos contra a vida e dos Juizados Especiais Criminais para julgamento dos crimes de menor potencial ofensivo.

Justiça Militar: compete à Justiça Militar Federal processar e julgar os crimes militares definidos em lei, praticados por integrantes do Exército, Marinha ou da Aeronáutica, bem como os delitos que, conquanto não tenham sido previstos no CPM, foram praticados no exercício da função e em razão dela. Dentre os crimes militares, caberá à Justiça Militar Estadual o processo e julgamento dos policiais militares e bombeiros militares. Os crimes militares podem ser próprios, quando previstos somente pela legislação militar, ou impróprios, quando encontrem paralelo na legislação comum ou estejam nela previstos, tendo a infração ocorrido no exercício das funções do militar.

Justiça Eleitoral: caberá à Justiça Eleitoral, conforme disposto no art. 35, II, da Lei n. 4.737/65, processar e julgar crimes eleitorais e, também, os crimes comuns, que lhes forem conexos, inclusive os de competência da Justiça Federal.

Justiça Federal: competência disposta no art. 109 da CF.

Justiça Estadual: competência residual. Portanto, não sendo hipótese de justiça especial ou federal, será esta estadual.

Competência dos Juizados Especiais Criminais: são aptos a julgar as infrações de menor potencial ofensivo, quais sejam, aquelas que possuem pena máxima não superior a 2 anos. Ressalte-se que os

Juizados Especiais Criminais Federais não têm competência para julgamento de contravenções penais.

Tribunal Penal Internacional: possui jurisdição sobre as pessoas responsáveis pelos crimes de maior gravidade com alcance internacional.

Competência territorial – pelo lugar da infração

De acordo com o art. 70, *caput*, do CPP, a competência para julgar ação penal será do foro do local em que for consumada a infração. Observe-se que será considerado local da infração onde houver ocorrido o resultado da prática criminosa, adotando a Teoria do Resultado, diferentemente do Código Penal, que, em relação à materialidade, adotou a Teoria da Ubiquidade.

Quando desconhecido o lugar da infração, a competência será determinada pelo local do domicílio ou residência do réu.

Em alguns casos (arts. 70, § 3º, 71, 72, §§ 1º e 2º, 78, III, e 91, todos do CPP), a competência se dará pela prevenção.

Perpetuatio jurisdictionis em face da desclassificação

Havendo desclassificação do crime, ou seja, se o julgador entender que o dispositivo legal que tipifica o fato julgado seja diverso daquele apontado pela acusação, que importe em modificação da competência, o processo, em regra, deverá ser remetido ao juiz competente *ratione materiae*. Isso não ocorrerá, entretanto, se mais graduada for a jurisdição do juiz que desclassificou a infração penal, ocasião em que esse juiz, por prorrogação, tornar-se-á competente para julgá-la.

Competência por conexão ou continência

1) Por conexão

Apresenta as seguintes modalidades:

a) *conexão intersubjetiva*: aquela recomendável quando os sujeitos da prática delituosa, pelas circunstâncias, relacionam-se por um ou outro motivo. Os critérios de sua determinação são:

- por simultaneidade: ocorre se duas ou mais infrações são cometidas por várias pessoas ocasionalmente reunidas;
- por concurso: quando duas ou mais infrações são praticadas por várias pessoas em concurso, embora em diferentes condições de tempo e local;
- por reciprocidade: quando duas ou mais infrações são cometidas por várias pessoas, umas contra as outras;

b) *conexão objetiva*:

- teleológica: quando duas ou mais infrações houverem sido cometidas para facilitar a prática de outra;
- consequencial: verifica-se sempre que uma ou mais infrações houverem sido praticadas para ocultar a prática de outras, ou para conseguir a impunidade ou vantagem em relação a qualquer delas;

c) *conexão probatória*: ocorrerá quando a prova de uma infração ou de qualquer de seus elementos influir na prova de outra.

2) Por continência

Configura-se quando uma demanda, em face de seus elementos (partes, causa de pedir e pedido), esteja contida em outra. Pode se dar:

a) por cumulação subjetiva: quando duas ou mais pessoas são acusadas pela mesma infração, trata-se do concurso de agentes;

b) por cumulação objetiva: nos casos de concurso formal de crimes, ou nas hipóteses de erro na execução e resultado diverso do pretendido.

Competência por prerrogativa de função

Aquela que estabelece foro privilegiado para certas pessoas, que ocupam determinados cargos ou exercem certas funções.

Competirá ao STF, pela prerrogativa de função, nos termos do art. 102, I, *a*, *b* e *c*, da CF, julgar, originariamente, nas infrações penais comuns, o Presidente da República, o Vice-Presidente, os membros do Congresso Nacional, seus próprios Ministros e o Procurador-Geral da República e, embora não constando previsão expressa, também o Advogado-Geral da União.

Nas infrações penais comuns e nos crimes de responsabilidade, os Ministros de Estado e os Comandantes da Marinha, do Exército e da Aeronáutica, ressalvado o disposto no art. 52, I, os membros dos Tribunais Superiores, os do Tribunal de Contas da União e os chefes de missão diplomática de caráter permanente.

Competirá ao STJ, pela prerrogativa de foro, nos termos do art. 105, I, *a*, processar e julgar, originariamente nos crimes comuns os Governadores dos Estados e do Distrito Federal e nos crimes comuns e nos de responsabilidade os desembargadores dos Tribunais de Justiça dos Estados e do Distrito Federal, os membros dos Tribunais de Contas dos Estados e do Distrito Federal, os dos Tribunais Regionais Federais, dos Tribunais Regionais Eleitorais e do Trabalho, os membros dos Conselhos ou Tribunais de Contas dos Municípios e os do Ministério Público da União que oficiem perante tribunais.

Competirá aos Tribunais Regionais Federais julgar, originariamente, os juízes federais da área da sua jurisdição, incluídos os da Justiça Militar e da Justiça do Trabalho, nos crimes comuns e de responsabilidade, e os membros do Ministério Público da União, ressalvada a competência da Justiça Eleitoral.

Competirá aos Tribunais de Justiça, por sua vez, julgar originariamente, os Prefeitos Municipais por crimes comuns estaduais, competindo, nos outros casos, ao respectivo tribunal de segundo grau.

A competência por prerrogativa de função se restringe aos atos praticados no exercício do cargo e em razão de desempenho de suas funções. Cessado o exercício das funções, o processo deverá ser encaminhado à primeira instância, salvo se já houver, no processo, a determinação para apresentação de alegações finais.

A regra é a separação dos processos em relação à pessoa que não faz jus ao foro especial. Só em situações excepcionais, quando evidenciado o prejuízo da separação à apuração da verdade, o processo será julgado com a extensão da garantia do foro por prerrogativa a terceira pessoa.

Capítulo XIV
QUESTÕES E PROCESSOS INCIDENTES

1. CONCEITO: INCIDENTES PROCESSUAIS

O objeto do processo é a lide penal. Via de regra, o processo desenvolve-se sempre no sentido de resolvê-la, decidindo-se acerca dos fatos que constituem sua causa de pedir. Entretanto, não raro surgem, no curso do processo, questões que, não obstante sejam acessórias (não constituam o objeto principal do processo), afiguram-se relevantes para o deslinde da causa, devendo ser resolvidas antes da prolação da sentença final. São as questões incidentais, que originam os incidentes processuais.

Incidentes processuais são questões e procedimentos acessórios que, surgindo no curso do processo, devem ser solucionados antes do julgamento da causa principal.

O Código de Processo Penal classifica os incidentes em duas categorias, a mencionar, (a) as questões prejudiciais e (b) os processos incidentes.

2. QUESTÕES PREJUDICIAIS

A raiz do termo "prejudicial" sugere algo que deva ser julgado previamente (*pre judicare*). União do prefixo latino "prae" (antes) com o termo "judicium" (processo e julgamento), designando, portanto, as questões que precedem o processo, exercendo influência sobre o seu desenvolvimento e sua decisão[1]. Assim, *são questões prejudiciais aquelas que, embora não constituam o conteúdo principal da lide, versam sobre aspecto de direito material (penal ou extrapenal) que acaba por condicionar o julgamento do pedido principal.*

As questões prejudiciais não se confundem com as questões ditas preliminares, porquanto têm por conteúdo ponto controvertido de direito material, enquanto as questões preliminares têm por conteúdo questões de direito processual. Algumas das questões prejudiciais, no entanto, constituem questões preliminares, como, por exemplo, as exceções de ilegitimidade de parte, de coisa julgada e de litispendência.

2.1. Características

A doutrina costuma arrolar como *características da questão prejudicial*: a) a sua anterioridade, pois sua decisão constitui antecedente lógico para a decisão da causa principal, vinculando-a; b) a sua autonomia, já que seu conteúdo também pode ser objeto de ação autônoma; c) a sua essencialidade ou necessariedade, porquanto sem a decisão da questão prejudicial não é possível resolver a decisão principal.

2.2. Questões prejudiciais homogêneas ou heterogêneas

Quanto à matéria acerca da qual versam, as questões prejudiciais podem ser classificadas em homogêneas (comuns, imperfeitas) ou heterogêneas (perfeitas, jurisdicionais).

São homogêneas as questões prejudiciais que versam sobre matéria do mesmo ramo de direito da questão principal, motivo pelo qual poderão ser solucionadas pelo juiz da causa principal[2]. Exemplo: a exce-

---

[1] Felix Valbuena González, *Las cuestiones prejudiciales en el proceso penal*, p. 34-35.

[2] *Vide*, por todos, Felix Valbuena González, *Las cuestiones prejudiciales en el proceso penal*, p. 301 e s.

ção da verdade no crime de calúnia, ou controvérsia acerca da existência de crime patrimonial anterior ao crime de receptação. *São heterogêneas, por sua vez, quando tiverem por conteúdo matéria de outro ramo do direito, podendo por isso ser julgadas por juízo que não seja criminal*. Exemplo: questão relativa à nulidade de casamento em relação ao crime de bigamia.

2.3. Questões prejudiciais devolutivas ou não devolutivas

Alguns sistemas processuais e doutrinadores ainda na atualidade defendem o *histórico modelo francês* de que o juiz que conhece a ação deve ser o mesmo magistrado a julgar a exceção – *le juge de l'action est juge de l'exception* –, compreendendo-se, assim, que os órgãos jurisdicionais teriam o direito e o dever de apreciar todas as circunstâncias constitutivas do fato submetido a seu conhecimento[3]. Dessa forma, resolveriam cada uma das questões que se refiram ao tema da lide, derrogando as regras gerais de competência na medida em que o órgão jurisdicional penal conheceria de questões em geral não entregues à sua competência. *O Brasil não adotou tal sistema*, *mas sim um sistema misto de competência* (*vide* tópico adiante), pelo que podemos classificar *as questões prejudiciais, quanto ao juízo a quem cabe resolvê-las, em devolutivas* ou *não devolutivas*.

As *questões devolutivas são aquelas que devem, em regra, ser apreciadas no juízo não penal*. As *questões prejudiciais não devolutivas*, aquelas que, embora se afigurem como prejudiciais ao mérito da causa penal, não preenchem os requisitos estatuídos nos arts. 92 e 93 do Código de Processo Penal. Essas serão necessariamente decididas pelo juiz do processo penal.

As *questões devolutivas,* por sua vez, serão *absolutas* (também referidas na doutrina como "questões prejudiciais obrigatórias"), quando sujeitas obrigatoriamente ao juízo extrapenal, ou *relativas,* caso em que caberá ao juiz criminal decidir sobre a conveniência de remetê-las ao juízo cível (motivo pelo qual são chamadas de "questões prejudiciais facultativas").

2.4. Pressupostos para o reconhecimento das questões prejudiciais obrigatórias

O art. 92 do Código de Processo Penal cuida das questões prejudiciais obrigatórias ou devolutivas absolutas, estabelecendo seus pressupostos:

a) a controvérsia deve versar sobre o estado civil das pessoas (político, familiar, civil e individual);

b) a questão deve influir sobre a própria existência da infração penal;

c) a questão deve ser séria e fundada, isto é, deve possuir fundamento jurídico e fático, afastando-se a prejudicial meramente protelatória. Esta deve ser levantada no momento da instrução processual[4].

Assim, à evidência, não cabe trancamento de inquérito policial sob a alegação de que a matéria enfocada está sendo discutida no juízo civil; nesse caso, não há falar em constrangimento ilegal, uma vez que a prejudicial só pode ser alegada no curso da ação penal[5].

2.5. Procedimento

Uma vez satisfeitas as condições apontadas, deverá o juiz suspender obrigatoriamente o curso da ação penal, de ofício ou a requerimento das partes (art. 94 do Código de Processo Penal), até que no juízo cível seja a controvérsia dirimida por sentença passada em julgado. A suspensão, entretanto, não impedirá a inquirição de testemunhas e a produção de outras provas de natureza urgente.

---

[3] Juan Montero Aroca, *Derecho jurisdiccional II: proceso civil* (conforme a la nueva Ley de Enjuiciamiento Civil), 9. ed., p. 158 e s.

[4] TRF, 5ª R., *RT*, 763/709.

[5] Nesse sentido, STF, *RT*, 554/462.

Se o crime processado implicar ação penal de iniciativa pública, o Ministério Público, quando necessário, promoverá a ação civil ou prosseguirá na que tiver sido iniciada, com a citação dos interessados. Nos casos de crime de ação penal privada exclusiva, caberá ao querelante intentar a ação civil cabível.

Fica suspenso o curso da prescrição da pretensão punitiva enquanto não resolvida a questão prejudicial (art. 116, I, do Código Penal). Uma vez retomado o curso da ação penal, a contagem do prazo prossegue, computando-se o tempo transcorrido antes da suspensão.

A decisão que suspende o processo desafia o recurso em sentido estrito (art. 581, XVI, do Código de Processo Penal). Noutro giro, a decisão que indefere a suspensão obrigatória do processo desafiará *habeas corpus* ou até mesmo correição parcial, quando verificado que o indeferimento da suspensão foi injustificado.

2.6. Pressupostos das questões prejudiciais facultativas

O art. 93 do Código de Processo Penal cuida das questões prejudiciais facultativas ou devolutivas relativas, que poderão ser decididas pelo juiz criminal ou solucionadas no juízo cível. É devolutiva relativa a questão que atender aos seguintes pressupostos:

a) a questão deve influir na existência da infração penal;

b) versar sobre matéria diversa do estado civil das pessoas;

c) a ação civil que tenha por objeto a questão prejudicial já deverá estar em curso;

d) a questão prejudicial deve ser de difícil solução (em geral, deve envolver questão fática, transcendendo a mera controvérsia de direito);

e) a questão não pode versar sobre direito cuja prova a lei civil limite; e

f) a questão deve ser passível de apreciação pelo juízo cível, ou seja, deverá o juízo cível ser competente para dirimi-la.

2.6.1. Procedimento

Presentes todos esses pressupostos, é facultado ao juiz suspender o curso do processo, o que poderá ser determinado de ofício ou a requerimento das partes (art. 94 do Código de Processo Penal), após a inquirição das testemunhas e a realização de outras provas de caráter urgente. O juiz fixará prazo, durante o qual ficará suspenso o curso do processo penal. Expirado o prazo assinado sem que haja decisão no juízo cível, o juiz criminal fará prosseguir o processo, retomando sua competência para resolver, de fato e de direito, toda a matéria da acusação e da defesa (art. 93, § 1º), inclusive a prejudicial. O prazo, entretanto, poderá ser prorrogado, se a demora não for imputável à parte.

Tratando-se de crime de ação pública, suspenso o processo, caberá ao Ministério Público intervir imediatamente na causa cível, a fim de promover-lhe o rápido andamento (art. 93, § 3º). Nos casos da ação penal privada, caberá ao querelante tomar as providências previstas no dispositivo em questão.

A decisão proferida pelo juízo cível acerca da questão reconhecida como prejudicial vinculará o juízo penal, devendo prevalecer ainda quando atinja a própria existência da infração penal. Parte da doutrina, entretanto, reconhece que a obrigatoriedade da decisão cível no âmbito penal fica condicionada a que a prova determinante da decisão na esfera civil seja aceitável segundo o princípio da verdade real, que impera no processo penal. Caso o juiz opte por não suspender o processo, ele próprio decidirá a questão, sem que a decisão quanto ao aspecto prejudicial tenha, no entanto, efeito *erga omnes*.

A decisão do juiz que indefere o pedido de suspensão do processo é irrecorrível (art. 93, § 2º).

Existem, finalmente, as questões prejudiciais não devolutivas, que são aquelas que, embora se afigurem como prejudiciais ao mérito da causa penal, não preenchem os requisitos estatuídos nos arts. 92 e 93 do Código de Processo Penal. Essas serão necessariamente decididas pelo juiz do processo penal.

2.6.2. Sistema misto de competência

Configura-se, dessa forma, um sistema *misto* quanto à competência para solucionar as questões prejudiciais. A legislação pátria prevê tanto situações em que a questão deverá ser remetida ao órgão extrapenal quanto casos em que caberá ao juiz penal a solução da prejudicial e, por fim, hipóteses nas quais poderá ou não o juiz da lide principal decidir acerca da questão prejudicial.

3. INCIDENTES PREVISTOS NO CÓDIGO DE PROCESSO PENAL

São previstos expressamente no Código de Processo Penal: exceções, incompatibilidades e impedimentos, conflitos de jurisdição, conflito de atribuições, restituição de coisas apreendidas, medidas assecuratórias (sequestro, arresto e hipoteca legal), incidente de falsidade e incidente de insanidade mental. Cada um deles será estudado em detalhe a seguir.

3.1. Exceções

O termo "exceção" (do latim, *exceptio*), em direito processual, tem vários significados. Em sentido lato, a exceção é entendida como o direito do réu que se contrapõe à ação. Alguns a definem como a "ação do réu", o meio pelo qual o acusado se defende do exercício do direito-poder de ação. Em sentido menos amplo, define-se por exceção qualquer alegação da defesa que busca neutralizar a pretensão do autor.

No sentido adotado pelo Código de Processo Penal, a exceção designa a defesa indireta, ou seja, aquela que não diz respeito ao mérito do pedido. As exceções podem, assim, fundar-se na alegação de inexistência dos pressupostos processuais e das condições da ação. *Podem ter por finalidade prolongar o curso do processo (exceção dilatória), ou mesmo extingui-lo (exceção peremptória).*

Parte da doutrina, ainda, identifica como subcategoria das exceções em sentido amplo as objeções. As objeções são exceções que, a rigor, não precisam ser arguidas, já que a matéria que lhes serve de conteúdo pode ser conhecida de ofício pelo juiz. As objeções são também chamadas de impedimentos processuais (não confundir com o impedimento que constitui causa de incompetência do juízo).

Por essa razão, para alguns autores o Código de Processo Penal prevê somente hipóteses de objeções processuais, que podem, inclusive, ser arguidas pelo autor da ação.

Nos termos do art. 95 do Código de Processo Penal, poderão ser opostas exceções de:

I – suspeição;

II – incompetência de juízo;

III – litispendência;

IV – ilegitimidade de parte;

V – coisa julgada.

3.1.1. Procedimento

Constituindo incidentes processuais, as exceções serão processadas em autos apartados e não suspenderão, em regra, o andamento da ação principal (art. 111 do Código de Processo Penal). A situação é diversa da que ocorre no processo civil, em que, uma vez recebida a exceção, o processo fica suspenso até que seja definitivamente julgada, nos termos do art. 306 do Código de Processo Civil.

Nas exceções de litispendência, ilegitimidade de parte e coisa julgada, serão observadas, no que forem aplicáveis, as disposições relativas à exceção de incompetência de juízo (art. 110, *caput*).

A oposição de mais de uma dessas exceções em um mesmo processo far-se-á por meio de uma única petição (art. 110, § 1º).

3.1.2. Exceção de suspeição

É princípio largamente sedimentado do direito processual que o julgador deve ser imparcial, ou seja, social e psiquicamente equidistante de ambas as partes, de modo a evitar que suas eventuais ligações com qualquer das partes ensejem favorecimento ou prejuízo a elas e, indiretamente, à administração da justiça.

Trata-se de exceção de natureza dilatória que visa afastar o juiz do processo criminal.

3.1.2.1. Fundamento da suspeição

A suspeição se funda, portanto, na falta de imparcialidade do julgador, retirando-lhe a aptidão para funcionar no processo. De acordo com o art. 564, I, do Código de Processo Penal, a suspeição do juiz é causa de nulidade, cabendo às partes alegá-la por meio da *exceptio suspicionis*.

A suspeição circunscreve-se aos fatos e circunstâncias subjetivos e objetivos que possam comprometer a imparcialidade do julgador.

3.1.2.2. Hipóteses de suspeição

O art. 254 do Código de Processo Penal enumera as hipóteses de suspeição:

I – Se o juiz for amigo íntimo ou inimigo capital de qualquer das partes[6]. Não configura hipótese de suspeição ser o magistrado amigo íntimo ou inimigo capital do advogado da parte ou do membro do Ministério Público.

II – Se o magistrado, seu cônjuge, ascendente ou descendente, estiver respondendo por fato análogo, sobre cujo caráter criminoso haja controvérsia.

III – Se o julgador, seu cônjuge ou parente, consanguíneo ou afim, até o terceiro grau, inclusive, sustentar demanda ou responder processo que tenha de ser julgado por qualquer das partes. Há controvérsia na doutrina acerca de a referência ao cônjuge incluir, também, a companheira (amásia) ou companheiro que viva com o julgador em união estável. Em favor da hipótese, a evidente analogia entre os institutos do casamento e da união estável, protegida em sede constitucional (art. 226, §§ 3º e 4º). Contra, a inexistência de previsão legal acerca da equiparação entre os institutos, já que o próprio art. 226 da Constituição Federal determina que o reconhecimento da união estável se faz "para efeito da proteção do Estado", não se lhe estendendo, portanto, todos os efeitos do casamento civil.

IV – Se o juiz tiver aconselhado qualquer das partes.

V – Se o juiz for credor ou devedor, tutor ou curador de qualquer das partes.

VI – Por fim, se o magistrado for sócio, acionista ou administrador de sociedade interessada no processo. Sobre o rol do art. 254 do Código de Processo Penal, parte da doutrina entende ser ele taxativo. Assim, é inadmissível, por exemplo, a arguição de suspeição em casos de *error in procedendo*, devendo ser utilizada a via correta, isto é, a correição parcial[7].

Para outros autores, a vigência da regra da imparcialidade deve implicar necessariamente a possibilidade de aplicação da analogia e da interpretação extensiva para incluir outras hipóteses de suspeição não previstas na lei, conforme autoriza o art. 3º do Código de Processo Penal. É o mais recente entendimento do Superior Tribunal de Justiça.

---

[6] STJ, 5ª T., REsp 1.315.619/RJ, Rel. Campos Marques (Desembargador convocado do TJPR), j. 15.8.2015 (*Informativo do STJ* n. 530).

[7] *RT*, 553/347.

3.1.2.3. Procedimento

A arguição de suspeição precederá a qualquer outra, salvo quando fundada em motivo superveniente (art. 96 do Código de Processo Penal), sob pena de ser considerada intempestiva. Desse modo, analogamente, a alegação de suspeição após a prolação da sentença fará com que a arguição não possa ser conhecida, uma vez que o magistrado já exauriu a atividade jurisdicional, podendo ser, no entanto, ainda suscitada e conhecida em sede de recurso desse ato decisório, ou seja, hipótese em que não mais funcionará no âmbito de escusa[8].

Tem legitimidade para opô-la o Ministério Público, o réu, o querelante ou o querelado. A parte deve fazê-lo em petição assinada por ela própria conjuntamente com seu defensor ou advogado que não possua poderes especiais para tanto, ou pelo advogado de cuja procuração constem poderes especiais, aduzindo suas razões acompanhadas de prova documental ou rol de testemunhas (art. 98 do Código de Processo Penal). Nesse sentido, a exigência de poderes especiais em caso de arguição de suspeição alteada por procurador cinge-se ao fato de que se trata de ataque pessoal contra o juiz, fundado em motivos estritamente pessoais[9], não se admitindo sequer juntada posterior de procuração[10]. Da mesma forma, igualmente inadmissível a juntada de documentos comprobatórios a serem encartados *a posteriori*, porquanto estes devem instruir a inicial[11]. Vale ressaltar que a necessidade da oposição da exceção sempre por advogado – sozinho ou conjuntamente com a parte – dá-se pelo fato de que somente este tem capacidade postulatória, a teor do que dispõe o art. 1º, I, da Lei n. 8.906/94.

No que respeita à legitimidade de o assistente de acusação poder arguir a suspeição, a doutrina é bastante divergente, sendo a posição dominante no sentido de que, no silêncio da lei, deve-se entender pela possibilidade de que o assistente recuse o juiz.

Registre-se, por oportuno, que já se decidiu não ser cabível a arguição de suspeição do magistrado em sede de *habeas corpus*, entendendo-se este ser via inadequada para tanto[12], além do que a suspeição deve ser arguida em relação a determinado juiz e não ao juízo, como ocorre na exceção de incompetência[13]. Impende ressaltar, entretanto, que a 2ª Turma do STF, no julgamento do HC 164.493/PR (caso da suspeição do ex-Juiz Federal Sergio Moro), entendeu cabível, em sede de *habeas corpus*, a análise da parcialidade de magistrado, desde que os elementos de prova justificantes de tal pedido estejam pré-constituídos e juntados aos autos do remédio constitucional.[14]

Em sendo contra o juiz, este – o próprio juiz suscitado – deverá, de ofício, afirmar a suspeição por escrito, declarando o motivo legal e remetendo imediatamente o processo ao seu substituto, intimadas as partes (art. 97 do Código de Processo Penal). *Tal decisão, até por sua natureza, é irrecorrível.* Isso porque, se o próprio magistrado reconhece sua parcialidade em virtude de hipótese que subjetivamente o afeta, seria de uma absurdidade lógica e negação ao princípio da imparcialidade obrigá-lo a decidir a lide.

---

[8] Exceção de Suspeição n. 40.445-0, Santa Branca, Câmara Especial, Rel. Carlos Ortiz, 9.10.1997, v.u.; *JTJSP*, 168/283; *JTJ*, 201/259.

[9] STJ, 6ª T., REsp 1.431.043/MG, Rel. Min. Maria Thereza de Assis Moura, j. 16.4.2015, *DJe*, 27.4.2015.

[10] TJSP, Exceção de Impedimento n. 0052433-64.2012.8.26.0000, Rel. Presidente da Câmara Especial, Foro de Itapetininga, 2ª Vara Criminal, j. 23.7.2012, data de registro 25.7.2012.

[11] TJSP, *RT*, 618/282.

[12] STJ, 5ª T., RHC 93.065/SP, Rel. Min. Felix Fischer, j. 17.4.2018, *DJe*, 9.5.2018. Em sentido contrário, o STF entendeu cabível alegação de suspeição ou impedimento de magistrado, via *habeas corpus*, quando não houver necessidade de dilação probatória (STF, 2ª T., HC 95.518/PR, Rel. Min. Gilmar Mendes, *DJe*, 18.3.2014).

[13] STJ, 6ª T., HC 212.101/SP, Rel. Min. Maria Thereza de Assis Moura, j. 18.9.2012, *DJe*, 26.9.2012.

[14] STF, 2ª Turma, HC 164.493/PR, Rel. Min. Gilmar Mendes, j. 23.3.2021, *DJe*, 4.6.2021.

Diz a lei que o juiz deve declarar o motivo de sua suspeição. Dúvida surge quanto à possibilidade de o juiz declarar-se suspeito por motivo íntimo. Parcela da doutrina entende que, nessa hipótese, deve-se aplicar por analogia o disposto no Código de Processo Civil de 2015, que, após arrolar as causas de suspeição (art. 145, I a IV), afirma: "Poderá o juiz declarar-se suspeito por motivo de foro íntimo, sem necessidade de declarar suas razões" (art. 145, § 1º)[15]. Tal posição afigura-se coerente ante outra corrente que cobra do magistrado declinar expressamente as razões de sua suspeição. Isso porque, como as razões são de foro íntimo, poderia levar o juiz a omitir a suspeição pela só razão de que a motivação dela possibilitaria, de alguma forma, por exemplo, comprometer-lhe o conceito. Assim, fala a favor da imparcialidade da Justiça a restrição normativa ínsita ao dispositivo processual civil, que desobriga o magistrado de declinar as razões de foro íntimo.

Em 2009, o Supremo Tribunal Federal, no julgamento da liminar no Mandado de Segurança n. 28.089/DF, de relatoria do Ministro Joaquim Barbosa, suspendeu a vigência da Resolução n. 82 do Conselho Nacional de Justiça (CNJ), que estabelecia que o juiz era obrigado a revelar, em ofício reservado àquele órgão, o motivo de foro íntimo[16].

Arguida a suspeição por qualquer das partes, caberá ao juiz excepto:

a) reconhecendo a suspeição, sustar a marcha do processo, mandar juntar aos autos a petição do recusante (excipiente) com os documentos que a instruam e, por meio de despacho, declarar-se suspeito, remetendo os autos ao seu substituto (art. 99 do Código de Processo Penal). Como afirmado, não há nenhum recurso cabível da decisão que reconhece a suspeição;

b) não reconhecendo a suspeição, mandar autuar em apartado a petição, apresentando, em 3 dias, suas razões, que poderão ser instruídas e acompanhadas de rol de testemunhas, determinando a remessa dos autos da exceção, dentro em 24 horas, ao tribunal a quem competir o julgamento (art. 100, *caput*, do Código de Processo Penal). Vale lembrar que atualmente apenas os tribunais têm competência para julgar exceção.

Diferentemente do que ocorre no processo civil, a arguição de suspeição não suspende, em regra, o curso do processo, sendo a exceção autuada em apartado. Quando, porém, a parte contrária reconhecer a procedência da arguição, poderá requerer a suspensão do processo principal até o julgamento do incidente da suspeição (art. 102 do Código de Processo Penal)[17]. Deve, portanto, o juiz, oposta a exceção, não obstante a lei nada dizer, abrir vista à parte contrária para manifestação.

Chegando os autos da exceção ao Tribunal (ou Câmara Especial, no caso do Estado de São Paulo), ao relator, se entender manifestamente improcedente a arguição (art. 100, § 2º), caberá rejeitá-la liminarmente. Se, diversamente, reconhecer em análise preliminar a relevância da arguição, determinará a citação das partes e designará dia e hora para a inquirição das testemunhas. Após a instrução do feito, seguir-se-á o julgamento, independentemente de novas alegações (art. 100, § 1º).

Nos termos do art. 101 do Código de Processo Penal, se julgada procedente a suspeição, serão declarados nulos os atos do processo principal e, pelo princípio da causalidade, todos os atos decisórios praticados posteriormente à data em que houver se tornado suspeito o julgador. Se a suspeição remontar a data anterior ao início do processo, todos os atos decisórios nele praticados serão nulos. Assim, a nulidade existirá sempre a partir do momento em que o juiz se tornou suspeito, se o fato que lhe deu origem ocorreu durante a instrução. No entanto, se a suspeição existia desde o início do

---

[15] É a posição de Fernando da Costa Tourinho Filho, *Manual de processo penal*, 8. ed., p. 393.

[16] ANAMATRA. Magistrados impetram mandado de segurança no STF pedindo a suspensão da Resolução do CNJ sobre foro íntimo. 2 de setembro de 2009. Disponível em: https://www.anamatra.org.br/imprensa/noticias/19607-magistrados-impetram-mandado-de-seguranca-no-stf-pedindo-a-suspens-o-da-resoluc-o-do-cnj-sobre-foro-ntimo06453396572222371. Acesso em: 3 nov. 2023.

[17] Nesse sentido, STJ, RHC 12.742/SP, Rel. Min. Jorge Scartezzini, *DJ*, 25.2.2004, p. 188.

processo, deve ele ser totalmente refeito[18]. Ressalte-se, ainda, que, havendo o juiz declarado suspeição por *motivo superveniente* aos atos que praticara no processo, não é o caso de invalidá-los[19].

Declarada a suspeição, deve o processo ser remetido para o primeiro juiz substituto sucessivo, obedecendo-se, assim, ao princípio do juiz natural[20].

Na hipótese de erro inescusável, a lei prevê que o juiz suspeito estará obrigado ao pagamento das custas. Por outro lado, se rejeitada a exceção, havendo evidente má-fé do excipiente, será este condenado ao pagamento de multa (art. 101 do Código de Processo Penal).

O art. 103 do Código de Processo Penal determina o procedimento da suspeição quando ocorrer em instância superior. As disposições ali previstas aplicam-se ao Supremo Tribunal Federal, ao Superior Tribunal de Justiça, ao Superior Tribunal Militar, ao Tribunal Superior Eleitoral, aos Tribunais Regionais Federais e aos Tribunais dos Estados.

O juiz, o desembargador ou o ministro de tribunal que se julgar suspeito deverá declará-lo nos autos. Se for revisor, passará o feito ao seu substituto na ordem de precedência. Se for relator, apresentará os autos em mesa para nova distribuição (art. 103, *caput*). Caso não seja relator nem revisor, o membro do tribunal deverá, na sessão de julgamento, declarar-se suspeito verbalmente, registrando-se em ata a declaração (art. 103, § 1º). Se se declarar suspeito o próprio presidente do tribunal, competirá ao seu substituto designar dia para o julgamento e presidi-lo (art. 103, § 2º).

A arguição por qualquer das partes procede-se de forma análoga ao que ocorre em instância inferior, ou seja, deverá a suspeição ser arguida em petição assinada por ela própria ou por procurador com poderes especiais, observando-se, no que couber, o disposto nos arts. 98 a 101 do Código de Processo Penal (art. 103, § 3º).

Se o julgador excepto não reconhecer a suspeição, a arguição será julgada pelo pleno do tribunal. O presidente, se não for o próprio excepto, será relator (art. 103, § 4º). Se o excepto for o presidente do tribunal, relatará o vice-presidente (art. 103, § 5º).

3.1.2.4. Suspeição de outros sujeitos processuais

A parte poderá, ainda, arguir a suspeição de outros sujeitos processuais.

O órgão do Ministério Público, por exemplo, incorrendo nas hipóteses de suspeição (art. 258 do Código de Processo Penal), analogamente ao que ocorre com os magistrados, também poderá ser arguido. O fundamento, aqui, não será a exigência de imparcialidade, já que é da essência da função a atuação parcial. Entretanto, o órgão do *Parquet* deve atuar sempre no interesse da justiça, intuito que poderia restar prejudicado pela existência de relações pessoais desse com o acusado. A rejeição do *Parquet* deve ser pleiteada ao juiz da causa, por força de texto expresso do art. 104 do CPP[21].

Já se decidiu que a suspeição ou impedimento do membro do Ministério Público implica nulidade relativa, passível de preclusão, porquanto apenas a suspeição ou impedimento do juiz é causa de nulidade absoluta[22].

Nesse caso, o próprio órgão do Ministério Público poderá se abster de atuar no caso, declarando-se suspeito. Inadmissível, contudo, a declaração *ex officio* de suspeição do órgão do Ministério Público[23].

---

[18] *JTJSP*, 252/75.

[19] STJ, 5ª T., HC 95.311/AM, Rel. Min. Jorge Mussi, j. 28.4.2009, *DJe*, 25.5.2009.

[20] STJ, 5ª T., RMS 50.092/MG, Rel. Min. Felix Fischer, j. 13.9.2016, *DJe*, 26.9.2016.

[21] Exceção de Suspeição n. 71.560, Santos, Câmara Especial, Rel. Fonseca Tavares, j. 27.4.2000, v.u.

[22] STJ, 5ª T., REsp 1.542.007/MT, Rel. Min. Ribeiro Dantas, j. 22.3.2018, *DJe*, 2.4.2018.

[23] STF, *RT*, 546/439.

No caso em que seja oposta a exceção, o juiz ouvirá o excepto, podendo proceder à realização de provas no prazo de 3 dias, após o que deverá ser prolatada a decisão. Essa decisão é irrecorrível (art. 104 do Código de Processo Penal).

O processo não se suspenderá, e, mesmo se reconhecida a suspeição, os atos praticados pelo órgão do *Parquet* reconhecido suspeito não serão anulados, pois não há previsão legal expressa nesse sentido.

Também será possível às partes arguir a suspeição dos peritos (art. 280 do CPP), intérpretes, serventuários ou funcionários da justiça, decidindo o juiz de plano e sem recurso, à vista da matéria alegada e prova imediata – isto é, oferecida no momento da arguição (art. 105 do Código de Processo Penal). Deve-se, no entanto, abrir oportunidade para a oitiva do recusado.

Nada impede, também, que esses órgãos auxiliares se reconheçam, espontaneamente, suspeitos.

Aos peritos (art. 280) e aos serventuários e funcionários da justiça (art. 274) estendem-se as disposições referentes à suspeição dos juízes. Já os intérpretes, nos termos do art. 281, equiparam-se aos peritos.

No que diz respeito à suspeição dos jurados, o art. 106 determina que sua arguição deve ser procedida oralmente, logo após a leitura da cédula sorteada, decidindo de plano o presidente do Tribunal do Júri, em decisão irrecorrível. Caso expire o prazo, ficará sanada a nulidade[24].

Se o jurado negar a suspeição, caberá à parte provar, de imediato, o motivo alegado, sob pena de ser rejeitada, pelo juiz presidente, a arguição. Todo o incidente deverá constar da ata do julgamento. Assim, suspende-se o julgamento com a arguição de suspeição, podendo, contudo, ser objeto da apelação por nulidade[25].

Também o jurado poderá afirmar-se, espontaneamente, suspeito.

Não prevê a lei a possibilidade de arguição da suspeição das autoridades policiais que presidirem os atos do inquérito, mas, ocorrendo motivo legal, têm elas o dever de declarar-se suspeitas (art. 107 do Código de Processo Penal). Caso não o faça, pode o delegado ser sancionado no âmbito administrativo. Outrossim, conforme entendimento do Superior Tribunal de Justiça, o fato de a autoridade policial não declinar eventual causa de suspeição não é apto a ensejar nulidade do processo penal, desde que tal circunstância não macule a licitude da atividade probatória[26].

3.1.3. Exceção de incompetência de juízo

Também chamada de *declinatoria fori*, a exceção de incompetência deverá ser oposta sempre que uma das partes entender incompetente o juízo perante o qual tenha sido oferecida a denúncia. Aceita a declinatória pelo juiz, deve este remeter os autos ao magistrado competente, que, ao recebê-lo, poderá não se julgar competente e propor o conflito de jurisdição[27].

Sendo a incompetência relativa, o prazo é preclusivo, operando-se a prorrogação da competência se não arguida a tempo[28]. Cumpre salientar que, com o advento da Lei n. 11.719/2008, foi suprimida a "defesa prévia" estabelecida no revogado art. 395. Dessa feita, o prazo de defesa mencionado no art. 108 passou a ser compreendido como o da "resposta à acusação", devendo a exceção ser processada em apartado, nos termos do art. 396-A, § 1º, do Código de Processo Penal.

---

[24] STJ, 5ª T., RHC 57.035/PR, Rel. Min. Ribeiro Dantas, j. 6.4.2017, *DJe*, 17.4.2017.

[25] Ap. Crim. 167.648-3, Iguape, 4ª Câm. Extraordinária, Rel. Ferraz Felisardo, j. 9.5.1997, v.u.

[26] STJ, 5ª T., REsp 1.942.942/RO, Rel. Min. Ribeiro Dantas, j. 10.8.2021.

[27] Câm. Esp., Conflito de Jurisdição n. 57.004-0, São Paulo, Rel. Álvaro Lazzarini, j. 23.3.2000, v.u.

[28] STJ, 6ª T., HC 238.166/GO, Rel. Min. Sebastião Reis Júnior, j. 3.8.2017, *DJe*, 14.8.2017.

A incompetência absoluta, entretanto, poderá ser reconhecida de ofício pelo próprio juiz, a qualquer tempo (art. 109 do CPP), já tendo sido acatada, neste caso, inclusive em sede de *habeas corpus*[29]. A incompetência absoluta, reconhecida, implica a nulidade dos atos decisórios eventualmente praticados pelo juízo incompetente.

Embora não o diga expressamente a lei processual penal, a jurisprudência entende inadmissível o reconhecimento de ofício da incompetência relativa (Súmula 33 do STJ)[30]. Entretanto, parte da doutrina e jurisprudência entende ser possível ao juiz, seja a incompetência absoluta ou relativa, reconhecer, *ex officio,* sua incompetência. Sustentam, para tanto, que o Código de Processo Penal não faz distinção entre incompetência absoluta e relativa no precitado art. 109, de modo que o juiz poderia, em qualquer caso, declinar de ofício de sua competência.

Frise-se que, se assim for possível, entende-se que o juiz somente poderá fazê-lo até o início da audiência de instrução, debates e julgamento, pois a partir de então estará vinculado à causa, em obediência ao princípio da identidade física do juiz. A exceção deve ser oposta, oral ou verbalmente, no prazo da defesa (art. 108 do CPP). Apesar da menção expressa ao prazo de defesa, a maioria dos autores admite caber também ao Ministério Público arguir a exceção de incompetência, mesmo quando atue como parte processual.

Se, ouvido o Ministério Público, for aceita a exceção, o feito será remetido ao juízo competente, onde, ratificados os atos anteriores[31], o processo prosseguirá (§ 1º). Os atos decisórios não são passíveis de ratificação, devendo ser anulados, salvo o ato de recebimento da denúncia[32] (art. 567). Se a exceção for rejeitada, o juiz continuará no feito, fazendo tomar por termo a declinatória, se formulada verbalmente (§ 2º).

O assistente de acusação não possui legitimidade para propor a exceção de incompetência do juízo, por não constar entre as possibilidades dispostas no art. 271 do CPP, rol que, a bem da verdade, é taxativo[33].

Da decisão que conclui pela incompetência do juízo cabe recurso em sentido estrito (art. 581, II). Cabe, contudo, igualmente, recurso em sentido estrito da decisão em que o juiz se declina incompetente de ofício[34]. Da decisão que a recusa, entretanto, não cabe recurso, podendo ser impetrado *habeas corpus* ou ser a matéria alegada em preliminar de apelação.

3.1.4. Exceção de litispendência

Há litispendência quando se repete ação que já está em curso, sendo, assim, idênticas as demandas (art. 337, § 3º, do CPC).

A litispendência apenas ocorrerá se na primeira ação ajuizada já houver ocorrido a citação válida, tendo-se constituído a relação jurídica processual, e enquanto essa primeira ação *pender de julgamento*, ou seja, enquanto não for nela proferido julgamento.

A doutrina processualista tradicional, referindo-se ao conceito de litispendência estabelecido no âmbito da teoria do processo civil, ensina que se reputam idênticas as ações quando se formem

---

29 STJ, HC 97.457/PE, Rel. Min. Felix Fischer, j. 2.6.2009.

30 STF, 1ª T., RHC 100.969/DF, Rel. Min. Ricardo Lewandowski, j. 27.4.2010, *DJ*, 14.5.2010.

31 A jurisprudência do STF afirma que, nos casos de incompetência absoluta, é possível a ratificação tanto dos atos sem caráter decisório quanto dos atos decisórios (2ª T., AgR no RE 464.894/PI, *DJe*, 15.8.2008). No mesmo sentido: STJ, HC 238.129/TO, Rel. orig. Min. Maria Thereza de Assis Moura, Rel. p/ Acórdão Min. Rogerio Schietti Cruz, j. 16.9.2014, *DJe*, 25.2.2015.

32 STJ, HC 202.701/AM, Rel. Min. Jorge Mussi, j. 14.5.2013.

33 STJ, 5ª T., REsp 604.379/SP, Rel. Min. Gilson Dipp, *DJ*, 6.3.2006.

34 STJ, 5ª T., HC 25.782/SP, Rel. Min. Laurita Vaz, j. 8.3.2005, *DJ*, 9.5.2005, p. 437.

dos mesmos elementos, ou seja, quando sejam iguais em ambas as partes, a causa de pedir e o pedido (art. 337, § 1º, do CPC).

No processo penal, entretanto, para a identidade entre duas ações, basta que em ambas se impute o mesmo fato ao mesmo acusado. Assim, por exemplo, se o réu foi processado na Justiça Militar não poderá, pelos mesmos fatos, ser processado na Justiça Comum[35]. Todavia, o Superior Tribunal de Justiça decidiu que não constitui *bis in idem* o fato de os réus estarem respondendo a processo na Justiça Militar e na Justiça Comum pelo mesmo fato da vida[36].

A constatação da identidade da *causa petendi* é feita pela análise da descrição fática que consta da peça acusatória e não pela qualificação legal que recebeu[37]. Quanto às partes, não é preciso que haja coincidência, pois haverá litispendência ainda que o autor de uma das ações seja o Ministério Público, enquanto em outra o autor seja o ofendido ou seu representante legal. No que tange ao pedido, na ação penal, será este sempre no sentido de que seja o acusado condenado pela prática do fato a ele imputado. Jurisprudência mais restritiva, contudo, já entendeu que, faltante qualquer dos elementos tradicionalmente apontados (pedido, partes e causa de pedir), não há falar em litispendência[38].

Nos termos do art. 110, *caput*, do Código de Processo Penal, aplica-se à exceção de litispendência o mesmo procedimento da exceção de incompetência, podendo a parte alegá-la por escrito ou verbalmente, caso em que será reduzida a termo, e devendo o incidente ser autuado em apartado, ouvindo-se a parte contrária. A litispendência, entretanto, poderá ser arguida a qualquer tempo e em qualquer instância, não ocorrendo preclusão. Constituindo matéria de ordem pública, a litispendência poderá ser reconhecida até mesmo *ex officio*, motivo pelo qual pode, também, ser suscitada por qualquer das partes[39].

Da decisão que julga procedente a exceção caberá recurso em sentido estrito (art. 581, III). Se não for acolhida, inexiste recurso, cabendo a impetração de *habeas corpus*[40] ou a arguição da matéria em preliminar de apelação.

Reconhecendo-a o juiz de ofício, o recurso cabível será a apelação, com base no art. 593, II.

A litispendência é figura aplicável apenas no âmbito do processo. Havendo a instauração de inquérito policial para a investigação do mesmo fato criminoso objeto de processo em curso, imputado, em ambos os casos, à mesma pessoa, o remédio cabível não será a exceção de litispendência, mas sim a impetração de *habeas corpus*, tendo por objeto o trancamento do inquérito, por falta de justa causa.

3.1.5. Exceção de ilegitimidade de parte

Usando a lei da expressão "ilegitimidade de parte", entende a doutrina corrente que podem ser objeto de exceção tanto a ilegitimidade *ad causam* (condição da ação, consubstanciada na existência de uma relação subjetiva entre os fatos que constituem o objeto do processo e a pessoa que consta como parte no processo) quanto a ilegitimidade *ad processum* (pressuposto de existência de processo válido, abrangendo a ausência de capacidade postulatória do querelante, a incapacidade para estar em juízo sem representação legal, por exemplo, o caso do menor de 18 anos que ajuíza ação penal, e, finalmente, na hipótese de falta de condição de procedibilidade na ação penal pública condicionada). Contra, Hélio Tornaghi, para quem a exceção abrange somente a ilegitimidade *ad processum*[41].

---

35 STJ, 5ª T., AgRg no REsp 1.443.183/PR, Rel. Min. Reynaldo Soares da Fonseca, j. 26.6.2018, *DJe*, 1º.8.2018.

36 STJ, 3ª S., CComp 91.016/MT, Rel. Min. Paulo Gallotti, j. 27.2.2008, *DJ*, 25.3.2008, p. 1.

37 Nesse sentido: STJ, 5ª T., AgRg no RHC 126.745/PR, Rel. Min. Félix Fischer, j. 15.9.2020, *DJe*, 23.9.2020.

38 STJ, 5ª T., RHC 37.860/SC, Rel. Min. Laurita Vaz, j. 11.3.2014, *DJe*, 26.3.2014.

39 STJ, HC 281.101/SP, Rel. Min. Sebastião Reis Júnior, por unanimidade, j. 3.10.2017, *DJe*, 24.11.2017.

40 RSE 372.072-3, São João da Boa Vista, 3ª Câm. Crim., Rel. Walter de Almeida Guilherme, j. 24.9.2002, v.u.

41 Hélio Tornaghi, *Curso de processo penal*, 8. ed., v. 1, p. 174.

A exceção de ilegitimidade de parte seguirá o mesmo procedimento da exceção de incompetência (art. 110, *caput*, do Código de Processo Penal). Poderá ser oposta por escrito ou verbalmente, devendo a petição ser autuada em apartado, ouvindo-se a parte contrária.

Quanto ao prazo, tratando-se de matéria de ordem pública, a ilegitimidade de parte pode ser arguida a qualquer tempo[42]. A rigor da classificação doutrinária, a exceção de ilegitimidade constitui, em sentido estrito, objeção, já que pode o julgador concluir de ofício, a qualquer tempo, pela existência da ilegitimidade, não sendo formalmente necessária sua arguição pela parte.

No que diz respeito a quem pode argui-la, enquanto para parcela da doutrina a exceção de ilegitimidade da parte é privativa do réu, há autores que reconhecem a qualquer das partes tal faculdade. De fato, admitindo-se que a ilegitimidade pode ser reconhecida de ofício pelo juiz, com mais razão se deve admitir que a exceção pode ser arguida por qualquer das partes, já que o interesse no seu reconhecimento transcende o interesse de cada uma das partes.

Sendo reconhecida a ilegitimidade *ad causam*, o processo será anulado desde o início. A inexistência de uma das condições da ação constitui nulidade insanável. Se, entretanto, o caso for de ilegitimidade *ad processum*, por ilegitimidade do representante da parte, o processo poderá não ser anulado, hipótese em que deverá haver a ratificação dos atos processuais (art. 568 do Código de Processo Penal). Ocorrerá, portanto, nulidade relativa. Não obstante referido dispositivo mencione que a nulidade pode ser sanada a qualquer tempo, a jurisprudência entende que a ratificação deve ser feita dentro do prazo decadencial.

A decisão que acolhe a exceção desafia o recurso em sentido estrito, com fundamento no art. 581, III. Caso o juiz reconheça espontaneamente a ilegitimidade de parte (*ad causam*), poderá ser interposto recurso em sentido estrito, mas com fundamento no art. 581, I, uma vez que tal decisão equivalerá à rejeição da peça acusatória. Contra a improcedência não há recurso, podendo ser impetrado *habeas corpus* ou, ainda, alegada a matéria em preliminar de apelação.

3.1.6. Exceção de coisa julgada

"Coisa julgada" é tradução latina de *res judicata*. Esta, etimologicamente, vem de *res* – que deriva de *reor*, indicativo de uma ideia. Compreendendo-se que os verdadeiros pensamentos devam corresponder à realidade, as próprias coisas (reais) foram chamadas de *res*, significando principalmente o patrimônio do cidadão. Essa concepção de patrimônio estendeu-se a todos os direitos de que o cidadão goza como proprietário, e, dessa forma, o vocábulo "*res*" passou a significar a segurança das coisas materialmente possuídas, os direitos reais e pessoais. Nesse sentido, das antigas fontes romanas, em sentido jurídico, podemos dizer que *res* significa *questão jurídica*, "o complexo da causa que se discute" – *res de qua agitur* – diante do magistrado[43]. Mas, se colhermos a atual expressão em sua integralidade – "coisa julgada" –, como adiante se verá, teremos uma característica ou efeito da decisão definitiva (sentença ou acórdão que transita em julgado), pela necessidade da manutenção do *status quo* social, na medida em que este necessita de paz, de liquidação das contendas individuais, prevenindo vinganças privadas, mediante a tutela do direito estabelecido[44]. Eis, portanto, no respeito à segurança jurídica, onde reside uma das funções da autoridade da coisa julgada.

---

[42] J. Frederico Marques, *Elementos de direito processual penal*, 2. ed., v. 2, p. 394, identifica essa possibilidade como decorrência da própria lei, *ex vi* da combinação dos arts. 110, *caput* – que manda aplicar à exceção de ilegitimidade o procedimento da exceção de incompetência –, e 109 – que admite o reconhecimento de ofício da incompetência a qualquer momento.

[43] Roberto Lyra, *Comentários ao Código de Processo Penal*, v. 6, p. 67-68.

[44] Roberto Lyra, *Comentários ao Código de Processo Penal*, v. 6, p. 71.

3.1.6.1. Sentença (acórdão), julgado, coisa julgada

Assim, *a sentença* – ato formal do juiz, resolvendo a lide penal e aplicando o direito ao caso concreto – ou acórdão ensejam o *julgado* – o próprio direito fixado na sentença (ou acórdão) –, que se diferencia da *coisa julgada*, na medida em que esta é o objeto – a "coisa" –, o tema, a matéria posta em julgamento, ou seja, o que foi decidido em julgamento e que, em regra, encerra a discussão, finalizando o tema objeto do pronunciamento[45].

Conforme distinção doutrinária, há coisa julgada material e coisa julgada formal, terminologia empregada para descrever os diferentes efeitos da sentença (ou acórdão)[46].

Como regra, a coisa julgada há de ser concebida como a decisão judicial que apreciou o fato principal, objeto da exordial acusatória, independentemente da classificação jurídica dada quando da prolação do édito condenatório.

3.1.6.2. Coisa julgada material e coisa julgada formal

A *coisa julgada material* é a qualidade que torna imutável e indiscutível a decisão de mérito, quando esta não mais estiver sujeita a recurso. É efeito que se projeta para fora do âmbito do processo, impedindo que o comando emergente da sentença[47] seja novamente discutido em outro processo. A coisa julgada material traduz, assim, na lição de Oliva Santos, um "efeito próprio de algumas decisões firmes que consiste numa precisa e determinada força de vincular, em outros processos, a todos os órgãos jurisdicionais (o mesmo que julgou e outros distintos) a respeito do conteúdo dessas decisões (normalmente sentenças)"[48]. Destarte, uma nova sentença de mérito é absolutamente vedada pela aplicação do princípio *ne bis in idem* (= *bis de eadem re ne sit actio*), servindo assim de *proteção ao acusado*[49].

Já a *coisa julgada formal* é a imutabilidade da decisão que apenas se estende ao escopo do próprio processo em que foi proferida, quando tal decisão não seja mais passível de impugnação por via recursal.

3.1.6.3. Extensão da coisa julgada formal

Pode ser:

a) *coisa julgada absoluta,* quando não caiba impugnação da decisão por nenhuma das partes;

b) *coisa julgada relativa,* que pode ser:

– *objetivamente relativa,* quando somente uma parte da decisão restou firme, por exemplo, no caso de pluralidade de fatos, na medida em que a sentença não seja impugnada em relação a todos eles, ou se somente se recorre no tocante à dosimetria da pena, à medida de segurança etc.;

– *subjetivamente relativa,* se a decisão pode ser somente atacada por uma das partes[50].

3.1.6.4. Escopo: segurança jurídica

A coisa julgada material possibilita – como também a coisa julgada formal, contudo em maior medida que esta – a segurança e a paz jurídicas, uma vez que impede: a) que uma discussão jurídica se prolongue indefinidamente, tornando a ser entabulada sobre assunto já definido firmemente pela

---

[45] Roberto Lyra, *Comentários ao Código de Processo Penal*, v. 6, p. 72-73.

[46] Claus Roxin, *Derecho procesal penal*, p. 434.

[47] Enrico T. Liebman, *Eficácia e autoridade da sentença*, 3. ed., p. 54.

[48] Andrés de la Oliva Santos, *Sobre la cosa juzgada*, p. 23.

[49] Claus Roxin, *Derecho procesal penal*, p. 436.

[50] Claus Roxin, *Derecho procesal penal*, p. 435.

jurisdição; b) que se produzam resoluções e sentenças contraditórias ou que se reiterem, injusta e irracionalmente, sentenças com o mesmo conteúdo sobre o mesmo assunto[51].

Em geral, relaciona-se a espécie de coisa julgada à natureza da decisão por ela qualificada. A coisa julgada material decorre da decisão definitiva, que julga o mérito do pedido. Já a coisa julgada formal decorre de decisão terminativa, que encerra o processo sem o julgamento do mérito.

A exceção de coisa julgada não é apropriada para pugnar pela ocorrência de coisa julgada formal. Com efeito, o objetivo da exceção é concretizar a eficácia da coisa julgada material, impedindo o seguimento de processo idêntico a outro já findo, fazendo prevalecer a eficácia preclusiva da decisão proferida naquele processo anteriormente encerrado. Tendo em conta que a coisa julgada formal não impede novo ajuizamento da ação, não há sentido em admiti-la nessa hipótese.

3.1.6.5. Finalidade da coisa julgada e distinção da litispendência

A vedação à repropositura da ação que transita em julgado tem por finalidade, assim como ocorre no caso de litispendência, evitar que o acusado seja processado mais de uma vez pelo mesmo fato, concretizando, dessa forma, a vedação ao chamado *bis in idem*. A coisa julgada, entretanto, constitui óbice permanente, já que o processo que a enseja já terá sido encerrado. Na litispendência, ao contrário, há um processo pendente quando da propositura de ação idêntica. Trata-se, portanto, de uma situação que pode ser alterada (se, p. ex., a ação anteriormente pendente não for julgada, com a extinção do respectivo processo sem o julgamento do mérito). *Em suma, há litispendência quando se repete ação que está em curso; há coisa julgada quando se repete ação que já foi decidida por decisão transitada em julgado* (art. 337, §§ 3º e 4º, do CPC).

Vale lembrar que, em sede penal, para que duas demandas sejam consideradas idênticas, basta que ambas versem sobre os mesmos fatos (*eadem causa petendi*), imputados ao mesmo réu (*eadem personal*). A exceção de coisa julgada somente poderá ser oposta em relação ao fato principal, que tiver sido objeto da sentença no processo anteriormente encerrado (art. 110, § 2º).

À exceção de coisa julgada se aplica o disposto sobre a exceção de incompetência do juízo. Poderá, entretanto, ser alegada a qualquer tempo, já que a proteção à coisa julgada é matéria de ordem pública. Dessa forma, pode o juiz reconhecer a coisa julgada de ofício, cabendo à parte prejudicada por essa decisão interpor em face dela recurso de apelação, com fulcro no art. 593, II, do Código de Processo Penal. Se, em vez disso, o juiz houver julgado procedente exceção arguida por uma das partes, o recurso cabível será o recurso em sentido estrito (art. 581, III). Da decisão que rejeita a exceção não cabe recurso, podendo o acusado, em sua defesa, impetrar *habeas corpus* – o meio adequado para impugnar tal decisão[52]. Não se pode olvidar a possibilidade de alegação da exceção em preliminar de recurso de apelação.

Em se tratando de crime habitual (composto pela prática reiterada da mesma conduta), a sentença transitada em julgado impede a propositura de nova ação penal referente aos fatos anteriores praticados pelo acusado, que constituíram o mérito do processo já finalizado. Nada obsta, entretanto, a que seja proposta nova ação penal referente às condutas praticadas após o trânsito em julgado, ainda quando configurem, juntamente com aqueles crimes já apurados, uma única unidade de práticas habituais.

Ainda com relação à coisa julgada, o Supremo Tribunal Federal reconheceu que, no caso de *bis in idem* decorrente de dupla condenação pela prática dos mesmos fatos, há de prevalecer a primeira

---

[51] Oliva Santos, *Sobre la cosa juzgada*, p. 23.

[52] *JTJSP*, 203/314; STF, *RT*, 728/489.

decisão, ainda que a segunda seja mais favorável. Isso porque, a partir do primeiro julgamento, a segunda ação jamais poderia ter sido instaurada, em razão da litispendência ou coisa julgada[53].

Outrossim, questão bastante discutível é a ocorrência da coisa julgada em decisão que extingue a punibilidade pela morte do réu (art. 107, I, do CP), quando se verifica que a certidão de óbito era falsa. Conquanto haja grande discussão doutrinária e jurisprudencial, o Supremo Tribunal Federal e o Superior Tribunal de Justiça têm sustentado que a decisão que declarou extinta a punibilidade não faz coisa julgada, haja vista ter se assentado em premissa falsa e inexistente, revelando-se, por conseguinte, passível de anulação, sem afronta à coisa julgada[54].

3.2. Incompatibilidades e impedimentos

De acordo com o art. 112 do Código de Processo Penal, havendo incompatibilidade ou impedimento legal, deverão o juiz, o órgão do Ministério Público, os serventuários ou funcionários da justiça e os peritos ou intérpretes abster-se de servir no processo, declarando nos autos o motivo pelo qual se abstêm.

Não havendo abstenção, as partes poderão arguir a incompatibilidade ou o impedimento, obedecendo, para tanto, ao procedimento estabelecido para a exceção de suspeição.

Intenso debate há, entretanto, quanto aos conceitos de incompatibilidade e impedimento. Isso porque, enquanto as hipóteses de impedimento e suspeição estão claramente definidas em lei, a incompatibilidade é apenas mencionada, sem que se determinem quais são as hipóteses que a acarretam.

Na doutrina, há quem considere ambos os conceitos sinônimos. Entretanto, a opinião majoritária reconhece haver diferenciação, muito embora a distinção seja de cunho mais doutrinário do que prático, já que os efeitos de um e de outro são idênticos: a impossibilidade de que o juiz atue no processo.

Nesse sentido, Tourinho Filho[55], para quem é inócua a distinção entre incompatibilidade e impedimento, porquanto teriam ambas como efeito a anulação dos atos praticados. Em sentido análogo, Mirabete afirma não haver no direito processual pátrio distinção clara entre as hipóteses de incompatibilidade e impedimento[56].

3.2.1. Incompatibilidade

Segundo H. Tornaghi, "a incompatibilidade provém de graves razões de conveniência não incluídas entre os casos de suspeição ou de impedimento"[57]. É, nesse particular, secundado por J. F. Mirabete[58].

Para Tornaghi, as razões de incompatibilidade "são, frequentemente, razões íntimas, que levam o oficial a declinar". Destaca o autor que, em geral, as causas de incompatibilidade, abordadas nas leis de organização judiciária, implicam "seja dado conhecimento dessas razões, em caráter sigiloso, a um órgão disciplinar superior"[59]. Cita o exemplo do juiz que tenha ligação amorosa com a ré, que deve

---

[53] STF, HC 101.131/DF, Rel. orig. Min. Luiz Fux, Rel. p/ Acórdão Min. Marco Aurélio Mello, j. 25.10.2011. Nesse sentido: STJ, 6ª T., RHC 69.586/PA, Rel. Min. Sebastião Reis Júnior, Rel. p/ Acórdão Min. Rogério Schietti Cruz, j. 27.11.2018.

[54] STF, HC 104.998/SP, Rel. Min. Dias Toffoli, j. 14.12.2010.

[55] Tourinho Filho, *Processo penal*, p. 311.

[56] Júlio Fabbrini Mirabete, *Processo penal*, 17. ed., p. 239.

[57] Hélio Tornaghi, *Curso de processo penal*, 8. ed., v. 1, p. 184.

[58] Júlio Fabbrini Mirabete, *Processo penal*, 17. ed., p. 239.

[59] Hélio Tornaghi, *Curso de processo penal*, 8. ed., v. 1, p. 184.

declarar-se incompatibilizado, embora a hipótese não se subsuma às categorias da suspeição ou do impedimento.

Já Borges da Rosa ensinara que "a incompatibilidade diz respeito a cargos ou funções que não podem ser desempenhados juntos ou simultaneamente pela mesma pessoa"[60]. Por outro lado, também se define a incompatibilidade como a afirmação, sem provocação da parte interessada, da suspeição.

3.2.2. Impedimento

Conforme Tornaghi, "impedimento é a circunstância que priva o juiz do exercício de suas funções em determinado caso, dada sua relação com o objeto da causa"[61]. Ocorrendo impedimento, um magistrado que em princípio seria competente para conhecer e julgar a demanda, por razões circunstanciais de relação com o objeto da causa, fica impedido de exercer a jurisdição em determinado caso concreto[62].

O conceito de impedimento, diversamente do que ocorre no caso das incompatibilidades, decorre da letra da lei. O art. 252 do Código de Processo Penal enumera as hipóteses de impedimento do juiz, consideradas taxativas (*numerus clausus*):

I – quando no processo tiver funcionado seu cônjuge ou parente, consanguíneo ou afim, em linha reta ou na colateral até o terceiro grau, inclusive, como defensor ou advogado, órgão do Ministério Público, autoridade policial, auxiliar da justiça ou perito;

II – quando ele próprio houver desempenhado qualquer dessas funções ou servido como testemunha;

III – se tiver funcionado como juiz de outra instância, pronunciando-se, de fato ou de direito, sobre questão;

IV – quando ele próprio ou seu cônjuge ou parente, consanguíneo ou afim, em linha reta ou na colateral até o terceiro grau, inclusive, for parte ou diretamente interessado no feito.

No que diz respeito aos órgãos colegiados, dispõe o art. 253 que não poderão servir no mesmo processo os juízes que forem entre si parentes, consanguíneos ou afins, em linha reta ou na colateral até o terceiro grau, inclusive. Nesse caso, mais que a imparcialidade, quer-se evitar prejuízo à colegialidade do órgão, devendo os juízes decidir independentemente uns dos outros.

O órgão do Ministério Público estará impedido de funcionar nos processos em que o juiz ou qualquer das partes for seu cônjuge ou parente, consanguíneo ou afim, em linha reta ou na colateral até o terceiro grau, inclusive. Nesse caso, se participar, já se decidiu serem nulos os atos por ele praticados[63], uma vez estarem os promotores igualmente sujeitos, por determinação legal, às mesmas prescrições referentes à suspeição e ao impedimento dos juízes (art. 258 do CPP).

Por outro lado, conforme a Súmula 234 do Superior Tribunal de Justiça, "a participação de membro do Ministério Público na fase investigatória criminal não acarreta o seu impedimento ou suspeição para o oferecimento da denúncia".

Quanto aos atos e feitos do impedimento, há duas posições na doutrina:

a) Para uns, são nulos todos os atos praticados pelo juiz impedido, ainda que essa nulidade não se encontre prevista no art. 564, I, do Código de Processo Penal. Cuidar-se-ia, em vista de se tratar de questão de ordem pública, de causa de nulidade absoluta.

---

[60] *Apud* Tourinho Filho, *Processo penal*, p. 311.

[61] Hélio Tornaghi, *Comentários ao Código de Processo Civil*, 2. ed., v. 1, p. 416.

[62] Hélio Tornaghi, *Comentários ao Código de Processo Civil*, 2. ed., v. 1, p. 418. Nesse sentido, STF, HC 92.893/ES, Rel. Min. Ricardo Lewandowski.

[63] TJMS, *RT*, 565/360.

b) Para outros, o impedimento não é causa meramente impeditiva do exercício da competência, mas sim do exercício da própria *jurisdição*. Assim, os atos por ele praticados – exceto para declinar – seriam inexistentes. H. Tornaghi, filiado a essa corrente, justifica o entendimento argumentando que, no caso de impedimento, haverá interesse do juiz sobre o objeto da causa, "e ninguém é juiz em causa na qual tem interesse (*nemo iudex in causa propria*)". O juiz impedido, ainda para o mesmo autor, é, nesse caso, "um não juiz", pois estará inabilitado a atuar[64].

3.3. Conflito de jurisdição

Primeiro há que distinguir entre *conflito de jurisdição* e *conflito de competência*. Entende parte da doutrina que a linguagem do Código de Processo Penal é equivocada, pois sob a rubrica "Do conflito de jurisdição" estaria na verdade disciplinando o *conflito de competência*.

A acepção tradicional reconhece como conflito de competência aquela situação em que duas ou mais autoridades judiciárias pertencentes a uma mesma Justiça (jurisdição) se consideram competentes ou incompetentes para conhecer do mesmo fato criminoso – falando-se, então, em conflito positivo e conflito negativo de competência –, enquanto o conflito de jurisdição consistiria em uma controvérsia que envolva autoridade jurisdicional da Justiça Comum e órgão jurisdicional da Justiça Especial.

Explique-se, quanto a isso, a impropriedade da distinção. Com efeito, a jurisdição é una, exercendo-a indistintamente tanto as chamadas Justiças Especiais como a Justiça Comum. O que difere é o âmbito em que cada uma pode exercer tal poder, o que equivale a dizer que entre elas se distribuem diferentes competências, e não jurisdições.

Com efeito, mesmo a Constituição Federal, ao tratar das competências do Supremo Tribunal Federal e do Superior Tribunal de Justiça, utiliza-se – com propriedade, diga-se – da expressão *conflito de competência* também quando disciplina o conflito entre órgãos de diferentes "justiças".

Nessa linha, tanto os conflitos de competência em sentido estrito quanto os conflitos chamados de jurisdição seriam, na verdade, espécies do gênero maior conflitos de competência. Pode-se afirmar, portanto, que o conflito de jurisdição serve, ao lado da exceção de incompetência, de instrumento para a solução de questões atinentes à competência (art. 113 do Código de Processo Penal).

Dispõe o art. 114 que haverá conflito de jurisdição (leia-se "competência"):

a) quando duas ou mais autoridades judiciárias se considerarem competentes para conhecer do mesmo fato criminoso (inciso I, primeira parte);

b) quando, após uma autoridade haver se reconhecido incompetente, a autoridade para a qual houver sido remetido o processo também se considerar incompetente para conhecer do fato (inciso I, parte final);

c) quando entre duas ou mais autoridades surgir controvérsia sobre unidade de juízo, junção ou separação de processos, o que poderá ocorrer, por exemplo, nos casos de conexão ou continência (inciso II).

3.3.1. Procedimento

O conflito poderá ser suscitado (art. 115 do Código de Processo Penal):

I – pela parte interessada, sob a forma de requerimento;

II – pelos órgãos do Ministério Público junto a qualquer dos juízos em dissídio, por meio de requerimento[65];

---

[64] Hélio Tornaghi, *Comentários ao Código de Processo Civil*, v. 1, p. 418.

[65] Em caso de iniciativa do Ministério Público perante o STJ, deverá fazê-lo por intermédio de seus Subprocuradores-Gerais da República designados, uma vez que falta atribuição ao promotor de justiça estadual para tanto (*RSTJ*, 110/335).

III – por qualquer dos juízes ou tribunais em causa, sob a forma de representação.

Tanto a representação quanto o requerimento, que serão dirigidos ao tribunal competente, deverão ser feitos por escrito, de forma circunstanciada, expondo os fundamentos, e fazendo-se acompanhar dos documentos comprobatórios (art. 116, *caput*).

Quando for negativo o conflito, os juízes e tribunais poderão suscitá-lo nos próprios autos do processo (art. 116, § 1º), pois há paralisação do curso processual. Tratando-se de conflito positivo, no entanto, o processo continuará em andamento, somente se suspendendo o feito quando o relator assim o determinar (art. 116, § 2º), processando-se o incidente em autos apartados.

Deverá então o relator requisitar informações às autoridades em conflito, remetendo-lhes cópia do requerimento ou representação (art. 116, § 3º). Recebidas as informações, dentro do prazo marcado pelo relator (art. 116, § 4º), depois de ouvido o procurador-geral, o conflito será decidido na primeira sessão, salvo se a instrução do feito depender de diligência (art. 116, § 5º). Após a decisão, as cópias necessárias serão remetidas, para sua execução, às autoridades contra as quais tiver sido levantado o conflito ou que o houverem suscitado (art. 116, § 6º).

Insta consignar, ademais, que a 3ª Seção do Superior Tribunal de Justiça decidiu pela possibilidade de determinar como competente um terceiro órgão jurisdicional, estranho às partes da *exceptio declinatoria fori*[66].

3.3.2. Competência

A competência para dirimir conflitos de competência – ou de jurisdição, adotando-se a terminologia legal – é distribuída em sede constitucional.

O art. 102, I, *o*, da CF dispõe competir ao Supremo Tribunal Federal processar e julgar, originariamente, os conflitos de competência: a) entre o Superior Tribunal de Justiça e quaisquer tribunais; b) entre Tribunais Superiores[67] ou c) entre esses e qualquer outro tribunal.

Já o art. 105, I, *d*, determina ser competente o Superior Tribunal de Justiça para processar e julgar, originariamente, os conflitos de competência: a) entre quaisquer tribunais, com exceção do disposto no art. 102, I, *o*; b) entre tribunal e juízes a ele não vinculados e c) entre juízes vinculados a tribunais diversos. Assim, ocorrendo conflito entre juiz de direito e auditor militar de tribunais diversos, caberá ao STJ resolver a questão. Todavia, o próprio STJ define que cabe ao Tribunal de Justiça dar solução ao conflito se vinculado ao mesmo tribunal[68].

Com a finalidade de tornar efetivas as determinações constitucionais, a própria Constituição prevê que o Supremo Tribunal Federal e o Superior Tribunal de Justiça, conforme o caso, serão competentes para o julgamento de reclamação (arts. 102, I, *l*, e 105, I, *f*, respectivamente). Ademais, prevê o Código de Processo Penal que poderão esses tribunais avocar os processos que, sendo de sua competência, estejam tramitando em outro tribunal, restabelecendo, assim, a sua "jurisdição" (art. 117). Há, entretanto, posição na doutrina entendendo estar extinto o instituto da avocatória com o advento da Constituição Federal de 1988, havendo inclusive decisão do próprio Supremo Tribunal Federal nesse sentido[69].

Nos termos do art. 108, I, *e*, da Constituição Federal, compete aos Tribunais Regionais Federais processar e julgar, originariamente, os conflitos de competência entre juízes federais vinculados ao

---

66 STJ, 3ª S., CComp 168.575/MS, Rel. Min. Reynaldo Soares da Fonseca, *DJe* 14.10.2019; STJ, 3ª S., CComp 163.420/PR, Rel. Min. Joel Ilan Paciornik, j. 13.5.2020, *DJe* 1º.6.2020.

67 Nesse sentido, STF, CComp 7.071, Rel. Min. Sydney Sanches, *DOJ*, 1º.8.2003, p. 103.

68 STJ, 3ª S., AgRg no CComp 157.760/SC, Rel. Min. Sebastião Reis Júnior, j. 9.5.2018, *DJe*, 15.5.2018.

69 *RTJ*, 128/11, *apud* Mirabete, *Processo penal*, 17. ed., p. 247.

tribunal. Incumbe-lhes, ainda, dirimir conflito de competência verificado na respectiva Região entre juiz federal e juiz estadual investido de jurisdição federal, nos termos da Súmula 3 do Superior Tribunal de Justiça.

Ao Tribunal de Justiça cabe solucionar os conflitos de competência entre os juízes estaduais a ele vinculados. Assim, caberá à Câmara Especial dirimir os conflitos de competência dos juízes monocráticos[70].

Os conflitos entre Tribunal de Justiça e Tribunal de Alçada em cada Estado não eram considerados conflitos de competência (Súmula 22 do Superior Tribunal de Justiça). A questão, entretanto, restou superada com o advento da Emenda Constitucional n. 45/2004, que extinguiu os Tribunais de Alçada.

Já foi decidido que compete ao Tribunal de Justiça do respectivo Estado dirimir o conflito de competência entre Juízo Comum e Juizado Especial Cível, na medida em que ambos pertencem ao Poder Judiciário de um mesmo Estado-membro e há previsão na Constituição Estadual de que o Tribunal de Justiça será o responsável para processar e julgar originariamente os conflitos de competência entre juízes[71].

3.3.3. Existência de sentença com trânsito em julgado

Nos termos da Súmula 59 do Superior Tribunal de Justiça, "não há conflito de competência se já existe sentença com trânsito em julgado, proferida por um dos juízes conflitantes". A sentença exaure a função jurisdicional. O julgamento resolve a lide, encerrando o processo, e como tal não mais há como haver conflito de competência.

3.4. Conflito de atribuições

Quando o dissídio se verifica entre autoridades de outros poderes ou entre autoridade administrativa e autoridade do Poder Judiciário, haverá o chamado *conflito de atribuições,* que não se confunde com o conflito de competência. Quando participe da controvérsia autoridade judiciária, o conflito será dirimido pelo Poder Judiciário.

O conflito de atribuições entre promotores de justiça será solucionado pelo procurador-geral de justiça. Quando a controvérsia entre os membros do *Parquet* disser com o oferecimento de denúncia, o conflito será solucionado quando houver manifestação dos respectivos juízes, que poderá ensejar um conflito de competência.

No caso de conflito de atribuições entre autoridades administrativas e judiciárias da União, ou entre autoridades judiciárias de um Estado e administrativas de outro ou do Distrito Federal, ou entre as deste e as da União, caberá ao Superior Tribunal de Justiça a sua solução (art. 105, I, *g*, da Constituição Federal).

Finalmente, o Plenário do Supremo Tribunal Federal decidiu que é ao Conselho Nacional do Ministério Público que compete solucionar os conflitos de atribuições entre os diversos ramos do Ministério Público, em razão das prescrições constitucionais que lhe outorgam o controle da legalidade das ações administrativas dos membros e órgãos das ramificações do *Parquet* brasileiro. Ademais, o CNMP publicou, em 10 de março de 2021, a Emenda Regimental n. 32, que incluiu os arts. 152-A a 152-H no Regimento Interno do órgão (Resolução n. 92/2013), cujas prescrições disciplinam o conflito de atribuições[72].

---

[70] STJ, CComp 39.388/SP, Rel. Min. Hélio Quaglia Barbosa, *DOJ*, 1º.2.2005, p. 404.

[71] STF, CComp 7.096/GO, Rel. Min. Maurício Corrêa, j. 4.6.2000, *DJ*, 30.6.2000.

[72] STF, Pets 4.891, 5.091 e 5.756, Rel. Min. Marco Aurélio, j. 15.6.2020; STF, 1ª T., Pet 5.577, Rel. Min. Marco Aurélio, j. 2.2.2021.

3.5. Restituição de coisas apreendidas

No curso do inquérito policial (art. 6º, II, do CPP) ou da instrução criminal, algumas coisas podem ser apreendidas. O art. 240 do Código de Processo Penal enumera os objetos que podem ser objeto de apreensão, seja após busca domiciliar, seja em seguida à busca pessoal: coisas achadas ou obtidas por meios criminosos; instrumentos de falsificação ou de contrafação e objetos falsificados ou contrafeitos; armas e munições, instrumentos utilizados na prática de crime ou destinados a fim delituoso; objetos necessários à prova de infração ou à defesa do réu; cartas, abertas ou não, destinadas ao acusado ou em seu poder, quando haja suspeita de que o conhecimento do seu conteúdo possa ser útil à elucidação do fato (hipótese cuja constitucionalidade é questionada por parte da doutrina, em face do art. 5º, XII, da Constituição Federal) e qualquer outro elemento de convicção.

As coisas apreendidas que forem de interesse ao processo não podem ser restituídas enquanto não transitar em julgado a sentença final (art. 118 do Código de Processo Penal), sendo, nesse caso, inadmissível a restituição[73]. Contudo, há parcela jurisprudencial contrária, no sentido de ser faculdade do magistrado a devolução das coisas apreendidas antes do trânsito em julgado[74]. Deve também haver a restituição nas hipóteses de extinção da punibilidade e de arquivamento de inquérito policial. Se a devolução do bem for injustamente denegada, a via adequada para a impugnação será o mandado de segurança[75]. Durante o processo, também é possível a interposição de embargos de terceiro contra apreensões de bens pertencentes ao terceiro de boa-fé[76].

Ao final do processo, algumas coisas poderão ser restituídas. Por força do art. 119 do Código de Processo Penal, combinado com o art. 91, II, *a* e *b*, do Código Penal[77], não poderão ser restituídos, salvo se pertencerem ao lesado ou terceiro de boa-fé[78]: a) os instrumentos do crime, desde que consistam em coisas cujo fabrico, alienação, uso, porte ou detenção constitua fato lícito; e b) o produto do crime ou qualquer bem ou valor que constitua proveito auferido pelo agente com a prática do fato criminoso. De ver que, nesse sentido, mas percorrendo raciocínio inverso, a arma de porte autorizado e após sentença absolutória deverá ser restituída, uma vez que não houve condenação[79]. Para a restituição da arma apreendida, no entanto, exige-se a apresentação do registro[80]. Por outro lado, dentro da mesma lógica, em caso de condenação, mesmo que não conste expressamente na condenação, as armas apreendidas não poderão ser restituídas, já que o confisco é efeito automático da condenação[81].

---

[73] STJ, AgRg na Pet 6.330/SP, Rel. Min. Felix Fischer, j. 19.11.2008.

[74] TACrimSP, *RT*, 683/320; TACrimSP, *RT*, 829/578.

[75] *JTJ*, 233/375; Mandado de Segurança n. 399.652-3/2, Porto Ferreira, 5ª Câm. Crim., Rel. Barbosa Pereira, 5.12.2002, v.u.; Mandado de Segurança n. 413.857-3/8, Santa Rita do Passa Quatro, 1ª Câm. Crim., Rel. Raul Motta, 15.9.2003, v.u.

[76] STJ, 6ª T., REsp 1.247.629/RJ, Rel. Min. Sebastião Reis Júnior, j. 6.11.2014, *Informativo n. 552*.

[77] Os arts. 74 e 100 do Código Penal, citados pelo art. 119 do Código de Processo Penal, foram revogados com o advento da Lei n. 7.209/84, que substituiu toda a Parte Geral do Código Penal. A doutrina e a jurisprudência entendem que o art. 91 do Código Penal, tratando da mesma matéria, substituiu-os, passando a incidir conjuntamente com o referido art. 119 da lei processual.

[78] Restituição a terceiro de boa-fé adquirente, que permanece como depositário TRF-1, 5ª T., AMS 420847720124013800 MG 0042084-77.2012.4.01.3800, Rel. Des. Fed. Souza Prudente, j. 27.11.2013, *e-DJF1*, de 10.12.2013, p. 315. Veículo apreendido pertencente a terceiro estranho ao feito criminal e devida restituição do bem. TJMS, APL 08014015620128120006 MS 0801401-56.2012.8.12.0006, Rel. Des. Dorival Moreira dos Santos, j. 25.11.2013, 1ª Câm. Crim., 4.12.2013. Se houver dúvida quanto ao direito do reclamante sobre o objeto, deverá a petição ser autuada em apartado, assinando-se ao requerente prazo de 5 dias para prova. Neste caso, impossível decisão do pedido por simples despacho (TJSP, *RT*, 673/314).

[79] TACrimSP, *RT*, 726/696; TJMG, *RT*, 696/181.

[80] TACrimSP, *RT*, 689/370; TACrimSP, *RT*, 726/696.

[81] STJ, AREsp 974.704/MG, Rel. Min. Joel Ilan Paciornik, *DJ*, 17.10.2017.

A incidência da norma do art. 119, portanto, constitui reflexo processual da aplicação da sanção prevista no art. 91 do Código Penal, consistente na perda dos bens apreendidos. Assim, os *instrumenta sceleris,* bem como os *producta sceleris,* cujo fabrico, alienação, uso, porte ou detenção constitua fato ilícito serão confiscados pela União, sendo inutilizados ou recolhidos a museu criminal, se houver interesse na sua conservação (art. 124 do Código de Processo Penal); insta ressaltar que tal procedimento se aplica ao confisco alargado previsto no art. 91-A do Código Penal, inserto pela Lei n. 13.964/2019 (Pacote Anticrime). Ademais, não serão restituídas, mesmo nas hipóteses de arquivamento do inquérito, sentença de impronúncia ou sentença absolutória. Vale lembrar que esse confisco não se aplica aos casos de contravenção, segundo entendimento majoritário.

A Lei n. 13.964/2019 (Pacote Anticrime) acresceu o art. 124-A ao Código de Processo Penal. Disciplina o novel artigo a destinação de obras de arte ou de outros bens de relevante valor cultural ou artístico objeto de decretação de perdimento; prescreve, no caso de não haver vítima determinada, a possibilidade de destinação de tais bens a museus públicos.

As armas de fogo apreendidas, por determinação do art. 25, *caput*, da Lei n. 10.826/2003 (Estatuto do Desarmamento), deverão ser, após a elaboração do laudo pericial e sua juntada aos autos, encaminhadas pelo juiz competente, quando não mais interessarem à persecução penal, ao Comando do Exército, para destruição ou doação aos órgãos de segurança pública ou às Forças Armadas, no prazo máximo de 48 horas.

As coisas cuja restituição não seja vedada, nos termos descritos anteriormente, e que não interessarem ao processo poderão ser restituídas antes do trânsito em julgado da sentença.

3.5.1. Mandado de segurança

Entende-se inadmissível sua impetração contra decisão que julga o pedido de restituição de coisa apreendida[82]. Contudo, excepcionalmente, o STF tem admitido o *mandamus* caso advenha dano irreparável ao impetrante, ou na hipótese de ser manifestamente ilegal a apreensão. O extinto Tribunal de Alçada Criminal de São Paulo também reconhecia ser o mandado de segurança meio idôneo para a restituição do bem quando impetrado por terceiro adquirente, ou até mesmo pelo proprietário[83].

3.5.2. Procedimento

Não havendo dúvida quanto ao direito do reclamante, isto é, havendo prova acerca da pessoa a quem se atribua a titularidade da coisa apreendida, e sendo certo que tal coisa não interessa ao processo, tanto a autoridade policial quanto o juiz poderão, mediante termo nos autos, proceder à restituição de coisas apreendidas (art. 120 do Código de Processo Penal), ouvido sempre o Ministério Público (art. 120, § 3º).

Se duvidoso o direito (art. 120, § 1º), ou se houver sido o bem apreendido em poder de terceiro de boa-fé (art. 120, § 2º), somente o juiz poderá determinar sua restituição. Nesse caso, autuar-se-á o incidente em separado, abrindo-se oportunidade para que o interessado faça prova de seu direito. No caso de dúvida acerca do direito do reclamante, o juiz concederá o prazo de 5 dias para o requerente apresentar prova, proferindo decisão após a manifestação do Ministério Público (art. 120, § 2º). Tendo sido a coisa apreendida em poder de terceiro de boa-fé, conceder-se-á prazo de 5 dias para que o reclamante apresente prova de seu direito. Igual prazo será concedido ao terceiro de boa-fé para oferecer prova. Findos os prazos, ambos terão 2 dias para apresentar suas razões. Ouvido o Ministério Público, o juiz penal decidirá.

---

[82] STJ, 6ª T., RMS 20.042/AM, Rel. Min. Maria Thereza Rocha de Assis Moura, j. 10.11.2009, *DJe*, 30.11.2009.

[83] TACrimSP, *RT*, 632/311, 651/286, 691/318.

Em caso de dúvida sobre quem seja o dono da coisa, o juiz criminal remeterá as partes ao juízo cível, ordenando o depósito das coisas em mãos do depositário ou do próprio terceiro que a detinha, se for pessoa idônea (art. 120, § 4º)[84].

Caberá ao juiz, tratando-se de coisas facilmente deterioráveis (art. 120, § 5º):

a) determinar a sua avaliação e venda em leilão, depositando-se o dinheiro apurado; ou

b) entregá-las ao terceiro que as detinha, se for pessoa idônea e assinar termo de responsabilidade.

Da decisão que indefere pedido de restituição cabe recurso de apelação (art. 593, II, do Código de Processo Penal)[85].

Quando a coisa apreendida foi adquirida com os proventos da infração, será avaliada e vendida em leilão público, sendo o dinheiro apurado recolhido ao Tesouro Nacional, ressalvado o direito do lesado e de terceiro de boa-fé (art. 121 do Código de Processo Penal).

Conforme prescreve o art. 122 do Código de Processo Penal, as coisas apreendidas serão alienadas nos termos do disposto no art. 133 do mesmo diploma legal; assim, serão vendidas em leilão imediatamente após o trânsito em julgado da sentença condenatória e o dinheiro apurado será recolhido aos cofres públicos, sem embargo do que cabe ao lesado e ao terceiro de boa-fé[86].

Não se tratando de objetos cujo fabrico, alienação, uso, porte ou detenção constitua fato ilícito (não sujeitos a confisco, portanto), decorrido o prazo de 90 dias, contados da data do trânsito em julgado da sentença, sem reclamação, e se não pertencerem ao réu, serão as coisas apreendidas vendidas em leilão, depositando-se o saldo à disposição do juízo de ausentes (art. 123 do Código de Processo Penal), podendo ser reclamadas no juízo cível posteriormente[87]. Pertencendo ao réu, serão a ele restituídas. Se não restar provado o direito de propriedade, devem os bens ser vendidos em leilão[88].

Como bem assevera Hélio Tornaghi, a restituição, ressalvada a hipótese do art. 119 do Código de Processo Penal, em combinação com o art. 91 do Código Penal, ocorrerá independentemente de ser condenatória ou absolutória a sentença proferida[89].

Havendo dúvida quanto à propriedade e à origem do bem, o sequestro deste deverá ser mantido[90], nomeando-se o proprietário como fiel depositário[91].

3.6. Medidas assecuratórias

Chamam-se medidas assecuratórias as providências de natureza cautelar levadas a efeito no juízo penal que buscam resguardar provável direito da vítima ao ressarcimento do prejuízo causado pela infração penal. Têm por finalidade preservar o patrimônio do réu, que responderá por futuro pagamento indenizatório. São, a teor da doutrina, *provisórias* e *instrumentais*. *Provisórias porque se destinam a resguardar um direito meramente provável*. Uma vez resolvida definitivamente a questão, cessa a cautela, que é substituída por uma medida definitiva. *Instrumentais porque não são um fim em si mesmo*. Sua determinação visa unicamente possibilitar a adoção de uma medida futura.

[84] TRF-4, 7ª T., ACR 50024014220144047017/PR, Rel. Gilson Luiz Inácio, j. 15.12.2015, *DE*, 16.12.2015.

[85] TRF, 3ª R., 2ª T., Recurso em Sentido Estrito n. 2009.61.10.011445-7, Rel. Henrique Herkenhoff, j. 13.4.2010.

[86] Ambos os artigos mencionados foram alterados pela Lei 13.964/2019 (Pacote Anticrime).

[87] *JTJ*, 193/108; Apelação Cível n. 269.458-1, Tatuí, 8ª Câm. de Direito Público de Férias Janeiro/1997, Rel. José Santana, 2.4.1997, v.u.

[88] TJAM, 1ª Câm. Crim., 02647392220148040001/AM, Rel. João Mauro Bessa, j. 21.5.2017.

[89] Hélio Tornaghi, *Curso de processo penal*, 8. ed., v. 1, p. 202.

[90] STF, ARE 1.077.012/PR, Rel. Min. Edson Fachin, j. 15.2.2018, *DJe*-029, 19.2.2018.

[91] TJRS, 4ª Câm. Crim., ACR 70.072.829.542/RS, Rel. Newton Brasil de Leão, j. 14.9.2017, *DJ*, 27.9.2017.

Como providências cautelares especiais, as medidas assecuratórias não só exigem a probabilidade do direito (o chamado *fumus boni iuris*, na expressão latina) como requerem a existência de urgência em sua adoção (o *periculum in mora*). Isto é: para que se adote uma medida assecuratória, é preciso haver necessidade, ainda que potencial, de que o direito provavelmente existente seja resguardado, sob o risco de que a adoção da medida apenas quando houver certeza acabe por tornar-se intempestiva, com o perecimento de seu objeto.

As medidas assecuratórias são as seguintes:

a) sequestro de bens móveis e imóveis;

b) hipoteca legal;

c) arresto de móveis e imóveis.

Compete ao juiz criminal do processo principal presidi-las, pois são consideradas processos incidentes[92].

Entende o STJ que serão aplicados analogicamente os arts. 61 e 62 da Lei de Drogas (Lei n. 11.343/2006) aos crimes regidos pelo CPP, permitindo que, após autorização judicial, veículos, embarcações, aeronaves e quaisquer outros meios de transporte sejam utilizados pela autoridade de polícia judiciária, comprovado o interesse público[93].

3.6.1. Sequestro

O sequestro é "o depósito de coisa litigiosa em mãos de alguém, estranho ao litígio", que será chamado sequestrário ou sequestre[94].

Tem como requisitos a existência de fato criminoso e indícios veementes da proveniência ilícita dos bens (art. 126 do CPP).

Podem ser objeto de sequestro tanto os bens imóveis quanto os móveis não sujeitos a apreensão, que foram adquiridos pelo indiciado, ou acusado, com os proventos da infração, ainda que já tenham sido transferidos a terceiro (arts. 125 e 132 do CPP). Será objeto de sequestro coisa certa, determinada, sobre cuja propriedade ou posse haja divergência. Tal medida acautelatória tem como pressuposto a existência de indícios veementes da proveniência ilícita dos bens (art. 126 do CPP)[95], já se tendo decidido que não podem ser objeto de sequestro bens adquiridos antes do fato criminoso[96].

Conforme o atual entendimento do STJ, não é defeso o sequestro de bens de propriedade de pessoa jurídica, mesmo que esta não figure no polo passivo seja da investigação preliminar, seja da ação penal, sem prejuízo da necessária presença de elementos de prova aptos a ensejar indícios suficientes de que tenha sido utilizada para a prática de infrações penais[97].

Tem-se entendido que não se aplica a restrição aos bens de família quando o imóvel tiver sido adquirido com produto do crime, nos termos do art. 3º, VI, da Lei n. 8.009/90.

O juiz criminal poderá determinar o sequestro, em qualquer fase do processo ou ainda antes de oferecida a denúncia ou queixa:

a) de ofício;

---

[92] TRF-4, 6ª T., MS 29.219/PR, Rel. Tadaaqui Hirose, j. 15.9.2009, *DE*, 23.9.2009.

[93] STJ, 6ª T., REsp 1.420.960/MG, Rel. Min. Sebastião Reis Júnior, j. 24.2.2015, *Informativo do STJ*, n. 556.

[94] H. Tornaghi, *Curso de processo penal*, 8. ed., v. 1, p. 213.

[95] STJ, 6ª T., RMS 41.540/RJ, Rel. Min. Nefi Cordeiro, j. 10.6.2014, *DJe*, 27.6.2014.

[96] TRF-5, 2ª T., AC 7.394/PE, Rel. Des. Fed. Rubens de Mendonça Canuto (Substituto), j. 27.10.2009, *DJe*, 12.11.2009, p. 254.

[97] STJ, 5ª T., AgRg no REsp 1.712.934/SP, Rel. Min. Reynaldo Soares da Fonseca, j. 21.2.2019; STJ, 6ª T., AgRg no RMS 58.018/RJ, Rel. Min. Olindo Menezes, j. 23.8.2022.

b) a requerimento do Ministério Público;

c) a requerimento do ofendido;

d) mediante representação da autoridade policial.

O incidente será autuado em apartado; tendo por objeto bem imóvel, deverá o juiz determinar a sua inscrição no Registro de Imóveis.

Da decisão que ordenar ou não o sequestro caberá apelação, por força do art. 593, II, do Código de Processo Penal. Determinado o sequestro, poderá ser embargado (art. 130):

I – pelo indiciado ou acusado, sob o fundamento de não terem os bens sido adquiridos com os proventos da infração;

II – pelo terceiro, a quem houverem os bens sido transferidos a título oneroso, sob o fundamento de tê-los adquirido de boa-fé.

O terceiro senhor e possuidor, que tenha o bem sequestrado por equívoco ou informação falsa, deve opor embargos de terceiro, previstos no art. 129 do Código de Processo Penal.

Admite-se, assim, que aquele que, não sendo parte no processo, sofrer turbação ou esbulho na posse de seus bens por ato de apreensão judicial poderá requerer sejam mantidos ou restituídos por meio de embargos[98]. Opinião contrária entende que quem se encontrar nessa situação pode, também, utilizar-se dos embargos previstos no art. 130.

Importante frisar que o sequestro atual distingue-se do sequestro de bens de pessoa indiciada ou denunciada por crime que resulta prejuízo para a Fazenda, previsto no Decreto-lei n. 3.240/41, que possui sistemática própria e não foi revogado pelo Código de Processo Penal[99].

3.6.1.1. Diferença entre o inciso II do art. 130 e o *caput* do art. 129

A diferença entre o terceiro de boa-fé estranho ao processo criminal e aquele mencionado no art. 130, II, do CPP é que o primeiro não adquiriu o bem diretamente do acusado, devendo, assim, ser desde logo sentenciado. Quanto ao terceiro de boa-fé mencionado no art. 130, II, que adquiriu a título oneroso, deverá aguardar a prolação da sentença final[100].

3.6.1.2. Fundamentação

Só podem ser opostos embargos sob a fundamentação de que os bens não foram adquiridos com os proventos da infração (art. 130, I)[101], e o terceiro deve fundamentar que os adquiriu de boa-fé (art. 130, II). Sob outras fundamentações, os embargos somente poderão ser conhecidos no juízo cível, uma vez que o terceiro estranho ao processo pode opor qualquer espécie de defesa, não cabendo ao intérprete restringir o que a lei não restringiu[102].

3.6.1.3. Decisão, levantamento do sequestro e competência

A decisão quanto aos embargos só poderá ser pronunciada após o trânsito em julgado da sentença condenatória, a fim de evitar decisões contraditórias[103].

---

[98] TJPR, *RT*, 615/315; TJSP, *RT*, 652/269; STJ, *RT*, 750/577.

[99] STJ, REsp 112.465-8/BA, 6ª T., Rel. Min. Og Fernandes, j. 17.12.2009, *DJ*, 22.2.2010.

[100] STJ, 5ª T., REsp 1.316.694/PR, Rel. Min. Regina Helena Costa, j. 17.12.2013, *DJe*, 3.2.2014.

[101] STJ, 5ª T., ROMS 14465/SC, Rel. Min. Arnaldo Esteves Lima, j. 15.3.2005, *DJ*, 9.5.2005, p. 433; TRF-4, 7ª T., ACR 50238309820144047200/SC, Rel. Luiz Carlos Canalli, j. 10.7.2018.

[102] Nesse sentido, TJSP, *RT*, 586/273.

[103] TRF-1, 2ª S., MS 00403954420154010000 0040395-44.2015.4.01.0000, Rel. Des. Fed. Hilton Queiroz, j. 14.10.2015, *e-DJF1*, 21.10.2015, p. 113.

Nos termos do art. 131 do CPP, o sequestro será levantado, ou seja, perderá a eficácia:

I – se a ação penal relativa à coisa sequestrada não for intentada no prazo de 60 dias, contado da data em que ficar concluída a diligência[104];

II – se o terceiro a quem tiverem sido transferidos os bens prestar caução;

III – se for julgada extinta a punibilidade ou absolvido o réu, por sentença transitada em julgado.

Havendo, ao final, sentença condenatória, com trânsito em julgado, tornando certa a obrigação do condenado de satisfazer o dano *ex delicto*, caberá ao juiz, de ofício ou a requerimento do interessado ou do Ministério Público, determinar a avaliação e a venda dos bens em leilão público cujo perdimento tenha sido decretado, sendo o dinheiro apurado recolhido aos cofres públicos, com exceção do que não couber ao lesado ou ao terceiro de boa-fé. O valor apurado deverá ser recolhido ao Fundo Penitenciário Nacional, exceto se houver previsão diversa em lei especial (art. 133 do CPP e parágrafos, com redação dada pela Lei n. 13.964/2019). Torna-se definitivo, assim, o que originalmente era cautela[105].

A Lei n. 13.964/2019 (Pacote Anticrime) incluiu o art. 133-A no CPP e disciplinou a utilização provisória de bem sequestrado, apreendido ou sujeito a qualquer medida assecuratória, permitindo o uso de bens particulares pelo Poder Público a serviço da segurança pública[106]. Conforme se extrai da norma inserta no referido texto legal, a medida pode incidir sobre quaisquer bens, o que abrange veículos, embarcações e aeronaves; constatado o interesse público e deferida a medida, tais bens integrarão a classe dos bens públicos de uso especial, ainda que de forma precária. O órgão de segurança pública que participou da constrição do bem objeto de eventual utilização provisória terá prioridade na sua utilização, sem prejuízo de os demais órgãos, subsidiariamente, obterem a autorização para tanto, desde que comprovado o interesse público. Por fim, conforme prescreve o § 4º do artigo em referência, decretado o perdimento do bem no bojo de sentença condenatória transitada em julgado, ressalvado o direito do lesado ou terceiro de boa-fé, o juiz poderá determinar a transferência definitiva da propriedade ao órgão público beneficiado pelo uso provisório.

Quanto à competência para proceder a essas providências, entende a maioria dos autores caber ao juiz criminal[107], e não ao cível, a realização das medidas do art. 133.

A jurisprudência aponta dois caminhos diversos quanto à impugnação cabível da decisão que determina o levantamento do sequestro: recurso de apelação[108] e, em sentido contrário, aqueles para os quais a decisão é irrecorrível, cabendo, então, mandado de segurança.

3.6.2. Hipoteca legal

A hipoteca é direito real de garantia, que incide sobre coisa alheia. É medida assecuratória que recai sobre bens imóveis do acusado, criando um direito real de garantia voltado à reparação do dano do ofendido, bem como ao pagamento das despesas processuais e penas pecuniárias. Não tendo por fundamento a circunstância de

---

[104] Há entendimento segundo o qual não se deve proceder ao levantamento do sequestro se houver justo motivo (TACrimSP, *RT*, 552/340, 549/329, 639/292; TARS, *RT*, 677/396; TACrimSP, 12ª Câm., MS 393648/0, Rel. Barbosa de Almeida, j. 25.2.2002, *STJ*-Lex, 125/354, 111/339; *RTJ*, 82/596). Outra corrente aponta ser o prazo do art. 131 fatal.

[105] A perda, em favor da União, ressalvando-se o direito do lesado e de terceiro de boa-fé, do produto do crime ou de qualquer bem ou valor que consista em proveito auferido pelo réu com a prática do crime constitui efeito da condenação (art. 91, II, *b*, do CP). Assim, TJSC, 2ª Câm. Crim., ACR 450.873/SC, Rel. Salete Silva Sommariva, j. 30.8.2011.

[106] Órgãos públicos declinados no art. 144 da Constituição Federal, do sistema prisional, do sistema socioeducativo, Força Nacional de Segurança Pública e do Instituto Geral de Perícia.

[107] Nesse sentido, TJSP, *JTJ*, 122/119.

[108] TRF-1, 2ª S., MS 00415585920154010000 0041558-59.2015.4.01.0000, Rel. Des. Fed. Italo Fioravanti Sabo Mendes, j. 9.3.2016, *DJ*, 22.4.2016.

que o bem a ser hipotecado tenha qualquer relação com a prática delituosa, pode a hipoteca ter por objeto qualquer bem imóvel do acusado.

Não obstante parte da doutrina entenda que a hipoteca legal é cabível tanto no inquérito policial quanto durante o processo, pelo fato de a lei referir-se a "indiciado", o entendimento que predomina é no sentido da impossibilidade de ser decretada essa medida em fase pré-processual, porquanto no art. 134 do Código de Processo Penal há menção a *qualquer fase do processo.*

Será autorizada quando presentes os seguintes requisitos:

a) certeza da infração;

b) indícios suficientes de autoria.

Compete ao juiz criminal a determinação da medida, atendendo a requerimento do ofendido (seu representante legal e seus herdeiros) ou do Ministério Público, se houver interesse da Fazenda Pública, ou se o ofendido for pobre e assim o requerer (art. 142 do CPP).

A especialização da hipoteca é o procedimento pelo qual se individualiza o bem imóvel objeto da hipoteca. Cabe ao juiz, uma vez pedida a especialização, proceder ao arbitramento da responsabilidade civil e à avaliação do imóvel ou imóveis (art. 135), que serão realizados por avaliador judicial ou, na sua falta, por perito nomeado pelo magistrado (art. 135, § 2º).

A petição será instruída com as provas ou indicação das provas em que se fundar a estimação da responsabilidade, com a relação de outros imóveis do responsável, quando os possuir, e com os documentos comprobatórios do domínio (art. 135, § 1º). Vale lembrar que o requerimento será autuado em autos apartados (art. 138).

Poderá o juiz, ouvidas as partes no prazo de 2 dias, após a manifestação do Ministério Público, corrigir o arbitramento do valor da responsabilidade (art. 135, § 3º).

Apenas após a condenação será o valor da responsabilidade liquidado definitivamente, pois somente então se conhecerá definitivamente a extensão dos danos eventualmente causados pelo condenado. Será possível novo arbitramento (art. 135, § 5º). Não obstante ser título executivo judicial, a sentença condenatória é sempre ilíquida, devendo os autos ser remetidos ao juízo cível competente (art. 143 do CPP) para que, inclusive, sendo o caso, promova eventual execução da garantia.

Superadas as providências do art. 135, § 3º, poderá o juiz determinar a inscrição da hipoteca legal junto ao Registro de Imóveis. A fim de impedi-la, pode o réu oferecer caução suficiente (art. 135, § 6º), que terá por efeito substituir a garantia da hipoteca legal.

A decisão do juiz acerca da inscrição da hipoteca legal desafia o recurso de apelação[109]. Salienta-se ser vedado decretar a medida de hipoteca legal *ex officio,* sendo que o delegado de polícia, no curso do inquérito policial, também não pode oferecer representação visando a esse fim.

A jurisprudência não é unânime quanto à possibilidade de ser invocada a proteção legal do bem de família trazida pela Lei n. 8.009/90. Os que entendem ser possível a penhora fundamentam-se numa pretensa interpretação teleológica do art. 3º, VI, do referido diploma legal[110].

Para a outra corrente, considerando que a hipoteca legal (lícitos imóveis do réu) serve como sucedâneo de futura penhora de ressarcimento de danos, não merece ainda maior favorecimento do que já possui a Fazenda Nacional na cobrança de seus créditos. Assim, impenhorável o bem, não pode ser ele atingido por arresto ou hipoteca legal[111].

---

[109] Nesse sentido: TRF-4, 7ª T., ACR 238275320084047100/RS, Rel. Sebastião Ogê Muniz, j. 18.1.2011, *DE*, 27.1.2011.

[110] TRF-4, 7ª T., ACR 65231320094047001/PR, Rel. Sebastião Ogê Muniz, j. 24.2.2015.

[111] TRF, 4ª R., Ap. Crim. n. 2004.70.00.036142-9, 7ª T., Rel. Tadaaqui Hirose, j. 22.5.2007, *DJ*, 20.6.2007.

Será cancelada a hipoteca se o réu for absolvido ou se julgada extinta a punibilidade por sentença irrecorrível (art. 141 do CPP).

Nos termos do art. 136, é facultado ao ofendido e ao Ministério Público requerer o *arresto provisório* do imóvel, como medida cautelar antecipatória da inscrição da hipoteca legal. É uma forma de provimento liminar da medida cautelar, com o intuito de garantir a exequibilidade da medida. O sequestro provisório será revogado caso o interessado não promova o processo de inscrição da hipoteca legal no prazo de 15 dias[112].

A doutrina tem entendido ser imprescindível a comprovação da necessidade da medida, demonstrando-se o risco de dilapidação patrimonial. Não obstante, a jurisprudência já decidiu que, em se tratando de cautelares penais, temos a presunção legal absoluta, não se admitindo prova de que na espécie inexiste o risco de desfazimento do patrimônio do réu[113].

Pode ocorrer que, por força da lei civil, o réu no processo penal não seja civilmente responsável pelos danos que houver causado. Nesse caso, seria inócua a instituição de uma garantia real sobre seus bens. Para essa hipótese, prevê o Código de Processo Penal, em seu art. 144, a possibilidade de que os interessados ou, nos casos previstos em lei, o Ministério Público requeiram no juízo cível, contra o responsável civil (cuja responsabilidade é solidária), a hipoteca legal (art. 134) e o "sequestro provisório" (*rectius*, arresto) do art. 136.

3.6.3. Arresto

Visto que o sequestro, em sentido técnico, é medida que recai unicamente, individualizadamente sobre bens que sejam produtos do crime, ou coisas adquiridas com o produto da infração (item 3.6.1), os arts. 136 e 137 tratam do arresto, isto é, a modalidade de medida assecuratória assim denominada por recair sobre bens *móveis de origem lícita*, sua generalidade, ou seja, quaisquer que sejam eles.

É a lição de Tourinho Filho: "Se, tecnicamente, sequestro significa a retenção da coisa litigiosa, tendo, por isso mesmo, por fim, sua incolumidade, até que se decida a causa principal, o legislador processual penal, no art. 125, usa da expressão em sentido impróprio. A rigor seria arresto, ou, como bem diz Tornaghi, um misto de sequestro e de arresto. De fato. Enquanto aquele é a retenção de coisa sobre cuja propriedade há controvérsia e, por isso mesmo, deve recair sobre determinado bem, o arresto é a retenção de quaisquer bens do indiciado ou réu, a fim de evitar que ele se subtraia ao ressarcimento do dano, com o desfazimento do seu patrimônio. Já no sequestro não. Somente determinados bens"[114].

O arresto somente poderá abranger bens móveis suscetíveis de penhora, excluídos, portanto, os bens absolutamente impenhoráveis enumerados no art. 833 do CPC e outros previstos em legislação especial[115]. Será efetuado quando o responsável não possuir bens imóveis, impossibilitando a hipoteca legal, ou se os bens imóveis não somarem valor suficiente para garantir futura reparação dos danos.

Além das circunstâncias mencionadas acima, o arresto submete-se aos mesmos requisitos que condicionam a possibilidade de requerer hipoteca legal, quais sejam, que haja: a) prova da existência do crime e b) indícios suficientes da autoria.

---

[112] Já se decidiu ser admissível o sequestro prévio de imóvel estranho ao crime, para que depois se possa requerer a hipoteca legal, cf. TACrimSP, *RT*, 636/297; TRF, 4ª R., *RT*, 773/723.

[113] TRF, 4ª R., Ap. Crim. n. 200470000152488, 7ª T., Rel. Nefi Cordeiro, *DJ*, 16.6.2006.

[114] Tourinho Filho, *Manual de processo penal*, 25. ed., v. 3, p. 30.

[115] STJ, 4ª T., REsp 711.889/PR, Rel. Min. Luís Felipe Salomão, j. 22.6.2010.

Além do ofendido, poderá o Ministério Público, havendo interesse da Fazenda Pública ou se o ofendido pobre o requerer (hipóteses do art. 142 do Código de Processo Penal), promover o arresto.

Se os bens consistirem em coisas fungíveis e facilmente deterioráveis, deverão ser avaliados e vendidos em leilão, depositando-se o numerário apurado (art. 137, § 1º). Caso esses bens produzam renda, poderá o juiz arbitrar o montante que servirá à manutenção do réu e de sua família (art. 137, § 2º).

Como incidente processual, o arresto será autuado em apartado (art. 138).

O depósito e a administração dos bens arrestados ficarão sujeitos ao regime do processo civil (art. 139). Perderá o acusado, assim, a administração do bem arrestado.

Se o réu for absolvido ou for julgada extinta a punibilidade por sentença irrecorrível, o arresto será levantado (art. 141), voltando o bem ao poder do acusado. Caso, porém, o réu seja condenado, os autos do arresto serão remetidos ao juiz do cível, após o trânsito em julgado da sentença (art. 143). A sentença condenatória passada em julgado é título judicial que tem o condão de ser executado no juízo cível (art. 935, I, do CC, art. 91, I, do CP, art. 515, VI, do CPC e art. 63 do CPP)[116].

Os interessados ou o Ministério Público (art. 142)[117], quando a lei autorizar, poderão requerer no juízo cível o arresto dos bens do responsável civil (art. 144).

Por fim, cumpre ressaltar que a Lei n. 12.694/2012, que versa sobre as organizações criminosas e os procedimentos a serem tomados nos processos que envolvam sua atuação, introduziu o art. 144-A no Código de Processo Penal, prevendo a alienação antecipada para preservação do valor dos bens sempre que estiverem sujeitos a qualquer grau de deterioração ou depreciação, ou quando houver dificuldade para sua manutenção. Com isso, visa-se desde logo recuperar os valores auferidos com a prática delituosa, vendendo-se por leilão preferencialmente eletrônico (§ 1º) os bens apreendidos, pelo valor fixado na avaliação judicial ou por maior valor, que, se não alcançado, demandará novo leilão, a ser realizado em até 10 dias, podendo os bens ser alienados por não menos de 80% do estipulado (§ 2º).

Assinala-se que o produto da alienação ficará depositado em conta judicial vinculada ao juízo, até o desfecho da decisão nos autos. Se absolutória, os valores serão devolvidos. Se condenatória, serão convertidos em renda à União, aos Estados ou ao Distrito Federal (§ 3º).

Prevê o § 4º do precitado dispositivo que, "quando a indisponibilidade recair sobre dinheiro, inclusive moeda estrangeira, títulos, valores mobiliários ou cheques emitidos como ordem de pagamento, o juízo determinará a conversão do numerário apreendido em moeda nacional corrente e o depósito das correspondentes quantias em conta judicial".

Já se o caso for de alienação de veículos, embarcações ou aeronaves, caberá ao julgador ordenar à autoridade de trânsito ou ao equivalente órgão de registro e controle a expedição de certificado de registro e licenciamento em favor do arrematante, ficando este livre do pagamento de multas, encargos e tributos anteriores, sem prejuízo de execução fiscal em relação ao antigo proprietário (§ 5º). Finalmente, dispõe o § 6º que "o valor dos títulos da dívida pública, das ações das sociedades e dos títulos de crédito negociáveis em bolsa será o da cotação oficial do dia, provada por certidão ou publicação no órgão oficial". Trata-se de uma forma de evitar discussões quanto à eventual valorização ou desvalorização das ações.

---

116 *RT*, 586/273, STJ, CComp 24634/SP, Rel. Min. José Arnaldo da Fonseca, j. 1º.7.1999, *DJ*, 27.9.1999, p. 40.

117 Pressuposto para a atuação ministerial: interesse da Fazenda Pública ou requerimento do ofendido pobre, na acepção legal do termo. TJSP, Ap. Crim. 131.072-3, Rel. Ângelo Gallucci, São Paulo, j. 1º.8.1994; TJSP, *JTJ*, 264/45.

3.7. Incidente de falsidade

Havendo dúvida acerca da autenticidade de um documento constante dos autos, pode ser requerida a instauração de incidente de falsidade. Por meio desse incidente, pode-se arguir tanto a falsidade material quanto a falsidade ideológica do documento. A primeira diz respeito à alteração, contrafação ou supressão do documento em sua forma extrínseca (falsidade material), enquanto a segunda ocorre quando há alteração do seu conteúdo, nele fazendo constar ideia ou pensamento que não corresponda à verdade (falsidade ideológica).

O termo *documento* possui dúplice conceituação: em sentido lato, documento é tudo o que representa um fato, segundo clássica lição atribuída a Carnelutti. Em sentido estrito, são considerados documentos quaisquer escritos, instrumentos ou papéis, públicos ou particulares (art. 232, *caput*, do CPP).

A finalidade do incidente de falsidade é unicamente a de constatar a idoneidade do documento como elemento probatório. Não é seu objeto a apuração de possível delito de falsidade. A decisão do incidente, em si, tem como único efeito a manutenção do documento impugnado nos autos, se se verificar a sua autenticidade; o seu desentranhamento, se verificado o vício. Neste último caso, cópias dos autos poderão ser remetidas ao Ministério Público, que tomará as medidas necessárias (art. 145, IV), ou seja, apenas secundariamente o incidente de falsidade pode resultar na instauração de procedimento autônomo com esse fim. Outrossim, não fará a decisão, qualquer que seja seu conteúdo, coisa julgada em ulterior processo penal ou civil (art. 148).

Caso seja a falsidade constatada e preclusa a via recursal, cada uma das folhas do documento será rubricada pelo juiz e pelo escrivão, conforme dispõe o art. 15 da Lei de Introdução ao Código de Processo Penal. Após, o documento será desentranhado e remetido juntamente com os autos do incidente ao Ministério Público, para apuração da perpetração do crime de falso[118].

O documento passível de incidente de falsidade não será o objeto material do delito, o qual, a bem da verdade, deverá ser necessariamente periciado para comprovação da materialidade delitiva. Admite-se, assim, o incidente de falsidade unicamente quanto aos documentos que possam influenciar no deslinde da ação penal.

Para a doutrina corrente, somente quanto ao documento que se corporifica em uma peça escrita que contenha a expressão de um fato ou a manifestação de uma vontade (documento em sentido estrito) poderá ser instaurado o incidente de falsidade. Alguns autores, no entanto, admitem que a arguição de falsidade possa abranger qualquer documento que expresse um fato ou uma declaração cujo autor possa ser identificado.

3.7.1. Procedimento

Estão legitimados a suscitar o incidente:

a) o juiz, de ofício (art. 147);

b) as partes, pessoalmente (o que se pode depreender da combinação dos arts. 145 e 146);

c) procurador com poderes especiais (art. 146).

A falsidade deverá ser suscitada por escrito (art. 145, *caput*). A arguição, segundo entende a doutrina, poderá ser feita a qualquer momento, como a qualquer momento podem ser juntados documentos (arts. 231 e 400 do Código de Processo Penal). A impugnação será autuada em apartado, ouvindo-se a parte contrária, que oferecerá resposta no prazo de 48 horas (art. 145, I). Em seguida o juiz concederá prazo de 3 dias, sucessivamente, a cada uma das partes, para a produção de

[118] Fernando da Costa Tourinho Filho, *Manual de processo penal*, 8. ed., 2006, p. 452.

prova (art. 145, II). Finda a dilação probatória, os autos serão conclusos, podendo o juiz ordenar as diligências que reputar necessárias (art. 145, III). Em seguida, proferirá decisão (art. 145, IV).

O incidente de falsidade nem sempre contraporá as mesmas partes que se debatem no processo principal. Como incidente relativo a um elemento de prova a arguição de falsidade eventualmente poderá fazer emergir um conflito entre dois réus, cujas defesas sejam colidentes de modo que o reconhecimento da falsidade de um documento favoreça um e prejudique outro. Nesse caso, o contraditório a que se refere o art. 145, I, deverá contrapor não só autor e réu, mas também os réus entre si.

Da decisão que julga o incidente cabe recurso em sentido estrito, com base no art. 581, XVIII[119].

Por fim, cumpre destacar que a autuação em separado do procedimento para apuração de falsidade documental é dispensável, podendo, em certos casos, ser o vício arguido nos próprios autos principais.

3.8. Incidente de insanidade mental do acusado

A sanidade mental do acusado influi em sua capacidade, figurando como requisito de capacidade civil, imputabilidade penal, capacidade processual e capacidade de sujeitar-se à execução da pena, dependendo do momento em que sobrevém[120].

Elemento relevante para o deslinde da lide penal, prevê a lei a possibilidade de que a insanidade mental do acusado seja arguida ao longo do inquérito policial ou do processo penal.

Quando surgir dúvida quanto à integridade mental do indiciado ou do acusado, deverá ser instaurado o incidente de insanidade mental, a fim de submetê-lo a exame médico-legal (art. 149 do CPP).

A instauração desse incidente pode ser determinada de ofício pelo juiz da causa, ou mediante requerimento de qualquer das partes, do Ministério Público, do curador, de ascendente, descendente, irmão ou cônjuge do acusado (art. 149, *caput*, do CPP), ou ainda mediante representação da autoridade policial (art. 149, § 1º). O incidente é instaurado mediante portaria judicial. Todavia, não será instaurado o incidente de ofício pelo tribunal, diante de recurso exclusivo da defesa, conforme entendimento sumulado pelo enunciado 525 do STF.

A doutrina tem entendido que o rol do art. 149 do CPP não é taxativo, comportando a possibilidade de que as pessoas legitimamente interessadas possam provocar a instauração do incidente de insanidade mental.

O requerimento de realização do exame não vincula a autoridade judicial, que poderá denegá-lo se entender desnecessário por protelatório ou tumultuário[121].

A instauração do incidente, portanto, fica condicionada ao prudente arbítrio da autoridade que presidir o processo, uma vez que apenas o exame de corpo de delito é de realização obrigatória (art. 184 do CPP). Assim, não se configura o cerceamento de defesa se o pedido vier despido de qualquer comprovação de razoável suspeita de desequilíbrio mental do réu ou não pairarem dúvidas sobre sua integridade mental[122]. Desse modo, pelo só fato de o delito *sub judice* ser grave, tal gravidade por si só não induz à necessidade de instauração do incidente de insanidade mental, uma vez que o fato deve

---

[119] Assim, TJRS, 8ª Câm. Crim., RSE 70073741969/RS, Rel. Fabianne Breton Baisch, j. 29.11.2017, *DJ*, 7.12.2017.

[120] H. Tornaghi, *Curso de processo penal*, 8. ed., v. 1, p. 249.

[121] STJ, AgRg no RHC 18.763/DF, *DJe*, 6.10.2008; HC 31.680/RJ, *DJ*, 3.9.2007; HC 33.128/MG, *DJ*, 24.5.2004; HC 24.656/PB, *DJ*, 2.8.2004; HC 60.977/ES, Rel. Min. Og Fernandes, j. 25.10.2011; STF, HC 97.098/GO, Rel. Min. Joaquim Barbosa, j. 28.4.2009.

[122] STJ, HC 439.395/SC, Rel. Min. Sebastião Reis Júnior, *DJ*, 12.3.2018.

vir aliado a outras suspeitas de perturbação psíquica do réu ou do comprometimento de sua higidez mental[123].

Decidindo-se pela necessidade de proceder à instauração do incidente de insanidade mental, o processo principal, se já se houver iniciado, deverá ser suspenso a partir do deferimento do pedido (termo *a quo*)[124]. A partir da determinação do exame, o juiz nomeará curador ao acusado, sob pena de nulidade (art. 149, § 2º).

Excetuam-se, entretanto, as diligências de caráter urgente cuja não realização imediata possa acarretar prejuízo ao processo.

É de ver que a decisão que determina ou não a instauração do incidente de insanidade mental não comporta recurso, podendo ser atacada via *habeas corpus* ou correição parcial[125], existindo também decisões que admitem apelação.

O incidente deverá ser processado em autos apartados, que somente serão apensados aos autos do processo principal depois de apresentado o laudo pericial que concluir pela sanidade ou insanidade do acusado (art. 153 do Código de Processo Penal). Não terá validade a juntada de laudo pericial obtido em incidente de outro processo[126].

Se o incidente houver sido instaurado após o início do processo penal, deve-se oferecer à defesa a oportunidade de formular quesitos aos peritos. Determinada a realização do exame ainda durante o inquérito policial, entretanto, apenas o juiz e o Ministério Público formularão quesitos, porquanto o indiciado não é considerado parte.

De acordo com o que dispõe a lei, para efeito do exame, o acusado, se estiver preso, deverá ser internado em "manicômio judiciário"[127]. Se estiver solto, os peritos poderão requerer sua internação em estabelecimento que o juiz julgar adequado (art. 150, *caput*, do Código de Processo Penal).

O exame pericial deverá ser realizado, em princípio, no prazo de até 45 dias. Poderão os peritos, entretanto, requerer prazo suplementar, hipótese em que deverão demonstrar a necessidade de maior prazo (art. 150, § 1º). Julgando conveniente, o juiz poderá autorizar a entrega dos autos do processo principal aos peritos, desde que não haja prejuízo para o andamento do processo e que essa providência facilite o exame (art. 150, § 2º).

Deve-se ressaltar que o laudo pericial não vincula o juiz, que poderá rejeitá-lo, no todo ou em parte (art. 182 do Código de Processo Penal), o que sustenta o posicionamento de que a própria realização da perícia deve sujeitar-se à discricionariedade judiciária[128]. Referido laudo deverá ser

---

[123] Nesse sentido, STF, *RT*, 630/370.

[124] STJ, *RT*, 750/572; TACrimSP, *RT*, 690/342; TJMG, *RT*, 658/325; TJSP, *RT*, 661/282; STF, 1ª T., RHC 365/DF, Rel. Min. Sepúlveda Pertence, j. 19.2.2002, *DJ*, 22.3.2002, p. 48; STJ, 5ª T., HC 37.657/GO, Rel. Min. Gilson Dipp, *DJ*, 21.2.2005, p. 200; TACrimSP, 12ª Câm., Ap. 1407353/5, Rel. Barbosa de Almeida, j. 1º.3.2004.

[125] TJSP, RSE 121.682-3, Guaratinguetá, Rel. Carlos Bueno, j. 27.4.1992; TACrimSP, Ementário n. 42, jun./2003, p. 1; TJSP, RSE 132.360-3, Rel. Ângelo Gallucci, São Bento do Sapucaí, j. 1º.3.1993; TJBA, *RT*, 813/639; TJSP, *JTJ*, 237/333; STF, *RT*, 769/501, TJSP, *RT*, 754/622; TACrimSP, 11ª Câm., HC 326380/1, Rel. Wilson Barreira, j. 10.8.1998.

[126] Nesse sentido: TJSP, *JTJ*, 172/301; TJSP, RSE 132.323-3, Itanhaém, Rel. Gonçalves Nogueira, j. 28.2.1994; TJRS, 6ª Câm. Crim., HCO 70009276650, Rel. Diógenes Vicente Asan, j. 16.9.2004; TACrimSP, 12ª Câm., HC 424694/9, Rel. Luis Ganzerla, j. 25.11.2002.

[127] A fim de conferir eficácia à Lei n. 10.216/2001 (Lei de Transtornos Mentais – "Antimanicomial"), o Conselho Nacional de Justiça publicou, em 15 de fevereiro de 2023, a Resolução n. 487; tal documento legislativo determina que quem comete infração e é inimputável não pode ser tratado em instituições de caráter asilar. Os cuidados devem ser integrados à assistência social e ao local em que a pessoa vive, com plano terapêutico para cada paciente. A partir de agosto de 2023, os 27 manicômios judiciários existentes no Brasil devem suspender a entrada de novos pacientes, fechar alas e começar a transferir as pessoas para a Rede de Atenção Psicossocial do Sistema Único de Saúde.

[128] Nesse sentido, Hélio Tornaghi, *Curso de processo penal*, 8. ed., v. 1, p. 250.

devidamente fundamentado, respondendo aos quesitos propostos, uma vez que, faltando a fundamentação ou as respostas devidas, deverá ser refeito, porquanto imprestável ao fim que se colima[129].

3.8.1. Efeitos do laudo pericial

Concluindo-se que o acusado era, ao tempo da infração, irresponsável nos termos do art. 26 do Código Penal, o processo retomará seu curso até sentença final, com a presença do curador (art. 151 do Código de Processo Penal). O preceito é aplicável tanto na hipótese de ser o acusado considerado inimputável (*caput* do art. 26) quanto no caso de ser considerado semi-imputável (parágrafo único do art. 26).

A medida se justifica, uma vez que a inimputabilidade por insanidade mental não deve obstar eventual prova da inocência do acusado (p. ex., prova da inexistência do fato criminoso). Além disso, não se olvide que, restando comprovada a autoria do fato pelo réu, a circunstância de que seja ele reconhecido mentalmente insano pode resultar na aplicação, por sentença, de medida de segurança, devendo prosseguir o processo até sua prolação.

Quando os peritos constatarem que a doença mental sobreveio à infração, caso em que não se há que falar em inimputabilidade penal, o processo continuará suspenso até que o acusado se restabeleça. O § 1º do art. 152 faculta ao juiz, nesse caso, ordenar a internação do réu em "manicômio judiciário" ou em outro estabelecimento adequado. O Código de Processo Penal prevê, inclusive, que se proceda à internação provisória (arts. 373 e 378, II). A doutrina majoritária, entretanto, considera a internação em manicômio judicial inaplicável, por incompatível com a Constituição Federal, embora haja vozes sustentando a aplicabilidade do preceito.

Caso o réu se restabeleça, recuperando a higidez mental, o processo retomará seu curso, facultando-se à defesa reinquirir as testemunhas que houverem prestado depoimento sem a sua presença e garantindo-se, assim, o contraditório.

A despeito do que diz o art. 182 do Código de Processo Penal, que confere ao juiz poderes para rejeitar o laudo pericial, entende Tornaghi[130] que, no caso da perícia decorrente de exame de sanidade mental, o laudo pericial tem efeito vinculativo com relação ao juiz especificamente no que toca ao prosseguimento do processo. Isso porque o art. 151 do Código de Processo Penal é explícito em dizer que o processo prosseguirá "*se os peritos concluírem* que o acusado era, ao tempo da infração, irresponsável" (grifamos). Tratar-se-ia, portanto, de uma derrogação, por especialidade, da regra do art. 182 do Código de Processo Penal.

3.8.2. Requerimento de instauração nos processos do Júri

Se antes da decisão de pronúncia, o feito deve ser suspenso e instaurado o incidente para a realização do exame. Caso o juiz não o faça, o processo será nulo[131]. Se posterior à pronúncia, o exame deverá ser feito antes do julgamento no Tribunal Popular[132].

3.8.3. Insanidade mental no curso da execução da pena

Sobrevindo a insanidade mental no curso da execução da pena, prevê a lei duas possibilidades.

a) Nos termos do art. 154 do Código de Processo Penal, deve-se proceder de acordo com o disposto no art. 682 do mesmo diploma legal, que determina a internação do condenado em mani-

---

[129] Nesse sentido, TJSP, *JTJ*, 214/290.

[130] Hélio Tornaghi, *Curso de processo penal*, 8. ed., v. 1, p. 256.

[131] TJDF, 3ª T. Crim., RSE 20140110003630, Rel. Humberto Adjuto Ulhôa, j. 13.8.2015, *DJE*, 19.8.2015; TJMT, 1ª Câm. Crim., HC 00020623320108110017 15818/2011, Rel. Dra. Graciema R. de Caravellas, j. 10.5.2011, *DJ*, 22.6.2011.

[132] TJES, 1ª Câm. Crim., RSE 00122832920148080014, Rel. Sérgio Bizzotto Pessoa de Mendonça, j. 3.5.2017, *DJ*, 12.5.2017.

cômio judicial. Entretanto, entende a doutrina que tal dispositivo foi revogado pelo art. 41 do Código Penal, instituído pelo advento da Lei n. 7.209/84 (posteriormente, portanto, ao Código de Processo). Nos termos do referido art. 41 do Código Penal, o condenado será recolhido a hospital de custódia e tratamento psiquiátrico ou a outro estabelecimento adequado, respeitando-se o limite da pena imposta na condenação. Nesse caso, o tempo cumprido no hospital de custódia ou outro estabelecimento será computado como pena cumprida (art. 42 do Código Penal).

b) O juiz poderá determinar a conversão da pena privativa de liberdade em medida de segurança, devendo a execução prolongar-se por prazo indeterminado enquanto não se constatar a cessação da periculosidade do condenado (art. 183 da Lei n. 7.210/84). Nesse caso, converte-se a pena em medida de segurança, de natureza diversa, não mais havendo correspondência cronológica entre uma e outra. Quanto a isso, entretanto, existe posicionamento no sentido da inconstitucionalidade da indeterminação do prazo, já que a aplicação da medida de segurança até a cessação da periculosidade do condenado se poderia entender como a aplicação de uma pena de caráter perpétuo, figura rejeitada pelo ordenamento jurídico pátrio.

4. SÍNTESE

Questões e processos incidentes

Incidentes processuais são questões e procedimentos acessórios que, surgindo no curso do processo, devem ser solucionados antes do julgamento da causa principal. O Código de Processo Penal classifica os incidentes em duas categorias: as questões prejudiciais e os processos incidentes.

Questões prejudiciais

São aquelas que, embora não constituam o conteúdo principal da lide, versam sobre aspecto de direito material (penal ou extrapenal) que acaba por condicionar o julgamento do pedido principal.

Características: a doutrina costuma arrolar os seguintes aspectos: a) sua anterioridade, pois a decisão constitui antecedente lógico para a decisão da causa principal, vinculando-a; b) a sua autonomia, já que seu conteúdo também pode ser objeto de ação autônoma; e c) sua essencialidade ou necessariedade, porquanto sem a decisão da questão prejudicial não é possível resolver a decisão principal.

Quanto à matéria: podem ser *homogêneas*, quando versam sobre a matéria do mesmo ramo de direito da questão principal, podendo ser solucionadas pelo juiz da causa principal, e *heterogêneas*, quando tiverem por conteúdo matéria de outro ramo do direito, podendo ser julgada por juiz que não seja criminal.

Podem, ainda, ser *devolutivas* ou obrigatórias, quando devem, em regra, ser apreciadas no juízo não penal, e *não devolutivas* ou facultativas se, embora sejam prejudiciais ao mérito da causa penal, não preenchem os requisitos dos arts. 92 e 93 e serão necessariamente decididas pelo juiz do processo penal.

Pressupostos para o reconhecimento das questões prejudiciais obrigatórias

Estão previstos no art. 92 do CPP:

- a controvérsia deve versar sobre o estado civil das pessoas;
- a questão deve influir sobre a própria existência da infração penal; e
- a questão deve ter fundamento jurídico e fático.

Observe-se que a ação, juntamente com o curso do prazo prescricional, ficará suspensa até que o juízo cível resolva a questão. Porém, não haverá impedimento para que se faça a inquirição de testemunhas e a produção de outras provas de natureza urgente.

Pressupostos para o reconhecimento das questões prejudiciais facultativas

Estão previstos no art. 93 do CPP:

- a questão deve influir na existência da infração penal;
- versar sobre matéria diversa do estado civil das pessoas;
- a ação civil que tenha por objeto a questão prejudicial deverá já estar em curso;
- a questão prejudicial deve ser de difícil solução;
- não pode versar sobre direito cuja prova a lei civil limite; e
- o juízo cível deve ser competente para resolver a questão.

Ressalte-se que o juiz poderá suspender o curso do processo, mas fixará prazo para tanto. Caso expire o prazo, que pode ser prorrogado, o magistrado terá a faculdade de prosseguir com o processo e retomar a sua competência para resolver de fato e de direito toda a matéria da acusação e da defesa.

Incidentes previstos no Código de Processo Penal

a) *exceção*: designa defesa indireta, ou seja, aquela que não diz respeito ao mérito do pedido. Nos termos do art. 95 do CPP, poderão ser opostas as exceções de:

I – *suspeição* – baseada nas hipóteses previstas no art. 254 do CPP;

II – *incompetência de juízo* – quando uma das partes entender incompetente o juízo perante o qual foi oferecida a denúncia;

III – *litispendência* – tratando-se de repetição de ação que esteja em curso;

IV – *ilegitimidade de parte* – que pode ser tanto *ad causam* quando *ad processum*;

V – *coisa julgada* – a fim de que haja segurança jurídica das decisões proferidas;

b) *incompatibilidades e impedimentos*: de acordo com o art. 112 do CPP, havendo incompatibilidade ou impedimento legal (estes previstos no art. 252 do mesmo Código), deverão o juiz, o Ministério Público, os serventuários ou funcionários da justiça e os peritos ou intérpretes abster-se de servir no processo, declarando nos autos os motivos pelos quais se abstêm.

c) *conflito de jurisdição*: em verdade trata-se de conflito de competência. Dispõe o art. 114 do CPP que se dará nas seguintes hipóteses:

- quando duas ou mais autoridades judiciárias se considerarem competentes para conhecer do mesmo fato delituoso;
- quando, após uma autoridade ter se reconhecido como incompetente, a autoridade para a qual houver sido remetido o processo também se considerar incompetente para conhecer do fato; e
- quando, entre duas ou mais autoridades, surgir controvérsia sobre unidade de juízo, junção ou separação de processos, o que poderá ocorrer, por exemplo, nos casos de conexão ou continência;

d) *conflito de atribuições*: não se confunde com conflito de competência; dá-se entre autoridades de outros poderes ou entre autoridade administrativa e autoridade do Poder Judiciário;

e) *restituição de coisas apreendidas*: no curso do inquérito policial ou da instrução criminal, algumas coisas podem ser apreendidas (CPP, art. 240). Se elas forem de interesse do processo, não podem ser restituídas enquanto não transitar em julgado a sentença final e também não o serão nas hipóteses previstas no art. 119 do CPP, combinado com o art. 91, II, *a* e *b*, do CP;

f) *medidas assecuratórias*: são providências de natureza cautelar levadas a efeito no juízo penal que buscam resguardar provável direito da vítima ao ressarcimento do prejuízo causado pela infração penal:

- *sequestro*: trata-se do depósito de coisa litigiosa em mãos de alguém estranho ao litígio. Tem como requisitos a existência de fato criminoso e indícios veementes da proveniência ilícita dos bens (CPP, art. 126);
- *hipoteca legal*: direito real de garantia que incide sobre coisa alheia, recai sobre bens imóveis do acusado, criando um direito real de garantia voltado à reparação do dano do ofendido, bem como ao pagamento das despesas processuais e penas pecuniárias; pode se dar em qualquer fase do processo (CPP, art. 134);
- *arresto*: modalidade de medida assecuratória que recai sobre bens móveis de origem lícita (CPP, arts. 136 e 137);

g) *incidente de falsidade*: havendo dúvida acerca da autenticidade de um documento, constante dos autos, pode ser requerida a instauração de incidente de falsidade. Por meio desse incidente, pode-se arguir tanto a falsidade material quanto a falsidade ideológica do documento;

h) *incidente de insanidade mental do acusado*: a sanidade mental do acusado influi em sua capacidade, figurando como requisito de capacidade civil, imputabilidade penal, capacidade processual e capacidade de sujeitar-se à execução da pena, dependendo do momento em que sobrevém.

Capítulo XV
TEORIA DA PROVA

1. CONCEITO(S)

A prova é o instrumento usado pelos sujeitos processuais para comprovar os fatos da causa, isto é, aquelas alegações que são deduzidas pelas partes como fundamento para o exercício da tutela jurisdicional.

Contudo, para sermos absolutamente técnicos, devemos compreender que o termo "prova", no vocabulário jurídico brasileiro, é plurívoco, ou seja, dotado de significados diversos. No direito norte-americano, por exemplo, temos dois vocábulos distintos para a designação de coisas diversas: *evidence,* para indicar os meios de prova, e *proof,* para designar o resultado da atividade probatória no espírito do julgador. Assim, para que conceituemos *tecnicamente* o que seja prova no direito brasileiro, é necessário, portanto, num primeiro momento, descobrir as variadas significações do vocábulo em português, razão pela qual a prova pode ser entendida e conceituada como:

a) a atividade realizada, em regra, pelas partes, com o fim de demonstrar a veracidade de suas alegações (p. ex., reconhecimento pessoal de "X" pela testemunha, observando o disposto no art. 226 do CPP);

b) os meios ou instrumentos utilizados para a demonstração da verdade de uma afirmação ou existência de um fato (p. ex., o réu apresenta atestado médico – documento – comprovando que no dia Y, horário Z, foi submetido a exames);

c) o resultado final da atividade probatória, ou seja, a certeza ou convicção que surge no espírito de seu destinatário.

Daí por que falamos em "conceitos" de prova, e não em "conceito" (forma singular). Desse modo, prova será, com distinta acepção (conceito), dependendo do sentido que empreguemos ao vocábulo (itens acima).

2. FINALIDADE DA PROVA

Como se sabe, a aplicação das normas jurídicas tem por pressuposto a ocorrência de fatos que, sob a incidência dessas normas, resultem na produção de efeitos jurídicos. Toda atividade de determinar o direito aplicável em cada caso concreto, portanto, depende de que o julgador conheça o conjunto de fatos sobre os quais a norma jurídica deverá incidir. Pode-se dizer, assim, que *a prova tem como finalidade permitir que o julgador conheça os fatos sobre os quais fará incidir o direito, permitindo-se a reconstrução histórica do fato, tal como ocorrido no espaço e no tempo*[1]. Esse, aliás, o objetivo primordial do chamado processo de conhecimento, no âmbito do qual a parte mais substancial dos atos é voltada à instrução – a produção de provas, a fim de iluminar o espírito do julgador e permitir a ele exercer o poder jurisdicional. Por conta disso, "a prova foi chamada 'alma do processo' (Mascardo), 'sombra que acompanha o corpo' (Romagnosi), 'ponto luminoso' (Carmignani), 'pedra fundamental', 'centro de gravidade' (Brusa)"[2].

---

[1] Eugenio Pacelli, *Curso de processo penal*, 26. ed., p. 301.

[2] Hélio Tornaghi, *Curso*, p. 268.

3. OBJETO DA PROVA

O processo é uma atividade racional, voltada à assunção de um objetivo, que é a aplicação do direito para obter a pacificação dos conflitos de interesses que surjam na sociedade. Nesse contexto, também a prova se pauta por regras e princípios organizados segundo critérios lógicos.

Em primeiro lugar, é certo que a atividade probatória – ou seja, a série de atos realizados com a finalidade de desvendar os fatos tais como tenham esses efetivamente ocorrido – *deve restringir-se aos fatos pertinentes à lide*. A assertiva, óbvia em sua essência, é *de fundamental importância: apenas os fatos que constituem, sob a incidência do ordenamento jurídico, as relações jurídicas relevantes para a resolução da lide é que deverão ser provados*[3] (princípio da economia processual).

Em geral, a extensão da situação fática que deve ser demonstrada depende da atuação das partes. A acusação, ao imputar determinada conduta ao acusado, descreve uma série de fatos que em tese justificariam eventual condenação. O acusado, por sua vez, alegará fatos em sua defesa que de alguma forma contrariem a pretensão punitiva. *São as partes, portanto, que definem essencialmente os fatos que deverão ser objeto de prova e a quem caberá, primordialmente, a gestão da prova, restando ao juiz, eventualmente, apenas complementar o rol de provas a produzir, utilizando-se de seu poder instrutório*, o que determinará somente com a finalidade de fazer respeitar o princípio da verdade real (que será abordado adiante).

Mais do que isso, *em consonância com os ensinamentos da moderna doutrina, é de ver que não são propriamente os fatos que devem ser confirmados por meio da prova, mas sim as afirmações feitas pelas partes, ou seja, suas alegações*[4].

4. ALEGAÇÕES EXCLUÍDAS DA ATIVIDADE PROBATÓRIA

No processo penal, não precisam – ou não podem – ser provados:

a) *Os fatos notórios*. Excepcionalmente, os fatos não precisam ser provados quando são notórios. Daí a máxima "*notoria non egent probatione*" (o notório e o evidente não precisam de prova). Os fatos notórios são os que fazem parte da nossa cultura, de conhecimento comum do homem médio de determinada sociedade. Não há necessidade de provar, por exemplo, que o Carnaval é uma festa popular e que a moeda corrente no País desde 1994 é o real.

No entanto, não podemos confundir notoriedade do fato com seu conhecimento pelo juiz, uma vez que este pode conhecer fato que não seja notório[5].

Não se pode confundir igualmente notoriedade com a opinião de um número indeterminado de pessoas (*vox publica*), que pode estar baseada em boatos, rumores infundados, frutos da crendice popular etc. Tornaghi alude também à possibilidade de um fato, ainda que verdadeiro, ser aumentado ou corrompido[6].

b) *As presunções absolutas* (*iuris et de iure*). São situações em que a lei assume a veracidade de determinados fatos, não admitindo prova em sentido contrário. Exs.: o art. 27 do Código Penal presume que o menor de 18 anos é penalmente inimputável. Já o art. 217-A do mesmo Código presume a violência se o crime de estupro for cometido contra vítima não maior de 14 anos.

---

[3] Nesse sentido: STJ, 5ª T., REsp 628.730, Rel. Min. Gilson Dipp, j. 24.5.2005, *DJ*, 13.6.2005, p. 333.

[4] Roxin, contudo, leciona no sentido de que, enquanto no processo civil, dominado pelo princípio dispositivo, só precisam ser provados os fatos discutidos, *no processo penal, como consequência máxima da instrução, vige o princípio de que todos os fatos que de algum modo são importantes para a decisão judicial devem ser provados* (*Derecho procesal penal*, 25. ed., p. 186).

[5] *Vide*, a propósito, *El conocimiento privado del juez*, de Friedrich Stein.

[6] Hélio Tornaghi, *Curso de processo penal*, 5. ed., p. 281.

c) *As máximas de experiência*. É o conjunto de conhecimentos adquiridos pelo juiz em razão de sua experienciação irreversível, vale dizer, o agregado empírico-sensorial que compõe o conhecimento do julgador e lhe possibilitará a projeção judicante em face do caso concreto, por comparação às situações adrede vividas ou conhecidas. Daí o julgador averiguará a veracidade ou não de determinada alegação no processo, conformando sua íntima convicção com o quanto lhe foi exposto ou apresentado. Em outras palavras, as máximas de experiência constituem a vivência e experiência do julgador, utilizada na apreciação dos casos concretos que lhe são submetidos. Assim, por exemplo, o magistrado conhecedor de que no bairro "X" seja comum o tráfico de drogas, ante a prova indiciária de que o acusado seria traficante, considerará esse juiz o estilo de vida ostentatório do réu, o luxo incondizente com o ambiente em que vive, ou seja, o esbanjamento, tudo levando a crer – por máxima de experiência – que o padrão de vida daquele acusado – sem ocupação lícita provada – é comportamento típico de traficante. Desse modo, a convicção do juiz para o julgamento foi formada com base na prova indiciária constante dos autos e reforçada pela máxima de experiência.

d) *Os fatos intuitivos ou evidentes*. Os fatos intuitivos (ou axiomáticos), evidentes por si mesmos, não carecem de prova. Tão só a percepção do fato em si já o revela como certo e indiscutível. Se um homem se move, fala etc., não é preciso demonstrar que está vivo, ou, no exemplo de Manzini, se se encontra um corpo humano putrefato, nem um filósofo sequer poderia pôr em dúvida que se trata de um cadáver.

e) *Os fatos inúteis ou irrelevantes*. Os fatos inúteis ou irrelevantes, da mesma forma, não precisam ser levantados *("frustra probatur quod probantum non relevat")*, por exemplo, quando a testemunha diz ter visto uns cães, perguntar qual o nome deles, ou, se se refere a um jantar, inquiri-la acerca dos pratos que foram servidos.

f) Os *fatos incontroversos – aqueles alegados por uma das partes e não contestados pela outra – devem ser comprovados, em razão da busca da verdade real, diversamente do que ocorre no juízo cível, em razão da busca da verdade real*. Dessa forma, o CPP permite que o juiz ordene diligências para averiguar determinada prova, a despeito de as partes acordarem ou não quanto à sua existência ou inexistência (art. 156, II), bem como, antes mesmo de iniciada a ação penal, determinar a produção de provas urgentes e relevantes, desde que preenchidos, conforme se verá, os sub-requisitos do princípio da proporcionalidade – necessidade, adequação e proporcionalidade *stricto sensu* (art. 156, I). Como exemplo, a confissão do acusado, embora tenha aptidão para tornar o fato incontroverso, ainda assim não dispensará a necessidade de produção de outras provas que corroborem sua confissão.

Em regra *o direito não necessita de prova*, vigendo o princípio *"iura novit curia"* (o juiz conhece o direito), cabendo tão somente à parte narrar-lhe o fato, conforme o brocardo *"narra mihi factum, dabo tibi jus"*. No entanto, quando se tratar de direito municipal, estadual, estrangeiro ou consuetudinário, o art. 376 do CPC, aplicado analogicamente, estabelece que a parte que o alega deverá provar seu teor e sua vigência.

5. PRESUNÇÕES

Como já afirmado (Capítulo IV, item 6.4.1), presunção, em sentido técnico, é o nome da operação lógico-dedutiva que liga um fato provado (um indício) a outro probando, ou seja, é o nome jurídico para descrição justamente desse liame entre ambos. Entretanto, há situações em que a própria lei assume, *a priori*, a veracidade de um fato determinado, e, nesse caso, também se utiliza a doutrina da expressão *presunção*. Assim é que, por exemplo, *presume-se* a violência se a vítima de estupro não é maior de 14 anos, é alienada ou débil mental ou não podia oferecer resistência (art. 224 do Código Penal). Incidindo a presunção, não será necessária a produção de prova que demonstre a ocorrência da violência. Em vez disso, assume-se que tal violência ocorreu, ainda que nenhuma prova nesse sentido exista.

As presunções são classificadas em duas espécies: presunções absolutas (*iuris et de iure*) e presunções relativas (*iuris tantum*). As do primeiro tipo são aquelas que não admitem prova em contrário. Já as do segundo tipo são as que podem ser afastadas por prova em contrário.

6. MEIO DE PROVA

Meio de prova é todo fato, documento ou alegação que possa servir, direta ou indiretamente, à busca da verdade real dentro do processo. Em outras palavras, *é o instrumento utilizado pelo juiz para formar a sua convicção acerca dos fatos alegados pelas partes.*

Não podemos confundir *meio* com *sujeito* ou com *objeto* de prova. *A testemunha,* por exemplo, *é sujeito*, e não meio *de prova. Seu depoimento* é que *constitui meio de prova. O local averiguado é objeto de prova*, enquanto *sua inspeção é* caracterizada como *meio de prova*. Meio é tudo o que sirva para alcançar uma finalidade, seja o instrumento utilizado, seja o caminho percorrido[7].

Também não se devem confundir os meios de prova, que correspondem aos instrumentos e atividades para introdução dos elementos de prova ao processo, com os meios de obtenção de prova, geralmente anteriores à formação da relação jurídica processual (tais como, *verbi gratia,* as buscas e apreensões, interceptações telefônicas etc.), que visam obter fontes de provas materiais[8].

O art. 369 do CPC dispõe que "as partes têm o direito de empregar todos os meios legais, bem como os moralmente legítimos, ainda que não especificados neste Código, para provar a verdade dos fatos em que se funda o pedido ou a defesa e influir eficazmente na convicção do juiz".

Os meios de prova, dessa forma, podem ser os tipificados em lei ou os moralmente legítimos, sendo estes denominados provas inominadas. São exemplos de meios de prova: a perícia do local do crime (art. 169 do CPP), a confissão (art. 197 do CPP) e o depoimento do ofendido (art. 201 do CPP).

No processo penal brasileiro não há limitação dos meios de prova, porque vige o princípio da busca da verdade real (*vide* adiante o tópico "Provas ilícitas e provas ilegítimas"). Dessa forma, a investigação deverá ser ampla, com a finalidade de buscar a verdade dos fatos, os indícios de autoria e as circunstâncias do crime. No entanto, o princípio da liberdade probatória não é absoluto, sofrendo algumas exceções (*vide* "Princípio da vedação das provas ilícitas", no Capítulo IV, e tópico "Provas ilícitas e provas ilegítimas", neste capítulo).

Prevê o parágrafo único do art. 155 do CPP que, no processo penal, somente quanto ao estado das pessoas (casamento, menoridade, filiação, cidadania etc.) serão observadas as restrições à prova estabelecidas na lei civil. Exemplo disso é a prova de casamento, que somente é feita pela apresentação da certidão do registro civil.

7. PROCEDIMENTO PROBATÓRIO

A atividade probatória é, abstratamente, dividida nas seguintes fases:

a) *proposição*: é o momento em que a produção da prova é proposta pelas partes, a partir da configuração dos fatos que constituam a lide penal;

b) *admissão*: trata-se do momento em que a produção da prova é admitida pelo julgador, porquanto este entende necessária a existência da prova para a elucidação de controvérsia entre as alegações das partes, ou para averiguar a veracidade de uma alegação de qualquer das partes;

---

[7] Hélio Tornaghi, *Curso de processo penal,* 6. ed., p. 276.

[8] Antonio Magalhães Gomes Filho, Notas sobre a terminologia da prova (reflexos no processo penal brasileiro), *in* Flávio Luiz Yarshell e Maurício Zanoide de Moraes (coord.), *Estudos em homenagem à professora Ada Pellegrini Grinover* p. 308-310.

c) *produção*: constitui o momento em que a prova é produzida, ou seja, o ato ou procedimento por meio do qual determinado elemento de prova passa a integrar os autos do processo. A prova, via de regra, deverá ser produzida em contraditório, salvo no tocante às provas pré-constituídas (*v.g.*, prova documental), cujo contraditório será postergado;

d) *apreciação*: é o momento posterior à produção da prova, quando as partes sobre ela se manifestarão, após o que o magistrado estará apto a, integrando a prova produzida aos demais elementos de prova existentes no processo, valorá-la e proferir a decisão final acerca dos fatos probandos.

Quando o juiz determina, *ex officio,* a produção de determinada prova processual, não há falar em momento de proposição e admissão da prova.

O resultado da atividade probatória deve levar o juiz a um estado de certeza. Somente este, obtido por meio da valoração da prova, é que poderá fundamentar uma condenação ou uma absolvição com fundamento no art. 386, I, III, IV ou VI, 1ª parte, do CPP.

A dúvida, por outro lado, tem por consequência a sentença absolutória. Nos casos em que não houver prova da existência do fato, de ter o réu concorrido para a infração penal ou de existir fundada dúvida acerca da ocorrência de circunstâncias que excluam o crime ou isentem o acusado de pena, bem como na ausência de prova suficiente para a condenação, não há alternativa se não o decreto absolutório (art. 386, II, V, VI, 2ª parte, ou VII). Trata-se da aplicação do princípio do *favor rei*, corolário do princípio da presunção de não culpabilidade, previsto no art. 5º, LVII, da CF.

Em síntese, "não se pode condenar sem a certeza da culpa; no crime, não é possível o equívoco; quando se fala da verdade do delito, trata-se sempre daquela verdade que se apresenta ao espírito como realidade certa e indubitável, não daquela que se apresenta como provável, embora com máxima probabilidade e, por isso, suscetível de dúvida"[9].

8. CLASSIFICAÇÃO DA PROVA

A prova é classificada de acordo com diversos critérios:

Quanto ao objeto, pode ser *direta* ou *indireta*. A primeira demonstra o fato de forma imediata (p. ex., o flagrante, a confissão, o corpo de delito); a segunda, ao contrário, afirma um fato do qual se infira, por dedução ou indução, a existência do fato que se busque provar (p. ex., os indícios, presunções e suspeitas).

Quanto ao sujeito ou causa, poderá ser *real*, se surgir de coisa ou objeto (p. ex., aquela extraída dos vestígios deixados pelo crime); ou *pessoal*, quando emanar da manifestação consciente do ser humano (p. ex., a testemunha que narra os fatos a que assistiu; o laudo assinado por dois peritos).

Quanto à forma, são divididas em: *testemunhal, documental e material.*

A prova testemunhal é aquela feita por afirmação pessoal. Documental, ao contrário, é aquela feita por prova escrita ou gravada. Por fim, a prova material é a que consiste em qualquer materialidade que sirva de elemento para o convencimento do juiz sobre o fato probando.

Quanto ao valor ou efeito: *plena (perfeita ou completa)* é aquela apta a conduzir um estado de certeza no espírito do juiz. São exemplos de prova plena a documental, testemunhal, pericial, entre outras; *não plena (imperfeita ou incompleta)*, caso não seja suficiente por si para comprovar a existência do fato, trazendo apenas uma probabilidade acerca de sua ocorrência. Temos como exemplo os indícios, a fundada suspeita, a prova exigida para o decreto de prisão preventiva.

---

[9] Nicola Framarino dei Malatesta, *A lógica das provas em matéria criminal*, 2. ed., p. 108.

As provas podem ser classificadas, ainda, em *típicas* (em que há um procedimento probatório típico, a exemplo da prova pericial) e *atípicas,* em que há indicação quanto ao meio de prova, mas não há regulação do procedimento para produção da referida prova.

A prova *típica* não se confunde com a prova *nominada,* em que o legislador estabeleceu a nominação da prova, mas deixou de estabelecer um procedimento próprio para sua produção (como exemplo, tem-se a reprodução simulada dos fatos, nominada no art. 7º do CPP, mas sem qualquer procedimento típico).

A prova *atípica* não tem relação com a prova *anômala*[10], que consiste na utilização de uma prova típica para fins distintos daqueles que lhes são inerentes. Como exemplo, a determinação de que o interrogatório do réu, procedimento típico e com regras próprias, seja substituído pela juntada de declarações escritas, que são provas documentais e atípicas para as finalidades próprias do interrogatório.

9. PROVA EMPRESTADA

Diz-se emprestada a prova produzida em um processo, e depois trasladada a outro, com o fim de nele comprovar determinado fato.

Pode ser qualquer meio de prova: o depoimento de uma testemunha, um laudo de exame de corpo de delito, um documento, a confissão do acusado, enfim, todo meio de prova.

Quanto a sua natureza, formalmente é tratada como prova documental, conservando, contudo, o seu caráter jurídico original (p. ex., o testemunho trazido a outro processo por meio de reprodução gráfica será apreciado como prova testemunhal).

Parte da doutrina tem entendido que, muito embora a produção da prova seja perfeitamente lícita, sua introdução no novo processo seria ilegítima, por violação ao princípio do contraditório.

Podem surgir algumas controvérsias quanto à eficácia da prova emprestada, especialmente no tocante à sua aptidão para sustentar édito condenatório. Contudo, o STJ já decidiu inexistir nulidade processual, caso a defesa tenha concordado com produção de prova emprestada e esta tenha sido produzida sob contraditório[11]. Alguns autores alegam ainda que a prova emprestada não tem a mesma força probante que teve no processo do qual é originária. Dessa forma, para ter eficácia plena, ela deverá obedecer a alguns requisitos apontados pela doutrina: a) produção perante o juiz natural; b) colheita em processo que contemple as mesmas partes[12]; c) mesmo fato probando; d) observância, no processo precedente, das mesmas formalidades legais quando da produção probatória; e) observância do princípio do contraditório em relação ao processo em que a prova foi originariamente produzida.

É evidente, portanto, a inadmissibilidade de prova emprestada de inquérito policial, uma vez que se trata de procedimento não contraditório. Paradigmática, contudo, a decisão prolatada pelo STF ainda que se trate de utilização de prova emprestada para produção de efeitos em procedimento administrativo disciplinar, ao considerar admissível a utilização de dados referentes a interceptação telefônica realizada, mediante prévia autorização judicial, *verbis*: "Dados obtidos em interceptação de comunicações telefônicas e escutas ambientais, judicialmente autorizadas para produção da prova em

[10] Antonio Laronga, *Le prove atipiche nel processo penale*, p. 9.

[11] STJ, 6ª T., AgRg no HC 447.336/SC, Rel. Min. Nefi Cordeiro, *DJe,* 13.6.2019.

[12] A jurisprudência do STJ já reconheceu a validade da prova emprestada, ainda que os processos não tenham partes idênticas, sob de se reduzir excessivamente sua aplicabilidade (STJ, 5ª T., AgRg no HC 816.050/SE, Rel. Min. Reynaldo Soares da Fonseca, j. 29.5.2023, *DJe,* 2.6.2023).

investigação criminal ou em instrução processual penal, podem ser usados em procedimento administrativo disciplinar, contra a mesma ou as mesmas pessoas em relação às quais foram colhidos"[13].

O Superior Tribunal de Justiça já se manifestou no sentido de que é admissível a prova emprestada no processo criminal, desde que tenha sido produzida legalmente, seja dada ciência a ambas as partes e garantido o contraditório, não podendo, ainda, ser o único elemento de convicção a respaldar o convencimento do julgador[14].

Nesse sentido, pode-se citar o exemplo da interceptação telefônica, que, independentemente de ter visado elucidar outra prática delituosa, não impede a sua utilização em persecução criminal diversa por meio do compartilhamento da prova[15]. E mais, se a interceptação telefônica tiver sido deferida em primeiro grau de jurisdição e ocorrer a captação fortuita de diálogos mantidos por autoridade com prerrogativa de foro, não se impõe a remessa imediata dos autos ao tribunal competente para processar e julgar a referida autoridade, sem que antes se avalie a idoneidade e a suficiência dos dados colhidos para se firmar o convencimento acerca do possível envolvimento do detentor de prerrogativa de foro com a prática de crime.

Também não há ilegalidade na utilização de provas compartilhadas por Estado estrangeiro, em razão de acordo internacional de cooperação e oriundas de quebra de sigilo bancário determinada por autoridade estrangeira, com respaldo no ordenamento jurídico de seu país, para a apuração de outros fatos criminosos lá ocorridos, ainda que não haja prévia decisão da justiça brasileira autorizando a quebra do sigilo[16].

Outrossim, entende-se possível o compartilhamento de provas colhidas em sede de investigação criminal para serem utilizadas, como prova emprestada, em inquérito civil público e em outras ações decorrentes do fato investigado. Esse empréstimo é permitido mesmo que as provas tenham sido obtidas por meio do afastamento ("quebra") judicial dos sigilos financeiro, fiscal e telefônico[17].

10. PROVAS ILÍCITAS E PROVAS ILEGÍTIMAS

É corriqueira a expressão "todos os meios de prova em direito admitidos". Com efeito, a própria Constituição estabelece que são inadmissíveis, no processo, as provas obtidas por meios ilícitos (art. 5º, LVI). O art. 157, *caput*, do CPP estabelece serem inadmissíveis "as provas ilícitas, assim entendidas as obtidas em violação a normas constitucionais ou legais".

Tormentosa, entretanto, a questão de saber os limites da admissibilidade dos meios de prova.

São chamadas provas ilícitas aquelas cuja obtenção viola princípios constitucionais ou preceitos legais de natureza material. Como exemplos de provas ilícitas, temos, dentre outras, a confissão do acusado obtida mediante tortura, coação ou maus-tratos, violando o direito à incolumidade física (art. 5º, III, da CF) e o princípio da dignidade humana (art. 1º, III, da CF); a busca e apreensão domiciliar realizada sem autorização judicial ou durante a noite (art. 5º, XI, da CF); a interceptação telefônica efetivada sem permissão judicial (art. 5º, XII, da CF) etc. Por outro lado, a prova será ilegítima se sua obtenção infringir norma processual dizendo respeito à própria produção da prova (p. ex., quando a infração deixar vestígios e o laudo de exame de corpo de delito – direto ou indireto – for suprido pela confissão do acusado). Destarte, se houver uma motivação deficiente na decisão judicial

---

13 Tribunal Pleno, Rel. Min. Cezar Peluso, *DJ*, 24.8.2007, p. 55.

14 5ª T., AgRg no HC 739.866/RJ, Rel. Min. Reynaldo Soares da Fonseca, j. 4.10.2022, *DJe*, 10.10.2022.

15 STF, 1ª T., HC 128.102/SP, Rel. Min. Marco Aurélio, j. 9.12.2015.

16 STJ, 5ª T., HC 231.633/PR, Rel. Min. Jorge Mussi, j. 25.11.2014, *Informativo do STJ* n. 553.

17 STF, 1ª T., Inq 3.305 AgR/RS, Rel. Min. Marco Aurélio, red. p/ Acórdão Min. Roberto Barroso, j. 23.2.2016, *Informativo do STF* n. 815.

prolatada para a restrição de um direito fundamental na produção da prova, se o magistrado for incompetente para a medida ou ocorrer a violação aos requisitos legais necessários à interceptação telefônica, por exemplo, os vícios processuais daí decorrentes levarão à nulidade da prova, e não à sua ilicitude.

A doutrina nacional sempre se referenciou na clássica e importante distinção entre prova ilícita e ilegítima, cunhada por Grinover[18] a partir dos ensinamentos de Nuvolone, para quem as provas contrárias à lei são consideradas dentro de um gênero chamado "provas ilegais", do qual fariam parte a "prova ilícitas" e a "prova ilegítima"[19].

Com a nova redação do art. 157, *caput*, do CPP, ao mencionar a violação de *normas constitucionais*, o legislador tratou sob o mesmo pálio as provas ilícitas e ilegítimas, não mais as distinguindo como fazia a doutrina. Portanto, a violação às *normas constitucionais* nada mais é do que a violação de direito constitucional material e processual

Já no tocante à violação de *normas legais*, entende-se por caracterizada como as provas que violam as normas de direito infraconstitucional material. Permaneceriam, ainda, as provas *ilegítimas*, que seriam aquelas violadoras das normas de direito infraconstitucional processual.

Em suma, as provas *ilícitas* seriam as violadoras de normas de direito constitucional material e processual, bem como as de norma legal de direito infraconstitucional material.

Não obstante, parte da doutrina entende que o art. 157 do CPP unificou o tratamento quanto às provas, denominando *ilícitas* tanto aquelas violadoras de norma de disposições materiais quanto as processuais, o que teria ensejado a perda da relevância prática na tradicional distinção entre prova *lícita* e *ilegítima*[20].

O Código de Processo Penal não esclarece taxativamente, como outrora já ocorreu, os meios de prova admissíveis. Os meios de prova explicitamente regulados no Código são apenas aqueles cuja utilização é mais frequente. Os únicos fatos acerca dos quais o meio de prova é prescrito pela lei são aqueles referentes ao estado das pessoas, em relação aos quais o parágrafo único do art. 155 do Código de Processo Penal dispõe que devem ser observadas as restrições à prova estabelecidas na lei civil. Dessarte, por exemplo, a menoridade do réu deverá ser provada por documento hábil (Súmula 74 do Superior Tribunal de Justiça).

Excetuando-se essa situação, vigora relativa liberdade probatória quanto aos sujeitos do processo, respeitando-se apenas as proibições legais, além das restrições estabelecidas no mencionado parágrafo único do art. 155. Pode-se dizer, portanto, que o rol de meios de prova admissíveis é aberto. Na busca pela verdade real, podem as partes optar por meios de prova não especificados em lei. Tem-se como exemplo a utilização de reconhecimento fotográfico em sede de investigação preliminar como elemento probatório.

Disso decorre que tampouco haverá na lei um rol de provas consideradas ilícitas *a priori*. Será necessário, em cada caso, verificar se o meio de prova usado, ou cuja utilização se pretenda, não fere

---

[18] Ada P. Grinover, *Liberdades públicas e processo penal*, 2. ed., p. 93-103.

[19] Ada Pellegrini Grinover, Antonio Scarance Fernandes e Antonio Magalhães Gomes Filho, *As nulidades no processo penal*, 7. ed., p. 133. As Mesas de Processo Penal, ligadas ao Departamento de Direito Processual da Faculdade de Direito da Universidade de São Paulo e coordenadas pela Professora Ada Pellegrini Grinover, edificaram três súmulas versando sobre o tema: Súmula 48: "Denominam-se ilícitas as provas colhidas com infringência a normas e princípios de direito material"; Súmula 49: "São processualmente inadmissíveis as provas ilícitas que infringem normas e princípios constitucionais, ainda quando forem relevantes e pertinentes, e mesmo sem cominação processual expressa"; Súmula 50: "Podem ser utilizadas no processo penal as provas ilicitamente colhidas, que beneficiem a defesa".

[20] STF, 2ª T., HC 82.788/RJ, Rel. Min. Celso de Mello, j. 12.4.2005, *DJ*, 2.6.2006, p. 43; STJ, 5ª T., AgRg no REsp 1.611.856/PR, Rel. Min. Reynaldo Soares da Fonseca, j. 7.2.2017, *DJe*, 10.2.2017.

o ordenamento jurídico ou a esfera do moralmente aceitável – do que se pode depreender a dificuldade em qualificar certos meios de prova como lícitos ou ilícitos.

Certo é que as provas obtidas por meio considerado ilícito não poderão ingressar no processo. Caso já se encontrem nos autos, deve o julgador determinar seu desentranhamento, ou seja, sua retirada dos autos, de modo a evitar que essas provas, ainda que racionalmente desconsideradas pelo julgador, acabem por exercer influência na formação de seu convencimento (art. 157, *caput*, do CPP). Com a preclusão de decisão que determinou o desentranhamento da prova inadmissível, o juiz determinará sua inutilização, sendo facultado às partes acompanhar o incidente de inutilização (art. 157, § 3º, do CPP). A sentença que se fundar em prova ilícita será nula. De observar, contudo, que, tratando-se de matéria constitucional, nada impede, por estratégia processual, que a arguição de prova ilícita se dê em grau de recurso ou até mesmo após o trânsito em julgado da sentença penal condenatória, visando, no primeiro caso, à reforma do édito condenatório, e, na segunda hipótese, a nulificação do processo.

Entende-se como marco de preclusão o trânsito em julgado da sentença penal condenatória ou absolutória, ou até mesmo a renúncia das partes quanto à impugnação das provas.

Há de ressaltar ainda que, muito embora o art. 157, § 3º, do CPP faça menção à *decisão de desentranhamento*, a doutrina tem entendido que, reconhecendo o juiz a ilicitude da prova, deverá ser obrigatoriamente desentranhada dos autos. Assim, visando harmonizar o *caput* do art. 157 (que obriga o desentranhamento) com o § 3º (que se refere a uma decisão de desentranhamento, logo, comportando indeferimento), interpretou-se que a referida "decisão" prevista no § 3º nada mais seria do que aquela que declarar a prova inadmissível, vinculando-se, portanto, o desentranhamento dos autos.

Inobstante não haja expressa previsão legal quanto à possibilidade de recurso, entende-se que será possível, por interpretação extensiva, o manejo de recurso em sentido estrito (art. 581, XIII, do CPP). Porém, a decisão que não considere a prova ilícita poderá desafiar *habeas corpus*.

Finalmente, há que mencionar a figura da prova ilícita por derivação. Trata-se da prova que, conquanto isoladamente considerada possa ser considerada lícita, decorra de informações provenientes da prova ilícita. Nesses casos, aplica-se a denominada teoria dos *fruits of the poisonous tree*, criada pela Suprema Corte norte-americana[21]. Conforme sugere a expressão inglesa, a teoria é no sentido de que as provas ilícitas por derivação devem ser igualmente desprezadas, pois "contaminadas" pelo vício de ilicitude do meio usado para obtê-las. A contaminação, entretanto, não atinge a prova colhida durante o processo penal, se a prova ilícita instruiu apenas o inquérito policial[22].

O § 1º do art. 157 do CPP, inserido pela Lei n. 11.690/2008, consagrou a teoria dos frutos da árvore envenenada, que vinha sendo aplicada por nossos tribunais[23].

10.1. "Teoria dos frutos da árvore envenenada"

A denominação de teoria ou doutrina "dos frutos da árvore envenenada" – também utilizada no singular, "fruto da árvore envenenada" –, literal tradução do inglês (*fruit of the poisonous tree doctrine*), diz respeito a um conjunto de regras jurisprudenciais nascidas na Suprema Corte norte-americana[24],

---

[21] *Vide* Norman M. Garland e Gilbert B. Stuckey, *Criminal evidence for the law enforcement officer: exclusionary rule*, p. 295.

[22] STF, 1ªT., HC 83.921/RJ, Rel. Min. Eros Grau, *DJ*, 27.8.2004, p. 70.

[23] STF, 1ªT., HC 74.599/SP, Rel. Min. Ilmar Galvão, *DJ*, 7.2.1997, p. 1340. No mesmo sentido: STF, Pleno, HC 72.588/PB, Rel. Min. Maurício Corrêa, *DJ*, 4.8.2000, p. 3: "As provas obtidas por meios ilícitos contaminam as que são exclusivamente delas decorrentes; tornam-se inadmissíveis no processo e não podem ensejar a investigação criminal e, com mais razão, a denúncia, a instrução e o julgamento (CF, art. 5º, LVI)".

[24] Origem no acórdão prolatado em 1920 no caso *Silverthorne Lumber Co. vs. United States*, no qual, no curso da investigação de um delito federal atribuído aos responsáveis pela empresa madeireira *Silverthorne Lumber & Company*, alguns agentes federais sem man-

segundo as quais as provas obtidas licitamente, mas que sejam derivadas ou sejam consequência do aproveitamento de informação contida em material probatório obtido com violação dos direitos constitucionais do acusado, estão igualmente viciadas e não podem ser admitidas na fase decisória do processo penal. Vale dizer: tal teoria sustenta que as provas ilícitas por derivação devem igualmente ser desprezadas, pois "contaminadas" pelo vício (veneno) da ilicitude do meio usado para obtê-las.

Referida doutrina sustenta-se em um argumento *relacional,* ou seja, para se considerar uma determinada prova como *fruto de uma árvore envenenada*, deve-se estabelecer uma conexão entre ambos os extremos da cadeia lógica; dessa forma, deve-se esclarecer quando a primeira ilegalidade é condição *sine qua non* e motor da obtenção posterior das provas derivadas, que não teriam sido obtidas não fosse a existência de referida ilegalidade originária[25]. Estabelecida a relação, decreta-se sua ilicitude. O problema consiste justamente em estabelecer o nexo causal entre a ilegalidade originária que justifique a regra da inadmissão da prova e a obtenção do material probatório de forma derivada. A situação é análoga àquela discutida no direito penal, em relação ao tema do nexo causal. É possível que tenha havido a ruptura da cadeia causal ou esta tenha enfraquecido suficientemente em algum momento, de modo a se fazer possível a admissão de determinada prova, porque não alcançada pelo efeito reflexo da ilegalidade praticada originariamente[26]. Para tanto, a Suprema Corte dos EUA elaborou uma série de regras[27] que hoje precipita a polêmica em nossos tribunais. Tais regras, "mal chamadas exceções"[28] à doutrina do fruto da árvore envenenada, na verdade são desdobramentos lógicos desta. Dentre as principais, sobrelevam: a) a doutrina da fonte independente (*independent source doctrine*); b) a doutrina da conexão atenuada (*attenuated connection doctrine*) e a doutrina da inevitável descoberta (*inevitable discovery exception*), cujos nomes traduzem em linhas gerais os respectivos significados e com as quais se impede a invalidação das provas assim produzidas.

Saliente-se, ainda, que não se pode esquecer que, em muitas oportunidades, o instrumento probatório ilicitamente produzido ou obtido possa ser trazido aos autos ou surtir efeito a favor de quem nada tenha que ver com a ilicitude praticada, e, nesse caso, seria insensato pretender sem atenuações da regra a imposição da ineficácia da prova ou sanção de nulidade. Como magistralmente sustenta Andrés de la Oliva Santos, catedrático de Processo Penal da Universidade Complutense de Madri, "a metáfora da 'árvore envenenada' e seus 'frutos' somente é isso, uma metáfora. E, para seguir com ela, diria que estes 'frutos' são perfeitamente digeríveis e aproveitáveis por quem não tenha envenenado a 'árvore'. Trasladar os termos da metáfora, absolutizados, ao plano da realidade e, em concreto, da prova, constituiria uma arbitrária sacralização"[29].

---

dado judicial de busca e apreensão obtiveram documentos incriminatórios pertencentes à empresa investigada. Durante o processo, atendendo à petição defensiva, o juiz determinou a devolução dos documentos, baseando-se na garantia de propriedade inserida na Quarta Emenda, e no precedente estabelecido no caso *Weeks vs. United States.* A partir daí, começou-se a elaborar a doutrina.

25 Carlos Fidalgo Gallardo, *Las "pruebas ilegales": de la exclusionary rule estadounidense al artículo 11.1 LOPJ*, p. 434.

26 Carlos Fidalgo Gallardo, *Las "pruebas ilegales": de la exclusionary rule estadounidense al artículo 11.1 LOPJ*, p. 36.

27 Dentre as exceções reconhecidas pela jurisprudência norte-americana (*exclusionary rules*), merecem destaque: a exceção de boa-fé (*United States v. Leon*, 468 U.S. 897, 1984); a exceção de impugnação (*Walder v. United States*, 347 U.S. 62, 1954); as limitações quanto à legitimidade para requerer a exclusão da prova (*United States v. Padilla*, 508 U.S. 77. 1993), a teoria dos campos abertos e das buscas particulares (*Open Fields doctrine* e *Private Searches Doctrine – Hester v. United States*, 265 U.S. 57, 1924; *Katz v. United States*, 389 U.S. 347, 1967); a teoria da visão ampla (pl*ain view doctrine – Coolidge v. New Hampshire*, 403 U.S. 443, 1971; *Horton v. California*, 496 U.S. 128, 1990); a exceção de erro inócuo (*Chapman v. California*, 386 U.S. 18, 1967); a teoria da fonte independente (*Murray v. United States*, 487 U.S. 533, 1988); a exceção da descoberta inevitável (*Inevitable Discovery – Nix v.Williams*, 467 U.S. 431, 1984); a teoria do nexo causal atenuando (*Purged Tainted Limitation – Wong Sun v. United States*, 371 U.S. 471, 1963).

28 Carlos Fidalgo Gallardo, *Las "pruebas ilegales": de la exclusionary rule estadounidense al artículo 11.1 LOPJ*, p. 36.

29 Andrés de la Oliva Santos, *Revista Española de Derecho Procesal*, n. 8-9, p. 10.

No Brasil, o § 1º do art. 157 consagrou a teoria do fruto da árvore envenenada. São inadmissíveis, pois, as provas derivadas das ilícitas, salvo nas seguintes hipóteses, que, tecnicamente, consubstanciem-se em decorrência lógica da própria teoria:

a) ausência de demonstração do nexo de causalidade: não se consegue estabelecer a relação de causalidade entre duas provas – a ilícita e a que dela supostamente decorreu –, razão pela qual não incidirá a teoria;

b) quando a prova puder ser obtida por fonte independente: o § 2º do art. 157 define como fonte independente "aquela que, por si só, seguindo os trâmites típicos e de praxe, próprios da investigação ou instrução criminal, seria capaz de conduzir ao fato objeto da prova". Assim, se o caminho trilhado na investigação ou a realização normal da instrução criminal puderem levar à prova derivada da ilícita, não se considerará imprestável o elemento carreado aos autos.

A dificuldade dessa segunda exceção reside justamente em se estabelecer o que são "trâmites típicos e de praxe, próprios da investigação ou instrução criminal", e, sobretudo, se estes realmente levariam à descoberta da mesma prova oriunda da ilicitamente obtida, dependendo, portanto, da análise do caso concreto.

Registre-se que a própria redação do art. 157, § 2º, do CPP vem sendo objeto de críticas doutrinárias, uma vez que, ao pretender definir a "fonte independente", acabou por definir a exceção da "descoberta inevitável", de forma excessivamente ampla[30].

Ainda, com a reforma trazida pela Lei n. 13.964/2019, foi incluído o art. 157, § 5º, do Código de Processo Penal, o qual prevê que o juiz que conhecer do conteúdo da prova declarada inadmissível não poderá proferir a sentença ou acórdão. O dispositivo em questão teve a pretensão de evitar que o juiz, ao tomar contato com a prova inadmissível, tenha sua imparcialidade comprometida, uma vez que não poderá afastar de sua íntima reflexão o conhecimento já obtido do conteúdo da prova produzida e considerada inadmissível.

Todavia, a regra não seria aplicável quando o feito for submetido à apreciação do Pleno do STF ou do STJ, já que seria inadmissível a convocação de novos julgadores para proferir novo julgamento[31].

Registre-se que o referido dispositivo teve sua constitucionalidade questionada na ADI 6.305, perante o Supremo Tribunal Federal.

10.2. Prova ilícita *pro reo*

Como, porém, a proibição da prova ilícita é uma garantia individual contra o Estado, predomina o entendimento na doutrina de que é possível a utilização de prova favorável ao acusado, ainda que colhida com infringência a direitos fundamentais seus ou de terceiros, e, quando produzida pelo próprio interessado (como a gravação de conversação telefônica em caso de extorsão, por exemplo), traduz hipótese de legítima defesa, que exclui a ilicitude[32].

Nessa hipótese, reconhece-se que a prova ilícita poderá ser admitida, relativizando-se a garantia a fim de proteger um bem maior, notadamente a inocência e a liberdade de uma pessoa[33]. Isto por-

---

[30] Gomes Filho aponta que o dispositivo "... subverte o espírito da garantia constitucional do art. 5.º, LVI. Parece ter havido aqui uma confusão do legislador entre as exceções da 'fonte independente' e da 'descoberta inevitável' ...", apontando, ao final, a inconstitucionalidade do art. 157, § 2º, do Código de Processo Penal (GOMES FILHO, Antonio Magalhães. Provas: Lei 11.690, de 09.06.2008. *In*: ASSIS MOURA, Maria Thereza Rocha de (coord.). *As reformas no processo penal*: as novas leis de 2008 e os projetos de reforma. p. 269-270).

[31] Guilherme Madeira Dezem, *Comentários ao Pacote Anticrime, Lei 13.964/19*, p. 117.

[32] Ada Pellegrini Grinover, As provas ilícitas na Constituição, *Livro de Estudos Jurídicos*, 1991.

[33] Thiago André Pierobom de Ávila, *Provas ilícitas e proporcionalidade*, p. 205.

que, se a vedação quanto à proibição da prova ilícita nada mais é do que garantia do indivíduo, jamais poderia ser interpretada em seu desfavor.

10.3. Ressalvas: princípio da proporcionalidade

Estando a Constituição Federal no ápice da pirâmide normativa, significa dizer que rege todas as demais leis em vigência no País, preponderando sobre estas e lhes determinando o sentido. Contudo, pode haver – e frequentemente há – conflito de princípios (espécies normativas) constitucionais (positivados ou não), ou seja, uma colisão de princípios. Neste caso, por exemplo, temos a hipótese do art. 5º da Constituição, onde se encontram inúmeros princípios que contemplam variados direitos igualmente protegidos, por exemplo, a vida, a liberdade, a segurança, a igualdade, a propriedade etc. Na hipótese de um conflito de princípios (*vide* o tópico "Princípio da proporcionalidade", no Capítulo IV), em um caso concreto, um dos métodos mais utilizados pela moderna hermenêutica para o correto solucionamento do impasse é o chamado "princípio da proporcionalidade", que pode revestir-se de variantes mais ou menos aperfeiçoadas ("balanço de princípios", "princípio da razoabilidade" etc.). Assim, se esses direitos fundamentais entram em confronto no momento da admissão de uma prova obtida por meio ilícito, como pode o magistrado solucionar a questão?

Neste caso, entendemos deva primeiramente o juiz mensurar os princípios de acordo com a hierarquia constitucional, e, em caso de empate – mesma topografia hierárquico-constitucional –, buscar como modelo jurídico-interpretativo solucionador do impasse o princípio da proporcionalidade, pelo qual será possível o balanço dos valores em questão, estabelecendo no caso concreto o peso de cada um dos bens ou valores em jogo, e definindo, ao final, após a aplicação dos dois primeiros subprincípios da proporcionalidade (adequação e necessidade), qual deles deverá prevalecer (proporcionalidade em sentido estrito – *vide* o tópico "Princípio da proporcionalidade", no Capítulo IV).

O caso concreto apontará a preferência de valores: vale dizer, no Estado Democrático de Direito inexiste uma tabela *a priori* de valores, genérica, abstrata, na qual se estabeleça qual deles possa invariavelmente preponderar sobre os demais; é verdade, existem consensos verdadeiramente tradicionais (a vida, p. ex., prepondera sobre outros valores; o princípio da dignidade humana é o grande princípio do Estado de Direito etc.); contudo, tecnicamente falamos de uma "tabela móvel de valores"[34], porquanto no caso "x" pode o princípio "y" ser acolhido em detrimento do princípio "z", e no caso "x2" pode o princípio "y" ter de ceder passo, dando preferência ao princípio "z". A concretude do caso, suas especificidades, ditarão a preferência, balizada pela aplicação metodológica do princípio da proporcionalidade e seus subprincípios ("teste alemão"). Isso se deve à visão contemporânea de que a Constituição é um "sistema aberto" de regras e princípios, isto é, sofre o sistema normativo a constante influência de elementos externos, tais como valores culturais, econômicos e sociais, que são extremamente dinâmicos e variáveis[35].

Chamamos assim de *teoria – ou princípio – da proporcionalidade,* cujas configurações aproximadamente análogas recebem o nome de *teoria da razoabilidade* ou *do interesse predominante*.

Nesse sentido é claro o exemplo de Nelson Nery Jr.: "Se o direito à inviolabilidade da intimidade (CF, 5º, X) e das comunicações telefônicas (CF, 5º, XII) são garantidos pela Constituição Federal, não menos verdade é que existem outros direitos igualmente tutelados pelo texto constitucional, como, por exemplo, direito à vida e liberdade, mencionados como bens jurídicos de extrema impor-

---

[34] Ricardo Guastini, *Teoria e dogmatica delle fonti*, p. 302-304. *Vide* também *Distinguiendo: estudios de teoría y metateoría del derecho*, p. 32 e s., 50 e s. e 168 e s.; igualmente, José Juan Moreso, Conflictos constitucionales, *in Neoconstitucionalismo*, p. 100 e s.

[35] Celso Ribeiro Bastos e Samantha Meyer-Pflug, A interpretação como fator de desenvolvimento e a atualização das normas constitucionais, *in Interpretação constitucional*, organização de Virgílio Afonso da Silva, p. 150.

tância, já que vêm no próprio *caput* do art. 5º da Constituição Federal, antes, portanto, da enumeração dos demais direitos fundamentais. Como não pode haver incompatibilidade entre preceitos constitucionais, é preciso que direitos constitucionais aparentemente em conflito ou antagônicos, sejam harmonizados e compatibilizados entre si pelo intérprete e aplicador da norma"[36].

Assim, a busca da verdade real ganha amplitude no moderno processo penal, uma vez que a inadmissibilidade absoluta de provas obtidas por meios ilícitos, conquanto notável garantia constitucional-processual, afronta o princípio do livre convencimento do juiz, na medida em que obriga o magistrado a desconsiderar a realidade, ou seja, a busca da verdade real. Por isso, conforme assevera José Roberto dos Santos Bedaque, "não se pode concordar com a absoluta desconsideração das provas ilícitas. Imagine-se a situação do magistrado que, sabendo da existência de provas que permitirão o esclarecimento dos fatos sobre os quais ele deverá decidir, não possa determinar a sua produção. Ou se elas já se encontrarem nos autos, deverá ignorá-las e decidir de forma oposta àquela decorrente da sua convicção?"[37].

Logo, a aplicação do princípio da proporcionalidade se faz necessária para garantir a efetiva tutela dos direitos individuais, conferindo ao juiz a possibilidade de valorar a relevância dos interesses em juízo.

Ressalve-se, contudo, que o STF não admitiu, com base no princípio da proporcionalidade, a prova ilícita, em prejuízo do acusado. Assim, no julgamento do RE 251.445/GO[38], reputou-se prova ilícita material fotográfico que, conquanto comprovasse a prática de abuso sexual de menores, fora furtado do interior de um cofre existente em consultório odontológico do acusado, sendo utilizado pelo Ministério Público no processo penal, após o autor do furto ter entregue à autoridade policial referido material (fotográfico) que houvera furtado. Nesse caso, o Ministro Relator Celso de Mello aludiu ao caráter da prova ilícita produzida em ofensa a cláusula de ordem constitucional, qual seja, a inviolabilidade do domicílio, e, refutando a aplicação do princípio da proporcionalidade (ou razoabilidade, para os norte-americanos), aplicou a teoria dos frutos da árvore envenenada.

10.4. Casos especiais

Interceptação de correspondência. As cartas particulares, interceptadas ou obtidas por meios criminosos, não serão admitidas em juízo, salvo para a defesa de direito do seu destinatário (art. 233 e parágrafo único). Parcela da doutrina considera que a interceptação de correspondência constitui prova ilícita mesmo quando a apreensão de cartas ocorre em busca e apreensão, ainda que judicialmente autorizada, entendendo que o art. 240, § 1º, *f*, do Código de Processo Penal não foi recepcionado pela Constituição Federal, que garante, sem exceções, a inviolabilidade da correspondência (art. 5º, XII). Contudo, nenhum direito individual é absoluto, podendo ceder em face da aplicação do princípio da proporcionalidade.

Interceptação de e-mails. No que se refere aos correios eletrônicos, divide-se a doutrina a respeito em três posições fundamentais: a) para os primeiros, trata-se de moderno substitutivo das cartas ou correspondências escritas. Nesse sentido, por analógica aplicação do art. 5º, XII, da CF, o *e-mail* seria sempre inviolável, pouco importando estivesse em fluxo ou já recebido pelo destinatário; b) uma segunda posição considera os *e-mails* "dados" e não "correspondência", interpretando-se, portanto, consoante a regra do art. 1º, parágrafo único, da Lei n. 9.296/96. Nesse sentido, da mesma forma que as comunicações telefônicas, estaria aí ressalvada a última hipótese do art. 5º, XII, da CF,

[36] Nelson Nery Jr., Proibição da prova ilícita: novas tendências do direito, *Justiça Penal*, n. 4, p. 29.

[37] José Roberto dos Santos Bedaque, *Poderes instrutórios do juiz*, p. 103.

[38] *DJ*, 3.8.2000.

tornando possível sua interceptação ou devassa, desde que autorizado judicialmente; c) uma terceira posição, denominada *mista, combinada ou eclética*, aduz ser permitida a violação apenas dos *e-mails* em fluxo, visto que, nesse caso, seriam dados e, portanto, passíveis de conhecimento. Permaneceriam, assim, invioláveis os *e-mails* que já houvessem chegado a seu destinatário, pois que, nesse caso, estariam equiparados à correspondência.

Sobre o tema, o STJ já reconheceu que "a quebra de sigilo de conteúdo de comunicação privada armazenada em conta de *e-mail* depende de prévia autorização judicial, mediante decisão devidamente fundamentada, a qual, porém, diferentemente do que acontece com as interceptações telefônicas e com o fluxo de comunicações pela internet, independe dos requisitos estabelecidos no art. 2º da Lei n. 9.296/1996, em face da incidência, específica e posterior, do previsto no art. 7º, III, da Lei n. 12.965/2014 – Marco Civil da Internet, do poder geral de cautela e da teoria dos poderes implícitos"[39].

Interceptação telefônica. A interceptação telefônica não é um procedimento ilícito em si mesmo. Com efeito, a Constituição Federal, diversamente do que ocorre no caso da interceptação de correspondência, ressalva a possibilidade de que a interceptação de conversa telefônica se faça licitamente, desde que autorizada judicialmente, com a finalidade específica de que se aplique à investigação criminal ou instrução processual penal, nas hipóteses previstas em lei (art. 5º, XII).

Com fundamento nesse inciso, promulgou-se a Lei n. 9.296/96, que regulamenta a prova por meio de interceptação telefônica com a finalidade de investigação criminal ou instrução processual penal. Segundo referido diploma legal, a escuta telefônica correrá em segredo de justiça (art. 1º), e somente poderá ser autorizada se: a) houver indícios razoáveis da autoria ou participação em infração penal, por parte do investigado; b) a prova não puder ser feita por outros meios disponíveis e c) o fato investigado constituir infração penal punida com pena mais grave que a de detenção (art. 2º).

Nesse sentido, a jurisprudência já decidiu que é possível que a interceptação telefônica seja decretada por um juiz que atue em Vara de Central de Inquéritos Criminais, mesmo que ele não seja o competente para conhecer da futura ação penal que será proposta. Não há, neste caso, nulidade na prova colhida, nem violação ao art. 1º da Lei n. 9.296/96, considerando que esse dispositivo não fixa regra de competência, mas sim reserva de jurisdição para quebra do sigilo das comunicações[40].

Ademais, o STF tem entendido que a decretação da interceptação telefônica, tendo por base apenas e tão somente denúncia anônima, é ilícita, uma vez que não há indícios de autoria ou participação em infração penal por parte do investigado e que não se sabe se a prova poderá ser feita por outros meios disponíveis. Assim, ao receber denúncia anônima, a autoridade policial deve iniciar a investigação por outros meios, até que obtenha indícios suficientes para requerer a interceptação telefônica[41].

Ainda, segundo o art. 8º da Lei n. 9.296/96, o procedimento de interceptação telefônica (requerimento, decisão, transcrição dos diálogos etc.) deverá ser instrumentalizado em autos apartados. Porém, preenchidas as exigências previstas na Lei n. 9.296/96 (p. ex., autorização judicial, prazo etc.), não será considerada ilícita a interceptação pela simples ausência de autuação, que se constituirá como mera irregularidade que não viola os elementos essenciais à validade da interceptação[42].

A mesma Lei n. 9.296/96 tipifica o crime de interceptação telefônica, de informática ou telemática, bem como promover escuta ambiental ou quebra de segredo da Justiça, sem autorização judicial ou com objetivos não autorizados em lei, cuja pena é de reclusão de 2 a 4 anos (art. 10).

---

[39] STJ, 5ª T., EDcl no AgRg no RMS 63.492/AC, Rel. Min. Ribeiro Dantas, j. 17.11.2020, *DJe*, 23.11.2020.

[40] STF, 2ª T., HC 126.536/ES, Rel. Min. Teori Zavascki, j. 1º.3.2016, *Informativo do STF* n. 816.

[41] Nesse sentido, STF, 2ª T., HC 108.147/PR, Rel. Min. Cármen Lúcia, j. 11.12.2012; STJ, 6ª T., AgRg nos EDcl no RHC 162.976/RN, Rel. Min. Jesuíno Rissato (Desembargador convocado do TJDFT), j. 7.3.2023, *DJe*, 10.3.2023.

[42] STF, 1ª T., HC 128.102/SP, Rel. Min. Marco Aurélio, j. 9.12.2015.

Importante ressaltar, entretanto, que o Supremo Tribunal Federal tem admitido como lícita a gravação de conversação telefônica nos casos em que o autor da gravação é um dos interlocutores[43], ainda que sem o conhecimento do outro interlocutor, se a gravação é feita com a finalidade de documentar a conversa em caso de posterior negativa, ou em caso de investida criminosa do interlocutor insciente, bem como quando ausente causa legal de sigilo ou de reserva da conversação.

Frise-se que o Superior Tribunal de Justiça já entendeu não haver direito à privacidade ou intimidade que possa opor-se à gravação efetuada no interior de prédio da Prefeitura Municipal[44], assim como entendeu ser lícita a requisição pelo Ministério Público de informações bancárias de contas de titularidade da Prefeitura Municipal, com o fim de proteger o patrimônio público, não se podendo falar em quebra ilegal de sigilo bancário[45].

Quanto às interceptações telefônicas, o STF firmou posicionamento, em sede de repercussão geral, de que "são lícitas as sucessivas renovações de interceptação telefônica, desde que, verificados os requisitos do artigo 2º da Lei n. 9.296/1996 e demonstrada a necessidade da medida diante de elementos concretos e a complexidade da investigação, a decisão judicial inicial e as prorrogações sejam devidamente motivadas, com justificativa legítima, ainda que sucinta, a embasar a continuidade das investigações"[46].

10.5. Relativização da vedação à prova ilícita

Em homenagem ao princípio da proporcionalidade (para alguns "razoabilidade"), na busca pelo equilíbrio entre o respeito às garantias fundamentais do cidadão e um processo penal justo e eficaz, os tribunais pátrios têm, por vezes, mitigado a vedação às provas ilícitas, admitindo como eficaz a prova que em princípio seria considerada ilícita, desde que ela não seja adotada como único elemento de convicção e que seu teor corrobore os demais elementos probatórios recolhidos no processo[47].

11. PRINCÍPIOS QUE INFORMAM A ATIVIDADE PROBATÓRIA

A produção da prova no processo penal respeita certos princípios, dentre os quais se pode identificar:

a) *Princípio da não autoincriminação*. É princípio consubstanciado no brocardo latino *nemo tenetur se detegere*. O acusado não pode ser obrigado a produzir provas contra si mesmo. Esse princípio é fundamento para o direito constitucional ao silêncio, que tem por conteúdo a não obrigatoriedade de que o investigado, em inquérito policial, ou o réu, no caso do processo penal, responda às questões que lhes são dirigidas por ocasião da sua oitiva. Também se funda nesse princípio a não obrigatoriedade de que o investigado ou réu colabore na produção de qualquer prova em favor da sua incriminação[48]. É importante ressaltar que o silêncio ou a não colaboração, conforme o caso, não podem ser interpretados contrariamente à defesa, não servindo de prova contra o acusado.

b) *Princípio da comunhão ou aquisição dos meios de prova*. A prova, conquanto seja produzida por uma ou outra parte, ou mesmo por determinação *ex officio* do próprio juiz, uma vez integrada aos

---

[43] Nesse sentido: STF, Pleno, RE 402.717, 2ª T., Rel. Min. Cezar Peluso, j. 2.12.2008, publicação em 13.2.2009; STF, 2ª T., HC 91.613, Rel. Min. Gilmar Mendes, j. 15.5.2012, publicado em 17.9.2012.

[44] STJ, APn 644/BA, Rel. Min. Eliana Calmon, j. 30.11.2011.

[45] STJ, 5ª T., HC 308.493/CE, Rel. Min. Reynaldo Soares da Fonseca, j. 20.10.2015.

[46] STF, RE 625.263, Rel. Min. Gilmar Mendes, red. p/ Acórdão Min. Alexandre de Moraes, j. 17.3.2022, publicado em 16.6.2022.

[47] STF, 2ª T., HC 82.139/BA, Rel. Min. Carlos Velloso, *DJ*, 1º.8.2003; STF, 2ª T., RE 212.171/RJ, Rel. Min. Maurício Corrêa, *DJ*, 27.2.1998, p. 8; STF, 2ª T., Rel. Min. Néri da Silveira, RE 222.204/SP, *DJ*, 28.4.2000, p. 96.

[48] STF, RE 971.959, Rel. Min. Luiz Fux, j. 14.11.2018, *DJ* 31.7.2020; STJ, 6ª T., REsp 2.037.491/SP, Rel. Min. Rogerio Schietti Cruz, j. 6.6.2023, *DJe*, 20.6.2023.

autos, passa a servir indistintamente ao juízo, e não a quem as produziu. *Por esse princípio, a prova produzida pelas partes integra um conjunto probatório unitário, podendo favorecer a qualquer dos litigantes.* Como exemplo, temos a proibição de se admitir a desistência da inquirição de qualquer das testemunhas arroladas por quaisquer das partes, sem a anuência da outra. Todavia, tal princípio comporta exceções, tal como a prevista no art. 401, § 2º, do Código de Processo Penal.

c) *Princípio da audiência contraditória*. Em respeito ao princípio do contraditório, *toda prova trazida aos autos deve ser submetida à outra parte, que terá direito de conhecer seu teor e impugná-la, caso queira, e de oferecer contraprova*. Trata-se de um mecanismo para garantir a igualdade de oportunidade, entre as partes, no intuito de influir no convencimento do julgador.

d) *Princípio da autorresponsabilidade das partes*. É princípio que se relaciona intimamente com a questão do ônus da prova, que será abordada adiante, segundo o qual compete às partes produzir as provas dos fatos ou alegações que lhes favoreçam.

e) *Princípio do livre convencimento motivado*[49]. O livre convencimento motivado é *princípio cujo conteúdo é especialmente dirigido ao julgador na prática de atos de conteúdo decisório*, conforme já se mencionou anteriormente. Segundo esse princípio, ao juiz é dado valorar os elementos probatórios de acordo com a sua convicção, liberto de parâmetros legais, desde que o faça por meio da apreciação racional dos elementos disponíveis, considerando-os em seu conjunto, e contanto que fundamente sua decisão, indicando os elementos de prova preponderantes na formação de seu convencimento[50]. É, conforme já dito, regra que visa concretizar na prática dos atos processuais a garantia do contraditório. Por meio da motivação, o juiz consubstancia em linguagem o processo dialético que redunda na decisão, conciliando os argumentos contrários das partes em um arrazoado único.

Em nosso sistema não existe hierarquia de provas, ou seja, não há, *a priori*, a determinação de meios de prova mais ou menos relevantes para a resolução das questões controvertidas. É o julgador que, em face das circunstâncias de cada caso que se lhe apresente, determinará os elementos que servirão de fundamento para suas decisões. Entretanto, é vedado ao magistrado fundamentar sua decisão apenas nos elementos carreados na fase investigatória, excepcionadas as provas cautelares, as irrepetíveis e as antecipadas (art. 155, *caput*, do CPP).

Outrossim, com lastro no princípio do livre convencimento motivado, já se decidiu que a manifestação do Ministério Público, no sentido da absolvição, não vincula o órgão julgador[51].

f) *Princípio da oralidade*. Por esse princípio, prefere-se a palavra falada aos escritos. Regem principalmente as provas produzidas em audiência, motivo pelo qual os depoimentos são, tanto quanto possível, prestados oralmente, permitindo-se apenas em casos excepcionais seja prestado por escrito. O princípio da oralidade é explicitamente previsto para os processos de competência dos Juizados Especiais Criminais. No procedimento ordinário, a oralidade é relativizada, conforme se esclareceu no capítulo referente aos princípios aplicáveis ao processo penal em geral.

g) *Princípio da publicidade*. Determina que a instrução criminal seja pública, assim como o restante dos atos processuais, salvo as exceções legais (art. 792, § 1º, do CPP).

h) *Princípio da concentração*. As provas, tanto quanto possível, deverão ser produzidas em audiência, salvo nas hipóteses de urgência ou de necessidade de realização antecipada.

---

[49] Juan Igartua Salaverría faz a distinção entre a equiparação terminológica comumente realizada entre o "princípio da livre valoração da prova" e o "princípio do livre convencimento do juiz", esclarecendo que a "valoração" indica uma *atividade*, uma forma de proceder, que precede à formação do "convencimento", ou seja, o *resultado* daquela (*Valoración de la prueba, motivación y control en el proceso penal*, p. 65).

[50] Nesse sentido: TRF-4, 8ª T., ACR 50100527820114047002/PR, Rel. João Pedro Gebran Neto, j. 8.4.2015, *DE*, 9.4.2015.

[51] STF, RHC 151.476/RJ, Rel. Min. Marco Aurélio, j. 16.11.2020, *DJe*-276, 20.11.2020.

i) *Princípio da proporcionalidade*. Esse princípio vem mitigar a proibição absoluta das provas obtidas por meios ilícitos. A fundamentação daqueles que defendem sua existência reside na ideia de que a luta contra a criminalidade, sendo um bem jurídico inegavelmente valioso, e a busca da verdade, justificam, em certas ocasiões, que a utilização de uma prova ilícita seja admissível, desde que haja notória preponderância entre o valor do bem jurídico tutelado e aquele que a prova desrespeita.

É possível dizer, portanto, que a vedação à prova ilícita não é absoluta, devendo ceder nos casos em que se oponha a interesse de maior relevância. Um exemplo a citar é a hipótese de interceptação telefônica realizada sem ordem judicial que possibilitou a libertação de vítima de extorsão mediante sequestro.

No processo penal brasileiro, nos procedimentos ordinário e sumário vigora o princípio da identidade física do juiz, uma vez que o magistrado que presidir a instrução proferirá a sentença (art. 399, § 2º, do CPP). Fala-se igualmente em identidade física nos julgamentos pelo Júri Popular, visto que os jurados, perante os quais se produz a prova testemunhal e se debate a causa, são os juízes leigos que julgarão os fatos.

12. SISTEMAS DE APRECIAÇÃO DAS PROVAS

Já se escreveu que vige no sistema processual brasileiro o princípio do livre convencimento motivado, segundo o qual o juiz é livre para atribuir valores às provas produzidas no processo, desde que o faça de acordo com critérios racionais e exponha os motivos que o levaram à decisão. Trata-se de um sistema, ou método, de apreciação de provas, que visa combinar a transparência no julgamento com relativa liberdade do julgador na valoração da prova.

Ao longo da história, entretanto, o processo conheceu vários sistemas de valoração da prova, que se amoldavam aos diferentes costumes e circunstâncias históricas de cada povo. Citam-se, a seguir, os mais relevantes:

a) *Sistema ordálico ou dos ordálios*. Os ordálios ou juízos de Deus se baseavam na crença de que o ente divino intercedia no julgamento, demonstrando a inocência do acusado que conseguisse superar a prova imposta: exemplo, o acusado era submetido à prova do ferro em brasa; caso fosse inocente, acreditava-se, não se produziria queimadura. Cabia ao julgador somente a constatação do resultado final. O julgamento, nesse caso, era, em geral, desvinculado da averiguação de quaisquer circunstâncias relativas aos fatos que constituíssem o delito imputado ao acusado.

Dividiam-se entre *ordálios unilaterais* e *ordálios bilaterais*[52].

As *ordálias* – ou *ordálios* – *unilaterais*, forma de prova conhecida pelo direito primitivo, a qual se generalizou no século VIII, têm na água e no fogo os seus elementos "reveladores". Tratava-se de um ritual solene em que o "paciente" frequentemente deveria vestir hábitos religiosos, despindo-se de suas vestes comuns, a fim de eliminar quaisquer talismãs ou proteções mágicas. Realizava-se uma missa na qual se benziam os instrumentos de prova, e após a celebração da missa, enquanto o público cantava salmos, o investigado/acusado submetia-se à prova, que nos séculos VIII e IX era praticada em quatro espécies: a) *ordália da água fervente* (*aqua fervens*): o acusado mergulhava a mão em recipiente contendo água escaldante para retirar dali um anel ou uma pedra e averiguar depois as condições de sua mão. Se ao fim de três dias a queimadura tivesse um mau aspecto, o acusado seria considerado culpado; b) *ordália do ferro vermelho* (*ferrum candens*): o acusado deveria segurar na mão um ferro incandescente e com ele caminhar nove passos; posteriormente se analisava a condição da queimadura para a verificação de sua inocência ou culpa; c) *ordália da água fria* (*aqua frigida*): era a mais inofensiva das provas e ao mesmo tempo a mais favorável ao acusado. Este era mergulhado com os joelhos

---

52 Marie Carbasse, *Histoire du droit penal et de la justice criminelle*, 2. ed., p. 94-96.

abraçados ao peito em uma peça com água previamente benzida; se culpado, por considerar-se impuro à água benzida, seria rejeitado por esta; d) *ordália da cruz* (*judicium crucis*): vigente à época de Carlos Magno. Por ela, os envolvidos no litígio penal – um acusador e um acusado – deveriam simplesmente ficar frente a frente, em pé, e manter os braços em forma de cruz; seria considerado vencido (culpado ou mentiroso) aquele que primeiramente baixasse os braços.

As ordálias bilaterais eram, por excelência, o duelo judiciário, no qual os adversários se enfrentavam em um "combate singular": entendia-se que Deus ou seus anjos ficariam ao lado do justo para o proteger, e este venceria o duelo[53].

Tal sistema probatório é evidentemente fundado em crenças supersticiosas e desvinculadas da racionalidade e da busca pela verdade dos fatos, relacionando-se historicamente ao período da Idade Média, em especial naquelas localidades da Europa Ocidental – a cujo desenvolvimento o direito brasileiro deve sua origem – em que a institucionalização estatal era praticamente inexistente. Não por coincidência, portanto, o advento do renascimento, cultural e econômico, dessa região, e o fortalecimento de ideias baseadas na razão e no antropocentrismo, tornaram-no objeto de críticas.

Gradativamente, passou-se a reconhecer a importância de averiguar a existência de quaisquer elementos, tais como o testemunho de pessoas que houvessem presenciado a prática criminosa (e não meramente de pessoas que pudessem depor favoravelmente ao caráter do acusado, por exemplo, como por muito tempo ocorreu) ou indícios que apontassem a materialidade e a autoria dos delitos sobre os quais pairavam suspeitas, para um julgamento mais justo e correto dos acusados aos quais eram imputadas práticas consideradas criminosas. O sistema dos ordálios, assim, caiu em desuso, surgindo em seu lugar a crença, até hoje vigente, de que apenas a busca pela verdade poderia fundamentar o julgamento.

b) *Sistema da prova legal*. A fim de evitar o autoritarismo dos juízes da época e a discrepância entre os julgamentos, surgiu o sistema da prova legal. Nesse sistema, o juiz não tinha qualquer liberdade na apreciação da prova, que era pré-valorada na própria lei. Assim, a legislação processual fixava uma hierarquia entre os meios de prova. Nesse contexto, a confissão, por exemplo, recebia maior valor, contando-se, ainda, numa escala puramente aritmética, o número de pessoas que se dispusessem a testemunhar contra ou a favor do acusado. O somatório final, única tarefa que cabia ao julgador, determinava a culpa do réu. Nesse sistema surgiu o brocardo *testis unus, testis nullus*, pelo qual se exigia mais de um testemunho para que houvesse validade legal. Ao juiz ou tribunal não era permitido levar em conta provas que não estivessem nos autos – *quod non est in actis non est in mundo*.

Para Lessona, o princípio teve origem no procedimento bárbaro, tendo sido reforçado por máximas de direito canônico, que procuravam reduzir ao máximo o arbítrio do julgador pela codificação de regras de experiência de há muito observadas e testadas, em busca da verdade real[54]. Em resumo, neste sistema as condições de admissibilidade eram abstratamente preestabelecidas, e se aplicavam a todas as hipóteses que apresentavam aquelas características, independentemente de outras circunstâncias ou considerações.

c) *Sistema da livre convicção* (prova livre ou íntima convicção). Em completo antagonismo em relação ao sistema da prova legal, anteriormente abordado, existe o sistema da livre convicção, segundo o qual o julgador tem total liberdade para decidir, podendo, para tanto, amparar-se inclusive em elementos que não tenham sido trazidos aos autos e valorar as provas de modo soberano, inexistindo qualquer obrigação, de sua parte, de motivar as decisões ou de expor as razões de seu julga-

---

[53] Marie Carbasse, *Histoire du droit penal et de la justice criminelle*, 2. ed., p. 96.

[54] Carlos Lessona, *Teoría general de la prueba en derecho civil*, p. 356.

mento. No Brasil, perdura esse sistema nos julgamentos do Tribunal do Júri, cujas decisões, como se sabe, não são motivadas (art. 472 do CPP)

d) *Sistema da persuasão racional* (livre convencimento motivado). Nele o juiz formará livremente a sua convicção, apreciando o conjunto probatório e valorando racionalmente os elementos de prova independentemente de qualquer tarifação legal. Deve, no entanto, fundamentar as suas decisões, pautando-as nos elementos que foram carreados aos autos. É, conforme já mencionado, o sistema adotado no processo penal brasileiro (à exceção do Tribunal do Júri). Com efeito, a própria Constituição Federal dispõe que os julgamentos dos órgãos judiciários serão fundamentados, sob pena de nulidade (art. 93, IX), enquanto o Código de Processo Penal assegura ao juiz a liberdade na apreciação da prova produzida sob a égide do contraditório, sendo-lhe vedado apoiar-se exclusivamente na prova colhida na fase de investigação, ressalvadas as hipóteses de provas cautelares, provas irrepetíveis e provas antecipadas (art. 155, *caput*, do CPP).

Aliás, sobre o tema, importante o magistério de Antonio Magalhães Gomes Filho: "Ao introduzir na nova redação do art. 155 do CPP o advérbio exclusivamente, a Lei 11.690 permite que elementos informativos da investigação possam servir de fundamento ao juízo sobre os fatos, desde que existam, também, provas produzidas em contraditório judicial. Em outros termos: para chegar ao resultado da prova, ou seja, à conclusão sobre a veracidade ou falsidade de um fato afirmado, o juiz penal pode servir-se tanto de elementos de prova (produzida em contraditório) como de informações trazidas pela investigação. Só não poderá se utilizar, diz a lei, exclusivamente de dados informativos da investigação"[55].

Assim, a condenação com base única e exclusivamente em elementos informativos colhidos durante o inquérito policial ofende o art. 155 do CPP. Entretanto, em atendimento ao princípio da livre persuasão motivada, as provas produzidas no inquérito policial, corroboradas por elementos de convicção produzidos na fase judicial, podem ser valoradas nas formação do juízo condenatório[56].

As provas cautelares são aquelas produzidas antes do momento oportuno, em razão de situação de urgência. O art. 225 do CPP, por exemplo, prevê situações que autorizam a oitiva de testemunhas fora da fase adequada. Já as provas irrepetíveis, como o próprio nome indica, não podem ser reproduzidas em juízo, como ocorre com inúmeras perícias realizadas no inquérito policial. Finalmente, as provas antecipadas decorrem do poder geral de cautela do juiz, de ordenar, *ex officio*, a realização de provas consideradas urgentes e relevantes, antes mesmo da ação penal, se preenchidos os sub-requisitos do princípio da proporcionalidade, *ex vi* do disposto no art. 156, I, do CPP (*vide* a seguir o tópico "Ônus da prova").

O sistema da persuasão racional é uma maneira de garantir flexibilidade aos julgamentos, evitando situações manifestamente injustas ensejadas pela adoção cega do sistema da prova legal, sem, por outro lado, recair no excessivo arbítrio concedido aos juízes pelo sistema do livre convencimento absoluto, permitindo um controle objetivo sobre a legalidade das decisões.

Entretanto, o próprio Código de Processo Penal ainda estabelece restrições à livre avaliação probatória, tais como na exigência de exame de corpo de delito nas infrações que deixam vestígios (art. 158 do CPP) ou, ainda, ao determinar que a sentença condenatória não poderá ser prolatada com fundamento apenas nas declarações do agente colaborador (art. 4º, § 16, da Lei n. 12.850/2013).

Ainda, merece destaque a distinção entre as provas constituídas e "constituendas", no tocante ao exercício do contraditório. No tocante às provas pré-constituídas, a exemplo de documentos, reci-

[55] Antonio Magalhães Gomes Filho, *As reformas no processo penal*, p. 251.

[56] STJ, 5ª T., AgRg nos EDcl no REsp 1.537.863/SC, Rel. Min. Ribeiro Dantas, j. 27.8.2019, *DJe*, 2.9.2019.

bos etc., o contraditório poderá ser exercido posterior e oportunamente, de modo que a valoração da prova é admitida ainda que esses documentos sejam juntados no curso do inquérito policial. Entretanto, no caso das provas "constituendas", que derivam, via de regra, de fontes pessoais (p. ex., depoimento do ofendido, declaração das testemunhas etc.), estas deverão ser produzidas já sob o contraditório e perante o juiz da causa, não se admitindo a valoração exclusiva sobre elementos trazidos em fase inquisitorial.

13. ÔNUS DA PROVA

O processo penal versa sobre fatos, imputados ao réu pelo titular da ação penal. Contra os fatos alegados pelo autor da ação, que deduz a pretensão punitiva em juízo, por meio da denúncia ou da queixa, conforme o caso, é que se defenderá o acusado. Entretanto, somente poderão ser adotados na fundamentação das decisões os fatos que houverem sido efetivamente provados. As regras do ônus da prova visam determinar, em cada situação, a quem incumbe a produção de provas acerca de cada fato.

Quanto a isso, a regra geral vigente entre nós é a do brocardo latino *actori incumbit probatio,* que em vernáculo se traduz no cânon segundo o qual cabe ao autor a prova do que alegar. O ônus probatório, portanto, representa um encargo que tem a parte de provar as suas alegações, buscando criar no juiz a convicção acerca de sua veracidade. Em regra, cabe ao acusador provar os elementos que compõem a imputação levada a juízo. A esse respeito, é relevante que se diga que a incumbência não constitui um dever: não há sanção, propriamente dita, a ameaçar aquele que não prova o quanto alega. A consequência jurídica da falta de prova acerca daquilo que se alega é o não acatamento da alegação. O autor que não prova o que alega assume, na pior das hipóteses, o risco de ver desatendida sua pretensão. Daí se falar em ônus da prova, em vez de dever de prova ou direito de prova.

A regra mencionada, entretanto, não vige solitária. É complementada por outra, consubstanciada no dizer latino *et reus in excipiendo fit actor,* que se traduz na exigência de que o acusado demonstre os fatos que alegue com o fim de elidir a pretensão do autor.

Sintetizando o que há de comum entre as duas regras, chega-se a uma terceira, segundo a qual a prova dos fatos alegados cabe a quem faz a alegação[57]. A regra encontra-se consubstanciada no art. 156, *caput*, do Código de Processo Penal.

Assim, ao Ministério Público e ao querelante cabe a prova da autoria, da materialidade delitiva e também da culpa em sentido estrito, enquanto ao acusado cumprirá provar causa excludente de ilicitude, de culpabilidade, ou de punibilidade, por ele articulada, bem como eventual álibi. A palavra *álibi* é formada por duas ideias: *al*, "outro", e *ibi*, "lugar", significando "em outra parte", "em outro lugar". Trata-se, portanto, de toda alegação defensiva no sentido de que o réu estava em local diverso daquele em que ocorreu o crime no momento de sua prática[58]. Entretanto, ainda que o réu não consiga comprovar o álibi invocado, essa medida não poderá ser interpretada como confissão, de modo que o ônus da prova da imputação continuará a recair sobe o Ministério Público, por meio de outros elementos que reforcem a hipótese acusatória[59].

Ainda no tocante ao ônus da prova, deve ser reconhecida a regra da comunhão da prova, já que esta, uma vez produzida, poderá ser valorada pelo julgador independentemente da parte que a produziu.

[57] STF, 1ª T., HC 73.338, Rel. Min. Celso de Mello, j. 13.8.1996, *DJ*, 19.12.1996, p. 270; *RT*, 816/594.

[58] STF, 2ª T., HC 70.742, Rel. Min. Carlos Velloso, j. 16.8.1994, *DJ*-e, 30.6.2000.

[59] STJ, 6ª T., HC 681.482/SP, Rel. Min. Laurita Vaz, j. 24.5.2022, *DJe*, 31.5.2022.

Há controvérsia sobre o ônus da prova do elemento subjetivo dolo, sendo certo que em relação à culpa é pacífico o entendimento no sentido de que a acusação deve prová-la. Parcela da doutrina entende que a acusação deve provar a existência do dolo, porquanto milita em favor do réu o princípio da presunção de inocência (art. 5º, LVII, da CF). Em sentido oposto, outra corrente sustenta que o dolo é presumido, incumbindo ao acusado demonstrar sua ausência.

Em relação às excludentes de ilicitude, prevalece doutrinária e jurisprudencialmente que incumbirá à defesa comprová-la[60]. Entretanto, casa haja dúvida no tocante à excludente, há divergência doutrinária: para alguns, nesta hipótese, deverá ser solucionada em desfavor do acusado, já que este deixou de comprovar a referida excludente[61]; para outros, com a inclusão da parte final do art. 386, VI, do Código de Processo Penal, havendo fundada dúvida sobre a excludente, o acusado deverá ser absolvido, em homenagem ao princípio do *in dubio pro reo*[62].

Tais regras de determinação do ônus probatório são, entretanto, atenuadas pelo poder instrutório que a lei confere ao juiz. Com efeito, já se disse anteriormente que vige no processo penal o princípio da verdade real, segundo o qual não poderá o julgador conformar-se com a inexistência de elementos probatórios ou com meras presunções. Em observância a esse princípio, o julgador terá sempre o poder de determinar, de ofício, medidas para dirimir dúvida sobre qualquer ponto relevante, bem como ordenar diligências para sanar qualquer nulidade ou suprir falta que prejudique o esclarecimento da verdade (art. 156, II, do CPP).

Ademais, poderá o juiz, de ofício, ordenar, ainda que antes de iniciada a ação penal, a produção antecipada de provas reputadas urgentes e relevantes, observadas a adequação, a necessidade e a proporcionalidade da medida (art. 156, I, do CPP).

Como se nota, adotou o legislador, no tocante à produção antecipada de provas, o princípio da proporcionalidade, detalhando seus subprincípios: a *adequação consubstancia-se em medida apta a alcançar o objetivo visado. É uma relação de meio e fim. A necessidade — ou exigibilidade — impõe que a medida adotada represente gravame menos relevante do que o interesse que se visa tutelar* (ou seja, resulte numa relação custo/benefício que se revele benéfica). *E "proporcionalidade em sentido estrito", quando se faz um balanço entre os bens ou valores em conflito, promovendo-se a opção.* A proporcionalidade pauta-se, portanto, pelos dois elementos inicialmente expostos (ou subprincípios), impondo-se por fim uma ponderação entre os interesses em jogo, de modo que seja possível reconhecer como justificada a medida. A implementação desse princípio relaciona-se ao reconhecimento da prevalência de um interesse sobre o outro.

Na busca pela verdade real, será preciso trazer aos autos elementos que construam uma versão o mais próxima possível do que efetivamente se passou quando da ocorrência do fato. Não pode o juiz, portanto, contentar-se com a verdade formal, trazida pelas partes.

É certo que o exercício do poder instrutório conferido ao magistrado deve ser moderado. Não pode ele substituir-se às partes, conduzindo toda a instrução. Com efeito, se, no momento em que for sentenciar, reconhecer o juiz que não se encontra suficientemente provada a acusação, deverá absolver o réu, em atenção ao princípio do *favor rei* ou *in dubio pro reo*.

13.1. A questão da constitucionalidade do art. 156, I

Parte da doutrina sustenta ser inconstitucional a nova redação do art. 156, I, do CPP, com a dicção dada pela Lei n. 11.690/2008, ao conferir ao juiz a possibilidade, de ofício, de ordenar, ainda

---

[60] STJ, 5ª T., AgRg no REsp 871.739/PE, Rel. Min. Arnaldo Esteves Lima, j. 18.11.2008, *DJe*, 9.12.2008.

[61] Hélio Tornaghi, *Instituições de processo penal*, 2. ed., v. 3, p. 472.

[62] Gustavo Henrique Badaró, *Processo penal*, 8. ed., p. 493.

antes de iniciada a ação penal, a produção antecipada de provas que considerar urgentes e relevantes, aplicando-se os requisitos do princípio da proporcionalidade. Acoima-se de inconstitucional o dispositivo sob o argumento de que, vigendo o sistema acusatório no processo penal brasileiro, com separação das atribuições dos órgãos estatais, o juiz somente poderia autorizar a produção antecipada de provas, antes de iniciada a ação penal, mediante provocação das partes e, jamais, *ex officio*, como agora se previu. Ademais, sustentam que a jurisdição tem início com a apreciação da peça acusatória, não sendo possível, portanto, a atuação antes do início efetivo da ação penal. *Pensamos, contudo, distintamente.*

A nosso sentir, o dispositivo harmoniza-se com a Constituição Federal, na medida em que sua criação, atendendo ao princípio do devido processo legal, obedeceu já em sua origem, vale dizer, geneticamente, ao próprio princípio da proporcionalidade, que é um "superprincípio" ou "princípio dos princípios" (*vide* nota ao art. 3º do nosso *CPP anotado*), considerando o legislador imprescindível a criação da medida, para a produção antecipada de provas "consideradas urgentes e relevantes", para o que fez a ressalva de obediência aos requisitos do princípio da proporcionalidade (necessidade, adequação e proporcionalidade em sentido estrito). Portanto, é medida excepcional que não desfigura o respeito ao "sistema acusatório" do processo penal, este mesmo, matizado – mitigado ou temperado – na forma que entendemos seja um "sistema misto", visto que jamais poderíamos falar em um rígido e absoluto sistema acusatório (a respeito, *vide* Capítulo III, tópicos 4 e s.). Nesse sentido, se o juiz não pode, de ordinário, ser transformado em investigador ou acusador, produzindo, sem critérios e *sponte sua, as provas que são de incumbência das partes, por outro lado não pode ser* transformado em mero conviva de pedra, assistindo impávido à colossal injustiça, como espetáculo prenunciado de ineficácia do processo penal. É por isso que sua função, nesse terreno, deve-se pautar pela absoluta imparcialidade e excepcionalidade da medida, como, aliás, ressalva expressamente a aludida disposição legal.

Transformada, pois, a excepcionalidade em regra, ou, em outras palavras, não atentando o magistrado aos requisitos legais, entendemos devam as provas ser consideradas ilícitas e desentranhadas, em face do disposto no art. 157, *caput*, do CPP.

Parte da doutrina considera que a única forma de se harmonizar o disposto no art. 156, I, do CPP com o sistema acusatório vigente é a possibilidade da atuação judicial *ex officio* unicamente com o intuito de arraigar provas da inocência do acusado e visando proteger seus direitos fundamentais, mas jamais com o intuito de reforçar a acusação e seus elementos de prova.

14. SÍNTESE

Teoria da prova

Prova é o instrumento usado pelos sujeitos processuais para comprovar os fatos da causa, isto é, aquelas alegações que são deduzidas pelas partes com fundamento para o exercício da tutela jurisdicional. Tem como finalidade permitir que o julgador conheça os fatos sobre os quais fará incidir o direito.

Objeto da prova

Apenas os fatos que constituem, sob a incidência do ordenamento jurídico, as relações jurídicas relevantes para a resolução da lide é que deverão ser provados.

Alegações excluídas da atividade probatória

a) fatos notórios (não se confundindo com aqueles de conhecimento do fato pelo juiz);

b) presunções absolutas (*iuris et de iure*);

c) máximas de experiência;

d) fatos intuitivos ou evidentes;

e) fatos inúteis ou irrelevantes;

f) fatos incontroversos.

Em regra, o direito não precisa de prova, uma vez que o juiz o conhece, porém, quando se tratar de direito municipal, estadual, estrangeiro ou consuetudinário, o art. 376 do CPC, aplicado analogicamente, estabelece que a parte que o alega deverá provar seu teor e sua vigência, se assim o juiz determinar.

Presunção

Trata-se da operação lógico-dedutiva que liga um fato provado (um indício) a outro probando, ou seja, é o nome jurídico para descrição justamente desse liame entre ambos. As presunções podem ser *absolutas* (*iuris etiure*), que admitem prova em contrário, ou *relativas* (*iuris tantum*), que podem ser afastadas por prova em contrário.

Meio de prova

É todo fato, documento ou alegação que possa servir, direta ou indiretamente, à busca da verdade real dentro do processo. Em outras palavras, é o instrumento utilizado pelo juiz para formar a sua convicção acerca dos fatos alegados pelas partes.

Procedimento probatório

A atividade probatória é dividida nas seguintes fases:

a) proposição;

b) admissão;

c) produção; e

d) apreciação.

Classificação da prova:

- quanto ao objeto, pode ser direta ou indireta;
- quanto ao sujeito ou causa, pode ser real ou pessoal;
- quanto à forma, são divididas em testemunhal, documental e material;
- quanto ao valor ou efeito, será plena ou não plena.

Prova emprestada

Diz-se emprestada a prova produzida em um processo e depois trasladada a outro, com o fim de nele comprovar determinado fato.

Provas ilícitas e provas ilegítimas

O art. 157 do CPP dispõe que são inadmissíveis as provas ilícitas. São chamadas provas ilícitas aquelas cuja obtenção viola princípios constitucionais ou preceitos legais de natureza material. e, por outro lado, ilegítima será se a sua obtenção infringir norma processual dizendo respeito à própria produção da prova.

Ressalte-se que o § 1º do art. 157 do CPP consagrou a teoria dos frutos da árvore envenenada, estabelecendo que são inadmissíveis, também, as provas derivadas das ilícitas, salvo nas seguintes hipóteses:

a) ausência de demonstração do nexo de causalidade;

b) quando a prova puder ser obtida por fonte independente.

Prova ilícita "pro reo": predomina o entendimento na doutrina de que a prova ilícita pode ser excepcionalmente utilizada quando favorável ao acusado.

Princípios que informam a atividade probatória:

a) princípio da não autoincriminação: em que o acusado não poderá ser obrigado a produzir prova contra si mesmo;

b) princípio da comunhão ou aquisição dos meios de prova: a prova produzida pelas partes integra um conjunto probatório unitário, podendo favorecer qualquer dos litigantes;

c) princípio da audiência contraditória: toda prova trazida aos autos deve ser submetida à outra parte, que terá o direito de conhecer seu teor e impugná-la, caso queira, e de oferecer contraprova;

d) princípio da autorresponsabilidade das partes: compete às partes produzir as provas dos fatos ou alegações que lhes favoreçam;

e) princípio do livre convencimento motivado: ao juiz é dado valorar os elementos probatórios de acordo com a sua convicção, considerando-os em seu conjunto, contanto que fundamente a sua decisão;

f) princípio da oralidade: prefere-se, assim, a palavra falada aos escritos;

g) princípio da publicidade: determina que a instrução criminal seja pública, assim como o restante dos atos processuais, salvo as exceções legais;

h) princípio da concentração: as provas, tanto quanto possível, devem ser realizadas em audiência, salvo nas hipóteses de urgência ou de necessidade de realização antecipada;

i) princípio da proporcionalidade: vem mitigar a proibição absoluta das provas obtidas por meios ilícitos.

Ônus da prova

As regras do ônus da prova visam determinar, em cada situação, a quem incumbe a produção de provas acerca de cada fato. Ressalte-se que cabe ao autor a prova do que alegar, e a consequência jurídica da falta de prova acerca daquilo que se alega é o simples não acatamento da alegação.

Capítulo XVI
PROVAS EM ESPÉCIE

Superadas as questões gerais sobre a prova, passa-se ao exame dos meios probatórios regulados no Código de Processo Penal, analisando-se, inicialmente, a prova pericial.

A prova pericial não era usual no direito romano, uma vez que o pretor nomeava juízes que detinham conhecimentos específicos sobre as matérias versadas nos litígios, prescindindo, portanto, do auxílio de terceiros *experts*[1]. Dessarte, a prova pericial somente foi incorporada aos sistemas processuais no final do século XIX, inspirando as legislações processuais latino-americanas que passaram a albergá-la a partir de então[2].

1. PERÍCIAS E PERITOS

Perícia é o exame realizado por pessoa que detenha *expertise* sobre determinada área do conhecimento – o perito –, a fim de prestar esclarecimentos ao juízo acerca de determinado fato de difícil compreensão, auxiliando-o no julgamento da causa.

Os peritos, auxiliares da justiça, assessoram o juiz em questões que exigem conhecimentos especializados fora do âmbito jurídico. Podem os peritos ser: *oficiais* (funcionários públicos concursados) ou *particulares* (na falta de perito oficial, são chamadas a colaborar em determinado caso concreto duas pessoas idôneas, portadoras de diploma de curso superior, preferencialmente em área de atuação relacionada ao objeto da perícia – art. 159, § 1º, do CPP).

Deverão os peritos particulares (também chamados de *não oficiais*) prestar o compromisso de bem e fielmente desempenhar o encargo que lhes foi atribuído, por força do art. 159, § 2º, do CPP, ao passo que o perito oficial não precisa fazê-lo em razão do compromisso prestado no momento da posse.

Cabe ao perito proceder aos exames periciais. Sua nomeação far-se-á a exclusivo critério do juiz ou do delegado, sem interferência das partes, pois é ao julgador que se dirige o resultado da perícia. Com efeito, a perícia consiste em que o perito atue sobre o objeto do exame de modo a responder aos quesitos formulados pelo juiz e pelas partes, fornecendo ao julgador subsídio técnico acerca desse objeto.

É facultado ao Ministério Público, ao assistente de acusação, à vítima, ao querelante e ao réu a formulação de quesitos e a indicação de assistente técnico (art. 159, § 3º). O assistente técnico indicado será admitido no processo pelo juiz – intimando-se as partes da decisão –, sendo certo que atuará após a elaboração do laudo pericial (art. 159, § 4º). Poderão os assistentes técnicos oferecer pareceres em prazo fixado pelo juiz ou ser inquiridos em audiência (art. 159, § 5º, II).

Caso a perícia seja complexa e abranja mais de uma área de conhecimento especializado, o magistrado poderá designar mais de um perito oficial e as partes poderão indicar mais de um assistente técnico (art. 159, § 7º).

Os quesitos poderão ser oferecidos até o ato da diligência (art. 176 do Código de Processo Penal). O exame pericial será determinado pelo delegado de polícia ou pelo juiz, de ofício ou a reque-

[1] Humberto Cuenca, *Processo civil romano*, 1957, p. 153.

[2] Jorge Kielmanovich, *Medios de prueba*, 1993, p. 348; Carlos Machado Shiaffino, *Pruebas periciales*, 1989, p. 35.

rimento das partes. Salvo a hipótese de exame de corpo de delito, que é obrigatório (art. 158 do Código de Processo Penal), a autoridade poderá negar a perícia requerida, se não a reputar necessária ao esclarecimento da verdade (art. 184 do Código de Processo Penal)[3].

Em relação à perícia, permite-se às partes a formulação de requerimento de oitiva dos peritos para que prestem esclarecimentos ou respondam aos quesitos, desde que o mandado de intimação e os quesitos ou os pontos a serem aclarados sejam encaminhados ao perito com antecedência mínima de 10 dias. As respostas poderão ser materializadas em laudo complementar (art. 159, § 5º, I).

O material probatório examinado pela perícia oficial será disponibilizado, a requerimento das partes, no órgão oficial, para exame pelos assistentes técnicos, na presença de perito oficial, salvo, evidentemente, se impossível sua conservação (art. 159, § 6º).

Todavia, um problema que o mundo jurídico enfrenta – assim reconhece a doutrina processual – é que, como anota Machado Shiaffino, as "técnicas periciais" progridem a uma velocidade maior do que os operadores do direito as assimilam; desse modo, convém esclarecer que, para que a prova pericial possa cumprir corretamente sua função, atingir seus objetivos, devem os juízes – e as partes – conhecer não somente os rudimentos da ciência do perito, mas também sua linguagem, que é sua ferramenta lógica, suas próprias limitações na ciência, bem como sua ética profissional[4]. A perícia, pois, necessita ser compreendida pelo juiz para poder ser valorada corretamente e ofertar a necessária segurança científica para a qual foi convocada, não podendo ser reduzida a um estéril jogo de palpites ou possibilidades, pena de configurar-se uma *contraditio in re ipsa* (contradição em si mesma).

Conquanto alguns autores considerem a perícia como meio de prova, para outros ela constitui um elemento técnico-opinativo destinado à elucidação de um fato relevante, sendo o perito um auxiliar do juiz, e não simplesmente um sujeito de prova. O perito é apreciador técnico que assessora o juiz, exercendo função destinada a fornecer elementos probatórios de ordem técnica. Ademais, incumbe-lhe analisar e formar o corpo de delito. Em razão disso, o próprio Código de Processo Penal o destaca como auxiliar da justiça, aplicando-se a ele a disciplina judiciária (art. 275), bem como as hipóteses de suspeição dos juízes (art. 280)[5].

1.1. Natureza jurídica da prova pericial

A maioria das legislações modernas considera ser a prova pericial um meio de prova autônomo. Três, contudo, são as posições doutrinárias e legais a respeito:

1ª) Considera o perito uma testemunha *post factum*, diferenciando-o da própria testemunha que o seria *in facto*. Tal posição, contudo, hoje é superada.

2ª) Considera o perito um auxiliar do juiz. É o entendimento esposado classicamente por Carnelutti, Pietro Ellero, Vincenzo Manzini, Guillermo Colin Sánchez, Pietro Castro, Ferrandiz, Hugo Alsina, entre outros na doutrina d'além mar. Parece ser, igualmente, entre nós, a posição defendida, dentre outros, por J. F. Mirabete, que descreve ser o perito "um apreciador técnico, assessor do juiz, com uma função estatal destinada a fornecer dados instrutórios de ordem técnica e a proceder à verificação e formação do corpo de delito". Desse modo, prossegue o autor, o perito é destacado pelo próprio Código de Processo Penal como auxiliar da justiça, aplicando-se a ele a disciplina judiciária (art. 275) e a suspeição dos juízes (art. 280).

3ª) Considera que a prova pericial é um meio de provas: Eugenio Florian, Lino Enrique Palacio, Giovani Leone, Jaime Guasp, Nicola Framarino dei Malatesta e Devis Echandía, entre outros. *É a*

---

[3] STJ, 6ª T., AgRg no RHC 111.862/GO, Rel. Min. Nefi Cordeiro, j. 28.4.2020, *DJe*, 13.5.2020.

[4] Carlos Machado Shiaffino, *Pruebas periciales*, 1989, p. 35.

[5] Julio Fabbrini Mirabete, *Processo penal*, 17. ed., São Paulo, Atlas, p. 286.

nossa posição. Isso porque, conquanto aceitemos o fato de o perito assessorar o juiz e sujeitar-se às sanções e obrigações jurídico-penais de seu compromisso, na verdade atua como verdadeiro meio probatório na medida em que pretende provocar a convicção judicial. Assim, promove-se uma interação e uma sistematização dos conhecimentos entre juízes, peritos e partes, permitindo-se à perícia um real desenvolvimento e elucidação do objeto de sua análise. Nesse sentido, se entendemos a perícia como meio de prova, isso implica obviamente a aceitação de uma valoração por parte do magistrado que dela deva verdadeiramente inteirar-se, como anota Machado Shiaffino: "... o juiz que requisita uma perícia deve saber que resposta pode ou não esperar, para saber o que deve ou não perguntar"[6].

1.2. Características

São características da prova pericial[7].

a) é um meio de prova;

b) é o resultado da atividade humana, e não é uma atividade humana;

c) o destino da prova é o processo, ainda que a atividade se realize fora do processo;

d) deve ser realizada por *experts* no tema sobre o qual versa o laudo;

e) deve versar o laudo sobre fatos e não sobre questões jurídicas;

f) deve nascer de uma obrigação – investidura no cargo ou nomeação *ad hoc* –, portanto, se não existe um vínculo legal ou judicial, não se pode falar em perícia, já que não existe perícia espontânea;

g) os fatos sobre os quais versam o laudo devem ser especiais, ou seja, devem requerer conhecimentos especializados, científicos, artísticos ou técnicos;

h) O laudo é uma declaração da ciência; assim, o perito declara o que sabe e o juiz o valora como meio de prova.

2. LAUDO PERICIAL

Denomina-se *laudo pericial* o *documento em que os peritos consignam suas conclusões, após minuciosa apreciação dos elementos analisados. O laudo constitui-se de quatro partes: a) preâmbulo; b) descrição; c) conclusão e d) encerramento*.

No laudo deverão os peritos descrever minuciosamente o que examinarem, e responder aos quesitos formulados (art. 160 do Código de Processo Penal). De modo geral, devem os peritos manter em vista que o objetivo do laudo pericial é a elucidação de fatos que possam constituir elementos de delitos tipificados penalmente. Com base nessa finalidade, o próprio Código de Processo Penal estabelece uma série de regras essenciais que devem ser observadas na realização das perícias e na produção do laudo daí resultante.

O prazo para a conclusão do laudo pericial é de 10 dias, prorrogáveis apenas em casos excepcionais, a pedido dos peritos (art. 160, parágrafo único).

A perícia será realizada por perito oficial ou, em sua falta, por duas pessoas idôneas, portadoras de diploma de curso superior, escolhidas, de preferência, dentre as que tiverem habilitação técnica relacionada à natureza do exame, não havendo restrição a que sejam policiais civis, desde que portadores de diploma de curso superior[8]. Quando a perícia for realizada por peritos não oficiais, será

---

[6] Carlos Machado Shiaffino, *Pruebas periciales*, 1989, p. 33.

[7] Cf. Hernando Devis Echandía, *Teoría general de la prueba judicial*, 3. ed., 1974, t. II, p. 304, n. 2-52.

[8] STJ, 5ª T., HC 366.499/RS, Rel. Min. Ribeiro Dantas, j. 5.10.2017, *DJe*, 11.10.2017; STJ, 6ª T., HC 471.760/MS, Rel. Min. Laurita Vaz, j. 6.11.2018, *DJe*, 23.11.2018.

necessário que os peritos firmem compromisso de bem e fielmente desempenhar o cargo (art. 159, § 2º, do CPP).

A Súmula 361 do Supremo Tribunal Federal estabelece: "No processo penal, é nulo o exame realizado por um só perito, considerando-se impedido o que tiver funcionado anteriormente na diligência de apreensão"[9]. A Lei n. 11.690/2008, que alterou o § 1º do art. 159 do CPP, retirou a exigência no sentido de que dois peritos oficiais realizassem o exame pericial, restando revogada referida súmula em relação às perícias oficiais.

No caso de mais de um perito oficial designado e em havendo divergência entre eles, cada um fará consignar no auto do exame suas declarações e respostas, ou redigirá seu laudo separadamente. Nesse caso caberá à autoridade nomear um terceiro perito. Se o terceiro perito divergir dos dois primeiros, poderá o juiz ou delegado mandar proceder a novo exame, que será realizado por outros peritos (art. 180 do Código de Processo Penal).

Nos casos de inobservância de formalidades ou nas hipóteses de omissão, obscuridade ou contradição do laudo, a autoridade judiciária determinará aos peritos seja a formalidade cumprida ou, se for o caso, o laudo esclarecido ou complementado. Se julgar conveniente, poderá o juiz ordenar a realização de novo exame, por outros peritos (art. 182 do Código de Processo Penal).

3. PERÍCIA POR PRECATÓRIA

Tratando-se de perícia que deva ser realizada em outra comarca, será expedida a competente carta precatória requisitando a diligência. A nomeação dos peritos será feita pela autoridade deprecada. No caso de ação privada, havendo acordo entre as partes, a nomeação poderá ser realizada no juízo deprecante (art. 177 do Código de Processo Penal). A precatória deverá conter os quesitos formulados pela autoridade deprecante e pelas partes (art. 177, parágrafo único).

4. VALOR PROBATÓRIO DO LAUDO PERICIAL

Conforme se disse, vige entre nós, no que diz respeito à apreciação das provas produzidas no curso do processo, *o princípio do livre convencimento motivado. No que tange especificamente à prova pericial,* isso *redunda na conclusão de que o juiz não está adstrito às conclusões ou observações constantes no laudo pericial.* A regra, ademais, é explicitada, no que respeita à perícia, no art. 182 do Código de Processo Penal, que consagra o sistema liberatório na apreciação do laudo pericial, afastando a incidência, entre nós, do sistema dito vinculatório, incompatível com o princípio do livre convencimento motivado.

Em todos os casos, compreendemos que, para que a perícia seja efetiva, deve-se sujeitar aos seguintes métodos de controle por parte do juiz: a) verificação do valor da autoridade científica do perito no que diz respeito ao objeto de sua perícia; b) aceitação ou não dos métodos de investigação científica utilizados, tal como são usualmente aceitos pela comunidade científica; c) coerência lógica de sua argumentação[10].

Com efeito, o juiz será *peritus peritorum. Poderá aceitar ou rejeitar o resultado da perícia, no todo ou em parte, desde que o faça motivadamente*[11]. O mesmo ocorre no Tribunal do Júri, ressalvando-se que, nes-

---

[9] Já se anulou a prova pericial resultante da confecção do laudo por apenas um médico, não oficial, em desrespeito ao art. 159 do CPP (STJ, 6ª T., REsp 798.906/ES, Rel. Min. Nefi Cordeiro, j. 27.8.2019, *DJ*, 4.9.2019).

[10] Vittorio Denti, *Estudios de derecho probatorio*, 1974, p. 303 e s.

[11] STF, 2ª T., RHC 120.052, Rel. Min. Ricardo Lewandowski, j. 03.12.2013, *DJe* 04.2.2014; STJ, 3ª T., AgInt no REsp 1.651.138/MG, Rel. Min. Ricardo Villas Bôas Cueva, j. 23.10.2018, *DJe*, 26.10.2018.

se caso, não se exigirá, como ocorre em todos os julgamentos prolatados por esse órgão judiciário, motivação.

Repise-se, aqui, a ressalva feita no tocante ao laudo pericial após o exame de insanidade mental, o qual, para parcela da doutrina, tem efeito vinculativo com relação ao juiz especificamente no que tange ao prosseguimento do processo.

4.1. Fungibilidade do perito

Obviamente, tratando-se de perícias realizadas por órgãos oficiais – Instituto de Criminalística, Instituto de Medicina Legal etc. –, em fase de investigação policial e ante a impossibilidade de repetição da perícia em juízo, a prova não restará invalidada no caso de não comparecimento do perito em fase judicial, quando tal comparecimento, a despeito de necessário, for impossível. Trata-se aqui da *fungibilidade do perito* como característica das perícias oficiais. Vale dizer, a fungibilidade do perito determina a aceitação da perícia quando oriunda de órgãos oficiais, podendo, pois, ser um o perito a realizar o exame, mas, diante da impossibilidade de seu comparecimento em juízo (morte, doença etc.), outro vir a prestar esclarecimentos em seu lugar, quando solicitado. Nesse caso, entende-se a *instituição* como perita, independentemente da pessoa que se ocupou da perícia em particular[12].

5. EXAME DO CORPO DE DELITO

O corpo de delito é o conjunto dos vestígios – ou seja, elementos apreensíveis por meio dos sentidos – deixados pelo crime. Não se restringe, portanto, aos vestígios relativos ao corpo físico da vítima do delito. *Já o exame de corpo de delito é a perícia feita nesses vestígios.*

Evidentemente, nem todas as infrações penais deixam vestígios materiais. As que os produzem são chamadas *delicta facti permanentis* (p. ex., homicídio, lesões corporais, crimes de dano, de falsificação etc.), enquanto as que não os produzem chamam-se *delicta facti transeuntis* (p. ex., injúria oral, desacato).

O art. 158 do CPP considera indispensável o exame de corpo de delito, direto ou indireto, sempre que a infração penal deixar vestígios (art. 158). Outrossim, estabelece-se a prioridade à realização do exame de corpo de delito quando se tratar de crime que envolva violência doméstica e familiar contra a mulher e violência contra criança, adolescente, pessoa idosa ou pessoa com deficiência (art. 158, parágrafo único, I e II, do CPP). O mesmo dispositivo estabelece, ainda, que a confissão do acusado não supre, por si só, a realização do exame (mais uma vez, em homenagem ao princípio da verdade real). Parte da doutrina, entretanto, entende que essa regra não é absoluta. De fato, a própria lei estabelece ressalva à sua obrigatoriedade, dispondo que no caso em que a realização do exame reste impossibilitada pelo desaparecimento ou deterioração dos vestígios, pode ele ser suprido pelo depoimento de testemunhas (art. 167)[13].

Refere-se a lei a duas modalidades de exame de corpo de delito: o exame direto e o indireto. A doutrina define o exame direto como aquele em que os peritos examinam os próprios vestígios materiais relativos à prática delituosa investigada. Já no que diz respeito ao exame indireto, há divergência quanto ao seu significado. Para alguns autores, o exame de corpo de delito indireto é aquele constituído pelo depoimento de testemunhas sobre a materialidade do delito, em face de eventual impossibilidade da realização do exame direto ensejada pelo desaparecimento dos vestígios (art. 167 do Código de Processo Penal). Outros entendem que o exame indireto é aquele feito pelos peritos

---

[12] *Vide*, a propósito, Jaime Vega Torres, *Presunción de inocencia y prueba en el proceso penal*, 1993, p. 337.

[13] STJ, 6ª T., HC 676.329/RS, Rel. Min. Laurita Vaz, j. 9.5.2023, *DJe*, 16.5.2023.

com base em elementos diversos da prova testemunhal que constarem do processo. Finalmente, uma terceira corrente, à qual nos filiamos, sustenta que o exame de corpo de delito indireto pode ser realizado por perícia (p. ex., no caso de laudo de exame de corpo de delito indireto feito com base em atestado passado por médico que tratou vítima de lesões corporais em pronto-socorro[14]) ou por simples análise judicial de outras provas.

Aliás, quanto à possibilidade de supressão pela prova testemunhal, somente poderá ser determinada quando houverem desaparecido os vestígios, reservando-se, portanto, ao art. 167 do CPP o caráter meramente supletivo.

5.1. Momento de realização do exame

O art. 525 do Código de Processo Penal veda o recebimento de queixa ou denúncia nos casos em que, havendo o delito deixado vestígio, não seja a peça inicial instruída com o laudo de exame pericial dos objetos que constituam o corpo de delito. Há, entretanto, jurisprudência no sentido de que essa vedação não é absoluta, podendo o exame de corpo de delito ser realizado durante a instrução e juntado aos autos até as alegações finais[15].

A Lei n. 9.099/95, em seu art. 77, § 1º, dispensa o exame de corpo de delito para o oferecimento da denúncia quando a materialidade do crime estiver aferida por boletim médico ou por prova equivalente. Nos demais casos, a falta de exame de corpo de delito nos crimes que deixam vestígios constituirá causa de nulidade absoluta, nos termos do art. 564, II, *b*, do Código de Processo Penal. Em sentido contrário, entende parcela da doutrina e da jurisprudência que a ausência do exame de corpo de delito, o qual constitui a prova da materialidade do crime, deve ensejar absolvição, nos termos do art. 386, II, do CPP[16].

Em face do perigo de desaparecerem os vestígios materiais do crime, o exame de corpo de delito deve ser realizado o quanto antes. Nesse sentido, a lei processual permite que o exame seja feito em qualquer dia e a qualquer hora (art. 161 do Código de Processo Penal).

5.2. Exame necroscópico

A necropsia, tanatopsia ou autópsia consiste inicialmente no exame exterior realizado em um cadáver (indumentária e eventuais objetos nele presentes), para em seguida efetivar-se o exame de suas partes internas a fim de estabelecer a causa mortis *e outros elementos pertinentes ao fato*. Em regra, só poderá ser feita após decorridas 6 horas do óbito, salvo se os peritos justificadamente entenderem possível o exame antes do decurso desse lapso temporal, o que consignarão no respectivo auto (art. 162, *caput*).

Poderá ser dispensado o exame interno do cadáver sempre que: a) nos casos de morte violenta, não houver infração penal que apurar ou b) quando as lesões externas permitirem precisar a causa da morte e não houver necessidade de exame interno para a verificação de circunstância relevante.

Sendo necessário, proceder-se-á à exumação do cadáver para a realização do exame de corpo de delito, de acordo com o disposto nos arts. 163 e 166 do Código de Processo Penal.

---

[14] Julio Fabbrini Mirabete, *Processo penal*, 18. ed., 2006, p. 267.

[15] STF, 1ª T., HC 78.719, Rel. Min. Sepúlveda Pertence, *DJ*, 25.6.1999; STJ, 5ª T., HC 36.200/BA, Rel. Min. Felix Fischer, *DJ*, 14.3.2005, p. 393: "A falta do exame de corpo de delito não pode obstar a *persecutio criminis in iudicio*. Ela não retira, aí, a admissibilidade da demanda, porquanto, a despeito de o referido exame ser, em regra, realizado antes do oferecimento da denúncia, tal fato não se apresenta como uma exigência intransponível, capaz de determinar a nulidade de toda a ação penal, até porque o exame de corpo de delito pode ser realizado a qualquer tempo e a sua falta pode ser suprida pelo exame de corpo de delito indireto e pela prova testemunhal (art. 158 c/c o art. 167, do CPP). (Precedentes) [...] *Habeas corpus* denegado". No mesmo sentido: *RT*, 548/310, *apud* J. F. Mirabete, *Processo penal*, 17. ed., p. 291.

[16] Júlio Fabbrini Mirabete, *Processo penal*, 18. ed., p. 267.

Por fim, dispõe a lei que o cadáver deve ser fotografado na posição em que for encontrado, devendo o laudo ser ilustrado com provas fotográficas, esquemas ou desenhos representativos das lesões encontradas e demais vestígios existentes no local do crime (art. 164 do Código de Processo Penal, com redação dada pela Lei n. 8.862/94).

5.3. Exame de lesões corporais

O exame de lesões corporais visa identificar a natureza e gravidade das lesões eventualmente infligidas à vítima. Em face da possibilidade de que as lesões sejam transeuntes, desaparecendo com o tempo, é fundamental que se proceda ao exame tão logo seja possível. Entretanto, o art. 168 do Código de Processo Penal prevê a realização de exame complementar nos casos de lesão corporal nas seguintes hipóteses:

a) se o primeiro exame pericial tiver sido incompleto;

b) se o exame tiver por finalidade determinar a classificação do delito no art. 129, § 1º, I, do Código Penal. O referido dispositivo é o que tipifica a lesão corporal classificada como sendo de natureza grave, por resultar na vítima incapacidade para as ocupações habituais por mais de 30 dias. Nesse caso, o novo exame deverá ser realizado logo que decorra o trintídio, prazo cujo *dies a quo* será a data do crime.

O exame complementar será determinado pela autoridade, de ofício ou a requerimento do Ministério Público, do ofendido, do acusado ou de seu defensor. A sua falta pode ser suprida pela prova testemunhal[17].

6. CADEIA DE CUSTÓDIA DA PROVA

Conceito e natureza jurídica. A cadeia de custódia é considerada uma metodologia[18] com o intuito de comprovar, documental e ininterruptamente, os atos que sucederam a fonte de prova, desde sua recolha, o traslado e a conservação dos indícios e vestígios obtidos no curso de uma investigação criminal, que deverá percorrer determinadas etapas concatenadas, para se assegurar a autenticidade, integridade e inalterabilidade da fonte de prova.

Como bem define o art. 158-A, *caput*, do Código de Processo Penal, é "... o conjunto de todos os procedimentos utilizados para manter e documentar a história cronológica do vestígio coletado em locais ou em vítimas de crimes, para rastrear sua posse e manuseio a partir de seu reconhecimento até o descarte...".

Embora esteja intimamente relacionada à prova científica, a "cadeia de custódia" está relacionada a qualquer prova obtida a partir de uma fonte de prova real.

A noção de "cadeia de custódia" tem inspiração norte-americana, por servir como uma das medidas utilizadas para "autenticação da prova", prevista especialmente nas *Rules* 901 e 902 do *Federal Rules of Evidence* dos Estados Unidos, em que se estabelecem os requisitos para autenticação ou identificação de um item de evidência

A prova da cadeia de custódia pretende assegurar que a prova valorada é exatamente aquela que fora colhida. Entretanto, para parte da doutrina, a prova da cadeia de custódia deve se pautar pela

[17] STJ, 6ªT., AgRg no AREsp 451.904/PI, Rel. Min. Sebastião Reis Júnior, j. 4.11.2014, *DJe*, 17.11.2014; STJ, 6ªT., HC 285.175/SP, Rel. Min. Rogerio Schietti Cruz, *DJe*, 29.9.2014.

[18] Gilson Sidney Amancio de Souza, Princípio da indenidade ou da higidez da prova, *in* Denise Hammerschmidt (org.), *Código de Processo Penal comentado*, p. 279-280.

presunção de regularidade da prova e boa-fé dos agentes[19]. Porém, mesmo a presunção de boa-fé e correção do agir no dever estatal não elidem a responsabilidade dos agentes estatais em documentar a cadeia de custódia.

A cadeia de custódia, portanto, guarda direta vinculação com os princípios do contraditório, devido processo legal, paridade de armas e ampla defesa, especialmente com relação aos elementos de prova submetidos a contraditório diferido.

Mesmo antes do advento da Lei n. 13.964/2019, que introduziu previsões acerca da cadeia de custódia da prova, é necessário reconhecer que a inexistência de regulamentação não impedia que se reconhecesse a necessidade de preservação da cadeia de custódia, fruto de interpretação sistemática do art. 6º, I e III, art. 159, § 6º, e art. 170, todos do Código de Processo Penal.

Etapas da cadeia de custódia. A partir da Lei n. 13.964/2019, foram introduzidos no Código de Processo Penal os arts. 158-A a 158-F, que disciplinam as etapas da cadeia de custódia da prova.

Dessa feita, a cadeia de custódia tem início com a efetiva preservação do local do crime ou com procedimentos policiais ou periciais nos quais seja detectada a existência de vestígio (art. 158-A, § 1º, do Código de Processo Penal), sendo este considerado todo objeto ou material bruto, visível ou latente, constatado ou recolhido, que se relaciona à infração penal (art. 158-A, § 3º, do CPP). A última parte da cadeia de custódia se dará com o descarte do vestígio (art. 158-B, X, do mesmo diploma legal), mesmo se já apresentado o laudo pericial e prestados os esclarecimentos necessários pelos peritos, cabendo ao agente público ficar responsável pela preservação do elemento reputado como de potencial interesse para a produção da prova pericial (art. 158-A, § 2º, do CPP).

De maneira descritiva e em caráter protocolar, o art. 158-B do Código de Processo Penal cuidou de estabelecer que a cadeia de custódia compreende o rastreamento dos vestígios nas etapas do:

a) *reconhecimento* (art. 158-B, I), que consiste no ato de ato de distinguir um elemento como de potencial interesse para a produção da prova pericial;

b) *isolamento* (art. 158-B, II), que visa evitar que se altere o estado das coisas, devendo isolar e preservar o ambiente imediato, mediato e relacionado aos vestígios e local de crime;

c) *fixação* (art. 158-B, III), com a descrição detalhada do vestígio conforme se encontra no local de crime ou no corpo de delito, e a sua posição na área de exames, podendo ser ilustrada por fotografias, filmagens ou croqui, sendo indispensável a sua descrição no laudo pericial produzido pelo perito responsável pelo atendimento;

d) *coleta* (art. 158-B, IV), que compreende o ato de recolher o vestígio que será submetido à análise pericial, respeitando suas características e natureza;

e) *acondicionamento* (art. 158-B, V), que consiste no procedimento por meio do qual cada vestígio coletado é embalado de forma individualizada, de acordo com suas características físicas, químicas e biológicas, para posterior análise, com anotação da data, hora e nome de quem realizou a coleta e o acondicionamento;

f) *transporte* (art. 158-B, VI), mediante ato de transferir o vestígio de um local para o outro, utilizando as condições adequadas (embalagens, veículos, temperatura, entre outras), de modo a garantir a manutenção de suas características originais, bem como o controle de sua posse;

g) *recebimento* (art. 158-B, VII), considerado o ato formal de transferência da posse do vestígio, que deve ser documentado com, no mínimo, informações referentes ao número de procedimento e

---

[19] Deltan Martinazzo Dallagnol, Juliana de Azevedo Santa Rosa Câmara, A cadeia de custódia da prova, *in* Daniel de Resende Salgado e Ronaldo Pinheiro de Queiroz (org.), *A prova no enfrentamento à macrocriminalidade*, cap. 18, p. 543-549. Na jurisprudência: STJ, 5ª T., AgRg no REsp 1.668.560/PR, Rel. Min. Felix Fischer, j. 15.5.2018, *DJe* 21.2018.

unidade de polícia judiciária relacionada, local de origem, nome de quem transportou o vestígio, código de rastreamento, natureza do exame, tipo do vestígio, protocolo, assinatura e identificação de quem o recebeu;

h) *processamento* (art. 158-B, VIII), que é definido como o exame pericial em si, manipulação do vestígio de acordo com a metodologia adequada às suas características biológicas, físicas e químicas, a fim de se obter o resultado desejado, que deverá ser formalizado em laudo produzido por perito;

i) *armazenamento* (art. 158-B, IX), que consiste no procedimento referente à guarda, em condições adequadas, do material a ser processado, guardado para realização de contraperícia, descartado ou transportado, com vinculação ao número do laudo correspondente;

j) *descarte* (art. 158-B, X), procedimento referente à liberação do vestígio, respeitando a legislação vigente e, quando pertinente, mediante autorização judicial.

Ainda, no art. 158-C, estabeleceu-se que a coleta dos vestígios deverá ser realizada preferencialmente por perito oficial, que dará o encaminhamento necessário para a central de custódia, mesmo quando for necessária a realização de exames complementares. Ainda, fixou-se que todos os vestígios coletados no decurso do inquérito ou processo devem ser tratados como descrito nessa lei, ficando órgão central de perícia oficial de natureza criminal responsável por detalhar a forma do seu cumprimento (art. 158-C, § 1º, do CPP). Finalmente, com o intuito de se preservar a integridade da prova, o legislador cuidou de proibir a entrada em locais isolados, bem como a remoção de quaisquer vestígios de locais de crime antes da liberação por parte do perito responsável, sendo tipificada como fraude processual a sua realização (art. 158-C, § 2º, do CPP).

Já no art. 158-D, o legislador cuidou de prever que o recipiente para acondicionamento do vestígio será determinado pela natureza do material, bem como que todos os recipientes deverão ser selados com lacres, com numeração individualizada, preservando as características e impedindo a contaminação e vazamento, além de ter grau de resistência adequado e espaço para registro de informações, tudo com vistas a garantir sua inviolabilidade e idoneidade durante o transporte (art. 158-D, §§ 1º e 2º, do CPP). Finalmente, previu-se que o recipiente somente poderia ser aberto pelo perito que realizará a análise do material e, motivadamente, por pessoa autorizada. Após cada rompimento de lacre, deverão ser registradas na ficha de acompanhamento de vestígio o nome e a matrícula do responsável, a data, o local, a finalidade, bem como as informações referentes ao novo lacre utilizado (art. 158-D, § 4º, do CPP), sendo certo que o lacre rompido deverá ser acondicionado no interior do novo recipiente (art. 158-D, § 5º, do CPP).

Já no art. 158-E, o legislador buscou estabelecer e fixar, de maneira burocrática, a criação das centrais de custódia destinada à guarda e controle dos vestígios, de vinculação direta ao órgão central de perícia oficial de natureza criminal e instalada dentro dos Institutos de Criminalística. Ainda, previu-se que toda central de custódia deve possuir os serviços de protocolo, com local para conferência, recepção, devolução de materiais e documentos, possibilitando a seleção, a classificação e a distribuição de materiais, devendo ser um espaço seguro e apresentar condições ambientais que não interfiram nas características do vestígio (art. 158-E, § 1º, do CPP), bem como que a entrada e a saída de vestígio deverão ser protocoladas, consignando-se informações sobre a ocorrência no inquérito que a eles se relacionam (art. 158-E, § 2º, do CPP). Determinou-se ainda que todas as pessoas que tiverem acesso ao vestígio armazenado deverão ser identificadas, devendo ser registradas a data e a hora do acesso (art. 158-E, § 3º, do CPP), bem como que, por ocasião da tramitação do vestígio armazenado, todas as ações deverão ser registradas, consignando-se a identificação do responsável pela tramitação, a destinação, a data e horário da ação (art. 158-E, § 4º, do CPP).

Finalmente, na última etapa da cadeia de custódia, estabeleceu-se que o material deverá ser devolvido à central de custódia após a realização da perícia, sendo certo que, caso a central de custódia não possua espaço ou condições para armazenar determinado material, deverá a autoridade policial ou judiciária determinar as condições de depósito do referido material em local diverso, mediante requerimento do diretor do órgão central de perícia oficial de natureza criminal (art. 158-F, *caput* e parágrafo único, do CPP).

Consequências da violação da cadeia de custódia. Embora tenha sido pródigo ao descrever, com minúcias, todas as etapas da cadeia de custódia da prova, o legislador deixou de estabelecer um aspecto fundamental sobre o tema: as consequências da violação da cadeia de custódia da prova.

Em razão disso, surgiram algumas vertentes doutrinárias:

a) A primeira sustenta que a prova produzida com violação à cadeia de custódia seria inadmissível, em razão da ilicitude da prova[20] e das que dela decorram, conforme o art. 157 do Código de Processo Penal e o art. 5º, LVI, da Constituição Federal. Portanto, a violação acarretaria consequências no campo da própria admissibilidade da prova, diante de sua ilicitude.

b) A segunda corrente aponta que eventual violação à sistemática adotada poderá acarretar a ilegitimidade da prova, por violação a regras de direito processual, com a consequente aplicação da teoria das nulidades[21].

c) A terceira corrente aponta que eventual violação da cadeia de custódia deve ser avaliada no momento da valoração da prova, e não de sua admissibilidade, cabendo ao juiz avaliar a densidade da prova na formação de seu convencimento[22]. Assim, em casos de irregularidades de baixa gravidade, sem indicativo de comprometimento total da fonte de prova (*v.g.*, a ausência de indicação do número do pacote e do lacre etc.[23]), pode levar à admissibilidade da prova, cabendo ao julgador valorá-la adequadamente.

No campo jurisprudencial, o Superior Tribunal de Justiça já reconheceu que "... mostra-se mais adequada a posição que sustenta que as irregularidades constantes da cadeia de custódia devem ser sopesadas pelo magistrado com todos os elementos produzidos na instrução, a fim de aferir se a prova é confiável...", de modo que é necessária a análise da violação à cadeia de custódia para a perspectiva valorativa da prova[24].

Por sua vez, o Supremo Tribunal Federal manteve decisão do Tribunal de Justiça do Paraná que reconheceu não ser razoável ou proporcional que a quebra da cadeia de custódia acarretasse a anulação e desentranhamento da totalidade do material coletado por meio das interceptações telefônicas, limitando-se à anulação, afastamento e desentranhamento do material probatório coletado contemporaneamente àquele subtraídos dos autos[25].

6.1. Demais perícias previstas no Código de Processo Penal

Exame do local do crime. Dispõe o art. 6º, I, do Código de Processo Penal que deverá a autoridade policial deslocar-se ao local da infração, providenciando para que não se altere o estado e con-

---

[20] Carlos Edinger, Cadeia de custódia, rastreabilidade probatória, *Revista Brasileira de Ciências Criminais*, v. 120, maio-jun. 2016, p. 251; Isabela Aparecida Menezes *et al.*, A quebra da cadeia de custódia da prova e seus desdobramentos no processo penal brasileiro, *Revista Brasileira de Direito Processual Penal*, Porto Alegre, v. 4, n. 1, jan.-abr. 2018, p. 293.

[21] Guilherme Madeira Dezem, *Curso de processo penal*, 6. ed., p. 696. Parte da divergência entre a primeira e a segunda correntes está circunscrita à discussão doutrinária quanto à distinção entre prova ilícita e prova ilegítima, especialmente a parte da redação dada ao art. 157, *caput*, do Código de Processo Penal, com a reforma da Lei n. 11.690/2008.

[22] Deltan Martinazzo Dallagnol, Juliana de Azevedo Santa Rosa Câmara, A cadeia de custódia da prova, *in* Daniel de Resende Salgado e Ronaldo Pinheiro de Queiroz (org.), *A prova no enfrentamento à macrocriminalidade*, p. 552 e 566.

[23] STJ, 6ª T., HC 574.103/MG, Rel. Min. Nefi Cordeiro, j. 4.8.2020, *DJe*, 14.8.2020.

[24] STJ, 6ª T., HC 653.515/RJ, Rel. Min. Rogerio Schietti Cruz, j. 23.11.2021, *DJe*, 1º.2.2022. De igual sorte: STJ, Ação Penal n. 684/DF, Corte Especial, Rel. Min. Ari Pargendler, j. 3.4.2013, *DJE*, 9.4.2013.

[25] STF, 1ª T., Agravo Regimental no *Habeas Corpus* n. 156.157/PR, Rel. Min. Alexandre de Moraes, j. 19.11.2018, *DJe*, 26.11.2018.

servação das coisas até a chegada dos peritos. A diligência tem por finalidade a preservação dos elementos presentes no local do delito que possam servir de prova para a apuração futura do fato.

Aí chegando, deverão os expertos proceder ao levantamento do local, instruindo o laudo com fotografias, desenhos ou esquemas elucidativos, cabendo-lhes, outrossim, o registro da alteração do estado das coisas e as consequências dessas alterações na dinâmica dos fatos (art. 169 e parágrafo único do Código de Processo Penal).

Perícia de laboratório. Quando procederem a exames laboratoriais, deverão os peritos conservar parte do material analisado para eventual perícia complementar ou contraprova, cabendo-lhes, ainda, ilustrar os laudos com provas fotográficas ou microfotográficas, desenhos ou esquemas, sempre que julgarem conveniente (art. 170).

No tocante à perícia de laboratório, a jurisprudência se divide acerca de sua imprescindibilidade nos crimes de condução de veículo automotor estando embriagado, previsto no art. 306 da Lei n. 9.503/97. Agora, com a nova redação do art. 306 do Código de Trânsito Brasileiro, dada pela Lei n. 12.760/2012, consolidou-se anterior decisão do STJ, para o qual a ausência de realização de exame pericial (alcoolemia ou sangue) não induz à atipicidade do fato pelo não preenchimento de elemento objetivo do tipo (art. 306 da Lei n. 9.503/97), uma vez que pode ser suprida pelo exame clínico ou, excepcionalmente, pela prova testemunhal[26]. Em verdade, o novo texto legal não somente acabou como ainda ampliou corretamente tal entendimento, na medida em que passou a aceitar não só a prova obtida, pelo teste de alcoolemia, como também "exame clínico, perícia, vídeo, prova testemunhal ou outros meios de prova em direito admitidos" (*verbis*, art. 306). Natural, já que, no sistema do livre convencimento motivado, nenhuma razão existe para limitar o tipo de prova a um específico tipo de crime. A corrente jurisprudencial que exigia, para a caracterização do tipo, a existência do exame pericial, como *conditio sine qua non* da prova da embriaguez, era, a nosso sentir, absolutamente desarrazoada. Assim, a teor da nova redação, prova será, sempre, se licitamente produzida, vale dizer, sempre que observado o regramento legal em sua produção, e a mesma tiver qualidade capaz de demonstrar a ocorrência de um fato ao magistrado. Não albergando o sistema da prova tarifada, o legislador brasileiro reconhece e reafirma que não há gradação dos meios probatórios, reconhecendo todo tipo de prova em direito admitido e, assim, faculta ao julgador que no caso concreto, com a densidade de convencimento que esta puder aportar, aceite-a como valiosa, a ponto de tomá-la em subsídio ou paradigma para fundamentar a condenação ou absolvição.

Avaliação de coisas. Podem ser objeto da perícia de avaliação: a) coisas destruídas; b) coisas deterioradas e c) coisas que constituam produto do crime. Em determinados crimes, torna-se relevante conhecer o valor das coisas ou o montante do prejuízo da vítima, a fim de verificar a possibilidade ou não da aplicação de certas figuras privilegiadas (art. 172, *caput*, do Código de Processo Penal). A avaliação deverá ser direta, pelo exame da própria coisa, mas, sendo isso impossível, poder-se-á se proceder à avaliação indireta, através do exame de outros elementos constantes nos autos ou obtidos em diligências (art. 172, parágrafo único).

Nos crimes cometidos com destruição ou rompimento de obstáculo à subtração da coisa, ou por meio de escalada, deverão os peritos descrever os vestígios, bem como os instrumentos, os meios e a época em que presumem ter sido o fato praticado (art. 171 do Código de Processo Penal). Tal providência se justifica para a correta classificação jurídica dos fatos *sub analise*, principalmente nas hipóteses de crime de furto qualificado.

Nos casos de incêndio, deverão os peritos verificar: a) a causa e o lugar em que houver começado, b) o perigo que dele tiver resultado para a vida ou para o patrimônio alheio, c) a extensão do dano

---

[26] STJ, 6ª T., AgRg no HC 533.854/PR, Rel. Min. Laurita Vaz, j. 2.3.2021, *DJe*, 11.3.2021.

e seu valor, e d) outras circunstâncias que interessarem à elucidação do fato (art. 173). Todos esses elementos servirão para a correta definição jurídica do fato.

Exame grafotécnico. Também chamado de exame caligráfico ou grafológico e, no Código de Processo Penal, de exame de reconhecimento de escritos por comparação de letra. Tem por fim a identificação do autor de determinado documento pela busca de idiossincrasias caligráficas na comparação entre um escrito obtido e outros escritos de autoria comprovada.

O procedimento para a realização desse exame vem traçado no art. 174 do Código de Processo Penal, que determina que: a) seja intimada a pessoa a quem se atribua ou possa atribuir o escrito examinado, se for essa encontrada; b) podem servir como base para a comparação quaisquer documentos que a pessoa reconhecer ou já tiverem sido judicialmente reconhecidos como de seu punho, ou sobre cuja autenticidade não houver dúvida; c) requisite a autoridade, quando necessário, os documentos que existirem em arquivos ou estabelecimentos públicos, ou nestes realize a diligência, se daí não puderem ser retirados; d) mande a autoridade que a pessoa escreva o que lhe for ditado, naquelas hipóteses em que não houver escritos para a comparação ou forem insuficientes os exibidos. Nesse caso, se estiver ausente a pessoa, mas em lugar certo, determina o mesmo dispositivo seja a diligência realizada por meio de carta precatória, em que se consignarão as palavras que a pessoa será intimada a escrever.

Perícia dos instrumentos do crime. Os instrumentos do crime deverão ser submetidos a perícia para que se lhes possa verificar:

a) a natureza, isto é, suas qualidades e características;

b) a eficiência, ou seja, sua aptidão para produzir o resultado, bem como o estado em que se encontrava.

Não gera nulidade a falta do exame dos instrumentos do crime, se as informações acerca desses instrumentos houverem sido obtidas por meios diversos[27].

7. INTERROGATÓRIO DO ACUSADO

7.1. Conceito e natureza jurídica

Chama-se interrogatório o ato processual conduzido pelo juiz no qual o acusado é perguntado acerca dos fatos que lhe são imputados, abrindo-lhe oportunidade para que, querendo, deles se defenda (incidindo, nesse caso, o direito constitucional ao silêncio, que não pode ser tomado como prova contra o réu)[28].

Quanto à sua natureza, a doutrina divide-se em três posições:

a) *Para alguns, o interrogatório é meio de prova*, fornecendo ao juiz elementos de convicção. Essa é a opção do legislador ao tratá-lo no capítulo referente à prova, deixando em segundo plano a função do interrogatório como meio de autodefesa do acusado (cf. Francisco Campos na Exposição de Motivos do Código de Processo Penal, item VII).[29]

b) *Para outros, o interrogatório constitui meio de defesa*, pois nele o acusado expõe a sua versão dos fatos, contestando a acusação. Diz-se, portanto, que o interrogatório pode constituir fonte de prova[30].

---

[27] Nesse sentido: STF, 1ªT., HC 103.910/MG, Rel. Min. Luiz Fux, 8.11.2011.

[28] STF, 1ªT., HC 75.616, Rel. Min. Ilmar Galvão, j. 7.10.1997, *DJ*, 14.11.1997, p. 58767.

[29] STJ, 6ªT., AgRg no AREsp 2.153.122/SC, Rel. Min. Rogerio Schietti Cruz, j. 8.11.2022, *DJe*, 16.11.2022.

[30] STJ, 6ªT., REsp 1.825.622/SP, Rel. Min. Rogerio Schietti Cruz, j. 20.10.2020, *DJe*, 28.10.2020.

c) *Finalmente, uma terceira corrente concilia as duas anteriores, atribuindo ao interrogatório natureza mista: é meio de defesa e também meio de prova*. Se, por um lado, o interrogado, ao expor suas alegações, exerce sua defesa, é inegável que suas afirmações fornecerão elementos que influirão na apuração, pelo julgador, da verdade.

As Leis n. 10.792/2003, 11.900/2009 e mais recentemente a Lei n. 13.257/2016 alteraram a disciplina do interrogatório constante do Código, substituindo todos os dispositivos a ele referentes e incorporando importantes preceitos à legislação em vigor. A nova disciplina, entretanto, conquanto empreste ao interrogatório características mais proximamente relacionadas à defesa do réu, não altera sua natureza mista do interrogatório, mantendo-se, também, sua função probatória[31].

7.2. Características

O interrogatório é ato público, personalíssimo e oral: a) *público*, pois, salvo naquelas ocasiões em que for aconselhável a decretação do sigilo, deve ele ser conduzido à vista de todos; b) *personalíssimo*, porque a presença do réu não pode ser substituída, inexistindo o interrogatório por procuração e admitindo-se a participação ativa de terceiros no procedimento apenas no caso do interrogado surdo e mudo que não saiba ler e escrever (art. 192, parágrafo único); c) *oral*, porquanto, salvo nas hipóteses em que o interrogado esteja impossibilitado de falar, nessa forma deverá ser a manifestação do réu, que será reduzida a escrito por escrivão judicial.

Apontava-se como característica do interrogatório, ainda, a judicialidade. Isso porque o interrogatório constituía um momento de contato direto entre o juiz e o acusado, sendo, anteriormente ao advento da Lei n. 10.792/2003, vedada a intervenção do advogado, cuja presença era considerada, em princípio, facultativa. Entretanto, a atual disciplina do ato tornou obrigatória a presença do advogado[32] e acabou por flexibilizar a judicialidade do interrogatório, uma vez que a nova redação do art. 188 do Código de Processo Penal, impingida pela Lei n. 10.792/2003, reforçou seu *caráter contraditório*, ao permitir às partes manifestarem-se acerca dos fatos que não restaram esclarecidos após a inquirição do réu pelo juiz. Caberá ao julgador, então, formular as perguntas correspondentes, se as reputar pertinentes e relevantes.

Nos termos do art. 185, *caput*, do CPP, o acusado que comparecer a juízo, no curso do processo, será qualificado e interrogado na presença de seu defensor.

A todo tempo poderá o juiz proceder a novo interrogatório, de ofício, ou a pedido fundamentado de qualquer das partes. Mesmo em segundo grau é dada essa possibilidade, conforme previsto no art. 616 do Código de Processo Penal. A diligência só será repetida, entretanto, se houver fundados motivos para tanto[33] (art. 196 do CPP).

Tramitando o processo com a presença do réu, a falta do interrogatório constituirá causa de nulidade[34], nos termos do art. 564, III, *e*, do CPP. Em contrapartida, nas situações em que o processo correr sem a presença do acusado, a falta do interrogatório não vicia o processo. Entretanto, comparecendo o acusado, ainda que após a condenação, mas antes do trânsito em julgado da sentença, deverá ele ser ouvido. Se pendente o julgamento de recurso de apelação, a oitiva deverá preceder o julgamento pelo tribunal.

O Supremo Tribunal Federal definiu que a condução coercitiva do acusado ou investigado para o interrogatório viola a garantia da não autoincriminação. Para o STF a referência "para interrogató-

---

[31] J. F. Mirabete, *Processo penal*, 17. ed., p. 297.

[32] Nesse sentido: *RT*, 824/601.

[33] 6ª T., AgRg no REsp 1.799.181/GO, Rel. Min. Antonio Saldanha Palheiro, j. 8.6.2021, *DJe*, 30.6.2021.

[34] Nesse sentido: STJ, 5ª T., RHC 90.822/RJ, Rel. Min. Ribeiro Dantas, j. 19.4.2018, *DJe*, 25.4.2018.

rio", constante do art. 260 do Código de Processo Penal, não foi recepcionada pela Constituição Federal[35]. Logo, o acusado ou investigado não é obrigado a comparecer ao interrogatório.

7.3. Local do interrogatório

A regra é que o interrogatório, como todo ato processual, seja realizado na sede do juízo (art. 792, *caput*, do CPP). Assim, caso o acusado esteja em liberdade, deve ser interrogado na sede do juízo.

7.3.1. Exceções trazidas pela nova redação da Lei n. 11.900/2009: réu preso e interrogatório por videoconferência

a) O art. 185, § 1º, do CPP excepcionou a regra, ao dispor que o réu preso *será* interrogado no estabelecimento prisional em que se encontrar, em sala própria, desde que garantidas a segurança do magistrado e de seus auxiliares, a presença do defensor e a publicidade do ato. Caso não haja a segurança necessária, o interrogatório será feito na sede do juízo.

b) O art. 185, § 2º, do CPP dispõe textualmente sobre a hipótese de interrogatório de réu preso por sistema de videoconferência ou outro recurso tecnológico análogo, *verbis: Excepcionalmente, o juiz, por decisão fundamentada, de ofício ou a requerimento das partes, poderá realizar o interrogatório do réu preso por sistema de videoconferência ou outro recurso tecnológico de transmissão de sons e imagens em tempo real, desde que a medida seja necessária para atender a uma das seguintes finalidades*:

I – prevenir risco à segurança pública, quando exista fundada suspeita de que o preso integre organização criminosa ou de que, por outra razão, possa fugir durante o deslocamento; (Incluído pela Lei n. 11.900, de 2009)

Não exige a lei que o acusado integre organização criminosa, mas que exista "fundada suspeita" de que a integre. Do mesmo modo, para tal hipótese permissiva do interrogatório *online*, não é preciso conexão ou nexo etiológico entre os crimes praticados pela possível organização criminosa e o delito de que o acusado se vê processar. É suficiente, como dito, a fundada suspeita (não se exige, pois, prova) de que o réu integre organização criminosa, pouco importando a natureza do processo a que responda, visto que, por tal – ou "outra razão" não especificada pelo inciso – este possa vir a fugir durante o deslocamento. Presume-se, assim, sua possibilidade de fuga, em face da natureza da entidade a que se suspeita pertencer (organização criminosa). Da mesma forma, a norma aberta ("... qualquer outra razão, possa fugir durante o deslocamento") aduz as hipóteses, por exemplo, de periculosidade provada do acusado, levando-se à suspeita de que, durante o trajeto, possa encetar fuga, bem como na fundada suspeita de tentativa de resgate do réu, durante o deslocamento, por terceiros. O artigo acautela o Estado de danos maiores para a Segurança Pública, tal como muitas vezes a casuística demonstrara, a ponto de ensejar o permissivo legal. Nasce, pois, a lei, nesse particular, de imperiosa necessidade constatada no cotidiano forense, sobretudo nos grandes centros, quando se tem no polo passivo da ação indivíduos com "fundada suspeita" de integrarem organizações criminosas;

II – viabilizar a participação do réu no referido ato processual, quando haja relevante dificuldade para seu comparecimento em juízo, por enfermidade ou outra circunstância pessoal; (Incluído pela Lei n. 11.900, de 2009)

III – impedir a influência do réu no ânimo de testemunha ou da vítima, desde que não seja possível colher o depoimento destas por videoconferência, nos termos do art. 217 deste Código; (Incluído pela Lei n. 11.900, de 2009)

[35] Tribunal Pleno, ADPFs 444 e 395, Rel. Min. Gilmar Mendes, j. 14.6.2018, *DJe*, 21.5.2019.

Trata-se de medida destinada a salvaguardar a conveniência da instrução criminal quando da audiência una, ou seja, naqueles casos (p. ex., procedimento do júri e procedimento comum) em que se ouvem, na mesma oportunidade, réu (em interrogatório), vítima (declarações) e testemunhas (depoimentos). *"Na verdade", como sustenta a doutrina, "em que pese o aparente conflito que decorre da conjugação do art. 185* § 2º, inc. III, com o art. 217 do CPP, tais dispositivos são plenamente conciliáveis, bastando que se parta da premissa de que, enquanto o primeiro tem em vista, unicamente, o interrogatório do réu preso e visa a evitar o seu deslocamento ao fórum quando sua presença interferir na produção da prova oral, o segundo dirige-se, primordialmente, à inquirição da vítima e testemunhas nas hipóteses em que o acusado já se encontrar no fórum para acompanhar a instrução"[36]. Vale frisar que, mesmo na audiência *online*, para garantir a dignidade e a proteção da vítima e da testemunha, além da espontaneidade dos depoimentos com vistas ao alcance da verdade real, a jurisprudência tem admitido a retirada do acusado da sala virtual[37], hipótese que foi albergada pelo art. 7°, III, da Resolução n. 354/2020 do Conselho Nacional de Justiça;

IV – responder à gravíssima questão de ordem pública. (Incluído pela Lei n. 11.900, de 2009)

O adjetivo "gravíssimo" justapõe-se à questão de ordem pública. Pensamos pudesse o legislador prescindir da expressão adjetiva utilizada em sua máxima potência, porquanto toda questão "grave" de ordem pública, já resultaria lógica, de per si, para a adoção do interrogatório *online*, tornando despropositado o requisito imposto pelo exagero vernacular, porque de muito subjetiva valoração: o que seria meramente "grave" e não "gravíssimo", impedindo a realização do ato *online*? Com que bitola se mede a gravidade – e extensão da mesma – para fins de adequação da medida? À falta de clareza para a incidência do dispositivo, a doutrina sugere situações passíveis de aplicação do dispositivo, *v.g.*, clamor social em torno do fato imputado ou da pessoa do réu preso, de tal forma que a sua presença em audiência possa importar em protestos populares, riscos de agressão física, ofensas morais etc.; e o grau de periculosidade do acusado, exigindo elevado contingente de policiais ou agentes para impedi-lo de eventuais agressões contra o juiz, partes e servidores.

Com a pandemia de covid-19, a paralisação das atividades presenciais do Poder Judiciário acelerou o processo de virtualização das audiências, que passaram a ser realizadas de forma remota. Assim, a inquirição de testemunhas e o próprio interrogatório do acusado passaram a ocorrer de modo virtual, sem a necessidade de comparecimento à sede do juízo. O Superior Tribunal de Justiça chancelou a medida, decidindo que ela se justificava, tendo em vista a situação emergencial e de saúde pública vivenciada pelo mundo naquele momento[38].

Mesmo com o fim da pandemia, permanece a possibilidade de realização de audiências virtuais. A matéria foi regulada pela Resolução n. 354/2020 do Conselho Nacional de Justiça, que estipula que a regra continua a ser a realização das audiências na sede do juízo. A resolução prevê o interrogatório *online* nas seguintes hipóteses: a) réu solto ou preso, desde que haja pedido da defesa; b) acusado preso fora da sede da comarca ou em local distante da subseção judiciária, sendo dispensada a carta precatória; c) réu solto residente em local diverso do foro, ou em localidade distante da sede da comarca, dispensada a expedição da carta precatória para oitiva; d) em caso de urgência; e) substituição ou designação de magistrado com sede funcional diversa, mutirão ou projeto específico; f) indisponibilidade temporária do foro; g) calamidade pública ou força maior.

Discussão que surgiu a partir da ampliação das audiências virtuais foi a possibilidade de participação do acusado foragido, inclusive com a realização do seu interrogatório *online*. O argumento dos

[36] Norberto Avena, *Processo penal esquematizado*, p. 488.

[37] STJ, 5ª T., AREsp 1.961.441/MS, Rel. Min. Joel Ilan Paciornik, j. 2.8.2022, *DJe*, 8.8.2022.

[38] STJ, 5ª T., AgRg no HC 648.336/MS, Rel. Min. Reynaldo Soares da Fonseca, j. 25. 5.2021, *DJe*, 1º.6.2021.

que defendem a possibilidade é o de que a condição de foragido não poderia prejudicar o direito de presença e autodefesa do acusado. A possibilidade decorreria ainda do disposto no art. 185 do Código de Processo Penal, que determina a realização do interrogatório, quando o acusado comparecer perante a autoridade judiciária. Algumas decisões concederam o direito de participação e interrogatório do acusado foragido[39]. Por fim, a 2ª Turma do STF, no exame do *Habeas Corpus* n. 227.671, em sessão virtual concluída em 7 de agosto de 2023, terminou por referendar liminar concedida pelo Ministro Edson Fachin concedendo o direito a acusados foragidos (contra eles havia mandados de prisão preventiva expedidos) de participarem, por videoconferência, da audiência de instrução e julgamento na ação penal. De notar que o pedido. anteriormente havia sido negado pelo juízo de primeira instância e pelo Tribunal de Justiça do Rio Grande do Norte, Estado originário da referida ação penal, tendo sido igualmente rechaçado, também, pelo STJ. Desse modo, o câmbio de paradigma nascido da decisão do STF em comento, conquanto festejada por muitos, a pretexto de proteger as garantias do contraditório e da ampla defesa, parece-nos absolutamente contraproducente para a efetividade da prestação jurisdicional e para o correto equilíbrio dos princípios que informam e disciplinam o devido processo legal, porquanto, doravante, configurará inegável estímulo psicológico à fuga de muitos acusados, cientes de que terão resguardadas as mesmas garantias daqueles que se apresentam à justiça.

A nosso sentir, não se pode admitir a participação de foragido na audiência, tampouco deve ser permitido seu interrogatório. Não vale o argumento da incidência do art. 185 do CPP. Quando prevista a norma, a ideia do legislador era a presença física do acusado diante do juiz de direito, com a consciência do local onde ele estava. No caso do réu foragido, conquanto presente na sala virtual, o juiz não sabe onde ele se encontra, pelo que não se pode dizer que o caso se amolda à *mens legis* do indigitado dispositivo legal. Não por acaso a audiência presencial prossegue sendo a regra. A realização por videoconferência é medida de exceção, que não pode ser interpretada para além das hipóteses de cabimento, dentre as quais não existe, por evidente, a de proporcionar a participação de acusado foragido.

Frise-se, ainda, que não há obstáculo criado pelo Estado para a participação na audiência, senão o desejo do réu de permanecer evadido à ação estatal. Como não há um direito à fuga, senão dever de submissão à ordem judicial, não pode existir um dever correlato de assegurar a participação de uma pessoa que age de forma clandestina, alheia a olhares públicos, escondendo-se à aplicação da lei. Pensar diferente é permitir que o acusado se beneficie da própria torpeza, alcançando um benefício não previsto em lei, tampouco admitido por noções mínimas de ética e honestidade. Aliás, é emblemático que esse tipo de pedido seja costumeiramente apresentado com a pretensão de que seja fornecido um "*link* secreto", o qual permitiria que o acusado permanecesse evadido. Desse modo, chancelar uma tal pretensão termina por impor ao Judiciário o dever de que ele próprio contribua para o descumprimento de suas decisões, tornando-se verdadeiro partícipe do comportamento de fuga do réu. É clara, com isso, a violação ao princípio da razoabilidade, uma vez não ser minimamente aceitável que o Judiciário determine uma prisão e depois contribua para que o agente permaneça escondido, furtando-se à aplicação do comando estatal.

Enfim, debalde a novel decisão do STF, não vemos violação alguma à ampla defesa, pois não é o Estado quem está criando embaraços à participação do acusado em audiência, assim como para sua oitiva, mas sim o próprio réu, quando deseja permanecer evadido à ordem de prisão, com a curiosa solicitação de apoio estatal para tanto.

[39] TJSP, 3ª Câm. Crim., HC 2122291-02.2022.8.26.0000, Rel. Des. Toloza Neto, j. 14.7.2022.

Enfim, com referida decisão, o Supremo Tribunal Federal acabou revendo sua vedação ao interrogatório do acusado foragido, alterando, por conseguinte, o entendimento até então vigente também no Superior Tribunal de Justiça[40].

7.3.2. Requisitos para o interrogatório *online*

a) Aplica-se a excepcionalidade da medida – somente possível para réus presos – quando ocorrer uma das hipóteses do art. 185, § 2º, I a IV, ou para réus soltos e presos no casos dispostos na Resolução n. 354/2020.

b) Da decisão que determinar a realização de interrogatório por videoconferência, as partes serão intimadas com 10 dias de antecedência (§ 3º).

c) Quando impossível ao magistrado interrogar o réu no estabelecimento prisional (§ 1º).

d) Direito de entrevista prévia e reservada do réu com o seu defensor e garantia de acesso a canais telefônicos reservados para comunicação entre o defensor que esteja no presídio e o advogado presente na sala de audiência do fórum, e entre este e o preso (§ 5º). A Resolução n. 354/2020 não exige que haja um defensor na unidade prisional, bastando que seja reservada linha de comunicação direta para contato com o acusado, caso não estejam no mesmo ambiente.

8. INTERROGATÓRIO *ONLINE* E SUA CONSTITUCIONALIDADE

Embora editada a norma do § 2º do art. 185 do CPP, muito se discutiu em sede doutrinária e jurisprudencial acerca da constitucionalidade do interrogatório *online*, tendo em conta os princípios da ampla defesa e da publicidade, consagrados no texto maior.

Parcela da doutrina sustenta a inconstitucionalidade do interrogatório *online*, com fulcro na violação ao direito de presença e na limitação da autodefesa, ambos corolários do princípio constitucional da ampla defesa. O princípio da publicidade dos atos processuais também seria restringido pela videoconferência.

Segundo essa corrente, o interrogatório do réu no estabelecimento prisional não permite que o juiz afira a existência de possíveis pressões externas, aptas a intimidar o réu e viciar seu depoimento.

Ademais, consoante esse entendimento, o princípio da imediação – *segundo o qual o juiz deve tomar contato com as provas sem intermediários* – é violado, na exata medida em que a tecnologia dificulta sobremaneira a percepção do juiz acerca das nuanças do interrogatório do acusado, com prejuízo à busca da verdade real.

Assim, para os defensores dessa corrente, o interrogatório em seu dúplice aspecto resta enfraquecido com a realização da videoconferência.

Não pactuamos dessa posição.

O moderno processo penal deve ser efetivo. A busca pela célere e efetiva prestação jurisdicional encontra-se consubstanciada na Constituição Federal. Com efeito, o art. 5º, LXXVIII, da Lei Maior estabelece que "a todos, no *âmbito judicial* e administrativo, são *assegurados a razoável duração do processo e os meios que garantam a celeridade de sua tramitação*" (grifo nosso).

O interrogatório feito por meio do sistema de videoconferência busca tornar efetiva e célere a prestação jurisdicional. Não há que falar em afronta aos princípios da ampla defesa e publicidade, uma vez que o acusado, no interrogatório, tem contato direto e irrestrito com o magistrado e com seu advogado, sendo a publicidade garantida mediante a tecnologia.

---

[40] STF, 1ª T., HC 223442 AgR, Rel. Min. Roberto Barroso, j. 3.4.2023, *DJe*, 4.4.2023; STJ, 5ª T., AgRg no HC 766.724/RN, Rel. Min. Messod Azulay Neto, j. 23.5.2023, *DJe*, 30.5.2023.

A obrigatoriedade da presença do defensor, bem como sua prévia e reservada entrevista com o réu, elide o argumento das possíveis pressões externas que possam macular a autodefesa e o valor probatório do ato. É garantido ao réu o direito de contato reservado por canal próprio com seu defensor. Além disso, o advogado (art. 7º, III, da Lei n. 8.906/94) e o defensor público (art. 44, VII, da LC n. 80/94), a qualquer momento, podem ter contato direto com o preso dentro da unidade prisional, inclusive antes do interrogatório. Logo, eventuais pressões podem ser verificadas a qualquer momento, sem prejuízo, portanto, para o interrogatório *online*.

Ademais, o réu pode sofrer pressões mesmo na presença do juiz, em virtude de anterior ameaça.

É a aplicação do princípio da proporcionalidade que assegura a constitucionalidade do interrogatório *online*. De um lado há o direito de presença do réu, decorrente do princípio da ampla defesa, que é garantido na videoconferência por meio da tecnologia. De outro, a efetiva e célere prestação jurisdicional, a preservação da segurança da sociedade (com a redução das fugas durante o trajeto ao fórum e com a diminuição da necessidade de escoltas, possibilitando maior efetivo policial nas ruas, ainda no caso de conveniência para a instrução criminal, como nas hipóteses dos incisos I, III e IV do § 2º do art. 185) e a redução dos custos do Estado com o transporte dos acusados.

Como não existe direito absoluto, a presença física do réu no interrogatório cede em favor do interesse público – observadas a necessidade e a idoneidade do meio, conforme sub-requisitos do método exposto no item 6.15 do Capítulo IV – com fundamento no princípio da proporcionalidade, que nada mais é do que um método interpretativo e de aplicação do direito para a solução da colisão de princípios e do balanço dos valores em oposição.

Em determinados casos, o interrogatório *online* é até um meio de aproximação do juiz com o acusado. Nos casos em que o réu esteja em localidade diversa do foro em que tramita o processo, sua realização permitirá o contato direto do acusado com o juiz da causa, providência que é muito melhor para o exercício da autodefesa, que a realização do interrogatório por cara precatória. Em tal situação a audiência *online* prestigia o direito de presença, possibilitando que o acusado acompanhe a prova sem necessidade de deslocamento para o foro onde tramita o processo. Da mesma forma, o direito de presença fica garantido para o acompanhamento do depoimento de vítimas ou testemunhas, mesmo que residentes noutra localidade, já que tornada exceção a necessidade de expedição de carta precatória.

No âmbito jurisprudencial foi bastante controversa a matéria, cujo entendimento díspar decorria do antigo vazio legal, ou seja, antes da expressa previsão do art. 185, § 2º, pela Lei n. 11.900/2009. Assim, antes de editada a nova lei, o STJ dividia-se ora pela constitucionalidade, ora pela inconstitucionalidade da matéria, e o STF tendia ao reconhecimento da inconstitucionalidade do interrogatório *online*. Em um dos seus mais emblemáticos julgamentos quanto ao tema[41], tendo o STF considerado que o interrogatório *online* limitava o exercício da ampla defesa e, portanto, reputando-o inconstitucional, a Ministra Ellen Gracie, com voto vencido, enfrentou a controvérsia afirmando a licitude do ato, dizendo preservados os direitos e garantias fundamentais do acusado. A polêmica permaneceu mesmo após a edição do permissivo legal, mas já sem a força anterior; ao menos, perde razão o antigo argumento dos que sustentavam a inconstitucionalidade da medida por infração ao devido processo legal. É que agora tal argumento restou totalmente sepultado, em face da expressa previsão da lei.

Atualmente, o interrogatório *online* tem sido amplamente aceito pelo Supremo Tribunal Federal e pelo Superior Tribunal de Justiça, inclusive para o plenário do Tribunal do Júri[42].

---

[41] HC 90.900/SP, *Informativo do STF* n. 526, de 30.10.2008.

[42] STJ, 6ª T., AgRg no HC 822.130/MT, Rel. Min. Rogerio Schietti Cruz, j. 26.6.2023, *DJe*, 28.6.2023; STF, 1ª T., HC 149083, Rel. Min. Marco Aurélio, j. 4.11.2020, *DJe*, 9.11.2020.

8.1. Conteúdo

De acordo com o art. 187, o interrogatório será constituído de duas partes: a primeira versará sobre a pessoa do acusado (interrogatório de classificação, identificação ou qualificação) e a segunda terá questões sobre os fatos apurados (interrogatório de mérito).

Consoante o § 10 do art. 185, incluído pela Lei n. 13.257/2016, conhecida como "Estatuto da Primeira Infância", "do interrogatório deverá constar a informação sobre a existência de filhos, respectivas idades e se possuem alguma deficiência e o nome e o contato de eventual responsável pelos cuidados dos filhos, indicado pela pessoa presa". Esses dados poderão ser úteis para auxiliar o juiz a decidir sobre medidas cautelares e adotar providências que possam ser necessárias para proteger os filhos da pessoa presa.

8.1.1. Entrevista reservada com o defensor

Antes do ato, porém, terá o réu o direito de entrevistar-se reservadamente com seu advogado (art. 185, § 5º, 1ª parte, do CPP, com a alteração determinada pela Lei n. 11.900/2009). Essa medida tem por escopo possibilitar que o réu receba, antes do interrogatório, orientação jurídica de seu defensor.

Observe-se que o dispositivo citado assegura ao acusado o direito de entrevista reservada com seu defensor, apenas antes da realização do interrogatório, e não há nesse dispositivo, nem nas disposições que disciplinam a instrução criminal, referência ao suposto direito, a ser assegurado pelo juiz, sob pena de nulidade, de o defensor se avistar com o acusado em momento antecedente à sessão designada para a oitiva de testemunhas. Neste caso, a nulidade só seria declarada diante da demonstração de prejuízo efetivo[43].

Não estabelece o Código o tempo destinado à referida entrevista. Há de se aplicar o critério da razoabilidade, considerando-se então a complexidade das imputações criminais deduzidas pela acusação. Não distingue a lei qualquer modalidade de interrogatório para a obediência da medida. Vale dizer: sempre terá o acusado o direito de entrevistar-se com seu defensor, qualquer que seja o tipo de interrogatório empregado, pouco importando, assim, esteja preso ou solto, no próprio juízo ou mediante carta precatória e, ainda, na hipótese de interrogatório por videoconferência ou outro sistema análogo (art. 185, § 5º, do CPP). Nos expressos termos do § 5º: "fica também garantido o acesso a canais telefônicos reservados para comunicação entre o defensor que esteja no presídio e o advogado presente na sala de audiência do fórum, e entre este e o preso". Incumbe ressaltar que, nessa hipótese – interrogatório *online* –, fica vedada a interceptação telefônica entre o réu e seu advogado, porquanto diz o texto da lei, literalmente, de que ambos se comunicarão por meio de "canais telefônicos reservados", configurando-se, pois, prova ilícita, se desobedecido o comando da lei, em homenagem ao direito de defesa.

8.1.2. Direito ao silêncio

A Constituição Federal assegura ao indiciado e ao réu o direito ao silêncio (art. 5º, LXIII). Entre nós, foi consagrado o princípio da não autoincriminação (consubstanciado no brocardo latino "*nemo tenetur se detegere*"). Não pode, assim, o acusado ser obrigado a produzir provas contra si mesmo. Se optar por permanecer calado, o seu silêncio não importará confissão, nem poderá ser interpretado em prejuízo da defesa (art. 186 do CPP). A doutrina entende, no entanto, que o réu está obrigado a responder às perguntas sobre a sua pessoa, cujo conteúdo vem disposto no art. 187, § 1º, do Código de Processo Penal, já que essas questões não dizem respeito à prática do delito a ele imputado, não lhe prejudicando a defesa.

---

[43] STF, 1ª T., HC 112.225/DF, Rel. Min. Luiz Fux, j. 18.6.2013, *DJe*, 23.8.2013.

Parcela da doutrina sustenta como consequência do direito à não autoincriminação o denominado "direito de mentir", o que não nos parece correto. Como bem adverte Tornaghi, "o réu pode até mentir"[44], porquanto essa conduta não está tipificada como crime. Pode, porém, o acusado responder por denunciação caluniosa (art. 339 do CP), falsa identidade (art. 307 do CP), ou autoacusação falsa (art. 341 do CP) caso a mentira contada em seu interrogatório subsuma-se a um dos tipos penais mencionados. Assim, se o réu acusar-se falsamente de um crime praticado por outrem em seu interrogatório, perpetrará o delito de autoacusação falsa.

Discute-se hoje a possibilidade do silêncio seletivo, que ocorre quando de antemão o acusado já manifesta que não responderá às perguntas do juiz e do Ministério Público, limitando-se aos questionamentos da defesa. Os que defendem a possibilidade afirmam que a estratégia estaria inserida no exercício da autodefesa do acusado, que pode escolher a forma como exercerá seu direito ao silêncio, nada respondendo, ou escolhendo as perguntas que responderá, o que incluiria a escolha de quem poderá lhe questionar.

Não obstante, parece-nos que a possibilidade desnatura o ato de interrogatório, que tem como uma de suas principais características a judicialidade. Cuida-se de ato que possui tríplice finalidade, conforme sustentado por Espínola Filho:

"a) facultar ao magistrado o conhecimento do caráter, da índole, dos sentimentos do acusado: em suma, compreender-lhe a personalidade;

b) transmitir ao julgador a versão, que, do acontecimento, dá, sincera ou tendenciosamente, o inculpado, com a menção dos elementos, de que o último dispõe, ou pretende dispor, para convencer da idoneidade da sua versão;

c) verificar as reações do acusado, ao lhe ser dada diretamente, pelo juiz, a ciência do que os autos encerram contra ele"[45].

Se todas as finalidades são direcionadas ao próprio julgador, parece estranho que o ato não seja primacialmente conduzido pelo próprio juiz de direito. Não por acaso que, embora tenha permitido a intervenção das partes, a Lei n. 10.792/2003 manteve a judicialidade do interrogatório, deixando claro que o ato deve ser conduzido pelo magistrado. Conforme consta do art. 188 do Código de Processo Penal, após realizado o interrogatório pelo juiz é que as partes poderão apresentar perguntas, as quais, pelo texto legal, deverão ser feitas por meio do juiz, conforme entenda pertinente e relevante. Daí o evidente caráter de complementariedade das reperguntas.

Destarte, se a própria lei direciona as reperguntas depois dos questionamentos do juízo, referindo que elas deverão ser feitas de modo indireto, a opção pela escolha do arguidor não encontra amparo legal. Se o ato é judicial, não cabe ao acusado desnaturá-lo, escolhendo a forma como ele deve ocorrer, como se exercesse um direito potestativo.

E mesmo no Tribunal do Júri, em que as perguntas são feitas diretamente pelas partes (CPP, art. 474, § 1°), o entendimento não se altera. O art. 474, *caput*, fala da aplicação do regramento disposto para o interrogatório, o que, mais uma vez, inclui a inquirição inicial feita pelo Juiz. Neste caso, embora não seja o julgador do fato, sendo os jurados leigos, é até natural e intuitivo que o interrogatório seja conduzido pelo juiz presidente. Ademais, prossegue a finalidade de aferição de características do acusado, algo que servirá para o momento da fixação da pena, caso sobrevenha a condenação pelo Conselho de Sentença.

Por conseguinte, não se pode olvidar que o interrogatório, para além de meio de defesa, é importante meio de prova. Um tal interrogatório, com a escolha de quem fará as perguntas, perde por

---

[44] Hélio Tornaghi, *Curso de processo penal*, 6. ed., p. 363.

[45] E. Espínola Filho, *Código de Processo Penal brasileiro anotado*, 4. ed., v. II, p. 498.

completo sua natureza, passando a séria impressão de tratar-se de mera entrevista combinada, espécie de jogral jurídico, sem condições de ofertar legitimamente qualquer conteúdo probatório. Um interrogatório assim cindido melhor se ajusta à expressão de um "rogatório", já que não será "entre" (*inter*) partes e o juiz, mas, apenas entre o advogado e seu constituinte

Frise-se, ainda, que o silêncio garantido é em relação aos questionamentos, não necessariamente em relação às pessoas que realizarão a inquirição. O juiz formulará as perguntas devidas, bastando que o acusado responda o que entender conveniente, ou deixe de responder o que lhe aprouver. Do ponto de vista lógico e objetivo, não pode fazer diferença o réu responder ao juiz ou ao advogado se é culpado ou inocente, posto que a diferença reside mesmo é na qualidade das perguntas, e não na função ou pessoa que as formula.

Todavia, forçoso reconhecer que a tendência da jurisprudência aponta pela admissibilidade do silêncio seletivo, com a escolha do arguidor[46]. Notável, contudo, precedente do Superior Tribunal de Justiça, que se deu em sentido contrário, justamente na linha do que defendemos. Segundo consta da ementa do julgado: "Com as alterações da Lei n. 10.792/2003, foram assegurados a intervenção das partes no procedimento e ao interrogado o direito de permanecer em silêncio, decorrência do princípio nemo tenetur se detegere, todavia o ato continuou sob controle do Magistrado, não tendo a alteração legislativa em momento algum assegurado ao interrogado o direito de escolher quem irá interrogá-lo"[47]. Note-se, ainda, que referida decisão foi mantida no Supremo Tribunal Federal, por meio de decisão monocrática do Ministro Ricardo Lewandowski[48].

8.2. Casos especiais

Havendo mais de um acusado, serão interrogados separadamente (art. 191).

Se o interrogando for surdo, as perguntas serão apresentadas por escrito e respondidas oralmente (art. 192, I). Sendo ele mudo, as perguntas serão feitas oralmente e respondidas por escrito (art. 192, II). Na hipótese de surdo-mudez do réu, as perguntas serão formuladas por escrito e do mesmo modo serão dadas as respostas (art. 192, III). Finalmente se, nesse caso, o réu não souber ler nem escrever, intervirá no ato, como intérprete, pessoa habilitada a entendê-lo (art. 192, parágrafo único).

Se o interrogando não falar a língua nacional, o interrogatório se dará por meio de intérprete (art. 193), sob pena de impossibilitar o exercício do direito de ampla defesa.

Por fim, se o interrogado não souber escrever, não puder ou não quiser assinar, tal fato será consignado no termo (art. 195).

Quanto à presença do advogado de réu diverso daquele que está sendo interrogado, o STJ admite a possibilidade de participar da audiência[49], inclusive realizando reperguntas, as quais, no entanto, o réu não está obrigado a responder, em face do princípio da não incriminação[50].

No mesmo sentido, o STF entende que a decisão que impede, de forma absoluta, que o defensor do réu faça qualquer repergunta ofende os princípios constitucionais da ampla defesa, do contraditório e da isonomia[51].

---

[46] STJ, 6ª T., HC 703.978/SC, Rel. Olindo Menezes (Desembargador convocado do TRF 1ª Região), j. 5.4.2022, *DJe*, 7.4.2022.

[47] STJ, 5ª T., AgRg no HC 640.952/SC, Rel. Min. Joel Ilan Paciornik, j. 15.2.2022, *DJe*, 18.2.2022

[48] STF, RHC 213849/SC, Rel. Min. Ricardo Lewandowski, j. 6.4.2022, *DJe*, 8.4.2022.

[49] STJ, 5ª T., HC 198.668/SC, Rel. Min. Jorge Mussi, j. 4.9.2012, *DJe*, 18.9.2012.

[50] 2ª T., HC 94601, Rel. Min. Celso de Mello, j. 4.8.2009, *DJe*, 10.9.2009; 2ª T., HC 116132, Rel. Min. Ricardo Lewandowski, j. 17.9.2013, *DJe*, 2.10.2013, *DJe*, 3.10.2013

[51]. STF, 1ª T., HC 101.648/ES, Rel. Min. Cármen Lúcia, j. 24.11.2009, *DJe*, 9.12.2009, *Informativo do STF* n. 586.

9. CONFISSÃO

A confissão é o reconhecimento, pelo indiciado ou acusado, da imputação que lhe é feita.

Para que seja reconhecida como confissão, a afirmação do acusado deverá ser, no plano formal: a) espontânea ou voluntária; b) expressa e c) pessoal. Alguns autores incluem no rol de requisitos para sua admissibilidade, ainda, elementos de caráter material: a) a verossimilhança da confissão; b) a clareza e a existência de coerência entre os motivos, as causas e os fatos confessados; c) a persistência, ou seja, que ao longo do processo seja mantido o teor da confissão; d) a coincidência entre o conteúdo da confissão e os demais elementos de prova existentes nos autos.

A confissão, conforme já se disse, não substitui, via de regra, a produção de outras provas, principalmente no que diz respeito à materialidade do delito. O exame de corpo de delito, por exemplo, por expressa previsão do Código de Processo Penal, não pode ser suprido pela confissão do réu (art. 158).

9.1. Características da confissão

O art. 200 do Código de Processo Penal determina que a confissão será divisível e retratável.

A divisibilidade da confissão traduz-se na possibilidade, fundada na vigência do princípio do livre convencimento motivado, de que o juiz aceite a confissão parcialmente, repudiando, ao mesmo tempo, a parte que reputar inverossímil. A doutrina, em sua maioria, entende divisível mesmo a chamada *confissão qualificada,* na qual o réu admite a prática do fato, aduzindo, porém, alguma causa justificativa ou circunstância abonadora.

Já *a retratabilidade implica que o confitente a qualquer momento possa se retratar, desdizendo o que foi dito, oferecendo nova versão dos fatos, ou negando qualquer responsabilidade. A retratação pode ser total ou parcial.* O valor da retratação, entretanto, será sempre relativo, pois o juiz poderá aceitá-la ou recusá-la de acordo com todo o conjunto probatório (art. 200, *in fine*).

9.2. Valor probatório

No tempo da prova legal, a confissão era conhecida como *regina probationum* (rainha das provas), valendo como prova plena da imputação. Entretanto, atualmente a confissão, como os demais elementos de prova, não tem, por si só, o condão de determinar a comprovação dos fatos alegados pela acusação.

A confissão terá, dessa forma, valor probante relativo, devendo o juiz apreciá-la em confronto com as demais provas do processo, verificando se entre ela e estas há compatibilidade ou concordância (art. 197 do CPP). A disposição é consentânea com a realidade, pois não raro a confissão é prestada de maneira fraudulenta, não podendo o julgador ficar adstrito ao seu conteúdo para proferir o julgamento.

9.3. Modalidades de confissão

Quanto à sede em que ocorra, a confissão poderá ser: a) *judicial*, quando feita em juízo, ou b) *extrajudicial*, quando produzida em sede diversa, por exemplo, a realizada em inquérito policial ou comissão parlamentar de inquérito.

A confissão judicial pode ocorrer no interrogatório ou fora dele. Neste último caso, consoante o art. 199 do CPP, a confissão será tomada por termo nos autos. Trata-se de medida inócua, porquanto tem o juiz a faculdade de proceder a novo interrogatório, *ex vi* do disposto no art. 196 do CPP, o que afastará a possibilidade de questionamento futuro[52].

---

[52] Adalberto Camargo Aranha, *Da prova no processo penal*, 7. ed., 2006, p. 118.

Quanto aos efeitos, pode ser:

a) *simples*, quando o confitente simplesmente admite a imputação que lhe é feita;

b) *qualificada*, se o réu reconhece a acusação, mas apresenta em seu favor circunstâncias que excluam ou atenuem sua responsabilidade (p. ex., admite que matou, mas alega tê-lo feito em legítima defesa).

Quanto à forma, será:

a) *expressa ou explícita*, quando realizada por inequívoca afirmativa de concordância com a imputação, oralmente ou por escrito;

b) *tácita, implícita ou ficta*, quando decorrer de presunção legal. O processo penal brasileiro não admite a confissão tácita, vigendo a presunção de inocência e dispondo expressamente que o silêncio do acusado não importará em confissão.

Dispõe o art. 190 do Código de Processo Penal que, se o réu confessar a autoria, será perguntado sobre os motivos e circunstâncias do fato, se outras pessoas concorreram para a infração e, em caso positivo, quais sejam essas pessoas.

Vale lembrar que o réu que, confessando o crime, colaborar de modo efetivo nas investigações e durante o processo poderá ser beneficiado com o perdão judicial ou com a diminuição de sua pena. São as hipóteses de delação premiada.

Imperioso ressaltar que o réu confesso poderá ser merecedor, ainda, da atenuante da confissão espontânea, prevista no art. 65, III, *d*, do Código Penal. Para a incidência do benefício, não basta ao imputado admitir o nome, qualificação, endereço ou posição ocupada, já que tais informações não caracterizam efetivamente a confissão[53].

De igual sorte, não se exige que a confissão seja integral, de modo que a incidência da referida atenuante acontecerá ainda que a confissão tenha sido meramente parcial, desde que utilizada para fundamentar a condenação[54], nos termos da Súmula 545 do Superior Tribunal de Justiça.

Todavia, conforme entendimento da referida Corte, especialmente em casos de tráfico de drogas, a incidência da atenuante da confissão espontânea no crime de tráfico ilícito de entorpecentes exige o reconhecimento da traficância pelo acusado, não bastando a mera admissão da posse ou propriedade para uso próprio (Súmula 630 do STJ).

9.4. Delação premiada

É o benefício que se concede ao réu confesso, reduzindo-lhe ou até isentando-lhe de pena[55], quando denuncia um ou mais envolvidos na mesma prática criminosa a que responde[56].

A matéria é disciplinada difusamente na legislação: a) Lei dos crimes contra o Sistema Financeiro Nacional, art. 25, § 2º (Lei n. 7.492/86); b) Código Penal, art. 159, § 4º; c) Lei dos Crimes Hediondos, art. 8º, parágrafo único (Lei n. 8.072/90); d) Lei dos Crimes contra a Ordem Tributária e as relações de consumo, art. 16, parágrafo único (Lei n. 8.137/90); e) Lei de Lavagem de Capitais, art. 1º, § 5º (Lei n. 9.613/98); f) Lei de Proteção a Vítimas e Testemunhas, arts. 13 e 14 (Lei n. 9.807/99); g) Lei de Drogas, art. 41 (Lei n. 11.343/2006).

Outrossim, na Lei de Crime Organizado (Lei n. 12.850/2013), há previsão do instituto da colaboração premiada[57], prevista no art. 3º, I, e disciplinada nos arts. 4º a 7º, sendo meio de obtenção

---

[53] STJ, 6ª T., AgRg no AREsp 2.295.255/PE, Rel. Min. Rogerio Schietti Cruz, j. 13.6.2023, *DJe*, 23.6.2023.

[54] STJ, 6ª T., AgRg no REsp 1.998.754/MG, Rel. Min. Sebastião Reis Júnior, j. 12.6.2023, *DJe*, 16.6.2023.

[55] STJ, 5ª T., AgRg no REsp 1.450.658/CE, Rel. Min. Jorge Mussi, j. 24.4.2018, *DJe*, 4.5.2018.

[56] STJ, 6ª T., HC 174.286/DF, Rel. Min. Sebastião Reis Júnior, j. 10.4.2012, *DJe*, 25.4.2012.

[57] A jurisprudência reconhece um tratamento distinto às expressões "delação premiada" e "colaboração premiada", já que, na "delação premiada" prevista em diversos dispositivos legais, seria desnecessário um prévio acordo e a bilateralidade inerente aos

de prova e negócio jurídico processual pelo qual o investigado ou acusado, ao prestar suas declarações, coopera com a atividade investigativa, confessando crimes e indicando a atuação de terceiros envolvidos com a prática delitiva, de sorte a alterar o resultado das investigações em troca de benefícios processuais.

10. PERGUNTAS AO OFENDIDO

Ofendido é a vítima, ou seja, o sujeito passivo da infração penal. A vítima não é equiparada, para efeitos legais, às testemunhas. Por ser a prejudicada imediata pela infração penal, a vítima tem interesse na condenação do réu, motivo pelo qual suas declarações, conquanto sejam bastante relevantes, em face da natural proximidade dela com os fatos a apurar, devem ser interpretadas com reserva.

A posição peculiar da vítima em relação ao delito faz com que a lei não exija dela a prestação de compromisso de dizer a verdade, sendo certo que não presta ela depoimento, mas simples *declarações*. Por isso, a vítima que eventualmente prestar informações divergentes daquelas que posteriormente se confirmarem como verdadeiras não comete crime de falso testemunho.

Segundo a jurisprudência dominante, a palavra do ofendido, desde que coerente e firme, pode lastrear uma condenação[58], especialmente nos crimes cometidos por desconhecidos e às escondidas, tais como o roubo e os delitos contra a dignidade sexual.

O ofendido será intimado para, uma vez qualificado, responder a perguntas sobre as circunstâncias da infração e sua autoria, podendo indicar as provas de que tenha conhecimento (art. 201, *caput*, do CPP).

A oitiva do ofendido não é obrigatória, não constituindo sua falta causa de nulidade. Entretanto, uma vez determinada sua realização, o comparecimento da vítima será obrigatório. Se, regularmente intimada, ela não comparecer, poder-se-á determinar sua condução coercitiva à presença da autoridade policial ou judicial (art. 201, § 1º, do CPP), podendo o ofendido resistente responder, inclusive, pelo crime de desobediência, previsto no art. 330 do Código Penal.

Na audiência o ofendido terá reservado espaço separado (art. 201, § 4º) e sua oitiva será realizada antes do depoimento prestado pelas testemunhas arroladas pela acusação, embora não haja prejuízo caso seja ouvida depois.

A vítima será comunicada no endereço que indicar – admitindo-se, inclusive, por sua opção, o uso de meio eletrônico – acerca dos atos relativos à entrada e saída do réu da prisão. Com efeito, o art. 201, § 2º, estabelece que "o ofendido será comunicado dos atos processuais relativos ao ingresso e à saída do acusado da prisão, à designação de data para audiência e à sentença e respectivos acórdãos que a mantenham ou modifiquem".

Cabe ao magistrado tomar as providências necessárias ao resguardo de bens como intimidade, vida privada, honra e imagem do ofendido, podendo decretar segredo de justiça em relação a seus dados, depoimentos e outras informações. Evita-se, assim, a exposição da vítima aos meios de comunicação (art. 201, § 6º).

Em face dos inúmeros traumas gerados por determinados crimes – de natureza sexual, por exemplo –, deve o juiz, caso entenda necessário, encaminhar a vítima para atendimento multidisciplinar, nas áreas psicossocial, de assistência jurídica e de saúde, a expensas do ofensor ou do Estado (art. 201, § 5º).

---

acordos de colaboração premiada firmados sob a égide da Lei n. 12.850/2013 (STJ, 5ªT., AgRg no REsp 1.765.139/PR, Rel. Min. Felix Fischer, j. 23.4.2019; STF, 1ªT., RHC 219.193, Rel. Min. Fux, j. 8.11.2022).

[58] Nesse sentido: STJ, 5ªT., AgRg no AREsp 1.904.689/SP, Rel. Min. Joel Ilan Paciornik, j. 16.8.2022, *DJe*, 22.8.2022; 5ªT., AgRg no AREsp 2.192.286/RS, Rel. Min. Joel Ilan Paciornik, j. 16.5.2023, *DJe*, 19.5.2023.

Pode ocorrer que a vítima da prática criminosa seja ameaçada, com o intuito de dissuadi-la de colaborar com a investigação ou com a instrução criminal. Diante dessa possibilidade, a Lei n. 9.807/99 disciplina meios de proteção às vítimas e testemunhas sujeitas a coação ou grave ameaça em razão da colaboração em investigação ou processo criminal.

11. PROVA TESTEMUNHAL: CONCEITO, DIREITOS, DEVERES, CLASSIFICAÇÃO

Testemunha é a pessoa diversa dos sujeitos processuais chamada a juízo para narrar fatos dos quais tenha tomado conhecimento, que se apresentem relevantes para a causa.

Nesse sentido, o vocábulo "testemunha", do latim *testis*, vem de *tertius*, que era no direito romano o *terceiro* encarregado de assistir a um contrato avençado oralmente entre duas partes e sujeito, por conseguinte, à confirmação de seus termos quando solicitado[59]. Assim, alude ao apoio de terceiro, originando-se na mesma raiz, aliás, de "três", que deu origem a "*tes*tamento", "con*test*ar", "de*tes*tar", "pro*test*ar"[60]. Logo, ninguém, tecnicamente, pode ser testemunha de si mesmo.

*As testemunhas têm três obrigações: a) de comparecer (*vide *item* 10.6*); b) de prestar compromisso (art. 203 do CPP) e c) de prestar o testemunho do que sabem, ou seja, não podem omitir e não podem mentir (art. 203, III, do CPP e art. 342 do CP). Têm as testemunhas, por outro lado, três direitos: a) o direito a expor completa e coerentemente tudo o que sabem sobre o fato objeto do processo ou a respeito do qual foram chamadas a depor; b) o direito a um tratamento leal e respeitador do devido processo legal; c) o direito à compensação do dia trabalhado, conforme o determinado na lei.*

O termo "testemunha", que designa a pessoa que vai a juízo depor, não se confunde com "testemunho", que constitui o próprio depoimento.

As testemunhas podem ser classificadas em:

a) *diretas ou indiretas*, conforme deponham sobre fatos que tenham presenciado ou narrem fatos dos quais tiveram ciência por meio de terceiros. Cabe distinguir *testemunhas presenciais* de *testemunhas oculares*, conceitos geralmente tidos como sinônimos pela doutrina. Não obstante, tem-se que as primeiras dizem respeito àquelas que estavam presentes no palco dos acontecimentos no momento de sua ocorrência, sem que, obrigatoriamente, tenham visto o que aconteceu. Assim, por deficiência visual, falta de atenção ou qualquer outro meio ou obstáculo que haja impedido a visualização do que versa seu testemunho, referida pessoa estava "presente", sem que tenha visto o ocorrido. Por outro lado, a testemunha ocular, como a própria expressão sugere, é aquela que viu o que ocorreu sem que obrigatoriamente estivesse presente por ocasião da prática do fato. É o caso, por exemplo, da testemunha que assiste à prática do delito estando à distância dos fatos, mediante o uso de binóculos;

b) *próprias ou impróprias*, conforme deponham ou não sobre fato objeto do processo. São testemunhas impróprias as instrumentárias ou fedatárias, cuja presença em determinados atos os torna legítimos. Por exemplo, a testemunha que presenciou a apresentação de um preso em flagrante (art. 304, § 2º, do CPP) é considerada testemunha imprópria ou instrumental;

c) *numerárias ou extranumerárias*, conforme tenham sido arroladas pelas partes, dentro do número legal, ou tenham sido ouvidas independentemente de prévio arrolamento, por ordem do juiz. Nos termos do art. 209, *caput*, do Código de Processo Penal, o juiz poderá ouvir outras testemunhas, além das indicadas pelas partes, quando julgar necessário;

d) *informantes (ou declarantes)*, aquelas que não prestam compromisso com a verdade;

e) *referidas*, quando indicadas no depoimento prestado por outra testemunha (art. 209, § 1º).

---

[59] Cf. E. Benveniste, *Vocabulaire des langues indo-européennes*, 1969, p. 119-122 e 173-175.

[60] *Le Robert, Dictionnaire historique de la langue française*, direction de Alain Rey, Paris, 1998, t. 3, p. 3779-3780.

11.1. Caracteres

1) Judicialidade. Somente constitui prova testemunhal aquele depoimento prestado perante o juízo, presentes as partes.

2) Oralidade. O depoimento testemunhal não pode, em regra, ser prestado por escrito (art. 204 do CPP). Não será vedada à testemunha, entretanto, breve consulta a apontamentos. Existem algumas exceções à regra da oralidade, entretanto:

a) o Presidente e o Vice-Presidente da República, os Presidentes do Senado Federal, da Câmara dos Deputados e do Supremo Tribunal Federal poderão optar pela prestação de depoimento por escrito (art. 221, § 1º);

b) tratando-se de mudo ou surdo-mudo, as respostas serão escritas. No caso de surdez da testemunha, as perguntas serão feitas por escrito, mas as respostas serão fornecidas oralmente.

3) Objetividade. A testemunha deverá limitar-se a narrar os fatos de forma objetiva, evitando fazer apreciações pessoais, salvo quando inseparáveis da narrativa (art. 213 do CPP).

4) Retrospectividade. O depoimento da testemunha deve restringir-se aos fatos pretéritos, já ocorridos, não lhe sendo próprio fazer prognósticos[61].

11.2. Número de testemunhas

O número máximo de testemunhas que poderão ser arroladas pela acusação e defesa varia conforme o procedimento e o crime apurado:

a) No procedimento comum, cada parte pode arrolar até oito testemunhas (CPP, art. 401).

b) No procedimento do Tribunal do Júri, em plenário, o limite restringe-se a cinco testemunhas (CPP, art. 422), ao passo que na primeira fase do procedimento podem ser arroladas até oito testemunhas (CPP, art. 406, §§ 2° e 3°).

c) No procedimento sumário: até cinco testemunhas (CPP, art. 532).

d) No procedimento da Lei n. 11.343/2006 (Lei Antidrogas): até cinco testemunhas (Lei n. 11.343/2006, art. 54, III).

e) Finalmente, no procedimento sumaríssimo discute-se o número máximo será de: três ou cinco testemunhas, segundo orientação que se adote, visto que há discussão dentre os autores sobre o número de testemunhas possíveis neste procedimento, tendo em vista o silêncio da lei sobre o assunto. Três correntes se destacaram: uma primeira afirma serem três no máximo as testemunhas desse procedimento, tendo em vista ser esse o número das testemunhas do procedimento sumário das contravenções; uma segunda corrente defende serem cinco as testemunhas, pois tal procedimento estaria revogado pela CF, aplicando-se o número de testemunhas do procedimento sumário para os crimes apenados com detenção; por fim, a corrente majoritária defende que devem ser três as testemunhas no caso de contravenção penal e cinco no caso de crime apenado com detenção[62].

O procedimento alusivo às contravenções penais foi revogado pela Lei n. 11.719/2008, não havendo mais a referência às três testemunhas. O número pode ser levado em conta ainda, tendo em vista a analogia com o disposto para o art. 34 da Lei n. 9099/95, que prevê três testemunhas para o Juizado Especial Cível.

---

[61] Para a compreensão da retrospectividade, são esclarecedores os exemplos de H. Tornaghi, *Curso de processo penal*, 8. ed., v. 1, 1991: "Se um médico é chamado para depor sobre uma agressão, não lhe compete dizer se a lesão produzida na vítima vai inabilitá-la para o trabalho por mais de 30 dias. Se um engenheiro depõe sobre um incêndio a que assistiu, não lhe toca pronunciar-se sobre a iminência de desmoronamento das paredes que restam" (p. 396).

[62] Esta a posição de Ada Pellegrini Grinover, Scarance e Magalhães, em *Juizados Especiais Criminais*: comentários à Lei 9.099, de 26.9.1995, 4. ed., p. 179-180.

Não será computada como testemunha a pessoa que nada souber que interesse à decisão da causa. Tampouco se incluem nos números máximos previstos em lei as testemunhas que não prestaram compromisso e as referidas.

O número de testemunhas refere-se à cada parte e fato imputado. Logo, se houver dois crimes na denúncia de crime processado pelo rito ordinário, cada parte poderá arrolar até oito testemunhas para a produção da prova em cada um deles. Na mesma situação, havendo dois réus, cada um deles tem a faculdade de arrolar até oito testemunhas.

Cumpre ressaltar que o juiz pode deixar de ouvir testemunhas arroladas além do número máximo previsto em lei, se não aferida a imprescindibilidade de suas oitivas, sem que tal conduta configure cerceamento de defesa[63].

11.3. Quem pode depor

A regra geral, determinada no art. 202 do Código de Processo Penal, é no sentido de que toda pessoa poderá ser testemunha[64]. Essa a regra. Não há, portanto, em princípio, limitações acerca da idade, da capacidade civil ou de outras qualidades que impeçam alguém de servir como testemunha no processo penal.

Vale dizer, no processo penal todas as pessoas podem ser testemunhas, mas caberá ao julgador analisar, quando da sentença, a utilidade, pertinência e idoneidade dos testemunhos.

Regra geral, a pessoa chamada a depor é obrigada a fazê-lo (art. 206). O Código de Processo Penal, entretanto, estabelece algumas exceções. O próprio art. 206 dispõe que, sendo possível obter ou integrar a prova por meios diversos, será facultativo o depoimento das seguintes pessoas: o ascendente ou descendente, o afim em linha reta, o cônjuge, ainda que separado, o irmão e o pai, a mãe ou o filho adotivo do acusado. O rol, segundo a doutrina, é taxativo, não comportando aplicação analógica. No que diz respeito à possibilidade de se obter ou integrar a prova por meios diversos, é preciso que tal circunstância seja demonstrada concretamente, não bastando a mera afirmação nesse sentido se desprovida de fundamentação[65].

Algumas pessoas são proibidas por lei de depor. A lei veda o testemunho de quem, em razão de função, ministério, ofício ou profissão, deva guardar segredo, salvo se, desobrigadas pela parte interessada, quiserem dar o seu testemunho (art. 207).

O sigilo profissional do advogado, por ser peculiar, merece destaque. O Estatuto da Advocacia e da Ordem dos Advogados do Brasil (Lei n. 8.906/94), no art. 7º, XIX, estabelece como prerrogativa do advogado "recusar-se a depor como testemunha em processo no qual funcionou ou deva funcionar, ou sobre fato relacionado com pessoa de quem seja ou foi advogado, *mesmo quando autorizado* ou *solicitado pelo constituinte*, bem como sobre *fato que constitua sigilo profissional*" (grifo nosso). Trata-se de exceção ao art. 207 do CPP, uma vez, que mesmo desobrigado pelo interessado, é defeso ao advogado testemunhar nos casos mencionados. A violação de segredo profissional é crime nos termos do art. 154 do Código Penal. Vale frisar que o § 6°-I do art. 7° da Lei n. 8.096/94 diz que é vedado ao advogado celebrar colaborações premiadas em razão de pessoa que seja ou tenha sido seu cliente.

Ressalte-se que, com a reforma implementada pela Lei n. 11.719/2008, o art. 397 do Código de Processo Penal, que previa a possibilidade de o juiz deferir a substituição de testemunha, foi revo-

---

[63] STJ, 5ª T., AgRg no RHC 156.066/GO, Rel. Jesuíno Rissato (Desembargador convocado do TJDFT), j. 25.10.2022, *DJe*, 4.11.2022.

[64] STJ, 5ª T., AgRg no RHC 117506/CE, Rel. Min. Reynaldo Soares da Fonseca, j. 10.10.2019, *DJe*, 13.10.2019.

[65] J. F. Mirabete, *Processo penal*, 17. ed., p. 319.

gado. Assim, instaurou-se uma celeuma: com a revogação do dispositivo, ainda é lícita a substituição da testemunha não encontrada?

O Supremo Tribunal Federal resolveu a questão, entendendo não ter havido "silêncio eloquente" do legislador, sendo lícita a substituição das testemunhas sempre que verificadas as hipóteses do art. 408, III, do Código de Processo Civil de 1973 (art. 451 do CPC/2015)[66]. Essa também é a orientação do Superior Tribunal de Justiça[67].

11.4. Compromisso

O compromisso é ato que precede a prestação do depoimento. É, segundo a definição legal (art. 203 do Código de Processo Penal), a promessa, feita pela testemunha, sob palavra de honra, de dizer a verdade do que souber e lhe for perguntado.

Em regra, toda testemunha obrigatoriamente deverá prestar compromisso. A obrigatoriedade, entretanto, não é absoluta. Estabelece o art. 208 do Código de Processo Penal que não prestarão compromisso:

a) os doentes e deficientes mentais e os menores de 14 anos;

b) as pessoas enumeradas no art. 203, ou seja, o ascendente ou descendente, o afim em linha reta, o cônjuge, ainda que separado, o irmão e o pai, a mãe e o filho adotivo do acusado.

O dispositivo legal não alcança os parentes da vítima, os quais prestam compromisso de dizer a verdade[68].

Parte da doutrina entende que a falta do compromisso, por falta de deferimento por parte do juiz, enseja nulidade absoluta. Para alguns, trata-se de nulidade relativa, enquanto para uma terceira corrente a falta da formalidade representa mera irregularidade do ato.

A prestação do compromisso não constitui elemento do crime de falso testemunho. Mesmo aqueles que não estão obrigados a prestá-lo, portanto, não poderão faltar com a verdade em seus depoimentos, bastando, para que possam figurar como sujeito ativo no crime referido, que sejam penalmente capazes[69]. Existe, entretanto, doutrina em posição contrária.

Ainda, caso a testemunha compromissada seja posteriormente denunciada como ré por conta de envolvimento nos próprios fatos, o depoimento não será declarado nulo, visto que a testemunha, comprometendo-se a dizer a verdade e sendo devidamente informada sobre "as garantias constitucionais aplicáveis", teria o direito de não responder a perguntas cujas respostas pudessem eventualmente acarretar sua autoincriminação[70]. É recomendável que, nas situações em que perceba a possibilidade de autoincriminação, o juiz advirta a testemunha de que, naquele ponto, ela tem direito ao silêncio.

11.5. Contradita e arguição de suspeição

De acordo com o art. 214 do Código de Processo Penal, antes de iniciado o depoimento, poderão as partes contraditar a testemunha ou arguir circunstâncias ou defeitos que a tornem suspeita de parcialidade ou indigna de fé. As testemunhas arroladas por uma das partes poderão ser impugnadas pela parte contrária por meio da contradita ou da arguição de suspeição, sendo este último instituto, na prática forense, normalmente confundido com aquele.

---

[66] STF, Tribunal Pleno, APn 470-1 Segundo AgR/MG, Rel. Min. Joaquim Barbosa, j, 23.10.2008, *DJE*, 29.4.2009 – Caso Mensalão, vencido o Min. Marco Aurélio.

[67] STJ, 6ª T., AgRg no HC 527321/SP, Rel. Min. Laurita Vaz, j. 23.6.2020, *DJe*, 4.8.2020.

[68] STJ, 5ª T., AgRg, no RHC 117.506/CE, Rel. Min. Reynaldo Soares da Fonseca, j. 10.10.2019, *DJe*, 18.10.2019.

[69] STJ, 6ª T., HC 150509/MG, Rel. Min. Rogério Schietti Cruz, j. 21.6.2022, *DJe*, 27.6.2022

[70] STF, Plenário, Inq 3.983/DF, Rel. Min. Teori Zavascki, j. 2 e 3.3.2016, *Informativo do STF* n. 816.

Não é, todavia, o entendimento de uma corrente doutrinária que aceita que a contradita deve ser utilizada em relação à testemunha que não deva prestar compromisso (art. 208 do CPP), bem como visando excluir aquela proibida de depor (art. 207 do CPP), ao passo que a arguição de suspeição, por sua vez, visa inquinar a imparcialidade de determinadas testemunhas, retirando credibilidade das mesmas e demonstrando a existência de defeitos que as tornem suspeitas de parcialidade ou indignas de fé.

O procedimento é o seguinte: antes do início do depoimento, a parte fará a contradita ou a arguição de parcialidade oralmente. Em seguida, o juiz indagará a testemunha acerca do que contra ela houver sido levantado e decidirá, consignando todo o ocorrido no termo de audiência. Via de regra, entretanto, não se excluirá a testemunha[71], nem se deixará de deferir-lhe compromisso, o que somente poderá ocorrer nos casos previstos, respectivamente, nos arts. 207 (proibição de testemunhar) e 208 (doentes e deficientes mentais e menores de 14 anos, bem como ascendente ou descendente, o afim em linha reta, o cônjuge, ainda que desquitado, o irmão e o pai, a mãe, ou o filho adotivo do acusado).

11.6. Dever de comparecimento

Uma vez regularmente intimada, a testemunha será obrigada a comparecer a juízo para prestar depoimento. Existem, entretanto, exceções ao dever de comparecimento:

a) as pessoas impossibilitadas, por enfermidade ou por velhice, serão inquiridas onde estiverem (art. 220);

b) as pessoas enumeradas no art. 221 serão inquiridas em local, dia e hora previamente ajustados entre elas e o juiz. Integram esse rol: o Presidente e o Vice-Presidente da República, os senadores e deputados federais, os ministros de Estado, os governadores de Estado e Territórios (bem como o governador do Distrito Federal), os secretários de Estado, os prefeitos dos Municípios, os deputados estaduais, os membros do Poder Judiciário, os membros e ministros dos Tribunais de Contas da União, dos Estados, do Distrito Federal, bem como os do Tribunal Marítimo. Por força da Lei n. 8.625/93, art. 40, também gozam dessa prerrogativa os membros do Ministério Público;

c) a testemunha que morar fora da comarca em que se desenvolva o processo, deverá ser inquirida pelo juiz da comarca em que residir, por meio de carta precatória (art. 222), intimando-se as partes da expedição da mesma.

Caso a testemunha deixe de comparecer, o juiz poderá requisitar à autoridade policial a sua apresentação ou determinar seja conduzida por oficial de justiça, que poderá solicitar o auxílio da força pública (art. 218 do CPP), sem prejuízo do processo penal que possa ser ajuizado para apurar eventual prática do crime de desobediência e da condenação da testemunha ao pagamento das custas da diligência cuja realização se faça necessária para garantir sua presença perante o juízo.

11.7. Oitiva por carta precatória

Conforme já mencionado, nos casos em que a testemunha resida em comarca diversa daquela em que tramita o processo, sua oitiva poderá ocorrer na comarca em que residir, por meio de carta precatória, intimando-se as partes da expedição da referida carta (art. 222, *caput*), a fim de possibilitar seu comparecimento ao depoimento.

A intimação das partes acerca da expedição da carta precatória, entretanto, supre a necessidade de intimação determinando data e horário para o comparecimento das partes perante o juízo depre-

---

[71] STF, Plenário, Inq 3.983/DF, Rel. Min. Teori Zavascki, j. 2 e 3.3.2016, *Informativo do STF* n. 816.

cado, conforme entendimento jurisprudencial consolidado na Súmula 273 do Superior Tribunal de Justiça, segundo a qual, "*intimada a defesa da expedição da carta precatória, torna-se desnecessária intimação da data da audiência no juízo deprecado*".

A falta de intimação acerca da expedição de precatória para inquirição de testemunha enseja nulidade relativa, a teor do que diz a Súmula 155 do Supremo Tribunal Federal.

Ademais, é pacífico na jurisprudência que não se configura constrangimento ilegal a ausência de requisição de réu preso para acompanhar a oitiva de testemunha do juízo, sendo suficiente a intimação da expedição da carta precatória ao réu ou seu defensor. Ademais, se nulidade houvesse, o prejuízo deveria ser comprovado[72].

A expedição da precatória não suspende a instrução criminal (art. 222, § 1º). Findo o prazo assinalado para seu cumprimento, poderá realizar-se o julgamento, devendo, a todo tempo, ser juntada aos autos a precatória devolvida (art. 222, § 2º).

Conforme descrito a seguir, a expedição da carta precatória para oitiva de testemunha tornou-se medida de exceção. A regra é a colheita do depoimento por videoconferência.

11.8. Oitiva por videoconferência

Trata-se de inovação legislativa do art. 222, § 3º (Lei n. 11.900, de 2009), que dispõe textualmente que, na hipótese do *caput* do artigo (testemunha residente em outra comarca), a oitiva de testemunha poderá ser realizada por meio de videoconferência ou outro recurso tecnológico de transmissão de sons e imagens em tempo real, permitida a presença do defensor e podendo ser realizada, inclusive, durante a audiência de instrução e julgamento.

A medida fortalece o princípio da imediatidade da prova, uma vez que permite ao próprio juiz do processo, diretamente, inquirir a testemunha acerca dos fatos *sub judice*, sem a figura do juiz intermediário na formação da prova. O modelo de inquirição usualmente feito por precatória muitas vezes transforma-se em "ato vazio", na colheita de um testemunho sem conteúdo, na medida em que o depoente é inquirido pelo juiz da comarca em que mora, não exatamente alheio à questão genérica de mérito, mas às particularidades relevantes, que somente seriam perceptíveis pelo juiz dos autos. Nesse sentido, bem usada a medida, a busca da verdade real se fortalece, permitindo-se ao juiz que conhece do processo uma correta produção probatória.

Com a pandemia de covid-19, a paralisação das atividades presenciais do Poder Judiciário acelerou o processo de virtualização das audiências, que passaram a ser realizadas de forma remota. Assim, a inquirição de testemunhas e o próprio interrogatório do acusado passou a ocorrer de modo virtual, sem a necessidade de comparecimento à sede do juízo. O Superior Tribunal de Justiça chancelou a medida, decidindo que ela se justificava, tendo em vista a situação emergencial e de saúde pública vivenciada pelo mundo naquele momento[73].

Mesmo com o fim da pandemia permanece a possibilidade de realização de audiências virtuais, inclusive para a oitiva de testemunhas que residem no foro em que tramita o processo. A matéria está regulada pela Resolução n. 354/2020 do Conselho Nacional de Justiça. O art. 4° da Resolução refere que, salvo impossibilidade técnica ou dificuldade de comunicação, as testemunhas que residem fora da sede do juízo deverão ser ouvidas por meio virtual pelo próprio juízo da causa. Logo, só em situações excepcionais será realizada a inquirição através de carta precatória.

---

[72] STF, 2ª T., HC 93598/SP, Rel. Min. Eros Grau, j. 27.4.2010, *DJe*, 21.5.2010; 2ª T., HC 93.881/SP, Rel. Min. Eros Grau, j. 27.4.2010, *DJe*, 21.5.2010; HC 100.382/PR, Rel. Min. Ricardo Lewandowski, j. 8.6.2010, *Informativo* n. 590; STJ, 5ª T., HC 120.476/PR, Rel. Min. Jorge Mussi, j. 18.6.2009, *DJe*, 3.8.2009.

[73] STJ, 5ª T., AgRg no HC n. 648.336/MS, Rel. Min. Reynaldo Soares da Fonseca, j. 25.5.2021, *DJe,* 1º.6.2021.

11.9. Oitiva por carta rogatória

Pode acontecer que a testemunha resida em outro país. Nesse sentido, incluiu a Lei n. 11.900, de 2009, o art. 222-A, aduzindo que "as cartas rogatórias só serão expedidas se demonstrada previamente a sua imprescindibilidade, arcando a parte requerente com os custos de envio". Com isso, pretendeu-se a excepcionalidade da medida, reservada aos casos em que realmente (imprescindibilidade) se faça necessária a oitiva da testemunha em país estrangeiro, devendo a parte previamente demonstrar dita necessidade, ou seja, justificar adequadamente a razão pela qual a testemunha deva ser ouvida[74]. Ainda assim, acautelou-se o legislador no que se refere às tentativas de manobras para evitar delongas processuais e, para tanto, dispôs no parágrafo único do art. 222-A: "aplica-se às cartas rogatórias o disposto nos §§ 1º e 2º do art. 222 deste Código", os quais dispõem que "a expedição da carta não suspenderá a instrução criminal" e que, "findo o prazo marcado, poderá realizar-se o julgamento, mas, a todo tempo, a precatória, uma vez devolvida, será junta aos autos" (§§ 1º e 2º, respectivamente).

A exemplo do que se afirmou para a oitiva de testemunha por carta precatória, não havendo impossibilidade técnica, nada impede que a oitiva de testemunha residente no estrangeiro possa ser realizada por meio de videoconferência. A ideia encontra amparo nos mesmos fundamentos que justificaram a edição da Resolução n. 354/2020 do Conselho Nacional de Justiça, bem como na regra de que a expedição da rogatória só deve ocorrer quando demonstrada sua imprescindibilidade.

O Superior Tribunal de Justiça já decidiu pela validade da dispensa da carta rogatória para oitiva de testemunha por meio de audiência realizada em videoconferência[75].

11.10. Depoimento

Do que determina o art. 203 do Código de Processo Penal, podem-se identificar quatro fases no depoimento da testemunha:

I – identificação da testemunha;

II – verificação de vínculo com as partes;

III – advertência das penas cominadas ao crime de falso testemunho;

IV – inquirição dos fatos da causa de que tenha conhecimento.

Com a nova redação do art. 212 do Código de Processo Penal, a ordem de inquirição das testemunhas foi substancialmente modificada, cabendo primeiro às partes (acusação e defesa, nessa ordem, salvo em relação às testemunhas arroladas pela defesa, oportunidade em que esta iniciará a inquirição) a perquirição das testemunhas, e possibilitando-se, em seguida, a complementação dos questionamentos pelo juiz, quando entender necessário esclarecimentos. Não obstante, o Superior Tribunal de Justiça tem sustentado que a nulidade oriunda da inversão da ordem das perguntas é relativa, devendo ser demonstrado o prejuízo[76]. No mesmo sentido o STF já firmou entendimento[77].

No que diz respeito à inquirição propriamente dita, a lei brasileira adotou o sistema inglês, segundo o qual as perguntas das partes devem ser feitas diretamente às testemunhas, sem a intermediação do juiz. Cabe a este fiscalizar a inquirição, inadmitindo as perguntas que induzam a resposta, bem como aquelas que não guardem relação com a causa ou que já tenham sido respondidas pela

---

[74] STJ, 5ª T., HC 614507/SC, Rel. Min. Reynaldo Soares da Fonseca, j. 13.10.2020, *DJe*, 20.10.2020; STF, APn 470-QO/MG, Rel. Min. Joaquim Barbosa, j. 10.6.2009.

[75] STJ, Corte Especial, AgRg na Pet na APn 940/DF, Rel. Min. Og Fernandes, j. 1º.9.2021, *DJe*, 9.9.2021.

[76] STJ, 5ª T., AgRg no HC 782.231/SP, Rel. Min. Joel Ilan Paciornik, j. 19.6.2023, *DJe*, 22.6.2023.

[77] STF, 1ª T., HC 175048, Rel. Min. Marco Aurélio, Rel. p/ Acórdão Min. Alexandre de Moraes, j. 28.4.2020, *DJe*, 17.8.2020.

testemunha (art. 212, *caput*). O juiz poderá também completar a inquirição no que diz respeito aos pontos não devidamente esclarecidos (art. 212, parágrafo único).

O depoimento testemunhal será, em regra, oral. Não pode ser prestado por escrito (art. 204), não sendo vedada à testemunha, entretanto, a breve consulta a apontamentos. Existem algumas exceções à regra da oralidade, abordadas no capítulo referente às características do depoimento testemunhal.

Ao relatar os fatos de que tenha conhecimento, a testemunha deverá explicar as razões de sua ciência acerca desses fatos, bem como as circunstâncias pelas quais se possa afirmar sua credibilidade (art. 203, segunda parte, do Código de Processo Penal). O depoimento deverá ser objetivo, não devendo o juiz permitir que a testemunha manifeste suas apreciações pessoais, salvo quando inseparáveis da narrativa do fato (art. 213).

Cumpre assinalar que o Superior Tribunal de Justiça já entendeu, em decisão isolada, ser ilícita a leitura, pelo magistrado, do depoimento prestado na fase inquisitória para que a testemunha, ao final, o ratifique. Sustentou-se, na oportunidade, a complexidade do ato processual que induz à colheita da prova oral, devendo esta ser analisada também sob a luz da credibilidade das informações prestadas[78].

A posição firmada sobre o tema, contudo, foi de admissibilidade da leitura do depoimento dado na fase policial, desde que possibilitada a realização de perguntas pelas partes[79].

As testemunhas serão inquiridas separadamente, de modo que umas não saibam nem ouçam os depoimentos das outras (art. 210, *caput*). Antes da audiência e durante sua realização serão reservados espaços separados para as testemunhas, com o fim de assegurar que fiquem incomunicáveis (art. 210, parágrafo único).

O réu, em regra, deverá presenciar o depoimento. Entretanto, verificando o juiz que a presença do acusado poderá causar humilhação, temor ou sério constrangimento à testemunha ou à vítima, de maneira a prejudicar a verdade do depoimento, fará a inquirição por meio de videoconferência. Não sendo possível a realização de videoconferência, o magistrado determinará a retirada do réu da sala de audiências, sendo a oitiva presenciada pelo defensor do acusado (art. 217, *caput*). Mesmo no caso de audiência por videoconferência, o Superior Tribunal de Justiça tem admitido a retirada do acusado da sala de audiência virtual, pois, mesmo a distância, ele pode prejudicar a espontaneidade dos depoimentos[80]. A adoção das medidas acima mencionadas obrigatoriamente constará do termo de audiência (art. 217, parágrafo único).

A Lei n. 9.807/99 estabelece normas para a organização e manutenção de programas de proteção às testemunhas e vítimas ameaçadas.

À testemunha que não conhecer o idioma nacional será nomeado intérprete (art. 223).

O depoimento de testemunha que houver de ausentar-se, ou que, em virtude de enfermidade ou velhice, inspirar receio de que já não mais exista ao tempo da instrução penal, poderá ser tomado antecipadamente, procedendo o juiz nesse sentido de ofício ou a requerimento de qualquer das partes (art. 225).

Insta ressaltar que a produção antecipada de provas é medida absolutamente excepcional, não estando o juiz obrigado a concedê-la diante de argumentos genéricos, tais como o decurso do tempo ou a possibilidade de mudança de endereço da testemunha[81].

---

[78] STJ, HC 183.696/ES, Rel. Min. Maria Thereza de Assis Moura, j. 14.2.2012.

[79] STJ, 5ª T., AgRg no AREsp 2.218.757/MS, Rel. Min. Ribeiro Dantas, j. 7.2.2023, *DJe*, 13.2.2023.

[80] STJ, 5ª T., AREsp 1.961.441/MS, Rel. Min. Joel Ilan Paciornik, j. 2.8.2022, *DJe*, 8.8.2022.

[81] STJ, 5ª T., RHC 48.457/SP, Rel. Min. Reynaldo Soares da Fonseca, j. 5.4.2016, *DJe*, 13.4.2016.

A Súmula 455 do Superior Tribunal de Justiça impõe que a decisão que determina a produção antecipada da prova, com base no art. 366 do Código de Processo Penal, deve ser concretamente fundamentada, não sendo válida a mera menção ao decurso do tempo. O próprio STJ tem admitido o abrandamento da súmula para determinados casos em que se evidencia que o decurso do tempo provocará prejuízos para apuração da verdade, "uma vez que o transcurso de longos períodos dificulta a lembrança dos fatos pelas testemunhas, que poderiam, inclusive, estar impossibilitadas de testemunhar à época da retomada do curso processual"[82]. O abrandamento do enunciado sumular tem especial aplicação para a oitiva de policiais, em razão da constante repetição de ocorrências, que fazem com que o decurso do tempo lhes seja ainda mais prejudicial para a recordação dos fatos[83].

O teor do depoimento das testemunhas será reduzido a termo, que deverá ser subscrito por ela, pelo juiz e pelas partes. Se a testemunha não souber assinar, ou não puder fazê-lo, pedirá a alguém que o faça por ela, depois de lido na presença de ambos (art. 216). Na redação do depoimento, o juiz deverá cingir-se, tanto quanto possível, às expressões usadas pelas testemunhas, reproduzindo fielmente as suas frases (art. 215). A determinação visa evitar a perda de informações ocasionada com a redução do depoimento à forma escrita.

Quando o juiz, ao pronunciar decisão final, reconhecer que alguma testemunha cometeu o crime de falso testemunho, remeterá a cópia do depoimento à autoridade policial para instauração de inquérito. Se o depoimento foi prestado em plenário de julgamento, o juiz ou o Conselho de Sentença, após a votação dos quesitos, poderão fazer apresentar de imediato a testemunha à autoridade policial (art. 211 e parágrafo único). Frise-se que a inclusão de um quesito sobre o crime de falso testemunho aos jurados, conquanto não recomendável, tem como consequência, no caso de reconhecimento da prática delitiva, simplesmente a remessa de cópias dos autos ao Ministério Público, nos termos do art. 40 do CPP, ou, ainda, a apresentação da testemunha à autoridade policial, caso não tenha sido dispensada.

11.11. Depoimento sem dano

Considera-se depoimento sem dano ou especial a oitiva de crianças e adolescentes vítimas ou testemunhas de violência, para a qual se utiliza de técnica especial com o fim de não lhes acarretar danos psicológicos. Para tanto, recolhe-se a vítima em uma sala especial, sendo seu depoimento colhido por um técnico (assistente social ou psicólogo), que, por meio de conversa informal – conquistando a confiança do inquirido –, extrai elementos da empreitada criminosa. Nesse caso, grava-se a conversa, que é assistida por sistema audiovisual em tempo real pelo juiz, o representante do Ministério Público, o réu e seu advogado. Todos estarão em locais separados e poderão, ao término da fala do técnico com a criança ou adolescente, realizar questionamentos complementares, que serão feitos por intermédio do profissional responsável pela oitiva. Trata-se de uma exceção à inquirição direta pelas partes.

Tal modalidade de depoimento está prevista na Lei n. 13.431/2017. Entende-se que, apesar da ausência da presença física do réu e de seu defensor na ocasião da colheita do depoimento, não resta configurada nulidade por cerceamento de defesa. A norma legal leva em conta a condição especial da vítima, que é pessoa em desenvolvimento, devendo ser preservada em sua dignidade e protegida da possibilidade de revitimização por meio da colaboração com o Poder Judiciário[84].

---

[82] STJ, 5ª T., AgRg no RHC 177.436/DF, Rel. Min. Ribeiro Dantas, j. 15.5.2023, *DJe*, 22.5.2023.

[83] 6ª T., AgRg no AREsp 1.995.527/SE, Rel. Min. Antonio Saldanha Palheiro, j. 19.12.2022, *DJe*, 21.12.2022.

[84] STJ, 5ª T., RHC 45.589/MT, Rel. Min. Gurgel de Faria, j. 24.2.2015, *Informativo do STJ* n. 556.

A lei estipula que, sempre que possível, o depoimento especial só será realizado uma única vez, por meio da produção antecipada da prova, de modo a evitar que haja uma oitiva na Polícia e outra no Poder Judiciário. Claro que deverá ser garantida a ampla defesa ao investigado. A produção antecipada da prova não será apenas recomendável, mas imperativa, no caso de criança com menos de 7 anos e em caso de violência sexual. Neste caso trata-se de prova irrepetível[85].

A tomada de novo depoimento especial só será admitida quando justificada sua imprescindibilidade pela autoridade competente e houver a concordância da vítima ou testemunha, ou ainda de seu representante legal.

A ausência do depoimento especial não é causa de nulidade do processo, pois se trata de medida de proteção de crianças e adolescentes, não fazendo sentido que possa ser tomada em prejuízo destes[86]. A própria vítima ou testemunha, caso tenha capacidade para tanto, pode desejar depor diretamente ao juiz da causa, dispensando o benefício que lhe foi conferido pela lei.

12. RECONHECIMENTO DE PESSOAS OU COISAS

O reconhecimento é o ato através do qual uma pessoa verifica e confirma a identidade de uma pessoa ou coisa que lhe é apresentada.

12.1. Procedimento

É evidente que a pessoa que irá identificar a coisa ou objeto deverá conhecer previamente a coisa ou pessoa que será reconhecida. O reconhecimento implica a identificação da coisa ou pessoa apresentada com uma representação psíquica que dela se faz, a realização de um procedimento de comparação da pessoa ou coisa com outras similares, bem como a indicação da pessoa reconhecida. Por isso, antes que tenha contato com o objeto do reconhecimento, aquele que tiver de praticar esse reconhecimento deverá descrever a pessoa ou coisa que supõe lhe será apresentada (art. 226, I, do Código de Processo Penal). Saliente-se, entretanto, que a inabilidade da pessoa a descrever corretamente a coisa reconhecida não invalida, por si só, o ato do reconhecimento, devendo-se prosseguir com o restante do procedimento.

Tomada a descrição, a pessoa ou coisa a ser reconhecida será colocada, se possível, ao lado de outras que com ela tiverem qualquer semelhança, convidando-se quem tiver de fazer o reconhecimento a apontá-la (art. 226, II). Do ato de reconhecimento será lavrado auto pormenorizado, que deverá ser subscrito pela autoridade, pelo reconhecedor e por duas testemunhas presenciais (instrumentárias) (art. 226, IV).

Quando o reconhecimento se der durante a fase investigatória, havendo receio de que o reconhecedor possa sofrer intimidação ou qualquer influência por parte da pessoa a reconhecer, a autoridade providenciará para que esta não veja aquele (art. 226, III). Essa medida de proteção não se aplica, entretanto, na fase de instrução criminal ou em plenário de julgamento (art. 226, parágrafo único).

No reconhecimento de objeto, será aplicado o mesmo procedimento, com as devidas adaptações (art. 227).

Quando houver mais de um identificador, cada um fará prova em separado, evitando-se qualquer comunicação entre eles (art. 228), a fim de evitar que uns influenciem outros com suas observações.

---

[85] STJ, 5ª T., AgRg no RHC 160.012/SC, Rel. Min. Messod Azulay Neto, j. 6.3.2023, *DJe*, 14.3.2023.

[86] STJ, 5ª T., AgRg no HC 539857/SP, 5ª T., Rel. Min. Reynaldo Soares da Fonseca, j. 28.4.2020, *DJe*, 4.5.2020.

Ademais, não há irregularidade no reconhecimento de pessoas quando realizada através de videoconferência, especialmente em interrogados presos.

12.2. Reconhecimento fotográfico

Embora não previsto no Código de Processo Penal, o reconhecimento fotográfico vem sendo utilizado como meio de identificação, naquelas situações em que não se afigura possível o reconhecimento pessoal[87]. Essa modalidade constitui meio de prova inominado, devendo obedecer ao procedimento traçado no art. 226 do Código de Processo Penal, no que couber.

O reconhecimento fotográfico, desprovido de qualquer outro elemento probatório que o corrobore, não será prova suficiente para a condenação

A neutralidade no momento do reconhecimento é ponto importantíssimo, na medida em que a exibição de fotografias à vítima ou testemunhas deve dar-se de modo a não influenciar os reconhecentes. Recomenda Angel Prieto Ederra que, para garantir a objetividade do reconhecimento, é aconselhável advertir o reconhecente de que o suspeito pode não estar entre as fotografias que lhe serão exibidas no ato a que se procederá, evitando-se assim que a pessoa se sinta inclinada a apontar o rosto mais parecido com o do autor do fato criminoso, como se do próprio autor se tratasse. Deve-se advertir o reconhecente, igualmente, e por outro lado, de que a pessoa a ser reconhecida pode estar nas fotografias mas com aspecto diferente daquele em que fora observado no momento do evento criminoso, ou seja, com mudança de penteado, utilização de óculos etc., visando dificultar seu reconhecimento[88].

12.3. Valor probatório

O reconhecimento, como meio de prova, tem valor probatório variável. É certo que, se feito exclusivamente em sede de inquérito policial, não será admissível como único elemento de prova. Entretanto, como já se disse, a valoração da prova é livre, desde que consigne o magistrado na motivação das decisões as razões que a justifiquem. Dessa forma, o reconhecimento de pessoas ou coisas valerá como substrato para a condenação do acusado caso seja corroborado pelos demais elementos colhidos em instrução. Nesse sentido, se a testemunha ou a vítima, por exemplo, reconhecera na fase inquisitorial o suspeito, e este, vindo a ser processado, já não é reconhecido em juízo, quando da instrução, o julgador poderá formar sua convicção a partir da versão que ofereça maior credibilidade. Por conseguinte, há de se contextualizar e cotejar as provas produzidas, mesmo porque pode o reconhecedor afirmar que em sede de inquérito reconheceu livremente o suspeito, e agora, em juízo, não mais pode fazê-lo, debitando o fato à possível ação do tempo, impedidora da efetividade do ato. É de observar que, nessa hipótese, ainda que impossível o reconhecimento em juízo, o reconhecente confirma a validade do ato feito na polícia, alvitrando a liberdade de apreciação da prova ao magistrado.

Ademais, a conseguinte intervenção de terceiros, assessoramentos técnicos feitos às testemunhas e vítimas, aproximação de estranhos ao feito conversando, sugerindo ou até induzindo de uma ou outra maneira fazem com que, em geral, a prova de reconhecimento, a cada momento que passe, siga sendo mais "preparada" e menos espontânea, sem olvidar, por outro lado, que do ponto de vista psicológico esse transcurso do tempo pode favorecer o esquecimento de detalhes da infração, ainda que em linhas gerais se reafirme o fato[89].

---

[87] STF, ARE 1.113.429/MG, Rel. Min. Roberto Barroso, j. 14.3.2018, *DJe*-053, 20.3.2018.

[88] Problemática psicológica en la obtención de pruebas testificales, *Revista Jurídica Galega*, n. 3, p. 16.

[89] Aurelia Maria Romero Coloma, *Problemática de la prueba testifical en el proceso penal*, 2000, p. 65.

Na perspectiva jurisprudencial e em acórdão paradigmático, o Superior Tribunal de Justiça alterou o entendimento de que as formalidades do ar. 226 do Código de Processo Penal seriam meras recomendações do legislador. Ao revés, firmaram-se as seguintes conclusões "1) O reconhecimento de pessoas deve observar o procedimento previsto no art. 226 do Código de Processo Penal, cujas formalidades constituem garantia mínima para quem se encontra na condição de suspeito da prática de um crime; 2) À vista dos efeitos e dos riscos de um reconhecimento falho, a inobservância do procedimento descrito na referida norma processual torna inválido o reconhecimento da pessoa suspeita e não poderá servir de lastro a eventual condenação, mesmo se confirmado o reconhecimento em juízo; 3) Pode o magistrado realizar, em juízo, o ato de reconhecimento formal, desde que observado o devido procedimento probatório, bem como pode ele se convencer da autoria delitiva a partir do exame de outras provas que não guardem relação de causa e efeito com o ato viciado de reconhecimento; 4) O reconhecimento do suspeito por simples exibição de fotografia(s) ao reconhecedor, a par de dever seguir o mesmo procedimento do reconhecimento pessoal, há de ser visto como etapa antecedente a eventual reconhecimento pessoal e, portanto, não pode servir como prova em ação penal, ainda que confirmado em juízo"[90].

Acompanhando as premissas da decisão fixada, o Conselho Nacional de Justiça editou a Resolução n. 484, de 19 de dezembro de 2022, que estabelece diretrizes para a realização do reconhecimento de pessoas em procedimentos e processos criminais e sua avaliação no âmbito do Poder Judiciário.

Porém, cumpre ressaltar que o Supremo Tribunal Federal, em decisão recente, reafirmou o posicionamento da Corte para assegurar que "o art. 226 do Código de Processo Penal não exige, mas recomenda a colocação de outras pessoas junto ao acusado, devendo tal procedimento ser observado sempre que possível"[91].

12.4. Transferência inconsciente

O fenômeno conhecido por "transferência inconsciente" é aquele que se produz quando a testemunha identifica como autor do delito uma pessoa presente no palco dos acontecimentos, a qual porém, nenhuma implicação teve com os fatos. Isso se deve a que, em algumas ocasiões, a testemunha pode recordar-se do rosto, mas não em que circunstâncias o viu; "essa familiaridade aumenta a probabilidade de erro na identificação"[92].

13. ACAREAÇÃO

A acareação (acareamento, careação ou confrontação) é o ato pelo qual se colocam frente a frente duas ou mais pessoas cujas declarações sobre fatos ou circunstâncias relevantes sejam conflitantes, a fim de que expliquem os pontos de divergência. Determina o art. 229 do Código de Processo Penal que a acareação será admitida entre:

a) acusados;

b) acusado e testemunha;

c) testemunhas;

d) acusado ou testemunha e a pessoa ofendida;

e) pessoas ofendidas.

---

[90] STJ, 6ª T., HC 598.886/SC, Rel. Min. Rogerio Schietti Cruz, j. 27.10.2020, *DJe*, 18.12.2020.

[91] STF, 1ª T., AgR no HC 227.629/SP, Rel. Min. Luis Roberto Barroso, j. 16 a 23.6.2023. No mesmo sentido: STF, RHC 125.026-AgR, Rel. Min. Rosa Weber.

[92] TJSP, 14ª Câm. Dir. Crim., APL 00026677920118260581/SP, Rel. Hermann Herschander, j. 30.1.2014, *DJ*, 7.2.2014.

A acareação poderá ser realizada, de ofício ou a requerimento, tanto na fase de investigação policial quanto na instrução criminal, desde que haja divergência entre os relatos prestados anteriormente pelas pessoas a acarear.

São pressupostos para a realização da acareação: os depoimentos ou as declarações das pessoas a serem acareadas devem ter sido prestados no mesmo processo, acerca dos mesmos fatos ou circunstâncias; e entre os depoimentos deve haver divergências a respeito de fatos ou circunstâncias que interessem à busca da verdade[93].

Não é o indiciado ou o réu obrigado a participar da acareação, porquanto ninguém está obrigado a fazer prova contra si mesmo, conforme o princípio *nemo tenetur se detegere* (*privilege against self-incrimination*), decorrente da combinação dos princípios da presunção do estado de inocência (art. 5º, LVII), ampla defesa (art. 5º, LV), com o direito ao silêncio do acusado (art. 5º, LXIII). Nada porém, impede a condução coercitiva do indiciado ou do acusado ao ato da acareação.

Quanto a esta última hipótese, há divergência doutrinária acerca da possibilidade de o delegado de polícia determinar a condução coercitiva. Para alguns, somente o magistrado pode providenciar a referida condução, cabendo à autoridade policial requerer a ele tal procedimento. Para outros, o art. 260 fala somente em *autoridade*, englobando o delegado de polícia, sendo certo que, se desejasse restringi-la ao magistrado, teria utilizado a corrente expressão *autoridade judiciária*, prevista em outros artigos do Código.

Entretanto, o Supremo Tribunal Federal reconheceu, nas ADPFs 395 e 444, que o art. 260 do Código de Processo Penal não foi recepcionado pela Constituição Federal de 1988, especialmente para fins do interrogatório. Dessa feita, entendendo que a *ratio decidendi* da decisão assume, por premissa, a aplicação do princípio da não autoincriminação, bem como o direito de ausência do investigado ou acusado ao interrogatório, é inevitável reconhecer a inadmissibilidade da condução coercitiva do acusado para fins de acareação[94].

No ato de acareação, os acareados serão reperguntados acerca dos pontos de divergência, reduzindo-se a termo suas declarações (art. 229, parágrafo único, do CPP).

Quando ausente um dos acareados, pode-se proceder à "acareação indireta", que a rigor não constitui acareação, já que não haverá confrontação entre os acareados. Nessa modalidade, ao acareado presente será relatado o que houver de divergente entre seu relato e o do acareado ausente, consignando-se nos autos a sua explicação ou observação. Subsistindo a discordância, expedir-se-á precatória à autoridade do lugar em que resida o acareado ausente, se se situar este em local conhecido, a fim de que seja ouvido, pela mesma forma estabelecida para o que se fazia presente. Na precatória deverão ser transcritas as declarações de ambos os acareados, nos pontos em que divergirem, bem como a resposta do acareado presente (art. 230 do CPP).

Essa diligência só será realizada caso não importe demora prejudicial ao processo e o juiz a julgue conveniente (art. 230, *in fine*). Em princípio, a acareação deve dar-se oralmente, de modo a colher esclarecimentos espontâneos, evitando-se eventual conluio entre os acareados ou a premeditação das declarações por qualquer deles.

Pode a acareação ser ordenada pelo juiz de ofício ou a requerimento de qualquer das partes. Sua realização não é obrigatória, cabendo ao juiz decidir acerca de sua conveniência. O valor probatório da acareação aproxima-se dos relatos testemunhais, cabendo ao juiz avaliar, no momento do julgamento, sua relação com os demais elementos de prova a fim de formar sua convicção acerca dos fatos que constituam objeto da lide.

---

[93] Júlio Fabbrini Mirabete, *Processo penal*, 18. ed., 2006, p. 311.

[94] STF, ADPFs 395/DF e 444/DF, Rel. Min. Gilmar Mendes, j. 14.6.2018, *DJe*, 15.6.2018.

14. PROVA DOCUMENTAL

Documento, em sentido amplo, é todo objeto material que condense em si a manifestação de pensamento ou um fato, reproduzindo-o em juízo. O conceito amplo, adotado pela doutrina majoritária, é mais abrangente do que aquele adotado pelo Código de Processo Penal, que faz referência apenas a escritos, instrumentos e papéis, públicos ou particulares (art. 232, *caput*).

Escrito é uma representação indireta, codificada em sinais linguísticos (letras, palavras, frases), que faz referência a determinado fato, transmitindo sobre ele alguma informação. Instrumentos são documentos constituídos com a finalidade específica de que sirvam, posteriormente, de prova. Já os papéis são, no sentido técnico, os documentos cuja função primeira não era constituir prova, mas que incidentalmente assim possam ser aproveitados. Nessa concepção, pouco importa se lhes sirvam de substrato folhas confeccionadas em papel ou em qualquer outro material.

O conceito adotado pela doutrina, além dessas espécies de documento, abrange também todo tipo de material visual, auditivo ou audiovisual, bem como informações registradas em meios mecânicos, ópticos e magnéticos de armazenamento etc., adequando as novas tecnologias à disposição da Justiça.

Os documentos classificam-se:

a) *Quanto ao conteúdo, em escritos ou gráficos*. Escritos quando componham prova literal de determinado fato, tal como, por exemplo, uma certidão atestando a ocorrência de determinada situação de fato. Gráficos, quando contêm a ideia ou o fato representado por sinais gráficos, como a pintura, o desenho etc.

b) *Quanto ao autor, em públicos ou privados*. Públicos são aqueles expedidos por funcionário público que, no exercício de sua função, empresta ao documento a fé pública inerente a seus atos, certificando a autenticidade de seu conteúdo. Para ser considerado como tal, o documento público deverá respeitar os seguintes requisitos: i) a qualidade de funcionário público daquele que o expede (isto é, a pessoa que o confecciona deverá estar regularmente investida em cargo ou função pública que lhe permita expedir o documento); ii) a competência, material e territorial, do funcionário que o expede; iii) a concorrência dos fatos que permitam a expedição do documento (p. ex., aprovação em exame prévio para a expedição de carteira de habilitação para dirigir); iv) o respeito às formalidades exigidas na expedição do documento. Por sua vez, será considerado particular o documento elaborado por particular, ou o documento elaborado por funcionário público a que falte qualquer dos requisitos acima delimitados. Para fins penais, equiparam-se a documentos públicos aqueles expedidos por entidades paraestatais, os títulos ao portador ou transmissíveis por endosso, as ações de sociedade comercial, os livros mercantis e o testamento particular (art. 297, § 2º, do CP).

c) *Quanto ao grau de referência ao fato probando, em diretos ou indiretos*. Serão *documentos diretos aqueles que transmitam diretamente o fato representado*, como ocorre no caso de fotografias, filmes etc. *Indiretos quando digam respeito a fatos dos quais se possa, por inferência dedutiva, concluir pela existência do fato relevante.*

d) *Quanto à originalidade, em originais ou cópias*. Dá-se à cópia autenticada, entretanto, o mesmo valor conferido ao documento original (art. 232, parágrafo único).

e) *Quanto à forma, em físicos ou eletrônicos, bem como em original ou cópia*. Os documentos físicos são aqueles tombados em via física e palpável, ao passo que os eletrônicos são os editados por meio da utilização de um instrumento informático, sem correspondente substrato material. De acordo com a Medida Provisória n. 2.200/2, de 24 de agosto de 2001, são considerados documentos públicos ou particulares, para todos os fins legais, os documentos eletrônicos (art. 10).

Ademais, o documento pode ser classificado em *original*, que se apresenta de forma genuína, e em *cópia*, que consiste na reprodução do documento original.

14.1. Elementos e requisitos

Consideram-se *elementos dos documentos: a) o meio pelo qual se exteriorizam e b) seu conteúdo*. A doutrina insere também nesse rol o autor do documento. A figura do autor, entretanto, não pode ser considerada elemento do documento: o criador não se confunde com a criatura. O autor é, antes, pressuposto fático e lógico do documento.

São requisitos essenciais dos documentos sua autenticidade e verdade. A autenticidade diz respeito à certeza de que o documento provém do autor a quem se atribui sua produção[95], enquanto a verdade implica a correspondência de seu conteúdo com um fato efetivamente ocorrido.

Quando houver dúvida acerca da autenticidade de documentos particulares, proceder-se-á a exame pericial da letra e da assinatura nele inscritas (art. 235 do Código de Processo Penal). Hélio Tornaghi entende injustificada a discriminação consubstanciada na determinação legal, uma vez que não há motivo para que também no caso dos documentos públicos se proceda à averiguação de autenticidade por exame pericial[96]. Com efeito, a presunção de autenticidade que paira sobre documentos públicos é *iuris tantum*[97], admitindo prova em contrário[98].

14.2. Apresentação

Ressalvados os casos expressos em lei, os documentos poderão ser apresentados em qualquer fase do processo[99] (art. 231 do CPP), seja de forma espontânea ou provocada, inclusive após o interrogatório, desde que seja oportunizada vista da documentação antes da apresentação das alegações finais. Uma vez juntados, deverá o juiz deferir vista para que sobre eles se manifeste a parte contrária, em observância aos princípios do contraditório e da ampla defesa (art. 5º, LV, da CF e art. 10 do CPC). Se o documento for juntado pelo juiz, de ofício, por se referir a ponto relevante aventado pela acusação ou pela defesa (art. 234), dever-se-á oferecer oportunidade para que ambas as partes sobre ele se manifestem.

Não poderão, entretanto, ser produzidos documentos, no julgamento em plenário do Júri, se não tiverem sido juntados aos autos com antecedência mínima de 3 dias úteis, cientificada a parte contrária (art. 479). A vedação busca evitar a apresentação de documento sem que seja conferida à parte contrária a devida oportunidade de defender-se contra seu teor, de modo a resguardar a paridade de armas entre as partes do processo.

Além disso, as cartas particulares, interceptadas ou obtidas por meios criminosos, não serão admitidas em juízo, salvo para a defesa de direito do seu destinatário (art. 233 e parágrafo único). A determinação é, ademais, manifestação concreta do princípio constitucional da vedação à prova ilícita (art. 5º, LVI, da Constituição Federal).

Os documentos em língua estrangeira deverão, se necessário, ser traduzidos por tradutor público, ou, na sua falta, por pessoa idônea nomeada pela autoridade. A medida não impede a imediata juntada do documento aos autos (art. 236).

Findo o processo, os documentos originais poderão ser restituídos à parte que os produziu, desde que não haja motivo relevante a justificar sua manutenção nos autos. Para tanto, deve haver requerimento da parte, seguido da manifestação do Ministério Público. Permanecerá nos autos cópia reprográfica autenticada (art. 238).

---

[95] F. Carnelutti, *Sistema del diritto processuale civile*, v. 1, p. 701, *apud* J. Frederico Marques, *Elementos de direito processual penal*, 2. ed., v. 2, p. 347.

[96] *Curso de processo penal*, 8. ed., v. 1, p. 446.

[97] *RT*, 662/277.

[98] J. Frederico Marques, *Elementos de direito processual penal*, 2. ed., v. 2, p. 348.

[99] Nesse sentido: *STJ, 5ª T., AgRg no RHC 162.884/RJ, Rel. Min. Reynaldo Soares da Fonseca, j. 21.6.2022.*

15. PROVA INDICIÁRIA

Nos termos do art. 239 do Código de Processo Penal: "Considera-se indício a circunstância conhecida e provada, que, tendo relação com o fato, autorize, por indução, concluir-se a existência de outra ou outras circunstâncias". Trata-se da prova dita indireta, também conhecida como prova circunstancial, prova crítica ou prova artificial.

O indício, a rigor, constitui prova de fato diverso do *thema probandum*, que apenas mediatamente a ele se refere, *indicando-o*. Apresenta-se com a forma lógica de um silogismo, em que a premissa maior contém uma regra ou máxima de experiência e a premissa menor é um fato conhecido e provado que guarda estreita relação com o fato que se deseja provar. A conclusão é o resultado da ilação que se faz entre a premissa maior e a menor, sendo, portanto, exercício de "dedução", ao contrário do disposto em lei ao referir-se a "indução". Hélio Tornaghi[100] cita, a título de exemplo, a circunstância em que alguém é encontrado "junto ao cadáver de outro que acaba de ser esfaqueado", portando nas mãos "uma faca suja de sangue e no bolso os documentos e joias do morto". Conquanto nenhum desses fatos, em si, se demonstrados, denotem de maneira direta a ocorrência do latrocínio, tal é de concluir, com base na experiência comum do homem médio.

Indício, portanto, é o fato conhecido e provado que, tendo relação com o fato probando, permite, por meio de um raciocínio lógico-dedutivo, que se conclua algo sobre ele[101].

O indício não se confunde com a presunção, embora alguns autores os tomem como sinônimos. Além de não constituir meio de prova, *a presunção é, em sentido técnico, o nome da operação lógico-dedutiva que liga um fato provado (um indício) a outro probando, ou seja, é o nome jurídico para descrição justamente desse liame entre ambos*[102]. O indício vincula-se a um fato real, apontando para a demonstração de algo. *Ao raciocínio que se fará, concluindo-se – certa ou equivocadamente – acerca do fato probando, chamar-se-á, então, presunção.*

No exemplo acima, o fato de alguém ser encontrado junto a um corpo que acaba de ser esfaqueado, portando nas mãos uma faca ensanguentada e nos bolsos pertences da vítima, é o indício, enquanto a presunção é o raciocínio segundo o qual aquele que está próximo ao corpo que acaba de ser esfaqueado, com uma faca suja de sangue nas mãos e a *res furtiva* nos bolsos, é o provável autor do latrocínio.

O valor probatório da prova indiciária, mais que qualquer outra, resultará da análise conjunta dos elementos de prova existentes. Dentre os indícios, será especialmente relevante verificar se todos *indicam* no mesmo sentido (conjunto indiciário). Ademais, um indício será tanto mais forte quanto mais geral e constante for a máxima contida em sua premissa maior. Assim também, quando os indícios apurados (premissa menor) forem convergentes e concordes, maior valor terão para demonstrar a existência do fato a ser provado.

Sendo meio de prova, os indícios poderão servir de fundamento seja à condenação, seja à absolvição do acusado, a partir de sua coesão com os demais elementos contidos nos autos.

16. BUSCA E APREENSÃO

Busca e apreensão, embora se encontrem intimamente ligadas, constituem, na verdade, fenômenos distintos. Poderá haver busca sem apreensão (quando não se encontrar o objeto procurado), ou apreensão sem busca (na hipótese em que a coisa seja apresentada à autoridade, lavrando-se auto

---

[100] Hélio Tornaghi, *Curso de processo penal*, 8. ed., v. 1, p. 451.

[101] Hélio Tornaghi, *Curso de processo penal*, 6. ed., 1989, p. 452.

[102] *Vide* Capítulo IV, item 6.4.1.

de exibição e apreensão). Não obstante, na maior parte dos casos, a diligência será integrada por esses dois atos.

Busca é o ato destinado a procurar e encontrar pessoa ou coisa; apreensão é ato pelo qual há apossamento e guarda da coisa ou de pessoa.

Embora o Código as considere como meios de prova, a natureza da busca e da apreensão é de providência acautelatória, ou mesmo de medida de obtenção de elementos probatórios[103].

A busca e apreensão não está adstrita à instrução do processo penal. Poderá realizar-se: a) antes da instauração do inquérito; b) durante o inquérito policial; c) durante a instrução criminal e d) na execução penal. Será determinada de ofício ou a requerimento de qualquer das partes (art. 242 do Código de Processo Penal). Quando depender de mandado, a busca será ordenada pelo juiz competente, cabendo, quando for o caso, ao delegado de polícia representar à autoridade judicial nesse sentido. Somente na hipótese de a própria autoridade judicial realizar pessoalmente a busca domiciliar será desnecessária a expedição de mandado (art. 241).

O mandado de busca deverá conter (art. 243 do Código de Processo Penal):

I – indicação da casa ou outro local em que será realizada a diligência e o nome do proprietário ou morador; em caso de busca pessoal, o nome ou os sinais identificadores da pessoa que sofrerá a diligência;

II – o motivo e os fins da diligência;

III – subscrição do escrivão e assinatura da autoridade que o fizer expedir.

Se houver ordem de prisão, constará do próprio texto do mandado de busca (art. 243, § 1º).

O Código prevê duas modalidades de busca: a busca domiciliar e a busca pessoal (art. 240).

16.1. Busca domiciliar

A noção de domicílio adotada pela lei processual penal, no que diz respeito especificamente à busca domiciliar, abrange qualquer compartimento habitado ou aposento ocupado de habitação coletiva, incluindo também todo compartimento não aberto ao público onde alguém exercer profissão ou atividade, a teor do art. 246 do Código de Processo Penal. O artigo mencionado, ademais, reproduz o § 4º do art. 150 do Código Penal.

A busca domiciliar somente pode ser determinada em fundadas razões, e terá por objetivo (art. 240, § 1º):

a) prender criminosos;

b) apreender coisas achadas ou obtidas por meios criminosos;

c) apreender instrumentos de falsificação ou de contrafação e objetos falsificados ou contrafeitos;

d) apreender armas e munições, instrumentos utilizados na prática de crime ou destinados a fim delituoso. Os instrumentos do crime serão submetidos a exame pericial e acompanharão os autos do inquérito e do processo;

e) descobrir objetos necessários à prova de infração ou à defesa do réu;

f) apreender cartas, abertas ou não, destinadas ao acusado ou em seu poder, quando haja suspeita de que o conhecimento do seu conteúdo possa ser útil à elucidação do fato;

g) apreender pessoas vítimas de crimes;

h) colher qualquer elemento de convicção.

---

[103] STJ, 5ª T., HC 9.516/MG, Rel. Min. Gilson Dipp, j. 17.8.2000, *DJ*, 25.9.2000, p. 113.

A doutrina considera taxativo o rol do art. 240, § 1º, porquanto a busca representa medida de exceção que atinge garantia fundamental do indivíduo.

Com efeito, a Constituição Federal estabelece que a casa é asilo inviolável do indivíduo, ninguém nela podendo penetrar sem consentimento do morador, salvo em caso de flagrante delito ou desastre ou para prestar socorro ou, ainda, durante o dia, por determinação judicial (art. 5º, XI). Nesse esteio, dispõe o art. 245, *caput*, do Código de Processo Penal que as buscas domiciliares somente serão executadas durante o dia[104], salvo se o próprio morador consentir que se realizem durante a noite. Parte da doutrina identifica ainda a possibilidade de que, no caso específico do flagrante delito, a busca e apreensão possa ser efetuada mesmo durante a noite, já que a própria Constituição Federal excepciona tal situação.

De acordo com recente posicionamento jurisprudencial, a mera fuga do acusado ao avistar os policiais ou a localização de pequena porção de entorpecente não configura, por si só, fundada razão para o ingresso em domicílio sem ordem judicial correspondente[105].

Quanto ao conceito de dia, embora não haja definição normativa, tem sido interpretado como o período compreendido entre o alvorecer e o anoitecer, pouco importando o horário em que esses eventos ocorram. Todavia, após o advento da Lei n. 13.869/2019, que instituiu os crimes de abuso de autoridade e dispôs que seria uma conduta delitiva o de cumprir mandado de busca e apreensão domiciliar após as 21 horas ou antes das 5 horas (art. 22, § 1º, III), tem-se interpretado, a *contrario sensu,* que a busca domiciliar poderá ser realizada entre as 5 e as 21 horas.

Iniciada a busca, esta não se interrompe pelo advento da noite.

Procedimento. Antes de adentrarem a casa, os executores do mandado de busca deverão mostrá-lo e lê-lo ao morador ou a quem o represente, ordenando-lhe que abra a porta (art. 245, *in fine*). Ainda que o mandado não tenha observado, estritamente o disposto no art. 243 do CPP, não se considera nula a busca realizada quando o proprietário ou morador, bem como o endereço exato, não tenham sido precisamente identificados, já que o diploma processual penal exigiria apenas que o mandado o identifique o mais precisamente possível[106].

Se for o próprio juiz a conduzir a busca, caso em que não haverá necessidade de expedição de mandado, deve ele declarar previamente sua qualidade e o objetivo da diligência (art. 245, § 1º). Todavia, nessa hipótese e considerando a estrutura acusatória do Código de Processo Penal, parte da doutrina tem entendido que a medida seria violadora da imparcialidade judicial, uma vez que o julgador se comportaria como um investigador.

Em caso de desobediência, será arrombada a porta e forçada a entrada (art. 245, § 2º). A conduta do morador desobediente poderá configurar o crime de resistência, tipificado no art. 329 do Código Penal.

Se for previamente determinada a pessoa ou coisa que se procura, o morador será intimado a mostrá-la (art. 245, § 5º). Havendo recalcitrância do morador, é permitido o emprego de força contra coisas existentes no interior da casa, com o fim de descobrir o que for procurado (art. 245, § 3º).

O uso da força deve restringir-se ao estritamente necessário para o sucesso da diligência. Essa regra está, também, insculpida no art. 248 do Código de Processo Penal, que determina que, em casa habitada, a busca será feita de modo a não molestar os moradores mais do que o indispensável para o êxito da diligência.

---

[104] *RT*, 688/293.

[105] STJ, 5ª T., AgRg no AREsp 2.247.986/BA, relator Ministro Ribeiro Dantas, *DJe,* 17.3.2023.

[106] STJ, 5ª T., AgRg no RHC 170.476/RS, Rel. Min. Ribeiro Dantas, j. 6.3.2023, *DJe,* 10.3.2023.

Quando ausentes os moradores, a diligência será acompanhada por vizinho, se houver e estiver presente, permitindo-se aos executores arrombar a porta e forçar a entrada, bem como usar de força contra as coisas do interior da casa, para o descobrimento do que se procura (art. 245, § 4º).

Descoberta a coisa ou a pessoa que se procura, será apreendida e posta imediatamente sob custódia da autoridade ou de seus agentes (art. 245, § 6º), lavrando-se, ao final, auto circunstanciado da diligência, que deverá ser assinado por duas testemunhas presenciais (art. 245, § 7º)[107].

Não sendo encontrada a pessoa ou coisa procurada, os motivos da diligência serão comunicados a quem tiver sofrido a busca, se o requerer (art. 247).

16.1.1. Inviolabilidade dos escritórios de advocacia

Importante tratar a respeito da possibilidade de realização de busca e apreensão nos escritórios de advocacia.

A Lei n. 11.767, de 7 de agosto de 2008, alterou o art. 7º da Lei n. 8.906/94, regulamentando a regra da inviolabilidade do local e dos instrumentos de trabalho do advogado, bem como de sua correspondência – escrita, eletrônica, telefônica e telemática – pertinente ao exercício da profissão.

A inviolabilidade do escritório ou local de trabalho do advogado, entretanto, não é absoluta. Pode ser quebrada por ordem judicial, devidamente fundamentada, desde que presentes indícios de autoria e materialidade de infração penal perpetrada por advogado. O magistrado determinará a expedição de mandado de busca e apreensão específico e detalhado, a ser cumprido na presença de representante da Ordem dos Advogados do Brasil.

A medida de busca e apreensão em escritórios de advocacia deverá ser decretada em hipótese excepcional (art. 7º, § 6º-A), sendo inviável sua determinação caso fundada exclusivamente em elementos produzidos em declarações do colaborador, sem confirmação por outros meios de prova (art. 7º, § 6º-B).

Ainda, com a alteração promovida pela Lei n. 14.365/2022, reconheceu-se que o representante da OAB tem o direito a ser respeitado pelos agentes responsáveis pelo cumprimento do mandado de busca e apreensão, sob pena de abuso de autoridade, e o dever de zelar pelo fiel cumprimento do objeto da investigação, bem como de impedir que documentos, mídias e objetos não relacionados à investigação, especialmente de outros processos do mesmo cliente ou de outros clientes que não sejam pertinentes à persecução penal, sejam analisados, fotografados, filmados, retirados ou apreendidos do escritório de advocacia (art. 7º, § 6º-C).

Caso seja inviável a segregação da documentação, da mídia ou dos objetos não relacionados à investigação, em razão da sua natureza ou volume, no momento da execução da decisão judicial de apreensão ou de retirada do material, a cadeia de custódia preservará o sigilo do seu conteúdo, assegurada a presença do representante da OAB (art. 7º, § 6º-D), a quem caberá fazer um relatório do fato ocorrido, com a inclusão dos nomes dos servidores, dará conhecimento à autoridade judiciária e o encaminhará à OAB para a elaboração de notícia-crime (art. 7º, § 6º-E).

Por fim, o referido diploma legal assegura o direito de acompanhamento por representante da OAB e pelo profissional investigado durante a análise dos documentos e dos dispositivos de armazenamento de informação pertencentes a advogado, apreendidos ou interceptados, em todos os atos (art. 7º, § 6º-F), cabendo à autoridade responsável informar, com antecedência mínima de 24 horas, à seccional da OAB a data, o horário e o local em que serão analisados os documentos e os equipamentos apreendidos, garantido o direito de acompanhamento, em todos os atos, pelo representante da OAB e pelo profissional investigado (art. 7º, § 6º-G).

---

[107] STJ, 6ª T., HC 216.437/DF, Rel. Min. Sebastião Reis Júnior, *DJe*, 8.3.2013.

Por fim, em casos de urgência devidamente fundamentada pelo juiz, a análise dos documentos e dos equipamentos apreendidos poderá acontecer em prazo inferior a 24 horas, garantido o direito de acompanhamento, em todos os atos, pelo representante da OAB e pelo profissional investigado (art. 7º, § 6º-F).

Ademais, como garantia da inviolabilidade do escritório do advogado, o Supremo Tribunal Federal já se manifestou no sentido de que o mandado de busca e apreensão não pode ser expedido de modo genérico, exigindo uma maior especificidade no seu objeto em relação àquele mandado expedido para busca em residência[108]. Porém, entende-se que é lícita a apreensão fortuita de objetos como armas e drogas pertencentes ao advogado, ainda que a busca e apreensão seja direcionada a encontrar objetos ilícitos pertencentes a outrem[109].

Destarte, estará vinculado aos limites que o magistrado estabelecera, não somente no que se refira aos objetos ou pessoas procuradas, mas, igualmente com relação aos locais em que a busca deva ser realizada[110].

É defesa, em qualquer situação, a utilização de documentos, mídias e objetos de clientes do advogado, bem como dos demais instrumentos de trabalho que contenham informações relativas a clientes. Evidentemente essa ressalva não abrange os clientes que estejam sendo formalmente investigados como partícipes ou coautores do advogado, na prática do crime que deflagrou a quebra da inviolabilidade[111].

16.2. Busca pessoal

A busca pessoal constitui a revista de pessoa, a fim de que se localize e apreenda objeto previsto na lei processual penal. Com efeito, somente se procederá a essa diligência se houver fundada suspeita[112] de que a pessoa porte consigo (art. 240, § 2º):

a) arma proibida;

b) coisas achadas ou obtidas por meios criminosos;

c) instrumentos de falsificação ou de contrafação e objetos falsificados ou contrafeitos;

d) armas e munições, instrumentos utilizados na prática de crime ou destinados a fim delituoso. Os instrumentos do crime serão submetidos a exame pericial e acompanharão os autos do inquérito e do processo;

e) objetos necessários à prova de infração ou à defesa do réu;

f) cartas, abertas ou não, destinadas ao acusado ou em seu poder, quando haja suspeita de que o conhecimento do seu conteúdo possa ser útil à elucidação do fato;

g) qualquer outro elemento de convicção.

A busca pessoal não dependerá de mandado:

a) no caso de prisão;

b) quando houver fundada suspeita de que a pessoa esteja na posse de arma proibida ou de objetos ou papéis que constituam corpo de delito;

---

[108] STF, HC 91.610/BA, Rel. Min. Gilmar Mendes, j. 8.6.2010, *Informativo do STF* n. 590.

[109] STJ, 5ª T., RHC 39.412/SP, Rel. Min. Felix Fischer, j. 3.3.2015, *Informativo do STJ* n. 557.

[110] Nestor Távora e Rosmar Rodrigues Alencar, *Curso de direito processual penal*, p. 394.

[111] STJ, 5ª T., HC 149.008/PR, Rel. Min. Arnaldo Esteves de Lima, j. 17.6.2010; HC 227.799/RS, Rel. Min. Sebastião Reis Júnior, j. 10.4.2012.

[112] A "fundada suspeita", conquanto expressão vaga e indeterminada, é reveladora de um juízo de cognição formulado pelos policiais no momento da abordagem, ainda que a suposição não corresponda à realidade (Cleunice Valentim Bastos Pitombo, *Da busca e da apreensão no processo penal*, p. 138). Nos casos de prisão ou quando houver fundada suspeita, o mandado é prescindível (STJ, 6ª T., HC 691.441/SP, Rel. Min. Antonio Saldanha Palheiro, j. 19.4.2022, *DJe*, 26.4.2022).

c) quando a medida for determinada no curso de busca domiciliar.

A busca realizada sem ordem judicial e motivada por "fundada suspeita" deve possuir lastro que evidencie a referida atitude suspeita e permita sua conclusão, não se admitindo a busca aleatória e indiscriminada, "... amparada em meras informações de fonte não identificada (*e.g.* denúncias anônimas) ou intuições e impressões subjetivas, intangíveis e não demonstráveis de maneira clara e concreta, apoiadas, por exemplo, exclusivamente, no tirocínio policial...", já que "... a ausência de descrição concreta e precisa, pautada em elementos objetivos, a classificação subjetiva de determinada atitude ou aparência como suspeita, ou de certa reação ou expressão corporal como nervosa, não preenche o *standard* probatório de fundada suspeita exigido pelo art. 244 do CPP..."[113].

A busca em mulher será feita por outra mulher, salvo se importar retardamento ou prejuízo à diligência (art. 249).

Determina o Código de Processo Penal (art. 243, § 2º) que não é permitida a apreensão de documento em poder do defensor do acusado, salvo quando constituir elemento do corpo de delito.

A busca pessoal poderá ser determinada tanto pela autoridade policial quanto pela autoridade judicial, de ofício ou a requerimento de qualquer das partes (art. 242).

Por fim, determina o Código de Processo Penal (art. 250) que a autoridade ou seus agentes poderão penetrar em território de jurisdição alheia, mesmo que de outro Estado, para o fim de apreensão, desde que forem em seguimento da pessoa ou coisa, devendo apresentar-se à competente autoridade local, antes da diligência ou após, conforme a urgência desta. Por território de jurisdição alheia entenda-se o território diverso daquele no qual a autoridade ordinariamente exerce suas funções. Aqui, o termo "jurisdição" está aplicado imprecisamente, não havendo correspondência conceitual com a jurisdição exercida pelos juízes.

Em relação à autoridade competente para realizar a busca, não se questiona a possibilidade da realização por autoridade policial, federal ou civil, e de seus agentes, incluindo-se os próprios policiais militares, especialmente na atividade de policiamento preventivo e repressivo.

Porém, em relação às guardas municipais, há divergência jurisprudencial, especialmente diante da atribuição de proteção de bens, serviços e instalações municipais. Embora haja decisões de Cortes estaduais autorizando a realização da busca pessoal, amparadas na previsão do art. 5º, IV, da Lei n. 13.022/2022, a jurisprudência do STJ tem dado interpretação mais restritiva, entendendo que a busca pessoal, nesses casos, é permitida apenas excepcionalmente, quando houver justa causa para a medida e relação clara, direta e imediata com a necessidade de proteger a integridade dos bens e instalações ou assegurar a adequada execução dos serviços municipais[114] ou, ainda, em hipóteses de flagrante delito previamente visualizadas.

17. MEIOS DE OBTENÇÃO DE PROVAS NA LEI N. 12.850/2013 (LEI DE ORGANIZAÇÕES CRIMINOSAS)

A Lei n. 12.850/2013 trouxe novas predisposições atinentes ao exercício da atividade material e processual investigativa quando os delitos forem praticados por organizações criminosas, entendendo-se estas como sendo a associação de quatro ou mais pessoas estruturalmente ordenada e caracterizada pela divisão de tarefas, ainda que informalmente, com objetivo de obter, direta ou indiretamente, vantagem de qualquer natureza, mediante a prática de infrações penais cujas penas máximas sejam superiores a 4 anos, ou que sejam de caráter transnacional (art. 1º, § 1º).

---

113 STJ, 6ª T., RHC 158.580/BA, Rel. Min. Rogério Schietti Cruz, *DJe*, 25.4.2022.

114 STJ, 6ª T., REsp 1.977.119/SP, Min. Rogerio Schietti Cruz, *DJe*, 23.8.2022.

No tocante ao tema de conceituação das organizações criminosas, Flávio Cardoso Pereira, em específica obra sobre o tema, bem concluiu que "o conceito da Lei 12.850/13, nitidamente tributário do conceito da Lei 12.694/12 em linhas gerais, dele se afastou em dois pontos importantes, refletindo um patente retrocesso nesse particular. Enquanto a Lei 12.694/12, hoje tacitamente revogada em seu art. 2º, sabiamente considerava como organização criminosa a associação de '3 (três) ou mais pessoas', expressando a tendência atual das legislações ocidentais, e referia-se à perpetração de 'crimes cuja pena máxima seja igual ou superior a 4 (quatro) anos ou que sejam de caráter transnacional', no que já era negligenciado o fato de que não são exatamente os delitos decorrentes da atuação da organização criminosa que lhe conferem a condição de macrocriminalidade, pelo seu alto potencial lesivo, mas a organização em si, com os seus laços espúrios com o Poder Público ou algum(ns) de seus agentes, a Lei 12.850/13 optou pela obsoleta noção da 'associação de 4 (quatro) ou mais pessoas', por tanto tempo encastelada no art. 288 do Código Penal, e restringiu ainda mais o rol dos ilícitos previstos, ao aludir ao cometimento de apenas 'infrações penais cujas penas máximas sejam superiores a 4 (quatro) anos, ou que sejam de caráter transnacional'"[115].

Quando da apuração dos crimes praticados nesta modalidade, prevê o art. 3º do referido diploma legal um rol de meios de provas que podem ser utilizados para a perscrutação criminal: I – colaboração premiada; II – captação ambiental de sinais eletromagnéticos, ópticos ou acústicos; III – ação controlada; IV – acesso a registros de ligações telefônicas e telemáticas, a dados cadastrais constantes de bancos de dados públicos ou privados e a informações eleitorais ou comerciais; V – interceptação de comunicações telefônicas e telemáticas, nos termos da legislação específica; VI – afastamento dos sigilos financeiro, bancário e fiscal, nos termos da legislação específica; VII – infiltração, por policiais, em atividade de investigação, na forma do art. 11; VIII – cooperação entre instituições e órgãos federais, distritais, estaduais e municipais na busca de provas e informações de interesse da investigação ou da instrução criminal.

Dentre outros meios de prova, foi assegurado, no art. 15 da Lei n. 12.850/2013, que "o delegado de polícia e o Ministério Público terão acesso, independentemente de autorização judicial, apenas aos dados cadastrais do investigado que informem exclusivamente a qualificação pessoal, a filiação e o endereço mantidos pela Justiça Eleitoral, empresas telefônicas, instituições financeiras, provedores de internet e administradoras de cartão de crédito".

Denota-se, pois, que a legislação permitiu, em boa hora, o acesso direto do Ministério Público e da autoridade policial a determinados dados sem a necessidade de determinação judicial. A providência merece elogios, notadamente em homenagem à celeridade da apuração das infrações praticadas por essas organizações criminosas, evitando-se a necessidade de ordem judicial para cada banco de dados a ser acessado.

A legislação determinou, ainda que as empresas de transporte possibilitarão, pelo prazo de 5 anos, acesso direto e permanente do juiz, do Ministério Público ou do delegado de polícia aos bancos de dados de reservas e registro de viagens (art. 16) e que as concessionárias de telefonia fixa ou móvel manterão, pelo prazo de 5 anos, à disposição das autoridades mencionadas no art. 15, registros de identificação dos números dos terminais de origem e de destino das ligações telefônicas internacionais, interurbanas e locais (art. 17).

Assim, novamente andou bem o legislador, determinando-se que determinadas empresas e concessionárias mantenham um banco de dados por um período mínimo de tempo, o que somente contribui para o sucesso das investigações e cabal elucidação do crime eventualmente praticado.

---

[115] Flávio Cardoso Pereira, Gustavo dos Reis Gazzola e Ana Luiza Almeida Ferro, *Criminalidade organizada*: comentários à Lei n. 12.850/2014, p. 37.

Finalmente, saliente-se que a Lei n. 12.850/2013 criou, dentre outros crimes, um próprio para o agente que recusar ou omitir dados cadastrais, registros, documentos e informações requisitadas pelo juiz, Ministério Público ou delegado de polícia, no curso de investigação ou do processo, apenando-o com a pena de reclusão de 6 meses a 2 anos, e multa (art. 21), incidindo no mesmo delito quem, de forma indevida, se apossa, propala, divulga ou faz uso dos dados cadastrais de que trata a referida lei (art. 21, parágrafo único).

Passemos a analisar, pois, dentro dessa ótica acerca do crime organizado, as técnicas investigativas da infiltração policial, das ações controladas e da colaboração premiada, instrumentos estes que por certo possibilitaram aos órgãos de persecução criminal o exercício de uma atividade investigatória apta à finalidade de colocar freios nas atuações delitivas graves perpetradas pelas organizações criminosas.

17.1. Colaboração premiada

Natureza. A colaboração premiada, prevista no art. 3º, I, e disciplinada nos art. 4º ao 7º, todos da Lei n. 12.850/2013, é o meio de obtenção de prova (art. 3º-A da Lei n. 12.850/2013) e negócio jurídico processual bilateral[116], pelo qual o investigado ou acusado, ao prestar suas declarações, coopera com a atividade investigativa, confessando crimes e indicando a atuação de terceiros envolvidos com a prática delitiva, de sorte a alterar o resultado das investigações em troca de benefícios processuais. Trata-se de instrumento fomentado por regulações internacionais e convenções de combate ao crime organizado (*vide* o art. 26 da Convenção de Palermo).

Ainda, há doutrinadores que sustentam que a colaboração premiada assumiria ainda uma feição híbrida, já que seria meio de prova (resultantes probatórias a serem utilizadas no processo) em relação às palavras do colaborador (condicionado à corroboração), bem como meio de obtenção de provas (aquisição de elementos e fontes com aptidão probatória), a partir da necessidade de que sejam descobertos e levados ao processo outros elementos de corroboração da declaração heteroincriminatória[117].

Trata-se de instrumento de justiça penal negociada e possível mitigação ao princípio da obrigatoriedade, caso pactuada a não persecução penal, com o perdão judicial ou o não oferecimento da denúncia.

É negócio jurídico sem a participação do Poder Judiciário na fase de negociação[118], que privilegia a utilidade decorrente das vantagens da colaboração para atingir suas finalidades, bem como o interesse público, no tocante às vantagens da colaboração para o Estado e os benefícios premiais oferecidos, que devem ser razoáveis e proporcionais (*vide* Orientação Conjunta n. 1/2018, do MPF, item 24.3).

Já se reconheceu que a colaboração premiada pode ser aplicada em crimes distintos de organização criminosa, bastando que estejam em concurso de agentes[119].

Partes. A colaboração premiada poderá ser celebrada pelo delegado de polícia[120], na fase investigatória, ou pelo membro do Ministério Público, nas fases investigatória e processual, sendo que o

[116] STF, 1ª T., RHC 219.193, Rel. Min. Fux, j. 8.11.2022.

[117] Gustavo Henrique Righi Ivahy Badaró, A colaboração premiada: meio de prova, meio de obtenção de prova ou um novo modelo de justiça penal não epistêmica?, *in* Maria Thereza de Assis Mora e Pierpaolo Cruz Bottini (org.), *Colaboração premiada*, p. 136.

[118] STF, Pet 7.074 QO, rel. Min. Edson Fachin, j. 29.6.2017.

[119] STJ, 6ª T., HC 582.678/RJ, Rel. Min. Laurita Vaz, j. 14.6.2022.

[120] STF, ADI 5.508, Rel. Min. Marco Aurélio, j. 20.6.2018.

colaborador, necessariamente uma pessoa física[121], participará de todas as etapas do acordo, sempre acompanhado de advogado.

Fase inicial. A fase inicial das tratativas se dá com o recebimento da proposta, que foi regulamentada pelos arts. 3º-B e 3º-C da Lei n. 12.850/2013 (a partir das Orientação Conjunta n. 1/2018, do MPF).

Trata-se de fase de pré-acordo, para estabelecer uma relação de confiança entre as partes, vedando-se a utilização das provas fornecidas nesta fase, caso o acordo não seja levado adiante.

O recebimento da proposta é o marco inicial das negociações e da confidencialidade (art. 3º-B da Lei n. 12.850/2013), ainda que não assinado termo formal. A proposta deverá ser firmada pessoalmente pelo pretenso colaborador, assistido por defensor público ou constituído, dotado de poderes específicos em procuração.

Caso a proposta não seja sumariamente indeferida (com justificativa), deverá ser firmado um Termo de Confidencialidade para prosseguimento das tratativas, vinculando as partes celebrantes e impossibilitando-se o indeferimento posterior sem justa causa.

Com o início das tratativas do acordo, tem início também a confidencialidade da proposta, configurando violação de sigilo, quebra de confiança e da boa-fé a revelação das tratativas iniciais ou de documento, até o levantamento do sigilo. A confidencialidade não suspende a investigação, salvo acordo no tocante às medidas processuais penais, assecuratórias ou cíveis (art. 3º-B, § 6º).

O acordo poderá ser precedido de instrução, sempre que necessária a identificação ou complementação do seu objeto, além da sua definição jurídica, relevância, utilidade e interesse público (art. 3º-B, § 4º). Se a instrução demandar medida que exija reserva de jurisdição, deverá o pedido ser formulado perante a autoridade judiciária competente.

O termo de recebimento da proposta e o de confidencialidade serão elaborados e assinados pelo celebrante e assinados por ele, pelo colaborador e pelo advogado com poderes específicos, que participará de todos os atos (art. 3º-B, § 5º).

Caso não seja celebrado o acordo por iniciativa do celebrante, nenhuma das informações ou provas trazidas poderá ser usada para outra finalidade (art. 3º-B, § 6º).

O acordo deverá indicar, em anexos, a descrição dos fatos e seus respectivos elementos de corroboração, a duração, local de ocorrência, identificação de todos os envolvidos, meios de execução do crime, produto ou proveito do delito, potenciais testemunhas e outros elementos de corroboração, além de danos causados (Orientação Conjunta n. 1/2018 e art. 3º-C, §§ 3º e 4º, da Lei n. 12.850/2013).

Formação do acordo. O acordo, enquanto negócio jurídico processual, exige a voluntariedade do pretenso colaborador, sem qualquer vício que inquine a sua vontade. Assim, não é imprescindível que o ato seja espontâneo (que parta da vontade do agente), mas apenas que seja voluntário (art. 4º, § 7º, IV, da Lei nº 12.850/2013).

O acordo deve ser fruto da vontade do colaborador, com liberdade psíquica (e não necessariamente física), visando a um objeto lícito, possível, determinado ou determinável[122].

Ao indivíduo preso é assegurada a possibilidade de ser colaborador, especialmente diante da redação do art. 4º, § 7º, IV, da Lei n. 12.850/2013. Entretanto, não se admite que a prisão seja decretada como instrumento de incentivo ou fomento da celebração de um acordo, condicionando a liberdade do imputado à efetiva pactuação da colaboração premiada.

---

[121] STJ, 6ª T., RHC 154.979/SP, Rel. Min. Olindo Menezes, j. 9.8.2022.

[122] STF, HC 127.483/PR, Rel. Min. Dias Toffoli, j. 27.8.2015.

Requisitos objetivos da colaboração premiada. A colaboração premiada tem requisitos objetivos, extensamente indicados no art. 4º da Lei n. 12.850/2013:

I – a identificação dos demais coautores e partícipes da organização criminosa e das infrações penais por eles praticadas, desde que guardem relação com o crime apurado e admitido, não sendo possível o fornecimento de informações relativos a outros delitos, salvo se assim desejar o colaborador;

II – a revelação da estrutura hierárquica e da divisão de tarefas da organização criminosa, cabendo ao colaborador revelar todas as informações de que dispuser, em relação aos fatos que ele tenha conhecimento;

III – a prevenção de infrações penais decorrentes das atividades da organização criminosa;

IV – a recuperação total ou parcial do produto ou do proveito das infrações penais praticadas pela organização criminosa. Produto é o proveito direto da infração penal (p. ex., objeto roubado, dinheiro obtido com o crime). Já o proveito é o resultado indireto e mediato do crime, tal como veículos e imóveis obtidos com o tráfico de drogas etc.;

V – a localização de eventual vítima com a sua integridade física preservada, não bastando a identificação do possível "cativeiro". É necessário que a vítima seja localizada com sua integridade física preservada.

Comprovado que as informações foram eficazes, a concessão do benefício premial é medida necessária, a despeito da redação do art. 4º, *caput*, da Lei n. 12.850/2013 (O juiz "poderá").

Para concessão do benefício premial, a colaboração deve ser efetiva, de modo que eventual identificação de outros coautores por ação da polícia, sem qualquer relação direta com as informações dadas pelo colaborador, não justifica a concessão da benesse legal. Entretanto, a efetividade da colaboração não está condicionada ao êxito do Estado nas acusações em face dos demais agentes identificados.

Requisitos subjetivos. São considerados requisitos subjetivos da colaboração premiada a previsão indicada no art. 4º, § 1º, da Lei n. 12.850/2013. Assim, em qualquer caso, a concessão do benefício levará em conta a personalidade do colaborador, a natureza, as circunstâncias, a gravidade e a repercussão social do fato criminoso e a eficácia da colaboração.

Via de regra, a colaboração deve ser feita com indivíduos de baixo ou médio escalão, para se chegar aos líderes. Entretanto, não é vedada a celebração de acordo com o líder da organização criminosa.

Ainda, o requisito subjetivo será considerado para se avaliar a natureza do benefício e a gravidade concreta do crime, evitando-se concessões extremamente benevolentes, a exemplo da admissão da imunidade ou perdão judicial ao indivíduo que pratica crime de homicídio qualificado.

Caso o juiz não homologue, em razão da excessiva leniência do MP na proposta, deverá invocar o art. 28 do CPP por analogia, encaminhando-se os autos ao procurador-geral de justiça ou procurador-geral da República, para avaliação.

A homologação judicial é condição de eficácia do acordo (art. 4º, § 7º, da Lei n. 12.850/2013).

Benefícios premiais. De acordo com o art. 4º, *caput,* da Lei n. 12.850/2013, os benefícios premiais a serem estabelecidos são:

a) diminuição da pena no patamar máximo de 2/3 da pena privativa de liberdade;

b) substituição da pena privativa de liberdade por restritiva de direitos. Como não há remissão ao art. 44 do Código Penal, prevalece que essa substituição não exige a observância dos requisitos do Código Penal;

c) perdão judicial e consequente extinção da punibilidade (art. 109, IX, do CP), condicionada à relevância da colaboração prestada, sendo que a medida poderá ser proposta a qualquer tempo, pelo MP, ou no inquérito policial, pelo delegado de polícia. A colaboração deve ser relevante e o perdão é aplicado na sentença e não possui caráter meramente declaratório, uma vez que é necessário o reconhecimento do crime e o perdão é condicional ao cumprimento do acordo;

d) não oferecimento da denúncia, que consiste em previsão similar ao art. 87 da Lei n. 12.529/2011 (acordo de leniência) e condicionada ao fato de o MP e a polícia não terem prévio conhecimento da infração, bem como de que o colaborador não seja o líder da organização criminosa (art. 4º, § 4º, I e II). Considera-se existente o conhecimento prévio da infração quando o Ministério Público ou a autoridade policial competente tenha instaurado inquérito ou procedimento investigatório para apuração dos fatos apresentados pelo colaborador (art. 4º, § 4º-A);

e) progressão de regime: previsão contida no art. 4º, § 5º, da Lei n. 12.850/2013. Refere-se à não observância dos requisitos objetivos, de modo que a inobservância dos requisitos subjetivos poderá ensejar a não progressão do colaborador.

Admite-se a suspensão do prazo e da prescrição para oferecimento de denúncia em até 6 meses (art. 4º, § 3º), caso em que as medidas de colaboração poderão ser cumpridas.

O acordo não subtrai do julgador a possibilidade de analisar o mérito, conforme dispõe o art. 4º, § 7º-A, da Lei n. 12.850/2013 Entretanto, atingidos os resultados almejados, há direito subjetivo do colaborador à aplicação das sanções premiais acordadas.

Discute-se se o juiz pode fixar patamar de redução de pena diferente do acordado. Tem-se defendido que, se atingidos benefícios parciais, em tese, poder-se-ia estabelecer patamar diverso. Em caso análogo, sob a égide da delação premiada, na forma do art. 14 da Lei n. 9.801/99, o STJ entendeu que estaria dentro do juízo de discricionariedade do órgão julgador[123].

Ainda, é suscetível de debates a possibilidade de fixação de sanção premial *extra legem*, de forma distinta daquela estabelecida nos limites legais fixados no art. 4º. Embora haja precedentes autorizando a medida[124], a decisão é anterior à alteração trazida pela Lei n. 13.964/2019, em que se passou a determinar a vinculação (art. 4º, § 7º, II, da Lei n. 12.850/2013). Todavia, o STJ já admitiu a fixação de sanções penais atípicas contra acusado que firmou colaboração, desde que não ocorra violação à Constituição Federal, ao ordenamento jurídico e à moral e à ordem pública[125].

Conteúdo do acordo. O acordo de colaboração premiada deverá ser redigido em formato escrito, contendo "I – o relato da colaboração e seus possíveis resultados; II – as condições da proposta do Ministério Público ou do delegado de polícia; III – a declaração de aceitação do colaborador e de seu defensor; IV – as assinaturas do representante do Ministério Público ou do delegado de polícia, do colaborador e de seu defensor; V – a especificação das medidas de proteção ao colaborador e à sua família, quando necessário" (art. 6º, I a V).

Ainda, não se admitem cláusulas de renúncia a direitos indisponíveis, conforme o art. 4º, § 7º-B.

Discute-se quanto à possibilidade de corréus impugnarem os termos do acordo. O STF já decidiu, pelo pleno, quanto à impossibilidade, "... por se tratar de negócio jurídico personalíssimo...", de modo que o acordo de colaboração premiada não pode ser impugnado por coautores ou partícipes do colaborador na organização criminosa e nas infrações penais por ela praticadas, ainda que venham a ser expressamente nominados no respectivo instrumento no "relato da colaboração e seus possíveis resultados"[126]. Entretanto, a 2ª Turma do STF já admitiu a possibilidade de o delatado impugnar os termos do acordo celebrado pelo colaborador[127].

---

[123] STJ, 6ª T., REsp 1.728.847, Rel. Min. Sebastião Reis Júnior, j. 26.2.2019.

[124] STF, 1ª T., Inq 4.405/AgR, Rel. Min. Roberto Barroso.

[125] STJ, Pet 13.974, j. 7.10.2022 (sigiloso).

[126] STF, Pleno, HC 127.483/PR, Rel. Min. Dias Toffoli, j. 27.8.2015.

[127] STF, 2ª T., HC 142.205/PR, Rel. Min. Gilmar Mendes, por empate, j. 25.8.2020; e STF, 2ª T., HC 151.605, Rel. Min. Gilmar Mendes, j. 20.3.2018.

Direitos do colaborador. São direitos do réu colaborador, de acordo com o art. 5º, os de a) usufruir das medidas de proteção previstas na legislação específica, tendo seu nome, qualificação, imagem e demais informações pessoas preservadas, sendo crime a conduta de revelar a identidade, fotografar ou filmar o colaborador, sem sua prévia autorização por escrito (art. 18 da Lei n. 12.850/2013); b) ser conduzido, em juízo, separadamente dos demais coautores e partícipes; c) participar das audiências sem contato visual com os outros acusados, aplicando-se analogicamente o disposto no art. 217 do CPP. Entretanto, deve ser assegurada a participação do defensor do acusado em todos os atos. Pode ser utilizada a videoconferência (art. 18 da Convenção de Palermo); d) não ter sua identidade revelada pelos meios de comunicação, nem ser fotografado ou filmado, sem sua prévia autorização por escrito; e) cumprir pena em estabelecimento penal diverso dos demais corréus ou condenados; f) cumprir pena ou prisão cautelar em estabelecimento penal diverso dos demais corréus ou condenados.

Homologação da colaboração premiada. Inicialmente, cumpre destacar que o juiz não participa de quaisquer etapas do acordo (art. 4º, § 6º), o que visa preservar sua imparcialidade e afastar alegação de coação, já que o acordo também enseja busca por fontes de provas.

Uma vez celebrado o acordo, deverá ser submetido à homologação do juiz, a quem cabe analisar o acordo sem adentrar o mérito. Caso discorde dos seus termos, deverá devolvê-lo às partes (art. 4º, § 8º).

Na homologação do acordo pelo juiz, serão analisadas: a) regularidade e legalidade; b) adequação dos benefícios pactuados às regras e benefícios legais; c) adequação dos resultados da colaboração aos resultados mínimos exigidos; d) voluntariedade da manifestação de vontade, especialmente quanto o acusado estava sob medidas cautelares (recomendável a não presença da autoridade celebrante).

Trata-se de provimento interlocutório, que não avança sobre o mérito, e não cabe ao julgador desenvolver atividade probatória.

A análise da homologação não resulta, de imediato, a aplicação dos benefícios legais, o que se dará quando da sentença (art. 4º, § 11), salvo no tocante ao benefício da não persecução, em que haverá antecipação da análise da eficácia da colaboração.

Em caso de colaboração que envolva, como autoridade delatada, pessoa detentora de foro por prerrogativa de função, a homologação ficará a cargo do tribunal competente para julgar a autoridade delatada, bem como do órgão ministerial igualmente competente[128], a quem caberá, se o caso, homologar e desmembrar o feito aos juízos distintos, em relação a acusados que não tenham prerrogativa de função[129] (STF, Pet 7.074/DF, Rel. Min. Edson Fachin, julgado em 29.6.2017).

Eventual impugnação quanto à decisão homologatória enseja a aplicabilidade do recurso em sentido estrito, na forma do art. 581, XXV, do CPP, em analogia. Todavia, o STJ já decidiu ser cabível o recurso de apelação, já que a decisão teria força de definitiva (pois acaba com negócio jurídico processual) e as hipóteses do RESE são taxativas[130]. Porém, o STJ reconheceu o princípio da fungibilidade nesse caso.

O juiz que homologa o acordo, na fase de inquérito, não poderá ser o responsável pela futura ação penal (arts. 3º-B, XVII, e 3º-D do CPP).

---

128 STF, HC 151.605, Rel. Min. Gilmar Mendes, j. 20.3.2018.

129 STF, Pet 7.074/DF, Rel. Min. Edson Fachin, j. 29.6.2017.

130 STJ, REsp 1.834.215/RS, Rel. Min. Rogério Schietti, j. 27.10.2020.

Finalmente, destaca-se que o acordo será distribuído de forma sigilosa (art. 7º), cabendo ao juiz decidir em 48 horas. O acesso aos autos será restrito ao juiz, MP e ao delegado, bem como advogado do representado.

Em relação ao acesso pelo advogado do delatado, o STF já o admitiu, desde que o ato de colaboração aponte a responsabilidade criminal do requerente-delatado e que o ato de colaboração não se refira a diligência em andamento[131].

O sigilo será levantado até o recebimento da denúncia ou da queixa-crime, vedando-se a publicidade pelo julgador, ex officio (art. 7º, § 3º).

Regras processuais. O colaborador deverá abrir mão do direito ao silêncio (art. 4º, § 14) e deverá assumir o compromisso de dizer a verdade. Entretanto, colaborador não poderá ser considerado testemunha para os fins do art. 342 do CP, salvo se não tiver sido oferecida denúncia em face dele (art. 4º, § 12). Nesta situação, poderá responder pelo crime de falso testemunho. Caso o colaborador impute falsamente a prática de infração penal a inocente ou revele informações sabidamente inverídicas, poderá responder pelo delito do art. 19 da Lei de Crime Organizado.

O colaborador será sempre ouvido na presença de seu defensor técnico, em qualquer fase das negociações, da homologação ou do processo (art. 4º, §§ 10 e 15).

Há a necessidade de apresentação de elementos de corroboração, de modo que a palavra do colaborador, isoladamente, é inapta para decretação de medidas cautelares pessoais ou reais, recebimento da denúncia ou queixa-crime ou sentença (art. 4º, § 16).

Ainda, reconhece-se a impossibilidade de corroboração "cruzada", de uma delação em relação à outra[132], de modo que a corroboração deve se dar por elementos externos à própria delação e que sejam objetivos.

Ainda, os elementos de informação trazidos pelo colaborador a respeito de crimes que não sejam conexos ao objeto da investigação primária devem receber o mesmo tratamento conferido à descoberta fortuita ou ao encontro fortuito de provas em outros meios de obtenção de prova, como a busca e apreensão e a interceptação telefônica[133].

O sigilo da colaboração é inoponível ao delatado, que tem direito a fazer perguntas ao colaborador, que figurará como verdadeira testemunha.

Em processo envolvendo vários acusados, as manifestações defensivas do delatado deverão ser apresentadas após os memoriais do MP e do colaborador, assegurando-se à defesa o direito de se manifestar por último (art. 4º, § 10-A). Entretanto, a nulidade deve ser arguida oportunamente, sob pena de preclusão[134].

Retratação, rescisão e anulação do acordo. A retratação do acordo se dá antes de sua celebração, de modo que as provas autoincriminatórias não serão consideradas (art. 4º, § 10). Em

A rescisão, por sua vez, ocorrerá quando uma das partes descumprir o acordo celebrado e homologado, tais como na omissão dolosa sobre fatos de conhecimento do colaborador (art. 4, § 17), a adulteração ou destruição de provas, a recusa em prestar informações, a recusa em entregar documento ou prova que esteja em seu poder, a fuga e a tentativa de se furtar à aplicação da lei penal.

Ainda, será causa de rescisão a não cessação da conduta criminosa pelo colaborador (art. 4º, § 18).

---

[131] STF, 2ª T., Rcl 30742 AgR, Rel. Min. Lewandowski, j. 4.2.2020.

[132] STF, Tribunal Pleno, HC 127.483, , Rel. Min. Dias Toffoli, j. 27.8.2015; 2ª T., Inq 3.982, trecho do voto do Min. Celso de Mello, j. 7.3.2017.

[133] STF, Inq 4.130-QO, Plenário, Rel. Min. Dias Toffoli, j. 23.9.2015; Plenário, Pet 7.074, Rel. Min. Edson Fachin, j. 29.6.2017.

[134] STJ, 5ª T., AgRg no HC 549.850/PR, Rel. Min. Felix Fischer, j. 8.9.2020.

As consequências são distintas: se a rescisão for imputada exclusivamente ao colaborador, perderá o benefício premial e haverá aproveitamento integral das provas, inclusive incriminatórias. Caso imputada ao Ministério Público ou à autoridade policial, o colaborador pode cessar a colaboração, mantendo-se os benefícios já pactuados.

Finalmente, a hipótese de anulação decorre de eventual vício do negócio jurídico processual celebrado, tal como a ausência de participação do defensor, a ausência de voluntariedade, a não advertência quanto ao direito ao silêncio etc. A anulação acarretará a ilicitude de todas as provas, por contaminação (fruto da árvore envenenada).

17.2. Ações controladas

É a técnica policial utilizada como meio de produção de provas que implica no retardamento da intervenção policial até que as autoridades encontrem o momento mais propício, sob a ótica da colheita de elementos de provas, para a produção da prova e a obtenção dos elementos de informação.

A Lei n. 12.850/2013 estabeleceu expressamente a possibilidade do referido meio investigativo, quando a hipótese versar sobre delitos praticados mediante organização criminosa.

A ação controlada exige prévia comunicação ao juiz competente, a quem caberá estabelecer os limites da referida medida, comunicando-se ao Ministério Público (art. 8º, § 1º).

Para tanto, a comunicação deverá ser distribuída de forma sigilosa, a fim de não comprometer a eficácia da medida, sendo que, até o encerramento da diligência, o acesso aos autos será restrito ao juiz, ao Ministério Público e ao delegado de polícia, como forma de se garantir o êxito das investigações (art. 8º, §§ 2º e 3º), lavrando, ao término da diligência, um auto circunstanciado (art. 8º, § 4º).

Finalmente, cuidou o legislador de estabelecer um limite adicional à hipótese de ação controlada, quando envolver delitos de natureza transnacional. Assim, caso haja necessidade de transposição de fronteiras para a atividade de observação e monitoramento, com o respectivo retardamento da intervenção policial ou administrativa, a referida medida somente poderá ser adotada mediante cooperação das autoridades dos países que figurem como provável itinerário ou destino do investigado, evitando-se os riscos de fuga e extravio do produto, objeto, instrumento ou proveito do crime (art. 8º, § 5º).

A providência é necessária, até mesmo para que não se frustre o próprio objetivo da ação controlada, mormente considerando que a decisão judicial adotada não poderá limitar a ação das autoridades policiais de outros países, sendo-lhes legítimo intervir policial ou administrativamente diante da constatação de um ilícito praticado em seus limites territoriais.

17.3. Infiltrações policiais

Infiltração policial é uma das efetivas técnicas a serem utilizadas pelas unidades policiais, com o objetivo de possibilitar o ingresso de um agente *extraneus* que, ocultando sua real identidade, passa a fazer parte da organização criminosa de forma fictícia, com o intuito de verificar o *modus operandi* do grupo, bem como colher elementos de informação, dados e outras provas que possibilitem descortinar a atuação da precitada organização criminosa.

A medida encontra previsão legal no art. 53, I, da Lei n. 11.343/2006 (Lei de Drogas) e, também, nos arts. 10 a 14 da Lei de Organização Criminosa (Lei n. 12.850/2013).

A despeito de a Lei n. 12.850/2013 fazer referência à medida como "tarefa de investigação", há discussão doutrinária quanto ao momento para a implementação da referida técnica: para uma primeira corrente, a infiltração poderia ocorrer tanto durante as investigações policiais como na fase processual, já que a legislação exige a manifestação do delegado de polícia quando a infiltração foi requerida "no curso do inquérito policial", dando ensejo à interpretação de que poderia ser requerida pelo Ministério Público, no curso do processo; já para uma segunda vertente interpretativa, a infiltração é cabível apenas em fase investigativa, por força do disposto no art. 12, § 2º, da Lei n. 12.850/2013, a qual estabelece que os autos contendo as informações da operação de infiltração acompanharão a denúncia do Ministério Público, de forma a sugerir que a medida seria adotada ainda durante a atividade investigativa.

Para sua implementação, a medida deverá ser distribuída sigilosa, bem como deverá estar claramente demonstrada a existência de indícios de prática de delitos graves por uma determinada organização criminosa (art. 1º, § 1º, da Lei n. 12.850/2013) ou, ainda, de crimes relacionados à Lei de Drogas (arts. 33 a 37 da Lei nº 11.343/2006), além da inexistência de outras formas de investigação hábeis que possam permitir a produção da prova. Exigiu a lei, assim como o fez no tocante às interceptações telefônicas, que a medida somente fosse autorizada quando não houvesse outras formas de atuação menos invasivas.

Dentro do prisma da proporcionalidade, deverão ser analisados e enfrentados os seguintes questionamentos:

1) O meio de investigação (infiltração policial) é apto à obtenção do fim perseguido na operação encoberta?

2) Foram previamente esgotadas outras formas de investigação, menos agressivas aos direitos e garantias fundamentais dos investigados?

3) As vantagens derivadas do fim público que se persegue (a segurança coletiva) compensam os eventuais prejuízos provocados aos direitos individuais que serão violados?

Se positivas as respostas aos três questionamentos, a princípio estaria a operação de infiltração policial apta a ser implementada para os fins de obtenção da prova, pois estaria a medida investigativa amparada pelo princípio da proporcionalidade. Uma vez deferida a medida, em decisão judicial circunstanciada, motivada e sigilosa, caberá à autoridade judicial avaliar o plano operacional da diligência (requisito que a lei não exige taxativamente, mas que é fundamental para a definição dos objetivos, etapas da infiltração e limites da atuação do agente) e estabelecer os limites da infiltração pretendida, inclusive mediante provocação dos legitimados no tocante à adoção e conjugação com outras técnicas que demandem reserva de jurisdição (*v.g.*, captação ambiental etc.).

A medida judicial visa acautelar a atuação do indivíduo, bem como trazer contornos de oficialidade à técnica investigativa. Frise-se que, para o sucesso da infiltração, a ordem judicial pode permitir que o agente infiltrado faça uso de identidade falsa e outros documentos para ocultar sua real identidade, garantindo-se sua integridade física e a higidez da investigação proposta.

Ao contrário do que ocorria nos textos das Leis n. 9.034/95 (revogada pela Lei n. 12.850/2013) e n. 11.343/2006, eis que surge a previsão do prazo legal de autorização no tocante à atuação do agente infiltrado: 6 meses, o qual poderá ser renovado, desde que comprovada sua necessidade (art. 10, § 3º). Note-se que não foi fixado prazo máximo, diferentemente do que ocorreu no tocante à infiltração virtual, como se verá adiante.

Ainda, uma vez encerrada cada etapa de infiltração, deverá ser elaborado um relatório circunstanciado, que será apresentado ao juiz e cientificado ao Ministério Público (art. 10, § 4º), sendo certo que, no curso do inquérito policial, o delegado de polícia poderá determinar aos seus agentes e o Ministério Público poderá requisitar, a qualquer tempo, o relatório da atividade de infiltração (art. 10, § 5º).

A infiltração poderá ser encerrada de forma voluntária, por manifestação fundamente e justificada do agente infiltrado (art. 14, I); de forma urgente, quando houver indícios seguros de que o agente infiltrado sofre risco iminente (art. 12, § 3º), sempre visando assegurar a vida e a integridade física do agente infiltrado; pela expiração do prazo de 6 meses, sem renovação; pelo sucesso da operação, com o atingimento do resultado almejado.

Dispõe o *caput* do art. 10 da Lei n. 12.850/2013 que somente serão admitidos na condição de infiltrados "agentes de polícia", podendo ser compreendidos em tese como tais os membros pertencentes a uma das instituições policiais previstas no art. 144, *caput*, da Constituição Federal (Polícia Federal, Polícia Rodoviária Federal, Polícia Ferroviária Federal, polícias civis e polícias militares e corpos de bombeiros militares)[135].

Ademais, ao prever que os infiltrados serão, necessariamente, "agentes de polícia", a Lei n. 12850/2013 evidenciou que a infiltração é técnica para a produção de provas processuais, deixando-se de lado a medida como atividade de inteligência para produção de conhecimento. Por conseguinte, excluiu-se a possibilidade da infiltração por "agentes de inteligência", integrantes do Sistema Brasileiro de Inteligência (SISBIN) ou da Agência Brasileira de Inteligência (ABIN), tudo a evidenciar que a medida seria instrumento de colheita e obtenção de provas.

O art. 13 da Lei n. 12.850/2013 estabeleceu que o agente policial deverá guardar, em sua atuação, a devida proporcionalidade com a finalidade da investigação, respondendo criminalmente por eventual excesso praticado. Entretanto, não será punido o agente que cometer um crime durante a infiltração, desde que inexigível conduta diversa (art. 13, parágrafo único).

Discute-se a natureza jurídica da excludente de responsabilidade do agente, caso venha a praticar crime no desdobramento natural da infiltração e cuja necessidade se verifique para que não seja identificado. Dentre todas as correntes, ganham corpo a que sustenta a excludente por inexigibilidade de conduta diversa e aquela que entende pela aplicabilidade, também, do estrito cumprimento do dever legal.

Em relação a eventual excesso praticado pelo agente policial, cumpre destacar que, caso a conduta se revele desproporcional para a finalidade investigativa, o agente policial infiltrado responderá pela medida. Assim, por exemplo, pode ser desproporcional a prática de um estupro no contexto de uma investigação por crime organizado voltado à prática de tráfico de drogas, já que o delito praticado, de natureza sexual, seria desproporcional ao próprio objeto da infiltração e ao desdobramento natural da conduta dos seus integrantes.

São direitos do agente policial infiltrado, segundo dispõe o art. 14 da Lei n. 12.850/2013, a atuação facultativa (inciso I), a alteração de sua identidade (inciso II), preservação da qualificação do infiltrado (inciso III) e não revelação de sua verdadeira identidade, sem a sua prévia autorização por escrito (inciso IV).

Infiltração "virtual". A Lei n. 12.850/2013 também previu a possibilidade de infiltração virtual, no intuito de investigar os crimes previstos na referida lei e a ele conexos, desde que demonstrada sua necessidade e indicados o alcance das tarefas dos policiais, os nomes ou apelidos das pessoas investigadas e, quando possível, os dados de conexão ou cadastrais que permitam a identificação dessas pessoas (art. 10-A).

De igual sorte, a Lei n. 8.069/90 (Estatuto da Criança e do Adolescente) previu a infiltração de agentes de polícia para a investigação de crimes contra a dignidade sexual de criança e de adolescente, na forma dos arts. 190-A a 190-E do referido diploma legal.

Os requisitos legais para a medida são muito similares aos da infiltração física, à exceção do prazo legal: a) na infiltração virtual estabelecida pela lei de criminalidade organizada, o prazo será de até 6 meses, sem prejuízo de eventuais renovações, mas limitado a 720 dias, na forma do art. 10-A,

135 Flávio Cardoso Pereira, *Criminalidade organizada*, p. 194.

§ 4º, da Lei n. 12.850/2013; b) na infiltração virtual prevista no Estatuto da Criança e do Adolescente, o prazo será de até 90 dias, sem prejuízo de eventuais renovações, mas limitado a 720 dias, na forma do art. 190-A, III, da Lei n. 8.069/90.

Ainda, dispõe o art. 190-C sobre os limites da atuação do agente infiltrado, no tocante aos delitos que poderão ser por ele praticados, fixando-se que não cometerá crime o policial que oculta a sua identidade para, por meio da internet, colher indícios de autoria e materialidade dos crimes previstos nos arts. 240, 241, 241-A, 241-B, 241-C e 241-D dessa lei e nos arts. 154-A, 217-A, 218, 218-A e 218-B do Código Penal, respondendo por excessos praticados.

De igual sorte, o art. 10-C da Lei n. 12.850/2013 prevê que não cometerá crime o policial que oculta a sua identidade para, por meio da internet, colher indícios de autoria e materialidade dos crimes previstos no art. 1º dessa lei, respondendo também por eventuais excessos praticados.

Finalmente, ao término da investigação, todos os atos eletrônicos praticados deverão estar registrados, gravados, armazenados e encaminhados ao juiz e ao Ministério Público, preservando-se a identidade do agente policial infiltrado e a intimidade dos envolvidos (art. 190-E do ECA e art. 10-D da Lei de Organização Criminosa).

18. SÍNTESE

Provas em espécie

Perícias e peritos

Perícia é o exame realizado por pessoa que detenha *expertise* sobre determinada área do conhecimento – o perito – a fim de prestar esclarecimentos ao juízo acerca de determinado fato de difícil compreensão, auxiliando-o no julgamento da causa.

Os peritos são auxiliares da justiça que assessoram o juiz em questões que exigem conhecimento especializado fora do âmbito jurídico. Podem ser oficiais (funcionários públicos concursados) ou particulares (na falta do perito oficial são chamadas duas pessoas idôneas, com diploma em curso superior, preferencialmente na área de atuação relacionada ao objeto da perícia).

É facultada ao Ministério Público, ao assistente de acusação, ao querelante e ao réu a formulação de quesitos e a indicação de assistente técnico.

Características da prova pericial:

a) é um meio de prova;

b) é o resultado da atividade humana e não é uma atividade humana;

c) o destino da prova é o processo, ainda que a atividade se realize fora dele;

d) deve ser realizada por *experts* no tema sobre o qual versa o laudo;

e) deve versar o laudo sobre os fatos e não sobre questões jurídicas;

f) deve nascer de uma obrigação – não existindo, portanto, perícia espontânea, fora de um processo;

g) os fatos sobre os quais versam o laudo devem requerer conhecimentos especializados;

h) o laudo é uma declaração da ciência, assim, o perito declara o que sabe e o juiz o valora como meio de prova.

Laudo pericial

Trata-se do documento em que os peritos consignam suas conclusões, após minuciosa apreciação dos elementos analisados. O laudo constitui-se de quatro partes: a) preâmbulo; b) descrição; c) conclusão; e d) encerramento.

Perícia por precatória

Se há necessidade de realização de perícia em outra comarca, será expedida a competente carta precatória requisitando a diligência. A nomeação dos peritos será feita pela autoridade deprecada, a não ser que a ação seja privada e, havendo acordo entre as partes, seja nomeado pelo juízo deprecante. A precatória deverá conter os quesitos elaborados pela autoridade deprecante e pelas suas partes.

Valor probatório do laudo pericial

O juiz não está adstrito às conclusões ou observações constantes no laudo pericial, uma vez que vige o princípio do livre convencimento motivado.

Exame de corpo de delito

Corpo de delito é o conjunto dos vestígios deixados pelo crime, não se restringindo aos vestígios relativos ao corpo físico da vítima. Assim, exame de corpo de delito será a perícia feita nesses vestígios.

O art. 158 do CPP considera indispensável a realização dessa perícia sempre que a infração deixar vestígios, porém tal regra é mitigada pelo art. 167 do mesmo diploma legal, pois, quando impossibilitada a realização do exame pelo desaparecimento ou deterioração dos vestígios, pode ele ser suprido pelo depoimento de testemunhas.

Exame necroscópico: consiste inicialmente no exame exterior realizado em um cadáver, para em seguida efetivar-se o exame de suas partes internas a fim de estabelecer a *causa mortis* e outros elementos pertinentes ao fato.

Exame de lesões corporais: visa identificar a natureza e a gravidade das lesões eventualmente infligidas à vítima. Será realizado, ainda, de acordo com o disposto no art. 168 do CPP, exame complementar nas seguintes hipóteses:

a) se o primeiro exame pericial tiver sido incompleto;

b) se o exame tiver por finalidade determinar a classificação do delito no art. 129, § 1º, I, do CP – quando resulta na vítima incapacidade para as ocupações habituais por mais de 30 dias.

Cadeia de custódia da prova

Trata-se de metodologia com o intuito de comprovar, documental e ininterruptamente, os atos que sucederam a fonte de prova, desde sua recolha, o traslado e a conservação dos indícios e vestígios obtidos no curso de uma investigação criminal, que deverá percorrer determinadas etapas concatenadas, para assegurar a autenticidade, integridade e inalterabilidade da fonte de prova.

A prova da cadeia de custódia pretende assegurar que a prova valorada é exatamente aquela que fora colhida.

Etapas da cadeia de custódia: de maneira descritiva e em caráter protocolar, o art. 158-B do Código de Processo Penal cuidou de estabelecer que a cadeia de custódia compreende o rastreamento dos vestígios nas etapas do: a) *reconhecimento* (art. 158-B, I); b) *isolamento* (art. 158-B, II); c) *fixação* (art. 158-B, III); d) *coleta* (art. 158-B, IV); e) *acondicionamento* (art. 158-B, V); f) *transporte* (art. 158-B, VI); g) *recebimento* (art. 158-B, VII); h) *processamento* (art. 158-B, VIII); i) *armazenamento* (art. 158-B, IX); j) *descarte* (art. 158-B, X).

Consequências da violação da cadeia de custódia: o legislador deixou de estabelecer, expressamente, as consequências da violação da cadeia de custódia da prova. Em razão disso, surgiram algumas vertentes doutrinárias: a) a primeira sustenta que a prova produzida com violação à cadeia de custódia seria inadmissível; b) a segunda corrente aponta que eventual violação à sistemática adotada poderá acarretar a ilegitimidade da prova, por violação a regras de direito processual; c) a terceira corrente aponta que eventual violação da cadeia de custódia deve ser avaliada no momento da valoração da prova, e não de sua admissibilidade, cabendo ao juiz avaliar a densidade da prova na formação de seu convencimento.

Demais perícias:

Exame do local do crime: tem por finalidade a preservação dos elementos presentes no local do delito que possam servir de prova para apuração futura do fato.

Exame de laboratório: neste caso, deverão os peritos conservar parte do material periciado para eventual perícia complementar ou contraprova.

Avaliação de coisas: podem ser objeto da perícia de avaliação: a) coisas destruídas; b) coisas deterioradas; e c) coisas que constituam produto do crime.

Exame grafotécnico: trata-se de exame de reconhecimento de escritos por comparação de letra.

Exame dos instrumentos do crime

Serão verificados: a) a natureza, isto é, sua qualidade e características; e b) a eficiência, ou seja, sua aptidão para produzir o resultado, bem como o estado em que se encontrava.

Interrogatório do acusado

Ato processual conduzido pelo juiz, no qual o acusado é perguntado acerca dos fatos que lhes são imputados, abrindo-lhe a oportunidade para que, querendo, deles se defenda.

Características:

- *ato público*: será conduzido à vista de todos, salvo nos casos em que for aconselhável a decretação de sigilo;
- *personalíssimo*: não podendo a presença do réu ser substituída;
- *oral*: salvo nas hipóteses em que o réu esteja impossibilitado de falar.

Local: a regra é que seja feito na sede do juízo, como todo ato processual. O art. 185, § 1º, do CPP excepciona a regra, dispondo que, caso haja a segurança necessária, o réu será interrogado no estabelecimento prisional em que se encontrar.

Outrossim, o art. 185, § 2º, do CPP inovou ao permitir o interrogatório do réu preso por videoconferência, desde que a medida seja tomada para atender alguma das seguintes finalidades:

I – prevenir risco à segurança pública quando haja fundada suspeita de que possa fugir durante o deslocamento;

II – viabilizar a participação do réu no referido ato processual, quando haja relevante dificuldade para seu comparecimento em juízo, seja por enfermidade, ou outra circunstância pessoal;

III – impedir a influência do réu no ânimo da testemunha ou vítima; e

IV – responder à gravíssima questão de ordem pública.

Requisitos do interrogatório *on line*:

a) aplica-se a excepcionalidade da medida quando ocorrer uma das hipóteses do art. 185, § 2º, I a IV;

b) as partes serão intimadas sobre ele com 10 dias de antecedência;

c) quando impossível ao magistrado interrogar o réu no estabelecimento prisional;

d) direito de entrevista prévia e reservada do réu com o seu defensor.

Conteúdo do interrogatório: será constituído de duas partes: a primeira versará sobre a pessoa do acusado e a segunda terá questões sobre os fatos apurados.

Ressalte-se que o réu terá direito de entrevistar-se reservadamente com seu advogado a fim de que receba, antes do seu interrogatório, orientação jurídica de seu defensor.

Direito ao silêncio: a Constituição Federal, no inciso LXIII do art. 5º, assegura ao indiciado e ao réu o direito de permanecerem silentes. Observe-se que, se o acusado optar por permanecer calado, o seu silêncio não importará confissão e nem poderá ser interpretado em prejuízo da sua defesa.

Confissão

É o reconhecimento, pelo indiciado ou acusado, da imputação que lhe é feita. Tem como características ser divisível e retratável e, por si só, não tem o condão de determinar a comprovação dos fatos alegados pela acusação.

Modalidades de confissão

São as seguintes:

- quanto à sede onde ocorra, poderá ser judicial (quando em juízo) ou extrajudicial (quando feita fora do juízo, como no inquérito policial ou comissão parlamentar de inquérito);
- quanto aos efeitos, pode ser simples (quando o confitente simplesmente admite a imputação que lhe foi feita) ou qualificada (se reconhece a acusação, mas junto apresenta circunstâncias de que excluam ou atenuem a sua responsabilidade);
- quanto à forma, poderá ser explícita ou tácita, não aceitando o direito brasileiro esta segunda.

Delação premiada: benefício que concede ao réu confesso redução ou até isenção de pena quando este denuncia um ou mais envolvidos na prática criminosa a que responde.

Perguntas ao ofendido

Ofendido é a vítima, ou seja, o sujeito passivo da infração penal. A vítima não é equiparada, para efeitos legais, às testemunhas. Por ser a prejudicada imediata pela infração penal, a vítima tem interesse na condenação do réu, motivo pelo qual suas declarações, conquanto sejam bastante relevantes, em face da natural proximidade dela com os fatos a apurar, devem ser interpretadas com reserva.

Prova testemunhal

Testemunha é a pessoa diversa dos sujeitos processuais chamada a juízo para narrar os fatos dos quais tenha tomado conhecimento, que se apresentem relevantes para a causa. Terá ela três obrigações: a de comparecer, de prestar compromisso e de prestar o testemunho do que sabe, não podendo nada ocultar ou mesmo mentir.

São seus caracteres:

- judicialidade: somente será considerada prova testemunhal aquele depoimento prestado perante o juízo;
- oralidade: em regra será oral, facultando-se, em alguns casos especiais, a prestação de depoimento por escrito;
- objetividade: deverá limitar-se a narrar os fatos de forma objetiva, evitando apreciações pessoais;
- retrospectividade: deve se restringir aos fatos pretéritos, não podendo fazer prognósticos.

Número de testemunhas:

a) no procedimento comum, cada parte poderá arrolar até oito testemunhas;

b) no Tribunal do Júri, serão limitadas a oito testemunhas na primeira fase e cinco em plenário;

c) no procedimento sumário, até cinco testemunhas;

d) no sumaríssimo, serão três ou cinco testemunhas, dependendo da orientação que se adote.

Quem pode depor: a regra geral do art. 202 do CPP determina que toda pessoa poderá ser testemunha.

Compromisso: trata-se da promessa feita pela testemunha, sob palavra de honra, de dizer a verdade do que souber e lhe for perguntado.

Contradita e arguição de suspeição: antes de iniciado o depoimento, poderão as partes contraditar ou arguir circunstâncias ou defeitos que tornem a testemunha suspeita de parcialidade ou indigna de fé.

Oitiva por carta rogatória: será expedida no caso de testemunha que se encontre em outro país, deverá ser demonstrada previamente a sua imprescindibilidade, arcando a parte requerente com os custos de envio.

Depoimento: a lei brasileira adotou o sistema inglês, segundo o qual as reperguntas das partes devem ser feitas diretamente às testemunhas.

Reconhecimento de pessoas ou coisas

É ato por meio do qual uma pessoa verifica e confirma a identidade de pessoa ou coisa que lhe é apresentada. Será feito nos termos do art. 226 do CPP.

Reconhecimento fotográfico: meio de identificação em situações em que não seja possível o reconhecimento pessoal.

Acareação

É ato pelo qual se colocam frente a frente duas ou mais pessoas cujas declarações sobre fatos ou circunstâncias relevantes sejam conflitantes, a fim de que expliquem os pontos de divergência.

Prova documental

Documento é todo objeto material que condense em si a manifestação de pensamento ou um fato, reproduzindo-o em juízo. Poderá ser apresentado em qualquer fase do processo e deve-se dar oportunidade para que ambas as partes sobre ele se manifestem.

Prova indiciária

Considera-se indício a circunstância conhecida e provada que, tendo relação com o fato, autorize, por indução, concluir-se a existência de outra ou outras circunstâncias.

Busca e apreensão

Apesar de intimamente ligados, constituem fenômenos distintos. A busca é o ato destinado a procurar e encontrar pessoa ou coisa; apreensão é o ato pelo qual há apossamento e guarda da coisa ou de pessoa.

Busca domiciliar: domicílio, neste caso, abrangerá qualquer compartimento habitado ou aposento ocupado de habitação coletiva, incluindo também todo o compartimento não aberto ao público onde alguém exercer profissão ou atividade.

O art. 7º da Lei n. 8.906/94 trata da inviolabilidade do escritório do advogado, que poderá ser quebrada por ordem judicial quando presentes indícios de autoria e materialidade de infração penal perpetrada por advogado.

Busca pessoal: constitui a revista de pessoa, a fim de que se localize e apreenda objeto previsto na lei processual penal.

Meios de obtenção de provas na Lei n. 12.850/2013

A Lei n. 12.850/2013 estabeleceu meios de obtenção de prova na investigação de organizações criminosas, assim entendidas como a associação de quatro ou mais pessoas estruturalmente ordenada e caracterizada pela divisão de tarefas, ainda que informalmente, com objetivo de obter, direta ou indiretamente, vantagem de qualquer natureza, mediante a prática de infrações penais cujas penas máximas sejam superiores a 4 anos, ou que sejam de caráter transnacional (art. 1º, § 1º).

Dentre as medidas, previu-se: I – colaboração premiada; II – captação ambiental de sinais eletromagnéticos, ópticos ou acústicos; III – ação controlada; IV – acesso a registros de ligações telefônicas e telemáticas, a dados cadastrais constantes de bancos de dados públicos ou privados e a informações eleitorais ou comerciais; V – interceptação de comunicações telefônicas e telemáticas, nos termos da legislação específica; VI – afastamento dos sigilos financeiro, bancário e fiscal, nos termos da legislação específica; VII – infiltração, por policiais, em atividade de investigação, na forma do art. 11; VIII – cooperação entre instituições e órgãos federais, distritais, estaduais e municipais na busca de provas e informações de interesse da investigação ou da instrução criminal.

Colaboração premiada: é o meio de obtenção de prova (art. 3º-A da Lei n. 12.850/2013) e negócio jurídico processual bilateral, pelo qual o investigado ou acusado, ao prestar suas declarações, coopera com a atividade investigativa, confessando crimes e indicando a atuação de terceiros envolvidos com a prática delitiva, de sorte a alterar o resultado das investigações em troca de benefícios processuais.

Ações controladas: técnica policial utilizada como meio de produção de provas que implica o retardamento da intervenção policial até que as autoridades encontrem o momento mais propício, sob a ótica da colheita de elementos de provas, para a produção da prova e a obtenção dos elementos de informação.

Infiltração fe policiais: uma das efetivas técnicas a serem utilizadas pelas unidades policiais, com o objetivo de possibilitar o ingresso de um agente *extraneus* que, ocultando sua real identidade, passa a fazer parte da organização criminosa de forma fictícia, com o intuito de verificar o *modus operandi* do grupo, bem como de colher elementos de informação, dados e outras provas que possibilitem descortinar a atuação da precitada organização criminosa.

Capítulo XVII
SUJEITOS DO PROCESSO

1. NOÇÕES PRELIMINARES

O processo, como relação jurídica, envolve durante sua existência uma série de pessoas que praticam atos, direta ou indiretamente, relacionados ao trâmite do processo. Essas pessoas são os sujeitos processuais, que se distinguem em:

a) *principais (essenciais): são aqueles que constituem o próprio aspecto subjetivo da relação jurídica processual. Sem eles não há relação jurídica processual.* São sujeitos principais (ou essenciais) do processo penal condenatório: o juiz da instrução e julgamento, o réu (acusado ou querelado) e o acusador (Ministério Público ou querelante), que compõem uma relação jurídica triangular;

b) *secundários (acessórios, colaterais ou sujeitos processuais em sentido impróprio): são aqueles que apenas incidentalmente participam do processo. Podem ou não integrá-lo, deduzindo pretensão própria.* São sujeitos processuais secundários, entre outros: o assistente da acusação, o terceiro prejudicado ou o fiador do réu.

Além dessas pessoas, há outras, que não chegam a integrar a relação jurídica processual, mas que de alguma forma tomam parte no processo. São os chamados terceiros, pessoas que praticam atos que permitem o desenvolvimento da relação jurídica processual, tais como os auxiliares da justiça, testemunhas, peritos etc.

A classificação acima exposta, diga-se, não é a única, variando conforme o autor estudado.

2. JUIZ

O juiz – ou, mais precisamente, o órgão julgador, já que nos tribunais o julgamento poderá ser conduzido por órgãos colegiados – é o sujeito processual imparcial, que terá como função precípua a condução do processo e o julgamento do pedido de tutela jurisdicional que lhe é dirigido pelo autor da demanda. Integra a relação processual em posição de destaque, acima do interesse das partes, como intermediário da relação entre elas.

Outrossim, com a admissão da estrutura acusatória do processo penal, singularizada na previsão do art. 3º-A do CPP, é reforçada a ideia de que o juiz deve se situar de modo equidistante das partes na relação processual, sendo-lhe vedado substituir a atuação probatório do órgão acusador.

Para que uma pessoa possa exercer a função jurisdicional de maneira válida é necessário que possua:

a) *capacidade subjetiva "in abstracto" (ou funcional)*. É necessário que o juiz preencha certos requisitos para o provimento no cargo de magistrado, tais como gozar de capacidade civil, ser portador de diploma de bacharel em Direito, ter sido regularmente investido na judicatura etc.;

b) *capacidade subjetiva "in concreto" (ou especial)*. É também necessário que, diante do caso concreto, inexista causa de suspeição ou incompatibilidade ou impedimento para funcionar no processo, garantindo-se, dessa forma, sua necessária imparcialidade com relação à causa que se lhe apresente;

c) *capacidade objetiva*. O juiz deve ser, nos termos das respectivas normas aplicáveis ao caso, competente para processar e julgar a causa.

A imparcialidade é atributo essencial do julgador, reservando a lei instrumentos para evitar que o juiz parcial – isto é, interessado no sucesso ou insucesso de qualquer das partes – venha a atuar no processo. Estabelecem-se, assim, as hipóteses de impedimento e suspeição, que constituirão causas de afastamento do julgador do caso concreto. Essas hipóteses serão oportunamente abordadas.

2.1. Funções e poderes do juiz

A fim de garantir a efetividade da atuação jurisdicional, a lei confere certos poderes ao juiz. A doutrina divide esses poderes em duas categorias:

a) *Poderes de polícia (ou administrativos)*, poderes instrumentais que permitem ao juiz, em certas ocasiões, limitar a esfera de liberdade de atuação dos indivíduos a fim de assegurar a ordem e impor disciplina, evitando perturbações em seu andamento. Exemplo de poder de polícia encontra-se no art. 251 do Código de Processo Penal, segundo o qual o juiz deve prover a regularidade do processo e manter a ordem dos respectivos atos, podendo inclusive, para esse fim, requisitar a atuação da força pública.

Ressalte-se, quanto a isso, que o exercício do "poder de polícia" tem o sentido de poder o magistrado limitar a esfera de liberdade dos particulares, aproximando-se, no caso, do conceito que se confere à expressão no âmbito do direito administrativo. Nem sempre, embora isso possa ocorrer, estará envolvida no seu exercício a invocação de força policial propriamente dita, ao contrário do que a denominação poderia sugerir.

b) *Poderes jurisdicionais, que por sua vez podem ser*:

(i) *poderes-meios*, que podem ser ordinatórios, quando digam respeito aos expedientes necessários ao próprio andamento processual, ou instrutórios, quando se refiram ao provimento de elementos de convicção do juízo com relação à causa e

(ii) *poderes-fins*, que compreendem os poderes decisórios e de coerção (ou execução)[1].

A principal função do magistrado é a de decidir com imparcialidade o conflito que se lhe apresenta, aplicando a lei ao caso concreto. Ao lado dessas atribuições, entretanto, outras podem ser citadas, por exemplo, fiscalizar o princípio da obrigatoriedade da ação penal pública (art. 28 do Código de Processo Penal); requisitar a instauração de inquérito policial (art. 5º, II) etc. Deve o juiz, também, conduzir a marcha processual até decisão final, em razão do princípio do impulso oficial.

2.2. Deveres do juiz

O juiz, uma vez tenha sido adequadamente provocado, não pode eximir-se de julgar a causa apresentada, o que configuraria denegação de justiça, em violação da garantia constitucional da inafastabilidade do controle jurisdicional (art. 5º, XXXV, da Constituição Federal).

Além disso, todos os poderes conferidos por lei ao juiz constituem, na verdade, poderes-deveres. Com efeito, tais poderes apenas são a ele conferidos como instrumentos para a consecução do interesse maior da administração da justiça, não podendo o magistrado se eximir de utilizá-los quando necessário. Será o juiz, assim, obrigado a exercer seus poderes, provendo às partes um devido processo legal, obrando para oferecer-lhes todas as garantias legais e constitucionais[2].

2.3. Prerrogativas

As prerrogativas conferidas aos órgãos jurisdicionais têm por finalidade afastá-los de quaisquer interferências externas à função e ao processo, de modo a garantir que ajam eles com a independência necessária para julgar com imparcialidade. Segundo dispõe o art. 95 da Constituição Federal, constituem garantias do juiz:

[1] A. C. A. Cintra *et al.*, *Teoria geral do processo*, 18. ed., p. 294.

[2] A. C. A. Cintra *et al.*, *Teoria geral do processo*, 18. ed., p. 294.

a) *Vitaliciedade (art. 95, I)*. Não pode o juiz ser destituído de sua função, salvo por determinação expedida em sentença transitada em julgado. A vitaliciedade do juiz de primeiro grau só será adquirida após 2 anos de exercício. Dentro desse período, a perda do cargo dependerá de deliberação do tribunal ao qual estiver o juiz vinculado. Os membros dos tribunais de segundo grau adquirem a vitaliciedade de forma imediata, não se sujeitando ao biênio constitucional.

b) *Inamovibilidade (art. 95, II)*. Assegurada ao juiz a permanência no local em que exerça suas funções enquanto desejar, salvo quando houver motivo de interesse público. Nesse caso, caberá a decisão ao respectivo tribunal, manifestando-se pelo voto da maioria absoluta de seus membros ou, ao Conselho Nacional de Justiça.

c) *Irredutibilidade de vencimentos (subsídios) (art. 95, III)*. Ressalva-se, a esse respeito, o disposto nos arts. 37, X e XI, 39, § 4º, 150, II, 153, III, e 153, § 2º, I.

2.4. Vedações

O exercício da magistratura impõe, ainda, uma série de limitações à pessoa do magistrado, também fundadas no objetivo de preservar a liberdade e a imparcialidade dos órgãos julgadores. Não poderá o juiz investido:

a) exercer, ainda que em disponibilidade, outro cargo ou função, salvo uma de magistério (art. 95, parágrafo único, I, da Constituição Federal);

b) receber, a qualquer título ou pretexto, custas ou participação no processo (art. 95, parágrafo único, II);

c) dedicar-se a atividade político-partidária (art. 95, parágrafo único, III);

d) receber, a qualquer título ou pretexto, auxílios ou contribuições de pessoas físicas, entidades públicas ou privadas, ressalvadas as exceções previstas em lei (art. 95, parágrafo único, IV);

e) exercer a advocacia no juízo ou tribunal do qual se afastou, antes de decorridos 3 anos do afastamento do cargo por aposentadoria ou exoneração (art. 95, parágrafo único, V).

2.5. Impedimento

A existência de qualquer das hipóteses previstas no art. 252 do Código de Processo Penal torna o juiz impedido de atuar no processo, vedando-lhe o exercício de jurisdição especificamente no caso concreto em que o impedimento venha a ocorrer. Essas situações são de natureza objetiva e determinam uma presunção absoluta da parcialidade do juiz. Será impedido de atuar no processo o magistrado:

a) quando seu cônjuge ou parente, consanguíneo ou afim, em linha reta ou na colateral até o terceiro grau, inclusive, houver funcionado no processo como defensor ou advogado, órgão do Ministério Público, autoridade policial, auxiliar da justiça ou perito (art. 252, I);

b) quando ele próprio houver desempenhado qualquer dessas funções ou servido como testemunha (art. 252, II);

c) quando tiver funcionado como juiz em outra instância, pronunciando-se, de fato ou de direito, sobre a questão (art. 252, III);

d) quando ele próprio ou seu cônjuge ou parente, consanguíneo ou afim, em linha reta ou na colateral até o terceiro grau, inclusive, for parte ou diretamente interessado no feito (art. 252, IV).

O rol do art. 252 é *numerus clausus,* não comportando interpretação extensiva ou analógica[3].

Tratando-se de juízo coletivo, estarão impedidos de servir no mesmo processo os juízes que forem entre si parentes, consanguíneos ou afins, em linha reta ou na colateral, até o terceiro grau, inclusive (art. 253).

---

[3] STJ, 5ª T., AgRg no AREsp 1.881.330/SP, Rel. Min. Reynaldo Soares da Fonseca, *DJe*, 27.9.2021.

Saliente-se que o Código de Processo Civil de 2015 estabelece uma hipótese de impedimento do juiz na hipótese em que "em que figure como parte cliente do escritório de advocacia de seu cônjuge, companheiro ou parente, consanguíneo ou afim, em linha reta ou colateral, até o terceiro grau, inclusive, mesmo que patrocinado por advogado de outro escritório", a qual não encontra previsão no Código de Processo Penal. Entretanto, na ADI 5.953, o Supremo Tribunal Federal reconheceu a inconstitucionalidade do dispositivo legal.

Há alguma controvérsia no que diz respeito aos efeitos jurídicos da atuação, no processo, de juiz impedido. Parte da doutrina entende que os atos do juiz impedido serão juridicamente inexistentes, o que alcançaria até mesmo o trânsito em julgado da sentença penal condenatória. Para outra parcela, é caso de nulidade absoluta de todos os atos por ele praticados no processo.

2.6. Suspeição

O art. 254 do Código de Processo Penal enumera as situações em que o juiz será considerado suspeito. A suspeição deve ser reconhecida de ofício, entretanto é dado às partes argui-la caso isso não ocorra.

São hipóteses de suspeição:

a) a existência de amizade íntima ou inimizade capital entre o juiz e qualquer das partes. A relação de amizade ou inimizade, destaque-se, refere-se exclusivamente às partes do processo, não configurando hipótese de suspeição ser o magistrado amigo íntimo ou inimigo capital do advogado da parte ou do membro do Ministério Público (art. 254, I);

b) a circunstância de que o magistrado, seu cônjuge, ascendente ou descendente esteja respondendo penalmente por fato análogo, sobre cujo caráter criminoso haja controvérsia (art. 254, II);

c) a circunstância de que o julgador, seu cônjuge ou parente, consanguíneo ou afim, até o terceiro grau, inclusive, esteja a sustentar demanda ou responder processo que tenha de ser julgado por qualquer das partes (art. 254, III);

d) o fato de haver o juiz aconselhado qualquer das partes (art. 254, IV);

e) ser o juiz credor ou devedor, tutor ou curador, de qualquer das partes (art. 254, V);

f) ser o magistrado sócio, acionista ou administrador de sociedade interessada no processo.

Diferentemente das hipóteses de impedimento, cujo rol é taxativo e não admite intepretação extensiva, tem-se reconhecido que o rol de suspeição é exemplificativo, sendo possível admitir outras hipóteses além daquelas previstas em lei, desde que comprovado o comportamento parcial do julgador, a partir de elementos concretos e objetivos[4].

Outrossim, dispõe o art. 255 que o impedimento ou suspeição decorrente de parentesco por afinidade cessará pela dissolução do casamento que he tiver dado causa, salvo sobrevindo descendentes; mas, ainda que dissolvido o casamento sem descendentes, não funcionará como juiz o sogro, o padrasto, o cunhado, o genro ou enteado de quem for parte no processo, bem como que a suspeição não poderá ser declarada nem reconhecida quando a partir injuriar o juiz ou, de propósito, der motivo para cria-la.

Segundo determina o art. 564, I, do Código de Processo Penal, a atuação no processo de juiz suspeito é causa de nulidade, implicando a anulação de todos os atos decisórios praticados pelo magistrado, incluindo aqueles eventualmente realizados em fase pré-processual[5].

---

[4] STJ, 6ª T., REsp 1.921.761/RS, Rel. Min. Sebastião Reis Júnior, j. 28.2.2023, *DJe*, 6.3.2023.

[5] STF, 2ª T., HC 164.493/PR, Rel. Min. Gilmar Mendes, j. 23.3.2021, *DJe*-106, divulg 2.6.2021, public 4.6.2021.

3. MINISTÉRIO PÚBLICO

O Ministério Público é a chamada "parte imparcial" do processo, porquanto na defesa dos interesses públicos ocupa o polo ativo da ação penal, podendo, não obstante, quando o caso assim justificar, postular a absolvição do acusado ou qualquer medida mais benéfica a este. Na doutrina, posição pioneira na compreensão da função ministerial ocupou Werner Goldschmidt.

Pertence a ele a explicação de que conceitualmente ser parte ("partialidade") e ser parcial ("parcialidade") são coisas distintas, uma vez que "pode uma pessoa ter uma relação com o objeto do litígio e ser, nesse sentido, parte em sentido material; da mesma forma pode ter uma relação com as expectativas, possibilidades, ônus e exoneração de ônus processuais, e, dessa forma, ser parte em sentido formal. Apesar disso, cabe a mais perfeita imparcialidade, sendo suficiente o desejo de dizer a verdade, de resolver com exatidão, de resolver justa ou legalmente"[6].

Originalmente concebido para atuar como defensor dos interesses do Poder Público, apenas com o advento da Constituição de 1988 é que tal função foi destacada das atribuições do chamado órgão do *Parquet*[7], estabelecendo-se a vedação expressa a que esses órgãos atuem na representação judicial de entidades públicas ou a ela prestem consultoria jurídica (art. 129, IX, da Constituição Federal).

Atualmente, as funções do Ministério Público dizem respeito fundamentalmente à atuação no sentido de providenciar a correta execução das leis, figurando nos processos que versem interesses relevantes ora como fiscal da lei, ora como parte autora, como é o caso da maioria das ações penais. A esse respeito, insta salientar que, se no âmbito da ação civil pública a legitimidade do Ministério Público não é exclusiva, no âmbito específico do processo penal a instituição se destaca por figurar como única detentora de legitimidade para a propositura da ação penal de iniciativa pública.

Com efeito, conforme já se disse, em sede penal, o Estado, sendo o único detentor do *jus puniendi*, transfere ao Ministério Público, órgão do Estado-Administração, a titularidade do *jus actionis*, conferindo-lhe legitimidade para promover a *persecutio criminis in judicio*. Nos crimes de ação privada, ocorre o fenômeno da substituição processual, em que o ofendido, ou quem o represente, passa a deduzir em nome próprio pretensão de titularidade do Estado.

Segundo o art. 127, "caput", da Constituição Federal, o Ministério Público é instituição permanente, essencial à função jurisdicional do Estado, incumbindo-lhe a defesa da ordem jurídica, do regime democrático e dos interesses sociais e individuais indisponíveis. No que diz respeito especificamente ao processo penal, cabe ao Ministério Público, nos termos do art. 129, I, da Constituição Federal, promover privativamente a ação penal pública, na forma da lei. Nesse caso, a instituição é, portanto, única legitimada para a propositura da ação penal pública ("dominus litis").

A atuação do Ministério Público como parte autora no processo penal, entretanto, guarda algumas características peculiares, o que enseja controvérsia na doutrina. Por isso alguns o identificam como "parte imparcial", uma vez que, mesmo atuando como autor, deverá zelar pela correta aplicação da lei, ainda que isso implique, em determinadas situações, atuar em favor da parte contrária. Com efeito, o órgão do Ministério Público tem compromisso com a justiça, acima dos interesses parciais.

Também se encontra na doutrina quem prefira classificar o Ministério Público, no âmbito do processo penal, como parte *sui generis*, parte formal ou instrumental, parte material e processual, sendo que alguns nem sequer o consideram parte.

---

[6] Werner Goldschmidt, La imparcialidad como principio básico del proceso, *Revista de Derecho Procesal*, v. 2, 1950, p. 193-207, *apud* Roberto Barbosa Alves, *Direito da infância e da juventude*, p. 56-57.

[7] O Ministério Público é também chamado de *Parquet*, porque na antiga França seus membros permaneciam na sala de julgamento em uma parte mais baixa (*Parquet*) e não sobre o estrado reservado aos juízes (Jean Pradel, *Procédure pénale*. 11. ed., p. 124).

Além disso, o art. 257 do Código de Processo Penal determina que, além de promover privativamente a ação penal pública (I), incumbe ainda ao Ministério Público fiscalizar a execução da lei (II). Atuará, portanto, sempre como *custos legis*, inclusive nos processos em que figure na posição de autor da ação penal, podendo, portanto, interpor mandado de segurança, impetrar *habeas corpus* ou mesmo recorrer em favor do réu. Da mesma forma, poderá também requerer a absolvição do acusado, quando julgar não estarem presentes elementos probatórios indicadores da culpa do imputado.

Por fim, compete ao Ministério Público exercer o controle externo da atividade policial e requisitar diligências investigatórias bem como a instauração de inquérito policial (art. 129, VII).

3.1. Princípios do Ministério Público

São princípios que informam a instituição, expressamente previstos no texto constitucional (art. 127, § 1º):

a) *a unidade*, porquanto todos os seus membros atuam como parte integrante de um só órgão, sob uma única direção. Essa unidade, entretanto, existe em cada Ministério Público, não se podendo falar em unidade entre o Ministério Público Federal e o Ministério Público Estadual, bem como entre os Ministérios Públicos Estaduais dos respectivos Estados;

b) *a indivisibilidade*, podendo seus representantes ser substituídos por outros durante o processo, não existindo vinculação pessoal à causa. A parte processual é o Ministério Público enquanto instituição, e não propriamente seu representante;

c) *a independência (autonomia) funcional*. No âmbito interno, a independência é atributo que qualifica cada um dos membros da instituição. Assim, cada órgão do Ministério Público exercerá suas funções segundo seu prudente arbítrio, de acordo com a própria consciência. Não há, na carreira, hierarquia funcional, de modo que os órgãos da instituição não se sujeitam a ingerências por parte de outros membros do Ministério Público. Tampouco há subordinação em relação a entidades exteriores, vinculando-se esses membros somente às normas constitucionais e legais. Do ponto de vista externo, a independência se manifesta na possibilidade de atuar junto ao Poder Legislativo para propor alterações em sua organização institucional e para elaborar sua própria proposta orçamentária.

3.2. Organização

Atualmente concebido essencialmente para atuar perante os órgãos do Poder Judiciário, o Ministério Público reflete, em sua organização, a organização daquele poder. Vincula-se, no Brasil, ao Poder Executivo. Não há nessa relação, entretanto, subordinação, gozando a instituição de autonomia organizacional e dotação orçamentária própria. Sua organização compreende:

a) o Ministério Público da União, que inclui: o Ministério Público Federal, o Ministério Público do Trabalho, o Ministério Público Militar e o Ministério Público do Distrito Federal e Territórios;

b) o Ministério Público dos Estados.

O Ministério Público da União tem por chefe o Procurador-Geral da República, enquanto o Procurador-Geral de Justiça exerce a chefia dos Ministérios Públicos estaduais.

Com a Emenda Constitucional n. 45/2004, instituiu-se o Conselho Nacional do Ministério Público, ao qual cabe o controle da atuação administrativa e financeira do Ministério Público e do cumprimento dos deveres funcionais de seus membros, na forma do art. 130-A da Constituição Federal.

3.3. Prerrogativas e vedações relativas ao Ministério Público

Aos membros do Ministério Público, com o intuito de garantir a isenção na fiscalização da aplicação da lei, atribuem-se garantias análogas àquelas conferidas aos magistrados:

a) *vitaliciedade*. Decorridos dois anos de exercício da função, o membro do Ministério Público somente poderá ser destituído do cargo por sentença judicial transitada em julgado;

b) *inamovibilidade*. Não podem os órgãos do Ministério Público ser removidos do local em que oficiem, salvo por motivo de interesse público, mediante decisão de órgão colegiado do *Parquet*, por voto da maioria absoluta de seus membros, assegurada ampla defesa;

c) *irredutibilidade de vencimentos* (*remuneração, subsídio*). Ressalva-se o disposto nos arts. 37, X e XI, 150, II, 153, III, e 153, § 2º, I.

Prerrogativas adicionais estão previstas também nos arts. 40 e 41 da Lei Orgânica do Ministério Público (Lei n. 8.625/93).

Pelos mesmos fundamentos pelos quais se estabelecem as prerrogativas dos membros da instituição, veda-se também ao membro do Ministério Público:

a) receber, a qualquer título ou sob qualquer pretexto, honorários, percentagens ou custas processuais (art. 128, § 5º, II, *a*, da Constituição Federal);

b) exercer a advocacia (art. 128, § 5º, II, *b*, da Constituição Federal);

c) participar de sociedade comercial, na forma da lei (art. 128, § 5º, II, *c*, da Constituição Federal);

d) exercer, ainda que em disponibilidade, qualquer outra função pública, salvo uma de magistério (art. 128, § 5º, II, *d*, da Constituição Federal);

e) exercer atividade político-partidária (art. 128, § 5º, II, *e*, da Constituição Federal), não mais estabelecendo a Constituição Federal, com o advento da Emenda Constitucional n. 45/2004, qualquer exceção;

f) receber, a qualquer título ou pretexto, auxílios ou contribuições de pessoas físicas, entidades públicas ou privadas, ressalvadas as exceções previstas em lei;

g) exercer a advocacia perante o órgão do qual houver se afastado antes de decorridos três anos do afastamento do cargo por aposentadoria ou exoneração (art. 128, § 6º, c/c o art. 95, parágrafo único, V, ambos da Constituição Federal).

3.4. Princípio do promotor natural

Discute a doutrina acerca da existência do princípio do promotor natural[8]. O conteúdo desse princípio consistiria em uma garantia do imputado de ser acusado por órgão do Estado previamente escolhido por critérios legais, afastando a possibilidade de designações arbitrárias do Procurador-Geral. Estabelece-se, dessa maneira, a vedação ao acusador de exceção.

O fundamento a tal vedação é o disposto no art. 5º, LIII, da Constituição Federal, que estabelece que ninguém será processado senão pela autoridade competente.

Veda-se, também, a atuação de acusador *ad hoc*. As atribuições do Ministério Público somente poderão ser exercidas por integrantes da carreira (art. 129, § 2º), não mais se permitindo o chamado procedimento penal de ofício, ou a designação de promotor *ad hoc* para determinado ato, feita pelo juiz, nas hipóteses de falta ou impedimento do representante do *Parquet*.

Parcela da doutrina tem entendido que a violação do princípio do promotor natural, tal como no caso de conspurcação ao postulado do juiz natural, é causa de nulidade absoluta.

---

[8] O STF reconhece a existência do princípio do promotor natural, como garantia da imparcialidade de atuação do órgão do Ministério Público, tanto a favor da sociedade quanto a favor do próprio acusado, que não pode ser submetido a um acusado de exceção (STF, ADI 2.854/DF, Rel. Min. Marco Aurélio, red. p/ Acórdão Min. Alexandre de Moraes, j. 15.10.2020).

3.5. Impedimento do representante do Ministério Público

Reforçando o entendimento daqueles que veem no Ministério Público uma instituição imparcial, a lei determina que as situações de impedimento e suspeição previstas para os juízes se estendem, no que couber, aos membros do Ministério Público, que não funcionarão nos processos em que o juiz ou qualquer das partes for seu cônjuge, ou parente, consanguíneo ou afim, em linha reta ou na colateral, até o terceiro grau, inclusive (art. 258 do Código de Processo Penal).

Além dessas hipóteses, será impedido de atuar no processo o órgão do Ministério Público que houver pedido o arquivamento do inquérito policial ou das peças de informação, em relação à ação penal proposta em virtude da rejeição de seu pedido de arquivamento.

4. ACUSADO

Acusado é aquele a quem a acusação imputa a prática de uma conduta tida por criminosa. É o réu, chamado também, no processo penal, de imputado. Na ação penal de iniciativa privada é denominado querelado. Em geral, será pessoa física, debatendo a doutrina a aplicabilidade da Lei n. 9.605/98, que, inovando no ordenamento jurídico brasileiro, com fulcro na norma do art. 225, § 3º, da Constituição Federal, prevê a imputabilidade penal da pessoa jurídica[9].

Somente pode figurar como acusado aquele contra quem se pode deduzir pretensão punitiva. Ficam excluídos desse rol, portanto, menores de 18 anos, sujeitos a legislação especial, bem como os beneficiados por imunidades materiais (imunidade parlamentar material e imunidades diplomáticas).

A pessoa do réu deverá ser identificada de início, na peça acusatória, mas a impossibilidade de identificação do acusado com o seu verdadeiro nome não retardará a ação penal quando certa a sua identidade física. A retificação da qualificação do réu poderá ser feita a todo tempo, no curso do processo, do julgamento ou da execução da sentença (art. 259 do Código de Processo Penal).

Havendo necessidade de comparecimento do acusado para o interrogatório ou qualquer outro ato, a autoridade poderá mandar conduzi-lo a sua presença (art. 260). Entretanto, a despeito da previsão normativa, o STF reconheceu, nas ADPFs 395 e 444, que o art. 260 do Código de Processo Penal não foi recepcionado pela Constituição Federal de 1988, especialmente para fins do interrogatório[10].

Ao não comparecimento da parte em juízo dá-se o nome de *contumácia*, que não se confunde com a *revelia*, que é consequência da ausência do réu.

4.1. Direitos do acusado

Conforme já se salientou, o processo penal é aparelhado de numerosas garantias que têm por finalidade assegurar ao réu o mais amplo direito de defesa, sendo seu principal fundamento o caráter especialmente relevante da liberdade, bem jurídico tolhido com a aplicação da pena a que se visa com a instauração do processo penal.

Destacam-se como direitos do acusado:

a) o direito de ver respeitada sua integridade física e moral (art. 5º, XLIX, da Constituição Federal);

b) o direito de ser processado e julgado pela autoridade competente (art. 5º, LIII);

---

[9] O STF e STJ já firmaram entendimento sobre a possibilidade de pessoa jurídica figurar como réu em processo penal por crime ambiental (STF, 1ªT., RE 548.181, Rel. Min. Rosa Weber, j. 6.8.2013, *DJe*-213, 30.10.2014; STJ, 5ªT., RMS 56.073/ES, rel. Min. Ribeiro Dantas, j. 25.9.2018, *DJe*, 3.10.2018).

[10] STF, ADPFs 395/DF e 444/DF, Rel. Min. Gilmar Mendes, j. 14.6.2018, *DJe*, 15.6.2018.

c) o direito de não ser privado de sua liberdade ou de seus bens sem o devido processo legal (art. 5º, LIV);

d) o direito ao contraditório e à ampla defesa, e aos recursos a ela inerentes (art. 5º, LV);

e) o direito a que se presuma sua inocência até o trânsito em julgado da sentença penal condenatória (art. 5º, LVII);

f) o direito de não ser submetido a identificação criminal quando civilmente identificado, salvo nas hipóteses previstas em lei (art. 5º, LVIII);

g) o direito de ser submetido a um julgamento público, salvo no que for necessário para preservar a intimidade ou os interesses sociais (art. 5º, LX);

h) o direito de não ser preso senão em flagrante delito ou por ordem escrita e fundamentada da autoridade judiciária competente, salvo nos casos de transgressão militar ou crime propriamente militar, definidos em lei (art. 5º, LXI);

i) o direito de ser informado de seus direitos quando preso (art. 5º, LXIII);

j) o direito de permanecer calado (art. 5º, LXIII). O silêncio do imputado não importará em confissão ficta, nem poderá ser usado em seu prejuízo (art. 186 do Código de Processo Penal);

k) o direito de ser citado e intimado dos atos processuais;

l) o direito de não ser preso, quando a lei admitir liberdade provisória, com ou sem fiança (art. 5º, LXVI);

m) o direito de tomar conhecimento da identidade dos responsáveis pela sua prisão ou por seu interrogatório policial, quando preso (art. 5º, LXIV);

n) o direito de ser assistido gratuitamente por tradutor quando desconheça o idioma (art. 223 do Código de Processo Penal, em consonância com o art. 5º, LV, da Constituição Federal);

o) o direito de não ter admitida contra si prova obtida por meio ilícito (art. 5º, LVI, da Constituição Federal);

p) o direito de não ser obrigado a depor contra si mesmo, nem a se declarar culpado (decorrente do art. 5º, LXIII);

q) o direito à assistência jurídica integral e gratuita, no caso de não dispor de recursos (art. 6º, LXXIV);

r) o direito a um processo com duração razoável e a meios que assegurem a celeridade de sua tramitação (art. 5º, LXXVIII).

Esses direitos fundamentais do acusado estão dispostos na Constituição Federal. Vale lembrar, entretanto, que, por força do art. 5º, § 2º, os direitos fundamentais garantidos na Constituição Federal não excluem outros que decorram: a) do regime e dos demais princípios por ela adotados ou b) dos tratados internacionais aos quais o Brasil tenha aderido. O rol de direitos estabelecidos no art. 5º, portanto, não é taxativo, admitindo interpretação ampla (§ 2º, primeira parte) e a complementação por força de legislação infraconstitucional e de tratados e convenções internacionais, dentre os quais se destaca, em matéria processual penal, a Convenção Americana sobre Direitos Humanos, que referenda boa parte das garantias acima mencionadas.

Acerca da controvertida questão do nível hierárquico das normas advindas de tratados e convenções internacionais, a Emenda Constitucional n. 45/2004 veio resolver em parte o dissenso doutrinário e jurisprudencial, estabelecendo, pela inserção do § 3º no art. 5º, que os tratados e convenções internacionais sobre direitos humanos aprovados em cada Casa do Congresso Nacional, em dois turnos, por 3/5 dos votos dos respectivos membros, equivalerão às emendas constitucionais.

Sempre que forem violados esses direitos, poderá o réu lançar mão do *habeas corpus,* para a tutela contra violência ou coação, atual ou iminente, que afronte sua liberdade de locomoção (art. 5º,

LXVIII) ou do mandado de segurança, para a defesa de direito líquido e certo não amparado por *habeas corpus* ou por *habeas data* (art. 5º, LXIX).

5. DEFENSOR

O advogado é indispensável à administração da justiça, sendo inviolável por seus atos e manifestações no exercício da profissão, nos limites da lei (art. 133 da Constituição Federal, regulamentado pela Lei n. 8.906/94, que instituiu o Estatuto da Advocacia).

A indispensabilidade implica não poder a parte ser processada sem a assessoria de um advogado. Com efeito, de acordo com a Constituição Federal, o Estado prestará assistência jurídica integral e gratuita aos que comprovarem insuficiência de recursos (art. 5º, LXXIV), incluindo-se em tal assistência o provimento, pelo Estado, de advogado a quem não dispuser de recursos materiais suficientes para contratar defensor sem prejuízo do próprio sustento.

Outrossim, o art. 261 do Código de Processo Penal estabelece que nenhum acusado, ainda que ausente ou foragido, será processado ou julgado sem a presença de defensor, sendo dever do juiz nomear ao acusado que se apresente sem defensor constituído um advogado dativo (art. 263).

Cabe, a respeito do assunto, cogitar da necessidade de se estabelecer a obrigatoriedade de nomeação de defensor ao réu, uma vez que o Ministério Público e o juiz têm por dever de ofício a obrigação de investigar todas as circunstâncias do fato, inclusive aquelas que se apresentem favoráveis ao acusado. A questão, entretanto, responde-se pela cláusula do devido processo legal, de que decorre o direito à ampla defesa e à paridade de armas. De fato, Claus Roxin alerta para o fato de que "a promotoria e o tribunal podem passar por alto sobre circunstâncias favoráveis ao réu ou não apresentá-las devidamente em toda a sua extensão. [...] Para estabelecer o equilíbrio necessita-se aqui de um defensor como polo oposto ao juiz e ao promotor, que atue exclusivamente em favor do acusado"[11].

O direito à ampla defesa, fundamento da obrigatoriedade da presença de advogado, apresenta caráter dúplice. Compreende:

a) a *autodefesa*, que abrange o direito do acusado de influir diretamente no convencimento do juiz, através de seu interrogatório, e o direito de comparecer aos atos do processo, presenciando-os, sendo de exercício facultativo, já que o acusado poderá permanecer em silêncio durante o interrogatório; e

b) a *defesa técnica,* exercida por meio de advogado habilitado, em obediência ao princípio da paridade de armas, que informa o processo penal.

Ao contrário da autodefesa, a defesa técnica é indisponível, não podendo o acusado dispensá-la. Pode o acusado, querendo, defender-se a si mesmo, desde que habilitado para exercer a advocacia.

No caso de ausência ou vício do ato defensivo, haverá nulidade absoluta. Nesse sentido, a Súmula 523 do Supremo Tribunal Federal: "No processo penal, a falta de defesa constitui nulidade absoluta, mas a sua deficiência só o anulará se houver prova de prejuízo para o réu".

5.1. Defensor constituído e defensor dativo

Conforme tenha sido apontado e investido por mandato da própria parte ou tenha sido nomeado pelo juiz, o defensor poderá ser, respectivamente, constituído ou dativo.

O defensor constituído recebe no Código a denominação de *procurador.* A constituição de advogado far-se-á: a) por meio de instrumento procuratório outorgando ao defensor poderes para a re-

---

[11] Claus Roxin, *Derecho procesal penal*, 25. ed., p. 132.

presentação mediante o juízo ou b) mediante indicação no momento do interrogatório, não dependendo, nesse caso, de instrumento de mandato (art. 266 do CPP).

Bastará, para a prática dos atos ordinários de defesa, a procuração *ad judicia*. A lei exigirá poderes especiais, entretanto, para a prática de alguns atos, por exemplo:

a) o oferecimento de queixa-crime;

b) a aceitação de perdão do ofendido;

c) a arguição da suspeição do juiz;

d) a arguição de falsidade documental.

Nesse caso, o ato a ser praticado deverá constar expressamente no instrumento procuratório para que possa ser validamente praticado pelo defensor.

O defensor dativo é aquele nomeado pelo juiz na forma do art. 263 do Código de Processo Penal. Por força do mencionado dispositivo, a nomeação do defensor dativo é obrigatória quando o réu comparecer aos autos sem defensor. Nesse sentido, o STF já decidiu que, em caso de ausência do Defensor Público que fazia a assistência jurídica do réu, é permitido ao Juiz a designação de defensor dativo para acompanhá-lo na audiência, sendo que entende-se que não há, neste caso, violação aos princípios da ampla defesa e do "Defensor Público natural", uma vez que o inciso VI do art. 4º da LC 80/94 não garante exclusividade à Defensoria para atuar nas causas em que figure pessoa carente, bem como que o indeferimento do pedido da defesa não causa prejuízo ao réu, se o defensor dativo tiver entrevista prévia reservada com o acusado e formular perguntas na audiência, participando ativamente do ato processual, e ainda porque a impossibilidade de a Defensoria atuar na comarca não acarreta direito à redesignação dos atos processuais designados[12].

Reserva-se ao acusado, entretanto, o direito de substituir o defensor dativo a qualquer tempo, nomeando outro de sua confiança. Em regra, o defensor público não necessita de procuração para representar a parte, salvo quando a lei exigir os poderes especiais já citados[13]. Havendo dois ou mais réus, é prudente que o juiz indique defensores distintos para cada um deles, afastando assim qualquer possibilidade de conflito de interesses no exercício da atividade do advogado (na hipótese, p. ex., de que a absolvição de um dos acusados implique a condenação do outro). É causa de nulidade absoluta a defesa de vários réus por um único causídico nomeado pelo juiz, quando as defesas forem conflitantes.

Uma vez nomeados pelo juiz, estão os advogados obrigados a prestar patrocínio aos acusados, salvo existência de motivo relevante.

O art. 261, em seu parágrafo único (acrescentado pela Lei n. 10.792/2003), exige que a defesa técnica, quando realizada por defensor público ou dativo, seja sempre exercida por meio de manifestação fundamentada.

6. DISPOSIÇÕES GERAIS

Nos termos do art. 252 do Código de Processo Penal, estão impedidos de funcionar no processo como defensores os parentes do juiz.

A nomeação de curador ao acusado por motivo de idade não mais se aplica, tendo em vista que, com o advento do novo Código Civil (Lei n. 10.406/2002), que estabeleceu a maioridade civil aos

---

[12] STF, 2ª T., HC 123.494/ES, Rel. Min. Teori Zavascki, j. 16.2.2016, *Informativo do STF* n. 814.

[13] STJ, 5ª T., HC 293.979/MG, Rel. Min. Gurgel de Faria, j. 5.2.2015, *Informativo do STJ* n. 555; STJ, 5ª T., AgRg no AREsp 959.615/ES, rel. Min. Reynaldo Soares da Fonseca, j. 20.10.2016, *DJe*, 28.10.2016; STJ, 6ª T., REsp 1.431.043/MG, Rel. Min. Maria Thereza de Assis Moura, j. 16.4.2015, *Informativo do STJ* n. 560.

18 anos, não mais existe a figura do acusado menor de idade. Revogado, dessarte, o art. 262 do Código de Processo Penal.

O não comparecimento do defensor por motivo justificado acarretará o adiamento da audiência (art. 265, § 1º). Conquanto a lei diga que a audiência "poderá ser adiada", entendemos ser obrigatório o adiamento na hipótese em que o advogado efetivamente demonstrar justo motivo pelo qual não poderá comparecer ao ato processual. Quando se tratar de audiência de instrução, debates e julgamento ou no caso de ausência de defensor em plenário do Júri, o ato deverá ser adiado, sob pena de evidente prejuízo ao acusado.

O momento-limite previsto em lei para que o defensor demonstre o porquê de não poder comparecer à audiência é a sua abertura. Não o fazendo, o ato processual ocorrerá com a nomeação de defensor substituto, ainda que provisoriamente ou somente para efeito do ato (art. 265, § 2º).

Nos termos do art. 265, *caput*, do Código de Processo Penal, o defensor, constituído ou dativo, não poderá abandonar o processo senão por justo motivo, comunicado previamente ao juiz, sob pena de responder por infração disciplinar perante o órgão correicional competente. Em caso de abandono do processo pelo defensor, o acusado será intimado para constituir novo defensor, se o quiser, e, na hipótese de não ser localizado, deverá ser nomeado defensor público ou advogado dativo para a sua defesa (art. 265, § 3º, conforme redação dada pela Lei n. 14.752/2023).

Cumpre salientar que, ocorrendo a hipótese do art. 265, § 2º, do CPP e estando encerrada a colheita da prova oral, não poderá o juiz conceder a palavra ao defensor para que requeira diligências (art. 402) ou ofereça memoriais orais (arts. 403 e 531), devendo, assim, intimar o defensor constituído para que o faça no prazo legal ou, diante da inércia, intimar o réu para que constitua outro patrono.

Vale lembrar que constituem crime contra a administração da justiça as condutas de:

a) trair, na qualidade de advogado ou procurador, o dever profissional, prejudicando interesse cujo patrocínio em juízo lhe é confiado, conduta à qual a lei comina a pena de detenção de 6 meses a 3 anos e multa (patrocínio infiel – art. 355, *caput*, do Código Penal);

b) defender na mesma causa, na qualidade de advogado ou procurador judicial, simultânea ou sucessivamente, partes contrárias, aplicando-se, nesse caso, a pena do crime de patrocínio infiel (patrocínio simultâneo ou tergiversação – art. 355, parágrafo único, do Código Penal).

7. ASSISTENTE

O assistente, no âmbito do processo penal, é a posição processual ocupada pelo ofendido ou por alguém a ele relacionado quando, não sendo autor da ação penal, ingresse no processo com a finalidade de auxiliar o acusador público na posição acusatória. Não postula como acusador principal, portanto, atuando secundariamente, em crimes cujo sujeito passivo seja determinado.

7.1. Natureza jurídica da assistência

Existe grande divergência na doutrina acerca da natureza da posição jurídica ocupada pelo assistente. Identificam-se, a esse respeito, ao menos cinco correntes principais:

a) uma primeira corrente o equipara à parte, atuando como se querelante fosse, embora em princípio não legitimado para a propositura da ação penal;

b) para uma segunda corrente, o assistente seria mero auxiliar da acusação, não se equiparando sua posição à de parte processual;

c) uma terceira corrente o qualifica como substituto processual, atuando, em certas situações, na defesa de direito alheio;

d) para uma quarta corrente, o assistente é parte adesiva e, quando intervém no processo ao lado do Ministério Público, dá origem a um litisconsórcio ativo;

e) por fim, uma quinta corrente o considera parte contingente, havendo processo mesmo que ninguém se habilite como assistente.

Entendemos que o assistente é *parte contingente,* pois a lei faculta a sua intervenção no processo, sendo entretanto totalmente dispensável a sua presença no juízo. Intervindo ou não, o processo existirá validamente.

A assistência só será possível nas ações penais públicas, condicionadas ou incondicionadas, não se podendo falar em assistência em ação penal privada. Isso porque a única hipótese admissível de assistência no processo penal é a do ofendido à acusação[14], não se concebendo, assim, a assistência do ofendido a si mesmo[15].

7.2. Admissão do assistente

Poderá o assistente ser admitido enquanto não passar em julgado a sentença (art. 269, primeira parte), podendo intervir em todos os termos da ação pública (art. 268). Mencionando a lei a ação pública, entende-se que não é possível falar em assistência durante o inquérito policial. A inexistência de despacho formal para a admissão do assistente constitui mera irregularidade, máxime se posteriormente chancelada pelo órgão ministerial e respectivo juízo.

Nos processos de competência do Júri, o ingresso do assistente será requerido com antecedência de pelo menos 5 dias do julgamento em plenário (art. 430).

O assistente receberá a causa no estado em que se encontrar (art. 269, *in fine*), não havendo hipótese de repetição de atos já praticados por ocasião de seu ingresso nos autos.

Poderão apresentar-se como assistentes da acusação:

a) a vítima, seu representante ou, na falta, o cônjuge, ascendente, descendente ou irmão. Há na doutrina, entretanto, posicionamento no sentido de que por "falta" da vítima possa se entender não apenas a sua morte como também sua ausência ou a impossibilidade manifesta de que compareça aos autos[16]. Há que destacar, ainda, que o rol mencionado, determinado pela incidência combinada dos arts. 268 e 31 do Código de Processo Penal, é taxativo, estabelecendo também uma ordem obrigatória de precedência – ou seja, faltando a vítima, mas existindo o cônjuge, não se admitirá a intervenção do ascendente. Da mesma forma, não havendo cônjuge, mas se manifestando o ascendente, excluído restará o descendente, e assim por diante.

b) as entidades e órgãos da Administração Pública direta ou indireta, ainda que sem personalidade jurídica, destinados à defesa dos direitos e interesses do consumidor; e as associações legalmente constituídas há pelo menos um ano e que incluam entre seus fins institucionais a defesa de direitos e interesses do consumidor (art. 80 da Lei n. 8.078/90);

c) as associações de titulares de direitos de autor e os que lhe são conexos, funcionando em nome próprio, nas hipóteses de crime de violação de direito autoral, se o crime for de ação pública;

d) a Comissão de Valores Mobiliários, nos crimes contra o sistema financeiro, presentes os requisitos do art. 26, parágrafo único, da Lei n. 7.492/86.

Há hipóteses em que o ofendido figura, também, como corréu no processo (ex.: lesões corporais recíprocas). Nesse caso, será vedado ao ofendido corréu intervir como assistente do Ministério

---

[14] Hélio Tornaghi, *Curso de processo penal*, 8. ed., v. 1, p. 498.

[15] J. F. Mirabete, *Processo penal*, 17. ed., p. 373-374.

[16] J. F. Mirabete, *Processo penal*, 17. ed., p. 374.

Público (art. 270 do Código de Processo Penal). Hélio Tornaghi[17] entende que essa vedação, entretanto, cessa se a sentença proferida absolver um dos réus, condenando o outro, transitando em julgado a parte absolutória. Isso porque: a) com a absolvição, deixará o absolvido de figurar como corréu; b) podendo o ofendido, ainda que não se habilite como assistente, apelar da sentença subsidiariamente (art. 598 do Código de Processo Penal), poderia, com mais razão, apelar se interviesse nos autos.

No caso de morte, entende-se que não pode atuar, como assistente da acusação, a seguradora. Ainda que a vítima tenha feito seguro de vida e a empresa tenha interesse patrimonial em comprovar que a morte dela tenha sido causada por motivos que excluam o pagamento da indenização, o sujeito passivo no crime de homicídio é o ser humano e o bem jurídico é a vida[18].

Discussão existe na doutrina acerca da possibilidade de o Poder Público ingressar no processo como assistente de acusação. Alguns defendem essa possibilidade, enquanto outros a negam sob o fundamento de que, no processo penal, o Ministério Público, como parte acusadora, já atuaria também em defesa do interesse público.

O Ministério Público, como *dominus litis,* deverá ser ouvido previamente sobre a admissão do assistente. Somente poderá se manifestar, entretanto, acerca da legitimação do assistente (art. 272). Quanto a tal restrição existem na doutrina vozes em contrário, admitindo que o órgão do *Parquet* se oponha à admissão do assistente quando reputá-la prejudicial à acusação.

Uma vez admitido no processo, deverá o assistente ser intimado dos atos processuais (o que se pode inferir do art. 271, § 2º). No entanto, se, mesmo regularmente intimado, deixar de comparecer a qualquer ato, sem motivo de força maior devidamente comprovado, deixará de ser intimado dos atos subsequentes, sem que isso enseje nulidade (art. 271, § 2º).

O despacho que decidir – positiva ou negativamente – acerca da admissão do assistente não é recorrível (art. 273), devendo constar dos autos o pedido e a decisão. Entendendo o prejudicado indevida a decisão, poderá impetrar mandado de segurança, desde que presentes seus requisitos.

7.3. Função do assistente

Também quanto à própria função do assistente não há consenso na doutrina:

a) Para alguns, o assistente atua como auxiliar da acusação, com vistas à aplicação da lei penal e consequente condenação do réu.

b) Para outros, ingressa o assistente como simples informante, carreando aos autos elementos probatórios e requerendo diligências na busca da verdade real.

c) Um terceiro grupo de autores, por outro lado, entende que o assistente defende um interesse de ordem patrimonial, consistente na indenização do dano *ex delicto.* Tal opinião se funda na circunstância de que, uma vez acolhida a pretensão acusatória, poderá o assistente ajuizar ação na esfera civil, tendo por título executivo a sentença condenatória.

d) Finalmente, parcela doutrinária sustenta desempenhar o assistente dupla função: cooperar com o Ministério Público na busca da condenação e, assim agindo, garantir seu interesse quanto à indenização civil. É uma concepção mista da função do assistente.

7.4. Atividades processuais do assistente

Determina o art. 271, *caput*, do Código de Processo Penal que o assistente, uma vez admitido no processo, pode:

---

[17] Hélio Tornaghi, *Curso de processo penal*, 8. ed., v. 1, p. 499.

[18] STJ, 6ª T., RMS 47.575/SP, Rel. Min. Maria Thereza de Assis Moura, j. 14.4.2015, *Informativo do STJ* n. 560.

a) propor meios de prova. Inclui-se aí o direito de arrolar testemunhas, desde que o faça antes do interrogatório e atenda ao máximo legal, contando-se para fins de aferir esse limite também as testemunhas arroladas pelo Ministério Público, em face do princípio da paridade de armas[19]. Há, entretanto, opiniões em contrário, no sentido de que se o ingresso do assistente no processo somente pode ocorrer após o oferecimento da denúncia e, com ela, do rol de testemunhas, não haveria possibilidade de que o assistente contribuísse arrolando testemunhas adicionais.

O juiz decidirá acerca da realização das provas propostas pelo assistente depois de ouvir o Ministério Público (art. 271, § 1º, do Código de Processo Penal);

b) requerer perguntas às testemunhas e, por força do art. 188 do Código de Processo Penal, com redação dada pela Lei n. 10.792/2003, também ao acusado, em seu interrogatório;

c) aditar os articulados, ou seja, as alegações do Ministério Público;

d) participar dos debates orais;

e) arrazoar os recursos interpostos pelo Ministério Público ou por ele próprio.

Há entendimento de que, não obstante seja o rol taxativo, é possível admitir a legitimidade do assistente para a prática de atos não contemplados no art. 271, tal como, *verbi gratia,* oferecer exceção de suspeição ao julgador.

Além dessas hipóteses, o assistente será legítimo, ainda, para interpor recurso nos seguintes casos:

a) decisão de impronúncia (art. 584, § 1º, do Código de Processo Penal);

b) quando julgada extinta a punibilidade (art. 584, § 1º);

c) sentença absolutória (art. 598), mesmo em contrariedade à manifestação expressa do Ministério Público, quando houver conformação do *Parquet* com a sentença absolutória[20]

Poderá, também, interpor embargos de declaração, carta testemunhável, recurso especial e extraordinário. A Súmula 210 do Supremo Tribunal Federal é no sentido de que "o assistente do Ministério Público pode recorrer, inclusive extraordinariamente, na ação penal, nos casos dos arts. 584, § 1º, e 598 do Código de Processo Penal". Não poderá, entretanto, recorrer extraordinariamente de decisão concessiva de *habeas corpus* (a teor da Súmula 208 do mesmo tribunal).

Quanto ao prazo para a interposição de recurso, o Supremo Tribunal Federal entende que seu termo *a quo* é a data em que transcorrer o prazo para recurso do Ministério Público (Súmula 448: "O prazo para o assistente recorrer supletivamente começa a correr imediatamente após o transcurso do prazo do Ministério Público").

A doutrina majoritária sufraga entendimento no sentido de não ser possível ao assistente recorrer de sentença condenatória. Contra, o entendimento de J. F. Mirabete[21];

f) contra-arrazoar os recursos interpostos pela defesa. Segundo a doutrina majoritária, essa possibilidade estaria inserta na faculdade maior consistente em aditar articulados do Ministério Público.

Aliás, a ausência de intimação do assistente de acusação para o oferecimento de contrarrazões de apelação é causa de nulidade absoluta[22].

Quanto à possibilidade de o assistente requerer a interceptação das comunicações telefônicas do imputado (art. 3º da Lei n. 9.296/96), a doutrina não é uniforme. Alguns entendem possível o re-

---

[19] STJ, 5ª T., RHC 112.147/SE, Rel. Min. Reynaldo Soares da Fonseca, j. 6.6.2019, *DJe,* 27.6.2019.

[20] STJ, 6ª T., AgRg no AREsp 656.607/RS, Rel. Min. Nefi Cordeiro, j. 15.12.2016, *DJe,* 2.2.2017.

[21] Júlio Fabbrini Mirabete, *Processo penal*, 17. ed., p. 381.

[22] STJ, 5ª T., HC 58.900/RJ, Rel. Min. Arnaldo Esteves de Lima, j. 15.4.2008, *DJ*, 1º.9.2008.

querimento do assistente, interpretando extensivamente o preceito legal. Outros julgam incabível o pedido, por se tratar de rol taxativo.

Vale frisar que a jurisprudência tem rechaçado a possibilidade de se legitimar a admissão de assistente de acusação em *habeas corpus,* bem como, ainda, a impetração de *habeas corpus* pelo assistente, uma vez que se trata de medida a ser utilizada unicamente em favor do réu, e nunca para satisfazer, ainda que legítimos, os interesses da acusação.

8. ÓRGÃOS AUXILIARES DA JUSTIÇA

Para que seja possível a prestação jurisdicional faz-se necessária a presença e a atuação de pessoas que, postando-se ao lado do juiz, o auxiliem durante o curso do processo, desempenhando funções e praticando atos essenciais ao desenvolvimento do procedimento. Embora não postulem direitos no processo, nem dele participem de forma essencial, o funcionamento da atividade jurisdicional depende da correta atuação dessas pessoas. São os chamados órgãos auxiliares da justiça, tratados pelo Código de Processo Penal sob a rubrica funcionários da justiça e peritos e intérpretes.

Parte da doutrina faz distinção entre funcionários da justiça e serventuários, conforme a redação do art. 274 do Código de Processo Penal. Nossa opinião é a de que os conceitos são sinônimos, porquanto é certo que ambos recebem tratamento uniforme da legislação. São, portanto, funcionários públicos que ocupam cargos criados por lei, com denominação própria, e que têm por função auxiliar o juiz no curso do processo.

São auxiliares da justiça: a) o *escrivão*, que é o chefe do cartório judicial; b) os *escreventes*, auxiliares do escrivão; c) o *distribuidor*, ao qual incumbe a repartição (distribuição) dos processos que ingressam no juízo; d) o *oficial de justiça*, responsável pela realização de citações, intimações, prisões e demais diligências para as quais for designado pelo juiz no curso do processo; e) o *contador* e o *partidor*, que realizam o cálculo das penas e das custas do processo; f) o *depositário público*, incumbido da guarda de objetos apreendidos, sequestrados, arrestados etc.; g) os *auxiliares dos cartórios*; e h) o *porteiro dos auditórios*, encarregado de apregoar a abertura de audiências.

Os atos praticados por essas pessoas no exercício de suas funções gozam de fé pública, presumindo-se verdadeiras as suas manifestações até prova em contrário.

Além dos auxiliares já mencionados, existem outros, denominados auxiliares eventuais da justiça, uma vez que não atuam em todos os processos: os peritos e os intérpretes.

9. PERITOS

Os peritos já foram abordados quando se tratou da prova pericial. Conforme anteriormente se mencionou, os peritos prestam assessoria técnica ao juiz, elucidando questões que exigem certos conhecimentos especializados, que refogem ao saber comum, elaborando laudos periciais.

Classificam-se os peritos em: a) oficiais, quando funcionários públicos cuja atribuição precípua é servir de perito ou b) particulares ou não oficiais, quando chamados a colaborar com o processo judicial. Podem ser nomeadas como peritos particulares ou não oficiais apenas pessoas idôneas, portadoras de diploma de curso superior, preferencialmente em área de atuação relacionada ao objeto da perícia[23]. A nomeação faz-se sob compromisso, ficando os peritos, ainda que particulares, também sujeitos à disciplina judiciária (art. 275 do Código de Processo Penal).

A nomeação do perito é ato privativo do juiz ou delegado de polícia, constituindo ato no qual não podem as partes intervir (art. 276 do Código de Processo Penal).

---

[23] STJ, 5ª T., AgRg no REsp 1.581.047/RS, Rel. Min. Jorge Mussi, j. 1º.6.2017, *DJe*, 7.6.2017.

O perito nomeado terá a obrigação de aceitar o encargo (art. 277, *caput*). Estabelece o Código que incorrerá em multa o perito que:

a) deixando de aceitar o encargo, não oferecer escusa atendível;

b) sem justa causa: (i) deixar de acudir à intimação ou ao chamado da autoridade; (ii) não comparecer no dia e local designados para o exame; (iii) não der o laudo, ou concorrer para que a perícia não seja feita nos prazos estabelecidos.

Nos casos de não comparecimento, poderá ser ordenada a condução coercitiva do perito ausente (art. 278 do Código de Processo Penal).

Conforme se disse ao abordar as questões da prova pericial e do incidente de insanidade mental, o prazo para a conclusão dos laudos será, em regra, de 10 dias, e de 45 dias no caso específico do exame de sanidade mental. Esses prazos podem ser prorrogados.

Estão proibidos de atuar como peritos (art. 279):

a) os que estiverem sujeitos à interdição de direito previsto no art. 47, incisos I (proibição do exercício de cargo, função ou atividade pública, bem como de mandato eletivo) e II (proibição do exercício de profissão, atividade ou ofício que dependam de habilitação especial, de licença ou autorização do Poder Público), do Código Penal;

b) os que tiverem prestado depoimento no processo ou opinado anteriormente sobre o objeto da perícia (causa de impedimento);

c) os analfabetos e os menores de 21 anos.

Os peritos, ademais, sujeitam-se às mesmas regras de suspeição aplicáveis aos juízes, não podendo atuar no processo se houver algum dos motivos previstos no art. 254 do Código de Processo Penal.

10. INTÉRPRETES

Os chamados intérpretes são os auxiliares da justiça designados para traduzir documentos de línguas estrangeiras ao português e para, servindo de intermediários, permitir a comunicação entre o juiz e pessoas que não se expressem na língua vernácula, seja por serem estrangeiros, seja por disfunção física ou psíquica (surdos-mudos).

Por expressa disposição legal (art. 281 do Código de Processo Penal), aplicam-se aos intérpretes as mesmas regras aplicáveis aos peritos.

11. SÍNTESE

Sujeitos do processo

São as pessoas que praticam, direta ou indiretamente, atos relacionados ao trâmite do processo. Os sujeitos processuais se dividem em:

- *principais*: aqueles que constituem o próprio aspecto subjetivo da relação jurídica processual. São eles o juiz, o acusador e o acusado;
- *secundários*: os que apenas incidentalmente participam do processo. São eles as testemunhas, os peritos, auxiliares da justiça etc.

Juiz

Sujeito processual imparcial, que terá como função precípua a condução do processo e o julgamento do pedido de tutela jurisdicional que lhe é dirigido pelo autor da demanda. Sua principal função é, portanto, decidir com imparcialidade o conflito que lhe é apresentado, aplicando a lei ao caso concreto.

Observe-se que, uma vez provocado, não poderá se eximir de julgar a causa apresentada, pois configuraria denegação da justiça e violação da garantia constitucional da inafastabilidade do controle jurisdicional.

Prerrogativas:

- *vitaliciedade*: não pode ser destituído de sua função, a não ser por determinação expedida em sentença transitada em julgado;
- *inamovibilidade*: permanecerá no local onde exerça suas funções enquanto desejar, salvo por motivo de interesse público;
- *irredutibilidade de vencimentos*.

Vedações: previstas no art. 95 do CPP.

Impedimento: a existência de qualquer das hipóteses previstas no art. 252 do CPP torna o juiz impedido de atuar no processo, vedando-lhe o exercício de jurisdição especificamente no caso concreto em que o impedimento venha a ocorrer. Ressalte-se que o rol do artigo citado é taxativo.

Suspeição: o art. 254 do CPP enumera as situações em que o juiz será considerado suspeito. A suspeição deve ser reconhecida de ofício, entretanto é dado às partes argui-la caso isso não ocorra. O rol, por sua vez, é exemplificativo e admite interpretação extensiva.

Ministério Público

Na defesa dos interesses públicos, ocupa o polo ativo da ação penal. É o único detentor de legitimidade para a propositura de ação penal de iniciativa pública.

Princípios:

- *unidade*: todos os seus membros atuam como parte integrante de um só órgão, sob uma única direção;
- *indivisibilidade*: podendo seus representantes ser substituídos por outros durante o processo, não existindo vinculação pessoal à causa;
- *independência funcional*: atributo que qualifica cada um dos membros da instituição, que exercerão suas funções segundo o seu prudente arbítrio.

Organização: sua organização compreende:

a) o Ministério Público da União, que inclui: o Ministério Público Federal, o Ministério Público do Trabalho, o Ministério Público Militar e o Ministério Público do Distrito Federal e Territórios;

b) o Ministério Público dos Estados.

Com a Emenda Constitucional n. 45/2004, instituiu-se, ainda, o Conselho Nacional do Ministério Público, ao qual cabe o controle da atuação administrativa e financeira do Ministério Público e do cumprimento dos deveres funcionais de seus membros, na forma do art. 130-A da CF.

Prerrogativas: as mesmas do juiz.

Vedações: previstas no art. 128, §§ 5º e 6º, da CF.

Impedimentos: aplicam-se aos membros do Ministério Público os mesmos impedimentos imputados ao juiz, no que couber.

Acusado

Aquele a quem a acusação imputa a prática de uma conduta tida por criminosa. Chamado de réu nas ações penais de iniciativa pública e de querelado nas ações penais de iniciativa privada.

Direitos do acusado: estão previstos nos incisos XLIX, LIII, LIV, LV, LVII, LVIII, LX, LXI, LXIII, LXVI, LXIV, LXXIV e LXVIII do art. 5º da CF.

Defensor

O advogado é indispensável à administração da justiça, não podendo a parte ser processada sem a sua assessoria.

Defensor constituído e defensor dativo: será constituído quando investido por mandato da própria parte e dativo, se tiver sido nomeado pelo juiz. Por força do art. 263 do CPP, a nomeação do defensor dativo é obrigatória quando o réu comparecer aos autos sem assessoria de advogado.

Assistente

Posição processual ocupada pelo ofendido ou por alguém a ele relacionado quando, não sendo autor da ação penal, ingresse no processo com a finalidade de auxiliar o acusador público na posição acusatória. Poderá ser admitido enquanto não passar em julgado a sentença, podendo intervir em todos os termos do processo. Porém, não será possível estar presente durante o inquérito policial. Observe-se que receberá a causa no estado em que se encontrar, não havendo hipótese de repetição de atos já praticados por ocasião de seu ingresso nos autos.

Órgãos auxiliares da justiça

Pessoas que atuam ao lado do juiz, auxiliando-o durante o curso do processo, desempenhando funções e praticando atos essenciais ao desenvolvimento do procedimento. São eles: o escrivão, o escrevente, o distribuidor, o oficial de justiça, o contador, o depositário público, os auxiliares dos cartórios e o porteiro dos auditórios. Ademais, temos os auxiliares eventuais da justiça, quais sejam, os peritos e os intérpretes.

Peritos: prestam assessoria técnica ao juiz, elucidando questões que exigem certos conhecimentos especializados, que refogem ao saber comum, elaborando laudos periciais.

Intérpretes: são designados para traduzir documentos de línguas estrangeiras para o português e para, servindo de intermediários, permitir a comunicação entre o juiz e pessoas que não se expressarem na língua vernácula, seja por serem estrangeiros, seja por disfunção física ou psíquica.

Capítulo XVIII
MEDIDAS CAUTELARES

1. ASPECTOS INTRODUTÓRIOS

As medidas cautelares foram introduzidas com o advento da Lei n. 12.403, de 4 de maio de 2011, a qual previu, ainda, algumas alterações relacionadas aos aspectos da prisão, da liberdade provisória, da fiança e, sobretudo, conferiu um rol de medidas cautelares pessoais a serem aplicadas ao acusado ou investigado. Ainda, em 2019, a Lei n. 13.964, de 24 de dezembro, trouxe novos dispositivos à matéria.

É através das referidas medidas cautelares que se busca, com eficiência, garantir a efetividade do processo, ou seja, a aplicação da lei substantiva ou material, na medida em que se intenta a preservação e a inalterabilidade de situações ou meios que interessem à prestação jurisdicional, de modo que toda situação ou meio de que se repute conter valor para o deslinde da causa possa estar protegida contra seu falseio, modificação ou perda de significação ou utilidade.

Ressalte-se que as medidas cautelares não foram inéditas no Código de Processo Penal, o qual já as previa sob a forma de "*medidas assecuratórias*" (arts. 125 a 144), que são aquelas providências tomadas no curso da ação penal ou do inquérito policial para garantir uma eventual e futura indenização ou reparação à vítima do processo penal, bem como assegurar o pagamento das custas processuais existentes ou, mais ainda, evitar que ele venha a se locupletar dos ganhos obtidos com a prática criminosa, que consistiria numa forma de incentivo velado à delinquência.

Todavia, a reforma inovou ao prever as *medidas cautelares pessoais,* também chamadas de *medidas cautelares subjetivas,* que já eram contempladas em outros Diplomas Legais (*v.g.*, Lei n. 9.099/95 e Lei n. 11.340/2006).

2. CARACTERÍSTICAS DAS MEDIDAS CAUTELARES

As medidas cautelares gozam de quatro características sobressalentes: a *provisoriedade*, a *revogabilidade*, a *substitutividade* e a *excepcionalidade*.

2.1. Provisoriedade

As medidas cautelares, por visarem justamente assegurar uma providência útil ao processo, não podem ser definitivas, mas sim vinculadas exclusivamente ao período e à necessidade de sua imposição.

Pertence a Humberto Theodoro Júnior a seguinte lição: "... toda medida cautelar é caracterizada pela 'provisoriedade', a fim de que a situação preservada ou constituída mediante o provimento cautelar não se revista de caráter definitivo, e, ao contrário, destine-se a durar por um espaço de tempo delimitado. De tal sorte, a medida cautelar já surge com a previsão de seu fim"[1].

Por exemplo, uma das medidas cautelares que podem ser aplicadas é a prevista no art. 319, IV, a saber, a proibição de ausentar-se da Comarca quando a permanência seja conveniente ou necessária para a investigação ou instrução. Note-se que a providência referida só é cabível quando "a permanência seja conveniente ou necessária para a investigação ou instrução".

[1] Humberto Theodoro Júnior, *Processo cautelar*, p. 52-53.

Desaparecendo a referida conveniência, cai por terra igualmente a necessidade da manutenção da medida cautelar. Frise-se, ainda, que o STJ decidiu recentemente que não há prazo determinado para a duração da medidas cautelares, perdurando enquanto estiverem presentes os requisitos do art. 282 do CPP[2].

2.2. Revogabilidade

Aliada à provisoriedade, a medida cautelar detém, ainda, natureza *revogável*, aplicando-se a cláusula *rebus sic stantibus* (enquanto as coisas permanecerem como estão), estabelecendo-se sua revogação sempre que não mais se fizer necessária no caso concreto.

Desse modo, considerando-se a transitoriedade ou mutabilidade da situação ou circunstâncias que a ensejaram, ou seja, visto a possibilidade de alteração desse quadro, elas podem ser revogadas, após nova e correspondente apreciação fática.

A previsão de que as medidas podem ser revogadas a qualquer tempo advém do próprio art. 282, § 5º, primeira parte, do CPP, que dispõe: "§ 5º O juiz poderá, de ofício ou a pedido das partes, revogar a medida cautelar ou substituí-la quando verificar a falta de motivo para que subsista, bem como voltar a decretá-la, se sobrevierem razões que a justifiquem".

A outra face da *revogabilidade* é a possibilidade de a medida ser imposta a qualquer tempo, se sobrevierem razões que a justifiquem.

Dessa forma, ancora-se a revogabilidade – como a provisoriedade – em uma necessidade da decretação ou mantença da medida. Assim, reaparecendo o pressuposto ensejador da imposição da mesma ou, ainda, outra situação fática que se amolde a quaisquer das providências estabelecidas no art. 319 do CPP, poderá a cautelar ser imposta novamente pelo juiz, desde que tenha relação com a razão que delimita seus contornos e lhe confere eficácia e validade.

2.3. Substitutividade

As medidas cautelares são, ainda, passíveis de substituição a qualquer tempo, tal como prevê o art. 282, §§ 5º e 6º, do CPP.

Assim, é perfeitamente possível que uma medida cautelar seja substituída por outra(s) medida(s), isolada ou cumulativamente (art. 282, § 1º, do CPP).

A lei estabelece, ainda, que a prisão preventiva só poderá ser imposta quando não for possível sua substituição por outra medida cautelar (art. 319 do CPP). Há, pois, um escalonamento nas medidas restritivas dos direitos fundamentais, da menos onerosa (hipóteses das cautelares alternativas à prisão) para a mais onerosa (cerceamento da liberdade via prisão provisória), funcionando a prisão como "último soldado", adentrando ao cenário processual apenas no caso de insuficiência ou inconveniência das outras medidas tomadas, oportunidade em que, nesse caso, assumiria o protagonismo ou papel principal.

Portanto, gozam as medidas do atributo da substitutividade livre, mitigada por um escalonamento no tocante à sua conversão em prisão preventiva.

2.4. Excepcionalidade

As medidas cautelares, por serem restritivas das garantias e liberdades consagradas constitucionalmente, devem ser consideradas *excepcionais*, tais como o são as medidas relacionadas à prisão de natureza cautelar.

---

[2] STJ, 5ª T., AgRg no HC 737.657/PE, Rel. Min. Reynaldo Soares da Fonseca, j. 14.6.2022, *DJe*, 23.6.2022.

Isso porque, se a imposição da medida vier a caracterizar efetiva antecipação da pena, inverter-se-ia o princípio da não culpabilidade, passando-se a ter o acusado como presumidamente culpado enquanto não definitiva a decisão sobre o processo no qual o figure como réu. Tal orientação já foi efetivamente acolhida pelo Supremo Tribunal Federal, ao entender que todos os recursos contra decisão condenatória, no curso do processo penal, possuirão efeito suspensivo, mantendo-se o *status quo* do indivíduo até que, em última instância, decida-se sobre sua culpabilidade.

Nota-se, portanto, que ao estabelecer a imposição das medidas cautelares, preferencialmente em relação à prisão temporária e preventiva, demonstra o legislador o intuito de evitar que a prisão antes da condenação definitiva ganhe ares de "definitividade", violando-se o entendimento já consagrado pelo STF. Nesse sentido, reputa-se que o emergencial não deva ser perene, em outras palavras, não deve haver *perene emergência* de modo a configurar "antecipação da pena", não podendo a circunstancialidade transfigurar-se em imutabilidade ou definitividade, a menos que sobrevenha, nesse interstício, consentânea condenação transitada em julgado.

Em razão disso, a fim de evitar que tal situação se verifique, impôs medidas cautelares que bem diferem das modalidades de pena restritiva de direitos previstas no art. 44 do CP, justamente coibindo a confusão com eventual antecipação da pena.

Finalmente, como decorrência da característica da excepcionalidade, as medidas devem estar taxativamente previstas em lei, não se aplicando no âmbito processual penal a possibilidade de concessão de "medidas cautelares inominadas", tal como frequentemente se vê na seara cível.

3. REQUISITOS GENÉRICOS PARA IMPOSIÇÃO DAS MEDIDAS CAUTELARES

As medidas cautelares, sendo verdadeiramente excepcionais, devem ser impostas somente quando preenchidos alguns requisitos imprescindíveis à sua decretação: o *fumus comissi delicti* e o *periculum in libertatis*.

3.1. *Fumus comissi delicti* e a questão da prova da materialidade: distinção entre as cautelares alternativas à prisão e a exigência da materialidade para a prisão preventiva

A expressão *fumus comissi delicti* equivale, no âmbito penal, ao *fumus boni iuris* ("fumaça do bom direito") exigido nas medidas cautelares de natureza cível.

Todavia, no ramo processual penal, o genérico *fumus boni iuris* consiste, especificamente, no juízo apriorístico de viabilidade e probabilidade da ação penal, se tratamos de medida decretável no curso da investigação criminal, bem como da provável condenação ao final da instrução criminal, se de ação penal tratamos. Em resumo, devem ser constatados os indícios de autoria (aferíveis caso a caso, conforme o prudente arbítrio do magistrado) e a razoável suspeita da ocorrência do crime. Ou seja, cobra-se a existência de um lastro probatório mínimo sobre a existência do crime e do elemento subjetivo do mesmo (dolo ou culpa).

O exame de corpo de delito não somente é prescindível para as cautelares (excepciona-se a regra para fins de decretação de prisão preventiva), como para o próprio oferecimento da denúncia, podendo o referido exame ser realizado no curso da instrução criminal[3]. Portanto, a lei não exige a prova da materialidade do crime (salvo para a preventiva), como é basilar, aliás, ao bom senso ou senso comum, na medida em que a cautelar pode ser decretada justamente por necessidade da investigação ou da instrução criminal (art. 282, I), necessidade esta que se justifica, por exemplo, como

[3] STJ, 6ª T., RHC 93.749/RJ, Rel. Min. Nefi Cordeiro, j. 17.4.2018, *DJe*, 27.4.2018.

medida adequada à própria produção ou aperfeiçoamento da prova da materialidade do delito. Assim, visando acautelar-se, resguardar uma situação para fins de investigação e prova, não poderia a lei cobrar como requisito o próprio fim ou escopo almejado ou justificado pela decretação da medida, como a produção de uma prova, por manifesta *contraditio in re ipsa*. Dito de outro modo: como cobrar uma definitiva prova da materialidade como requisito necessário à decretação da cautelar, se a cautelar, no caso concreto, pode visar justamente a obtenção da prova da materialidade? A esta tautologia, evidentemente, como círculo vicioso invencível, não pode se subordinar a decretação de uma cautelar.

A situação é diversa, contudo, no que se refere à decretação da prisão preventiva, já que para esta, por ser a mais drástica das cautelares, expressamente exigiu o legislador, ademais dos "indícios de autoria", também a "prova da materialidade do crime", conforme expressamente prevê o art. 312 do CPP. Destarte, tem-se que os indícios de autoria são requisitos comuns a todos os tipos de cautelares, mas a prova da materialidade é requisito específico para a decretação da custódia preventiva. Há, pois, ao teor das exigências da lei processual, uma gradação ascendente do modo de cognição, entre o nominativo *notitia criminis* (necessário para a fase investigatória da persecução penal), para *opinio delicti* (necessário para a decretação das custódias cautelares e para a denúncia), e, daí, para *corpus criminis* ou *corpus delicti* (necessário para a preventiva e para a pronúncia), desvelando os modos "notícia", "suspeita" e "prova".

Por outro lado, para a decretação de medidas cautelares não se deve vislumbrar, desde logo, qualquer excludente de ilicitude ou de culpabilidade (salvo a inimputabilidade ou semi-imputabilidade, que poderão ser passíveis da aplicação da medida de internação provisória, prevista no art. 319, VII, do CPP), que se caracterizam como impeditivos para a aplicação da medida. É que nenhum sentido teria a imposição de uma medida cautelar, se já se vislumbrassem, de antemão, requisitos configuradores de uma isenção de pena ou exclusão de crime, que apenas aguardassem o correto momento processual de sua prolação.

Não se trata, a bem da verdade, de juízo antecipatório do mérito, mas apenas de constatação da verossimilhança e plausibilidade da imputação feita, possibilitando-se, pois, a aplicação da medida. O processo é, pois, uma sucessão de atos que não somente devem ser finalisticamente orientados como pressupõem certa racionalidade nesta mesma concatenação.

Nesse diapasão, sendo a medida cautelar providência instrumental ao próprio processo principal, se este demonstrar-se inviável, não há que manter ou impingir qualquer outra providência acessória. Afinal, desaparece a utilidade na imposição da medida que visaria assegurar um resultado que, antecipadamente, verifica-se improvável.

Por exemplo, se o juiz verificar que o acusado praticou o crime amparado pela excludente de ilicitude da legítima defesa, aguardando o momento processual para absolvê-lo, deverá conceder, desde logo, fundamentadamente, a liberdade provisória, mediante termo de comparecimento a todos os atos processuais, nos moldes do art. 310, parágrafo único, do CPP. Igualmente, presentes as referidas excludentes, não se afigura possível a imposição da prisão preventiva, conforme disciplina o art. 314 do CPP.

Outra situação possível é quando se constata a ocorrência da prescrição "virtual" ou "abstrata", com base nas circunstâncias do crime e na pena a ser cominada. Quando o magistrado verificar sua provável ocorrência, muito embora não possa declarar a extinção da punibilidade (Súmula 438 do STJ[4]), cremos não ser possível a imposição de qualquer medida cautelar, considerando sua inutilida-

[4] "É inadmissível a extinção da punibilidade pela prescrição da pretensão punitiva com fundamento em pena hipotética, independentemente da existência ou sorte do processo penal."

de quando, ao final do processo, se reconhecer o lapso prescricional e se julgar extinta a punibilidade do agente.

Assim, demonstrado o *fumus comissi delicti,* preenchido está um dos requisitos para imposição da medida, devendo ser verificado, então, o risco quanto à sua não incidência.

3.2. *Periculum in libertatis*

O *periculum in libertatis,* advindo do *periculum in mora* presente nas medidas cautelares de natureza extrapenal, consiste na demonstração do efetivo risco da liberdade ampla e irrestrita do agente, assegurando-se o resultado prático do processo.

Note-se que o *periculum in libertatis* pode ser grave o suficiente para exigir a imposição da medida de prisão. No entanto, se demonstrado que a liberdade do agente não é empecilho para o desenvolvimento do processo e do inquérito, mas que, todavia, devem ser impostas algumas restrições ou vedações, é justificável a imposição das medidas cautelares.

Portanto, a presença do *fumus comissi delicti* e do *periculum in libertatis,* em tese, torna possível a imposição da medida cautelar. Frise-se que a existência de apenas um dos requisitos não justifica a imposição das medidas, de modo que ambos devem estar cumulativamente presentes no caso em tela.

4. PRESSUPOSTOS ESPECÍFICOS DAS MEDIDAS CAUTELARES DA LEI N. 12.403/2011: O CHAMADO "PRESSUPOSTO MATERIAL" DO PRINCÍPIO DA PROPORCIONALIDADE COMO JUÍZO ESCALONADO

Além dos pressupostos genéricos das medidas cautelares e do controle abstrato para a prisão preventiva (admitida apenas nos crimes dolosos punidos com pena privativa de liberdade máxima superior a 4 anos ou se tiver sido condenado por outro crime doloso, em sentença transitada em julgado, cf. art. 313 do CPP), a Lei n. 12.403, de 4 de maio de 2011, com as alterações da Lei n. 13.964 de 2019, previu requisitos específicos, ou, em outras palavras, requisitos que diretamente mencionados pelo texto legal, de certa forma, podem mesmo se confundir ou se completar com os pressupostos genéricos, sem que com estes, jamais, colidam. Destarte, o art. 282, *caput,* prevê três pressupostos que, vindo sob a rubrica de dois incisos (mal chamados "binômio" de requisitos), viabilizam a imposição das medidas cautelares previstas no rol do art. 319 do CPP. Estes nada mais são do que sub-requisitos do método de interpretação, conhecido como princípio da proporcionalidade, presentes implicitamente, como querem alguns, nos requisitos genéricos das cautelares ou, como pretendem outros, absolutamente distintos e complementares.

A rigor, o "princípio da proporcionalidade", depurando conceitos como equidade, justiça e princípios gerais do direito, constituiu-se metodologicamente em um "superprincípio" balizador de decisões, ressurgindo, pois, como método interpretativo solucionador de impasses criados pela chamada "colisão de direitos" ou de "princípios"[5]. Assim, partindo da doutrina e da aceitação jurisprudencial, primeiro ganhou previsão legislativa com a atual redação do art. 156, I, do CPP (capítulo das provas) e agora nova positivação para tratar do tema das medidas cautelares. Assim, literalmente, prevê o art. 282, *caput*, tais sub-requisitos:

a) Necessidade para aplicação da lei penal, para a investigação ou a instrução criminal e, nos casos expressamente previstos, para evitar a prática de infrações penais (inciso I).

b) Adequação da medida à gravidade do crime, circunstâncias do fato e condições pessoais do indiciado ou acusado (inciso II).

---

[5] *Vide* nosso *Curso de Processo Penal*, 6. ed., São Paulo: Saraiva, 2011, p. 92 e s.

Conforme se depreende da análise dos pressupostos, existe um juízo escalonado e sucessivo para a apreciação das medidas cautelares. Tais medidas pautar-se-ão pelo binômio necessidade/adequação, em um primeiro momento, uma vez que devem ser suficientes para evitar a prática de infrações penais e, ao mesmo tempo, assegurar a aplicação da lei penal, bem como devem ser adequadas à finalidade para que se instituem.

Seguidamente ao juízo de adequação, deve-se questionar da gravidade do crime, circunstâncias do fato e condições pessoais do indiciado ou acusado, evitando-se a imposição de medidas desproporcionais e desarrazoadas. Logo, não se fala exatamente em "binômio", mas em um "trinômio" de requisitos.

Não obstante, nota-se que o atual legislador foi menos técnico em relação àquele que elaborou o art. 156, I, do CPP, eis que lá, a par de cobrar-se a presença da "idoneidade" e "adequação", condicionou-se ainda a ação do magistrado a "proporcionalidade da medida", preenchendo, pois, clara e insofismavelmente a integralidade dos sub-requisitos do princípio da proporcionalidade (necessidade, adequação e proporcionalidade em sentido estrito). A medida é necessária? A medida é adequada? Passa pelo crivo da "proporcionalidade em sentido estrito"? Dessa feita, contudo, a nosso sentir não adotou o legislador a melhor redação, na medida em que se apropriou dos requisitos do "princípio da proporcionalidade" (necessidade e idoneidade ou adequação) e nada mencionou, ao menos diretamente, à "proporcionalidade em sentido estrito", cometendo, de outra parte, confusão técnica e conceitual, ao transformar o trinômio em binômio, englobando requisitos diversos e não correlatos. Desse modo, condicionou a concessão da cautelar (art. 282, II), a que a "adequação" seja condizente "à gravidade do crime", coisas absolutamente díspares. Pode haver medida adequada, mas não proporcional, como pode haver medida proporcional, mas inadequada. O cotejo ou comparação, como balanço de valores em questão, pois, não deve ser esse, ao menos de modo a evitar indesejáveis confusões. A adequação do meio é, por exemplo, metaforicamente, valer-se de um bisturi – e não de uma tesoura – para a realização de uma cirurgia que se mostra necessária. Por fim (proporcionalidade em sentido estrito), há de perguntar-se se o "corte" (a lesão cirúrgica que se fará) é condizente (vale mesmo a pena?) com o mal que visa combater. Necessária, pode ser. Já que de todos os meios disponíveis escolheu-se o menos restritivo de direitos; adequada também pode se revelar, já que o meio mostra-se idôneo ao fim a que se propõe. Mas pode ser que no "balanço final de valores" (sintonia fina) se entenda ser demasiada a medida para o quanto ela se proponha a preservar, tendo em vista "a gravidade do crime, as circunstâncias do fato e a personalidade do agente".

Deve-se compreender que a "adequação da medida" é a explicação lógica de por que essa e não outra medida há de ser aplicada. Não obstante, recomenda a técnica do método interpretativo do "princípio da proporcionalidade", tal como desenvolvido pela melhor doutrina, que tão logo se proceda ao juízo de adequação (a medida é apta a atingir o fim a que se destina), e presente sua "necessidade" (é obrigatória sua adoção), proceda-se à "proporcionalidade em sentido estrito", vale dizer, ao balanço ou sopesamento de valores efetivamente em jogo, ou seja, pergunta-se se a medida restritiva de direito não é superior, mas consentânea ao mal que visa a combater.

Por conseguinte, o balanço ou cotejo que se há de fazer no momento da apreciação da medida e se esta é condizente com o fim que almeja, fazendo-se a "sintonia fina" da "proporcionalidade em sentido estrito", sopesando-se tais valores. Portanto, quis dizer uma coisa o legislador, ou seja, quis reproduzir o conceito e os requisitos do princípio da proporcionalidade, mas acabou fazendo-o de modo equívoco, não claro, não no melhor caminho, na medida em que expressamente não alude a proporcionalidade em sentido estrito enquanto, de outra parte, condiciona a "adequação" da medida à gravidade do crime e a outros requisitos. Na verdade, há de ser lido este último requisito (adequação da medida) como contendo, de modo implícito, a proporcionalidade em sentido estrito, para ser consentâneo ao quanto pretendido pelo legislador, já que pautado pelo processo penal constitucional.

Houve, portanto, uma defasagem entre o discurso explícito – as palavras da lei – e o que se pretendia dizer, como expressão profunda e verdadeiramente buscada pelo legislador. A palavra (adequação) diz uma coisa, mas significa outra, ou contém em si um duplo significado. Deve-se, nesse sentido, ao buscar identificar o pensamento ou a intenção do legislador com os casos que visou proteger ou prever, compreender a situação ou modelo que condicionou a regra, que o inspirou, e esta é historicizada pelo advento do princípio da proporcionalidade. Assim, o molde teórico e jurisprudencial do princípio da proporcionalidade, do qual mal copiou-o o legislador, é mais técnico do que as palavras insuficientemente escolhidas pelo texto legal. Diz-se, aqui, pois, para o resgate da norma processual, a incidência de uma interpretação lógica, sistemática, histórica e constitucional, para além de uma interpretação meramente semântica ou gramatical. Por conseguinte, há de compreender a regra pela ideia que a motivou, consentânea com a história do instituto e sua matriz constitucional.

Nota-se, portanto, que caberá ao julgador, casuisticamente, analisar a presença dos requisitos supramencionados e, norteando-se pelo binômio (leia-se "trinômio") já explicitado e pelas premissas basilares da proporcionalidade, impor a medida cautelar mais adequada ao caso.

Frise-se que a necessidade para aplicação da lei penal advém da análise do caso concreto, quando se configurar que o acusado intenta para a reiteração criminosa ou que sua presença se faça necessária no curso da investigação ou do processo. Não obstante, tal circunstância, *de per si,* não autoriza a incidência de toda e qualquer medida cautelar, a qual será balizada pela adequação/gravidade do crime, às circunstâncias do fato e condições pessoais do indiciado ou acusado.

Por exemplo, consideremos um acusado que ostente residência e trabalho fixo e que tenha praticado crime sem qualquer violência ou grave ameaça, de reprovabilidade minorada. Salvo se as circunstâncias do caso se justificarem, não se afigura adequada e necessária a imposição da monitoração eletrônica, mas tão somente de um recolhimento domiciliar noturno e durante os dias de folga, previsto no art. 319, V, do CPP.

No entanto, imaginemos o caso do acusado que pratica crime gravíssimo, com contornos de violência, como latrocínio, roubo ou homicídio. Ora, se demonstrado que sua permanência em liberdade pode trazer abalos à ordem pública, entendemos perfeitamente possível a decretação imediata da prisão preventiva. Não decretar tal medida, a depender-se do caso e do crime, pode, inclusive, violar o princípio da proporcionalidade na modalidade "proibição de infraproteção" ou "proibição de infraproteção"[6].

Finalmente, cumpre ressaltar que as medidas devem sempre ser aplicadas visando evitar a decretação da prisão, seja ela temporária ou preventiva. Não obstante, se quaisquer das medidas não se revelar, em abstrato, útil (juízo de adequação/necessidade) para a finalidade a que se destina, poderá a prisão ser decretada imediatamente, seja na fase do inquérito ou durante o próprio curso processual.

4.1. Compreendendo o pressuposto material ou de justificação teleológica das medidas

Para o ajustamento do princípio da proporcionalidade, tal como prevê o legislador, deve haver uma relação de causalidade entre dois elementos empiricamente identificáveis, um meio e um fim, a que se chama *pressuposto material* ou de *justificação teleológica*, de forma que se possa proceder ao exa-

---

[6] *Vide*, neste livro, o princípio da proporcionalidade nos capítulos referentes aos princípios processuais; *vide* também o nosso *Código de Processo Penal anotado*, 3. ed., p. 35.

me dos sub-requisitos do princípio, ou seja, desse verdadeiro *"supraconceito"* que engloba o juízo de adequação (o meio promove o fim?), o da necessidade (se trata de saber se entre os meios disponíveis e igualmente aptos para a promoção do fim não há outro menos restritivo do direito – ou direitos – fundamental afetado) e o da proporcionalidade em sentido estrito (as vantagens trazidas pela promoção do fim correspondem às desvantagens provocadas pela adoção do meio?[7]).

Portanto, o requisito material é *conditio sine qua non* de aplicabilidade da medida cautelar, cuja justificação se dará pela fundamentação da decisão, possibilitando um controle intersubjetivo do acerto ou cabimento da medida.

O fim (*idoneidade*: adequação da medida a seus fins), nesse sentido, não pode ser um fim qualquer, mas aquele que detenha *legitimidade constitucional*[8] e *relevância social.*

4.2. A relação meio e fim: ainda sobre o pressuposto material do princípio da proporcionalidade

O princípio da proporcionalidade, cuja matriz doutrinária e jurisprudencial inspirou a redação do art. 282, I e II, obriga, pois, a uma relação de causalidade entre um meio e um fim dirigida ao aplicador da lei, sem que se possa buscar, portanto, uma aplicabilidade irrestrita[9] ou sem método. É mais uma relação de adequação ou inadequação entre a restrição ou agravamento produzido em um direito afetado quando é comparado com o fim justificador da medida restritiva, como se fizéssemos a pergunta para saber qual seria o proveito que a referida restrição poderia trazer. Nesse sentido, trazendo as bases para a sedimentação do princípio, a doutrina francesa designou a chamada relação de *bilan coût-avantages*[10] (balanço de custo-benefício), como se costuma fazer nas relações econômicas entre o preço pago por algo e o benefício que pode trazer o bem ou produto adquirido. Sem embargo, como já veremos, proporcionalidade em ambas as situações – no princípio e em termos gerais – sempre traz, por sua vez, o conceito de *ponderação* como "ação de considerar imparcialmente os aspectos contrapostos de uma questão ou o equilíbrio entre o peso de duas coisas"[11], na medida em que ponderar significa a busca da melhor decisão (sentença) já que concorrem na argumentação razões justificadoras que competem entre si e que detêm o mesmo valor[12]. Consequentemente, a ideia da "proporção genérica" (ponderação) identifica-se mais propriamente com o *terceiro elemento* do princípio da proporcionalidade[13], ou seja, a "proporcionalidade em sentido estrito".

Em uma perspectiva epistemológica, em consequência, teremos proporção com uma acepção (terceiro dos sub-requisitos do princípio da proporcionalidade) e princípio da proporcionalidade como algo mais complexo (método interpretativo com três sub-requisitos) e que engloba a "propor-

---

[7] Humberto Ávila, *Teoria dos princípios*: da definição à aplicação dos princípios jurídicos. São Paulo: Malheiros, 2003, p. 104-105.

[8] "À primeira vista", disse Bernal Pulido, "a definição que diz que o fim que sustenta a intervenção legislativa no direito fundamental deve ser considerado como um fim legítimo, quando não está proibido explícita ou implicitamente pela Constituição, aparenta escapar a toda dificuldade", sem embargo, acrescenta, "esta impressão se apaga, se se leva em conta que a legitimidade do fim também poderia ser entendida, não sem fundamento, de outros dois modos alternativos", aprofunda sua análise em *El principio de proporcionalidad, y los derechos fundamentales*. Madri: Centro de Estudios Políticos y Constitucionales, 2003, p. 690 e s.

[9] Nicolás González-Cuellar-Serrano, *Proporcionalidad y derechos fundamentales en el proceso penal*, p. 105.

[10] J. Lemasurier, Vers un nouveau principe général du droit? Le principe "Bilan coût-avantages" *in Mélanges offerts a Marcel Waline*, II, p. 551 e s.; em espanhol, J. de la Cruz Ferrer, Una aproximación al control de proporcionalidad del Consejo de Estado francés: el balance costes-beneficios en las declaraciones de utilidad pública de la expropiación forzosa, *R.E.D.A.*, n. 45, 1985.

[11] Luis Prieto Sanchis, Neoconstitucionalismo y ponderación judicial, *in Neoconstitucionalismo*, p. 137.

[12] Luis Prieto Sanchis, Neoconstitucionalismo y ponderación judicial, *in Neoconstitucionalismo*, p. 137.

[13] Markus González Beilfuss: "O último requisito da medida objeto de controle que integra o teste alemão da proporcionalidade é a chamada proporcionalidade em sentido estrito. Intimamente relacionada com a ideia mais primária de proporcionalidade..." (*El principio de proporcionalidad en la jurisprudencia del Tribunal Constitucional*, p. 78).

cionalidade-genérica", que traduz uma relação entre o meio e o fim[14]. Não obstante, é bastante comum que a doutrina designe indistintamente "princípio da proporcionalidade" e "juízo de ponderação" como um mesmo método hermenêutico.

4.3. A violação dos requisitos legais (pressuposto material) como causa de nulidades

Podendo as medidas cautelares ser aplicadas "isolada ou cumulativamente" (art. 282, § 1º) e decretadas, "a requerimento das partes", até "no curso da investigação criminal, por representação da autoridade policial ou mediante requerimento do Ministério Público" (art. 282, § 2º), o tema do controle do *pressuposto material (relação meio-fim)* da medida ganha fundamental importância, porquanto é matéria afeta à teoria das nulidades. Portanto, tal como se dá com o decreto de prisão preventiva, também as seguintes medidas cautelares alternativas à prisão (art. 319) deverão ser detidamente analisadas, à luz do binômio (trinômio) necessidade e adequação (e proporcionalidade em sentido estrito):

a) comparecimento periódico em juízo, no prazo e nas condições fixadas pelo juiz, para informar e justificar atividades;

b) proibição de acesso ou frequência a determinados lugares quando, por circunstâncias relacionadas ao fato, deva o investigado ou acusado permanecer distante desses locais para evitar o risco de novas infrações;

c) proibição de manter contato com pessoa determinada quando, por circunstâncias relacionadas ao fato, deva o investigado ou acusado dela permanecer distante;

d) proibição de ausentar-se da comarca quando a permanência seja conveniente ou necessária para a investigação ou instrução;

e) recolhimento domiciliar no período noturno e nos dias de folga quando o investigado ou acusado tenha residência e trabalho fixos;

f) suspensão do exercício de função pública ou de atividade de natureza econômica ou financeira quando houver justo receio de sua utilização para a prática de infrações penais;

g) internação provisória do acusado nas hipóteses de crimes praticados com violência ou grave ameaça, quando os peritos concluírem ser inimputável ou semi-imputável (art. 26 do CP) e houver risco de reiteração criminosa;

h) fiança, nas infrações que a admitem, para assegurar o comparecimento a atos do processo, evitar a obstrução do seu andamento ou em caso de resistência injustificada à ordem judicial;

i) monitoração eletrônica.

4.3.1. A questão da preventiva e a tipicidade processual

Nesse sentido, será verificada a significação, a transcendência e a finalidade que se persegue com a medida, fazendo-se uma correlação entre a medida que se intenta adotar e o fim colimado. Para isso, nos delitos que não são reputados de especial gravidade, o legislador já vetou, por exemplo, a decretação da prisão preventiva para crimes cuja pena máxima seja inferior a 4 anos. Não se concebe, portanto, a decretação da custódia preventiva na persecução criminal de delitos reputados menos ofensivos pelo legislador. Por outro lado, à luz do art. 282, II, aos delitos que caibam a decretação das

---

[14] Segundo Humberto Ávila (que chama o "princípio da proporcionalidade" de "postulado da proporcionalidade"), "o postulado da proporcionalidade não se identifica com o da *ponderação de bens*: este último exige a atribuição de uma dimensão de importância aos valores que se cruzam, sem que contenha qualquer determinação com relação ao modo como deve ser feita essa ponderação, ao passo que o postulado da proporcionalidade contém exigências precisas em relação à estrutura do método a ser utilizada no ato da aplicação" (*Teoria dos princípios*, p. 108).

medidas cautelares, sempre se haverá de questionar se a gravidade do crime justifica a decretação da medida. Por conseguinte, para a decretação da prisão preventiva há de se fazer inicialmente um controle abstrato, como juízo prévio de admissibilidade da mesma (a pena é superior a 4 anos? Ou o réu é reincidente em crime doloso, conforme a redação do art. 313 do CPP?). Respondida afirmativamente a qualquer uma das duas questões, passa-se a análise dos requisitos específicos do art. 282, cuja redação, como mencionado anteriormente, não é a melhor. Desse modo, ao rigor da lei, cobra-se nova valoração da medida em face do crime (adequação e proporcionalidade em sentido estrito), visando o legislador reafirmar o caráter de *ultima ratio* para o decreto da prisão preventiva. Destarte, ainda que a pena prevista seja superior aos 4 anos de reclusão (art. 313), podendo optar por uma das medidas cautelares alternativas da prisão, assim o fará o magistrado. Por outro lado, inquestionável dizer que a gravidade do crime passa a ganhar expressa relevância para os fins de decretação da custódia cautelar, eis que o legislador acolheu em seu texto sua previsão, denotando-lhe importância como elemento normativo necessário à decretação da medida. Não cabe aqui, à luz do princípio da proporcionalidade, qualquer avaliação, sobrevaloração ou infravaloração, mas uma apreciação ótima da necessidade e adequação da medida, sob a luz da proporcionalidade em sentido estrito, que se condiciona à gravidade do crime, circunstâncias do fato e personalidade do agente. Nesse sentido, não se pode tomar as medidas cautelares mais graves – ou inadequadas –, quando haja outras de menor intensidade – ou mais adequadas – e que podem resolver o problema colocado pela investigação, ou no curso da ação penal, por violar o requisito da "necessidade" ou o da "idoneidade" ou, ainda, o da "proporcionalidade em sentido estrito", como não se pode "deixar de tomar" a medida mais drástica (preventiva), quando esta é a recomendável, analisado o juízo de admissibilidade (pena superior a 4 anos ou reincidência em crime doloso) e a gravidade do crime, circunstâncias do fato e personalidade do agente.

Em resumo, toda essa cautela de ponderação de interesses e bens em conflito, de adequação da medida, enfim, de aplicação do princípio da proporcionalidade, como já veremos, tem de passar pelo apurado filtro da "necessidade-adequação-proporcionalidade em sentido estrito".

De fato, a violação do princípio da proporcionalidade no processo penal se reflete no *sistema das nulidades*, é dizer, leva à nulidade do ato praticado[15] no processo, uma vez distinguidas as noções de irregularidade, anulabilidade e, principalmente, nulidade e inexistência[16] do ato, ensejando a interposição do recurso cabível.

---

[15] Conforme a STS de 23 de fevereiro de 1994-RJ 1994/1111: "Igualmente deve ser precedida de uma autêntica *necessidade, da mão da proporcionalidade*, antes de adotar medida de tamanha importância pelo que significa de limitação de um direito fundamental (ver as Decisões do Tribunal Europeu de Direitos Humanos de 21 de fevereiro de 1975, de 6 de junho de 1978 e de 25 de março de 1983). Trata-se de manter as garantias adequadas e suficientes contra os abusos de que falava a Decisão do mesmo Tribunal de 26 de março de 1987. Mas a esse respeito, no fundo e pela forma, deve se configurar o desenvolvimento da medida, deve apoiar-se em uma necessidade social, imperiosa e particularmente proporcional ao fim legítimo perseguido (Decisão do Tribunal Europeu de 24 de março de 1988). É, em suma, a ponderação dos interesses envolvidos (Decisão da Sala da Segunda Turma do Tribunal Supremo de 5 de julho de 1993) que obriga a comparar, em equilíbrio, o fim que se persegue e o prejuízo que se vai causar no direito da pessoa (também a Decisão de 21 de janeiro de 1994).

Quarto. – O respeito às garantias criadas para proteger os direitos fundamentais atinentes agora ao segredo das comunicações obriga a considerar *nula* a medida se não se cumprirem os requisitos formais tal a presença, pelo comum, do Juiz quando a abertura se consuma, de acordo, então, com o art. 11.1 da Lei Orgânica do Poder Judiciário, ainda que a necessidade da medida e 'a proporcionalidade comparativa' estiverem excessivamente justificadas" (grifo nosso).

[16] O ato inexistente é aquele que só tem aparência de ato, distinguindo-se do ato "defeituoso", pois, nesse caso, o ato "existe". É uma realidade de fato que não pode alcançar vida jurídica. A teoria dos atos inexistentes desenvolvida pela primeira vez na França (Zachariae) está exposta atualmente no Brasil com profundidade no trabalho de J. J. Calmon de Passos, *Esboço de uma teoria das nulidades aplicada às nulidades processuais*, p. 89 e s. Na Espanha, colhemos o conceito de ato inexistente principalmente na obra de J. Guasp Delgado (*Derecho procesal civil*, t. I, p. 291), para quem, por faltar ao ato inexistente um requisito essencial, "mais que nulo, é, na realidade, inexistente"; também, em E. Gómez Orbaneja, *Derecho procesal penal*, p. 118.

4.3.2. Violação do princípio: ato nulo

Com efeito, o ato praticado com violação do princípio não pode ser ato "inexistente": o ato inexistente é definido como aquele que, embora tenha entidade material, carece de entidade processual. Sem embargo, nesse caso, é um ato nulo, pois existe para o processo e, dessa forma, as consequências serão que o ato praticado com violação do princípio da proporcionalidade deve ser declarado como tal. É que os atos processuais devem ter uma perfeita *tipicidade* no momento de sua produção – de acordo com os modelos que foram determinados pela lei –, assim, a violação na realização de dito modelo, de modo *formal* ou *material*, constitui uma *nulidade*, gerando a ineficácia do ato, como forma de sanção. Dito ato, portanto, não produzirá efeitos jurídicos[17] por ocorrência de nulidade, especialmente com respeito ao tema das garantias fundamentais violadas[18].

É importante dizer, com relação a isso, que é a própria harmonia do sistema jurídico que se analisa para o aperfeiçoamento do ato, uma vez que a formulação do princípio da proporcionalidade se extrai da Constituição Federal, e nela se proclama a ideia central do Estado de Direito (art. 1º, *caput*, da CF) como protetor de direitos e garantias (nesse caso, consagrando a fórmula do princípio da legalidade), obrigando, portanto, à sujeição dos poderes públicos a ela e ao resto do ordenamento jurídico. A positivação em texto de lei (art. 282, I e II) é mera prudência legalista do que deveria ser um método constante, já que de matriz constitucional.

5. MODALIDADES DE MEDIDA CAUTELAR

As medidas cautelares foram criadas com o fito de substituir, sempre que possível, a prisão preventiva, bem como têm caráter subjetivo.

Diferem, no entanto, das medidas cautelares de cunho real ou objetivo, que visam assegurar a reparação civil e tentam obstar eventual locupletamento com a prática criminosa, conforme já mencionado anteriormente.

As *medidas acautelatórias* são providências de natureza cautelar levadas a efeito no juízo penal e buscam resguardar provável direito da vítima ao ressarcimento do prejuízo causado pela infração penal. Têm por finalidade preservar o patrimônio do réu, que responderá por futuro pagamento indenizatório.

São, a teor da doutrina, medidas provisórias e instrumentais. Provisórias porque se destinam a resguardar um direito meramente provável; uma vez resolvida definitivamente a questão, cessa a cautela, que é substituída por uma medida definitiva. E instrumentais porque não são um fim em si mesmo, sua determinação visa a unicamente possibilitar a adoção de uma medida futura.

Como providências cautelares especiais, as medidas assecuratórias não só exigem a probabilidade do direito (o chamado *fumus boni iuris*, na expressão latina) como requerem a existência de urgência em sua adoção (o *periculum in mora*). Isto é, para que se adote uma medida assecuratória, é preciso haver uma necessidade, ainda que potencial, de que o direito provavelmente existente seja resguardado, sob o risco de que a adoção da medida, apenas quando houver certeza, acabe por tornar-se

---

[17] Ada Pellegrini Grinover, Antonio Scarance Fernandes e Antonio Magalhães Gomes Filho, *As nulidades no processo penal*, 6. ed., p. 17.

[18] "A regra de negar eficácia jurídica às consequências da violação de um direito fundamental poderia basear-se, sem temeridade alguma, precisamente nos interesses tutelados ao se reconhecer e proteger o próprio direito fundamental violado... a ineficácia jurídica consequente à violação, não estará no núcleo essencial do direito violado, mas sim seria consequência lógica e jurídica, intimamente ligada à realidade do direito fundamental ou porção principal de sua virtualidade" (Andrés de la Oliva Santos, Cuatro sentencias del Tribunal Constitucional sobre temas procesales: juez legal, pruebas obtenidas ilícitamente, legitimación en lo contencioso administrativo y secreto del sumario, *Boletín del Colegio de Abogados de Madrid*, n. 1, 1995, p. 25).

intempestiva, com o perecimento de seu objeto.

As medidas assecuratórias, expressamente previstas em lei, são as seguintes:

– sequestro de bens móveis e imóveis;

– hipoteca legal; e

– arresto de móveis e imóveis.

Compete ao juiz criminal do processo principal presidi-las, pois são consideradas processos incidentes ao principal.

6. DECRETAÇÃO DAS MEDIDAS CAUTELARES

As medidas cautelares, de acordo com o art. 282, § 2º, do CPP, poderão ser decretadas pelo juiz, a requerimento das partes ou, quando no curso da investigação criminal, por representação da autoridade policial ou mediante requerimento do Ministério Público.

Tal como já ocorria no tocante à prisão preventiva – medida cautelar de restrição à liberdade ambulatória do acusado –, as medidas podem ser decretadas pelo juiz mediante requerimento formulado pelas partes ou representação da autoridade policial, quando a medida vier a ser decretada em fase inquisitorial.

Importante ressaltar que os juízes deverão analisar expressamente a impossibilidade de decretação das medidas cautelares e, por conseguinte, a imposição da prisão preventiva. Tal regra, assentada em julgamento perante o STJ[19], reforça o caráter excepcional da medida.

7. PROCEDIMENTO PARA IMPOSIÇÃO DAS MEDIDAS

As medidas cautelares, como regra, devem ser impostas pelo juiz após intimação da parte contrária, a qual receberá cópia do requerimento – quando o pedido tiver sido feito pelas partes ou mediante representação da autoridade policial –, bem como das demais peças necessárias que lastreiam o pedido de imposição da medida.

No entanto, excepcionalmente, a medida poderá ser imposta *inaudita altera partes,* nos casos de urgência ou de perigo de ineficácia da medida, ocasião em que o acusado/investigado somente tomará ciência da medida após sua efetiva decretação.

Isso porque, em determinadas situações, a ciência por parte do acusado acerca da medida imposta poderá frustrar e prejudicar sua eficácia, tornando-a inviável. Não há que falar, é bom dizer, em violação ao princípio do contraditório e da ampla defesa, haja vista que este será exercido oportunamente, tendo sido diferido em razão da natureza e eficácia na imposição da medida.

Portanto, o contraditório será instaurado em momento posterior, por uma questão meramente de lógica procedimental.

Questiona-se: e para decretar a preventiva, a medida terá como regra, igualmente, um contraditório, ouvindo-se a parte contrária antes de sua decretação? Restará também "excepcional" sua imposição sem prévia comunicação e oitiva do indiciado/acusado, vale dizer, *inaudita altera partes?* Entendemos que, pena de máximo *noncesso* – oposto de *processo,* entendido como uma concatenação de atos finalisticamente orientados –, ou seja, contrassenso e falto de racionalidade, estando presentes os requisitos *ictu oculi* necessários à decretação da custódia cautelar, não somente se prescinde, como não se deve mesmo ouvir o indiciado/suspeito, sob pena de violação de necessário e estratégico sigilo e perdimento/ineficácia da medida. Constituiria, pois, se assim agisse o Estado, uma clara

[19] HC 219.101/RJ, Rel. Min. Jorge Mussi, j. 10.4.2012.

violação *in concreto* do "princípio da proibição de infraproteção"[20], já que, postulando-se deter preventivamente um indiciado/suspeito, por receio de fuga, por exemplo, ao se comunicar, exatamente, o que se pretende fazer, facilita-lhe justamente o que visa a coibir. Tal enormidade, certamente, configuraria censurável *paradoxo da efetividade*. Ou seja, a pretexto de respeitar-se na máxima potência garantias e direitos fundamentais, anula-se em igual potência a possibilidade de segurança e justiça, presentes no conceito de "efetividade do processo", por um proceder *naïf* e atabalhoado. Ressalte-se, ainda, que, com a alteração trazida pela Lei n. 13.964/2019, o § 3º do art. 282 do CPP, exige-se que o juiz justifique com elementos concretos a medida excepcional de contraditório diferido.

8. MEDIDAS CAUTELARES EM ESPÉCIE

As medidas cautelares, implementadas pela Lei n. 12.403, de 4 de maio de 2011, previu um rol eminentemente taxativo (art. 319 do CPP) das medidas cautelares em espécie.

8.1. Comparecimento periódico em juízo, no prazo e nas condições fixadas pelo juiz, para informar e justificar atividades (inciso I)

A medida em questão já encontrava previsão similar na Lei n. 9.099/95, mais precisamente em seu art. 89, § 1º, IV, mas que dela se diferencia no tocante à *periodicidade do comparecimento a juízo*, uma vez que, enquanto o diploma legal extravagante exige o comparecimento "mensal", o novo dispositivo do CPP é absolutamente omisso nesse sentido. Delega-se, pois, ao julgador estabelecer o prazo para cumprimento da medida.

Entendemos, no entanto, que caberá ao julgador agir com prudência e razoabilidade, evitando-se a imposição de prazos excessivamente curtos e, ao mesmo tempo, deixando de impor prazos demasiadamente longos, que venham a gerar a inutilidade da medida.

8.2. Proibição de acesso ou frequência a determinados lugares quando, por circunstâncias relacionadas ao fato, deva o investigado ou acusado permanecer distante desses locais para evitar o risco de novas infrações (inciso II)

Trata-se de outra medida que já encontrava previsão no art. 89, § 1º, II, da Lei n. 9.099/95.

Há, no entanto, uma pequena diferença entre a previsão da lei especial e a trazida pela Lei n. 12.403, de 4 de maio de 2011, acrescentada recentemente ao CPP, uma vez que, enquanto na Lei dos Juizados Especiais Criminais há "proibição de frequentar determinados lugares", nesta última estabelece-se a restrição de acesso e frequência a esse lugares quando, "por circunstâncias relacionadas ao fato, deva o investigado ou acusado permanecer distante desses locais para evitar o risco de novas infrações" (art. 319, II, do CPP).

Nota-se, pois, que a lei processual veda, em primeiro lugar, o acesso a esses lugares, e não apenas que o acusado os frequente. A "frequência" possui, em si, uma ideia de reiteração da conduta, habitualidade, passando o acusado a frequentar determinado lugar mais de uma vez. Já o "acesso" é mais limitativo, impedindo que o acusado adentre o estabelecimento, ainda que por uma única vez, durante o prazo de imposição da cautelar.

Ademais, o Código Processual exige que os lugares a que o acusado deverá ter obstado o acesso ou a frequência guardem relação com o fato praticado, visando ao fim específico de evitar o risco de novas infrações.

[20] *Vide* nosso *Curso de processo penal*.

8.3. Proibição de manter contato com pessoa determinada quando, por circunstâncias relacionadas ao fato, deva o investigado ou acusado dela permanecer distante (inciso III)

Novamente, trata-se de uma medida que já encontrava, *mutatis mutandis*, previsão no art. 22, III, *a* e *b*, da Lei n. 11.340/2006.

A medida em questão visa, efetivamente, proibir que o acusado mantenha contato com pessoa determinada – não necessariamente a vítima – quando, por circunstâncias relacionadas ao fato, deva dela permanecer distante.

Olvidou-se o legislador de estabelecer uma limitação mínima e máxima de aproximação da referida pessoa, persistindo na omissão que já ocorria na Lei n. 11.340/2006. Assim, fica a critério do juiz verificar qual a distância máxima a ser imposta a fim de evitar a prática de novos crimes e preservar a higidez física e mental da pessoa a quem o acusado ou investigado deva guardar distância.

Em resumo, a medida anteriormente prevista unicamente na Lei Maria da Penha e que, por óbvio, só abarcava as situações de vítima mulher que foi ofendida no âmbito doméstico, familiar ou em relação íntima de afeto, foi estendida genericamente a todo o processo penal, podendo ser livremente aplicada sempre que sua imposição guardar relação com o fato praticado.

8.4. Proibição de ausentar-se da comarca quando a permanência seja conveniente ou necessária para a investigação ou instrução (inciso IV)

Trata-se de mais uma medida que já estava prevista no art. 89, § 1º, III, da Lei n. 9.099/95.

Assim, verificando o juiz que o acusado ou investigado dê efetivas demonstrações de que pretende furtar-se à aplicação da lei penal, poderá impor a referida medida, impedindo-o de ausentar-se da Comarca quando a permanência for imprescindível para a investigação ou instrução.

A contrario sensu, prestigiando-se sempre a excepcionalidade e provisoriedade da medida, não se poderá impor a referida medida cautelar se sua permanência não se demonstrar necessária para o prosseguimento da perscrutação criminal.

A medida em questão poderá ser efetivamente aplicada quando imposta cumulativamente com outra cautelar como, *verbi gratia*, o comparecimento em juízo. Assim, poderá o juiz estabelecer que o acusado compareça mensalmente em juízo e, sempre, apresente documento atualizado comprovando residência na Comarca (*v.g.*, contas em nome do acusado, carnês etc.).

Por derradeiro, insta ressaltar que não há óbice à aplicação direta da prisão preventiva quando se constatar que, antes da imposição de qualquer medida cautelar, o réu fugiu do distrito da culpa, ensejando a decretação da prisão com base no art. 312, *caput*, visando "assegurar a aplicação da lei penal".

8.5. Recolhimento domiciliar no período noturno e nos dias de folga quando o investigado ou acusado tenha residência e trabalho fixos (inciso V)

Trata-se de medida inovadora, que não guarda correlação com nenhuma outra prevista no próprio CPP ou em leis extravagantes.

De acordo com o art. 319, V, o juiz poderá impor ao acusado o recolhimento domiciliar no período noturno e nos dias de folga quando tenha residência e trabalho fixos. Nota-se, aqui, que a medida pressupõe dois requisitos básicos: residência e trabalho fixos.

Logo, pode-se afirmar que esta será a medida efetivamente menos aplicada nos casos concretos, porquanto faz dupla exigência de requisitos objetivos, que devem ser comprovados efetivamente no caso concreto para sua regular imposição.

8.6. Suspensão do exercício de função pública ou de atividade de natureza econômica ou financeira quando houver justo receio de sua utilização para a prática de infrações penais (inciso VI)

De todas as medidas previstas pelo legislador, essa é uma daquelas que, se bem aplicadas, podem trazer os melhores resultados práticos.

Prevê o art. 319, VI, do CPP a possibilidade de suspensão do exercício de função pública ou de atividade de natureza econômica ou financeira quando houver justo receio de sua utilização para a prática de infrações penais.

De início, nota-se que a lei exige que a função pública e a atividade econômica/financeira devem ser utilizadas para a prática de infrações penais. Assim, não há que impor a referida medida quando, por exemplo, o acusado pratica um crime de lesão corporal ou de furto sem se valer das atividades em questão.

Tal medida restringe-se, em verdade, aos crimes de natureza econômica, bem como àqueles contra a Administração Pública (*v.g.*, peculato, concussão, corrupção etc.). A suspensão da medida, anteriormente providência de cunho meramente administrativo, pode ser aplicada pelo próprio juiz penal, evitando a continuidade delitiva e a utilização da atividade e da função para a prática de crimes.

Mencione-se que o Superior Tribunal de Justiça decidiu pela possibilidade de aplicação da precitada medida cautelar aos detentores de mandato eletivo, haja vista que a Lei n. 12.403/2011 excepcionou a regra contida no Decreto-lei n. 201/67, que impedia o afastamento provisório do cargo público eletivo antes do recebimento da denúncia. No mesmo julgamento, assentou a Corte Superior que o afastamento do cargo não deve ser superior a 180 dias, pois tal fato caracterizaria uma verdadeira cassação indireta do mandato[21].

Ressalte-se que a Lei n. 12.850/2013 predispôs, em seu art. 2º, § 5º, que, "se houver indícios suficientes de que o funcionário público integra organização criminosa, poderá o juiz determinar seu afastamento cautelar do cargo, emprego ou função, sem prejuízo da remuneração, quando a medida se fizer necessária à investigação ou instrução processual". O comando legislativo abre um leque maior da suspensão para os funcionários públicos que tenham praticado crimes no contexto de organizações criminosas, à medida que dispensa a comprovação de que o referido agente tenha se valido da função para o cometimento do delito, bastando que a medida seja necessária para o regular andamento da investigação e da instrução criminal.

8.7. Internação provisória do acusado nas hipóteses de crimes praticados com violência ou grave ameaça, quando os peritos concluírem ser inimputável ou semi-imputável (art. 26 do CP) e houver risco de reiteração criminosa (inciso VII)

A lei retoma a possibilidade de internação provisória nas hipóteses de crimes praticados com violência ou grave ameaça, desde que comprovada pericialmente a semi-imputabilidade ou a inimputabilidade, nos termos do art. 26 do CP.

A referida internação tem caráter eminentemente cautelar e provisório, sendo que sua imposição não vincula o juiz na apreciação do fato criminoso, uma vez que poderá absolver o acusado, mesmo inimputável, se entender pela ocorrência de quaisquer das hipóteses do art. 386 do CPP.

---

[21] STJ, AgRg na SLS 1.500/MG, *DJe*, 6.6.2012, e AgRg na SLS 1.397/MA, *DJe*, 28.9.2011; HC 228.023/SC, Rel. Min. Adilson Vieira Macabu, j. 19.6.2012.

8.8. Fiança, nas infrações que a admitem, para assegurar o comparecimento a atos do processo, evitar a obstrução do seu andamento ou em caso de resistência injustificada à ordem judicial (inciso VIII)

A fiança está disciplinada nos arts. 322 a 350 do CPP, e também foi alvo de substancial reforma pela Lei n. 12.403, de 4 de maio de 2011. Conforme dispõe o art. 319, VIII, a medida deve ser aplicada visando assegurar o comparecimento do acusado aos atos do processo, bem como evitar a obstrução do seu andamento ou em caso de resistência injustificada à ordem judicial.

Saliente-se que as hipóteses previstas para a aplicação da fiança podem ensejar seu quebramento, nos termos do art. 341 do CPP, quando tais atos vierem a ser praticados após o deferimento da fiança e no gozo do seu benefício.

8.9. Monitoração eletrônica (inciso IX)

Essa medida cautelar já encontrava previsão na Lei n. 12.258/2010, porém, restrita à execução penal. Com a previsão no art. 319 do CPP, estendeu-se também à fase de inquérito policial e durante a instrução do processo.

Trata-se de, como regra, uma tornozeleira que o acusado ou indiciado deverá utilizar e que enviará informações automaticamente a uma central acerca do local onde se encontra. Se eventualmente vier a romper ou danificar o aparelho, entendemos que a medida cautelar restará descumprida, sendo possível a decretação da prisão preventiva, nos termos do art. 312, parágrafo único, do CPP.

Desde a implementação da medida no Brasil, no âmbito das execuções penais, tem-se discutido a constitucionalidade da medida. Segundo alguns autores contrários à medida, estaríamos diante de violação contumaz ao princípio da dignidade da pessoa humana, por ser a medida vexatória e invasora da intimidade do acusado.

Data maxima venia, assim não entendemos. Vale salientar, de início, que os direitos fundamentais não são absolutos, cedendo quando em conflito com outros direitos, no caso concreto. Outrossim, o simples uso de uma tornozeleira ou outro dispositivo *de per si* não é vexatório e indignificante, pois visa justamente estabelecer um controle acerca da localização do réu sem que se faça necessário ser destacado um policial ou agente para o acompanhar durante o prazo da medida. Dependerá, ademais, da fundamentação explicitadora do porquê de seu uso, que, como todos os princípios, demandará argumentação jurídica, esta que, em última análise, permitirá um controle sobre o acerto ou não da decisão. Vale dizer, havendo conflito de princípios ou colisão de valores fundamentais, no caso concreto, o Judiciário dirá o porquê da prevalência a um desses princípios ou valores em detrimento do outro, ou, em outras palavras, porque um desses princípios ou valores se restringe (mediante o método da proporcionalidade, por exemplo), favorecendo no caso *sub judice* outro princípio ou valor de modo maximizado.

Ademais, a medida visa justamente evitar a prisão preventiva do acusado, providência sem dúvida mais lesiva ao princípio da dignidade da pessoa humana. Por tais razões, não meramente legítima a proposta, como potencializadora do próprio princípio da dignidade humana, na medida em que possibilita substituir a prisão preventiva, redutora *in extremis*, ela sim, do espaço de liberdade do cidadão. Sendo a prisão preventiva, pois, constritora em maior medida do direito fundamental da liberdade, decorrência ou desdobramento da dignidade humana, esta é tão ou mais bem preservada quando se opta (monitoramento eletrônico) por medida menos invasiva do *jus libertatis* do cidadão. Por conseguinte, forçosa a conclusão de que o caso concreto e a fundamentação pela qual se adotou uma ou outra medida, na ordem verdadeiramente escalonada da lei, dirá de seu acerto ou incorreção, controle este tão mais eficaz quanto o seja a clareza ou o primor que dimane da referida fundamentação.

8.10. Proibição de ausentar-se do país

Analisando-se a nova reforma implementada, constata-se a existência de uma cautelar não estipulada no rol previsto no art. 319 do CPP, mas que, de igual forma, goza de previsão legal expressa.

O art. 320 do CPP prevê que o juiz poderá decretar, ainda, a proibição de o acusado se ausentar do Brasil, ocasião em que deverá ser intimado para a entrega do passaporte no prazo de 24 horas.

Ressalte-se que, não obstante a lei deixe de prever qualquer punição quanto ao descumprimento do referido prazo, entendemos que eventual atraso ou descumprimento, salvo quando motivadamente explicitado, acarretará a revogação da referida medida e, quando insubstituível por outra, a automática decretação da prisão preventiva, nos termos do art. 312, parágrafo único, do CPP.

Finalmente, caberá ao juiz comunicar às autoridades fronteiriças acerca do mandado de prisão, visando evitar qualquer tentativa de fuga idealizada pelo investigado ou acusado.

9. RECURSO CABÍVEL NAS MEDIDAS CAUTELARES

A nova lei não estabeleceu qual o recurso cabível a fim de atacar a imposição ou não da cautelar. Assim, indaga-se qual será o meio processual existente para atacar referida decisão?

A resposta é, desenganadamente, *o recurso em sentido estrito*.

Trata-se, a bem da verdade, do meio recursal reservado às decisões eminentemente incidentais e interlocutórias, sejam gravosas ou prejudiciais ao acusado. Assim, cotejando-se a natureza das medidas cautelares, entendemos pela sua aplicação analógica ao art. 581, V, do CPP, que prevê:

> "Art. 581. Caberá recurso, no sentido estrito, da decisão, despacho ou sentença:
>
> [...]
>
> V – que conceder, negar, arbitrar, cassar ou julgar inidônea a fiança, indeferir requerimento de prisão preventiva ou revogá-la, conceder liberdade provisória ou relaxar a prisão em flagrante" (redação dada pela Lei n. 7.780, de 22.6.1989).

Frise-se, outrossim, que sempre se afigura legítima a possibilidade de o réu impetrar *habeas corpus*, considerando eventual constrangimento ilegal ocorrido com a imposição das medidas.

Note-se que, inobstante não se vislumbrem claramente as hipóteses do art. 648 do CPP, o *habeas corpus* é remédio constitucionalmente assegurado e que, sem dúvida, encontra guarida quando impetrado a fim de combater a imposição ou manutenção de medida cautelar, que, como já dito anteriormente, tem o condão de reduzir a esfera de liberdade ambulatória do acusado, ainda que não o mantenha com a liberdade efetivamente restringida[22], o que ocorrerá com a prisão.

10. SÍNTESE

Medidas cautelares

As medidas cautelares foram introduzidas com o advento da Lei n. 12.403/2011. Têm como características sobressalentes a provisoriedade, a revogabilidade, a substitutividade e a excepcionalidade.

Os requisitos genéricos para a imposição das medidas são o *fumus comissi delicti*, ou seja, a existência de um lastro probatório mínimo sobre a existência do crime e do elemento subjetivo do mesmo (dolo ou culpa), e o *periculum in libertatis*, que equivale ao efetivo risco da liberdade ampla e irrestrita do agente, assegurando-se o resultado prático do processo.

---

[22] STF, 2ª T., HCs 147.426/AP e 147.303/AP, Rel. Min. Gilmar Mendes, j. 18.12.2017 (*Informativo do STF* n. 888).

Pressupostos específicos das medidas cautelares (art. 282, *caput*, do CPP)

a) necessidade para aplicação da lei penal, para a investigação ou a instrução criminal e, nos casos expressamente previstos, para evitar a prática de infrações penais;

b) adequação da medida à gravidade do crime, circunstâncias do fato e condições pessoais do indiciado ou acusado.

Assim, tais medidas serão pautadas pelo binômio necessidade/adequação, em um primeiro momento, uma vez que devem ser suficientes para evitar a prática de infrações penais e, ao mesmo tempo, assegurar a aplicação da lei penal, bem como devem ser adequadas à finalidade para que se instituem.

As medidas cautelares podem ser aplicadas isolada ou cumulativamente e decretadas a requerimento das partes e até no curso da investigação criminal, por representação da autoridade policial ou mediante requerimento do Ministério Público. São elas:

a) comparecimento periódico em juízo, no prazo e nas condições fixadas pelo juiz, para informar e justificar atividades;

b) proibição de acesso ou frequência a determinados lugares quando, por circunstâncias relacionadas ao fato, deva o investigado ou acusado permanecer distante desses locais para evitar o risco de novas infrações;

c) proibição de manter contato com pessoa determinada quando, por circunstâncias relacionadas ao fato, deva o investigado ou acusado dela permanecer distante;

d) proibição de ausentar-se da comarca quando a permanência seja conveniente ou necessária para a investigação ou instrução;

e) recolhimento domiciliar no período noturno e nos dias de folga quando o investigado ou acusado tenha residência e trabalho fixos;

f) suspensão do exercício de função pública ou de atividade de natureza econômica ou financeira quando houver justo receio de sua utilização para a prática de infrações penais;

g) internação provisória do acusado nas hipóteses de crimes praticados com violência ou grave ameaça, quando os peritos concluírem ser inimputável ou semi-imputável e houver risco de reiteração criminosa;

h) fiança, nas infrações que a admitem, para assegurar o comparecimento a atos do processo, evitar a obstrução do seu andamento ou em caso de resistência injustificada à ordem judicial;

i) monitoração eletrônica;

j) proibição de ausentar-se do país (art. 320 do CPP) – neste caso, o réu deverá ser intimado para a entrega do passaporte no prazo de 24 horas.

Modalidades de medida cautelar

As medidas cautelares foram criadas com o fito de substituir, sempre que possível, a prisão preventiva, bem como possuem caráter subjetivo, porém diferem das medidas de cautelares de cunho objetivo.

As medidas acautelatórias são providências de natureza cautelar levadas a efeito no juízo penal e buscam resguardar provável direito da vítima ao ressarcimento do prejuízo causado pela infração penal. Têm por finalidade preservar o patrimônio do réu, que responderá por futuro pagamento indenizatório. Competirá ao juiz criminal do processo principal presidi-las, pois são consideradas processos incidentes ao principal. As medidas assecuratórias expressamente previstas em lei são as seguintes:

• sequestro de bens móveis e imóveis;

- hipoteca legal;
- arresto de móveis e imóveis.

Recurso cabível nas medidas cautelares

Apesar de a nova lei não ter estabelecido o recurso cabível, tem-se que deverá ser o recurso em sentido estrito. Porém, frise-se que sempre se afigura legítima a possibilidade de o réu impetrar *habeas corpus* quando ocorrer eventual constrangimento ilegal ocorrido com a imposição das medidas.

Capítulo XIX
PRISÃO

1. CONCEITO E MODALIDADES

O termo "prisão", genericamente, designa a privação da liberdade do indivíduo, por motivo lícito ou por ordem legal, mediante clausura.

A prisão classifica-se em duas modalidades:

1. Prisão-pena: é a que decorre de sentença condenatória transitada em julgado, que aplica pena privativa de liberdade. Em nosso sistema, a prisão-pena somente existe no âmbito do direito penal, sendo, portanto, de afirmar que a prisão-pena no Brasil é aquela decorrente de sentença condenatória penal transitada em julgado.

2. Prisão sem pena: é a que não decorre de sentença condenatória transitada em julgado, não constituindo pena no sentido técnico jurídico. A doutrina identifica quatro espécies: prisão civil, administrativa, disciplinar e processual (provisória ou cautelar).

A *prisão civil*, de caráter excepcional, somente existe no ordenamento jurídico brasileiro nos casos do depositário infiel e do devedor de alimentos oriundos dos vínculos de direito de família (art. 5º, LXVII, da CF). Em ambos os casos, não assume caráter punitivo, mas sim meramente coercitivo, cessando a privação de liberdade assim que se resolve o inadimplemento da obrigação que a houver ensejado.

Aliás, quanto à hipótese de decretação de prisão civil do depositário infiel, pacificou-se o entendimento de que é inadmissível no ordenamento jurídico brasileiro, não obstante sua previsão constitucional. É o entendimento do STF, que editou a Súmula Vinculante 25, estabelecendo que "é ilícita a prisão civil de depositário infiel, qualquer que seja a modalidade de depósito". Não é outro o entendimento do STJ, que consolidou seu entendimento através da Súmula 419, que dispõe: "Descabe a prisão civil do depositário judicial infiel".

A *prisão administrativa,* decretada por autoridade administrativa, para compelir ao cumprimento de obrigação não foi recepcionada pela Constituição Federal de 1988, embora haja entendimento no sentido de ser ela cabível se decretada por autoridade judiciária. Não constitui prisão processual, a despeito de estar prevista no CPP. Por fim, a *prisão disciplinar* existe apenas no âmbito militar (art. 5º, LXI, da CF).

A *prisão processual penal*, também denominada *prisão cautelar* ou *prisão provisória,* subdivide-se em três modalidades:

a) prisão preventiva (arts. 311 a 318 do CPP);

b) prisão temporária (única modalidade de prisão prevista em lei extravagante – Lei n. 7.960, de 21.12.1989);

c) prisão domiciliar (arts. 317 e 318 do CPP). Trata-se de uma nova modalidade de prisão, acrescentada pela Lei n. 12.403/2011, que já vinha sendo reconhecida e aplicada pela jurisprudência.

Por derradeiro, insta salientar que, antes do advento da Lei n. 12.403/2011, a "prisão em flagrante" (arts. 301 a 310 do CPP) também poderia ser incluída facilmente como modalidade de *prisão cautelar* ou *prisão provisória.* Não obstante, conforme se infere do art. 310 do CPP, esta modalidade perdeu seu caráter autônomo, passando a figurar como verdadeira medida "pré-cautelar" ou "subcautelar".

Referida modificação será analisada mais propriamente nos dispositivos seguintes, quando comentarmos sobre a nova interpretação acerca da modalidade de "prisão em flagrante".

2. CAUTELARIDADE: SOCIAL E PROCESSUAL

Todas as prisões ocorridas antes do advento do trânsito em julgado da decisão penal condenatória, como visto, não têm natureza de pena, devendo ser dotadas de *cautelaridade*.

As prisões cautelares têm por finalidade resguardar a sociedade ou o processo com a segregação do indivíduo. Daí falar em *cautelaridade social*, cujo escopo é proteger a sociedade de indivíduo perigoso, e *cautelaridade processual*, que garante o normal *iter* procedimental, fazendo com que o feito transcorra conforme a lei e que eventual sanção penal seja cumprida.

Deve necessariamente a prisão provisória fundar-se em uma das cautelaridades acima apontadas, sob pena de ser considerada inconstitucional por afrontar ao princípio da presunção de não culpabilidade (art. 5º, LVII, da CF).

Por não constituir antecipação de pena, uma vez que inexiste trânsito em julgado de condenação, toda e qualquer prisão cautelar exige a presença dos seguintes requisitos: indícios suficientes de autoria ou participação – o *fumus comissi delicti;* e existência de risco social ou processual – *periculum in libertatis,* que nada mais é do que a cautelaridade.

Conforme registrado pelo STJ, polêmica, por outro lado, a discussão acerca da possibilidade de manutenção da prisão cautelar nos casos em que haja condenação em primeiro grau a regime semiaberto ou aberto e interposição de recurso. Uma corrente sustenta que, se persistirem os motivos que ensejaram a prisão, bem como o regime fixado for o semiaberto, esta deve ser mantida e serão obedecidas as regras do regime prisional imposto na sentença. Por outro lado, há entendimento de que, não havendo recurso da acusação em relação a esse ponto, será permitida a interposição de recurso em liberdade, sob pena de executoriedade provisória da pena, bem como o risco de parecer mais benéfico ao réu a rejeição ao direito de recurso[1].

A CF, a par do princípio da presunção de não culpabilidade, estabelece em outros incisos a excepcionalidade da prisão cautelar (art. 5º, LXI, LXV e LXVI). Assim, a regra é que o réu aguarde o transcurso do processo em liberdade. O art. 5º, LXI, do texto constitucional estatui que ninguém será preso senão em flagrante delito ou por ordem escrita e fundamentada de autoridade judiciária competente, ressalvados os casos de transgressão militar ou crime militar próprio, definidos em lei. Em consonância com esse dispositivo, o art. 282 do CPP dispõe que, com exceção do flagrante delito, a prisão só será efetuada mediante ordem escrita da autoridade competente, nos casos previstos em lei. Da análise dos dois preceitos se conclui que a prisão somente poderá resultar:

a) de flagrante delito;

b) de ordem escrita e fundamentada da autoridade judiciária competente, isto é, mediante mandado de prisão, seja ele oriundo de sentença condenatória transitada em julgado ou, no curso da investigação ou do processo, por conta da decretação de prisão temporária ou preventiva, conforme estabelecido na nova redação trazida pela Lei n. 12.403, de 4 de maio de 2011, ao art. 283, *caput,* da Lei Adjetiva Penal.

Além dessas hipóteses, identificam-se algumas situações que, diante de seu caráter absolutamente excepcional, constitucionalmente previstas, justificam a prisão sem ordem legal:

---

[1] STJ, 5ª T., RHC 52.407/RJ, Rel. Min. Felix Fischer, j. 10.12.2014, *Informativo do STJ* n. 554.

a) a prisão durante o estado de defesa (art. 136, § 3º, I); e

b) a prisão durante o estado de sítio (art. 139, II).

Tais situações, por requererem esforços urgentes no sentido de manter a ordem pública, admitem que a liberdade dos indivíduos seja extraordinariamente limitada até que se retorne à normalidade.

Fora dessas hipóteses, a prisão de qualquer indivíduo será inconstitucional. Igualmente reveste-se de profunda arbitrariedade e ilegalidade a famigerada "prisão para averiguações"[2].

Nesse caso, qualquer pessoa poderá impetrar *habeas corpus* em favor do ilegalmente preso, sendo de rigor que se determine sua imediata soltura. Uma vez ciente de prisão ilegal, diga-se, a autoridade judiciária terá o dever de determinar seu relaxamento (art. 5º, LXV, da CF). A recusa do juiz em fazê-lo, desde que evidente a ilegalidade da prisão, pode ensejar responsabilização da autoridade judiciária por crime de abuso de autoridade (art. 4º, *d*, da Lei n. 4.898/65).

3. PRISÃO E INVIOLABILIDADE DE DOMICÍLIO

A prisão poderá ser efetuada em qualquer dia e a qualquer hora. Se a medida tiver de ser realizada em residência, há que ter em conta a garantia de inviolabilidade do domicílio, prevista no texto constitucional (art. 5º, XI, da CF e art. 283 do CPP). Nesse particular, distinguem-se diversas situações:

a) em caso de flagrante, a prisão poderá ser efetuada a qualquer hora do dia ou da noite, já que a própria CF excepciona a inviolabilidade do domicílio aos casos de flagrante delito, desastre ou prestação de socorro;

b) havendo ordem judicial, o domicílio poderá ser invadido se o cumprimento do mandado de prisão for realizado durante o dia (período compreendido entre 6 e 18 horas), permitindo-se inclusive o arrombamento de portas, se necessário. Nesse caso, a diligência terá de ser acompanhada por duas testemunhas (art. 293, *caput*, do CPP);

c) durante a noite, nem mesmo a ordem judicial justificará a invasão do domicílio. Nesse caso, o cumprimento do mandado de prisão ficará condicionado ao consentimento do morador. Serão, entretanto, guardadas todas as saídas, tornando a casa incomunicável até o amanhecer, quando deverá a polícia arrombar as portas e efetuar a prisão (art. 293, *caput*, parte final).

Caso não haja morador no momento, aplica-se o art. 246, § 4º, do CPP analogicamente, devendo o executor do mandado intimar qualquer vizinho para que assista à diligência, respeitando, de qualquer forma, as regras atinentes ao dia e à noite. No entanto, se não houver vizinho no momento, deve o executor simplesmente cumprir o mandado durante o dia.

O conceito de domicílio é extraído do art. 150, § 4º, do CP. Segundo o dispositivo, considera-se "casa" – entendida como sinônimo de domicílio – qualquer compartimento habitado; aposento ocupado de habitação coletiva; compartimento não aberto ao público, onde alguém exerce profissão ou atividade. Por sua vez, o art. 150, § 5º, exclui do conceito de domicílio as hospedarias, estalagens ou qualquer outra habitação coletiva aberta, excetuado, evidentemente, o aposento ocupado de habitação coletiva.

A invasão de jardins, pátios, quintais e garagens, bem como a subida em telhado, configura a invasão de domicílio, estando todas essas dependências acobertadas pela tutela constitucional do art. 5º, XI. O Tribunal de Justiça de São Paulo já decidiu que até mesmo o quarto de motel, enquanto ocupado, é abrangido pelo conceito legal de domicílio.

---

[2] TJDFT, 2ª T. Crim., HC 2010.00.20.004770-2, Rel. Roberval Casemiro Belinati, j. 29.4.2010, *DJ*, 18.5.2010.

Ressalte-se que não comete delito o morador que, durante a noite, não permite o ingresso dos executores do mandado em seu domicílio. A hipótese constitui exercício regular de direito constitucionalmente assegurado. Entretanto, aquele que durante o dia se recusar a entregar o réu oculto em sua residência (exceto, evidentemente, em caso de constrangimento) deverá ser levado à presença da autoridade, para que se apure eventual prática de delito (art. 293, parágrafo único).

O emprego da força pelos executores do mandado somente será permitido nos casos de resistência, ainda que por parte de terceiros (art. 292 do CPP), ou de tentativa de fuga do preso. É, portanto, medida de caráter excepcional (art. 284).

Nos termos do art. 236 da Lei n. 4.737/65, nenhuma autoridade poderá, no intervalo compreendido entre 5 dias antes e 48 horas após o encerramento de eleições, prender ou deter qualquer eleitor, com exceção das seguintes hipóteses:

a) flagrante delito;

b) sentença criminal condenatória por crime inafiançável; ou

c) desrespeito a salvo-conduto.

4. PRISÃO ESPECIAL

Analogamente ao que ocorre naqueles casos em que a lei reserva a determinadas pessoas, em razão do cargo ou função que ocupam, a prerrogativa de serem processadas perante um juízo especial (competência *ratione personae*), existe a chamada prisão processual especial.

Conforme já comentamos no início do presente trabalho, houve forte inclinação no Congresso Nacional pela revogação do art. 295 do CPP, que prevê o referido rol das pessoas que ostentam a prerrogativa da prisão especial. Chegou-se a propor, ainda, a revogação dos dispositivos previstos em leis especiais que consagravam o referido benefício.

Não obstante, no dia da aprovação do projeto, em virtude de manifestações contrárias emanadas de órgãos e categorias que perderiam o referido benefício, o Congresso houve por bem manter o referido dispositivo com sua redação atual, mantendo em seu texto, ainda, a possibilidade da prisão especial.

A prisão especial consiste no recolhimento em lugar distinto da prisão comum. No caso de inexistir estabelecimento específico, será o preso especial recolhido em cela distinta do mesmo estabelecimento. Igualmente, de observar que assegura o § 4º do art. 295 o direito do preso especial a não ser transportado juntamente com o preso comum. A prisão especial cessará quando transitar em julgado a sentença penal condenatória.

Têm a prerrogativa da prisão especial (art. 295 do CPP):

I – os ministros de Estado;

II – os governadores ou interventores de Estados ou Territórios, o prefeito (na verdade, governador) do Distrito Federal, seus respectivos secretários, os prefeitos municipais, os vereadores e os chefes de Polícia;

III – os membros do Congresso Nacional, do Conselho de Economia Nacional e das Assembleias Legislativas dos Estados;

IV – os cidadãos inscritos no “Livro de Mérito”;

V – os oficiais das Forças Armadas e os militares dos Estados, do Distrito Federal e dos Territórios;

VI – os magistrados;

VII – os diplomados por qualquer das faculdades superiores da República;

VIII – os ministros de confissão religiosa;

IX – os ministros do Tribunal de Contas;

X – os cidadãos que já tiverem exercido efetivamente a função de jurado, salvo quando excluídos da lista por motivo de incapacidade para o exercício daquela função;

XI – os delegados de polícia e os guardas-civis dos Estados e Territórios, ativos e inativos.

Além dessas pessoas, também gozarão de prerrogativa, devendo ser recolhidos à sala de Estado-Maior[3] das Forças Armadas:

a) os advogados (art. 7º, V, da Lei n. 8.906/94);

b) os magistrados (art. 33, III, da Lei Complementar n. 35/79);

c) os membros do Ministério Público (art. 40, V, da Lei n. 8.625/93).

Note-se que o rol do art. 295 é meramente exemplificativo, pois existem outras hipóteses, previstas em leis especiais, a assegurar prisão especial, como no caso dos pilotos de aeronaves mercantes nacionais (Lei n. 3.988/61), dos dirigentes de entidades sindicais que representam empregados, empregadores, profissionais liberais, agentes e trabalhadores autônomos (Lei n. 2.860/56) etc.

Se na localidade não houver estabelecimento prisional adequado para o encarceramento daquele que goza do benefício da prisão especial, dispõe o art. 1º da Lei n. 5.256, de 6 de abril de 1967, que o magistrado, tendo em conta a gravidade das circunstâncias da perpetração do delito, após a oitiva do órgão do Ministério Público, poderá autorizar a prisão do réu ou do indiciado em sua própria residência, da qual não poderá afastar-se sem prévia ordem judicial.

Há, contudo, entendimento de que a Lei n. 10.258/2001, ao prever que a prisão especial consiste na simples cela separada ou em "alojamento coletivo", acabou por derrogar a Lei n. 5.256/67, afastando, portanto, a possibilidade de prisão domiciliar.

Logo, bastaria a cela individual ou uma galeria ou ala onde somente estivessem "presos especiais" para que a garantia insculpida no art. 295 do CPP se faça satisfeita.

Todavia, para os advogados ainda subsistirá a prisão domiciliar, por expressa previsão do art. 7º, V, da Lei n. 8.906/94[4].

O Presidente da República, por força do art. 86, § 3º, da CF, não está sujeito à prisão, nas infrações penais comuns, enquanto não sobrevier sentença condenatória. O mesmo se aplica quando se tratar de governador de Estado, pelo princípio da simetria.

Por fim, recentemente, o Supremo Tribunal Federal declarou que a prisão especial para diplomados não foi recepcionada pela Constituição Federal[5].

5. MANDADO DE PRISÃO

Conforme já se viu, excetuando-se as situações de estado de defesa e de sítio, a prisão que não se efetuar em flagrante delito somente será legal se fundada em ordem escrita e fundamentada do juiz. A referida ordem será expedida na forma de mandado de prisão (art. 285, *caput*, do CPP), que, por força do art. 285, parágrafo único:

a) será lavrado pelo escrivão e assinado pela autoridade;

b) designará a pessoa que tiver de ser presa, por seu nome, alcunha ou sinais característicos;

c) mencionará a infração penal que motivar a prisão;

---

[3] STF, Plenário, Rcl 5.826/PR e Rcl 8.853/GO, Rel. orig. Min. Cármen Lúcia, red. p/ o Acórdão Min. Dias Toffoli, j. 18.3.2015 (*Informativo do STF* n. 778).

[4] STJ, 6ª T., HC 129.722/RS, Rel. Min. Og Fernandes, j. 20.10.2009, *DJ*, 7.12.2009.

[5] STF, Plenário, ADPF 334, Rel. Min. Alexandre de Moraes, Sessão Virtual de 23 e 31.3.2023, *DJe*, 3.4.2023.

d) declarará o valor da fiança arbitrada, se afiançável a infração;

e) será dirigido a quem tiver qualidade para executá-lo (oficial de justiça, delegado de polícia ou agentes policiais).

Outros requisitos legais podem ser estabelecidos em situações específicas, como no caso da prisão civil.

O mandado será passado em duplicata, devendo o executor entregar um dos exemplares ao preso, logo após a prisão (art. 286). A exibição do mandado não será obrigatória nos casos de infrações inafiançáveis, mas, nessa hipótese, tão logo capturado, o preso deverá ser apresentado ao juiz que houver expedido a ordem para a realização de audiência de custódia (art. 287).

Quando a pessoa a ser presa estiver em território nacional, mas em local diverso da comarca do juiz que expediu o mandado, a prisão poderá ser realizada:

a) por carta precatória, em que deverá constar o inteiro teor do mandado (art. 289, *caput*); ou

b) mediante requisição por qualquer meio de comunicação, do qual deverá constar o motivo da prisão, bem como o valor da fiança, se arbitrada (art. 289, § 1º, CPP, modificado pela Lei n. 12.403, de 4 de maio de 2011).

Além da referida mudança, que prevê a necessidade da comunicação do motivo da prisão e do valor da fiança, se arbitrada, a nova lei, procurando evitar a prisão de pessoas com base em mandados ou comunicações não autênticos ou inidôneos, determinou que a autoridade requisitada, quando reputar necessário, averigue junto ao órgão que emanou a ordem judicial quanto à sua autenticidade, para, aí sim, cumpri-la.

Ademais, após o cumprimento do mandado, o juiz processante deverá providenciar a remoção do preso no prazo máximo de 30 dias, contados da efetivação da medida. Assim, traz a lei uma obrigação ao juiz processante, que deverá atuar visando à remoção do preso. Isso porque, se necessária a prisão do acusado, mais do que nunca a autoridade judicial terá interesse na sua remoção, evitando-se assim casos comuns de pessoas que, processadas em determinado Estado do Brasil, venham a ser presas em outra localidade longínqua e lá permaneçam até o término do processo, sem que participem efetivamente dos atos processuais.

Insta salientar que o Superior Tribunal de Justiça, com base na norma insculpida no referido dispositivo legal, determinou a soltura de um réu que permaneceu preso preventivamente por quase 3 anos em outro Estado da Federação, sem que se tenha providenciado seu recambiamento e sem que ele sequer tivesse sido pronunciado[6].

Frise-se que o prazo de 30 dias é estabelecido para que o juiz providencie a remoção, e não para que esta efetivamente ocorra, o que dependerá muitas vezes do sistema de administração penitenciária e de outros órgãos, que zelarão pela segurança e eficiência no deslocamento do preso.

A lei permite à autoridade policial, quando da execução da ordem de prisão:

a) extrair tantas cópias reprográficas do mandado quantas julgar necessárias para o cumprimento da ordem (art. 297);

b) art. 298. Revogado pela Lei n. 12.403, de 4.5.2011.

c) se a infração for inafiançável, requisitar a captura, à vista do mandado judicial, por qualquer meio de comunicação – e não apenas por via telefônica, como previa o dispositivo antes da reforma –, à outra autoridade, cabendo a esta as devidas precauções para averiguar a autenticidade da ordem (art. 299).

---

[6] STJ, RHC 25.575/PI, *DJe*, 22.2.2010; AgRg no HC 140.556/PR, *DJe*, 22.2.2010; HC 165.334/PE, *DJe*, 2.8.2010; HC 171.356/SP, Rel. Min. Maria Thereza de Assis Moura, j. 21.6.2011.

Se estiver em perseguição ao réu, o executor do mandado poderá efetuar a prisão em território de outro município ou comarca. Tão logo logre capturar o perseguido, entretanto, deverá apresentar-se à autoridade local (art. 290). Conquanto a lei mencione apenas a figura do "réu", é certo que o dispositivo também abrange o "indiciado", aplicando-se a interpretação extensiva, expressamente permitida pelo art. 3º do CPP.

Tendo as autoridades locais fundadas razões para duvidar da legitimidade da pessoa do executor ou da legalidade do mandado que apresentar, poderão pôr em custódia o réu, até que fique esclarecida a dúvida (art. 290, § 2º).

Na aplicação do art. 290, determina o § 1º do mencionado dispositivo que se considerará em perseguição a autoridade que:

a) tendo avistado o perseguido, permaneça em seu encalço, ainda que depois o tenha perdido de vista;

b) sabendo, por indícios ou informações fidedignas, que o réu tenha passado, há pouco tempo, em tal ou qual direção, pelo lugar em que o procure, for no seu encalço.

Por derradeiro, previu a Lei n. 12.403/2011 que as pessoas presas provisoriamente *deverão*, obrigatoriamente, ficar em celas separadas das que já estiverem definitivamente condenadas, nos termos do art. 84, *caput,* da Lei n. 7.210/84.

Note-se que, diferentemente do revogado art. 300 do CPP ("Sempre que possível, as pessoas presas provisoriamente ficarão separadas das que já estiverem definitivamente condenadas"), o legislador passou a exigir a implementação da referida separação entre presos, retirando a margem de discricionariedade anteriormente existente que determinava a observância da mencionada previsão "sempre que possível".

Ademais, vale salientar que os objetivos da prisão-pena são satisfazer o *jus puniendi* estatal e ressocializar o condenado (art. 1º da Lei n. 7.210/84), ao passo que a prisão cautelar funda-se no perigo que a liberdade do indivíduo acarreta à sociedade ou ao bom andamento da persecução penal, gozando ainda do princípio da presunção de não culpabilidade, insculpido no art. 5º, LVII, da CF.

Assim, devem os presos provisórios ser separados dos já definitivamente condenados.

No tocante à prisão do militar, o mesmo diploma legal, em seu art. 300, parágrafo único, do CPP, determinou que estes deverão recolher-se presos juntamente ao quartel da instituição a que pertencerem, onde permanecerão à disposição das autoridades. Note-se, por derradeiro, que o Código não mais faz distinção entre militares e "os inferiores e praças de pré", antigamente mantida pelos dispositivos aplicados à espécie.

O Estatuto do Estrangeiro, após a modificação implementada pela Lei n. 12.878/2013, permite que, em caso de urgência e antes da formalização do pedido de extradição, ou conjuntamente com este, o Estado interessado requeira a prisão cautelar do extraditando por via diplomática ou, quando previsto em tratado, ao Ministério da Justiça. Caberá a este órgão, após a análise da existência quanto aos pressupostos do Estatuto ou do tratado, representar ao Supremo Tribunal Federal, que decretará ou não a prisão. O pedido de prisão pelo Estado estrangeiro poderá ser apresentado por correio, *fax*, mensagem eletrônica ou qualquer outro meio que assegure a comunicação por escrito.

Se o pedido for apresentado antes do requerimento de extradição, este deverá ser feito em até 90 dias, sob pena de o extraditando ser posto em liberdade, não se admitindo novo pedido de prisão cautelar pelo mesmo fato sem que a extradição seja devidamente requerida.

5.1. Banco de dados controlado pelo Conselho Nacional de Justiça (CNJ)

Trata-se de inovação trazida pela Lei n. 12.403, de 4 de maio de 2011, de cunho eminentemente administrativo, e prevê que o mandado de prisão expedido pela autoridade judiciária deverá ser imediatamente registrado junto ao Conselho Nacional de Justiça (CNJ), que disporá de banco de dados mantido para essa finalidade.

Dessa feita, qualquer agente poderá, ainda que fora de sua competência territorial, efetuar a prisão determinada no mandado devidamente registrado junto ao CNJ (§ 1º), oportunidade em que será comunicada ao juiz do local de cumprimento que, com base na certidão extraída do referido banco de dados, informará ao juízo que a decretou (§ 3º).

Se, porventura, o mandado não estiver registrado no banco de dados, o agente policial não ficará impossibilitado de realizar a prisão, caso em que deverá assegurar a autenticidade da ordem prisional e comunicar ao juiz que a decretou, providenciando, em seguida, o registro (§ 2º).

O preso, devendo ser identificado no caso de eventuais dúvidas (§ 5º), deverá ser informado de seus direitos constitucionais e assegurado em seu favor a comunicação à Defensoria Pública, caso não tenha mencionado sobre qualquer defensor.

Finalmente, a forma como se dará o registro e o banco de dados a ser efetuado dependerá de regulamentação pelo próprio Conselho Nacional de Justiça (§ 6º).

6. PRISÃO EM FLAGRANTE

Em razão da etimologia do termo "flagrante", do latim *flagrare* (queimar) e *flagrantis* (ardente, abrasador, que queima), a doutrina costuma definir prisão em flagrante como a detenção do indivíduo no momento de maior certeza visual da prática do crime. Esse conceito, contudo, não abarca todas as hipóteses de flagrante.

Prisão em flagrante, portanto, é aquela realizada nas hipóteses legalmente previstas como tal. De acordo com o art. 302 do CPP, pode ser preso em flagrante não só quem está cometendo a infração penal ou acaba de cometê-la como aquele que já a praticou, nas circunstâncias ali especificadas.

Permitida pela CF (art. 5º, LXI), portanto compatível com o princípio constitucional da presunção de inocência, a prisão em flagrante não depende de ordem escrita e fundamentada da autoridade judiciária competente, tendo, por isso, caráter administrativo. Entretanto, a fim de evitar abusos, a prisão em flagrante deve ser ato cercado de formalidades legais (*vide* arts. 304, 305, 306 e 307 do CPP). Eventual irregularidade do auto de prisão em flagrante invalida apenas a prisão, não contaminando a posterior ação penal, desde que a prova do delito tenha sido obtida licitamente.

Podem-se identificar na prisão em flagrante três momentos distintos:

a) *Captura*: é o momento em que a pessoa que encontra-se em uma das situações de flagrância previstas em lei é detida.

b) *Lavratura do auto*: apresentado o capturado à autoridade competente, se esta reconhecer estarem presentes os requisitos legais para a prisão, deverá lavrar o auto, circunstanciando a prisão em flagrante. O auto de prisão em flagrante constitui verdadeiro *título da custódia provisória*, servindo também como ato inicial do inquérito policial que investigará a prática dos atos que ensejaram a prisão.

c) *Custódia*: após a lavratura do auto, será o conduzido recolhido ao cárcere.

Contudo, a prisão em flagrante se perfaz no momento da voz de prisão.

Quanto ao tema, vale ressaltar que há corrente minoritária reconhecendo o caráter pré-cautelar da prisão em flagrante – e não cautelar, como grande parte da doutrina –, razão pela qual se demonstra insustentável manter a prisão em flagrante em virtude da sua simples homologação, sem a presença dos requisitos previstos nos arts. 311 e 312 do CPP.

6.1. Classificações

Quanto à situação em que se encontrar o agente no momento de sua captura, podem-se identificar três modalidades de flagrante:

1. *Flagrante próprio* (também chamado de perfeito, real ou propriamente dito): é a situação em que o agente é surpreendido: (i) no instante em que está cometendo a infração; ou (ii) no momento em que acabou de cometê-la (art. 302, I e II, do CPP). Trata-se, como desde logo se vê, de duas situações distintas que, todavia, a doutrina majoritária equipara. Assim, embora seja considerada situação de flagrante próprio, a segunda hipótese implica que o delito já se tenha consumado, havendo elementos significativos no sentido de que a pessoa detida é a autora da prática delituosa recém-ocorrida. A hipótese, portanto, é de presunção, não configurando, a rigor, flagrante próprio.

2. *Flagrante impróprio* (imperfeito ou quase flagrante): é o que decorre de situação em que o agente é perseguido pela autoridade, pelo ofendido ou por qualquer outra pessoa *logo após* a prática de fato delituoso, em situação que faça presumir ser autor da infração (art. 302, III).

3. *Flagrante presumido* (ficto): é a situação em que o suposto agente é encontrado, *logo depois* da ocorrência de fato delituoso, com instrumentos, armas, objetos ou papéis que façam presumir ser ele autor da infração (art. 302, IV). Nesse caso, ao contrário da hipótese anterior (art. 302, III), não se exige tenha o agente sido perseguido pela autoridade, bastando ter sido *encontrado* nas situações referidas, *logo depois* do crime. Contudo, ainda que tenha sido delatado por comparsa (chamamento à autoria), não há falar em flagrante presumido se o agente não for encontrado nas circunstâncias referidas – com instrumentos, armas etc.

Alguma controvérsia existe acerca das expressões *logo após* (art. 302, III) e *logo depois* (art. 302, IV). Com efeito, ao contrário do que parte da doutrina sugeriu no passado, as expressões não se referem a um lapso fixo e determinado de tempo, cabendo ao juiz, em seu prudente arbítrio, reconhecer, diante de cada caso concreto e em razão das circunstâncias em que houver ocorrido a captura do agente, a ocorrência ou não de um decurso de tempo que coadune com a determinação legal.

Além disso, há controvérsia acerca da existência ou não de diferença de sentido entre uma e outra expressão (*logo após*, em contraposição a *logo depois*). De um lado, entende-se que as expressões são sinônimas, indicando um decurso mínimo de tempo, quase imediato. De outro, sustenta-se que a expressão *logo depois* representa um lapso temporal menos exíguo que *logo após*.

Há quem repudie (Hélio Tornaghi) a classificação acima apresentada, afirmando que flagrante propriamente dito é somente o previsto no inciso I do art. 302 do CPP, em que há a certeza visual da prática delitiva. As demais hipóteses seriam "quase flagrante", porquanto embora não sejam flagrante a lei as trata como tal, "fingindo que há flagrante".

Quanto às circunstâncias em que se efetua a prisão em flagrante, pode-se classificá-la em:

1. *Flagrante preparado ou provocado*: ocorre quando a autoridade instiga a prática de um crime, de maneira que este é cometido preponderantemente em razão de sua atuação. Para tais situações, estabelece a Súmula 145 do Supremo Tribunal Federal que "não há crime quando a preparação do flagrante pela polícia torna impossível a sua consumação". A hipótese não configura, dessarte, flagrante delito, mas sim crime impossível por obra de agente provocador.

Situação diversa se verifica quando um traficante de substância entorpecente procura vendê-la desconhecendo a condição de agente policial do comprador. Nesse caso, embora o próprio policial tome parte do fato, o vendedor será validamente preso em flagrante como incurso na conduta de trazer consigo ou ter em depósito substância entorpecente, e não pela conduta de vender. Portanto, se o traficante já estiver na posse do entorpecente, e desde que a posse não tenha sido induzida pelo policial, haverá crime e prisão em flagrante válida, pois a conduta configura, por si só, o delito, independentemente da venda posterior.

2. *Flagrante esperado*: diversamente da hipótese anterior, o flagrante é válido quando a polícia, informada da possibilidade de ocorrer um delito, dirige-se até o local, aguardando sua execução. Iniciada esta, a pronta intervenção dos agentes policiais, prendendo o autor, configura o flagrante.

3. *Flagrante forjado, urdido, fabricado ou maquiado*: ocorre nas hipóteses em que a polícia ou terceiros forjam elementos probatórios, dispondo-os de maneira a induzir a autoridade em erro, com o intuito de incriminar determinada pessoa, causando sua prisão. Aqui não se pode falar em flagrante, uma vez que este pressupõe um crime que, no caso, não existe.

4. *Flagrante retardado* (diferido ou protelado): em regra, a autoridade policial está obrigada a realizar a prisão em flagrante. Entretanto, a prática cotidiana demonstrou que em certas ocasiões essa não é a melhor determinação, pois nem sempre o momento em que a autoridade toma conhecimento da prática do delito é o mais oportuno para a abordagem do agente, notadamente naqueles crimes em que a consumação se protrai no tempo. Com isso em vista foi promulgada a Lei n. 12.850/2013 (Lei do Crime Organizado), que em seu art. 8º, prevê a possibilidade de o agente policial vir a retardar a prisão das pessoas surpreendidas na prática de infrações vinculadas a organizações criminosas, aguardando o momento mais eficaz do ponto de vista da formação das provas e do fornecimento de informações para a realização da prisão. Outra hipótese de flagrante diferido prevê a Lei n. 11.343/2006 (Lei Antitóxicos) em seu art. 53, II, ao permitir, por exemplo, que se retarde a lavratura de um flagrante em transportadores de droga, para, monitorando-os, segui-los, buscando-se chegar ao destinatário final dela e, assim, flagrá-los todos, com maior proveito da medida. Nesse caso, "a autorização" para o protelamento do flagrante "será concedida desde que sejam conhecidos o itinerário provável e a identificação dos agentes do delito ou de colaboradores" (art. 53, II, parágrafo único, da Lei n. 11.343/2006).

6.2. Casos especiais

Nas infrações permanentes, entende-se o agente em flagrante delito enquanto não cessar a permanência (art. 303 do CPP). Isso porque a consumação desses delitos, ou seja, a prática dos atos que constituem os núcleos dos respectivos tipos penais, prolonga-se no tempo enquanto não cessar a atividade criminosa. Sendo assim, entendeu-se perfeitamente possível a prisão em flagrante de agente horas depois do encontro de substância entorpecente em sua residência.

Quanto à possibilidade de ocorrer flagrante nos *crimes habituais* – aqueles cujo cometimento depende da prática reiterada de determinados atos, tais como o exercício ilegal da medicina, o curandeirismo etc. –, a doutrina não é pacífica. Isso porque a determinação da situação de flagrância implicaria identificar, desde logo, a existência da habitualidade, ou seja, a reiteração passada dos fatos que, conjuntamente, constituem a prática criminosa, constatação que não poderia ser feita no momento da prisão. Nesse caso, aponta a doutrina que a possibilidade apenas existirá nas situações em que a prova da habitualidade seja imediata, citando como exemplo a situação de alguém que exerça ilegalmente a medicina, surpreendido quando se encontre atendendo diversos pacientes. Há, entretanto, posição em sentido contrário, admitindo a prisão em flagrante durante a prática de quaisquer das condutas que compõem o crime habitual (Hélio Tornaghi).

É de destacar, ainda, que o CPP, ao definir as situações que constituem flagrância, determine que se considere em flagrante delito a pessoa que é surpreendida cometendo *infração penal* (art. 302, *caput* e inciso I). Referindo-se a lei à infração penal, está a incluir tanto os crimes, dolosos ou culposos, como as contravenções, que também se subsomem na categoria das infrações penais.

Nos crimes de ação privada e nos de ação pública condicionada à representação, a lavratura do auto de prisão em flagrante dependerá da autorização da vítima ou de seu representante legal. Nada impede, contudo, que se realize a captura de quem quer que se encontre em situação de flagrância por algum desses crimes, até com o intuito de interromper a conduta que constitua prática criminosa. O CPP não dispõe acerca do prazo que tem o ofendido ou seu representante legal para autorizar a lavratura do auto. Entende-se que o prazo máximo é de 24 horas após a prisão, mesmo prazo para a entrega da nota de culpa ao preso, bem como para a comunicação da prisão ao juiz, como adiante se verá.

6.3. Formalidades da prisão em flagrante. Súmula Vinculante 11: algemas

Providências preliminares. Preliminarmente à lavratura do auto, deve a prisão ser comunicada à família do preso ou à pessoa por ele indicada, bem como deve ser cientificado do direito à assistência de um advogado (art. 5º, LXII e LXIII, da CF).

Lavratura do auto de prisão em flagrante. Assim que a autoridade tiver conhecimento da prisão em flagrante, seja porque tenha sido o preso conduzido à sua presença, seja porque ela mesma tenha presenciado a prática de delito, lavrar-se-á o auto de prisão em flagrante (arts. 304 e 307 do CPP).

O auto é peça formal, que tem por função documentar a prisão em flagrante. Deve a autoridade cingir-se ao procedimento traçado em lei, como garantia do indivíduo contra qualquer coação ilegal à sua liberdade. Descumpridas as formalidades legais, será nulo o auto, cabendo ao juiz relaxar a prisão nele fundada, o que significa a soltura imediata do preso. O vício, no entanto, não tem o condão de anular o processo, mas apenas o de invalidar a prisão que nele constar, tornando mera peça informativa o respectivo auto.

Em qualquer caso, o auto de prisão em flagrante deverá ser lavrado pela autoridade da circunscrição em que ocorreu a captura, e não no lugar onde se praticou o crime, se distintos os locais. A não observância desse preceito, entretanto, não conduz à nulidade do ato, não se podendo arguir incompetência *ratione loci*, uma vez que a polícia não exerce ato algum de jurisdição. Não havendo autoridade no lugar em que se tiver efetuado a prisão, o preso será logo apresentado à do lugar mais próximo (art. 308 do CPP). Situação diversa ocorre quanto à admissibilidade de delegado estadual lavrar flagrante em crime federal. Nessa hipótese, a jurisprudência não é pacífica, ora permitindo, ora entendendo ilegal o flagrante.

O CPP prevê a lavratura do auto de prisão em flagrante em duas hipóteses, diferenciando a situação em que o preso é levado à presença da autoridade daquela em que a própria autoridade venha a presenciar o flagrante, ou quando contra ela for perpetrada a prática delituosa.

Prisão sem a presença da autoridade. Se o preso é detido sem a presença da autoridade, deverá ser a ela apresentado. Nesse caso, serão ouvidos, seguindo a ordem legal, o condutor, as testemunhas e, por fim, o conduzido (art. 304 do CPP). Se estiver presente, o ofendido também deve ser ouvido. Aplicam-se ao interrogatório do conduzido as regras pertinentes ao interrogatório judicial, no que couber (arts. 185 a 195 do CPP).

A Lei n. 11.113/2005 alterou o procedimento para a lavratura do auto de prisão em flagrante, adequando-o à prática que já vinha sendo adotada por algumas autoridades policiais, ao permitir que se colham as assinaturas de cada uma das pessoas que tiverem de se manifestar por ocasião do flagrante, tão logo prestem suas declarações e que sejam liberadas em seguida. Na sistemática anterior, as assinaturas eram colhidas todas ao final, obrigando-se o condutor e as testemunhas a permanecerem na delegacia até o final do depoimento do acusado. Portanto, na atual dicção legal, as assinaturas devem ser colhidas logo após o respectivo depoimento.

O condutor, após depor, assinará o respectivo termo, sendo-lhe entregue cópia deste e recibo de entrega do preso (art. 304, *caput*, do CPP).

Em seguida, serão ouvidas as testemunhas que acompanharem o condutor. Apesar de a lei fazer menção a *testemunhas*, no plural, entende-se que o condutor pode ser considerado testemunha numerária. Quando não houver testemunhas da infração, deverão assinar o auto, juntamente com o condutor, pelo menos duas pessoas que tenham presenciado a apresentação do preso à autoridade (art. 304, § 2º). São as denominadas testemunhas de apresentação.

Feita a oitiva das testemunhas, a autoridade procederá ao interrogatório do preso, devendo este ser cientificado sobre o direito de permanecer calado, garantido pelo art. 5º, LXIII, da CF.

Importa destacar que a redação do *caput* do art. 304 do CPP foi infeliz ao consignar o termo "acusado", tecnicamente incorreto, visto que a acusação nasce no exato instante do recebimento da petição inicial pelo juiz (denúncia ou queixa), que dá ensejo à instauração do processo.

Caso o conduzido se recuse a assinar, não saiba ou não possa fazê-lo, o auto de prisão em flagrante será assinado por duas testemunhas instrumentárias que tenham ouvido a leitura na presença do acusado (art. 304, § 3º). Após o advento da Lei n. 11.113/2005, não mais se requer nesse momento a presença do condutor e das testemunhas antes ouvidas.

A falta do interrogatório não anula o auto de flagrante se houver absoluta impossibilidade de ser ouvido o conduzido, como, por exemplo, no caso de encontrar-se ele hospitalizado.

Com a reunião das peças (oitiva do condutor, testemunhas e interrogatório do preso) será lavrado o auto e o conduzido recolhido à prisão, exceto no caso de livrar-se solto ou de prestar fiança. Nessas hipóteses será o conduzido posto em liberdade. Caberá à autoridade prosseguir nos atos do inquérito, salvo se não tiver atribuição, caso em que enviará os autos à autoridade que o seja (art. 304, § 1º).

Não obstante, a Lei n. 13.257/2016, conhecida como "Estatuto da Primeira Infância", inseriu o § 4º no art. 304, fazendo constar da lavratura do auto de prisão em flagrante a informação sobre a existência de filhos, respectivas idades e se possuem alguma deficiência e o nome e o contato de eventual responsável pelos cuidados dos filhos, indicado pela pessoa presa.

Essa medida deverá fazer com que as autoridades policial e judiciária adotem providências que porventura sejam necessárias para proteção de filhos de pessoas que vieram a ser presas em flagrante delito. Tais informações poderão igualmente ser úteis para auxiliar o juiz a decidir sobre medidas cautelares.

Entrega da nota de culpa. A expressão "nota de culpa" causa, à primeira vista, uma impressão equivocada de que o indiciado, ao recebê-la e assiná-la, admitiria a autoria ou participação no delito pelo qual foi preso em flagrante.

Entretanto, embora essa seja a ideia que inicialmente possa ocorrer, a nota de culpa nada mais é do que *o documento que informa ao preso a razão de sua prisão e a identidade de quem o prendeu* (art. 5º, LXIV, da CF).

Até 24 horas após a prisão, deverá ser dada nota de culpa ao preso, discriminando o motivo da prisão – sem a necessidade de indicar com perfeição formal o dispositivo em que o conduzido se encontra incurso –, o nome do condutor (em observância, também, à regra do art. 5º, LXIV, da CF) e o das testemunhas, devendo assiná-la a autoridade policial (art. 306, § 2º, do CPP, com redação da Lei n. 11.449, de 15.1.2007, bem como da Lei n. 12.403, de 4.5.2011). Eventuais irregularidades da nota de culpa não acarretam a nulidade do auto de prisão em flagrante. Porém, a ausência da entrega da nota de culpa no prazo legal acarreta a ilegalidade da prisão, passível de relaxamento mediante *habeas corpus*.

Todavia, já entendeu o Superior Tribunal de Justiça que eventuais atrasos na entrega da nota de culpa ao investigado preso em flagrante constitui mera irregularidade, não determinando a nulidade do ato processual regularmente válido[7].

---

[7] STJ, 5ª T., RHC 21.532/PR, Rel. Min. Laurita Vaz, j. 18.10.2007, *DJ*, 12.11.2007, p. 239.

Comunicação ao juiz competente. Lavrado o auto de prisão em flagrante, conforme já mencionado, a prisão deverá ser imediatamente comunicada ao juiz competente, para exame de sua legalidade (art. 5º, LXII, da CF), bem como ao Ministério Público e à família do preso (cf. art. 310, *caput,* modificado pela Lei n. 12.403/2011), sendo certo que, se constatada ser a prisão legal, deverá a autoridade verificar a possibilidade de concessão de liberdade provisória, nos termos do novo art. 310, III e parágrafo único, do CPP.

O CPP não estabelecia prazo para a feitura da comunicação à autoridade judiciária competente. A Lei n. 12.403, de 4 de maio de 2011, mantendo as disposições da Lei n.11.449, de 15 de janeiro de 2007, alterou o art. 306 do CPP, que, em seu § 1º, passou a vigorar com a seguinte redação:

> "Em até 24 (vinte e quatro) horas após a realização da prisão, será encaminhado ao juiz competente o auto de prisão em flagrante e, caso o autuado não informe o nome de seu advogado, cópia integral para a Defensoria Pública".

Portanto, o prazo máximo que tem a autoridade policial para remeter o auto de flagrante ao magistrado é de 24 horas.

Prisão na presença da autoridade[8]. Quando a infração penal for praticada na presença da autoridade, ou contra esta, no exercício de suas funções, não haverá condutor. O auto conterá a narração dos fatos, a voz de prisão, as declarações que fizer o preso e os depoimentos das testemunhas. O auto será assinado pela autoridade, pelo preso e pelas testemunhas. Finda a lavratura do auto de prisão em flagrante, será remetido imediatamente ao juiz a quem couber tomar conhecimento do fato delituoso, se não for ele a própria autoridade que houver presidido o ato (art. 307 do CPP). Nesse caso, o juiz estará impedido de presidir a ação penal (*vide* art. 252, II, parte final, e IV, do CPP).

Uso de algemas. A Súmula Vinculante 11 do STF, de 13 de agosto de 2008, dispõe que "só é lícito o uso de algemas em caso de resistência e de fundado receio de fuga ou de perigo à integridade física própria ou alheia, por parte do preso ou de terceiros, justificada a excepcionalidade por escrito, sob pena de responsabilidade disciplinar, civil e penal do agente ou da autoridade e de nulidade da prisão ou do ato processual a que se refere, sem prejuízo da responsabilidade civil do Estado".

Parece-nos que no caso de prisão em flagrante delito a justificativa escrita deve ser feita no corpo do auto respectivo, enquanto na hipótese de prisão por mandado a justificativa deve ser aposta no verso deste.

Reclamação. O descumprimento da referida súmula enseja reclamação ao Supremo Tribunal Federal, nos termos do art. 102, I, *l,* da CF.

6.4. Procedimento ao receber o auto de prisão em flagrante

O art. 310, modificado pela Lei n. 12.403, de 4 de maio de 2011, consagrou uma ruptura na forma como vinha sendo tratada a prisão em flagrante. Explicita o dispositivo em questão que o juiz, ao receber o auto de prisão em flagrante, tome quaisquer das seguintes providências, desde que fundamentadamente, na audiência de custódia, positivada pela Lei n. 13.964/2019.

6.4.1. Audiência de custódia

Inicialmente, a audiência de custódia foi imposta pelo Supremo Tribunal Federal, em julgamento do pedido de medida cautelar da ADPF 347[9], ocasião em que declarou a obrigatoriedade da apre-

---

[8] STJ, 5ª T., HC 244.016/ES, Rel. Min. Jorge Mussi, j. 16.10.2012, *DJe*, 5.11.2012.

[9] STF, Tribunal Pleno, ADPF 347 MC, Rel. Min. Marco Aurélio, j. 9.9.2015, *DJe*, 19.2.2016.

sentação do preso no prazo de 24 horas, em razão do disposto na Convenção Americana de Direitos Humanos, internalizada no ordenamento jurídico brasileiro. O Pacto de San José da Costa Rica diz, em seu art. 7º, que "toda pessoa detida ou retida deve ser conduzida, sem demora, à presença de um juiz ou outra autoridade autorizada pela lei a exercer funções judiciais".

Logo após, por meio da resolução n. 213, o Conselho Nacional de Justiça, ante a falta de regulamentação legal e dando cumprimento à determinação do STF, decidiu regulamentar o ato processual. Na referida resolução, decidiu-se que o ato serviria única e exclusivamente para aferir as condições e o tratamento dispensado pelas autoridades públicas após a efetivação de qualquer modalidade de prisão, devendo o juiz "abster-se de formular perguntas com finalidade de produzir prova para a investigação ou ação penal relativas aos fatos objeto do auto de prisão em flagrante", bem como "indeferir as perguntas do Ministério Público ou da defesa técnica relativas ao mérito dos fatos que possam constituir eventual imputação".

Infere-se, pois, que sequer a defesa técnica pode exercer a ampla defesa e o contraditório durante a realização da novel audiência, perdendo-se a oportunidade, por exemplo, de demonstrar ao juiz de que a manutenção da prisão é desnecessária ou de que os fatos não ocorreram conforme descritos no auto de prisão em flagrante. Assim, ao contrário da maioria dos países que já tinham como regra a apresentação do flagrado ao juiz, o Brasil não permite que todos os meandros da prisão sejam revolvidos pelo juiz, inclusive, de permitir que o acusado apresente a sua versão dos fatos.

Em 2019, a partir do novo texto da Lei n. 13.964/2019, inaugurou-se a audiência de custódia no Código de Processo Penal, em seu art. 310, apenas repetindo o que havia sido determinado pelo STF desde 2015, isto é, de que "após receber o auto de prisão em flagrante, no prazo máximo de até 24 (vinte e quatro) horas após a realização da prisão, o juiz deverá promover audiência de custódia com a presença do acusado". Denota-se que o legislador decidiu não regular o ato pré-processual. Consequentemente, a resolução do CNJ permanece regulamentando a matéria nacionalmente aos magistrados por inércia legislativa.

Contudo, o legislador previu que a autoridade que der causa à não realização da audiência de custódia no prazo estabelecido e sem motivação idônea para a sua omissão responderá administrativa, civil e penalmente, bem como enseja a ilegalidade da prisão (§ 3º do art. 310 do CPP).

6.4.2. Relaxar a prisão ilegal (inciso I)

O juiz, constatando que a prisão foi efetivada de modo ilegal, deverá relaxá-la imediatamente, conforme preconiza o art. 5º, LXV, da CF.

Assim, diferentemente da liberdade provisória, o relaxamento da prisão se dará nos casos de ilegalidade da prisão, por exemplo, quando esta não se enquadra em uma das hipóteses de flagrância previstas no art. 302 do CPP, ou, ainda, na ausência de entrega da nota de culpa ao preso.

Por ser ilegal a prisão, é imprescindível que seja o sujeito imediatamente posto em liberdade.

Ainda, o § 4º do art. 310, criado pela Lei n. 13.964/2019, trouxe nova hipótese de relaxamento da prisão: a não realização da audiência de custódia no prazo legal quando ausente fundamentação idônea do juiz para sua omissão, tornando a prisão ilegal, mas sem prejuízo da possibilidade de decretação da prisão preventiva.

6.4.3. Converter a prisão em flagrante em preventiva, quando presentes os requisitos constantes do art. 312 do CPP, e se revelarem inadequadas ou insuficientes as medidas cautelares diversas da prisão (inciso II)

Estando a prisão formalmente em ordem, sem nenhum vício que a inquine, caberá ao juiz, se entender necessário, converter a prisão em flagrante em preventiva, calcando-se nos elementos dispostos no art. 312 do CPP.

Todavia, à luz do princípio da proporcionalidade, a prisão preventiva deve ser a última das medidas aplicáveis, somente tendo lugar quando se revelarem inadequadas ou insuficientes as medidas cautelares diversas da prisão, elencadas no rol do art. 319 do CPP, modificado pela Lei n. 12.403/2011.

Questiona-se: há possibilidade de ser convertida a prisão em flagrante em temporária (Lei n. 7.960/89)? A resposta, inquestionavelmente, é negativa. Em primeiro lugar, é de lembrar que a prisão temporária, especialmente em crimes hediondos, tem prazo de 30 (trinta) dias, prorrogáveis por mais 30 (trinta), em caso de excepcional necessidade. Assim sendo, a conversão do flagrante em temporária imporia uma reclusão de, ao menos, 60 dias, quando, ao se converter em preventiva (expressamente previsto pelo CPP), o prazo não ultrapassará o máximo fixado para o oferecimento da exordial acusatória.

Assim, a interpretação do art. 310, II, do Código de Processo Penal deve ser restritiva, mormente se outra leitura revelar-se prejudicial ao réu. A prisão em flagrante, outrossim, pressupõe a colheita de indícios suficientes de autoria e prova da materialidade delitiva, estando apta, portanto, a lastrear a peça acusatória. Já a prisão temporária destina-se, precipuamente, à colheita desses elementos já encartados com a prisão em flagrante. Portanto, numa escala progressiva de certeza, a conversão do flagrante em temporária impingiria notório retrocesso à marcha processual.

Ainda no tocante ao art. 310, II, do Código de Processo Penal, parte da doutrina paulista tem asseverado a desnecessidade de que a conversão do flagrante em preventiva preencha os requisitos do art. 313 da Lei Adjetiva Penal, haja vista ter o dispositivo expressamente aludido apenas ao art. 312 do mesmo Diploma Legal. Nesta linha, *v.g.*, um acusado, primário, preso em flagrante pela prática de crime de furto simples (art. 155, *caput*, do CP), poderá ter a prisão em flagrante convertida em preventiva sempre que presentes os requisitos do art. 312 do CPP, ainda que não preenchidos os requisitos de admissibilidade da prisão preventiva, elencados no art. 313 do mesmo diploma legal.

Não obstante, entendemos que essa interpretação dada ao art. 310, II, do Código de Processo Penal não é acertada. Com efeito, em que pese tenha o legislador feito menção expressa apenas ao art. 312 do Código de Processo Penal, é evidente que os seus requisitos somente devem ser analisados quando a situação fática amoldar-se aos pressupostos de admissibilidade do instituto, os quais, por sua vez, estão delineados no art. 313 do Código de Processo Penal.

Além do mais, interpretação literal do dispositivo geraria incoerência ao sistema processual, haja vista que se poderia chegar à teratológica situação em que não se poderia impor a prisão preventiva a um acusado pela prática do crime de furto simples, mas que não tenha sido preso em flagrante, haja vista a vedação abstrata do art. 313, I, do Código de Processo Penal.

Note-se a incongruência manifesta: dois acusados, em idêntica situação, recebem tratamento gravosamente diverso em razão de um deles ter sido preso em flagrante e o outro não.

Para afastar essas incoerências, a única interpretação consentânea é a de que a conversão da prisão em flagrante em preventiva exige, cumulativamente, o preenchimento dos requisitos e pressupostos dos arts. 312 e 313 do Código de Processo Penal. Nesse sentido já decidiu o Tribunal de Justiça de São Paulo[10].

6.4.3.1. Fim da autonomia da prisão em flagrante

Cumpre ressaltar que, com o advento da Lei n. 12.403, de 4 de maio de 2011, passou o legislador a exigir que a prisão em flagrante seja convertida em preventiva, quando presentes os requisitos legais.

---

[10] TJSP, 0221240-81.2011.8.26.0000, 16ª Câm. Dir. Crim., Rel. Pedro Menin, j. 8.11.2011, *DJe*, 9.11.2011.

Com a novel legislação, não mais subsiste o entendimento, antes chancelado pela doutrina, da absoluta autonomia da modalidade de prisão em flagrante, segundo a qual esta poderia perdurar durante todo o processo, sem que em momento algum fosse convertida em preventiva.

Isso porque a prisão em flagrante visa, justamente, impedir a continuidade delitiva e, dessa forma, pôr fim ao estado de flagrância do sujeito, nas hipóteses do art. 302 do CPP. Assim, a prisão se faz necessária única e exclusivamente para obstar e cessar a prática criminosa, não sendo bastante, sob essa condição, para a manutenção do réu em custódia cautelar durante todo o processo.

Portanto, ao consagrar o entendimento supracitado, o legislador tornou a prisão em flagrante uma "subcautela", verdadeira "pré-cautelar", como alude parte da doutrina, ao determinar que o magistrado deva decidir de forma fundamentada, aduzindo a presença dos elementos ou circunstâncias autorizadores da prisão preventiva, de modo que venha efetivamente a decretá-la, ou, de outra parte, conceder ao preso liberdade provisória ou devolver-lhe imediatamente a liberdade.

A grande dificuldade, conforme se verá, é fazer a análise, naquele momento processual, dos requisitos do art. 312 do CPP, dada a precariedade de elementos disponíveis quando da lavratura do auto de prisão em flagrante delito.

Finalmente, cumpre ressaltar que o dispositivo em questão vai ao encontro da Resolução n. 87/2009 do Conselho Nacional de Justiça, que já previa a obrigatoriedade da conversão da prisão em flagrante em prisão preventiva, desde que os requisitos estivessem devidamente comprovados.

Ademais, cumpre salientar que, inobstante a mudança do caráter da prisão em flagrante tenha ocorrido somente com a reforma implementada em 2011, o Tribunal de Justiça do Rio Grande do Sul, em decisão visionária, já havia decidido nesse sentido:

> "*Habeas corpus*. Posse e disparo de arma de fogo. Flagrante. Medida pré-cautelar. Ausência de fundamentação.
>
> 1. O paciente foi preso em flagrante por posse de arma de fogo e por ter efetuado disparo em via pública. O auto de prisão flagrante foi homologado, não havendo notícia de decreto de prisão preventiva.
>
> 2. *O flagrante justifica-se para impedir a continuidade da prática criminosa. Contudo, não basta por si só. Trata-se de uma medida pré-cautelar, devido à sua precariedade (único caso previsto constitucionalmente em que a prisão pode ser realizada por particular ou autoridade policial sem mandado judicial), devendo ser submetida ao crivo do julgador que a homologará ou não. Não está dirigida a garantir o resultado final do processo ou a presença do sujeito passivo. Destarte, é preciso que o magistrado, após requerimento formulado pela acusação, se manifeste acerca da necessidade ou não da prisão cautelar, nos termos do art. 310, parágrafo único, do Código de Processo Penal, não sendo possível a conversão automática do flagrante em prisão preventiva.*
>
> 3. Além disso o auto de prisão em flagrante não foi devidamente fundamentado, estando em desacordo com art. 93, inc. IX, da Constituição Federal.
>
> 4. Delito praticado sem violência ou grave ameaça à pessoa. Paciente com condições pessoais favoráveis à manutenção da liberdade concedida liminarmente"[11].

Conclui-se, destarte, com a mudança de redação trazida pela novel legislação (art. 283, *caput*, do CPP), que somente subsistem três modalidades autônomas de prisão no processo penal:

a) a prisão preventiva, decretada pelo juiz no curso do processo, ou quando de sua conversão após o flagrante;

b) a prisão temporária, com a estrita observância dos prazos previstos em lei;

c) a prisão domiciliar, trazida pela Lei n. 12.403/2011 e que possui requisitos bem específicos para sua imposição.

---

[11] TJRS, 7ª Câm. Crim., HC 70016357089, Rel. Des. Nereu Giacomolli, j. 31.8.2006, grifo nosso.

Portanto, assim que preso em flagrante, deverá a prisão ser relaxada – quando ilegal –, convertida em prisão em flagrante – quando presentes os requisitos do art. 312 do CPP –, ou concedida a liberdade provisória, com ou sem fiança, desde que presentes os requisitos legais.

6.4.4. Conceder a liberdade provisória, com ou sem fiança (inciso III)

A liberdade provisória deve ser concedida quando a prisão, embora legal, seja desnecessária. A prisão processual, como visto, não se confunde com pena, podendo subsistir apenas para a proteção da sociedade ou do processo (cautelaridade social ou processual). Inexistente tal necessidade, o indiciado deve ser solto.

A liberdade provisória pode ser concedida, a depender da existência de certos requisitos, com ou sem a exigência de fiança. A liberdade provisória sem fiança poderá ser vinculada ou não vinculada, dependendo de haver ou não a imposição de deveres a serem cumpridos como condição para que se mantenha em vigência o benefício da liberdade. A liberdade provisória mediante fiança será sempre vinculada.

Por vezes, poderá ser concedida a liberdade provisória sem que seja necessário prestar fiança. Essa possibilidade permitirá a concessão de liberdade provisória até mesmo nas hipóteses de crime inafiançável – o que não se admite nesses casos é a concessão de liberdade mediante fiança, não se vedando o benefício em si quando este não depender da fiança.

A liberdade provisória será concedida mediante termo de compromisso firmado pelo indiciado ou réu de comparecer a todos os atos do processo, sob pena de revogação. Poderão, ainda, serem fixadas outras condições, como a obrigatoriedade de comunicação de mudança de endereço ou da ausência da comarca por determinado período. Caberá nas seguintes hipóteses, que, segundo a doutrina, estará o juiz obrigado a conceder a liberdade provisória ao indiciado ou réu:

a) se o juiz verificar pelo auto de prisão em flagrante que o agente praticou o fato sob o manto de causa excludente de ilicitude (parágrafo único);

b) se o juiz verificar pelo auto de prisão em flagrante a inocorrência de qualquer das hipóteses que autorizam a prisão preventiva, previstas nos arts. 311 e 312 (incisos II e III);

c) nos casos em que couber fiança, o juiz verificar a impossibilidade de o réu prestá-la, por motivo de pobreza, sujeitando-o às obrigações previstas nos arts. 327 e 328 (art. 350).

A lei prevê ainda situações em que não será o agente preso em flagrante, nem será exigida fiança:

a) ao condutor de veículo, nos casos de acidente de trânsito de que resulte vítima, se lhe prestar pronto e integral socorro (Lei n. 9.503/97 – Código de Trânsito Brasileiro, art. 301);

b) ao autor de infração penal de menor potencial ofensivo que, após a lavratura do termo, for imediatamente encaminhado ao Juizado ou assumir o compromisso de a ele comparecer (Lei n. 9.099/95, art. 69, parágrafo único).

6.5. Liberdade provisória e relaxamento da prisão

A liberdade provisória não se confunde com o relaxamento da prisão. Embora ambas se refiram à prisão em flagrante, na liberdade provisória a prisão é legal, mas desnecessária. Já no caso do relaxamento, a prisão é ilegal.

Dispõe o art. 310, *caput* e § 1º, do CPP que o juiz, à vista dos elementos contidos no auto de flagrante, depois de ouvir o Ministério Público, concederá, desde logo e independentemente de requerimento da defesa, liberdade provisória ao réu se:

a) verificar inequivocamente que o agente praticou o crime acobertado por excludente de ilicitude (art. 23 do CP: legítima defesa, exercício regular de direito ou estrito cumprimento do dever legal);

b) verificar a inocorrência de qualquer das hipóteses que autorizam a prisão preventiva (art. 312 do CPP).

Além da concessão da liberdade provisória de ofício nas hipóteses citadas, a prisão ilegal deverá ser relaxada pelo juiz quando:

a) o auto de prisão em flagrante não noticiar a prática de ilícito penal;

b) o agente não tiver sido preso em situação de flagrante (art. 302 do CPP);

c) alguma formalidade legal não tiver sido observada.

Da decisão que relaxa a prisão em flagrante cabe recurso em sentido estrito (art. 581, V, do CPP). A decisão que nega o relaxamento é impugnável por meio da ação de *habeas corpus*. Nesses casos, somente o juiz poderá relaxar a prisão em flagrante ou conceder liberdade provisória ao indiciado, após manifestação do Ministério Público.

6.6. Quem pode ser preso em flagrante?

Em geral, qualquer pessoa que seja surpreendida na prática de um delito penal poderá ser capturada em flagrante. A lei estabelece, entretanto, algumas exceções:

a) *os menores de 18 anos*: os adolescentes e as crianças ficam sujeitos às medidas socioeducativas e às medidas específicas de proteção, previstas no Estatuto da Criança e do Adolescente;

b) *os diplomatas estrangeiros*: por força de tratados e convenções internacionais ratificados pelo Brasil;

c) *o Presidente da República*: conforme estabelece o art. 86, § 3º, da CF;

d) *o condutor de veículo que prestar socorro à vítima*, nos casos de acidente de trânsito (art. 301 da Lei n. 9.503, de 23.9.1997);

e) *o autor de infração de menor potencial ofensivo* que, após a lavratura do termo, for encaminhado ao Juizado ou assumir o compromisso de a ele comparecer (art. 69, parágrafo único, da Lei n. 9.099/95);

f) todo aquele que se apresentar à autoridade *após o cometimento de delito* (independentemente do prazo de 24 horas), uma vez que inexiste a modalidade "flagrante por apresentação".

Nos crimes inafiançáveis, poderão ser presos em flagrante:

a) *os senadores e deputados federais*, desde a expedição do diploma, caso em que o agente será enviado para a respectiva Casa Legislativa, que decidirá sobre a prisão (art. 53, § 2º, da CF);

b) *os deputados estaduais* (cf. a Constituição de cada Estado);

c) *os membros do Ministério Público* (art. 40, III, da LONMP);

d) *os magistrados* (art. 33, II, da LOMAN);

e) *os advogados*, por motivo de exercício da profissão (art. 7º, § 3º, da Lei n. 8.906/94).

6.7. Sujeito ativo do flagrante

Qualquer pessoa do povo poderá prender (capturar) quem se encontrar em situação de flagrância. Essa a determinação do art. 301 do CPP. É o chamado *flagrante facultativo*, já que não existe o dever de realizar a captura. Diferentemente, as autoridades policiais e seus agentes que presenciarem a prática de um delito penal terão o dever de capturar o delinquente, motivo pelo qual se denomina essa situação *flagrante obrigatório*. Nesse caso, os policiais civis e militares que descumprirem o dever de prender em flagrante serão responsabilizados administrativa e criminalmente.

6.8. Autoridade

A *autoridade* mencionada pelo CPP é, em geral, a autoridade policial. Entretanto, aplicam-se os dispositivos da lei processual também nos casos em que o preso seja apresentado a outras autoridades que, por lei, façam-lhe as funções (art. 4º, parágrafo único, do CPP).

Referências à autoridade, portanto, dizem respeito também:

a) à autoridade judicial, nos casos de contravenções penais (Lei n. 1.508/51); e

b) aos deputados e senadores. Com efeito, a teor da Súmula 397 do Supremo Tribunal Federal: "O poder de polícia da Câmara dos Deputados e do Senado Federal, em caso de crime cometido nas suas dependências, compreende, consoante o regimento, a prisão em flagrante do acusado e a realização do inquérito".

7. PRISÃO PREVENTIVA

7.1. Generalidades e conceitos

A prisão preventiva é medida constritiva da liberdade do indiciado ou acusado. Mesmo assim, é compatível com o princípio da presunção de não culpabilidade, previsto na CF.

Prisão preventiva é a modalidade de prisão provisória, decretada pelo juiz a requerimento de qualquer das partes, por representação do delegado de polícia ou de ofício, em qualquer momento da persecução penal, para garantia da ordem pública, da ordem econômica, por conveniência da instrução criminal, ou para assegurar a aplicação da lei penal.

Logo, jamais a decretação da prisão preventiva pode configurar antecipação de pena, por violação ao princípio constitucional da presunção de inocência[12].

7.2. Decretação

A decretação de prisão preventiva deixou de ser providência obrigatória em nossa legislação. Cabe ao juiz, pois, decidir acerca da necessidade do encarceramento cautelar do imputado. A prisão preventiva poderá ser decretada tanto no decorrer da ação penal quanto no curso do inquérito policial.

a) a requerimento do Ministério Público;

b) a requerimento do querelante;

c) a requerimento do assistente.

Trata-se de uma inovação trazida pela Lei n. 12.403/2011, que passou a prever a possibilidade de o assistente requerer ao juiz, independentemente da vontade do titular da ação penal, a decretação da custódia cautelar do acusado/indiciado;

d) mediante representação da autoridade policial.

Insta ressaltar que, conforme dispõe o art. 315 do CPP, alterado pela Lei n. 13.964/2019, "a decisão que decretar, substituir ou denegar a prisão preventiva será sempre motivada e fundamentada". Assim, vale dizer, a decisão do juiz que decreta a custódia provisória deve ser fundamentada, valendo-se de elementos existentes nos autos do inquérito ou do processo. A mera repetição dos termos legais, sem qualquer referência às circunstâncias do caso concreto, não satisfaz a exigência legal do art. 315 do CPP e do art. 93, IX, da CF. Porém, não há confundir decisão sucinta com decisão não fundamentada, sendo que a primeira não afronta qualquer garantia legal relacionada à motivação das decisões judiciais, ao passo que a segunda deve ser declarada nula, conforme já se decidiu[13]. Seguindo a tendência jurisprudencial dos tribunais superiores, o legislador, por meio da Lei n. 13.964/2019, acrescentou os §§1º e 2º ao art. 315 do CPP, que dispõem: "§ 1º Na motivação da

[12] STF, 1ª T., HC 90.464/RS, Rel. Min. Ricardo Lewandowski, *DJU*, 4.5.2007.

[13] TJRR: *RT* 771/700; STJ: *RT* 827/567; TJSP: *RT* 681/34; STF, 2ª T., HC 90.862/SP, Rel. Min. Eros Grau, *DJU*, 27.4.2007; STF, 2ª T., HC 92.069/RJ, Rel. Min. Gilmar Mendes, *DJU*, 9.11.2007.

decretação da prisão preventiva ou de qualquer outra cautelar, o juiz deverá indicar concretamente a existência de fatos novos ou contemporâneos que justifiquem a aplicação da medida adotada. § 2º Não se considera fundamentada qualquer decisão judicial, seja ela interlocutória, sentença ou acórdão, que: I – limitar-se à indicação, à reprodução ou à paráfrase de ato normativo, sem explicar sua relação com a causa ou a questão decidida; II – empregar conceitos jurídicos indeterminados, sem explicar o motivo concreto de sua incidência no caso; III – invocar motivos que se prestariam a justificar qualquer outra decisão; IV – não enfrentar todos os argumentos deduzidos no processo capazes de, em tese, infirmar a conclusão adotada pelo julgador; V – limitar-se a invocar precedente ou enunciado de súmula, sem identificar seus fundamentos determinantes nem demonstrar que o caso sob julgamento se ajusta àqueles fundamentos; VI – deixar de seguir enunciado de súmula, jurisprudência ou precedente invocado pela parte, sem demonstrar a existência de distinção no caso em julgamento ou a superação do entendimento".

Da decisão que decreta a prisão preventiva cabe *habeas corpus*. Do seu indeferimento cabe recurso em sentido estrito (art. 581, V, do CPP).

7.3. Pressupostos

Para que a prisão preventiva possa ser decretada, é preciso que exista prova da existência do crime e indício suficiente de autoria (art. 312, *in fine*, do CPP). O requisito é comumente referido pela expressão latina *fumus boni juris* (traduzida como "fumaça do bom direito") e consiste na existência de indícios razoáveis acerca de determinada situação jurídica que fundamenta o pedido do autor. Em processo penal, é comum o emprego do termo *fumus commissi delicti* (presença nos autos de elementos que indiquem a prática do delito por determinada pessoa). Trata-se, na verdade, de requisito de qualquer medida cautelar.

A prova da existência do crime consiste em haver nos autos elementos que demonstrem a materialidade do delito. Os *indícios suficientes* de autoria constituem elementos idôneos, convincentes, capazes de criar no espírito do juiz a convicção provisória de que o imputado é o autor da infração. A suficiência do indício é aferida caso a caso, segundo o prudente arbítrio do magistrado.

A presença do *fumus boni juris* (existência de prova da materialidade e indícios da autoria), entretanto, não é suficiente para que seja decretada a prisão preventiva do acusado ou do indiciado. Com efeito, o próprio art. 312 do CPP estabelece as situações em que se faz necessário o encarceramento cautelar do imputado (*periculum in libertatis*). A liberdade do indiciado ou acusado pode ser perigosa para o processo ou para a sociedade. Assim, além da prova da existência do delito e do indício suficiente de autoria, a prisão preventiva somente poderá ser decretada com fulcro em uma das situações abaixo, que nada mais são do que hipóteses de resguardo da sociedade ou do processo (cautelaridade social ou processual):

a) Como *garantia da ordem pública*: o significado da expressão *garantia da ordem pública* não é pacífico na doutrina e na jurisprudência. Buscando a manutenção da paz no corpo social, a lei visa impedir que o réu volte a delinquir durante a investigação ou instrução criminal (periculosidade). Pretende, também, resguardar a própria credibilidade da Justiça, reafirmando a validade e a autoridade da ordem jurídica, posta em xeque pela conduta criminosa e por sua repercussão na sociedade.

Assim, a *periculosidade* do agente, desde que aferida a partir das circunstâncias em que o crime foi cometido, é suficiente para fundamentar o decreto de prisão preventiva[14].

Da mesma forma, a *gravidade do delito*, seja ela considerada de forma abstrata (todo latrocínio é grave) ou, como prefere a jurisprudência, de forma concreta (analisando as peculiaridades do delito,

[14] STF, 2ª T., HC 95.685/SP, Rel. Min. Ellen Gracie, j. 16.12.2008, *DJ*, 6.3.2009.

tais como o emprego de violência excessiva, torpeza, selvageria etc.). Em relação a esse fundamento, os tribunais têm rechaçado a decretação da prisão única e exclusivamente com esteio na gravidade delitiva.

Vale frisar, no entanto, que se afigura legítima a prisão preventiva decretada para garantia da ordem pública, não em virtude da hediondez do crime praticado, mas pela gravidade dos fatos investigados na ação penal, evidenciando a personalidade dos envolvidos[15].

Nesse sentido, entendemos necessário destacar a recente jurisprudência sobre a possibilidade de o juiz, ao decretar a prisão preventiva do réu, mencionar a prática de atos infracionais como um dos fundamentos para a custódia cautelar[16].

Ainda, a *credibilidade da Justiça,* caracterizada através de um descrédito das instituições se solto permanecer o autor de um delito grave.

b) Como *garantia da ordem econômica*. Hipótese trazida pela Lei n. 8.884/94, que tem origem histórica no combate aos chamados "crimes do colarinho branco". O encarceramento, nesse caso, visa impedir que o indiciado ou réu continue sua atividade prejudicial à ordem econômica e financeira. Busca, também, salvaguardar a credibilidade da Justiça, afastando a sensação de impunidade. Nesse caso, a magnitude da lesão econômica tem sido usada para justificar a prisão preventiva (*vide* art. 30 da Lei n. 7.492/86), tratando-se, pois, de decisão com base na gravidade concreta do delito.

c) Por *conveniência da instrução criminal*. Trata-se de segregar o acusado para impedir sua atuação com vistas a influenciar a colheita das provas. Deve-se demonstrar, com dados concretos, que, solto, o indiciado ou acusado pode suprimir os elementos probatórios indicadores de sua culpabilidade, ameaçando vítimas e testemunhas, destruindo evidências materiais etc.

d) Para *assegurar a aplicação da lei penal*. Nesse caso, a prisão cautelar faz-se necessária em nome da efetividade do processo penal, assegurando que o acusado estará presente para cumprir a pena que lhe for imposta. Dentre as hipóteses autorizadoras da prisão preventiva com base nesse requisito podemos citar a fuga do indiciado logo após a prática do delito, não possuir residência fixa, facilidade de fuga para o exterior etc.[17].

Esses fundamentos constituem o que se costuma chamar de *periculum in mora*, ou, como preferimos, *periculum in libertatis*. Em conjunto com o requisito do *fumus boni iuris*, constituem o binômio fundamental de toda medida cautelar.

O Supremo Tribunal Federal já decidiu que a prisão preventiva se justifica pela sua real necessidade[18], devendo ser satisfatoriamente motivada, não bastando, portanto, a mera explicitação textual dos requisitos do art. 312 do CPP[19].

Por derradeiro, imperioso ressaltar que eventuais condições pessoais favoráveis do réu não garantem o direito subjetivo à revogação da custódia cautelar, quando a prisão preventiva é decretada com base no art. 312 do CPP[20].

a) Quando *descumpridas as obrigações impostas por força de outras medidas cautelares*. Cumpre assinalar que a Lei n. 12.403/2011 trouxe mais uma hipótese de decretação da prisão preventiva, conforme dispõe o § 1º do art. 312 do CPP.

---

[15] STF, 1ª T., HC 94.947/SP, Rel. Min. Menezes Direito, j. 9.12.2008, *DJe*, 6.3.2009.

[16] STJ, 3ª S., RHC 63.855/MG, Rel. Min. Nefi Cordeiro, Rel. p/ Acórdão Min. Rogerio Schietti Cruz, j. 11.5.2016 (*Informativo do STJ* n. 585).

[17] STF, 2ª T., HC 96.361/CE, Rel. Min. Cezar Peluso, j. 2.12.2008, *DJe*, 6.2.2009; STF, HC 101206/MG, Rel. Min. Gilmar Mendes, j. 17.8.2010.

[18] STF, 2ª T., HC 90.862/SP, Rel. Min. Eros Grau, *DJU*, 27.4.2007.

[19] STF, 2ª T., HC 92.069/RJ, Rel. Min. Gilmar Mendes, *DJU*, 9.11.2007.

[20] STJ, 5ª T., HC 113.484/SP, Rel. Min. Arnaldo Esteves de Lima, j. 24.11.2008, *DJe*, 19.12.2008.

Referido dispositivo prevê que a prisão preventiva também poderá ser decretada em caso de descumprimento de qualquer das obrigações impostas por força de outras medidas cautelares (art. 282, § 4º, do CPP). Nota-se, mais uma vez, que o legislador aplicou o caráter subsidiário à prisão preventiva, de modo que sempre o juiz preferirá a aplicação de quaisquer das medidas cautelares, evitando o encarceramento do acusado.

Insta mencionar, no entanto, que, quando aplicadas quaisquer das medidas cautelares trazidas no rol do art. 319 e o acusado ou investigado venha a descumprir, imotivadamente, as obrigações impostas, abre-se a possibilidade de o juiz substituir a medida, impor outra em cumulação ou, em último caso, decretar a prisão preventiva, *ex officio* ou mediante requerimento do Ministério Público, do assistente de acusação ou do querelante, conforme dispõe o art. 312, §1º, c/c o art. 282, § 4º, do CPP. Logo, não há obrigatoriedade ou vinculação por parte do juiz quanto à necessidade de se decretar a prisão preventiva quando descumpridas as medidas cautelares. Deve o magistrado, analisando o caso concreto, verificar se outra medida é compatível e proveitosa, substituindo a anteriormente descumprida.

É bom que se ressalte, todavia, que o juiz sempre poderá decretar a prisão preventiva sem que tenha fixado anteriormente qualquer medida cautelar. Isso porque as medidas só devem ser aplicadas quando *úteis* e *necessárias* para os fins a que se destinam, de modo que, conforme já salientamos, em crimes graves, talvez nenhuma das medidas possa ser suficiente, autorizando-se desde logo o encarceramento cautelar do acusado.

Frise-se, outrossim, que o exato preenchimento dos requisitos do art. 313 do Código de Processo Penal são exigidos tanto para a decretação da prisão preventiva direta, quanto para a sua imposição em descumprimento de medida cautelar (art. 282, § 4º, c/c o art. 312, §1º, do CPP).

Vale ressaltar que o art. 313, que prevê as hipóteses de possível decretação da prisão preventiva, menciona genericamente: "nos termos do art. 312 deste Código, será admitida a decretação da prisão preventiva: ...".

E, quanto às formas de imposição da preventiva, percebe-se que o *caput* do art. 312 prevê a decretação direta da medida, ao passo que o parágrafo único do mesmo dispositivo contempla a modalidade de prisão preventiva por conversão.

Logo, a hermenêutica recomenda uma interpretação restritiva da questão – *in dubio pro reo* –, de modo que, se o legislador não quisesse submeter a prisão preventiva por conversão aos requisitos do art. 313 do Código de Processo Penal, poderia tê-lo feito expressamente, sinalizando que tais requisitos não se aplicariam no caso de prisão imposta por descumprimento de medidas cautelares.

Assim, infelizmente, o legislador acabou por deixar uma brecha à impunidade, permitindo que os acusados ou indiciados que tenham sido submetidos à medida cautelar nos crimes cuja pena seja inferior a 4 anos não possam ter a restrição convertida em prisão preventiva, salvo nas hipóteses dos incisos II e III do art. 313 do mesmo diploma.

Todavia, não obstante um segmento doutrinário já sustente a possibilidade da conversão da medida cautelar em preventiva independentemente da observância dos requisitos do art. 313 do Código, reafirmamos que a boa técnica hermenêutica não nos permite fazer esse tipo de elucubração, mormente em sendo efetivamente prejudicial ao acusado.

Portanto, aqui paira a maior ineficiência do sistema de cautelares, o que deve ser urgentemente corrigido pelo legislador, porquanto não há margem para interpretação dissonante.

Insta ressaltar, outrossim, que a referida brecha legal, antes da reforma trazida pela Lei n. 12.403/2011, já estava presente no sistema, quando dos crimes apenados com detenção. Imaginemos um acusado que, antes da reforma, praticasse crime punido com detenção e que não fosse vadio e tampouco pairassem dúvidas acerca de sua identidade. Se não comparecesse aos atos processuais e desrespeitasse os mais elementares ditames da Justiça, poderia ele ser preso preventivamente? A resposta é, sem dúvida, negativa, dada a vedação contida no antigo art. 313, I, do Código de Processo Penal.

Finalmente, ressalte-se que os tribunais têm admitido a decretação da prisão preventiva quando ocorre de o agente deliberadamente descumprir as medidas cautelares[21].

7.4. Admissibilidade

Para que se possa decretar a prisão preventiva do imputado, não basta apenas estarem presentes os pressupostos discriminados acima. Isso porque nem todos os crimes sujeitam seus executores à prisão preventiva. O art. 313, alterado pela Lei n. 12.403/2011, arrola as hipóteses em que será admissível a decretação da medida acautelatória. Em todas elas, é requisito de admissibilidade da prisão preventiva que a conduta imputada ao acusado constitua crime doloso. Preenchido esse requisito, a medida será possível nos seguintes casos:

a) se o crime for doloso e punido com privativa de liberdade máxima superior a 4 anos de reclusão;

Referido requisito foi acrescentado pela Lei n. 12.403, de 4 de maio de 2011. Verifica-se que, diferentemente do previsto no art. 313, I, que foi revogado, o CPP não só exige que o crime seja doloso, mas também que seja punido com pena privativa de liberdade (tal requisito também é necessário para imposição de qualquer medida cautelar) e que a pena máxima prevista seja superior a 4 anos de reclusão[22].

Tal inovação legal não nos parece acertada no tocante à pena máxima prevista, haja vista que muitos crimes graves impossibilitarão que o réu seja preso preventivamente no curso do processo.

Assim, não comportam a prisão, seja originariamente ou em conversão por medida cautelar descumprida: crime de quadrilha ou bando, lesão corporal, autoaborto, furto, fraude, receptação, resistência, desobediência, desacato, falso testemunho ou falsa perícia, contrabando ou descaminho, maus-tratos, abandono de incapaz, entre outros, todos ainda que consumados.

Não se admitirá prisão, ainda, em alguns crimes tentados, dependendo do *iter criminis* percorrido pelo agente e da quantidade de redução na fixação da pena, tais como, *verbi gratia*: homicídio simples, infanticídio, lesão corporal seguida de morte, furto qualificado, roubo, extorsão, apropriação indébita, estupro, peculato, corrupção passiva, concussão, alguns crimes da Lei de Drogas, dentre outros.

Ressalte-se que o objetivo principal do legislador foi evitar que se determinasse a prisão cautelar nos crimes cuja eventual sentença condenatória venha a ser substituída por penas restritivas de direitos. Todavia, em muitas vezes, conforme o objetivo do legislador, criará importantes e nefastas consequências com a impossibilidade da decretação da cautelar para crimes eminentemente graves e que causam sensíveis abalos sociais.

b) se o réu for reincidente em crime doloso, ou seja, tiver sido condenado por outro crime doloso, em sentença transitada em julgado, ressalvado o disposto no art. 64, I, do CP;

No tocante a essa hipótese, a lei não faz qualquer restrição quanto à pena máxima prevista em abstrato. Dessa forma, entendemos que, ante a omissão legal, basta que se configure a reincidência

---

[21] TJSP, Furto Qualificado: 2067879-39.2013.8.26.0000, Rel. Newton Neves, j. 1º.4.2014, 16ª Câm. Dir. Crim., publ. em 3.4.2014; STJ, 5ª T., HC 265.562/TO, 2013/0055358-8, Rel. Min. Laurita Vaz, j. 25.6.2013, *DJe*, 1º.8.2013.

[22] HC 107.617/ES, Rel. Min. Gilmar Mendes, 23.8.2011.

em crime doloso, qualquer que seja sua pena máxima prevista, para que se possa decretar a prisão preventiva do acusado.

Nesta hipótese, o legislador visa, sobretudo, coibir veementemente a reincidência, repudiando-a seja lá qual for o crime doloso praticado e a sua pena prevista.

c) se o crime envolver violência doméstica e familiar contra a mulher, nos termos de lei específica, para garantir a execução das medidas protetivas de urgência (inciso IV acrescido ao art. 313 do CPP pela Lei n. 11.340, de 7.8.2006);

d) quando houver dúvida sobre a identidade civil da pessoa ou quando esta não fornecer elementos suficientes para esclarecê-la, devendo o preso ser colocado imediatamente em liberdade após a identificação, salvo se outra hipótese recomendar a manutenção da medida.

Esta última hipótese, modificada pela Lei n. 12.403, de 4 de maio de 2011, foi prevista no art. 313, parágrafo único, do CPP e possui uma peculiaridade em relação às demais hipóteses: deve ser revogada imediatamente após a identificação do acusado, colocando-o em liberdade, salvo se outra hipótese recomendar a manutenção da medida.

No tocante à soltura imediata, entendemos que deverá ser realizada pela autoridade responsável pela custódia do réu (*v.g.*, diretor do presídio, delegado de polícia etc.), salvo se, vislumbrando outra hipótese que justifique a manutenção da medida, comunique à autoridade judicial, que decidirá acerca da prisão.

Finalmente, há de se recordar que a referida hipótese muito se assemelha à do revogado inciso II do art. 313 ("se o crime for punido com pena de detenção e apurar-se que o indiciado é vadio ou o imputado não indicar elementos para esclarecer sua identidade, em caso de haver dúvida quanto a esta"). Todavia, com a mudança legislativa, pôs-se fim à prisão preventiva na hipótese de o indiciado ser vadio, bem como se estabeleceu que, na hipótese da decretação para fins de identificação do acusado, seja ele colocado automaticamente em liberdade tão logo seja revelada sua verdadeira identidade, salvo – relembre-se – se outra hipótese recomendar a manutenção da medida.

Não será decretada a prisão preventiva, portanto:

a) se a conduta imputada ao acusado constituir crime doloso apenado com pena privativa de liberdade máxima inferior ou igual a 4 anos;

b) se a conduta imputada ao acusado consistir apenas em contravenção penal;

c) se a conduta imputada ao acusado constituir crime culposo;

d) se houver prova de que o acusado agiu acobertado por alguma causa excludente de ilicitude (legítima defesa, estado de necessidade, estrito cumprimento do dever legal ou exercício regular de direito) – art. 314 do CPP. Outrossim, se o juiz verificar, pelas provas dos autos, que o agente cometeu o crime sob coação moral irresistível ou erro de proibição (causas de exclusão da culpabilidade), também não deve determinar sua prisão.

A prisão preventiva poderá, no curso do processo, ser revogada caso se verifique a falta ou a cessação do motivo que a ensejou. Da mesma forma, poderá ser decretada novamente, tantas vezes quantas forem necessárias, se sobrevierem razões que a justifiquem (art. 316 do CPP).

Para que seja decretada a prisão preventiva, deve o juiz verificar a existência dos seguintes pressupostos: um dos requisitos de admissibilidade, a prova do crime e indícios suficientes de autoria (*fumus boni juris*) e uma das hipóteses do *periculum in libertatis* (garantia da ordem pública, garantia da ordem econômica, conveniência da instrução criminal ou para assegurar a aplicação da lei penal).

7.5. Prazo

A decretação da prisão preventiva não se faz por prazo determinado, isto é, possui caráter *rebus sic stantibus*, ou seja, enquanto as coisas continuarem como estão. Entretanto, é certo que não pode o réu permanecer preso preventivamente por prazo indeterminado, sob pena de se caracterizar constrangimento ilegal. Nesse caso, a jurisprudência tem criado mecanismos para a aferição da existência do chamado "excesso de prazo".

Com efeito, a própria lei, em determinadas situações, assinala prazos para a prática de atos durante a persecução penal. Assim, o inquérito policial deverá ser concluído em até 10 dias se o imputado se encontrar preso em flagrante ou preventivamente (art. 10 do CPP); a denúncia deverá ser oferecida até 5 dias após o recebimento dos autos pelo Ministério Público (art. 46) etc. Excedendo-se os prazos referidos sem que os atos determinados tenham sido praticados, torna-se ilegal a prisão preventiva, devendo o juiz determinar a sua revogação.

É certo que a própria jurisprudência ressalva a relatividade desses prazos. Com efeito, nos casos em que os prazos sejam excedidos por justo motivo (*v.g.*, pluralidade de réus presos em outras comarcas, expedição de cartas precatórias para oitiva de testemunhas etc.), admite-se, em homenagem ao princípio da razoabilidade, que o imputado permaneça preso por tempo maior. Da mesma forma quando a demora excessiva for causada por atos protelatórios praticados pelo próprio imputado, em consonância com o princípio segundo o qual ninguém deve beneficiar-se da própria torpeza. Nesse sentido, a Súmula 64 do STJ: "Não constitui constrangimento ilegal o excesso de prazo na instrução, provado pela defesa".

Ressalte-se que, com o advento da Lei n. 12.850/2013, foi predisposto um prazo oficial para apuração dos crimes trazidos pelo referido diploma legal e os delitos que forem conexos. Assim, dispõe o art. 22, parágrafo único, que a instrução criminal deverá ser encerrada em prazo razoável, o qual não poderá exceder a 120 dias quando o réu estiver preso, prorrogáveis em até igual período, por decisão fundamentada, devidamente motivada pela complexidade da causa ou por fato procrastinatório atribuível ao réu.

Depreende-se, portanto, que a prisão somente poderá ser prorrogada em duas circunstâncias bem delineadas: a) complexidade da causa; b) fato procrastinatório atribuível ao réu. É certo que ambas as hipóteses são demasiadamente elásticas e comportam uma gama de interpretações. Todavia, para além da abstração dos termos, é certo que a fixação de prazo peremptório é conduta temerária, especialmente diante das peculiaridades individuais de cada feito, que não podem ser mensuradas em caráter abstrato, mas aquilatadas individualmente. De qualquer modo, o legislador estendeu o prazo anteriormente estabelecido na Lei n. 9.034/95, que previa em seu art. 8º o precaríssimo prazo de 81 dias, facilmente ultrapassável nas causas mais complexas e que redundavam em inúmeros pedidos de revogação da prisão baseados em um suposto constrangimento ilegal.

Como medida excepcional, entretanto, a prisão preventiva somente poderá ser estendida além dos prazos mencionados nos casos em que isso for comprovadamente necessário.

Excedendo-se o prazo sem justificativa, o próprio juiz da causa revogará a prisão, determinando a soltura do agente. Nos casos em que isso não ocorra, o remédio usual para requerer a revogação da prisão é o *habeas corpus*. De acordo com a Súmula 697 do STF: "A proibição de liberdade provisória nos processos por crimes hediondos não veda o relaxamento da prisão processual por excesso de prazo". Note-se, porém, que a Lei n. 11.464, de 28 de março de 2007, alterou o art. 2º, II, da Lei n. 8.072/90, suprimindo a vedação à liberdade provisória em crimes hediondos e assemelhados. Revogada a prisão por excesso de prazo, não se aplica o disposto no art. 316 do CPP. Assim, a medida não poderá ser novamente decretada.

8. PRISÃO DOMICILIAR

Com a reforma implementada pela Lei n. 12.403, de 4 de maio de 2011, o CPP passou a prever, expressamente, a modalidade de prisão domiciliar, consistente no recolhimento do acusado ou investigado em sua residência, de onde somente poderá sair mediante autorização judicial.

A prisão domiciliar não é novidade no ordenamento jurídico processual. A Lei de Execuções Penais já previa, implicitamente, em seu art. 117, que os condenados a cumprir pena em regime aberto – em tese, nas inexistentes "casas de albergados" – poderiam se valer do "recolhimento domiciliar" se fossem maiores de 70 anos; acometidos de doença grave; possuíssem filhos menores ou deficientes físicos ou mentais; e fosse a condenada pessoa gestante.

Não obstante a previsão do art. 117 seja aplicável unicamente aos presos definitivamente condenados, os Tribunais vêm reiteradamente afastando o rigor legal e admitindo, ainda, a concessão da referida benesse aos presos provisórios que se enquadrem nas hipóteses mencionadas no dispositivo legal, conforme se depreende dos julgados a seguir.

Do Superior Tribunal de Justiça:

> "Ainda que a paciente responda a vários processos em curso e já tenha sido superada a fase de amamentação, é lícita a concessão da prisão domiciliar em face da impossibilidade de transferência da ré para comarca próxima onde reside o filho de tenra idade"[23].

Do Tribunal Regional Federal:

> "A jurisprudência, de forma reiterada e pacífica, tem atenuado o rigor da lei no que se refere à previsão de concessão de prisão domiciliar, inclusive em caso de preso provisório"[24].

Frise-se, ainda, que o art. 146-B, incluído na Lei de Execuções Penais pela Lei n. 12.258/2010, franqueou ao juiz a fiscalização por meio da monitoração eletrônica quando fosse determinada a prisão domiciliar.

8.1. Requisitos da prisão domiciliar

Os requisitos previstos em lei para a concessão da prisão preventiva domiciliar muito se aproximam daqueles elencados pelo art. 117 da LEP. São esses os exigidos pelo art. 318 do CPP:

a) maior de 80 anos;

b) preso extremamente debilitado por motivo de doença grave;

c) imprescindível aos cuidados especiais de pessoa menor de 6 anos de idade ou com deficiência;

d) mulher com filho de até 12 anos de idade incompletos; (Incluído pela Lei n. 13.257, de 2016)

e) homem, caso seja o único responsável pelos cuidados do filho de até 12 anos de idade incompletos. (Incluído pela Lei n. 13.257, de 2016)

Cumpre salientar que, sendo a prisão preventiva domiciliar absolutamente excepcional, imprescindível que todos os requisitos sejam devidamente comprovados, instruídos sempre com prova idônea, sob pena de indeferimento. Assim, *v.g.*, nos casos previstos nos incisos II e no art. 318-A (doença grave[25] e gravidez) é evidente que se exige perícia comprobatória ou laudo médico devidamente esclarecedor que justifique a prisão domiciliar, dada sua natureza excepcional.

A inclusão do art. 318-A do CPP, seguindo jurisprudência do Supremo Tribunal Federal[26], garantiu a prisão domiciliar à mulher gestante e mãe ou responsável por crianças ou pessoas com deficiência desde que não tenha cometido crime com violência ou grave ameaça a pessoa ou não tenha cometido o crime contra seu filho ou dependente.

---

[23] STJ, HC 115.941/PE, Rel. Min. Maria Thereza Rocha de Assis Moura, j. 2.1.2009.

[24] TRF-3, HC 2006.03.00.060905-3, Rel. Luiz Stefanini, j. 5.9.2006, *DJU*, 3.10.2006.

[25] STJ, 6ª T., HC 291.439/SP, Rel. Min. Rogerio Schietti Cruz, j. 22.5.2014, *DJe*, 11.6.2014.

[26] STF, 2ª T., HC 143.641/SP, Rel. Min. Ricardo Lewandowski, j. 13.12.2016 (*Informativo do STF* n. 851).

Ademais, sendo a exceção, as hipóteses previstas no art. 318 do CPP não comportam ampliação, devendo ser interpretadas restritivamente.

Por derradeiro, com a edição do art. 318 do CPP, resta clarividente que o art. 117 da Lei de Execuções Penais (Lei n. 7.210/84), a partir de então, ficará restrito aos presos definitivamente condenados, que deverão observar os requisitos previstos no referido dispositivo para a concessão ou manutenção do benefício.

9. LEI ANTIDROGAS E LEI DOS CRIMES HEDIONDOS

A Lei n. 11.343/2006, que estabeleceu o procedimento para o processo e julgamento dos crimes relativos a drogas ("substância entorpecente", na dicção da Lei n. 6.368/76, revogada), determina, em seu art. 59, que nos crimes previstos nos arts. 33, *caput* e § 1º, e 34 a 37 o réu não poderá apelar sem recolher-se à prisão, salvo se for primário e de bons antecedentes.

Por outro lado, a Lei n. 8.072/90 determina que, nos casos dos crimes previstos naquela lei, bem como nos crimes de tortura e nos crimes de "tráfico ilícito de entorpecentes", o juiz, em caso de condenação, deverá decidir fundamentadamente se o réu poderá apelar em liberdade (art. 2º, § 3º).

O atual dispositivo da Lei n. 11.343/2006 veda o apelo do réu sem a constrição de liberdade, "salvo se primário e de bons antecedentes". Destarte, o anterior entendimento de que os réus condenados por tráfico de drogas, conquanto portadores de maus antecedentes ou reincidentes, poderiam apelar em liberdade, desde que o juiz assim o decidisse de forma fundamentada (art. 2º, § 3º, da Lei dos Crimes Hediondos), não mais se aplica aos crimes previstos nos arts. 33, *caput* e § 1º, e 34 a 37 da Lei n. 11.343/2006.

10. PRISÃO TEMPORÁRIA

A prisão temporária foi criada pela Medida Provisória n. 111, de 24 de novembro de 1989, sendo convertida na Lei n. 7.960, de 21 de dezembro do mesmo ano. Trata-se de modalidade de prisão cautelar, específica para o inquérito policial, que tem por finalidade permitir a investigação de crimes particularmente graves.

A prisão temporária é cabível (art. 1º):

I – quando imprescindível para as investigações do inquérito policial;

II – quando o indiciado não tiver residência fixa ou não fornecer elementos necessários ao esclarecimento de sua identidade;

III – quando houver *fundadas razões*, de acordo com qualquer prova admitida na legislação penal, de autoria ou participação do indiciado nos seguintes crimes: a) homicídio doloso; b) sequestro ou cárcere privado; c) roubo; d) extorsão; e) extorsão mediante sequestro; f) estupro; g) epidemia com resultado morte; h) envenenamento de água potável ou substância alimentícia ou medicinal qualificado pela morte; i) quadrilha ou bando; j) genocídio; k) tráfico de drogas; ou l) crimes contra o sistema financeiro.

Entende-se, contudo, que esse rol foi ampliado por força do art. 2º, § 4º, da Lei n. 8.072/90, de modo a incluir os crimes hediondos, o tráfico ilícito de entorpecentes e drogas afins (conceito amplo), a prática de tortura e o terrorismo, não mencionados na redação original da Lei n. 7.960/89.

A decretação da prisão temporária depende da existência concomitante da hipótese do inciso III, configuradora do *fumus commissi delicti*, em conjunto com uma das hipóteses dos incisos I ou II, reveladoras do *periculum libertatis*.

A prisão temporária somente será decretada pelo juiz durante o inquérito policial, nunca durante a ação penal. Com efeito, o art. 1º e seus incisos, ao determinarem as hipóteses de cabimento da medida cautelar, tratam sempre de inquérito policial e de indiciado. Entende-se, contudo, que a falta de formal e prévia instauração do inquérito não impede a decretação da medida, pois os elementos de convicção podem ter sido extraídos de investigação realizada pelo Ministério Público ou de peças de informação.

Diversamente do que ocorre com a prisão preventiva, não poderá ser decretada de ofício. Depende de requerimento do Ministério Público ou de representação da autoridade policial (art. 2º, *caput*), caso em que deverá ser ouvido o Ministério Público (art. 2º, § 1º). O magistrado terá, após o requerimento ou representação, o prazo de 24 horas para determinar fundamentadamente, se for o caso, a prisão temporária (art. 2º, § 2º).

Sua execução dependerá de mandado judicial de prisão (art. 2º, §§ 4º e 5º).

10.1. Prazo

Há dois prazos diversos previstos na legislação:

a) tratando-se dos crimes previstos no rol da Lei n. 7.960/89, o prazo de duração será de 5 dias, prorrogável por igual período, em caso de extrema e comprovada necessidade (art. 2º, *caput*);

b) cuidando-se de crimes hediondos, prática da tortura, tráfico ilícito de substâncias entorpecentes e drogas afins e terrorismo, o prazo será de 30 dias, prorrogável por igual período, em caso de extrema e comprovada necessidade (art. 2º, § 4º, da Lei n. 8.072/90).

A prorrogação da medida, sempre em caso de extrema e comprovada necessidade, deve ser fundamentada, sob pena de dar ensejo a constrangimento ilegal.

O prazo da prisão temporária não se computa conjuntamente com o de eventual prisão preventiva decretada posteriormente, para apreciação de eventual excesso de prazo.

Ademais, uma vez recebida a denúncia, tem-se entendido que não mais subsiste o decreto de prisão temporária, uma vez que é necessária unicamente para resguardar a integridade das investigações[27].

10.2. Disposições gerais

Efetuada a prisão, deverá a autoridade policial informar o preso sobre seus direitos constitucionais (art. 2º, § 6º). Além disso, uma das vias do mandado de prisão expedido por ocasião da decretação da medida cautelar será entregue ao indiciado para servir como nota de culpa (art. 2º, § 4º).

O preso temporário deverá permanecer, obrigatoriamente, separado dos demais detentos (art. 3º).

Decorrido o prazo de detenção, o preso deverá ser posto em liberdade, independentemente da expedição de alvará de soltura, caso não tenha sido decretada sua prisão preventiva (art. 2º, § 7º).

Todas as comarcas e seções judiciárias terão um plantão permanente de 24 horas, do Ministério Público e do Poder Judiciário, para a análise dos pedidos de prisão temporária.

Do indeferimento do pedido de prisão temporária cabe recurso em sentido estrito, mediante aplicação de interpretação extensiva e analogia (art. 3º, c/c o art. 581, V, do CPP). Decretada a prisão temporária, a decisão é atacável por meio de *habeas corpus*.

11. SÍNTESE

Prisão

Genericamente, o termo "prisão" designa a privação de liberdade do indivíduo. É classificada em prisão-pena e prisão sem pena, a qual é dividida em prisão civil, administrativa, disciplinar e processual.

---

[27] STJ, HC 44.987/BA, 5ª T., Rel. Min. Felix Fischer, *DJ*, 13.3.2006.

A prisão civil, de caráter excepcional, só será cabível no caso do devedor de alimentos oriundos dos vínculos de direito de família e, até o advento da Súmula Vinculante 25, era cabível, também, ao depositário infiel. Por outro lado, a prisão administrativa, decretada por autoridade administrativa para compelir ao cumprimento de obrigação, não foi recepcionada pela Constituição Federal de 1988. Já a prisão disciplinar existe apenas no âmbito militar.

A prisão processual, também denominada prisão cautelar ou provisória, subdivide-se em três modalidades:

a) prisão preventiva;

b) prisão temporária; e

c) prisão domiciliar.

Por não constituir antecipação de pena, uma vez que inexiste trânsito em julgado da condenação, toda e qualquer prisão cautelar exige a presença de indícios suficientes de autoria ou participação daquele que será preso, bem como a existência de risco social ou processual.

Hipóteses em que ocorrerá a prisão

Depreende-se do ordenamento processual penal que só ocorrerá prisão quando esta resultar de:

a) flagrante delito;

b) de ordem escrita e fundamentada da autoridade judiciária competente, isto é, mediante mandado de prisão, seja ele oriundo de sentença condenatória transitada em julgado ou, no curso de investigação ou processo, por conta de prisão temporária ou preventiva.

Além das hipóteses citadas, identificam-se algumas situações que, diante de seu caráter absolutamente excepcional, constitucionalmente previstas, justificam a prisão SEM ordem legal:

a) prisão durante o estado de defesa (CF, art. 136, § 3º, I);

b) prisão durante o estado de sítio (CF, art. 139, II).

Prisão e inviolabilidade de domicílio

A prisão poderá ser efetuada em qualquer dia e a qualquer hora. Porém, se tiver de ser realizada em residência, há que ter em conta a garantia da inviolabilidade de domicílio. Assim, distinguem-se diversas situações:

a) em caso de flagrante, a prisão poderá ser efetuada a qualquer hora do dia ou da noite;

b) havendo ordem judicial, o domicílio poderá ser invadido se o cumprimento do mandado for realizado durante o dia (período compreendido entre 6 e 18 horas);

c) durante a noite, nem mesmo ordem judicial justificará a invasão do domicílio.

Período eleitoral

Nos termos do art. 236 da Lei n. 4.737/65, nenhuma autoridade poderá, no intervalo compreendido entre 5 dias antes e 48 horas após o encerramento de eleições, prender ou deter qualquer eleitor, com exceção das seguintes hipóteses:

- flagrante delito;
- sentença criminal condenatória por crime inafiançável;
- Desrespeito a salvo-conduto.

Prisão processual especial

Além dos advogados, magistrados e membros do Ministério Público, aqueles que possuem prerrogativa de prisão processual especial estão previstos no art. 295 do CPP.

Mandado de prisão

Por força do art. 285, parágrafo único, do CPP:

a) será lavrado pelo escrivão e assinado pela autoridade;

b) designará pessoa que tiver de ser presa, por seu nome, alcunha ou sinais característicos;

c) mencionará a infração penal que motivar a prisão;

d) declarará o valor da fiança arbitrada, se afiançável a infração;

e) será dirigido a quem tiver qualidade para executá-lo.

Se a pessoa a ser presa estiver em território nacional, mas em local diverso da comarca do juiz que expediu o mandado, a prisão poderá ser realizada por carta precatória ou mediante requisição por qualquer meio de comunicação.

Prisão em flagrante

Não dependerá de ordem escrita e fundamentada da autoridade judiciária. Podem ser identificadas três modalidades de flagrante quanto ao momento da captura:

- *flagrante próprio*: situação em que o agente é surpreendido no instante em que está cometendo a infração ou no momento em que acabou de cometê-la;
- *flagrante impróprio*: é o que decorre de situação em que o agente é perseguido pela autoridade, pelo ofendido ou por qualquer outra pessoa logo após a prática de fato delituoso, em situação que faça presumir ser autor da infração;
- *flagrante presumido*: situação em que o suposto agente é encontrado, logo depois da ocorrência de fato delituoso, com instrumentos, armas, objetos ou papéis que façam presumir ser ele o autor da infração. Assim, não se exige que tenha sido perseguido pela autoridade, bastando ter sido encontrado nas situações referidas logo depois do crime.

Quanto às circunstâncias em que se efetua a prisão em flagrante, podemos classificá-las em:

- flagrante preparado ou provocado;
- flagrante esperado;
- flagrante forjado;
- flagrante retardado.

Casos especiais:

- Nas infrações permanentes, entende-se o agente em flagrante delito enquanto não cessar a permanência.
- Já quanto a possibilidade de ocorrer flagrante nos crimes habituais, há divergência na doutrina.
- Nos crimes de ação privada e nos de ação pública condicionada à representação, a lavratura do auto de prisão em flagrante dependerá da autorização da vítima ou de seu representante legal.

Procedimento ao receber o auto de prisão em flagrante: não subsiste mais autonomia da prisão em flagrante, não podendo ela perdurar até o trânsito em julgado da condenação. Assim, de acordo com o disposto no art. 310 do CPP, ao receber o auto de prisão em flagrante, o juiz poderá tomar qualquer uma das seguintes providências, desde que fundamentadamente:

I – relaxar a prisão ilegal;

II – converter a prisão em flagrante em preventiva, quando presentes os requisitos constantes do art. 312 do CPP, e se revelarem inadequadas ou insuficientes as medidas cautelares diversas da prisão;

III – conceder a liberdade provisória, com ou sem fiança.

Liberdade provisória e relaxamento da prisão: uma não se confunde com a outra. Embora ambas se refiram a prisão em flagrante, na liberdade provisória a prisão é legal, mas desnecessária, enquanto no caso do relaxamento, a prisão é ilegal.

Da decisão que relaxa prisão em flagrante cabe recurso em sentido estrito (CPP, art. 581, V), já aquela que nega o relaxamento, poderá ser impugnada por ação de *habeas corpus*.

Quem pode ser preso em flagrante: qualquer pessoa, estabelecendo a lei, entretanto, algumas exceções:

a) os menores de 18 anos;

b) os diplomatas estrangeiros;

c) o Presidente da República;

d) o autor de infração de menor potencial ofensivo que for encaminhado ao Juizado ou assumir compromisso de a ele comparecer;

e) aquele que se apresentar à autoridade após o cometimento do delito, uma vez que não existe modalidade de "flagrante por apresentação".

Prisão preventiva

Modalidade de prisão provisória, decretada pelo juiz a requerimento de qualquer das partes.

Pressupostos: deverá existir prova da existência do crime e indício suficiente de autoria, bem como deverá ser decretada para garantia da ordem pública, da ordem econômica, por conveniência da instrução criminal, ou para assegurar a aplicação da lei penal.

Admissibilidade: a medida será possível nos seguintes casos:

a) se o crime for doloso e punido com pena privativa de liberdade máxima superior a 4 anos de reclusão;

b) se o réu for reincidente em crime doloso;

c) se o crime envolver violência doméstica e familiar contra a mulher, nos termos de lei específica, para garantir a execução das medidas protetivas de urgência;

d) quando houver dúvida sobre a identidade civil da pessoa ou quando esta não fornecer elementos suficientes para esclarecê-la.

Prisão domiciliar

Consiste no recolhimento do acusado ou investigado em sua residência, de onde somente poderá sair mediante autorização judicial. Os requisitos para sua concessão estão previstos no art. 318 do CPP:

a) maior de 80 anos;

b) preso extremamente debilitado por motivo de doença grave;

c) imprescindível aos cuidados especiais de pessoa menor de 12 anos de idade ou com deficiência;

d) gestante, mãe ou responsável por crianças ou pessoas com deficiência, desde que na tenha cometido crime com violência ou grave ameaça a pessoa e que não tenha cometido crime contra seu filho ou dependente.

Prisão temporária

Prisão cautelar, específica para o inquérito policial, que tem por finalidade permitir a investigação de crimes particularmente graves. É cabível:

I – quando imprescindível para as investigações do inquérito policial;

II – quando o indiciado não tiver residência fixa ou não fornecer elementos necessários para o esclarecimento de sua identidade;

III – quando houver fundadas razões, de acordo com qualquer prova admitida na legislação penal, de autoria ou participação do indiciado nos seguintes crimes: a) homicídio doloso; b) sequestro ou cárcere privado; c) roubo; d) extorsão; e) extorsão mediante sequestro; f) estupro; g) epidemia com resultado morte; h) envenenamento de água potável ou substância alimentícia ou medicinal qualificado pela morte; i) quadrilha ou bando; j) genocídio; k) tráfico de drogas; ou l) crimes contra o sistema financeiro.

Prazo: há dois prazos diversos previstos na legislação:

a) tratando-se dos crimes previstos no rol da Lei n. 7.960/89, o prazo de duração será de 5 dias;

b) cuidando-se de crimes hediondos ou prática de terrorismo, tráfico de drogas e tortura, o prazo será de 30 dias.

Em ambas as hipóteses, o prazo poderá ser prorrogado por igual período, em caso de extrema e comprovada necessidade.

Do indeferimento do pedido de prisão temporária cabe recurso em sentido estrito. Decretada a prisão temporária, a decisão é atacável por meio de *habeas corpus*.

Capítulo XX
LIBERDADE PROVISÓRIA

1. CONCEITO

O instituto da prisão cautelar – ou prisão provisória –, como se viu, implica a imposição de encarceramento ao indiciado acusado, mesmo sem a existência de sentença condenatória. Como medida privativa da liberdade anterior à prolação da sentença condenatória com trânsito em julgado, é medida excepcional, que somente pode ser aplicada quando se fizer presente uma série de requisitos (*vide* Capítulo I).

Nem sempre, entretanto, a existência desses requisitos implica a conveniência de que seja mantido o réu ou indiciado em cárcere. Nessas situações, prevê a lei a existência de um sucedâneo à prisão provisória – uma contramedida que possibilita seja o réu ou indiciado mantido livre ou posto em liberdade, geralmente lhe restringindo direitos e impondo-lhe obrigações.

A liberdade provisória aplica-se para atenuar tanto a prisão já decretada (atual) quanto aquela que poderia ser decretada (iminente), em cediça lição de Mirabete. Existe com ou sem a imposição de fiança, caracterizando-se por ser limitada – pois se impõem condições à sua manutenção – e precária – pois é passível de revogação, em caso de descumprimento das obrigações impostas com sua concessão.

Pertence a Tourinho Filho interessante imagem, ao colocar a liberdade provisória como "medida intermediária entre a prisão provisória e a liberdade completa". É uma situação em que o réu ou indiciado não fica preso nem desfruta de plena liberdade. Visa-se garantir o comparecimento do acusado ou indiciado beneficiado ao processo, sem que se lhe imponha o pesado ônus do encarceramento.

Quanto à "prisão em flagrante", vale rememorar que, com a modificação do art. 310 do CPP pela Lei n. 12.403, de 4 de maio de 2011, passou a ser uma medida verdadeiramente "pré-cautelar", preparatória de eventual prisão preventiva que, por sua vez, constitui verdadeira medida cautelar de grau máximo, apta a ensejar a manutenção do acusado em cárcere.

Portanto, inexistindo a prisão simplesmente pelo flagrante delito, será necessário – à luz do disposto no art. 310, II, do CPP – que a restrição da liberdade do agente se fundamente em qualquer dos requisitos da prisão preventiva, cabendo ao juiz, portanto, após a homologação do flagrante, converter – se entender cabível – a prisão em "flagrante" em preventiva, com fulcro nos requisitos do art. 312 do CPP.

Partindo dessa linha, a liberdade provisória deve ser entendida como uma verdadeira medida "contracautelar" alternativa à decretação da prisão preventiva, justamente visando impedir que o acusado, preso em flagrante, tenha sua detenção convertida em prisão preventiva.

O fundamento da liberdade provisória é o art. 5º, LXVI, da CF, segundo o qual "ninguém será levado à prisão ou nela mantido, quando a lei admitir a liberdade provisória, com ou sem fiança", combinado com o princípio da presunção de não culpabilidade positivado no art. 5º, LVII, da Lei Maior.

Como se viu, a liberdade provisória é medida que se sobrepõe à prisão provisória, cautelar, sendo compatível com a prisão em flagrante legal. Não se aplica, em razão mesmo de incompatibilidade essencial – em substituição à prisão preventiva e à prisão temporária (uma vez ausente qualquer um de seus requisitos, devem ser revogadas), bem como à prisão em flagrante ilegal (que deve ser relaxada).

A liberdade provisória perdura até que ocorra uma causa de extinção (p. ex., a cassação ou o quebramento da fiança, que serão abordados a seguir), ou até que transite em julgado sentença. Se condenatória, dar-se-á início à execução da pena; se absolutória, tornará a liberdade definitiva.

2. HIPÓTESES DE CABIMENTO

A doutrina costuma referir a existência de três espécies de liberdade provisória, quais sejam, a *liberdade provisória permitida*, a *liberdade provisória obrigatória* e a *liberdade provisória proibida*. Por essa classificação, refere-se a doutrina, na verdade, às hipóteses em que a lei, respectivamente, faculta a concessão do benefício, torna-a obrigatória ou a veda.

Será permitida a liberdade provisória quando essa medida for simplesmente autorizada em lei, preenchidos os requisitos legais.

Por sua vez, será obrigatória a concessão de liberdade provisória nas hipóteses em que a lei determina que o réu deva livrar-se solto, independentemente de fiança, em razão de circunstâncias objetivas (isto é, independentemente da condição pessoal do acusado ou investigado).

Insta salientar que o art. 321 foi modificado pela Lei n. 12.403, de 4 de maio de 2011, que suprimiu seus incisos anteriores e passou a prever que a liberdade provisória deverá ser decretada sempre que não estiverem presentes os requisitos para a decretação da prisão preventiva (arts. 312 e 313 do CPP), impondo, se for o caso, as medidas cautelares previstas no art. 319 do CPP.

Assim, afigura-se perfeitamente possível que o juiz, ao conceder a liberdade provisória, imponha o dever de comparecer em juízo para justificar suas atividades e, sabendo que o acusado tende a sair do país, exigir a entrega do seu passaporte (art. 320 do CPP) ou, ainda, a proibição de sair de sua comarca sem autorização judicial (art. 319, IV, do CPP).

Portanto, pode-se dizer que a liberdade provisória terá cabimento quando não se verificarem os requisitos previstos para a decretação da prisão preventiva.

Em outras hipóteses, por fim, será proibida a concessão do benefício da liberdade provisória, tal como nas hipóteses em que estiverem presentes os requisitos que autorizam a prisão preventiva.

Insta salientar que o art. 3º da Lei n. 9.613/98, que proibia a liberdade provisória nos crimes de lavagem ou ocultação de bens, direitos e valores, foi revogado pela Lei n. 12.683/2012.

Quanto ao crime de tráfico ilícito de entorpecentes, havia expressa vedação da concessão da liberdade provisória no art. 44 da Lei n. 11.343/2006; entretanto, o Supremo Tribunal Federal declarou, *incidenter tantum*, a inconstitucionalidade da referida proibição. Vejamos:

"O Tribunal, por maioria e nos termos do voto do Relator, declarou, *incidenter tantum*, a inconstitucionalidade da expressão 'e liberdade provisória', constante do *caput* do artigo 44 da Lei n. 11.343/2006, vencidos os Senhores Ministros Luiz Fux, Joaquim Barbosa e Marco Aurélio. Em seguida, o Tribunal, por maioria, concedeu parcialmente a ordem para que sejam apreciados os requisitos previstos no artigo 312 do Código de Processo Penal para, se for o caso, manter a segregação cautelar do paciente, vencidos os Senhores Ministros Luiz Fux, que denegava a ordem; Joaquim Barbosa, que concedia a ordem por entender deficiente a motivação da manutenção da prisão do paciente, e Marco Aurélio, que concedia a ordem por excesso de prazo. O Tribunal deliberou autorizar os Senhores Ministros a decidirem monocraticamente os *habeas corpus* quando o único fundamento da impetração for o artigo 44 da mencionada lei, vencido o Senhor Ministro Marco Aurélio. Votou o Presidente, Ministro Ayres Britto. Falou pelo Ministério Público Federal o Dr. Roberto

Monteiro Gurgel Santos, Procurador-Geral da República. Ausente, justificadamente, a Senhora Ministra Cármen Lúcia. Plenário, 10.05.2012"[1].

O Supremo Tribunal Federal, por meio da Súmula 697, fixou entendimento no sentido de que a proibição de liberdade provisória nos processos por crimes hediondos não veda o relaxamento da prisão processual por excesso de prazo. Importante ressaltar que a Lei n. 11.464, de 28 de março de 2007, alterou o art. 2º, II, da Lei n. 8.072/90, suprimindo a vedação à liberdade provisória em crimes hediondos e assemelhados.

Cumpre ressaltar que a o STF entendeu ser inconstitucional a vedação da concessão de liberdade provisória *ex lege*, diante dos princípios da presunção de inocência e da obrigatoriedade de fundamentação dos mandados de prisão pela autoridade competente. Para tanto, decretou a inconstitucionalidade do art. 21 da Lei n. 10.826/2003 (Lei de Armas), que prevê a vedação da concessão de liberdade provisória quanto aos delitos elencados nos arts. 16, 17 e 18 do mesmo diploma legal[2].

3. CLASSIFICAÇÕES

A liberdade provisória pode ser concedida, a depender da existência de certos requisitos, com ou sem a exigência de fiança. A liberdade provisória sem fiança poderá ser vinculada ou não vinculada, dependendo de haver ou não a imposição de deveres a serem cumpridos como condição para que se mantenha em vigência o benefício da liberdade. A liberdade provisória mediante fiança será sempre vinculada.

4. LIBERDADE PROVISÓRIA VINCULADA SEM FIANÇA

Por vezes, poderá ser concedida a liberdade provisória sem que seja necessário prestar fiança. Essa possibilidade permitirá a concessão de liberdade provisória até mesmo nas hipóteses de crime inafiançável – o que não se admite nesses casos é a concessão de liberdade *mediante fiança*, não se vedando o benefício em si, quando este não depender da fiança.

A liberdade provisória será concedida mediante termo de compromisso firmado pelo indiciado ou réu de comparecer a todos os atos do processo, sob pena de revogação. Poderão, ainda, ser fixadas outras condições, como a obrigatoriedade de comunicação de mudança de endereço ou da ausência da comarca por determinado período. Caberá nas seguintes hipóteses:

a) se o juiz verificar pelo auto de prisão em flagrante que o agente praticou o fato sob o manto de causa excludente de ilicitude (art. 310, parágrafo único, do CPP, com redação dada pela Lei n. 12.403, de 4 de maio de 2011);

b) se o juiz verificar pelo auto de prisão em flagrante a inocorrência de qualquer das hipóteses que autorizam a prisão preventiva, previstas nos arts. 311 e 312 (art. 310, III, do CPP, com redação dada pela Lei n. 12.403, de 4 de maio de 2011);

c) nos casos em que couber fiança, o juiz verificar a impossibilidade de o réu prestá-la, por motivo de pobreza, sujeitando-o às obrigações previstas nos arts. 327 e 328 (art. 350, do CPP, com redação dada pela Lei n. 12.403, de 4 de maio de 2011).

A doutrina entende que diante dessas hipóteses estará o juiz obrigado a conceder a liberdade provisória ao indiciado ou réu.

A lei prevê ainda situações em que não será o agente preso em flagrante, nem será exigida fiança:

[1] HC 104.339/SP, Rel. Min. Gilmar Mendes.

[2] STF, Pleno, ADI 3.112-1/DF, Rel. Min. Ricardo Lewandowski, j. 2.5.2007, *DJ*, 26.10.2007.

a) ao condutor de veículo, no caso de acidente de trânsito de que resulte vítima, se lhe prestar pronto e integral socorro (Lei n. 9.503 – Código de Trânsito Brasileiro, art. 301);

b) ao autor de infração penal de menor potencial ofensivo que, após a lavratura do termo, for imediatamente encaminhado ao Juizado ou assumir o compromisso de a ele comparecer (Lei n. 9.099/95, art. 69, parágrafo único).

5. LIBERDADE PROVISÓRIA MEDIANTE FIANÇA

O legislador brasileiro não indicou expressamente quais os crimes afiançáveis. Preferiu indicar as situações em que não será admitida a fiança, bem como apontar os crimes considerados inafiançáveis. A possibilidade de concessão de liberdade provisória mediante fiança, portanto, faz-se *a contrario sensu*, pela determinação das hipóteses em que a fiança não é vedada.

Não obstante, o art. 323 do CPP previa um rol de hipóteses em que a concessão da fiança era vedada. Porém, com a alteração do referido dispositivo pela Lei n. 12.403, de 4 de maio de 2011, a vedação à concessão da fiança se limitou a apenas três hipóteses:

a) nos crimes de racismo (art. 323, I, do CPP e art. 5º, XLII, da CF);

b) nos crimes de tortura, tráfico ilícito de entorpecentes e drogas afins, terrorismo e os crimes hediondos (art. 323, II, CPP e art. 5º, XLIII, da CF e art. 2º, II, da Lei n. 8.072/90);

c) nos crimes cometidos por grupos armados, civis ou militares, contra a ordem constitucional e o Estado Democrático (art. 323, III, CPP e art. 5º, XLIV, da CF).

Ressalte-se que a vedação se estende aos crimes contra o sistema financeiro, punidos com reclusão (art. 31 da Lei n. 7.492/86). Em tal hipótese, a vedação advém de dispositivo previsto na própria lei especial.

Insta salientar, outrossim, que uma situação paradoxal já existente ainda se manteve: isto porque o art. 5º, XLIII, da CF previu, expressamente, a inafiançabilidade para alguns crimes, a saber, o de tortura, tráfico ilícito de entorpecentes e drogas afins, terrorismo e os crimes hediondos.

Todavia, como se percebe facilmente, nada mencionou acerca da liberdade provisória sem fiança. Logo, criou-se a referida celeuma: alguns tribunais passaram a admitir, para os mencionados crimes, a liberdade provisória sem fiança, vedando, no entanto, a liberdade provisória com a fiança.

Assim, para os crimes mais graves – e que, em virtude disso, o constituinte erigiu à categoria de inafiançáveis e insuscetíveis de graça ou anistia – passou-se a admitir a liberdade provisória sem fiança e, para os que não se incluam no rol do art. 5º, XLIII, da CF (e, portanto, menos graves), impõe-se uma restrição maior, consistente na concessão da liberdade provisória desde que paga regularmente a fiança.

Portanto, o art. 323 do CPP, ao vedar a concessão da fiança aos crimes previstos nos seus incisos, abriu margem à concessão da liberdade provisória sem a exigibilidade da fiança.

Na tentativa de conferir uma interpretação menos paradoxal à situação, o Supremo Tribunal Federal já admitiu a vedação da liberdade provisória, com ou sem fiança, aos crimes hediondos, conforme se depreende dos seguintes arestos:

> "*Habeas corpus*. Prisão em flagrante. Tráfico internacional de entorpecentes e associação para o tráfico. Liberdade provisória. Vedação. Lei 8.072/1990, art. 2º, II. Decreto de prisão devidamente fundamentado. Prazo da prisão devidamente justificado pelas circunstâncias do processo. A vedação à concessão do benefício da liberdade provisória prevista no art. 2º, II, da Lei 8.072/1990 é fundamento suficiente para o impedimento da concessão do benefício ao paciente. A demora na tramitação do processo é justificada

pela complexidade do feito, dada a necessidade de expedição de precatórias para oitiva de testemunhas e a presença de vários réus com procuradores distintos. Ordem denegada"[3].

"Homicídio duplamente qualificado. Crime hediondo. Liberdade provisória. Inadmissibilidade. Vedação constitucional. Delitos inafiançáveis. Art. 5º, XLIII e LXVI, da CF. Sentença de pronúncia adequadamente fundamentada. Eventual nulidade da prisão em flagrante superada. Precedentes do STF. I – A vedação à liberdade provisória para crimes hediondos e assemelhados que provém da própria Constituição, a qual prevê a sua inafiançabilidade (art. 5º, XLIII e XLIV). II – Inconstitucional seria a legislação ordinária que viesse a conceder liberdade provisória a delitos com relação aos quais a Carta Magna veda a concessão de fiança. III – Decisão monocrática que não apenas menciona a fuga do réu após a prática do homicídio, como também denega a liberdade provisória por tratar-se de crime hediondo. IV – Pronúncia que constitui novo título para a segregação processual, superando eventual nulidade da prisão em flagrante. V – Ordem denegada"[4].

Aliás, o Superior Tribunal de Justiça segue a mesma linha de entendimento, visando conferir homogeneidade lógica ao sistema de concessão das liberdades provisórias:

> "Processual penal. *Habeas corpus*. Roubo circunstanciado, tentativa de homicídio e formação de quadrilha. Prisão em flagrante. Liberdade provisória. Vedação legal. Excesso de prazo. Pluralidade de réus e cartas precatórias. Precedentes do STJ. Sentença de pronúncia. Verbete sumular 21/STJ. Constrangimento ilegal não configurado. Ordem denegada. 1. O inciso XLIII do art. 5º da Constituição Federal estabelece que os crimes definidos como hediondos constituem crimes inafiançáveis. 2. Não sendo possível a concessão de liberdade provisória com fiança, com maior razão é a não concessão de liberdade provisória sem fiança. 3. A Terceira Seção do Superior Tribunal de Justiça consolidou o entendimento de que a vedação legal prevista no art. 2º, II, da Lei 8.072/90 é fundamento suficiente para o indeferimento da liberdade provisória (HC 76.779/MT, Rel. Min. Felix Fischer, *DJ*, 4/4/08). 4. Havendo pluralidade de réus, complexidade da causa, necessidade do cumprimento de precatórias ou qualquer outro motivo que justifique uma demanda maior de tempo, é razoável que o prazo para o término da instrução criminal seja prolongado. 5. Prolatada a sentença de pronúncia, inviável se mostra o reconhecimento de excesso de prazo para a formação da culpa, nos termos do verbete sumular 21/STJ: 'Pronunciado o réu, fica superada a alegação do constrangimento ilegal da prisão por excesso de prazo na instrução'. 6. Ordem denegada"[5].

No entanto, é bom que se ressalte a mudança de orientação nas Cortes Superiores, tendo o STF reconhecido a repercussão geral da matéria, pendendo julgamento até a presente data.

Ademais, ressalte-se que uma grande corrente doutrinária tem sustentado a inadmissibilidade da concessão de medidas cautelares ao tráfico ilícito de entorpecentes. Isso porque, em prevendo a Constituição Federal a inadmissibilidade da fiança aos delitos de tráfico ilícito de entorpecentes – equiparado a hediondo – e sendo a fiança uma das medidas cautelares mais gravosas (art. 319, VIII, do Código de Processo Penal), o legislador acabou por vedar, assim, a própria concessão de qualquer medida cautelar, haja vista ser mais leve e menos gravosa que a fiança. Portanto, se proibiu a medida cautelar mais gravosa – fiança –, implicitamente proibiu as mais leves, previstas no rol do art. 319 do Código de Processo Penal.

---

[3] HC 86.814/SP, Rel. Min. Joaquim Barbosa, *DJ*, 29.11.2005.

[4] HC 93.940/SE, Rel. Min. Ricardo Lewandowski, *DJ*, 6.5.2008.

[5] STJ, 5ª T., HC 88.957/RS, Rel. Min. Arnaldo Esteves Lima, j. 4.12.2008.

Configuram também hipóteses de inafiançabilidade as situações descritas no art. 324 do CPP, também recentemente modificado pela Lei n. 12.403, de 4 de maio de 2011. Assim, não será concedida fiança:

I – Aos que, no mesmo processo, tiverem quebrado fiança anteriormente concedida, ou infringido, sem motivo justo, qualquer das obrigações previstas nos arts. 327 e 328. Trata-se de outra imposição a reforçar o instituto da fiança. Se a fiança é concedida como uma forma de exceção à prisão cautelar, a quebra da fiança (que será abordada adiante) vem demonstrar seu descabimento no caso, tornando-a doravante inaplicável.

II – Em caso de prisão por mandado do juiz cível, de prisão disciplinar, administrativa ou militar. Essa hipótese tem por fundamento o fato de que a fiança é um instituto que tem a finalidade de garantir o comparecimento do réu ou investigado aos atos do inquérito ou do processo penal. Fora desse escopo, não se justifica a concessão de fiança.

III – Quando presentes os requisitos que autorizam a decretação da prisão preventiva (art. 312). Nesse caso, a lei reputa que se afigurará desaconselhável a concessão de liberdade. Com efeito, há incompatibilidade essencial entre um e outro instituto, já que a prisão preventiva somente cabe quando há fundado temor de que a permanência em liberdade do acusado atente contra a ordem pública, a conveniência da instrução criminal ou a execução da pena. Cabendo, em princípio, a liberdade provisória e a prisão preventiva, prevalece, portanto, a decretação da prisão preventiva. Saliente-se que, muito embora o dispositivo só faça menção expressa aos requisitos do art. 312 do Código de Processo Penal, resta clarividente que este deve ser analisado conjuntamente com os pressupostos do art. 313 do mesmo diploma legal, sob pena de inadmissibilidade da prisão. Trata-se, pois, de uma análise escalonada, verificando-se primeiramente os pressupostos abstratos do art. 313 do Código Penal para, após, analisarmos se os requisitos do art. 312 encontram-se presentes no caso.

Ressalte-se que, com o advento da Lei n. 12.403, de 4 de maio de 2011, excluiu-se a hipótese prevista no inciso III do art. 324, que vedava a concessão da fiança ao acusado que estivesse no gozo de suspensão condicional da pena ou de livramento condicional, salvo se processado por crime culposo ou contravenção que admita fiança.

5.1. Objeto da fiança

A fiança consistirá no depósito de dinheiro, pedras, objetos ou metais preciosos, títulos da dívida pública, federal, estadual ou municipal, ou em hipoteca inscrita em primeiro lugar (art. 330 do CPP).

5.2. Concessão

A fiança será concedida, independentemente de requerimento:

a) Pela autoridade policial, durante o inquérito, nos casos de infração punida com pena privativa de liberdade que não ultrapasse 4 anos (art. 322, com redação alterada pela Lei n. 12.403, de 4 de maio de 2011). Caso haja recusa ou demora da autoridade policial, o preso, ou alguém por ele, poderá prestá-la por simples petição dirigida ao juiz competente, que decidirá em 48 horas (art. 335, com redação dada pela Lei n. 12.403, de 4 de maio de 2011).

Note-se que o rol de amplitude dos crimes passíveis de imposição de fiança diretamente pela autoridade policial foi substancialmente ampliado, porquanto a antiga previsão limitava-se aos crimes punidos com detenção e prisão simples, ao passo que, com a alteração da lei, a autoridade poderá estipular fiança nos crimes cuja pena privativa de liberdade máxima não ultrapasse 4 anos de prisão.

Em havendo concurso de infrações cujas penas máximas ultrapassem os 4 anos de reclusão, entendemos que a autoridade policial não poderá conceder a fiança. Isto porque, inspirados na Súmula 723 do STF[6] e Súmulas 81[7] e 243[8] do STJ, os tribunais têm restringido a concessão de determinados benefícios em casos de concurso de crimes, quando do somatório das penas abstratamente previstas.

b) Pelo juiz, dentro em 24 horas do requerimento, não sendo necessária, nesse caso, a prévia manifestação do Ministério Público, que somente será cientificado depois de concedida (art. 333).

A fiança poderá ser prestada a qualquer tempo, enquanto não transitar em julgado a sentença condenatória (art. 334). Poderão prestar fiança o próprio indiciado ou réu, bem como terceira pessoa.

5.3. Valor

O art. 325, que estabelece os limites do valor da fiança, foi recentemente modificado pela Lei n. 12.403, de 4 de maio de 2011, e prevê os valores em salário mínimo vigente:

a) de 1 a 100 salários mínimos, quando a infração for punida com pena privativa de liberdade, no grau máximo, não for superior a 4 anos (inciso I);

b) de 10 a 200 salários mínimos, quando a infração for punida com pena privativa de liberdade superior a 4 anos (inciso II).

Esses valores poderão ser dispensados, na forma do art. 350 do CPP; reduzidos em até 2/3; ou aumentados até 1.000 vezes, dependendo da situação econômica do réu ou indiciado. Nos crimes contra a economia popular ou de sonegação fiscal, o valor da fiança poderá ser reduzido em até 9 décimos ou aumentado até o décuplo.

Dentro dos limites estabelecidos pela lei, o valor da fiança será fixado de acordo com os seguintes critérios:

a) a natureza da infração;

b) as condições pessoais de fortuna do indiciado ou réu;

c) a sua vida pregressa;

d) as circunstâncias indicativas da sua periculosidade; e

e) a importância provável das custas do processo.

Considerando a finalidade da fiança, que deverá servir como caução para garantir o comparecimento do réu aos autos do processo, é relevante ter em conta sua situação financeira, pois a fiança não pode ser de valor tão alto que inviabilize sua prestação, equivalendo tal situação à sua não concessão, tampouco pode ser de valor irrisório.

5.4. Destinação do valor da fiança

Condenado definitivamente o réu, a fiança servirá para o pagamento das custas processuais, de eventual indenização obtida em ação civil *ex delicto*, da prestação pecuniária e, se imposta, da pena de multa.

A ocorrência da prescrição da pretensão executória não impede que o valor da fiança seja destinado ao pagamento das custas processuais e da indenização devida ao ofendido. Entretanto, eventu-

[6] "Não se admite a suspensão condicional do processo por crime continuado, se a soma da pena mínima da infração mais grave com o aumento mínimo de um sexto for superior a um ano."

[7] "Não se concede fiança quando, em concurso material, a soma das penas mínimas cominadas for superior a dois anos de reclusão."

[8] "O benefício da suspensão do processo não é aplicável em relação às infrações penais cometidas em concurso material, concurso formal ou continuidade delitiva, quando a pena mínima cominada, seja pelo somatório, seja pela incidência da majorante, ultrapassar o limite de um ano."

al pena de multa imposta não será paga com o valor da fiança, uma vez que o Estado não mais poderá executá-la (art. 336 do CPP, com redação dada pela Lei n. 12.403, de 4 de maio de 2011).

5.5. Obrigações do afiançado

Os arts. 327 e 328 do CPP estabelecem as obrigações a que se deverá sujeitar o beneficiário da liberdade provisória para assegurar seu estado de liberdade. São elas:

a) comparecer perante a autoridade quando intimado para determinado ato (art. 327);

b) não mudar de residência sem prévia permissão da autoridade processante (art. 328, primeira parte);

c) não se ausentar por mais de 8 dias de sua residência sem comunicar à autoridade processante o lugar onde será encontrado (art. 328, parte final).

5.6. Reforço da fiança

Quando o valor prestado se mostrar insuficiente, deverá a fiança, chamada, nesse caso, de fiança inidônea, ser reforçada, de ofício ou a requerimento das partes, ou, durante o inquérito, do ofendido. O art. 340 enumera as hipóteses de reforço da fiança:

I – quando a autoridade tomar, por engano, fiança insuficiente;

II – quando houver depreciação material ou perecimento dos bens hipotecados ou caucionados, ou depreciação dos metais ou pedras preciosas;

III – quando for inovada a classificação do delito.

Caso não seja completado o valor da fiança tida por inidônea, será ela declarada sem efeito, decretando-se sua cassação e restituindo o valor a quem o houver prestado.

Como corolário do trânsito em julgado da sentença absolutória ou da decretação da extinção da punibilidade, restitui-se o valor da fiança, devidamente atualizado, a quem a houver prestado. Ademais, com a reforma pela Lei n. 12.403, de 4 de maio de 2011, o valor da fiança devolvido será passível de correção monetária, a fim de atualizá-lo. Porém, eventuais juros não incidirão sobre o valor da fiança, por ausência de previsão legal nesse sentido.

5.7. Quebramento

Considera-se quebrada a fiança quando seu beneficiário deixa de cumprir certas obrigações que lhe são impostas como condição para que se mantenha livre. Quebrará a fiança o beneficiário que:

a) não comparecer a ato do processo, se legalmente intimado para tanto, sem provar, *incontinenti,* motivo justo (art. 341, I, do CPP, alterado pela Lei n. 12.403, de 4 de maio de 2011);

b) deliberadamente praticar ato de obstrução ao andamento do processo (art. 341, II, do CPP, alterado pela Lei n. 12.403, de 4 de maio de 2011).

Quando o réu atuar de modo a procrastinar o feito, seja através da coação de testemunhas, da mudança de endereço sem comunicar o juízo ou até mesmo por meio de pedidos infindáveis de diligências absolutamente desnecessárias, a fiança deverá ser julgada quebrada;

c) descumprir medida cautelar imposta cumulativamente com a fiança (art. 341, III, do CPP, alterado pela Lei n. 12.403, de 4 de maio de 2011).

Juntamente com a fiança podem ser estabelecidas outras medidas cautelares acessórias, cumulativamente, de modo que o descumprimento de qualquer delas também ensejará o quebramento da fiança;

d) resistir injustificadamente a ordem judicial (art. 341, IV, do CPP, alterado pela Lei n. 12.403, de 4 de maio de 2011).

Quando o réu, devidamente intimado, descumprir ordem judicial, a hipótese de quebramento estará caracterizada. Assim, *verbi gratia,* o réu afiançado que não comparece ao interrogatório designado terá o benefício cassado;

e) praticar nova infração penal dolosa (art. 341, V, do CPP).

A quebra da fiança terá por efeitos:

a) A perda de metade do valor da fiança, que será recolhida ao Fundo Penitenciário, na forma da lei (art. 346 do CPP, alterado pela Lei n. 12.403, de 4 de maio de 2011). A perda é definitiva, não se restituindo a porção perdida em caso de posterior absolvição. Dedução de custas e de encargos a que estiver o réu obrigado serão feitas da parte não perdida.

b) O juiz deverá decidir sobre a imposição de medidas cautelares ou se, for o caso, a decretação da prisão preventiva (art. 343, parte final, alterado pela Lei n. 12.403, de 4 de maio de 2011). É necessário observar que, com a nova redação ao art. 343 trazida pela Lei n. 12.403/2011, o quebramento da fiança não mais ensejará obrigatoriamente a decretação imediata da prisão preventiva.

Dessa feita, ocorrendo o quebramento, caberá ao juiz verificar acerca da possibilidade de imposição de outras medidas cautelares – que já não tenham sido eventualmente estabelecidas juntamente com a fiança – ou, não sendo o caso, efetivamente decretar a prisão preventiva.

c) A impossibilidade da concessão de nova fiança, no mesmo processo (art. 324, I, do CPP, alterado pela Lei n. 12.403, de 4 de maio de 2011).

5.8. Cassação

Será cassada a liberdade provisória – e não, propriamente, a fiança, diversamente do que diz a letra da lei –, em qualquer fase do processo, restituindo-se integralmente o valor da fiança prestada, a quem quer que a tenha prestado, quando:

a) o juiz reconhecer que não poderia ter sido concedida, por se tratar de crime inafiançável (art. 338 do CPP). O reconhecimento da concessão indevida pode ser motivado por reapreciação da prova dos autos, ou por surgimento de prova acerca de circunstância ainda não conhecida (p. ex., notícia de condenação anterior por crime doloso);

b) for reconhecida a existência de delito inafiançável, no caso de inovação na classificação do delito (art. 339);

c) seja determinado o reforço da fiança, sem que o réu cumpra a determinação (art. 340, parágrafo único).

5.9. Perda

Haverá perdimento (ou perda) do valor total da fiança se, condenado, o réu não se apresentar à prisão (art. 344 do CPP). A apresentação não precisa ser espontânea, bastando que o réu não se oculte, e não resista nem dificulte a prisão. A sanção não ocorrerá, por óbvio, se a pena a cumprir não implicar recolhimento à prisão.

Frise-se que, perdida a fiança e deduzido o valor relativo às custas processuais, à indenização obtida pela vítima em ação civil *ex delicto* e o montante correspondente à pena de multa (art. 336 do CPP), o saldo remanescente será recolhido, após o advento da Lei n. 12.403/2011, ao Fundo Penitenciário, na forma da lei (art. 345 do CPP).

5.10. Dispensa da prestação

O juiz, verificando a situação econômica do réu, poderá dispensá-lo de prestá-la, concedendo-lhe liberdade provisória vinculada apenas às obrigações previstas nos arts. 327 e 328 (art. 350, *caput*, do CPP, alterado pela Lei n. 12.403, de 4 de maio de 2011).

O benefício constitui mera faculdade conferida ao juiz, não bastando a comprovação da pobreza para que surja direito subjetivo à liberdade provisória sem fiança.

A pobreza que se exige é aquela tal que impeça o réu de pagá-la sem prejuízo ao seu próprio sustento, observando-se, para a aferição dessa impossibilidade, os limites mínimos estabelecidos no art. 325 do CPP, inclusive as hipóteses em que podem os valores ser reduzidos.

O desrespeito injustificado às obrigações ou medidas impostas poderá ensejar a substituição por outra medida cautelar ou até mesmo a decretação da prisão preventiva (art. 350, parágrafo único, c/c o art. 282, § 4º, do CPP, alterado pela Lei n. 12.403, de 4 de maio de 2011).

5.11. Recurso cabível

De acordo com a determinação do art. 581, V, do CPP, caberá recurso em sentido estrito da decisão que conceder, negar, arbitrar, cassar ou julgar inidônea a fiança ou conceder liberdade provisória.

6. SÍNTESE

Liberdade provisória

A liberdade provisória aplica-se para atenuar tanto a prisão decretada (atual) quanto aquela que poderia ser decretada (iminente). Existe com ou sem a imposição de fiança, caracterizando-se por ser limitada (pois se impõem condições à sua manutenção) e precária (pois é passível de revogação em caso de descumprimento das obrigações impostas com a sua concessão).

É uma situação em que o réu ou indiciado não fica preso nem desfruta de plena liberdade.

Liberdade provisória vinculada sem fiança

Será concedida mediante termo de compromisso firmado pelo indiciado ou réu de comparecer a todos os atos do processo, sob pena de revogação. Poderão, ainda, ser fixadas outras condições, como a obrigatoriedade de comunicação de mudança de endereço ou ausência da comarca por determinado período. Caberá nas seguintes hipóteses:

a) se o juiz verificar, pelo auto de prisão em flagrante, que o agente praticou o fato sob o manto de causa excludente de ilicitude;

b) se o juiz verificar, pelo auto de prisão em flagrante, a inocorrência de qualquer das hipóteses que autorizam a prisão preventiva, previstas nos arts. 311 e 312 do CPP;

c) nos casos em que couber fiança, o juiz verificar a impossibilidade de o réu prestá-la, por motivo de pobreza.

Liberdade provisória mediante fiança

O legislador brasileiro, em vez de prever as hipóteses em que caberá a fiança, preferiu, no art. 323 do CPP, mencionar apenas os casos em que será vedada:

a) nos crimes de racismo;

b) nos crimes de tortura, tráfico de drogas, terrorismo e hediondos;

c) nos crimes cometidos por grupos armados, civis ou militares, contra a ordem constitucional e o Estado Democrático.

Objeto da fiança: consistirá no depósito de dinheiro, pedras, objetos ou metais preciosos, títulos da dívida pública, federal, estadual ou municipal, ou em hipoteca inscrita em primeiro lugar (art. 330 do CPP).

Concessão: a fiança será concedida:

a) pela autoridade policial, durante o inquérito, nos casos de infração punida com pena privativa de liberdade que não ultrapasse 4 anos;

b) pelo juiz, dentro de 24 horas do requerimento, não sendo necessária, nesse caso, a prévia manifestação do Ministério Público.

Valor: os valores são previstos em salário mínimo vigente:

a) de 1 a 100 salários mínimos, quando a infração for punida com pena privativa de liberdade, no grau máximo, não superior a 4 anos;

b) de 10 a 200 salários mínimos, quando a infração for punida com pena privativa de liberdade superior a 4 anos.

Esses valores podem ser reduzidos em até 2/3 ou aumentados em até 1.000 vezes, dependendo da situação econômica do réu ou indiciado. Dentro dos limites estabelecidos e supracitados, o valor da fiança está atrelado aos seguintes critérios:

a) natureza da infração;

b) condições pessoais de fortuna do indiciado ou réu;

c) sua vida pregressa;

d) circunstâncias indicativas da sua periculosidade; e

e) importância provável das custas do processo.

Destinação do valor da fiança: condenado definitivamente, a fiança servirá para o pagamento das custas processuais, de eventual indenização obtida em ação civil *ex delicto*, da prestação pecuniária e, se imposta, da pena de multa.

Obrigações do afiançado: são as estabelecidas nos arts. 327 e 328 do CPP:

a) comparecer perante a autoridade quando intimado para determinado ato;

b) não mudar de residência sem prévia permissão da autoridade processante;

c) não se ausentar por mais de 8 dias de sua residência sem comunicar em qual lugar poderá ser encontrado.

Reforço da fiança: de acordo com o disposto no art. 340 do CPP, a fiança deverá ser reforçada nas seguintes hipóteses:

a) quando a autoridade tomar, por engano, fiança insuficiente;

b) quando houver depreciação material ou perecimento dos bens hipotecados ou caucionados, ou depreciação dos metais ou pedras preciosas;

c) quando for inovada a classificação do delito.

Quebramento: será quebrada a fiança quando não cumpridas as obrigações impostas. Quebrará a fiança o beneficiário que:

- não comparecer a ato do processo, quando legalmente intimado, injustificadamente;
- deliberadamente praticar ato de obstrução ao andamento do processo;
- descumprir medida cautelar imposta cumulativamente com a fiança;
- resistir injustificadamente a ordem judicial;
- praticar nova infração penal dolosa.

A quebra da fiança terá por efeitos:

- a perda de metade do valor, que será recolhida ao Fundo Penitenciário;
- o juiz deverá decidir sobre a imposição de medidas cautelares ou, se for o caso, a decretação da prisão preventiva.

Cassação: será cassada a liberdade provisória em qualquer fase do processo, restituindo-se integralmente o valor da fiança prestada quando:

- o juiz reconhecer que não poderia ter sido concedida, por se tratar de crime inafiançável;
- for reconhecida a existência de delito inafiançável, no caso de inovação na classificação do delito;
- seja determinado o reforço da fiança, sem que o réu cumpra a determinação.

Perda: haverá perdimento do valor total da fiança se, condenado, o réu não se apresentar à prisão.

Dispensa da prestação: dependendo da situação econômica do réu, o juiz poderá dispensar a prestação de fiança, concedendo-lhe liberdade provisória vinculada apenas às obrigações já citadas.

Recurso cabível: caberá recurso em sentido estrito da decisão que conceder, negar, arbitrar, cassar ou julgar inidônea a fiança ou conceder liberdade provisória.

Capítulo XXI
DA COMUNICAÇÃO DOS ATOS PROCESSUAIS, DA SENTENÇA E DOS ATOS JURISDICIONAIS

1. ATOS PROCESSUAIS

Ato processual é aquele praticado com o fim de gerar efeitos no processo. Podem os atos processuais ser classificados em *atos das partes* e *atos jurisdicionais*. Os atos das partes subdividem-se em *postulatórios* – são aqueles que têm por escopo obter a solução de uma questão processual ou do mérito da causa; *dispositivos* – caracterizam-se como dispositivos atos de concessão, como se verifica, por exemplo, na conciliação prevista no procedimento dos crimes contra a honra (art. 520 do CPP), ou ainda, na audiência preliminar de composição dos danos no âmbito dos Juizados Especiais Criminais (art. 72 da Lei n. 9.099/95); *instrutórios* – consistem na atividade probatória, tendente a levar o juiz ao estado de certeza; *ou* reais – consubstanciam-se na entrega de determinada coisa, como, por exemplo, a prestação de garantia real de cumprimento das obrigações processuais (fiança)[1]. Já os atos jurisdicionais dividem-se em *despachos* e *decisões*.

2. CLASSIFICAÇÃO DOS ATOS JURISDICIONAIS

Os atos praticados pelo juiz no curso do processo podem ser classificados, de acordo com seu objeto, em:

a) *Despachos*: são pronunciamentos do juiz com vistas à movimentação do processo, também chamados de despachos *de mero expediente*. Os despachos caracterizam-se por não conter carga decisória, no sentido de que não representam decisões acerca de questões e pedidos deduzidos pelas partes. Quando, por sua realização indevida ou imperfeita, implicarem tumulto processual ou constituírem *error in procedendo* (erro no procedimento), podem ser atacados por meio de correição parcial, que é a medida administrativo-disciplinar adequada[2].

São exemplos de despacho a determinação do magistrado para que se expeça um ofício para comunicar a decisão proferida, ou ordem à serventia para que retifique determinada irregularidade formal nos autos do processo.

b) *Decisões*: são os atos que têm por conteúdo um julgamento acerca de qualquer questão, ou acerca do próprio mérito da causa. Os atos decisórios é que são, propriamente, expressões do poder jurisdicional investido nas autoridades judiciais, pois é por meio deles que os juízes, aplicando o direito sobre as questões concretas, modificam o patrimônio jurídico das partes. Constituem exemplos de decisões o ato do juiz que indefere, por impertinente, a produção de uma prova; o ato por meio do qual o juiz indefere a denúncia, dando-a por inepta; a sentença.

3. CLASSIFICAÇÃO DAS DECISÕES

As *decisões*, por sua vez, também podem ser classificadas. A doutrina adota variados *critérios para*

---

[1] José Frederico Marques, *Elementos de direito processual civil*, 1961, v. 2, p. 80 e 84.

[2] Nesse sentido: TJAM 00078807020148040000/AM, 1ª Câm. Crim., Rel. Jorge Manoel Lopes Lins, j. 11.1.2015; TJMG, Cor 10000170644710000/MG, Rel. Pedro Vergara, j. 6.11.2017, Conselho da Magistratura, *DJ*, 17.11.2017.

classificá-las, dentre os quais os mais comumente adotados são os *referentes à finalidade, ao objeto e ao órgão prolator*.

3.1. Quanto à finalidade

Esse critério, de aceitação crescente na doutrina do direito processual, é proveniente da doutrina do direito processual civil, e toma como base a finalidade – terminativa ou não terminativa do processo – com a qual são proferidas as decisões. Quanto à finalidade, as decisões podem ser:

a) *Sentenças*: são aquelas decisões que têm por fim encerrar o processo. Segundo esse critério de classificação, pouco importa, para que a decisão seja classificada como sentença, que seu conteúdo seja relativo ao mérito da questão. Dessa forma, tanto constitui sentença a decisão que indefere liminarmente a denúncia, por um dos casos previstos no art. 395 do Código de Processo Penal, extinguindo o processo sem julgamento do mérito, como a decisão que condena o réu às sanções previstas na lei penal, extinguindo o processo e julgando o mérito;

b) *Decisões interlocutórias*: constituem todos os demais atos decisórios que não tenham por finalidade pôr fim ao processo – ou seja, todos os atos decisórios que não sejam sentenças.

3.2. Quanto ao objeto

Classificação que melhor se coaduna ao processo penal é a que toma em consideração o objeto das decisões proferidas, critério segundo o qual as decisões podem ser classificadas em:

I – *Decisões interlocutórias*: aquelas que envolvem a solução de alguma questão surgida no curso do processo. Podem ser de dois tipos:

a) *Decisões interlocutórias simples*, que dirimem questões relativas ao desenvolvimento ou regularidade do processo, sem, contudo, implicar o encerramento do feito, nem de qualquer fase do procedimento. A título de exemplo, mencione-se a decisão que recebe a denúncia ou queixa;

Havendo previsão expressa, essas decisões desafiarão recurso em sentido estrito. Não havendo, contudo, serão admissíveis o *habeas corpus* e até mesmo o mandado de segurança.

b) *Decisões interlocutórias mistas*, ou decisões com força de definitivas: são as decisões que implicam o encerramento do processo sem o julgamento do mérito, ou aquelas que põem fim a uma fase ou etapa procedimental. No primeiro caso, teremos as *decisões interlocutórias mistas terminativas*, por exemplo, a decisão que acolhe a exceção de coisa julgada, decretando em seguida extinto o processo. No segundo, estaremos diante de *decisões interlocutórias mistas não terminativas*, como é o caso da decisão de pronúncia, no procedimento aplicável ao Tribunal do Júri.

No tocante à via impugnativa, havendo previsão expressa, também comportará recurso em sentido estrito. Não havendo, no entanto, será sempre apelável, na forma do art. 593, II, do CPP.

II – *Decisões definitivas* ou *sentenças*: são aquelas por meio das quais o juiz põe fim ao processo, julgando o mérito da causa que, no processo penal, é a pretensão punitiva do Estado. Essas decisões, por sua vez, podem ser *classificadas em três categorias*:

a) *Sentenças absolutórias*: são aquelas por meio das quais o juiz julga improcedente a pretensão punitiva contida na denúncia ou queixa, não acolhendo o pedido condenatório, com fundamento em um dos incisos do art. 386 do CPP. Podem ser *próprias*, se, rejeitando a pretensão punitiva deduzida, não impõem sanção ao réu. Note-se que, neste caso, não cabe revisão criminal, mesmo que para mudar a fundamentação. Isso porque o pressuposto da revisão é a existência de um processo criminal com sentença condenatória transitada em julgado. Por outro lado, as *impróprias* são aquelas que, embora sem acolher a demanda da acusação, impõem ao acusado uma medida de segurança (que não constitui condenação). Importante ressaltar que a jurisprudência tem aceito ser cabível revisão criminal nas hipóteses de "sentença absolutória imprópria", mas para a "absolutória própria" concedem apenas a apelação[3].

b) *Sentenças condenatórias*: são aquelas por meio das quais o juiz acolhe, ainda que parcialmente, a pretensão da acusação, impondo ao réu uma sanção penal.

Debate interessante é travado no que se refere às transações penais dos Juizados Especiais Criminais. Para uma parcela doutrinária e jurisprudencial, a sentença que homologa a transação penal é condenatória, visto que faz coisa julgada material, o que impede o *Parquet* de oferecer nova denúncia pelo não cumprimento do acordo. Em sentido contrário, outra sustenta que a transação penal não é nem condenatória nem absolutória, apenas possuindo a eficácia de título executivo[4]. Há ainda quem analise a transação penal como possuidora de caráter condenatório impróprio, na qual não se gera reincidência nem maus antecedentes[5];

Contudo, ainda que a doutrina possa eventualmente divergir, o STF editou a Súmula Vinculante 35, que define a correta compreensão da matéria: "A homologação da transação penal prevista no art. 76 da Lei n. 9.099/1995 não faz coisa julgada material e, descumpridas suas cláusulas, retoma-se a situação anterior, possibilitando-se ao Ministério Público a continuidade da persecução penal mediante oferecimento de denúncia ou requisição de inquérito policial". Ademais, nada mais fez que acolher os entendimentos que já eram adotados tanto no STF[6] quanto em parte do STJ[7].

c) *Decisões definitivas em sentido estrito ou terminativas de mérito*: são aquelas por meio das quais o juiz julga o mérito da causa, sem, contudo, que isso redunde na absolvição ou condenação do réu. Exemplo: a decisão que declara a extinção da punibilidade.

3.3. Quanto ao órgão prolator

Quanto ao órgão do qual promanam, as decisões podem ser:

a) *subjetivamente simples, quando prolatadas por órgão monocrático*, isto é, por juiz singular em instância inferior ou, no âmbito dos tribunais, por juízo monocrático, naquelas matérias nas quais se admite a decisão por juiz singular;

b) *subjetivamente plúrimas, quando proferidas por um grupo homogêneo de julgadores*. Exemplo: as turmas ou os órgãos especiais dos tribunais, formados exclusivamente por desembargadores;

c) *subjetivamente complexas, quando oriundas de órgãos colegiados heterogêneos*, formados de julgadores de diferentes espécies, como no caso do Tribunal do Júri, em que a decisão é composta tanto pelo que determinam os jurados quanto pelo que determina o juiz que preside o julgamento.

Às decisões proferidas pelos órgãos colegiados dos tribunais dá-se o nome de ***acórdão****. O termo tem a mesma raiz etimológica da palavra "acordo", o que bem denota sua natureza, já que o acórdão é uma decisão que constitui uma síntese dos conteúdos dos debates e dos votos de cada julgador em torno da causa julgada.*

4. COMUNICAÇÃO DOS ATOS PROCESSUAIS

É o princípio do contraditório, constitucionalmente consagrado no art. 5º, LV, que implica, de um lado, a "necessidade de dar-se conhecimento da existência da ação e de todos os atos do processo

---

[3] Nesse sentido: *RT*, 811/600.

[4] Nesse sentido: *RT*, 813/617.

[5] Nesse sentido: *RT*, 789/573.

[6] STF, Plenário, RE 602.072-QO-RG, Rel. Min. Cezar Peluso, j. 19.11.2009.

[7] STJ, 6ª T., RHC 34.580/SP, Rel. Min. Maria Thereza de Assis Moura, j. 12.3.2013.

às partes, e, de outro, a possibilidade de as partes reagirem aos atos que lhes sejam desfavoráveis"[8], que fundamenta a comunicação dos atos processuais. Esta ocorre por meio da citação e da intimação.

4.1. Citação e revelia

Citação é o ato de comunicação processual por meio do qual se dá ciência ao réu da ação penal, chamando-o a juízo para que ofereça sua defesa. É a *in jus vocatio*.

Não obstante o processo tenha início com o oferecimento da denúncia ou queixa, a relação jurídica processual somente se completará com a citação do acusado (art. 363, *caput*).

A ausência de citação válida gera nulidade absoluta (art. 564, III, *e*), a qual pode ser sanada pelo comparecimento espontâneo do réu a juízo (art. 570)[9].

A doutrina tem entendido que a citação deve ser realizada com antecedência suficiente para que o réu possa melhor preparar sua defesa. Portanto, a citação pressupõe razoável antecedência.

Todavia, o Superior Tribunal de Justiça já decidiu que a citação realizada no dia anterior[10] ou até no mesmo dia do interrogatório[11] não acarreta, como regra, qualquer nulidade se deixar de ser comprovado o prejuízo às partes, que não se presume.

A citação pode ser:

1) Real ou pessoal, quando realizada na pessoa do acusado. Pode ser feita por mandado, por carta precatória, rogatória ou de ordem, ou mediante requisição.

Citação por mandado. A citação será feita por mandado quando o réu estiver no território sujeito à jurisdição do juiz que a houver ordenado (art. 351). Caso o réu se encontre em qualquer outro ponto do território nacional, a citação far-se-á mediante a expedição de carta precatória. O mandado conterá (art. 352):

> "I – o nome do juiz; II – o nome do querelante nas ações iniciadas por queixa; III – o nome do réu, ou, se for desconhecido, os seus sinais característicos; IV – a residência do réu, se for conhecida; V – o fim para que é feita a citação; VI – o juízo e o lugar, o dia e a hora em que o réu deverá comparecer; VII – a subscrição do escrivão e a rubrica do juiz".

O oficial de justiça deverá, ao realizar o ato citatório, obedecer aos requisitos do art. 357 do CPP, sob pena de nulidade.

A citação poderá, no processo penal, ser realizada em qualquer dia e a qualquer hora.

O funcionário público será citado por mandado, devendo o chefe de sua repartição ser também notificado do dia em que aquele deverá comparecer em juízo (art. 359).

De acordo com a atual redação do art. 360, se o réu estiver preso, será *pessoalmente* citado. Fica, assim, superado o entendimento de que bastaria a requisição do réu preso para que se apresentasse em juízo, prescindindo da expedição de mandado.

Citação por precatória. Quando o réu estiver fora do território da jurisdição do juiz processante, será citado mediante precatória (art. 353). A carta precatória deverá conter os elementos descritos no art. 354 do CPP.

O juiz deprecado, recebida a precatória, apõe o *cumpra-se,* expedindo o mandado citatório. Realizada a citação, a precatória será devolvida ao juízo deprecante, independentemente de traslado

[8] Nelson Nery Jr., *Princípios do processo civil na Constituição Federal*, p. 122-123.

[9] STF, RHC 106.461/DF, Rel. Min. Gilmar Mendes, j. 7.5.2013.

[10] STJ, 5ª T., HC 92.227/GO, Rel. Min. Felix Fischer, j. 24.11.2008, *DJe*, 9.2.2009.

[11] STJ, 6ª T., HC 119.512/MG, Rel. Min. Jane Silva, j. 6.2.2009, *DJe*, 2.3.2009.

(art. 355, *caput*). Certificado pelo oficial de que o réu se oculta para não ser citado, devolver-se-á a precatória ao juízo deprecante, para que o réu seja citado por edital (art. 355, § 2º).

Diz-se a precatória *itinerante* quando o juízo deprecado remete os autos a outro juízo para a efetivação da diligência, ao verificar a possibilidade de o réu aí se encontrar (art. 355, § 1º). "A carta tem caráter itinerante, podendo, antes ou depois de lhe ser ordenado o cumprimento, ser encaminhada a juízo diverso do que dela consta, a fim de se praticar o ato" (art. 262 do CPC).

Citação por carta de ordem. O tribunal, por meio de carta de ordem, requisita ao juízo de primeira instância que este realize a citação do réu que se encontra em sua comarca.

Citação por requisição. Diz o art. 358 que a citação do militar far-se-á por intermédio do chefe do respectivo serviço. Deverá, portanto, o militar ser requisitado para comparecer em juízo, respeitando-se, assim, a disciplina e hierarquia inerentes ao serviço militar.

A citação do réu preso, após a alteração do art. 360, deverá ser feita pessoalmente.

Citação por rogatória. Será realizada a citação por carta rogatória:

> I – sempre que o acusado encontrar-se no "estrangeiro", em lugar sabido. Ficará suspenso o prazo da prescrição até seu cumprimento (art. 368);
>
> II – sempre que a citação houver de ser feita em "legações estrangeiras" – embaixadas e consulados (art. 369).

2) Ficta ou presumida, quando feita mediante edital (arts. 361 e 363, § 1º) ou com hora certa (art. 362).

Citação por edital. Caberá a citação por edital se o réu não for encontrado. Nesse caso, o prazo será de 15 dias (art. 361).

A Lei n. 11.719/2008 revogou as demais hipóteses de citação por edital, transformando a citação do réu que se ocultava para não ser citado – antes editalícia – em citação com hora certa. Contudo, esqueceu-se o legislador de revogar o art. 364, que prevê os prazos para as demais situações que ensejavam a citação por edital, de modo que o dispositivo não mais encontra aplicação.

O edital deverá conter os requisitos do art. 365 do CPP, sendo afixado à porta do edifício onde funcionar o juízo e publicado pela imprensa, onde houver (parágrafo único).

Sobre o tema, as súmulas do Supremo Tribunal Federal:

Súmula 351: "É nula a citação por edital de réu preso na mesma unidade da Federação em que o juiz exerce a sua jurisdição".

Súmula 366: "Não é nula a citação por edital que indica o dispositivo da lei penal embora não transcreva a denúncia ou queixa, ou não resuma os fatos em que se baseia".

Vale ressaltar que a citação por edital é absolutamente subsidiária, sendo admissível apenas quando esgotados todos os meios para localizar o réu. Assim, *verbi gratia*, havendo dois endereços como sendo do réu, é necessária a tentativa de citação pessoal em ambos antes de se determinar a realização da referida citação ficta.

Acrescente-se que o STF já reconheceu que a citação por edital sem o esgotamento dos meios para localização do réu não acarreta a nulidade absoluta se o réu comparece espontaneamente, dando-se por citado[12].

Suspensão do processo. Conforme o art. 366, se o acusado, citado por edital, não comparecer nem constituir advogado, ficarão suspensos o processo e o curso do prazo prescricional. Poderá, então, o juiz:

---

[12] STF, 2ª T., HC 87.699/RJ, Rel. Min. Cezar Peluso, j. 2.6.2009, *DJe*, 25.6.2009.

a) determinar a produção antecipada das provas consideradas urgentes;

b) se for o caso, decretar prisão preventiva, nos termos do art. 312.

Cumpre observar que não se trata de prisão preventiva obrigatória – o que seria incompatível com o princípio da presunção de inocência –, mas sim de possibilidade para que o julgador, constatando a ocorrência de quaisquer das hipóteses previstas no art. 312 do CPP, determine a segregação cautelar.

O STF tem entendido que a produção antecipada de provas, realizada nos termos do art. 366 do Código de Processo Penal, está adstrita à fundamentação da necessidade concreta desse ato, não podendo se basear somente no perecimento da prova em razão do decurso do tempo[13].

Diz o § 4º do art. 363 que, comparecendo o réu citado por edital, em qualquer tempo, o feito prosseguirá nos termos dos arts. 394 e seguintes do CPP.

Quanto à suspensão do prazo prescricional, muito se discute na doutrina acerca da duração da suspensão da prescrição. Prevalece o entendimento, ante o silêncio da lei, de que a prescrição ficará suspensa pelo prazo máximo da pena cominada à infração, nos termos do art. 109 do CP (Súmula 415 do STJ). Alguns entendem que o prazo máximo da suspensão será de 20 anos, prazo prescricional máximo previsto em lei (art. 109, I, do CP). Em 2020, o Supremo Tribunal Federal decidiu no mesmo sentido do STJ, vale dizer, a prescrição ficará suspensa pelo prazo máximo da pena cominada à infração[14].

Por força do art. 2º, § 2º, da Lei n. 9.613/98 (com redação dada pela Lei n. 12.683/2012), nos processos dos crimes de lavagem ou ocultação de bens, direitos e valores, não se aplica o art. 366 do CPP, devendo o acusado que não comparecer nem constituir advogado ser citado por edital, prosseguindo o feito até o julgamento, com a nomeação de defensor dativo.

Quanto ao recurso cabível da decisão que suspende o processo, há três posições:

a) caberá recurso em sentido estrito, por interpretação extensiva do art. 581, XVI;

b) será admissível a apelação, por se tratar de decisão com força de definitiva;

c) caberá correição parcial, pelo fato de tal decisão gerar tumulto processual.

Citação com hora certa. A citação com hora certa será feita quando o réu se oculta para não ser citado (art. 362, *caput* e parágrafo único).

Constatando que o acusado se oculta para não ser citado, deve o oficial de justiça certificar a ocorrência e realizar a citação com hora certa de acordo com o disposto nos arts. 252 a 254 do CPC/2015[15]. Realizada a citação com hora certa, se o réu não comparecer, o juiz nomeará defensor dativo.

A citação com hora certa ocorre da seguinte forma:

a) Quando o oficial de justiça houver procurado o réu, por duas vezes, em seu domicílio ou residência sem encontrá-lo e houver suspeita de que esteja se ocultando, intimará alguém da família ou, em sua falta, um vizinho, de que no dia útil imediato voltará para realizar a citação, em horário que designar. Alguns autores entendem que é necessário, ainda, que a diligência tenha se dado em horários distintos, haja vista que de nada valerá realizar a tentativa de citação sempre no mesmo ho-

[13] Súmula 455 e STF, 1ª T., HC 114.519/DF, Rel. Min. Dias Toffoli, j. 26.2.2013.

[14] STF, Plenário, RE 600851, Rel. Min. Edson Fachin, j. 4.12.2020.

[15] A menção aos arts. 227 a 229 do revogado CPC/73 pelo art. 362 do CPP não impede a aplicação da citação com hora certa, tal como disciplinada nos arts. 252 a 254 do CPC/2015, no processo penal. Isto porque o art. 1.046, § 4º, do CPC/2015 estabelece que "as remissões a disposições do Código de Processo Civil revogado, existentes em outras leis, passam a referir-se às que lhes são correspondentes neste Código". Assim, onde se lê, no art. 362 do CPP, "arts. 227 a 229 da Lei n. 5.869, de 11 de janeiro de 1973 – Código de Processo Civil", deve ser lido "arts. 252 a 254 da Lei n. 13.105, de 16 de março de 2015 – Código de Processo Civil".

rário em que, por vezes, o réu encontra-se trabalhando ou ausente de sua residência. Nos condomínios edilícios ou loteamentos com controle de acesso, será válida a intimação feita na pessoa de funcionário da portaria responsável pelo recebimento de correspondência.

b) No dia seguinte e no horário marcado, o oficial de justiça, independentemente de qualquer ordem judicial, comparecerá para efetuar a citação pessoal. Se o citando estiver presente, será citado pessoalmente; caso contrário, o oficial procurará informar-se acerca do porquê da ausência, dando por feita a citação, ainda que o réu se tenha ocultado em outra comarca, seção ou subseção judiciárias. A citação com hora certa será efetivada ainda que o familiar ou o vizinho intimado esteja ausente ou, se presente, se recuse a receber o mandado. Da certidão da ocorrência, o oficial de justiça deixará contrafé com qualquer da família ou vizinho, conforme o caso, declarando-lhe o nome.

c) Realizada a citação, o escrivão ou chefe da secretaria enviará ao réu, no prazo de 10 dias, contado da data da juntada do mandado aos autos, carta, telegrama ou correspondência eletrônica, dando-lhe ciência de todo o ocorrido. A remessa dessa correspondência é indispensável à validade da citação com hora certa, ainda que o citando não seja encontrado.

Consequências. Procedimento comum e do Júri. Trata-se de profunda alteração procedimental introduzida pela Lei n. 11.719, de 20 de junho de 2008, com graves efeitos processuais ao acusado. Pela nova sistemática, poderá o acusado ser processado e ao final condenado, sem que tenha efetivamente tomado ciência da ação penal contra si ajuizada. E isso vale também para as ações penais dos delitos dolosos contra a vida. Com a nova regulamentação do procedimento do Júri (Lei n. 11.689, de 9 de junho de 2008), não é mais necessária a intimação pessoal do acusado da sentença de pronúncia, e, inexistindo a obrigação de o réu estar presente em sessão plenária, poderá ele sofrer gravíssima condenação, ainda que alheio à ação penal contra si instaurada. À evidência poder-se-á argumentar que o processo assim instaurado afronta o princípio da plenitude de defesa insculpido no art. 5º, XXXVIII, *a*, da Constituição Federal. O legislador, contudo, uma vez mais contrapôs um direito fundamental do cidadão, insculpido nos princípios da ampla defesa (que deve ser plena nos procedimentos do Júri) e do contraditório, e um interesse basilar da sociedade, qual seja, da pronta e eficaz intervenção estatal na apuração e julgamento dos delitos.

Em razão da alteração legislativa, a citação por edital fica restrita à hipótese em que, procurado, o réu não for localizado, simplesmente.

Hipótese de prisão preventiva. Questão que se coloca diz respeito ao réu que teve decretada sua prisão preventiva por ocasião do recebimento da peça vestibular, estando pendente de cumprimento mandado de prisão em seu desfavor. Foragido o réu, pendente ordem de prisão, ainda assim deverá o oficial de justiça cumprir o procedimento determinado nos arts. 252 a 254 do CPC/2015, sob pena de nulidade do ato citatório.

Revelia. O réu será declarado revel, seguindo o processo sem a presença do acusado, quando (art. 367):

a) citado ou intimado pessoalmente para qualquer ato, deixar de comparecer sem motivo justificado;

b) no caso de mudança, não comunicar o novo endereço ao juízo; ou

c) no caso de quebramento injustificado da fiança (art. 343, *in fine,* do CPP).

No processo penal, a revelia *não* importa em confissão ficta, devendo o réu, ainda, ser intimado da sentença, na forma legal.

4.2. Intimação

A doutrina costuma distinguir intimação de notificação. *Intimação* é a comunicação de ato processual já praticado. Ex.: réu intimado da sentença. A *notificação*, por sua vez, é a comunicação para que se pratique determinada conduta. Ex.: testemunha notificada para comparecer em juízo.

Nem sempre, porém, o Código de Processo Penal utiliza no sentido acima explicitado os termos "intimação" e "notificação", razão pela qual se torna sem importância tal classificação. Na prática forense costuma-se utilizar somente o termo "intimação", abrangendo, assim, a notificação.

O art. 370, *caput*, determina que às intimações se apliquem, no que couber, as disposições atinentes ao Capítulo que trata da citação.

As intimações ao órgão do Ministério Público são sempre pessoais (art. 370, § 4º, do CPP). Com efeito, o art. 41, IV, da Lei n. 8.625/93 dispõe que constitui prerrogativa do membro do *Parquet* "receber intimação pessoal em qualquer processo e grau de jurisdição, através da entrega dos autos com vista". Prevalece na jurisprudência, inclusive do Supremo Tribunal Federal[16], o entendimento no sentido de que a fluência do prazo para o Ministério Público começa a partir do recebimento dos autos na instituição e não da data em que o promotor apõe o seu "ciente" nos autos[17].

Os defensores nomeados também são intimados pessoalmente (art. 370, § 4º, do CPP), a não ser quando peçam para o serem via *Diário Oficial*[18]. Tem-se entendido tratar de nulidade absoluta a falta de intimação pessoal do defensor público ou dativo da sessão de julgamento do recurso de apelação[19]. Porém, o Superior Tribunal de Justiça já decidiu que resta convalidada a nulidade pelo instituto da preclusão quando o defensor dativo silencia-se por longo tempo acerca da falta de intimação pessoal da pauta de julgamento[20]. No tocante à intimação pessoal da Defensoria Pública quanto à data de julgamento de *habeas corpus*, somente se faz necessária quando houver pedido expresso para a realização de sustentação oral[21].

Outrossim, a intimação do defensor constituído, do advogado do querelante e do assistente é feita por publicação no *Diário da Justiça*, devendo-se, obrigatoriamente, incluir o nome do réu (art. 370, § 1º, do CPP). Caso não haja imprensa oficial na comarca, deverá o escrivão, por mandado, via postal com aviso de recebimento ou qualquer outro meio idôneo proceder à intimação (art. 370, § 2º, do CPP).

Com a criação dos Diários da Justiça eletrônicos pela Lei n. 11.419, de 19 de dezembro de 2006, as intimações pela imprensa oficial dar-se-ão da seguinte forma: a data da publicação será o primeiro dia útil seguinte ao da disponibilização da informação no *Diário da Justiça eletrônico* (art. 4º, § 3º) e os prazos processuais terão início no primeiro dia útil seguinte ao considerado como data da publicação (art. 4º, § 4º). Assim, se a intimação de uma decisão for disponibilizada no *Diário da Justiça* em uma segunda-feira, dia útil, deve-se considerar como dia da publicação a terça-feira subsequente, se for dia útil, iniciando-se o prazo para a prática do ato (um recurso ou uma manifestação, por exemplo), a partir da quarta-feira, também se for dia útil.

No que diz respeito à prática dos atos processuais, a Lei n. 14.365/2022 acrescentou novo artigo ao CPP, com o seguinte teor: "Art. 798-A. Suspende-se o curso do prazo processual nos dias compreendidos entre 20 de dezembro e 20 de janeiro, inclusive, salvo nos seguintes casos: I – que envolvam réus presos, nos processos vinculados a essas prisões; II – nos procedimentos regidos pela Lei n. 11.340, de 7 de agosto de 2006 (Lei Maria da Penha); III – nas medidas consideradas urgentes, mediante despacho fundamentado do juízo competente. Parágrafo único. Durante o perí-

[16] STF, Plenário, HC 93.382/TO, Rel. Min. Dias Toffoli, j. 10.9.2022.

[17] STF, HC 83.255/SP, Pleno, Rel. Min. Marco Aurélio, j. 5.11.2003, *DJ*, 12.3.2004, p. 38.

[18] STJ, 5ª T., HC 311.676/SP, Rel. Min. Jorge Mussi, j. 16.4.2015, *Informativo do STJ* n. 560.

[19] STJ, 6ª T., HC 147.290/SP, Rel. Min. Maria Thereza Rocha de Assis Moura, j. 20.5.2010, *DJe*, 14.6.2010.

[20] STJ, 5ª T., HC 101.703/SP, Rel. Min. Napoleão Nunes Maia Filho, j. 19.11.2009, *DJe*, 15.12.2009.

[21] STF, 2ª T., HC 134.904/SP, Rel. Min. Dias Toffoli, j. 13.9.2016 (*Informativo do STF* n. 839).

odo a que se refere o *caput* deste artigo, fica vedada a realização de audiências e de sessões de julgamento, salvo nas hipóteses dos incisos I, II e III do *caput* deste artigo".

Em relação à intimação da sentença, remetemos o leitor ao item 17, *infra*.

5. PARTES (OU REQUISITOS) DA SENTENÇA

A sentença, para produzir validamente seus efeitos, deverá conter:

a) *Relatório ou exposição*. A sentença inicia-se com uma narrativa que, embora possa ser sucinta, deve detalhar todos os acontecimentos determinantes para o teor da decisão que se segue. O relatório conterá alusão aos nomes das partes ou, quando impossível, as indicações necessárias para identificá-las, assim como a exposição sucinta das alegações da acusação e da defesa (art. 381, I e II), mencionando as questões de fato e de direito levantadas pelas partes. O relatório deverá conter, ainda, os incidentes ocorridos já durante o processo que possam ter alguma relevância para o deslinde da causa.

A elaboração do relatório tem por fundamento a necessidade de haver nos autos um elemento de demonstração de que o julgador tem intimidade com os termos da causa julgada. Ao sintetizar os acontecimentos que constituíram o processo, o juiz, em certa medida, presta contas às partes, pois o relatório demonstra às partes que sua participação no processo – deduzindo argumentos, produzindo provas etc. – foi integralmente considerada para a formação do julgamento. Por isso, o relatório constitui requisito essencial da sentença, de modo que sua inexistência maculará a decisão de nulidade.

Como *exceção à regra*, entretanto, há a sentença proferida no procedimento sumaríssimo previsto na Lei n. 9.099/95, em que a própria lei determina a dispensa ao relatório, devendo o julgador apenas mencionar os elementos de convicção que fundamentam a decisão (art. 81, § 3º). A opção do legislador de abolir o relatório tem por finalidade privilegiar os princípios da celeridade e da economia, tornando o processo mais simples e conciso.

b) *Motivação ou fundamentação*. Expostas as razões de ambas as partes, caberá ao juiz indicar os motivos de fato e de direito que adotar como fundamento de sua decisão. O juiz é livre para julgar, porém é obrigado a expor os motivos que o levam a dado julgamento – esse o conteúdo do princípio do livre convencimento motivado (ou persuasão racional do juiz), consubstanciada pela conjugação dos arts. 155 e 381, III, do Código de Processo Penal. Além disso, a própria Constituição Federal estabelece que as decisões dos órgãos do Poder Judiciário serão sempre fundamentadas, sob pena de nulidade (art. 93, IX). De observar, contudo, que a nulidade absoluta só ocorre se não houver fundamentação, uma vez que uma fundamentação incorreta não é causa capaz de gerá-la[22]. Deve o juiz, portanto, indicar os elementos de prova que lhe fundam o convencimento, justificando, por argumentos lógicos e embasados em preceitos jurídicos, o valor atribuído a esses elementos.

b.1) *O dever de motivação como garantia*

O dever de motivação constitui a um só tempo garantia às partes e garantia da legalidade da decisão. Garantia às partes porque, como ocorre no relatório, a motivação é um indicativo de que a participação das partes no processo foi efetiva. Ao imputar valores às provas carreadas aos autos pelas partes, justificando a procedência ou improcedência dos argumentos por elas deduzidos, o juiz torna concreta a observância dos princípios do contraditório e da ampla defesa. *Garantia de legalidade*, porquanto a motivação deve ser construída de maneira lógica e fundada em preceitos jurídicos. Ao expor a motivação, o juiz permite às partes e à população em geral exercer um controle de legalidade da decisão, tornando possível, por exemplo, a impugnação do ato decisório por meio da interposição de

---

[22] Nesse sentido: *RT*, 818/511.

um recurso. Pode uma fundamentação lacônica ser objeto de impugnação[23], mas tem-se aceitado em alguns julgados uma fundamentação mínima, para afastar a nulidade absoluta[24].

Além disso, a motivação, do ponto de vista da parte vencida, é uma comunicação argumentativa. À evidência, nos chamados "casos difíceis", cobra-se uma motivação mais densa que nos chamados "casos fáceis"[25], ou seja, naqueles em que o direito é facilmente detectável e justificável. Dessa forma, no plano psíquico, a exposição dos motivos e os argumentos que resultam na existência de uma situação desfavorável à parte legitimam a derrota e tornam menos difícil a resignação diante da situação, afastando o sentimento de arbitrariedade da decisão.

Vale ressaltar que não é exigível, quando da sentença, a apreciação de todas as teses arguidas pelos postulantes quando, implicitamente, pelas demais provas dos autos, forme sua convicção em sentido absolutamente incompatível com as teses ofertadas pelas partes.

b.2) *Vedação da motivação "per relationem"*

No que diz respeito ao conteúdo da motivação, veda-se a chamada motivação *per relationem*, em que o juiz adota como razões da decisão, por mera referência, as alegações de uma das partes.

b.3) *Lógica da motivação:* ***"sentença suicida"***

Ademais, a motivação deve ser intrinsecamente lógica. À sentença em que haja contradição entre a conclusão e a fundamentação dá-se o nome de *sentença suicida*. De ver que a logicidade da fundamentação deve também ser atributo dos acórdãos.

b.4) *A motivação na decisão de pronúncia*

Finalmente, vale lembrar que não só o juízo de condenação ou absolvição deve ser fundamentado. A decisão de pronúncia, da mesma forma, deve ser fundamentada, de acordo com o art. 413 do CPP. Deve apresentar na motivação as qualificadoras do crime e as razões de convencimento do juiz, conforme a denúncia ou a repelindo, sob pena de nulidade absoluta[26]. A motivação é, portanto, condição de validade e não vício que lhe suprima a eficácia, o que obriga o magistrado à observação dos seus limites. A fundamentação na pronúncia adstringe-se à prova da materialidade e indícios suficientes de autoria. Presentes tais requisitos, deve ser prolatada a decisão de pronúncia, determinando que o réu seja submetido a julgamento pelo Conselho de Sentença, a quem incumbirá decidir acerca da procedência ou não da pretensão punitiva estatal.

b.5) *A motivação e a fixação da pena*

Também a fixação da pena ao condenado precisa ser motivada, sob pena de nulidade[27]. Por haver certa discricionariedade na dosimetria da pena, relativamente à exasperação da pena-base, é indispensável a sua fundamentação, com base em dados concretos e em eventuais circunstâncias desfavoráveis do art. 59 do Código Penal. Se vaga e insuficientemente fundamentada a fixação da pena-base, entende-se pela parcial nulidade da sentença condenatória[28]. Ainda que a pena seja fixada em seu mínimo legal, caberá ao órgão julgador explicitar os motivos que o levaram à aplicação de determinada pena em detrimento de outra, dentro das possibilidades que a lei lhe oferecer. O mesmo vale para a determinação do regime inicial de cumprimento de pena ou para aquelas situações em que é dado ao juiz conceder ao réu a possibilidade de apelo em liberdade.

---

[23] Nesse sentido: *RT*, 830/470.

[24] Nesse sentido: STF, Repercussão geral, Tema 339, Rel. Min. Gilmar Mendes, j. 20.08.2020.

[25] J. Bengoetxea, *The legal reasoning of the European Court of Justice*, p. 168-172, 181-217; Juan Igartua Savarría, *La motivación de las sentencias, imperativo constitucional*, p. 16.

[26] Nesse sentido: *RT*, 830/565.

[27] Nesse sentido: STJ, Corte Especial, RMS 68.557/MS, Rel. Mi. Og Fernandes, j. 25.4.2023.

[28] Nesse sentido: STJ, 5ª T., HC 27.271/RJ, Rel. Min. Gilson Dipp, j. 21.9.2004.

c) *Conclusão ou parte dispositiva*. Ao relatório e à motivação segue a decisão propriamente dita, contida na conclusão ou parte dispositiva da sentença. A parte dispositiva deverá conter, assim, o resultado final do julgamento (absolvição ou condenação e, neste último caso, a quantidade de pena aplicada, sua eventual substituição, o regime inicial de cumprimento de pena etc.) e, obrigatoriamente, a indicação dos artigos de lei aplicados, o que inclui, além do artigo que contém o tipo penal propriamente dito, outros dispositivos que hajam incidido e determinado o teor da decisão (art. 381, IV e V, do Código de Processo Penal). Em suma, a parte dispositiva expressará, de maneira clara, sucinta e inequívoca, a subsunção do fato concreto ao dispositivo legal, concluindo pela procedência ou improcedência do pedido formulado pela acusação. A inexistência da parte dispositiva na sentença macula-a de nulidade. Mesmo a mera omissão quanto à indicação do artigo de lei aplicado importa, também, na nulidade da decisão, salvo se o dispositivo legal houver sido inequivocamente mencionado em outra parte da sentença, de modo que não reste qualquer dúvida a esse respeito.

d) *Parte autenticativa*. A sentença conterá a data e a assinatura do juiz (art. 381, VI). Conquanto a não aposição da data constitua mera irregularidade, a ausência de assinatura do órgão prolator implicará a inexistência da sentença.

6. REQUISITOS MATERIAIS DA SENTENÇA

No que diz respeito ao seu conteúdo, é preciso que a sentença seja construída de maneira lógica. É preciso, assim, que haja compatibilidade entre suas partes, de modo a não haver qualquer dúvida quanto ao que nela estiver disposto. Além disso, o juiz, ao proferir a sentença, deve pronunciar-se sobre todas as questões pertinentes levantadas pelas partes, respondendo-as. Em suma, a sentença deverá ser clara, completa e racional. Eventuais obscuridades, ambiguidades, contradições ou omissões nela contidas poderão ser atacadas por qualquer das partes por meio de embargos de declaração (art. 382 do Código de Processo Penal). Havendo erro material na sentença, pode-se corrigi-lo sem necessidade de anulá-lo, se na motivação o magistrado houver explicitado a sua intenção[29].

7. PRAZOS

De acordo com o art. 800 do Código de Processo Penal, o juiz singular, na prolação de atos decisórios, fica sujeito aos seguintes prazos:

I – 10 dias para proferir decisão definitiva, ou interlocutória mista;

II – 5 dias para prolatar decisão interlocutória simples;

III – 1 dia para proferir despacho de mero expediente.

Esses prazos são aplicáveis quando outros não estiverem estabelecidos em lei. Insta ressaltar, entretanto, que se subsomem à categoria dos *prazos impróprios*. Enquanto o desrespeito aos *prazos próprios* tem por consequência legal a preclusão – a perda da possibilidade de exercer determinada faculdade processual –, o desrespeito dos prazos impróprios, assinalados ao juiz, não acarreta, em si, efeitos processuais, podendo, quando muito, ensejar responsabilização administrativa do juiz que, sem motivo, não os observe.

8. PRINCÍPIO DA CORRELAÇÃO

8.1. Considerações preliminares

O processo penal, dizia Carnelutti[30], refere-se, tipicamente, não a um juízo de realidade, mas a um juízo de existência, na medida em que este alude ao passado, isto é, a um fato em sua materiali-

[29] Nesse sentido: *RT*, 821/627.

[30] Francesco Carnelutti, Nuevas reflexiones sobre el juicio jurídico, *Revista de Derecho Procesal*, n. 1, 1957, p. 34.

dade histórica, um núcleo em torno do qual gira o debate da instrução criminal e a decisão[31]. Tem-se, portanto, conforme a doutrina clássica[32], uma já necessária correlação entre o fato criminoso, o processo e a pena: como não há pena sem processo (*nula poena sine judicio*), e como este deve seguir um rito legalmente estabelecido – *devido processo legal* –, *no momento de sua culminação, que é a sentença, o julgador não pode distanciar-se desse modelo previamente estabelecido em lei*. Dessa forma, formalmente correta é a sentença prolatada em harmonia com as provas efetuadas, dentro do processo, com respeito ao que foi sustentado ou postulado pelas partes, na medida em que confere segurança às mesmas, sem a qual o processo penal desapareceria por desintegração de seus elementos fundamentadores[33].

Como reflexo dessas características, a sentença deve abranger todos os aspectos do caso penal, detendo-se, por outro lado, estritamente nesses aspectos, segundo o que estiver contido nos autos. *O conteúdo da decisão final do juiz, dessarte, corresponde a uma resposta completa e suficiente àquilo que expuserem e requererem as partes*. Esse o princípio da correlação entre a acusação e a sentença.

De outra maneira, pode-se dizer que ao julgador caberá apenas julgar procedentes ou improcedentes as alegações trazidas pelas partes e, ao final, a demanda proposta pela parte autora. Determinará se os fatos narrados na denúncia são verdadeiros, e em que medida isso ocorre, determinando ainda se tais fatos poderão servir de fundamento à condenação do acusado. O juiz não pode se furtar a apreciar qualquer dos pedidos deduzidos pela acusação, e, por outro lado, não poderá tampouco incluir em seu julgamento fatos que não tenham sido mencionados pelas partes, nem impor ao réu uma condenação que não tenha sido requerida pela acusação.

8.2. Desrespeito ao princípio e aditamento à denúncia

A sentença que concede algo diverso do que tenha sido requerido pelo autor da ação é denominada *extra petita*, enquanto a sentença que deixa de apreciar qualquer pedido deduzido pelo autor é denominada *citra (ou infra) petita*[34]; *ultra petita*, por outro lado, é a sentença que decide além do pedido. Todos esses casos constituem hipóteses de desrespeito ao princípio da correlação, trazendo incongruência entre o pedido e o que foi sido concedido em sentença. O desrespeito ao *tantum judicatum, quantum deductum* acarreta a nulidade do julgamento.

8.3. Conceito

Princípio da correlação é, portanto, a norma que obriga o julgador a guardar respeito ao fato descrito na denúncia ou queixa, dele não se afastando quando da prolação de uma decisão condenatória.

8.4. Princípio da correlação como garantia processual. Consequência

No que diz respeito à causa de pedir, o princípio da correlação constitui garantia do réu. É que os fatos narrados pelo acusador constituirão, ao longo do processo, os únicos fatos dos quais o acusado poderá e deverá se defender. É contra aqueles fatos que se deve dirigir a prova da defesa. A inobservância ao princípio da correlação, considerando fatos não narrados pela acusação ou pela defesa, surpreenderia, de modo inaceitável, as partes, impedindo-lhes o exercício do contraditório e da ampla defesa. *A sentença que não guardar correlação com a acusação será, portanto, nula, porque incorrerá no cerceamento ao direito de defesa*. Note-se, contudo, que não comporta ofensa ao princípio da correlação entre acusa-

[31] Francisco Soto Nieto, *Correlación entre acusación y sentencia*, p. 11.

[32] Francesco Carnelutti, *Teoría general del delito*, p. 12; Eugenio Florián, *Elementos de derecho procesal penal*, p. 13-14; Luis Andrés Cucarella Galiana, *La correlación de la sentencia con la acusación y la defensa*, p. 24.

[33] Miguel Fenech, *Derecho procesal penal*, t. 1, p. 117.

[34] Nesse sentido: *RT*, 791/527.

ção e decisão a sentença que, mediante a necessidade de definir classificação fática devida, contempla decisão jurídica diversa da constante na denúncia, hipótese de *emendatio libelli* que afasta a arguição de *decisium extra petita*[35] (*vide* o tópico 11). O magistrado pode dar definição jurídica diversa da contida na denúncia aos fatos que esta descreve, desde que não saia dos limites da imputação, isto é, dos fatos descritos e atribuídos ao réu. Desrespeitando essa limitação, incorrerá num julgamento *ultra petita*, o que corresponde a uma condenação sem denúncia, ou seja, nula[36].

9. MATÉRIAS QUE INDEPENDEM DE ALEGAÇÃO

Existem algumas matérias que podem ser conhecidas pelos órgãos julgadores a que se dirigir a demanda ainda que nenhuma das partes as suscite. Geralmente essas questões são estudadas sob a rubrica das matérias de ordem pública.

São exemplos de matérias incluídas nesse rol os pressupostos processuais e as condições da ação. O fato de que não requeiram alegação para serem conhecidas não faz com que tais matérias constituam exceção ao princípio da correlação. É que a regularidade processual, pelo implemento de todos os pressupostos processuais e condições da ação, é requisito lógico para que os demais pedidos possam ser objeto de apreciação. Por isso, entende-se que o próprio ajuizamento da demanda traz subentendido o pedido de apreciação dessas matérias. Análogo raciocínio cabe no que diz respeito ao efeito translativo dos recursos, que será abordado oportunamente.

10. AUTONOMIA DECISÓRIA DO JUIZ

Se quanto aos fatos o juiz fica adstrito ao que alegam as partes – e, posteriormente, ao que fica demonstrado pela instrução –, no que diz respeito à matéria estritamente relativa ao direito, e à qualificação jurídica dos fatos, o processo penal é informado pelo princípio da livre dicção, materializado no aforismo *jura novit curia* ("livre dicção do direito" – presume-se que o juiz conhece o direito) e pelo princípio da consubstanciação, exteriorizado pelo adágio *narra mihi factum, dabo tibi jus* ("narra-me o fato e te darei o direito"). Essas duas máximas estão a indicar a autonomia decisória do juiz.

O juiz é livre, portanto, para interpretar os fatos e o direito, desde que o faça fundamentadamente, segundo critérios racionais e fundados na ordem jurídica vigente.

11. *EMENDATIO LIBELLI*

Em decorrência da mencionada autonomia decisória do juiz, pode ele dar ao fato definição jurídica diversa da que constar da peça acusatória, ainda que tenha de aplicar pena mais grave (art. 383). Essa a figura da *emendatio libelli*[37].

Reconhece-se, nesse caso, que a denúncia ou queixa apresentará incorreção na classificação do crime, na definição jurídica do fato narrado. Pela *emendatio libelli*, mantêm-se os fatos narrados – o juiz não poderá modificar a descrição fática contida na exordial –, mas se conclui que esses fatos – que constituem a *causa petendi* da demanda – correspondem a um tipo penal diverso daquele atribuído pela acusação na peça inicial. Portanto, se o juiz prolatar sentença apenas corrigindo a definição jurídica, e não oferecendo uma nova, temos a figura aqui estudada[38]. Exemplos: a desclassificação de

---

[35] Nesse sentido: *RT*, 786/704.

[36] Nesse sentido: José Frederico Marques, *Elementos de direito processual penal*, v. 2, p. 285.

[37] STF, 1ª T., HC 94.443/MS, Rel. Min. Ayres Britto, j. 29.6.2010, *DJe*, 8.10.2010.

[38] Nesse sentido: *RT*, 773/721.

crime de extorsão mediante sequestro para extorsão simples; a desclassificação do estelionato para apropriação indébita, de peculato para receptação qualificada[39] etc.

No caso de denúncia formulada acerca da prática de crime consumado, é aceitável a condenação por prática de crime tentado sem a observação do disposto no art. 384, *caput*, do CPP, isso porque não há duas modalidades de crime, e sim diferente manifestação de um único delito[40]. Esse não é o entendimento, porém, se a exordial acusatória descrever prática de crime doloso e o magistrado entender por crime culposo, isso porque, se o Ministério Público não dispuser, ainda que implicitamente, acerca de imprudência, negligência ou imperícia, a defesa do acusado restará prejudicada. A prova da ausência do elemento subjetivo do injusto culposo ou doloso é diversa[41].

Segundo a jurisprudência majoritária do STF e do STJ, o momento processual oportuno para a *emendatio libelli* é a sentença. Porém, entende-se que, excepcionalmente, é possível a sua ocorrência no ato do recebimento da denúncia ou queixa em dois casos: a) para beneficiar o réu e b) para permitir a correta fixação da competência ou do procedimento a ser adotado[42].

Por outro lado, já se entendeu ser possível o reconhecimento pelo juiz de qualificadora contida no texto da denúncia, mas equivocadamente não constante na capitulação delitiva pelo Ministério Público[43].

11.1. Hipóteses diversas

Nesse caso, em face da noção segundo a qual o objeto da defesa são os fatos narrados pela acusação, e não a qualificação jurídica que esta atribui aos fatos, será indiferente se, em virtude da *emendatio libelli*, a pena aplicável for superior àquela da tipificação original. Note-se que se entende não haver nulidade por não se dar vista à defesa quando da ocorrência de *emendatio libelli*, já que o réu deve defender-se dos fatos imputados[44]. Da mesma forma, é aceita a *emendatio libelli* sem necessidade dos mecanismos da *mutatio libelli* se a exordial acusatória apresentar, explícita ou implicitamente, narrativa abrangente que admita outra adequação típica[45].

Se, em razão da nova definição jurídica, for cabível, em tese, suspensão condicional do processo (pena mínima cominada igual ou inferior a 1 ano), prevista no art. 89 da Lei n. 9.099/95, deve o juiz abrir vista ao membro do Ministério Público para que avalie a possibilidade de oferecimento da proposta (art. 383, § 1º)[46]. Por outro lado, se em razão da *emendatio libelli* a competência for de juízo diverso, os autos a ele serão remetidos (art. 383, § 2º). Conquanto o legislador não tenha estabelecido o procedimento a ser adotado no juízo competente, parece-nos que deva ser aberta oportunidade de manifestação às partes, facultando-se a estas, inclusive, o requerimento de produção de provas, antes da prolação da sentença. Respeitam-se, assim, os princípios do contraditório e da ampla defesa (art. 5º, LV, da CF e art. 10 do CPC/2015).

Não constitui mera qualificação jurídica, entretanto, a qualificação de determinada conduta como culposa ou dolosa, ou a reclassificação de uma conduta inicialmente tida por tentada em uma conduta consumada. Nesses casos, altera-se a própria *causa petendi*, o que configura caso de *mutatio libelli*, que será estudada a seguir.

---

[39] STF, 1ª T., RHC 92.856/BA, Rel. Min. Luís Roberto Barroso, j. 18.5.2022.

[40] STJ, 6ª T., HC 297.551/MG, Rel. Min. Rogerio Schietti Cruz, j. 5.3.2015, *Informativo do STJ* n. 557.

[41] STJ, 6ª T., REsp 1.388.440/ES, Rel. Min. Nefi Cordeiro, j. 5.3.2015, *Informativo do STJ* n. 557.

[42] STJ, 5ª T., HC 258.581/RS, Rel. Min. Ribeiro Dantas, j. 18.02.2016.

[43] STJ, AgRg no RHC 142.747/RS, 5ª Turma, Rel. Min. Reynaldo Soares da Fonseca, j. 13.04.2021.

[44] Nesse sentido: *RT*, 823/563.

[45] Nesse sentido: *RT*, 827/560, 830/500.

[46] Sobre a suspensão condicional do processo, remetemos o leitor ao Capítulo XXVII deste *Curso*.

Também a desclassificação de modalidade de culpa, por exemplo, a mudança de imprudência por imperícia, deve ser feita pelos mecanismos da *mutatio libelli*[47].

11.2. *Emendatio libelli* em segunda instância

Conforme dispõe o art. 617 do Código de Processo Penal, a *emendatio libelli* é possível inclusive em segunda instância. Ressalva-se nesse caso, entretanto, que a providência não poderá resultar em aplicação de pena mais grave ao réu se o recurso houver sido interposto exclusivamente pela defesa, em face do trânsito em julgado para a acusação e da vedação à chamada *reformatio in pejus*.

12. *MUTATIO LIBELLI*

Pode ocorrer que durante a instrução criminal, com a produção de provas, surjam elementos que indiquem a ocorrência de fatos que, conquanto sejam relevantes para a configuração do delito (elementares do tipo e circunstâncias), não tenham sido mencionados explícita ou implicitamente na peça acusatória.

Elemento é aquilo que compõe. São elementos do tipo aqueles fatos que têm de ocorrer para que se configure concretamente uma conduta correspondente ao próprio tipo penal. Já circunstâncias são aqueles fatos que estão em torno do tipo (que, por assim dizer, circundam-no, sem o compor), tais como as qualificadoras e as causas majorantes ou de diminuição da pena.

Demonstrando-se a partir desses elementos de prova fatos novos, não mencionados na denúncia, não apenas será caso de nova qualificação jurídica, mas sim de alteração dos próprios fatos sobre os quais versa o processo, pela inclusão de fato novo, até então não aventado no processo. Diversamente do que ocorre na hipótese de *emendatio libelli*, portanto a própria *causa petendi* será alterada. Será hipótese, então, da chamada *mutatio libelli*.

Nesse caso, haverá alteração do próprio fato narrado na inicial acusatória, que implicará nova definição jurídica. A prova colhida indicará circunstâncias ou elementos que deverão integrar-se à acusação. São circunstâncias ou elementos do tipo:

a) os elementos que integram a descrição legal do fato;

b) as circunstâncias qualificadoras;

c) as causas de aumento e de diminuição de pena.

Não integram esse rol as circunstâncias agravantes ou atenuantes, que poderão ser reconhecidas de ofício pelo juiz, no momento da decisão.

12.1. Procedimento

A fase de colheita de provas – instrução criminal – pode demonstrar a existência de elementares ou circunstâncias não contidas na petição inicial. Imagine-se a seguinte hipótese: o promotor, na denúncia, descreveu um delito de furto. Ouvidas a vítima e as testemunhas, verifica-se que o réu utilizou "grave ameaça" para subtrair a *res*. Ocorreu, na verdade, crime de roubo, sendo, portanto, caso de mudança da acusação (*mutatio libelli*).

Assim, uma vez encerrada a instrução, se o órgão do Ministério Público – em face de prova existente nos autos de elemento ou circunstância não contidos na acusação – entender cabível nova definição jurídica do fato, deverá requerer vista dos autos para aditamento da denúncia ou queixa (em caso de ação penal pública subsidiária), no prazo de 5 dias, sendo-lhe facultado, também, aditar a peça acusatória oralmente em audiência, reduzida a manifestação a termo.

[47] Nesse sentido: *RT*, 780/673.

Aditada a exordial, podendo o Ministério Público arrolar até três testemunhas, será aberta oportunidade para manifestação da defesa no prazo de 5 dias, que pode, da mesma forma, arrolar até três testemunhas. O juiz decidirá sobre o aditamento.

Recebido o aditamento, o juiz, a pedido de qualquer das partes, designará dia e hora para a continuação da audiência, na qual serão ouvidas as testemunhas arroladas e reinterrogado o acusado. Finda a instrução, haverá debates orais e julgamento. Por outro lado, se não for recebido o aditamento, o feito prosseguirá (art. 384, § 5º). Contra a decisão de rejeição do aditamento, cabível recurso em sentido estrito, por aplicação extensiva do disposto no art. 581, I. Alguns autores, entretanto, entendem que o recurso cabível será a apelação, com fundamento no art. 593, II.

Feito o aditamento, o juiz a ele ficará vinculado na sentença; rejeitado, o magistrado julgará conforme o descrito na denúncia.

Pode o juiz provocar o aditamento? Entendemos que não, uma vez que a titularidade da ação penal é privativa do Ministério Público (art. 129, I, da CF), cabendo a ele a iniciativa do aditamento e homenageando-se, assim, o sistema acusatório, que tem bem definidas e separadas as funções de acusar e julgar, atribuídas, portanto, a órgãos distintos. Se o órgão do Ministério Público não fizer o aditamento, o juiz remeterá os autos ao Procurador-Geral de Justiça, chefe do Ministério Público, que poderá: a) aditar a denúncia; b) designar outro membro da instituição para que adite a denúncia; c) insistir na desnecessidade de aditamento.

Todavia, alguns autores sustentam ser possível que o juiz determine a vinda dos autos ao Ministério Público para que este analise a possibilidade de aditamento. Aduzem, que, se o § 1º do art. 384 previu a possibilidade de o juiz encaminhar os autos ao Procurador-Geral de Justiça quando houvesse recusa ao aditamento; pressupõe-se que os autos foram remetidos ao Ministério Público, pelo prazo de 5 dias, e o *Parquet* recusou o aditamento provocado.

Assim, sem que os autos tenham sido encaminhados – daí a provocação do juiz – ao Ministério Público, não haveria uma efetiva recusa ao aditamento que ensejasse a remessa dos autos ao Procurador-Geral de Justiça. Ademais, sem a provocação do juiz ao aditamento – que não constituirá violação ao sistema acusatório e tampouco quebra da imparcialidade –, será impossível a condenação do fato descrito na denúncia.

À *mutatio libelli* aplica-se o disposto nos §§ 1º e 2º do art. 383, vale dizer, se da nova definição jurídica couber, em tese, suspensão condicional do processo (pena mínima cominada igual ou inferior a 1 ano), prevista no art. 89 da Lei n. 9.099/95, deve o juiz abrir vista ao membro do Ministério Público para que avalie a possibilidade de oferecimento da proposta. Se por conta da *mutatio libelli* a competência for de juízo diverso, os autos a ele serão remetidos.

12.2. Hipótese de crime não descrito na denúncia

Se, durante a instrução criminal, ficar evidenciado que o réu praticou outro crime não descrito na denúncia, ou que outras pessoas tomaram parte na prática do fato imputado (coautoria ou participação), deverá haver nova acusação, podendo ser oferecida nova denúncia. Alternativamente, por economia, pode-se proceder ao aditamento da peça acusatória, desde que se proceda a nova citação, seguida de nova instrução criminal.

Não é cabível *mutatio libelli* em crime de ação penal exclusivamente privada, em razão dos peremptórios termos do art. 384, *caput*. Há divergência doutrinária, havendo corrente minoritária que entende ser possível o aditamento pelo querelante, desde que respeitado o prazo decadencial.

12.3. Vedação da *mutatio libelli* em segunda instância

A *mutatio libelli*, diversamente do que ocorre na hipótese de *emendatio libelli*, não cabe em segunda instância. De acordo com a Súmula 453 do Supremo Tribunal Federal, “não se aplicam à segunda instância o art. 384 e parágrafo único do Código de Processo Penal, que possibilitam dar nova definição jurídica ao fato delituoso, em virtude de circunstância elementar não contida explícita ou implicitamente na denúncia ou queixa"[48]. Embora a Lei n. 11.719/2008 tenha substituído as hipóteses de *mutatio libelli* – com ou sem aditamento obrigatório, antes previstas no *caput* e no parágrafo único do art. 384, respectivamente – por procedimento único (*caput* do art. 384), a Súmula 453 continua aplicável, sendo vedada a *mutatio libelli* em segunda instância.

Assim, se a providência contida no *caput* do art. 384 for observada como necessária somente em grau de apelação, já não mais poderá o tribunal anular a decisão, cabendo-lhe apenas decretar a absolvição.

13. PRESCRIÇÃO

Diverso é o caso da prescrição. A prescrição é um efeito jurídico consistente no perecimento de uma pretensão, que decorre da ocorrência de um fato – o decurso do tempo. A ocorrência da prescrição não precisa ser alegada para que possa ser acatada pelo julgador. Com efeito, a prescrição pode ser reconhecida de ofício a qualquer momento, mesmo em segunda instância, ainda que não aventada por qualquer das partes.

Não se trata, entretanto, de exceção ao princípio da correlação. É que a prescrição é um efeito jurídico que decorre da conduta imputada ao acusado. O decurso do prazo faz que seja certa a prescrição. Dessa forma, assim como o juiz não fica adstrito à qualificação jurídica que a acusação atribui aos fatos narrados, tanto como pode reconhecer como decorrente dos fatos a ocorrência de um crime diverso daquele alegado pela acusação (*emendatio libelli*), poderá neles reconhecer a existência de uma causa extintiva da punibilidade, entre as quais se inclui a prescrição da pretensão punitiva estatal. Mesmo com a prescrição extinguindo a punibilidade, pode o réu ainda requerer o exame da questão de mérito para obter declaração de absolvição[49].

14. SENTENÇA ABSOLUTÓRIA

Haverá sentença absolutória quando o juiz não acolher a pretensão punitiva. As hipóteses de absolvição estão previstas no art. 386 do Código de Processo Penal:

I – estar provada a inexistência do fato.

A sentença absolutória prolatada com base nesse inciso, por declarar a inocorrência do fato, impede o ajuizamento da ação civil *ex delicto*. Com efeito, o art. 66 do CPP estabelece que a declaração categórica de inexistência material do fato obsta a postulação de indenização na esfera civil;

II – não haver prova da existência do fato.

No caso do inciso em tela, o fato criminoso pode ter existido, não havendo, contudo, prova de sua ocorrência. Note bem: a hipótese anterior é de certeza acerca da inexistência do fato, não se confundindo com a presente, em que o crime pode ter ocorrido. Dessa forma, nada impede o ajuizamento de uma ação civil *ex delicto* de conhecimento;

III – não constituir o fato infração penal.

Se no momento da prolação da sentença o juiz verifica que o fato não constitui infração penal, deve absolver o acusado com fundamento no inciso ora analisado, como no caso de constatação de fraude civil em processo por estelionato[50]. Entretanto, se o juiz verifica a atipicidade do fato no mo-

---

[48] Nesse sentido: *RT*, 830/696.

[49] Nesse sentido: *RT*, 801/647.

[50] Exemplo de Julio Fabbrini Mirabete, *Processo penal*, 18. ed., 2006, p. 469.

mento do oferecimento da petição inicial, deve rejeitá-la com base no art. 395, II, do CPP. Já se a inexistência de infração penal for constatada no curso do processo, este deve ser extinto sem julgamento do mérito;

IV – estar provado que o réu não concorreu para a infração penal.

A absolvição com fulcro no inciso IV do art. 386 do CPP ocorre em virtude do reconhecimento de não ter o acusado, de qualquer modo, concorrido para a perpetração do delito, razão pela qual a vítima estará impedida de ingressar com ação civil *ex delicto*;

V – não existir prova de ter o réu concorrido para a infração penal.

Os elementos probatórios carreados nos autos não demonstram ter o acusado, de qualquer forma, concorrido para a prática da infração penal;

VI – existir circunstância que exclua o crime ou isente o réu de pena (arts. 20, 21, 22, 23, 26 e § 1º do art. 28, todos do CP), ou mesmo se houver fundada dúvida sobre sua existência.

São as denominadas excludentes de ilicitude e culpabilidade, previstas no Código Penal, após a reforma da Parte Geral de 1984, nos arts. 23, 20, *caput,* 1ª parte, e § 1º, 1ª parte, 21, 22, 26, *caput*, e 28, § 1º. Vale ressaltar que faz coisa julgada no juízo cível a sentença penal que reconhecer que o réu praticou o ato em estado de necessidade, legítima defesa, estrito cumprimento do dever legal ou no exercício regular de direito, causas estas excludentes de ilicitude (art. 65 do CPP). Todavia, se houver fundada dúvida acerca da existência da excludente, não obstante a absolvição fundamentada no inciso ora analisado, poderá a vítima ajuizar ação civil *ex delicto*. Aliás, a novidade quanto à previsão da absolvição se *houver fundada dúvida sobre a existência das circunstâncias que excluam o crime ou isentem o réu de pena* fará com que o Ministério Público, quando da produção das provas, envide esforços para demonstrar a inocorrência de causa excludente de ilicitude ou de culpabilidade. Logo, se porventura restarem dúvidas quanto à ocorrência das referidas causas – cuja comprovação é ônus do acusado –, deverá ser decretada a absolvição do réu. Ressalte-se, por fim, que na expressão legal "*ou mesmo se houver fundada dúvida sobre sua existência*" temos a consagração do princípio do *in dubio pro reo*;

VII – não existir prova suficiente para a condenação.

Essa hipótese representa a aplicação do princípio do *favor rei*. A produção de prova da autoria e da materialidade do crime cabe à acusação.

Na existência de fato delituoso em que as provas não são suficientes para precisar o que realmente aconteceu, a sentença absolutória a ser decretada deve ter por fundamento o inciso VII acima, evitando a confusão com o inciso II[51].

Finalmente, é pacífico o entendimento no sentido de que tem o réu legitimidade para recorrer de sentença absolutória, com o fim de alterar o inciso que fundamentou a absolvição, salvo se esta fundar-se na inexistência material do fato (art. 386, I e IV, do CPP).

14.1. Efeitos

São efeitos da sentença absolutória (art. 386, parágrafo único):

a) a decretação da liberdade do réu, se estiver preso[52]. O recurso de apelação interposto em face de sentença absolutória não tem efeito suspensivo;

b) a aplicação de medida de segurança, nos casos de sentença absolutória imprópria, em que se reconhece a inimputabilidade do réu, com base no art. 26, *caput*, do Código Penal. Nesse particular, aplica-se a Súmula 422 do Supremo Tribunal Federal, segundo a qual "a absolvição criminal não pre-

[51] Nesse sentido: *RT*, 788/589.

[52] Nesse sentido: *RT*, 784/660.

judica a medida de segurança, quando couber, ainda que importe privação da liberdade". Note-se que a existência de causa excludente de culpabilidade gera "absolvição imprópria", isentando o acusado da pena, mas lhe impondo a medida de segurança. Assim, a definição da medida de segurança a ser imposta ocorre, em suma, considerando-se o aspecto objetivo, ou seja, analisando-se a natureza da pena privativa de liberdade prevista para o tipo penal: se é o de reclusão, impõe-se internação, se é detenção, fica a critério do juiz a estipulação de medida menos gravosa[53];

c) a cessação das medidas cautelares e provisoriamente aplicadas. Com o trânsito em julgado da sentença, levanta-se a medida assecuratória do sequestro (arts. 131, III, e 141 do CPP), cancela-se a hipoteca (art. 141 do CPP) e restitui-se a fiança (art. 337 do CPP);

d) com o trânsito em julgado da sentença, veda-se a arguição da exceção da verdade nos crimes contra a honra (art. 138, § 3º, do CP; art. 523 do CPP).

A sentença absolutória faz coisa julgada material. Seu trânsito em julgado a torna imutável, porquanto não existe em nosso sistema a revisão criminal *pro societate*, ainda que posteriormente se descubra a existência de provas que incriminem o acusado. Desse modo, a coisa julgada absolutória é a falta do poder-dever de punir, e não pode mais ser atacada com qualquer ato rescisório ou revisional, colocando-se o indivíduo ao abrigo de novas acusações sobre os mesmos fatos, ainda que sob qualificação diferente[54].

15. SENTENÇA CONDENATÓRIA

Sentença condenatória é aquela em que o juiz julga procedente a pretensão punitiva deduzida na peça acusatória, reconhecendo a responsabilidade do réu e lhe aplicando uma pena. Na sentença, deverá o juiz (art. 387 do Código de Processo Penal):

I – mencionar as circunstâncias agravantes ou atenuantes definidas no Código Penal, e cuja existência reconhecer;

II – mencionar as outras circunstâncias apuradas e tudo o mais que deva ser levado em conta na aplicação da pena, de acordo com o disposto nos arts. 59 e 60 do CP;

III – aplicar as penas, de acordo com essas conclusões. Não mais existem as chamadas penas acessórias;

IV – fixar o valor mínimo para reparação dos danos causados pela infração penal, considerando os prejuízos – materiais e morais – sofridos pelo ofendido.

O art. 63, parágrafo único, do CPP estabelece que, uma vez transitada em julgado a sentença condenatória, o ofendido poderá executar na esfera cível o valor mínimo fixado na condenação, sem prejuízo de liquidação para apuração do dano efetivamente experimentado.

O juiz, ainda, decidirá fundamentadamente acerca da manutenção ou imposição de prisão preventiva ou de outra medida cautelar, sendo certo que o conhecimento de eventual recurso de apelação do réu não será condicionado à prisão (art. 387, § 1º, do CPP).

Assim, a regra é que a sentença condenatória não seja executada na pendência de recurso de apelação. Haverá execução provisória apenas se na sentença condenatória recorrida for decretada ou mantida a prisão preventiva do réu.

Lembramos que o art. 387, § 1º, do CPP estabelece que na sentença condenatória o magistrado "decidirá, fundamentadamente, sobre a manutenção ou, se for o caso, a imposição de prisão preventiva...".

---

[53] Nesse sentido: STJ, 6ª T., HC 361.214/SP, Rel. Min. Maria Thereza de Assis Moura, *DJe*, 16.12.2016.

[54] Nesse sentido: STJ, 5ª T., REsp 1.111.624/SP, Rel. Min. Felix Fischer, *DJe*, 17.10.2021.

Cumpre assinalar que a Lei n. 12.736/2012 acrescentou um parágrafo ao art. 387 do Código de Processo Penal com o seguinte teor: *"O tempo de prisão provisória, de prisão administrativa ou de internação, no Brasil ou no estrangeiro, será computado para fins de determinação do regime inicial de pena privativa de liberdade"*.

Nesse sentido, a execução provisória constitui medida favorável ao condenado cuja custódia cautelar se mostre imprescindível, uma vez que permitirá, enquanto não julgado seu apelo, que goze de benefícios próprios da execução penal.

A propósito, o enunciado da Súmula 716 do STF: "Admite-se a progressão de regime de cumprimento da pena ou a aplicação imediata de regime menos severo nela determinada, antes do trânsito em julgado da sentença condenatória."

Importa, ainda, observar que a execução provisória da pena encontra lastro na Lei de Execução Penal, que, em seu art. 2º, parágrafo único, prevê seja aplicada igualmente ao preso provisório.

O precitado parágrafo do art. 387 relaciona-se intrinsecamente com o instituto da detração, previsto no art. 42 do Código Penal, pelo qual devem ser computados, na pena privativa de liberdade e na medida de segurança, o tempo da prisão provisória, no Brasil ou no estrangeiro, o da prisão administrativa e o de internação nos estabelecimentos que imponham restrição absoluta ao direito de ir e vir.

No entanto, conforme se verifica, o dispositivo acrescido pela Lei n. 12.736/2012 ao Código de Processo Penal é limitado ao regime inicial da pena privativa de liberdade. Assim, caberá ao julgador, após aplicar a sanção penal correspondente, analisar o tempo em que o réu tenha permanecido detido para, então, realizar o cômputo e, com o resultado final, estabelecer o regime inicial de cumprimento de pena.

É de assinalar que a competência para aplicação do instituto da detração era do Juízo das Execuções, nos termos do art. 66, III, *c*, primeira parte, da Lei n. 7.210/84. Dessa feita, forçoso reconhecer que, ao menos no tocante à fixação do regime inicial de cumprimento da pena, houve derrogação tácita do precitado dispositivo, antecipando-se a operação matemática prevista na Lei Substantiva Penal.

Insta salientar que o art. 387, § 2º, do Código de Processo Penal repete parte da redação do art. 42 do Código Penal. Tanto que faz expressa menção à prisão administrativa, instituto de validade discutível após a Constituição Federal de 1988, que previu ser incumbência do juiz estabelecer ordem de prisão. Assim, superadas estão as diversas formas de prisão administrativa impostas por autoridade administrativa. Exceção reconhecida na doutrina é, sem dúvida, a prisão no âmbito militar.

Ainda com relação à internação, não há confundir o precitado instituto com a medida socioeducativa prevista no Estatuto da Criança e do Adolescente. A bem da verdade, a internação ora mencionada está relacionada à privação temporária de liberdade dos semi-imputáveis e inimputáveis, nos delitos praticados mediante violência ou grave ameaça e sempre que presente o risco de reiteração delituosa (art. 319, VII, do CPP).

Impõe-se observar que a redação do § 2º do art. 387 foi infeliz. Estabeleceu o legislador que o julgador deveria computar, para fins de determinação do regime inicial de pena privativa de liberdade, o tempo de prisão provisória, administrativa ou de internação.

Porém, é sabido que a detração se aplica também aos inimputáveis e semi-imputáveis aos quais for imposta medida de segurança. Neste caso, o período será utilizado para fins de abatimento quanto ao prazo inicial para realização da perícia médica com vistas a avaliar a cessação de periculosidade (art. 97, § 1º, do CP).

Assim, a redação taxativa de "regime inicial de pena privativa de liberdade" excluiu indevidamente os inimputáveis e semi-imputáveis. Dessa forma, a leitura do dispositivo deve ser feita a contemplar os inimputáveis e semi-imputáveis internados nas situações em que, posteriormente, evidencia-se a plena capacidade de compreender o caráter ilícito do fato e, portanto, aplica-se a pena privativa de liberdade, quanto aos inimputáveis e semi-imputáveis aos quais forem impostas medidas de segurança, para fins de reavaliação quanto ao prazo mínimo inicial para realização do exame de cessação de periculosidade.

Feitas essas considerações, cumpre finalmente salientar que o dispositivo foi acrescentado em um claro propósito legislativo de evitar a prisão corporal, haja vista o estado caótico em que se encontram nossas penitenciárias. Pretendeu-se exercer um juízo de detração antecipado para, valendo-se das regras constantes no art. 33, § 1º, do Código Penal, impor-se regime inicial mais brando do que aquele recomendável. Com efeito, no caso de condenação pela prática de um roubo circunstanciado a que foi imposta pena de 6 anos de reclusão, se constatado que o acusado permaneceu provisoriamente preso por 2 anos, dever-se-ia fixar o regime inicial aberto (art. 33, § 1º, *c*, do CP).

Porém, essa leitura fria não é possível. Em primeiro lugar, o regime inicial de cumprimento de pena não está adstrito a padrões quantitativos, mas também à gravidade concreta e às circunstâncias judiciais em que o delito foi cometido, conforme o art. 59, III, do Código Penal. Dessa feita, a simples operação matemática conduziria a injustiças perenes e liberação desenfreada de réus condenados por delitos graves.

Em segundo lugar, cabe esclarecer que a regra deve ser interpretada em consonância com os dispositivos relacionados à progressão de regime, insculpidos no art. 112 da Lei n. 7.210/84, com redação dada pela Lei n. 13.964/2019. Portanto, cumpre ao juiz exercer uma operação matemática atinente à progressão de regime, para verificar se o lapso para a progressão de regime coincide com o da detração. Somente assim será possível cogitar da fixação de regime mais benéfico.

Como exemplo, se o réu foi condenado à pena de 6 anos por roubo circunstanciado em regime inicial fechado e permaneceu preso por 6 meses, analisando o critério estabelecido no art. 112 da Lei de Execuções Penais e o percentual de 25% para progressão do regime, fica evidente que o réu não fará *jus* ao regime intermediário. Isso porque a progressão para regime semiaberto ocorrerá com o cumprimento de 18 meses de pena corporal, e, na hipótese, ficou detido provisoriamente por apenas 6 meses. Assim, operada a detração sobre o lapso necessário para progressão de regime, o réu deverá, no caso elucubrado, aguardar mais 1 ano preso e aí sim, se presentes também os requisitos subjetivos, ser transferido ao regime semiaberto.

Outra forma de pensar – insista-se – incorreria em grave equívoco e prematuras fixações de regimes iniciais incompatíveis com as circunstâncias concretas e judiciais. A confecção da sentença, ademais, deverá respeitar as determinações do Código Penal, que disciplina, em vários artigos, os critérios para aplicação da pena nos casos de sentença condenatória. Em relação à fixação da pena privativa de liberdade, a legislação adotou o sistema trifásico, preconizado por Nelson Hungria. Na forma desse sistema, o juiz deve fixar a pena-base, atendendo aos critérios estatuídos no art. 59 do Código Penal; em seguida serão consideradas as circunstâncias atenuantes e agravantes; por último, as causas de aumento e de diminuição da pena.

Todas as decisões no processo de individualização da pena deverão ser motivadas, sendo nula a sentença em que o juiz não declinar os seus fundamentos. Ademais, igualmente nula será a sentença em que não se aplicar o processo trifásico na fixação da pena privativa de liberdade. Nula é, também, a sentença que deixa de examinar todas as circunstâncias judiciais em relação a cada ilícito, preferindo aferi-las sob um enfoque do conjunto das infrações, pois corrompe o princípio da individualização da pena – art. 5º, XLVI, da CF[55]. O réu tem o direito de saber quais motivos, detalhadamente, foram relevantes na fixação de sua pena, não podendo o juiz ser genérico na referência ao tipo penal.

[55] Nesse sentido: *RT*, 789/702, 810/514.

15.1. Efeitos

a) a prolação de sentença condenatória acarreta a preclusão dos vícios existentes na peça acusatória[56];

b) interrupção da fluência do prazo prescricional (art. 117, IV, do CP);

c) certeza da obrigação de reparar o dano decorrente da infração, inclusive com a fixação de um valor mínimo para a reparação, levando-se em conta os prejuízos sofridos pela vítima. Esclareça-se que o valor de reparação de danos fixado na sentença condenatória pode ser executado no cível a partir do trânsito em julgado, sem prejuízo da liquidação do dano efetivamente experimentado pelo ofendido (arts. 387, IV, e 63, *caput* e parágrafo único, do CPP; art. 91, I, do CP; art. 515, VI, do CPC/2015);

Vale dizer, se, por exemplo, o juiz criminal fixara, em condenação definitiva, o valor de R$ 10.000,00, a ser pago como indenização mínima à vítima, esta poderá, imediatamente, promover a ação de execução *ex delicto* no juízo cível de referido valor. Não obstante, poderá pleitear, também na esfera cível, a liquidação por artigos da sentença condenatória, delimitando o real prejuízo experimentado pelo crime, podendo nesse caso, através do valor remanescente apurado, ter complementada a diferença havida em face do valor mínimo fixado na sentença condenatória. Se o preferir, poderá o ofendido liquidar no cível a sentença condenatória, em vez de executar o "valor mínimo de indenização" fixado na condenação, promovendo, destarte, apenas uma execução em relação ao total do *quantum debeatur*.

d) quanto à inscrição do nome do réu no rol dos culpados, encontra-se revogado o art. 393 do CPP. Assim, entende-se hoje ser tal ato possível apenas com o trânsito em julgado da sentença condenatória, em respeito ao princípio da presunção de inocência (art. 5º, LVII, da CF);

e) com o trânsito em julgado, gera a reincidência (art. 63 do CP);

f) perda em favor da União dos instrumentos ou do produto do crime (art. 91, II, do CP);

g) impossibilidade de concessão de *sursis* ao condenado reincidente em crime doloso, ressalvada a hipótese do apenado em multa (art. 77, I, do CP);

h) revogação do *sursis* ao beneficiário condenado em sentença irrecorrível, por crime doloso (art. 81, I, do CP);

i) possibilidade de revogação do *sursis* ao beneficiário condenado em sentença irrecorrível, por crime culposo ou por contravenção, a pena privativa de liberdade ou restritiva de direitos (art. 81, § 1º, do CP);

j) revogação do livramento condicional do liberado condenado a pena privativa de liberdade, em sentença irrecorrível (art. 86 do CP);

k) efeitos extrapenais específicos: perda de cargo, função pública ou mandato eletivo (art. 92 do CP).

15.2. A questão da "prescrição retroativa por antecipação"

Quanto à prescrição, muitos julgados reconheceram a chamada "retroativa por antecipação" tentando impor uma nova modalidade da matéria. Tal espécie seria baseada na declaração de extinção da punibilidade por antecipação, através de uma provável pena em perspectiva, morosidade processual e falta de interesse de agir. Além de não ter amparo legal, o que já impossibilita tal tipo prescricional, ele vai de encontro aos princípios do devido processo legal, da inocência presumida e da

---

[56] Nesse sentido: *RT*, 788/636.

ampla defesa, na medida em que o acusado é privado de eventual absolvição, sem contar que a existência da prescrição retroativa necessita de uma sentença condenatória[57].

Novamente vale a transcrição da Súmula 438 do Superior Tribunal de Justiça: "É inadmissível a extinção da punibilidade pela prescrição da pretensão punitiva com fundamento em pena hipotética, independentemente da existência ou sorte do processo penal".

16. PUBLICAÇÃO

Diz-se que a sentença não tem nenhum valor jurídico enquanto não publicada. Portanto, sentença será, na estrita exatidão técnico-terminológica, quando se der sua publicação. Nesse sentido, como ensina José Frederico Marques, "a sentença antes de publicada não é ato processual, e sim trabalho particular do juiz"[58].

Estabelece o art. 389 do Código de Processo Penal que a sentença será publicada em mão do escrivão, que lavrará nos autos o respectivo termo. A sentença, portanto, em regra, adquire caráter público quando juntada aos autos. Não é essa, entretanto, a única hipótese. Prolatada em audiência, ela se torna pública quando ditada ao escrivão, que a reduz a termo, na presença das partes e de todos os que estiverem presentes ao ato.

A sentença exaure o provimento jurisdicional, encerrando a incidência de sua competência funcional com relação à lide que se lhe apresenta. Por isso, *uma vez publicada a sentença, não poderá o juiz que a prolatou modificá-la, salvo nas hipóteses de*:

a) *interposição de embargos de declaração*, para corrigir omissão, ambiguidade, contradição ou obscuridade contida na sentença (art. 382 do Código de Processo Penal). Os embargos de declaração constituem modalidade de recurso, que será estudada em detalhe oportunamente;

b) *correção de erros materiais ou de cálculo*, aplicando-se o disposto no art. 494, I, do CPC/2015. Por erro material se devem entender aqueles erros que evidentemente constituem enganos na redação da sentença proferida, divergindo o que constou escrito daquilo que quis o magistrado que constasse, tais como erros óbvios de digitação. Nesse caso, pode o juiz proceder de ofício à correção.

17. INTIMAÇÃO

Intimação é o ato processual pelo qual se dá ciência às partes de que a decisão foi proferida. Uma vez publicada a sentença, deverão as partes ser intimadas de seu conteúdo.

Deverão ser intimados pessoalmente da sentença (art. 370, § 4º, do Código de Processo Penal):

a) o órgão do Ministério Público;

b) o defensor nomeado.

Por intimação pessoal se entende aquela que se faz por via diversa daquela da publicação em jornal oficial, como ordinariamente ocorre. É que a sentença, como ato culminante do processo penal, deve ser comunicada inequivocamente.

O querelante ou assistente será intimado da sentença, pessoalmente ou na pessoa de seu advogado. Se nenhum deles for encontrado no lugar da sede do juízo, a intimação será feita por edital com prazo de 10 dias, afixado no lugar de costume (art. 391 do Código de Processo Penal).

Embora o art. 392 estabeleça casos de exclusividade ou de alternatividade da intimação do réu e de seu defensor, o entendimento jurisprudencial prevalecente, calcado na garantia da ampla defesa,

---

[57] Nesse sentido: *RT*, 807/710, 786/643, 811/690.

[58] José Frederico Marques, *Elementos de direito processual penal*, 2. ed., v. 2, p. 431.

é no sentido de que é necessária, em todos esses casos, a intimação de ambos. Não importará a ordem em que foram realizadas as intimações, ressalvado, entretanto, que o prazo para recorrer se inicia com a última intimação. De compreender que o advogado é fundamentalmente importante na intimação da sentença, devendo ser pessoalmente informado, visto que o acusado, como leigo, não tem condições de aquilatar a conveniência ou não de recorrer[59].

Neste sentido a importante lição de Ada Pellegrini Grinover, Antonio Scarance Fernandes e Antonio Magalhães Gomes Filho: "Em primeiro lugar, cumpre lembrar que a exclusividade ou alternatividade entrevistas nas disposições do art. 392 do CPP não prevalecem diante da garantia constitucional da ampla defesa, que compreende a autodefesa e a defesa técnica (*v. retro* Cap. VI); assim, em qualquer situação, não basta seja intimado tão somente o réu ou exclusivamente o defensor, seja ele constituído ou dativo, pois o ato somente atinge sua finalidade com a cientificação de ambos"[60].

Note bem: para que ocorra o trânsito em julgado da sentença condenatória, na hipótese de réu foragido, é necessário que o defensor dativo seja intimado pessoalmente da decisão, conforme se depreende do art. 5º, § 5º, da Lei n. 1.060/50[61].

Quanto à intimação de réu preso, o Superior Tribunal de Justiça já decidiu que deve ser pessoal apenas para ciência da sentença condenatória de primeiro grau, não se estendendo para as decisões de segunda instância[62].

No caso de intimação por edital, este deverá ser afixado pelo prazo de 90 dias, se tiver sido imposta pena privativa de liberdade por tempo igual ou superior a 1 ano, e de 60 dias, nos outros casos. O prazo para a interposição do recurso de apelação se iniciará após o término do fixado no edital, salvo se, no curso deste, a intimação for realizada de outra forma, ou comparecer a parte aos autos espontaneamente, demonstrando ciência inequívoca da decisão a impugnar. Se o acusado revel citado por edital for também intimado da sentença condenatória por edital, estando preso, poderá ter a seu favor declarada a nulidade da sentença em conformidade com o art. 392, I, do CPP[63].

As intimações dos acórdãos serão realizadas por meio de publicação na imprensa oficial, dela constando os nomes das partes e de seus advogados[64]. Há, entretanto, em face da regra geral do art. 370, § 4º, do Código de Processo Penal, a necessidade de intimação pessoal do membro do Ministério Público e do defensor dativo.

18. CONTAGEM DO PRAZO

Quanto à forma de contagem do prazo, vale lembrar, a Súmula 710 do Supremo Tribunal Federal determina que, diversamente do que ocorre no processo civil, "no processo penal, contam-se os prazos da data da intimação, e não da juntada aos autos do mandado ou da carta precatória ou de ordem".

De acordo com a súmula, evoca-se ainda a previsão do art. 798, § 5º, do CPP[65]. Há, contudo, forte corrente jurisprudencial no sentido de que, na hipótese de intimação da sentença condenatória por carta precatória, o termo inicial para apelação corresponderá à data da juntada aos autos da car-

[59] Nesse sentido: STJ, 5ª T., HC 450.573/PB, Rel. Min. Reynaldo Soares da Fonseca, j. 12.6.2018, *DJe*, 20.6.2018.

[60] Ada Pellegrini Grinover *et al.*, *As nulidades do processo penal*, p. 118-119.

[61] Nesse sentido: TRF-1, 3ª T., HC 00700153820144010000, Rel. Des. Fed. Mário César Ribeiro, j. 24.2.2015, *DJ*, 6.3.2015.

[62] STJ, 6ª T., HC 81.911/SP, Rel. Min. Maria Thereza Rocha de Assis Moura, j. 23.3.2010, *DJe*, 12.4.2010.

[63] Nesse sentido: *RT*, 915/615.

[64] Nesse sentido: *RT*, 816/490.

[65] Nesse sentido: *RT*, 794/534; STJ, HC 14.139/SP, 2000/0083978-7, Rel. Min. Fernando Gonçalves.

ta precatória devidamente cumprida, por aplicação analógica do então disposto no inciso IV do art. 241 do CPC, atuais arts. 231, VI, e 232 do CPC/2015[66].

A Súmula 310 do Supremo Tribunal Federal estabelece que, "quando a intimação tiver lugar na sexta-feira, ou a publicação com efeito de intimação for feita nesse dia, o prazo judicial terá início na segunda-feira imediata, salvo se não houver expediente, caso em que começará no primeiro dia útil que se seguir".

19. SÍNTESE

Da comunicação dos atos processuais, da sentença e dos atos jurisdicionais

Ato processual é aquele praticado com o fim de gerar efeitos no processo. Podem ser classificados em atos das partes e atos jurisdicionais. Os atos das partes se subdividem em postulatórios, dispositivos, instrutórios ou reais, enquanto os jurisdicionais se dividem em despachos e decisões.

Classificação dos atos jurisdicionais

De acordo com o seu objeto, podem ser classificados em:

- despachos: pronunciamentos do juiz com vistas à movimentação do processo, caracterizando-se por não conter carga decisória;
- decisões: têm por conteúdo um julgamento acerca de qualquer questão, ou acerca do próprio mérito da causa.

Classificação das decisões

1) Quanto à finalidade:

- sentença: tem por fim encerrar o processo;
- decisões interlocutórias: constituem todos os demais atos decisórios que não tenham por finalidade pôr fim ao processo.

2) Quanto ao objeto:

a) Decisões interlocutórias:

- Decisões interlocutórias simples: dirimem questões relativas ao desenvolvimento ou regularidade do processo sem, contudo, implicar o encerramento do feito, nem de qualquer fase do procedimento. Ex.: decisão que recebe denúncia ou queixa.
- Decisões interlocutórias mistas:
  - decisões interlocutórias mistas terminativas: encerram o processo sem o julgamento do mérito. Ex.: decisão que acolhe exceção de coisa julgada ou
  - decisões interlocutórias mistas não terminativas: quando põem fim a uma fase ou etapa procedimental. Ex.: decisão de pronúncia no procedimento do Júri.

b) Decisões definitivas ou sentenças: aquelas por meio das quais o juiz põe fim ao processo, julgando o mérito da causa. São classificadas em três categorias:

- sentenças absolutórias;
- sentenças condenatórias;
- decisões definitivas em sentido estrito ou terminativas de mérito: hipótese em que o juiz julga o mérito da causa sem, contudo, absolver ou condenar o réu, como na decisão que declara a extinção da punibilidade.

---

[66] Nesse sentido: *RT*, 800/725, 796/582.

3) Quanto ao órgão prolator

• subjetivamente simples: quando prolatadas por órgão monocrático;

• subjetivamente plúrimas: quando proferidas por um grupo homogêneo de julgadores;

• subjetivamente complexas: quando oriundas de órgãos colegiados heterogêneos.

Citação

É o ato de comunicação processual por meio do qual se dá ciência ao réu da ação penal, chamando-o a juízo para que ofereça a sua defesa. A ausência de citação válida gera nulidade absoluta do processo, a qual pode ser sanada pelo comparecimento espontâneo do réu.

A citação pode ser:

a) real ou pessoal, quando realizada na pessoa do acusado. Pode ser feita por mandado, carta precatória, rogatória ou de ordem, ou mediante requisição;

b) ficta ou presumida, quando feita mediante edital ou com hora certa.

Ressalte-se que se o acusado, citado por edital, não comparecer nem constituir advogado, ficarão suspensos o processo e o curso do prazo prescricional. Poderá, então, o juiz:

• determinar a produção antecipada das provas consideradas urgentes;

• se for o caso, decretar prisão preventiva, nos termos do art. 312 do CPP.

Revelia

Não importa em confissão ficta. Será declarado revel, seguindo o processo sem a presença do acusado, quando:

a) citado ou intimado pessoalmente para qualquer ato, o acusado deixar de comparecer injustificadamente;

b) no caso de mudança, não comunicar o novo endereço ao juízo;

c) no caso de quebramento de fiança, não se recolher à prisão.

Intimação

É a comunicação de ato processual já praticado, enquanto notificação é a comunicação para que se pratique determinada conduta. Porém, na prática forense, costuma-se utilizar apenas o termo "intimação", abrangendo, assim, a notificação.

Partes (ou requisitos) da sentença

a) relatório ou exposição: narrativa que, embora possa ser sucinta, deve detalhar todos os acontecimentos determinantes para o teor da decisão que se segue;

b) motivação ou fundamentação: expostas as razões de ambas as partes, caberá ao juiz indicar os motivos de fato e de direito que adotar como fundamento de sua decisão;

c) conclusão ou parte dispositiva: contém o resultado final do julgamento.

Prazos

De acordo com o art. 800 do CPP, o juiz singular, na prolação de atos decisórios, fica sujeito aos seguintes prazos:

I – 10 dias para proferir decisão definitiva ou interlocutória mista;

II – 5 dias para prolatar decisão interlocutória simples;

III – 1 dia para proferir despacho de mero expediente.

Ressalte-se que se trata de prazos impróprios, cuja consequência não importa na preclusão, não acarretando, em si, efeitos processuais.

Princípio da correlação

É a norma que obriga o julgador a guardar respeito ao fato descrito na denúncia ou queixa, dele não se afastando quando da prolação de uma decisão condenatória.

A sentença que concede algo diverso do que tinha sido requerido pelo autor da ação é denominada *extra petita*, enquanto a sentença que deixa de apreciar qualquer pedido deduzido pelo autor é chamada *citra (ou infra) petita*, e *ultra petita*, por outro lado, é a sentença que decide além do pedido.

Autonomia decisória do juiz

O magistrado é livre para interpretar os fatos e o direito, desde que o faça fundamentadamente, segundo critérios racionais e fundados na ordem jurídica vigente.

Emendatio libelli

Em decorrência da mencionada autonomia decisória do juiz, pode ele dar ao fato definição jurídica diversa da que constar da peça acusatória, ainda que tenha de aplicar pena mais grave. Neste caso, mantêm-se os fatos narrados, mas se conclui que esses fatos respondem a um tipo penal diverso daquele atribuído pela acusação na peça inicial.

É possível, inclusive, na segunda instância, mas neste caso a providência não poderá resultar em aplicação de pena mais grave ao réu se o recurso houver sido interposto exclusivamente pela defesa, em face do trânsito em julgado para a acusação e da vedação à chamada *reformatio in pejus*.

Mutatio libelli

Pode ocorrer que durante a instrução criminal, com a produção de provas, surjam elementos que indiquem a ocorrência de fatos que, conquanto sejam relevantes para a configuração do delito (elementares do tipo e circunstâncias) não tenham sido mencionados explícita ou implicitamente na peça acusatória. Neste caso, o Ministério Público deverá aditar a denúncia, modificando a descrição dos fatos ou a sua definição jurídica.

Não poderá ser feita em segunda instância.

Sentença absolutória

Ocorrerá quando o juiz não acolher a pretensão punitiva. As suas hipóteses estão previstas no art. 386 do CPP:

I – estar provada a inexistência do fato;

II – não haver prova da existência do fato;

III – não constituir o fato infração penal;

IV – estar provado que o réu não concorreu para a infração penal;

V – não existir prova de ter o réu concorrido para a infração penal;

VI – existir circunstância que exclua o crime ou isente o réu de pena.

São efeitos da sentença absolutória (art. 386, parágrafo único, do CPP):

a) a decretação da liberdade provisória do réu, se estiver preso;

b) a aplicação da medida de segurança, nos casos de sentença absolutória imprópria, em que se reconhece a inimputabilidade do réu, com base no art. 26, *caput*, do CP;

c) a cessação das medidas cautelares e provisoriamente aplicadas.

A sentença absolutória faz coisa julgada material. Seu trânsito em julgado a torna imutável, porquanto não existe, em nosso sistema, a revisão criminal *pro societate*.

Sentença condenatória

É aquela em que o juiz julga procedente a pretensão punitiva deduzida na peça acusatória, reconhecendo a responsabilidade do réu e aplicando-lhe uma pena.

Efeitos:

a) acarreta a preclusão dos vícios existentes na peça acusatória;

b) interrupção da fluência do prazo prescricional;

c) certeza da obrigação de reparar o dano decorrente da infração;

d) quanto à inscrição do réu no rol dos culpados, entende-se hoje ser tal ato possível apenas com o trânsito em julgado da sentença condenatória, em respeito ao princípio da presunção de inocência;

e) com o trânsito em julgado, gera a reincidência;

f) perda em favor da União dos instrumentos ou do produto do crime;

g) impossibilidade de concessão de *sursis*, ressalvado o condenado por multa;

h) revogação do *sursis* ao beneficiário condenado em sentença irrecorrível por crime doloso;

i) possibilidade de revogação do *sursis* ao beneficiário, condenado em sentença irrecorrível, por crime culposo ou contravenção, a pena privativa de liberdade ou restritiva de direitos;

j) revogação do livramento condicional do liberado condenado a pena privativa de liberdade, em sentença irrecorrível;

k) efeitos extrapenais específicos: perda do cargo, função pública ou mandato eletivo.

Intimação

Deverão ser intimados pessoalmente do conteúdo da sentença:

a) o órgão do Ministério Público;

b) o defensor nomeado.

Contagem do prazo

Contam-se os prazos da data da intimação e não da juntada aos autos do mandado ou carta precatória ou de ordem. Por outro lado, quando a intimação tiver lugar na sexta-feira, ou a publicação com efeito de intimação for feita nesse dia, o prazo judicial terá início na segunda-feira imediata, salvo se não houver expediente, caso em que começará no primeiro dia útil que se seguir.

Capítulo XXII
PROCEDIMENTO E PROCESSO

1. NOÇÕES INTRODUTÓRIAS

Procedimento e *processo* são termos que, apesar de intimamente ligados, não se referem ao mesmo fenômeno. Não são sinônimos, portanto não devem ser confundidos.

Processo é termo mais amplo, que abrange as ideias de procedimento, relação jurídico-processual e contraditório. O procedimento, assim, integra a noção de processo, e tem sido entendido como o *modus faciendi* da atividade processual. É por meio do procedimento que se exterioriza o processo e a relação jurídica que este contém.

O processo deve ser entendido sob aspecto dúplice: *procedimento* e *relação jurídica*. O procedimento, por sua vez, nada mais é que o *iter*, o conjunto de atos que se desenvolvem por todo o processo (sejam praticados pelos sujeitos processuais ou por terceiros que nele intervêm), voltados a uma atividade final, a sentença. É o processo, assim, um "procedimento em contraditório"[1], onde as partes são colocadas em paridade simétrica, de modo a preparar o provimento jurisdicional.

Relação jurídica pode ser entendida como o vínculo existente entre duas ou mais pessoas por meio da qual se estabelecem obrigações, ônus, deveres e direitos. Logo, pode-se dizer que o processo é uma relação jurídico-processual.

Essa relação se desenvolve entre os chamados sujeitos processuais: o juiz e as partes (autor e réu).

Nesse contexto se discute entre quais sujeitos processuais ocorrem as relações jurídicas processuais. Há três "teorias" sobre o tema:

a) Uma delas entende existir relação jurídica entre autor e réu, havendo uma relação dita horizontal, reproduzindo, destarte, a relação jurídica no plano do direito material.

b) Outra teoria defende que há relação jurídica apenas do Estado-Juiz com as partes separadamente — estrutura angular —, pois ambas se reportam apenas ao magistrado.

c) Por fim, a teoria mais aceita é a de que há relações jurídicas entre as partes e entre estas e o juiz, configurando-se uma relação jurídica triangular.

Mas, enquanto o processo é uno, o procedimento é vário. Isso mesmo: o legislador tem liberdade para prescrever diferentes modalidades ou espécies procedimentais, conforme as notas características ou individualidades da relação processual, das partes que a compõem ou mesmo da natureza da infração penal. Assim, para os crimes envolvendo drogas, estabeleceu o rito especial previsto na Lei n. 11.343/2006, e para as infrações de menor potencial ofensivo delineou o procedimento sumaríssimo, regulado pela Lei n. 9.099/95, por exemplo.

As formas procedimentais, no entanto, são de ordem pública. Isso significa que as partes e o juiz devem necessariamente obedecer ao procedimento estabelecido pelo legislador para a espécie, sendo-lhes vedada a possibilidade de escolher o rito que mais lhes agrade. Enfim, o procedimento é aquele ditado pela lei, não cabendo às partes e principalmente ao julgador suprimi-lo no todo ou em

---

[1] Elio Fazzalari, *Istituzioni di diritto processuale*, 5. ed., p. 60-80 e s.

parte. Tanto a adoção de procedimento diverso quanto a supressão de qualquer de suas fases acarretam, em regra, a nulidade do feito.

Ao legislador pátrio, no entanto, faltou a melhor técnica, confundindo *processo* com *procedimento* e utilizando com pouca cientificidade os dois termos. Quando regulou os *processos especiais,* na verdade cuidou da disciplina dos *procedimentos especiais.*

O processo, de outro lado, pode ser tido como garantia de acesso à jurisdição, de contraditório e de ampla defesa, uma vez que é consectário do princípio do devido processo legal, previsto no art. 5º, LIV, da CF. Com efeito, a cláusula constitucional do devido processo legal se divide em formal (*procedural due process*) e material (*substantive due process*), sendo que o devido processo legal formal impõe justamente a observância dos princípios e procedimentos, sem os quais ninguém poderá ser privado da liberdade ou de seus bens. Já o devido processo legal material relaciona-se à necessidade de limitar o excesso de interferência do Estado na esfera particular.

Por motivos metodológicos, vamos, nesta obra, manter a nomenclatura original do Código de Processo Penal, facilitando, com isso, a remissão aos títulos, capítulos e disposições da lei processual.

1.1. Autonomia do processo

A relação jurídica processual tem a finalidade de proporcionar a prestação jurisdicional em face de uma relação jurídica de direito material controvertida. A prestação jurisdicional visa à satisfação de pretensões, ou seja, à efetivação de direitos irrealizados. Daí advém a conclusão de que a relação jurídica processual é autônoma quanto à relação jurídica no plano do direito material que lhe é subjacente.

Assim, é possível afirmar que pode existir relação jurídica processual sem que haja relação jurídica de direito material. Basta admitir que o juiz pode absolver o réu em razão da inexistência do fato narrado na denúncia ou queixa-crime.

1.2. Início e fim do processo

O processo nasce com o oferecimento da denúncia ou da queixa-crime, de acordo com uma interpretação contextual do Código de Processo Penal[2]. Com efeito, caso o juiz rejeite a denúncia e o Ministério Público interponha o recurso, tem-se efetivamente o início de uma relação processual. Essa situação se torna ainda mais evidente com a determinação expressa da Lei n. 9.099/95, que determina em seu art. 82, § 2º, a intimação do denunciado para oferecer suas razões em face de recurso interposto contra a decisão que rejeitou a denúncia oferecida. Também se depreende da redação dos arts. 102 do CP e 25 do CPP, que tratam da representação nos crimes de ação penal pública condicionada à representação do ofendido.

Há julgados por meio dos quais o STJ afirma que o início da ação penal se dá com o recebimento, uma vez que é o momento em que se triangulariza a relação jurídica e se determina a ciência do réu, sendo esta sua posição mais atual[3]. O STF já entendeu que a ação penal se inicia com o recebimento da denúncia ou queixa-crime. Prevalece, entretanto, que o início da ação penal ocorre no momento do oferecimento da denúncia[4]. Nesse sentido, a Súmula 707 do Pretório Excelso: "Constitui nulidade a falta de intimação do denunciado para oferecer contrarrazões ao recurso interposto da rejeição da denúncia, não a suprindo a nomeação de defensor dativo". Sentença é o ato que põe

---

[2] Nesse sentido: Fernando da Costa Tourinho Filho.

[3] STJ, 3ª S., HC 610/201/SP, Rel. Min. Ribeiro Dantas, *DJe*, 2.9.2020.

[4] RHC 63.665, 2ª T., j. 1º.4.1986.

fim ao processo em primeiro grau, tendo em vista que poderá haver recurso, e, nesse caso, o acórdão do tribunal será o ato que encerrará o processo.

1.3. Atos jurídicos processuais

Os atos praticados dentro de um processo são atos jurídicos, por isso têm regime jurídico idêntico aos de atos praticados na vida civil, ou seja, devem ter agente capaz, objeto lícito e forma prescrita ou não defesa em lei (art. 104 do Código Civil).

2. PRESSUPOSTOS PROCESSUAIS

Os pressupostos processuais são as circunstâncias necessárias para a existência e o desenvolvimento válido do processo. São essenciais à formação e ao desenvolvimento do processo. Podem ser subdivididos em pressupostos processuais de existência, os quais autorizam a instauração da relação processual, e de validade, os quais garantem o desenvolvimento válido da relação processual. Assim, temos:

a) Pressupostos de existência:

a.1) partes (autor e réu);

a.2) jurisdição (juiz – órgão constitucionalmente incumbido pela jurisdição);

a.3) pedido (ou demanda).

b) Pressupostos de validade:

b.1) competência e imparcialidade do juiz;

b.2) capacidade das partes (engloba a capacidade processual – para estar em juízo postulando determinada pretensão – e a capacidade civil – para ser parte em atos jurídicos em geral);

b.3) capacidade postulatória;

b.4) inexistência de coisa julgada, litispendência e perempção.

Pode-se afirmar que a coisa julgada, a litispendência e a perempção são pressupostos processuais negativos, enquanto os outros são pressupostos processuais positivos.

Ressalte-se que citamos capacidade postulatória acima em sentido *lato*, pois *stricto sensu* somente os advogados têm capacidade postulatória, enquanto os membros do Ministério Público têm atribuição legal.

3. SISTEMAS DE PROCESSO PENAL

O processo penal, aceitando-se a já clássica doutrina, pode ser inquisitivo, acusatório e misto (*vide* Capítulo III).

a) *inquisitivo*: a investigação e a instrução probatória são sigilosas, as funções das partes e do juiz são desempenhadas por um único órgão – em geral o juiz –, havendo predomínio do procedimento escrito, restrições à possibilidade de recusar o julgador e ausência de contraditório;

b) *acusatório* (oposto do inquisitivo): a publicidade na investigação é regra, ampla possibilidade do exercício da defesa e do contraditório, procedimento oral e escrito, possibilidade de recusar o julgador; as funções de acusador e julgador não se confundem;

c) *misto*: uma parte é inquisitiva (começo) e outra acusatória (término).

Para a ampla maioria da doutrina, o Código de Processo Penal adotou o sistema acusatório, sobretudo com a criação do juiz das garantias (instituto concebido pela Lei n. 13.964/2019). Contudo, há doutrinadores que entendem que o CPP adotou o sistema misto, tendo em vista que o inquérito policial é sigiloso, não há contraditório e ampla defesa, é presidido por bacharel em Direito, não há possibilidade de recusa do investigador, é eminentemente escrito e, ademais, as informações colhidas no inquérito policial, mormente os laudos periciais, podem ser levados em conta pelo julgador, ainda que como prova indiciária. Por fim, há doutrina que entende que o Brasil não adota o sistema acusatório "puro", em face da existência do inquérito policial, havendo, contudo, clara predominância do sistema acusatório.

4. FASES PROCEDIMENTAIS

No procedimento penal podem ser vislumbradas quatro etapas ou fases, agrupando cada uma delas atos com objetivos diversos. Assim, teremos:

a) *Fase postulatória*: começa com a peça inicial acusatória (denúncia ou queixa), estendendo-se até o oferecimento da resposta escrita.

b) *Fase instrutória*: engloba os atos tendentes à produção de elementos de prova (fase probatória), bem como as alegações e argumentos apresentados pelas partes na audiência de instrução, debates e julgamento.

c) *Fase decisória*: representa o ápice de toda a atividade processual desenvolvida, na qual caberá ao juiz declarar o direito à espécie, pondo, assim, termo ao processo. Ao publicar a sentença, o juiz cumpre e acaba o ofício jurisdicional (art. 494 do CPC/2015).

d) *Fase executória:* com o advento do trânsito em julgado da decisão penal condenatória (sentença ou acórdão), inicia-se a fase de execução da sanção penal imposta (art. 105 da Lei n. 7.210/84).

5. PROCEDIMENTO MONOFÁSICO E PROCEDIMENTO BIFÁSICO

O procedimento monofásico representa, hoje, a regra adotada na maior parte dos processos. Nele, não prevê o legislador a necessidade de decisão intermediária, entre as fases de instrução e julgamento, voltada à verificação da existência ou não de fundamentos para a acusação.

Por outro lado, o procedimento bifásico, também chamado de *escalonado,* apresenta, digamos, duas fases decisórias: a primeira acerca da seriedade da acusação (prevenindo, assim, a violação gratuita e infundada da dignidade do acusado) e a segunda referente ao julgamento da causa propriamente dito, em que será decidida a pretensão acusatória. Nesse caso, somente quando for considerada séria a pretensão acusatória, isto é, baseada em elementos incriminatórios suficientes, relevantes e congruentes, será o acusado enviado a julgamento, para a determinação ou não de sua culpabilidade.

O procedimento bifásico atualmente é a exceção, e tem nos processos do Tribunal do Júri seu exemplo marcante.

6. PROCEDIMENTO COMUM E PROCEDIMENTOS ESPECIAIS

O procedimento poderá ser comum ou especial, segundo o art. 394, *caput*, do CPP. O procedimento comum, por sua vez, será ordinário, sumário ou sumaríssimo, de acordo com a pena, na forma seguinte, disposta no § 1º do referido dispositivo legal:

a) ordinário, se ao crime for cominada abstratamente pena máxima privativa de liberdade igual ou superior a 4 anos;

b) sumário, se ao delito for cominada abstratamente pena máxima privativa de liberdade inferior a 4 anos; e

c) sumaríssimo, nos casos de infração de menor potencial ofensivo, na forma da Lei n. 9.099/95.

Nota-se, à evidência, que o critério utilizado pelo julgador foi unicamente a gravidade do crime a ser apurado.

Para definir qual dos procedimentos será o cabível no caso em concreto, deverá o julgador levar em consideração a presença de eventuais qualificadoras e causas de aumento ou diminuição de pena.

Quanto a estas, é necessário considerar o máximo possível de aumento previsto e o mínimo de diminuição, verificando-se qual seria a situação mais gravosa ao réu para, aí sim, fixar-se o procedimento.

Por derradeiro, insta salientar que as circunstâncias agravantes e atenuantes, por não terem o condão de alterar o mínimo e o máximo abstratamente previstos da pena, não devem influir para fixação do rito procedimental a ser observado.

Ademais, deverão ser observados eventuais concursos de crime para se definir o rito procedimental, aplicando-se a somatória decorrente do concurso material, a exasperação atinente ao concurso formal e o acréscimo advindo de eventual continuidade delitiva.

O procedimento comum é aplicável a todos os processos, salvo se houver procedimento especial no Código de Processo Penal ou em lei extravagante (art. 394, § 2º). São procedimentos especiais previstos no CPP: procedimento dos crimes de responsabilidade dos funcionários públicos; procedimento dos crimes contra a honra; procedimento dos crimes contra a propriedade imaterial; procedimento de restauração de autos extraviados ou destruídos. Em que pese o procedimento relativo aos processos da competência do Tribunal do Júri estar inserido no Capítulo II do Título I do CPP, que cuida do "Processo Comum", é certo que se trata de procedimento especial. Aliás, a própria Lei n. 11.719/2008, que introduziu profundas alterações no que concerne aos procedimentos, considerou como espécies de procedimento comum o ordinário, o sumário e o sumaríssimo, o que reforça o caráter especial do rito do Júri.

Em leis esparsas podemos encontrar outros procedimentos específicos, tais como: Lei Antidrogas (Lei n. 11.343/2006), Lei dos Crimes de Abuso de Autoridade[5] (Lei n. 13.869/2019), Lei dos Crimes de Prefeitos Municipais (Decreto-lei n. 201/67), dos procedimentos para ações penais originárias no STJ e no STF (Lei n. 8.038/90) etc.

Vale lembrar que o procedimento de restauração de autos encontra-se deslocado, pois deveria ter sido tratado entre os procedimentos incidentes.

Quanto ao procedimento de aplicação de medida de segurança por fato não criminoso, obviamente não encontra mais aplicação, por força da reforma da Parte Geral do Código Penal em 1984.

O Título III, que trata *dos processos de competência do Supremo Tribunal Federal e dos Tribunais de Apelação*, foi revogado pela Lei n. 8.658/93, a qual dispôs sobre a aplicação nas ações penais originárias, nos Tribunais de Justiça e nos Tribunais Regionais Federais das normas da Lei n. 8.038/90.

Vale mencionar a classificação dos procedimentos entre *procedimento relativo às infrações da competência originária dos tribunais* e *procedimento relativo às infrações da competência da inferior instância,* citada por Tourinho Filho como a *summa divisio* das formas procedimentais.

7. CONCURSO DE PROCEDIMENTOS

Poderá haver concurso de procedimentos em razão de existência de conexão e continência. Assim, por exemplo, caso haja denúncia por infração de menor potencial ofensivo e crime que deva seguir o rito dos arts. 394 e seguintes do CPP, qual aplicar? Em obediência ao princípio da ampla

[5] A Lei n. 10.259/2001, que cuida dos Juizados Especiais no âmbito da Justiça Federal, não excluiu de sua incidência os crimes de menor potencial ofensivo que possuíssem procedimentos especiais, razão pela qual com relação a esses crimes se aplicam as disposições do procedimento do Juizado Especial Criminal.

defesa, aplica-se o procedimento de maior amplitude[6], visando garantir maior espaço para a formulação da defesa do acusado e da sociedade.

Há casos em que a jurisprudência adota, por analogia, o art. 78, II, *a*, do CPP, que trata da competência territorial, para afirmar que se aplica o procedimento do crime de maior gravidade. Mas essa aplicação apenas confirma a preocupação com a ampla defesa acima exposta[7].

De qualquer forma, a aplicação de um ou outro rito somente pode causar nulidade da relação processual caso haja prova efetiva de prejuízo à ampla defesa e ao contraditório para qualquer das partes. Caso contrário, não havendo tal restrição danosa, não haverá nulidade a ser reconhecida.

Por fim, deve-se ressaltar que o art. 48, § 1º, determina que o autor de qualquer das condutas previstas no art. 28 da Lei n. 11.343/2006 (*v.g.*, porte de drogas para consumo pessoal) será processado e julgado na forma dos arts. 60 e seguintes da Lei n. 9.099/95, salvo se houver concurso com os crimes previstos nos arts. 33 e seguintes da novel legislação (tráfico de drogas e outros). Neste caso, o rito a ser aplicado é aquele previsto no novel diploma legal.

Todavia, havendo conexão ou continência entre tráfico de drogas e outros crimes, aplica-se o procedimento que permite maior amplitude defensiva.

8. SÍNTESE

Procedimento e processo

Processo é termo amplo que abrange as ideias de procedimento. Por outro lado, o procedimento é o conjunto de atos que se desenvolvem pelo processo.

Pressupostos processuais

São as circunstâncias necessárias para a existência e o desenvolvimento válido do processo. Assim temos:

a) Pressupostos de existência:

- partes (autor e réu);
- jurisdição (juiz);
- pedido (ou demanda).

b) Pressupostos de validade:

- competência e imparcialidade do juiz;
- capacidade das partes;
- capacidade postulatória;
- inexistência de coisa julgada, litispendência e perempção.

Sistemas de processo penal

a) *inquisitivo*: investigação e instrução probatória são sigilosas, as funções das partes e do juiz são desempenhadas por um único órgão, havendo predomínio do procedimento escrito, restrições à possibilidade de recusar o julgador e ausência de contraditório;

---

[6] Nesse sentido: Luiz Fernando Vaggione, *Teoria e prática de processo penal*, p. 54.

[7] "Em caso de concurso de crimes, sujeitos a procedimentos diversos, que devam observar unidade de processo e julgamento, o procedimento a ser observado é aquele do crime de maior gravidade, nos termos do artigo 78, II, *a*, do CPP, pois assim presumivelmente estará sendo observada a garantia de ampla defesa em sua maior amplitude" (STJ, 5ª T., HC 553.872/SP, Rel. Min. Reynaldo Soares da Fonseca, j. 11.2.2020).

b) *acusatório*: a publicidade na investigação é regra, ampla possibilidade do exercício da defesa e do contraditório, procedimento oral e escrito, possibilidade de recusar o julgador, as funções de acusador e julgador não se confundem;

c) *misto*: uma parte é inquisitiva e outra acusatória.

Fases procedimentais

a) fase postulatória;

b) fase instrutória;

c) fase decisória; e

d) fase executória.

Procedimento monofásico e bifásico

O procedimento monofásico é a regra adotada na maior parte dos processos. Nele, não prevê o legislador a necessidade de decisão intermediária entre as fases de instrução e julgamento, voltada à verificação da existência ou não de fundamentos para a acusação. Por outro lado, o procedimento bifásico (ou escalonado) apresenta duas fases decisórias: a primeira acerca da seriedade da acusação e a segunda referente ao julgamento da causa propriamente dito. Trata-se o segundo de exceção, tendo por exemplo marcante o procedimento adotado no Tribunal do Júri.

Procedimento comum e procedimentos especiais

O procedimento poderá ser comum ou especial, conforme disposto no art. 394, *caput*, do CPP. O procedimento comum, por sua vez, será ordinário, sumário ou sumaríssimo, de acordo com a pena:

a) *ordinário*, se ao crime for cominada abstratamente pena máxima privativa de liberdade igual ou superior a 4 anos;

b) *sumário*, se ao delito for cominada abstratamente, pena máxima privativa de liberdade inferior a 4 anos; e

c) *sumaríssimo*, nos casos de infração de menor potencial ofensivo, na forma da Lei n. 9.099/95.

Para definir qual dos procedimentos será o cabível no caso concreto, devem também ser consideradas a presença de qualificadoras e causas de aumento ou diminuição da pena. Porém, não devem ser levadas em conta as circunstâncias atenuantes e agravantes.

Capítulo XXIII
PROCEDIMENTOS: DISPOSIÇÕES GERAIS. PROCEDIMENTO COMUM: ORDINÁRIO E SUMÁRIO (CRIMES DA COMPETÊNCIA DO JUIZ COMUM)

1. PROCEDIMENTOS: DISPOSIÇÕES GERAIS

A Lei n. 11.719/2008 modificou substancialmente a matéria relativa aos procedimentos, aproximando muito os ritos ordinário e sumário. A fase postulatória dos dois procedimentos, que se inicia com a denúncia ou queixa e termina com o oferecimento da resposta escrita, é idêntica e será a seguir abordada.

O procedimento comum é aplicável a todos os processos, salvo disposição legal em sentido contrário (art. 394, § 2º), por exemplo, nos feitos de competência do Tribunal do Júri, regidos pelo disposto nos arts. 406 a 497 do CPP (art. 394, § 3º).

Em razão do contido no § 4º do art. 394 – "As disposições dos arts. 395 a 398 deste Código aplicam-se a todos os procedimentos penais de primeiro grau, ainda que não regulados neste Código" –, há que fazer uma interpretação sistemática com o § 2º do mesmo dispositivo legal, donde se pode concluir que os arts. 395 a 398 são aplicáveis à generalidade dos procedimentos de primeira instância, desde que não conflitem com as regras por eles estabelecidas.

Analisemos, pois, as disposições gerais atinentes aos procedimentos ordinário e sumário, aplicáveis, no que for possível, aos demais ritos de primeiro grau, *ex vi* do aludido § 4º do art. 394.

Conforme determina o art. 394-A, os processos que apurem a prática de crime hediondo terão prioridade de tramitação em todas as instâncias (dispositivo incluído pela Lei n. 13.285, de 2016).

1.1. Recebimento e rejeição da denúncia ou queixa

Oferecida a denúncia ou a queixa, o juiz analisará a presença dos requisitos formais, dos pressupostos processuais e das condições da ação. *A chamada "justa causa" para a admissão da ação penal está implícita nas condições da ação, pois se manifesta no interesse de agir processual e se constitui na existência de fato definido como crime e de indícios de sua autoria.* Há doutrinadores que entendem que "justa causa" é nome que pode ser dado ao conjunto das condições da ação; outros entendem tratar-se de condição genérica autônoma, a indicar um lastro probatório mínimo.

A decisão de recebimento da denúncia não necessita de fundamentação exauriente, pois não é ato decisório, mas de mera admissibilidade da acusação. Além disso, o recebimento indica, ainda que implicitamente, que houve o exame das provas anexadas à denúncia. Por outro lado, caso haja motivação no recebimento, corre-se o risco de haver prejulgamento dos fatos.

O STJ e o STF já decidiram que o recebimento da denúncia não exige fundamentação[1], entendendo que o recebimento é decisão interlocutória simples.

Já a decisão que rejeita a denúncia ou queixa, nas hipóteses do art. 395, ao contrário, deve ser fundamentada. Isto porque é decisão interlocutória terminativa, uma vez que põe fim à relação pro-

[1] Nesse sentido, Julio Fabbrini Mirabete, *Código de Processo Penal interpretado*, 5. ed., p. 103.

cessual. Tanto assim que o CPP prevê recurso contra a decisão de rejeição (art. 581, I), inexistindo expressamente recurso contra a de recebimento.

1.2. Hipótese de recebimento parcial da denúncia

Outra questão importante, de grande discussão na doutrina, é a possibilidade de o juiz receber parcialmente a denúncia ou a queixa. Poderá o juiz receber a denúncia que capitulou o homicídio qualificado sem a qualificadora? Ou, ainda, poderá receber a denúncia que descreveu diversos crimes somente em relação a algum ou alguns deles? Realmente é uma hipótese temerária, pois, agindo assim, o juiz poderá realizar exame de mérito em momento indevido. Além disso, na fase do recebimento da denúncia vigora o princípio do *in dubio pro societate*, ou seja, caso haja dúvida sobre a pertinência da ação penal, deve ela ser admitida. No entanto, para hipóteses realmente excepcionais, tem-se aceitado o recebimento parcial da denúncia. Nesse sentido, mormente o STF e o STJ (*vide* Capítulo IX, item 11) têm admitido o recebimento parcial da denúncia[2].

De igual forma, também não é lícito ao magistrado, quando do recebimento da denúncia, em mero juízo de admissibilidade da acusação, conferir definição jurídica aos fatos narrados na peça acusatória. O momento adequado para fazê-lo seria na prolação da sentença, ocasião em que poderia haver a *emendatio libelli* ou a *mutatio libelli*, se a instrução criminal assim o indicar[3].

1.3. Recebimento e resposta escrita

Entendendo que a denúncia ou queixa preenche os requisitos formais legalmente exigidos, as condições da ação e os pressupostos processuais, deverá o juiz recebê-la, cabendo-lhe determinar a citação[4] do réu para oferecer resposta escrita no prazo de 10 dias (art. 396, *caput*). Caso a citação ocorra por edital, o prazo para a apresentação da resposta será deflagrado a partir do comparecimento pessoal do acusado ou do advogado por ele constituído.

Poderá o réu na resposta arguir questões preliminares e matérias que interessem à defesa, sendo-lhe facultado o oferecimento de documentos e justificações. Deve, ainda, especificar as provas pretendidas e arrolar testemunhas, sob pena de preclusão – da mesma forma que a acusação, na denúncia ou queixa –, qualificando-as, e, requerendo, se necessário, sua intimação (art. 396-A). Assim, se a defesa expressamente não postular a intimação das testemunhas indicadas na resposta, deverá, por conta própria, providenciar o comparecimento à audiência designada, não incidindo o disposto nos arts. 218 e 219.

O STJ já entendeu que é facultado ao magistrado a aceitação do pedido de arrolamento de testemunhas *a posteriori*, feito em defesa prévia, não gerando preclusão do direito, por não haver inércia da parte[5].

A apresentação da resposta escrita é obrigatória, na exata medida em que, se não for oferecida no prazo legalmente fixado, ou, ainda, se o réu, regularmente citado, não constituir advogado, o juiz nomeará defensor para oferecê-la, concedendo-lhe vista dos autos pelo prazo de 10 dias (art. 396-A, § 2º).

Após o oferecimento da resposta escrita, duas são as opções do magistrado: absolver sumariamente o réu, se presente alguma das situações do art. 397, ou designar dia e hora para a audiência, ordenando a intimação do réu, de seu defensor, do Ministério Público e, se for o caso, do querelante e do assistente.

---

[2] STJ, HC 36.528/SP, HC 1.882/MS, HC 13.311/SP e HC 14.440/SP; STF, HC 72.286-5/PR.

[3] STF, 1ª T., HC 111.445/PE, Rel. Min. Dias Toffoli, j. 16.4.2013.

[4] Sobre citação, remetemos o leitor ao item 4.1 do Capítulo XXI.

[5] STJ, 6ª T., REsp 1.443.533/RS, Min. Maria Thereza de Assis Moura, j. 23.6.2015, *Informativo do STJ* n. 565.

Todavia, com a reforma trazida pela Lei n. 11.719/2008, o art. 396-A do CPP dispôs que o réu deverá oferecer resposta à acusação, alegando os fatos que entender pertinentes a sua defesa. Em seguida, poderá o juiz absolvê-lo sumariamente (art. 397 do CPP) se reconhecer a existência manifesta de causa excludente de ilicitude do fato, de causa excludente de culpabilidade do agente – salvo inimputabilidade –, que o fato narrado evidentemente não constitui crime ou que está extinta a punibilidade do agente.

Logo, parece-nos evidente que, se o réu alegar, em sua defesa, quaisquer das causas passíveis de absolvição sumária, impõe-se ao julgador a necessidade de fundamentar, ainda que perfunctoriamente, a decisão que eventualmente rejeitar as hipóteses suscitadas. Frise-se que a fundamentação deve ser exígua e concisa, limitando-se a constatar a admissibilidade da demanda instaurada, sob pena de indevido prejulgamento do feito[6].

Não obstante, alguns tribunais têm entendido que a decisão deve ser acuradamente fundamentada, expondo todos os motivos que justificaram a rejeição das alegações do réu[7].

Da decisão que recebe a denúncia ou queixa não cabe, em regra, recurso. Contudo, no procedimento do julgamento de crimes de competência originária dos tribunais, previsto na Lei n. 8.038/90 (art. 39), cabe agravo contra a decisão que recebeu a denúncia.

1.4. Absolvição sumária

Como visto, apresentada a resposta escrita, o juiz poderá absolver sumariamente o réu quando verificar (art. 397):

I – a existência manifesta de causa excludente da ilicitude do fato.

A primeira hipótese de absolvição sumária diz respeito à existência manifesta de causa de justificação (estado de necessidade, legítima defesa, estrito cumprimento de dever legal, exercício regular de direito, previstas no art. 23 do CP, por exemplo).

Urge mencionar que os requisitos caracterizadores da excludente de antijuridicidade devem estar presentes de forma patente, insofismável. Por outro lado, se houver dúvida acerca do preenchimento de tais requisitos, não pode o juiz prolatar a sentença absolutória; deverá sanear o processo e designar audiência;

II – a existência manifesta de causa excludente da culpabilidade do agente, salvo inimputabilidade.

Para que o acusado seja sumariamente absolvido com fulcro em causa de exclusão da culpabilidade, da mesma forma que na hipótese do inciso anterior, a prova acerca da ocorrência da dirimente deve ser manifesta, ou seja, indiscutível. Caso não esteja devidamente caracterizada a excludente, o juiz saneará o feito e designará a realização da audiência.

Não pode haver absolvição sumária em caso de inimputabilidade decorrente de doença mental ou desenvolvimento mental incompleto ou retardado (art. 26, *caput,* do CP), porquanto, se o agente nessas condições era, ao tempo da conduta, inteiramente incapaz de entender o caráter ilícito do fato ou de determinar-se de acordo com esse entendimento, receberá medida de segurança;

III – que o fato narrado evidentemente não constitui crime.

Oferecida denúncia ou queixa que narra fato atípico, deve o juiz, de plano, rejeitá-la por impossibilidade jurídica do pedido (art. 395, II, do CPP). Contudo, se a atipicidade for verificada tão somente após a resposta prévia, o juiz absolverá sumariamente o réu;

---

[6] STJ, 3ª Turma Seção, Rcl 45.054/MG, Rel. Min. Reynaldo Soares da Fonseca, j. 9.8.2023.

[7] TJSP, 14ª Câm. Dir. Crim., HC 990.09.123605-5, Rel. Hermann Herschander, j. 13.8.2009, *DJ*, 19.11.2009.

IV – extinta a punibilidade do agente.

Equivocou-se o legislador ao prever como causa de absolvição sumária a ocorrência de extinção da punibilidade. Isto porque a natureza jurídica da decisão que julga extinta a punibilidade é de sentença terminativa de mérito, vale dizer, ato do juiz que decide o *meritum causae* sem, contudo, condenar ou absolver o réu.

Repise-se que, tanto na hipótese de acolhimento das hipóteses de absolvição sumária quanto nas de afastamento, é necessária fundamentação – neste último caso, a fundamentação deverá ser concisa – e, havendo dúvida, deverá o juiz indeferir o julgamento antecipado, prevalecendo o princípio do *in dubio pro societate.*

1.4.1. Recursos

As decisões de absolvição sumária previstas nos incisos I, II e III do art. 397 constituem verdadeiras sentenças absolutórias, razão pela qual são impugnáveis por intermédio de recurso de apelação (art. 593, I, do CPP). Já a decisão que julga extinta a punibilidade (inciso IV do mesmo dispositivo legal), sentença terminativa de mérito, comporta recurso em sentido estrito, por força do art. 581, VIII, do CPP.

1.5. Despacho saneador

Não sendo caso de absolvição sumária, o juiz saneará o processo.

O magistrado decidirá as questões preliminares alteadas e deliberará acerca das diligências requeridas na resposta escrita, sem olvidar eventuais exceções opostas, processadas em apartado, na forma dos arts. 95 a 112 do CPP (art. 396-A, § 1º).

Realizadas as diligências necessárias para o esclarecimento de fato que interesse à causa ou para o saneamento de nulidades, o juiz designará audiência una.

Cumpre ressaltar que, não obstante o art. 399 do CPP tenha mencionado que, "recebida a denúncia ou queixa, o juiz designará dia e hora para a audiência...", passou a existir dúvida quanto ao efetivo momento de "recebimento" da denúncia (art. 396 ou 399 do CPP).

Embora haja divergência doutrinária, tem prevalecido o entendimento de que o efetivo recebimento da denúncia – e marco interruptivo da prescrição – é o do art. 396, sendo que a expressão utilizada na redação do art. 399 nada mais é do que fruto do pouco ou nenhum tecnicismo do legislador, o qual pretendia simplesmente mencionar que o juiz deveria designar audiência de instrução quando não reconhecer as hipóteses do art. 397 do mesmo diploma legal.

1.6. Princípio da identidade física do juiz

Inserido pela Lei n. 11.719/2008 no processo penal, estabelece que o magistrado que presidir a instrução obrigatoriamente prolatará a sentença. Não obstante haja manifestação doutrinária em sentido diverso, entendemos que o referido princípio deve ser estendido a todos os tipos de procedimento, inclusive os especiais, não se restringindo ao procedimento comum ordinário.

Cumpre assentar que a desobediência ao princípio da identidade física do juiz constitui causa de nulidade da sentença. Por uma questão lógica – como previa o anterior Código de Processo Civil em seu art. 132 –, pensamos que o juiz, titular ou substituto, que concluir a audiência julgará a lide, salvo se estiver convocado, licenciado, afastado por qualquer motivo, promovido ou aposentado, caso em que passará os autos ao seu sucessor. Fora dessas hipóteses, em face da identidade física do juiz, os autos do processo deverão ser-lhe remetidos para julgamento, ainda que não mais esteja judicando no mesmo órgão.

2. PROCEDIMENTO COMUM ORDINÁRIO

2.1. Audiência una: instrução, debates e julgamento

No rito comum ordinário, deverá a audiência ser realizada no prazo máximo de 60 dias (art. 400, *caput*), contado a partir do recebimento da denúncia ou queixa.

Não obstante o disposto em lei, é certo que a jurisprudência é pacífica no sentido de relativizar os prazos processuais, levando em conta as peculiaridades do processo – complexidade da causa[8], possível conduta protelatória da defesa[9], os atos requeridos pela defesa[10], motivos de força maior[11] etc. – e, sobretudo, aplicando o critério da razoabilidade[12], a fim de determinar se a demora se encontra ou não justificada.

Designada a audiência, o juiz deverá ordenar a intimação do réu, de seu defensor, do Ministério Público e, se for o caso, do querelante e do assistente de acusação (art. 399, *caput*).

Na audiência, sempre que possível, a vítima será ouvida a respeito das circunstâncias da infração, quem seja ou presume ser seu autor e as provas que possa apontar (art. 201, *caput*). Poderá, inclusive, ser conduzida coercitivamente se, regularmente intimada, não comparecer ao ato (art. 201, § 1º).

Ato contínuo, serão inquiridas as testemunhas arroladas pela acusação e defesa, respectivamente, ressalvados os casos de testemunhas residentes fora da comarca, que serão ouvidas por carta precatória. Há que mencionar, também, que as testemunhas poderão ser ouvidas no estrangeiro, independentemente de carta rogatória, se houver tratado de assistência jurídica mútua entre países signatários. É o caso, por exemplo, do Protocolo de Assistência Jurídica Mútua em Assuntos Penais, assinado pelos Governos da Argentina, do Brasil, do Paraguai e do Uruguai e aprovado pelo Congresso Nacional por meio do Decreto Legislativo n. 3, de 26 de janeiro de 2000. Nesse caso, as regras para o encaminhamento dos pedidos são diversas do caminho seguido pela via rogatória, sendo disciplinadas pelo próprio documento.

Cada parte poderá arrolar até oito testemunhas (art. 401, *caput*), não sendo computadas nesse número as testemunhas que não prestem compromisso (informantes ou declarantes) e as referidas (art. 401, § 1º).

A parte que arrolou a testemunha poderá desistir de sua oitiva, exceto se o juiz entender necessário o depoimento (art. 401, § 2º).

Vale lembrar que o réu tem o direito de estar presente nos atos de instrução. Apesar de não ser esse direito absoluto, tem de ser respeitado, devendo, pois, o réu ser intimado sobre tal ato. Ademais, a ausência do réu na audiência de inquirição de testemunhas pode configurar nulidade relativa[13], caso haja demonstração do prejuízo a sua defesa. Outra corrente sustenta tratar-se de nulidade absoluta, uma vez que o direito de presença é corolário do princípio da ampla defesa, constitucionalmente consagrado no art. 5º, LV, componente do devido processo legal em seu aspecto formal. Nesse caso, explica-se a violação aos princípios constitucionais do processo de modo a acarretar nulidade absoluta, sendo o prejuízo presumido.

---

[8] STF, HC 81.905/PE.

[9] STF, HC 75.463/PE.

[10] STF, HC 84.780/AL.

[11] STF, HC 53.723/ES.

[12] STF, HC 83.977/RJ; HC 84.201/SE.

[13] STF, HC 83.409/SP; STJ, HC 28.215/SP.

Existe a possibilidade de inquirição dos peritos, desde que haja prévio requerimento (art. 400, § 2º). É facultado às partes postular a oitiva dos expertos para que esclareçam a prova ou respondam a quesitos. Entretanto, o mandado de intimação e os quesitos devem ser encaminhados com antecedência mínima de 10 dias. A lei confere aos peritos direito de responder aos quesitos em laudo complementar (art. 159, § 5º, I).

Os assistentes técnicos também poderão ser inquiridos na audiência (art. 159, § 5º, II).

Caso seja necessário, realizar-se-ão acareações e reconhecimento de pessoas e coisas.

O último ato da instrução criminal é o interrogatório, composto de duas partes: a primeira sobre a pessoa do acusado e a segunda sobre o fato que lhe é imputado (art. 187, *caput*).

Se é certo que no interrogatório o magistrado conhecerá a personalidade do acusado, sua vida social e pregressa, logicamente após tal ato deveria advir a confirmação daquilo que por ele foi dito, ou o descrédito de suas informações, com eventual prova de suas inveracidades. Isto só poderia resultar da oitiva das testemunhas arroladas pela acusação e defesa.

Daí o grave comprometimento à busca da verdade gerado pela Lei n. 11.719/2008. A inversão da ordem lógica da instrução processual – que tem o interrogatório como o último ato após a produção das demais provas orais e documentais – permitirá que o acusado construa sua versão sobre os depoimentos e provas colhidos, desviando-se do que lhe pareça comprometedor. Poderá o réu, pois, ajustar livremente sua versão do modo que melhor lhe aprouver. Forçoso concluir que a inovação legislativa retirou do interrogatório a essência de ser fonte de prova, para hipertrofiar sua característica de meio de defesa.

Finda a instrução criminal, o Ministério Público, o querelante, o assistente e, a seguir, o réu, por seu defensor, poderão requerer a realização de diligências cuja necessidade originou-se daquilo que foi apurado na instrução (art. 402). O juiz, *ex officio*, poderá determinar diligências imprescindíveis. Ordenadas, a audiência será concluída sem alegações finais. Após a efetivação da diligência, as partes, no prazo de 5 dias, sucessivamente, serão intimadas para oferecer suas alegações por escrito, por meio de memoriais. No prazo de 10 dias, o juiz proferirá sentença (art. 404, *caput* e parágrafo único).

Não havendo diligências ou sendo os requerimentos indeferidos, haverá debates orais. Cada parte terá 20 minutos, prorrogáveis por mais 10, para tecer suas alegações finais (art. 403, *caput*). Em havendo dois ou mais acusados, o tempo previsto para a defesa de cada um será individual (art. 403, § 1º). O assistente de acusação terá a palavra por 10 minutos após o Ministério Público, prorrogando-se, por igual período, o tempo da defesa (art. 403, § 2º). Terminados os debates, o juiz proferirá sentença (art. 403, *caput*).

Em face da complexidade do caso ou do número de acusados, o juiz poderá abrir às partes, sucessivamente, a possibilidade de apresentação de memoriais no prazo de 5 dias. Nesta hipótese, terá o magistrado prazo de 10 dias para prolatar a sentença (art. 403, § 3º).

Insta ressaltar que a possibilidade de substituição dos debates orais por memoriais escritos deve se dar em caráter meramente excepcional, sempre que o juiz constatar a *complexidade da causa ou que esta conte com elevado número de acusados*, sob pena de pôr abaixo o princípio da oralidade, norteador de toda a instrução criminal.

Do ocorrido em audiência será lavrado, em livro próprio, o respectivo termo, que será assinado pelo juiz e pelas partes. Conterá um breve resumo dos fatos relevantes ocorridos no ato (art. 405, *caput*).

Visando conferir celeridade à audiência e maior fidelidade das informações, o registro dos depoimentos será feito por meios ou recursos de gravação magnética, estenotipia, digital ou técnica similar, até mesmo audiovisual (art. 405, § 2º).

No caso de registro por meio audiovisual, será encaminhada às partes cópia do registro original, sem necessidade de transcrição (art. 405, § 2º).

3. PROCEDIMENTO COMUM SUMÁRIO

3.1. Audiência una: instrução, debates e julgamento

De maneira idêntica ao rito ordinário, no sumário existe a audiência una de instrução e julgamento. A única diferença entre as audiências diz respeito ao prazo para a realização do ato. Enquanto no procedimento ordinário a audiência deve ser realizada no prazo de 60 dias, no rito sumário o prazo máximo para a audiência é de 30 dias, contado do recebimento da denúncia ou queixa pelo juiz (art. 531, *caput*).

A instrução criminal também ocorre do mesmo modo: será inquirida a vítima, se possível; posteriormente serão ouvidas as testemunhas de acusação e de defesa, nessa ordem, salvo no caso de necessidade de expedição de carta precatória; oitiva de peritos e assistentes técnicos das partes; realização de acareações e reconhecimento de pessoas e coisas, se necessário; e, por fim, o interrogatório do réu.

Tudo o quanto foi dito em relação ao desenvolvimento da instrução criminal aplica-se ao procedimento sumário. Entretanto, no rito sumário permite-se que cada parte arrole até cinco testemunhas (art. 532).

Em que pese o art. 535 do CPP aludir ao fato de que as provas serão todas produzidas em uma única audiência e que nenhum ato será adiado, salvo quando imprescindível a prova faltante, caso em que o juiz determinará a condução coercitiva de quem deva comparecer, haverá hipóteses em que esta necessariamente será dividida, sob pena de nulidade decorrente de cerceamento de acusação ou de defesa.

Outrossim, o art. 536 do CPP reza que a testemunha que comparecer à audiência deporá, independentemente da suspensão do ato, observada, em qualquer caso, a ordem estabelecida no art. 531. Assim, se uma testemunha de acusação regularmente intimada faltar e o promotor insistir em sua oitiva, o juiz, caso não seja viável a imediata condução coercitiva, terá de suspender o ato e designar nova data para a continuação da audiência. Não poderá, desde logo, inquirir as testemunhas de defesa presentes, salvo se houver expressa anuência da defesa técnica do acusado, em sendo esta particular. Entendemos que, se for dativa a defesa ou feita por defensor público, não cabe sequer anuência, sob pena de nulidade pela violação da ordem de oitiva.

No rito sumário, não houve expressa previsão legal possibilitando às partes requererem diligências complementares ao final da audiência una, tal como previsto no art. 402 do CPP para o rito ordinário.

Não obstante, restando alguma diligência imprescindível a ser realizada, caberá ao magistrado, a despeito da ausência de previsão legal, determinar o adiamento da audiência para a realização das diligências requeridas, desde que a prova seja verdadeiramente imprescindível para solução da causa, em homenagem ao princípio da verdade real e da ampla defesa.

Ultrapassada a fase de instrução, passa-se diretamente às alegações finais. O prazo para que as partes deduzam suas pretensões é de 20 minutos, prorrogáveis por mais 10 minutos. A seguir, o juiz proferirá sentença (art. 534, *caput*). Se houver mais de um réu, o tempo para a defesa de cada um será individual (art. 534, § 1º). O assistente de acusação terá a palavra após o Ministério Público por 10 minutos, acrescendo-se igual prazo ao tempo da defesa (art. 534, § 2º).

A lei não previu para o procedimento sumário a possibilidade de o juiz converter as alegações orais em memoriais, tampouco de proferir a sentença após a audiência.

4. SÍNTESE

Procedimentos: disposições gerais. Procedimento comum: ordinário e sumário (crimes da competência do juiz comum)

O procedimento comum é aplicável a todos os processos, salvo disposição legal em sentido contrário. Os procedimentos ordinário e comum são iguais no começo, razão pela qual são estudados juntos.

Recebimento e rejeição da denúncia ou queixa

Oferecida a denúncia ou queixa, o juiz analisará a presença dos requisitos formais, dos pressupostos processuais e das condições da ação para que esta possa ser efetivamente recebida.

O STJ e o STF já decidiram que o recebimento da denúncia não exige fundamentação, pois trata-se de decisão interlocutória simples. Já a decisão que rejeita denúncia ou queixa, nas hipóteses do art. 395, deve ser fundamentada. Isto porque é decisão interlocutória terminativa, uma vez que põe fim à relação processual. Tanto assim que o Código de Processo Penal prevê recurso contra a decisão de rejeição (art. 581, I), inexistindo expressamente recurso contra a de recebimento.

Recebimento e resposta escrita

Entendendo que a denúncia ou queixa preenche os requisitos formais legalmente exigidos, as condições da ação e os pressupostos processuais, deverá o juiz recebê-la, cabendo-lhe determinar a citação do réu para oferecer resposta escrita no prazo de 10 dias.

Poderá o réu, na resposta, arguir questões preliminares e matérias que interessem à defesa, sendo-lhe facultado o oferecimento de documentos e justificações. Deve, ainda, especificar as provas pretendidas e arrolar testemunhas, sob pena de preclusão, qualificando-as e requerendo, se necessário, sua intimação.

A apresentação de resposta escrita é obrigatória, e, caso não oferecida no prazo legalmente fixado, ou se o réu, legalmente citado, não constituir advogado, deverá o juiz nomear defensor para fazê-lo.

Após o oferecimento da resposta escrita, duas são as opções do magistrado: absolver sumariamente o réu, se presente alguma das situações do art. 397, ou designar dia e hora para a audiência, ordenando a intimação do réu, seu defensor, do Ministério Público e, se for o caso, do querelante e do assistente.

Absolvição sumária

O juiz poderá absolver sumariamente o réu quando verificar (art. 397):

I – existência manifesta de causa excludente de ilicitude do fato;

II – existência manifesta de causa excludente da culpabilidade do agente, salvo inimputabilidade;

III – que o fato narrado evidentemente não constitui crime;

IV – extinta a punibilidade do agente.

Recursos: as decisões de absolvição sumária dos incisos I, II e III constituem verdadeiras sentenças absolutórias, razão pela qual são impugnáveis por recurso de apelação. Já a decisão que julga extinta a punibilidade, sentença terminativa de mérito, comporta recurso em sentido estrito.

Princípio da identidade física do juiz

O magistrado que presidir a instrução obrigatoriamente prolatará a sentença, salvo se estiver convocado, licenciado, afastado por qualquer motivo, promovido ou aposentado, caso em que passará os autos ao seu sucessor.

Procedimento comum ordinário

A audiência deverá ser realizada no prazo máximo de 60 dias, contado a partir do recebimento da denúncia.

Designada a audiência, o juiz deverá ordenar a intimação do réu, de seu defensor, do Ministério Público e, se for o caso, do querelante e do assistente de acusação.

Na audiência, serão ouvidas a vítima, seguida das testemunhas arroladas pela acusação e pela defesa, bem como eventual testemunho de peritos, nessa ordem, ressalvados os casos de testemunha residente fora da comarca, ouvidas por carta precatória.

Cada parte poderá arrolar até oito testemunhas, não sendo computadas nesse número as que não prestem compromisso e as referidas. A parte que arrolou a testemunha poderá desistir de sua oitiva, exceto se o juiz entender necessário o depoimento.

Caso seja necessário, realizar-se-ão acareações e reconhecimento de pessoas e coisas.

O último ato da instrução criminal é o interrogatório, composto de duas partes, a primeira sobre a pessoa do acusado e a segunda sobre o fato que lhe é imputado.

Finda a instrução criminal, o Ministério Público, o querelante, o assistente e a seguir o réu, por seu defensor, poderão requerer a realização de diligências cuja necessidade originou-se daquilo que se apurou na instrução (CPP, art. 402). O juiz, *ex officio*, também poderá determinar diligências imprescindíveis. Após a efetivação das diligências, as partes, no prazo de 5 dias, sucessivamente, serão intimadas para oferecer suas alegações por escrito, por meio de memoriais. No prazo de 10 dias, o juiz proferirá a sentença.

Não havendo diligências ou sendo os requerimentos indeferidos, haverá debates orais. Cada parte terá 20 minutos, prorrogáveis por mais 10, para tecer suas alegações finais. Em havendo dois ou mais acusados, o tempo para defesa de cada um será individual. O assistente usará de 10 minutos após as alegações do Ministério Público. Terminados os debates, o juiz proferirá a sentença.

Em face da complexidade do caso ou do número de acusados, o juiz poderá abrir às partes, sucessivamente, a possibilidade de apresentação de memoriais no prazo de 5 dias. Nessa hipótese, o magistrado terá 10 dias para proferir a sentença.

Procedimento comum sumário

A audiência una de instrução e julgamento é idêntica ao procedimento sumário, porém, esta deverá ser realizada em 30 dias contados a partir do recebimento da denúncia ou queixa.

Tudo o que foi dito em relação ao desenvolvimento da instrução criminal aplica-se ao procedimento sumário. Entretanto, no procedimento sumário, permite-se que cada parte arrole até cinco testemunhas apenas.

Outrossim, a lei não previu para o procedimento sumário a possibilidade de o juiz converter as alegações orais em memoriais.

Capítulo XXIV
PROCEDIMENTO DOS CRIMES DA COMPETÊNCIA DO TRIBUNAL DO JÚRI

1. CONSIDERAÇÕES PRELIMINARES: SISTEMAS DE JÚRI

1.1. Noções preliminares e características

A instituição do Júri, cercada de polêmica, permanece em grande parte das legislações modernas, ainda que sob diversos modelos, na medida em que traz uma espécie de *legitimação* para o sistema jurídico em razão da participação popular, que injeta novos valores democráticos no processo legal[1]. Aliás, a participação de cidadãos no julgamento dos crimes mais graves é um princípio recorrente nos diversos modelos de sociedade ao longo da história, desde a Grécia antiga, que concebeu a forma primitiva do Júri, o Tribunal da Helieia – os heliastas, originariamente em número de 6.000, distribuídos em dez seções de 600 membros cada, designados anualmente por sorteio em meio aos cidadãos com mais de 30 anos, de reputação ilibada e não devedores do Estado[2].

Dessa forma, contemplam ainda o Júri as legislações da Austrália, Canadá, Inglaterra, Gales, Irlanda do Norte, República da Irlanda, Nova Zelândia, Escócia, Estados Unidos, França, Grécia, Bélgica, Itália, Alemanha, Suíça, Portugal, Noruega e pelo menos outros 40 países[3]. Seus críticos alegam ser uma instituição vetusta, pouco racional, mas a verdade é que, ao contrário de desaparecer como órgão de justiça, tem sido prestigiado e incrementado contemporaneamente. Assim, a Espanha (1995) e a Rússia recentemente o reintroduziram, e o Japão, que tivera Júri entre 1929 e 1943, discute vivamente a possibilidade de reinstaurá-lo[4]. Algumas legislações estrangeiras, especialmente nos países de *common law,* reconhecem expressamente o direito constitucional ao julgamento pelo Júri, como no Canadá, nos Estados Unidos, na Espanha e, em certa medida, na Itália[5]. Da mesma forma, a Inglaterra, ainda que não tenha uma Constituição escrita, assegura-lhe *status* quase constitucional[6]. Aliás, é na Inglaterra que se pode buscar as origens do Júri moderno, uma vez que a instituição inglesa nasceu de um procedimento antigamente usado na Normandia (parte da França), levado a solo britânico após a tomada da Inglaterra por William, o Conquistador (1066). Assim, depois que o julgamento das ordálias foi proibido pelo Papa Inocêncio III, em 1215, por ocasião do 4º Concílio de Latrão, a Inglaterra se orientou no sentido de um então novo modelo de Justiça, estabelecendo para tanto, àquela época, o número de 12 jurados, em alusão aos 12 apóstolos do Evangelho[7].

Finalizando este tópico, devemos deixar assente que a doutrina elenca as seguintes *características do Júri Popular*:

---

[1] Neil Vidmar, *World jury systems*, p. 2.

[2] William Roumier, *L'avenir du jury criminel*, p. 1.

[3] Neil Vidmar, *World jury systems*, p. 3.

[4] Neil Vidmar, *World jury systems*, p. 3.

[5] William Roumier, *L'avenir du jury criminel*, p. 74.

[6] Roderick Munday, *apud* William Roumier, *L'avenir du jury criminel*, p. 74.

[7] William Roumier, *L'avenir du jury criminel*, p. 4.

a) **Colegialidade:** as decisões são tomadas por um colégio de julgadores, vale dizer, por um número plural de juízes.

b) **Heterogeneidade:** é órgão heterogêneo, ou seja, é composto por um juiz de carreira e por juízes leigos (jurados).

c) **Horizontalidade:** o juiz presidente (togado) e os jurados encontram-se no mesmo grau de jurisdição.

d) **Temporariedade:** *caráter não permanente*. O Tribunal do Júri é constituído em certas épocas do ano para julgamento das causas que já se encontram preparadas.

e) **Majoritariedade:** as decisões no âmbito do Tribunal do Júri são tomadas por maioria de seus membros.

1.1.1. Argumentos contrários e favoráveis ao Júri

Os principais argumentos contrários à existência do Júri são:

- A decisão do Júri não é fundamentada.
- O Júri decide em segredo.
- Em muitos países o Júri está praticamente extinto.
- A maioria dos jurados não tem experiência[8].
- O Júri não é verdadeiramente representativo da comunidade.
- Os resultados dos Júris são imprevisíveis.
- A mídia pode influenciar decisivamente no veredicto.
- Frequentemente os resultados do Júri são fruto da persuasão e não da razão.
- Falta aos jurados a necessária habilidade para entender e julgar corretamente.
- Não existe grande diferença entre o resultado de um julgamento de um Júri e o de um juiz técnico.
- Se o resultado é aproximado, melhor um julgamento menos oneroso financeiramente e mais rápido realizado por um juiz togado.
- Alguns julgamentos refletem mais o envolvimento emocional dos jurados do que propriamente uma decisão racional.
- Os jurados se enganam frequentemente ao votar[9].
- A tarefa de julgar é para profissionais, não para amadores.
- Os jurados absolvem com muita frequência.
- Veredictos absurdos são prolatados costumeiramente[10].
- Os jurados podem ser intimidados ou "cabalados".
- O jurado, sendo compelido a fazer parte do Júri, não julga com o mesmo interesse de um juiz, que escolheu a magistratura como profissão.

---

[8] N. J. King, The American criminal jury, *in World jury systems*, editado por Neil Vidmar, p. 93-124.

[9] J. Willis, Jury disagreements in criminal trials: some Victorian evidence, *Australian and New Zealand Journal of Criminology*, 1983, p. 20-23.

[10] M. Zander e P. Henderson, *The Crown Court study. Royal Commission on Criminal Justice Study n. 19, Research Bulletin, n. 35. Home Office Research and Statistics Department*, London, 1994, p. 46-48.

- Por outro lado, temos como principais argumentos favoráveis ao Júri os seguintes:
- O Júri está se expandindo para outros países atualmente, não sendo verdade que esteja em extinção[11].
- O Júri é uma garantia da liberdade individual e do regime democrático.
- O Júri julga crimes que atentam contra o mais importante bem jurídico: a vida. Daí a razão de o julgamento ser colegiado.
- Sete consciências julgam melhor que uma.
- O Júri confere legitimidade ao Estado e à justiça, na medida em que é o próprio povo quem julga.
- É mais relevante o veredicto prolatado pela comunidade do que por um poder constituído.
- Julgando crimes dolosos contra a vida, os jurados têm mais liberdade de entender e julgar corretamente o fato, contrariamente ao juiz togado, afeito ao tecnicismo legal.
- O Júri faz a lei para o caso concreto.
- Diferentemente de um magistrado, o Júri pode fazer justiça, na medida em que tem a possibilidade de desprezar o frio texto da lei. O Conselho de Sentença não motiva suas decisões, chegando ao veredicto de acordo com sua própria ética e *standards* sociais[12].
- O Júri julga com mais sensibilidade e acerto do que a magistratura togada.
- No Brasil, o exemplo mais eloquente de erro judiciário é um elogio ao Júri e uma crítica à justiça togada: no "Caso dos Irmãos Naves" o Júri absolvera por duas vezes os acusados inocentes, e o tribunal técnico condenou-os equivocadamente, perpetrando o erro.
- No Júri se julga o homem, além do fato; a justiça técnica é mais reducionista, fazendo um julgamento mediante complexas fórmulas legais, esquecendo-se do "homem".
- O Júri possibilita uma verdadeira aproximação da comunidade com a justiça.
- O Júri é símbolo da justiça e não deve ser destruído por representar historicamente uma conquista da cidadania.
- O risco de a imparcialidade do Júri ser comprometida por medo ou corrupção dos jurados é pequeno se comparado ao julgamento de um juiz togado, visto que no Júri o número de jurados convocados é expressivamente maior.

1.2. O Júri no Brasil

Mais que simples órgão do Judiciário (Ataliba Nogueira e Ary Azevedo Franco, entre outros, posicionam-no não como órgão do Judiciário, mas como direito e garantia fundamental), o Júri apresenta-se como o direito fundamental do indivíduo (art. 5º, XXXVIII, da CF) de ser julgado por seus pares.

Surgido por meio de decreto imperial em 18.6.1822, para o julgamento dos crimes de imprensa, permanece até hoje para o julgamento dos crimes dolosos contra a vida. Ganhou *status* constitucional em 1824 (arts. 151 e 152), sendo mantido em todas as Cartas posteriores, excepcionando-se a outorgada de 1937, que nada disse a seu respeito.

---

[11] Edilson Mougenot Bonfim, Aperçu sur la Cour d'Assises: expansion mondiale et fonctionnement au Brésil, *in Problèmes actuels de science criminelle*, v. XXI, p. 54-55.

[12] J. L. Galiber, B. Latzer, M. Dwyer *et al.*, *Law, justice and jury nullification: a debate, Criminal Law Bulletin, 29*, 1993, p. 40-69.

Trata-se de órgão colegiado e heterogêneo, composto por um juiz de direito e por juízes de fato, escolhidos dentre as pessoas do povo, com funções diversas. A palavra "jurado" provém do juramento que se faz, isto é, o compromisso de ser definido como órgão leigo do Poder Judiciário, investido da função de julgar no órgão colegiado denominado Júri.

Cabem ao juiz presidente, dentre outras, as atribuições previstas no art. 497, inclusive a obrigação de prolatar sentença em conformidade com o veredicto – do latim, *veredictum,* verdadeiramente dito – dos jurados, inclusive no que diz respeito à dosagem da pena. Aos juízes leigos (jurados), compete a decisão acerca da materialidade e da autoria delitiva, se o acusado deve ser absolvido, se existem qualificadoras, causas de aumento e diminuição da pena e circunstâncias agravantes e atenuantes.

Apesar de composto por 25 jurados e um juiz togado, o julgamento das causas afetas ao Júri será realizado por 7 jurados, sorteados no início da sessão, que integrarão o chamado Conselho de Sentença, e por um juiz presidente. Tem como uma de suas principais características o fato de os jurados decidirem conforme sua íntima convicção. Isso significa que os juízes leigos não estão vinculados aos elementos de prova constantes nos autos nem às normas legais, gozando de total liberdade no julgamento da causa. Exatamente por esse motivo, encontra a instituição do Júri inúmeros opositores. Vale lembrar, contudo, que a liberdade de julgamento e a soberania dos veredictos não impedem o reexame da decisão do Júri, e, se for o caso, a submissão do acusado a novo julgamento, nos termos do art. 593, III, *d*, do CPP (decisão manifestamente contrária à prova dos autos).

Não há confundir, porém, o Tribunal do Júri com o *escabinado*, órgão também heterogêneo, composto por juízes togados e leigos. A principal diferença assenta nas atribuições funcionais conferidas a seus membros: no escabinado, tanto os juízes de direito quanto os juízes leigos julgam o caso e fixam as penas (com algumas variações, é o sistema adotado na França, Suíça, Alemanha, Itália, Portugal e Grécia), não havendo aquela separação horizontal de funções encontrada no Júri.

2. PRINCÍPIOS CONSTITUCIONAIS

A Constituição Federal, no art. 5º, XXXVIII, tratou de enumerar os princípios fundamentais que informam a instituição do Júri:

a) *A plenitude da defesa.*

Garante a Constituição Federal ao réu submetido ao julgamento pelo Júri a "plenitude da defesa", e não somente a "ampla defesa", reconhecida aos acusados em geral. Alguns autores a enquadram no princípio maior da ampla defesa, enquanto outros defendem a maior amplitude dessa fórmula constitucional. A garantia de uma defesa plena seria, nessa linha de raciocínio, mais abrangente do que a garantia de uma defesa ampla. Abrangeria, entre outras, a possibilidade de o acusado participar da escolha dos jurados que comporão o Conselho de Sentença, bem como a própria necessidade de os juízes populares pertencerem às diversas classes sociais. Outra manifestação da plenitude de defesa estaria no poder conferido ao juiz presidente de, considerando o réu indefeso, dissolver o Conselho de Sentença, nomeando-lhe outro defensor e marcando novo julgamento.

Não obstante essas considerações, em julgado recente (ADPF 779, de 2023), o Supremo Tribunal Federal julgou procedente que a tese da *legítima defesa da honra* não foi recepcionada pele atual Constituição, por contrariar os princípios constitucionais da dignidade da pessoa humana (art. 1º, III, da CF), da proteção à vida e da igualdade de gênero (art. 5º, *caput*, da CF).

b) *O sigilo das votações.*

O veredicto dos jurados resulta das respostas dadas aos quesitos formulados pelo juiz presidente. A votação será realizada em sala especial, denominada *sala secreta* (art. 485, *caput*), recebendo cada jurado pequenas cédulas feitas de papel opaco, contendo umas a palavra *sim* e outras a palavra *não*, a fim de, secretamente, serem recolhidos os votos (art. 486). Durante a resposta aos quesitos, o oficial de justiça recolherá, em urnas separadas, as cédulas relativas aos votos e as que não forem utilizadas (art. 487).

Procura, assim, o legislador cercar de grande sigilo a atividade julgadora dos jurados, excepcionando o princípio constitucional da publicidade dos atos processuais, previsto no art. 93, IX. Trata-se, na verdade, da aplicação do art. 5º, LX, da CF.

c) *A soberania dos veredictos.*

A soberania dos veredictos importa na manutenção da decisão dos jurados acerca dos elementos que integram o crime (materialidade, autoria, majorantes etc.), que, em princípio, não poderá ser substituída em grau de recurso. Não impede, porém, que o tribunal, julgando a decisão manifestamente contrária à prova dos autos, determine seja o réu submetido a novo Júri. Tampouco obsta a possibilidade de revisão criminal.

Por fim, ainda conforme julgado no âmbito da ADPF 779, de 2023, pelo Supremo Tribunal Federal, não fere a soberania dos veredictos do Tribunal do Júri o provimento de apelação que anule a absolvição fundada em quesito genérico, quando, de algum modo, possa implicar a invocação da tese da “legítima defesa da honra”.

d) *A competência para o julgamento dos crimes dolosos contra a vida.*

O dispositivo trata da competência mínima do Júri, não podendo a legislação infraconstitucional retirar do Tribunal Popular a competência para o julgamento dos crimes dolosos contra a vida. Nada impede, entretanto, que o legislador ordinário alargue essa competência, incluindo outras figuras criminais. Não se trata de competência exclusiva, cabendo ao Tribunal do Júri julgar outros crimes, desde que haja conexão ou continência com algum crime doloso contra a vida.

São crimes dolosos contra a vida, portanto sujeitos ao julgamento pelo Júri:

a) homicídio doloso, simples, privilegiado ou qualificado;

b) induzimento, instigação ou auxílio ao suicídio;

c) infanticídio;

d) aborto, em todas as suas modalidades.

O “induzimento, instigação ou auxílio a automutilação” não é crime de competência do Júri, pois não se trata de delito contra a vida, mas sim, contra a integridade corporal (art. 122 do CP, com redação dada pela Lei n. 13.968, de 2019).

A competência do Júri abrange tanto os delitos consumados quanto os tentados.

A Súmula 603 do STF dispõe que “a competência para o processo e julgamento de latrocínio é do juiz singular e não do Tribunal do Júri”.

Vale lembrar que a própria Constituição Federal prevê exceções à competência do Tribunal Popular, quando o acusado goze de foro por prerrogativa de função. Destarte, por exemplo, se determinado Governador cometer um crime contra a vida, será julgado pelo tribunal competente, *in casu*, o STJ, e não pelo Tribunal do Júri.

Não podemos olvidar ainda da Súmula Vinculante 45 do STF, com a seguinte redação: “A competência constitucional do Tribunal do Júri prevalece sobre o foro por prerrogativa de função estabelecido exclusivamente pela Constituição Estadual”.

A competência penal do Júri tem extração constitucional. Assim, conforme o caráter absoluto que apresenta e por efeito da *vis attractiva* que exerce, estende-se às infrações penais conexas ao crime doloso contra a vida.

3. A REFORMA DO PROCEDIMENTO DO JÚRI

A Lei n. 11.689, de 9 de junho de 2008, que entrou em vigor em 8 de agosto de 2008, nasceu do Projeto de Lei n. 4.203, de 2001, de autoria do Poder Executivo. Altera dispositivos do Decreto-lei n. 3.689, de 3 de outubro de 1941, Código de Processo Penal, relativos ao Tribunal do Júri, e dá outras providências. Para sua edição, a pedra de toque crítica foi o fato de o procedimento do Júri ser antigo, com quase sete décadas, e, por isso, não estaria condizente com os anseios de um moderno processo penal, em seu afã de efetividade. Se é verdade que a existência de uma legislação ultrapassada dificulta o combate a novas formas de criminalidade, não nos parece que isso ocorresse no tocante ao procedimento do Júri, mister quando se considera que os crimes que visa perseguir não constituem nenhuma novidade, bem ao contrário, sendo aqueles contra a vida, emblematizam-se no prototípico homicídio, justamente o mais antigo dos delitos.

Ademais, é, de fato, uma das críticas mais fáceis e menos científicas a serem feitas a uma legislação, a de ser velha. Mas é equívoca tal crítica, se não apontar, ao lado da questão cronológica, o erro, de fundo, da antiga legislação.

É que uma lei é o repositório de ideias e conceitos, e estes não valem por serem novos ou velhos – medida adequável a coisas e objetos –, mas sim por serem bons ou não. O velho Código Civil francês, já com séculos de existência, é ainda um monumento legislativo.

Uma norma legal, uma lei processual, portanto, não merece a bitola de ser nova ou velha, mas sim de ser boa ou má. Nesse sentido, o Código de Processo Penal, ainda que promulgado em 1941, ao menos partia de um mérito que o legislador de hoje não teve: foi redigido com muito mais apuro linguístico – àquela época, estava mais em voga o apreço ao idioma nacional – e processual, explicável pela aparente superioridade vernacular e gramatical de seus redatores. Um fenômeno de época, mais que uma qualidade de homens. Mas poderíamos questionar se, a par do aprumo idiomático, não mereceria o velho texto legal uma mudança. A resposta é dupla, binária: sim e não. Evidentemente, uma boa reforma legal conservaria o que fosse bom, expurgaria o que fosse mau, rerratificando-se, destarte, a lei. Ao final, o balanço poderia dizer qual dos textos continha mais acertos: se o velho, que permaneceu, por bom, ou o novo, que sucedeu, por melhor.

O que se propôs, agora, a propósito de nova lei, não é necessariamente uma boa mudança nem atende, invariavelmente, aos pressupostos de celeridade e combate à impunidade que mobilizaram a política de alteração legislativa.

É *nova* a lei, sem que seja, por isso mesmo, *moderna*. Se, por um lado, suprimiu-se um artigo que era *causa de nulidade* – por exemplo, eliminando-se o libelo-crime acusatório, antiga aspiração que sempre defendemos[13], por outro plantou *causas de nulidade*, como na redação do art. 478, que afirma nulificar o julgamento se as partes fizerem referência "I – à decisão de pronúncia, às decisões posteriores que julgaram admissível a acusação ou à determinação do uso de algemas como argumento de autoridade que beneficiem ou prejudiquem o acusado; II – ao silêncio do acusado ou à ausência de interrogatório por falta de requerimento, em seu prejuízo". Como se verá em momento próprio, tais dispositivos, de muito duvidosa constitucionalidade, travarão, emperrarão os debates, engessando a inteireza da verdade, ou promovendo um debate gago, sincopado, suprimindo-se o que antes eram os "amplos" e fluidos "debates do Júri", ensejando uma sementeira profusa de nulidades.

Qual modernidade, pois, se nenhuma reforma de processo penal pode-se pretender verdadeiramente moderna, sem atentar aos pressupostos de *funcionalidade e eficiência*, requisitos estes precisamente maculados em muitos pontos pela novíssima lei, que primou repetidamente em ser *ornamental e disfuncional*?

---

[13] Edilson Mougenot Bonfim, *Júri: do inquérito ao plenário*, 3. ed., p. 111.

Pela ornamentalidade, recitemos emblematicamente o exemplo da redução da idade do jurado de 21 para 18 anos (art. 436), como já se ouviu, a propósito de "ampliar-se a participação democrática". A recitação, a teor da nova dicção legal, é até bonita, ornamental, mas, como se verá, não é útil, nem parece atender aos reclamos de justiça da sociedade; por disfuncionalidade, veja-se, dentre outros, a inacreditável redação quesitária proposta no art. 483, § 2º, que, em vez de questionar se o réu é culpado, pergunta se deve ser absolvido. Enfim, a lei tem avanços, não há como negá-los, mas, também, inúmeros equívocos. O que mais chama a atenção é a tentativa – com sucesso, confesse-se – de manter, a pretexto de fazer um texto "novo", o mesmo número de artigos que continha o "velho" Código de Processo Penal, no capítulo do procedimento do Júri. Tínhamos, no capítulo do Júri, do art. 406 ao 497. Hoje, temos igualmente do art. 406 ao 497. Não obstante, absolutamente todos os artigos referentes ao procedimento do Júri constam ter sofrido nova redação. Para isso, não faltou imaginação ao legislador no afã do matemático respeito numerológico: dividiu antigos parágrafos em novos artigos; suprimiu artigos, equilibrando-se a equação; por fim, retalhou incisos criando parágrafos ou artigos e alterando a topografia legislativa, superando-se, na tarefa da reengenharia legislativa de tudo mudar, desde que respeitasse e mantivesse o mesmo e inacreditável número de artigos da velha lei reformada, como se tudo fora, mera e feliz coincidência. Em muitos casos, em vez de trocar-se o artigo de lugar, alterando-lhe a posição normativa, fez-se pior: preferiram-se sinônimos – nem sempre bem escolhidos – da mesma ideia original, a pretexto de mudança.

Resta, ao cabo, uma confessada dúvida: terá sido mesmo um avanço a mudança, ou mais uma mesmice política da *inflação legislativa*? Se as mudanças não produzirem efeitos benéficos *pro societate* – sua única razão de ser –, quando se poderá tomar contas e a quem, já que sempre se pede um prazo a perder de vista para a "sedimentação normativa", considerando-se, também, que a paternidade das ideias é incerta – a maternidade, induvidosa, é do Poder Executivo, ventre onde foi gerado o projeto –, pois recebeu tantas reformas, emendas, substitutivos, ideias e palpites, que fica difícil apontar-lhe um *pedigree* normativo, uma identificação genética?

Enfim, nas estreitezas desta obra, cujo propósito não pode contemplar aprofundado estudo da nova legislação, analisamos o que nos parecia premente, básico ou fundamental, elaborando as primeiras linhas do necessário viés crítico. Tudo, repita-se, nos limites de um "Curso de Processo Penal", não monotemático e, por isso mesmo, sem adentrar no adensamento doutrinário que reclama uma monografia. Há muito mais a ser debatido, analisado e criticado, no que tange a dispositivos de caráter duvidoso ou atentatórios à moderna constitucionalização do processo penal. No mais, explanamos o que parecia necessário ao aprendizado acadêmico, conceituando para a memoração, nesse propósito, apenas dissertando ou decodificando o texto normativo, sem maiores questionamentos.

4. PROCEDIMENTO BIFÁSICO

O procedimento do Tribunal do Júri é *bifásico ou escalonado*, compreendendo uma *fase preliminar*, preparatória, seguida de uma *fase definitiva*. A fase preparatória volta-se ao julgamento da denúncia, resultando em um juízo de admissibilidade da acusação. A fase definitiva, em contrapartida, tem por fim o julgamento da causa, transferindo aos jurados o exame da procedência, ou improcedência, da pretensão acusatória.

O *judicium accusationis* tem como marco inicial o recebimento da denúncia e termina com a decisão de pronúncia. O *judicium causae*, por sua vez, inicia-se com a preclusão da decisão de pronúncia e termina, após as alegações orais, com a votação do questionário e a prolação da sentença.

Há, portanto, um juízo de formação da culpa (*judicium accusationis*), ao qual sucede um juízo da causa (*judicium causae*).

5. ORGANIZAÇÃO DO JÚRI

O Júri é organizado por uma série de listas que selecionam os jurados, que, sucessivamente, são:

1) uma anual, na qual o juiz escolhe as pessoas que devem ser alistadas para o Júri;

2) uma lista para cada sessão, em que, por sorteio dentre os alistados, escolhem-se aqueles que constituirão o corpo de jurados da reunião para a qual for convocado o Tribunal do Júri;

3) a lista definitiva, que forma o Conselho de Sentença.

Alistamento. Nos termos do art. 425, serão alistados pelo juiz presidente do Júri, anualmente:

– 800 a 1.500 jurados nas comarcas de mais de 1.000.000 de habitantes;

– 300 a 700 jurados nas comarcas de mais de 100.000 habitantes; e

– 80 a 400 nas comarcas de menor população.

Ademais, nas comarcas, se necessário, poderá ser aumentado o número de jurados, bem como organizada lista de suplentes, devendo as cédulas ser depositadas em urna especial, observado o disposto na parte final do § 3º do art. 426. O dispositivo legal visa tornar mais rápida e fácil a substituição de um jurado que faltar à convocação para a lista do corpo de jurados.

O juiz poderá requisitar ainda às autoridades locais, associações de classe e de bairro, entidades associativas e culturais, instituições de ensino em geral, inclusive universidades, sindicatos, repartições públicas e outros núcleos comunitários a indicação de cidadãos que reúnam condições legais para compor a lista geral. Ao deixar para o juiz a organização das listas, busca-se coibir tráfico de influências.

A lista geral dos jurados será publicada pela imprensa até o dia 10 de outubro de cada ano, sendo divulgada também em editais afixados na porta do Tribunal do Júri (art. 426, *caput*). A publicação definitiva da lista ocorrerá no dia 10 de novembro, sendo certo que até tal data a lista poderá ser alterada *ex officio* ou por reclamação de qualquer do povo (art. 426, § 1º). Da decisão que incluir ou excluir jurado da lista caberá recurso em sentido estrito, no prazo de 20 dias, contado da data da publicação da lista definitiva, para a superior instância, sendo dirigido ao Presidente do Tribunal de Justiça, ou para o Presidente do Tribunal Regional Federal, conforme o caso (art. 518, XIV, c/c os arts. 582, parágrafo único, e 586, parágrafo único).

Os arts. 436 a 446, que dispõem sobre a "função do jurado", serão transcritos juntamente com a lista (art. 426, § 2º). Forma-se, pois, uma lista provisória em outubro e, após isso, em novembro, o presidente do Tribunal do Júri faz a publicação definitiva. Assim, podemos dizer que a lista provisória existe para que se possa reclamar, enquanto a lista definitiva é publicada para cientificar os cidadãos que possam participar do Conselho de Sentença. Os nomes dos alistados, com indicação dos respectivos endereços, serão lançados em cartões iguais, que, verificados com a presença de órgão do Ministério Público, de advogado indicado pela Seccional local da Ordem dos Advogados do Brasil e de Defensor Público indicado pela respectiva instituição, ficarão guardados em urna fechada a chave, sob responsabilidade do juiz (art. 426, § 3º).

Importante mencionar que o jurado que integrou Conselho de Sentença nos 12 meses antecedentes à publicação da lista geral ficará dela excluído (art. 426, § 4º). Outrossim, anualmente a lista geral de jurados será completada (art. 426, § 5º).

O Tribunal do Júri é composto de um juiz de direito, que é seu presidente, e de 25 jurados, que se sortearão dentre os alistados, 7 dos quais constituirão o Conselho de Sentença em cada sessão de julgamento (art. 447).

Prescrevem os arts. 432 e 433 o procedimento desse sorteio: após a organização da pauta de julgamentos (arts. 429 a 431), o magistrado determinará a intimação do Ministério Público, da Ordem dos Advogados do Brasil e da Defensoria Pública para acompanhar o sorteio. A audiência de sorteio não será adiada em face da ausência de comparecimento e ocorrerá entre o 15º e o 10º dias úteis anteriores à instalação da reunião.

No dia e hora designados, será realizado o sorteio dos jurados que atuarão na reunião periódica ou extraordinária. Exige-se que o sorteio seja feito a portas abertas, cabendo ao juiz presidente retirar da urna geral as cédulas com os nomes dos jurados. Essas cédulas serão, então, recolhidas a outra urna, que ficará sob responsabilidade do magistrado. De tudo será lavrado termo, que incluirá o nome dos 25 jurados sorteados.

Assim, dentre os jurados alistados, serão sorteados 25 para servir na sessão. Esses jurados serão, então, convocados pelo correio ou por qualquer outro meio hábil para comparecer, sob as penas da lei, no dia e hora designados para a reunião do Júri, sendo as cédulas com os seus nomes recolhidas em urna, que será levada ao julgamento.

Há que distinguir, portanto, os jurados alistados, os jurados sorteados para compor o Tribunal do Júri, em número de 25, e os jurados sorteados para integrar o Conselho de Sentença, em número de 7.

6. DOS JURADOS

O serviço do Júri é obrigatório, e a recusa pautada em convicção religiosa, filosófica ou política acarretará o dever de prestar serviço alternativo, sob pena de suspensão dos direitos políticos até a efetivação da prestação (arts. 436, 1ª parte, e 438, *caput*). A Constituição da República, no mesmo sentido, dispõe que "ninguém será privado de direitos por motivo de crença religiosa ou de convicção filosófica ou política, salvo se as invocar para eximir-se de obrigação legal a todos imposta e recusar-se a cumprir prestação alternativa, fixada em lei" (art. 5º, VIII).

O dispositivo constitucional – norma de eficácia limitada – foi regulamentado pelo art. 438, que em seu § 1º conceitua serviço alternativo como "o exercício de atividades de caráter administrativo, assistencial, filantrópico ou mesmo produtivo, no Poder Judiciário, na Defensoria Pública, no Ministério Público ou em entidade conveniada para esses fins", cabendo ao juiz fixar a espécie de serviço, com fulcro nos princípios da proporcionalidade e da razoabilidade (§ 2º).

É vedado excluir-se qualquer cidadão dos trabalhos do Júri ou do alistamento em razão de cor, etnia, raça, credo, sexo, profissão, classe econômica ou social, origem ou grau de instrução (art. 436, § 1º).

Além disso, o exercício efetivo da função de jurado (arts. 295, X; 439 e 440):

a) constituirá serviço público relevante;

b) estabelecerá presunção de idoneidade moral;

c) assegurará prisão especial, ficando à disposição da autoridade competente, quando sujeito a prisão antes de condenação definitiva, bem como

d) preferência, em igualdade de condições, nas licitações públicas e no provimento, mediante concurso, de cargo ou função pública, bem como nos casos de promoção funcional ou remoção voluntária.

A lei garante, ainda, que nenhum desconto será feito nos vencimentos ou no salário do jurado sorteado que comparecer às sessões do Júri (art. 441).

O cidadão será considerado no exercício efetivo da função de jurado quando integrar o Conselho de Sentença, tomando parte no julgamento da causa. Não basta, portanto, ter sido sorteado para integrar o Tribunal do Júri. Há entendimento diverso, considerando exercício efetivo da função de jurado o simples comparecimento à sessão de julgamento, quando convocado, não se exigindo a participação no Conselho de Sentença.

Requisitos para ser jurado:

a) ser cidadão maior de 18 anos;

b) ser pessoa de notória idoneidade;

c) ser alfabetizado;

d) possuir saúde física e mental para a função.

6.1. Principal inovação legislativa

No Brasil, dispõe o art. 436 do Código de Processo Penal que o alistamento compreenderá os cidadãos maiores de 18 anos que gozarem de notória idoneidade.

O § 1º do citado artigo garante a todos os cidadãos brasileiros maiores de 18 anos de notória idoneidade o direito ao recrutamento e à participação nos trabalhos do Júri. Assim, ninguém poderá ser excluído por motivo de cor ou etnia, raça, credo, sexo, profissão, classe social ou econômica, origem ou grau de instrução.

O legislador baixou a idade do serviço do Júri de 21 para 18 anos e determinou que o jurado que integrou Conselho de Sentença nos 12 meses antecedentes à publicação da lista geral ficará dela excluído, como visto (art. 426, § 4º).

A modificação é arriscada e contraditória. Arrisca-se à constituição de Conselhos de Sentença demasiadamente jovens, sem maior vivência nos problemas da vida e do mundo, pessoas que, conquanto estudem, trabalhem e sejam honestas, ainda não adquiriram uma gama mínima de tirocínio que uma tal sorte de serviço exige. Contraditória porque não há como exigir "notória idoneidade" a um jovem de 18 anos de idade, uma vez que recém-adquirida a capacidade para os atos da vida civil (art. 5º do Código Civil). Ao não se aceitar a experiência (jurado que já tenha atuado no ano anterior), fomentou-se a inexperiência (redução da idade para o serviço do Júri), a pretexto de uniformizar a idade da responsabilidade penal e da capacidade civil, com o dever de ser jurado.

6.1.1. Notória idoneidade não é notoriedade

Confunde-se a formação de um "tribunal de leigos" – característica essencial do serviço do Júri – com um tribunal inexperiente, podendo ser até mesmo imaturo para as altas funções que se propõe. Destarte, se o jurado precisa ter – a teor da redação do art. 436 – "notória idoneidade", de se perguntar: como alguém pode ter "notória idoneidade" aos 18 anos de idade? Nessa idade, excepcional e raramente, pode-se ter "fama", "notoriedade", como no caso de um atleta ou artista, mas não "notória idoneidade". Note-se, a "notória idoneidade" é um *plus* em relação à simples experiência ou decurso do tempo de vida, denotando a atual redação, por impossibilidade de cobrar uma, abrir mão também da outra. Portanto, nem se argumente que se inspirou o legislador na novel capacidade civil; isto porque uma coisa é referida capacidade, e outra, bem diversa, é a "notória idoneidade" exigível legalmente (art. 436 do CPP) para qualificar e tornar apto a ser jurado o cidadão comum. Deveria o legislador ou ter cobrado uma idade superior, passível de se aferir o requisito de "notória idoneidade" ou, sem hipocrisia, ter suprimido tal requisito deixando ao mero critério biológico o direito-dever de ser jurado.

6.1.2. O descompasso legislativo-constitucional

Não será franqueando a todos o poder de julgar que se fortalecerá o Estado Democrático de Direito, mas somente dando-se àqueles que "tenham condições de julgar", tendência, aliás, obedecida com o incremento do prazo de 3 anos necessários ao concurso de ingresso à Magistratura e ao Ministério Público. O legislador, nesse ponto, dissociou-se totalmente daquilo que ditou a Emenda Constitucional n. 45, de 2004, que reclamou maior experiência – de vida e profissional – aos magistrados e membros do *Parquet* ao cobrar o interstício de 3 anos de exercício profissional, antes de prestar concurso.

Note-se, por outro lado, que, no caso do Júri, ainda mais se reclama experiência de vida – que nada tem que ver com a formação técnico-profissional –, visto que aos jurados leigos é dado um grande poder, configurador de decisões às quais se empresta a "soberania dos veredictos".

6.1.3. Breve incursão no direito comparado

Na Inglaterra, a idade mínima para o jurado é de 18 anos[14]. Contudo, diferentemente do Brasil, a responsabilidade penal começa em tenra idade (10 anos), equacionando-se os direitos e deveres. Destarte, nascida ainda na infância ou pré-adolescência a responsabilidade penal, posteriormente, a cidadania se torna plena com a possibilidade de ser jurado.

Nesse sentido, mesmo que chocante a possibilidade de responsabilizar-se criminalmente uma criança ou adolescente, como se passa em terras britânicas, forçoso reconhecer que o sentimento da justiça penal nasce como um longo aprendizado que se inaugura desde cedo, só se concedendo o poder de julgar a alguém que já houvera compreendido o sentido de ser julgado, já que a ele sujeito, sensação que entre nós inicia-se somente a partir dos 18 anos de idade.

Por outro lado, *a idoneidade* em ser jurado é aferida realmente pela Justiça inglesa, não bastando o mero requisito cronológico, uma vez que, pelo instituto do *Jury vetting*, pode-se vetar a participação de jurados cujo passado ou comportamento comprometa a pretendida idoneidade da função[15]. Ademais, reputam-se sem as qualificações necessárias à função aqueles que tenham sido sentenciados à pena de prisão ou que tenham passado por estabelecimentos correcionais de menores infratores, dependendo do tempo de duração da pena e do tempo em que ela tenha sido executada. Para alguém que tenha recebido, por exemplo, uma pena de "reabilitação comunitária", o tempo de desqualificação para o serviço do Júri é de 10 anos[16].

Nos Estados Unidos, da mesma forma que na Inglaterra, a idade mínima é de 18 anos, mas aplicam-se, igualmente, as considerações adrede feitas com relação à responsabilidade penal dos britânicos, dado que, também no direito norte-americano, a responsabilidade penal nasce precocemente[17].

Na França, conforme dispõe o art. 255 do CPP francês, a idade mínima para ser jurado é de 23 anos, podendo sê-lo aqueles que "saibam ler e escrever em francês, gozando de direitos políticos, civis e de família e que não se encontrem em nenhum dos casos de incapacidade ou incompatibilidade mencionados nos artigos 256 e 257".

Na Alemanha, os requisitos estão previstos nos §§ 31, 32 e 33 do *Gerichtsverfassungsgesetz* (*GVG*). Dentre as exigências legais, a função de jurado caberá somente ao cidadão alemão, com idade superior a 25 e inferior a 70 anos, com residência mínima de um ano na comunidade, e que goze de higidez física e mental, não apresentando deficiência incompatível com a função.

A mesma idade – 25 anos – é exigível na Áustria, Portugal, Rússia e Suécia.

Na Bélgica e Itália, a idade mínima é ainda mais elevada: 30 anos.

6.2. A isenção do serviço do Júri na nova lei

Estão, contudo, isentos do serviço do Júri:

---

[14] Gary Slapper e Kelly David, *The English legal system*, 6. ed., p. 467.

[15] Gary Slapper e Kelly David, *The English legal system*, 6. ed., p. 472.

[16] Catherine Elliot e Frances Quinn, *English legal system*, 4. ed., p. 155-156.

[17] Charles H. Whitebread e Christopher Slobogin, *Criminal procedure*: a analysis of cases and concepts, p. 716.

a) o Presidente da República e os Ministros de Estado;

b) os Governadores e seus Secretários;

c) os membros do Congresso Nacional, das Assembleias Legislativas e das Câmaras Municipais e Distrital;

d) os Prefeitos Municipais;

e) os magistrados e membros do Ministério Público e da Defensoria Pública;

f) os servidores do Poder Judiciário, do Ministério Público e da Defensoria Pública;

g) as autoridades e os servidores da polícia e da segurança pública;

h) os militares em serviço ativo;

i) os cidadãos maiores de 70 anos que requererem dispensa;

j) aqueles que requererem dispensa, demonstrando justo impedimento.

6.3. Causas de impedimento, suspeição, incompatibilidade e hipóteses de responsabilidade de jurado

As causas de impedimento, suspeição e incompatibilidade que acometem os juízes leigos são as mesmas dos togados, *ex vi* do disposto nos arts. 252, 253 e 254 do CPP. Há, ainda, os impedimentos previstos no art. 448, I a VI, que se estendem às pessoas que vivam em união estável, conforme estabelece o § 1º do referido dispositivo legal.

Outrossim, o art. 449 proíbe que integre o Conselho de Sentença o jurado que:

a) atuou no julgamento anterior do feito, pouco importando a causa que determinou o julgamento posterior;

b) em caso de separação de processos, julgou um dos acusados; e

c) tiver expressado prévia disposição para condenar ou absolver o réu.

A jurisprudência, nos termos do art. 254, I, do CPP, não acredita haver suspeição de jurado que tenha relação de amizade superficial, encontros casuais ou simpatia com o ofendido, devendo ser manifesta a relação de intimidade e familiaridade[18].

Em termos de responsabilidade criminal, os jurados, no exercício da função ou a pretexto de exercê-la, são equiparados aos juízes de direito (art. 445). São funcionários públicos para os efeitos penais, de acordo com o art. 327 do CP, subordinados às sanções previstas nos arts. 312 a 326 do citado *codex*. Podem, ainda, ser punidos administrativamente, consoante o art. 442 do CPP, segundo o qual o jurado que não comparecer à sessão terá de pagar uma multa de 1 a 10 salários mínimos, a não ser em virtude de causa legítima. Da mesma forma, o jurado que, tendo comparecido, se retira sem causa legítima antes de ser autorizado pelo presidente. A multa será aplicada de acordo com a situação econômica do jurado.

A justificativa do jurado para sua falta pode ser feita até a chamada dos jurados, comprovando os motivos, que podem ser, por exemplo, moléstia grave, problemas de trânsito etc. O Ministério Público manifestar-se-á sobre o requerimento. Nesse sentido, pode o juiz, em decisão motivada, que constará da ata, nos termos do art. 444 do CPP, dispensar o jurado sorteado que alegue consulta médica previamente marcada, pois cabe ao magistrado avaliar a escusa oferecida e dizer se o motivo é ou não passível de aceitação[19].

---

[18] Nesse sentido: *RT*, 826/693.

[19] Nesse sentido: *RT*, 773/571.

7. PRIMEIRA FASE (*JUDICIUM ACCUSATIONIS*)

A primeira fase do procedimento bifásico adotado para os crimes dolosos contra a vida inicia-se com o recebimento da peça inicial acusatória, terminando no momento em que preclui a decisão de pronúncia.

Recebida a denúncia ou queixa (nos casos de ação penal privada subsidiária da pública), o juiz determinará a citação do réu, concedendo-lhe o prazo de 10 dias para, por escrito, responder a acusação (art. 406). O início do prazo deflagra-se a partir do cumprimento do mandado citatório, ou ainda do comparecimento do acusado ou de seu defensor em juízo, na hipótese de citação inválida ou editalícia (art. 406, § 1º). Na exordial acusatória poderão ser arroladas até oito testemunhas (art. 406, § 2º).

No entanto, se o acusado, citado por edital, não comparecer nem constituir advogado, ficarão suspensos o processo e o curso do prazo prescricional, podendo o juiz, nos termos do art. 366, determinar a produção antecipada das provas consideradas urgentes, na presença do Ministério Público e do defensor dativo e, se for o caso, decretar prisão preventiva, nos termos do art. 312.

Outrossim, comparecendo o réu, ter-se-á por citado pessoalmente, prosseguindo o processo em seus ulteriores atos.

Na resposta, poderão ser arguidas questões preliminares e matérias de interesse da defesa, bem como faculta a lei a juntada de documentos e justificações. Deve, ainda, a defesa especificar as provas pretendidas e arrolar até oito testemunhas, qualificando-as, na medida do possível, e, requerendo, se necessário, sua intimação (art. 406, § 3º).

Cumpre salientar que, diferente da hipótese prevista no art. 397 do Código de Processo Penal – em que se instaurou um verdadeiro julgamento antecipado da lide –, não poderá ser determinado o julgamento antecipado da lide, uma vez que se feriria de morte o princípio da soberania dos veredictos, insculpido na Constituição Federal.

Assim, após o oferecimento da resposta à acusação (art. 406, § 3º, do CPP), deverá o juiz aguardar o encerramento da primeira fase do procedimento bifásico para, aí sim, proferir o julgamento de absolvição sumária, se entender cabível.

Frise-se, por derradeiro, que, não obstante o art. 394, § 2º, do CPP determine que as regras do procedimento comum deverão ser aplicadas a todos os processos (salvo disposições em contrário ou em virtude de lei especial), entendemos que, no caso do Júri, houve um silêncio eloquente no tocante à possibilidade de julgamento antecipado da lide, concluindo, pois, pela sua inadmissibilidade.

Assim, se a defesa expressamente não postular a intimação das testemunhas indicadas na resposta, deverá, por conta própria, providenciar o comparecimento à audiência designada, não incidindo o disposto nos arts. 218 e 219.

Se forem opostas exceções – incidentes processuais que não suspendem, em regra, o andamento da ação principal –, serão processadas em apartado, na forma prevista nos arts. 95 a 112.

Regularmente citado o acusado e não oferecida a resposta no prazo legalmente fixado, o magistrado nomeará defensor para oferecê-la em até 10 dias, concedendo-lhe vista dos autos (art. 408). Em obediência ao princípio do contraditório, o magistrado, oferecida a resposta, dará oportunidade para o Ministério Público (ou querelante, na hipótese de ação privada subsidiária da pública) manifestar-se no prazo de 5 dias, se arguidas preliminares ou juntados documentos (art. 409). A realização das diligências requeridas e a oitiva das testemunhas deverão ser feitas no prazo máximo de 10 dias (art. 410).

Ultrapassada a fase postulatória, o juiz designará audiência de instrução e debates. Serão ouvidas, se possível, a vítima, as testemunhas arroladas pela acusação e defesa, os peritos – se houver prévio requerimento e deferimento pelo juiz –, sem prejuízo de eventuais acareações e reconhecimento de pessoas e coisas que se façam necessários. Por fim, será o réu interrogado e realizados os debates orais (art. 411).

A reforma do procedimento do Júri trouxe inovação de paralelo desconhecido no direito comparado, que viola claramente o princípio da proibição da proteção deficiente. O réu defende-se dos fatos elencados na prefacial acusatória, e não, obviamente, dos depoimentos colhidos na instrução. O artigo inverte uma proposição de bom senso, até porque, como é a mesma ordem proposta para a instrução em plenário – oitiva das testemunhas, peritos, acareações, reconhecimento de pessoas e coisas, para depois arguir-se o acusado –, haverá uma hipertrofia do direito de defesa e consequente atrofia do "princípio da paridade das armas" – porquanto o acusado poderá construir sua versão sobre os depoimentos e provas colhidos, desviando-se do que lhe pareça comprometedor. Poderá ajustar, pois, sua versão do modo que lhe seja conveniente, retirando-se do interrogatório qualquer possibilidade de meio de prova, constituindo-se o mesmo em meio *absoluto* de defesa e gerador de iniquidade processual.

Não se desenhou um interrogatório verificador da verdade do réu, mas sim instrumento que pode ser colocado a serviço da burla e da chicana. Ademais, ouvindo-se até o máximo de testemunhas permitido – 16, no total –, a instrução processual gerará invencível truncamento com efetiva perda de celeridade: ouvem-se as testemunhas, o réu dá sua versão, ouvem-se novamente as testemunhas sobre pontos contraditórios, novo interrogatório ocorrerá (art. 196), até infindável tautologia processual, com nulidades e perda de celeridade na prestação jurisdicional.

Ao término da instrução, se for o caso, será observado o disposto no art. 384 (art. 411, § 3º). Isto porque durante a instrução, com a produção de provas, podem surgir elementos que indiquem a ocorrência de fatos relevantes para a configuração do delito (elementares do tipo e circunstâncias), não mencionados explícita ou implicitamente na peça acusatória. Assim, em havendo a constatação de fatos novos, não mencionados na petição inicial, far-se-á a denominada *mutatio libelli*[20].

Não sendo hipótese de *mutatio libelli*, haverá debates orais. A acusação e a defesa terão o tempo de 20 minutos, prorrogáveis por mais 10, para deduzir suas alegações (art. 411, § 4º). Na hipótese de mais de um réu, o tempo dos debates será individual para cada um, vale dizer, a acusação e a defesa disporão de 20 minutos, prorrogáveis por mais 10, para deduzir suas pretensões em relação a cada acusado (art. 411, § 5º). O assistente de acusação terá a palavra por 10 minutos, após o Ministério Público, prorrogando-se por igual período o tempo de defesa (art. 411, § 6º).

Novamente, não houve expressa previsão legal possibilitando às partes requererem diligências complementares ao final da audiência una, tal como previsto no art. 402 do CPP para o rito ordinário.

Não obstante, restando alguma diligência imprescindível, caberá ao magistrado, a despeito da ausência de previsão legal, determinar o adiamento da audiência, tal como já apontamos em relação ao rito sumário.

Igualmente, deixou o legislador de prever a possibilidade de substituição das alegações orais por memoriais escritos. Tal prática, em regra, deve ser censurada.

Entrementes, a realidade forense demonstra que a substituição far-se-á necessária nas causas complexas, envolvendo múltiplas imputações e pluralidade de réus. Caberá ao prudente *arbitrium judicium* (arbítrio do magistrado) decidir acerca da conveniência da substituição das alegações orais por memoriais escritos.

---

[20] Sobre *mutatio libelli*, remetemos o leitor ao item 12 do Capítulo XXI.

Findos os debates, o juiz decidirá na própria audiência ou no prazo de 10 dias (art. 411, § 9º). Caberá ao juiz proferir:

a) decisão interlocutória de pronúncia (art. 413);

b) decisão interlocutória de impronúncia (art. 414);

c) sentença de absolvição sumária (art. 415);

d) decisão interlocutória de desclassificação (art. 419).

A primeira fase do rito escalonado – *judicium accusationis* – deve ser concluída no prazo máximo de 90 dias (art. 412).

Em relação aos momentos-limite de arguição das nulidades relativas – já que as absolutas podem ser alteadas a qualquer tempo e em qualquer grau de jurisdição –, com a supressão das alegações escritas do art. 406, deve-se observar o seguinte, sob pena de preclusão:

a) as nulidades ocorridas até o momento da resposta preliminar prevista no atual art. 406 nela devem ser arguidas;

b) as nulidades ocorridas posteriormente à resposta preliminar serão arguidas no início da audiência de instrução e debates; e, finalmente,

c) as nulidades ocorridas no curso da audiência de instrução devem ser alteadas logo após sua ocorrência.

Assim, o disposto no art. 571, I, em face da reforma do rito do Júri, não mais tem aplicação.

8. PRONÚNCIA, IMPRONÚNCIA, DESCLASSIFICAÇÃO E ABSOLVIÇÃO SUMÁRIA

Pronúncia. O juiz pronunciará o réu caso se convença da existência do crime e de indícios suficientes de autoria, dando os motivos de seu convencimento. Até 1941 – ano da promulgação do CPP –, as legislações anteriores cobravam para a pronúncia, a par da prova da materialidade delitiva, a presença de "indícios veementes" de autoria, expressão que, a partir de então, foi substituída por "indícios suficientes", fórmula agora mantida na edição da nova lei.

A "suficiência dos indícios" é, pois, menos do que a "veemência indiciária" – que pode haver, evidentemente, mas não *é conditio sine qua non* para a pronúncia –, mas inquestionavelmente é mais que um simples ou "mero indício". Há aqui uma ascensão na escala probatória, que nasce da simples suspeita e conjectura, passa por indícios e daí aos "indícios suficientes", até indícios veementes e à certeza conclusiva pelo raciocínio dedutivo.

Note-se, a propósito, que certeza e verdade não são sinônimos. A teor de antigas lições, a verdade está no fato, a certeza na cabeça do juiz. Assim, pode-se estar certo de algo que, a rigor, não seja verdadeiro.

Cobrou, pois, a lei, no que se refere à pronúncia, um *majus* em relação à presença de um simples indício e um *minus* em relação à veemência desse. Por isso mesmo, à evidência, não exigiu certeza nesta fase. Donde concluir que a pronúncia não deve conter uma análise profunda do *meritum causae*.

Assim, nessa decisão "apenas se reconhece a existência de um crime e a presença de suficientes indícios da responsabilidade do réu, apontando-se a direção a ser seguida pela ação penal"[21]. Na dúvida, cabe ao juiz pronunciar, encaminhando o feito ao Tribunal do Júri, órgão competente para o julgamento da causa. Nessa fase vigora a máxima *in dubio pro societate*[22].

---

[21] Edilson Mougenot Bonfim, *Júri: do inquérito ao plenário*, p. 106-107.

[22] STJ, 5ª T., HC 673.138/PE, Rel. Min. Reynaldo Soares da Fonseca, j. 14.9.2021.

No tocante à materialidade delitiva, o Superior Tribunal de Justiça já admitiu a pronúncia com base na prova testemunhal, que pode suprir a falta do corpo de delito, caso desaparecidos os vestígios[23].

A pronúncia é decisão interlocutória mista, meio de preparação, que dá ingresso à fase plenária do procedimento. Regulada pelo art. 413 do CPP, tem de ser fundamentada, como condição de validade e não de vício que lhe suprima a validade[24].

Na pronúncia o juiz mencionará o dispositivo legal em cuja sanção julgar incurso o réu. Deverão constar, também, as elementares do tipo, as circunstâncias qualificadoras e as causas específicas de aumento de pena. A exclusão das qualificadoras só será admitida se forem manifestamente improcedentes e de todo descabidas. Mesmo quando duvidosas, devem ser incluídas na pronúncia, para que sobre elas se manifeste e decida o Júri[25].

O juiz mencionará, ainda, se o crime foi consumado ou tentado. Não caberá a menção das causas de diminuição de pena, bem como das circunstâncias agravantes e atenuantes. Também não poderá o juiz fazer referência ao concurso de crimes.

O caminho a ser seguido pelo juiz na prolação da pronúncia é delineado pelo art. 413 do CPP. Temos que o juiz não pode incursionar exageradamente sobre as provas dos autos, já que assim poderia influir no ânimo do Conselho dos Jurados, causando nulidade do pronunciamento[26]. Tal vício será de natureza relativa, devendo ser alegada no momento oportuno[27].

Destarte, se o juiz pronunciante, em vez de proporcionar um juízo de suspeita para os jurados, concluir por um verdadeiro juízo de certeza, viola a cláusula do devido processo legal, ensejando a decretação de sua nulidade[28]. O que não se permite, reste claro, é o magistrado afirmar um juízo condenatório, como aduzir, por exemplo, no corpo da pronúncia, "julgo procedente a presente ação penal", uma vez que sua decisão tem caráter interlocutório e sua parte final tem natureza meramente classificatória e provisória, não podendo ultrapassar os limites do art. 413 do CPP[29].

No caso de crimes conexos, se o juiz pronunciar o réu em relação ao crime doloso contra a vida, não poderá manifestar-se acerca da admissibilidade das infrações conexas, preservando, assim, a competência do Júri para decidir a causa, em sua inteireza.

Sendo o réu pronunciado, o juiz, fundamentadamente, decidirá acerca da necessidade ou não de manutenção, revogação, substituição ou decretação de prisão cautelar, bem como sobre medida restritiva de liberdade anteriormente decretada.

Caso o crime seja afiançável, deverá o juiz arbitrar, desde logo, o valor da fiança.

Se dos autos constarem indícios de autoria ou de participação de outros indivíduos não compreendidos na denúncia ou queixa, o juiz, ao proferir a decisão de pronúncia ou impronúncia, ordenará que os autos voltem ao Ministério Público, por 15 dias, aplicando-se, no que couber, o disposto no art. 80. Assim, o Ministério Público ou o querelante aditará a inicial ou requererá a separação de processos, com o oferecimento de denúncia ou queixa, conforme o caso, contra o coautor ou partícipe.

---

[23] STJ, HC 170.507/SP, Rel. Min. Maria Thereza de Assis Moura, j. 16.2.2012.

[24] Nesse sentido: *RT*, 809/521, 809/523.

[25] Nesse sentido: STF, HC 107.090/RJ, Rel. Min. Ricardo Lewandowski, j. 18.6.2013.

[26] Nesse sentido: *RT*, 802/675, 809/523, 806/488, 804/497.

[27] STJ, 6ª T., AREsp 1.689.874/MS, Rel. Min. Sebastião Reis Júnior, j. 3.8.2020.

[28] STJ, 6ª T., AgRg no REsp 1.442.002/AL, Rel. Min. Sebastião Reis Junior, j. 24.5.2015 (*Informativo do STJ* n. 561).

[29] STF, *RT*, 804/497.

O réu, o defensor nomeado e o membro do Ministério Público serão pessoalmente intimados da decisão de pronúncia, enquanto o advogado constituído, o querelante e o assistente de acusação receberão a intimação por meio do *Diário Oficial*, devendo, sob pena de nulidade, ser o nome do réu incluído na publicação (art. 420, I e II). Ao acusado solto não encontrado, a intimação será feita por intermédio de edital (art. 420, parágrafo único).

Ressalte-se que o Superior Tribunal de Justiça contemporizou a regra do art. 420, parágrafo único, com a do art. 366, ambos do Código de Processo Penal, de modo que a interpretação deve ser dada no sentido de impedir a intimação por edital daqueles réus que não foram citados e tampouco constituíram advogado, ensejando a suspensão do processo e do prazo prescricional. Assim, a intimação por edital somente será admitida quando não se comprovar a incidência do art. 366 do Código de Processo Penal[30].

A decisão de pronúncia e a confirmatória da pronúncia são causas interruptivas da prescrição, nos termos do art. 117, II e III, do Código Penal. Por óbvio, a impronúncia e a absolvição sumária não interrompem a prescrição.

Da decisão de pronúncia cabe recurso em sentido estrito (art. 581, IV).

A decisão de pronúncia, que especificará todas as circunstâncias qualificativas do crime, gera coisa julgada formal, e, portanto, somente poderá ser alterada pela verificação superveniente de circunstância que modifique a classificação do delito. Nesta hipótese, "o juiz ordenará a remessa dos autos ao Ministério Público" e, "em seguida, os autos serão conclusos ao juiz para decisão" (art. 421, §§ 1º e 2º, respectivamente). Não obstante a letra da lei, em homenagem ao princípio do contraditório – consagrado no art. 5º, LV, da CF – deve o juiz, após o aditamento, abrir vista à defesa para se manifestar, cabendo, inclusive, a produção de provas. Só então o magistrado decidirá.

A jurisprudência entende que a sentença de pronúncia não produz coisa julgada, visto que encerra mero juízo positivo de admissibilidade de imputação penal deduzida pelo Ministério Público.

Impronúncia. Se o juiz não se convencer da existência do crime ou de indício suficiente de que seja o réu o seu autor, julgará improcedente a denúncia ou queixa. Ou seja, ocorre a inadmissibilidade de apreciação da imputação pelo Tribunal do Júri por não haver materialidade delitiva ou indícios suficientes de autoria para justificá-la. É decisão terminativa na medida em que julga a improcedência da pretensão acusatória de o réu ser julgado pelo Tribunal do Júri.

Diferentemente da decisão de pronúncia, entende-se que, na impronúncia, não haverá qualquer limitação quanto ao excesso de linguagem ou de fundamentação, uma vez que, ao subtrair do Conselho de Sentença – juízo natural da causa – a apreciação do feito, deverá expor as razões que o motivaram a constatar a ausência de indícios de autoria e prova da materialidade delitiva.

O juiz não analisa o mérito da questão, portanto essa decisão não impede seja instaurado processo contra o réu, desde que surjam novas provas e ainda não tenha ocorrido a extinção da punibilidade (art. 414, parágrafo único). Isso porque essa decisão não julga a pretensão punitiva do Estado. Trata-se de *absolvição de instância*.

Note-se que as provas deverão ser substancialmente novas, isto é, até então desconhecidas pela acusação.

Ao impronunciar o réu pelo crime doloso contra a vida, não poderá o juiz julgar os crimes que lhe sejam conexos, devendo remeter o feito ao juiz competente.

Surgindo novos elementos de convicção, deverá o Ministério Público propor nova denúncia, dando início a outro processo.

---

[30] STJ, HC 152.527/MG, Rel. Min. Og Fernandes, j. 17.4.2012.

Nos casos determinados pelo art. 386, I e III, não será permitida nova instauração de ação penal, já que nesses casos se configuram as impronúncias "absolutórias".

A impronúncia pode ser combatida com recurso de apelação (art. 416).

Despronúncia. Dá-se o nome de despronúncia:

a) à decisão do juiz que se retrata, em recurso em sentido estrito, impronunciando o réu;

b) à decisão proferida pelo tribunal, quando do julgamento de recurso em sentido estrito contra decisão de pronúncia, que afasta a competência do Tribunal do Júri, impronunciando o réu.

Desclassificação. Quando o juiz se convencer, em discordância com a denúncia ou queixa, da existência de crime diverso dos referidos no art. 74, § 1º (crime doloso contra a vida), e não for competente para julgá-lo, remeterá o processo ao juiz que o seja (art. 419, *caput*).

Reconhecendo o juiz não se tratar de crime doloso contra a vida, se não tiver competência para julgá-lo, remeterá os autos ao juízo competente.

Insta ressaltar que, para a desclassificação, é imprescindível que se constate, de plano, a ausência de *animus necandi* na conduta do réu[31], de modo que, havendo dúvida, deverá o réu ser submetido a julgamento perante o Tribunal do Júri[32].

O legislador não deu, entretanto, solução do procedimento a ser adotado no juízo competente, parecendo-nos que deva ser aberta oportunidade de manifestação às partes, podendo, inclusive, requerer a produção de provas, antes da prolação da sentença, em homenagem aos princípios constitucionais do contraditório e da ampla defesa (art. 5º, LV).

A desclassificação também é causa interruptiva da prescrição, conforme denota a Súmula 91 do STJ: "A pronúncia é causa interruptiva da prescrição, ainda que o Tribunal do Júri venha a desclassificar o crime".

Vale ressaltar que o juiz, na decisão em que entendeu tratar-se de crime diverso daqueles de competência do Júri, não deverá dar ao fato nova qualificação jurídica, sob pena de prejulgamento.

Remetido o processo para o juiz competente, parte da doutrina entende que poderá este suscitar conflito negativo de competência, concluindo ser hipótese de crime doloso contra a vida, pois a decisão desclassificatória não faz coisa julgada e, também, por se tratar de competência material, absoluta, portanto. Outros autores perfilham entendimento oposto, defendendo a impossibilidade de o juiz, para o qual o feito foi remetido, suscitar o conflito, exatamente por ferir a coisa julgada.

Dessa decisão cabe recurso em sentido estrito, com fundamento no art. 581, II.

Absolvição sumária. Diz o art. 415 que o juiz absolverá desde logo o réu quando: a) estiver provada a inexistência do fato; b) demonstrado não ser o acusado autor ou partícipe do crime; c) não constituir o fato infração penal; e d) provada causa de isenção de pena ou de exclusão do crime.

As causas de excludente de antijuridicidade estão dispostas no art. 23 do Código Penal. A inexistência de culpabilidade pode ser alegada quando houver erro sobre elementos do tipo, erro sobre a ilicitude do fato, coação irresistível e obediência hierárquica, inimputabilidade por doença mental, desenvolvimento mental incompleto ou retardado e, finalmente, por inimputabilidade decorrente de embriaguez fortuita completa. Exige-se que a absolvição sumária seja declarada somente com prova segura, incontroversa, clara e devidamente demonstrada[33].

---

[31] Dolo eventual e embriaguez ao volante (STJ, 6ª T., REsp 1.689.173/SC, Rel. Min. Rogério Schietti Cruz, j. 21.11.2017, *Informativo do STJ* n. 623).

[32] TJRN, Câm. Crim., RSE 2009.011912-4, Rel. Caio Alencar, j. 15.1.2010.

[33] STJ, 5ª T., AgrRE 1.936.393/RJ, Rel. Min. Ribeiro Dantas, j. 25.10.2022.

Tem a absolvição sumária natureza de sentença. Apreciando o mérito, o juiz julga improcedente a pretensão punitiva estatal. *É válido ressaltar que somente se pode arguir a absolvição sumária quando a hipótese que a ensejar estiver nitidamente demonstrada, pois impera nessa fase o princípio "in dubio pro societate"*[34].

Havendo crimes conexos, não poderá o juiz decidi-los de imediato, devendo aguardar o trânsito em julgado da sentença de absolvição sumária.

A absolvição sumária em relação ao crime contra a vida não atinge o crime que seria julgado pelo Tribunal do Júri em conexão, hipótese em que o sentenciante remeterá os autos ao juízo competente para julgar o crime restante.

No caso de inimputabilidade previsto no art. 26, *caput*, do CP não será o réu absolvido impropriamente com a imposição de medida de segurança, exceto se esta for a única tese defensiva (art. 415, parágrafo único), ou se, além da tese de inimputabilidade, a defesa sustente genericamente que não há nos autos comprovação da culpabilidade e do dolo do réu, sem exposição aos fundamentos de tal tese[35].

Previa o art. 411 que da decisão de absolvição sumária deveria o juiz recorrer de ofício para o tribunal competente, tendo esse recurso efeito suspensivo. Diante da ausência de repetição do teor do referido dispositivo legal no atual art. 415, entendemos não mais ser necessário, nos casos de absolvição sumária, o recurso de ofício, restando revogado, pois, o disposto no art. 574, II, do CPP.

Poderá a acusação recorrer dessa decisão, interpondo recurso de apelação (art. 416).

9. SEGUNDA FASE (*JUDICIUM CAUSAE*)

Com a preclusão da decisão de pronúncia, os autos serão encaminhados ao juiz presidente do Tribunal do Júri para que se inicie a preparação do processo para o julgamento em plenário (art. 421, *caput*). Em outras palavras, ocorrendo a chamada preclusão *pro judicato*, não havendo recurso ou esgotadas as vias impugnativas, tem início a segunda fase do procedimento do Júri, voltado para o julgamento da causa.

Recebidos os autos, o juiz presidente determinará que se intimem o Ministério Público ou o querelante (no caso de ação penal privada subsidiária da pública) e o defensor para, em 5 dias, oferecerem o rol de testemunhas – no máximo cinco – que deporão em plenário, podendo ser juntados documentos e requeridas diligências (art. 422).

Intimação das partes. Intimação editalícia de réu pronunciado. Designada data para julgamento, as partes, o ofendido e as testemunhas (se houver) e os peritos (em caso de pedido de esclarecimentos da prova técnica) serão intimados para comparecimento à sessão plenária.

Caso o réu tenha sido intimado por edital da decisão de pronúncia por não ter sido encontrado, caberá intimação editalícia também para o julgamento em plenário? Apesar de silente a lei, entendemos deverá o réu revel necessariamente ser intimado da data do julgamento e, caso deixe de comparecer, será julgado a revelia.

Ademais, cumpre observar que o art. 431 faz remissão expressa ao art. 420 do CPP, razão pela qual se tem admitido que, intimado por edital da decisão de pronúncia (art. 420, parágrafo único, do CPP), poderá se valer da mesma intimação ficta para o julgamento perante o Tribunal do Júri.

Nada obstante a revelia implicar a não intimação do réu revel dos subsequentes atos do processo, ressalvada a intimação da sentença, que é sempre obrigatória, caberá a intimação do acusado para

---

[34] Nesse sentido: STJ, 5ª T., HC 673.138/PE, Rel. Min. Reynaldo Soares da Fonseca, j. 14.9.2021.

[35] STJ, 5ª T., REsp 39.920/RJ, Rel. Min. Jorge Mussi, j. 6.2.2014 (*Informativo do STJ* n. 535).

comparecimento à sessão plenária, ainda que por edital. Isto porque o art. 457, *caput*, do Código de Processo Penal dispõe que o julgamento não será adiado pelo não comparecimento do réu solto, do assistente ou do advogado do querelante, dês que regularmente intimado.

Assim, para que se possibilite o julgamento de réu solto independentemente de sua presença em plenário, deverá o acusado, quando não intimado pessoalmente, ser intimado por edital da data da sessão, sob pena de nulidade do julgamento. Por outra banda, se regularmente intimado o réu (pessoalmente ou por edital), o julgamento será realizado, ainda que ausente em plenário sem justo motivo.

O magistrado, consoante o disposto no art. 423, deliberará sobre os requerimentos de produção de provas a serem produzidas ou exibidas em plenário e ordenará diligências com o escopo de sanar nulidades ou esclarecer fatos de interesse ao julgamento da causa. Por fim, elaborará um relatório sucinto do processo, ordenando sua inclusão em pauta de reunião do Tribunal do Júri.

Caso a lei de organização judiciária não atribua ao juiz presidente o preparo do processo para julgamento, o juiz competente lhe remeterá o feito devidamente preparado até 5 dias antes do sorteio dos 25 jurados para a reunião periódica ou extraordinária (art. 424, *caput*). Aliás, os processos preparados até o encerramento da reunião deverão ser remetidos para a realização do julgamento (art. 424, parágrafo único).

10. DESAFORAMENTO

Trata-se de hipótese de deslocamento da competência, prevista somente nos processos do Tribunal do Júri. Havendo desaforamento, será, então, o réu submetido a julgamento em comarca diversa daquela determinada pela regra da competência territorial.

Como regra, o desaforamento deve se dar para comarca da mesma região, preferindo-se as mais próximas. Assim, se porventura o tribunal excluiu as comarcas mais próximas, da mesma região, e elegeu outra mais distante do local dos fatos, deverá justificar a decisão, sob pena de nulidade[36].

No entanto, já se decidiu que as comarcas mais próximas são preferencialmente as escolhidas, não havendo óbice, contudo, que sejam remetidos a comarca mais distantes, se for comprovado que a grande influência política do réu em toda uma região puder comprometer a necessária imparcialidade dos jurados[37].

Poderá haver desaforamento:

a) se o interesse da ordem pública o reclamar: será permitido o desaforamento se existirem elementos que demonstrem a perturbação da paz e tranquilidade necessárias aos atos processuais do Júri;

b) se houver dúvida sobre a imparcialidade do Júri: cria na opinião pública ódio ou antipatia ao réu, o que pode gerar Conselhos de Sentença compostos de pessoas sem imparcialidade. Por exemplo, se o acusado tiver sido prefeito e recebido votos, é manifesta a possibilidade de imparcialidade dos jurados;

c) se houver dúvida sobre a segurança pessoal do réu: possibilidade de linchamento por parte das massas;

d) se, em virtude do comprovado excesso de serviço, o julgamento não puder ser realizado no prazo de 6 meses, contado a partir da preclusão da decisão de pronúncia.

---

[36] STF, 1ªT., RHC 94.008/RJ, Rel. Min. Carlos Britto, j. 24.6.2008, *DJe*, 3.4.2009.

[37] STJ, HC 219.739/RJ, Rel. Min. Jorge Mussi, j. 6.3.2012.

O desaforamento do Júri não pode basear-se em meras suspeitas e conjecturas a respeito da imparcialidade dos jurados[38]. Trata-se de medida excepcional, uma vez que é direito do réu ser julgado no local dos fatos, não sendo motivo, por exemplo, para um desaforamento o fato de cinco jurados negarem o serviço do Tribunal do Júri por medo, devendo-se efetivar outros sorteios[39]. Evita-se confundir o interesse de ordem pública com o sensacionalismo promovido pela imprensa, sendo necessário comprovar a predisposição da população contra o acusado[40].

O desaforamento será decidido pelo tribunal competente, a requerimento do Ministério Público, do querelante, do assistente de acusação, do réu ou mediante representação do juiz. Se a medida não tiver sido solicitada pelo juiz, de ofício, deverá este prestar as devidas informações.

Na hipótese do item *d,* não se computará no prazo de 6 meses eventuais adiamentos, diligências ou incidentes de interesse da defesa. Ademais, não havendo excesso de serviço ou processos pendentes de julgamento em quantidade que ultrapasse a possibilidade de apreciação pelo Tribunal do Júri, nas reuniões periódicas previstas para o exercício, o réu poderá pedir ao tribunal a imediata realização do julgamento. Nada impede a reiteração do pedido, desde que fundado em novos fatos ou provas.

A Súmula 712 do STF dispõe que "é nula a decisão que determina o desaforamento de processo de competência do Júri sem audiência da defesa".

O desaforamento será formulado e pleiteado após a preclusão da decisão de pronúncia[41] antes do início do julgamento no foro de origem. Tem procedimento próprio, de caráter incidental, consoante o art. 427. Estando pendente recurso contra a pronúncia ou se realizado o julgamento, não será admitido o desaforamento, a não ser que, nesta última hipótese, seja anulado o primeiro e surjam fatos durante o julgamento ou supervenientes a este que possam justificar o pedido. Este será direcionado ao tribunal e distribuído imediatamente à câmara ou turma julgadora, tendo preferência. Ao juiz originário serão requisitadas informações quando não for ele o autor do requerimento. Se os fundamentos alegados forem relevantes, o relator poderá determinar a suspensão do julgamento pelo Júri.

A falta de intimação da defesa para manifestar-se no incidente de desaforamento é motivo para nulidade relativa, que se convalida pela falta de arguição em tempo oportuno ou pela aceitação de seus efeitos, de acordo com o entendimento dos arts. 571 e 572 do CPP. Há, porém, corrente jurisprudencial que acredita que a falta da manifestação da defesa fere o princípio do contraditório, não estando, portanto, sob os efeitos da preclusão[42].

Reaforamento. É o retorno do processo à comarca original, por cessarem os motivos que ensejaram o desaforamento. Não é admitido[43]. Parte da doutrina admite, porém, o desaforamento para a comarca original, quando surgir alguma das situações previstas no art. 427, *caput*, na comarca para onde havia sido enviado o processo, e desde que tenham cessado os motivos que haviam determinado o primeiro desaforamento.

11. DA ORGANIZAÇÃO DA PAUTA

O juiz competente, estando o processo em ordem, marcará dia para o julgamento, determinando sejam intimadas as partes, o ofendido, se possível, as testemunhas e os peritos – desde que haja requerimento (art. 431).

---

[38] Nesse sentido: *RT*, 812/546.

[39] Nesse sentido: *RT*, 807/580.

[40] Nesse sentido: *RT*, 822/670.

[41] STJ, HC 145.312/SE, Rel. Min. Maria Thereza de Assis Moura, j. 18.5.2010.

[42] Nesse sentido: *RT*, 793/531.

[43] STF, *RT*, 661/364.

Salvo motivo relevante, na ordem de julgamento dos processos terão preferência (art. 429):

I – os réus presos;

II – dentre os presos, os mais antigos na prisão;

III – em igualdade de condições, os que tiverem sido pronunciados há mais tempo.

O assistente do Ministério Público somente será admitido se requerer sua habilitação no prazo de até 5 dias da sessão na qual pretenda atuar (art. 430).

12. JULGAMENTO EM PLENÁRIO

Até o momento do início da sessão, o juiz presidente decidirá sobre os casos de isenção e dispensa de jurados, bem como pedidos de adiamento do julgamento, fazendo consignar todas as deliberações em ata (art. 454).

Nos termos do art. 462, após a realização das diligências previstas nos arts. 454 a 462, o presidente verificará se a urna contém as cédulas com os nomes dos 25 jurados sorteados, mandando que o escrivão lhes faça a chamada.

No dia e hora designados para a reunião do Júri, presente o órgão do Ministério Público, o juiz presidente declarará instalada a sessão, anunciando o processo que será submetido a julgamento, se houverem comparecido pelo menos 15 jurados. Caso contrário, fará o sorteio dos jurados suplentes tantos quantos necessários, designando nova data para o julgamento (art. 464).

Logo depois de anunciado o julgamento pelo juiz presidente e de apregoadas as partes pelo oficial de justiça, deverão ser arguidas as nulidades ocorridas posteriormente à pronúncia.

Não comparecimento do órgão do Ministério Público:

a) com escusa legítima: adiamento do julgamento para o primeiro dia desimpedido, cientificadas as partes e testemunhas;

b) sem escusa legítima: adiamento do julgamento para o primeiro dia desimpedido, e comunicação do fato ao Procurador-Geral, com a data designada para a nova sessão.

Atualmente é vedada a nomeação de promotor *ad hoc*. Esta, ou a violação ao princípio do promotor natural, consiste no afastamento, sem razão plausível, de membro do Ministério Público titular da Vara do Júri e com atribuição para atuar no julgamento, designando-se assim outro para a função.

A presença de dois promotores de justiça na sessão de julgamento do Júri, ainda que sem a designação expressa do Procurador-Geral de Justiça para um deles, não é causa de nulidade absoluta, não se traduzindo em nomeação de promotor *ad hoc*. Pode ser alegada a nulidade relativa, e somente se for demonstrado prejuízo para a defesa, seguindo-se o princípio de que não se declara nulidade se não houver prejuízo para as partes[44].

Não comparecimento do defensor do réu:

a) sem escusa legítima: se outro não for constituído pelo acusado, haverá o adiamento do julgamento para o primeiro dia desimpedido, observado o prazo mínimo de 10 dias e nomeação de defensor dativo ao réu, sem prejuízo de imediata comunicação ao Presidente da Seccional da Ordem dos Advogados do Brasil, com a data da nova sessão;

b) justificadamente: adiamento do julgamento.

Não comparecimento do réu:

a) com justa causa: adiamento do julgamento para a seguinte sessão periódica, se não puder realizar-se na que estiver em curso;

[44] Nesse sentido: *RT*, 795/558.

b) sem justa causa: o julgamento não será adiado pela ausência de comparecimento do réu solto regularmente intimado; se estiver preso e não for conduzido, o julgamento será adiado, salvo se houver pedido de dispensa de comparecimento subscrito pelo acusado e seu defensor.

Note-se que tem o réu direito de não comparecer à sessão de julgamento.

Não comparecimento do acusador particular:

a) com justa causa: adiamento do julgamento para a sessão periódica seguinte, se não puder realizar-se na que estiver em curso;

b) sem escusa legítima: a acusação passará ao Ministério Público, não se adiando o julgamento. Em se tratando de ação exclusivamente privada, por crime conexo, haverá perempção.

O julgamento não será adiado pelo não comparecimento do advogado do assistente, regularmente intimado.

Ressalte-se que o adiamento do Júri, por si só, não caracteriza constrangimento ilegal a justificar a concessão da liberdade provisória ao réu preso cautelarmente[45].

A falta de qualquer testemunha não será motivo para adiamento, salvo se postulada sua intimação por mandado e arrolada em caráter de imprescindibilidade[46]. Se não for encontrada no local indicado, proceder-se-á ao julgamento.

Se, intimada, a testemunha não comparecer, o juiz suspenderá os trabalhos a fim de que seja trazida, ou adiará o julgamento para o primeiro dia útil desimpedido, ordenando sua condução coercitiva. Ainda assim, se a testemunha não comparecer, proceder-se-á ao julgamento. Não se pode, de acordo com a jurisprudência, obrigar uma testemunha residente em certa comarca a comparecer para depor em outra, devendo seu depoimento ser realizado por meio de carta precatória, ainda que tenha caráter imprescindível, visto que ela se sujeita à jurisdição diversa[47].

À testemunha que sem justa causa deixar de atender a intimação será aplicada multa de 1 a 10 salários mínimos, na forma do disposto no § 2º do art. 436. Deverá o magistrado, ainda, determinar a extração de cópias dos autos e remessa ao Ministério Público para eventual ajuizamento de ação penal em face da testemunha faltosa por crime de desobediência (art. 458).

O juiz tem a faculdade de deferir pedido de substituição de testemunha que, devidamente intimada, não comparecer ao julgamento[48].

Antes de constituído o Conselho de Sentença, as testemunhas, separadas as de acusação das de defesa, serão recolhidas a local de onde não poderão ouvir os debates e os depoimentos umas das outras.

Ainda antes do sorteio do Conselho de Sentença, o juiz informará os jurados acerca das hipóteses de suspeição, de impedimento, bem como das incompatibilidades previstas nos arts. 448 e 449 (art. 466, *caput*).

Na mesma ocasião, o juiz advertirá os jurados de que, uma vez sorteados, não poderão comunicar-se com outrem, nem manifestar sua opinião sobre o processo, sob pena de exclusão do Conselho e multa, na forma do § 2º do art. 436. Será a incomunicabilidade certificada nos autos pelo oficial de justiça (art. 466, § 2º).

Não ocorre quebra de incomunicabilidade quando o jurado se comunica ou conversa, ainda que durante a sessão, desde que o assunto não seja a causa, as provas ou o mérito da imputação[49].

---

[45] STF, HC 108.527/PA, Rel. Min. Gilmar Mendes, j. 14.5.2013.

[46] STJ, 5ª T., HC 243.591/PB, Rel. Min. Jorge Mussi, j. 18.2.2014.

[47] Nesse sentido: *RT*, 813/515.

[48] Nesse sentido: *RT*, 820/635.

[49] Nesse sentido: *RT*, 818/578.

Os jurados excluídos por impedimento, suspeição ou incompatibilidade serão computados para a constituição do número legal.

Procede-se, então, ao sorteio do Conselho de Sentença (art. 468, *caput*): "À medida que as cédulas forem sendo retiradas da urna, o juiz presidente as lerá, e a defesa e, depois dela, o Ministério Público poderão recusar os jurados sorteados, até três cada parte, sem motivar a recusa". *Assim, as partes poderão recusar os jurados sorteados. Há dois tipos de recusa:*

a) *motivada*, baseada em impedimento, suspeição ou incompatibilidade dos jurados;

b) *imotivada* ou *peremptória*, possibilitando à defesa e depois à acusação recusar até três jurados sem dar os motivos da recusa.

A nulidade por erro na formação do Conselho de Sentença pelo sorteio e aceitação de pessoas impedidas, como os de laços de parentesco entre dois jurados, deve ser oportunamente discutida no momento do sorteio[50].

Em caso de mais de um réu, com mais de um advogado, as recusas, caso haja acordo, poderão ser feitas por apenas um defensor (art. 469, *caput*).

Haverá separação do julgamento apenas se, em virtude das recusas, não for alcançado o número de sete jurados para integrar o Conselho de Sentença (art. 469, § 1º). Cindido o julgamento, será submetido a Júri em primeiro lugar aquele a quem foi atribuída a autoria do fato, ou, em se tratando de coautoria, será observada a ordem de preferência traçada no art. 429.

Assim, em caso de discordância entre os defensores dos réus quanto à aceitação de determinado jurado, este automaticamente será excluído, sem que se possibilite a manifestação do órgão do Ministério Público.

O atual *caput* do art. 469 não repetiu o disposto na redação original do *caput* do art. 461, que previa a separação do julgamento quando, havendo mais de um réu, e sendo as recusas feitas por defensores distintos, estas não coincidissem. Nesse caso, prosseguia-se somente no julgamento do réu que houvesse aceito o jurado, salvo se este, recusado por um dos acusados e aceito pelo outro, fosse também recusado pela acusação.

Com efeito, antes da reforma, se um jurado fosse aceito por um defensor e recusado por outro, caberia ao Ministério Público decidir se o julgamento iria ou não ser cindido, pois, se aceitasse o jurado, o acusado que o recusou não seria conjuntamente julgado.

A nosso sentir, ao se estabelecer que a cisão de julgamento ocorrerá exclusivamente se o número mínimo de sete jurados para compor o Conselho de Sentença não for alcançado, afronta-se a Constituição Federal.

Como consectário do princípio da isonomia, constitucionalmente consagrado no *caput* do art. 5º, decorre o princípio da paridade processual ou paridade de armas[51], que consiste em conferir igualdade de tratamento processual às partes. Cediço, pois, que os interesses componentes do cerne do processo penal – *jus puniendi* e *jus libertatis* – reclamam tratamento paritário, o que não se verifica com a criação de uma outra instância de dialética, distinta da existente entre Ministério Público e defesa. O defensor, ao exercer o direito de aceitação ou recusa de um jurado, defrontar-se-á não mais apenas com o órgão do *Parquet*, mas também com outro advogado, que integra a tribuna na defesa do corréu.

Ademais, o direito de escolha dos jurados que comporão o órgão colegiado julgador do Tribunal do Júri constitui uma das faces da plenitude de defesa, igualmente violada. Dessa forma, se os defen-

[50] Nesse sentido: *RT*, 802/558.

[51] Cf. Welton Roberto, *Paridade de armas no processo penal*.

sores manifestarem-se em sentido contrário quanto à aceitação ou recusa de um jurado, prevalecerá a recusa, fulminando-se o direito de um dos réus – em razão da nova e inadmissível dialética existente entre Defesa e defesa – de escolher, dentre os cidadãos jurados, aqueles que integrarão o Conselho de Sentença, o que somente não ocorreria se os defensores aceitassem ou recusassem jurados em bloco.

Daí a inconstitucionalidade do dispositivo e a necessária prevalência do disposto na redação original do *caput* do art. 461, que, a rigor, sequer precisava de previsão legal expressa, na exata medida em que decorre da lógica constitucional da dialética processual.

Estouro de urna (art. 469, § 1º). É a impossibilidade de formação do Conselho de Sentença em função das suspeições e recusas apontadas por não se atingir o número legal (15 jurados) exigível para a instalação da sessão (art. 463).

Ordem de preferência. Separação de julgamentos (§ 2º). A previsão contida no § 2º do art. 469 do Código de Processo Penal, regulando a ordem de preferência nas hipóteses de autoria e participação, aplica-se não apenas à separação dos julgamentos em plenário, em razão da não obtenção do número de sete jurados para compor o Conselho de Sentença, mas também aos demais casos em que, havendo pluralidade de réus, imputando-se a um deles a autoria e ao outro a participação, não puderem os acusados ser julgados na mesma data, ainda que o desmembramento dos julgamentos tenha sido decidido durante o curso do processo.

Hipótese de defesas colidentes e multiplicidade de réus. A alteração do regime das recusas peremptórias nos processos com mais de um acusado dificultou sobremaneira a cisão dos julgamentos. Não obstante a nova regulamentação atender a princípios basilares do processo, tais como a celeridade e a economia processual, trouxe também certas situações de evidente prejuízo aos acusados.

Imagine-se o julgamento conjunto de corréus, no qual um deles, negando a autoria delitiva, imputa ao outro, com exclusividade, a prática do crime.

Suponha-se, outrossim, um processo no qual figuram 5, 6, 7 réus acusados de um ou mais crimes, cada qual com seu respectivo defensor. Transcorrido todo o procedimento e designado julgamento conjunto de todos, os réus teriam diminuído o tempo para manifestação oral em plenário na proporção dos números de acusados presentes ao julgamento. Contaria o promotor de justiça com o tempo de 2 horas e meia para os debates e mais 2 horas para a réplica. Aos defensores restaria uma pequena fração desse tempo para analisar toda a prova trazida a juízo e expor as teses defensivas. A toda evidência, tal quadro implicaria frontal violação a direitos fundamentais de qualquer cidadão, desrespeitados princípios basilares do processo penal, principalmente à plenitude de defesa e à isonomia das partes.

Nesses casos, deverá o magistrado proceder ao desmembramento do feito, cindindo os julgamentos, tudo com amparo no art. 80 do Código de Processo Penal, o qual facilita ao juiz a separação dos processos quando as infrações tiverem sido praticadas em circunstâncias de tempo ou lugar diferentes, ou quando houver excessivo número de acusados, para não lhes prolongar a prisão preventiva, ou por outro motivo relevante, entendendo o magistrado pela conveniência da separação.

A medida pode ser adotada tanto no curso do processo quanto no início dos trabalhos em plenário, a requerimento das partes ou pelo próprio magistrado, de ofício.

Formado o Conselho de Sentença, farão os jurados um compromisso solene, nos termos do art. 472, *caput*. Entendemos que o compromisso por eles prestado é condição essencial para a validade dos atos, devendo dizê-lo formalmente "Assim o prometo", conforme estatui a lei. Serão fornecidas aos jurados cópias da pronúncia ou das posteriores decisões que julgaram admissível a acusação e do relatório do processo, elaborado pelo juiz presidente (art. 472, parágrafo único).

Instrução. Em seguida, será ouvida a vítima, se possível, bem como serão inquiridas as testemunhas arroladas pela acusação. A inquirição será direta e sucessiva, na seguinte ordem: juiz, acusador, assistente e advogado do réu (art. 473, *caput*). Após e do mesmo modo serão inquiridas as testemunhas de defesa pelo juiz, pelo advogado do réu, pelo acusador e pelo assistente. Os jurados poderão fazer perguntas à vítima e às testemunhas, mas sempre por intermédio do juiz presidente (art. 473, § 2º).

Pacificou-se o entendimento sustentado majoritariamente pela doutrina e jurisprudência, de que não se aplica ao julgamento pelo Júri o sistema presidencialista, mas sim o sistema inglês. Vale dizer, as reperguntas das partes devem ser feitas diretamente às testemunhas, sem a intermediação do magistrado.

Por fim, se estiver presente, o réu será interrogado, aplicando-se o disposto nos arts. 185 a 196, com as alterações seguintes: o Ministério Público, o assistente, o querelante e o defensor poderão formular, nessa ordem, diretamente perguntas ao acusado (art. 474, § 1º), ao passo que os jurados, se quiserem, farão perguntas ao réu por intermédio do juiz presidente (art. 474, § 2º).

Conforme determina o art. 474-A (incluído pela Lei n. 14.245/2021), durante a instrução em plenário, todas as partes e demais sujeitos processuais presentes no ato deverão respeitar a dignidade da vítima, sob pena de responsabilização civil, penal e administrativa, cabendo ao juiz presidente garantir o cumprimento do disposto nesse artigo, vedadas: I) manifestação sobre circunstâncias ou elementos alheios aos fatos objeto de apuração nos autos; II) utilização de linguagem, de informações ou de material que ofendam a dignidade da vítima ou de testemunhas.

Impossibilidade do interrogatório por videoconferência. A Lei n. 11.900/2009 passou a autorizar a prática de atos processuais pelo sistema de videoconferência, como o interrogatório de réus presos, inquirição de testemunhas presas, bem como oitiva de testemunha residente em comarca diversa (em substituição à carta precatória).

Com a nova redação do art. 185 e parágrafos do Código de Processo Penal fica autorizada a realização de interrogatório do réu preso pelo sistema de videoconferência ou "outro recurso tecnológico de transmissão de sons e imagens em tempo real".

As hipóteses que autorizam o deferimento da medida estão elencadas no § 2º do art. 185, nos incisos I a IV.

A interpretação do § 4º do citado artigo permite concluir que a utilização do sistema de videoconferência está autorizada nas audiências previstas nos arts. 400, 411 e 531 do Código de Processo Penal.

Tem, portanto, aplicabilidade ao procedimento dos processos de competência do Tribunal do Júri, limitada a audiência una de instrução e julgamento.

Entendemos vedada a utilização do sistema no julgamento em plenário, portanto. Isto porque a lei é expressa ao indicar que a videoconferência poderá ser de utilidade nas audiências do procedimento ordinário, da instrução preliminar e do procedimento sumário, silenciando quanto ao julgamento em plenário. Prevalece, aqui, o direito do acusado de se fazer presente em seu julgamento, *in persona*[52].

Uso de algemas. O uso de algemas durante a sessão de julgamento somente ocorrerá se absolutamente necessário à ordem dos trabalhos, à segurança ou à integridade física dos presentes (art. 474, § 3º).

Acareação, reconhecimento de pessoas e coisas, esclarecimento dos peritos e leituras de peças. Caso haja divergência sobre pontos essenciais da causa, proceder-se-á, a pedido das

[52] Cf. nosso *O novo procedimento do Júri*, 2. ed.

partes ou dos jurados, a acareações entre aqueles que declinaram versões conflitantes. Poderão, ainda, requerer a realização de reconhecimento de pessoas e coisas, esclarecimentos dos peritos ou leitura de peças que versem, exclusivamente, sobre provas colhidas mediante carta precatória e cautelares, antecipadas e irrepetíveis (art. 473, § 3º).

Registro dos depoimentos e do interrogatório. Juntada da transcrição. Os depoimentos e o interrogatório serão registrados por meios ou recursos de gravação magnética, eletrônica, estenotipia ou qualquer técnica similar, que confira fidelidade e celeridade à colheita da prova oral. Após a degravação, a transcrição será juntada aos autos (art. 475, *caput* e parágrafo único).

Debates. Terminada a instrução, o promotor produzirá a acusação, nos limites da pronúncia ou das decisões posteriores que julgaram admissível a acusação, falando o assistente logo após (art. 476, *caput* e § 1º). Nos casos de ação privada, o promotor falará após o acusador particular. Não está o promotor obrigado a sustentar a acusação, sendo-lhe facultado inclusive postular a absolvição do acusado. No entanto, tal fato não impede que o assistente de acusação peça a condenação e que os quesitos da acusação sejam submetidos ao Conselho de Sentença.

Finda a acusação, o defensor terá a palavra para a defesa. Deverá necessariamente opor resistência à pretensão punitiva pleiteada pela acusação, sob pena de nulidade do julgamento.

O acusador poderá replicar e a defesa treplicar, sendo admitida a inquirição de qualquer das testemunhas já ouvidas em plenário. Caso o promotor não faça uso da réplica, não poderá o defensor treplicar. Há divergência quanto à possibilidade de a defesa apresentar tese defensiva nova durante a tréplica. Entendem alguns que esse expediente violaria o contraditório, pois não poderia a acusação se manifestar acerca da nova tese[53]. Para outros, pautando-se o Júri pela plenitude de defesa, é legítima a inovação na tréplica[54].

Apartes. Poderão as partes fazer uso de apartes, desde que sejam breves e não tenham por fim tumultuar o julgamento.

Nos termos do art. 497, XII, caberá ao juiz presidente "regulamentar, durante os debates, a intervenção de uma das partes, quando a outra estiver com a palavra, podendo conceder até 3 (três) minutos para cada aparte requerido, que serão acrescidos ao tempo desta última".

Dois são os tipos de apartes possíveis no Tribunal do Júri:

a) o aparte livre, que consiste em uma concessão do orador que estiver fazendo uso da palavra;

b) o aparte regulamentado pelo art. 497, XII, do CPP, que decorre de um requerimento dirigido ao magistrado, pelo aparteante.

O primeiro deles – aparte livre – pertence à tradição do Júri no Brasil. É a ele que se refere Espínola Filho e vasta gama de doutrinadores e arestos jurisprudenciais. Trata-se de uma concessão da parte que estiver com a palavra. Assim, o *ex adverso* solicita-o ao orador: "V. Exa. me permite um aparte?", que poderá ou não concedê-lo.

Diz-se concessão, porquanto o tempo é destinado por lei às partes e, uma vez interrompido o orador para esclarecimento, retificação, reptos etc. pela parte contrária, depende de sua exclusiva permissão a interferência que se faz. Não há, pois, proibitivo algum, nem na solicitação do aparte, tampouco em sua concessão, sobretudo quando se homenageia com os apartes o princípio da verdade real e da lealdade das partes, informadores do processo penal.

O aparte, por vezes, é tão inevitável quanto a resposta do aparteado. Por isso, também se diz "debates do Júri" e não meras alegações das partes, visto que estas se reduziriam a compartimentos

---

[53] STJ, 6ª T., REsp 1.451.538/DF, Rel. Min. Rogerio Schietti Cruz, j. 8.11.2018.

[54] STJ, 6ª T., HC 61.615/MS, Rel. Min. Hamilton Carvalhido, j. 10.2.2009, *DJ*, 9.3.2009.

oratórios estanques, às quais a *visita oral* do opositor seria sempre proibida. Há, na dinâmica do Júri, situações variadas, quando dos debates, nas quais o aparte direto, rápido, não somente contribui para aclarar pontos obscuros e devolver a atenção dos jurados ao julgamento da causa, como o próprio aparteado por vezes agradece a proveitosa interrupção.

Assim, *aparte é tanto uma anuência ou elogio quanto pedido de esclarecimento em ponto dúbio, contradição breve a uma afirmativa dada, uma rápida "retortio argumenti", podendo ser, enfim, mesmo a presença de espírito que, fugaz, revela em poucas palavras um sofisma alheio.*

Nesse sentido, conquanto a lei conceda o direito de acusação e defesa às partes, destinando-lhes um tempo para as respectivas manifestações, é destas que advém o melhor uso para fazer do tempo legal. Por isso, há oradores que provocam os apartes e há aqueles que os solicitam, a tudo, pois, emprestando-se o feitio de um verdadeiro debate. E se a parte se exceder, tumultuando a sessão, comprometendo a regular apreciação do feito, transformando o debate em discussão? Nesse caso, a interferência do juiz presidente é necessária (art. 497 do CPP), devolvendo a ordem usurpada à solene sessão de julgamento, tomando as providências previstas em lei.

Mas, tratando-se de aparte de livre concessão do aparteado, à evidência, não há regra temporal, cronológica, como no aparte regulamentado, mas, sim, regra de bom senso, como reclama a tradição forense, para a qual as partes e os magistrados sempre velaram sem a fixação ou matematicidade do atual aparte previsto no art. 497, XII (regulamentado). Até porque, tratando-se de uma liberalidade do orador, uma concessão, cada uma das partes, ao concedê-lo – ou cassá-lo, pedindo a garantia da palavra ao juiz presidente –, reconhece que as velocidades da fala são variáveis *persona ad personae,* igualmente a clareza do pensamento na exposição e, cambiáveis, uma e outra, reclamam, por paridade, maior flexibilidade, absolutamente inatingíveis pela rigidez do aparte regulamentado.

Há oradores que, de tão bons, não devem ser aparteados; outros, tão ruins, desprezados sem a distinção dos apartes; outros, ainda, mendazes, cuja busca da verdade real recomenda inúmeros apartes pelo *ex adverso,* denotando, assim, que a regra para essas interrupções esclarecedoras, corretivas ou desafiadoras deva ser o caso concreto, jamais a "momentização" ou "minutização" genérica, como regulamenta a norma para aquelas situações em que se impõe a interferência do magistrado ("aparte regulamentado").

Pode acontecer que aquele que estiver com a palavra aja com má-fé, desídia ou puro equívoco, distorcendo, olvidando ou se referindo erroneamente a fatos ou provas dos autos, obrigando o aparteante ou a interrompê-lo ("aparte livre") – que dependerá de sua autorização para cessão da palavra – ou diretamente socorrer-se do juiz presidente (hipótese do art. 497, XII). É dessa hipótese que trata o novo "aparte regulamentado".

Assim, imagine-se, por exemplo, um pedido de aparte negado pelo orador; diante da necessidade de se fazer o aparte – e em obediência à verdade real –, deve o magistrado impor ao aparteado a obrigação de ceder parte de seu tempo ao aparteador ("até 3 minutos"), repondo-o, depois.

Destarte, se o aparte for diretamente requerido e deferido pelo juiz presidente, de acordo com a norma do art. 497, XII, estará o aparteado compelido à concessão, e, nesse sentido, regulamentou-se o aparte. E por que o aparte foi regulamentado? Porque não se permite que o orador faça de seu discurso um instrumento sem controle a serviço da burla ou da chicana, e, por outro lado, ao fixar-lhe tempo, não se permite – ao aparteante – um discurso sem fim, mesmo que estribado em inicial direito.

A acusação e a defesa terão uma hora e meia para apresentar suas alegações. A réplica e a tréplica terão a duração de uma hora cada (art. 477, *caput*). Havendo mais de um acusador ou defensor, deverão combinar entre si a distribuição do tempo, caso contrário caberá ao juiz presidente fazê-lo (art. 477, § 1º).

Havendo mais de um réu, o tempo para a acusação e para a defesa será, em relação a todos, acrescido de uma hora e elevado ao dobro o da réplica e tréplica (art. 477, § 2º).

Às partes é vedado, sob pena de nulidade, durante os debates, fazer referências (art. 478):

> "I – à decisão de pronúncia, às decisões posteriores que julgaram admissível a acusação ou à determinação do uso de algemas como argumento de autoridade que beneficiem ou prejudiquem o acusado;
>
> II – ao silêncio do acusado ou à ausência de interrogatório por falta de requerimento, em seu prejuízo".

De acordo com o art. 479, durante o julgamento não será permitida a leitura de documento ou a exibição de objeto que não tenha sido juntado aos autos com antecedência mínima de 3 dias úteis, cientificada a outra parte. Compreende-se nessa proibição a leitura de jornais ou qualquer escrito, a exibição de vídeos, gravações, fotografias, quadros, laudos, croqui ou qualquer outro meio assemelhado, cujo conteúdo verse sobre matéria de fato, que será submetida à apreciação e julgamento dos jurados.

A desobediência ao disposto nesse artigo é causa de nulidade relativa, devendo ser arguida no momento da exibição do documento ou do objeto, sob pena de preclusão.

A qualquer momento dos debates, a acusação, a defesa ou os jurados poderão requerer ao juiz presidente que determine ao orador que faça menção à folha dos autos onde se encontra a peça por ele lida ou citada. O juiz presidente poderá ordenar ao orador que esclareça determinado fato por ele alegado, desde que haja pedido dos jurados (art. 480, *caput*).

Em havendo necessidade de verificação de qualquer fato, reputado essencial ao julgamento da causa, que não possa ser realizada imediatamente, o juiz presidente dissolverá o Conselho de Sentença, determinando a diligência. Caso esta consista em perícia, o magistrado, desde logo, nomeará perito e formulará quesitos. Após, dará às partes oportunidade para, no prazo de 5 dias, formular quesitos e indicar assistentes técnicos (art. 481, *caput* e parágrafo único).

Concluídos os debates, o juiz indagará dos jurados se estão habilitados a julgar ou se precisam de outros esclarecimentos (art. 480, § 1º). Ao juiz é permitido esclarecer os jurados acerca de qualquer questão de fato mas não de direito, já que estes só versam sobre os fatos (art. 480, § 2º).

Em seguida, o juiz procederá à leitura dos quesitos, indagando às partes se têm requerimento ou reclamação a fazer, constando em ata o requerimento ou reclamação não atendida. Logo após, terá início a votação dos quesitos, na sala secreta.

12.1. A duvidosa constitucionalidade do art. 478: fonte de nulidades

Várias são as questões a serem consideradas na análise da nova redação do art. 478 do CPP, demandando uma análise mais profunda:

a) sobre a possibilidade de aludir-se "às decisões posteriores que julgaram admissível a acusação ou à determinação do uso de algemas como argumento de autoridade que beneficiem ou prejudiquem o acusado" (art. 478, I, do CPP);

b) sobre o que seja o "argumento de autoridade" vedado pela lei;

c) sobre a possível inconstitucionalidade do artigo (infração *ao devido processo legal)*;

d) sobre a alusão "ao silêncio do acusado ou à ausência de interrogatório por falta de requerimento, em seu prejuízo" (art. 478, II), como causa de nulidade.

Faltou *legisprudência* ao legislador. A redação do art. 478 do CPP, por voluntariosa que seja, acaba por promover grande confusão processual a ensejar as mais disparatadas e variadas situações fomentadoras de nulidades. Como, pois, não fazer referência à decisão de pronúncia ou decisões posteriores como "argumento de autoridade", se é ela, em última hipótese, o ato jurisdicional responsável – por isso, com manifesta "autoridade" – e inaugural da fase *do judicium causae* no solene momento do julgamento? De outra parte, em que sentido se utiliza a expressão, ou melhor, o que configura, afinal, um "argumento de autoridade"?

O artigo em comento distancia-se, a um só tempo, da lógica e da concepção de um processo penal verdadeiramente democrático. Vejamos o seguinte exemplo: se o órgão acusador, visando desacreditar uma tese defensiva, apartear o defensor de modo a questionar-lhe a idoneidade de uma dada decisão que excluiu ou incluiu a qualificadora do motivo do crime ou determinou o uso de algemas para o réu ou, de outra parte, questiona a competência – seja em sentido processual, seja em sentido literal, de semântica comum – do órgão judicante prolator de tal decisão, obriga-se ao silêncio a defesa, não podendo fazer-lhe o elogio ou a crítica?

Por outro lado, se o defensor do acusado apartear o acusador ou afirmar nos debates fato referente ao uso de algemas, à decisão de pronúncia ou ao silêncio do réu no interrogatório, de modo a questionar a competência ou autoridade ética ou intelectual do órgão que prolatou a decisão (pronúncia, acórdão, despacho referente ao uso de algemas), sabendo-se que não poderia anular o Júri – visto que a nulidade não se aproveita a quem ela provoca, a teor do art. 565 do CPP –, perguntar-se-ia: está impelido ao silêncio o "fiscal da lei"? A lei, nesse particular, fomentaria a burla? Como ficamos, diante do permissivo do art. 497, XI, do CPP[55]?

Esse *secretum eternum* que pretende o novo regramento processual é a consagração da imposição de um inconstitucional silêncio à acusação e à defesa, prejudicando ambas as partes, a um só tempo. A isto pode-se chamar de *noncesso,* de modo algum*, processo*, que a rigor, na teoria da argumentação, não admite nenhum "segredo de polichinelo", ao qual não caiba nem mesmo alusão e análise, que possa levar ao elogio (argumento de autoridade).

Poder-se-ia aduzir: "Nesses exemplos, cabe ao magistrado interferir sempre, esclarecendo o ocorrido". Tal postura desconhece a dinâmica dos debates e a celeridade com que as coisas acontecem, de modo a cobrar pronta resposta do *ex adverso*. Ademais, muitas vezes o questionamento insinuante não é claro, conquanto cobre revide do adversário, algo mais que o silêncio, portanto. E, assim, o magistrado não poderia interferir, sob pena de transformar-se, ele próprio, em debatedor, descendo à arena das discussões, ensejando nulidade. Aliás, o papel do juiz presidente do Júri, tal como pensado no sistema processual brasileiro, não é substancialmente ou preponderantemente intervencionista, menos de protagonista dos debates, como não o é de fiscal da lei, mas sim de atitude de intervenção subsidiária e excepcional.

Outrossim, a vedação legal, tal como está, fere o senso lógico de qualquer debate forense, e sem sentido lógico pode haver qualquer coisa, menos debate racional. Como toda exposição de uma tese (acusatória ou defensiva) pressupõe uma *conexão argumentativa* – sem a qual o discurso resvala para o *nonsense,* a ininteligibilidade –, o réu algemado no curso do julgamento só está algemado porque foi processado; se foi processado é porque pesa a acusação de conduta tipificada como crime pela lei penal; se está processado e algemado é porque, em tese, denota periculosidade; essa periculosidade, a ponto de ensejar o uso de algemas, foi reconhecida por alguém, um órgão ou parcela de poder que detém legalmente autoridade para tal. Por conseguinte, se está processado por crime e denota periculosidade reconhecida fundamentadamente em decisão motivada, não pode a razão mesma de seu *processo* ser subtraída ao conhecimento do juiz constitucional da causa – art. 5º, XXXVIII, da CF –, que é o jurado, tampouco deixar que ele conheça a dimensão legal, ética ou intelectual da autoridade de onde tenha promanado a medida, sem a qual não há lógica argumentativa.

[55] "Art. 497. São atribuições do Juiz Presidente: [...] XI – determinar, de ofício ou a requerimento das partes ou de qualquer jurado, as diligências destinadas a sanar nulidade ou *a suprir falta que prejudique o esclarecimento da verdade.*"

Cabe aí, pois, o elogio ("argumento de autoridade") à autoridade, aliás, que já se inaugura nos debates, pela tradição da saudação entre as partes e do protocolo de "elogio à magistratura" e à figura do juiz presidente.

Não se pode pretender que ao juiz constitucional da causa – o Júri – seja subtraído o conhecimento integral da decisão, em todas as suas circunstâncias, de onde partiu, quem a prolatou, qual a importância de quem a prolatou, inclusive acatando e elogiando – um dos lados do juízo crítico – a autoridade ou não que tenha determinado a medida. Ou o ato de algemar o acusado é legal – e a lei deve ser compreendida, permitindo-se a explicação e a fundamentação do porquê do ato, onde entra alguma argumentação de autoridade –, ou não se admite a ilegalidade de algemá-lo, com ou sem "argumentação de autoridade" e, nesse caso, evidentemente, não há falar do que não ocorreu. Para tal argumentação, absolutamente improvável, deve-se mensurar o que seja "argumento de autoridade" e em que medida deixa de ser mera "argumentação formal", passível de legalidade, para ser "argumentação adjetiva" e, portanto, ilegal.

Enfim, o parágrafo, tal como está redigido, sugere pretender não só a subtração de informes valiosos para o conhecimento do julgador como uma subversão de uma função básica e democrática do moderno processo penal, qual seja o conhecimento integral da motivação do ato (*v.g.*, determinador do uso de algemas), como a exigência constitucional (art. 93, IX, da CF) e a análise da autoridade (competência, seriedade, ética, cultura jurídica etc.) de quem a prolatou, como *função extraprocessual* da motivação.

Suponha-se uma decisão do STJ ou do STF que tenha cassado decisão de instância ou tribunal inferior. A rigor do art. 478, nenhuma alusão à autoridade do STJ ou STF poderá ser feita em plenário, o que significa dizer que devam as instâncias decisórias ser niveladas pelo silêncio e pela imposta omissão, uma vez que qualquer alusão à hierarquia de órgãos judicantes, ao duplo grau de jurisdição, ao histórico de justiça de determinado tribunal, à qualificação cultural de determinado ministro, será tomada por elogio ("argumento de autoridade"), igualando-se, pois, ao talante do artigo, situações, hierarquias, competências diversas e, inclusive, quem decidiu em última instância e reformou (a instância superior), com quem foi corrigido e teve a decisão modificada (a instância inferior).

Por fim, sob a ótica defensiva – onde claramente se aferirá o prejuízo do novel artigo –, imaginando-se que o réu tenha sofrido uma acusação em demasia, ou que lhe tenha sido decretada uma prisão na pronúncia, cassada a medida em instância superior, não poderá o defensor utilizar-se dos argumentos clássicos de defesa, de questionar a isenção ou correção das autoridades de primeiro grau, visto que não poderá fazer o elogio – argumento de autoridade – daquelas que vieram em seu socorro? Não poderá insurgir-se contra a essência da autoridade que determinou um ato (*argumentum ad personae*), e assim defender seu constituído alegando parcialidade ou perseguição, por exemplo, somente atingível pela teoria da argumentação?

12.2. A criação de um tipo processual penal "aberto"

Afinal, o que é mesmo "argumento de autoridade"? O problema já começa com a definição do que seja "argumento", uma vez que este, vindo do latim, *arguere*, tem variados significados: mostrar antes de demonstrar, apresentar antes de provar etc. Assim, se a noção de argumento não recebeu uma noção jurídica precisa[56], menos ainda a expressão "argumento de autoridade", donde se concluir inexistir precisão legislativa, porquanto não se sabe qual o significado que se quis emprestar à expressão. Costuma-se, é verdade, para exemplificar o que seja o "argumento de autoridade", invocar em defesa de uma tese a autoridade de algo ou alguém, no modelo *Magister dixit* ("o mestre disse"), o que

---

[56] François Martineau, *Petit traité d'argumentation judiciaire*, 2. ed., p. 27.

se convencionou chamar de *falácia genética*: "o tribunal 'x', que é a suprema corte de justiça, decidiu que... o jurista 'y', especialista no tema e de notável saber jurídico, afirmou tal coisa" etc. Assim, a coisa valeria não pelo que é, mas pela crença de onde provenha.

Ademais, a doutrina fala do bom argumento de autoridade e do mau argumento de autoridade. O primeiro é a confirmação de algo, por alguém que realmente tenha autoridade sobre o que fala. O segundo, por alguém que, sendo eventualmente uma autoridade em um tema, não o é no tema ou contexto em que é invocado.

Mas, se o que se quis coibir foi a vedação ao mau argumento de autoridade, como negar a possibilidade de que as partes invoquem a autoridade de quem promanou a decisão de pronúncia ou afastou uma qualificadora, pois tal autoridade que assim procedeu o fez, evidentemente, estribada no poder público que maneja e, portanto, oficialmente é um "bom argumento de autoridade", impassível de proibição? De quem albergou um recurso defensivo ou acusatório, sendo este um Tribunal Superior, por exemplo? E, nessa compreensão, qual o permissivo do elogio ou da crítica cabível, na densificação do que seja "autoridade", vocábulo que pode ser matizado ou aumentado, estigmatizado ou engrandecido?

Visando aclarar ou racionalizar os debates, estabeleceu-se uma *status controversiae*.

O que parece ter querido dizer o legislador, e não disse, é que não poderiam as partes distorcer a natureza jurídica da pronúncia (p. ex., "O Tribunal de Justiça ao confirmar a pronúncia já condenou o réu") ou das decisões subsequentes, ou do uso de algemas ("se usa algemas é porque é culpado") e outras hipóteses do art. 478, no sentido, por exemplo, de se atribuir natureza jurídica diversa a cada uma das decisões ou dar-lhes interpretação convenientemente diversa. Contudo, tal como restou, aduziu-se à proibição de um muito aberto "argumento de autoridade", para cujo debate de sua compreensão se gastariam rios de tinta, jamais se aportando a um claro consenso.

A resposta fala a favor da inconstitucionalidade do artigo, na medida em que cerceia o direito da acusação e da defesa, ferindo o devido processo legal constitucional (art. 5º, LIV, da CF). É que a expressão pertence ao domínio da teoria da argumentação e da filosofia – o artigo configura-se em verdadeira norma processual penal em branco, buscando completude em seara alheia à processualística, parecendo-nos absolutamente inapropriada às regras do moderno processo penal, sobretudo pela largueza que contempla sua definição (tipo processual penal "aberto" ou "sem fim"?), inabarcável para os fins de um mínimo "princípio de segurança jurídica" que se deve propor.

Como asseverava Pascal, inúmeras disputas ocorrem em razão de coisas que não compreendemos, pela utilização de termos dúbios ou capciosos "porque o mundo se paga de palavras: poucos aprofundam as coisas"[57]. Ademais, as figuras de linguagem, a ironia, a ênfase, os ornatos retóricos, os jogos malabares linguísticos, os tropos da linguagem, os dilemas, lítotes, analogias argumentativas, os epiquiremas, silogismos, entinemas, enfim, os argumentos lógicos e extralógicos, pertencem à essência mesma dos discursos no Júri – por que não dizer que pertencem, incidentalmente, a todos os discursos jurídicos –, não se podendo suprimi-los sem fazer sucumbir o próprio manejo do direito e, *in casu*, o próprio pressuposto da democracia e do tribunal popular.

Inexiste, ademais, uma hierarquia argumentativa, a ponto de se dizer que um argumento seja menos valioso que outro, ou mais reprovável que outro, quando igualáveis por falácias.

Comuns, no Júri, nesse diapasão, o *argumentum ad personae,* o *argumentum pietatis causae* ou *ad misericordiam*, o *argumentum ad baculum,* o *argumentum ad terrorum,* o *argumentum ad populum*, dentre muitos outros, todos se configuram em falácias, argumentos extralógicos, combatíveis na argumen-

[57] *Pensées*, IV, 161.

tação plenária[58], sem que, com isso, se possa proscrever toda a variada gama argumentativa, ou dizer mesmo que um seja mais danoso que outro, à busca da verdade real. Por fim, forçoso dizer: o direito não é ciência exata, logo, não há como proscrever-se a argumentação, numa busca de definição ao puro "ser da coisa", como se houvesse uma só verdade clara e insofismável.

Este direito asséptico a outros saberes e argumentações pertenceu, no passado, à aspiração de um inumano normativismo kelseniano – jamais alcançado – e à sua teoria pura do direito, absolutamente incondizente com a essência do Júri e seu discurso.

Se é certo que no Júri o orador ganha protagonismo e muitas vezes se desautoriza por excessos, não menos certo é que nem ao Supremo Tribunal Federal, hoje, se cobra a impassividade de uma argumentação fria, reduzida à simples obtemperação das teorias interpretativas "nada mais que jurídicas". Humanos, os ministros das mais altas cortes muitas vezes se empolgam em suas argumentações e decisões – mesmo tratando-se de temas civilísticos – e suprimem pela fala aquele homem impassível e frio, a que tantas vezes se quis reduzi-los, como se máquinas fossem ou meros computadores. Se a ninguém é dado imaginar um ministro reduzido à pura razão – este que é, por "autoridade", o intérprete máximo da Constituição Federal e do Estado de Direito –, sem poder valer-se de argumentos variados, quem terá o poder e a sapiência, com precisão cirúrgica, com sopesamento de ourives, de separar cada um dos argumentos no Júri, a ponto de dizer "isto é lógico" e pode, isto é "extralógico" e proibido, sem desmontar por inteiro toda a conexão argumentativa, ou seja, sem ferir o direito da acusação ou o da defesa? Daí a necessidade dos debates, da réplica e da tréplica, do direito aos apartes. O Júri é órgão da democracia, um Tribunal Constitucional, onde mais desastrada do que a prática que se quer coibir é a previsão de sua própria proibição.

12.3. O "argumento de autoridade" do art. 478 do CPP

Trazido à baila o "argumento de autoridade", Martineau[59] leciona que "ele estabelece uma relação entre a validade de uma tese e a personalidade de seu autor, a reputação que lhe precede, o prestígio que lhe é inerente".

Destarte, o "argumento de autoridade" também se insere naquilo que Schopenhauer chamava de *argumentum ad verecundiam* (modéstia), ou seja, aquele dirigido ao sentimento de honra, de modo que, em vez de fundamentos, da busca e prova essencial da verdade, utilizamos a autoridade, a importância ou a modéstia de alguém.

Para a compreensão do que seja, atente-se à expressão latina que procura identificá-lo e combatê-lo: *ex vera ratione processit, ratio vero nequaquam ex auctoritate* ("a autoridade provém da razão, não a razão da autoridade"). Mas não o utilizam as partes durante os debates, invocando para suas teses as doutrinas de diferentes mestres, doutores e professores ou arestos de variados tribunais, dizendo de onde provêm, e daí, por isso mesmo, sua autoridade? E, já nas saudações, não se fazem "elogios", emprestando autoridade à autoridade do plenário (juiz presidente)? Não se configura, pois, em argumento de autoridade, a qualificação de uma boa testemunha (o "engenheiro" fulano de tal; a "professora com 25 anos de magistério tal", o renomado médico siclano)? E a invocação de uma perícia, com a autoridade que lhe suporta o perito, e, por isso mesmo, "perito"? E os anos de experiência do advogado, invocados como "argumento de autoridade" nos debates do Júri? E a respeitabilidade do Ministério Público, historicamente assegurada, como a da OAB, como argumentos usualmente invocados?

Poderá, assim, cada uma das partes autovalidar-se, emprestando a si "argumentos de autoridade", sem que se possa elogiar, criticar ou reconhecer a autoridade ao poder legal e constitucional-

---

[58] A propósito do tema, *vide* Edilson Mougenot Bonfim, *Júri: do inquérito ao plenário*, p. 233 e s.

[59] François Martineau, *Petit traité d'argumentation judiciaire*, 2. ed., p. 77.

mente estabelecido e sua importância? E estão tais argumentos banidos da possibilidade de uso? Em que medida?

Quem se aventuraria em dizer que o só fato de aludir-se ao uso de algemas, à pronúncia ou a acórdão, são "argumentos de autoridade" mais fortes que qualquer dos demais comumente utilizados? Suprimida uma qualificadora em superior instância, não poderá o advogado aduzir a importância do tribunal "x" ou "y" e sua história de justiça, como forma de reforçar o acerto da superior instância e o equívoco da acusação anterior, albergada em primeira instância, deixando de desacreditar o cerne da acusação? Não é, nesse diapasão, quantas vezes, a qualificadora a própria razão do crime e, esta desaparecendo, não esmaeceria as próprias "cores da autoria", por ter desaparecido o motivo criminógeno?

Onde, pois, o "princípio da plenitude de defesa", ao se impedir a atividade argumentativa, corolário lógico de qualquer defesa? Onde o exercício da dialética no Júri, com a utilização de argumentos lógicos e extralógicos, nem sempre passíveis de imediata decodificação da natureza de qualquer um deles, visto que, muitas vezes, umbilicalmente ligados pela conexão argumentativa? E a cada argumento utilizado, será possível, por paridade lógica, a intervenção do juiz presidente? E como, pois, policiar-se a "teoria da argumentação", a retórica, se para o pressuposto lógico seria preciso que o juiz conhecesse exatamente o que fala o argumentador – a logicidade impele à correta compreensão do "ser da coisa"; e conhecerá sempre, a todo tempo, o magistrado, o quanto debatem as *partes* na exata medida do que cada um diz ou quer dizer?

Portanto, isolado no novo texto legal desponta o preciosismo de uma linguagem afeita a Aristóteles – é a ele que se remete o argumento aristotélico ou "de autoridade" – e que, a nosso sentir, não poderia figurar em um moderno texto de lei.

O certo é que, à luz da lógica racional, mesmo em acórdãos poderemos apontar senão sofismas, ao menos paralogismos; desse modo, cobrar dos debatedores no Júri, diante de um tribunal de leigos – não afeitos ao mundo jurídico –, essa estreiteza argumentativa é voluntarismo e ingenuidade, quando menos; convite para anular-se a maioria dos julgamentos, quando mais.

12.4. Interpretação do art. 478 à luz da CF

A Constituição Federal, ao reconhecer o valor justiça e o devido processo legal (art. 5º, LIV), em seu mister de alcançá-los, não permitiu ao legislador infraconstitucional se aventurasse a proibir a liberdade argumentativa nos debates, num claro cerceamento da defesa, da acusação e do devido processo legal, atingindo, a um só tempo, ambas as partes. Cerceamento tanto mais grave porque, no Júri, a defesa se caracteriza por sua plenitude (art. 5º, XXXVIII, *a*) e a acusação persegue legalmente acusados de crimes dolosos contra a vida.

A ilogicidade e a inconstitucionalidade do artigo se tornam mais evidentes quando se vê que, conquanto se proíba casuisticamente, por exemplo, qualquer referência ao uso de algemas (art. 478, I), nada fala com relação a aludir-se à prisão preventiva do réu. Note-se que tal medida é processualmente mais forte, mais restritiva do direito fundamental da liberdade que a mera determinação do uso de algema. De igual modo, também não se fez nenhuma vedação à argumentação de autoridade sobre a denegação de relaxamento de prisão em flagrante ou indeferimento de pedido de liberdade provisória, denotando, ademais, da pré-analisada inconstitucionalidade, a quebra da estrutura ou unidade lógica do Código de Processo Penal. Por quê? Porque o Código deve ser visto como um sistema orgânico, coerente, pautado pelo princípio da proporcionalidade em sua feitura e interpretação, e não mero amontoado de dispositivos, sem lógica em sua concepção.

Para finalizar e, de igual sorte, pertinente ao art. 478, II, *mutatis mutandis,* aplica-se ao tema da nulidade decorrente da referência ao "silêncio no interrogatório" do réu a análise retroefetuada, até porque, para acusar ou defender, obrigatoriamente as partes deverão analisar as provas processuais e sobre elas fazer uma análise psicológica. Integrando-as o interrogatório, absolutamente impossível que, neste ponto, nenhuma referência façam as partes ao eventual silêncio do acusado, pois seria a um só tempo determinar a análise das provas e proibir a mesma análise, em um só corpo legal. Donde a conclusão: enxerga-se, também aqui, reprovável cerceamento ao direito da acusação e da defesa, afrontando-se as garantias constitucionalmente asseguradas.

A jurisprudência tem interpretado o art. 478, I, do CPP de diversas maneiras.

Para o Tribunal de Justiça de São Paulo, já se decidiu ser a inovação legislativa inconstitucional[60] ou, não o sendo, causa de nulidade relativa, devendo ser comprovado o prejuízo[61].

Todavia, nessa mesma Corte já se decretou a nulidade do julgamento quando o promotor fez menção ao silêncio do acusado[62] ou quando o defensor realizou a leitura da decisão de pronúncia, enaltecendo a pessoa do seu prolator[63].

Já se entendeu, inclusive, que a leitura de acórdão que anulou o primeiro julgamento e de decisão de absolvição sumária, impronúncia ou desclassificação[64] não viola o disposto no art. 478, I, uma vez que este é taxativo quanto às peças processuais que não devem ser lidas[65].

13. QUESITOS

O art. 482 estabelece que serão os jurados questionados sobre matéria de fato e se o acusado deve ser absolvido.

A ordem da sequência dos quesitos será a seguinte:

I – quesito sobre a materialidade do fato;

II – quesito sobre a autoria ou participação;

III – quesito se o acusado deve ser absolvido;

IV – quesito sobre causas de diminuição de pena alegadas pela defesa;

V – quesitos acerca de circunstância qualificadora ou causa de aumento de pena reconhecidas na pronúncia ou em posteriores decisões que julgaram admissível a acusação.

O questionário é o conjunto dos quesitos que os jurados devem responder acerca do crime.

Os quesitos, obrigatoriamente, serão de linguagem simples, pois se direcionam ao Conselho de Sentença. Não podem abrigar ambiguidades, nem ser apresentados na forma de perguntas negativas.

Os quesitos são emanados da pronúncia ou das decisões posteriores que julgaram admissível a acusação, do interrogatório e das alegações das partes (art. 482, parágrafo único). Não é proibido, porém, que se formulem mais quesitos a pedido da acusação ou que o juiz formule quesitos de defesa.

A disposição dos quesitos é regulada pelo art. 483, iniciando-se com a formulação dos quesitos acerca da materialidade e autoria do crime, seguindo-se com o quesito relacionado à absolvição do réu; temos então aqueles que especificam as causas de diminuição de pena alegadas pela defesa e, finalmente, os quesitos relativos a qualificadoras ou causas de aumento de pena constantes da pronúncia ou das decisões posteriores que julgaram a acusação admissível.

---

[60] TJSP, 6ª Câm. Crim., Ap. Crim. 990.09.214317-4, Rel. Ricardo Tucunduva, j. 17.12.2009, *DJ*, 1º.3.2010.

[61] TJSP, 6ª Câm. Crim., Ap. Crim. 990.09.129590-6, Rel. Marco Antônio Marques da Silva, j. 28.1.2010, *DJ*, 24.3.2010.

[62] TJSP, 9ª Câm. Dir. Crim., Ap. Crim. 990.09.371854-5, Rel. Souza Nery, j. 13.5.2010, *DJ*, 23.6.2010.

[63] TJSP, 11ª Câm. Dir. Crim., Ap. Crim. 990.09.180023-6, Rel. Guilherme Strenger, j. 24.3.2010, *DJ*, 20.4.2010.

[64] TJSP, 1ª Câm. Crim., Ap. Crim. 990.09.215419-2, Rel. Péricles Piza, j. 22.2.2010, *DJ*, 8.6.2010.

[65] TJRS, 2ª Câm. Crim., Ap. Crim. 70027688902, Rel. José Antônio Cidade Pitrez, j. 19.2.2009, *DOE*, 7.4.2009, p. 116.

A eventual inversão da ordem dos quesitos pode acarretar nulidade do julgamento, se demonstrado o prejuízo, como decidido paradigmaticamente pelo STJ e pelo STF[66].

Se mais de três jurados responderem negativamente a qualquer um dos quesitos referentes à materialidade ou autoria delitiva, a votação será encerrada, sendo o acusado absolvido (art. 483, § 1º). Por outro lado, se mais de três jurados responderem afirmativamente a tais quesitos, será formulado outro quesito com a seguinte redação: "O jurado absolve o acusado?" (art. 483, § 2º). Caso haja condenação, com a resposta negativa a esse quesito, o julgamento prossegue, arguindo-se os jurados acerca das causas de diminuição de pena alegadas pela defesa, bem como das qualificadoras ou causas de aumento de pena (art. 483, § 3º).

Cumpre assinalar que o Pretório Excelso já assentou que o reconhecimento da tentativa já induz, automaticamente, a rejeição da hipótese da desistência voluntária, sendo prescindível sua quesitação em apartado[67].

Nos casos em que o Conselho de Sentença absolver o acusado e concordar com a tese de legítima defesa, não há quesitar a possibilidade de excesso doloso, pois já houve demonstração de que os jurados adotaram a tese defensiva[68].

Sustentada a desclassificação do crime para outro de competência do juízo singular, será formulado quesito a esse respeito, a ser respondido após o segundo ou terceiro, conforme o caso (art. 483, § 4º).

Outrossim, em havendo crime tentado ou divergência a respeito da tipificação do delito – sendo este também doloso contra a vida e, portanto, da competência do Júri –, haverá quesitos sobre esses fatos, a serem respondidos após o segundo quesito (art. 483, § 5º).

O juiz presidente lerá os quesitos em plenário e perguntará às partes se têm requerimentos ou reclamações a fazer. O protesto contra qualquer irregularidade na formulação dos quesitos deve ser alegado no momento processual oportuno, sob pena de preclusão, de acordo com o art. 484, *caput*. Deverá, ainda, constar da ata do julgamento, cujo conteúdo é a expressão de tudo o que ocorre no plenário. A impugnação será alegada pelas partes depois de sua leitura e explicação pelo juiz. O silêncio das partes durante o julgamento apenas não sanará as irregularidades que venham a induzir os jurados a equívoco sobre os fatos sujeitos a sua deliberação[69]. Em plenário, ainda, o magistrado explicará cada quesito aos jurados (art. 484, parágrafo único).

Quando houver mais de um réu, o juiz formulará tantas séries de quesitos quantos forem eles. Se diversos os crimes, os quesitos serão formulados em séries distintas (art. 483, § 6º).

Tratando-se de concurso de pessoas, a formulação de quesito genérico somente é permitida se a participação do acusado no evento delituoso não está pormenorizadamente delineada na denúncia e na pronúncia[70].

É nula a absolvição do réu sem que seja votado o seu questionário, somente por aproveitamento de decisão absolutória de corréu. Isso porque se deve obedecer à sistemática do art. 483, § 6º, do CPP, que, determinando que se formulem séries separadas para cada réu, objetiva julgamentos soberanos e independentes dos acusados. A contradição aludida no art. 490, *caput*, refere-se a quesitos da mesma série relativos ao mesmo réu, e não de réus diferentes[71].

---

[66] STJ, HC 137.710/GO, Rel. Min. Og Fernandes, j. 16.12.2010; STF, HC 98458/ES, Rel. orig. Min. Ayres Britto, red. p/ o Acórdão Min. Celso de Mello, 31.5.2011.

[67] STF, HC 112.197/SP, Rel. Min. Gilmar Mendes, 5.6.2012.

[68] STJ, 5ª T., HC 190.264/PB, Rel. Min. Laurita Vaz, j. 26.8.2014, *Informativo do STJ* n. 545.

[69] Nesse sentido: *RT*, 807/538, 825/582.

[70] Nesse sentido: *RT*, 796/575.

[71] Nesse sentido: *RT*, 802/552, 822/526, 798/528, 771/591.

Conforme determina a Súmula 156 do STF: "É absoluta a nulidade do julgamento, pelo Júri, por falta de quesito obrigatório".

Dispõe a Súmula 162, também do STF: "É absoluta a nulidade do julgamento pelo Júri, quando os quesitos da defesa não precedem aos das circunstâncias agravantes".

13.1. Os sistemas de votação francês, inglês, canônico e escocês e a inovação do modelo brasileiro

Os quesitos no Júri brasileiro sempre foram alvo de críticas. Dizia-se que os jurados leigos, por vezes, não entendiam a complexidade deles. Contudo, parece-nos, a inovação legislativa, em um de seus pontos mais importantes, criou novo problema, ao propor, após a votação da materialidade e autoria delitivas, um quesito que subverte a ordem processual: "O jurado absolve o acusado?" (art. 483, § 2º). Expliquemos.

No *sistema francês*, faz-se jus à plenitude do modelo processual acusatório, e os quesitos são propostos obedecendo ao rigor lógico da acusação movida contra o réu. Assim, se houver um processo penal imputando ao acusado a responsabilidade de determinada conduta criminosa, a pergunta aos jurados sobre o fato principal será uma consequência invariável da acusação: "O acusado é *culpado* de ter cometido tal fato?" (art. 349 do CPP francês)[72].

No *sistema inglês*, por seu turno, confere-se a mais ampla possibilidade de escolha aos jurados, em seu mais largo espectro, na medida em que lhes oferece, sem qualquer sugestão, a tese e a antítese da responsabilidade penal do acusado. Assim, pergunta-se no júri inglês se o réu é "culpado ou inocente" (*guilty or not guilty*), dando-se a cada um dos jurados o direito de votar "culpado" (*guilty*) ou "inocente" (*not guilty*). Escolhem, pois, livremente, sem nenhuma manipulação linguística.

Compare-se, agora, ao modelo nacional adotado: "Os *jurados* ***absolvem*** o acusado?". Ora, analisada a proposição à luz da lógica, questiona-se: se paira uma acusação contra o réu – preclusa pela decisão de pronúncia –, como, pois, perguntar se o réu deve ser "absolvido", se o que tem contra si é uma acusação de conduta criminosa? Seria mais sensato perguntar se o réu é culpado, se a acusação contra si movida tem, portanto, procedência, como no modelo francês. Quando menos, então, seria o caso de considerar a "opção inglesa", dando-se aos jurados os votos expressos em duas distintas cédulas de "culpado" ou "inocente".

O modelo brasileiro é indutor de resposta, se não absolutória, ao menos equívoca, na medida em que os jurados que pretendam condenar o acusado deverão responder negativamente ao quesito proposto positivamente (o réu deve ser absolvido?).

Assim, se a justificativa para a alteração dos quesitos era justamente acabar com a possibilidade de nulidades e colher a real intenção dos jurados, parece-nos, remanesce o defeito e se induz a uma resposta.

Nesse sentido, pelo ineditismo, registre-se: a nova lei, não sendo de inspiração quesitária "inglesa" ou "francesa", parece ter ido, inclusive, mais longe do que propõe o próprio processo canônico, sabendo-se que neste não se pergunta meramente se o indivíduo é virtuoso ou deva ser canonizado – mesmo que esta tenha sido a razão para a qual instaurou-se o procedimento –, mas as fórmulas propostas, para não induzirem nas respostas, são afirmativas, negativas ou suspensivas (fórmulas *affirmative*, *negative* e *suspensive*), e não meramente laudatórias ou elogiativas. Portanto, a reforma processual, não obstante tratar de processo criminal, propõe pergunta que, à evidência, está mal colocada, não sendo albergada nem em processos de santificação[73].

---

[72] "L'accusé est-il coupable d'avoir commis tel fait?" (art. 349).

[73] Para uma aproximação, nesse particular, ao direito canônico, *vide Dicionário de direito canônico*, de Carlos Corral Salvador e José Maria Urteaga Embil, p. 195 e s.

Sobraria, ainda, ao legislador ter adotado o "*modelo escocês*" – e não o fez –, onde, a par das clássicas perguntas de inspiração britânica – "culpado" ou "inocente" –, propõe-se, ainda, uma terceira via de quesitos: *not proven*[74], ou seja, não provado, vale dizer, consideram os jurados a insuficiência de provas, o que refletiria em importantes efeitos cíveis, por exemplo, na discussão do direito ou não à indenização, já que os jurados afirmam por esse modelo que deva ser o réu absolvido, não porque seja inocente, mas por não estar provada a acusação, à semelhança da sentença fulcrada no art. 386, VII, do CPP.

14. VOTAÇÃO

Inexistindo dúvida a ser esclarecida, o juiz, os jurados, o Ministério Público, o assistente, o querelante, o advogado do acusado, o escrivão e o oficial de justiça dirigir-se-ão à sala especial, denominada "sala secreta", onde será realizada a votação (art. 485, *caput*). Se não houver sala secreta, o juiz presidente determinará que as pessoas da assistência se retirem (art. 485, § 1º).

Os presentes na sala secreta serão advertidos pelo juiz presidente a respeito da impossibilidade de intervirem na votação, ordenando que se retire da sala aquele que se portar inconvenientemente (art. 485, § 2º).

A votação será realizada por meio de cédulas, feitas de papel opaco e facilmente dobráveis, contendo umas a palavra *sim* e outras a palavra *não* (art. 486). Os jurados responderão a cada quesito depositando na urna a cédula com seu voto.

Com o fim de assegurar o sigilo, o oficial de justiça recolherá em urnas separadas as cédulas dos votos e as não utilizadas (art. 487).

Após cada resposta, o juiz verificará as cédulas dos votos e as não utilizadas, determinando ao escrivão que registre no termo a votação de cada quesito e o resultado do julgamento (art. 488, *caput*). Constará do termo, também, a conferência das cédulas que não forem utilizadas (art. 488, parágrafo único). Se houver contradição entre as respostas dadas aos quesitos, o juiz, explicando aos jurados no que consiste a contradição, submeterá novamente a votação os quesitos a que se referirem tais respostas (art. 490, *caput*).

Se, pela resposta dada a qualquer dos quesitos, o juiz verificar que ficam prejudicados os seguintes, assim o declarará, dando por finda a votação (art. 490, parágrafo único).

As decisões do Júri serão tomadas por maioria de votos. Terminada a votação, o termo será assinado pelo juiz, pelos jurados e pelas partes (art. 491). Uma leitura precipitada do art. 483, §§ 1º e 2º, pode ensejar a equívoca impressão de que o legislador impõe a maioria de votos, tornando proibitiva a revelação dos demais votos excedentes. Contudo, o artigo em comento, em seus parágrafos, apenas diz que a maioria de votos é necessária para a condenação ou absolvição, jamais afirmando que os votos excedentes, em um ou outro sentido (absolvição ou condenação), não sejam revelados. Destarte, quando o art. 483, § 1º, dispõe que "a resposta negativa, de mais de 3 (três) jurados, a qualquer dos quesitos referidos nos incisos I e II do *caput* deste artigo encerra votação e implica a absolvição do acusado", está dizendo, apenas, que não se votarão os demais quesitos propostos originariamente aos jurados, visto que prejudicados pelo resultado absolutório, jamais referindo que "não se revelará" o voto dado pelos jurados. Aliás, era exatamente assim, e com redação análoga, o anterior art. 490 do CPP ("Se, pela resposta a qualquer dos quesitos, o juiz verificar que ficam prejudicados os seguintes, assim o declarará, dando por finda a votação"). Destarte, a teor da nova lei, nada mudou, e não somente o magistrado pode como deve revelar e contabilizar a quantidade de todos os

---

[74] Peter Duff, The Scottish Criminal Jury, *in World jury systems*, editado por Neil Vidmar, p. 372-1373.

votos dados pelo Conselho de Sentença. Isto é o que se chama, ademais, "interpretação histórica" do texto de lei, que, combinada com a interpretação sistemática do CPP, em seu art. 489, tornam-se as únicas ferramentas verazes, *in casu*, para se aferir a *mens legislatoris* e a *voluntas legis*. Tal interpretação (histórica) somente é possível quando se refaz o caminho percorrido nas Casas Legislativas para a aprovação da nova lei, em especial no que se refere ao art. 489, que permitirá a dita elucidação mediante interpretação sistemática. Nesse sentido, ao retornar à Câmara dos Deputados o Substitutivo do Senado Federal, o Projeto de Lei n. 4.203, de 2001, de autoria do Poder Executivo, aduzia, em seu tópico XXVI, o seguinte:

> "Para garantir o sigilo das votações, o art. 489 sofreu alterações com o objetivo de tornar claro que 'as decisões do Tribunal do Júri serão tomadas sempre por maioria e a resposta coincidente de mais de 3 (três) jurados a qualquer quesito encerra a contagem dos votos referentes a ele'".

Contudo, a relatoria da Câmara dos Deputados, recebendo o Substitutivo do Senado, *expressamente rejeitou a proposta,* aduzindo literalmente:

> "Por fim, rejeito a modificação xxvi, pois a redação dada pela Câmara dos Deputados ao art. 489 do CPP é mais compatível com a natureza colegiada do julgamento, permitindo o conhecimento da manifestação de todos os julgadores. Ademais a sistemática proposta pelo Senado Federal não encontra semelhança com nenhum outro instituto de nosso sistema jurídico, pois, quando do julgamento por Câmaras ou Turmas, todos os julgadores votam e têm seus votos computados. Finalmente, a experiência prática demonstra que o cômputo da posição de todos os jurados é importante elemento de convicção quando do julgamento de recursos, uma vez que, obviamente, julgamentos por unanimidade tendem a ter uma maior força persuasiva. *Diante de tais motivos, rejeito a alteração xxvi com a finalidade de manter o texto aprovado pela Câmara para o art. 489".*

Destarte, parecem-nos claras a redação e a interpretação do art. 483, §§ 1º e 2º, combinado com o art. 489 do CPP, e o comando legal daí emergente: rejeitou-se a proposta substitutiva do Senado Federal que visava à não revelação integral dos votos do Conselho de Sentença, após contagem da maioria deles, permanecendo a sistemática anterior, no sentido de que devem todos os votos ser revelados e contabilizados, pelo que se pode chegar à unanimidade do veredicto ou simples maioria. Tal medida, como mencionado, permite um maior controle sobre a anulabilidade ou não do veredicto, na medida em que os veredictos, por simples maioria (4 a 3), ficam sujeitos sempre a uma maior nulificação, diante daqueles obtidos por ampla maioria de votos ou à unanimidade. Assim, se, por exemplo, um jurado dormisse durante a sessão, mas o veredicto fosse por 6 votos a 1, ou à unanimidade, seu voto seria despiciendo em face do resultado, visto que inexistiria prejuízo para o vencido, pelo que nenhuma razão teria para a anulação do julgamento. Todavia, em um veredicto por simples maioria (4 a 3), a nulificação seria bastante provável, dado que o voto do jurado que dormiu poderia ensejar resultado diverso, não fosse seu comportamento alheado.

Não obstante, a jurisprudência tem se manifestado no sentido de que a nova regra tornou desnecessária a apuração de todos os votos, sendo certo que, com a maioria, interrompe-se a votação. Aliás, conforme já previamos, alguns tribunais têm entendido que, com a nova regra, a revelação de todos os votos é causa de nulidade, por quebra do sigilo da votação[75]. Outros, no entanto, se manifestam no sentido de que a abertura dos sete votos dos jurados não é sequer causa de nulidade, mas sim mera irregularidade[76].

---

[75] TJMS, 1ª T. Crim., Ap. Crim. 2009.014478-7, Rel. João Carlos Brandes Garcia, j. 12.1.2010.

[76] TJMS, 2ª T. Crim., Ap. Crim. 2009.011835-9, Rel. Romero Osme Dias Lopes, j. 22.6.2009. No mesmo sentido: TJAC, Câm.

Poderão os jurados, durante a votação dos quesitos, desclassificar o crime doloso contra a vida (p. ex., reconhecer que o réu provocou lesões na vítima, mas afastar o *animus necandi*, dando, assim, outra qualificação jurídica ao fato).

Há duas modalidades de *desclassificação*:

a) *própria*: nela, os jurados afastam o crime imputado, mas não é possível determinar qual o tipo legal resultante da desclassificação, cabendo ao juiz presidente, com total liberdade, proceder à nova qualificação jurídica do fato;

b) *imprópria*: quando, pelas respostas dos quesitos, é possível determinar a nova qualificação jurídica dada ao crime doloso contra a vida. Fica o juiz, na sentença, vinculado à figura penal determinada pela desclassificação.

Havendo desclassificação para outra infração, que seja de competência do juiz singular, dispõe o art. 492, § 1º, que caberá ao presidente do tribunal proferir sentença, aplicando-se, se se tratar de infração de menor potencial ofensivo, os arts. 69 e seguintes da Lei n. 9.099/95.

No caso de *crime conexo* não doloso contra a vida, competirá ao juiz presidente julgá-lo, incidindo, da mesma forma, se se tratar de infração de menor potencial ofensivo, os mencionados dispositivos da Lei n. 9.099/95 (art. 492, § 2º).

A decisão dos jurados é passível de apelação se for manifestamente contrária às provas dos autos, dando ensejo a novo julgamento. A acolhida da tese da defesa ou da acusação pelo Conselho de Sentença será pelo íntimo convencimento dos jurados, respeitando-se o princípio da soberania dos veredictos[77]. No entanto, não é permitido que uma segunda apelação seja interposta pelo mesmo motivo, já que acarretaria a contradição entre dois julgados, afrontando-se o art. 593, § 3º, do CPP[78].

15. SENTENÇA

Terminada a votação e assinado o respectivo termo, o juiz lavrará sentença, que deverá ser fundamentada, salvo quanto às conclusões que resultarem das respostas aos quesitos. A sentença será lida pelo juiz, em público, antes do encerramento da sessão de julgamento.

A sentença não poderá contrariar a decisão dos jurados. Se for reconhecida a existência de causa que faculte a diminuição da pena, pela resposta a quesito formulado aos jurados, deverá o juiz adotá-la quando da fixação da pena. Na realização de segundo julgamento originado de provimento dado a recurso exclusivo do réu, não pode o juiz presidente aplicar pena mais grave do que aquela que resultou da primeira decisão, desde que estejam presentes os mesmos fatos e circunstâncias, reconhecidamente pelo novo Júri – inteligência do art. 617 do CPP[79].

Podemos classificar essa sentença como subjetivamente complexa, já que emanada de órgão composto por juízes leigos e um juiz togado. A este fica reservada a faculdade de reduzir a sanção, mesmo que reconhecidas as causas de diminuição da pena pelos jurados, ressalvadas exceções.

Com a absolvição o juiz colocará o réu em liberdade, conforme o art. 492, II, *a*. Se for o caso de absolvição imprópria, aplicar-se-á a medida de segurança correta (art. 492, II, *c*).

A doutrina e a jurisprudência convergem no sentido de que o recurso advindo de sentenças proferidas pelo Tribunal do Júri deve ser apreciado somente quanto à matéria cuja irresignação foi

---

Crim., Ap. Crim. 2009.002609-4, Rel. Arquilau Melo, j. 14.1.2010; STJ, 5ª T., REsp 957.993/RN, Rel. Min. Felix Fischer, j. 5.5.2009, *DJe*, 22.6.2009.

[77] Nesse sentido: *RT*, 810/583, 826/619, 815/564, 811/523, 810/585.

[78] Nesse sentido: *RT*, 820/576, 810/646.

[79] Nesse sentido: *RT*, 794/513.

demonstrada no termo da apelação ou do recurso, adotando-se o princípio *tantum devolutum quantum appellatum*[80].

Condenado o acusado, o juiz aplicará a pena com base no sistema trifásico, considerando, após a determinação da pena-base, as agravantes ou atenuantes alegadas nos debates, os aumentos ou diminuições admitidos pelo Conselho de Sentença, observando as demais regras do art. 387. Ademais, o magistrado estabelecerá na sentença os efeitos genéricos e específicos da condenação.

Conforme determina o art. 492, I, *c* (com redação dada pela Lei n. 13.964/2019), o juiz presidente mandará o acusado recolher-se ou recomendá-lo-á à prisão em que se encontra, se presentes os requisitos da prisão preventiva, ou, no caso de condenação a uma pena igual ou superior a 15 anos de reclusão, determinará a execução provisória da pena, com expedição do mandado de prisão, se for o caso, sem prejuízo do conhecimento de recursos que vierem a ser interpostos.

De ver, todavia, que, apesar da alteração promovida pela Lei n. 13.964/2019 no art. 492 do CPP, como decidido pelo STJ, é ilegal a execução provisória da pena como decorrência automática da condenação proferida pelo Tribunal do Júri (AgRg no HC 714.884/SP, j. 15.3.2022).

Ata do julgamento. De cada sessão de julgamento será lavrada ata, que descreverá fielmente todas as ocorrências e incidentes.

A ata é regulamentada pelos arts. 494, 495 e 496. Nela constarão todos os elementos descritos no art. 495, incluindo-se outras formalidades essenciais ao julgamento. Será assinada pelo juiz e pelas partes, adquirindo nesse ato sua autenticidade.

16. ATRIBUIÇÕES DO JUIZ PRESIDENTE

Enumera o art. 497 as atribuições do presidente do Tribunal do Júri, além de outras previstas no Código:

> "I – regular a polícia das sessões e prender os desobedientes;
>
> II – requisitar o auxílio da força pública, que ficará sob sua exclusiva autoridade;
>
> III – dirigir os debates, intervindo em caso de abuso, excesso de linguagem ou mediante requerimento de uma das partes;
>
> IV – resolver as questões incidentes que não dependam de pronunciamento do júri;
>
> V – nomear defensor ao acusado, quando considerá-lo indefeso, podendo, neste caso, dissolver o Conselho e designar novo dia para o julgamento, com a nomeação ou a constituição de novo defensor;
>
> VI – mandar retirar da sala o acusado que dificultar a realização do julgamento, o qual prosseguirá sem a sua presença;
>
> VII – suspender a sessão pelo tempo indispensável à realização das diligências requeridas ou entendidas necessárias, mantida a incomunicabilidade dos jurados;
>
> VIII – interromper a sessão por tempo razoável, para proferir sentença e para repouso ou refeição dos jurados;
>
> IX – decidir, de ofício, ouvidos o Ministério Público e a defesa, ou a requerimento de qualquer destes, a arguição de extinção de punibilidade;
>
> X – resolver as questões de direito suscitadas no curso do julgamento;
>
> XI – determinar, de ofício ou a requerimento das partes ou de qualquer jurado, as diligências destinadas a sanar nulidade ou a suprir falta que prejudique o esclarecimento da verdade;
>
> XII – regulamentar, durante os debates, a intervenção de uma das partes, quando a outra estiver com a palavra, podendo conceder até 3 (três) minutos para cada aparte requerido, que serão acrescidos ao tempo desta última".

---

[80] Nesse sentido: TJDFT, 1ª T. Crim., Acórdão 1327302, Ap. Crim. 00011138120188070003, Rel. Des. Cruz Macedo, j. 18.3.2021.

O juiz presidente, além de suas atribuições decisórias, exercerá os poderes de polícia, o poder disciplinar, os poderes voltados para instrução da causa e os poderes destinados a zelar pela regularidade do processo.

O juiz que der início aos trabalhos de uma sessão deverá presidi-la até o seu fim. Assim, a identidade física do juiz é obrigatória quanto à sessão de julgamento. Porém, com relação à organização do Júri, o preparo dos processos e o juízo de formação da culpa não vinculam uma identidade física. Ao juízo da presidência do Júri temos a função de direção do processo desde a formação da culpa até o final – art. 424. Assim, um juiz singular pode preparar um processo e, após isso, remetê-lo, no prazo de até 5 dias antes do sorteio a que se refere o art. 433, ressalvada legislação local contrária.

17. SÍNTESE

Procedimento dos crimes da competência do Tribunal do Júri

São princípios constitucionais do Júri, previstos no art. 5º, XXXVIII, da CF:

a) a plenitude de defesa;

b) o sigilo das votações;

c) a soberania dos veredictos;

d) a competência para o julgamento dos crimes dolosos contra a vida.

Assim, estão sujeitos ao julgamento pelo Júri os seguintes crimes:

- homicídio doloso, simples, privilegiado ou qualificado;
- induzimento, instigação ou auxílio ao suicídio;
- infanticídio;
- aborto, em todas as suas modalidades.

Ressalte-se que o julgamento de crime de latrocínio, apesar de conter o evento morte, compete ao juiz singular (Súmula 603 do STF).

Procedimento bifásico

O procedimento do Tribunal do Júri é bifásico, ou escalonado, compreendendo uma fase preliminar, preparatória, seguida de uma fase definitiva. A fase preparatória volta-se ao julgamento da denúncia, resultando em um juízo de admissibilidade da acusação. A fase definitiva, em contrapartida, tem por fim o julgamento da causa, transferindo aos jurados o exame da procedência ou improcedência da pretensão acusatória.

Os jurados

O serviço do Júri é obrigatório àqueles que foram escolhidos, e a recusa pautada em convicção religiosa, filosófica ou política acarretará o dever de prestar serviço alternativo, sob pena de suspensão de direitos políticos até a efetivação da prestação.

Outrossim, dispõem os arts. 295, X, 439 e 440 do CPP que o exercício efetivo da função de jurado

a) constituirá serviço público relevante;

b) estabelecerá presunção de idoneidade moral;

c) assegurará prisão especial, em caso de cometimento de crime comum, até o julgamento definitivo, bem como

d) preferência, em igualdade de condições, nas licitações públicas e no provimento, mediante concurso, de cargo ou função pública, bem como nos casos de promoção funcional ou remoção voluntária.

Requisitos para ser jurado:

a) ser cidadão maior de 18 anos;

b) ser pessoa de notória idoneidade;

c) ser alfabetizado;

d) possuir saúde física e mental para a função.

Estão isentos do serviço do Júri:

a) o Presidente da República e os Ministros de Estado;

b) os Governadores e seus Secretários;

c) os membros do Congresso Nacional, das Assembleias Legislativas e das Câmaras Municipais e Distrital;

d) prefeitos municipais;

e) magistrados e membros do Ministério Público e da Defensoria Pública;

f) os servidores do Poder Judiciário, do Ministério Público e da Defensoria Pública;

g) as autoridades e os servidores da polícia e da segurança pública, os militares em serviço ativo;

h) os cidadãos maiores de 70 anos que requererem dispensa;

i) aqueles que requererem dispensa, demonstrando justo impedimento.

Causas de impedimento, suspeição, incompatibilidade e de responsabilidade de jurado: as causas de impedimento, suspeição e incompatibilidade que acometem juízes leigos são as mesmas dos togados. Outrossim, o art. 449 do CPP proíbe que integre o Conselho de Sentença o jurado que:

a) atuou no julgamento anterior do feito, pouco importando a causa que determinou o julgamento posterior;

b) em caso de separação de processos, julgou um dos acusados; e

c) tiver expressado prévia disposição para condenar ou absolver o réu.

Primeira fase

A primeira fase do sistema bifásico se inicia com o recebimento da denúncia e termina com a preclusão da decisão de pronúncia.

Recebida a denúncia ou queixa (em caso de ação penal privada subsidiária da pública), o juiz determinará a citação do réu para que responda à acusação, por escrito, em 10 dias. Porém, se o acusado, citado por edital, não comparecer e nem constituir advogado, ficarão suspensos o processo e o curso do prazo prescricional nos termos do art. 366 do CPP, ocasião em que poderão ser produzidas provas antecipadas consideradas urgentes e, se for o caso, decretar-se a prisão preventiva.

Na resposta, poderão ser arguidas questões preliminares e matérias de interesse da defesa, bem como faculta a lei a juntada de documentos e justificações. Deve a defesa, ainda, especificar as provas pretendidas e arrolar, assim como a acusação, até oito testemunhas.

Cumpre-nos lembrar que, diferente da hipótese prevista no art. 397 do CPP, não poderá ser determinado o julgamento antecipado da lide, uma vez que se feriria de morte o princípio da soberania dos veredictos.

Regularmente citado, se o réu não oferecer resposta à acusação em tempo hábil, o magistrado deverá nomear defensor para fazê-lo, pois se trata de peça de apresentação obrigatória. Se na resposta forem arguidas preliminares ou juntada de documentos, o Ministério Público terá, ainda, 5 dias para se manifestar nos autos.

Ultrapassada a fase postulatória, o juiz designará audiência de instrução e debates. Serão ouvidas, se possível, a vítima, as testemunhas arroladas pela acusação e defesa, os peritos, sem prejuízo de eventuais acareações e reconhecimento de pessoas e coisas que se façam necessárias. Por fim, será realizado o interrogatório do réu e realizados os debates orais.

Findos os debates, o juiz decidirá na própria audiência ou no prazo de 10 dias, cabendo-lhe proferir:

a) decisão interlocutória de pronúncia;

b) decisão interlocutória de impronúncia;

c) sentença de absolvição sumária;

d) decisão interlocutória de desclassificação.

Pronúncia, impronúncia, desclassificação e absolvição sumária

Pronúncia: o juiz pronunciará o réu caso se convença da existência do crime e de indícios suficientes de autoria, dando os motivos de seu convencimento. Tal decisão poderá ser combatida com recurso em sentido estrito.

Impronúncia: se o juiz não se convencer da existência do crime ou de indício suficiente de que seja o réu autor, julgará improcedente a denúncia ou queixa. Neste caso, eventuais crimes conexos deverão ser remetidos ao juiz competente. Outrossim, surgindo novos elementos de convicção, deverá o Ministério Público propor nova denúncia, dando início a outro processo. Tal decisão poderá ser combatida com recurso de apelação.

Despronúncia: a) decisão do juiz que se retrata em recurso em sentido estrito; e b) decisão proferida pelo tribunal quando do julgamento de recurso em sentido estrito.

Desclassificação: quando o juiz se convencer, em discordância com a denúncia ou queixa, da existência de crime diverso dos dolosos contra a vida e não for competente para julgá-lo, remeterá o processo ao juiz que o seja. Desta decisão, caberá recurso em sentido estrito.

Absolvição sumária: conforme o art. 415 do CPP, o juiz absolverá desde logo o réu quando: a) estiver provada a inexistência do fato; b) demonstrado não ser o acusado autor ou partícipe do crime; c) não constituir o fato infração penal; e d) provada a causa de isenção de pena ou de exclusão do crime. Tal decisão poderá ser combatida com recurso de apelação.

Segunda fase

Com a preclusão da decisão de pronúncia, os autos serão encaminhados ao juiz presidente do Tribunal do Júri para que prepare o processo para julgamento em plenário.

Recebidos os autos, o magistrado determinará intimação da acusação e da defesa a fim de que ofereçam o rol de testemunhas –, no máximo cinco. Caso o réu seja intimado por edital da decisão de pronúncia por não ter sido encontrado, caberá intimação editalícia também para o julgamento em plenário, em consonância com os arts. 420 e 432 do CPP.

No dia designado para a reunião do Júri, comparecendo ao menos 15 jurados, o juiz declarará instalada a sessão. Caso contrário, fará sorteio dos jurados suplentes e designará nova data para o julgamento.

Instalada a sessão, proceder-se-á ao sorteio do Conselho de Sentença, ocasião em que as partes poderão recusar os jurados sorteados. Há dois tipos de recusa: motivada: baseada em impedimento, suspeição ou incompatibilidade dos jurados; e imotivada: possibilitando à defesa e depois à acusação recusar até três jurados sem dar os motivos da recusa.

Os debates serão iniciados pela acusação seguida pela defesa, tendo uma hora e meia cada um para apresentar suas alegações. Eventual réplica e tréplica terão a duração de uma hora cada. Havendo mais de um réu, o tempo para acusação e para defesa será em relação a todos, acrescido de uma hora e elevado ao dobro o da réplica e tréplica.

Conforme disposto no art. 479, durante o julgamento, não será permitida a leitura de documentos ou a exibição de objeto que não tenha sido juntado aos autos com antecedência mínima de 3 dias úteis.

Concluídos os debates, o juiz indagará dos jurados se estão habilitados a julgar ou se precisam de outros esclarecimentos. Logo após, terá início a votação dos quesitos, na sala secreta.

Os quesitos estão previstos no art. 482 do CPP, ocasião em que os jurados serão questionados sobre a matéria de fato e se o acusado deve ser absolvido.

Terminada a votação e assinado o respectivo termo, o juiz lavrará sentença, que deverá ser fundamentada, salvo quando as conclusões resultarem das respostas aos quesitos. A sentença não poderá contrariar a decisão dos jurados e será lida pelo juiz, em público, antes do encerramento da sessão de julgamento.

Desaforamento

Trata-se de deslocamento da competência, prevista somente nos processos do Tribunal do Júri. Poderá ocorrer quando:

a) o interesse da ordem pública o reclamar;

b) houver dúvida sobre a imparcialidade do Júri;

c) houver dúvida sobre a segurança pessoal do réu;

d) em virtude do comprovado excesso de serviço, o julgamento não puder ser realizado no prazo de 6 meses, contados a partir da preclusão da pronúncia.

Atribuições do juiz presidente

Estão previstas no art. 497 do CPP, cabendo a ele, além de suas atribuições decisórias, exercício dos poderes de polícia, poder disciplinar, poderes voltados para instrução da causa e os poderes destinados a zelar pela regularidade do processo.

Capítulo XXV
PROCESSOS ESPECIAIS

1. INTRODUÇÃO

Ao lado do procedimento comum, disciplina o CPP diversos procedimentos especiais, aplicados a determinadas infrações penais, pouco importando qual a pena cominada. São todos crimes da competência do juiz singular.

Será o procedimento especial quando apresentar atos, termos ou formalidades não vislumbrados no procedimento comum.

Além dos casos previstos no Código, são exemplos de crimes sujeitos a procedimento especial: crimes envolvendo drogas, crimes eleitorais, dentre outros.

Aos procedimentos especiais de primeiro grau, regulados ou não no Código, aplica-se o disposto nos arts. 395 a 398, *ex vi* do § 4º do art. 394. Entretanto, somente incidem os referidos dispositivos legais se o rito especial não dispuser em sentido contrário, conforme o § 2º do mesmo art. 394.

2. PROCESSO DOS CRIMES DE FALÊNCIA E A NOVA LEI FALIMENTAR

Crimes falimentares. Os crimes falimentares, antes definidos nos arts. 186 a 190 do Decreto-lei n. 7.661/45, estão agora previstos pela Lei n. 11.101/2005 (nova Lei de Falências), que também revogou os arts. 503 a 512 do Código de Processo Penal. Vale dizer, extinguiu-se o anterior procedimento especial. Todavia, tendo em vista que a Lei n. 11.101/2005 não se aplica aos processos de falência e concordata ajuizados antes de sua vigência (art. 192 da nova lei), os dispositivos do Código de Processo Penal (arts. 503 a 512) continuam aplicáveis aos crimes do Decreto-lei n. 7.661/45 perpetrados em data anterior à vigência da nova lei.

Assim, teremos: a) aos crimes falimentares referentes às falências posteriores a 9 de junho de 2005 (termo de vigência da nova lei) aplica-se a Lei n. 11.101/2005; b) para os crimes falimentares ocorridos precedentemente, mantém-se o antigo modelo.

A seguir, reproduzimos a análise do antigo modelo de procedimento para crimes falimentares, possibilitando um paralelo com as inovações trazidas pela Lei n. 11.101/2005.

2.1. Modelo anterior (aplicável aos processos em andamento)

Pelo princípio da unicidade dos crimes falitários, o falido, mesmo quando praticar várias condutas tipificadas na Lei de Falências, responderá somente por um delito, de pena mais grave. Não há, em sede falimentar, concurso material nem formal de crimes. Não obstante, não fica excluída a possibilidade de haver concurso formal com delitos comuns.

Entende a doutrina que a antiga distinção entre falência dolosa e falência culposa não mais subsiste, tipificando a Lei de Falências somente condutas dolosas.

Vale lembrar que não só o falido pode apresentar-se como sujeito ativo do delito falimentar, contemplando a lei delitos que podem ser praticados por outras pessoas, inclusive o membro do Ministério Público e o juiz (art. 190 da LF).

Inquérito judicial. Um dos traços marcantes dos processos por crimes falimentares diz respeito à fase preliminar, pré-processual. A *persecutio criminis* dos crimes falimentares prescinde de inquérito policial. Haverá, sim, um inquérito judicial, presidido pelo juiz competente para o processo falimentar. Vem disciplinado nos arts. 103 a 113 da Lei de Falências. O inquérito tramitará em juízo, havendo a possibilidade de contraditório. O art. 106 da lei permite ao falido contestar as arguições contidas nos autos do inquérito e requerer o que entender conveniente. Há, contudo, autores que entendem ser o inquérito judicial inquisitivo.

Findo o inquérito, o Ministério Público poderá oferecer denúncia ou pedirá o apensamento dos autos ao processo de falência. O pedido de apensamento nada mais é do que o pedido de arquivamento dos autos. Caso o juiz, discordando do Ministério Público, entenda não ser caso de arquivamento (apensamento), observará o disposto no art. 28 do CPP (remessa dos autos ao Procurador-Geral de Justiça). O arquivamento do inquérito impede o oferecimento da ação penal privada.

Ação penal. Diz o art. 507 do CPP que a ação penal não poderá iniciar-se antes de declarada a falência, e se extinguirá quando reformada a sentença que a tiver decretado. Há séria controvérsia doutrinária acerca da natureza jurídica da sentença de falência. Para alguns será ela condição objetiva de punibilidade. Para outros, trata-se de condição de procedibilidade da ação penal.

A ação penal é pública incondicionada, exclusiva do Ministério Público, portanto. O síndico ou qualquer credor poderá intentar a ação penal somente no caso de inércia do membro do *Parquet*, por aplicação do art. 29 do CPP. Fica prejudicado, assim, o disposto no art. 510.

Presentes os requisitos legais, nada impede a aplicação da suspensão condicional do processo aos crimes falimentares.

Procedimento. Recebida a denúncia ou queixa, o processo seguirá o rito comum previsto para os delitos punidos com reclusão, da competência do juiz singular (art. 512 do CPP), não importando se o crime falimentar é punido com reclusão ou detenção. Assim, cada parte poderá arrolar até oito testemunhas. Por força do art. 109, § 2º, da LF, o despacho que receber a denúncia ou a queixa deve ser fundamentado. Sobre a matéria, a Súmula 564 do STF: "A ausência de fundamentação do despacho de recebimento de denúncia por crime falimentar enseja nulidade processual, salvo se já houver sentença condenatória".

No processo poderão intervir como assistentes o síndico ou qualquer credor (art. 506 do CPP).

Não poderá, em sede criminal, ser arguida a nulidade da sentença declaratória de falência (art. 511 do CPP), cabendo à parte que desejar fazê-lo intentar a ação competente.

Em São Paulo, a competência para o processo e julgamento dos crimes falimentares é do juízo cível em que foi decretada a quebra (Lei estadual n. 3.974/83).

Uma correção terminológica: não se fala mais em *liquidatário*, e sim em *síndico*.

2.2. Principais inovações da Lei n. 11.101/2005

2.2.1. Aspectos de direito material

a) Natureza jurídica da sentença que decreta a falência

A nova Lei de Falências pacificou antiga discussão em torno da natureza jurídica da sentença que decreta a falência. De acordo com o art. 180, tanto a sentença que decreta a falência como a que concede a recuperação judicial ou a recuperação extrajudicial constituem condição objetiva de punibilidade em relação aos crimes falimentares. Na realidade referida sentença constitui o marco divisório do interesse estatal em perseguir os crimes falimentares, justamente por presumir que qualquer atuação anterior tenha conotação temerária em razão da precariedade da situação jurídica.

b) Prescrição

Em relação ao prazo prescricional, o legislador procurou simplificar o tratamento legal, adotando as regras do Código Penal vigente, que leva em consideração a quantidade da pena máxima abstratamente cominada. Importante salientar que o prazo prescricional será computado de forma autônoma em relação a cada crime cominado, desaparecendo o princípio da unidade, anteriormente aplicado em relação aos crimes falimentares, cuja adoção estava associada ao fato de que o prazo prescricional era único em relação a uma ou diversas infrações penais. O termo inicial da contagem do prazo prescricional coincide com a data da sentença que decreta a quebra ou que autoriza a recuperação, seja o crime cometido antes ou depois desse momento. Na realidade o correto seria que a previsão do art. 182 se restringisse aos fatos anteriores à sentença que decreta a quebra ou autoriza a recuperação, uma vez que em relação aos fatos posteriores a esse momento a regra deveria ser a do Código Penal, que considera como termo inicial o dia da consumação ou da prática do último ato de execução no caso da tentativa. A aplicação do art. 182 aos fatos cometidos posteriormente à sentença de quebra poderia gerar uma situação no mínimo curiosa, já que o prazo teria início antes do cometimento da infração penal.

Dispõe, ainda, o parágrafo único do art. 182 que, na hipótese de a contagem do prazo ter iniciado com a recuperação judicial ou com a homologação do plano de recuperação extrajudicial, eventual decretação da falência constitui causa interruptiva da prescrição.

Em relação aos fatos anteriores à entrada em vigor da lei, por se tratar de norma de conteúdo mais severo, seus efeitos são irretroativos.

2.2.2. Aspectos de direito processual

a) Fim do inquérito judicial

De acordo com a nova Lei de Falências, os crimes falimentares deverão ser apurados por meio de inquérito policial, sem prejuízo, evidentemente, de outras formas de investigação, desaparecendo, assim, a figura *sui generis* do inquérito judicial. Tratava-se de uma aberração da lei anterior, resquício do sistema inquisitivo, na medida em que a investigação materializada no inquérito judicial era presidida pelo juiz da ação falimentar, o qual igualmente era o detentor da competência para o recebimento da denúncia ou queixa-crime. Era uma indiscutível hipótese de juízo de instrução, figura anômala no sistema jurídico brasileiro.

No que se refere aos inquéritos judiciais em andamento, deverão ser encaminhados à autoridade policial competente e convertidos em inquéritos policiais.

b) Fim da exigência de fundamentação no despacho de recebimento da denúncia

De ver que, não tendo a Lei n. 11.101/2005 exigido a fundamentação no despacho de recebimento da denúncia, tal qual fazia o revogado art. 109, § 2º, da antiga LF, em nosso entender não mais se justifica a aplicação da Súmula 564 do STF. Caso quisesse se excepcionar, exigindo a fundamentação, teria a lei exigido expressamente. Não o fez. Pode-se a isso argumentar, contudo, no sentido de que pode ser recomendável a fundamentação, mas não exigível.

c) Competência

Fica superada a antiga discussão em relação à competência da ação penal, notadamente em razão da Lei n. 7.983/89 do Estado de São Paulo, que dispunha acerca da competência do juízo universal da falência para a ação penal. A nova Lei de Falências, em seu art. 183, consigna expressamente a competência do juízo criminal, de sorte que prevalece a nova norma jurídica, seja pela sua especialidade ou superioridade hierárquica em relação à citada lei paulista.

No que se refere às ações penais em andamento perante o juízo universal da falência, deverão ser remetidas para o juízo criminal, uma vez que desapareceu o critério material que determinava sua competência.

2.2.3. Processo dos crimes de responsabilidade dos funcionários públicos

Crimes funcionais. Ao fazer menção aos crimes de responsabilidade dos funcionários públicos, quis a lei processual indicar os chamados *crimes funcionais*, aqueles praticados por funcionários públicos no exercício de suas funções. Os crimes de responsabilidade propriamente ditos são infrações político-administrativas julgadas pela jurisdição política. Aliás, até mesmo o termo *crimes de responsabilidade* é pleonástico, pois a prática de crime implica obrigatoriamente a responsabilidade do agente. Os crimes funcionais são classificados em:

a) *próprios,* quando podem ser praticados exclusivamente por funcionários públicos (p. ex., concussão, corrupção passiva etc.);

b) *impróprios,* que podem ser praticados por quaisquer pessoas (configurando um delito comum) ou por funcionários públicos, recebendo, nesse caso, qualificação jurídica própria (p. ex., peculato).

Os crimes funcionais encontram-se previstos nos arts. 312 a 326 do Código Penal, sob a rubrica *Crimes praticados por funcionários públicos contra a Administração em geral.* A jurisprudência já decidiu que o procedimento previsto nos arts. 513 e seguintes do CPP se aplica unicamente quando a denúncia veicula crimes funcionais típicos ou próprio[1]. Caso o funcionário público possua foro por prerrogativa de função, não incidirá o presente procedimento, mas sim aquele previsto na Lei n. 8.038/90 (procedimento especial dos crimes de competência originária de tribunais).

Características especiais. O procedimento para os crimes funcionais afiançáveis apresenta as seguintes notas características:

a) A queixa ou a denúncia podem ser instruídas com documentos ou justificação que façam presumir a existência do delito, bem como com declaração fundamentada na impossibilidade de apresentação de qualquer das provas (art. 513). Dispensa-se, *in casu,* o inquérito policial, mas vale lembrar que este poderá sempre ser utilizado para fundamentar a denúncia ou queixa.

b) Há possibilidade de o funcionário público oferecer defesa preliminar (resposta preliminar) antes da decisão acerca do recebimento ou rejeição da peça acusatória. Para tanto, o juiz ordenará a notificação do acusado, para responder por escrito, dentro do prazo de 15 dias (art. 514, *caput*). A resposta poderá ser instruída com documentos e justificações.

Quanto aos efeitos causados pela omissão da observância do art. 514, a doutrina diverge:

a) Para alguns, trata-se de *nulidade relativa*, devendo ser alegada pela parte interessada, sob pena de preclusão[2].

b) Para outros, trata-se de *nulidade absoluta*, pois a não observância do procedimento legal viola norma de ordem pública, não podendo o juiz suprimir fase ou etapa processual garantida em lei[3].

Dispõe o parágrafo único do art. 514 que será nomeado defensor dativo para apresentar a resposta preliminar se:

a) não for conhecida a residência do acusado; ou

b) se este se achar fora da jurisdição do juiz.

Não será, portanto, nesses casos, expedida carta precatória para a notificação do funcionário público. Existe entendimento contrário no sentido de que a ausência de expedição da carta precatória, em sendo conhecido o endereço do réu, viola o princípio da ampla defesa.

---

1 STF, 1ª T., HC 95.969/SP, Rel. Min. Ricardo Lewandowski, j. 12.5.2009, *DJe,* 12.6.2009; STJ, 5ª T., RHC 22.118/MT, Rel. Min. Jorge Mussi, j. 1º.6.2010, *Informativo do STJ* n. 437; 5ª T., RHC 22.164/MG, Rel. Min. Napoleão Nunes Maia, j. 23.2.2010, *DJe,* 15.3.2010.

2 STF, HC 68.621/MS, *DJ*, 2.8.1991, p. 9917, *RTJ*, 137/285; STF, 1ª T., HC 97.033/SP, Rel. Min. Cármen Lúcia, j. 12.5.2009, *DJe,* 12.6.2009; STF, 1ª T., RHC 159674 AgR, Rel. Min. Luiz Fux, j. 26.9.2018.

3 STF, HC 60.104/SP, *DJ*, 8.10.1982, p. 10187, *RTJ*, 103/157.

Também prevalece na jurisprudência o entendimento segundo o qual, quando houver a instauração de inquérito policial para apurar crime funcional, não há necessidade de oferecer a oportunidade de defesa preliminar para o agente público acusado[4], pois nesse caso já há investigação prévia capaz de sustentar a análise judicial da justa causa para o recebimento ou não da denúncia. Nesse sentido é a Súmula 330 do Superior Tribunal de Justiça: "É desnecessária a resposta preliminar de que trata o art. 514 do Código de Processo Penal, na ação penal instruída por inquérito policial".

Não obstante, o Supremo Tribunal Federal mudou o entendimento firmado há muito, passando a entender que a notificação prévia deve existir ainda que a denúncia seja lastreada em inquérito policial, haja vista que a função do art. 514 do CPP é, justamente, evitar a deflagração da exordial acusatória de maneira injusta ou temerária[5].

Ao coautor ou partícipe particular não será estendido o benefício, não se lhe aplicando o disposto no art. 514. Caso o funcionário público tenha deixado a função, cargo ou emprego público ao tempo do oferecimento da denúncia ou queixa, há duas posições:

a) O procedimento traçado nos arts. 512 e s. deve ser integralmente seguido, pois o legislador pretendeu resguardar a imagem da própria Administração Pública, e não apenas seu funcionário.

b) A defesa preliminar, nesse caso, torna-se desnecessária, pois a lei busca proteger o funcionário no exercício de suas funções contra acusações infundadas, em prejuízo de suas atividades. Essa corrente é majoritária na jurisprudência[6] e consentânea com os princípios do Estado Democrático de Direito.

Procedimento. Com base na resposta do acusado, poderá o juiz rejeitar a queixa ou a denúncia, em despacho fundamentado, desde que se convença da inexistência do crime ou da improcedência da ação (art. 516).

Recebida a denúncia ou queixa, o acusado será necessariamente citado, seguindo o processo o rito comum, previsto para os crimes punidos com reclusão (arts. 517 e 518).

2.2.4. Processo dos crimes contra a honra

Crimes contra a honra. Não obstante mencione o Código somente os crimes de *calúnia* ou *injúria*, o procedimento especial previsto nos arts. 519 a 523 aplica-se também aos crimes de *difamação*. A omissão se deve ao fato de que, antes do CP de 1940, não existia a figura autônoma do crime de difamação.

O procedimento especial não se aplica aos crimes contra a honra previstos em leis especiais que disciplinam outros procedimentos. Assim, estão fora da incidência das normas procedimentais do CPP os crimes previstos no Código Eleitoral, no Código Penal Militar e na Lei de Segurança Nacional.

Como o STF declarou não ter sido a Lei de Imprensa recepcionada pela Constituição Federal de 1988, aos crimes contra a honra serão aplicadas as disposições dos arts. 519 e seguintes do CPP[7].

No entanto, com o advento da Lei n. 9.099/95, aplicável às contravenções penais e aos crimes com pena máxima de até 2 anos (art. 61, *caput*), independentemente de previsão de rito especial[8],

---

[4] STJ, HC 20.887/SP, *DJ*, 10.3.2003, p. 314; HC 29.574/PB, *DJ*, 22.3.2004, p. 333.

[5] STF, 1ª T., HC 95.969/SP, Rel. Min. Ricardo Lewandowski, j. 12.5.2009, *DJe*, 12.6.2009; 2ª T., HC 96.058/SP, Rel. Min. Eros Grau, j. 15.12.2009, *DJe*, 30.4.2010; Pleno, HC 85.779/RJ, Rel. p/ Acórdão Min. Cármen Lúcia, j. 28.2.2007, *DJe*, 29.6.2007, *Informativo do STF* n. 457.

[6] TJSP, Ap. Crim. 278.696-3, j. 30.3.1999; STJ, RHC 9.817/GO, *DJ*, 25.6.2001, p. 233; RHC 7.944/GO, *DJ*, 14.12.1998, p. 304.

[7] STJ, 3ª S., CComp 107.088/DF, Rel. Min. Maria Thereza Rocha de Assis Moura, j. 26.5.2010, *DJe*, 4.6.2010.

[8] STJ, 6ª T., RHC 18.300/SC, Rel. Min. Hélio Quaglia Barbosa, j. 4.4.2006, *DJ*, 26.6.2006, p. 200.

o procedimento dos crimes contra a honra perdeu muito de sua aplicabilidade, subsistindo tão somente para os casos de concurso de crimes dessa natureza, em que a pena máxima supere 2 anos.

Pedido de explicações. Diz o art. 144 do CP que aquele que se julgar ofendido pode pedir explicações em juízo se de referências, alusões ou frases se inferir calúnia, difamação ou injúria. Aquele que se recusar a dá-las ou, a critério do juiz, não as der satisfatórias responderá pela ofensa.

Essa medida, de caráter prescindível, tem natureza preliminar e preparatória da ação penal, não tendo o condão de suspender ou interromper o prazo prescricional.

Não sendo a matéria regulada em sede criminal, deve-se obedecer ao procedimento das notificações. Mas a competência é do juiz criminal da eventual ação penal. Vale lembrar que não caberá ao juiz emitir juízo algum sobre as explicações dadas pelo ofensor, que, inclusive, não está obrigado a comparecer em juízo para se explicar.

A decisão que indefere o pedido de explicações desafia a apelação, com fundamento no art. 593, II.

Retratação do querelado. O art. 143 do CP determina que o querelado que se retratar da calúnia ou da difamação que tenha proferido, desde que antes da sentença, ficará isento de pena. Essa possibilidade existe somente na ação penal privada, sendo incabível na ação penal pública condicionada a representação[9].

Audiência de conciliação. Antes de receber a queixa, o juiz oferecerá às partes oportunidade para se reconciliarem, fazendo-as comparecer em juízo e ouvindo-as, separadamente, sem a presença dos seus advogados (art. 520). Para Tourinho Filho a audiência é condição de procedibilidade imprópria, uma vez que é necessária para o prosseguimento da ação penal[10].

Mencionando a lei apenas a queixa, afasta a possibilidade de se estender a conciliação aos casos de ação penal pública, em face do disposto no art. 42 do CPP.

A falta da audiência de conciliação, quando cabível, é causa de nulidade do processo. A doutrina não é pacífica quanto à obrigatoriedade do comparecimento das partes.

I – Em relação *à ausência do querelado*:

a) alguns entendem que não está ele obrigado a comparecer, pois sua ausência indica que não deseja a conciliação;

b) outros defendem que, nesse caso, deve o juiz determinar a condução coercitiva do querelado, *fazendo-o comparecer* em juízo.

II – No tocante à *ausência do querelante*:

a) parte da doutrina entende que o não comparecimento do querelante à audiência acarreta a perempção da ação, com fundamento no art. 60, III;

b) há, porém, aqueles para quem a ausência do querelante não terá qualquer efeito em relação à ação penal, não se podendo cogitar de perempção, pois não há, ainda, que falar em processo[11].

Se, depois de ouvir as partes, o juiz entender provável a reconciliação, promoverá o entendimento entre elas, em sua presença. Havendo conciliação, o juiz arquivará a queixa, depois de assinado o termo da desistência pelo querelante. Trata-se de causa de extinção da punibilidade. Caso não haja reconciliação, o juiz poderá: a) rejeitar a queixa; b) receber a queixa, observando o procedimento comum previsto para os crimes punidos com reclusão, mesmo em se tratando de crime apenado com detenção.

---

[9] STJ, REsp 60.048/DF, *DJ*, 21.8.1995, p. 25382.

[10] Tourinho Filho, *Processo penal*, 26. ed., v. 4, p. 223.

[11] STJ, 5ª T., REsp 605.871/SP, Rel. Min. Felix Fischer, j. 15.4.2004, *DJ*, 14.6.2004, p. 274.

Exceção da verdade e da notoriedade do fato.

A exceção da verdade é meio de defesa voltado à demonstração da veracidade do fato imputado pelo acusado, enquanto a exceção da notoriedade do fato se presta a comprovar que o fato ofensivo à reputação imputado pelo réu é notório. Em sendo procedente qualquer uma das exceções, o acusado será absolvido por atipicidade do fato, nos termos do art. 386, III, do CPP.

É cabível a exceção da verdade no crime de calúnia, exceto nas hipóteses previstas nos incisos I a III do § 3º do art. 138 do Código Penal. A *exceptio veritatis* também pode ser oposta no crime de difamação, desde que o ofendido seja funcionário público e a ofensa contra ele se relacione ao exercício de sua função (art. 139, parágrafo único, do Código Penal). Isto porque, para a caracterização do delito de difamação, não importa se o fato imputado é verdadeiro ou falso. De ver, então, que se o ofendido é funcionário público e o fato se relaciona com suas funções, o legislador possibilita a prova da verdade. Fundamenta-se no interesse público de manter e fiscalizar a correta administração pública.

Somente pode ser oposta a exceção da notoriedade do fato no crime de difamação[12]. Uma vez demonstrado que o fato ofensivo à reputação é notório, inexiste a prática delitiva.

O objeto de tais exceções é questão prejudicial homogênea não devolutiva.

O crime de injúria não admite a prova da verdade do fato ou de sua notoriedade, pois a injúria consiste na atribuição de qualidades negativas à vítima, atingindo-a em sua autoestima (honra subjetiva).

Podem opor a exceção tanto o querelado quanto o Ministério Público, quando for o autor da ação penal.

O procedimento da exceção é o mesmo, pouco importando tratar-se de exceção da verdade ou de exceção da notoriedade do fato.

Quanto ao momento oportuno para a apresentação da exceção, encontramos duas posições:

a) A doutrina majoritária entende que ela deve ser apresentada no prazo da defesa prévia.

b) Contra, a opinião de Mirabete, defendendo a possibilidade da apresentação da *exceptio veritatis* em qualquer fase do processo.

Isso porque a exceção será julgada por ocasião da sentença final.

Oferecida a exceção da verdade ou da notoriedade do fato imputado, o querelante ou o membro do Ministério Público poderá contestar a exceção no prazo de 2 dias, podendo ser inquiridas as testemunhas arroladas na queixa ou denúncia, ou outras indicadas naquele prazo, em substituição às primeiras, ou para completar o máximo legal (oito testemunhas).

Caso o ofendido goze de foro por prerrogativa de função, a exceção será julgada pelo tribunal competente para conhecer do processo envolvendo a pessoa do ofendido, sendo que se considera tempestiva a exceção da verdade apresentada no prazo da defesa prévia (art. 8º), ainda que já tenha sido apresentada defesa preliminar (art. 4º)[13].

Caso seja julgada procedente, responderá o ofendido que faz jus à prerrogativa de foro perante o tribunal de instância superior, acarretando a improcedência da ação penal contra o querelado. Do contrário, julgada improcedente a exceção, os autos serão remetidos ao juízo inferior para o seguimento da ação penal do crime contra a honra.

2.2.5. Processo dos crimes contra a propriedade imaterial

Crimes contra a propriedade imaterial. Os crimes contra a propriedade imaterial encontram-se previstos:

---

[12] Julio Fabbrini Mirabete, *Processo penal*, 18. ed., 2006, p. 587.

[13] STJ, 5ª T., HC 202.548/MG, Rel. Min. Reynaldo Soares da Fonseca, j. 24.11.2015.

a) no CP, art. 184 e parágrafos;

b) na Lei n. 9.279/96, arts. 187 a 195.

É irrelevante a pena cominada (detenção ou reclusão), pois todos esses crimes seguirão o procedimento especial previsto nos arts. 524 a 530-I.

Duplicidade de procedimentos. Haverá, contudo, divergência quanto ao procedimento, conforme o caso: para os crimes em que se procede mediante queixa, aplica-se o disposto nos arts. 524 a 530, de acordo com o art. 530-A; nos crimes de ação pública (condicionada ou incondicionada), aplicam-se as normas dos arts. 530-B a 530-H, por força do art. 530-I.

De resto, o procedimento para a apuração desses crimes será o comum.

Crimes apurados mediante queixa. No processo dos crimes de ação penal privada, será observado o seguinte:

a) Quando o crime houver deixado vestígios (*delicta facti permanentis*), a queixa deverá ser instruída com o exame pericial dos objetos que constituam o corpo de delito. Diz-se que o laudo pericial homologado pelo juiz, por sua imprescindibilidade, constitui autêntica condição de procedibilidade da ação privada.

b) Para que a queixa seja recebida ou para que qualquer diligência preliminarmente requerida pelo ofendido seja ordenada, deverá o querelante provar seu direito à ação, demonstrando, assim, seu interesse e legitimidade.

c) A diligência de busca ou apreensão será realizada por dois peritos nomeados pelo juiz, que verificarão a existência de fundamento para a apreensão. O laudo deverá ser apresentado em 3 dias, após o encerramento da diligência. A busca e apreensão é diligência *inaudita altera parte,* não sujeita a contraditório. Aquele que suportou a diligência não formulará quesitos aos peritos. Caso o laudo seja contrário à apreensão, poderá o requerente impugná-lo, podendo o juiz ordenar a apreensão se, discordando dos peritos, julgá-la cabível.

d) Encerradas as diligências, os autos serão conclusos para homologação do laudo. Da decisão que homologa o laudo cabe apelação. A ação não poderá ser intentada caso o juiz homologue laudo desfavorável ao requerente.

e) De acordo com o art. 529, parágrafo único, será dada vista ao Ministério Público dos autos de busca e apreensão requeridas pelo ofendido, se o crime for de ação pública e não tiver sido oferecida queixa no prazo de 30 dias, contados da homologação do laudo. Segundo a melhor doutrina, essa norma não configurava hipótese de ação pública subsidiária da privada. Atualmente, com as alterações trazidas pela Lei n. 10.695/2003, as normas previstas nos arts. 524 a 530 se aplicam exclusivamente aos crimes em que se procede mediante queixa.

f) Nos crimes contra a propriedade imaterial que não deixam vestígios não há, obviamente, necessidade de laudo pericial.

Prazo decadencial. Dispõe o art. 529, *caput,* que nos crimes de ação privada do ofendido não será admitida queixa com fundamento em apreensão e em perícia, se decorrido o prazo de 30 dias após a homologação do laudo[14]. Esse prazo será reduzido para 8 dias, se ocorrer prisão em flagrante e o réu não for posto em liberdade (art. 530).

Há grande controvérsia acerca da natureza jurídica desses prazos:

a) Para alguns, o prazo definido em lei é decadencial, constituindo exceção ao prazo ordinário para o exercício do direito de queixa, que é de 6 meses.

---

[14] STJ, 5ª T., REsp 356.290/MG, Rel. Min. Laurita Vaz, j. 7.10.2003, *DJ*, 10.11.2003, p. 203.

b) Em sentido contrário, outros entendem que, se o prazo de 30 dias (e de 8, se o réu estiver preso) correu *in albis*, não será caso de decadência do direito de queixa, mas tão somente de perda de eficácia da providência cautelar.

Destaca-se decisão do STJ que entendeu que o prazo prescrito no art. 529 do CPP não afasta a decadência pelo não exercício do direito de queixa em 6 meses, contados da ciência da autoria do fato delituoso. Considerou interpretação sistemática das normas insertas nos arts. 38 e 529 da Lei Adjetiva Penal; assim, no caso de crime contra a propriedade material que deixe vestígio, a ciência da autoria do fato iniciaria o prazo decadencial de 6 meses, sendo tal prazo diminuído para 30 dias caso, nesse interregno, houvesse a homologação do laudo pericial[15].

Crimes de ação penal pública (condicionada ou incondicionada).

a) Nos crimes de ação penal pública previstos nos §§ 1º, 2º e 3º do art. 184 do CP, deverá a autoridade policial proceder à apreensão dos bens ilicitamente produzidos ou reproduzidos, bem como dos equipamentos, suportes ou materiais usados no cometimento do delito, desde que se destinem precipuamente à prática do ilícito. Da apreensão será lavrado termo, assinado por duas testemunhas, que integrará o inquérito policial ou o processo.

b) Após a apreensão, será realizada, por perito oficial, ou, em sua falta, por pessoa tecnicamente habilitada, perícia sobre todos os bens apreendidos e elaborado laudo, que será juntado ao inquérito ou ao processo.

c) Os titulares dos direitos de autor e os que lhes são conexos serão os fiéis depositários dos bens apreendidos.

d) O juiz poderá determinar, a requerimento da vítima, a destruição da produção ou reprodução apreendida, ressalvada a possibilidade de preservar o corpo de delito, presentes os outros requisitos do art. 530-F.

e) De acordo com o art. 530-G, o juiz, ao proferir sentença condenatória, poderá determinar a destruição dos bens ilicitamente produzidos ou reproduzidos, bem como o perdimento dos equipamentos apreendidos, desde que precipuamente destinados à produção e reprodução dos bens, em favor da Fazenda Nacional.

f) Poderão habilitar-se como assistentes de acusação as associações de titulares de direitos de autor e os que lhes são conexos, nos crimes previstos no art. 184 do CP, quando praticados em detrimento de qualquer de seus associados (art. 530-H).

3. SÍNTESE

Processos especiais

Será o procedimento especial quando apresentar atos, termos ou formalidades não vislumbrados no procedimento comum.

Processo nos crimes de falência

Atualmente aplica-se a Lei n. 11.101/2005, conforme disposto no art. 192, aos crimes de falência, porém, àqueles perpetrados antes de sua vigência, são aplicados os arts. 503 a 512 do CPP.

A maior diferença entre os dois procedimentos é a presença do inquérito judicial antes do advento da lei nova. A *persecutio criminis* prescindia o inquérito policial, possuindo, sim, um inquérito judicial presidido pelo juiz competente para o processo falimentar. Tal inquérito tramita em juízo,

[15] STJ, 6ª T., REsp 1.762.142/MG, Rel. Min. Sebastião Reis Júnior, j. 13.04.2021.

havendo a possibilidade de contraditório. Findo o inquérito, o Ministério Público poderá oferecer denúncia ou pedirá o apensamento dos autos ao processo de falência (que equivale ao pedido de arquivamento dos autos). Outrossim, de acordo com o art. 507 do CPP, a ação penal não poderá se iniciar antes de declarada a falência.

Na vigência da nova lei, de acordo com o art. 180, tanto a sentença que decreta a falência como a que concede a recuperação judicial ou a recuperação extrajudicial constituem condição objetiva de punibilidade em relação aos crimes falimentares. Também desaparece a figura do inquérito judicial, devendo os crimes falimentares ser investigados por inquérito policial. Por outro lado, também consignou de forma expressa, no art. 183, a competência do juízo criminal para o julgamento, uma vez que havia dúvida sobre a competência deste e do juízo universal da falência.

Processo dos crimes de responsabilidade dos funcionários públicos

Quis a lei indicar os crimes funcionais, aqueles praticados por funcionários públicos, no exercício de suas funções, que podem ser classificados em:

- próprios: quando podem ser praticados exclusivamente por funcionários públicos (p. ex., concussão, corrupção passiva);
- impróprios: que podem ser praticados por qualquer pessoa (configurando delito comum) ou por funcionário público, recebendo, neste caso, classificação jurídica própria (p. ex., peculato).

Características especiais:

a) a queixa ou denúncia podem ser instruídas com documentos ou justificação que se façam presumir a existência do delito, bem como com declaração fundamentada na impossibilidade de apresentação de qualquer das provas, dispensável, nestes casos, o inquérito policial;

b) há possibilidade de o funcionário público oferecer defesa preliminar antes da decisão acerca do recebimento ou rejeição da peça acusatória (art. 514 do CPP).

Processo dos crimes contra a honra

Só se aplica aos crimes contra a honra previstos no Código Penal, colocando de fora os previstos no Código Eleitoral, no Código Penal Militar e na Lei de Segurança Nacional.

Com o advento da Lei n. 9.099/95, perdeu muito sua aplicabilidade, subsistindo tão somente para os casos de concurso de crimes dessa natureza, em que a pena máxima supere a 2 anos.

Pedido de explicações: conforme disposto no art. 114 do CP, aquele que se sentir ofendido poderá pedir explicações em juízo, no caso de tais ofensas inferirem calúnia, difamação ou injúria. Essa medida, de caráter prescindível, tem natureza preliminar e preparatória da ação penal, não tendo o condão de suspender ou interromper o prazo prescricional. A decisão que indefere o pedido de explicações desafia a apelação.

Retratação do querelado: na ação penal privada, o querelado que se retratar da calúnia ou difamação preferida, desde que antes da sentença, ficará isento de pena.

Audiência de conciliação: também na ação penal privada, antes de receber a queixa, o juiz oferecerá às partes oportunidade para se reconciliarem.

Exceção da verdade e notoriedade do fato: exceção da verdade é meio de defesa voltado à demonstração da veracidade do fato imputado pelo acusado, e caberá em crime de calúnia, enquanto a exceção da notoriedade do fato se presta a comprovar que o fato ofensivo à reputação imputado pelo réu é notório. Em sendo procedente qualquer uma das exceções, o acusado será absolvido por atipicidade do fato.

Processo dos crimes contra a propriedade imaterial

Nos crimes de ação penal privada, serão utilizadas as regras dispostas nos arts. 524 a 530, porém, nos crimes de ação penal pública, aplicam-se as normas previstas nos arts. 530-B a 530-H. A seguir estão dispostas algumas peculiaridades em relação aos dois procedimentos.

Crimes apurados mediante queixa:

- quando o crime houver deixado vestígios, a queixa deverá ser instruída com o exame pericial dos objetos que constituam o corpo de delito. O laudo pericial homologado pelo juiz, no caso, constitui condição de procedibilidade da ação privada;
- prazo decadencial: de acordo com o disposto no art. 529, *caput*, não será admitida queixa com fundamento em apreensão e perícia, se decorrido o prazo de 30 dias após a homologação do laudo. Esse prazo será reduzido para 8 dias, se ocorrer prisão em flagrante e o réu não for posto em liberdade.

Crimes de ação penal pública (condicionada ou incondicionada):

- a autoridade policial deverá proceder à apreensão dos bens ilicitamente produzidos ou reproduzidos, bem como os aparelhos e materiais utilizados para tanto, os quais, posteriormente, serão periciados por perito oficial;
- os titulares dos direitos de autor e os que lhes são conexos serão os fiéis depositários dos bens apreendidos;
- poderão habilitar-se como assistentes de acusação as associações de titulares de direitos de autor e os que lhes são conexos, nos crimes de qualquer dos seus associados.

Capítulo XXVI
JUIZADOS ESPECIAIS CRIMINAIS

1. INTRODUÇÃO

Os Juizados Especiais Criminais encontram fundamento na própria Constituição Federal, que, em seu art. 98, I, atribuiu-lhes competência para a conciliação, o julgamento e a execução das infrações penais de menor potencial ofensivo, mediante os procedimentos oral e sumaríssimo, permitidos, nas hipóteses legais, a transação e o julgamento de recursos por turmas de juízes de primeiro grau[1]. Dispõe, ainda, que serão providos por juízes togados, ou togados e leigos. Coube à lei federal disciplinar a criação de Juizados Especiais no âmbito da Justiça Federal.

São, assim, os Juizados disciplinados em duas leis distintas: a Lei n. 9.099/95 e a Lei n. 10.259/2001.

2. COMPETÊNCIA

O art. 60 da Lei n. 9.099/95 fixou a competência dos Juizados Especiais Criminais para a conciliação, o julgamento e a execução das infrações penais de menor potencial ofensivo.

Pelo art. 61 da Lei n. 9.099/95, que foi modificado pela Lei n. 11.313/2006, consideram-se infrações penais de menor potencial ofensivo as contravenções penais e os crimes a que a lei comine pena máxima não superior a dois anos.

A Lei n. 11.313, de 28 de junho 2006, que alterou os arts. 60 e 61 da Lei n. 9.099/95 e o art. 2º da Lei n. 10.259/2001, resolveu a divergência que havia entre os dois diplomas quanto à definição de crime de menor potencial ofensivo. Com a modificação, tanto nos Juizados Especiais Criminais estaduais quanto nos Juizados Especiais Federais, consideram-se infrações de menor potencial ofensivo os crimes com pena máxima não superior a dois anos, ou multa, e as contravenções penais. Em relação às contravenções penais, continuam elas a ser consideradas infrações de menor potencial ofensivo, haja vista sua não inclusão na Lei dos Juizados Especiais Criminais Federais decorrer da incompetência constitucional de a Justiça Federal julgar qualquer contravenção penal (art. 109, IV, da CF). Assim, a competência *ratione materiae* dos Juizados Especiais Criminais Estaduais abrangerá por exemplo, crimes a que a lei comine pena máxima não superior a 2 anos, ainda que submetidos a procedimento especial.

Devem ser ressalvados, no entanto, os casos de foro por prerrogativa de função, processados nos termos das Leis n. 8.038/90 e 8.658/93, aplicando-se, segundo a doutrina e a jurisprudência, no âmbito dos tribunais, os institutos despenalizadores da Lei n. 9.099/95.

De acordo com o art. 94 da Lei n. 10.741/2003 (Estatuto da Pessoa Idosa), os crimes nela previstos, cuja pena máxima privativa de liberdade não ultrapasse 4 anos, também serão submetidos ao procedimento da Lei n. 9.099/95. O Supremo Tribunal Federal, interpretando o dispositivo legal em comento, reconheceu que, quanto aos crimes previstos na Lei n. 10.741/2003, cuja pena máxima privativa de liberdade não ultrapassa 4 anos, aplica-se a Lei n. 9.099/95 apenas nos aspectos estritamente processuais, não se admitindo, em favor do autor do crime, a incidência de qualquer

[1] Sobre o tema dos Juizados Especiais Criminais, *vide* obra homônima de André Estefam, da Coleção Curso & Concurso.

medida despenalizadora[2]. Além dessas hipóteses, a Lei n. 9.503/97 estabeleceu, em seu art. 291, parágrafo único, que se aplicam aos crimes de trânsito de lesão corporal culposa (punido com pena privativa de liberdade de detenção, de 6 meses a 2 anos), de embriaguez ao volante (punido com pena privativa de liberdade de detenção, de 6 meses a 3 anos) e de participação em competição não autorizada (punido com pena privativa de liberdade de detenção, de 6 meses a 2 anos) o disposto nos arts. 74, 76 e 88 da Lei n. 9.099/95. Atualmente, com a nova definição de infração penal de menor potencial ofensivo, ressalvados o crime de embriaguez ao volante e a hipótese de incidência de causa de aumento de pena, os outros delitos previstos no dispositivo sujeitam-se ao procedimento sumaríssimo, com a aplicação de todos os institutos regulados na Lei n. 9.099/95.

O art. 41 da Lei 11.340/2006 (Lei Maria da Penha) e o enunciado n. 536 da Súmula do STJ prescrevem que aos crimes praticados com violência doméstica e familiar contra a mulher, independentemente da sanção penal cominada, não se aplica a Lei n. 9.099/95. Portanto, neste contexto, está proscrita a incidência da composição civil dos danos, da transação penal e da suspensão condicional do processo. Nesse ínterim, a Súmula 536 do STJ preleciona que "A suspensão condicional do processo e a transação penal não se aplicam na hipótese de delitos sujeitos ao rito da Lei Maria da Penha".

A Lei n. 13.344/2022 (Lei Henry Borel) inseriu o § 1º no art. 226 do Estatuto da Criança e do Adolescente; tal norma proibiu a incidência da Lei n. 9.099/95 aos crimes, previstos no ECA, contra a criança e o adolescente, independentemente da pena prevista. Dessa forma, importante frisar que, conquanto praticados contra a criança e o adolescente, mas que não estejam prescritos no ECA e que não contemplem o contexto da Lei Maria da Penha, há a possibilidade de aplicação da Lei n. 9.099/95; por exemplo, crimes de maus-tratos (art. 136, *caput*, do CP) e de ameaça (art. 147, *caput*, do CP), infrações de menor potencial ofensivo, praticados contra criança e adolescente do gênero masculino.

A Lei dos Juizados, entretanto, prevê duas causas de modificação da competência que, se verificadas, importarão no encaminhamento do feito à Justiça Comum, para a adoção do procedimento previsto em lei. São elas:

a) o fato de não ter sido o acusado encontrado para ser citado, uma vez que não se admite a citação por edital nos Juizados. Neste caso, os autos deverão ser encaminhados ao juízo comum, onde seguirá o rito sumário dos arts. 531 a 538 do CPP;

b) a complexidade ou as circunstâncias do caso impossibilitarem a adoção do rito sumaríssimo.

Cumpre destacar que, para a fixação da pena máxima cominada à infração penal, deverão ser computadas as causas de aumento e de diminuição da pena. Assim, em caso de tentativa, toma-se o máximo da pena cominada e o mínimo da redução resultante da tentativa, atingindo-se, por meio dessa operação, a pena máxima prevista para o crime tentado. Imagine-se, por exemplo, um crime tentado cuja pena máxima seja de 3 anos. Para saber se esse crime é da competência do Juizado Especial Criminal, faz-se a seguinte operação: 3 anos (pena máxima), com a aplicação da menor diminuição decorrente da tentativa, para, dessa forma, em abstrato, obter a pena máxima que o agente poderia receber. No exemplo proposto, 3 anos, aplicada a diminuição de um terço (1 ano), nos termos do art. 14, parágrafo único, do Código Penal, resulta o máximo de 2 anos. É, portanto, da competência do Juizado Especial Criminal.

3. PRINCÍPIOS E FINALIDADES

O art. 62 da Lei n. 9.099/95 enumera os princípios informadores (critérios orientadores, segundo a dicção da lei) do procedimento sumaríssimo:

---

[2] STF, ADI 3.096/DF, Rel. Min. Cármen Lúcia, 16.6.2010.

a) oralidade;

b) informalidade;

c) economia processual;

d) celeridade.

A informalidade impõe que somente os atos atípicos que não tenham alcançado a sua finalidade, ou que tenham causado prejuízo à parte, deverão sofrer a sanção da nulidade. Cumpre destacar, ainda, que alguns atos praticados no Juizado são eminentemente formais, por exemplo, a transação penal, em virtude das consequências gravosas que poderão resultar ao acusado.

São apontadas como finalidades do processo perante o Juizado Especial:

a) *A busca da reparação dos danos sofridos pela vítima*. O modelo instituído pela Lei dos Juizados tende a adotar o sistema de cumulação das jurisdições, por meio da resolução de questões civis no processo criminal, afastando-se, assim, do modelo ordinário, da separação da jurisdição.

b) *A aplicação de pena não privativa de liberdade*. Além da *despenalização*, busca também o legislador, com a Lei dos Juizados, uma *descarcerização*, evitando ao máximo que o sentenciado em infração de menor potencial ofensivo seja recolhido ao cárcere. Privilegia-se, assim, a adoção das penas restritivas de direito e de multa.

4. FASE PRELIMINAR

Na Seção II do Capítulo III da Lei dos Juizados, estão previstos dispositivos que regulam a fase policial, a lavratura do termo circunstanciado, a audiência preliminar, a conciliação (composição dos danos civis) e a transação penal.

Pelo sistema da Lei n. 9.099/95, a fase preliminar não integra o procedimento sumaríssimo, que só teria lugar nos casos em que não foram possíveis a composição civil e a transação penal.

Fase policial. Tomando conhecimento da ocorrência, caberá à autoridade policial:

a) lavrar termo circunstanciado;

b) encaminhar imediatamente ao Juizado o termo, com o autor do fato e a vítima;

c) providenciar as requisições dos exames periciais necessários (art. 69, *caput*). Prescinde-se do exame de corpo de delito quando a materialidade do crime estiver aferida por boletim médico ou prova equivalente.

Não se imporá prisão em flagrante, nem se exigirá fiança ao autor do fato que, após a lavratura do termo, for imediatamente encaminhado ao Juizado ou assumir o compromisso de a ele comparecer (art. 69, parágrafo único).

A Lei dos Juizados, assim, dispensa o inquérito policial para as ocorrências relativas a infrações penais de menor potencial ofensivo, não cabendo à autoridade policial proceder a diligências investigatórias. Todavia, caso seja necessária a realização de alguma diligência investigatória para elucidação do crime, por exemplo, visando à individualização da autoria, poderá ser instaurado o inquérito policial.

O termo circunstanciado (TC), substituto do inquérito policial, deverá conter o registro circunstanciado da ocorrência, servindo de base para o oferecimento da inicial acusatória. Conterá, portanto, o termo:

a) a qualificação e o endereço das partes;

b) as circunstâncias em que os fatos se deram;

c) as versões dos envolvidos;

d) o rol de testemunhas, qualificações e endereços;

e) a especificação dos exames periciais requisitados;

f) a assinatura das partes.

Juntamente com o termo deverá ser encaminhada a folha de antecedentes do autor do fato.

De acordo com a doutrina, a competência para a lavratura do termo circunstanciado é da autoridade policial do local do fato. É atividade afeta à polícia civil, não cabendo a membros da polícia militar expedi-lo.

O art. 69, parágrafo único, prevê que em caso de violência doméstica o juiz poderá determinar, cautelarmente, o afastamento do autor do fato do lar, domicílio ou local de convivência com a vítima. Trata-se de inovação inserida pela Lei n. 10.455/2002.

Comparecendo o autor do fato e a vítima, e não sendo possível a realização imediata da audiência preliminar, será designada data próxima, da qual ambos sairão cientes. Caso não tenham comparecido ao Juizado, serão intimados, juntamente com o responsável civil, se for o caso.

De acordo com o art. 67, a intimação far-se-á:

a) por correspondência, com aviso de recebimento pessoal, ou, no caso de pessoa jurídica ou firma individual, mediante entrega ao encarregado da recepção, que será identificado;

b) por oficial de justiça, independentemente de mandado ou carta precatória;

c) por qualquer meio idôneo de comunicação (telegrama, fax, telefone etc.).

Audiência preliminar. Comparecerão à audiência preliminar:

a) o representante do Ministério Público;

b) o autor do fato;

c) a vítima;

d) o responsável civil.

Todos acompanhados de seus advogados. Nesse sentido, estabelece o art. 68 que na intimação e na citação do autor do fato e da vítima constará a necessidade do comparecimento acompanhado de advogado, com a advertência de que, em sua falta, ser-lhe-á designado defensor dativo.

A audiência preliminar tem como meta a obtenção da composição civil dos danos e a transação penal (aceitação da proposta de aplicação imediata de pena não privativa de liberdade).

Nessa oportunidade, poderá o ofendido exercer o direito de representação verbal, nos casos de ação pública condicionada (hipótese do art. 75, *caput*), bem como oferecer queixa oral, caso não haja conciliação civil (art. 77, § 3º).

Na audiência preliminar, deverá o membro do *Parquet,* nas hipóteses de ação penal pública, oferecer denúncia oral, elaborada com base no termo circunstanciado, caso não tenha havido transação penal, nos termos do art. 77, *caput*.

Se o autor do fato deixar de comparecer à audiência preliminar e não houver necessidade de se realizarem diligências imprescindíveis, o Ministério Público deverá oferecer, de imediato, denúncia oral[3].

5. CONCILIAÇÃO

A composição civil dos danos poderá ocorrer tanto na audiência preliminar quanto no dia marcado para a audiência de instrução e julgamento, imediatamente antes de seu início, se na fase preliminar não tiver havido possibilidade de conciliação.

---

[3] STJ, CComp 104.225/PR, Rel. Min. Haroldo Rodrigues, Desembargador convocado do TJCE, j. 25.5.2011.

Na audiência preliminar, o juiz esclarecerá sobre a possibilidade de composição dos danos (art. 72), que será conduzida pelo juiz ou por conciliador.

Havendo composição civil dos danos, será ela homologada pelo juiz mediante sentença irrecorrível, que terá eficácia de título executivo judicial.

O acordo homologado acarretará a renúncia ao direito de queixa ou de representação, em se tratando de ação penal privada ou de ação penal pública condicionada. Inovou a Lei dos Juizados, primeiro porque criou hipótese de renúncia ao direito de representação, segundo porque excepcionou o art. 104, parágrafo único, 2ª parte, do CP. Assim, para as infrações de menor potencial ofensivo, a conciliação homologada pelo juiz (recebimento da indenização do dano *ex delicto*) tornou-se causa de renúncia tácita.

Sendo a infração praticada por mais de um autor, havendo composição civil em relação a apenas um ou alguns deles, só em relação a estes ocorrerá a renúncia e a extinção da punibilidade, salvo se a reparação do dano civil for integral. Não se aplica, nesse caso, o disposto no art. 48 do CPP.

Em havendo mais de uma vítima, o acordo civil somente acarretará a renúncia do direito de queixa ou de representação em relação àquela que transacionou.

A vítima poderá ajuizar ação civil indenizatória para receber o valor dos danos que sofreu com a prática do crime, caso demonstre que o valor recebido a título de composição civil dos danos ficou aquém do prejuízo que sofreu.

Caso não haja composição civil dos danos, será dada oportunidade ao ofendido para representar verbalmente. Contudo, o não oferecimento da representação na audiência preliminar não implica decadência do direito, que poderá ser exercido dentro do prazo decadencial de 6 meses, nos termos do art. 38 do CPP.

6. TRANSAÇÃO PENAL

A transação penal nada mais é do que a proposta de aplicação imediata de pena restritiva de direitos ou multa feita pelo Ministério Público ao autor do fato. Somente poderá ocorrer se não for caso de arquivamento, desde que tenha havido representação ou quando se tratar de ação penal pública incondicionada.

Poderá ocorrer em duas oportunidades: na *audiência preliminar* (art. 76) ou por ocasião da abertura formal da *audiência de instrução e julgamento* (art. 79).

A transação penal decorre diretamente da adoção do princípio da discricionariedade controlada para as infrações de menor potencial ofensivo da competência dos Juizados.

Características. A transação penal é ato:

a) bilateral,

b) personalíssimo,

c) formal,

d) voluntário e

e) tecnicamente assistido.

Embora a lei seja omissa a respeito, no caso de discordância entre a vontade do autor do fato e a de seu defensor, prevalecerá o desejo do autor da infração, pois cabe a ele dispor livremente de seus direitos.

Por se tratar de ato personalíssimo, deverá o autor do fato estar presente para manifestar sua vontade, aceitando a proposta do Ministério Público. A formalidade do ato impede que haja transação penal extrajudicial, devendo o juiz fazer-se presente ao ato.

Iniciativa. Cabe ao membro do Ministério Público, com exclusividade, a faculdade de transacionar[4]. Não poderá o juiz arvorar-se em *dominus litis*, para propor a aplicação imediata da pena restritiva de direitos ou multa, usurpando função alheia. Tampouco poderão o acusado ou seu defensor propor a transação. Tem-se entendido que, se o juiz discordar da postura do representante do Ministério Público, poderá agir, por analogia, de acordo com o disposto no § 14 art. 28-A do CPP, com redação conferida pela Lei n. 13.964/2019, remetendo os autos ao órgão superior do Ministério Público (Procurador-Geral de Justiça, na esfera estadual; Câmara de Coordenação e Revisão, na esfera federal).

Não obstante, parte da doutrina entende se tratar de direito subjetivo do réu, cabendo ao Ministério Público apenas a escolha quanto à aplicação da pena restritiva de direitos ou multa, nos termos do art. 76 da Lei n. 9.099/95.

Quanto à possibilidade de transação penal nos crimes em que se procede mediante queixa, há *duas posições*:

a) Alguns entendem não ser cabível a medida, pois a lei faz menção exclusivamente ao representante do *Parquet* para os casos de ação penal pública.

b) Outros defendem a possibilidade[5] e a legitimidade do querelante para propor a transação penal, por aplicação analógica do dispositivo.

Pressuposto de admissibilidade da transação penal é que se trate de infração penal de menor potencial ofensivo. Além desse requisito, a Lei dos Juizados enumera as causas impeditivas da proposta (art. 76, § 2º):

I – Ter sido o autor da infração condenado, pela prática de crime, à pena privativa de liberdade, por sentença definitiva.

Para que se verifique esse impedimento, deve-se observar o prazo de 5 anos previsto para a reincidência.

II – Ter sido o agente beneficiado anteriormente, no prazo de 5 anos, pela aplicação de pena restritiva ou multa, nos termos deste artigo.

Dispõe o § 4º do art. 76 que a sentença homologatória da transação penal será registrada apenas para impedir novamente o mesmo benefício, no prazo de 5 anos.

III – Não indicarem os antecedentes, a conduta social e a personalidade do agente, bem como os motivos e as circunstâncias, ser necessária e suficiente a adoção da medida.

Não serão tomadas em consideração, no juízo acerca da necessidade e suficiência da medida, a culpabilidade e as consequências do crime, pois que não incluídas no dispositivo.

A proposta do Ministério Público deverá especificar a sanção penal a ser imposta ao autor da infração, individualizando a espécie e a duração da pena restritiva de direitos ou, no caso de multa, o seu valor. Aceita a proposta pelo autor da infração e por seu defensor, será submetida à apreciação do juiz.

Acolhendo a proposta do Ministério Público aceita pelo autor da infração, caberá ao juiz a aplicação da pena restritiva de direitos ou multa. Nas hipóteses de ser a pena de multa a única aplicável, o juiz poderá reduzi-la até a metade.

A sentença homologatória da transação penal é apelável (art. 76, § 5º).

Essa sentença não importará em reincidência, não constará de certidão de antecedentes crimi-

---

[4] STJ, 5ª T., REsp 538.795/SP, *DJ*, 15.12.2003, p. 382; 6ª T., REsp 613.833/SP, *DJ*, 6.12.2004, p. 378.

[5] STJ, 3ª S., CComp 36.545/RS, *DJ*, 2.6.2003, p. 183; 5ª T., HC 13.337/RJ, *DJ*, 13.8.2001, p. 181; 5ª T., RHC 8.480/SP, *DJ*, 22.11.1999, p. 164; STJ, 5ª T., RHC 102.381/BA, Rel. Min. Felix Fischer, *DJe*, 17.10.2018.

nais e não terá efeitos civis[6]. Será registrada apenas para impedir novamente o mesmo benefício no prazo de 5 anos.

6.1. Cumprimento e descumprimento da transação pactuada

A Lei n. 9.099/95 não dispõe sobre a solução jurídica quando há o cumprimento da transação pactuada. O STJ entende que o cumprimento da transação penal acarreta a extinção da punibilidade[7].

Já quanto ao eventual descumprimento da transação penal ao longo do tempo surgiram várias posições:

a) O descumprimento da transação implica o prosseguimento do procedimento, dando-se oportunidade ao Ministério Público para vir a requerer providências necessárias ou a propositura da ação penal[8]; nesse caso a sentença tem eficácia de coisa julgada formal, tendo em vista que não há discussão sobre o mérito de ação penal (até porque nem há ação penal instaurada).

Esse entendimento já vinha sendo firmado pelo Supremo Tribunal Federal a partir do julgamento do RE 602.702/RS. O Superior Tribunal de Justiça, por sua vez, entendia de maneira diversa, conforme exposição no item "b", porém reajustou sua orientação a fim de amoldá-la à interpretação do Pretório Excelso[9].

b) A sentença homologatória tem a eficácia de coisa julgada material e não pode ser desconsiderada em caso de descumprimento[10]. Ademais, o próprio art. 66 da Lei n. 9.099/95 afirma que o Ministério Público poderá oferecer denúncia em caso de não ocorrência da transação. Assim, somente caberá a execução dos termos da transação homologada. Caso não tenha havido a homologação, é possível o prosseguimento do procedimento[11]. Essa era a posição firmada pelo Superior Tribunal de Justiça.

Nesse caso, no ato da propositura da transação penal, o juiz pode condicionar a homologação ao cumprimento dos termos da transação[12].

c) Deve haver conversão da pena restritiva de direitos imposta na transação por pena privativa de liberdade[13].

Contudo, o STF editou, em 16 de outubro de 2014, a Súmula Vinculante 35, chancelando a posição de que o descumprimento da transação não faz coisa julgada material: "A homologação da transação penal prevista no art. 76 da Lei n. 9.099/1995 não faz coisa julgada material e, descumpridas suas cláusulas, retoma-se a situação anterior, possibilitando-se ao Ministério Público a continuidade da persecução penal mediante oferecimento de denúncia ou requisição de inquérito policial". Destarte, acolheu os entendimentos que já eram adotados tanto no STF[14] quanto em parte do STJ[15].

---

[6] STF, Plenário, RE 795.567/PR, Rel. Min. Teori Zavascki, j. 28.5.2015 (*Informativo do STF* n. 787).

[7] STJ, 5ª T., HC 33.688/SP, *DJ*, 7.6.2004, p. 259; 6ª T., AgRg no HC 17.116/SP, *DJ*, 15.3.2004, p. 302; 6ª T., HC 16.980/SP, *DJ*, 18.2.2002, p. 508 (*RSTJ*, 156/541).

[8] STF, 1ª T., REsp 268.319-1, *DJ*, 27.10.2000, p. 87; 1ª T., HC 79.572-2, *DJ*, 22.2.2002, p. 34.

[9] STJ, 5ª T., RHC 29.435/RJ, Rel. Min. Jorge Mussi, j. 18.10.2011.

[10] 6ª T., REsp 226.570/SP, *DJ*, 22.11.2004, p. 393; 5ª T., REsp 612.411/PR, *DJ*, 30.8.2004, p. 328; 5ª T., HC 33.487/SP, *DJ*, 1º.7.2004, p. 237; e 6ª T., HC 19.871/SP, *DJ*, 17.5.2004.

[11] 5ª T., HC 37.066/SP, *DJ*, 16.11.2004, p. 310; 5ª T., HC 24.624/SP, *DJ*, 9.12.2003, p. 301.

[12] 5ª T., RHC 11.392/SP, *DJ*, 26.8.2002; 5ª T., RHC 11.398/SP, *DJ*, 12.11.2001, p. 159.

[13] 6ª T., HC 14.666/SP, *DJ*, 2.4.2001, p. 341.

[14] STF, Plenário, RE 602.072-QO/RG, Rel. Min. Cezar Peluso, j. 19.11.2009.

[15] STJ, 6ª T., RHC 34.580/SP, Rel. Min. Maria Thereza de Assis Moura, j. 12.3.2013.

7. PROCEDIMENTO SUMARÍSSIMO

O procedimento sumaríssimo tem início na audiência preliminar, com o oferecimento da denúncia ou queixa oral, que será reduzida a termo, entregando-se cópia ao acusado, que com ela ficará citado e imediatamente cientificado da designação de dia e hora para a audiência de instrução e julgamento. Se o acusado não estiver presente, será citado na forma dos arts. 66 e 68 da lei. Caso o autor da infração não seja localizado para ser pessoalmente citado, as peças serão encaminhadas ao juízo comum, onde seguirão o rito adequado à natureza da infração.

Dessa audiência também tomarão ciência o Ministério Público, o ofendido, o responsável civil e seus advogados.

Em sendo o caso complexo ou havendo necessidade de outras diligências, não será adotado o rito sumaríssimo, devendo as peças existentes ser encaminhadas ao juízo competente, para a adoção do procedimento adequado.

8. AUDIÊNCIA DE INSTRUÇÃO E JULGAMENTO

No dia e hora designados para a audiência de instrução e julgamento, se não houve possibilidade de composição dos danos ou transação penal por ocasião da audiência preliminar, será concedida nova oportunidade para que as partes procedam a outra tentativa de conciliação, civil ou penal.

Em fracassando a nova tentativa de composição civil ou transação penal, será iniciada a audiência de instrução e julgamento, concedendo-se a palavra ao defensor para responder à acusação.

Trata-se de defesa preliminar, anterior ao recebimento da denúncia ou queixa, que não se confunde com a defesa prévia, regulada no Código de Processo Penal. Nela deverá o defensor arguir tanto a falta de justa causa para a ação penal quanto a existência de vícios que impõem a rejeição da peça acusatória.

Não poderá, nessa ocasião, arrolar testemunhas, pois estas deverão ser indicadas com antecedência de 5 dias, ou, então, comparecer à audiência independentemente de intimação, nos termos do art. 78, § 1º.

Após a resposta preliminar, deverá o juiz manifestar-se acerca do recebimento ou não da denúncia ou queixa. Havendo recebimento, serão ouvidas a vítima e as testemunhas de acusação e de defesa.

Não obstante, parte da doutrina entende que se aplica ao procedimento sumaríssimo o disposto no art. 396 do CPP, devendo o juiz possibilitar, após o regular recebimento da denúncia, que o réu apresente a resposta prevista no art. 396-A do CPP, abordando quaisquer das causas de absolvição sumária elencadas no art. 397 do mesmo diploma legal.

Assim, quando do art. 81 da Lei n. 9.099/95, poderá o acusado alegar qualquer das matérias previstas no art. 395 do CPP e, após o recebimento da denúncia, sustentar quaisquer das causas de absolvição sumária, conforme já mencionado.

A seguir, o acusado será interrogado, se estiver presente, passando-se imediatamente aos debates orais e à prolação da sentença.

Note-se que o interrogatório do réu ocorrerá no final da fase instrutória, tal como ocorre, com o advento da Lei n. 11.719/2008, nos procedimentos disciplinados no Estatuto Processual Penal.

A Lei n. 9.099/95 omitiu-se acerca do número de testemunhas que podem ser arroladas no rito sumaríssimo. Três correntes se destacam: uma delas afirma serem três no máximo as testemunhas desse procedimento, tendo em vista ser esse o número das testemunhas do procedimento sumário das contravenções; uma segunda corrente defende serem cinco as testemunhas, pois tal procedimento estaria revogado pela Constituição Federal, aplicando-se o número de testemunhas do procedimento sumário para os crimes apenados com detenção; por fim, a corrente majoritária defende que devem ser três as testemunhas no caso de contravenção penal e cinco no caso de crime apenado com detenção[16].

O tempo concedido às partes nos debates orais obedecerá ao disposto no art. 534 do CPP, aplicados subsidiariamente: 20 minutos, prorrogáveis por mais 10, a critério do juiz. Havendo querelante, falará antes do membro do *Parquet*; havendo assistente de acusação, terá a palavra após o Ministério Público; ambos terão o mesmo tempo.

Apesar de o § 1º do art. 81 estabelecer que todas as provas serão produzidas na audiência de instrução e julgamento, tal regra não é absoluta. Cogita-se da hipótese da juntada de documentos antes da audiência e da oitiva de testemunha por precatória, desde que esta seja expedida com a suficiente antecedência.

A Lei n. 14.245/2021 ("Lei Mariana Ferrer") inseriu o § 1°-A ao art. 81 da Lei n. 9.099/95, conforme o qual "durante a audiência, todas as partes e demais sujeitos processuais presentes no ato deverão respeitar a dignidade da vítima, sob pena de responsabilização civil, penal e administrativa, cabendo ao juiz garantir o cumprimento do disposto neste artigo, vedadas: I – a manifestação sobre circunstâncias ou elementos alheios aos fatos objeto de apuração nos autos; II – a utilização de linguagem, de informações ou de material que ofendam a dignidade da vítima ou de testemunhas".

A lei faculta ao juiz limitar ou excluir as provas que considerar excessivas, impertinentes ou protelatórias.

De todo o ocorrido na audiência será lavrado termo, que conterá um breve resumo dos acontecimentos e a sentença.

9. SENTENÇA

Após os debates orais, deverá o juiz proferir sentença, que mencionará os elementos de convicção em que se baseou o julgador, dispensado, contudo, o relatório (art. 81, § 3º). A sentença será proferida em audiência.

Apesar de prescindir do relatório, a sentença conterá necessariamente fundamentação e dispositivo, sob pena de nulidade. Os princípios que informam o rito sumaríssimo não autorizam o juiz a julgar segundo sua íntima convicção. Permanece intangível o princípio da persuasão racional, assegurando às partes o conhecimento dos motivos que levaram o juiz a determinada conclusão. A necessidade de fundamentação garante às partes, em última análise, o acesso ao duplo grau de jurisdição.

Da sentença condenatória ou absolutória, bem como da sentença que homologa a transação penal, caberá apelação a ser interposta por petição escrita no prazo de 10 dias, contado da ciência da sentença pelo Ministério Público, pelo autor do fato e seu defensor, juntamente com as razões recursais (art. 82, *caput* e § 1º). O recorrido será intimado para oferecer as contrarrazões – "resposta escrita" na dicção legal, no prazo de 10 dias (art. 82, § 2º).

O art. 83, *caput*, prevê a possibilidade de oposição de embargos de declaração, oralmente ou por escrito, no prazo de 5 dias, contado da ciência da decisão, quando a sentença ou o acórdão contiver obscuridade, contradição, omissão ou dúvida (§ 1º). Note-se que a oposição dos embargos suspende o prazo para a interposição da apelação (§ 2º). Os erros materiais podem ser corrigidos *ex officio* (§ 3º).

Da decisão proferida pela turma recursal poderá ser interposto recurso extraordinário para o STF, mas não recurso especial para o STJ (Súmula 640 do STF). Isso ocorre porque cabe ao STF

[16] Posição de Ada Pellegrini Grinover, Scarance e Magalhães, *Juizados Especiais Criminais*: comentários à Lei n. 9.099, de 26.9.1995, 4. ed., rev., ampl. e atual., 2002, p. 179-180.

julgar recursos extraordinários interpostos em face de decisões em última instância[17], preenchidos os pressupostos recursais respectivos.

10. EXECUÇÃO

A competência para a execução das sentenças proferidas no Juizado será estabelecida de acordo com a natureza da sanção penal imposta.

Assim, dispõe o art. 86 que, se a pena de multa for a única aplicada, seu cumprimento far-se-á mediante pagamento na secretaria do Juizado. O pagamento da multa extingue a punibilidade, desde que seja a única pena aplicada. Nesse caso, a condenação não constará dos registros criminais, exceto para fins de requisições judiciais (para a instrução de outros feitos criminais).

A nova redação do art. 51 do CP, inserta pela Lei n. 13.964/2019, manteve os termos já prescritos pela Lei n. 9.268/96, ou seja, a pena de multa não poderá, em hipótese alguma, ser convertida em pena privativa de liberdade na hipótese de não pagamento. Inaplicável, portanto, a primeira parte do art. 85 da Lei dos Juizados. No que tange à conversão da pena de multa em restritiva de direitos no caso de não pagamento, não poderá também ser realizada, por não haver previsão legal dos *termos* da substituição ou dos parâmetros a ser utilizados nessa conversão.

Aplicam-se em relação ao cumprimento da pena de multa as disposições previstas no Código Penal e na Lei de Execução Penal, no que respeita às modalidades de pagamento permitidas.

Quando o sentenciado frustrar o pagamento da multa, há que distinguir duas situações:

a) Se a pena de multa havia sido aplicada em transação penal, há quem entenda que deverá ela ser executada como dívida de valor. Em sentido oposto, defendem outros que o não cumprimento do acordo penal autoriza o Ministério Público a retomar a ação penal, oferecendo denúncia contra o autor da infração penal.

b) Se a pena de multa havia sido imposta em sentença condenatória, será considerada dívida de valor, com a aplicação das normas da legislação relativa à dívida ativa da Fazenda Pública. Quanto ao órgão competente para executá-la, há controvérsia: alguns entendem que compete ao Ministério Público proceder à execução, enquanto outros defendem a legitimidade dos procuradores da Fazenda para a cobrança, pois a competência passaria às Varas da Fazenda Federal. Neste ínterim, vale acrescer que, conquanto nas razões de decidir o sistema de execução da pena do Juizado Especial não tenham sido mencionadas, o Supremo Tribunal Federal, no julgamento da ADI 3.150/DF, ratificou que a pena de multa ostenta caráter penal e que sua execução, prioritariamente, deve ser aviada pelo Ministério Público perante o juízo da execução penal, conforme disposto na LEP; subsidiariamente, caso haja inércia do *Parquet* no prazo de 90 dias, a Fazenda Pública executará a multa penal.

Será, contudo, processada perante o órgão competente, nos termos da lei, a execução:

a) das penas privativas de liberdade, aplicadas em sentença condenatória;

b) das penas restritivas de direitos, impostas em transação penal ou sentença condenatória;

c) das penas de multa, quando cumuladas com pena privativa de liberdade ou restritiva de direitos.

O órgão competente para a execução é fixado nos dispositivos da Lei de Execução Penal e nas leis de organização judiciária.

---

[17] CF, art. 102, III.

11. SÍNTESE

Juizados Especiais Criminais

O Juizado Especial Criminal é competente para conciliação, julgamento e execução das infrações penais de menor potencial ofensivo. Consideram-se infrações de menor potencial ofensivo as contravenções penais e os crimes a que a lei comine pena máxima não superior a dois anos, computando-se, no entanto, as causas de aumento e diminuição da pena.

A Lei n. 9.099/95, porém, prevê duas causas de modificação da competência que, se verificadas, importarão no encaminhamento do feito à Justiça Comum:

a) o fato de não ter sido o acusado encontrado para ser citado, uma vez que não se admite a citação por edital nos juizados;

b) a complexidade ou as circunstâncias do caso impossibilitarem a adoção do rito sumaríssimo.

Princípios e finalidades

Os princípios estão previstos no art. 62 da Lei n. 9.099/95:

- oralidade;
- informalidade;
- economia processual;
- celeridade.

Finalidades:

- busca da reparação dos danos sofridos pela vítima;
- aplicação de pena não privativa de liberdade.

Fase preliminar

A Lei dos Juizados dispensa o inquérito policial. Assim, tomando conhecimento da ocorrência, caberá à autoridade policial lavrar o termo circunstanciado, encaminhar imediatamente ao Juizado o termo, com o autor do fato e a vítima, bem como providenciar as requisições dos exames periciais necessários.

Posteriormente, serão as partes intimadas a fim de que seja realizada a audiência preliminar, que tem como meta a obtenção da composição civil dos danos e a transação penal. Caso não tenha havido transação penal, ou se o autor não comparecer à audiência, deverá o Ministério Público oferecer denúncia oral.

Conciliação

A composição civil dos danos poderá ocorrer tanto na audiência preliminar quanto no dia marcado para a audiência de instrução e julgamento.

Transação penal

É a proposta de aplicação imediata de pena restritiva de direitos ou multa, feita pelo Ministério Público ao autor do fato. Poderá ocorrer na audiência preliminar ou na de instrução e julgamento.

Características. Trata-se de ato:

a) bilateral;

b) personalíssimo;

c) formal;

d) voluntário; e

e) tecnicamente assistido.

Iniciativa: cabe ao Ministério Público, com exclusividade.

Pressupostos: além de se tratar de infração de menor potencial ofensivo, não poderá:

I – ter sido o autor da infração condenado, pela prática de crime, à pena privativa de liberdade, por sentença definitiva;

II – ter sido o agente beneficiado anteriormente, no prazo de 5 anos, pela aplicação de pena restritiva ou multa, nos termos deste artigo;

III – não indicarem os antecedentes, a conduta social e a personalidade do agente, bem como os motivos e as circunstâncias, ser necessária e suficiente a adoção da medida.

Sentença

Será proferida em audiência, onde serão apontados os elementos de convicção em que se baseou o julgador, dispensando, contudo, o relatório.

O recurso para combatê-la será o de apelação, a ser interposta no prazo de 10 dias, contados da ciência da sentença pelo Ministério Público, pelo autor do fato e seu defensor juntamente com as razões recursais, direcionado à Turma Recursal. Da decisão proferida pela Turma Recursal poderá ser interposto recurso extraordinário para o STF, mas não recurso especial para o STJ.

Capítulo XXVII
SUSPENSÃO CONDICIONAL DO PROCESSO

1. INTRODUÇÃO

A suspensão condicional do processo pode ser definida como a interrupção do curso processual, com a imposição de uma série de condições ao beneficiado, durante um período de prova, que poderá levar à extinção da punibilidade.

Apresenta certas semelhanças com outros institutos, como o *sursis*, o *probation system* e a *suspensión del fallo*, mas com eles não se confunde.

Trata-se de instituto jurídico que se amolda ao modelo de justiça criminal consensual instituído pela Lei n. 9.099/95, possuindo nítido caráter despenalizador. É certo que aquele que preencher os requisitos ou pressupostos legais, ao concordar com a suspensão, ficará submetido a um período probatório, em que serão restringidos alguns de seus direitos, mas, em contrapartida, não será submetido aos estigmas de um processo criminal, podendo, ao final, ser declarada extinta a punibilidade.

Tem a suspensão condicional do processo natureza dúplice: *processual* e *penal*. Tem natureza processual, porquanto atinge o processo, paralisando sua marcha; tem caráter penal, pois afeta a pretensão punitiva do Estado, com a possibilidade da extinção da punibilidade.

Apresentando a suspensão nítido caráter consensual (bilateralidade do ato), surge como decorrência direta do *princípio da discricionariedade regrada*, que excepciona o princípio da obrigatoriedade, informador do exercício da ação penal pública. Poderá, assim, o Ministério Público, satisfeitos os requisitos legais, dispor da *persecutio criminis*, propondo ao acusado a suspensão do processo, ou mesmo a transação penal.

Vale ressaltar que a suspensão condicional do processo mantém intangível o princípio da presunção de inocência do acusado, pois este, ao aceitar a proposta do Ministério Público, não estará admitindo sua culpabilidade. Durante o período de prova, sujeita-se a condições, e não a uma pena.

A suspensão condicional do processo é também chamada de "*sursis* processual" e "*sursis* antecipado".

2. ADMISSIBILIDADE

A suspensão condicional do processo poderá ser proposta pelo Ministério Público, quando do oferecimento da denúncia, nos crimes em que a pena mínima cominada for igual ou inferior a um ano, abrangidos ou não pela Lei n. 9.099/95.

A suspensão pressupõe o recebimento da denúncia pelo juiz, conforme dispõe o § 1º do art. 89 da Lei dos Juizados.

Pode ser aplicada a qualquer infração penal, prevista no CP ou em legislação especial, alcançando inclusive as contravenções penais, ainda que sujeitas a procedimento especial. Essa conclusão decorre do próprio texto legal, ao mencionar os crimes *abrangidos ou não por essa lei*. Inclusive quanto aos crimes da competência do tribunal do Júri, desde que a pena não supere um ano. E a razão é simples: tanto a instituição do Júri, que representa a garantia do cidadão de ser julgado por seus pares, quanto a suspensão condicional do processo tutelam o direito de liberdade do acusado, mas a suspensão apresenta maior grau de proteção a esse direito, impedindo a submissão do acusado ao próprio processo penal, evitando-lhe o *strepitus fori*. Além disso, uma vez revogada a suspensão, continuará o tribunal do Júri competente para o julgamento do crime doloso contra a vida.

Nada obsta, também, sua aplicação na Justiça Eleitoral. Em relação à Justiça Federal, aplica-se a suspensão condicional do processo, porquanto o art. 1º da Lei n. 10.259/2001 dispõe que "são instituídos os Juizados Especiais Cíveis e Criminais da Justiça Federal, aos quais se aplica, no que não conflitar com esta Lei, o disposto na Lei n. 9.099, de 26 de setembro de 1995".

A suspensão condicional do processo não se aplica, entretanto, no âmbito da Justiça Militar, sendo expressa a vedação legal (art. 90-A da Lei n. 9.099/95).

O art. 41 da Lei 11.340/2006 (Lei Maria da Penha) e o enunciado n. 536 da Súmula do STJ prescrevem que aos crimes praticados com violência doméstica e familiar contra a mulher, independentemente da sanção penal cominada, não se aplica a Lei n. 9.099/95. Portanto, nesse contexto, está proscrita a incidência da composição civil dos danos, da transação penal e da suspensão condicional do processo. Nesse ínterim, a Súmula 536 do STJ preleciona que "A suspensão condicional do processo e a transação penal não se aplicam na hipótese de delitos sujeitos ao rito da Lei Maria da Penha".

A Lei n. 13.344/2022 (Lei Henry Borel) inseriu o § 1º no art. 226 do Estatuto da Criança e do Adolescente; tal norma proibiu a incidência da Lei n. 9.099/95 aos crimes, previstos no ECA, contra a criança e o adolescente, independentemente da pena prevista, incluindo a suspensão condicional do processo. Dessa forma, importante frisar que, conquanto praticados contra a criança e o adolescente, mas que não estejam prescritos no ECA e que não contemplem o contexto da Lei Maria da Penha, há a possibilidade de aplicação da Lei n. 9.099/95, por exemplo, crimes de maus-tratos (artigo 136, *caput*, do CP) e de ameaça (art. 147, *caput*, do CP), infrações de menor potencial ofensivo, praticados contra criança e adolescente do gênero masculino.

Quanto à possibilidade de aplicação da suspensão condicional do processo nas ações penais exclusivamente privadas, há duas correntes:

a) Não se admite[1] o *sursis* antecipado, por duas razões: não ter a lei contemplado essa possibilidade, referindo-se somente ao Ministério Público e à denúncia, e porque na ação exclusivamente privada já vigora o princípio da oportunidade, redundando qualquer transação processual em perdão ou perempção.

b) É possível a suspensão condicional do processo nos crimes de ação privada[2]. A omissão legal pode ser suprida pela analogia *in bonam partem,* cabendo ao querelante propor a suspensão[3]. Assim, configuraria rematada incongruência negar o direito do querelado à suspensão, quando preenchidos os requisitos legais, e admiti-la ao acusado por crime sujeito a ação penal pública.

O Ministério Público nas ações penais privadas atua como fiscal da lei e, como tal poderá ser contrário à proposta formulada pelo querelante; o juiz poderá acatar o entendimento ministerial e indeferir a proposta[4].

Sendo revel o acusado, não será admitida a suspensão do processo, pois cabe àquele a aceitação da proposta e das condições impostas.

---

[1] STJ, 6ª T., HC 17.431/SP, *DJ*, 23.6.2003, p. 444.

[2] STJ, 3ª S., CComp 36.545/RS, *DJ*, 2.6.2003, p. 183; CComp 30.164/MG, *DJ*, 4.3.2002, p. 178; 5ª T., HC 13.337/RJ, *DJ*, 13.8.2001, p. 181; 1ª T., RHC 8.480/SP, *DJ*, 22.11.1999, p. 164.

[3] 5ª T., RHC 12.276/RJ, *DJ*, 7.4.2003, p. 296.

[4] Nesse sentido: STJ, 5ª T., RHC 11.659/SP *DJ*, 18.3.2002, p. 274.

Descabida também a suspensão em relação ao réu inimputável, pois a lei não considera sua vontade juridicamente vinculatória. Nos casos de semi-imputabilidade é possível a suspensão, desde que não necessite de especial tratamento curativo[5].

3. REQUISITOS

Os requisitos ou pressupostos para concessão são previstos no art. 89 da Lei dos Juizados e podem ser divididos em pressupostos objetivos e subjetivos. Os objetivos estão descritos nos incisos I, II e III, e os subjetivos no inciso IV, conforme segue abaixo:

I – Pena mínima cominada igual ou inferior a um ano.

Por primeiro, vale ressaltar que o *sursis* antecipado adota como parâmetro a pena mínima abstratamente prevista para o crime, incluindo os crimes apenados com reclusão e detenção, indiferentemente.

O dispositivo, não obstante simples, merece ser interpretado em toda a sua extensão, para que seja possível determinar o âmbito de admissibilidade da suspensão condicional do processo.

Causas de aumento e de diminuição de pena. Devem necessariamente ser computadas na pena abstrata cominada ao crime, a fim de se verificar a admissibilidade ou não da suspensão. A tentativa, por evidente, deve ser computada para efeito do *sursis* antecipado, aplicando-se o redutor máximo de 2/3 previsto no art. 14, parágrafo único, do CP sobre a pena mínima cominada ao delito. Nas causas de diminuição adota-se o redutor máximo, enquanto nas causas de aumento se considera o valor mínimo de aumento, chegando, assim, à pena mínima cominada ao crime.

As circunstâncias agravantes e atenuantes não são consideradas para efeito de aplicação da suspensão condicional.

Concurso de crimes. Quanto à admissibilidade da suspensão do processo nas hipóteses de concurso de crimes (material, formal ou crime continuado), grassa a controvérsia.

a) Para alguns, o concurso de crimes, qualquer que seja sua natureza, não impede a suspensão do processo, devendo ser considerada a pena cominada de cada delito, isoladamente. Assim, se a acusação se referir a várias infrações, ainda que praticadas em concurso material, poderá o acusado ser beneficiado pela suspensão, desde que não esteja respondendo a outro processo penal.

Quando se tratar de concurso formal ou crime continuado não se levará em conta a exasperação da pena prevista nos arts. 70 e 71 do CP, pois as penas devem ser consideradas individualmente.

Essa posição encontra fundamento na ideia de que o legislador, ao fixar o requisito objetivo da pena mínima cominada, considerou a gravidade do delito tomando individualmente o grau de ofensa ao bem jurídico provocado pela conduta.

b) Para outros, ao contrário, deve-se proceder à soma das penas mínimas cominadas, no caso de concurso material, e da pena mais grave cominada exasperada pela incidência da causa de aumento, que no caso será de 1/6, decorrente do concurso material ou da continuidade. Assim, somente se a pena total (concurso material) ou se a pena exasperada (concurso formal e crime continuado) não ultrapassar um ano caberá a suspensão condicional do processo.

O STJ adotou a segunda posição e emitiu a Súmula 243, segundo a qual "o benefício da suspensão do processo não é aplicável em relação às infrações penais cometidas em concurso material, concurso formal ou continuidade delitiva, quando a pena mínima cominada, seja pelo somatório, seja pela incidência da majorante, ultrapassar o limite de um ano". Já o STF impõe na Súmula 723 que

---

[5] Nesse sentido a opinião de Ada Pellegrini Grinover *et al.* na obra *Juizados Especiais Criminais.*

"não se admite a suspensão condicional do processo por crime continuado se a soma da pena mínima da infração mais grave com o aumento mínimo de um sexto for superior a um ano".

Em se tratando de concurso de pessoas, nada obsta seja admitida a suspensão condicional em relação a um dos corréus. Haverá, em decorrência, separação do processo.

II – O acusado não esteja sendo processado.

Cuida a hipótese, evidentemente, de acusado que esteja respondendo outro processo criminal.

Há quem entenda ser esse requisito inconstitucional, pois violaria frontalmente o princípio da presunção do estado de inocência encartado na Lei Maior. A existência de outro processo criminal em andamento pode tão somente servir como indício de que o acusado, por sua personalidade, não faria jus ao benefício, mas nunca poderia, por si só, fundamentar a inadmissibilidade da suspensão[6].

Defendendo a constitucionalidade do dispositivo, Julio Fabbrini Mirabete e Cezar Roberto Bitencourt, tendo, igualmente reconhecida sua constitucionalidade o STJ[7]. O STF, por fim, já decidiu pela constitucionalidade desse requisito reiteradamente[8].

Há quem entenda que somente o processo por crime doloso impede a suspensão, por aplicação do art. 77, I, do CP, que trata do *sursis*[9].

III – Não tenha o acusado sido condenado por outro crime.

Falando a lei em crime, não impede a concessão da suspensão do processo a prática de contravenção penal. Tourinho Filho entende que somente a condenação anterior a crime doloso impede o *sursis* antecipado.

O alcance desse dispositivo é bastante discutido na doutrina.

Alguns entendem que a condenação anterior a pena de multa não impede a suspensão condicional do processo, por não apresentar óbice ao *sursis*.

A maior parte da doutrina entende que não impedirá a suspensão condicional do processo a condenação anterior ocorrida há mais de 5 anos. Aplica-se, por analogia, o disposto no art. 64, I, do CP, que determina não prevalecer para efeito de reincidência a condenação anterior, caso tenha decorrido período de tempo superior a 5 anos. Limita-se, assim, o alcance do dispositivo, abrandando o rigor da lei.

IV – Estejam presentes os demais requisitos que autorizariam a suspensão condicional da pena (art. 77 do CP).

Uma rápida leitura do art. 77 do CP permite vislumbrar que apenas o inciso II pode ser considerado como requisito da suspensão condicional da pena. Será, assim, admissível o *sursis* antecipado se "a culpabilidade, os antecedentes, a conduta social e personalidade do agente, bem como os motivos e as circunstâncias autorizem a concessão do benefício".

As circunstâncias judiciais, em sendo favoráveis, demonstrarão a suficiência e conveniência do benefício.

Esse último inciso trata dos chamados pressupostos subjetivos para a concessão do benefício[10].

---

[6] Nesse sentido, Ada P. Grinover, Antonio Scarance Fernandes e Antonio Magalhães G. Filho.

[7] 6ª T., HC 18.590/MG, *DJ*, 25.2.2002, p. 453.

[8] HC 85.751/SP, *DJ*, 3.6.2005, p. 45; 1ª T., HC 85.106/SP, *DJ*, 4.3.2005, p. 23; 1ª T., HC 84.458/SP, *DJ*, 10.12.2004, p. 41; 2ª T., HC 84.090/RS, *DJ*, 28.5.2004, p. 64; Tribunal Pleno, RHC 82.288/RO, *DJ*, 13.9.2002, p. 64; RE 29.9781/SP, *DJ*, 5.10.2001, p. 57; Tribunal Pleno, RHC 79.460/SP, *DJ*, 18.5.2001, p. 91.

[9] Nesse sentido, Tourinho Filho.

[10] STJ, 5ª T., RHC 63.767/SP, Rel. Min. Jorge Mussi, j. 17.11.2015.

O Ministério Público avaliará se o acusado preenche tais pressupostos e, motivadamente, poderá deixar de fazer a proposta caso vislumbre a ausência de algum desses pressupostos[11].

4. PROPOSITURA, ACEITAÇÃO E HOMOLOGAÇÃO

A suspensão condicional do processo deverá ser proposta pelo Ministério Público quando do oferecimento da denúncia. Para aqueles que entendem cabível a suspensão do processo nas ações exclusivamente privadas, a proposta acompanhará a queixa.

Nos casos de ação penal pública, a iniciativa é exclusiva do membro do Ministério Público[12]. Alguns autores afirmavam que, em face da recusa do órgão do *Parquet* em propor o benefício, poderia o juiz suspender de ofício o processo, quando considerasse cabível a medida.

Havia entendimento no sentido de que, tratando-se de direito subjetivo do réu, o não oferecimento do *sursis* antecipado configuraria constrangimento ilegal, passível de correção por meio de *habeas corpus*[13].

Na verdade, a suspensão condicional do processo é direito subjetivo do acusado caso este preencha todos os pressupostos objetivos e subjetivos para a concessão[14]. A avaliação dos pressupostos fica a cargo do Ministério Público, que deve fazê-lo fundamentadamente.

Atualmente, porém, o STF editou a Súmula 696, com o seguinte conteúdo: "Reunidos os pressupostos legais permissivos da suspensão condicional do processo, mas se recusando o Promotor de Justiça a propô-la, o juiz, dissentindo, remeterá a questão ao Procurador-Geral, aplicando-se por analogia o art. 28 do Código de Processo Penal". Ou seja, o juiz não poderá fazer proposta de suspensão condicional do processo.

Realmente, a suspensão do processo não deixa de ser uma espécie de transação ocorrida em sede penal, implicando a disposição da *persecutio criminis*, cujo titular é o Ministério Público. Não poderia, assim, o juiz concedê-la de ofício, dispondo de um direito do qual não é o titular.

A proposta deve ser fundamentada, e conterá as condições a que ficará submetido o acusado no caso de aceitação.

A suspensão do processo tem nítido caráter de ato bilateral, previsto no § 1º do art. 89 da Lei n. 9.099/95, que estabelece a necessidade de ser a proposta aceita pelo acusado e seu defensor. Não poderá o acusado fazer-se representar quando da aceitação, pois se trata de ato personalíssimo.

Caso haja discordância entre a vontade do acusado e a do defensor, a doutrina não é uníssona:

a) Alguns entendem que deve prevalecer a vontade do acusado, por força do § 7º do art. 89, que diz: "Se o acusado não aceitar a proposta prevista neste artigo, o processo prosseguirá em seus ulteriores termos".

b) Para outros, o juiz não poderá homologar o acordo, pois se trata de *ato tecnicamente assistido,* cabendo ao defensor zelar pelos interesses do acusado. Não se poderia simplesmente ignorar a opinião do causídico, fundada teoricamente em elementos mais técnicos.

Nada impede que a proposta seja feita por meio de precatória, caso o acusado resida em outra comarca, e seja impossível seu comparecimento no juízo deprecante.

---

[11] STJ, 5ªT., RHC 61.132/RS, Rel. Min. Felix Fischer, j. 10.11.2015.

[12] STJ, 5ªT., HC 30.510/RJ, 5ªT., *DJ*, 14.6.2004.

[13] Nesse sentido, Cezar Roberto Bitencourt.

[14] STJ, 5ªT., RHC 10593/SP, *DJ*, 8.4.2002, p. 229.

Manifestada a aceitação, não caberá retratação. A lei não fixa prazo para a aceitação, devendo-se tomar como limite máximo o interrogatório do réu[15].

Havendo acordo entre as partes, o juiz, recebendo a denúncia, poderá suspender o processo, submetendo o acusado a período de prova, sob as condições que indicar.

Da decisão que determina a suspensão condicional do processo cabe apelação, com fundamento no art. 593, II, do CPP.

Efeitos da decisão que suspende o processo:

a) interrupção da marcha processual;

b) suspensão do prazo prescricional (art. 89, § 6º), durante o período de prova. Trata-se de suspensão, e não de interrupção. Logo, revogada a suspensão do processo, o prazo prescricional volta a correr, computando-se o período já transcorrido, anterior à concessão da medida;

c) início do período de prova.

5. PERÍODO DE PROVA

O período de prova terá duração de 2 a 4 anos, período no qual o acusado deve cumprir as condições estabelecidas pelo juiz. Caso o juiz fixe o período acima do mínimo legal (2 anos), deverá fundamentar a decisão sobre a necessidade da exasperação.

6. CONDIÇÕES

Há duas espécies de condições mencionadas na lei: as *obrigatórias ou legais*, prescritas pelo legislador e que devem necessariamente ser aplicadas pelo juiz; e as *facultativas ou judiciais*, que serão estabelecidas discricionariamente pelo juiz, desde que adequadas ao fato e à situação do acusado.

a) Condições obrigatórias ou legais, enumeradas no § 1º do art. 89:

> "I – reparação do dano, salvo impossibilidade de fazê-lo;
>
> II – proibição de frequentar determinados lugares;
>
> III – proibição de ausentar-se da comarca onde reside, sem autorização do juiz;
>
> IV – comparecimento pessoal e obrigatório a juízo, mensalmente, para informar e justificar suas atividades".

b) Condições facultativas ou judiciais:

Dispõe o § 2º do art. 89 que o juiz poderá especificar outras condições a que fica subordinada a suspensão, desde que adequadas ao fato e à situação do acusado.

Nesse sentido, nada impede que se estabeleçam, no prudente uso da faculdade judicial disposta no referido artigo, obrigações equivalentes, do ponto de vista prático, a sanções penais (tais como a prestação de serviços comunitários ou a prestação pecuniária), mas que, para os fins do *sursis* processual, se apresentam tão somente como condições para sua incidência[16].

Nota-se que o juiz atuará com certa liberdade na fixação das condições facultativas, devendo, entretanto, optar por aquelas que se amoldem à personalidade do acusado, respeitando-lhe a dignidade, o decoro etc.

---

15 Nesse sentido, Ada Pellegrini Grinover, Antonio Scarance Fernandes e Antonio Magalhães G. Filho.

16 STJ, 3ª S., REsp 1.498.034/RS, Rel. Min. Rogerio Schietti Cruz, j. 25.11.2015 (recurso repetitivo), *Informativo do STJ* n. 574.

7. CAUSAS DE REVOGAÇÃO

As causas de revogação da suspensão condicional do processo durante o período de prova podem ser de dois tipos: *obrigatórias* e *facultativas*.

a) A suspensão será revogada se (revogação obrigatória):

I – No curso do prazo, o beneficiário vier a ser processado por outro crime, ou

Parte da doutrina considera inconstitucional esse dispositivo, pois o acusado processado e ainda não condenado é presumido inocente, não podendo, portanto, ser tratado como condenado. Para esses autores, o dispositivo deve ser entendido no sentido de ser causa de revogação obrigatória do *sursis* antecipado a condenação irrecorrível do beneficiário durante o período de prova.

Outros defendem a aplicação do dispositivo, não se cogitando de qualquer inconstitucionalidade. Haverá a revogação quando do recebimento da denúncia ou queixa, momento em que se tem por iniciado o processo.

II – Não efetuar, sem motivo justificado, a reparação do dano.

Pela dicção da lei, não será revogada a suspensão do processo se o beneficiário demonstrar a impossibilidade de reparar o dano *ex delicto*. Logo, deverá o juiz, antes de revogar o benefício, proceder à oitiva do acusado faltoso, cabendo-lhe aquilatar a seriedade da justificação.

b) A suspensão poderá ser revogada se (revogação facultativa):

I – No curso do prazo, o acusado vier a ser processado por contravenção, ou

Se vier a ser processado por contravenção, caberá ao juiz decidir se revoga ou não a suspensão do processo, pautando-se, para tanto, nas circunstâncias do fato concreto.

II – Descumprir qualquer outra condição imposta.

Ressalvada a hipótese de não reparação do dano, sem motivo justificado, o descumprimento de qualquer condição imposta poderá resultar na revogação do benefício, a critério do juiz.

Ressalte-se que o benefício da suspensão condicional do processo pode ser revogado mesmo após o período de prova, desde que motivado por fatos ocorridos até o seu término[17]. Nas hipóteses de revogação facultativa, se o juiz decidir não revogar a suspensão, não poderá, ante o silêncio da lei, exasperar as condições impostas. Há quem entenda poder o juiz advertir o acusado.

A prisão do beneficiário durante o período de prova acarretará o sobrestamento da suspensão até decisão final, em eventual processo. Nesse sentido, Ada, Scarance e Magalhães.

Revogada a suspensão, o processo penal retomará seu curso, reiniciando-se a contagem do prazo prescricional.

8. PRORROGAÇÃO DO PERÍODO DE PROVA

A Lei n. 9.099/95 não dispôs sobre a possibilidade de prorrogação do período de prova, caso haja descontinuidade justificada e inexistam hipóteses que determinem a revogação obrigatória.

Na verdade a prorrogação pode ser uma solução para evitar a revogação da suspensão, fato esse que seria mais gravoso ao beneficiado. O STJ já se pronunciou sobre tal possibilidade, asseverando que "não há que falar em constrangimento ilegal decorrente da decisão que, dando à lei interpretação extensiva, prorroga o período de suspensão condicional do processo, ao invés de revogar o benefício, ante a desídia do denunciado, ao descumprir a condição de comparecimento semestral em Juízo"[18].

[17] STF, Tribunal Pleno, APn 512/BA, Rel. Min. Ayres Britto, j. 15.3.2012; STJ, 3ª S., REsp 1.498.034/RS, Rel. Min. Rogerio Schietti Cruz, j. 25.11.2015.

[18] RHC 8.731/RJ, 6ª T., *DJ*, 8.11.1999, p. 99 (*RT*, 773/532).

9. EXTINÇÃO DA PUNIBILIDADE

Por força do § 5º do art. 89, expirado o prazo sem revogação, o juiz declarará extinta a punibilidade. Trata-se de hipótese de extinção da punibilidade não enumerada no art. 107 do CP, que se opera pelo decurso do prazo sem revogação, independentemente de sentença judicial. Esta tem natureza meramente declaratória. Extinta a punibilidade, não poderá o beneficiado ser considerado reincidente ou portador de maus antecedentes, podendo em outros processos gozar dos benefícios previstos em lei.

Observe-se que é aceitável a impetração de *habeas corpus* para trancamento de inquérito policial ainda que a proposta de suspensão condicional do processo tenha sido aceita, hipótese em que também poderá ocorrer arquivamento do inquérito e consequente extinção da punibilidade[19].

10. SÍNTESE

Suspensão condicional do processo

Pode ser definida como a interrupção do curso processual, com a imposição de uma série de condições ao beneficiado, durante um período de prova, que poderá levar à extinção da punibilidade.

Aquele que preencher os requisitos ou pressupostos legais, ao concordar com a suspensão, ficará submetido a um período probatório, em que são restringidos alguns de seus direitos, mas, em contrapartida, não será submetido aos estigmas de um processo criminal, podendo, ao final, ter declarada extinta a sua punibilidade.

Admissibilidade

Poderá ser proposta pelo Ministério Público quando do oferecimento da denúncia, nos crimes em que a pena mínima cominada for igual ou inferior a um ano. Ressalte-se que a suspensão pressupõe o recebimento da denúncia pelo juiz.

Pode ser aplicada a qualquer infração penal, ainda que sujeitas a procedimento especial. Porém, não será aplicada no âmbito da Justiça Militar por expressa vedação legal (art. 90-A da Lei n. 9.099/95).

Requisitos

Podem ser divididos em objetivos e subjetivos.

São requisitos objetivos:

I – pena mínima cominada igual ou inferior a um ano;

II – o acusado não esteja sendo processado;

III – não tenha o acusado sido condenado por outro crime.

Por outro lado, são requisitos subjetivos os demais que autorizariam a suspensão condicional da pena, dispostos no art. 77 do CP.

A suspensão do processo tem nítido caráter bilateral, uma vez que a proposta deve ser aceita pelo acusado e seu defensor.

Da decisão que determina a suspensão condicional do processo cabe apelação (CPP, art. 593, II).

Efeitos da decisão que suspende o processo

a) interrupção da marcha processual;

b) suspensão do prazo prescricional durante o período de prova;

c) início do período de prova.

---

[19] STJ, 5ª T., RHC 41.527/RJ, Rel. Min. Jorge Mussi, j. 3.3.2015, *Informativo do STJ* n. 557.

Período de prova

Terá duração de 2 a 4 anos, período no qual o acusado deve cumprir as condições estabelecidas pelo juiz, citadas a seguir.

a) Condições obrigatórias ou legais:

I – reparação do dano, salvo impossibilidade de fazê-lo;

II – proibição de frequentar determinados lugares;

III – proibição de ausentar-se da comarca onde reside, sem autorização do juiz;

IV – comparecimento pessoal e obrigatório a juízo, mensalmente, para informar e justificar suas atividades.

b) Condições facultativas ou judiciais: dispõe o § 2º do art. 89 da Lei dos Juizados que o juiz poderá especificar outras condições a que fica subordinada a suspensão, desde que adequadas ao fato e à situação do acusado. Atuará o juiz, portanto, com certa liberdade.

Causas de revogação

a) Obrigatórias:

I – no curso do prazo, o beneficiário vier a ser processado por outro crime; ou

II – não efetuar, sem motivo justificado, a reparação do dano.

b) Facultativas:

I – no curso do prazo, o acusado vier a ser processado por contravenções; ou

II – descumprir qualquer outra condição imposta.

Extinção da punibilidade

Por força do § 5º do art. 89 da Lei dos Juizados, expirado o prazo sem revogação, o juiz declarará extinta a punibilidade.

Extinta a punibilidade, não poderá o beneficiado ser considerado reincidente ou portador de maus antecedentes, podendo, em outros processos, gozar dos benefícios previstos em lei.

Capítulo XXVIII
NULIDADES

1. NOÇÕES PRELIMINARES

O estudo das nulidades não pode ser feito senão à luz dos princípios e regras constitucionais atinentes ao processo penal.

A Constituição de 1988 elencou inúmeros direitos e garantias individuais que, se não observados, maculam a persecução penal.

Assim, é de compreender, desde logo, que o elenco trazido pelo Código de Processo Penal em seu art. 564 não exaure todas as hipóteses de nulidades existentes em nosso sistema. Dessa forma, são bastante comuns decisões que as reconhecem em face da violação dos princípios estabelecidos constitucionalmente, ou seja, acima e adiante do mero texto legal.

Com efeito, a lei processual, ao tipificar os procedimentos e atos processuais, o faz de modo a colocar em favor das partes o aparato necessário à tutela de seus direitos e, ao mesmo tempo, a delimitar o modo do exercício da jurisdição. Desse modo, é fácil perceber que o desrespeito à forma legalmente exigida atinge, em última análise, a cláusula do devido processo legal em suas vertentes. Ademais, sempre teremos permeando ou conduzindo a discussão do tema a "materialização" do *due process of law* ínsita ao "princípio da proporcionalidade", onde há clara predominância do "Estado Constitucional" sobre o "Estado Legal" (*vide* tópico 6.15.4, Capítulo IV). Vale dizer: pode haver nulidade em processo penal movido em Estado Democrático de Direito (ou Estado Constitucional) que, apesar de não ter sido claramente prevista na lei processual, decorre de violação de princípios nascidos na própria Constituição Federal.

De fato, *processo, em seu aspecto procedimental,* evoca a ideia de uma sucessão de atos finalisticamente orientados, sem o que teríamos um *noncesso*[1], algo desprovido de sentido, de racionalidade. No processo penal, como decorrência do *due process of law*, tanto os procedimentos quanto os atos processuais devem obedecer a um modelo preestabelecido pelo legislador, dependendo sua validade da observância dos requisitos formais previstos em lei, ou seja, de sua conformidade com o paradigma legal e constitucional. Nesse sentido, pode-se falar, então, em "procedimento tipificado" e "ato processual típico". Ao ato praticado em desconformidade com o modelo legal dá-se o nome de "ato atípico", que pode ensejar nulidade configuradora de verdadeiro *retrocesso* (Tornaghi), uma vez que conduz à repetição do ato, causando o retardo da prestação jurisdicional.

Não obstante, existem atos que não são considerados típicos nem atípicos. São os atos ditos inexistentes, também chamados de "não atos". Faltam a esses atos elementos essenciais que a lei reputa indispensáveis para a configuração de um ato jurídico, como no caso de uma sentença dada e assinada pelo escrivão. Fala-se, então, em *inexistência jurídica*. Aqui, o "não ato" é naturalisticamente praticado, porém sem seus elementos essenciais. Ele existe materialmente (a folha de papel escrita e assinada pelo escrivão) e inexiste juridicamente (essa folha de papel jamais será considerada, juridicamente, uma sentença). Já quando o ato não é sequer praticado, diz-se que o ato é *materialmente inexistente*.

---

[1] Hélio Tornaghi, *A relação processual penal*, 2. ed., p. 1.

Todavia, há atos atípicos que, mesmo não respeitando integralmente o modelo legal, não atingem questões de fundo da norma violada, cumprindo fielmente a finalidade que lhe foi outorgada. Vê-se, então, que nem todo ato processual atípico será considerado nulo, porquanto existem certos vícios formais que não têm o condão de retirar a validade do ato processual. Diz-se, então, que o ato é irregular. Será válido e produzirá efeitos no processo, não obstante tenha sido praticado em desacordo com a prescrição legal, uma vez que atingiu a finalidade que lhe conferiu a lei. Assim, reputa-se um defeito na estrutura do ato, sem contudo refletir em sua eficácia[2].

A par das hipóteses de inexistência e de irregularidade, nosso legislador contempla os casos de nulidade. Haverá nulidade quando o ato processual for praticado em desacordo com o modelo prescrito em lei, sendo esse vício, por atingir diretamente o interesse protegido pela norma, capaz de retirar a validade do ato, caso seja reconhecido por decisão judicial.

É necessário, assim, que se analise e se entenda a nulidade sob duplo aspecto:

a) como vício ou defeito de que padece o ato processual atípico, isto é, praticado em desconformidade com as prescrições legais;

b) como sanção imposta judicialmente, invalidando o ato processual e lhe retirando determinados efeitos jurídicos.

A nulidade, no direito processual, só será reconhecida por meio de decisão judicial, não decorrendo, portanto, diretamente da lei. Frise-se que a invalidade de um ato processual ou mesmo do processo dependerá sempre de manifestação judicial, reconhecendo a nulidade do ato viciado ou, em casos extremos, de todo o processo.

A nulidade pode ser absoluta quando os atos atípicos são praticados em detrimento do interesse público, o que, em regra, reflete violação aos princípios constitucionais que compõem o *due process of law*. De outro lado, fala-se em *nulidade relativa* quando os atos são praticados com infração ao interesse de uma ou de ambas as partes.

Há autores, espelhando-se na teoria dos atos jurídicos em geral, que incluem nesse rol os chamados atos anuláveis, os quais produziriam efeitos até o momento em que fossem reconhecidos como inválidos. Haveria então os atos nulos, que não produziriam qualquer efeito, e os atos anuláveis, que, não obstante viciados, permaneceriam produzindo efeitos enquanto a nulidade não for judicialmente declarada.

2. SISTEMA DA INSTRUMENTALIDADE DAS FORMAS

Vale lembrar que, apesar de estarem os atos processuais e o próprio procedimento submetidos a determinados requisitos legais quanto à forma, a legislação processual brasileira adotou o chamado "sistema da instrumentalidade das formas", deixando de lado o "sistema formalista" ou "sistema da legalidade das formas". Assim, para que um ato processual seja reconhecido como nulo, além da desconformidade com o modelo traçado em lei, deverá causar prejuízo a qualquer das partes, ou mesmo influir na apuração da verdade ou na decisão da causa. Abandona-se o apego exagerado a um formalismo estéril, em que qualquer vício de forma acarretaria a ineficácia do ato (sistema da legalidade das formas), privilegiando, destarte, a finalidade do ato e do processo. Mesmo atípico, o ato será válido se tiver alcançado o objetivo para o qual foi criado.

Nesse sentido, a Exposição de Motivos do Código de Processo Penal vigente, com as palavras de um ilustre processualista italiano, ao dizer que "um bom direito processual penal deve limitar as sanções de nulidade àquele mínimo que não pode ser abstraído sem lesar legítimos e graves interesses do Estado e dos cidadãos".

---

[2] Julio Fabbrini Mirabete, *Processo penal*, 8. ed., p. 592.

Reconhece-se, portanto, o fato de que as formalidades previstas em lei foram criadas com vistas a determinados fins que, em última análise, garantem a observância do postulado do devido processo legal. Assim, a prescrição legal de certas formalidades tem como objetivos:

a) garantir às partes a participação em um processo justo, que permita "uma contribuição efetiva e em igualdade de condições na tutela dos respectivos interesses"[3], afastando qualquer desmando ou arbitrariedade do juiz na condução do procedimento;

b) permitir que o órgão julgador conceda um provimento judicial valendo-se de instrumento apto à descoberta da verdade dos fatos;

c) assegurar aos jurisdicionados a legalidade e a justiça dos julgamentos. Trata-se da ideia de busca da legitimidade da atuação estatal por meio da observância de um procedimento legal.

3. ATOS INEXISTENTES

Como já mencionado, os atos inexistentes não são considerados atos jurídicos, por lhes faltarem requisitos essenciais exigidos por lei. A doutrina majoritária entende que esses atos não são sequer atípicos, tal a deformidade que apresentam.

Já Tourinho Filho entende que a inexistência decorre da atipicidade do ato.

Há que distinguir, entretanto, entre a *inexistência material* e a *inexistência jurídica* de um ato:

a) Um ato processual será *materialmente inexistente* quando não tiver sido praticado, ou seja, houve flagrante omissão do sujeito que deveria realizá-lo. O ato inexiste como realidade palpável.

b) Um ato inexiste *de jure*, é dizer, é *juridicamente inexistente*, quando ausentes elementos que integram a própria essência do ato, sua própria existência jurídica. Como exemplos temos: a sentença proferida por pessoa desprovida de poder jurisdicional, o processo presidido por escrivão etc.

O ato inexistente, por ser um "não ato", não está apto a produzir efeitos jurídicos, não necessitando de qualquer provimento judicial quanto a sua invalidade, bem como não admitindo qualquer forma de convalidação. Tais atos devem ser renovados, ou seja, novamente praticados.

A inexistência de um ato não vem especificada no texto legal, cabendo ao intérprete reconhecer os casos em que a brutal desconformidade do ato com o modelo legal o impede de adquirir existência jurídica. Refere-se aos pressupostos de existência do processo ou do próprio ato.

Controvertida é a questão da violação das regras de competência previstas na Constituição Federal. Alguns autores, sustentam a inexistência do processo que corre desde o início perante o juízo constitucionalmente incompetente[4]. É o caso de um juiz singular que condena um Ministro de Estado. Por outro lado, afirma-se que, se o processo se inicia em um juízo competente e, por fato superveniente, tem sua competência deslocada, não há falar em inexistência no caso de não ser o deslocamento efetivado[5]. Haverá nulidade, que não poderá ser reconhecida em caso de sentença absolutória com posterior recurso em que incida a proibição da *reformatio in pejus*.

Por sua vez, Eugenio Pacelli[6], em boa doutrina, sustenta que em nenhum caso se pode falar em inexistência, uma vez que a jurisdição é pressuposto de existência do processo, e em ambos os casos ela estará presente. Já a competência, ainda que fixada na Constituição, é pressuposto de validade que, se não observado, gera nulidade.

---

[3] Eugenio Pacelli de Oliveira, *Curso de processo penal*, p. 775.

[4] Fernando da Costa Tourinho Filho, *Manual de processo penal*, p. 419-421.

[5] Fernando da Costa Tourinho Filho, *Manual de processo penal*, p. 419-421.

[6] Eugenio Pacelli de Oliveira, *Curso de processo penal*, p. 777.

Muitos autores buscam aproximar os casos de inexistência e os casos de nulidade absoluta, reconhecendo que ambos se sujeitariam a um mesmo regime jurídico.

Dúvida exsurge da sentença prolatada por juiz em período de férias. Para alguns, trata-se de ato inexistente. Para o STF e o STJ, a decisão de juiz em férias, ainda que haja em seu lugar substituto, é perfeitamente válida.

4. ATOS IRREGULARES

O processo não é um fim em si mesmo. Muitas vezes o vício dos atos praticados em detrimento da formal legal é tão insignificante que nem sequer tem o condão de invalidá-los. De fato, ao falar em nulidade, deve-se sempre ter em mente que ela não existe sem prejuízo (art. 563 do CPP).

Dessa forma, alguns atos processuais, não obstante realizados em desconformidade com o paradigma legal, não são passíveis de invalidação, porquanto a norma não foi criada para atender aos interesses das partes. O vício formal de que padece o ato não é suficiente para retirar-lhe a eficácia, não impedindo que o ato atinja sua finalidade. São, portanto, atos meramente irregulares. Exemplificativamente, pode ser mencionada como irregularidade a falta de assinatura do escrevente no termo de interrogatório[7].

A existência de atos irregulares evidencia, uma vez mais, que o legislador toma a forma como simples meio para a consecução de determinado fim. O excessivo formalismo e apego às formas legais devem ser deixados de lado quando o ato praticado atingir o fim almejado pela lei.

Esses atos irregulares não precisam ser renovados nem retificados, porquanto plenamente válidos e eficazes, pois não causam prejuízo ao interesse público nem às partes. São irregulares todos os atos processuais praticados com omissão de alguma formalidade que a lei considere não essencial, ou seja, como seu pressuposto de validade.

5. ESPÉCIES DE NULIDADE

Como já referido, o termo "nulidade" é empregado tanto para denominar o vício, imperfeição ou defeito de que padece o ato processual quanto para indicar a sanção jurídica decorrente desse vício ou imperfeição.

O reconhecimento da nulidade de qualquer ato processual dependerá sempre de um provimento judicial. O ato perderá sua eficácia somente quando a nulidade for declarada judicialmente. Até aí, o ato estará apto a produzir todos os efeitos que lhe são próprios, o que diferencia a nulidade da inexistência. O ato inexistente, independentemente de qualquer decisão judicial, não produz efeitos pela simples razão de que juridicamente ele não existe.

Assim se vê que, sendo declarada a nulidade, o ato processual nulo perderá sua eficácia jurídica. Vale lembrar, desde já, que alguns efeitos do ato nulo podem remanescer, não obstante a decretação da nulidade. Assim, a pena imposta por sentença condenatória anulada em virtude de recurso exclusivo do réu não poderá ser exasperada em uma segunda condenação, pela proibição da *reformatio in pejus* indireta.

De acordo com o grau do interesse protegido pela norma, a nulidade pode ser:

a) *Absoluta*. Diz-se absoluta a nulidade que deve ser reconhecida de ofício pelo juiz, pois o vício do ato atinge um interesse público, normalmente consubstanciado no atendimento aos princípios que integram o devido processo legal em seu aspecto formal. Por essa razão, o prejuízo, nos casos de

---

[7] Nesse sentido: *RT*, 680/360.

nulidade absoluta, é presumido, evidente, manifesto. Também nos casos de violação de preceito constitucional estaremos diante de nulidade absoluta. *A nulidade absoluta pode ser alegada e reconhecida a qualquer tempo, não sendo passível de convalidação.*

b) *Relativa*. Nos casos de nulidade relativa, o reconhecimento da invalidade do ato processual dependerá de arguição da parte prejudicada, que deverá demonstrar o prejuízo ou gravame causado pelo ato viciado. Caso a parte não se manifeste no momento oportuno (art. 571 do CPP), a nulidade será considerada sanada.

Insta destacar que o Superior Tribunal de Justiça entende inadmissível a chamada "nulidade de algibeira", isto é, aquela que pode ser sanada pela indicação imediata da defesa após a ciência da atipicidade processual, no entanto não é alegada de forma livre e consciente, com vistas a eventual melhor deslinde do processo. Segundo o Tribunal da Cidadania, tal estratégia vai de encontro ao princípio da boa-fé processual[8].

Cumpre destacar que a lei permite ao juiz reconhecer de ofício qualquer nulidade que ocorra no feito, seja ela absoluta ou relativa, pois tem o dever de *prover a regularidade do processo,* expurgando qualquer vício que possa prejudicar o esclarecimento da verdade, nos termos do art. 251 do CPP.

6. PRINCÍPIOS REFERENTES ÀS NULIDADES

I – *Princípio do prejuízo ou da transcendência.* O princípio do prejuízo encontra expressão legal no art. 563 do CPP, o qual estabelece que não será declarada a nulidade de ato irregularmente praticado que não houver causado prejuízo a qualquer das partes. *Pas de nullité sans grief*, segundo o conhecido brocardo francês. É princípio de íntima conjugação com o princípio da instrumentalidade das formas (*infra*, n. VI).

Assim também, não será declarada a nulidade de ato processual inócua ou irrelevante, isto é, relativa a ato que não influiu na apuração da verdade substancial ou na decisão da causa. É o que estabelece o art. 566 do CPP.

Conclui-se, portanto, que somente quando houver prejuízo para as partes ou para o próprio processo deverá ser reconhecida a nulidade do ato processual praticado em desacordo com os preceitos legais.

Quando se tratar de nulidade relativa, o prejuízo deve ser demonstrado pela parte que sofreu o dano. Já no tocante às nulidades absolutas, o prejuízo é presumido ou evidente, não necessitando ser provado pela parte que argui a nulidade, uma vez que o interesse público é violado. Há, todavia, corrente doutrinária sustentando que o princípio do prejuízo é aplicável igualmente aos casos de nulidade absoluta, sendo, portanto, lícito que a parte *ex adversa,* visando salvaguardar o ato inquinado, demonstre nos autos a inexistência de prejuízo que foi estabelecido por força da presunção legal do caráter absoluto da nulidade.

O Supremo Tribunal Federal tem entendimento de que sempre o prejuízo dever ser demonstrado pela parte que o alega, ainda que se trate de nulidades absolutas[9].

Para outros, não há que contestar o prejuízo em si, mas a ocorrência ou não da precitada violação à lei, ou seja, da própria ocorrência da irregularidade. Uma vez comprovada, o prejuízo será consequência inevitável.

A Súmula 523 do STF permite fazer essa distinção, ao mencionar que, "no processo penal, a falta de defesa constitui nulidade absoluta, mas a sua deficiência só o anulará se houver prova de pre-

---

[8] STJ, 5ª T., AgRg no HC 732.642/SP, Rel. Jesuíno Rissato (Desembargador convocado do TJDFT), j. 24.5.2022.

[9] STF, 2ª T., RHC 110.623 Rel. Min. Ricardo Lewandowski, j. 13.3.2012, *DJe,* 23.3.2012.

juízo para o réu". Sem embargo do exposto, a jurisprudência dos tribunais superiores vem se posicionando no sentido de que aquele que suscita a nulidade – absoluta ou relativa – deve comprovar o prejuízo experimentado.

II – *Princípio do interesse.* Diz o art. 565 do CPP que "nenhuma das partes poderá arguir nulidade a que haja dado causa, ou para que tenha concorrido, ou referente a formalidade cuja observância só à parte contrária interesse".

Ao falar em interesse da parte contrária, fica claro que esse dispositivo aplica-se somente às nulidades relativas, as quais devem ser arguidas pelas partes *opportuno tempore,* caso o juiz não as reconheça de ofício. Esse preceito contém duas regras diversas:

a) Primeiro, veda, de modo absoluto, que a parte invoque nulidade a que haja dado causa ou para a qual tenha, de algum modo, contribuído. Aplica-se, em sede de processo penal, os brocardos *nemo audiatur propriam turpitudinem allegans* e *nemo ex dolo suo lucrentur.* Evita-se, assim, que alguém tire proveito da própria má-fé ou malícia, ou mesmo de sua leviandade na prática de determinado ato.

b) Em segundo lugar, exige que a parte tenha interesse na decretação da nulidade, em face da necessidade de evitar um prejuízo ou a perda de uma faculdade processual. Em suma, para invocar nulidade deve a parte possuir interesse em sua decretação, não podendo arguir irregularidade que só à parte contrária interesse.

É facultado ao juiz, entretanto, conhecer de qualquer nulidade, *ex officio,* mantendo, assim, a regularidade do processo. Essa faculdade não é absoluta. Nos julgamentos em segunda instância, aplica-se a Súmula 160 do STF: "É nula a decisão do tribunal que acolhe, contra o réu, nulidade não arguida no recurso da acusação, ressalvados os casos de recurso de ofício".

III – *Princípio da causalidade.* O processo, como procedimento, é composto por uma série de atos concatenados e ordenados de forma teleológica, ou seja, com vistas a determinado fim ou objetivo. Esses atos, portanto, não se apresentam de maneira isolada: pelo contrário, guardam uma relação de causalidade com os atos que lhes são anteriores.

Exatamente por esse motivo, dispõe o art. 573, §§ 1º e 2º, do CPP que a nulidade de um ato, uma vez declarada, causará a nulidade dos atos que dele diretamente dependam ou sejam consequência, cabendo ao juiz que pronunciar a nulidade declarar os atos a que ela se estende.

Pode-se, portanto, falar em "ineficácia contagiosa", que dá origem a duas espécies de nulidade:

a) *nulidade originária,* referente àquela irregularidade inicialmente reconhecida pelo juiz;

b) *nulidade derivada,* que atingirá todos os atos que dependam ou sejam consequência do ato atípico declarado nulo. Na lição de Dinamarco, "o vício *propaga-se* aos atos ulteriores e dependentes, só não ficando sujeito à sanção de ineficácia os que não hajam sido atingidos"[10]. A renovação do feito terá como ponto de partida o ato atípico originariamente declarado nulo, falando-se então do *princípio da interdependência* dos atos[11]. Assim, reconhecida a nulidade da citação, por exemplo, de rigor a renovação de todo o processo, *ab initio,* em decorrência de um vício que contaminou toda a relação processual.

IV – *Princípio da conservação dos atos processuais.* Esse princípio decorre da aplicação do brocardo *utile per inutile non vitiatur,* bem como do princípio da economia processual. Mesmo reconhecida a nulidade de determinado ato irregularmente praticado, serão aproveitados os demais atos processuais que com ele não guardem relação de dependência ou de consequencialidade. Tome-se como exemplo a regra contida no art. 567 do CPP: *a incompetência do juízo anula somente os atos decisórios.*

---

[10] Cândido Rangel Dinamarco, *Litisconsórcio*, 7. ed., p. 254.

[11] Teresa Arruda Alvim Wambier, *Nulidades do processo e da sentença*, 5. ed., p. 182.

V – *Princípio da convalidação dos atos processuais.* Os atos praticados em desacordo com o paradigma legal poderão, apesar de sua atipicidade, produzir seus efeitos, uma vez sanado o vício do qual padecem. O próprio CPP estabelece determinados remédios de saneamento dos atos viciados, dando, assim, aplicação ao princípio da economia processual. Possibilita-se, portanto, a convalidação do ato processual, que escapará, assim, da sanção de nulidade (invalidação). Não se pode olvidar, entretanto, que o cânone em tela só se aplica à nulidade relativa.

VI – *Princípio da instrumentalidade das formas.* O legislador reconhece a importância das formas legais como meio de garantir ao autor e ao réu a participação em um processo subordinado às regras do *due process of law.* A um só tempo se permite às partes uma efetiva atuação durante todo o *iter* processual, buscando influir de maneira decisiva no provimento final. Desse modo também se protegem as partes de possíveis arbitrariedades do Estado-juiz. Em linhas gerais, a formalidade tem por fundamento a consecução de certas finalidades desejadas pelo legislador, e, portanto, deve ser entendida dentro de uma relação de meios e fins. Não se confunde, portanto, *formalidade* com *formalismo*[12], devendo-se evidentemente evitar o segundo mas respeitar o primeiro. Alcançando o ato seu objetivo legal, deve ele prevalecer, mesmo quando praticado em desacordo com o modelo legal, e desde que não tenha havido prejuízo para as partes. Em suma, a forma se subordina ao fundo.

7. NULIDADES DO ART. 564 DO CPP

A existência de um rol de nulidades no Código de Processo Penal não implica a inexistência de outros casos de nulidade não constantes no referido artigo. Como já dito, considera-se, portanto, o rol do art. 564 meramente exemplificativo, podendo ocorrer outras nulidades em decorrência do desrespeito a princípios constitucionais ou do próprio processo, ou mesmo de nulidades previstas em outras normas jurídicas. Hélio Tornaghi, de outro lado, entende que as nulidades, por serem sanções, devem estar legalmente previstas (*nulla nullitas sine lege*), sendo essa posição minoritária.

Dispõe o art. 564 que ocorrerá nulidade nos seguintes casos:

I – Por incompetência, suspeição ou suborno do juiz.

Em relação à incompetência, há que distinguir as hipóteses de *incompetência absoluta* e de *incompetência relativa*.

Quando se tratar de incompetência *ratione materiae* ou *ratione personae* (absoluta, portanto), o processo será nulo, não se aproveitando quaisquer atos nele porventura realizados. Perderão a eficácia tanto os atos decisórios quanto os postulatórios e instrutórios.

Cuidando-se, porém, de incompetência *ratione loci* (relativa), a regra é outra. De acordo com o art. 567 do CPP, a incompetência do juízo anula somente os atos decisórios, permanecendo válidos todos os demais atos processuais realizados, devendo o processo, quando for declarada a nulidade, ser remetido ao juízo competente.

Frise-se que a incompetência *ratione loci,* de acordo com a Súmula 33 do STJ, não pode ser reconhecida *ex officio* pelo juiz.

Vale lembrar que há autores que consideram inexistentes os atos processuais, bem como o próprio processo, quando houver violação dos preceitos constitucionais acerca da competência. A inobservância da competência constitucional acarretaria não apenas a nulidade, mas a inexistência do feito.

Um processo conduzido por juiz suspeito será igualmente nulo, e inválidos os atos por ele praticados. A suspeição é causa de nulidade absoluta. Há posição doutrinária que entende necessária a

[12] João Batista Lopes, *apud* Teresa Arruda Alvim Wambier, *Nulidades do processo e da sentença*, 5. ed., p. 174.

manifestação da parte interessada, por meio de exceção, para que ocorra a anulação dos atos praticados pelo juiz.

As hipóteses de suspeição vêm previstas no art. 254 do CPP.

A lei não faz menção aos casos em que haja impedimento do juiz. Há duas posições a respeito:

a) para alguns, trata-se de nulidade absoluta;

b) para outros, é caso de inexistência, porquanto o juiz impedido não exerce jurisdição alguma no processo.

Haverá nulidade absoluta no caso de suborno do juiz. Serão declarados nulos, portanto, os atos praticados por juiz peitado. Mirabete empresta interpretação extensiva ao termo, que passaria a abranger os crimes de corrupção passiva, concussão e prevaricação praticados pelo juiz.

II – Por ilegitimidade de parte.

No silêncio da lei, tem-se entendido que o dispositivo se refere tanto às hipóteses de ilegitimidade *ad causam* quanto de ilegitimidade *ad processum*.

Quando houver ilegitimidade para a causa, a nulidade será absoluta (p. ex., na hipótese de ação penal intentada contra menor de 18 anos – ilegitimidade passiva –, ou na hipótese de ação privada iniciada por denúncia do Ministério Público – ilegitimidade ativa).

Haverá nulidade relativa nos casos de ilegitimidade para o processo. É o que se depreende do art. 568 do CPP: "A nulidade por ilegitimidade do representante da parte poderá ser a todo tempo sanada, mediante ratificação dos atos processuais". Há, portanto, possibilidade de convalidação dos atos irregularmente praticados, desde que ratificados pelo legítimo representante.

III – Por falta das fórmulas ou dos termos seguintes:

Vale lembrar, inicialmente, que *fórmula* significa regra e *termo* tem o sentido de ato. Em segundo lugar, deve-se mencionar que a doutrina reconhece como essenciais os atos mencionados no rol do art. 564, III, do CPP. Sua omissão será causa de nulidade absoluta, por serem eles indeclináveis. Os demais atos processuais não contemplados nessa lista seriam atos acidentais, ou não essenciais, cuja falta acarretará nulidade somente se causarem prejuízo às partes.

a) *A denúncia ou a queixa e a representação e, nos processos de contravenções penais, a portaria ou o auto de prisão em flagrante.*

Sem denúncia ou queixa não há falar em processo penal, entendendo a doutrina que o preceito faz referência à denúncia ou queixa em que estejam ausentes os requisitos que a lei reputa essenciais para sua validade. Ausentes quaisquer elementos essenciais, haverá nulidade absoluta.

A falta de representação, bem como a ausência de requisição do Ministro da Justiça (embora não prevista em lei), condições de procedibilidade, acarretam igualmente a nulidade do feito.

Tratando-se, entretanto, de denúncia, queixa ou representação que contenham omissões de menor gravidade, poderão ser supridas a todo tempo, antes da sentença final, por força do art. 569 do CPP. O preceito não se aplica aos vícios que de qualquer forma prejudiquem o direito de defesa do réu.

Após a Constituição Federal de 1988, não existe mais o chamado *procedimento de ofício*, iniciado por portaria ou auto de prisão em flagrante, não se aplicando mais a parte final do dispositivo.

b) *O exame do corpo de delito nos crimes que deixam vestígios, ressalvado o disposto no art. 167.*

A ausência de exame de corpo de delito nos casos de *delicta factis permanentis* é causa de nulidade absoluta, em face da impossibilidade de comprovar a materialidade do crime. A ressalva diz respeito à possibilidade de a prova testemunhal suprir a ausência do exame de corpo de delito, quando não for possível sua realização, em virtude do desaparecimento dos vestígios materiais do delito.

O Superior Tribunal de Justiça e o Supremo Tribunal Federal já entenderam que não há falar em nulidade da ação penal por ausência de exame de corpo de delito se há o suprimento por outros meios de prova[13].

Relativa a nulidade quando se tratar de exame realizado em desacordo com as demais formalidades legais.

c) *A nomeação de defensor ao réu presente, que o não tiver, ou ao ausente, e de curador ao menor de 21 anos.*

A Constituição Federal, no art. 5º, LV, assegura ao réu a *ampla defesa*, que abrange tanto a autodefesa quanto a defesa técnica. A assistência de um advogado tecnicamente habilitado é requisito indeclinável para o desenvolvimento válido do processo penal, em decorrência do princípio da igualdade das partes. A falta de defesa é causa de nulidade absoluta, pois, em sede penal, nenhum acusado, ainda que ausente ou foragido, será processado ou julgado sem defensor (art. 261 do CPP).

Já se entendeu que o interrogatório realizado antes da entrada em vigor da Lei n. 10.792/2003, sem a presença de defensor, não constitui nulidade, haja vista tratar-se de ato personalíssimo sem intervenção das partes[14].

O acusado poderá atuar em defesa própria, caso possua habilitação para tanto.

De acordo com a Súmula 523 do STF, "no processo penal, a falta da defesa constitui nulidade absoluta, mas a sua deficiência só o anulará se houver prova de prejuízo para o réu". A simples deficiência da defesa é, portanto, nulidade relativa.

De acordo com o atual Código Civil (Lei n. 10.406, de 10.1.2002), o maior de 18 anos passou a ser plenamente capaz, não mais necessitando da assistência de curador no processo penal. A Súmula 352 do STF estabelecia não ser nulo o processo penal por falta de nomeação de curador ao réu menor que teve a assistência de defensor dativo.

d) *A intervenção do Ministério Público em todos os termos da ação por ele intentada e nos da intentada pela parte ofendida, quando se tratar de crime de ação pública.*

Sendo o Ministério Público o *dominus litis* da ação penal pública, deve o representante do *Parquet* intervir em todos os atos da ação por ele intentada, sob pena de nulidade absoluta. Haverá, contudo, nulidade relativa:

I – quando o Ministério Público não intervier em todos os termos da ação intentada pela parte ofendida nos casos de ação privada subsidiária;

II – quando o membro do *Parquet* deixar de intervir nos atos de ação exclusivamente privada.

Vale lembrar que não existe mais a possibilidade de o juiz nomear promotor *ad hoc* no caso de ausência injustificada do representante do Ministério Público a determinado ato.

e) *A citação do réu para ver-se processar, o seu interrogatório, quando presente, e os prazos concedidos à acusação e à defesa.*

A citação é o ato processual por meio do qual se chama a juízo o réu, para que este possa se defender da pretensão acusatória.

A ausência de citação é causa de nulidade absoluta, em virtude do princípio *audiatur et altera pars*, bem como da intangibilidade do princípio do contraditório. Por outro lado, a omissão de formalidade essencial induz à nulidade da citação.

---

[13] STF, 2ª T., HC 102.856/RS, Rel. Min. Teori Zavascki, j. 6.5.2014, *DJe*-096, 20.5.2014, *DJ*, 21.5.2014; STJ, 6ª T., RHC 24.487/SP, Rel. Min. Og Fernandes, j. 25.8.2009, *DJe*, 28.9.2009.

[14] STJ, 5ª T., HC 96.899/SP, Rel. Min. Felix Fischer j. 3.4.2008, *DJe*, 16.6.2008; STF, 1ª T., HC 94.034/SP, Rel. Min. Cármen Lúcia, j. 10.6.2008, *DJe*, 5.9.2008.

Por força do art. 570 do CPP, a falta ou a nulidade da citação, da intimação ou notificação será sanada, desde que o interessado compareça antes de o ato consumar-se, embora declare que o faz para o único fim de argui-la. Deverá o juiz, contudo, ordenar a suspensão ou o adiamento do ato, quando reconhecer que a irregularidade poderá prejudicar direito da parte.

Conforme já se disse, a citação realizada no dia anterior[15] ou até no mesmo dia do interrogatório[16] não acarreta, como regra, qualquer nulidade se deixar de ser comprovado o prejuízo às partes, que não se presume. Nesse sentido, o STF decidiu que, diante do comparecimento do réu preso em juízo, não é possível invocar nulidade por ausência de citação[17].

O interrogatório apresenta natureza dúplice: é tanto meio de defesa quanto meio de prova. Sua falta, quando presente o réu, induz à nulidade do feito. Para alguns autores trata-se de nulidade absoluta. Para outros, cuida-se de nulidade relativa.

A supressão ou diminuição dos prazos concedidos por lei à acusação e à defesa gera nulidade do feito, porquanto representam um cerceamento ilegal da acusação e da defesa. Para alguns autores, nulidade absoluta; para outros, nulidade relativa, obrigando a parte interessada a demonstrar o prejuízo.

f) *A sentença de pronúncia, o libelo e a entrega da respectiva cópia, com o rol de testemunhas, nos processos perante o Tribunal do Júri.*

A falta da decisão de pronúncia, que reconhece a admissibilidade da acusação, remetendo o réu ao julgamento pelo tribunal do Júri, é causa de nulidade absoluta.

O *libelo* – exposição articulada da acusação, cuja fonte principal era a decisão de pronúncia – não mais existe no ordenamento jurídico brasileiro, por força da reforma legislativa do rito do Júri, operada pela Lei n. 11.689/2008.

g) *A intimação do réu para a sessão de julgamento, pelo Tribunal do Júri, quando a lei não permitir o julgamento à revelia.*

Dispõe o art. 457, *caput*, do CPP que o julgamento não será adiado pela ausência do réu solto que tiver sido regularmente intimado, bem como pela não condução de réu preso que requeira dispensa de comparecimento, na forma do § 2º do mesmo dispositivo legal.

Assim, exige a lei a intimação do acusado para o julgamento perante o Júri. Caso ocorra o julgamento à revelia do réu não intimado, haverá nulidade absoluta. Contudo, se o acusado comparecer, mesmo que não intimado, a omissão estará sanada.

h) *A intimação das testemunhas arroladas no libelo e na contrariedade, nos termos estabelecidos pela lei.*

Conquanto não mais exista o libelo-crime acusatório e a respectiva contrariedade, o art. 422 do CPP estabelece oportunidade para que as partes ofereçam o rol de testemunhas que pretendem sejam ouvidas em plenário. A falta de intimação dessas testemunhas é causa de nulidade relativa. Caso o julgamento ocorra sem a presença das testemunhas que não foram intimadas, caberá à parte interessada arguir a nulidade, demonstrando o prejuízo, sob pena de preclusão. Se, não obstante a omissão, comparecerem as testemunhas arroladas à sessão de julgamento, estará sanada a falha.

Vale lembrar que as testemunhas que residirem fora da comarca em que se realizará o julgamento não estão obrigadas a comparecer em juízo, atendendo à intimação realizada por meio de precatória.

---

15 STJ, 5ª T., HC 92.227/GO, Rel. Min. Felix Fischer, j. 24.11.2008, *DJe*, 9.2.2009.

16 STJ, 6ª T., HC 119.512/MG, Rel. Min. Jane Silva, j. 6.2.2009, *DJe*, 2.3.2009.

17 STF, 2ª T., RHC 106.461/DF, Rel. Min. Gilmar Mendes, j. 7.5.2013 (*Informativo do STF* n. 705).

i) *A presença pelo menos de 15 jurados para a constituição do Júri.*

Para que seja instalada a sessão do Tribunal do Júri é necessária a presença de pelo menos 15 do total de 25 jurados sorteados para a sessão. Mesmo sendo o Tribunal do Júri composto por um juiz de direito e 25 jurados, a lei permite que se proceda à instalação dos trabalhos com a presença de apenas 15 jurados. Haverá nulidade absoluta caso se proceda à instalação da sessão do Júri sem o número mínimo legal de jurados.

j) *O sorteio dos jurados do conselho de sentença em número legal e sua incomunicabilidade.*

Dos 25 jurados que compõem o Tribunal do Júri, 7 deverão ser sorteados para integrar o Conselho de Sentença. Caso não haja sorteio ou na hipótese de um Conselho formado por menos de 7 jurados, haverá nulidade absoluta do julgamento.

A incomunicabilidade dos jurados, entre si ou com o mundo exterior, é preceito cogente, não lhes sendo permitido manifestar sua opinião sobre o processo. É certo que poderão os membros do Conselho conversar entre si, durante os intervalos, sobre assuntos que não dizem respeito à causa que estão julgando. Caso haja quebra na incomunicabilidade, o jurado será excluído do Conselho, e este será dissolvido.

Cumpre ressaltar que a incomunicabilidade dos jurados não exige a formalidade especial de lavratura de termo de incomunicabilidade na ata[18].

k) *Os quesitos e as respectivas respostas.*

No Tribunal do Júri, os jurados expressam seu veredicto por meio de respostas aos quesitos formulados pelo juiz togado que preside o Tribunal do Júri, em consonância com o disposto no art. 483 do CPP. A ausência de quesito obrigatório ou a inversão da ordem estabelecida em lei acarretará nulidade absoluta. Esse o entendimento do STF: "É absoluta a nulidade do julgamento, pelo Júri, por falta de quesito obrigatório" (Súmula 156).

A mera inversão na ordem de formulação dos quesitos, para efeito de invalidação do processo penal perante o Júri, deve ocasionar prejuízo, pois nenhum ato será declarado nulo se da nulidade não resultar prejuízo para a acusação ou para a defesa[19].

l) *A acusação e a defesa, na sessão de julgamento.*

A lei exige que se façam presentes à sessão de julgamento o acusador e o defensor, devendo ambos se manifestar sobre a causa *sub judice,* apresentando os argumentos que reputem necessários à defesa de sua pretensão. Mas há que distinguir. Em regra, caberá ao membro do Ministério Público sustentar a acusação, pleiteando a condenação do réu, nos termos do libelo acusatório. Não está, contudo, obrigado a isso. Caso entenda não existirem elementos suficientes para a condenação, ou se estiver convencido da inocência do réu, é facultado ao representante do *Parquet* pedir a absolvição do acusado, de acordo com o art. 385 do CPP.

Essa mesma liberdade não é concedida ao defensor. Deverá o advogado defender os interesses do réu, não podendo irmanar-se à acusação para pleitear um veredicto condenatório. Tanto que o art. 497, V, do CPP ordena que o juiz presidente do Tribunal do Júri nomeie defensor ao réu, quando o considerar indefeso, podendo, nesse caso, dissolver o Conselho de Sentença.

A falta de defesa gera nulidade absoluta. Já sua deficiência é causa de nulidade relativa, dependendo da demonstração do prejuízo.

[18] STJ, 6ª T., REsp 243.137/PI, Rel. Min. Fernando Gonçalves, j. 1º.10.2002, *DJ*, 21.10.2002.

[19] STJ, 5ª T., RHC 21.665/SP, Rel. Min. Laurita Vaz, j. 15.4.2010, *DJe*, 10.5.2010.

m) *A sentença.*

A falta de sentença, bem como a prolação de sentença que não contenha os requisitos essenciais previstos em lei, é causa de nulidade absoluta. A sentença deve conter o relatório, a fundamentação, o dispositivo, a data e a assinatura do juiz prolator para que seja válida. Há posicionamento no sentido de que sentença sem dispositivo é inexistente. Se, contudo, partirmos de um paradigma constitucional, a parte mais importante da sentença, conquanto todas sejam equiparadas pelo Código de Processo Penal, é a fundamentação. Isso porque a Constituição Federal, no art. 93, IX, estabelece que as decisões judiciais serão fundamentadas, sob pena de nulidade absoluta. A motivação é, a um só tempo, garantia às partes e garantia da legalidade da decisão[20]. Dessa forma, não pode a sentença que não contenha dispositivo ser considerada inexistente, mas sim absolutamente nula.

n) *O recurso de ofício, nos casos em que a lei o tenha estabelecido.*

Para determinados casos, a lei exige que determinada questão decidida em primeiro grau deva ser necessariamente submetida à apreciação de um tribunal de segunda instância, para poder transitar em julgado a decisão. Trata-se do impropriamente chamado *recurso de ofício*, *obrigatório* ou *necessário*. Predomina o entendimento de que o *recurso de ofício* nada mais é do que condição necessária para que a sentença produza seus efeitos jurídicos. Em outras palavras, trata-se de condição para o trânsito em julgado da decisão.

Na verdade, a ausência desse recurso de ofício não acarreta a nulidade da decisão de primeiro grau, mas apenas impede que ela transite em julgado. Assim, de acordo com a Súmula 423 do STF: "Não transita em julgado a sentença por haver omitido o recurso *ex officio*, *que se considera interposto ex lege*".

Serão inválidos, portanto, os atos praticados após a sentença em que se omitiu o recurso de ofício.

Para parte da doutrina, a interposição de recurso voluntário supre a ausência do recurso necessário.

o) *A intimação, nas condições estabelecidas pela lei, para ciência de sentenças e despachos de que caiba recurso.*

A intimação é o ato pelo qual se dá ciência a alguém dos atos e dos termos do processo (art. 269 do CPC).

A ausência de intimação induz nulidade por cerceamento da acusação ou da defesa. A ciência dos atos processuais é condição indispensável para o exercício do contraditório.

Estabelece o art. 370, § 1º, do CPP que a intimação do defensor constituído, do advogado do querelante e do assistente far-se-á por publicação do órgão incumbido da publicidade dos atos judiciais da comarca, incluindo, *sob pena de nulidade,* o nome do acusado.

Para alguns autores, a falta de intimação é causa de nulidade absoluta. Para outros, existirá tão somente nulidade relativa[21].

De acordo com a Súmula 155 do STF, "é relativa a nulidade do processo criminal por falta de intimação da expedição de precatória para inquirição de testemunha". Nos casos em que a testemunha resida em comarca diversa daquela em que tramita o feito, é necessária a expedição de carta precatória. Devem as partes ser intimadas acerca da *expedição* da carta, nos termos do art. 222, *caput,* do CPP, sendo prescindível a intimação do dia da realização da audiência no juízo deprecado. É o que

[20] Sobre esse tema, remetemos o leitor ao Capítulo XXI, item 5, subitem b.1.

[21] STJ, 5ª T., HC 105.107/RJ, Rel. Napoleão Nunes Maia Filho, j. 14.5.2009, *DJe,* 22.6.2009.

preceitua a Súmula 273 do STJ, segundo a qual, "intimada a defesa da expedição da carta precatória, torna-se desnecessária intimação da data da audiência no juízo deprecado".

p) *No Supremo Tribunal Federal e nos Tribunais de Apelação, o* quorum *legal para o julgamento.*

Quorum é o número mínimo de integrantes de um órgão colegiado exigido por lei para que possa ser instalada a sessão de julgamento, não se computando os julgadores suspeitos ou impedidos.

A violação do *quorum* legal gera nulidade absoluta.

O dispositivo se aplica a todos os tribunais existentes no País.

"IV – *Por omissão de formalidade que constitua elemento essencial do ato.*"

Pelo teor do dispositivo, pode-se afirmar que o legislador adotou duas espécies de formalidades:

a) *Formalidades essenciais,* cuja ausência ou violação torna o ato processual nulo, pois se presume o prejuízo.

b) *Formalidades acidentais* ou *não essenciais,* cuja inobservância causa a nulidade (relativa) do ato, cabendo à parte interessada a demonstração do prejuízo. Após a convalidação, o ato atípico estará apto a produzir seus efeitos no processo.

Parágrafo único. Ocorrerá, ainda, a nulidade por deficiência dos quesitos ou das suas respostas, e contradição entre elas.

No Tribunal do Júri, a deficiência dos quesitos ou mesmo a inversão de sua ordem legal, bem como a deficiência das respostas ou a contradição destas, geram a nulidade do julgamento.

Nesse sentido, a Súmula 162 do STF: "É absoluta a nulidade do julgamento pelo Júri, quando os quesitos da defesa não precedem aos das circunstâncias agravantes".

"V – *Em decorrência de decisão carente de fundamentação. (Incluído pela Lei n. 13.964/2019).*"

Ocorrerá nulidade absoluta em razão de decisão carente de fundamentação. Tal dispositivo foi inserido no bojo do Pacote Anticrime. Conforme consolidado na doutrina e na jurisprudência, a indigitada nulidade existirá tanto no caso de ausência de qualquer fundamentação como também se esta apresentar-se insuficiente. Ademais, a Constituição Federal, no inciso IX do art. 93, prescreve que o julgamento sem fundamentação é nulo.

Cumpre ressaltar que, além das hipóteses de nulidade enumeradas no art. 564 do CPP, serão nulos os atos processuais que violarem os princípios constitucionais ou mesmo processuais, ainda quando não haja previsão legal de nulidade.

8. CONVALIDAÇÃO DOS ATOS ATÍPICOS

O sistema de nulidades é informado pelo princípio da convalidação, permitindo que um ato processual irregularmente praticado seja convalidado, sanando-se o vício que o inquinava. São formas de saneamento ou convalidação das nulidades e dizem respeito somente às nulidades relativas, uma vez que as nulidades absolutas não admitem convalidação:

a) *Preclusão,* ou perda da faculdade de arguir a nulidade. A preclusão atinge tão somente as nulidades relativas, pois as absolutas devem ser reconhecidas a qualquer tempo.

Assim, as nulidades relativas que não forem arguidas em tempo oportuno serão consideradas sanadas (art. 572, I). O art. 571 do CPP estabelece o momento em que devem ser alegadas as nulidades:

"I – As da instrução criminal dos processos da competência do Júri, nos prazos a que se refere o art. 406". Referia-se o dispositivo ao momento do oferecimento das alegações escritas, suprimidas pela Lei n. 11.689/2008. O dispositivo, portanto, não tem mais aplicação. Assim, as nulidades deverão ser alteadas da seguinte maneira:

a) as ocorridas até a resposta preliminar: nela devem ser arguidas;

b) as posteriores à resposta preliminar: logo após a abertura da audiência una;

c) as verificadas no curso da audiência: devem ser suscitadas imediatamente após verificadas.

"II – As da instrução criminal dos processos de competência do juiz singular e dos processos especiais, salvo os dos Capítulos V e VII do Título II do Livro II, nos prazos a que se refere o art. 500." Em razão da Lei n. 11.719/2008, que alterou o procedimento comum, não mais existe a fase de alegações finais escritas do art. 500 do CPP. Assim, as nulidades relativas devem ser arguidas da seguinte forma:

a) as ocorridas até a resposta escrita: nela deverão ser arguidas;

b) as posteriores à resposta escrita: logo após a abertura da audiência una;

c) as verificadas no curso da audiência una: devem ser arguidas imediatamente após verificadas.

A ressalva relativa ao Capítulo VII do Título II do Livro II (Do processo de aplicação de medida de segurança por fato não criminoso) não tem mais aplicação.

"III – As do processo sumário, no prazo a que se refere o art. 537, ou, se verificadas depois desse prazo, logo depois de aberta a audiência e apregoadas as partes." O art. 537 não encontra mais aplicação desde o advento da Constituição de 1988. Não obstante, foi expressamente revogado pela Lei n. 11.719/2008. Em relação aos momentos-limite de arguição de nulidades relativas no rito sumário, aplicam-se as mesmas regras atinentes ao procedimento ordinário, acima explicadas.

"IV – As do processo regulado no Capítulo VII do Título II do Livro II, logo depois de aberta a audiência." Esse dispositivo não encontra mais aplicação.

"V – As ocorridas posteriormente à pronúncia, logo depois de anunciado o julgamento e apregoadas as partes (art. 447)." O anúncio do processo a ser julgado e a feitura do pregão pelo oficial de justiça estão previstos no art. 463, *caput* e § 1º, do CPP.

"VI – As de instrução criminal dos processos de competência do Supremo Tribunal Federal e dos Tribunais de Apelação, nos prazos a que se refere o art. 500."

"VII – Se verificadas após a decisão de primeira instância, nas razões de recurso ou logo depois de anunciado o julgamento do recurso e apregoadas as partes."

"VIII – As do julgamento em plenário, em audiência ou em sessão do tribunal, logo depois de ocorrerem."

Além dos casos de preclusão temporal acima enumerados, o Código prevê hipótese de preclusão lógica da faculdade de arguir nulidade relativa. Prescreve o art. 572, III, do CPP que a nulidade estará sanada se a parte, ainda que tacitamente, tiver aceito seus efeitos.

b) *Trânsito em julgado da sentença,* desde que não se trate de nulidade absoluta que favoreça o réu. O Código permite à defesa arguir, por meio de *habeas corpus* e de revisão criminal, as nulidades que de algum modo lhe favoreçam, mesmo após a sentença ter transitado em julgado.

c) *Ratificação dos atos processuais praticados por representante ilegítimo da parte* (art. 568).

d) No caso de falta ou nulidade da citação, intimação ou notificação, o *comparecimento do interessado a determinado ato* sana o vício, ainda que declare que comparece apenas para arguir a nulidade (art. 570).

e) *Suprimento das omissões da denúncia, queixa ou representação,* desde que realizado antes da sentença final (art. 569).

f) A nulidade estará sanada, também, quando o ato tiver atingido seu fim, ainda que praticado de outra forma (art. 572, II). Dá-se o exemplo do oficial de justiça que entrega o mandado de intimação ao vizinho de uma testemunha e esta comparece para prestar declarações. O regime aplicado ao caso será o dos atos irregulares.

De acordo com o art. 573, *caput,* os atos cuja nulidade não tiver sido sanada, por qualquer dos meios previstos em lei, deverão ser renovados ou retificados. Assim, o ato nulo deverá ser novamente realizado (renovado) ou então corrigido, alterado ou complementado (retificado).

9. NULIDADES NA LEI N. 9.099/95

Em consonância com os princípios que informam o procedimento sumaríssimo, dispõe o art. 65 que:

a) os atos processuais serão válidos sempre que preencherem as finalidades para as quais foram realizados, atendidos os critérios da oralidade, informalidade, economia processual e celeridade (*caput)*;

b) não se pronunciará qualquer nulidade sem que tenha havido prejuízo (§ 1º).

Haverá nulidade, portanto, quando o ato inválido afrontar a garantia do devido processo legal, causando evidente prejuízo às partes ou à administração da justiça.

10. INQUÉRITO POLICIAL

Não há nulidade em inquérito policial, por ser este mera peça informativa. Qualquer irregularidade que porventura contenha o inquérito não contaminará o processo.

O Superior Tribunal de Justiça já entendeu que *"eventual vício na prisão em flagrante ou no inquérito policial não tem o liame de contaminar a ação penal, dada a natureza meramente informativa das peças processuais e sua dispensabilidade na formação da opinio delicti"*[22].

Havendo, entretanto, omissão ou irregularidade de determinado ato de relevância para o processo, deverá o juiz determinar sua realização ou retificação.

Vale lembrar que alguns atos realizados durante o inquérito, como o auto de prisão em flagrante, são eminentemente formais. A inobservância do modelo legal resultará, portanto, na invalidade do ato e em sua ineficácia jurídica.

De fato, o que se quer dizer quando se afirma que não há nulidade em inquérito policial é que, por se tratar de peça informativa, não está adstrito a um procedimento previamente estabelecido. Logo, não há nulidade por inobservância de procedimento. Todavia, *há atos a serem praticados no inquérito policial que exigem determinada forma, que, se não observada, acarretará a nulidade do ato, sem provocar, contudo, a nulidade de toda a investigação*.

11. SÍNTESE

Nulidades

Haverá nulidade quando o ato processual for praticado em desacordo com o modelo prescrito em lei, sendo esse vício, por atingir diretamente o interesse protegido pela norma, capaz de retirar a validade do ato, caso seja reconhecido por decisão judicial.

A nulidade, no direito processual, só será reconhecida por meio de decisão judicial, não decorrendo, portanto, diretamente da lei. Frise-se que a invalidade do ato processual ou mesmo do processo dependerá sempre de manifestação judicial, reconhecendo a nulidade do ato viciado ou, em casos extremos, de todo o processo.

---

[22] STJ, 5ª T., HC 179.290/RJ, Rel. Min. Laurita Vaz, j. 6.8.2013.

Sistema da instrumentalidade das formas

Para que um ato processual seja reconhecido como nulo, além da desconformidade com o modelo traçado em lei, deverá causar prejuízo a qualquer das partes, ou mesmo influir na apuração da verdade ou na decisão da causa.

Atos inexistentes

Não são ao menos considerados atos jurídicos, por lhes faltarem requisitos essenciais exigidos por lei. Podemos distinguir entre a inexistência material e a jurídica:

a) inexistência material: quando o ato não tiver sido praticado. O ato inexiste como realidade palpável;

b) inexistência jurídica: quando ausentes os elementos que integram a própria essência do ato, sua própria existência jurídica.

Atos irregulares

Quando o vício do ato praticado em detrimento da forma legal é tão insignificante que nem sequer tem o condão de invalidá-lo.

Espécies de nulidade

a) absoluta: quando os atos atípicos são praticados em detrimento do interesse público, o que, em regra, reflete violação aos princípios constitucionais que compõem o *due process of law*. Pode ser reconhecida de ofício pelo juiz;

b) relativa: quando os atos são praticados com infração ao interesse de uma ou de ambas as partes. Caberá à parte prejudicada argui-la e, caso esta não se manifeste no momento oportuno, a nulidade será considerada sanada.

Princípios referentes às nulidades

I – Princípio do prejuízo ou da transcendência: não será declarada a nulidade de ato irregularmente praticado que não houver causado prejuízo a qualquer das partes.

II – Princípio do interesse: nenhuma das partes poderá arguir nulidade a que haja dado causa, ou para que tenha concorrido, ou referente a formalidade cuja observância só a parte contrária interesse.

III – Princípio da causalidade: a nulidade de um ato, uma vez declarada, causará a nulidade dos atos que dele diretamente dependam ou sejam consequência, cabendo ao juiz que pronunciar a nulidade declarar os atos a que ela se estende.

IV – Princípio da conservação dos atos processuais: mesmo reconhecida a nulidade de determinado ato irregularmente praticado, serão aproveitados os demais atos processuais que com ele não guardem relação de dependência ou de consequencialidade.

V – Princípio da convalidação dos atos processuais: atos praticados em desacordo com o paradigma legal poderão, apesar de sua atipicidade, produzir seus efeitos, uma vez sanado o vício do qual padecem.

VI – Princípio da instrumentalidade das formas: alcançando o ato seu objetivo legal, deve ele prevalecer, mesmo quando praticado em desacordo com o modelo legal e não haja prejuízo das partes.

Nulidades do art. 564 do CPP

I – por incompetência, suspeição ou suborno do juiz;

II – por ilegitimidade de parte;

III – por falta das fórmulas e dos termos seguintes:

a) a denúncia ou queixa e a representação, nos processos de contravenções penais, a portaria ou o auto de prisão em flagrante;

b) o exame de corpo de delito nos crimes que deixam vestígios, ressalvado o disposto no art. 167;

c) a nomeação de defensor ao réu presente, que o não tiver, ou ao ausente, e de curador ao menor de 21 anos;

d) a intervenção do Ministério Público em todos os termos da ação por ele intentada e nos da intentada pela parte ofendida quando se tratar de crime de ação pública;

e) a citação do réu para ver-se processar, o seu interrogatório, quando presente, e os prazos concedidos à acusação e à defesa;

f) a sentença de pronúncia, o libelo e a entrega da respectiva cópia, com rol de testemunhas perante o Tribunal do Júri;

g) a intimação do réu para a sessão de julgamento, pelo Tribunal do Júri, quando a lei não permitir o julgamento à revelia;

h) a intimação das testemunhas arroladas no libelo e na contrariedade, nos termos estabelecidos pela lei (não existe mais libelo e a respectiva contrariedade, no entanto o art. 422 do CPP estabelece oportunidade para que as partes ofereçam rol de testemunhas a serem ouvidas em Plenário);

i) a presença de pelo menos 15 jurados para a constituição do Júri;

j) o sorteio dos jurados do Conselho de Sentença em número legal e sua incomunicabilidade;

k) os quesitos e as respectivas respostas;

l) a acusação e a defesa, na sessão de julgamento;

m) a sentença;

n) o recurso de ofício, nos casos em que a lei o tenha estabelecido;

o) a intimação, nas condições estabelecidas pela lei, para ciência de sentenças e despachos de que caiba recurso;

p) no STF e nos Tribunais de Apelação, o *quorum* legal para o julgamento;

IV – por omissão de formalidade que constitua elemento essencial do ato.

Formas de saneamento ou convalidação das nulidades relativas

a) Preclusão: as nulidades que não forem arguidas em tempo oportuno serão consideradas sanadas. O art. 571 do CPP estabelece o momento em que devem ser alegadas as nulidades:

- as da instrução criminal dos processos da competência do Júri, nos prazos a que se refere o art. 406 do CPP;
- as da instrução criminal dos processos de competência do juiz singular e dos processos especiais, salvo os dos Capítulos V e VII do Título II do Livro II, nos prazos a que se refere o art. 500;
- as ocorridas posteriormente à pronúncia, logo depois de anunciado o julgamento e apregoadas as partes;
- as de instrução criminal dos processos de competência do STF e dos Tribunais de Apelação, nos prazos a que se refere o art. 500;
- se verificadas após a decisão de primeira instância, nas razões de recurso ou logo depois de anunciado o julgamento do recurso e apregoadas as partes;
- as do julgamento em plenário, em audiência ou em sessão do tribunal, logo depois de ocorrerem.

b) Trânsito em julgado da sentença, desde que não se trate de nulidade absoluta que favoreça o réu.

c) Ratificação dos atos processuais praticados por representante ilegítimo da parte.

d) No caso de falta ou nulidade da citação, intimação ou notificação. O comparecimento do interessado a determinado ato sana o vício, ainda que declare que comparece apenas para arguir a nulidade.

e) Suprimento das omissões da denúncia, queixa ou representação, desde que realizado antes da sentença final.

f) A nulidade estará sanada, também, quando o ato tiver atingido seu fim, ainda que praticado de outra forma.

Inquérito policial

Não há nulidade em inquérito policial, por ser este mera peça informativa. Qualquer irregularidade que porventura contenha o inquérito não contaminará o processo.

Capítulo XXIX
MEIOS DE IMPUGNAÇÃO DAS DECISÕES JUDICIAIS

1. ASPECTOS GERAIS

Tomada qualquer decisão pelo órgão jurisdicional, as partes no processo podem adotar duas atitudes diversas: a *aquiescência*, ou seja, a concordância com referida decisão, ou a *impugnação,* por meio da qual, exercitando o direito aos recursos, podem postular a anulação ou substituição dessa decisão por outra que ampare sua pretensão[1], objeto de seu inconformismo. Trata-se aqui do princípio do duplo grau de jurisdição, que informa o sistema processual penal, garantindo às partes a possibilidade de impugnar os atos judiciais, com vistas à obtenção de um provimento jurisdicional de um órgão de instância superior – juízo *ad quem* –, que terá por objeto o reexame da questão decidida no órgão de instância inferior – juízo *a quo.* Embora em regra o recurso pressuponha a existência de órgãos distintos, um superior e o outro inferior, na sistemática processual brasileira é perfeitamente possível que o mesmo órgão jurisdicional do qual se recorre seja o responsável pelo reexame da decisão impugnada, como se dá nos casos de embargos declaratórios.

Destarte, a aplicação de tal princípio culmina no aperfeiçoamento da aplicação da lei, na medida em que exige um esforço maior dos julgadores na aplicação do direito ao caso concreto, ao mesmo tempo que veda o arbítrio dos homens investidos do poder jurisdicional. Se, a uma, pressupõe a segurança jurídica no ordenamento jurídico, a duas, proporciona a justa composição dos interesses em litígio, vedando que a justiça se resuma a uma única decisão.

Embora não prevista expressamente no Texto Constitucional, essa garantia é imanente à Lei Magna, caracterizando-se como princípio constitucional autônomo. Aliás, vem implicitamente postulado na Constituição Federal, sobretudo em dois aspectos:

a) ao assegurar aos litigantes, em processo judicial ou administrativo, o contraditório e ampla defesa, com os meios e recursos a ela inerentes (art. 5º, LV);

b) ao estabelecer a organização judiciária brasileira, estruturando e atribuindo competência recursal aos órgãos da jurisdição superior, estabelecendo, inclusive, a pluralidade dos graus de jurisdição.

Não obstante, a ratificação da Convenção Americana dos Direitos Humanos[2] fez com que o princípio do duplo grau de jurisdição passasse a gozar de previsão expressa na legislação brasileira, reforçando a garantia constitucional da dualidade jurisdicional. O art. 8º, 2-h, da Convenção, ao ser ratificado pelo Brasil, por força da própria Constituição, que recepciona os direitos e garantias decorrentes dos tratados internacionais em que a República Federativa do Brasil seja parte (art. 5º, § 2º, da CF), passou a integrar o ordenamento brasileiro em nível hierárquico constitucional, garantindo ao acusado o direito de recorrer de uma sentença a um juiz ou tribunal superior.

Além do caráter jurídico da garantia ora tratada, há na doutrina um argumento político a sustentar a necessidade da dualidade dos graus de jurisdição[3]. Nesse sentido, o reexame da decisão por

[1] Chiovenda, *Principios de derecho procesal civil*, 3. ed., t. 2, p. 486-487; Bernardino J. Varela Gomez, *El recurso de apelación penal*, p. 20.

[2] Pacto de São José da Costa Rica – Decreto n. 678/92.

[3] Bernardino J. Varela Gomez, *El recurso de apelación penal*, p. 20.

órgão da jurisdição diferente do juízo *a quo* é medida que se impõe, representando um controle interno do Estado em relação à legalidade do ato estatal caracterizado pela decisão e, por consequência, avaliando sua justiça[4].

No que tange ao conteúdo da matéria a ser tratada pelo duplo grau de jurisdição, a sistemática atual do processo penal permite o reexame de decisões que versem tanto sobre matérias de direito quanto de fato. Da mesma forma, é possível a reavaliação e reforma dos erros do julgador relativos ao mérito do feito, *error in judicando*, bem como os erros condizentes às questões processuais, *error in procedendo*.

Relativamente também ao conteúdo da garantia do duplo grau, tanto as sentenças finais, que encerram o curso do processo, como as decisões interlocutórias, que julgam questões incidentes no processo, porém sem extingui-lo, são passíveis de serem objeto do recurso, uma vez atendidos os pressupostos para sua admissão e desenvolvimento.

Tal princípio, embora amplo, admite exceções, previstas pela própria Constituição Federal. Vejamos, por exemplo, os casos de competência originária de um tribunal. São duas as possibilidades:

a) ou a própria Constituição Federal previu o recurso ordinário de sua decisão, conforme prescrevem os arts. 102, II, *a*; 105, II, *a* e *b*; 121, § 4º, III, IV e V;

b) ou, não havendo a previsão legal, tal hipótese foi vedada pela Lei Maior.

Nesta segunda proposição, a Constituição não admite recurso ordinário contra decisões de tribunal, uma vez que as hipóteses recursais estão enumeradas taxativamente na Carta Magna, só podendo ser ampliadas por emenda constitucional. *Há, portanto, a inviabilidade da aplicação do princípio do duplo grau de jurisdição em razão de sua incompatibilidade com a Constituição*[5]. Assim, por exemplo, nos casos de competência originária dos tribunais, se um congressista for levado a julgamento e posteriormente condenado perante o Supremo Tribunal Federal, essa decisão não será passível de recurso. De ressaltar, no entanto, que o STF, na AP 470, AgR-vigésimo sexto, admitiu embargos infringentes contra decisão não unânime do Plenário que julgar procedente a ação penal, desde que haja pelo menos 4 votos divergentes e vencidos, pela absolvição, nos termos do art. 333, I, do RISTF.

De ver que os recursos extraordinário e especial não têm por fundamento o princípio do duplo grau.

Além de constituir garantia das partes, esse princípio impede que os tribunais superiores conheçam de questões não decididas pelo juiz *a quo*, o que implicaria a supressão de um grau de jurisdição. Nesse sentido, toda vez que a segunda instância apreciar uma questão que deixou de ser analisada e decidida em primeiro grau, a parte sofrerá lesão no seu direito ao duplo grau de jurisdição garantido constitucionalmente. Assim, de acordo com a Súmula 453 do STF, "não se aplicam à segunda instância o art. 384 e parágrafo único do CPP, que possibilitam dar nova definição jurídica ao fato delituoso, em virtude de circunstância elementar não contida explícita ou implicitamente na denúncia ou queixa".

2. *SUMMA DIVISIO* DOS INSTRUMENTOS IMPUGNATÓRIOS

Quando a parte desejar se insurgir contra uma decisão que lhe é desfavorável, deverá escolher o instrumento legal adequado para tanto. A legislação consagra fundamentalmente dois meios de impugnação de decisões:

---

[4] Cf. Ada Pellegrini Grinover, Antonio Magalhães Gomes Filho e Antonio Scarance Fernandes, *Recursos no processo penal*, 2. ed., p. 22.

[5] Nesse sentido: STF, 1ª T., RHC 79.785-7, Rel. Min. Sepúlveda Pertence, j. 29.3.2000, *DJU*, 22.11.2002, p. 57.

a) os recursos;

b) as ações autônomas de impugnação.

Apesar de o Código de Processo Penal não apresentar tal divisão, considerando todos os meios de impugnação como recursos, a diferença entre os dois instrumentos não permite reduzi-los, de forma simplista e até mesmo ingênua, a uma categoria única. Nosso estatuto, neste passo, pecou mais uma vez pela falta de técnica. E parte da doutrina também. Assim, não se pode denominar o *habeas corpus* e a revisão criminal "recursos impropriamente ditos", como fazem alguns autores, pelo simples fato de não serem recursos, mas ações.

No sistema brasileiro, a distinção dos meios impugnativos, recursos ou ações autônomas não se funda, respectivamente, na existência ou não da coisa transitada em julgado, como se imaginaria. Em relação ao recurso, é evidente que o trânsito em julgado levaria à preclusão do direito de recorrer, por tornar os efeitos da decisão permanentes. Todavia, no que diz respeito às ações de impugnação, a assertiva não é verdadeira. No caso do "habeas corpus" e da revisão criminal, há o início de uma nova relação processual, em que o autor formula um pedido e aguarda a sentença de mérito.

A diferença entre os recursos e as ações autônomas[6], nessa ótica, é visceral:

a) os recursos, sempre antes do trânsito em julgado da decisão impugnada, são utilizados na mesma relação jurídico-processual instituída por meio da propositura de uma ação penal e complementada por meio da citação do acusado;

b) as ações autônomas de impugnação, por terem natureza de ação, dão origem a uma nova relação jurídico-processual, permitindo ao autor deduzir uma pretensão em face de alguém. Assim, o acusado preso provisoriamente poderá impetrar *habeas corpus* em face da autoridade coatora, pleiteando, em ação autônoma, o restabelecimento de sua liberdade, seu *jus libertatis.*

Entretanto, embora o recurso corresponda a um meio voluntário de impugnação, representando um ônus processual à parte, pois esta tem a faculdade ou não de interpô-lo, sob pena de preclusão, tal voluntariedade é passível de atenuações. Basicamente, quatro são as situações de mitigação:

a) nos casos de recursos de ofício, em que a lei exige que a sentença do juiz monocrático seja submetida ao segundo grau de jurisdição (arts. 574, I, 625, §§ 3º e 4º, e 746, todos do CPP);

b) no caso de concurso de agentes, em que a decisão do recurso interposto por um dos réus poderá beneficiar o outro (art. 580);

c) diante da possibilidade da *reformatio in melius* quando do recurso da acusação, favorecendo o réu inerte;

d) por fim, a utilização, a qualquer tempo, das ações autônomas de impugnação.

Portanto, diante do exposto, são caracterizados como ações de impugnação:

a) *habeas corpus;*

b) revisão criminal;

c) mandado de segurança contra ato jurisdicional.

3. SÍNTESE

Meios de impugnação das decisões judiciais

Trata-se do princípio do duplo grau de jurisdição, que informa o sistema processual penal, garantindo às partes a possibilidade de impugnar os atos judiciais com vistas à obtenção de decisão de

[6] *Vide*, sobre a diferenciação entre recursos e meios autônomos de impugnação, na obra da lavra de Ada Pellegrini Grinover, Antonio Magalhães Gomes Filho e Antonio Scarance Fernandes, *Recursos no processo penal*, 2. ed., p. 29-32.

um órgão jurisdicional de instância superior, que terá por objeto o reexame da questão decidida no órgão de instância inferior.

Porém, o princípio do duplo grau de jurisdição, apesar de amplo, admite exceções previstas pela própria Constituição Federal, como nos casos de competência originária de um tribunal, por exemplo.

Summa divisio dos instrumentos impugnatórios

Quando a parte desejar se insurgir contra uma decisão que lhe é desfavorável, deverá escolher o instrumento legal adequado para tanto. A legislação consagra fundamentalmente dois meios de impugnação de decisões:

a) *Recursos*: sempre antes do trânsito em julgado da decisão impugnada;

b) *Ações autônomas de impugnação*: por terem natureza de ação, dão origem a uma nova relação jurídico-processual.

Embora o recurso corresponda a um meio voluntário de impugnação, representando um ônus processual à parte, pois esta tem a faculdade de interpô-lo ou não, sob pena de preclusão, tal voluntariedade é passível de atenuações. As situações de mitigação são basicamente quatro:

a) nos casos de recursos de ofício, em que a lei exige que a sentença do juiz monocrático seja submetida ao segundo grau de jurisdição;

b) no caso de concurso de agentes, em que a decisão do recurso interposto por um dos réus poderá beneficiar o outro;

c) diante da possibilidade da *reformatio in melius* quando do recurso da acusação, favorecendo réu inerte;

d) por fim, a utilização, a qualquer tempo, das ações autônomas de impugnação.

Capítulo XXX
TEORIA GERAL DOS RECURSOS

1. CONCEITO

Tecnicamente difícil a conceituação do que seja *recurso*, devido, principalmente, à multiplicidade de suas espécies, o que faz variável sua definição. Em termos simples, contudo, podemos conceituar *recurso* como *o instrumento processual de interposição voluntária, destinado à obtenção do reexame de decisão proferida na mesma relação jurídica processual, passível de provocar esclarecimentos, integração ou invalidação da decisão judicial impugnada*[1]. Nesse entendimento, como visto (capítulo anterior), se o interessado impetrar um *habeas corpus*, uma revisão criminal ou um mandado de segurança contra determinada decisão judicial, não estará se valendo de um recurso, já que tais remédios instauram um novo processo.

A etimologia da palavra "recurso" decorre do latim *re currere*[2], cujo significado representa a ideia de retrocesso, volta, isto é, *tornar ao curso, voltar ao caminho percorrido*. Nesse sentido, processualmente falando, *quando se recorre de uma decisão, o que se busca é o retorno ao ponto gerador do conflito, para que seja reavaliado* e o órgão reexaminador se pronuncie, dando novo curso à questão.

Por meio do recurso, a parte que se julgar prejudicada pela decisão desfavorável tem a possibilidade de reexame do ponto impugnado, evitando que a prestação jurisdicional se finde em um único grau, o que levaria à legitimação de eventuais injustiças. Portanto, confere a lei, assim, um meio à parte vencida para buscar a reforma total ou parcial, a modificação ou a anulação de uma decisão. Permite ainda às partes obter o esclarecimento ou integração do ato decisório. No mais, o recurso pode ser entendido como um direito da parte de solicitar a um órgão superior o reexame de decisão proferida em instância inferior, que repute injusta ou incorreta. Não se pode olvidar que há recursos que são dirigidos ao mesmo órgão prolator do ato decisório impugnado, conforme será visto adiante.

O correto, conforme a já clássica lição de Giovanni Leone, é que o conceito de recurso se vincula ao da função do conceito de decisão judicial, que é fundamentalmente processual, tendo direta e necessária correlação com o conceito de jurisdição[3]. Dessa forma, não pode ser objeto de recurso o ato do juízo que não contenha uma decisão, da mesma forma que não são passíveis de recursos os atos processuais praticados pelas partes, lembrando-se, por fim, que nem todas as decisões judiciais comportam recursos, mas tão somente àquelas que a lei assim as declara[4].

1.1. Características

Os recursos se caracterizam por:

---

[1] José Carlos Barbosa Moreira, *Comentários ao Código de Processo Civil*, v. 5, p. 233.

[2] Forcellini, *Totius latinitatis lexikon*, 3. ed., t. 3.

[3] Giovanni Leone, *Sistemi delle impugnazioni penali*, p. 17.

[4] Florêncio de Abreu, *Comentários ao Código de Processo Penal*, v. 5, p. 178. *Vide*, ainda, quanto ao tema, o capítulo referente aos "embargos de declaração".

a) Serem *voluntários*[5], vale dizer, as partes podem ou não interpô-los, de acordo com sua conveniência[6]. Contudo, de notar que remanesce às partes o *ônus de recorrer,* sob pena de preclusão da questão, isto é, em não havendo o recurso, torna-se imutável o efeito do ato decisório. A voluntariedade dos recursos alberga, portanto, um direito da parte, e não uma obrigação, no sentido de lhe conferir uma faculdade (de recorrer) sempre que se apresentar algum interesse na reforma ou na modificação da decisão impugnada. Se assim não fosse, seria inútil e procrastinador o recurso que não trouxesse qualquer benefício ao recorrente. Ainda assim, mesmo nos casos do defensor dativo, que auxilia o réu necessitado beneficiário de assistência judiciária gratuita, o entendimento jurisprudencial é o de que prepondera o princípio da voluntariedade[7].

Em reconhecimento da voluntariedade dos recursos, já se decidiu que, se após a renúncia do advogado constituído, houve intimação dos réus para indicar outro causídico, sob pena de nomeação de defensor dativo, silenciando os recorrentes, não há falar em ofensa ao princípio do devido processo legal por não ter a Defensoria Pública interposto recurso para as instâncias superiores, uma vez que vige, no sistema brasileiro, o princípio da voluntariedade recursal[8].

O chamado recurso de ofício não é recurso, mas sim condição de eficácia da sentença, uma vez que o juiz é obrigado a fazer a remessa dos autos ao tribunal para confirmar ou não sua decisão, sob pena de nulidade (art. 564, III, *n*).

b) Serem anteriores ao trânsito em julgado da sentença.

c) Não instituírem nova relação processual. O recurso é interposto e apreciado no bojo do processo em que a decisão atacada foi proferida, não havendo a formação de uma nova relação jurídica processual. Nessa acepção, a ação de impugnação, seja qual for (*v.g.*, *habeas corpus* e revisão criminal), não pode ser tida como recurso, embora também configure meio para impugnar uma decisão.

2. FUNDAMENTOS

A garantia do duplo grau de jurisdição, que estabelece a possibilidade de reapreciação ou revisão de um ato decisório por outro órgão do Poder Judiciário hierarquicamente superior ao prolator, torna-se possível graças à previsão legal dos meios de impugnação, entre os quais se situam os recursos. A escolha legislativa pela recorribilidade ou irrecorribilidade de uma decisão decorre sempre do entrechoque de dois valores jurídicos:

a) De um lado, a necessidade de garantir a justiça do provimento jurisdicional emanado do Estado, portador de um comando coercitivo incontrastável. Assim, quanto maior o número de recursos disponíveis, tanto maior a possibilidade, em tese, da correção do julgamento, em virtude do reexame contínuo da mesma questão.

b) Por outro lado, a exigência de conferir *segurança jurídica* às situações reguladas pelo direito. É inegável o caráter procrastinador dos recursos e das impugnações em geral: quanto menor o número de recursos, tanto menor o tempo consumido pelo processo e, consequentemente, mais célere a prestação jurisdicional. A decisão da causa a um só tempo torna certa uma relação jurídica até então controvertida e restabelece a paz social afetada pelo litígio.

---

[5] Nesse sentido: STF, 1ª T., Agravo Regimental no HC n. 219.454, Rel. Min. Roberto Barroso, sessão virtual de 18 a 25.11.2022, *DJ*, 1º.12.2022; STF, 2ª T., Agravo Regimental no HC n. 199.867/MS, unânime, Rel. Min. Nunes Marques, j. sessão virtual de 25.6 a 2.8.2021, *DJ*, 16.8.2021; STJ, 5ª T., Agravo Regimental no HC n. 717.898/ES, Rel. Min. Reynaldo Soares da Fonseca, unânime, j. 22.3.2022, *DJ*, 25.3.2022.

[6] Hélio Tornaghi, *Curso de processo penal*, 6. ed., p. 308.

[7] Nesse sentido: STJ, 5ª T., RHC 33.642/SP, Rel. Min. Marco Aurélio Bellizze, j. 19.9.2012, *DJ*, 26.9.2013.

[8] STJ, 5ª T., HC 479.448/RJ, Rel. Ministro Felix Fischer, j. 12.2.2019, *DJe,* 19.2.2019.

A par da ponderação dos valores da justiça e da segurança jurídica, a doutrina tende a buscar argumentos que fundamentem a existência de um sistema recursal. São, assim, citados como "fundamentos dos recursos":

a) a própria natureza falível do ser humano, e do juiz enquanto tal, não estando isento de equívocos[9];

b) a necessidade psicológica do homem de ver reapreciada uma decisão desfavorável. Em qualquer ramo da atividade humana, a pessoa é vulnerável às dúvidas, sobretudo quando se trata do desenvolvimento dos atos judiciais, restando necessário o reexame da questão, através do recurso, para suprir as desconfianças naturais do indivíduo;

c) certa coação psicológica sobre o juiz de grau inferior, que o levaria a "julgar melhor", sabedor da possibilidade de sua decisão ser reexaminada por um órgão superior. Esse fator faz com que o julgador seja mais diligente na hora de proferir sua decisão, levando-o a se afastar do erro e do arbítrio, bem como o impulsionando à pesquisa e constante aperfeiçoamento para evitar a censura do órgão jurisdicional superior;

d) a possibilidade de a causa ser julgada por um órgão colegiado, formado por juízes de maior experiência e saber jurídico. Embora esse fundamento não represente a certeza de melhor prestação jurisdicional, não é menos verdade que a vivência alcançada pelos anos oferece uma confortável garantia ao recorrente de que a decisão pronunciada na instância superior se adequará aos verdadeiros ditames da justiça;

e) razões históricas.

Alguns argumentos se levantam contra os recursos, porém não apresentam o condão de atacar seus legítimos fundamentos, medida necessária à concretização do contraditório e da ampla defesa, conforme preceitua o art. 5º, LV, da CF. Tal dispositivo aduz que "aos litigantes, em processo judicial ou administrativo, e aos acusados em geral são assegurados o contraditório e ampla defesa, com os meios e *recursos* a ele inerentes" (grifo nosso), o que denota ser uma fundamental face da ampla defesa a existência do sistema recursal. São, contudo, argumentos contrários à institucionalização de recursos, conforme sustentam seus detratores:

a) viola o princípio da economia processual, prolongando o provimento jurisdicional final e, por consequência, tumultuando o processo;

b) não garante a justiça do provimento final, uma vez que não se pode demonstrar o argumento de que os membros dos tribunais "julgam melhor" que os juízes de grau inferior. Aliás, em favor do juízo *a quo* pende o argumento de que a sua proximidade das partes e da colheita das provas o autoriza a prolatar a decisão com maior propriedade do que o tribunal, que via de regra se restringe a julgar com base nas provas já produzidas, sobretudo documentos;

c) traz desprestígio ao Poder Judiciário quando da ocorrência de decisões contraditórias;

d) são inócuos quando o juízo *ad quem* se restringe a confirmar a decisão do juízo inferior.

3. PRINCÍPIOS

São princípios que informam o sistema recursal brasileiro:

I – *Princípio da taxatividade dos recursos.* Os recursos devem estar expressamente previstos em lei, não se admitindo que a parte requeira a reforma de uma decisão sem que haja previsão legal do meio impugnatório. A taxatividade, assim, fica caracterizada pela previsão de lei que enumera os recursos e define suas hipóteses de cabimento.

---

[9] Florêncio de Abreu, *Comentários ao Código de Processo Penal*, v. 5, p. 161-162.

Esse princípio não impede a aplicação analógica nem a interpretação extensiva das normas processuais penais, como prevê o art. 3º do CPP. Assim, por exemplo, apesar de não haver previsão expressa, admite-se a interposição de recurso em sentido estrito da decisão que rejeita o pedido de aditamento da denúncia, embora essa hipótese não esteja incluída no rol do art. 581 do CPP[10].

II – *Princípio da fungibilidade dos recursos.* A parte não será prejudicada pela interposição equivocada de um recurso por outro, desde que não haja má-fé ou erro grosseiro. Erro grosseiro, contudo, é conceito que a doutrina ainda não especificou claramente, havendo somente os precedentes jurisprudenciais que possam indicá-lo e o fato, *a priori*, de que *haverá erro grosseiro toda vez que o recurso correto estiver expressamente indicado em lei e outro for o utilizado*[11]. Se o juiz, desde logo, reconhecer a impropriedade do recurso interposto pela parte, mandará processá-lo de acordo com o rito do recurso cabível (art. 579 e parágrafo único do CPP). O recurso é remédio processual de efetivação do princípio do duplo grau de jurisdição, não podendo o recorrente sofrer gravame em razão da eleição inadequada do meio de impugnação, desde que evidente o equívoco e não decorra de má-fé.

Questão controvertida diz respeito ao prazo para a interposição do recurso. Alguns autores entendem que o recurso impróprio só deve ser admitido caso tenha sido interposto dentro do prazo do recurso que era cabível. Do contrário, estaria evidenciada a má-fé do recorrente. Nesta situação, considera-se a fraude por parte do recorrente, uma vez que, esgotado o prazo, o indivíduo propositadamente interpõe outro recurso cujo prazo ainda não está vencido[12].

Outra parte da doutrina, em contrapartida, entende que o recurso impróprio deve ser admitido, ainda que interposto fora do prazo do recurso cabível, desde que exista dúvida doutrinária e jurisprudencial quanto à matéria.

III – *Princípio da variabilidade dos recursos.* Permite-se ao recorrente a desistência de um recurso já interposto para a interposição de um novo, desde que se observe o prazo legal.

Parte da doutrina entende que esse princípio deixou de existir na legislação brasileira, infirmado pelo fenômeno da preclusão consumativa, que implica a perda do direito de recorrer mais de uma vez da mesma decisão. Dessa forma, a prática de ato processual anterior extingue a possibilidade de se exercitar novamente o direito ao recurso, mesmo que interposto tempestivamente.

IV – *Princípio da unirrecorribilidade das decisões.* Como regra geral, a lei prevê um único recurso adequado para a impugnação de uma decisão, não permitindo à parte interpor mais de um recurso da mesma decisão. Nesse sentido, dispõe o art. 593, § 4º, do CPP que não poderá ser usado o recurso em sentido estrito, ainda que somente de parte da decisão se recorra, quando cabível a apelação. Assim, de sentença condenatória em que tenha sido negada a suspensão condicional da pena caberá apenas a apelação, ainda que da decisão denegatória do *sursis* caiba recurso em sentido estrito (art. 581, XI, do CPP).

Esse princípio, contudo, é excepcionado em duas circunstâncias:

a) pela própria legislação. É exemplo em que há previsão da interposição concomitante de mais de um recurso: a interposição simultânea de recurso extraordinário e de recurso especial, caso o acórdão contrarie, a um só tempo, preceito constitucional e lei federal;

b) pelo *princípio da variabilidade dos recursos*, que faculta à parte a desistência de um recurso para a interposição de outro.

---

[10] STJ, 3ª S., Embargos de Divergência em REsp n. 1.630.121/RN, j. 28.11.2018, *DJ*, 11.12.2018.

[11] Nelson Nery Jr., *Teoria geral dos recursos*, 6. ed., p. 162.

[12] Mirabete, *Processo penal*, 17. ed., p. 668.

4. "REEXAME NECESSÁRIO" OU "RECURSO DE OFÍCIO"

De acordo com o art. 574 do CPP, ao lado dos recursos voluntários existe o chamado *recurso de ofício* (recurso necessário ou obrigatório), que deverá ser interposto pelo juiz contra sua própria decisão. Tal dicotomia, baseada em um critério de iniciativa, não encontra respaldo científico, porquanto os recursos têm como nota característica a *voluntariedade*, cabendo às partes o ônus de impugnar as decisões que lhes são desfavoráveis.

Uma parte minoritária da doutrina e da jurisprudência, inclusive, aventa a hipótese de que tal recurso, impropriamente denominado, não teria sido recepcionado pela Constituição, invocando os seguintes argumentos:

a) ao juiz faltaria o pressuposto legal do interesse recursal, pois não é parte sucumbente, ou seja, não auferiu prejuízo;

b) impossibilidade de o juiz provocar a reforma da própria decisão;

c) usurpação da função institucional do Ministério Público.

Neste último aspecto, com a implantação pela Constituição do sistema acusatório, cuja principal característica é a repartição, entre órgãos autônomos, das funções de acusar e de julgar, entendeu-se que, sendo função do Ministério Público a promoção, privativamente, da ação penal pública, por força do art. 129, I, da CF, revogaram-se os dispositivos de lei que determinavam a interposição obrigatória de recurso pelo juiz, entre eles o art. 574 do CPP.

Todavia, é predominante o entendimento de que aquilo que a lei denomina *recurso ex officio não é uma modalidade de recurso, mas sim condição necessária para que a sentença possa produzir seus efeitos jurídicos*. Dessa forma, aproxima-se sobremaneira do disposto no art. 496 do CPC, que declina que a sentença referente a determinada demanda fica sujeita ao duplo grau de jurisdição. Nesse ponto, a não interposição do recurso impede que a sentença transite em julgado (Súmula 423 do STF).

Portanto, ainda que reconhecido que a promoção da ação penal é privativa do Ministério Público, tal determinação não revogou a possibilidade de interposição do recurso de ofício, nos casos específicos em que é imposta a revisão da decisão por órgão superior[13]. Há compatibilidade com a Constituição Federal[14]. Outrossim, a finalidade do instituto é dar maior proteção aos interesses que reclamam exames mais acurados, visto tratar-se de interesses públicos socialmente elevados.

A legislação processual enumera os casos em que deverá ser interposto o recurso de ofício:

a) da sentença que conceder *habeas corpus* (art. 574, I). A Súmula 344 do STF corrobora com o enunciado acima, afirmando que a "sentença de primeira instância concessiva de *habeas corpus* em caso de crime praticado em detrimento de bens, serviços ou interesse da União, está sujeita a recurso *ex officio*";

b) da sentença que absolver desde logo o réu com fundamento na existência de circunstância que exclua o crime ou isente o réu de pena, nos termos do art. 411 (absolvição sumária, nos crimes submetidos ao tribunal do Júri) – art. 574, II;

Assim, em um processo de competência do juiz singular, mesmo que o réu seja inimputável, tratando-se de pessoa absolutamente incapaz de entender o caráter criminoso do fato, não é possível a interposição do recurso de ofício, uma vez que se afasta da previsão legal. Da mesma forma, somente nos crimes dolosos contra a vida, elencados no art. 74, § 1º, do CPP, nos casos de absolvição sumária, o recurso é de obrigatória interposição pelo juiz.

---

[13] Nesse sentido: STJ, 5ª T., REsp 918.490/PA, Rel. Min. Félix Fischer, unânime, *DJ*, 17.9.2007.

[14] Nesse sentido: STF, 1ª T., HC 75.417/DF, Rel. Min. Octávio Gallotti, j. 12.8.1997, *DJ*, 20.3.1998.

Tem prevalecido na doutrina, no entanto, o entendimento de que, com a reforma processual de 2008 (Lei n. 11.689/2008), houve a revogação do reexame necessário no caso de absolvição sumária na primeira fase do procedimento do Júri[15]. Isto porque o inciso II do art. 574 fazia referência ao art. 411. Com a reforma, a absolvição sumária passou a ser tratada do art. 411 para o art. 415, que não se refere mais à remessa necessária.

De qualquer modo, ainda vale dizer que erro comum na prática forense é a confusão dos institutos processuais da absolvição sumária e da impronúncia, malgrado a lei seja clara a respeito. A absolvição sumária ocorre quando estiver provada a inexistência do fato, demonstrado não ser o acusado autor ou partícipe do crime, não constituir o fato infração penal ou se provada causa de isenção de pena ou de exclusão do crime (art. 415 do CPP). Resta a impronúncia para os casos em que o juiz não se convença da existência do crime ou de indícios suficientes de que seja o réu o seu autor, coautor ou partícipe, ocasião em que o recurso cabível será o voluntário;

c) da decisão que conceder a reabilitação (art. 746);

d) da sentença absolutória em processo por crime contra a economia popular ou contra a saúde pública, ou despacho de arquivamento dos autos do respectivo inquérito policial (art. 7º da Lei n. 1.521/51). Esse preceito não se aplica aos crimes previstos na Lei n. 11.343/2006.

O recurso de ofício prescinde de fundamentação, e também não está sujeito a prazo, havendo a mera remessa dos autos pelo juiz ao tribunal.

Por derradeiro, imperioso ressaltar que, havendo interposição simultânea de recurso do Ministério Público e do recurso de ofício pelo juiz, este último tem o condão de devolver toda a matéria ao Tribunal de Justiça, o qual poderá, mesmo que em prejuízo do réu, decidir questões não alegadas no arrazoado do *Parquet*.

5. REQUISITOS OU PRESSUPOSTOS DE ADMISSIBILIDADE: O "JUÍZO DE PRELIBAÇÃO" ANTECEDE O DE DELIBAÇÃO

Pressuposto pode ser entendido como uma condição anterior necessária para que se admita e atribua eficácia a determinado instituto. No caso do recurso, para que seja conhecido pelo órgão *ad quem*, deve conter os requisitos prescritos em lei, pena de não recebimento. Nesse caso, é realizado o chamado *juízo de prelibação* ou *juízo de admissibilidade* do recurso pelo próprio juízo recorrido, isto é, aquele mesmo que prolatou a decisão impugnada. Dessa forma, verificar-se-á, a título provisório – eis que tal análise não vincula, logicamente, a superior instância[16] –, se o recurso é plausível de apreciação, ou seja, se se mostra pertinente e cabível. Tal decisão tem efeito precipuamente declaratório, de conteúdo positivo ou negativo. Pergunta-se, assim, se existe um "direito *ao* recurso", para depois responder-se qual é o "direito *em* recurso" (questão de mérito).

Vê-se, pois, que há um *escalonamento de questões*[17] a serem resolvidas antes da solução da questão de fundo (*meritum causae*). Só no segundo momento é que se realizará o *juízo de mérito*, ou seja, o chamado *juízo de delibação*. Nesse sentido, a *prelibação precede lógica e cronologicamente o exame do mérito*[18] e pode obstar o conhecimento daquele, pouco importando sejam justas ou não as razões do recorrente[19].

---

[15] Renato Brasileiro de Lima, *Manual de processo penal*, 12. ed., 2023, p. 1533; Leonardo Barreto Moreira Alves, *Manual de processo penal*, p. 1460; E. P. Olivera e D. Fischer, *Comentários ao Código de Processo Penal e sua jurisprudência*, 15. ed., 2023, p. 1485.

[16] "O Supremo Tribunal Federal não está vinculado aos pronunciamentos da instância *a quo*, pertinentes ao juízo de admissibilidade dos recursos" (STF, RE, Rel. Min. Celso de Mello, *RTJ*, 150/327).

[17] Maurício Zanoide de Moraes, *Interesse e legitimação para recorrer no processo penal brasileiro*, p. 46.

[18] Nelson Nery Jr., *Teoria geral dos recursos*, 6. ed., p. 252.

[19] Hélio Tornaghi, *Curso de processo penal*, 6. ed., v. 2, p. 310.

Note-se que é um equívoco afirmar-se que o juízo de prelibação é feito exclusivamente pelo juízo *a quo* para o recebimento do recurso, uma vez que não somente também se realiza pelo segundo grau de jurisdição (juízo *ad quem*) para o *conhecimento,* como é deste em última análise a competência para tanto, permitindo-se a prévia análise na instância inferior, apenas por medida de economia processual[20]. Por conseguinte, embora possa haver o recebimento do recurso pelo juízo *a quo*, isso não subtrai do juízo *ad quem* um novo exame de seus pressupostos e, nesse caso, mesmo admitido em primeira instância, a superior instância pode dele não conhecer. Também, por outro lado, se o juízo recorrido não admite o seguimento do recurso de apelação, o recorrente pode levar a matéria ao conhecimento da segunda instância, que fará novo juízo de prelibação através de recurso em sentido estrito (art. 581, XV), o mesmo acontecendo no caso de denegação do recurso em sentido estrito, diante da possibilidade de apresentação de carta testemunhável (art. 639)[21], podendo albergar os pressupostos de admissibilidade recursivos previamente negados.

Antes de tecer considerações a respeito dos requisitos ou pressupostos de admissibilidade, convém fazer uma observação técnica no que concerne à nomenclatura adequada no âmbito recursal. Diz-se que um recurso é *conhecido* ou *admitido* quando estão presentes seus pressupostos de admissibilidade. Caso contrário, não será conhecido ou admitido, vale dizer, não está apto a ser apreciado quanto ao seu mérito (pedido de reforma total ou parcial, anulação ou integração da decisão). O *não conhecimento* do recurso enseja a manutenção da decisão recorrida, nos exatos termos de sua prolação[22]. Uma vez admitido o recurso, isto é, preenchidos os requisitos de admissibilidade é que se fará uma análise do mérito do recurso, ocasião em que poderá ser *provido*, *provido em parte* ou *não provido* (*improvido*). Significa dizer, respectivamente, que a pretensão do recorrente foi alcançada integralmente, parcialmente ou desacolhida. Tal provimento do recurso ensejará ou a *reforma* (a nova decisão substitui a anterior) ou a *anulação* da anterior decisão. Nesse caso, desconstitui-se o julgado anterior, e o juiz se volta competente para a prolação de nova decisão.

Quanto à classificação desses requisitos de admissibilidade dos recursos, a doutrina não é uníssona[23].

5.1. Pressuposto fundamental

A *sucumbência* é o pressuposto fundamental dos recursos. Nesse sentido, é necessário que o ato jurisdicional impugnado acarrete algum gravame à parte – sempre que uma expectativa juridicamente possível e relevante não tenha sido atendida –, pelo qual se provocará o interesse na reforma do ato impugnado (art. 577 do CPP). Pode ser *total* ou *parcial; única* (atingindo apenas uma das partes), *múltipla* (ambas as partes são atingidas) e *reflexa* (caso em que atinge quem não integra a relação processual, como no caso da vítima, que, uma vez absolvido o réu, não poderá ser ressarcida pelos danos sofridos).

---

20 Nelson Nery Jr. *et al.*, *Código de Processo Civil comentado*, São Paulo, Revista dos Tribunais, 2. ed., p. 926, nota 2, *apud* Maurício Zanoide de Moraes, ob. cit., p. 48.

21 Hélio Tornaghi, *Curso de processo penal*, 6. ed., v. 2, p. 310.

22 Não é cabível *habeas corpus* para o reexame dos pressupostos de admissibilidade dos recursos. Não é cabível *habeas corpus* para o reexame dos pressupostos de admissibilidade dos recursos (STF, 1ª T., HC 114.293/MG, Rel. orig. Min. Marco Aurélio, red. p/ o Acórdão Min. Edson Fachin, j. 1º.12.2015, *Informativo do STF* n. 810).

23 Aproveitamos, quanto aos pressupostos, em linhas gerais, a classificação adotada por Tourinho Filho em *Processo penal,* 19. ed., v.u., p. 297 e s. O mencionado autor, além do pressuposto fundamental, fala do pressuposto lógico, que é a existência de um despacho ou decisão.

5.2. Pressupostos objetivos

a) ***Autorização ou previsão legal (cabimento).*** Para que um recurso seja utilizado, deve estar previsto em lei, bem como ser adequado para impugnar a decisão que se deseja reformar. Assim, dentre os inúmeros recursos previstos, caberá ao recorrente fazer uso do indicado para impugnar a decisão. Se se utilizar um recurso não previsto na legislação processual penal, a impugnação será inepta em razão da carência do pressuposto da previsão legal.

Por outro lado, a interposição de um recurso por outro, fundada na aplicação do *princípio da fungibilidade*, não impede seu conhecimento, ressalvadas as hipóteses de má-fé e erro grosseiro, vedando o prejuízo por erro na escolha do meio. Portanto, a denominação errônea dada ao recurso pelo recorrente não obsta o seu conhecimento quando presente o desejo de recorrer do provimento jurisdicional desfavorável, sendo manifesto o desacerto na eleição do remédio processual apropriado. Assim, se, inconformada com a decisão que rejeitou o recebimento de uma queixa-crime, a parte interpuser recurso de apelação objetivando a reforma da decisão, é admissível o recebimento do recurso como sendo em *sentido estrito*, consoante disposição do art. 581, I, do CPP, desde que manifesto o equívoco[24].

b) ***Tempestividade.*** À parte prejudicada cabe interpor o recurso dentro do prazo legal, sob pena de preclusão do direito de recorrer, situação em que a peça recursal não será conhecida e, consequentemente, julgada. Não olvidar que a Defensoria Pública, no processo penal, tem os prazos em dobro, conforme dispõe o art. 5º, § 5º, da Lei n. 1.060/50 (parágrafo acrescentado pela Lei n. 7.871/89). Por outro lado, o Ministério Público não gozará da mesma prerrogativa[25].

Os prazos processuais são contínuos e peremptórios. Significa dizer que não se interrompem por férias, domingos ou feriados, e, uma vez exauridos, privam da oportunidade de realização de determinado ato processual, salvo nas hipóteses de impedimento do juiz, força maior ou obstáculo judicial oposto pela parte contrária, previstas no § 4º do art. 798 do CPP. A infração do prazo há de resultar um ônus para a parte, a qual deixa de poder praticar o ato não realizado no momento adequado, resguardando a igualdade, a segurança e a celeridade necessária ao regular desenvolvimento do processo.

Nesse prisma, é fundamental a observância do disposto no art. 798, § 5º, dispositivo onde se visualizam os marcos iniciais de contagem dos prazos:

a) da intimação;

b) da audiência ou sessão em que for proferida a decisão, se a ela estiver presente a parte;

c) do dia em que a parte manifestar nos autos ciência inequívoca da sentença ou despacho.

Prevalece o entendimento de que o termo inicial da contagem do prazo para impugnar decisão judicial é, para o Ministério Público, a data da entrega dos autos na repartição administrativa do órgão, sendo irrelevante que a intimação pessoal tenha se dado em audiência, em cartório ou por mandado[26]. Mesmo raciocínio deve ser aplicado à Defensoria Pública[27].

Na contagem dos prazos processuais, não se computa o dia do começo (*dies a quo*), incluindo-se o dia do vencimento (*dies ad quem*). Nesse prisma, dispõe a Súmula 310 do STF, "quando a intimação tiver lugar na sexta-feira, ou a publicação com efeito de intimação for feita nesse dia, o prazo judicial

---

[24] Nesse sentido: TJMG, 1ª Câm. Crim., Ap. Crim. 1.0035.16.010917-5/001, Rel. Des. Wanderley Paiva, j. 18.06.2019, publicação da súmula em 26.6.2019.

[25] STJ, 3ª S., AgRg nos EREsp 1.187.916/SP, Rel. Min. Regina Helena Costa, j. 27.11.2013.

[26] STJ, 3ª S., REsp 1.349.935/SE, Rel. Min. Rogério Schietti Cruz, j. 23.8.2017 (recurso repetitivo) (Info 611)

[27] Nesse sentido: STJ, 3ª S., HC 296.759/RS, Rel. Min. Rogério Schietti Cruz, *DJe*, 21.9.2017.

terá início na segunda-feira imediata, salvo se não houver expediente, caso em que começará no primeiro dia útil que se seguir". No caso de dúvida quanto a sua tempestividade, deve o recurso ser admitido, permitindo-se, assim, o reexame da decisão impugnada. Toda dúvida, nessa esteira, deve ser dirimida a favor do processamento do recurso, para que a parte não seja prejudicada e sofra os efeitos da preclusão.

A Súmula 216 do STJ dispõe que "a tempestividade de recurso interposto no Superior Tribunal de Justiça é aferida pelo registro no protocolo da Secretaria e não pela data da entrega na agência do correio".

De acordo com a Súmula 428 do STF, "não fica prejudicada a apelação entregue em cartório no prazo legal, embora despachada tardiamente".

"O prazo para o assistente recorrer, supletivamente, começa a correr imediatamente após o transcurso do prazo do Ministério Público" (Súmula 448 do STF).

Ainda quanto à contagem dos prazos processuais, a Súmula 710 do STF: "No processo penal, contam-se os prazos da data da intimação, e não da juntada aos autos do mandado ou da carta precatória ou de ordem".

Antiga discussão dizia respeito à intempestividade do recurso prematuro, ou seja, aquele interposto antes da publicação da decisão recorrida. Atualmente, com o cancelamento da Súmula 418 do STJ, há entendimento de que não é intempestivo o recurso interposto antes da publicação do acórdão, pois ele constitui um elemento neutro[28].

Por fim, dispõe o art. 575 do CPP que não serão prejudicados os recursos que, por erro, falta ou omissão dos funcionários, não tiverem seguimento ou não forem apresentados dentro do prazo. Nesse sentido, a Súmula 320 do STF: "A apelação despachada pelo juiz no prazo legal, não fica prejudicada pela demora da juntada por culpa do cartório".

c) *Observância das formalidades legais (regularidade formal).* Caberá ao interessado interpor o recurso de acordo com a forma estabelecida em lei (por petição ou por termo nos autos), bem como observar as demais formalidades legais durante o processamento do recurso.

Estabelece o art. 578, *caput,* do CPP que o recurso será interposto por petição ou por termo nos autos, assinado pelo recorrente ou por seu representante. A exigência legal da petição ou termo feita pelo legislador tem razão de ser para que a parte tenha garantido, de forma inquestionável, o direito ao recurso. No entanto, se a parte demonstra o evidente inconformismo com o resultado negativo da lide, porém sem o cumprimento das formalidades procedimentais do *caput* do art. 578 do CPP, manda o princípio da ampla defesa e da dualidade de graus de jurisdição que o recurso seja recebido e processado.

O desenvolvimento da sociedade tende à simplificação dos regramentos, atenuando o formalismo. Cumpre lembrar que o CPP foi promulgado em 1941, sendo necessária a mitigação do rigor na forma dos procedimentos recursais, a fim de se adequarem ao dinamismo contemporâneo. Sob esse enfoque, é possível o recurso por interposição verbal ou através da manifestação da intenção de recorrer pelo réu ao oficial de justiça, por exemplo. No mais, a praxe forense já permite meios como a cota nos autos, em contrarrazões, por via postal, assim como por fax e outros meios eletrônicos.

Vale mencionar a Lei n. 9.800/99, que passou a permitir às partes a utilização de sistema de transmissão de dados e imagens tipo fac-símile ou outro similar, para a prática de atos processuais que dependam de petição escrita, devendo os originais ser entregues em juízo, necessariamente, até 5 dias da data do término do prazo (arts. 1º e 2º). Caso não esteja o ato sujeito a prazo, os originais

[28] Nesse sentido: STF, 1ª T., HC 113.826, HC 113.826, Rel. Min. Marco Aurélio, j. 10.4.2018.

deverão ser entregues, necessariamente, até 5 dias da data de recepção do material (art. 2º, parágrafo único).

Sobre o tema, a 1ª Turma do STF entendeu que a ordem jurídica não contempla a interposição de recurso via *e-mail*, mas, no caso concreto, concedeu a ordem, pois havia portaria do Tribunal de Justiça admitindo a interposição do recurso por email[29].

d) ***Ausência de fatos impeditivos e extintivos.*** Para que um recurso seja admitido, além da presença dos pressupostos tratados, devem estar ausentes fatos que impeçam o direito de recorrer ou extingam de forma anormal um recurso já admitido. São os fatos impeditivos e extintivos, a seguir analisados:

i) Fato impeditivo:

O fato impeditivo consiste na impossibilidade de interposição do recurso, em razão da renúncia ao direito de recorrer. Renúncia é a manifestação de vontade no sentido de não recorrer, ocasionando o advento do trânsito em julgado e a consequente formação da coisa julgada. Caso haja divergência entre o réu sucumbente e seu advogado quanto à renúncia, parte da doutrina entende que deve prevalecer a vontade do primeiro, porquanto pode, a qualquer momento, constituir outro patrono. Contudo, a jurisprudência majoritária se dá no sentido de que, em caso de divergência entre defensor e réu acerca do intuito de recorrer, prevalece o entendimento que viabiliza o duplo grau de jurisdição, ou seja, de quem pretende recorrer, seja a defesa técnica, seja o acusado pessoalmente[30].

Sobre o tema, *vide* enunciado da Súmula 705 do STF: "A renúncia do réu ao direito de apelação, manifestada sem assistência do defensor, não impede o conhecimento da apelação por ele interposta".

Ainda, se houver renúncia do defensor durante a tramitação do recurso, o acusado deve ser ouvido, tudo conforme enunciado da Súmula 708 do STF: "É nulo o julgamento da apelação se, após a manifestação nos autos da renúncia do único defensor, o réu não foi previamente intimado para constituir outro".

Outra discussão que deve ser trazida à colação reside na possibilidade de o órgão do Ministério Público renunciar ao recurso, pois lhe é vedada a desistência, *ex vi* do disposto no art. 576 do CPP. A corrente majoritária entende que o órgão do *Parquet* pode renunciar ao recurso, ao passo que minoritariamente se entende que o titular da ação penal pública não pode fazê-lo, devendo aguardar o transcurso do prazo legal.

O segundo fato impeditivo que existia na legislação até a entrada em vigor das Leis n. 11.698 e 11.719, de 2008, consistia no não recolhimento do réu à prisão nos casos de sentença condenatória recorrível (art. 594 do CPP) e prisão por pronúncia (art. 408, §§ 1º e 2º, do CPP).

Atualmente, porém, é defeso ao magistrado, na sentença, condicionar o direito de apelar ao recolhimento do réu à prisão. Isto porque a Lei n. 11.719/2008, além de revogar expressamente o art. 594 do CPP, incluiu o seguinte parágrafo único ao art. 387: "O juiz decidirá, fundamentadamente, sobre a manutenção ou, se for o caso, imposição de prisão preventiva ou de outra medida cautelar, **sem prejuízo do conhecimento da apelação que vier a ser interposta**". Assim, a nova redação do dispositivo coaduna-se com o disposto na recente Súmula 347 do STJ[31].

Da mesma forma, não mais se pode falar em prisão como efeito ou decorrência da decisão de pronúncia no rito do júri. Com efeito, o art. 413, § 3º, estabelece que o juiz, por ocasião da pronúncia, decidirá, motivadamente, acerca da decretação, manutenção, revogação ou substituição da prisão

---

[29] STF, 1ª T., HC 121.225/MG, Rel. Min. Marco Aurélio, j. 14.3.2017.

[30] STJ, 6ª T., HC 264.249/SP, Rel. Min. Maria Thereza de Assis Moura, *DJe*, 10.5.2013.

[31] Súmula 347 do STJ: "O conhecimento de recurso de apelação do réu independe de sua prisão".

ou de outra medida restritiva da liberdade anteriormente imposta. Encontra-se, pois, a nosso sentir, tacitamente revogado o art. 585 do CPP, não só pela inexistência de prisão como efeito da pronúncia, mas sobretudo porque não mais se impõe o recolhimento à prisão como condição para o conhecimento do recurso de apelação da sentença condenatória, que pressupõe um juízo de certeza a respeito da autoria ou participação do réu no cometimento da infração penal, diferentemente da decisão de pronúncia, prolatada com base apenas em indícios suficientes de autoria ou participação.

ii) Fatos extintivos:

Fatos extintivos são aqueles que obstam a apreciação de um recurso já interposto, em virtude da desistência do mesmo ou da deserção.

A desistência consubstancia-se no desejo de não prosseguir com o recurso, sendo vedada, consoante o art. 576 do CPP, ao órgão do Ministério Público, por força do princípio da indisponibilidade. Podem desistir o acusado (desde que haja concordância com seu advogado), o defensor com poderes especiais para tanto (o dativo, em face da ausência desses poderes, não pode desistir), o querelante, o querelado e o assistente do *Parquet*. No tocante à divergência entre acusado e advogado, *vide* anotações ao tópico anterior.

Finalmente, a deserção indica uma desistência implícita ou presumida, caracterizada pelo abandono do recurso, denotando, assim, a falta de interesse em seu prosseguimento. São casos de deserção:

a) Nas ações privadas, o réu deixar de pagar as custas nos prazos fixados em lei ou pelo juiz (art. 806, § 2º, do CPP).

b) O réu deixar de pagar as despesas do traslado quando a apelação for por instrumento, nos casos em que, havendo mais de um réu, ainda não foram julgados ou não tiverem apelado[32]. Excetua-se essa situação quando o réu for declaradamente pobre (art. 601, §§ 1º e 2º).

Há entendimento doutrinário no sentido de que a falta de preparo impedirá o conhecimento apenas dos recursos manejados em ação penal privada, quando o réu não for reconhecidamente pobre.

Outros autores, na mesma linha do entendimento anterior, discordam da necessidade de recolhimento das custas, ainda que o réu seja reconhecidamente pobre, uma vez que, estando em jogo a liberdade do réu, seria temerária a exigência de pagamento de custas como condição do recurso.

Vale dizer, para essa corrente, a única hipótese possível de deserção por ausência de preparo é quanto à interposição de recurso pelo querelante na ação penal privada.

5.3. Pressupostos subjetivos

a) *Interesse*. Somente a parte que tenha interesse na reforma da decisão poderá recorrer. Diz a doutrina tradicional que o interesse decorre da sucumbência, o que significa que somente à parte que não teve sua pretensão atendida, total ou parcialmente, abrir-se-á a via recursal. Exige-se, portanto, que a parte tenha experimentado um prejuízo ou gravame em virtude de decisão desfavorável que não acolheu *pretensão juridicamente relevante*.

Dispõe o parágrafo único do art. 577 que não se admitirá recurso da parte que não tiver interesse na reforma ou modificação da decisão.

Em regra, o recurso se volta contra a parte dispositiva da decisão, e não contra sua fundamentação. Contudo, há exceções. Assim, admite-se que a defesa recorra de sentença absolutória com vistas à alteração do fundamento da absolvição. A absolvição com fundamento na ausência ou insufi-

[32] Nesse sentido: STJ, 5ª T., HC 269.022/PA, Rel. Min. Moura Ribeiro, j. 18.3.2014, *DJ*, 24.3.2014.

ciência de provas para a condenação não impede a vítima de ajuizar um pedido de indenização na esfera civil. Para escapar à ação civil *ex delicto* poderá o réu recorrer da sentença absolutória buscando a alteração dos fundamentos da decisão, pleiteando, por exemplo, a absolvição baseada no inciso I do art. 386 (estar provada a inexistência do fato).

O Ministério Público terá interesse para recorrer:

I – tanto nos casos em que integra a relação processual como parte quanto nos casos em que atua como fiscal da lei;

II – em favor do réu, na busca da correta aplicação da lei. Nesses casos, a existência de recurso do réu, com objeto idêntico, prejudica o conhecimento do recurso ministerial;

III – nas hipóteses de ação privada exclusiva, não poderá o Ministério Público recorrer da sentença absolutória não impugnada pelo querelante. Caso a sentença seja condenatória, poderá o representante do *Parquet* apelar, pleiteando o aumento da pena ou até mesmo a absolvição do querelado.

O réu não poderá recorrer, por ausência de interesse, da sentença que absolveu o corréu.

b) *Legitimidade.* Nos termos do art. 577, *caput,* têm legitimidade para recorrer:

I – o Ministério Público.

O representante do *Parquet* tem legitimidade para recorrer também em benefício do réu, no cumprimento de sua função institucional de zelar pela correta aplicação da lei. Essa é a posição do STF e assim também entendemos. Perguntar-se-ia: Mas onde há *sucumbência* como pressuposto do recurso? Entendemos que nesse caso o órgão ministerial *sucumbe não como parte propriamente dita, mas como fiscal da lei, na medida em que não foi atendido o pressuposto por ele reclamado de fiel e estrita observância à lei,* gerando, destarte, o necessário interesse recursivo. Assim, sucumbência é qualquer situação em que as partes, o Ministério Público ou terceiro sofram desvantagem na relação processual[33], não podendo ficar restrita à compreensão de prejuízo suportado apenas *interpartes* em relação ao pedido.

Por outro lado, de se questionar: pode o Ministério Público recorrer postulando a condenação do réu, se o pedido formulado por outro membro do *Parquet* em sede de alegações finais reclamara a absolvição e este fora integralmente acolhido em sede de sentença? Conquanto divirja parte da doutrina, a nosso ver a resposta é claramente positiva no sentido da possibilidade recursiva. Desse modo, se um membro do Ministério Público postula a absolvição em sede de alegações finais e o magistrado acata referido pedido, nada obsta que outro membro do Ministério Público venha a interpor recurso, visando à condenação. O argumento brandido por aqueles contrários a tal possibilidade consiste na falta de sucumbência, e, nesse sentido, faleceria interesse recursivo ao *Parquet* em face de ser uno e indivisível. Não obstante, não vimos impedimento para interposição do recurso, eis que cada membro do Ministério Público age por sua própria consciência jurídica, amparados cada um e todos estes pelo princípio da independência funcional[34]. Por conseguinte, o que caracteriza a relação processual penal é o Ministério Público-instituição e não, obviamente, a figura física do promotor, o que possibilita que um membro do *Parquet* opte pelo pedido de absolvição em alegações finais, enquanto outro apele da decisão absolutória que acatou referido pedido, por reputá-la injusta[35]. Pode-se também dizer que "a utilidade a que tende o impugnante deve ser comprovada sobre a base de uma valoração objetiva, e não segundo a opinião pessoal do sujeito"[36]. De um ou de outro modo, a sucumbência há de ser medida, conforme bem decidiu o STF, "em relação ao objeto total da acusação, demarcada pela

---

[33] Rogério Lauria Tucci, *Enciclopédia Saraiva do Direito,* v. 63, verbete "Recurso".

[34] STF, 1ª T., AgRg no RE com Ag 725.491/SP, unânime, Rel. Min. Luiz Fux, j. 26.5.2015, *DJ*, 15.6.2015.

[35] TACrimSP, Rec., Rel. Abreu de Oliveira, *RT*, 720/465; STJ, 5ª T., HC 112.793/ES, Rel. Min. Arnaldo Esteves, *DJ*, 24.5.2010.

[36] Giovanni Leone, *Tratado de derecho procesal penal,* v. III, p. 95.

imputação deduzida na denúncia", e não nas alegações finais[37]. Assim, o que determina a sucumbência é o pedido inicial, e não a circunstancialidade opinativa, subjetiva e ocasional do membro do Ministério Público que ofertou as alegações finais;

II – o querelante;

III – o réu.

Além de legitimação, confere a lei capacidade postulatória ao acusado, que poderá recorrer independentemente da intervenção de seu defensor;

IV – o procurador ou o defensor do acusado.

O estatuto processual penal estabeleceu uma legitimação autônoma e concorrente entre o réu e seu defensor para recorrer. O defensor, dativo ou constituído, está autorizado a interpor recurso, independentemente da anuência do réu. Obviamente, essa dupla legitimação pode ocasionar conflito entre acusado e advogado, quanto à necessidade de recorrer de determinada solução. Quando há colidência entre as vontades do réu e de seu defensor, por exemplo, na hipótese de decidir o advogado pela interposição de recurso, não obstante a renúncia do acusado, põe-se a questão de qual vontade deve prevalecer. Doutrina e jurisprudência não são unânimes a esse respeito, prevalecendo a opinião de que deve preponderar a vontade de recorrer. A renúncia do réu somente prevalecerá quando tomada por termo nos autos, diante de seu advogado.

De acordo com a Súmula 705 do STF, "a renúncia do réu ao direito de apelação, manifestada sem a assistência do defensor, não impede o conhecimento da apelação por este interposta".

A lei confere legitimação também:

V – ao ofendido e seus sucessores.

Por força do art. 598, *caput,* do CPP, o ofendido ou qualquer das pessoas enumeradas no art. 31, ainda que não se tenha habilitado como assistente, poderá interpor apelação, nos crimes de competência do Tribunal do Júri ou do juiz singular, se da sentença não for interposta apelação pelo Ministério Público.

Poderá, também, interpor recurso da decisão de impronúncia e da decisão que julgar extinta a punibilidade, de acordo com o art. 584, § 1º. Vale ressaltar que é cabível o recurso de apelação contra a decisão de impronúncia (art. 416 do CPP, com redação dada pela Lei n. 11.689/2008).

VI – a qualquer do povo, da decisão que incluir jurado na lista geral ou desta o excluir;

VII – a terceiro que tenha prestado a fiança, nos casos de quebramento ou perda de seu valor;

VIII – as associações dedicadas à tutela do consumidor, na condição de assistente do Ministério Público (art. 80 da Lei n. 8.078/90).

Vale lembrar que outros autores[38] classificam os requisitos dos recursos partindo do estudo das condições da ação e dos pressupostos processuais. Teríamos, portanto:

Condições de admissibilidade dos recursos:

a) possibilidade jurídica;

b) legitimação;

c) interesse.

Pressupostos dos recursos:

a) investidura do juiz;

b) capacidade de quem interpõe o recurso;

---

[37] STF, HC, Rel. Min. Sepúlveda Pertence, *RT*, 665/380.

[38] Dentre eles, Hélio Tornaghi, Ada Pellegrini Grinover, Scarance e Magalhães.

c) regularidade formal;

d) inexistência de fatos impeditivos ou extintivos.

6. EFEITOS DOS RECURSOS

Para que um recurso possa ser julgado, devem estar presentes os pressupostos recursais objetivos e subjetivos, além da ausência de fatos impeditivos ou extintivos. Interposto um recurso e sendo positivo seu juízo de admissibilidade (*juízo de prelibação*), advirão consequências, efeitos, que variarão de acordo com a espécie recursal. Os efeitos de impedir a preclusão, obstar o trânsito em julgado, devolver a matéria impugnada ao órgão *ad quem* (devolutivo) e estender os efeitos de uma decisão benéfica a corréu não recorrente (extensivo) estão presentes em todos os recursos, ao passo que os efeitos suspensivo, extensivo e regressivo são afetos a alguns deles, o que se destacará quando da análise dos recursos em espécie. São, pois, efeitos comuns aos recursos:

a) *Impedir a preclusão*. A lei processual prevê prazos para que se manifeste o desejo de recorrer, sendo estes contínuos e peremptórios. O sucumbente deve interpor o recurso cabível e adequado tempestivamente, sob pena da ocorrência do fenômeno processual da preclusão, que se consubstancia na perda da oportunidade de praticar um ato pelo decurso do tempo. Outrossim, tem o recurso conhecido (que atende aos pressupostos recursais) o efeito de afastar a preclusão.

b) *Postergar o trânsito em julgado*. As decisões judiciais (sentenças e acórdãos), em determinado momento, adquirem o caráter de imutáveis, irreversíveis. Quando isso ocorre, verifica-se o advento do trânsito em julgado e a consequente formação da coisa julgada, vale dizer, a insuscetibilidade de alteração do *decisum*. O recurso admitido tem o condão de protrair o momento da *res judicata*, expressão do poder de império do Estado, que avocou para si a tarefa de dirimir conflitos com autoridade.

c) *Devolutivo*. O efeito devolutivo confunde-se com a própria finalidade do recurso de obter um novo pronunciamento sobre determinada decisão, modificando-a, anulando-a ou integrando-a. Dessa feita, o efeito em tela estabelece a transferência da matéria decidida ao órgão *ad quem* para reapreciação, nos exatos limites do pedido de reforma, que está contido na interposição.

O âmbito de devolutividade do recurso é classificado da seguinte forma: em razão da extensão, isto é, o *quantum* de matéria se submete à reapreciação; e quanto à profundidade, que se traduz no material a ser utilizado para julgar. A extensão é limitada pelo pedido de reforma, sendo vedado o julgamento *ultra* ou *extra petita*, salvo no que concerne às questões que devam ser decididas de ofício. Outrossim, a profundidade é ilimitada, podendo o órgão de segundo grau (ou o próprio órgão prolator, nos recursos a ele submetidos) se valer de todo e qualquer elemento para julgar, não importando se foi ou não trazido à colação pelo recorrente em seu arrazoado.

As decisões judiciais podem ser atacadas por *error in judicando* (erro de julgamento) ou *error in procedendo* (erro de procedimento). O primeiro refere-se, por exemplo, à errônea apreciação de uma prova, à fixação de pena em desconformidade com o merecido etc. Já o erro de procedimento denuncia a ocorrência de um vício processual (*v.g.*, nulidade absoluta por cerceamento do direito de defesa). Se o erro for de julgamento, o juízo *ad quem* profere uma decisão substitutiva; caso se trate de erro de procedimento, o tribunal anula os atos, determinando que sejam refeitos.

É corolário do efeito devolutivo a proibição da *reformatio in pejus*, que pode ser direta ou indireta:

i) direta: trata-se da reforma em prejuízo do recorrente, em julgamento de seu próprio recurso;

ii) indireta: é a imposição de situação mais gravosa ao recorrente, que obteve anulação de uma decisão, em nova sentença proferida em substituição àquela. A decisão anulada fixa o limite que poderá alcançar a condenação.

d) *Suspensivo*. O efeito suspensivo impede que a decisão seja executada até o julgamento do recurso, devendo ser consignadas na lei suas hipóteses, por se tratar de medida excepcional. Em outras palavras, o comando emergente da decisão não surte efeitos até que o recurso seja apreciado. Em âmbito processual penal, como regra, o efeito suspensivo está ligado umbilicalmente à possibilidade de se poder realizar a constrição da liberdade do réu quando sobrevier, contra ele, decisão desfavorável, condenando-o pela prática de determinado delito.

Cumpre observar que exceção ao efeito suspensivo será a sentença absolutória de réu que se encontrava preso. Neste caso, ainda que o Ministério Público interponha recurso da decisão, o réu deverá ser colocado imediatamente em liberdade, tal como disposto no art. 596 do CPP.

e) *Regressivo (ou diferido e iterativo)*: art. 589, *caput*, do CPP.

O efeito regressivo tem lugar no recurso em sentido estrito e no agravo em execução, referindo-se à possibilidade de o juiz prolator da decisão, ao receber o recurso, reformar seu ato total ou parcialmente (juízo de retratação) ou mantê-lo (juízo de sustentação), antes da subida dos autos ao tribunal.

A possibilidade de retratação permite ao magistrado reconhecer eventual erro ou injustiça que cometeu ao julgar, devendo, com sobriedade e hombridade, modificar sua decisão. Os procedimentos nos casos de juízo de sustentação e juízo de retratação serão analisados detalhadamente quando do exame dos recursos em que têm cabimento.

f) *Extensivo*: art. 580 do CPP.

O efeito extensivo, também chamado de iterativo, estabelece, no caso do concurso de agentes (art. 29 do CP), o aproveitamento de uma decisão a corréu não recorrente, desde que seja favorável e os motivos que a ensejaram não forem de caráter exclusivamente pessoal (*v.g.*, redução do prazo prescricional pela metade se o réu, à data da sentença, for maior de 70 anos, nos termos do art. 115 do CP). Aplicável o efeito extensivo a todos os recursos e às ações impugnativas autônomas de *habeas corpus* e revisão criminal.

Registre-se, ainda, a posição da doutrina (Tourinho Filho, entre outros) no sentido de que o efeito extensivo não é propriamente um efeito, mas sim mera consequência da decisão.

Nesse sentido, a doutrina e a jurisprudência apontam existir somente três casos de extensão do julgado, quais sejam: 1º) inexistência material do fato; 2º) atipicidade do fato ou este não constituir crime; 3º) extinção da punibilidade[39].

7. SÍNTESE

Teoria geral dos recursos

Recurso é o instrumento processual de interposição voluntária, destinado à obtenção do reexame de decisão proferida na mesma relação jurídica processual, passível de provocar esclarecimentos, integração ou invalidação da decisão judicial impugnada.

Características:

a) são voluntários: as partes podem ou não interpô-lo, de acordo com a sua conveniência;

b) são anteriores ao trânsito em julgado da sentença;

c) não instituem nova relação processual.

---

[39] *RT*, 518/346. Cf. Damásio de Jesus, *Código de Processo Penal anotado*, 16. ed., p. 407.

Fundamentos dos recursos

a) a própria natureza falível do ser humano e do juiz, enquanto tal, não estando isento de equívocos;

b) a necessidade psicológica do homem de ver reapreciada uma decisão desfavorável;

c) certa coação psicológica sobre o juiz de grau inferior, que levaria a julgar melhor, sabedor da possibilidade de sua decisão ser reexaminada por órgão superior;

d) a possibilidade de a causa ser julgada por um órgão colegiado, formado por juízes de maior experiência e saber jurídico;

e) razões históricas.

Princípios

I – princípio da taxatividade dos recursos: os recursos devem estar expressamente previstos em lei, não se admitindo que a parte requeira a reforma de uma decisão sem que haja previsão legal do meio impugnatório;

II – princípio da fungibilidade dos recursos: a parte não será prejudicada pela interposição equivocada de um recurso por outro, desde que não haja má-fé ou erro grosseiro;

III – princípio da variabilidade dos recursos: permite-se ao recorrente a desistência de um recurso já interposto para a interposição de um novo, desde que se observe o prazo legal;

IV – princípio da unirrecorribilidade das decisões: a lei prevê um único recurso adequado para a impugnação de uma decisão, não permitindo à parte interpor mais de um recurso. Porém, tal princípio é excepcionado em duas circunstâncias:

- *pela própria legislação*: é um exemplo em que há previsão da interposição concomitante de mais de um recurso, como no de recurso extraordinário e de recurso especial, caso o acórdão contrarie, a um só tempo, preceito constitucional e lei federal;
- *pelo princípio da variabilidade dos recursos*: que faculta à parte a desistência de um recurso para a interposição de outro.

Reexame necessário ou recurso de ofício

Ao lado dos recursos voluntários, existe o chamado recurso de ofício, que será interposto pelo juiz contra a sua própria decisão. Em que pese parte da doutrina entendê-lo como inconstitucional, a maioria tem que não se trata de uma modalidade de recurso, mas sim condição necessária para que a sentença possa produzir seus efeitos jurídicos.

Casos em que deverá ser interposto recurso de ofício:

a) da sentença que conceder *habeas corpus*;

b) da sentença que absolver desde logo o réu com fundamento na circunstância que exclua o crime ou isente o réu de pena, nos termos do art. 411 (absolvição sumária, nos crimes submetidos ao Tribunal do Júri). Com a reforma de 2008, a maioria da doutrina entende que esta hipótese está revogada;

c) da decisão que conceder a reabilitação;

d) da decisão absolutória em processo por crime contra a economia popular ou contra a saúde pública, ou despacho de arquivamento dos autos do respectivo inquérito policial. Esse preceito não se aplica aos crimes previstos na Lei n. 11.343/2006.

Juízo de prelibação

Para que haja conhecimento do recurso pelo órgão *ad quem*, deverá este conter os requisitos previstos em lei, sob pena de não recebimento. Assim, é realizado juízo de prelibação ou de admissibilidade do recurso pelo próprio juiz que prolatou a decisão impugnada, antes que os autos subam a instância superior. Verificar-se-á, dessa forma, a título provisório –, eis que tal decisão não vincula instância superior –, se o recurso é plausível de apreciação, ou seja, se se mostra pertinente e cabível.

Pressuposto fundamental: sucumbência, sendo necessário que o ato jurisdicional impugnado acarrete algum gravame à parte.

Pressupostos objetivos:

a) autorização ou previsão legal (cabimento);

b) tempestividade: à parte prejudicada cabe interpor o recurso dentro do prazo legal, sob pena de preclusão do direito de recorrer, situação em que a peça recursal não será conhecida e, consequentemente, julgada;

c) observância das formalidades legais;

d) ausência de fatos impeditivos e extintivos:

- fato impeditivo: consiste na impossibilidade de interposição do recurso em razão da renúncia ao direito de recorrer;
- fatos extintivos: são aqueles que obstam a apreciação de um recurso já interposto, em virtude da desistência do mesmo ou da deserção.

Pressupostos subjetivos:

a) interesse;

b) legitimidade.

Efeitos dos recursos

São efeitos comuns dos recursos:

a) impedir a preclusão;

b) postergar o trânsito em julgado;

c) devolutivo;

d) suspensivo;

e) regressivo;

f) extensivo.

Capítulo XXXI
RECURSO EM SENTIDO ESTRITO

1. NOÇÕES PRELIMINARES

O recurso em sentido estrito é utilizado como meio de impugnação de decisões interlocutórias e até mesmo de sentenças, desde que haja expressa previsão legal. A doutrina costuma dizer que a nomenclatura "recurso em sentido estrito" não é correta, porquanto nada mais faz do que distingui-lo da acepção ampla da palavra "recurso", qual seja, "meio de defesa". Assim, todo e qualquer recurso (apelação, recurso ordinário etc.) seria em sentido estrito, contrapondo-se ao sentido *lato* da palavra. Daí se dizer que o recurso em sentido estrito é inominado[1]. A interposição de recurso, por sua vez, possibilita ao juízo *a quo* a retratação da decisão objeto da impugnação, seja ela interlocutória ou definitiva, tornando desnecessário o reexame pelo órgão jurisdicional superior. Alguns autores afirmam a correspondência com o agravo do processo civil[2], uma vez que ambos são cabíveis nos casos expressamente previstos em lei e se aplicam, em regra, a decisões não terminativas, denominadas interlocutórias.

Contudo, atente o leitor que, conquanto grande parte da doutrina se manifeste no sentido apontado, *entendemos mais adequado afirmar que inexiste uma correspondência estrita – existem semelhanças, é verdade! – entre o agravo do processo civil e o recurso em sentido estrito*, pela simples razão de que, a par dos ritos serem diversos, ainda tal entendimento poderia levar ao seguinte equívoco: existem decisões no processo penal que, embora ponham fim ao processo (*v.g.*, julgam extinta a punibilidade), não ensejam apelação – como o raciocínio poderia sugerir –, mas sim recurso em sentido estrito.

Tratando-se de decisão definitiva, ou com força de definitiva, não sendo hipótese de recurso em sentido estrito, diante da necessidade de previsão expressa na lei, o recurso cabível será a apelação, por força do art. 593, II, do CPP, de natureza residual.

1.1. Espécies de recurso em sentido estrito

Em razão do *modus procedendi*, os recursos em sentido estrito podem subir por instrumento, com a formação de autos à parte e sua remessa ao órgão superior, ou podem subir nos próprios autos do processo.

Pode-se, ainda, dividi-los em:

a) recurso em sentido estrito *pro et contra* quando servir para a impugnação de decisões que atendem ou rejeitam a pretensão postulada, por exemplo, da decisão que conceder ou negar a ordem de *habeas corpus;*

b) recurso em sentido estrito *secundum eventum litis*, que serve para impugnar decisões em determinado sentido, não sendo admitido caso a decisão seja oposta, como na hipótese de decisão que anular o processo da instrução criminal, no todo ou em parte; da decisão que não anula o processo não caberá recurso em sentido estrito.

---

[1] Fernando da Costa Tourinho Filho, *Processo penal*, 19. ed., v. 4, p. 325.

[2] Arts. 1.015 a 1.020 do Código de Processo Civil de 2015.

2. CABIMENTO

O recurso em sentido estrito, em regra, somente será cabível nas hipóteses em que a lei expressamente determinar (*vide* tópico seguinte: hipóteses do art. 581 do CPP). Aplica-se, portanto, o princípio da taxatividade dos recursos: interposto recurso em sentido estrito fora das hipóteses legais, não será ele conhecido, por estar ausente um requisito objetivo de admissibilidade.

Além dos casos previstos no art. 581 do CPP, a legislação extravagante contém outras hipóteses em que se admite a interposição de recurso em sentido estrito. Portanto, desafiam o recurso em sentido estrito as decisões que:

a) determinam o arquivamento da representação oferecida por qualquer do povo, nas contravenções do jogo do bicho e da corrida de cavalos (art. 6º, parágrafo único, da Lei n. 1.508/51). Vale dizer, no entanto, que referida hipótese teria sido revogada com a nova redação dada ao art. 28 pela Lei n. 13.964/2019 (Pacote Anticrime);

b) decretam a suspensão da permissão ou habilitação para dirigir veículo automotor, ou a medida cautelar de suspensão, ou ainda que indeferirem o requerimento do Ministério Público, nos crimes cometidos na direção de veículos automotores previstos no Código de Trânsito Brasileiro (Lei n. 9.503/97, art. 294, parágrafo único);

c) apliquem lei nova a fato julgado por sentença condenatória irrecorrível, nos termos do art. 13, § 1º, do Decreto-lei n. 3.931/41 (Lei de Introdução ao CPP).

No mais, é imperativa a observância do princípio da fungibilidade, previsto expressamente no art. 579 do CPP, possibilitando a conversão do recurso interposto erroneamente por outro previsto em lei, no caso o recurso em sentido estrito, inexistindo má-fé do recorrente[3] se houver interposição no prazo do recurso correto e ausência de erro grosseiro.

3. HIPÓTESES DO ART. 581 DO CPP

3.1. Interpretação do art. 581 do CPP

A maior parte da doutrina entende ser taxativo, exaustivo, o rol previsto no art. 581, pois trata de matéria de direito estrito. Há, contudo, sérias divergências quanto à possibilidade de aplicação da analogia, bem como da interpretação extensiva do dispositivo. Senão, vejamos:

a) Para alguns, sendo a enumeração taxativa, matéria de direito estrito, portanto, não comporta integração analógica, tampouco interpretação extensiva. Não se enquadrando em uma das hipóteses enumeradas, a decisão será impugnável por meio de apelação, recurso de caráter residual (desde que se amolde a uma das hipóteses legais).

Sustenta tal hipótese Tourinho Filho[4], argumentando que, se a enumeração do art. 581 do CPP fosse exemplificativa, não haveria necessidade de elencar todas as hipóteses. Outrossim, diz o autor que, nos casos de decisões definitivas ou com força definitiva, não se tomaria a apelação como recurso residual. Essa, aliás, era já a posição partilhada por Frederico Marques[5], ao dizer que o recurso em sentido estrito deve estar expressamente previsto em lei.

b) Para outros, não obstante a taxatividade, o artigo admite interpretação extensiva e integração analógica, por aplicação do art. 3º do CPP, com o fim de colmatar eventual lacuna involuntária da lei. O que se veda é a ampliação do rol para incluir situações nele não previstas. Assim, admite-se a in-

---

[3] Nesse sentido: STJ, 5ª T., REsp 1.182.251/MT, Rel. Min. Jorge Mussi, j. 5.6.2014 (*Informativo do STJ* n. 543).

[4] Tourinho Filho, *Processo penal*, 11. ed., v. 4, p. 255.

[5] José Frederico Marques, *Elementos do direito processual penal*, v. 4, p. 282.

terposição de recurso em sentido estrito para impugnar decisão que rejeita o aditamento da denúncia ou queixa, hipótese que se enquadraria no inciso I do art. 581.

Corroborando esse entendimento, Magalhães Noronha[6] cita Borges da Rosa: "A numeração feita é taxativa quanto ao espírito do texto legal, mas não quanto às suas expressões literais, quanto à sua forma. De sorte que, embora o novo caso não se identifique, por suas expressões literais, com os enumerados no texto legal, deve ser contemplado na enumeração taxativa, quando se identifique pelo seu espírito, tanto vale dizer pelos seus fins e efeitos, com qualquer um dos casos contemplados no texto legal".

c) Por fim, há autores, entre eles Vicente Greco Filho[7], que compartilham do entendimento de que é possível a utilização da interpretação extensiva, mas não da analogia, por importar esta em ampliação do rol para abranger situações semelhantes, não contempladas em lei.

3.2. Interpretação extensiva e a analogia no art. 581 do CPP

A interpretação extensiva é utilizada para os casos em que há norma reguladora de uma situação hipotética. Todavia, não há a delimitação dos seus efeitos. Assim, quando da ocorrência de um fato condizente com a regulamentação já existente, por apresentar a mesma razão de ser, porém não previsto expressamente no texto da lei, é possível a extensão da norma, ampliando o conceito inicial, a modo de abarcar as situações omitidas involuntariamente pelo legislador. Por sua vez, na analogia não existe norma regulamentando o caso concreto. O que ocorre é a aplicação de uma norma já existente a uma situação semelhante, suprindo a falta de regulamentação. Em síntese, a analogia é método de integração das lacunas da lei, ao passo que a interpretação extensiva visa buscar o verdadeiro significado e alcance da norma.

A lei processual penal, diferentemente da lei material, admite a interpretação extensiva e a aplicação analógica dos seus institutos, bem como o suplemento dos princípios gerais do direito (art. 3º do CPP). Essa situação dá abertura ao intérprete para interpor recurso em sentido estrito em situações não previstas expressamente no rol do art. 581 do CPP. Uma vez observados os fins e os efeitos pretendidos pelo espírito de lei, não há óbice em ampliar a interpretação das hipóteses do art. 581 para situações que objetivam a mesma finalidade, observada omissão involuntária do legislador, bem como em aplicar a analogia quando a lei for lacunosa.

O que se deve contemplar é o princípio da ampla defesa e do duplo grau de jurisdição, e não o *numerus clausus*, que somente deve ser observado quando verificado que a lei propositadamente excluiu determinada hipótese. É a aplicação do princípio da igualdade concebido no brocardo *ubi eadem legis ratio, ibi idem jus*: "onde existe a mesma razão, aí tem lugar o mesmo direito".

A jurisprudência vem-se mostrando favorável a esse entendimento, manifestando-se em reiteradas oportunidades a favor da aplicação da interpretação extensiva e da analogia: "Apesar do referido artigo ser para muitos *numerus clausus*, deve observar-se que a lei processual, como qualquer outra, admite em regra a interpretação extensiva, e, na lacuna involuntária da lei, a analogia, os costumes e os princípios gerais do direito"[8]. Por conseguinte, ajustando a interpretação ao espírito da lei, é logicamente plausível, a título exemplificativo, a admissão do recurso em relação à decisão que obstou o aditamento da denúncia, tendo em vista que tem plena correlação com a hipótese do art. 581, I, do CPP, correspondendo a uma hipótese de não recebimento da denúncia. É nossa posição.

---

[6] Magalhães Noronha, *Curso de direito processual penal*, 28. ed., p. 460.

[7] Vicente Greco Filho, *Manual de processo penal*, p. 320.

[8] Nesse sentido: TJMG, 2ª Câm. Crim., RSE 1.0317.21.000144-0/001, Rel. Des. Nelson Missias de Morais, j. 10.2.2022, publicação da súmula em 18.2.2022; STJ, 3ª S., Embargos de Divergência em RE n. 1.630.121/RN, j. 28.11.2018, *DJ*, 11.12.2018.

Aliás, esse entendimento encontra respaldo na jurisprudência do Superior Tribunal de Justiça, para quem é cabível recurso em sentido estrito para impugnar decisão que indefere aditamento à denúncia e para impugnar decisão que indefere pedido antecipado de provas, haja vista que, não obstante prevaleça o entendimento de que o rol do art. 581 do CPP seja taxativo, o rigor vem sendo abrandado diante das constantes mudanças previstas na legislação processual[9].

3.3. Despacho pode ser objeto do recurso?

O termo *despacho*, incluído no *caput* do art. 581, deve ser excluído do dispositivo, pois há uma imprecisão técnica do legislador. O despacho não autoriza o recurso em sentido estrito, pois é mero ato de movimentação processual, sendo destituído de carga decisória, portanto irrecorrível. A imprecisão terminológica é perceptível, tomando-se como exemplo o art. 584, § 3º, do CPP, onde o termo "despacho" corresponde ao ato decisório de quebra da fiança, que, por consequência, acarreta a prisão do acusado.

3.4. O recurso em sentido estrito e as hipóteses do art. 581

De acordo com o art. 581 do CPP, caberá recurso em sentido estrito das seguintes decisões:

3.4.1. Decisão que não receber a denúncia ou a queixa

A decisão que não recebe denúncia ou queixa, nas hipóteses arroladas pelo art. 395 do CPP, é terminativa, impugnável por meio de recurso *stricto sensu*[10].

Da decisão que recebe denúncia ou queixa não cabe recurso[11]. Poderá o denunciado impetrar *habeas corpus,* caso entenda inexistir justa causa para a ação penal, ou, ainda, valer-se do mandado de segurança, nos delitos cometidos por pessoa jurídica, nos termos da Lei n. 9.605/98, impropriamente chamada de "Lei dos Crimes Ambientais". Por outro lado, "é cabível a interposição de recurso em sentido estrito contra decisão que reconsidera o despacho de recebimento da denúncia"[12].

Nas infrações de menor potencial ofensivo, sujeitas ao processo sumaríssimo previsto na Lei n. 9.099/95, da decisão de rejeição da denúncia ou queixa caberá apelação, no prazo de 10 dias (art. 82 e § 1º).

Da rejeição do aditamento da denúncia ou queixa caberá recurso em sentido estrito, por força do disposto no art. 3º do CPP, conforme explicitado acima. No mesmo sentido, toda vez que a denúncia ou queixa for recebida com capitulação legal diversa da proposta pelo Ministério Público ou querelante, será adequado o recurso *stricto sensu* para a impugnação.

Ressalvadas as hipóteses previstas em lei, não cabe recurso em sentido estrito no caso de arquivamento do inquérito policial ou das peças de informação[13].

Vale salientar que as hipóteses de rejeição da denúncia ou queixa encontram-se previstas no art. 395 do CPP, não devendo ser confundidas com as causas de absolvição sumária previstas no art. 397 do CPP, as quais desafiarão recurso de apelação.

Interposto o recurso pelo Ministério Público ou pelo querelante, deve-se intimar o denunciado para que ofereça contrarrazões, tendo em vista que será o destinatário final da pretensão punitiva do

---

[9] STJ, 6ª T., AgRg nos EDcl no REsp 1706412/SP, Rel. Min. Antônio Saldanha Pinheiro, *DJe*, 21.6.2019.

[10] Nesse sentido: STJ, 5ª T., AgRg em Ag em REsp 1.460.381/BA, Rel. Min. Jorge Mussi, j. 19.9.2019, *DJ*, 30.09.2019.

[11] Nesse sentido: STJ, 5ª T., AgRg no REsp 1973.103/SC, Rel. Min. Reynaldo Soares da Fonseca, j. 24.4.2022, *DJ*, 30.5.2022.

[12] Nesse sentido: TACrimSP, 4ª Câm., AP 133.228-5/1, Rel. Devienne Ferraz, j. 10.12.2002.

[13] Nesse sentido: TJMG, 1ª Câm. Crim., RESE 1.0518.19.011680-7/001, Rel. Des. Guilherme de Azeredo Passos, j. 27.9.2022, publicação da súmula em 05.10.2022.

Estado. Portanto, constituiria supressão do preceito constitucional da ampla defesa (art. 5º, LV) e, consequentemente, violação do devido processo legal, acarretando a nulidade do processo; a vedação ao denunciado de se manifestar sobre a preservação do seu direito de liberdade, já que tem por interesse capital ver a decisão de não recebimento mantida. É esse o teor da Súmula 707 do STF: "Constitui nulidade a falta de intimação do denunciado para oferecer contrarrazões ao recurso interposto da rejeição da denúncia, não a suprindo a nomeação de defensor dativo". Não obstante, há entendimento minoritário em sentido oposto, ou seja, da desnecessidade de intimar o denunciado, tendo em conta que antes do recebimento da exordial acusatória não há processo, e, portanto, não há falar em réu e em obediência ao princípio da ampla defesa.

De acordo com a Súmula 709 do STF, o acórdão que provê o recurso contra a rejeição da denúncia vale, desde logo, pelo recebimento dela, salvo quando nula a decisão de primeiro grau. Isso vale dizer que a denúncia ou queixa passa a produzir efeitos desde o momento em que é prolatado o acórdão que provê o recurso, cabendo ao juízo de primeira instância, a partir de então, dar desenvolvimento ao processo, como se ele próprio houvesse recebido: ordenar a citação do acusado para responder à acusação no prazo de 10 dias, analisar sobre a possibilidade de absolvição sumária e, não sendo o caso, designar uma audiência de instrução, interrogatório e debates etc., dando continuidade ao procedimento, consoante preconiza o princípio do impulso oficial. Não se vislumbra, no caso, supressão de instância.

3.4.2. Decisão que concluir pela incompetência do juízo

A competência diz respeito à observância do princípio do juiz natural, consagrado constitucionalmente no art. 5º, XXXV e LIII, por meio do qual a pessoa só pode ser processada pelo juiz competente. O inciso tratado aplica-se quando a incompetência for reconhecida de ofício pelo juiz da causa, remetendo os autos ao juiz competente, conforme disposição do art. 109 do CPP. Trata-se de decisão interlocutória.

Por outro lado, a exceção de incompetência do juízo é disciplinada no CPP nos arts. 95, II, e 108, caracterizada como incidente processual que, julgado procedente a favor do reconhecimento da exceção, acarreta como consequência a nulidade dos atos realizados pelo juiz incompetente até aquele momento (art. 564, I, e 567 do CPP). Desse modo, nos casos em que o reconhecimento da incompetência decorrer do julgamento de exceção, o recurso terá por fundamento o inciso III do art. 581 do CPP.

Portanto, a hipótese do inciso II do art. 581 restringe-se às decisões de incompetência tomadas pelo juiz no bojo dos autos, com ou sem invocação das partes, mas sem a existência de um incidente específico.

Quando o juiz desclassificar a infração penal, concluindo pela incompetência do juízo, com fulcro no art. 419, nos processos que tramitam sob o rito do Júri, a parte poderá interpor recurso com base no dispositivo em análise[14].

Da decisão que conclui pela competência do juízo não cabe recurso[15]. É possível o exame da questão por meio de *habeas corpus*[16] ou em preliminar de eventual apelação.

---

[14] Nesse sentido: *STJ, 6ª T., HC 346.710/PR, Rel. p/ Acórdão Ministra Thereza de Assis Moura, j. 24.5.2016, DJ, 10.6.2016.*

[15] Nesse sentido: TJMG, 3ª Câm. Crim., *Habeas Corpus* Criminal n. 1.0000.22.275584-5/000, Rel. Des. Fortuna Grion, j. 31.1.2023, publicação da súmula em 2.2.2023

[16] Nesse sentido: TJMG, 3ª Câm. Crim., *Habeas Corpus* Criminal n. 1.0000.22.275584-5/000, Rel. Des. Fortuna Grion, j. 31.1.2023, publicação da súmula em 2.2.2023.

3.4.3. Decisão que julgar procedentes as exceções, salvo a de suspeição

As exceções são um meio de defesa indireto do denunciado ou do querelado, por meio do qual se protela ou se põe termo ao processo. Quando julgadas procedentes as exceções de incompetência de juízo, litispendência, ilegitimidade de parte e coisa julgada, caberá recurso em sentido estrito. Outrossim, se julgadas improcedentes, não são passíveis de recurso[17].

Uma vez julgada procedente a exceção de suspeição, não caberá recurso. Caso o juiz não reconheça a suspeição, proceder-se-á de acordo com o disposto no art. 100 do CPP, remetendo os autos da exceção ao juiz ou tribunal a quem competir o julgamento. Se a suspeição for manifestamente improcedente, será liminarmente rejeitada. Corrobora esse entendimento a Súmula 322 do STF: "Não terá seguimento pedido ou recurso dirigido ao Supremo Tribunal Federal, quando manifestamente incabível, ou apresentado fora do prazo, ou quando for evidente a incompetência do Tribunal".

Caso o próprio magistrado se dê por suspeito, deverá suspender a marcha processual, remetendo os autos ao seu substituto, obedecendo ao procedimento descrito no art. 99 do CPP. Importante frisar que dessa decisão não cabe recurso. Tal ocorre porque não há lógica em recorrer para o tribunal com o fim de obrigar um magistrado a decidir sobre causa em que ele mesmo não se considera isento de imparcialidade.

3.4.4. Decisão que pronunciar o réu

A pronúncia, em termos singelos, corresponde ao ato decisório que submete o acusado ao julgamento pelo Tribunal do Júri, nas causas que versam sobre crimes dolosos contra a vida (art. 5º, XXXVIII, da CF). Nos termos do art. 413, se o juiz se convencer da existência do crime e de indícios de que o réu seja o seu autor ou partícipe, pronunciá-lo-á, dando os motivos de seu convencimento. Dessa decisão poderá o réu interpor recurso em sentido estrito.

Essa decisão deverá ser impugnada por meio de recurso em sentido estrito, ao qual estão legitimados o Ministério Público, o querelante, o ofendido ou seus sucessores, ainda que não habilitados como assistentes. Pode também o réu recorrer, buscando a absolvição sumária.

Vale salientar que, conforme o disposto no art. 416 do CPP, as decisões de impronúncia e absolvição sumária desafiarão recurso de apelação.

3.4.5. Decisão que conceder, negar, arbitrar, cassar ou julgar inidônea a fiança, indeferir requerimento de prisão preventiva ou revogá-la, conceder liberdade provisória ou relaxar a prisão em flagrante

O dispositivo em análise prevê situações em que se decide acerca da liberdade do réu. Cumpre, de início, destacar que, nos casos em que uma decisão versando acerca da liberdade de locomoção for desfavorável ao acusado, poderá este impetrar *habeas corpus* em defesa de seu direito de ir e vir, visto que é remédio constitucional de célere tramitação e de maior eficiência contra a constrição da liberdade.

Esse inciso pode ser dividido de acordo com a legitimidade de interposição do recurso:

1) Nos casos em que o réu tiver a fiança prejudicada ou sua importância for exorbitante, a ele caberá interpor o recurso em sentido estrito em face da decisão. Corresponde à hipótese de o juiz negar, cassar ou julgar inidônea a fiança, bem como arbitrá-la em valor excessivo. De outra feita, se não arbitrá-la, cabe *habeas corpus*, em que pese parcela da doutrina manifestar-se no sentido de que o não arbitramento equivaleria à denegação, e, portanto, cabível o recurso em sentido estrito, com

[17] Nesse sentido: STJ, 5ª T., AgRg no REsp 1.887.189/SP, Rel. Min. Joel Ilan Paciornik, j. 27.10.2020, *DJ*, 12.11.2020.

base no inciso vertente[18]. Cumpre ressaltar que a fiança é um instituto processual em desuso, sendo vedada sua concessão no art. 5º, XLII e XLIII, nos arts. 323 e 324 do CPP, bem como em lei extravagante, relativa ao crime contra o sistema financeiro (Lei n. 7.492/86).

2) Contrariamente, sob outro ângulo, quando a sociedade ou o particular suportar a consequência da liberdade do acusado, caberá ao Ministério Público ou ao querelante a interposição de recurso *stricto sensu* da decisão que:

a) conceder ou arbitrar fiança em valor insuficiente;

b) indeferir requerimento de prisão preventiva ou revogá-la;

c) conceder liberdade provisória;

d) relaxar a prisão em flagrante.

No Estado Democrático de Direito a prisão é a exceção, decorrência do princípio constitucional da presunção de não culpabilidade (art. 5º, LVII), bem como da garantia fundamental da liberdade, observada nas regras do art. 5º, LXV e LXVII, da CF.

No caso desse inciso, todavia, a prisão se sobrepõe à liberdade, impugnando as decisões que lhe concederem tal benefício, conforme se observa nas hipóteses *a* a *d*. O recurso em sentido estrito, via de regra, será viável contra as decisões que favoreçam o réu. Logo, o recurso será apto a impugnar, por exemplo, a decisão que concede a liberdade provisória, e não quando o pedido de concessão for negado. No mesmo sentido, não comporta o recurso *stricto sensu* a decisão que indefere o relaxamento de prisão em flagrante. Ao acusado, a única via que restará será o *habeas corpus*.

Assim, utilizará o recurso em sentido estrito a acusação quando pretender a prisão cautelar ou a manutenção da custódia. Ademais, ao réu, como já exposto, nas situações que envolvem direito à locomoção é preferível o remédio constitucional.

Na mesma linha, tem se entendido que o inciso também engloba a decisão que indefere o pedido de prisão temporária ou a revoga[19] e aquela que indefere, revoga ou determina a substituição de medidas cautelares de natureza pessoal[20]. *Há decisão do STJ nesta linha.*[21]

Já se decidiu, inclusive, pela possibilidade de recurso em sentido estrito pelo Ministério Público contra decisão que indefere pedido de revogação de liberdade provisória, consoante aplicação analógica às hipóteses do inciso ora tratado[22].

Doutrina majoritária entende que o assistente de acusação não tem legitimidade para interpor recurso da decisão que envolve a liberdade do acusado ou que verse sobre a concessão de fiança, por ausência de previsão legal (art. 271 do CPP).

Nos casos em que o arbitramento da fiança couber ao delegado de polícia (arts. 322 e 325, § 2º, I, do CPP), não é cabível recurso da decisão da autoridade, restando à parte interessada pedir ao juiz que a corrija. Nesse sentido se manifestam Ada Pellegrini Grinover, Antonio Magalhães Gomes Filho e Antonio Scarance Fernandes: "O recurso enfocado é apto apenas à impugnação de decisões judiciais, não se prestando ao ataque de decisões de outras autoridades, que poderão ser corrigidas pelo juiz da causa, sem necessidade de recurso. Assim, se a fiança for negada pela autoridade policial, o

---

[18] Fernando da Costa Tourinho Filho, *Processo penal*, 19. ed., v. 4, p. 341.

[19] Nesse sentido: TJMG, 4ª Câm. Crim., RSE 1.0459.11.000647-3/001, Rel. Des. Júlio Cezar Guttierrez, j. 28.10.2015, publicação da súmula em 4.11.2015.

[20] Lima, *Manual de processo penal,* 12. ed., 2023, p. 1576; Alves, *Manual de Processo penal*, 2021, p. 1516.

[21] REsp 1.628.262/RS, Rel. Min. Sebastião Reis Júnior, por unanimidade, j. 13.12.2016, *DJe*, 19.12.2016.

[22] Nesse sentido: *JTJ-Lex*, 232/345.

caso não comporta recurso, devendo o preso pedir ao juiz que a arbitre"[23]. Contra, entendendo caber recurso, Julio Fabbrini Mirabete[24].

3.4.6. Decisão que julgar quebrada a fiança ou perdido o seu valor

Quando o juiz julgar quebrada a fiança (art. 343) ou perdido o seu valor (art. 344), poderá o réu interpor recurso em sentido estrito. Não cabe, porém, recurso em sentido estrito da decisão que negar o quebramento ou a perda da fiança, cabendo à acusação aventar a questão em preliminar de apelação.

O recurso interposto contra a perda do valor da fiança terá efeito suspensivo (art. 584, *caput*), enquanto o recurso do ato decisório que julgar quebrada a fiança suspenderá unicamente o efeito de perda de metade do seu valor (art. 584, § 3º).

3.4.7. Decisão que decretar a prescrição ou julgar, por outro modo, extinta a punibilidade

A extinção da punibilidade é gênero, do qual a prescrição é espécie. A prescrição é a causa de extinção da punibilidade pela qual o Estado perde o poder-dever de aplicar ou executar a sanção penal em razão do seu não exercício em determinado lapso temporal. Partindo dessa definição, nota-se que há dois tipos de prescrição:

a) prescrição da pretensão punitiva: que ocorre antes do trânsito em julgado da sentença penal condenatória;

b) prescrição da pretensão executória: que se dá após o trânsito em julgado.

Nas palavras de Santiago Mir Puig, "a primeira supõe o transcurso de um prazo determinado após a comissão do delito, sem que este seja julgado; a segunda, o transcurso de certo tempo após a imposição da pena, ou após uma interrupção de seu cumprimento, sem que se cumpra"[25]. Importante: a diferença entre elas é o momento em que a prescrição ocorre, e não o momento em que é reconhecida. Assim, se ocorrer antes do trânsito em julgado e só for reconhecida depois dele, trata-se de prescrição da pretensão punitiva e não da pretensão executória.

A prescrição é instituto eminentemente de direito material, pois atinge diretamente o *jus puniendi* estatal – a punibilidade – e o *jus libertatis* do indivíduo (art. 107, IV, do CP). No entanto, não são poucos os seus efeitos processuais, o que a torna uma norma tanto de direito material – prevalente – quanto de direito processual. Assim, sempre é aplicada a norma mais favorável ao agente, os prazos são contados nos termos do art. 10 do CP etc.

Há diversas teorias que fundamentam o instituto da prescrição, elencando como motivos principais, entre outros, o esquecimento, a desnecessidade da pena, a dificuldade da prova etc. Processualmente, temos como principal fundamento da prescrição o direito à duração razoável do processo (art. 5º, LXXVIII, da CF, que diz que "a todos, no âmbito judicial e administrativo, são assegurados a razoável duração do processo e os meios que garantam a celeridade de sua tramitação"), consubstanciado na moderna ideia de um processo sem dilações indevidas. Note-se que as duas espécies de prescrição têm o mesmo fundamento, pois são "manifestações diversas de uma mesma instituição em dois momentos diferentes do poder punitivo"[26].

São imprescritíveis, nos termos do art. 5º, XLII e XLIV, da Constituição Federal, os crimes de racismo (Lei n. 7.716/89) e a ação de grupos armados, civis ou militares, contra a ordem constitucional e o Estado Democrático (Lei n. 7.170/83).

[23] Grinover, Gomes Filho e Scarance, *Recursos no processo penal*, 2. ed., p. 177.

[24] Julio Fabbrini Mirabete, *Processo penal*, 17. ed., p. 675.

[25] Santiago Mir Puig, *Derecho penal*: parte general, p. 750.

[26] Eugenio Raúl Zaffaroni *et al.*, *Derecho penal*: parte general, 2. ed., p. 883.

A prescrição é matéria de ordem pública, e por isso deve ser reconhecida a qualquer momento, tanto de ofício como a requerimento das partes. Pode ser reconhecida, inclusive, pelo próprio juiz de primeiro grau que condenou o agente, por questão de economia processual (em São Paulo assim o determina o Provimento n. 3/94 da Corregedoria-Geral de Justiça). Isso pode ocorrer, por exemplo, quando o juiz condena o agente a pena prescrita em tese, somente podendo reconhecer a prescrição em concreto se não houver recurso da acusação objetivando o aumento da pena.

Por ser preliminar ao mérito, o reconhecimento da prescrição prejudica o seu exame. Nesse sentido é a jurisprudência: "a extinção da punibilidade pela prescrição da pretensão punitiva prejudica o exame do mérito da apelação. Inexistência de ofensa ao item XXXV, art. 5º, da Constituição"[27].

O cálculo do prazo prescricional é feito pela pena cominada ao agente por sentença penal condenatória transitada em julgado para a acusação, ou na sua falta pela pena máxima em abstrato cominada ao crime. Ou seja, se houver trânsito em julgado da pena para a acusação – ou por ausência de recurso, ou em razão de o recurso tratar de outras matérias que não o aumento da pena –, será com base nessa pena o cálculo prescricional. E o prazo para que se dê a prescrição é aquele do art. 109 do Código Penal; portanto, a pena prescreve em 20 anos, se o máximo da pena é superior a 12; em 16 anos, se o máximo da pena é superior a 8 anos e não excede a 12; em 12 anos, se o máximo da pena é superior a 4 anos e não excede a 8; em 8 anos, se o máximo da pena é superior a 2 anos e não excede a 4; em 4 anos, se o máximo da pena é igual a 1 ano ou, sendo superior, não excede a 2; e em 3 anos, se o máximo da pena é inferior a 1 ano (após o advento da Lei n. 12.234/2010). As penas restritivas de direito prescrevem no mesmo prazo das privativas de liberdade. A pena de multa, por sua vez, prescreve em 2 anos se for a única cominada ou aplicada (art. 114, I, do CP); caso seja a multa alternativa ou cumulativamente cominada ou cumulativamente aplicada, prescreverá no mesmo prazo da pena privativa de liberdade (art. 114, II, do CP), pois as penas mais leves prescrevem com as mais graves (art. 118 do CP). O prazo é o mesmo também nas contravenções penais. No caso da pena de multa isoladamente aplicada, o prazo prescricional será de 2 anos. Em se tratando do crime de porte de droga para consumo pessoal (art. 26 da Lei n. 11.343/2006), o prazo prescricional será de 2 anos (art. 30). Por fim, aos crimes falimentares (Lei n. 11.101/2005) aplicam-se os prazos previstos no Código Penal, mas a sua contagem apenas tem início, em relação aos crimes pré-falimentares, a partir da decretação da falência, da concessão da recuperação judicial ou da homologação do plano de recuperação extrajudicial.

Os prazos prescricionais são reduzidos da metade quando o agente era, ao tempo do crime, menor de 21 anos, ou maior de 70 na data da condenação (art. 115 do CP). Em relação à idade do agente, o critério utilizado pelo legislador foi o biológico. No caso do maior de 70 anos, a data da condenação – data da sentença nas palavras da lei – é aquela em que é proferido o primeiro decreto condenatório, seja a sentença condenatória de primeiro grau, seja o acórdão condenatório de segundo grau, quando absolutória a sentença[28]. Há entendimento de que, seguindo o *mens legis*, deve ser considerada a data do trânsito em julgado para aferição da redução dos prazos. Outra corrente sustenta que a decisão de segundo grau que reforma parcial ou totalmente a sentença também deve ser considerada para os fins do art. 115 do CP. Quanto à modificação da idade senil de 70 para 60 anos, pretendida por corrente doutrinária após a promulgação do Estatuto do Idoso (10.741/2003), nome alterado para Estatuto da Pessoa Idosa pela Lei n. 14.423/2022, o STJ já se manifestou no sentido da manutenção da idade adotada pelo Código Penal.

---

[27] STF, Tribunal Pleno, AP 984 EI-AgR, Rel. Roberto Barroso, j. 8.6.2020, *DJe*-167, div. 1.7.2020, pub 2.7.2020.

[28] Nesse sentido: STF, 2ª T., HC 175.034 AgR, Rel. Nunes Marques, j. 24.2.2021, processo eletrônico *DJe*-046 divulg 10.3.2021 public 11.3.2021.

Como visto, o prazo prescricional é penal; assim, obedece ao art. 10 do CP, incluindo-se no seu cômputo o dia do começo. No caso de concurso formal, concurso material, crimes conexos e crime continuado, o prazo prescricional é contado em relação a cada crime isoladamente (art. 119 do CP). As circunstâncias judiciais e as circunstâncias agravantes e atenuantes e o acréscimo decorrente da continuidade delitiva (Súmula 497 do STF) não influem na contagem do prazo da prescrição da pretensão punitiva.

No caso de prescrição da pretensão punitiva, o termo inicial pode ser: o dia em que o crime se consumou (art. 111, I, do CP), o dia em que cessou a atividade criminosa, no caso de tentativa (art. 111, II, do CP), o dia em que cessou a permanência, no caso de crime permanente (art. 111, III, do CP), ou a data em que o fato se tornou conhecido, nos crimes de bigamia e de falsidade ou alteração de assentamento do registro civil (art. 111, IV, do CP). Em se tratando de prescrição da pretensão executiva, o termo inicial pode ser: o dia do trânsito em julgado para a acusação da sentença ou do acórdão condenatório (art. 112, I, do CP), o dia do trânsito em julgado da sentença revogatória do *sursis* ou do livramento condicional (art. 112, I, do CP) ou o dia em que se interrompe a execução da pena – no caso de fuga, por exemplo (art. 112, I, do CP). No último caso, a pena cumprida antes da interrupção da execução é extinta, sendo recalculado o prazo prescricional com base na pena restante (art. 113 do CP).

Nos termos do art. 116 do CP, antes do trânsito em julgado, a prescrição não corre enquanto não resolvida, em outro processo, questão de que dependa o reconhecimento da existência do crime – questões sobre o estado civil (art. 92 do CPP) ou sobre outras questões de competência do Juízo Cível (art. 93 do CP) ou enquanto o agente cumprir pena no estrangeiro. Também fica suspenso o prazo prescricional se houver a suspensão do processo (art. 89, § 6º, da Lei n. 9.099/95), quando o agente, citado por edital, não comparecer e não constituir advogado (art. 366 do CPP), quando da expedição de carta rogatória para citação do agente no estrangeiro, em lugar sabido (art. 368 do CPP) ou quando a Casa Legislativa impedir o prosseguimento de processo criminal contra membro da Casa (art. 53, § 5º, da CF). Por fim, nos crimes contra a ordem econômica, o acordo de leniência, criado pela Lei n. 10.149/2000, também suspende o prazo prescricional.

Uma vez suspenso o prazo prescricional, quando voltar a correr, não é desprezado o prazo anteriormente decorrido. Assim, se antes da suspensão tiver decorrido um ano do prazo prescricional, a partir daí volta a correr.

No caso de prescrição da pretensão punitiva, segundo o art. 117 do CP, o prazo prescricional é interrompido pela publicação da decisão que: receber denúncia ou queixa (se for o juiz incompetente, o recebimento da denúncia não interrompe o prazo prescricional), e caso haja aditamento da inicial para inclusão de corréu ou crime conexo haverá nova interrupção do prazo; da decisão de pronúncia (somente se aplica aos crimes de competência do Tribunal do Júri); da decisão confirmatória da pronúncia (só se aplica aos crimes de competência do Tribunal do Júri) e da sentença condenatória ou acordão condenatório recorríveis, mesmo que este seja meramente confirmatório da sentença condenatória[29] – a sentença absolutória e o acórdão confirmatório de absolvição não interrompem a prescrição. No entanto, haverá interrupção caso a sentença seja absolutória e o acórdão, condenatório. Em caso de competência originária do STF, o acórdão condenatório não interrompe a prescrição, visto que irrecorrível. Todas essas causas de interrupção comunicam-se aos demais réus e aos crimes conexos no mesmo processo (art. 117, § 1º, do CP). Ademais, com o advento da Lei n.

[29] Nesse sentido: STF, Pleno, HC 176473, Rel. Min. Alexandre de Moraes, j. 27.4.2020, processo eletrônico *DJe*-224 divulg 9.9.2020 public 10.9.2020; STJ, REsp 1.930.130/MG, Rel. Min. João Otávio de Noronha, j. 10.8.2022.

12.234/2010, a prescrição, depois da sentença condenatória com trânsito em julgado para a acusação ou depois de improvido seu recurso, regula-se pela pena aplicada, não podendo, em nenhuma hipótese, ter por termo inicial data anterior à denúncia ou queixa (art. 110, § 1º, do CP). Frise-se, outrossim, que as inovações trazidas pela referida lei que sejam prejudiciais ao réu não se aplicam aos crimes praticados antes de sua vigência, haja vista que se trata de normas penais, aplicando-se o princípio do *non reformatio in pejus*.

Já no caso de prescrição da pretensão executiva, o prazo prescricional pode ser interrompido pelo início do cumprimento da pena, pela continuação do cumprimento da pena ou pela reincidência. Nessas hipóteses, por serem causas pessoais, não se comunicam aos corréus. Interrompido o prazo prescricional, todo o prazo começa a correr do dia da interrupção, desprezando-se os prazos anteriormente decorridos, com exceção do caso de continuação do cumprimento de pena, em que a pena já cumprida é subtraída do prazo prescricional. No caso da reincidência, a interrupção ocorrerá no dia da infração penal que caracterizou a reincidência, pois a sentença que a reconheceu é declaratória.

Em se tratando de prescrição da pretensão punitiva, todos os efeitos resultantes da condenação (se houver) serão apagados. Já no caso de prescrição da pretensão executiva, o único efeito da condenação atingido é a pena cominada pela sentença condenatória transitada em julgado, permanecendo os demais efeitos da condenação.

Proferida decisão que julga extinta a punibilidade do acusado durante o processo condenatório, em regra pelas causas disciplinadas no art. 107 do CP, incluindo a prescrição, caberá recurso em sentido estrito. A decisão é terminativa de mérito, pois finda o processo com julgamento do mérito, e o recurso interposto não apresenta efeito suspensivo, devendo o réu ser colocado imediatamente em liberdade se estiver preso.

No entanto, nos casos em que a decisão decretar extinta a punibilidade durante o processo de execução, caberá o agravo em execução, previsto no art. 197 da Lei n. 7.210/84 (Lei de Execução Penal).

Logo, a natureza jurídica do recurso se definirá em razão do momento processual em que se vê decretada a extinção da punibilidade. Se na fase de conhecimento, comporta recurso em sentido estrito. Se na fase de execução, o recurso é o agravo.

Além das hipóteses do art. 107 do CP, cujo rol é exemplificativo, outras causas de extinção da punibilidade são encontradas na respectiva lei ou em leis extravagantes:

a) a reparação do dano no crime de peculato culposo, antes da sentença irrecorrível (art. 312, § 3º). Segue a regra geral do recurso em sentido estrito;

b) o decurso do prazo do *sursis* ou do livramento condicional. Por ser causa de extinção da punibilidade regulada pela Lei de Execução Penal, o recurso adequado será o agravo em execução.

O ofendido ou qualquer das pessoas enumeradas no art. 31[30], ainda que não se tenha habilitado como assistente, está também legitimado a recorrer da decisão que julgar extinta a punibilidade, quando o Ministério Público não interpuser o recurso no prazo legal, por força do art. 584, § 1º, do CPP.

Cumpre esclarecer que minoritária corrente doutrinária sustenta a revogação do precitado dispositivo, sob alegação de que, com o advento da Lei n. 11.719/2008, o art. 397, IV, do CPP passou a contemplar a extinção da punibilidade como causa de absolvição sumária, a qual, como já esclarecemos, desafiará recurso de apelação.

[30] "No caso de morte do ofendido ou quando declarado ausente por decisão judicial, o direito de oferecer queixa ou prosseguir na ação passará ao cônjuge, ascendente, descendente ou irmão."

3.4.8. Decisão que indeferir o pedido de reconhecimento da prescrição ou de outra causa extintiva da punibilidade

Trata-se de decisão interlocutória, que não extingue o processo. Quando a decisão que indeferir o pedido de reconhecimento de causa extintiva da punibilidade for prolatada durante a execução da pena, deverá ser impugnada por meio de agravo (art. 197 da LEP). Em qualquer das situações, recurso em sentido estrito ou agravo, o réu estará legitimado a recorrer.

Cumpre notar que as hipóteses dos incisos VIII e IX, ambas referentes à extinção da punibilidade, em razão de suas identidades, uma decretando e a outra não reconhecendo a extinção, completam-se mutuamente. No inciso VIII tem-se a decisão em prejuízo da sociedade, enquanto no inciso IX quem suporta o gravame é o acusado, estabelecendo a legitimidade para o recurso. Bastaria uma única proposição, prevendo as duas circunstâncias, uma vez que se completam.

3.4.9. Decisão que conceder ou negar a ordem de *habeas corpus*

O *habeas corpus* é remédio constitucional assegurador da inviolabilidade do direito à liberdade, apresentando natureza jurídica de ação constitucional (*vide* Capítulo XLII, sobre o *habeas corpus*), embora comumente tratado como recurso. Seu objetivo primário é fazer cessar qualquer tipo de coação ilegal, atual ou potencial, à liberdade de ir e vir.

Não obstante se tratar de decisão terminativa, que julga o mérito dessa ação de impugnação, a decisão que concede ou nega ordem de *habeas corpus* é impugnável por recurso em sentido estrito[31]. Cumpre ressaltar que o dispositivo em questão trata da decisão proferida pelo juízo monocrático. No mais, temos outras duas situações, nas quais o recurso *stricto sensu* não é o recurso adequado, e sim:

a) o recurso ordinário para o STF das decisões denegatórias da ordem de *habeas corpus* decididas em única ou última instância pelos tribunais superiores (art. 102, II, *a*, da CF);

b) o recurso ordinário para o STJ das decisões denegatórias da ordem de *habeas corpus* decididas em única ou última instância pelos Tribunais Regionais Federais ou pelos tribunais dos Estados (art. 105, II, *a*, da CF).

Da decisão que concede a ordem cabe também, igualmente à hipótese do inciso VI, o duplo recurso: o recurso de ofício, nos termos do art. 574, I, do CPP, a fim de assegurar o controle da legalidade da concessão do *habeas corpus*, e o recurso voluntário.

Negada a ordem, incumbe à parte apenas o recurso voluntário, ficando prejudicada, até mesmo, a reiteração da ordem impetrada, conforme assento jurisprudencial. Não obstante, o Superior Tribunal de Justiça já decidiu ser possível que se impetre novo *habeas corpus* contra decisão denegatória da mesma medida, haja vista que, não obstante haja previsão expressa da modalidade de recurso, admite-se a impetração por ser via célere visando salvaguardar o ameaçado direito de locomoção do paciente[32]. Há, também, decisões mais recentes do STJ no sentido de que o *habeas corpus* não pode ser utilizado como substitutivo de recurso próprio, a fim de que não se desvirtue a finalidade dessa garantia constitucional, com a exceção de quando a ilegalidade apontada é flagrante, hipótese em que se concede a ordem de ofício[33].

Frise-se, por derradeiro, que há corrente sustentando a inaplicabilidade do recurso em sentido estrito contra decisão concessiva ou denegatória de *habeas corpus* sob alegação de que, tratando-se de verdadeira ação autônoma de impugnação de decisões judiciais, a decisão que concede ou não a ordem equivale à sentença, desafiando, assim, recurso de apelação.

---

[31] Nesse sentido: STJ, 5ª T., AgRg no HC 430.309/SC, Rel. Min. Reynaldo Soares da Fonseca, j. 20.2.2018, *DJ*, 27.2.2018.

[32] STJ, 5ª T., HC 71.298/MG, Rel. Min. Felix Fischer, j. 14.6.2007, *DJ*, 20.8.2007, p. 298.

[33] STJ, 5ª T., AgRg no HC 812.110/RN, Rel. Min. Reynaldo Soares da Fonseca, j. 14.8.2023, *DJe*, 16.8.2023.

3.4.10. Decisão que conceder, negar ou revogar a suspensão condicional da pena

Atualmente, o presente dispositivo não encontra mais aplicação. Nos casos em que a suspensão condicional da pena for concedida ou negada em sentença condenatória, caberá apelação, e não recurso em sentido estrito, mesmo que a parte recorra tão somente do capítulo da sentença referente à concessão ou negação do *sursis*. Aplica-se o art. 593, § 4º, do CPP[34].

Quando o juiz da execução decidir acerca da suspensão condicional da pena, caberá agravo em execução, por força do art. 197 da LEP. Cumpre esclarecer que o juízo da execução tem competência para fiscalizar e revogar o benefício do *sursis*, concedido na sentença condenatória.

Com base neste inciso tem-se admitido recurso em sentido estrito contra a decisão que conceder, negar ou revogar a suspensão condicional do processo, prevista no art. 89 da Lei 9.099/95.[35]

3.4.11. Decisão que conceder, negar ou revogar livramento condicional

Atualmente, da decisão que concede, nega ou revoga livramento condicional, conforme dispõe o art. 66, III, *e*, da Lei de Execução Penal, cabe agravo em execução por se tratar de incidente na fase de execução.

3.4.12. Decisão que anular o processo da instrução criminal, no todo ou em parte

A instrução criminal inicia-se com a tomada de declarações do ofendido, a inquirição das testemunhas arroladas pela acusação e pela defesa, bem como os esclarecimentos dos peritos, as acareações, ao reconhecimento de pessoas e coisas e, por fim, encerra-se com o interrogatório do acusado.

O art. 563 do CPP dispõe que nenhum ato será considerado nulo se não resultar prejuízo para a acusação ou defesa. Nesse prisma, a comprovação do prejuízo é requisito essencial para a anulação, total ou parcial, do processo. Outrossim, cabe às partes arguir a nulidade, em regra, por conta do art. 571 do CPP, na primeira possibilidade de falar aos autos, sob pena de preclusão, evidentemente se relativas, bem como de serem consideradas sanadas. Os casos de nulidade estão dispostos no art. 564 do CPP de maneira meramente exemplificativa, porquanto o legislador não poderia catalogar todas as formas de descumprimento da lei processual.

Tem-se entendido que os defeitos sanáveis dos atos processuais, por serem repetíveis, não desafiarão recurso em sentido estrito, o qual se restringirá às hipóteses em que se reconhece a nulidade por ser o defeito insanável, portanto, impassível de repetição.

Portanto, da decisão que anular o processo, no todo ou em parte, cabe recurso em sentido estrito. Tanto a acusação quanto a defesa são partes legítimas para recorrer, desde que haja interesse recursal decorrente da lesão a direito. Ainda na suposição da anulação total, se o conjunto probatório fosse propenso à absolvição, teria o réu interesse em recorrer.

Denegado o pedido de anulação, caberá à parte discutir novamente a matéria em sede de preliminar de apelação. Quando o pedido de anulação for deduzido pelo réu, a decisão denegatória poderá ser impugnada por meio de *habeas corpus*, com fundamento no art. 648, VI, do CPP.

Caso a decisão que denegou a anulação do feito tenha causado tumulto processual, poderá a parte interessada interpor correição.

3.4.13. Decisão que incluir jurado na lista geral ou desta o excluir

Todos os anos o juiz presidente do Júri, a seu critério, organiza uma lista geral de jurados, dos quais 25 são escolhidos para compor as sessões periódicas de julgamento, ocasião em que 7 jurados

[34] "Quando cabível a apelação, não poderá ser usado recurso em sentido estrito, ainda que somente de parte da decisão se recorra."

[35] Nesse sentido: STJ, 5ª T., RMS 23.516/RJ, Rel. Ministro Félix Fischer, j. 17.12.2007, *DJe*, 3.3.2008.

são sorteados, integrando o Conselho de Sentença e julgando o mérito da causa. A partir da publicação definitiva da lista geral no dia 10 de novembro de cada ano, dando ciência à sociedade, será possível a interposição do recurso a fim de impugnar a idoneidade de um jurado, por exemplo, ou mesmo um jurado excluído da lista demonstrar o seu inconformismo (art. 426, §§ 1º a 5º, do CPP).

Portanto, tratando-se do procedimento do Júri, de relevante valor social, o recurso poderá ser interposto por qualquer cidadão, não se limitando à figura dos jurados. Duas particularidades são notadas nesse recurso:

a) deverá ser dirigido ao presidente do Tribunal de Justiça (art. 582, parágrafo único);

b) o prazo para sua interposição é de 20 dias, contados da data da publicação definitiva da lista de jurados (art. 586, parágrafo único).

Há entendimento doutrinário de que a previsão de reclamação de qualquer do povo ao juiz presidente contra a lista geral (§ 1º do art. 426 do CPP, com redação dada pela Lei n. 11.689/2008) revogou tacitamente este inciso[36].

3.4.14. Decisão que denegar a apelação ou a julgar deserta

Interposto o recurso, este fica sujeito ao juízo de admissibilidade do órgão *a quo* num primeiro momento e, posteriormente, do órgão *ad quem*. Em relação à apelação, pode o juiz não recebê-la por faltar um pressuposto objetivo de sua admissibilidade, ou, se admitida, ser considerada deserta. São causas que constituem a deserção:

a) a falta de pagamento das custas nos prazos fixados em lei ou pelo juiz (art. 806, § 2º). Há entendimento de que essa possibilidade se restringe ao recurso interposto pelo querelante, nas ações exclusivamente privadas;

b) a falta de pagamento das despesas do traslado quando a apelação for por instrumento, salvo se o réu for pobre (art. 601, §§ 1º e 2º).

Em regra, da decisão que denega um recurso ou obsta sua expedição e seguimento para o juízo *ad quem* cabe carta testemunhável, nos termos do art. 639, I e II, do CPP.

Neste caso, em específico, a regra de cabimento da carta testemunhável é subsidiária. O recurso em sentido estrito, na decisão que denega a apelação ou a julga deserta, é o remédio processual adequado, dada a expressa disposição legal do inciso em estudo. Todavia, caso o juiz não admita também o recurso em sentido estrito, poderá a parte interpor carta testemunhável dessa decisão.

Da decisão do juiz que recebe a apelação não cabe recurso, devendo a parte interessada no não conhecimento do recurso arguir em preliminar de contrarrazões o não cabimento do apelo.

Nas hipóteses desse inciso, poderá, também, o assistente de acusação interpor recurso em sentido estrito.

3.4.15. Decisão que ordenar a suspensão do processo, em virtude de questão prejudicial

Os arts. 92 e 93 do CPP tratam das questões prejudiciais, cabendo ao juiz decidir acerca da suspensão do processo, de ofício ou a requerimento das partes, até que sejam resolvidas no juízo cível. De acordo com o art. 93, § 2º, do CPP, o despacho que denegar a suspensão do curso da ação penal é irrecorrível. A defesa poderá, desde que haja possibilidade de imposição de pena privativa de liberdade, impetrar *habeas corpus*, ou, ainda, rediscutir a matéria em sede de preliminar de recurso de apelação. Autores de nomeada entendem ser cabível a correição parcial da decisão que não suspende o processo quando se tratar de questão prejudicial obrigatória (art. 92).

---

[36] Lima, *Manual de processo penal*, 12. ed., p. 1581.

Nos casos de decisão sobre a suspensão do processo com fundamento no art. 366, *caput*, do CPP (acusado citado por edital que não comparecer, nem constituir advogado), doutrina e jurisprudência não são pacíficas. Há entendimento no sentido do cabimento de recurso em sentido estrito, por interpretação extensiva do inciso XVI do art. 581[37]. Há, contudo, quem entenda caber correição parcial da decisão que suspende ou não o processo nesses casos[38]. Tourinho Filho[39], contrariamente a essas posições, entende ser cabível o recurso de apelação dessa decisão, com fundamento no art. 593, II, do CPP.

Há, ainda, entendimento de que se o recurso em sentido estrito é cabível contra decisão que ordenar a suspensão do processo, a produção antecipada de provas, como providência cautelar que decorre e está inserida no contexto da aplicação do art. 366 do CPP, pode ser inserida na hipótese do art. 581, XVI[40].

3.4.16. Decisão sobre a unificação de penas

A unificação da pena é um incidente da execução que tem por objetivo transformar várias penas em uma só, nos casos de concurso de crimes, ou mesmo estabelecer o limite máximo de 30 anos de cumprimento das penas privativas de liberdade.

A maior parte da doutrina entende que da decisão acerca da unificação de penas cabe o agravo previsto no art. 197 da LEP. Isso porque a Lei de Execução Penal, em seu art. 66, III, *a*, estabeleceu a competência do juiz da execução para decidir sobre a soma ou unificação de penas, revogando o inciso XVII.

Em sentido oposto, a opinião de Júlio Fabbrini Mirabete[41]. Para o autor, a decisão sobre a unificação de penas é impugnável por meio de recurso em sentido estrito, pelo fato de a unificação de penas encontrar-se disciplinada no Código Penal, não sendo prevista na LEP, embora seja da competência do juiz da execução.

3.4.17. Decisão sobre o incidente de falsidade

O incidente de falsidade, autuado em apartado nos autos principais, vem previsto nos arts. 145 *usque* 148 do CPP, objetivando concluir pela força probante ou não de um documento. Se for julgado procedente, acarretará o desentranhamento do documento. No caso de improcedência, o documento será mantido nos autos, conservando seu valor probatório. Nas duas hipóteses será cabível o recurso em sentido estrito.

O despacho que não admite o incidente de falsidade é irrecorrível, podendo a questão ser tida como eventual nulidade a ser resolvida por meio de *habeas corpus* ou levantada em preliminar de apelação. Por sua vez, a instauração do incidente não suspende o processo, exceto quando essencial para a verificação da existência do crime, ocasião em que se equipara a uma questão prejudicial.

3.4.18. Outras decisões abrangidas pela Lei de Execução Penal

Os incisos XIX a XXIII do art. 581 foram tacitamente revogados pela Lei de Execução Penal, que fixou a competência do juiz da execução para a decisão dessas matérias. Logo, cabível o agravo

---

[37] Nesse sentido: *RT*, 814/582, 803/610 e 755/616; *JTJ-Lex*, 253/409 e 194/303; STF, 6ª T., REsp 245.708, Vicente Leal, j. 6.9.2001. Contra: TJMG, Rec. 153.495-7, Rel. Zulman Galdino, j. 22.6.1999, *JM*, 148/434.

[38] TACrimSP, CP 1.043.55-4, Rel. Teixeira de Freitas, *RJTACrim*, 35/224.

[39] Tourinho Filho, *Processo penal*, 11. ed., v. 4, p. 255 e 270.

[40] Nesse sentido: 6ª T., STJ, AgRg no REsp 1.723.538/SE, Rel. Min. Rogério Schietti Cruz, j. 26.5.2020, publicado em 4.6.2020.

[41] Julio Fabbrini Mirabete, *Processo penal*, 17. ed., p. 679.

em execução previsto no art. 197 da LEP, pois se trata de decisões a serem proferidas na fase de execução. Vejamos sobre quais decisões versam os incisos citados:

"XIX – Que decretar medida de segurança, depois de transitar a sentença em julgado.

XX – Que impuser medida de segurança por transgressão de outra.

XXI – Que mantiver ou substituir a medida de segurança, nos casos do art. 774.

XXII – Que revogar a medida de segurança.

XXIII – Que deixar de revogar a medida de segurança, nos casos em que a lei admita a revogação".

3.4.19. Decisão que converter a multa em detenção ou em prisão simples

A nova redação ao art. 51 do CP, dada pela Lei n. 9.268/96, não mais permite a conversão da pena de multa em privativa de liberdade, tornando inaplicável o presente dispositivo. Assim, a multa, quando não paga ou frustrada sua execução, será considerada dívida de valor, aplicando-se as normas referentes à dívida ativa da Fazenda Pública (Lei n. 6.830/80), inclusive no tocante às causas interruptivas ou suspensivas do prazo prescricional.

3.4.20. Decisão que recusar homologação à proposta de acordo de não persecução penal, previsto no art. 28-A do Código de Processo Penal

Com a inserção do acordo de não persecução penal no Código de Processo Penal, tornou-se necessária a criação de meio de impugnação contra a recusa judicial em homologar o acordo.

Para homologação do acordo de não persecução penal o magistrado deverá verificar a voluntariedade e legalidade, podendo também devolver os autos ao Ministério Público para que seja reformulada a proposta. Não atendidos os requisitos legais ou não procedida a adequação, o juiz poderá recusar homologação (art. 28-A, § 7º). Contra essa decisão cabe recurso em sentido estrito.

De modo diverso, quando o Ministério Público se recusar a propor o ANPP, o investigado poderá requerer a remessa dos autos ao órgão superior, na forma do art. 28 (art. 28-A, § 14).

Há entendimento de que o indeferimento de pedido de designação de audiência para proposta de acordo de não persecução penal não desafia recurso em sentido estrito, por não fazer parte do rol taxativo do art. 581 do CPP, não sendo possível falar em analogia ao inciso XXV[42].

4. COMPETÊNCIA

O recurso em sentido estrito deverá ser interposto no juízo *a quo*, mas será endereçado ao tribunal competente, que, conforme o caso, será o Tribunal de Justiça ou o Tribunal Regional Federal. Cumpre ressaltar que, com o advento da Emenda Constitucional n. 45 (8.12.2004), foram extintos na esfera estadual os Tribunais de Alçada, entre eles o TACrim (Tribunal de Alçada Criminal), passando o recurso a ser endereçado ao Tribunal de Justiça.

A despeito da denominação "Tribunal de Apelação", contida na regra do art. 582, é imperioso frisar que tal designação decorre da época de elaboração do CPP, devendo ser entendida como Tribunal de Justiça ou Tribunal Regional Federal, de acordo com a competência.

A única exceção subsistente à regra geral é a hipótese de decisão que incluir ou excluir jurado da lista geral, por força do art. 582, parágrafo único, do CPP, ocasião em que o recurso será endereçado ao presidente do Tribunal de Justiça. Essa é a única exceção que subsiste.

---

[42] Nesse sentido: TRF4, 7ª T., RSE 5002794-72-2020-4-04-7108/RS, Rel. Des. Fed. Cláudia Cristofani, j. 2.6.2020.

A doutrina dominante entende que não mais subsistem as exceções dos incisos V e X previstas no *caput* do art. 582. Nesses casos, o recurso deverá ser dirigido ao tribunal competente, obedecendo-se à regra geral.

Julio Fabbrini Mirabete[43] tem entendimento diverso. Para o autor, o recurso em sentido estrito deverá ser endereçado ao juiz de Direito nas hipóteses do inciso V, quando a fiança for arbitrada ou negada pela autoridade policial.

5. PRAZOS E PROCEDIMENTO

5.1. Prazos

O recurso em sentido estrito deverá ser interposto, por petição ou termo nos autos (arts. 578 e 587), bem como outros meios (*e.g.*, fax), no prazo de 5 dias (art. 586), a contar do termo *a quo* regulado pelo art. 798, § 5º.

Há, contudo, exceções a tal regra, dispondo a lei de outros prazos:

a) 20 dias, contados da data da publicação definitiva da lista de jurados, no caso do art. 581, XIV (art. 586, parágrafo único);

b) 15 dias, contados do dia em que terminar o prazo do Ministério Público, para o ofendido, ou qualquer das pessoas legitimadas (art. 31 do CPP), interpor recurso contra a decisão que decretar a prescrição ou julgar, por outro modo, extinta a punibilidade (art. 584, § 1º), haja vista que a impronúncia, de acordo com o art. 416 do CPP, desafiará recurso de apelação. Para Hélio Tornaghi, o prazo continua de 5 dias, no caso de recurso do assistente. Note-se que a questão é bastante polêmica.

Já se entendeu que, estando o assistente de acusação habilitado nos autos – sendo intimado de todos os atos –, o prazo será de 5 dias, caso não haja recurso interposto pelo Ministério Público. Porém, em se tratando de assistente não habilitado – e, portanto, não intimado de todos os atos processuais –, o prazo permanecerá de 15 dias, nos termos do art. 584, § 1º, c/c o art. 598, parágrafo único, ambos do CPP.

Havendo mais de um réu, o prazo será comum.

Após a interposição do recurso dentro de 5 dias, lapso temporal dado à parte para manifestar o desejo de recorrer, deverá o recorrente ser intimado para o oferecimento das razões, no prazo de 2 dias (art. 588, *caput*). A necessidade de intimação do recorrente deflui da aplicação do art. 798, § 5º, *a*, do CPP, embora o art. 588 nada mencione a respeito.

O termo inicial do prazo para razões se dará somente após a regular intimação, momento em que se abre vista à parte, e não a partir da interposição de recurso, conforme se depreende da interpretação literal da lei. Se assim não fosse, seria um contrassenso do legislador estabelecer momentos processuais distintos, com prazos específicos, para a interposição (5 dias) e para as razões (2 dias). Nada obsta à parte recorrente interpor o recurso e, conjuntamente, oferecer suas razões, de forma a unificar os momentos procedimentais (interposição e razões).

Em seguida, o recorrido será intimado para oferecer contrarrazões, também no prazo de 2 dias. De acordo com o parágrafo único do art. 588, caso o recorrido seja o réu, será intimado do prazo na pessoa do defensor. Diferentemente da faculdade concedida ao apelante de oferecer as razões na superior instância (art. 600, § 4º), no recurso em sentido estrito o recorrente deve oferecê-la inicialmente ao juízo monocrático, para que este tenha a possibilidade de exercer o juízo de retratação.

[43] Julio Fabbrini Mirabete, *Processo penal*, 17. ed., p. 680.

5.2. Procedimento

5.2.1. Recurso nos próprios autos

O recurso em sentido estrito poderá subir nos próprios autos ou em separado, com a formação de instrumento, sempre com vistas à celeridade e regular desenvolvimento processual, evitando gravames às partes.

Nesse prisma, toda vez que a interposição do recurso não tumultuar o regular andamento do processo, dispõe o art. 583 do CPP que o recurso subirá nos próprios autos. Vejamos:

a) quando interposto de ofício;

b) nos casos do art. 581, incisos:

I – não receber a denúncia ou queixa;

III – julgar procedentes as exceções, ressalvada a suspeição;

IV – pronunciar o réu;

VIII – decretar a extinção da punibilidade;

X – conceder ou negar a ordem de *habeas corpus*;

c) quando não prejudicar o andamento do processo. É possível considerar, nesta hipótese, o inciso XVI do art. 581, visto que o CPP não faz menção expressa a tal ocorrência. Tendo em vista que o processo fica suspenso em razão da questão prejudicial a ser dirimida, nada impede que o recurso suba à instância superior nos próprios autos.

5.2.2. Recurso pelo instrumento (traslado)

Há situações, todavia, em que o recurso em sentido estrito não comporta subir para o tribunal nos próprios autos, mormente em razão dos obstáculos que imporia ao processamento do feito, ocasionando sua estagnação. São os casos em que se impõe a formação do instrumento:

a) quando do recurso da pronúncia, havendo dois ou mais réus, qualquer deles se conformar com a decisão ou todos não tiverem sido ainda intimados da pronúncia (art. 583, parágrafo único). Esse dispositivo busca evitar que o andamento do processo seja prejudicado, permitindo, assim, o julgamento do réu que não impugnou a decisão de pronúncia. Quanto ao réu que ainda não foi intimado da decisão, o processo não terá prosseguimento;

b) hipóteses residuais do art. 581, relativas aos incisos:

II – concluir pela incompetência do juízo;

V – versar sobre a liberdade do acusado;

VII – julgar quebrada a fiança ou perdido o seu valor;

IX – indeferir pedido de extinção da punibilidade;

XIII – anular o processo da instrução criminal;

XVIII – decidir o incidente de falsidade.

5.2.3. Formação do instrumento

Cabe à parte indicar as peças dos autos de que pretenda traslado, ocasião em que o escrivão, no prazo de 5 dias, formará o instrumento. É este que se processará na superior instância, nada mais sendo do que a autuação de peças processuais. O instrumento deverá conter necessariamente as peças abaixo elencadas, para que o tribunal tenha condições de realizar o juízo de admissibilidade:

a) a decisão recorrida, objeto do reexame no juízo *ad quem*;

b) a certidão de intimação, se por outra forma não for possível verificar a oportunidade do recurso. A falta de ciência da parte pode acarretar a nulidade do processo;

c) petição ou termo de interposição (art. 587 e parágrafo único do CPP), a fim de verificar a tempestividade do recurso.

A lei permite ao juiz instruir o recurso com os traslados que lhe parecerem necessários, isto é, poderá o magistrado indicar as peças que julgar necessárias para a formação do instrumento (art. 589, *caput*). Tal procedimento ocorrerá quando o recurso não subir nos próprios autos, na ocasião em que os autos são levados ao juiz para conhecer da impugnação.

Cumpre salientar que o traslado de peças para formação de recurso em sentido estrito é tarefa específica do escrivão judicial, não se podendo exigir da parte que se encarregue de providenciar as cópias das peças indicadas para instruir o recurso[44].

5.2.4. Razões. São necessárias?

Muito se discute na doutrina acerca da necessidade de o recorrente ofertar as razões do recurso. Defende Tourinho Filho[45] a necessidade de o recurso ser acompanhado das razões que o fundamentam, sob pena de impossibilitar o oferecimento de contrarrazões pelo recorrido ou o juízo de retratação do magistrado. Se o recorrente for o Ministério Público, a apresentação das razões ou contrarrazões decorre da própria lei processual, que proíbe o representante do *Parquet* de desistir do recurso interposto. Contra, Julio Fabbrini Mirabete[46], entendendo que a ausência de razões não impede o julgamento do recurso, que, apesar de enfraquecido, não fica eliminado. Esse é, igualmente, nosso entendimento.

Como se verá adiante, o art. 601, *caput*, que trata da apelação, dispõe que os autos serão remetidos à instância superior para julgamento, com as razões ou sem elas, excluindo, portanto, sua obrigatoriedade.

De acordo com o art. 589, *caput*, o recurso será concluso ao juiz, que, como dito, poderá determinar a juntada de peças que repute importantes ao instrumento, com a resposta do recorrido ou sem ela. A lei processual, portanto, dispensa a manifestação do recorrido para a apreciação do recurso, exigindo apenas que ele tenha sido intimado para tanto. A doutrina, no entanto, não é pacífica. Muitos entendem que o juiz deve nomear defensor *ad hoc* para oferecer contrarrazões, caso não tenham sido apresentadas no prazo legal, nas hipóteses em que a ausência trouxer prejuízo para o réu. De qualquer forma, se quiser ofertá-las, poderá indicar peças para o instrumento.

Por sua vez, no caso de recurso em sentido estrito relativo à rejeição da denúncia ou queixa, há quem sustente ser desnecessária a intimação do eventual acusado para contra-arrazoar, uma vez que ainda não está devidamente instaurada a relação jurídica processual[47], opinião da qual discordamos, pelos motivos já expostos (item 3.4.1).

5.2.5. Processamento em segunda instância

Nos recursos em sentido estrito, os autos irão imediatamente com vista à Procuradoria de Justiça / Procuradoria da República pelo prazo de 5 dias. Em seguida, passarão, também pelo prazo de 5 dias, ao relator, que pedirá designação de dia para o julgamento (art. 610, *caput*).

Anunciado o julgamento pelo presidente, e apregoadas as partes, com a presença destas ou à sua revelia, o relator fará a exposição do feito, e, em seguida, o presidente concederá, pelo prazo de 10

---

[44] STF, 1ª T., HC 116.840/MT, Rel. Min. Luiz Fux, j. 15.10.2013 (*Informativo do STF* n. 724).

[45] Tourinho Filho, *Processo penal*, 11. ed., v. 4.

[46] Julio Fabbrini Mirabete, *Processo penal*, 17. ed., p. 683.

[47] Nesse sentido: *RT*, 730/529 e 636/370 (STF); TACrimSP, 5ª Câm., Rec. 1339461/7, Rel. Luiz Ambra, j. 24.3.2003; TACrimSP, 2ª Câm., AP 1305729/7, Rel. Érix Ferreira, j. 3.7.2003; *RJTACrim*, 64/228. Contra: TJDF, Rec. 1.053940-5, Rel. Natanael Caetano, *DJ*, 3, 20.2.2002, p. 114; *JTACrimSP*, 94/539, 94/540 e 96/373.

minutos, a palavra aos advogados ou às partes que a solicitarem e ao Procurador-Geral, quando o requerer, por igual prazo (art. 610, parágrafo único).

Não funcionará revisor no julgamento de recurso em sentido estrito, pois atua somente na hipótese de apelação em crimes apenados com reclusão (art. 613).

6. EFEITOS

Em regra, o recurso em sentido estrito tem somente efeito devolutivo, devolvendo ao tribunal o conhecimento das questões objeto da decisão impugnada. O Código, no entanto, estabelece as hipóteses em que o recurso em sentido estrito terá efeito suspensivo[48], impedindo que a decisão recorrida produza efeitos até o julgamento pelo juízo *ad quem*. Vejamos:

a) decisão que declara a perda de fiança;

b) decisão que denega ou julga deserta a apelação;

c) decisão de pronúncia. Nesse caso, o recurso suspenderá tão somente o julgamento, pois há a possibilidade de o acusado ser absolvido ou despronunciado pelo Tribunal;

d) decisão que julgar quebrada a fiança. A fiança será quebrada toda vez que o réu, sem motivo justo e regularmente intimado, deixar de comparecer a ato do processo, ou praticar outra infração penal (arts. 341 e 343). Nessa hipótese, o recurso suspenderá unicamente o efeito de perda da metade de seu valor.

As demais hipóteses previstas no art. 584, *caput,* não encontram mais aplicação, pois passaram a ser disciplinadas pela Lei de Execução Penal. A hipótese do inciso XXIV não mais subsiste, pois a pena de multa não pode ser convertida em prisão.

O recurso interposto da decisão que impronunciou o réu ou julgou extinta a punibilidade não tem efeito suspensivo, devendo o réu ser posto imediatamente em liberdade, caso preso (arts. 584, § 1º, e 596, *caput*).

O recurso interposto pela vítima ou por qualquer das pessoas enumeradas no art. 31 não terá efeito suspensivo (arts. 584, § 1º, e 598, *caput*).

6.1. Juízo de retratação: efeito regressivo

Consiste na possibilidade de o juiz, ao receber o recurso, exercer ou não um juízo de retratação acerca da decisão impugnada, reformando ou sustentando sua decisão, dentro de 2 dias. Duas são as possibilidades (art. 589, *caput*):

a) a lei faculta ao juiz o reexame de sua decisão. Abre-se a oportunidade para um *juízo de retratação*. É um momento em que o juiz, de forma sóbria, deve deixar de lado suas vaidades, bem como o apego a sua decisão, e com hombridade reconhecer, eventualmente, o equívoco que o recorrente impugnar;

b) convencido do acerto da decisão, o juiz, mantendo sua fundamentação ou reforçando-a, remeterá os autos ao juízo *ad quem*. É o denominado juízo de sustentação.

A jurisprudência se mostra majoritária no sentido de ser imprescindível a manifestação do magistrado acerca da manutenção ou não de sua decisão antes da subida dos autos ao juízo *ad quem*, sob pena de nulidade a ser decretada a partir do despacho de remessa dos autos ao tribunal.

Acolhendo, porém, as razões do recorrente, deverá o magistrado reformar a decisão impugnada, fundamentando seu novo pronunciamento. O mesmo se dirá quando manter o ato decisório. No

[48] Mandado de Segurança para atribuição de efeito suspensivo ao RESE (STJ, 6ª T., HC 296.848/SP, Rel. Min. Rogério Schietti Cruz, j. 16.9.2014, *Informativo do STJ* n. 547).

caso de retratação, poderá a parte contrária, por simples petição, no prazo de 5 dias após sua intimação (analogia ao art. 586), recorrer da nova decisão, se couber o mesmo recurso, sem necessidade da apresentação de novos arrazoados, que se fazem desnecessários em face da impossibilidade de o juiz se pronunciar novamente. Assim, por exemplo, se o juiz reformar decisão em que julgou procedente uma exceção, passando a considerá-la improcedente, não poderá a parte impugnar a nova decisão, por ser ela irrecorrível. Restará à parte, no exemplo, arguir a exceção em preliminar de apelação.

Insta salientar que não se admitirá o recurso por simples "petição" da decisão que, em juízo de retratabilidade, passa a admitir o recebimento da denúncia antes rejeitada, uma vez que a decisão que a recebe é irrecorrível, restando à parte a possibilidade de manejar *habeas corpus*.

A lei permite ao juiz um único juízo de retratação, não lhe sendo lícito, por ocasião do recebimento da petição da parte contrária prejudicada pela reforma, alterar novamente a decisão (art. 589, parágrafo único, parte final).

7. SÍNTESE

Recurso em sentido estrito

É utilizado como meio de impugnação de decisões interlocutórias e até mesmo de sentenças, desde que haja expressa previsão legal.

Cabimento

Hipóteses do art. 581 do CPP:

I – decisão que não receber a denúncia ou queixa;

II – decisão que concluir pela incompetência do juízo;

III – decisão que julgar procedentes as exceções, salvo as de suspeição;

IV – decisão que pronunciar o réu;

V – decisão que conceder, negar, arbitrar, cassar ou julgar inidônea a fiança, indeferir requerimento de prisão preventiva ou revogá-la, conceder liberdade provisória ou relaxar a prisão em flagrante;

VI – decisão que julgar quebrada a fiança ou perdido o seu valor;

VII – decisão que decretar a prescrição ou julgar, por outro modo, extinta a punibilidade;

VIII – decisão que indeferir o pedido de reconhecimento da prescrição ou de outra causa extintiva da punibilidade;

IX – decisão que conceder ou negar a ordem de *habeas corpus*;

X – decisão que conceder, negar ou revogar a suspensão condicional da pena;

XI – decisão que conceder, negar ou revogar livramento condicional;

XII – decisão que anular o processo da instrução criminal, no todo ou em parte;

XIII – decisão que incluir jurado na lista geral ou desta o excluir;

XIV – decisão que denegar a apelação ou a julgar deserta;

XV – decisão que ordenar a suspensão do processo em virtude de questão prejudicial;

XVI – decisão sobre a unificação de penas;

XVII – decisão sobre incidente de falsidade;

XVIII a XXIII – foram tacitamente revogados pela Lei de Execução Penal;

XXIV – decisão que converter a multa em detenção ou em prisão simples;

XXV – que recusar homologação à proposta de acordo de não persecução penal, previsto no art. 28-A do Código de Processo Penal.

Além dos casos previstos no art. 581 do CPP, a legislação extravagante também admite interposição de recurso em sentido estrito nas decisões que:

a) determinam o arquivamento da representação oferecida por qualquer do povo, nas contravenções do jogo do bicho e corrida de cavalos (art. 6º, parágrafo único, da Lei 1.508/51). Vale dizer, no entanto, que referida hipótese teria sido revogada com a nova redação dada ao art. 28 pela Lei 13.964/2019 (Pacote Anticrime);

b) decretam suspensão da permissão ou habilitação para dirigir veículo automotor, ou a medida cautelar de suspensão, ou ainda que indeferirem o requerimento do Ministério Público, nos crimes cometidos na direção de veículo automotor previstos no Código de Trânsito Brasileiro (Lei n. 9.503/97, art. 294, parágrafo único);

c) apliquem lei nova a fato julgado por sentença condenatória irrecorrível, nos termos do art. 13, § 1º, do Decreto-lei n. 3.931/41.

Despachos

O despacho não autoriza recurso em sentido estrito, pois é mero ato de movimentação processual, sendo destituído de carga decisória, portanto irrecorrível.

Competência

Deverá ser interposto no juízo *a quo*, mas será endereçado ao tribunal competente, que, conforme o caso, será o Tribunal de Justiça ou Tribunal Regional Federal.

A única exceção subsistente à regra geral é a hipótese de decisão que incluir ou excluir jurado da lista geral, por força do art. 582, parágrafo único, do CPP, ocasião em que o recurso será endereçado ao presidente do Tribunal de Justiça. Essa é a única exceção que subsiste.

Prazos

O prazo de interposição é de 5 dias, após o qual deverá o recorrente ser intimado para oferecimento das razões, no prazo de 2 dias. Há, contudo, exceções a tal regra, dispondo a lei de outros prazos:

a) 20 dias, contados da data da publicação definitiva da lista de jurados, no caso do art. 581, XIV, do CPP;

b) 15 dias, contados do dia em que terminar o prazo do Ministério Público, para o ofendido, ou qualquer das pessoas legitimadas, interpor recurso contra a decisão que decretar a prescrição ou julgar, por outro modo, extinta a punibilidade.

Procedimento

Recurso nos próprios autos: toda vez que a interposição do recurso não tumultuar o regular andamento do processo, dispõe o art. 583 do CPP que o recurso subirá nos próprios autos:

a) quando interposto de ofício;

b) nos casos do art. 581, I, III, IV, VIII e X;

c) quando não prejudicar o andamento do processo.

Recurso pelo instrumento:

a) quanto ao recurso da pronúncia, havendo dois ou mais réus, qualquer deles se conformar com a decisão ou todos não tiverem sido ainda intimados da pronúncia;

b) hipóteses residuais do art. 581, relativas aos incisos II, V, VII, IX, XIII e XVIII.

Formação do instrumento: cabe à parte indicar as peças dos autos de que pretenda traslado, ocasião em que o escrivão, no prazo de 5 dias, formará o instrumento. O instrumento deverá conter necessariamente as peças abaixo elencadas, para que o tribunal tenha condições de realizar o juízo de admissibilidade:

a) decisão recorrida, objeto de exame do juízo *ad quem*;

b) certidão de intimação, se por outra forma não for possível verificar a oportunidade do recurso;

c) petição ou termo de interposição, a fim de verificar a tempestividade do recurso.

Efeitos

Em regra, terá apenas efeito devolutivo, porém o Código estabelece as hipóteses em que o recurso em sentido estrito terá efeito suspensivo, impedindo que a decisão recorrida produza efeitos até o julgamento pelo juízo *ad quem*. Vejamos:

a) decisão que declara a perda da fiança;

b) decisão que denega ou julga deserta a apelação;

c) decisão de pronúncia;

d) decisão que julgar quebrada a fiança.

Juízo de retratação: consiste na possibilidade de o juiz, ao receber o recurso, exercer ou não um juízo de retratação acerca da decisão impugnada, reformando ou sustentando a sua decisão dentro de 2 dias.

Capítulo XXXII
APELAÇÃO

1. NOÇÕES PRELIMINARES

A apelação tem importância singular, visto tratar-se de espécie recursal difundida praticamente na totalidade das legislações modernas. Trata-se de instituto remanescente do direito romano, cujo vocábulo deriva da palavra latina *appellatio*, significando a conduta de dirigir a palavra. A parte sucumbente, à mercê do prejuízo da decisão desfavorável, tinha a oportunidade de se dirigir ao órgão jurisdicional superior, inicialmente caracterizado na figura do imperador, pleiteando a reforma da decisão proferida pelo juízo inferior. Posteriormente, o órgão judicante passou a se dividir em graus, nos quais funcionários do império exerciam a jurisdição em nome do imperador, caracterizando assim o apelo como recurso hierárquico.

Em poucas palavras, podemos definir a apelação como o *pedido dirigido ao juízo "ad quem" para que uma decisão emanada do juízo "a quo" seja objeto de reexame pelo respectivo órgão superior, devolvendo-lhe a apreciação da causa na medida da matéria impugnada, com o objetivo da reforma total ou parcial da decisão, ou, ainda, a anulação desta*. Instaura-se assim o procedimento recursal, isto é, há uma projeção no juízo *ad quem* da lide decidida no juízo monocrático. *Esse tipo de recurso não comporta a retratação*, restando ao juiz monocrático apenas o juízo de admissibilidade dos pressupostos objetivos e subjetivos do apelo, o que será renovado no tribunal, que pode ou não conhecer do recurso.

Constitui a apelação instrumento apto a levar ao tribunal o conhecimento pleno de matérias de fato e de direito debatidas na primeira instância, uma vez que *o órgão "ad quem" é possuidor de ampla esfera de cognição*. Todavia, sustenta-se a tendência da doutrina e legislação estrangeiras em restringir o emprego da apelação exclusivamente a questões de direito, atenuando a quantidade de recursos dirigidos aos tribunais superiores, especialmente em países que preveem julgamentos em primeiro grau por órgãos colegiados[1], não sendo esta a realidade pátria, uma vez que consideremos a apelação o veículo recursal apto à discussão de toda e qualquer matéria, seja de fato ou de direito.

1.1. A apelação no CPP

De acordo com o Código de Processo Penal, a apelação é o recurso interposto contra decisão definitiva de condenação ou absolvição, bem como contra as decisões definitivas ou com força de definitivas, não sujeitas a recurso em sentido estrito. As decisões do Tribunal do Júri também são apeláveis, quando ocorrer uma das hipóteses previstas no art. 593, III.

Das decisões condenatórias ou absolutórias proferidas nos processos de competência originária dos tribunais não cabe o recurso de apelação.

A apelação é, assim, *meio de impugnação das decisões proferidas em primeira instância, desde que a decisão se enquadre em uma das hipóteses do art. 593, bem como nos casos em que haja previsão em lei especial*. A Lei de Imprensa, por exemplo, estabelecia caber apelação contra a decisão do juiz singular que rejeitar a denúncia ou queixa (art. 44, § 2º). Assim também a Lei n. 9.099/95, como se verá adiante.

A apelação tem, portanto, nítido caráter residual, servindo para a impugnação de decisão definitiva ou com força de definitiva, não sujeitas a recurso em sentido estrito *ex vi* do disposto no art. 593, II,

---

[1] Grinover, Scarance e Magalhães, *Recursos no processo penal*, 2. ed., p. 113.

do CPP. O apelo é dotado apenas do juízo de admissibilidade pelo órgão monocrático, que se vê impossibilitado de rever sua própria decisão, devendo remeter o processo ao tribunal para reexame da matéria impugnada.

Diz-se que a apelação é *recurso preferível*, porquanto, na hipótese de a decisão ser apelável, a parte não poderá interpor recurso em sentido estrito, ainda que recorra somente de parte da decisão (art. 593, § 4º). *É o princípio da unirrecorribilidade*, que estabelece a possibilidade de apenas um único recurso para cada decisão. Assim, por exemplo, da decisão do juiz que, ao condenar o réu, nega também a suspensão condicional da pena caberá *somente* apelação, ainda que a decisão que nega o benefício seja impugnável por meio de recurso em sentido estrito. Ademais, trata-se de recurso amplo, pois na apelação pode ser veiculada toda e qualquer matéria (de fato ou de direito) atinente ao feito, postulando-se a reforma parcial, integral ou a cassação (anulação) da decisão.

Mais uma vez é necessário atentar ao *princípio da fungibilidade*, o qual permite a convolação do recurso interposto erroneamente para o adequado. Assim, se for interposto recurso em sentido estrito quando cabível a apelação, inexistindo má-fé, permite-se que o recurso seja conhecido e processado independentemente da nomenclatura que lhe é atribuída[2].

1.2. Classificação da apelação

1.2.1. Quanto à extensão

Dispõe o art. 599 que as apelações poderão ser interpostas quer em relação a todo o julgado, quer em relação a parte dele. Portanto, *cabe à parte delimitar a medida da impugnação*. A apelação poderá ser:

a) *Plena (ampla ou integral)*: quando o apelante impugnar toda a matéria objeto de decisão, passando o tribunal a ter cognição ampla da matéria impugnada. Presume-se também que a apelação é integral quando não é identificada a porção da matéria recorrida. Aqui a decisão do juízo *ad quem*, em razão da plenitude da cognição, sempre substituirá a decisão do juízo *a quo*, inclusive nos casos em que confirmar a sentença impugnada.

b) *Limitada (parcial ou restrita)*: quando a impugnação abrange apenas parte da decisão provocada pela parte sucumbente, delimitando a matéria a ser examinada pelo juízo superior. O recorrente deve restringir de forma clara e específica, no momento da interposição, a parte da decisão da qual recorre, caracterizando, assim, o recurso parcial.

Em termos gerais, aplicam-se as regras do *ne procedat judex ex officio*, decorrente do sistema acusatório em que o tribunal não pode proceder de ofício, e do *tantum devolutum quantum appellatum,* impedindo que o juízo *ad quem* conheça de matéria não impugnada pela parte. Contudo, veda-se ao tribunal proferir julgamento *ultra* ou *extra petita*, isto é, nem a mais, nem fora do que foi pedido, sendo passível de reexame apenas o tópico suscitado pelo recorrente quando o apelo for parcial[3]. Por outro lado, deve ser complementado o julgamento *citra petita,* ou seja, aquém do pedido, devendo o tribunal se manifestar sobre todos os pontos impugnados no recurso de apelação[4].

Contudo, assevera Frederico Marques[5] que, em sendo ambas as partes sucumbentes a interpor apelações parciais, tal situação devolverá o conhecimento integral do litígio ao juízo *ad quem*, corres-

---

[2] Nesse sentido: TJSP, 11ª Câm. Dir. Crim., Ap. Crim. 1506418-02.2021.8.26.0176, Rel. Renato Genzani Filho, Foro Regional II – Santo Amaro – 3ª Vara de Violência Doméstica e Familiar contra a Mulher, j. 7.8.2023, data de registro: 7.8.2023.

[3] Nesse sentido: STJ, 6ª T., HC 13.461, Rel. Min. Hamilton Carvalhido, j. 6.2.2001, *DJU*, 25.6.2001, p. 242; STJ, 5ª T., HC 10.212, Rel. Min. Edson Vidigal, j. 3.2.2000, *DJU*, 8.3.2000, p. 135.

[4] Nesse sentido, STF, *RT*, 791/527.

[5] José Frederico Marques, *Elementos do direito processual penal*, v. 4, p. 233.

pondendo à própria apelação plena, uma vez que os segmentos da lide se reúnem para a reconstrução completa da *res judicanda*, no juízo de segundo grau.

A seu turno, sustenta Tourinho Filho que, nos casos de recurso parcial do Ministério Público, pode o juízo *ad quem* conhecer todas as questões decididas, inclusive aquelas que não foram objeto de impugnação, desde que para beneficiar o réu, porquanto o Estado não pode admitir condenações injustas[6].

Por último, registre-se a posição de Mirabete[7], para quem o apelo, mesmo que não estabeleça limitação na petição ou termo, não pode ser restringido no seu conhecimento por falta de menção do dispositivo legal. Para a interposição do recurso basta que a parte, no prazo de 5 dias, contados da intimação da decisão, manifeste a vontade livre, consciente e inequívoca de recorrer, uma vez que o art. 599 não preconiza nenhuma motivação especial para a admissibilidade do apelo. Assim sendo, assevera o autor que mesmo nas apelações referentes ao Tribunal do Júri, em que a fundamentação deve estar vinculada às hipóteses dispostas no art. 593, III, a falta de indicação do permissivo legal no ato de interposição não impede que o recurso seja conhecido, assegurando o réu a amplitude da defesa[8]. O motivo poderá ser identificado nas razões que indicarão a pretensão daquele que recorre, estabelecendo em seu conteúdo o objeto da apelação, sua extensão e o cabimento nos termos das hipóteses legais[9].

Importante frisar que a plenitude ou limitação do objeto do recurso de apelação deve estar contida na interposição, uma vez que as razões indicam os motivos de fato e de direito que ensejaram o inconformismo.

Registre-se, no entanto, que nas apelações referentes ao Tribunal do Júri há decisões do STF no sentido de que não há violação à Súmula 713 do STF quando as matérias analisadas no julgamento da apelação de sentença do Tribunal do Júri tenham sido expostas nas razões do recurso, ainda que não sejam manifestadas no momento da interposição[10].

1.2.2. Quanto ao rito procedimental

Quando o recurso de apelação sobe à superior instância, o procedimento a ser adotado para o seu processamento irá variar de acordo com a gravidade do crime objeto do apelo:

a) *sumária:* quando interposta das sentenças proferidas em processo de contravenção ou de crime a que a lei comine pena de detenção (art. 610);

b) *ordinária*: quando for interposto recurso contra as sentenças proferidas em processos por crime ao qual a lei comine pena de reclusão (art. 613).

1.2.3. Quanto ao apelante

A apelação poderá, também, ser *principal* ou *subsidiária*:

a) *principal:* caso seja interposta pelo Ministério Público, a quem compete privativamente propor a ação penal pública;

b) *subsidiária:* quando interposta pelo ofendido ou qualquer das pessoas enumeradas no art. 31 do CPP (cônjuge, descendente, ascendente ou irmão), ainda que não se tenha habilitado como assistente, nos crimes de competência do Tribunal do Júri, ou do juiz singular, se da sentença não foi interposta apelação pelo Ministério Público, no prazo legal (art. 598), conforme abordado adiante.

---

[6] Fernando da Costa Tourinho Filho, *Processo penal*, 19. ed., v. 4.

[7] Julio Fabbrini Mirabete, *Processo penal*, 17. ed., p. 686 e 687.

[8] Nesse sentido: 6ª T., AgRg no REsp 1.943.591/CE, Rel. Min. Olindo Menezes (Desembargador convocado do TRF 1ª Região), j. 7.12.2021, *DJe*, 13.12.2021.

[9] Nesse sentido: *JSTF-Lex*, 233-255; *JTACrimSP*, 72/155; *RT*, 771/671 e 765/682.

[10] STF, 2ª T., AgRg no RO em HC 167.018/MS, Rel. Min. Edison Fachin, j. 22.9.2020.

1.2.4. Quanto à oportunidade

Por fim, há aqueles que distinguem a apelação *voluntária* da *necessária*:

a) *voluntária:* quando interposta pela parte sucumbente, se assim desejar;

b) *necessária*: quando sua interposição é obrigatória, isto é, a eficácia da sentença fica condicionada ao reexame necessário da decisão pelo juízo *ad quem*.

Vale lembrar que a lei processual penal não prevê a chamada apelação adesiva[11].

2. LEGITIMIDADE

O juiz, antes de admitir o recurso de apelação, deve verificar se estão presentes os pressupostos de admissibilidade objetivos (previsão legal, tempestividade e regularidade formal) e os subjetivos (interesse e legitimidade). Em relação à legitimidade, algumas considerações hão de ser feitas.

2.1. Ministério Público

O Ministério Público, por imperativo constitucional (art. 129, I), é titular exclusivo da ação penal pública, podendo, inclusive, em razão do princípio da voluntariedade, dispor do recurso caso não o considere conveniente, tendo, em última análise, a faculdade e não o dever de apelar. Contudo, uma vez interposta a apelação, em face do *princípio da indisponibilidade*, não poderá o órgão ministerial desistir do recurso nos termos do art. 576 do CPP[12]. O órgão da acusação deve ter interesse em recorrer, a fim de legitimar sua pretensão, ocasião em que as alegações finais limitam a sucumbência, ou seja, não pode o promotor apelar pleiteando a condenação, se em alegações requereu a absolvição do acusado e assim foi atendido pelo juiz *a quo*[13].

Nesses termos, pertence a Frederico Marques[14] o entendimento de que não é permitido ao Ministério Público, após interpor o recurso, mitigar nas razões recursais o âmbito do apelo[15]. Depreende-se desse posicionamento que a acusação pública, ao não estabelecer no ato de interposição as restrições da apelação, será recebida como impugnação integral, não podendo ulteriormente ser limitado, sob pena de infração à regra do art. 576. Constituiria desistência parcial da apelação, o que é vedado ao órgão ministerial[16].

Em contrapartida, quando a extensão do apelo do Ministério Público vem limitada no termo ou petição de interposição, não pode o tribunal conhecer de matéria não suscitada, mesmo que haja ampliação pelo órgão acusador nas razões recursais[17]. O juízo *ad quem* deve se restringir ao objeto da irresignação ministerial, e, havendo dúvida quanto aos limites da impugnação, entre o ato de interposição e as respectivas razões, impera o que consta nas razões recursais[18]. Da mesma forma, será nula a decisão do tribunal que extrapolar o declinado nas razões ministeriais prejudicando o réu[19].

---

[11] Nesse sentido: STJ, REsp 1.595.636/RN, Rel. Min. Sebastião Júnior, j. 2.5.2017.

[12] TJMG, 3ª Câm. Crim., Ap. Crim. 1.0480.15.021439-7/001, Rel. Des. Octavio Augusto De Nigris Boccalini, j. 13.6.2023, publicação da súmula em 23.6.2023.

[13] Nesse sentido: *RT*, 738/645; *JTACrimSP*, 85/313; *RJTACrim*, 46/69. Contra: *RTJ*, 150/788; *RT*, 665/380.

[14] José Frederico Marques, *Elementos do direito processual penal*, v. 4, p. 207.

[15] STJ, 5ª T., HC 47.811/SP, Rel. Min. Felix Fischer, j. 14.3.2006, *DJ*, 8.5.2006.

[16] Nesse sentido: STF, HC 67.714, Rel. Min. Celso de Mello, *RTJ*, 134/240; STF, HC 70.037, Rel. Min. Moreira Alves, *DJU*, 6.8.1993, p. 14904.

[17] Nesse sentido: STF, HC 75.668, Rel. Min. Carlos Velloso, *DJU*, 13.2.1998; *RSTJ*, 136/517; *JSTJ-Lex*, 134/331.

[18] Nesse sentido: STJ, 6ª T., HC 263.087/SP, Rel. Min. Nefi Cordeiro, j. 17.3.2016 (*Informativo do STJ* n. 580).

[19] Nesse sentido: STJ, 5ª T., Rel. Min. Gilson Dipp, HC 13.354, j. 13.3.2001, *DJU*, 23.4.2001, p. 171.

Há quem defenda que o órgão do Ministério Público pode recorrer ainda a favor do réu condenado, a fim de que melhore sua situação, na qualidade de fiscal da lei. A questão é controversa, existindo corrente minoritária em contrário, fundamentada no sentido de que o órgão acusador não teria interesse em recorrer por não ter sofrido prejuízo, ou seja, por não ser parte sucumbente. O recurso ministerial em favor do réu, contudo, não deve ser conhecido se este apelou tempestivamente, pois seriam inócuo dois recursos em relação ao mesmo acusado, visando a idêntica finalidade[20].

Por outro lado, é pacífico o entendimento de que *o representante do Ministério Público não pode apelar nas ações penais de iniciativa privada em que o querelado foi absolvido*. Nessa situação, o *jus accusationis* não pode sobrepor-se à vontade da vítima, uma vez que o querelante tem a disponibilidade da ação penal de iniciativa privada. Há forte corrente no sentido de que o *Parquet* pode recorrer nessas ações para beneficiar o querelado, exercendo o papel de *custos legis*[21]. Diferentemente ocorre nos casos em que a vítima ingressa com ação penal de iniciativa privada subsidiária, quando a ação pública deixou de ser intentada pelo promotor no prazo legal. Nesta hipótese, por força do art. 29 do CPP, o Ministério Público tem a disponibilidade de interpor recurso, podendo até mesmo retomar a ação como parte principal no caso de negligência do querelante.

2.2. O réu e o defensor

O réu poderá apelar, desde que seja parte sucumbente, tendo contra si uma decisão desfavorável, mesmo nos casos em que for revel, atendidos os pressupostos. No entanto, se o apelante carecer de interesse recursal, o juízo de admissibilidade do recurso deverá ser negativo. Há interesse do acusado até mesmo nas ocasiões em que incorre em sentença absolutória, desde que esta lhe traga reflexos civis negativos, conforme se verá adiante. O curador, exigido nos casos de instauração de incidente de insanidade mental (art. 149 do CPP), sob pena de nulidade, mesmo que não seja habilitado como defensor, também poderá apelar quando houver interesse recursal.

Em relação ao defensor, constituído ou nomeado, depreende-se do art. 577 do CPP que este tem verdadeira legitimidade para interpor o recurso. Cumpre a ele aferir a conveniência ou não da interposição do recurso, independentemente da anuência expressa do réu, já que é o detentor dos conhecimentos técnicos necessários ao desempenho da função defensiva. O direito de liberdade da pessoa representa um interesse social que ultrapassa os limites das relações particulares, cabendo ao defensor observar a oportunidade e a conveniência da interposição do recurso, mesmo contra a vontade do acusado, se para este houver vantagem prática[22]. Na hipótese de conflito entre a vontade do réu e a de seu defensor, no que se refere à interposição de recurso, tendo em vista a renúncia do acusado ao direito de recorrer, prevalece a vontade daquele que quer submeter a decisão ao duplo grau jurisdição. Sobre o tema, *vide* item 5.2 do Capítulo XXX.

No mais, *resguarda-se o princípio da voluntariedade também em relação ao defensor*, constituído ou dativo, que não pode ver-se obrigado a apelar da decisão desfavorável ao réu que assiste. A apelação, portanto, em face do sistema adotado pelo art. 574 do CPP (voluntariedade), é uma faculdade do defensor[23]. Quanto ao defensor dativo, entende-se majoritariamente que não há obrigatoriedade de interposição do recurso, em razão do princípio supramencionado[24].

---

[20] Julio Fabbrini Mirabete, *Processo penal*, 16. ed., p. 689.

[21] Nesse sentido: *RT*, 553/305-13 e *Justitia*, 109/55-66.

[22] Nesse sentido: STJ, 5ª T., HC 28.481, Rel. Min. José Arnaldo da Fonseca, j. 16.9.2003, *DJU*, 13.10.2003, p. 389, *Bol. IBCCrim*, 132, nov. 2002.

[23] Nesse sentido: *RT*, 650/284, 611/353 e 607/383 (STF).

[24] Nesse sentido: *RTJ*, 64/788.

2.3. Ofendido

Não obstante o ofendido tenha a disponibilidade de ser querelante na ação penal de iniciativa privada e na ação penal subsidiária da pública, permite-se-lhe também o apelo supletivo, nos termos do art. 598 do CPP: "Nos crimes de competência do Tribunal do Júri, ou do juiz singular, se da sentença não for interposta apelação pelo Ministério Público no prazo legal, o ofendido ou qualquer das pessoas enumeradas no art. 31, ainda que não se tenha habilitado como assistente, poderá interpor apelação, que não terá, porém, efeito suspensivo". Há que levar em consideração que o recurso do assistente, por ser subsidiário, resta prejudicado quando a acusação pública interpõe apelação plena dentro do prazo legal. Todavia, pode o assistente ter legitimidade para recorrer mesmo quando o órgão ministerial interpuser recurso de apelação, desde que limite seu apelo aos fatos não abordados pelo membro do *Parquet*. Não se pode olvidar a figura da apelação subsidiária, prevista no aludido dispositivo legal (art. 598, mencionado acima), que se consubstancia na possibilidade de o ofendido (ou das pessoas elencadas no art. 31 do CPP) se habilitar no processo com a finalidade exclusiva de interpor o recurso de apelação.

Mencionado dispositivo se aplica diante da inércia do órgão ministerial, sobretudo nos casos em que o réu foi absolvido e o fundamento da absolvição não deu margem para que o ofendido intentasse a ação de indenização na esfera civil. Vejamos a Súmula 210 do STF: "O assistente do Ministério Público pode recorrer, inclusive extraordinariamente[25], na ação penal, nos casos dos arts. 584, § 1º, e 598 do CPP". Nesse prisma, entende Julio Fabbrini Mirabete[26] que a interpretação do art. 598 não é restritiva, podendo o assistente, além de pleitear a reforma da sentença absolutória, requerer o agravamento da pena da sentença condenatória.

No mesmo sentido, esclarece Vicente Greco Filho[27] que o interesse do assistente não se resume à reparação civil advinda da sentença condenatória, uma vez que há também um fundamento de interesse público, relativo à colaboração com a justiça pública. Se assim não fosse, continua o autor, não se admitiria a intervenção do assistente que antes da sentença condenatória intentasse a ação civil de conhecimento ou que renunciasse à vantagem econômica eventualmente auferida com a indenização.

Importante ressaltar a posição de Grinover, Scarance e Magalhães[28], em que o ofendido pode apelar ainda nas situações em que há a reunião de crimes em razão da conexão em que é vítima em um dos delitos e acusado em outro. Declinam os autores ser defeso ao corréu se habilitar como assistente (art. 270 do CPP), por existir incompatibilidade entre a posição de vítima e a de réu. Todavia, se o ofendido foi absolvido e houve trânsito em julgado, ao perder a posição de réu relativamente ao crime em que era acusado, pode apelar da sentença na parte do outro crime em que foi vítima, quando o corréu também tenha sido absolvido. Outrossim, dizem os autores que a apelação é possível pelo ofendido "na defesa dos interesses civis, de decisões proferidas em procedimentos incidentais de restituição de coisas apreendidas ou referentes a medidas assecuratórias" (arts. 118 a 124 e 125 a 144 do CPP).

3. HIPÓTESES DE CABIMENTO

O Código de Processo Penal prevê, no art. 593, as decisões impugnáveis por meio de apelação, enumerando tanto as decisões do juiz singular (incisos I e II) quanto as do Tribunal do Júri (inciso III).

---

[25] Nesse sentido: *JSTJ-Lex*, 132/352.

[26] Julio Fabbrini Mirabete, *Processo penal*, 17. ed., p. 690.

[27] Vicente Greco Filho, *Manual de processo penal*, 4. ed., p. 252, rodapé.

[28] Grinover, Scarance e Magalhães Gomes Filho, *Recursos no processo penal*, 2. ed., p. 131-133.

Cabe aqui fazer uma *distinção importante: a apelação que tem por objeto decisão proferida por juiz singular tem fundamentação livre, isto é, os motivos da impugnação não se encontram enumerados na lei, podendo a parte atacar qualquer defeito da decisão. Por outro lado, em se tratando de decisão do Tribunal do Júri, a apelação está vinculada às hipóteses previstas nas alíneas do inciso III. Diz-se, portanto, que, neste caso, a apelação tem fundamentação vinculada.*

3.1. Decisões do juiz singular

3.1.1. Das sentenças definitivas de condenação ou absolvição proferidas por juiz singular

São decisões definitivas aquelas que julgam o mérito da causa, vale dizer, se procede ou não a pretensão punitiva estatal. A sentença condenatória acolhe parcial ou totalmente a imputação dirigida ao réu (art. 387), enquanto a sentença absolutória julga improcedente a acusação imputada ao réu (art. 386). Há também a denominada sentença absolutória imprópria, que reconhece a inimputabilidade do réu (doente mental), impondo-lhe medida de segurança, nos termos do art. 386, parágrafo único, III, do CPP.

Não há surpresa alguma no fato de o réu recorrer de uma sentença de absolvição quando for detentor de interesse na modificação da motivação da sentença absolutória. Vejamos as hipóteses que podem fundamentar a absolvição:

a) a inexistência do fato;

b) a inexistência da prova do fato;

c) a conduta do agente não constituir crime;

d) ficar provado que o acusado não concorreu para a infração penal;

e) não ficar provado que o réu concorreu de qualquer forma para a ocorrência do delito;

f) existência de excludentes de ilicitude ou culpabilidade (arts. 20, 21, 22, 23, 26 e 28, § 1º, todos do CP), ou ainda se houver fundada dúvida acerca de sua existência;

g) a prova ser insuficiente para a condenação.

Nessa ótica, toda vez que o acusado, em razão do dispositivo que embasou a sentença de absolvição, correr o risco de se ver processado na esfera cível, a fim de indenizar a pretensa vítima, caberá o recurso para que tal oportunidade seja afastada. Logo, se o réu for absolvido por insuficiência de provas ou por não ficar provado que efetivamente concorreu para o crime, por exemplo, nada impede que o eventual ofendido ingresse na esfera cível a fim de produzir provas e se ver indenizado pelo crime eventualmente praticado pelo réu. Diferente seria se o réu fosse absolvido em razão de sua conduta não constituir crime, a exemplo da legítima defesa, situação que daria ao réu segurança de não ser acionado civilmente (arts. 65 e 66 do CPP).

Há, contudo, *exceção quanto ao emprego do recurso de apelação*: no caso de competência originária do tribunal, não há recurso de apelação, conquanto seja o réu condenado ou absolvido.

3.1.2. Das decisões definitivas, ou com força de definitivas, proferidas por juiz singular nos casos de não cabimento do recurso em sentido estrito

As decisões definitivas são aquelas que julgam o mérito, pondo fim ao processo, ou a um incidente deste, sem, contudo, condenar ou absolver o réu. São decisões que, por exemplo:

a) reconhecem a inexistência de condição objetiva de punibilidade;

b) indeferem pedido de explicações[29];

[29] Nesse sentido: *JTACrimSP*, 95/96.

c) indeferem pedido de justificação[30];

d) julgam o pedido de restituição[31] etc.

Por sua vez, as decisões com força de definitivas, também chamadas de interlocutórias mistas, são de dois tipos:

a) *terminativas*, quando põem fim ao processo, sem, contudo, julgar o mérito da causa. A rejeição da denúncia é exemplo típico desse tipo de decisão, não comportando apelação, tendo em vista ser disciplinada entre as previsões legais passíveis de recurso *stricto sensu*;

b) *não terminativas*, quando põem fim a uma etapa ou fase do procedimento processual. A título ilustrativo, cite-se como exemplo a decisão de pronúncia, entretanto se faz a mesma ressalva do item anterior.

Nem as decisões definitivas nem as com força de definitivas serão apeláveis quando for cabível o recurso em sentido estrito, haja vista a natureza residual do recurso de apelação, só utilizado quando não há expressa previsão legal disciplinando a matéria a ser impugnada. Assim, por exemplo, a decisão que acolhe a exceção da coisa julgada, não obstante ser uma decisão interlocutória mista (terminativa), é impugnável por recurso em sentido estrito, por força do art. 581, III, do CPP. Não será impugnável por meio de apelação, portanto, as decisões que não sejam definitivas ou não apresentem tal força, a exemplo daquelas que recebem o libelo.

Há que observar que o arquivamento do inquérito policial a pedido do Ministério Público, independentemente de a ação ser pública incondicionada ou condicionada, não comporta qualquer espécie de recurso. Na fase do inquérito policial a relação jurídica processual ainda não teve início, inexistindo legitimidade da pretensa vítima. Para a maioria da doutrina a ação penal inicia-se com o recebimento da petição inicial (denúncia ou queixa-crime), bem como a integração da instância se dá com a citação do réu.

4. DECISÕES DO TRIBUNAL DO JÚRI

Tratando-se de *recurso com fundamentação vinculada*, a apelação das decisões do Júri deverá necessariamente ter por fundamento uma das hipóteses previstas no inciso III do art. 593. Deve a parte, na petição ou no termo de interposição, fazer menção ao motivo da apelação, não podendo o órgão *ad quem* julgar o recurso com base em outra hipótese. A apelação nessa espécie denota caráter restrito, limitando a cognição da matéria a ser devolvida ao juízo *ad quem*[32]. *A garantia do duplo grau de jurisdição é observada ao mesmo tempo em que se preserva a soberania dos veredictos.*

Nesse sentido, o princípio do *tantum devolutum quantum appellatum* é observado no ato de interposição da apelação das decisões do Tribunal do Júri. Por sua vez, se o recorrente, no ato de interposição, invocou mais de um fundamento para o apelo, é defeso ao órgão superior deixar de apreciar os pontos indicados, dado o caráter restrito do recurso. Assim, se a parte invocou as alíneas *c* e *d* constantes no rol do inciso III do art. 593, ambas devem ser examinadas pelo juízo *ad quem*[33].

Outrossim, o apelante fica desde logo em suas razões vinculado ao motivo apresentado quando da interposição do recurso. Se a parte interpuser o apelo com base no art. 593, III, *a*, não pode nas razões sustentar que a decisão dos jurados foi manifestamente contrária às provas dos autos (art. 593,

---

[30] Nesse sentido: *JTJ-Lex*, 254/477.

[31] Nesse sentido: *RT*, 792/630; *JTJ-Lex*, 262/215; TRF, 1ª R., 4ª T., RSE 2000.41.00.000324-3, Rel. Mário César Ribeiro, j. 24.9.2007, *DJ*, 5.10.2007, p. 46; TRF, 3ª R., 2ª T., RSE 2009.61.10.011445-7, Rel. Henrique Herkenhoff, j. 13.4.2010.

[32] Nesse sentido: TJSP, *RT*, 720/413.

[33] Nesse sentido: STF, HC, Rel. Min. Ilmar Galvão, *RT*, 726/583.

III, *d*), pois estaria ampliando intempestivamente o âmbito de devolução do recurso[34]. Nesse sentido é a Súmula 713 do STF: "O efeito devolutivo da apelação contra decisões do Júri é adstrito aos fundamentos da sua interposição".

Contudo, em prestígio ao princípio do duplo grau de jurisdição e da ampla defesa, tem-se admitido a possibilidade de conhecimento do recurso, mesmo quando a parte apelante deixar de mencionar o dispositivo em que fundamenta o apelo no ato de interposição da apelação[35].

Nas decisões do Tribunal do Júri, é necessário observar que o órgão jurisdicional superior nunca poderá sobrepor-se ao juiz natural da causa, a fim de absolver ou condenar o réu. *Os veredictos emanados do Tribunal do Júri são soberanos (art. 5º, XXXVIII)*, restando ao tribunal *ad quem*, quando muito, a correção de atos do juiz presidente ou a determinação de novo julgamento, mas nunca decidir sobre o mérito da causa. A soberania da decisão emanada do Tribunal Popular não é marcada de irrecorribilidade, preservando o princípio do duplo grau de jurisdição. Porém, a impugnação é restrita em respeito ao princípio da soberania dos veredictos. Vejamos a seguir as hipóteses de cabimento da apelação nas decisões do Tribunal do Júri.

4.1. Nulidade posterior à pronúncia

Em se tratando de nulidade relativa posterior à pronúncia, deverá a parte argui-la em momento oportuno, sob pena de preclusão:

a) logo depois de anunciado o julgamento e apregoadas as partes (art. 571, V, do CPP);

b) se decorrentes do julgamento em plenário, logo depois de ocorrerem (art. 571, VIII, do CPP). Caso o juiz presidente não acolha nulidade tempestivamente arguida, caberá apelação, com fulcro na alínea vertente.

Nos casos de nulidade absoluta é diferente, pois esta é insanável e jamais se convalida. As partes poderão alegá-las a qualquer tempo, podendo o órgão *ad quem* conhecê-las de ofício, quando do julgamento do recurso da defesa, se beneficiar o réu. Dispõe a Súmula 160 do STF, por outro lado, que a nulidade que causar prejuízo ao réu, exceto nos recursos de ofício, só poderá ser considerada pelo tribunal quando arguida no recurso da acusação, sob pena de ser nula a decisão do juízo *ad quem*.

Reconhecida a nulidade pela instância superior, anula-se o julgamento, procedendo à renovação dos atos anulados.

Como exemplos de nulidades ocorridas após a pronúncia, temos a juntada de documentos fora do prazo legal estipulado no art. 479 do CPP, a participação de jurado impedido, o uso injustificado de algemas, entre outras, incluindo-se, ainda, as famigeradas referências, durante os debates, à decisão de pronúncia ou posteriores que julgaram a apelação (art. 478, I, do CPP), cuja constitucionalidade já questionamos (itens 12.1 a 12.4 do Capítulo XXIV).

4.2. Sentença do juiz presidente contrária à lei expressa ou à decisão dos jurados

A apelação, nesse caso, dirige-se contra ato jurisdicional do juiz, motivo que autoriza o juízo *ad quem*, em reconhecendo a contrariedade da sentença ao mandamento legal ou à decisão dos jurados, a retificar a sentença, conformando-a à lei ou ao veredicto. Não há, portanto, ofensa à soberania do Júri, uma vez que a decisão dos jurados restou inalterada. *Reforma-se a sentença e não o veredicto, uma vez que se tem verdadeira situação de "error in procedendo"*.

---

[34] Nesse sentido: STJ, 5ª T., Rel. Min. Gilson Dipp, HC 13.852, j. 6.3.2001, *DJU*, 23.4.2001, p. 172; *RT*, 746/580 e 720/413; TJSP: *RT*, 765/573.

[35] Nesse sentido: STJ, RHC 158.728, Min. Ribeiro Dantas, *DJe*, 5.5.2022.

De acordo com o § 1º do art. 593, "se a sentença do juiz presidente for contrária à lei expressa ou divergir das respostas dos jurados aos quesitos, o tribunal *ad quem* fará a devida retificação".

4.3. Erro ou injustiça no tocante à aplicação da pena ou da medida de segurança

Haverá erro se o juiz aplicar pena diversa daquela prevista em lei ou impuser medida de segurança não cabível ou mesmo inadequada à espécie. Assim, por exemplo, quando o magistrado fixar pena abaixo do mínimo legal, já considerada causa de diminuição de pena ou sujeitar o condenado a tratamento ambulatorial por crime punido com reclusão.

Haverá injustiça quando o juiz individualizar a pena de forma inadequada, graduando a sanção penal em desacordo com as circunstâncias do fato criminoso.

Diz o art. 593, § 2º, que, "interposta a apelação com fundamento no n. III, *c*, deste artigo, o tribunal *ad quem*, se lhe der provimento, retificará a aplicação da pena ou da medida de segurança". Trata-se também de situação de *error in procedendo*.

Uma vez mais, não há afronta à soberania do Júri, porquanto o tribunal, julgando procedente o apelo, irá tão somente corrigir o erro ou a injustiça da sentença do juiz presidente. O veredicto permanece intocado.

É defeso, portanto, ao tribunal afastar qualificadora, circunstância agravante ou atenuante, causa de aumento ou diminuição de pena reconhecida pelo Conselho de Sentença, sob pena de violação da soberania dos veredictos. A matéria não é pacífica, reconhecendo alguns autores a possibilidade de o tribunal reformar a decisão no tocante às agravantes e atenuantes.

No entendimento de Grinover, Scarance e Magalhães[36], nas divergências decorrentes da votação de agravante ou atenuante genérica, aplicar-se-á o art. 593, III, *c*, já que não constituem elementos circunstanciais do delito, recaindo apenas sobre a dosagem da pena. Julio Fabbrini Mirabete[37], por sua vez, diverge, alegando que o juízo *ad quem*, a pretexto de corrigir uma injustiça na aplicação da pena, não pode desrespeitar a soberania dos veredictos afastando a decisão dos jurados referentes às qualificadoras, causas de aumento ou diminuição da pena, agravantes e atenuantes.

Em relação às qualificadoras, temos que integram o próprio tipo penal, inclusive, estabelecendo uma nova pena mínima e máxima ao delito. Portanto, ao decidir sobre as qualificadoras, o Conselho de Sentença delibera sobre circunstância elementar do crime, e não sobre circunstância da pena, não podendo o tribunal superior acolher recurso com base no erro quanto à aplicação da pena. Nessa situação, o único recurso compatível é aquele fundado na decisão contrária dos jurados às provas dos autos, a fim de que a questão seja levada a um novo julgamento e um novo veredicto seja proferido[38].

4.4. Decisão dos jurados manifestamente contrária à prova dos autos

Não obstante o Conselho de Sentença julgue a causa com inteira liberdade, decidindo conforme sua íntima convicção, *a decisão dos jurados que se apresentar manifestamente contrária à prova dos autos poderá ser impugnada por meio de apelação*.

Para que seja considerada manifestamente contrária à prova dos autos, a decisão deve ser arbitrária, destituída de qualquer apoio nos elementos probatórios carreados ao processo, não encontrando fundamento em nenhum elemento de convicção trazido durante a instrução. Cuida-se de verdadeiro *error in judicando*, golpeando o mérito da causa, diferentemente das hipóteses anteriormente abordadas.

---

[36] Grinover, Scarance e Magalhães Gomes Filho, *Recursos no processo penal*, 2. ed., p. 125.

[37] Julio Fabbrini Mirabete, *Processo penal*, 17. ed., p. 695.

[38] Nesse sentido: STJ, 5ª T., HC 246.233/BA, Rel. Min. Marco Aurélio Bellizze, j. 6.11.2012.

Deve, assim, o veredicto aproximar-se da verdade trazida ao processo, haurindo seus fundamentos nos elementos obtidos durante a atividade processual. *Será preservada a soberania dos veredictos, ainda que a decisão popular se apoie em prova pouco robusta, desde que fundada em qualquer das versões do conjunto probatório produzido ao longo do processo*[39]. Fica claro, dessa forma, que a possibilidade de recorribilidade das decisões do tribunal popular está longe de afrontar a soberania dos veredictos, uma vez que o tribunal superior não reforma a decisão impugnada, mas exerce um juízo de cassação, permitindo nova apreciação do mérito.

O Superior Tribunal de Justiça já entendeu que, existindo duas teses contrárias em plenário e havendo plausibilidade na escolha de uma delas pelo Tribunal do Júri, não se pode cassar a decisão do Conselho de Sentença para dizer que esta ou aquela é a melhor solução[40].

Reconhecida pelo tribunal superior a manifesta desconformidade entre a decisão dos jurados e os elementos probatórios, mandará o réu a novo julgamento. Não poderá, assim, reformar a decisão no que toca ao *meritum causae*, cabendo-lhe somente anular o julgamento[41]. Protege-se, com isso, a soberania dos veredictos.

A lei processual, no entanto, não admite uma segunda apelação pelo mesmo motivo. Uma vez julgado procedente o apelo, anulando-se o julgamento contrário à prova dos autos, não será cabível apelação do segundo julgamento com fulcro no mesmo fundamento (decisão manifestamente contrária à prova dos autos)[42], qualquer que seja o resultado. Pouco importa se a nova decisão foi inversa à anterior, ou seja, condenou o réu e posteriormente o absolveu, sendo indiferente se o recurso foi interposto pela defesa ou pela acusação[43]. Vejamos: "Restando anulado o primeiro julgamento do júri por ter sido considerado manifestamente contrário à prova dos autos, não se admite que a defesa interponha segunda apelação pelo mesmo fundamento, ainda que o primeiro recurso tenha sido interposto pela acusação, conforme se depreende do disposto no art. 593, § 3º, *in fine*, do CPP".

Dessa forma, se o Ministério Público invocou como fundamento do apelo a negativa de autoria contrária à prova dos autos, se houver novo julgamento, não poderá apelar novamente com base no mesmo motivo, ainda que o fundamento alegado seja legítima defesa contrária à prova dos autos. Em resumo, não basta alterar as teses se o motivo é o mesmo. Assim, dispõe o art. 593, § 3º, que, "se a apelação se fundar no n. III, *d*, deste artigo, e o tribunal *ad quem* se convencer de que a decisão dos jurados é manifestamente contrária à prova dos autos, dar-lhe-á provimento para sujeitar o réu a novo julgamento; não se admite, porém, pelo mesmo motivo, segunda apelação".

No tocante aos crimes conexos de competência do Tribunal do Júri, sustenta-se que o juízo *ad quem* pode conhecer em grau recursal a nulidade parcial do julgamento, realizando novo julgamento relativamente ao delito sobre o qual pairou a nulidade[44], mantendo-se a decisão condizente ao outro crime inalterada[45].

Por fim, nos casos em que há a decisão absolutória proferida pelo Tribunal do Júri, mesmo que venha a ser realizado novo julgamento por força da apelação que anulou o primeiro, o réu deverá ser mantido em liberdade, por força do art. 596 do CPP: "A apelação da sentença absolutória não impedirá que o réu seja posto imediatamente em liberdade". Nesse sentido dispõe o art. 386, parágrafo

---

[39] TJSC, Ap. Crim. 2002.017156-0, Rel. Jaime Ramos, j. 11.3.2003.

[40] STJ, 6ª T., HC 254.730/SP, Rel. Min. Og Fernandes, j. 24.9.2013, *DJe*, 4.10.2013.

[41] Nesse sentido: STF, HC 72.783-2, Rel. Min. Ilmar Galvão, *RT*, 728/481; STF: *RT*, 739/546-7, e *JSTF*, 261/241.

[42] STJ, 6ª T., REsp 1.451.720/SP, Rel. Min. Nefi Cordeiro, j. 28.4.2015 (*Informativo do STJ* n. 564).

[43] Nesse sentido, STF, *RTJ*, 175/978.

[44] Mirabete, *Processo penal*, 17. ed., p. 697.

[45] Nesse sentido: TJDF, AP 16.948/96, Rel. Sandra de Santis, *DJU*, 14.8.1997, p. 18044.

único, I, do CPP. *A matéria, contudo, é controversa, comportando em âmbito jurisprudencial dois entendimentos diversos*:

a) Sustenta-se, por um lado, o fato de que, embora o acusado seja submetido a novo julgamento, há a seu favor, em razão do veredicto precedente, um prévio juízo de inocência. Não haveria, pois, o *fumus boni juris* para a prisão.

b) De outro, a orientação no sentido de ser possível também a nova custódia do acusado, desde que devidamente fundamentada a decisão de restrição da liberdade. Assim, já decidiu o STJ pelo restabelecimento da prisão do réu absolvido do crime de homicídio qualificado, submetido a novo julgamento pelo Tribunal do Júri[46].

5. PRAZO E PROCESSAMENTO

5.1. Prazo para interposição do recurso

Diz o art. 593 que *a apelação deverá ser interposta por petição ou termo nos autos, no prazo de 5 dias, contados a partir da data da intimação da decisão*. A *tempestividade* é *requisito de admissibilidade essencial de qualquer recurso*, devendo ser denegado o apelo manifestamente intempestivo.

Importante frisar, quanto à forma de interposição do recurso, que se tem admitido a interposição oral da apelação feita em plenário ou em audiência, até mesmo por simples cota nos autos, mitigando a rigidez das formas em benefício do princípio do duplo grau de jurisdição e da ampla defesa. Aplica-se também o aludido ao recurso em sentido estrito, admitindo-se a interposição do recurso através de meios eletrônicos, a exemplo do telex ou fax, apesar de essas duas formas já estarem em completo desuso. Até mesmo a simples apresentação das razões dentro do quinquídio legal, independentemente da petição ou termo de interposição do recurso, basta para conhecer do apelo[47]. A interposição por cota nos autos também é admitida.

Vale lembrar que *deverão ser intimados da sentença tanto o réu quanto seu defensor, iniciando-se o prazo recursal somente após a segunda intimação*. O réu preso será obrigatoriamente intimado pessoalmente, consoante dispõe o art. 392, I, do CPP[48]. No tocante aos defensores, diz o art. 370 do CPP que o defensor constituído e o advogado do querelante deverão ser intimados pela imprensa, se existente na comarca, incluindo, inclusive, o nome do acusado na publicação sob pena de nulidade do ato. Já em relação ao defensor nomeado pelo juiz, esclarece o dispositivo que a intimação deverá necessariamente ser pessoal.

O prazo para o Ministério Público, contudo, passa a correr a partir do momento em que há a entrega dos autos na repartição administrativa do órgão, sendo irrelevante que a intimação pessoal tenha se dado em audiência, em cartório ou por mandado[49]. Mesmo raciocínio deve ser aplicado à Defensoria Pública[50]. Isso se dá em respeito ao princípio da isonomia entre as partes, vedando que se manipule o prazo recursal. Portanto, o recomendável é que, assim que for aberta vista dos autos ao Ministério Público, imediatamente os autos sejam levados ao promotor para que dê ciência, a fim de evitar eventual preclusão recursal. *Já para as sentenças prolatadas no plenário do Tribunal do Júri, o prazo fluirá para as partes da publicação da decisão na própria sessão de julgamento (art. 798, § 5º, "b", do CPP)*[51].

---

[46] Nesse sentido: STJ, 6ª T., HC 12.969, Rel. Min. Hamilton Carvalhido, j. 6.2.2001, *DJU*, 25.6.2001, p. 241.

[47] Nesse sentido: *RT*, 723/634.

[48] Nesse sentido: STJ, 6ª T., RHC 45.584/PR, Rel. Nefi Cordeiro, j. 3.5.2016 (*Informativo do STJ* n. 583).

[49] STJ, 3ª S., REsp 1.349.935/SE, Rel. Min. Rogério Schietti Cruz, j. 23.8.2017 (recurso repetitivo) (Info 611).

[50] Nesse sentido: STJ, 3ª S., HC 296.759/RS, Rel. Min. Rogério Schietti Cruz, *DJe*, 21.9.2017.

[51] STJ, 5ª T., AgRg no AREsp 1.886.871/AL, Rel. Min. Joel Ilan Paciornik, j. 6.9.2022, *DJe*, 12.9.2022.

Na incerteza da tempestividade ou não do apelo, entende-se que o recurso deve ser conhecido em prestígio ao princípio do duplo grau de jurisdição, a fim de possibilitar o exercício da ampla defesa pelas partes. Não obstante, os problemas advindos do funcionalismo público referentes à demora da juntada da apelação despachada no prazo legal, por erro do cartório, ou, então, o despacho tardio da apelação entregue no prazo legal em cartório, não prejudicam a cognição do apelo, conforme informam as Súmulas 320 e 428 do STF.

De forma geral, em relação à contagem de prazo, em harmonia com a regra do art. 798, § 5º, do CPP, cumpre destacar a Súmula 710 do STF: "No processo penal, contam-se os prazos da data da intimação, e não da juntada aos autos do mandado ou da carta precatória ou de ordem". Não se pode olvidar a tendência jurisprudencial minoritária no sentido de que, em caso de intimação da sentença condenatória por carta precatória, o termo inicial do recurso corresponderia à data da juntada aos autos da carta precatória cumprida, por aplicação analógica do disposto no inciso IV do art. 241 do CPC. Há que atentar, ainda, à regra do art. 564, III, *o*, a qual impõe a intimação do eventual apelante como obrigatória, sob pena de nulidade. Da mesma forma quanto à intimação do apelado sobre a interposição do recurso e para o oferecimento de contrarrazões. Em relação ao querelante e ao assistente, cabe observar o art. 391 do CPP.

5.1.1. Do prazo legal concedido à vítima

Quanto ao prazo legal concedido à vítima para apelar, a doutrina não é uníssona.

Dispõem o art. 598 e parágrafo único que o ofendido ou qualquer das pessoas enumeradas no art. 31, nos processos de ação pública iniciados por denúncia, poderá interpor recurso no prazo de 15 dias, contados do dia em que terminar o prazo do Ministério Público. *Trata-se da chamada apelação subsidiária ou supletiva, diante da inércia do órgão acusador.*

Parte da doutrina entende que o dispositivo se aplica somente nas hipóteses em que o ofendido não se tenha habilitado como assistente de acusação. Caso a vítima funcione como assistente no processo, o prazo seria o comum, de 5 dias, não havendo motivo para que gozasse de prazo mais dilatado, uma vez que apresenta familiaridade com as provas produzidas, podendo celeremente decidir sobre a conveniência do apelo. Partilham desse entendimento Julio Fabbrini Mirabete[52], Tourinho Filho[53] e Vicente Greco Filho[54], entre outros.

Em sentido contrário, entendem alguns autores que o prazo para o ofendido recorrer, esteja ou não habilitado como assistente, será sempre de 15 dias, aplicando-se o parágrafo único do art. 598 indistintamente, já que a lei não faz diferenciação. Comungam dessa opinião Ada, Scarance e Magalhães[55].

Apesar das posições divergentes, há que considerar, em prestígio ao princípio do duplo grau de jurisdição, a possibilidade de conhecer do recurso quando interposto no prazo de 15 dias, mesmo que o ofendido ou as pessoas enumerados no art. 31 do CPP já se tenham habilitado como assistentes. Em contrapartida, a boa técnica manda que o recurso seja preferencialmente interposto no prazo de 5 dias, afastando qualquer probabilidade de preclusão.

De acordo com a Súmula 448 do STF, "o prazo para o assistente recorrer, supletivamente, começa a correr imediatamente após o transcurso do prazo do Ministério Público". Essa regra somente se aplica ao assistente habilitado intimado antes do trânsito em julgado para a acusação ou ao

[52] Julio Fabbrini Mirabete, *Processo penal*, 17. ed., p. 699.

[53] Tourinho Filho, *Processo penal*, 11. ed., p. 293.

[54] Vicente Greco Filho, *Manual de processo penal*, 4. ed., p. 377.

[55] Ada P. Grinover, Antonio Scarance Fernandes e Antonio Magalhães G. Filho, *Recursos no processo penal*, 2. ed., p. 134.

ofendido que ainda não está habilitado como assistente. Se, no entanto, *o assistente habilitado for intimado depois do prazo concedido ao "Parquet", o prazo começa a correr da data de sua intimação*. O assistente sempre deverá ser intimado quando for habilitado por determinação do art. 391 do CPP.

5.2. Processamento

5.2.1. Competência

O recurso de apelação é interposto perante o juízo *a quo*, mas endereçado ao tribunal competente. No caso da Justiça Comum Estadual, com o advento da Emenda Constitucional n. 45/2004 e a respectiva extinção dos Tribunais de Alçada, a competência recursal passou a ser do Tribunal de Justiça. Já nos casos que versam sobre a Justiça Comum Federal, previstos no art. 109 da CF, a apelação será de competência dos Tribunais Regionais Federais.

5.2.2. Processamento no juízo monocrático

Caberá, portanto, ao juiz de primeira instância verificar se o apelo preenche os requisitos legais (juízo de admissibilidade), remetendo-o posteriormente ao tribunal. *Caso não admita o recurso, dessa decisão caberá ao apelante interpor recurso em sentido estrito* (art. 581, XV). Não sendo este recebido, será possível ainda a utilização da *carta testemunhável* (art. 639, I, CPP). Ocorrerá nulidade, no entanto, se a defesa não for intimada da decisão que rejeita a apelação, uma vez que acarretará o cerceamento do direito de defesa.

Pode ocorrer também de o juízo inferior receber a apelação, porém obstando sua expedição e o consequente seguimento para o juízo *ad quem*. Aqui, a impugnação cabível também será o recurso em sentido estrito.

Recebida a apelação, abrir-se-á prazo para o apelante e, depois dele, para o apelado oferecer razões. Esse prazo será:

a) de 8 dias, nos processos em geral;

b) de 10 dias, nos processos de contravenção, juntamente com as contrarrazões, por conta da aplicação do disposto na Lei n. 9.099/95 (conforme tratado a seguir);

c) de 3 dias para o assistente da acusação, após o Ministério Público (art. 600, § 1º);

d) de 3 dias para o Ministério Público, nos casos em que a ação penal é movida pela parte ofendida (art. 600, § 2º), após o apelante.

Os prazos para o apelante apresentar as razões, bem como para o apelado ofertar contrarrazões, somente correrão após a regular intimação de ambos, sob pena de nulidade. É a manutenção do devido processo legal, com a garantia da ampla defesa e do contraditório. Se ambas as partes apelarem, arrazoará o que primeiro tiver interposto o recurso, sendo posteriormente os autos levados à parte *ex adversa* para contra-arrazoar e também oferecer suas razões. Em seguida, os autos voltarão à parte que inicialmente apelou para igualmente contra-arrazoar.

Dispõe o art. 600, § 3º, que os prazos serão comuns quando forem dois ou mais os apelantes ou apelados, devendo os autos permanecer no cartório. Cumpre ressaltar que o Ministério Público sempre terá vista dos autos fora do cartório, enquanto a defesa só terá essa oportunidade quando o processo versar sobre um único réu. Sustenta-se, também, que, em se tratando de processos complexos, a regra não deve prevalecer, cabendo ao juiz conceder às partes prazos sucessivos para arrazoar, assegurando-lhes a ampla defesa.

É permitido ao apelante oferecer razões no tribunal *ad quem*. Deve, para tanto, declarar, na petição ou no termo, ao interpor a apelação, seu desejo de arrazoar na superior instância. Serão os autos, então, remetidos ao tribunal *ad quem*, onde será aberta vista às partes, observados os prazos legais, notificadas (intimadas) as partes pela publicação oficial (art. 600, § 4º, do CPP), sob pena de nulidade.

A lei não veda ao membro do Ministério Público oferecer as razões na superior instância, devendo o promotor, nesse caso, obter a autorização do Procurador-Geral de Justiça. Este, em consonância com os princípios da indivisibilidade e unidade da instituição do Ministério Público, poderá designar um promotor para arrazoar.

Há entendimento em contrário, no sentido da impossibilidade de o promotor de justiça oferecer razões na superior instância, principalmente em virtude do tumulto processual que poderia advir de tal procedimento. Embora a lei não se oponha ao se referir ao apelante de forma genérica, o recomendável é que o promotor, por dever funcional, desde logo ofereça as razões antes da subida dos autos ao tribunal, dando maior celeridade ao procedimento recursal. No âmbito do Ministério Público do Estado de São Paulo, temos o Ato n. 350/2004 da Procuradoria-Geral de Justiça[56], que em seu art. 1º dispõe que, na hipótese do art. 600, § 4º, do CPP, como regra, as contrarrazões devem ser elaboradas pela Procuradoria-Geral de Justiça, salvo quando o promotor de justiça que atua no respectivo processo requerer, antes da subida do feito ao tribunal competente, a oportuna remessa dos autos com vista (art. 2º).

De acordo com o art. 601, *caput*, findos os prazos para razões, os autos serão remetidos à instância superior, com as razões ou sem elas. Logo, *a lei permite que a apelação seja conhecida e julgada, mesmo quando ausentes as razões*. A doutrina, porém, busca limitar o alcance dessa norma. Assim, o dispositivo não abrangeria o Ministério Público, pois não poderia o membro do *Parquet* desistir do recurso interposto, sob pena de nulidade. Dispõe o art. 564, III, *d*, que constitui nulidade a falta de intervenção do Ministério Público em todos os termos da ação por ele intentada e nos da intentada pela parte ofendida, quando se tratar de crime de ação pública.

Por outro lado, a falta de razões ou contrarrazões do defensor violaria o princípio da ampla defesa, em face do prejuízo causado ao réu. A matéria, entretanto, não é pacífica. Temos assim o dissenso jurisprudencial:

a) Sustenta-se que, uma vez interposta a apelação pelo réu e não arrazoada pelo defensor constituído, embora intimado, ou no caso de renúncia deste, não é caso de subida dos autos ao tribunal. O juiz, nestes casos, antes de nomear um defensor dativo ao réu, deverá cientificá-lo para que tenha a oportunidade de constituir novo patrono, se assim desejar, preservando a liberdade processual de escolha, a fim de que não tenha o seu direito à defesa cerceado[57]. Logo, dispõe a Súmula 708 do STF: "É nulo o julgamento da apelação se, após a manifestação nos autos da renúncia do único defensor, o réu não foi previamente intimado para constituir outro".

b) Em sentido oposto, aqueles para quem, inexistindo prejuízo relevante ao réu em virtude da falta de apresentação das razões recursais pelo defensor, o apelo poderá ser admitido em consonância com a regra do art. 601, *caput*[58]. Dessa forma, caberá ao tribunal a devolução integral da matéria decidida pelo órgão *a quo*, em observância ao princípio do *tantum devolutum quantum appellatum*. Não havendo prejuízo para o réu, o mesmo se dirá com relação à não apresentação das contrarrazões pela defesa devidamente intimada em recurso do Ministério Público. Contudo, aventa-se a possibilidade de converter o julgamento em grau recursal em diligência, a fim de que o réu constitua novo patrono ou lhe seja nomeado um para apresentação de razões, resguardando a ampla defesa.

---

[56] *DOE*, 29.3.2004.

[57] Nesse sentido: STJ, 6ª T., HC 137.100/SE, Rel. Min. Og Fernandes, j. 2.10.2012.

[58] Nesse sentido: STJ, 5ª T., HC 8.990, Rel. Min. Felix Fischer, j. 27.4.1999, *DJU*, 14.6.1999, p. 215; STJ, REsp 139.285, Rel. Min. Cid Flaquer Scartezzini, *DJU*, 30.3.1998, p. 112.

Quanto às contrarrazões entendem a doutrina e jurisprudência majoritárias que não são obrigatórias, salvo no caso de defensor dativo e do membro do *Parquet*.[59]

Todavia, há precedente do Superior Tribunal de Justiça no sentido de que, mesmo que o advogado constituído pelo réu tenha sido intimado para apresentar contrarrazões, tendo ele permanecido inerte, é imperiosa a intimação do réu para constituição de novo causídico. É nulo o julgamento da apelação sem que se tenha providenciado a apresentação das contrarrazões defensivas[60].

Nas ações penais de iniciativa privada, caso o querelante não ofereça as razões recursais, ocorre o fenômeno processual da perempção, causa extintiva da punibilidade prevista no art. 107, IV, do CP, que se consubstancia na impossibilidade de prosseguir na ação penal, em razão da inércia de seu autor.

5.2.2.1. Intempestividade das razões

De observar que constitui mera irregularidade o oferecimento das razões fora do prazo legal[61]. Tem-se, dessa forma, que esse prazo é impróprio, não levando à preclusão. Assim, mesmo que intempestivas, as razões não serão desentranhadas dos autos.

Permite-se a juntada de documentos aos autos na fase recursal, devendo-se, no entanto, garantir à parte *ex adversa* que tome conhecimento de seu conteúdo e sobre ele se manifeste, antes da subida dos autos, em respeito ao princípio do contraditório.

Vale lembrar que não há juízo de retratação na apelação, não cabendo ao juiz *a quo* alterar a decisão apelada. É possível encontrar precedentes do STF em orientação contrária, permitindo-se a retratação do juízo que admitiu o recurso de apelo, desde que tempestiva a impugnação[62].

Caso haja mais de um réu, se não houverem todos sido julgados, ou não tiverem todos apelado, caberá ao apelante promover a extração do traslado dos autos, que será remetido à superior instância (art. 601, § 1º). O dispositivo objetiva dar maior celeridade ao julgamento do réu apelante enquanto se instrui o processo do corréu, bem como evitar atraso na execução da pena daquele que, embora condenado, não apelou.

Excetuado o caso acima citado, a apelação subirá nos autos originais. Todavia, fora do Distrito Federal e das comarcas que não forem sede de Tribunal de Justiça ou Tribunal Regional Federal, deverá ficar em cartório traslado com termos essenciais do processo referidos no art. 564, III, do CPP: denúncia, exame de corpo de delito, sentença de pronúncia etc. (art. 603 do CPP).

5.2.3. Processamento no tribunal

Chegando ao tribunal, o apelo será processado ou pelo rito ordinário (art. 613), nas hipóteses de crime punido com reclusão, ou pelo rito sumário (art. 610), quando se tratar de processo de contravenção ou de crime punido com detenção.

Nesta segunda hipótese, os autos serão remetidos ao Procurador-Geral pelo prazo de 5 dias; em seguida ao relator por igual prazo, ficando a cargo deste o pedido para designação do dia para julgamento, ocasião em que as partes terão o tempo de 10 minutos para sustentação oral. Embora a lei fale em "Procurador-Geral", o que ensejaria a ideia do chefe do *Parquet*, quem atua no feito são os procuradores de justiça (esfera estadual) ou procuradores da República (esfera federal), responsáveis

---

[59] STF, 2ª T., HC 149.604 AgR, Rel. Min. Dias Toffoli, j. 12.12.2017, processo eletrônico *DJe*-021, divulg. 5.2.2018, public. 6.2.2018.

[60] STJ, 6ª T., HC 118.904/RS, Rel. Min. Maria Thereza Rocha de Assis Moura, j. 6.5.2010, *DJe*, 24.5.2010.

[61] Nesse sentido: STF, HC 72.731, Rel. Min. Ilmar Galvão, *RTJ*, 161/542; STJ, 5ª T., REsp 252.157, Rel. Min. Felix Fischer, j. 5.10.2000, *DJU*, 30.10.2000, p. 181; *JTJ-Lex*, 239/306.

[62] Nesse sentido: STF, 2ª T., HC 71.442-1, Rel. Min. Maurício Corrêa, j. 7.3.1995, *DJU*, 1º.10.1999, p. 29, *RT*, 775/520.

pela análise da questão impugnada e emissão de parecer pelo provimento ou não da apelação, inclusive intervindo na sustentação oral, se assim for preciso. Não há falar em violação do contraditório, já que o Ministério Público de segunda instância atua como *custos legis* e não como parte, analisando essencialmente a atuação do juízo *a quo*.

O rito ordinário, conquanto siga a forma do sumário, apresentará um procedimento mais amplo em razão da gravidade do crime, com as seguintes alterações:

1) os prazos serão contados em dobro, ou seja, 10 dias para a Procuradoria de Justiça / procurador da República e 10 dias para o relator;

2) além do relator, haverá um revisor, o qual terá vista dos autos pelo prazo de 10 dias e se incumbirá de pedir designação do dia para julgamento;

3) a sustentação oral ofertada às partes será pelo tempo de 15 minutos.

5.2.3.1. Sustentação oral

No tocante à sustentação oral, há que consignar que não é obrigatória, cabendo à parte interessada utilizá-la ou não, não gerando nulidade a sua ausência. Em contrapartida, "embora a sustentação oral seja mera faculdade deferida à defesa, se o defensor manifesta expressamente seu interesse em valer-se desse ato facultativo e tal oportunidade lhe é obstada, tem-se configurado o cerceamento de defesa"[63].

No tocante ao julgamento, qualquer irregularidade relativa à intimação das partes condizente ao conhecimento daquele pode ser causa de nulidade. Por essa razão, preceitua a Súmula 431 do STF: "É nulo o julgamento de recurso criminal na segunda instância sem prévia intimação ou publicação da pauta, salvo em *habeas corpus*".

No julgamento das apelações poderá o tribunal, câmara ou turma proceder a novo interrogatório do réu, reinquirir testemunhas ou determinar outras diligências. Tudo de acordo com o art. 616. Poderia, assim, o tribunal conhecer de provas novas, que não foram apreciadas pelo juiz que proferiu a sentença, não importando em violação ao duplo grau de jurisdição. Há, contudo, entendimento em sentido contrário.

No julgamento do recurso, o tribunal *ad quem*, em suas decisões, atenderá ao disposto nos arts. 383 (hipótese de nova definição jurídica do fato – *emendatio libelli*), 386 (decisão absolutória) e 387 (decisão condenatória), no que for aplicável, não podendo, porém, ser agravada a pena quando somente o réu houver apelado da sentença (art. 617). A parte final do dispositivo veda a *reformatio in pejus*, conforme se verá adiante. O tribunal não poderá aplicar o art. 384 do CPP, que trata da *mutatio libelli*.

Nesse sentido, a Súmula 453 do STF: "Não se aplicam à segunda instância o art. 384 e parágrafo único do CPP, que possibilitam dar nova definição jurídica ao fato delituoso, em virtude de circunstância elementar não contida explícita ou implicitamente na denúncia ou queixa".

5.2.4. Extinção anômala do apelo

A extinção do recurso, via de regra, decorre da lavratura e publicação do acórdão, logo após a manifestação do órgão *ad quem*, materializando o provimento do tribunal, seja ele favorável ao apelante ou não. Porém, há situações em que o recurso se extingue de forma atípica, anômala, caracterizando a deserção ou a desistência.

A deserção se apresenta como fato extintivo do direito de recorrer, obstando o julgamento do recurso. À época da interposição os pressupostos recursais estavam presentes, sendo a deserção fato superveniente à admissibilidade do recurso. São casos de deserção:

---

[63] *RT*, 780/530 (STF).

a) nas ações privadas, o réu deixar de pagar as custas nos prazos fixados em lei ou pelo juiz (art. 806, § 2º, do CPP). Note-se que atualmente há a exigência de custas nas ações penais públicas[64]. No Estado de São Paulo é a Lei n. 11.608, de 29 de dezembro de 2003, que dispõe sobre elas, isentando, todavia, a União, o Estado, o Município, respectivas autarquias, fundações e o Ministério Público. Aos réus assistidos pela Procuradoria de Assistência Judiciária, a Lei n. 1.060/50 confere a isenção. Na Justiça Federal, é a Lei n. 9.289/96 que disciplina as custas;

b) o réu deixar de pagar as despesas do traslado quando a apelação for por instrumento, nos casos em que, havendo mais de um réu, ainda não foram julgados ou não tiverem apelado. Excetua-se essa situação quando o réu for declaradamente pobre (art. 601, §§ 1º e 2º).

Por sua vez, a desistência do réu na continuidade do apelo caracteriza-se quando este demonstra de maneira inequívoca a perda do interesse recursal. A desistência diferencia-se da renúncia, uma vez que esta é feita antes da interposição do recurso. Ambas, todavia, representam atos irrevogáveis uma vez manifestada a vontade pelas partes.

6. EFEITOS

6.1. Efeito devolutivo

A apelação devolve ao órgão *ad quem* o conhecimento das questões impugnadas e da matéria que deve ser apreciada de ofício. É o princípio *tantum devolutum quantum appellatum*. Quando o apelo for parcial, deverá o tribunal se limitar à matéria impugnada, podendo, entretanto, examinar a questão sob todos os aspectos, ainda que não suscitados pelas partes, uma vez que a limitação não abrange a matéria quanto à sua profundidade, mesmo que não tenha sido apreciada pelo juiz da instância inferior.

Consideração há de ser feita sobre as vezes em que há vinculação entre a matéria impugnada e outra que não foi questionada pelas partes no recurso. Nessas situações é comum que o tribunal, ao reformar a matéria objeto da apelação, necessariamente tenha também de reexaminar questão que não foi suscitada no apelo. É o caso, por exemplo, de o juízo *ad quem*, em razão de recurso da acusação, majorar a pena, devendo obrigatoriamente alterar o regime prisional para um mais severo, mesmo que a parte apelante nada tenha mencionado no recurso.

6.2. Efeito suspensivo

A apelação de sentença absolutória não tem efeito suspensivo, não impedindo que o réu seja posto imediatamente em liberdade (art. 596, *caput*). O parágrafo único do citado dispositivo encontra-se revogado. Ademais, o art. 386, em seu parágrafo único, estabelece como consequência da sentença absolutória a soltura do réu. Com a absolvição desaparece o *fumus boni juris*, requisito essencial de toda e qualquer prisão cautelar.

Segundo o art. 597 do CPP, a apelação de sentença condenatória terá efeito suspensivo, salvo o disposto no art. 393, revogado pela Lei n. 12.403, de 4 de maio de 2011, a aplicação provisória de interdições de direitos e de medidas de segurança e o caso de suspensão condicional da pena. A regra, portanto, é que a sentença condenatória não seja executada enquanto não transitar em julgado. A aplicação provisória de interdições de direitos e de medidas de segurança deixou de existir com a reforma do Código Penal em 1984.

O Supremo Tribunal Federal, a princípio, firmou jurisprudência entendendo que a execução provisória da pena não fere o princípio constitucional da presunção de inocência[65]. O Superior Tri-

[64] STF, 1ª T., HC 116.840/MT, Rel. Min. Luiz Fux, j. 15.10.2013 (*Informativo do STF* n. 724).

[65] STF, Plenário, HC 126.292/SP, Rel. Min. Teori Zavascki, j. 17.2.2016 (*Informativo do STF* n. 814); STF, Plenário ADCs 43 e 44, MC/DF, Rel. Min. Edson Fachin, j. 5.10.2016 (*Informativo do STF* n. 842).

bunal de Justiça acompanhou a Corte Constitucional[66]. Posteriormente, no entanto, passou a entender que o art. 283 do CPP, que exige o trânsito em julgado da condenação para que se inicie o cumprimento da pena, é constitucional, sendo compatível com o princípio da presunção de inocência, previsto no art. 5º, LVII, da CF/88. Consequentemente, não permite a execução provisória da pena[67].

Portanto, na apelação contra a sentença condenatória, somente será legítima a manutenção do réu em cárcere se a referida medida cautelar se demonstrar imprescindível, por estarem presentes os requisitos da prisão preventiva. É o que consta do parágrafo único do art. 387 do CPP.

A parte do dispositivo que trata da suspensão condicional da pena foi revogada, pois o *sursis* está condicionado à realização da audiência admonitória, que será feita após o trânsito em julgado da sentença, conforme se depreende da leitura do art. 160 da Lei de Execução Penal.

Em relação ao art. 393 do CPP, devemos tecer um breve comentário. A previsão do inciso II desse dispositivo, que determinava o lançamento do acusado no rol dos culpados como efeito da condenação recorrível, foi revogada em razão do advento da Constituição Federal de 1988, que passou a considerar o réu culpado somente após o trânsito em julgado da sentença (art. 5º, LVII).

Ademais, o inciso I do referido art. 393 restou revogado pelo parágrafo único do art. 387 do CPP, introduzido pela Lei n. 11.719/2008, ao impedir que o juiz condicione o conhecimento do recurso de apelação, cabível contra a sentença condenatória, ao recolhimento do réu à prisão.

A apelação que for interposta pelo ofendido ou pelas pessoas de que trata o art. 31 do CPP não apresentará efeito suspensivo (art. 598, *caput*).

6.3. Efeito extensivo

O apelo tem também efeito extensivo ou iterativo quando, no caso de concurso de agentes, a decisão do recurso interposto por um dos réus, se fundado em motivos que não sejam de caráter exclusivamente pessoal, aproveitará aos outros (art. 580).

7. RECOLHIMENTO À PRISÃO PARA APELAR: LEGISLAÇÃO EXTRAVAGANTE

No tocante ao direito de apelar em liberdade no crime de tráfico de drogas, a atual Lei n. 11.343/2006, em seu art. 59, determina que, "nos crimes previstos nos arts. 33, *caput* e § 1º, e 34 a 37 desta Lei, o réu não poderá apelar sem recolher-se à prisão, salvo se for primário e de bons antecedentes, assim reconhecido na sentença condenatória". Destarte, o anterior entendimento, no sentido de que os réus condenados por tráfico de drogas, ainda que portadores de maus antecedentes ou reincidentes, poderiam apelar em liberdade desde que o juiz assim o decidisse de forma fundamentada (art. 2º, § 3º, da Lei de Crimes Hediondos), não mais se aplicaria aos crimes de tráfico de drogas.

No entanto, o entendimento do Supremo Tribunal Federal segundo o qual a execução provisória da pena fere o princípio constitucional da presunção de inocência é aplicável pelas mesmas razões.

8. LEI N. 9.099/95

A Lei dos Juizados Especiais Criminais disciplinou o recurso de apelação de modo particular, sujeitando-o a regime diverso daquele previsto no Código de Processo Penal, o que aconselha o estudo em separado do instituto.

[66] STJ, Corte Especial, QO na APn 675/GO, Rel. Nancy Andrighi, j. 16.4.2016 (*Informativo do STJ* n. 582); STJ, 6ª T., EDcl no REsp 1.484.415/DF, Rel. Min. Rogério Schietti Cruz, j 3.3.2016 (*Informativo do STJ* n. 581).

[67] STF, Plenário, ADCs 43/DF, 44/DF e 54/DF, Rel. Min. Marco Aurélio, j. 7.11.2019 (Info 958).

Cabimento. De acordo com os arts. 82, *caput*, e 76, § 5º, da Lei n. 9.099/95, caberá apelação:

a) da decisão de rejeição da denúncia ou queixa;

b) da sentença (condenatória ou absolutória);

c) da sentença que aplicar pena restritiva de direitos ou multa, nas hipóteses de transação penal (decisão homologatória).

Da decisão que não homologa a transação penal não cabe apelação.

Competência. A apelação será julgada por uma turma composta de três juízes em exercício no primeiro grau de jurisdição, reunidos na sede do Juizado (Turma Recursal).

Prazo e processamento. A apelação deverá ser interposta no prazo de 10 dias, por petição escrita, da qual constarão as razões e o pedido do recorrente. O prazo tem início na data da ciência da sentença pelo Ministério Público, pelo réu e seu defensor (art. 82, § 1º, da Lei n. 9.099/95). Depreende-se do dispositivo que o oferecimento das razões deve ser feito mutuamente com a interposição da apelação, sendo o prazo único.

Diversamente da apelação disciplinada pelo Código de Processo Penal, as razões da apelação contra as decisões proferidas nos Juizados deverão ser apresentadas na própria petição de interposição.

O recorrido será intimado para oferecer resposta escrita também no prazo de 10 dias (§ 2º).

As partes serão intimadas da data da sessão de julgamento pela imprensa (§ 4º), sob pena de nulidade. "É desnecessária a intimação pessoal da parte, a respeito da pauta de julgamento do apelo nos Juizados Especiais, tendo-se em vista o critério da especialidade, devendo as partes ser intimadas sobre a sessão de julgamento, pela imprensa"[68].

9. *REFORMATIO IN PEJUS* E *REFORMATIO IN MELIUS*

9.1. A vedação da *reformatio in pejus*

A *reformatio in pejus* vem expressamente proibida no disposto no art. 617 do CPP, declinando que *o tribunal não poderá agravar a pena quando somente o réu houver apelado da sentença*. Por conseguinte, caso o juízo *ad quem* decidisse fora dos limites pugnados pelo réu em sua apelação, *ultra* ou *extra petitum*, agravando-lhe a pena, haveria afronta ao princípio *tantum devolutum quantum appellatum,* mesmo se tratando de hipótese de erro no procedimento ou, ainda, erro aritmético na somatória das penas[69]. São pacíficas a doutrina e a jurisprudência[70].

No mesmo sentido, "é vedado à instância revisora, em obséquio ao princípio da proibição da *reformatio in pejus*, em recurso exclusivo da defesa, determinar a expedição de mandado de prisão, quando a sentença vincula esta providência ao trânsito em julgado"[71], podendo assim o réu apelar em liberdade.

Tal proibição tem sua razão de ser no sistema acusatório adotado pela legislação brasileira, no qual há as divisões das funções acusatória e julgadora. Sendo assim, sob pena de infringir o sistema acusatório, é coibido o exercício da atividade jurisdicional sem a devida provocação, em observância ao preceito do *nemo judex sine actore* ("não há juiz sem autor"). Destarte, não pode a instância superior

---

[68] Nesse sentido, STF, *RT*, 803/506.

[69] Nesse sentido: *RJTACrim*, 56/65; *RT*, 703/336; contra: STF, HC 75.633, Rel. Min. Marco Aurélio, *DJU*, 6.2.1998; STJ, 6ª T., HC 250.455/RJ, Rel. Min. Nefi Cordeiro, j. 17.12.2015 (*Informativo do STJ* n. 576).

[70] Nesse sentido: STF, *RT*, 766/531; STJ, 5ª T., HC 16.011, Rel. Min. Edson Vidigal, j. 2.10.2001, *DJU*, 19.11.2001, p. 293.

[71] STJ, 6ª T., HC 9.131, Rel. Min. Fernando Gonçalves, j. 1º.6.1999, *DJU*, 21.6.1999, p. 204. E mais: STF, 2ª T., HC 83.128, Rel. Min. Marco Aurélio, j. 25.11.2003; *RT*, 729/427; *RTJ*, 162/1007. Contra: STJ, 5ª T., HC 15.295, Rel. Min. José Arnaldo da Fonseca, j. 22.5.2001, *DJU*, 13.8.2001, p. 186; *RT*, 791/564 e 776/516.

de ofício prejudicar o réu quando somente ele houver apelado, pois, em observância ao sistema acusatório, caberia ao Ministério Público recorrer para ver a situação do acusado piorada, e, mesmo assim, nos estritos limites da impugnação, sob pena da violação do princípio *tantum devolutum quantum appellatum*.

Contrariamente, o "sistema inquisitório"[72], já superado, outorgava ao *juízo ad quem* a possibilidade de apreciar a matéria com a mesma liberdade que o juízo *a quo*, o que não ocorre na atual sistemática. O chamado "sistema acusatório", quando do recurso da defesa, não se presta a decidir em desfavor dos interesses do acusado. A probabilidade da apreciação negativa da apelação incutiria no réu o temor de recorrer da sentença que lhe causou gravame, prejudicando os princípios da ampla defesa e do duplo grau de jurisdição, justificando, assim, a necessidade da proibição da *reformatio in pejus*.

No que diz respeito às nulidades no processo ou julgamento o raciocínio é o mesmo. O tribunal, quando do recurso do réu, após o trânsito em julgado da sentença para a acusação, não pode acolher nulidade que prejudique o acusado, a menos que seja para melhorar sua situação. A Súmula 160 do STF é categórica: "É nula decisão do Tribunal que acolhe contra o réu nulidade não arguida no recurso da acusação, ressalvados os casos de recurso de ofício".

9.1.1. A vedação da *reformatio in pejus* indireta

Quando o processo ou julgamento for anulado pela impugnação da defesa, a nova sentença deverá respeitar os limites da decisão anulada, vedando que o acusado receba pena superior à anteriormente imposta, em homenagem ao disposto no art. 617 do CPP, sendo oportuna a menção ao art. 626, parágrafo único. A mesma restrição compreenderá a eventual apelação do órgão acusatório da nova decisão. É a proibição da *reformatio in pejus* indireta, já que o órgão acusador se conformou com a primeira decisão, dela não recorrendo.

Nesse contexto, torna-se inaplicável o art. 383 do CPP em consonância com o disposto no art. 617 do CPP, toda vez que a nova qualificação jurídica dada ao fato criminoso importar em aumento de pena, causando prejuízo ao réu. Não obstante, veda-se também a utilização do recurso de apelo adesivo, uma vez que pende o ordenamento de disposição legal prevendo sua utilização, o que, de qualquer forma, constituiria burla ao princípio da vedação da *reformatio in pejus* indireta, uma vez transitada em julgado a sentença para o órgão acusador.

No entanto, se o novo julgamento no Tribunal do Júri decorreu da anulação do primeiro em observância a uma das alíneas do inciso III do art. 593, o veredicto dos jurados, em razão de sua soberania, também não sofrerá limitação, pois têm plena liberdade para julgar[73]. Todavia, ressalva-se que, se o Conselho de Sentença decidir da mesma forma quanto ao crime e às circunstâncias que influenciam na pena, não poderá o juiz presidente aplicar pena mais gravosa que a anterior[74]. Por exemplo: se nos dois julgamentos o infrator foi condenado por homicídio simples, não poderá o juiz togado aplicar pena superior à aplicada da primeira vez, pois sobre ele recai a vedação do art. 617 do CPP.

Frise-se, todavia, que o Supremo Tribunal Federal, contrariando a jurisprudência pacificada, manifestou-se recentemente entendendo que, "anulados o julgamento pelo Tribunal do Júri e a correspondente sentença condenatória, transitada em julgado para a acusação, não pode o acusado, na

---

[72] *Vide* tópicos "Sistemas processuais" e "Confusão conceitual" no Capítulo III.

[73] Nesse sentido: *JSTF-Lex*, 249/279; *RT*, 789/590. Contra: STJ, 6ª T., HC 14.083, Rel. Min. Vicente Leal, j. 14.12.2000, *DJU*, 19.2.2001, p. 253; *RT*, 789/588.

[74] Nesse sentido: STJ, 6ª T., HC 205.616/SP, Og Fernandes, j. 12.6.2012. Na doutrina, Mirabete, *Processo penal*, 17. ed., p. 713 e 714.

renovação do julgamento, vir a ser condenado a pena maior do que a imposta na sentença anulada, ainda que com base em circunstância não ventilada no julgamento anterior"[75].

Cumpre lembrar que, tratando-se de nulidade decorrente de incompetência absoluta do juízo, não há falar em *reformatio in pejus* indireta. Trata-se, a bem da verdade, de hipóteses de decisão absolutamente inexistentes, prolatadas por juiz absolutamente incompetente. Assim, ainda que em razão de recurso exclusivo da defesa, poderá a nova sentença aplicar sanção mais grave, já que a decisão anulada não limita o exercício de jurisdição do juiz competente.

Novamente, porém, tem havido no Superior Tribunal de Justiça uma mudança de orientação quanto à questão.

Isto porque, até meados de 2007, entendia-se que, sendo decretada a nulidade absoluta do processo por incompetência absoluta do Juízo, o novo *decisum* a ser proferido não estaria adstrito ao entendimento firmado no julgado anterior[76].

Contudo, já nos idos de 2009, modificando o entendimento até então assentado, passou o STJ a entender que todo juiz, a despeito de ser absolutamente incompetente, é dotado de jurisdição, de modo que, ainda que a nulidade seja de ordem absoluta e seja reconhecida a incompetência do juízo processante, a nova condenação não poderá ultrapassar a pena fixada pelo juízo primitivo[77].

9.2. *Reformatio in melius*

Por outro lado, ao inverso do que se pensaria, quando o apelo advém exclusivamente da acusação, o recurso devolve ao tribunal o conhecimento pleno da matéria impugnada, excepcionando-se o princípio do *tantum devolutum quantum appellatum*, inobstante a observância das máximas *nemo judex sine actore* e *ne eat judex ultra petita partium*, pelas quais o juízo *ad quem* não pode agir sem ser provocado e fora dos limites do que foi impugnado. É a chamada *reformatio in melius*, através da qual *o órgão jurisdicional superior pode absolver o réu ou minorar-lhe a pena, uma vez que não há qualquer restrição imposta pelo art. 617 do CPP*, que proíbe exclusivamente a *reformatio in pejus*.

Esse raciocínio encontra sua razão de ser no papel do Ministério Público como órgão acusatório do Estado, pois objetiva a correta aplicação da lei, não havendo interesse na manutenção de uma sentença injusta. Indo mais longe, Tourinho Filho[78] entende que o tribunal, quando do apelo do Ministério Público ou particular, poderá também agravar a pena do réu, uma vez que não há limites para o conhecimento da matéria objeto do recurso. Frederico Marques[79], por sua vez, embora admita a *reformatio in melius*, já que não há limitação do art. 617 do CPP, considera que o princípio do *tantum devolutum quantum appellatum* permanece intocado, proibindo-se o julgamento *ultra petitum* pelo órgão jurisdicional superior, excetuados os casos em que o réu se beneficie para ser absolvido ou ter a pena mitigada.

Há orientação no sentido de não ser permitida a *reformatio in melius* quando o apelo exclusivo do órgão acusador requerer a exasperação da pena, pois violaria o princípio do *tantum devolutum quantum appellatum*[80]. A questão, contudo, não é pacífica.

---

[75] STF, HC 89.544/RN, 2ª T., Rel. Min. Cezar Peluso, j. 14.4.2009, *DJe*, 15.5.2009; STF, HC 165.376/SP, Rel. Min. Cármen Lúcia, j. 11.12.2018.

[76] STJ, 5ª T., HC 54.254/SP, Rel. Min. Gilson Dipp, j. 6.6.2006, *DJ*, 1º.8.2006; HC 56.154/PB, 5ª T., Rel. Min. Laurita Vaz, *DJe*, 3.3.2008; STF, 2ª T., HC 84.950/SP, Rel. Min. Carlos Velloso, *DJ*, 16.9.2005.

[77] STJ, 6ª T., HC 105.384/SP, Rel. Min. Haroldo Rodrigues, j. 6.10.2009, *DJe*, 3.11.2009; 5ª T., RHC 20337/PB, Rel. Min. Laurita Vaz, j. 14.4.2009, *DJe*, 4.5.2009 (STJ, 6ª T., HC 362.055/PB, unânime, Rel. Min. Maria Thereza de Assis Moura, j. 9.8.2016, *DJ*, 23.8.2016).

[78] Tourinho Filho, *Processo penal*, 11. ed., v. 4, p. 316-321.

[79] José Frederico Marques, *Elementos do direito processual penal*, v. 4, p. 276 e 277.

[80] Nesse sentido: *RT*, 805/551, 748/579 e 743/612.

Pertence a Julio Fabbrini Mirabete o entendimento de que o "artigo 617, ao se referir aos artigos 383, 386 e 387, não está ditando uma regra geral de proibição à *reformatio in pejus* e permitindo implicitamente a *reformatio in melius*, mas apenas procura prever os requisitos das sentenças absolutórias e condenatórias e traçar os limites quanto às sentenças de desclassificação, proibindo a aplicação de pena mais grave quando se der ao fato definição jurídica diversa da que constar da queixa ou denúncia, diferentemente do que se estabelece no artigo 383, ao qual, apenas nessa parte, lhe faz exceção"[81].

No mais, é importante observar que a *reformatio in melius* se faz presente nos recursos provindos do querelante ou do ofendido, bem como se deve atentar para a aplicabilidade do art. 580 do CPP, ou seja, se a instância superior conhecer de um recurso para melhorar a situação do réu, isso se comunica ao corréu, desde que a decisão não se funde em motivos de caráter pessoal.

10. SÍNTESE

Apelação

Trata-se do pedido dirigido ao juízo *ad quem* para que uma decisão emanada do juízo *a quo* seja objeto de reexame pelo respectivo órgão superior, devolvendo-lhe a apreciação da causa na medida da matéria impugnada, com o objetivo de reforma total ou parcial, ou, ainda, anulação.

Classificação da apelação

a) *Quanto à extensão*:

- Plena: quando o apelante impugnar toda a matéria objeto da decisão provocada pela parte sucumbente, delimitando a matéria a ser examinada pelo juízo superior.
- Limitada: quando a impugnação abrange apenas parte da decisão provocada pela parte sucumbente, delimitando a matéria a ser examinada pelo juízo superior.

b) *Quanto ao rito procedimental*:

- Sumária: quando interposta das sentenças proferidas em processo de contravenção ou crime a que a lei comine pena de detenção.
- Ordinária: quando for interposto recurso contra as sentenças proferidas em processos por crime ao qual a lei comine pena de reclusão.

c) *Quanto ao apelante*:

- Principal: caso seja interposta pelo Ministério Público, a quem compete privativamente propor a ação penal pública.
- Subsidiária: quando interposta pelo ofendido ou qualquer das pessoas enumeradas no art. 31 do CPP.

d) *Quanto à oportunidade*:

- Voluntária: quando interposta pela parte sucumbente se assim desejar;
- Necessária: quando sua interposição é obrigatória, isto é, a eficácia da sentença fica condicionada ao reexame necessário da decisão pelo juízo *ad quem*.

Vale lembrar que a lei processual penal não prevê a chamada apelação adesiva.

Legitimidade

O Ministério Público é o titular exclusivo da ação penal pública, podendo, inclusive, em razão do princípio da voluntariedade, dispor do recurso caso não o considere conveniente, tendo, em últi-

[81] Julio Fabbrini Mirabete, *Processo penal*, 17. ed., p. 714 e 715.

ma análise, a faculdade e não o dever de apelar. Contudo, uma vez interposta a apelação, em face do princípio da indisponibilidade, não poderá desistir dela.

O réu poderá apelar desde que seja parte sucumbente, tendo contra si uma decisão desfavorável, mesmo nos casos em que for revel, atendidos os pressupostos.

Na hipótese de conflito entre a vontade do réu e a de seu defensor, no que se refere à interposição de recurso, tendo em vista a renúncia do acusado ao direito de recorrer, prevalece a vontade de quem quer submeter ao duplo grau de jurisdição.

O ofendido, além da disponibilidade de ser querelante na ação penal de iniciativa privada e na ação penal subsidiária da pública, permite-se-lhe também o apelo supletivo, nos termos do art. 598 do CPP.

Hipóteses de cabimento

- Decisões do juiz singular:

a) das sentenças definitivas de condenação ou absolvição proferidas por juiz singular;

b) das decisões definitivas, ou com força de definitivas, proferidas por juiz singular nos casos de não cabimento do recurso em sentido estrito.

- Decisões do Tribunal do Júri quando tiver por fundamento uma das hipóteses previstas no inciso III do art. 593 do CPP:

a) nulidade posterior à pronúncia;

b) sentença do juiz presidente contrária à lei expressa ou à decisão dos jurados;

c) erro ou injustiça no tocante à aplicação da pena ou da medida de segurança;

d) decisão dos jurados manifestamente contrária à prova dos autos.

Prazo

A apelação deverá ser interposta por petição ou termo nos autos, no prazo de 5 dias, contados a partir da data da intimação da decisão (CPP, art. 593).

A apelação subsidiária ou supletiva pode ser interposta pelo ofendido ou por qualquer das pessoas elencadas no art. 31 do CPP, no prazo de 15 dias, contados do dia que terminar o prazo do Ministério Público, quando houver inércia do órgão acusador (CPP, art. 598).

Processamento

Competência: o recurso será interposto no juízo *a quo*, mas será endereçado ao juízo *ad quem* competente. No caso da Justiça Comum Estadual, a competência recursal é do Tribunal de Justiça, já nos casos que versam sobre a Justiça Comum Federal, a apelação será de competência dos Tribunais Regionais Federais.

Processamento no juízo monocrático: caberá ao juiz de primeira instância verificar se o apelo preenche os requisitos legais, remetendo-o posteriormente ao tribunal. Caso não admita o recurso, dessa decisão caberá recurso em sentido estrito, e, não sendo este recebido, será possível ainda a utilização de carta testemunhável.

Recebida a apelação, abrir-se-á prazo para o apelante e, depois dele, para o apelado oferecer razões no prazo de:

a) 8 dias nos processos em geral;

b) 10 dias nos processos de contravenção (razões deverão ser apresentadas com a interposição);

c) 3 dias para o assistente da acusação, após o Ministério Público;

d) 3 dias para o Ministério Público, nos casos em que a ação penal é movida pela parte ofendida.

Os prazos de apresentação das razões e contrarrazões somente correrão após a regular intimação de ambos, sob pena de nulidade.

Sustentação oral: não é obrigatória.

Observe-se que, no julgamento das apelações, poderá o tribunal, câmara ou turma proceder a novo interrogatório do réu, reinquirir testemunhas ou determinar outras diligências.

Efeitos

a) devolutivo: a apelação devolve ao órgão *ad quem* o conhecimento das questões impugnadas e da matéria que deve ser apreciada de ofício;

b) suspensivo: com a ressalva da apelação de sentença absolutória, que não tem efeito suspensivo e não impede que o réu seja posto em liberdade de forma imediata;

c) extensivo: quando, no caso de concurso de agentes, a decisão do recurso interposto por um dos réus, se fundado em motivos que não sejam de caráter exclusivamente pessoal, aproveitará aos outros.

Lei n. 9.099/95

A Lei dos Juizados Especiais Criminais disciplina a apelação de modo particular.

Cabimento: de acordo com a Lei n. 9.099/95, caberá apelação:

a) da decisão de rejeição da denúncia ou queixa;

b) da sentença (condenatória ou absolutória);

c) da sentença que aplicar pena restritiva de direitos ou multa, nas hipóteses de transação penal (decisão homologatória); da decisão que não homologa a transação penal não cabe apelação.

Competência: será julgada por uma turma composta de três juízes em exercício no primeiro grau de jurisdição, reunidos na sede do Juizado (Turma Recursal).

Prazo e processamento: deverá ser interposta no prazo de 10 dias, por petição escrita, da qual constarão as razões e o pedido do recorrente.

Vedação da *reformatio in pejus*

O art. 617 do CPP a veda de forma expressa ao declinar que o tribunal não poderá agravar a pena quando somente o réu houver apelado da sentença. Igualmente, quando o processo ou julgamento for anulado pela impugnação da defesa, a nova sentença deverá respeitar os limites da decisão anulada, vedando que o acusado receba pena superior à anteriormente imposta.

Reformatio in melius

Ao inverso do que se pensaria, quando o apelo advém exclusivamente da acusação, o recurso devolve ao tribunal o conhecimento pleno da matéria impugnada, excepcionando-se o princípio do *tantum devolutum quantum appellatum* – que se refere ao efeito devolutivo dos recursos. *Reformatio in melius* ocorrerá quando o órgão jurisdicional superior absolver ou minorar a pena do apelado.

Capítulo XXXIII
EMBARGOS DE DECLARAÇÃO

1. NOÇÕES PRELIMINARES

Não obstante certa divergência acerca da natureza jurídica dos embargos de declaração, a doutrina majoritária os considera *verdadeiros recursos*, uma vez que representam meios voluntários de aclaramento ou complemento das decisões judiciais na mesma relação jurídica processual. Não são, portanto, simples *meios de correção*[1] das decisões, apresentando-se como instrumentos processuais de impugnação das decisões que contenham *ambiguidade, obscuridade, contradição* ou *omissão*.

Os embargos declaratórios não têm por fim primário a rediscussão do mérito da causa, pautando-se essencialmente na integração ou retificação do julgado, ressalvado, excepcionalmente, seu efeito infringente. Oferecem a oportunidade de nova manifestação do órgão prolator da decisão impugnada depois de encerrado o ofício jurisdicional que lhe competia. Por terem caráter recursal, também se sujeitam aos requisitos ou pressupostos de admissibilidade dos recursos em geral.

Os embargos de declaração não devem, contudo, ser confundidos com a possibilidade, prevista no art. 494, I, do CPC, de o juiz alterar a sentença para lhe corrigir, de ofício ou a requerimento da parte, simples inexatidões materiais. Todavia, em caráter extraordinário, uma vez interpostos os embargos, em privilégio ao princípio da economia e da celeridade processual, devem ser recebidos para efeito de correção do erro material[2].

Podem ser opostos embargos de declaração tanto das decisões proferidas em primeiro grau (art. 382) quanto das proferidas pelos tribunais (arts. 619 e 620). Aos embargos fundados no art. 382 dá-se o nome de *embarguinhos*. Há que ressaltar ainda, a possibilidade de interposição de embargos de declaração perante o STF e o STJ, conforme disposição expressa dos regimentos internos dos preditos tribunais superiores, respectivamente arts. 337 e 263.

Qualquer decisão judicial, inclusive as interlocutórias, pode ser embargada, mesmo que não haja previsão legal expressa a respeito. Ainda quando a lei disponha que uma decisão é irrecorrível, poderão as partes interpor embargos de declaração, desde que não tenha havido preclusão. Há entendimento contrário, julgando inadmissível a utilização de embargos a outras decisões.

2. CABIMENTO

A sentença, como declaração de vontade, deve ser *intrinsecamente justa* e *extrinsecamente* clara e precisa[3]. Desse modo, todo pronunciamento judicial ademais de justo, deve ser claro, preciso e completo, expurgando qualquer possibilidade de dúvida ou controvérsia, garantindo-se a segurança e certeza jurídicas da prestação jurisdicional. Assim sendo, em qualquer instância, poderão ser opostos embargos de declaração sempre que a decisão contiver quaisquer dos seguintes vícios enumerados na lei (arts. 382 e 619):

---

[1] Julio Fabbrini Mirabete, *Processo penal*, 17. ed., p. 724.

[2] Nesse sentido: STJ, 5ª T., ED no AgRg no HC 625.590/SP, Rel. Min. Félix Fischer, j. 22.2.2021, *DJ*, 11.2.2021.

[3] Hélio Tornaghi, *Curso de processo penal*, 6. ed., v. 2, p. 356.

a) *Ambiguidade*. Haverá ambiguidade quando o juiz se utilizar de termos de dupla acepção, gerando dúvida quanto à real interpretação dos enunciados que compõem o *decisum* ou mesmo a fundamentação da sentença.

b) *Obscuridade*. Será obscura a decisão quando a falta de clareza impedir que se determine seu conteúdo, ou as ideias que a compõem. Há doutrinadores que entendem o vício da ambiguidade como um nível de obscuridade[4].

c) *Contradição*. Apresentam-se contraditórias as afirmações que se opõem de tal maneira que não podem coexistir num mesmo arrazoado. A contradição exprime a falta de logicidade do raciocínio do julgador. Pode ocorrer entre enunciados que compõem o dispositivo ou que integram a fundamentação, bem como entre proposições do *decisum* e da motivação. É possível haver contradição entre o acórdão e a ementa, embora alguns considerem que a ementa é apenas enunciativa, não apresentando conteúdo decisório.

Não haverá referido vício se a contrariedade se estabelecer entre a decisão embargada e a lei ou entre o pronunciamento judicial e os argumentos da parte, bem como se houver divergência entre julgados da mesma corte. Igualmente se a incongruência for em relação à prova dos autos. Outrossim, não se vislumbrará contradição quando o caso for de *error in procedendo* ou *error in judicando*, situação que pugnará por outro remédio recursal.

d) *Omissão*. É a ausência ou lacuna. Será omissa a decisão que não apreciar questão ou alegação relevante para o julgamento da causa. Importante mencionar a habitual utilização dos embargos nessa modalidade, objetivando o prequestionamento da matéria para o fim de posterior interposição de recurso especial ou extraordinário.

De acordo com a Súmula 356 do STF, "o ponto omisso da decisão, sobre o qual não foram opostos embargos declaratórios, não pode ser objeto de recurso extraordinário, por faltar o requisito do prequestionamento".

Na decisão monocrática, especificamente na sentença maculada pelos vícios elencados, é imprescindível a interposição dos *embarguinhos* a fim de questioná-los, sob pena de preclusão e saneamento do defeito da sentença, impossibilitando a impugnação de eventual nulidade na instância superior. Se o vício já estava presente ao tempo da sentença e a parte interessada não embargou, perenizando sua existência, não poderá posteriormente recorrer alegando o defeito a fim de se favorecer.

Entretanto, não são viáveis os embargos declaratórios com o objetivo de inovar matéria não deduzida na sentença ou acórdão, uma vez que não foi levantada nas alegações ou razões, respectivamente. Ainda assim, não são pertinentes os embargos para questionar suposta injustiça da decisão judicial. Contudo, não se pode negar a natureza infringente dos embargos, mormente quando suprem o vício da omissão. Parcela da doutrina e jurisprudência (minoritária) nega, porém, esse caráter aos embargos.

A jurisprudência tem admitido a possibilidade de oposição de embargos de declaração com efeitos infringentes, mas desde que condicionados à existência de efetiva omissão, contradição ou obscuridade no julgado[5].

3. PRAZO E PROCESSAMENTO

De acordo com o Código de Processo Penal, os embargos devem ser interpostos por petição, no *prazo de 2 dias*, qualquer que seja a decisão recorrida. Existem outros prazos mais dilatados, a

[4] Ada Pellegrini Grinover, Antonio Magalhães Gomes Filho e Antonio Scarance Fernandes, *Recursos no processo penal*, p. 230.

[5] STJ, 5ª T., REsp 819.788/MT, Rel. Min. Laurita Vaz, j. 16.12.2008, *DJe*, 9.2.2009; STJ, 5ª T., EDcl no HC 114.556/SP, Rel. Min. Arnaldo Esteves de Lima, j. 23.3.2010, *DJe*, 26.4.2010.

exemplo do que dispõem os Regimentos Internos do STF (art. 337, § 1º), do TRF da 3ª Região (art. 262) e a Lei n. 9.099/95 (art. 83, § 1º), em que os prazos para interposição dos embargos serão de 5 dias. Outrossim, o STJ entende que o prazo para embargos de declaração contra acórdão que analisa multa diária (prevista em processo civil) imposta por juízo criminal é de 5 dias, em consonância com o art. 536 do CPC/73 (correspondente ao art. 1.023 do CPC/2015)[6].

A petição será endereçada ao próprio juiz que prolatou a sentença ou ao relator do acórdão, e deverá conter os pontos em que a sentença ou o acórdão é ambíguo, obscuro, contraditório ou omisso (arts. 382 e 620, *caput*). Não se presta o juiz ou tribunal a responder a mero questionário de pontos de fato propostos pelas partes, já que não atuam como órgãos de consultoria, cabendo-lhes decidir sobre questões concretas que revelam os vícios apontados pelos embargantes[7]. Caso não estejam preenchidas essas condições, o relator indeferirá desde logo o requerimento (art. 620, § 2º). Trata-se de *indeferimento liminar dos embargos*.

Essa decisão de indeferimento não é irrecorrível, embora parcela minoritária da doutrina entenda diferentemente, comportando o agravo regimental em consonância com a disposição dos regimentos internos dos tribunais, excetuada a hipótese de disposição contrária, conforme se verifica, por exemplo, no art. 389, § 1º, do Regimento Interno do Tribunal de Justiça de São Paulo, o qual veda o recurso quando o indeferimento dos embargos ocorrer em razão da falta de indicação do ponto a ser declarado. Assim, se houver indicação do ponto a ser aclarado, perfeitamente cabível o recurso. Outrossim, se os embargos forem dirigidos ao juiz monocrático, sua decisão só poderá ser impugnada em sede de preliminar de apelação ou mediante o recurso propício, podendo, ainda, o tribunal[8]:

a) determinar que o juiz *a quo* elucide sentença;

b) retificar a imperfeição da sentença, conquanto não suprima os graus de jurisdição.

Qualquer pessoa que tenha legitimidade para recorrer pode opor embargos de declaração, inclusive o assistente da acusação, quando legitimado para interpor o recurso. Os embargos serão admitidos desde que acarretem algum proveito para o recorrente com a eliminação do vício, mesmo se o embargante for a parte vencedora. Em relação ao Ministério Público abre-se a possibilidade de recorrer, inclusive, em favor do réu.

Os embargos se processam, em regra, *inaudita altera pars*, isto é, sem que a parte contrária possa manifestar-se sobre o recurso, inexistindo também parecer da Procuradoria-Geral (Procuradoria de Justiça / Procuradoria da República). Se os embargos tiverem caráter infringente, no entanto, deverá ser dada oportunidade para que a parte *ex adversa* ofereça contrarrazões. Nesse sentido é a Súmula 151 das Mesas de Processo Penal da USP: "A vista à parte contrária, antes do julgamento dos embargos de declaração, embora não prevista em lei, é necessária para a preservação do contraditório, sempre que se vislumbre possibilidade de infringência do julgado".

É o entendimento da jurisprudência, para quem a concessão de efeitos infringentes aos embargos de declaração, sem prévia manifestação da parte contrária, ofende os princípios constitucionais do contraditório e da ampla defesa[9].

---

[6] STJ, 6ªT., REsp 1.455.000/PR, Rel. originária Min. Maria Thereza de Assis Moura, Rel. p/ Acórdão Min. Rogerio Schietti Cruz, j. 19.3.2015, *Informativo do STJ* n. 559.

[7] Nesse sentido: STF, ED em RE, Rel. Min. Alfredo Buzaid, *RTJ*, 103/169; TJMG, 2ª Câm., ED 102.187/2, Rel. Min. Alves de Andrade, j. 11.9.1997, *JM*, 142/374.

[8] Ada Pellegrini Grinover, Antonio Magalhães Gomes Filho e Antonio Scarance Fernandes, *Recursos no processo penal*, 2. ed., p. 234-235.

[9] STJ, 5ªT., AgRg no RMS 16.266/AC, Rel. Min. Gilson Dipp, j. 19.8.2003, *DJ*, 15.9.2003.

Há excepcionalmente o chamado *efeito infringente* quando a decisão, uma vez provido o embargo interposto com o fim de suprir omissão ou escoimar contradição presentes no julgado, é substancialmente alterada, pela modificação de sua parte dispositiva. A jurisprudência é uniforme no sentido de inadmitir o efeito infringente dos embargos declaratórios, quando o embargante se utilizar inapropriadamente do recurso para obter modificação de matéria já decidida, desconstituindo o ato decisório e rediscutindo ou renovando o julgado que se efetivou de maneira regular. Maior será sua rejeição em face da inexistência dos vícios autorizadores da interposição do recurso, uma vez que lhe faltaria pressuposto fundamental.

Providos os embargos de declaração, será a decisão corrigida, sanando-a de defeitos e imperfeições de que padecia. Compete ao próprio juiz que prolatou a sentença ou ao órgão que proferiu o acórdão conhecer e julgar os embargos. Daí seu caráter de retratação, invocando a atuação do mesmo juízo. A sentença ou acórdão continuam sendo únicos, embora mais completos ou esclarecidos em razão do novo pronunciamento.

É cabível a *interposição de embargos de declaração da decisão que julgou embargos declaratórios*, desde que padeça de ambiguidade, obscuridade, contradição ou omissão. Não se admitirá, todavia, a reiteração da crítica ofertada contra a decisão inicialmente embargada que já tenha sido objeto de reapreciação pelo juiz ou tribunal na primeira oportunidade[10]. Há, inclusive, entendimento de que a oposição sucessiva de embargos de declaração para promover, em caráter manifestamente protelatório, a rediscussão da causa consubstancia abuso de direito de recorrer, podendo ser determinada a certificação do trânsito em julgado.[11]

4. EFEITOS

A interposição dos embargos *interrompe o prazo para a interposição de outros recursos*, ocasião em que estes, se já interpostos, serão sobrestados. No silêncio do Código de Processo Penal, aplica-se o disposto no art. 1.026 do CPC: "Os embargos de declaração não possuem efeito suspensivo e interrompem o prazo para a interposição de recurso". Uma vez interrompido, *o prazo é devolvido "in totum" às partes*, após a intimação do julgamento dos embargos. Contudo, se os embargos forem manifestamente protelatórios, não se interromperá o prazo para a interposição de outro recurso, a exemplo do que dispõe o art. 339, § 2º, do RISTF.[12]

Como já mencionado, poderão os embargos de declaração ter efeito infringente, ocasião em que, segundo o entendimento da melhor doutrina, dar-se-á oportunidade para a parte contrária contra-arrazoar. Suprida a omissão ou extirpada a contradição, poderá haver substancial modificação do julgado, alterando-se o próprio teor da decisão.

No mais, os embargos declaratórios apresentam efeito regressivo, visto que o recurso é objeto de apreciação do próprio órgão prolator da decisão, o qual poderá retratar-se ou não na medida da impugnação. Destaque-se que essa *retratação* consiste única e exclusivamente na correção da imperfeição arguida pelo embargante, não se confundindo com o efeito regressivo propriamente dito, que confere oportunidade ao julgador de rever sua decisão, podendo alterá-la integralmente.

---

[10] Nesse sentido: STF, TP, ED na APn 296-8, Rel. Min. Moreira Alves, *RTJ*, 160/389.

[11] Nesse sentido: STF, Tribunal Pleno, RE 898.060-ED, Rel. Min. Luiz Fux, *DJe*, 29.5.2019; STF, Plenário, ED no AgRe no RE com Ag 1.367.290/SP, Sessão Virtual de 5 a 15.8.2022, *DJ*, 25.8.2022; STJ, 5ª T., ED no AgRe no ED em Ag em REsp 1.700.828/GO, unânime, Rel. Min. João Otávio de Noronha, j. 8.6.2021, *DJ*, 10.6.2021.

[12] Nesse sentido: STJ, 6ª T., AgRg no AREsp 1870916/PR, Rel. Min. Sebastião Reis Júnior, *DJe*, 5.5.2022.

5. LEI N. 9.099/95

A Lei dos Juizados Especiais Criminais, em sua redação original, disciplinou de forma diversa os embargos declaratórios, afastando o regime previsto no Código de Processo Penal para os processos das infrações de menor potencial ofensivo.

De acordo com a redação primeva do art. 83, *caput,* caberiam embargos de declaração quando, em sentença ou acórdão, houvesse obscuridade, contradição, omissão ou *dúvida*. Suprimiu-se, assim, da enumeração legal a ambiguidade. O art. 1.066 do CPC, por seu turno, eliminou a *dúvida*, mantendo as hipóteses de obscuridade, contradição ou omissão.

Os embargos declaratórios serão opostos por escrito ou oralmente, neste caso reduzido a termo, no *prazo de 5 dias*, contados da ciência da decisão (§ 1º).

Também no sistema original dos Juizados, os embargos de declaração *suspendiam o prazo para recurso*, quando opostos contra sentença. Com o já citado art. 1.066 do CPC os embargos de declaração *interrompem* o prazo para a interposição de recurso (§ 2º).

Por fim, diz o § 3º que os erros materiais podem ser corrigidos de ofício pelo juiz.

6. SÍNTESE

Embargos de declaração

Apesar da divergência doutrinária, são considerados recursos, uma vez que representam meios voluntários de aclaramento ou complemento das decisões judiciais na mesma relação jurídica processual. Não são, portanto, simples meios de correção das decisões, apresentando-se como instrumentos processuais de impugnação das decisões que contenham ambiguidade, obscuridade, contradição ou omissão.

Por terem caráter recursal, também se sujeitam aos requisitos ou pressupostos de admissibilidade dos recursos em geral.

Podem ser opostos tanto das decisões de primeiro grau quanto das proferidas pelos tribunais. Há que ressaltar, também, a possibilidade de interposição de embargos de declaração perante o STF e o STJ, conforme disposição expressa dos seus regimentos internos.

Cabimento

Em qualquer instância e acerca de todas as decisões, inclusive as interlocutórias, caberão embargos de declaração, sempre que a decisão contiver quaisquer dos seguintes vícios enumerados em lei (arts. 382 e 619 do CPP):

a) ambiguidade;

b) obscuridade;

c) contradição;

d) omissão.

Prazo

Devem ser interpostos por petição, no prazo de 2 dias, qualquer que seja a decisão recorrida. Existem alguns prazos mais dilatados, a exemplo do que dispõem os regimentos internos do STF, do TRF da 3ª Região e a Lei n. 9.099/95, em que o prazo para interposição dos embargos será de 5 dias.

Legitimidade

Qualquer pessoa que tenha legitimidade para recorrer pode opor embargos de declaração, inclusive o assistente da acusação, quando legitimado para interpor recurso.

Efeitos

A interposição dos embargos *interrompe* o prazo para a interposição de outros recursos, ocasião em que estes, se já interpostos, serão sobrestados.

Na Lei n. 9.099/95:

- serão opostos por escrito ou oralmente, neste caso reduzidos a termo, no prazo de 5 dias contados da ciência da decisão;
- no sistema dos Juizados, os embargos *interromperão* o prazo para recurso quando opostos contra sentença;
- por fim, os erros materiais podem ser corrigidos de ofício pelo juiz.

Capítulo XXXIV
EMBARGOS INFRINGENTES E DE NULIDADE

1. NOÇÕES GERAIS

Os embargos infringentes e de nulidade configuram um *único recurso*, e não dois tipos de embargos, como sugere sua denominação. A distinção decorre da matéria objeto de impugnação do recurso:

a) será *infringente* quando versar acerca do mérito da causa, ou seja, *direito material*, com o fito de reformar a decisão por outra;

b) será *de nulidade* quando discutir *questão de natureza estritamente processual*, objetivando a anulação do julgamento.

Não obstante, parte da doutrina faz menção a duas modalidades distintas de embargos, que seriam infringentes ou de nulidade, conforme versassem sobre questão de direito material ou processual[1].

Trata-se de *recurso exclusivo da defesa*, oposto contra decisão de segunda instância tomada por maioria de votos, objetivando a revisão do julgamento não unânime. O fato de ser recurso exclusivo da defesa não macula o princípio do contraditório e da igualdade das partes, uma vez que representa garantia individual do réu no exercício da ampla defesa. Cumpre notar que tal recurso, quando no âmbito da Justiça Militar, prevê a legitimidade da acusação para a interposição dos embargos das decisões não unânimes do Superior Tribunal Militar (art. 538 do CPPM), deixando de ser recurso privativo da defesa.

Se o acórdão for unânime, não pode a defesa dele se utilizar, ainda que haja divergência em relação à motivação dos votos. Tal regra, todavia, não é absoluta, devendo ser mitigada quando a motivação divergente do acórdão puder trazer reflexos civis negativos ao réu. Assim, no caso de o réu ser absolvido por votação unânime a partir de fundamentos diferentes, a exemplo do art. 386, VII, do CPP (falta de provas para a condenação) e do art. 386, I (inexistência do fato), é certo que nasce para o acusado interesse recursal, sendo possíveis os embargos caso haja prevalência da fundamentação desfavorável (*e.g.*, art. 386, VII)[2]. Parte da doutrina, no entanto, não admite a divergência de fundamento para oposição dos embargos[3].

A divergência dos votos, ainda que parcial, ou seja, relativa a um ponto específico do julgado (*e.g.*, reconhecimento de qualificadora), é pressuposto fundamental a autorizar a interposição dos embargos infringentes e de nulidade. *Não há cogitar dos referidos embargos em decisão em que não haja divergência.*

2. CABIMENTO

2.1. Divergência na votação

Admitem-se embargos infringentes e de nulidade dos *acórdãos não unânimes proferidos pelos tribunais de segunda instância, quando a decisão mostrar-se desfavorável ao réu*. Quando a decisão não for pacífi-

[1] Fernando da Costa Tourinho Filho, *Processo penal*, 11. ed., v. 4, p. 337; Julio Fabbrini Mirabete, *Processo penal*, 17. ed., p. 727.

[2] Ada Pellegrini Grinover, Antonio Magalhães Gomes Filho e Antonio Scarance Fernandes, *Recursos no processo penal*, p. 220.

[3] Nesse sentido: *RT*, 563/323.

ca, visto que entre os votos há um mais favorável ao réu, abre-se oportunidade para o recurso, tendo em vista a possibilidade de a decisão do acórdão não ser a mais justa para o acusado, conforme aponta o voto divergente. Não há necessidade da declaração expressa do voto favorável ao réu, bastando que o ponto divergente possa ser identificado na decisão, o que já possibilita o recurso.

O desacordo entre os votos pode ser total ou parcial. Na hipótese de controvérsia parcial, *os embargos serão restritos à matéria objeto de divergência*, não podendo ser ampliados a questões que não se situam no ponto de controvérsia, ou mesmo que não foram levantadas na sentença ou acórdão[4]. Da parte sobre a qual não recai divergência caberá, conjuntamente com os embargos, o recurso especial ou extraordinário, se o caso demandar[5].

A divergência pode ocorrer tanto em relação ao julgamento de uma preliminar quanto ao mérito propriamente dito, ocasião esta em que dirá respeito a direito processual ou material.

2.2. Acórdãos impugnáveis

O acórdão impugnável pela via dos embargos deve versar sobre o julgamento:

a) de *apelação*;

b) de *recurso em sentido estrito*; ou

c) de *agravo em execução*.

Pertence a Julio Fabbrini Mirabete o entendimento de não ser cabível a interposição dos embargos infringentes e de nulidade da decisão do juízo *ad quem* que julga agravo em execução[6]. Entretanto, é necessário esclarecer que tal agravo é utilizado para a impugnação de decisões que antes da Lei de Execução Penal comportavam recurso em sentido estrito, dessa forma fazendo jus ao recurso de embargos infringentes e de nulidade. Não obstante, o RITJSP prevê expressamente o referido recurso em seu art. 841, II, *c*.

A posição majoritária da doutrina é no sentido de que somente é possível a interposição dos embargos em acórdãos dos recursos em sentido estrito, de apelação ou de agravo em execução[7], visto que os embargos infringentes e de nulidade encontram-se disciplinados dentro do capítulo do CPP que trata especificamente do processo e julgamento dos recursos em sentido estrito e de apelação. Aqui vale mencionar a possibilidade do recurso de embargos infringentes e de nulidade no julgamento da carta testemunhável, nos termos do art. 644 do CPP, quando de plano o tribunal apreciar o mérito, uma vez que equivale à própria apreciação do recurso em sentido estrito ou da apelação antes denegados[8].

Das decisões das turmas recursais, nos processos dos Juizados Especiais Criminais, não caberão embargos infringentes e de nulidade, porquanto *as turmas recursais não são consideradas tribunais*.

Das decisões proferidas no julgamento de *habeas corpus*, revisão criminal e pedido de desaforamento não poderá a defesa opor embargos infringentes.

O Superior Tribunal de Justiça admite que os embargos infringentes são cabíveis, em matéria criminal, apenas no recurso em sentido estrito, na apelação e no agravo em execução[9].

---

[4] Nesse sentido: STF, HC 69.839, Rel. Min. Ilmar Galvão, *DJU*, 1º.7.1993, p. 13143; STJ, REsp 61.290, Rel. Min. Luiz Vicente Cernicchiaro, *DJU*, 27.5.1996, p. 17923; *JTJ-Lex*, 269/579; *RT*, 766/659; *JTARS*, 98/22.

[5] Vicente Greco Filho, *Tutela constitucional das liberdades*, p. 380.

[6] Julio Fabbrini Mirabete, *Processo penal*, 17. ed., ob. cit., p. 728. Nesse sentido: TACrimSP, EI 1252093/7-1, Rel. Luiz Ambra, j. 16.12.2002; *JTACrimSP*, 89/55.

[7] STJ, 6ª T., HC 509.869/SP, Rel. Min. Nefi Cordeiro, j. 6.8.19, *DJe*, 12.8.19.

[8] Fernando da Costa Tourinho Filho, *Processo Penal*, 11. ed., v. 4, p. 339-340.

[9] STJ, 6ª T., HC 509.869/SP, Rel. Min. Nefi Cordeiro, j. 6.8.2019, *DJe*, 12.8.2019.

No mais, não cabem embargos infringentes e de nulidade do acórdão que julgou embargos infringentes e da decisão relativa à ação penal de competência originária do tribunal, por falta de disciplina legal[10].

Por fim, há que aludir à possibilidade dos embargos infringentes no Supremo Tribunal Federal, conforme disposição do art. 333 do RISTF, a serem opostos no prazo de 15 dias e julgados pelo plenário. Por sua vez, no Superior Tribunal de Justiça inexiste tal recurso.

3. COMPETÊNCIA

Os embargos serão julgados por uma *turma composta por cinco integrantes*: um relator e um revisor dos embargos, juntamente com os membros da turma que proferiu o acórdão recorrido, denotando seu caráter de retratação. Em São Paulo, no Tribunal de Justiça, os embargos infringentes e de nulidade serão julgados por uma de suas câmaras, compostas de cinco julgadores.

4. LEGITIMAÇÃO

Os embargos infringentes e de nulidade apresentam-se como recurso privativo da defesa. Devem, portanto, ser interpostos pelo *defensor do réu*, seja ele constituído ou dativo. A doutrina, no entanto, diverge acerca da legitimidade do próprio réu para interpô-los. Alguns doutrinadores defendem a legitimidade do réu, visando ao melhor interesse do acusado no exercício da ampla defesa[11]. Contrariamente, há aqueles que entendem que a interposição dos embargos exige capacidade postulatória[12], o que não se justifica, porquanto a ausência do *jus postulandi*, por ser exceção, deve vir consignada expressamente, a exemplo do que ocorre com a ação de *habeas corpus* (inclusive no art. 1º, I, do EAOAB, Lei n. 8.906/94).

Para interpor embargos, *o réu não precisará recolher-se à prisão*.

Parte da doutrina estende essa legitimidade ao membro do Ministério Público, desde que atue em favor do acusado, em respeito ao *princípio da proibição da "reformatio in pejus"*. A matéria, no entanto, é bastante discutida na doutrina.

5. PROCEDIMENTO

A defesa deverá opor *embargos dentro de 10 dias*, a contar da publicação do acórdão (art. 609, parágrafo único). Juntamente com a petição, deverá a defesa apresentar os fundamentos do seu inconformismo, embasando o seu pedido nos argumentos advindos do voto dissidente. A petição será dirigida ao relator do acórdão objeto do embargo, que será responsável pela admissibilidade ou não do recurso, analisando os pressupostos gerais e específicos.

Os embargos infringentes seguirão o *procedimento traçado pelo art. 613*, que trata do processamento das apelações interpostas das sentenças proferidas em processos por crime a que a lei comine pena de reclusão. Os regimentos internos dos tribunais disciplinarão as regras de processamento dos recursos, bem como a competência interna para sua apreciação (câmaras, grupo de câmaras, turmas, seções)[13]. Há que atentar para a necessidade do parecer da Procuradoria-Geral de Justiça (Procura-

---

[10] Nesse sentido: *JSTF-Lex*, 209/303; STJ, 6ª T., Rel. Min. Fernando Gonçalves, AgRg no Ag 190.830, j. 5.9.2000, *DJU*, 25.9.2000, p. 146; *RT*, 787/602 e *JTJ-Lex*, 241/347.

[11] Ada Pellegrini Grinover, Antonio Magalhães Gomes Filho e Antonio Scarance Fernandes, *Recursos no processo penal*, p. 220.

[12] José Frederico Marques, *Elementos de direito processual penal*, v. 4, p. 308; Julio Fabbrini Mirabete, *Processo penal*, 17. ed., p. 729.

[13] RISTF, arts. 335 e 336; RISTJ, arts. 261/262; RITJSP, arts. 368 e 373.

doria de Justiça / Procuradoria da República), que representa o órgão do Ministério Público em segundo grau.

Embora não haja previsão expressa no Código a respeito da manifestação do embargado, se se tratar de ação penal de inciativa privada, deve o querelante ser intimado para se manifestar sobre o objeto dos embargos, antes da remessa do feito ao Procurador-Geral de Justiça (Procuradoria de Justiça / Procuradoria da República). Assim, também, quando houver assistente de acusação. Isso se faz necessário em respeito à garantia constitucional do contraditório. No Tribunal de Justiça de São Paulo, a vista à parte embargada para manifestação é expressamente prevista no art. 848, §§ 1º e 2º, do Regimento Interno.

Havendo empate na votação, há entendimento no sentido de ser aplicável a regra do art. 615, § 1º, do CPP, concedendo a decisão que melhor favorece o réu.

6. EFEITOS

Além do efeito devolutivo que devolve ao tribunal o conhecimento da matéria objeto de divergência no acórdão impugnado, esse recurso tem inegável caráter de retratação, permitindo a participação dos julgadores que tomaram parte na decisão impugnada no julgamento dos embargos. A decisão acerca dos embargos infringentes e de nulidade não poderá agravar a situação do réu, devendo ser respeitado o princípio da proibição da *reformatio in pejus*, na forma do art. 617 do CPP.

Tem-se entendido que esses embargos têm efeito suspensivo em relação à parte da decisão objeto da controvérsia. Por outro lado, o efeito suspensivo não abrange a parte unânime da decisão, o que possibilita a execução da pena privativa de liberdade se constante da parte prevalente. Assim dispõe a Súmula 354 do STF: "Em caso de embargos infringentes parciais, é definitiva a parte da decisão embargada em que não houve divergência na votação".

7. INTERPOSIÇÃO NO STF

Tal recurso vem previsto no art. 333 do Regimento Interno do STF (por conta da EC n. 7, de 13.4.1977). Os embargos são cabíveis, no prazo de 15 dias, contra as decisões não unânimes do Plenário ou da Turma nas seguintes hipóteses:

a) que julgar procedente ação penal (hipótese de competência originária);

b) que julgar procedente a revisão criminal;

c) que, em recurso criminal ordinário, for desfavorável ao acusado.

Em que pese a previsão trazida no bojo do art. 333, I, e parágrafo único, do Regimento Interno do Pretório Excelso, travou-se acirrada discussão se o precitado recurso ainda poderia ser manejado contra decisão plenária do Supremo Tribunal Federal.

De um lado, os ministros Joaquim Barbosa, Gilmar Mendes, Luiz Fux, Cármen Lúcia e Marco Aurélio Mello sustentaram que o Código de Processo Penal limitou-se a prever o recurso contra as decisões de segunda instância, em sede de apelação ou recurso em sentido estrito, não sendo admissível sua incidência perante as decisões adotadas em sede de única instância pelo Supremo Tribunal Federal, tal como se dá nas ações penais originárias. Não bastasse, aduziram também que a Lei n. 8.038/90, editada com o fito de traçar balizas procedimentais para os processos judiciais em trâmite nas cortes superiores, também não previu expressamente o referido recurso, havendo verdadeiro "*silêncio eloquente*", por meio do qual o legislador demonstrou sua intenção de suprimir o referido meio recursal.

Ademais, apontaram outra problemática, notadamente o fato de o Superior Tribunal de Justiça, cujos procedimentos também foram regulamentados pela mesma Lei n. 8.038/90, não permitir a interposição dos embargos infringentes nas ações de competência originária daquela Corte (CRFB, art. 105, I, *a*), haja vista que seu Regimento Interno nada prevê nesse sentido, criando-se inadmissível distinção e, por conseguinte, manifesta ofensa ao princípio da isonomia.

Por fim, sustentaram que a admissão dos embargos infringentes permitiria a indevida eternização do julgamento, caracterizando atraso na prestação jurisdicional, incompatível com a celeridade exigida pela Constituição Federal.

Entrementes, os argumentos precitados não seduziram todos os ministros do Supremo Tribunal Federal. Em contraposição a esse entendimento, os Ministros Luís Roberto Barroso, Teori Zavascki, Dias Toffoli, Rosa Weber, Ricardo Lewandowski e Celso de Mello sustentaram que a previsão constante do Regimento Interno (RISTF) não teria sido revogada pela Lei n. 8.068/90, porquanto com ela compatível. No mais, reconheceram que o Pacto de San José da Costa Rica, ao qual o Brasil aderiu, assegurou o duplo grau de jurisdição (art. 8º, n. 2, alínea *h*), permitindo-se, pois, a interposição dos embargos infringentes também nas ações penais originárias.

Com isso, no julgamento da Ação Penal n. 470 ("Mensalão"), o Supremo Tribunal Federal revelou-se dividido e acabou por reconhecer, em apertada maioria (6 a 5), que o recurso poderia ser manejado pelos réus[14].

8. SÍNTESE

Embargos infringentes e de nulidade

Configuram um único recurso e não dois tipos de embargos, como sugere sua denominação. A distinção decorre da matéria objeto de impugnação de recurso:

a) será infringente quando versar acerca do mérito da causa, ou seja, direito material, com o fito de reformar a decisão por outra;

b) será de nulidade quando discutir decisão de natureza estritamente processual, objetivando a anulação do julgamento.

Trata-se de recurso exclusivo da defesa, oposto contra decisão de segunda instância tomada por maioria de votos, objetivando a revisão do julgamento não unânime.

Se o acórdão for unânime, não pode a defesa dele se utilizar, ainda que haja divergência em relação à motivação dos votos. Tal regra, todavia, não é absoluta, devendo ser mitigada quando a motivação divergente do acórdão puder trazer reflexos civis negativos ao réu.

Cabimento

Divergência na votação: admitem-se embargos infringentes e de nulidade dos acórdãos não unânimes proferidos pelos tribunais de segunda instância, quando a decisão mostrar-se desfavorável ao réu. O desacordo entre os votos pode ser total ou parcial, e os embargos serão restritos à matéria objeto de divergência.

Acórdãos impugnáveis: o acórdão impugnável pela via dos embargos deve versar sobre o julgamento:

a) de apelação;

b) de recurso em sentido estrito;

c) de agravo em execução.

Das decisões das turmas recursais, nos processos dos Juizados Especiais Criminais, não caberão embargos infringentes e de nulidade, porquanto as Turmas Recursais não são consideradas tribunais.

---

[14] STF, Plenário, AP 470 AgR – vigésimo quinto/MG, Rel. orig. Min. Joaquim Barbosa, red. p/ o Acórdão Min. Teori Zavascki; AP 470 AgR – vigésimo sexto/MG, Rel. orig. Min. Joaquim Barbosa, red. p/ o Acórdão Min. Roberto Barroso; AP 470 AgR – vigésimo sétimo/MG, Rel. Min. Joaquim Barbosa, j. 18.9.2013 (*Informativo do STF* n. 720).

No mais, não cabem embargos infringentes e de nulidade do acórdão que julgou embargos infringentes e da decisão relativa à ação penal de competência originária do tribunal, por falta de disciplina legal.

Competência

Serão julgados por uma turma composta por cinco integrantes: um relator e um revisor dos embargos, juntamente com os membros da turma que proferiu o acórdão recorrido, denotando seu caráter de retratação.

Legitimação

Apresentam-se como recurso privativo da defesa.

Prazo

É de 10 dias a contar da publicação do acórdão.

Efeitos

Além do efeito devolutivo, que devolve ao tribunal o conhecimento da matéria objeto de divergência no acórdão impugnado, esse recurso tem inegável caráter de retratação, permitindo a participação dos julgadores que tomaram parte na decisão impugnada no julgamento dos embargos.

Interposição no STF

Também vem previsto no Regimento Interno do STF. Neste caso, serão cabíveis no prazo de 15 dias, contra decisões não unânimes do Plenário ou da Turma nas seguintes hipóteses:

a) que julgar procedente ação penal (hipótese de competência originária);

b) que julgar procedente a revisão criminal;

c) que, em recurso criminal ordinário, for desfavorável ao acusado.

Capítulo XXXV
AGRAVOS

1. ESPÉCIES DE AGRAVO PREVISTAS NO SISTEMA PROCESSUAL PENAL

Em nosso atual sistema, podem ser utilizadas as seguintes modalidades de agravo para a impugnação de decisões proferidas no juízo penal:

a) Agravo em recurso em recurso especial e em recurso extraordinário, contra as decisões denegatórias de recurso extraordinário e de recurso especial (art. 1.042 do CPC)[1]. Deverá ser interposto no prazo de 15 dias (§ 5º do art. 1.003 do CPC), e endereçado ao STF ou ao STJ, conforme o caso[2].

b) Agravo previsto no art. 39 da Lei n. 8.038/90, cabível contra decisão do presidente do Tribunal, de Seção, de Turma ou de relator que causar gravame à parte. O prazo de interposição é de 5 dias, devendo ser dirigido ao órgão especial, Seção ou Turma, conforme o caso.

O agravo previsto no parágrafo único do art. 557 do CPP deixou de existir com a revogação desse dispositivo pela Lei n. 8.658/93.

c) Agravo regimental, previsto nos regimentos internos dos tribunais.

d) Agravo inominado, previsto no art. 625, § 3º, do CPP. Também chamado de *recurso inominado*.

e) Agravo em execução, previsto na Lei de Execução Penal.

2. AGRAVO EM EXECUÇÃO

Dispõe o art. 197 da LEP que das decisões proferidas pelo juiz das execuções penais caberá agravo, sem efeito suspensivo.

2.1. Cabimento

Caberá o agravo previsto no art. 197 da LEP das decisões proferidas pelo juiz da execução penal.

Interessante notar que a mesma matéria ensejará recursos diferentes de acordo com o juiz que proferir a decisão a ser recorrida. Assim, *v.g.*, na hipótese de o juiz de conhecimento negar a suspensão condicional da pena durante a prolação da sentença condenatória, o recurso cabível será a apelação, conforme dispõe o art. 593, § 4º, do CPP. Por outro lado, se a mesma decisão emanar do juiz da execução, em sede de execução da pena, o recurso será o agravo ora tratado.

O mesmo se pode dizer em relação à extinção da punibilidade quando impugnada na fase de conhecimento, sendo cabível o recurso em sentido estrito (art. 581, VIII), e não o agravo, funcionando somente na fase de execução. Cumpre destacar que algumas decisões antes impugnáveis por meio de recurso em sentido estrito passaram a ser atacadas através do agravo em execução com o advento da LEP, a qual fixou a competência do juiz da execução para decidir sobre as matérias versadas nos incisos XI, XII, XVII e XIX a XXIII do art. 581 do CPP.

---

[1] *Vide* Capítulo XXXVIII, tópico 4.1.

[2] Nesse sentido: STF, 1ª T., ARE 1.009.351 AgR, voto do Rel. Min. Luiz Fux, j. 7.3.2017, *DJE* 56, 23.3.2017; STJ, 5ª T., AgRg no AREsp 2.199.308/SP, Rel. Min. Messod Azulay Neto, j. 13.6.2023, *DJe*, 16.6.2023.

Há entendimento minoritário no sentido de ser cabível o agravo somente das decisões que julguem matéria regulada pela Lei de Execução Penal, o que restringiria a aplicabilidade do recurso, visto que ao juiz da execução é atribuída competência para decidir sobre matéria regulada em outros diplomas legais, a exemplo da unificação de penas (art. 66, III, *a*, da LEP), prevista no art. 82 do CPP. Tal posicionamento, todavia, encontra-se superado pela jurisprudência predominante.

2.2. Legitimação

Podem interpor agravo o membro do Ministério Público, o sentenciado, seu representante, seu cônjuge, parente ou descendente. Todas essas pessoas vêm enumeradas no art. 195 da LEP, que trata da legitimidade para iniciar o procedimento judicial.

Do elenco mencionado nesse dispositivo, falece legitimidade ao Conselho Penitenciário e à autoridade administrativa para interpor agravo.

É o entendimento do STJ, para o qual o Conselho Penitenciário é órgão consultivo e fiscalizador, não possuindo legitimidade ativa para interpor agravo em execução buscando a revogação de indulto[3].

No que tange à capacidade postulatória, consigna-se que não há impedimento para o sentenciado, seu representante, seu cônjuge, parente ou descendente interporem o recurso de agravo, embora se faça necessária a presença de advogado, constituído ou dativo, para contra-arrazoá-lo. A mesma concepção deve ser adotada em relação ao momento posterior ao início do procedimento judicial do art. 195, pois os atos que seguem impõem capacidade postulatória, devendo ser constituído ou nomeado defensor[4].

2.3. Procedimento

A lei que instituiu o agravo não regulou seu procedimento, pois este viria disciplinado no Projeto de Código de Processo Penal, que não foi aprovado. Em face da omissão legal, surgiram dois entendimentos na doutrina:

a) aplica-se o rito do agravo de instrumento, previsto no Código de Processo Civil, com as alterações necessárias. Importante frisar que a reforma no rito do agravo do Código de Processo Civil, proferida pela Lei n. 9.139/95, trouxe significantes alterações que dificultaram o emprego de tal procedimento no âmbito criminal;

b) o agravo em execução deve seguir o mesmo procedimento do recurso em sentido estrito, disciplinado no Código de Processo Penal[5]. Essa é a corrente majoritária.

O STF, na Súmula 700, dispõe que o prazo para a interposição de agravo contra decisão do juiz da execução penal é de 5 dias.

2.4. Efeitos

Em regra, o agravo em execução não tem efeito suspensivo, ressalvada a hipótese de decisão que determina a desinternação ou a liberação de pessoa que cumpre medida de segurança (art. 179 da LEP).

Com efeito, em recente decisão, o Superior Tribunal de Justiça deixou de admitir o mandado de segurança com pedido de liminar, a fim de obstar o imediato cumprimento da decisão emanada do

---

[3] STJ, 5ª T., RHC 24.238/ES, Rel. Min. Arnaldo Esteves de Lima, j. 13.10.2009, *DJe*, 16.11.2009.

[4] Ada Pellegrini Grinover, Antonio Magalhães Gomes Filho e Antonio Scarance Fernandes, *Recursos no processo penal*, p. 199-200.

[5] Assim se posiciona E. Magalhães Noronha, considerando o recurso em sentido estrito irmão gêmeo do agravo (*Curso de direito processual penal*, p. 538).

juiz da execução, alcançando-se o efeito suspensivo[6] (Súmula 604 do STJ). No mesmo sentido o *habeas corpus*, quando houver constrição ilegal na liberdade de ir e vir.

Seguindo a corrente majoritária, que adota o procedimento do recurso em sentido estrito em sede de agravo em execução, não há como negar o efeito regressivo atribuído ao recurso em estudo, possibilitando ao juiz da execução exercitar o juízo de retratação.

3. SÍNTESE

Agravos

Em nosso sistema atual, podem ser utilizadas as seguintes modalidades de agravo para a impugnação de decisões proferidas no juízo penal:

a) agravo contra as decisões denegatórias de recurso extraordinário e de recurso especial. Deverá ser interposto no prazo de 15 dias, sendo endereçado ao STF ou ao STJ, conforme o caso;

b) agravo previsto no art. 39 da Lei n. 8.038/90, cabível contra decisão do presidente do Tribunal, de Seção, de Turma ou relator que causar gravame à parte. O prazo de interposição será de 5 dias, devendo ser dirigido ao órgão especial, Seção ou Turma, conforme o caso;

c) agravo regimental: previsto nos regimentos internos dos tribunais;

d) agravo inominado, previsto no art. 625, § 3º, do CPP, também chamado de recurso inominado;

e) agravo em execução, previsto na Lei de Execução Penal.

Agravo em execução

Cabimento: caberá das decisões proferidas pelo juiz das execuções penais, sem efeito suspensivo. Observe-se que a mesma matéria ensejará recursos diferentes de acordo com o juiz que proferir a decisão a ser recorrida. Assim, por exemplo, na hipótese de o juiz de conhecimento negar a suspensão condicional da pena durante a prolação da sentença condenatória, o recurso cabível será a apelação, porém, se a mesma decisão emanar do juiz da execução da pena, o recurso será o agravo ora tratado.

Legitimação: podem interpor agravo o membro do Ministério Público, o sentenciado, seu representante, seu cônjuge, parente ou descendente. No que tange à capacidade postulatória, não há impedimento para que as pessoas citadas interponham o recurso, no entanto faz-se necessária a presença de advogado para contra-arrazoá-lo.

Efeitos: em regra, não tem efeito suspensivo, ressalvada a hipótese de decisão que determina a desinternação ou liberação de pessoa que cumpre medida de segurança.

---

[6] STJ, 6ª T., HC 296.848/SP, Rel. Min. Rogério Schietti Cruz, j. 16.9.2014 (*Informativo do STJ* n. 547).

Capítulo XXXVI
CARTA TESTEMUNHÁVEL

1. NOÇÕES PRELIMINARES

A origem da carta testemunhável remonta ao tempo do Império, em razão das dificuldades enfrentadas pela parte para recorrer, sobretudo de decisões arbitrárias do juízo monocrático. Assim, quando o juiz se ocultava ou determinava que o escrivão não recebesse o recurso, impedindo o exercício do duplo grau de jurisdição, a parte prejudicada se dirigia ao cartório com duas testemunhas, relatava o ocorrido e manifestava seu desejo de recorrer. Se o escrivão recebesse o recurso, confirmando os fatos no exercício de sua fé pública, o problema ficaria resolvido. Caso contrário, o recorrente prejudicado levava o episódio ao conhecimento do tribunal, servindo as duas testemunhas para atestar a verdade do sucedido.

Não obstante antiga divergência, firmou-se o entendimento de que a *carta testemunhável tem natureza recursal*, não caracterizando simples remédio processual para conhecimento do recurso, uma vez que tem como finalidade o reexame da decisão que denegou ou não deu seguimento ao recurso interposto. Assim sendo, na medida em que a parte pleiteia ao juízo *ad quem* uma nova decisão, serve como *instrumento impugnatório do ato decisório que lhe causou gravame*. Nesse sentido, a carta testemunhável será um recurso *secundum eventum litis*, não sendo admitido contra decisão que processar ou der seguimento ao recurso originariamente interposto[1].

2. CABIMENTO

A carta testemunhável está disposta nos arts. 639 a 646 do CPP. De acordo com o art. 639, caberá carta testemunhável:

I – da decisão que *denegar o recurso*;

II – da decisão que, admitindo embora o recurso, *obstar a sua expedição e seguimento para o juízo "ad quem"*.

A motivação da denegação do recurso ou do obstáculo ao seguimento, seja pela falta de interesse em agir ou pela ilegitimidade da parte, seja pela intempestividade, por exemplo, não representa empecilho ao recebimento da carta testemunhável. Assim, será admitida sempre que se enquadrar nas hipóteses elucidadas.

A carta testemunhável tem *caráter eminentemente subsidiário*, não sendo cabível quando a lei estabelece outro remédio para a impugnação de decisão que denega o recurso ou obsta o seu seguimento. Assim, caberá *recurso em sentido estrito*, e não carta testemunhável, da decisão que não receber a apelação ou a julgar deserta, com base no art. 581, XV. Existem, inclusive, decisões no sentido da inaplicabilidade do princípio da fungibilidade, quando interposta a carta testemunhável das decisões que denegarem o recurso de apelação, não podendo ser recebida como se fosse recurso em sentido estrito[2].

---

[1] José Frederico Marques, *Elementos de direito processual penal*, v. 4, p. 313.

[2] STJ, 5ª T., HC 85.317/DF, Rel. Min. Laurita Vaz, j. 10.2.2009, *DJe*, 9.3.2009.

No mesmo sentido, da decisão que não receber o recurso extraordinário (e o recurso especial) ou lhe negar prosseguimento caberá o *agravo em recurso especial e em recurso extraordinário*. No tocante aos embargos declaratórios e embargos infringentes e de nulidade, também não será instrumento apto para a impugnação, porquanto os regimentos internos dos tribunais preveem, em regra, a utilização do *agravo regimental* para tal óbice.

Portanto, em face do exposto, a carta testemunhável, via de regra, será cabível contra decisão que denegar ou obstar o seguimento para o tribunal do recurso *em sentido estrito*. Em função da similitude do recurso em sentido estrito com o *agravo em execução*, este deve ser considerado da mesma forma para fim da carta testemunhável, todavia, na fase de execução da pena[3].

3. PRAZO E PROCESSAMENTO

Antes de tudo, faz-se necessária uma explicação. Conquanto o Código faça menção ao secretário do tribunal nos dispositivos de lei ora tratados, não é mais válida tal remissão, em face da não utilização da carta testemunhável contra a decisão denegatória do recurso extraordinário, por ser utilizável o agravo em recurso extraordinário nos termos do RISTF.

3.1. Prazo

Diz o art. 640 que a carta testemunhável será requerida ao escrivão nas 48 horas seguintes ao despacho que denegar o recurso. Em razão da fixação do prazo em horas, especula-se a possível aplicação do art. 132, § 4º, do Código Civil, segundo o qual se conta o prazo minuto a minuto, o que na prática se demonstra inexequível.

Em privilégio ao direito à ampla defesa, tem-se entendido na doutrina majoritária o prazo como de 2 dias, começando a correr da intimação da decisão que denegar o recurso, conforme a regra geral do art. 798, § 5º, do CPP. Seria inviável que o recorrente, prevendo ser prejudicado pela eventual denegação ou óbice ao seguimento do recurso interposto, firmasse plantão no fórum a fim de resguardar o prazo recursal da carta testemunhável[4]. Há, contudo, opinião diversa na doutrina[5].

3.2. Processamento

O recurso será processado em autos apartados, cabendo ao requerente a indicação das peças do processo que formarão o instrumento que subirá ao órgão *ad quem* (art. 640, parte final). É recomendável que o traslado, além das peças necessárias ao provimento da carta, a exemplo do recurso denegado ou obstruído, da decisão denegatória ou do ato obstativo do recurso, além da certidão atestando a tempestividade recursal, contenha também aquelas pertinentes ao julgamento do mérito do recurso denegado ou obstado. Não poderá o tribunal converter o julgamento em diligência com o fito de completar as peças trasladadas, já que esse dever é de incumbência da parte interessada.

O recibo do escrivão é fundamental a fim de comprovar a interposição da carta testemunhável. A negativa do recibo ou da entrega do instrumento acarretará a suspensão do escrivão por 30 dias. A pena será aplicada pelo juiz ou pelo presidente do tribunal em decorrência da representação do requerente, ocasião em que será determinada a extração do instrumento pelo substituto do predito

---

[3] Nesse sentido: TJMG, 9ª Câm. Crim. Especializada, Carta Testemunhável n. 1.0000.22.073093-1/000, Rel. Des. Valeria Rodrigues, j. 14.6.2023, publicação da súmula em 14.6.2023.

[4] Nesse sentido: TJSP, 9ª Câm. Dir. Crim., Carta Testemunhável n. 0009582-74.2012.8.26.0011, Rel. Mens de Mello, j. 17.3.2016; data de registro: 21.3.2016.

[5] E. Magalhães Noronha, *Curso de direito processual penal*, p. 533.

funcionário, sob pena de ser imposta a mesma sanção. Há que consignar que a responsabilidade funcional do servidor, embora de índole administrativa, deve obedecer ao devido processo legal, sob o crivo do contraditório e da ampla defesa.

Na hipótese do art. 642, explicitada no parágrafo anterior, prejudicado o processamento do recurso por conduta faltosa do escrivão, poderá o presidente do tribunal avocar os autos para o julgamento da carta testemunhável, em resposta à reclamação do requerente. A carta testemunhável é irrecusável, não devendo o servidor se negar a tirá-la, pois não lhe incumbe tal competência. Ao tribunal compete, com exclusividade, se manifestar sobre o cabimento ou não da carta.

Extraído e autuado o instrumento, a carta testemunhável seguirá o procedimento do recurso indeferido, admitindo-se, inclusive, o juízo de retratação, quando se tratar da denegação de recurso em sentido estrito (art. 643).

Em se tratando de processo eletrônico, como possível a integral consulta dos autos no sistema eletrônico, não há falar em não conhecimento do recurso por ausência de indicação das peças necessárias à formação do instrumento.

Cumpre ressaltar que, estando prejudicada a redação do art. 643 em vista de ser cabível o agravo em recurso extraordinário, observar-se-á na carta testemunhável, em regra, o rito dos arts. 558 a 592, procedimento adotado para o recurso em sentido estrito. Nesse caso, interposto o recurso, será dada vista à parte recorrente para apresentar as razões em 2 dias e, posteriormente, à outra parte por igual prazo para contra-arrazoar, para então o juiz poder exercer o juízo de retratação. Se este for positivo, o recurso objeto da carta testemunhável terá seu normal prosseguimento, sendo inaplicável o parágrafo único do art. 589, inexistindo recurso da parte contrária.

No que tange ao prazo para entrega da carta instruída ao recorrente, será de 5 dias. Aqui mais uma vez fica molestada a disposição do CPP, especificamente o art. 641, já que não é aplicável o prazo de 60 dias no caso de recurso extraordinário, pelo motivo já declinado.

Na superior instância, o processo da carta testemunhável seguirá o do recurso denegado (art. 645).

4. EFEITOS

Dispõe expressamente o art. 646 que a carta testemunhável não tem efeito suspensivo, mormente em razão de sua irrecusabilidade, evitando que a parte provoque uma demora desnecessária no trâmite do processo, ocasionando atraso na solução deste. Podem, assim, os autos do processo ter seu habitual andamento, desde que o tipo de decisão impugnada comporte o normal prosseguimento do feito, uma vez que a carta testemunhável é processada por instrumento.

Parte da doutrina tem reconhecido o efeito regressivo, em um primeiro momento (em razão da menção expressa do art. 643 do CPP ao rito do recurso em sentido estrito), e devolutivo após o seu regular processamento pelo tribunal.

Caso o recurso seja admitido, poderá o tribunal *ad quem*:

a) mandar processar o recurso denegado, para que este suba à superior instância;

b) decidir, desde logo, o mérito do recurso indeferido, caso a carta esteja suficientemente instruída. Nesta hipótese não há necessidade do processamento da carta testemunhável por aplicação do princípio da economia processual, decidindo o tribunal de plano o *meritum causae*. Todavia, como já mencionado, nesta ocasião não se abre possibilidade para que o tribunal determine diligência objetivando complementar o traslado.

5. SÍNTESE

Carta testemunhável

Não obstante antiga divergência, firmou-se o entendimento de que a carta testemunhável tem natureza recursal, não caracterizando simples remédio processual para conhecimento do recurso, uma vez que tem como finalidade o reexame da decisão que denegou ou não deu seguimento ao recurso interposto.

Cabimento

De acordo com o disposto no art. 639 do CPP, caberá carta testemunhável:

I – da decisão que denegar recurso;

II – da decisão que, admitindo embora o recurso, obstar sua expedição e seguimento para o juízo *ad quem*.

A carta testemunhável tem caráter eminentemente subsidiário, não sendo cabível quando a lei estabelece outro remédio para a impugnação de decisão que denega o recurso ou obsta o seu seguimento.

Prazo

Diz o art. 640 que a carta testemunhável será requerida ao escrivão nas 48 horas seguintes ao despacho que denegar o recurso. Porém, em privilégio ao direito à ampla defesa, tem-se entendido na doutrina majoritária o prazo como de 2 dias, começando a correr da intimação da decisão que denegar o recurso.

Processamento

O recurso será processado em autos apartados, cabendo ao requerente a indicação das peças do processo que formarão o instrumento que subirá ao órgão *ad quem*. Em se tratando de processo eletrônico, a falta de indicação não importará em não conhecimento do recurso.

Efeitos

Dispõe expressamente o art. 646 que a carta testemunhável não tem efeito suspensivo.

Caso o recurso seja admitido, poderá o tribunal *ad quem*:

a) mandar processar o recurso denegado, para que este suba a superior instância;

b) decidir, desde logo, o mérito do recurso indeferido, caso a carta esteja suficientemente instruída.

Capítulo XXXVII
CORREIÇÃO PARCIAL

1. CONCEITO E NATUREZA JURÍDICA

A correição parcial é um remédio processual que permite às partes corrigir *error in procedendo* dos juízes que acarretam inversão tumultuária da ordem processual, quando o ato judicial não estiver sujeito a impugnação por via recursal. Tem, portanto, caráter residual em relação aos recursos.

O Código Judiciário do Estado de São Paulo – Decreto-lei Complementar n. 3/69 – traz no art. 93 a seguinte definição de correição parcial: "Compete às Câmaras isoladas do Tribunal proceder a correições parciais em autos para emenda de erros, ou abusos, que importarem inversão tumultuária dos atos e fórmulas de ordem legal do processo, quando para o caso não houver recurso". Nesse sentido, proclama a natureza recursal da correição a Súmula 160 das Mesas de Processo Penal da Universidade de São Paulo: "A correição parcial, na forma como vem regulada no Estado de São Paulo, tem natureza jurídica de recurso".

Atualmente os tribunais, assim como a doutrina majoritária, atribuem à correição parcial natureza de recurso. Não é, portanto, mero recurso administrativo ou simples medida disciplinar, como se propugnou por longo tempo. Embora a correição apresente caráter administrativo-disciplinar, é certo que apresenta os pressupostos recursais essenciais (tempestividade, legitimidade e motivação) e se destina ao reexame pelo tribunal do ato judicial eivado de erro ou abuso, a fim de sanar o tumulto gerado no regular desenvolvimento do processo. Não bastasse, a correição está sujeita ao contraditório, podendo o órgão *a quo*, inclusive, exercer o juízo de retratação, sendo, assim, inegável a sua natureza recursal.

Trata-se de verdadeiro sucedâneo recursal, na medida em que, não estando prevista no quadro oficial de recursos, é instrumento de impugnação do provimento judicial sem criar uma nova relação processual[1]. No entanto, para alguns prevalece seu caráter administrativo[2]. Outros a consideram um recurso anômalo[3].

1.1. Constitucionalidade

Alguns autores postularam a inconstitucionalidade da correição parcial pelo fato de encontrar-se disciplinada em lei estadual. Como é sabido, compete à União legislar, privativamente, sobre direito processual, e, evidentemente, sobre recursos. Mas a correição parcial é constitucional, sendo prevista no art. 6º, I, da Lei n. 5.010/66[4], que organizou a Justiça Federal[5].

Não há falar da inconstitucionalidade da correição parcial, malgrado tenha sido ela criada por leis de organização judiciária, sobretudo quando leis federais e estaduais, bem como os regimentos internos dos tribunais, acolhem o mencionado instituto, tendo em vista sua utilidade prática diante

---

[1] Araken de Assis, *Manual dos recursos*, 9. ed., p. 1025.

[2] Julio Fabbrini Mirabete, *Processo penal*, p. 736.

[3] Fernando da Costa Tourinho Filho, *Processo penal*, 31. ed., v. 4, p. 535.

[4] Posteriormente alterada pelo art. 1º do Decreto-lei n. 253/67.

[5] Nesse sentido: STF, Tribunal Pleno, RMS 9.308/BA, Rel. Min. Hahnemann Guimarães, j. 28.9.1962; contra: TJSP, 16ª Câm. Dir. Crim., Correição Parcial n. 990.08.108248-9, Rel. Des. Borges Pereira, j. 3.2.2009.

de atos judiciais que carecem de meio próprio para impugnação. Não obstante, é inegável o seu reconhecimento indireto pela CF/88, com o nome de "reclamação", conforme se depreende dos arts. 102, I, *l*, e 105, I, *f*.

1.2. Reclamação

A despeito da matriz constitucional comum, é preciso distinguir a correição parcial da reclamação destinada a preservar a competência dos tribunais e garantir a observância pelos órgãos judiciários inferiores aos precedentes vinculantes dos tribunais superiores. Assim, compete originariamente ao STF e ao STJ, em conformidade com os arts. 102, I, *l*, e 105, I, *f*, da CF, respectivamente, processar e julgar a reclamação toda vez que houver julgados que ofendam a autoridade de suas decisões ou usurpem a competência do tribunal. O Regimento Interno do STF cuida da matéria nos arts. 156 a 162, enquanto o do STJ, nos arts. 187 a 192. Com natureza jurídica de ação impugnativa autônoma, a reclamação tem hoje o seu procedimento disciplinado nos art. 988 a 993 do CPC.

Com a adoção das súmulas vinculantes, de acordo com o art. 103-A, § 3º, da CF, inserido pela EC n. 45/2004, o STF deverá cassar ou anular a decisão judicial objeto da reclamação, determinando que outro julgamento seja proferido, sempre que o ato decisório judicial contrariar a súmula aplicável ou aplicá-la indevidamente. É inadmissível, porém, a reclamação *proposta após o trânsito em julgado da decisão reclamada*, bem como a que vise *garantir a observância de acórdão de recurso extraordinário com repercussão geral reconhecida ou de acórdão proferido em julgamento de recursos extraordinário ou especial repetitivos, quando não esgotadas as instâncias ordinárias* (Lei n. 13.256, de 4.2.2016).

Os regimentos internos dos tribunais inferiores também disciplinam a reclamação, a exemplo do que dispõe o RITJSP em seus arts. 195 e seguintes, quando trata dos processos incidentes.

2. CABIMENTO

Será utilizada a correição parcial como meio de impugnação de atos judiciais (decisões ou despachos) que importem em tumulto processual, quando não for cabível qualquer outro recurso. Todavia, não será qualquer ato judicial passível de correição, apenas aquele que implique erro ou abuso. O erro diz respeito à imprecisão na interpretação da lei ou na análise do fato, levando a uma desacertada manifestação do juiz, enquanto o abuso representa a arbitrariedade do órgão *a quo*[6]. Tem por finalidade corrigir *error in procedendo,* nunca *error in judicando* do juiz de primeiro grau, já que este último não ocasiona tumulto processual, por dizer respeito ao mérito do feito, o que não repercute no procedimento.

A correição parcial pressupõe, objetivamente, os seguintes pressupostos:

I – ato decisório judicial viciado (erro ou abuso);

II – inversão tumultuária da ordem processual;

III – gravame causado a uma das partes;

IV – inexistência de recurso específico para impugnar o ato judicial gravoso.

São exemplos de atos judiciais que ensejam a correição:

a) indeferimento de pedido ministerial de retorno dos autos de inquérito à autoridade policial para realização de diligências;

b) oitiva de testemunhas arroladas fora do prazo legal;

[6] Ada Pellegrini Grinover, Antonio Magalhães Gomes Filho e Antonio Scarance Fernandes, *Recursos no processo penal*, 7. ed., p. 194.

c) dispensa de testemunha legalmente arrolada, sem que a parte tenha desistido de seu depoimento[7];

d) alteração da classificação jurídica do fato, quando do recebimento da denúncia[8];

e) envio dos autos de inquérito para novas diligências, quando tenha havido pedido de arquivamento do membro do *Parquet*[9];

f) alteração, de ofício, de cláusula da proposta de acordo de não persecução penal apresentada pelo Ministério Público[10];

g) negativa de intervenção do juízo para realização de diligência pleiteada pelo membro do *Parquet*, quando o Ministério Público não for suficientemente aparelhado para tanto[11]. Há orientação no sentido de não ser necessária a intervenção do Poder Judiciário, quando o Ministério Público não demonstrar efetivamente sua incapacitação para satisfazer a diligência por meios próprios[12];

h) indeferimento de requerimento de produção antecipada de prova[13];

i) designação, *ex officio*, da audiência a que alude o art. 16 da Lei n. 11.340/2006[14] etc.

Destarte, tem-se que a correição parcial é utilizável tanto na fase do inquérito policial quanto durante a relação jurídica processual, sempre que se verifique a inversão tumultuária dos atos do processo, porquanto não haja recurso específico. Por outro lado, se existisse algum meio recursal adequado à impugnação, faria perecer o interesse em agir por meio da correição.

3. LEGITIMIDADE

Qualquer das partes, incluído o assistente de acusação[15], tem legitimidade para interpor correição parcial, desde que preste para impugnar atos comissivos ou omissivos do juiz, revelando-se inútil em relação aos atos das partes ou dos servidores que atuam na administração da justiça. Contudo, há que consignar que a correição parcial, cuja maior incidência se assiste no processo penal ante o grande número de decisões interlocutórias irrecorríveis, é recurso mais utilizável pelo Ministério Público do que pelo réu ou investigado, porquanto este tem em seu benefício o *habeas corpus,* que é extensivamente acolhido nos tribunais.

4. PROCEDIMENTO

A correição parcial é um instituto recursal criado em leis de organização judiciária, com previsão na Lei federal n. 5.010/66. Daí sua recepção pela CF/88, notadamente o art. 22, I. Entretanto, a mencionada lei não regula o rito a ser seguido pela correição, restando ao Estado, nos termos do art. 24, XI, da CF, legislar concorrentemente sobre o procedimento a ser adotado.

---

7 Nesse sentido: São Paulo, Tribunal de Alçada, Correição Parcial n. 344.233, Rel. Des. Canguçu de Almeida, j. 6.10.1983 – *RT*, ano 73, 581/336, mar. 1984.

8 Nesse sentido: São Paulo, Tribunal de Alçada, Correição Parcial n. 412.334, Rel. Des. Gonçalves Sobrinho, j. 23.12.1985 – *RT*, ano 75, 610/337, ago. 1986.

9 Nesse sentido: STF, 1ª T., AgRg em HC 173.594/SP, Rel. Min. Rosa Weber, j. 3.5.2021.

10 Nesse sentido: TJMG, Correição Parcial n. 1.0000.21.223158-3.

11 Nesse sentido: STJ, REsp 247.705/SP, Rel. Min. Gilson Dipp, j. 4.2.2002.

12 Nesse sentido: STJ, REsp 664.509/RS, Rel. Min. José Arnaldo da Fonseca, j. 28.3.2005.

13 Nesse sentido: TJSP, 8ª Câm. Crim., Correição Parcial n. 2283546-37.2020.8.26.0000, Rel. Des. Maurício Valala, j. 16.3.2021.

14 Nesse sentido: TJPR, 1ª Câm. Crim., Correição Parcial n. 0027095-81.2023.8.16.0000, Rel. Des. Adalberto Jorge Xisto Pereira, j. 8.7.2023.

15 Nesse sentido: TJPR, 1ª Câm. Crim., Correição Parcial n. 1.1697686-8, Rel. Des. Clayton Coutinho de Camargo, j. 21.8.2017.

Os regimentos internos dos tribunais de justiça estabelecem regras bastante semelhantes: a correição é recebida pelo desembargador relator, que poderá, em sendo o caso, determinar a suspensão do ato impugnado ou indeferi-la de plano. Na sequência, são requisitadas informações ao juiz, encaminhados os autos ao Ministério Público e apresentada a correição em mesa, para julgamento em sessão colegiada, independentemente de pauta. Os procedimentos diferem, especialmente, no que toca ao prazo para interposição do pedido, que varia entre 5 e 10 dias a contar da ciência do ato tumultuário.

Em alguns Estados, como é o caso de São Paulo, Minas Gerais e Paraná, atribui-se à correição parcial o procedimento previsto para o agravo de instrumento do Código de Processo Civil.

Após o julgamento, se for o caso, serão os autos encaminhados à instância adequada para aplicação de eventual penalidade disciplinar. Nesse sentido, disciplina o art. 215 do RITJSP: "Se o caso comportar penalidade disciplinar, a turma julgadora determinará a remessa dos autos ao Conselho Superior da Magistratura, para as providências pertinentes".

4.1. Competência

No que tange à impugnação de ato judicial do juízo *a quo* na esfera da Justiça Federal, a correição parcial deverá ser endereçada ao Tribunal Regional Federal da região correspondente à do juiz que exarou o ato a ser corrigido. Na esfera da Justiça Estadual, por sua vez, com o advento da EC n. 45/2004, que extinguiu os Tribunais de Alçada, ficou competente para o julgamento da correição parcial uma das Câmaras do Tribunal de Justiça.

5. EFEITOS

A correição parcial devolve ao tribunal o conhecimento da matéria processual referente ao ato judicial impugnado.

Em regra, a correição não tem efeito suspensivo. Poderá, contudo, o relator atribuir-lhe tal eficácia, mediante requerimento do recorrente, conforme previsão expressa das normas de organização judiciária ou por força do art. 1.019 do CPC, quando adotado o rito do agravo de instrumento cível, nas situações em que ocorrer perigo de dano irreparável.

Vislumbra-se, ainda, na maior parte dos regramentos adotados pelos Estados o efeito regressivo do referido recurso, pois possibilita-se ao juiz *a quo* o exercício do juízo de retratação, hipótese em que restará prejudicada a correição parcial.

6. SÍNTESE

Correição parcial

É um remédio processual que permite às partes corrigir *error in procedendo* dos juízes que acarretam inversão tumultuária da ordem processual, quando o ato judicial não estiver sujeito a impugnação por via recursal.

Cabimento

Será utilizado como meio de impugnação de atos judiciais (decisões ou despachos) que importem em tumulto processual, quando não for cabível qualquer outro recurso. Todavia, não será qualquer ato judicial passível de correição, apenas aquele que implique erro ou abuso. O erro diz respeito à imprecisão na interpretação da lei ou na análise do fato, levando a uma desacertada manifestação do juiz, enquanto o abuso representa a arbitrariedade do órgão *a quo*.

A correição parcial presume, objetivamente, os seguintes pressupostos:

I – ato decisório judicial viciado (erro ou abuso);

II – inversão tumultuária da ordem processual;

III – gravame causado a uma das partes;

IV – inexistência de recurso específico para impugnar o ato judicial gravoso.

Tem-se que a correição parcial é utilizável tanto na fase do inquérito policial quanto durante a relação jurídica processual.

Legitimidade

Qualquer das partes, incluído o assistente de acusação, tem legitimidade para interpor correição parcial, desde que preste para impugnar atos comissivos ou omissivos do juiz, revelando-se inútil em relação aos atos das partes ou dos servidores que atuam na administração da justiça.

Procedimento

O procedimento da correição parcial está previsto nas normas de organização judiciária e nos regimentos internos dos tribunais, variando o prazo de interposição entre 5 e 10 dias a partir da ciência do ato tumultuário.

Competência

No que tange à impugnação de ato judicial do juízo *a quo* na esfera da Justiça Federal, a correição parcial deverá ser endereçada ao Tribunal Regional Federal da região correspondente à do juiz que exarou o ato a ser corrigido. Na esfera da Justiça Estadual, por sua vez, será competente uma das Câmaras do Tribunal de Justiça.

Efeitos

Terá efeito devolutivo e, em regra, não terá efeito suspensivo. Poderá o relator, contudo, atribuir-lhe tal eficácia, mediante requerimento do recorrente, nas situações em que ocorrer perigo de dano irreparável.

Vislumbra-se, também, em grande parte dos Estados, o efeito regressivo do referido recurso, pois o juiz *a quo* pode exercer o juízo de retratação, hipótese em que restará prejudicada a correição parcial.

Capítulo XXXVIII
RECURSO EXTRAORDINÁRIO

1. INTRODUÇÃO

Recurso extraordinário é o interposto contra decisão proferida em última ou única instância, dirigido ao Supremo Tribunal Federal, objetivando garantir a autoridade e supremacia das normas constitucionais em nosso ordenamento jurídico. Com efeito, *tem por finalidade salvaguardar os mandamentos constitucionais, primando pela unidade da Constituição Federal no território nacional*. Prende-se a questões de direito, sobretudo as condizentes à interpretação equânime da legislação federal constitucional, viabilizando a uniformização dos entendimentos jurisprudenciais da Magistratura estadual ou federal, com o fito de zelar pela harmonia e segurança jurídica.

O recurso extraordinário apresenta uma função política muito bem definida, pois objetiva a tutela do direito positivado na Constituição[1]. Dessa maneira, tem como propósito a *preservação da autoridade do ordenamento constitucional*, servindo como instrumento controlador das decisões emanadas dos órgãos judicantes inferiores, uma vez que o STF é o guardião da Constituição.

Por se tratar de modalidade excepcional de impugnação recursal, o recurso extraordinário apresenta natureza jurídica de direito processual constitucional, já que a Carta Magna, no art. 102, III, afere-lhe contornos de instituto jurídico de direito formal[2]. Contudo, com o advento da EC n. 45/2004, uma questão de legalidade da competência do STJ foi transferida ao STF, conforme retroanalisado.

1.1. Histórico

O recurso extraordinário foi inserido na legislação brasileira pelo art. 9º, II, parágrafo único, do Decreto n. 848/1890, recebendo em princípio a denominação "recurso constitucional", sob inspiração do *writ of error* do direito americano, decorrente do *Judiciary Act* de 1789. Em 1891, o Regimento Interno do Supremo Tribunal Federal o denominou "recurso extraordinário", nomenclatura utilizada até hoje.

Inicialmente, o recurso extraordinário conjugava a tutela dos mandamentos constitucionais, garantindo a autoridade destes, bem como velava pela aplicação uniforme da legislação federal pelas jurisdições estaduais e regionais. Contudo, com o advento da Constituição Federal de 1988 e consequente criação do Superior Tribunal de Justiça, houve uma segmentação das preditas funções. Ao STF, como já exposto, restou o conhecimento das questões federais de natureza constitucional por meio do recurso extraordinário (art. 102, III, da CF), enquanto ao STJ foi atribuída a incumbência de zelar pelas questões federais de natureza infraconstitucional, mais especificamente os tratados e leis federais, por meio do recurso especial (art. 105, III, da CF).

2. CABIMENTO

O cabimento do recurso extraordinário, além dos pressupostos gerais necessários a qualquer recurso, depende da existência de pressupostos especiais[3], caracterizados sobretudo pela disposição

[1] Ada Pellegrini Grinover, Antonio Magalhães Gomes Filho e Antonio Scarance Fernandes, *Recursos no processo penal*, 7. ed., p. 201-202.

[2] STF, AgRg em RE 2.452.149/SP, Rel. Min. Celso de Mello, j. 21.3.2000.

[3] STF, RE 1.316.616/ES, Rel. Min. Marco Aurélio, j. 17.11.1995 – *LEX-JSTF*, ano 18, 210/203, jun. 1996.

da lei constitucional e pelos assentamentos jurisprudenciais evidenciados nas súmulas da Corte Suprema, bem como pelas disposições do Regimento Interno do Tribunal Supremo (arts. 321 a 329). Logo, a admissibilidade do recurso excepcional depende de um exame mais aprofundado dos requisitos autorizadores, o que não ocorre nos recursos ordinários, os quais se sujeitam apenas aos pressupostos gerais (legitimidade, tempestividade, interesse, entre outros), por isso recebendo tal denominação.

2.1. Hipóteses de cabimento

Por força do art. 102, III, da CF, caberá recurso extraordinário da decisão proferida em única ou última instância que:

a) *Contrariar dispositivo desta Constituição:* trata-se de violação frontal ao que está expressamente disposto na Constituição[4]. Há incompatibilidade entre a letra da Lei Maior e a decisão recorrida, pois esta não atende ao espírito da norma constitucional. Se a violação for de norma infraconstitucional, em regra, como se verá no capítulo adiante, o recurso cabível será o especial. Ressalva feita em razão da inserção, pela EC n. 45/2004, da alínea *d* no inciso III do art. 102 da CF. Contudo, impedirá o recurso extraordinário a ofensa reflexa da norma constitucional em razão da má interpretação ou inobservância de normas infraconstitucionais, a exemplo das normas penais e processuais penais quando mal aplicadas. Assim pugna a Súmula 636 do STF: "Não cabe recurso extraordinário por contrariedade ao princípio constitucional da legalidade, quando a sua verificação pressuponha rever a interpretação dada a normas infraconstitucionais pela decisão recorrida".

b) *Declarar a inconstitucionalidade de tratado ou lei federal:* esta hipótese tem por finalidade levar ao exame do STF as decisões dos órgãos judicantes inferiores que tenham decidido solenemente acerca da não validade de tratado ou lei federal em face da Constituição, funcionando o recurso, nesse caso, como mecanismo de controle da constitucionalidade. Vale lembrar que no controle difuso de constitucionalidade qualquer juiz ou tribunal tem competência para declarar, incidentalmente, a inconstitucionalidade de uma lei. Conquanto o controle possa ser feito por qualquer juiz ou tribunal, neste último a CF estabelece uma forma distinta, *ex vi* do disposto no art. 97 da CF, cujo procedimento vem previsto nos arts. 948 a 950 do CPC, aplicados ao direito processual penal[5].

Foi editada a Súmula Vinculante 10, dispondo que "viola a cláusula de reserva de plenário (CF, art. 97) a decisão de órgão fracionário de tribunal que, embora não declare expressamente a inconstitucionalidade de lei ou ato normativo do poder público, afasta sua incidência, no todo ou em parte".

Portanto, a partir da edição da referida súmula, alguns autores têm entendido que caberá recurso extraordinário unicamente quando houver a declaração de inconstitucionalidade de lei ou tratado pelos tribunais, de modo que, quando um órgão fracionário (Câmara, Turma, Grupo ou Seção Criminal) negar vigência a lei federal, restará caracterizada a violação à referida súmula vinculante, desafiando *reclamação* (art. 102, I, *l*, da CF) diretamente ao STF.

De outra sorte, o STF firmou o entendimento de que não fere a cláusula de reserva de plenário a decisão que, fundada em pronunciamento daquela corte acerca do tema, utiliza de raciocínio decisório de controle de constitucionalidade, deixando de aplicar a lei[6].

c) *Julgar válida lei ou ato de governo local contestado em face desta Constituição:* a previsão desta alínea diz respeito às decisões que tenham julgado a favor da lei estadual ou municipal em prejuízo do ordenamento constitucional, oportunidade em que o juízo preteriu a Constituição em preferência ao

[4] STF, RE 247.022/SP, Rel. Min. Celso de Mello, 10.8.1999 – *RTJ*, 171/735, fev. 2000.

[5] Ada Pellegrini Grinover, Antonio Magalhães Gomes Filho e Antonio Scarance Fernandes, *Recursos no processo penal*, 7. ed., p. 213.

[6] Nesse sentido: STF, EDcl em Rcl 11.055/RS, Rel. Min. Roberto Barroso, j. 4.11.214.

direito local. Em tal situação, suscita-se a autoridade da Constituição Federal em relação às normas estaduais ou municipais, devendo ser observado o princípio da hierarquia das normas jurídicas. Podem-se considerar necessárias as seguintes condições para que o recurso seja admitido com base nesta hipótese[7]: I – ter sido impugnada a lei estadual ou municipal; II – a impugnação ser o fundamento do recurso; e III – a decisão recorrida ter sido favorável a lei estadual ou municipal em prejuízo da Constituição. Finalmente, insta consignar que a expressão "governo local" refere-se às faces do Poder dos Estados-membros/Distrito Federal (Legislativo, Executivo e Judiciário) e dos Municípios (Legislativo e Executivo).

d) *Julgar válida lei local contestada em face de lei federal:* a EC n. 45/2004 inseriu na competência do STF, em sede de recurso extraordinário, uma hipótese de legalidade, anteriormente afeta ao STJ, no âmbito de recurso especial. Assim, é cabível recurso extraordinário quando a decisão recorrida, proferida em causa julgada em única ou última instância, *julgar válida lei local contestada em face de lei federal.*

A motivação de tal alteração consubstancia-se no fato de que, se julgada válida lei local contestada em face de lei federal, adentra-se conflito de constitucionalidade, já que a competência legislativa é delineada pela Lei Maior. Ressalte-se que a mudança não se estendeu ao ato de governo local contestado em face de lei federal, que continua previsto como hipótese de cabimento do recurso especial, na alínea *b* do inciso III do art. 105 da CF.

Cumpre salientar que as decisões passíveis de recurso extraordinário, tratadas no art. 102, III, da CF como *decisões de única ou última instância*, devem ser entendidas como aquelas emanadas do tribunal de segunda instância, em sede recursal ou originariamente, bem como aquelas prolatadas pelo juízo monocrático quando não haja previsão de recurso ordinário. Entendimento contrário se depreende do enunciado do art. 105, III, da CF, que trata do recurso especial, em que só se admitem as causas decididas pelos Tribunais Regionais Federais ou dos Estados, do Distrito Federal e Territórios.

O recurso extraordinário tem, portanto, *fundamentação vinculada*, devendo a matéria objeto de impugnação se adequar a uma das hipóteses previstas na Constituição[8].

2.2. Pressupostos

Em relação à matéria impugnada, dispõe a Súmula 280 do STF que *não cabe recurso extraordinário por ofensa a direito local*. Destarte, sempre que não houver uma questão federal a ser suscitada, ou seja, desde que as normas estaduais ou municipais não tenham a constitucionalidade questionada em confronto com a Constituição, ou, ainda, se não houver sido julgada válida lei local contestada em face de lei federal, não há falar em recurso extraordinário. No entanto, como o direito material e o processual penal são objeto de disciplina exclusiva da União (art. 22, I, da CF), em regra haverá matéria de natureza federal a ser levantada, salvo exceções, *v.g.*, a correição parcial, que é regulamentada por lei local.

O recurso extraordinário não serve para o reexame de questões de fato, mas sim para resolver questões de direito ("quaestione juris"). Assim, as provas apreciadas no recurso ordinário do qual se recorre não são novamente analisadas no recurso ao STF, pois em relação a este "transitam em julgado". Nesse sentido, a Súmula 279 do STF: "Para simples reexame de prova não cabe recurso extraordinário". Entretanto, não se olvide o reexame dos pontos referentes à disciplina legal da prova e da qualificação jurídica dos fatos quando dizem respeito à má interpretação da Lei Maior, portanto, questão de direito[9].

---

[7] E. Magalhães Noronha e Adalberto José Q. T. de Camargo Aranha, *Curso de direito processual penal*, 22. ed., p. 394.

[8] Ada Pellegrini Grinover, Antonio Magalhães Gomes Filho e Antonio Scarance Fernandes, *Recursos no processo penal*, 7. ed., p. 212.

[9] Ada Pellegrini Grinover, Antonio Magalhães Gomes Filho e Antonio Scarance Fernandes, *Recursos no processo penal*, 7. ed., p. 203.

Tanto as decisões definitivas quanto as interlocutórias[10] *podem ser impugnadas por recurso extraordinário*, desde que esgotados todos os recursos ordinários admitidos por lei. Não basta, portanto, que a decisão se tenha tornado irrecorrível: exige a Constituição que a parte tenha lançado mão de todos os meios recursais cabíveis para a impugnação do julgamento. *Só nascerá para a parte o interesse de agir quando previamente esgotados os meios de impugnação ordinários*, ocasião em que se poderá falar da necessidade e adequação do recurso extraordinário como ferramenta útil a reparar eventual lesão da norma constitucional. Veja-se o enunciado da Súmula 281 do STF: "É inadmissível o recurso extraordinário quando couber, na Justiça de origem, recurso ordinário da decisão impugnada". O esgotamento de todos os recursos cabíveis não se confunde com a perda da oportunidade de interpor o remédio voluntário adequado no prazo legal (preclusão).

Outrossim, no que se refere aos recursos de embargos infringentes e de nulidade interpostos contra decisões não unânimes do tribunal no julgamento da apelação, do recurso em sentido estrito ou do agravo em execução, deve ser observada a **Súmula 355 do STF**: "Em caso de embargos infringentes parciais, é tardio o recurso extraordinário interposto após o julgamento dos embargos, quanto à parte da decisão embargada que não fora por eles abrangida". Logo, é necessária a observância do prazo para interposição do recurso extraordinário em relação à matéria que não for objeto dos embargos, sob pena de preclusão.

As decisões proferidas pelas turmas julgadoras, nos processos dos Juizados Especiais Criminais, também podem ser impugnadas por meio de recurso extraordinário. Embora as turmas recursais dos Juizados não constituam tribunais propriamente ditos, é certo que o art. 102, III, da CF abre oportunidade para a interposição do recurso excepcional, conforme se depreende da Súmula 640 do STF: "É cabível recurso extraordinário contra decisão proferida por juiz de primeiro grau nas causas de alçada, ou por turma recursal de juizado especial cível e criminal". Por outro lado, tal não ocorre em sede de recurso especial, o qual somente é autorizado quando de decisões emanadas dos tribunais, de acordo com a análise do art. 105, III, da CF.

Com relação ao interesse de recorrer extraordinariamente, vale citar a Súmula 283 do STF: "É inadmissível o recurso extraordinário quando a decisão recorrida assenta em mais de um fundamento suficiente e o recurso não abrange todos eles". Todos os fundamentos da decisão recorrida contrários à Constituição devem ser atacados no recurso extraordinário, abrindo-se, dessa forma, oportunidade para alteração do julgado, ocasião em que o STF estará apto a conhecer da matéria e proferir novo julgamento. Consequentemente, não sendo rechaçados todos os fundamentos da decisão recorrida, inútil será o recurso ao STF, porquanto, podendo conhecer somente daquilo que foi protestado, ainda subsistirá alicerce a sustentar a decisão impugnada.

2.2.1. Prequestionamento

Para que a parte tenha acesso à via extraordinária é necessário que a questão de direito federal objeto do recurso tenha sido ventilada e apreciada pelo tribunal *a quo*[11]. Exige-se, portanto, um prequestionamento explícito da matéria. Consequentemente, *a matéria que servirá de fundamento para a interposição do recurso extraordinário deve ser tratada com anterioridade quando do recurso ordinário que impugnar a decisão da instância inferior*. No recurso ordinário é crucial a abordagem da ofensa à Constituição Federal, a fim de salvaguardar a possibilidade do recurso ao Excelso Pretório. Não basta que a parte recorra: deve também arguir a questão referente ao desrespeito à Constituição. Veja-se o enunciado da Súmula 356 do STF: "O ponto omisso da decisão, sobre o qual não foram opostos em-

[10] Nesse sentido: STF, RE 157.903/ES, Rel. Min. Moreira Alves, j. 16.5.2000.

[11] Nesse sentido: STF, AgRg no RE com Ag 1.271.070, Rel. Min. Dias Toffoli, j. 4.9.2000.

bargos declaratórios, não pode ser objeto de recurso extraordinário, por faltar o requisito do prequestionamento".

A correlação lógica entre o conteúdo da decisão recorrida e o fundamento do recurso se faz imperiosa para que possa ser admitido, pois a dissociação entre a matéria impugnada na instância inferior e a questionada por meio do recurso extraordinário impossibilita a compreensão da controvérsia. Nesse prisma, a Súmula 284 do STF: "É inadmissível o recurso extraordinário quando a deficiência na sua fundamentação não permitir a exata compreensão da controvérsia".

Há decisões, contudo, admitindo o chamado *prequestionamento implícito*. Verificam-se duas hipóteses em que não há necessidade do prequestionamento, principalmente em razão do conteúdo do acórdão recorrido, quando[12]:

a) o acórdão do tribunal inovar fundamento sem que o fato tenha ocorrido na sentença, a exemplo do julgamento *extra* ou *ultra petita*, restando ao recorrente se manifestar em sede do recurso excepcional[13]. Prevalece, no entanto, orientação jurisprudencial do Excelso Pretório no sentido de serem oponíveis embargos de declaração a fim de prequestionar a matéria, quando a ofensa à Constituição partiu do próprio acórdão do tribunal *a quo*[14];

b) interpostos embargos de declaração, o tribunal não se manifestar sobre o ponto omisso[15].

Não obstante, a parte, ao recorrer, deve estar atenta ao acórdão do tribunal *a quo*, sobretudo nos casos em que for omisso em relação a questão de natureza constitucional. Se isso ocorrer, *cumpre ao recorrente interpor embargos de declaração para que o tribunal se manifeste acerca do ponto omisso, sob pena de restar prejudicada a oportunidade para interposição do recurso extraordinário em razão da ausência do prequestionamento*.

Tal exigência tem por finalidade assegurar o respeito aos princípios do duplo grau de jurisdição e da ampla defesa. Em contrapartida, na linha daqueles que defendem a impugnação por recurso extraordinário somente das decisões dos tribunais, tem-se o entendimento de que a falta de saneamento da omissão corresponderia à hipótese de interposição do recurso excepcional da decisão de primeira instância, o que por si só seria inadmissível[16].

Sobre o tema, cumpre transcrever duas súmulas do STF:

Súmula 282: "É inadmissível o recurso extraordinário quando não ventilada, na decisão recorrida, a questão federal suscitada".

Súmula 356: "O ponto omisso da decisão, sobre o qual não foram opostos embargos declaratórios, não pode ser objeto de recurso extraordinário, por faltar o requisito do prequestionamento". Poderão, assim, os embargos de declaração ser utilizados para ensejar o prequestionamento, quando a decisão for omissa em relação à matéria suscitada.

2.2.2. Repercussão geral das questões constitucionais

O § 3º do art. 102 da CF, inserido pela EC n. 45/2004, estabeleceu novo pressuposto para que o recurso extraordinário possa ser conhecido, qual seja, a demonstração da repercussão geral das questões constitucionais discutidas no caso.

Diz o novo parágrafo: "No recurso extraordinário o recorrente deverá demonstrar a repercussão geral das questões constitucionais discutidas no caso, nos termos da lei, a fim de que o Tribunal

---

[12] Vicente Greco Filho, *Tutela constitucional das liberdades*, p. 385 e 390.

[13] Nesse sentido: STF, RE 11.385/SC, Rel. Min. Octavio Gallotti, j. 8.9.1987.

[14] Nesse sentido: STF, Agravo de Instrumento n. 422.549/RS, Rel. Min. Sepúlveda Pertence, j. 2.12.2012.

[15] Nesse sentido: STF, RE 210.638/SP, Rel. Min. Sepúlveda Pertence, j. 14.4.1998.

[16] Fernando da Costa Tourinho Filho, *Processo penal*, 31. ed., v. 4, p. 555.

examine a admissão do recurso, somente podendo recusá-lo pela manifestação de dois terços de seus membros".

A relevância das questões significa que a matéria debatida não pode restringir-se somente ao caso *sub judice*, mas sim a hipóteses futuras[17]. Estabeleceu-se, assim, critério constitucional de seleção das causas que serão apreciadas pela Corte Suprema, como forma de possibilitar que seus esforços estejam voltados àquelas que efetivamente ostentem maior importância para a coletividade.

A Lei n. 11.418, de 19 de dezembro de 2006, havia regulamentado o dispositivo constitucional que trata da repercussão geral das questões constitucionais mediante a inserção dos arts. 543-A a 543-H no CPC/73. Atualmente, a disciplina da repercussão geral encontra-se no art. 1.035 do CPC, com a redação dada pela Lei n. 13.256/2016, e nos arts. 322 a 329 do RISTF.

Por sua vez, emendas regimentais diversas cuidaram de regulamentar a regra do § 3º do art. 102 da CF no âmbito interno do STF, promovendo alterações em seu Regimento Interno[18].

Conquanto se trate de alteração legislativa levada a efeito na lei processual civil, é ela plenamente aplicável em matéria criminal, a partir da alteração regimental mencionada, conforme reconheceu, por unanimidade, o Plenário do Supremo Tribunal Federal, no julgamento da questão de ordem suscitada no Agravo de Instrumento n. 664.567-2/RS, interposto contra decisão que inadmitiu recurso extraordinário, em razão da ausência de preliminar formal acerca da repercussão geral das questões constitucionais[19].

Analisemos, pois, o procedimento de verificação do reconhecimento da repercussão geral das questões constitucionais, conforme dispõem os arts. 1.035 a 1.041 do CPC, bem como os arts. 322 a 329 do RISTF.

Com efeito, deverá o recorrente, em preliminar formal e fundamentada, demonstrar a existência da repercussão geral da questão constitucional, cabendo exclusivamente ao Supremo Tribunal Federal, em decisão irrecorrível, analisá-la.

Para que haja repercussão geral, mister se faz que a controvérsia não se limite aos interesses subjetivos da causa, mas seja relevante do ponto de vista econômico, político, social ou jurídico. Haverá sempre repercussão geral, por presunção legal, quando a decisão atacada pelo recurso extraordinário contrariar súmula ou jurisprudência dominante do Pretório Excelso ou reconhecer a inconstitucionalidade de tratado ou lei federal, respeitada a cláusula de reserva de plenário.

O Presidente do Supremo Tribunal Federal não conhecerá, de plano, os recursos extraordinários em que não tenha sido alteada formal e fundamentadamente a preliminar de repercussão geral das questões constitucionais, assim como aqueles cuja matéria tiver sido objeto de apreciação anterior pela Corte sem o reconhecimento da relevância necessária ao seguimento do recurso. Caso não o faça, poderá o relator sorteado exercer tal competência. A decisão que liminarmente não conhecer o recurso por falta da preliminar é impugnável por meio de agravo regimental.

Quando o recurso extraordinário preencher os demais pressupostos recursais, o relator, por meio eletrônico, submeterá aos demais ministros cópia de sua manifestação acerca da existência ou

---

[17] Ada Pellegrini Grinover, Antonio Magalhães Gomes Filho e Antonio Scarance Fernandes, *Recursos no processo penal*, 7. ed., p. 206.

[18] Emendas Regimentais n. 21/2007, 23/2008, 24/2008, 27/2008, 29/2009, 41/2010, 42/2010, 46/2011, 47/2012, 52/2019, 53/2020 e 54/2020.

[19] A questão de ordem foi decidida nos seguintes termos: "a) que é de exigir-se a demonstração da repercussão geral das questões constitucionais discutidas em qualquer recurso extraordinário, incluído o criminal; b) que a verificação da existência na petição do RE de preliminar formal e fundamentada de repercussão geral das questões constitucionais discutidas pode fazer-se tanto na origem quanto no Supremo Tribunal Federal, cabendo exclusivamente a este Tribunal, somente, a decisão sobre a efetiva existência da repercussão geral; c) que só se aplica a exigência da repercussão geral a partir do dia 3 de maio de 2007, data da publicação da Emenda Regimental n. 21, de 30 de abril de 2007...".

não da repercussão geral. Esse procedimento não será adotado nos casos de presunção de repercussão geral ou quando a questão veiculada no recurso já tiver sido reconhecida pelo Supremo Tribunal Federal. Poderá o relator, ainda, em prazo que fixar, admitir, de ofício ou a requerimento, manifestação de terceiros, por intermédio de procurador habilitado, acerca da repercussão geral.

Uma vez recebida a manifestação do relator, os demais ministros, por meio eletrônico e no prazo comum de 20 dias, a ele também encaminharão manifestação a respeito da repercussão geral. A existência da repercussão geral somente será analisada se reconhecida, por maioria absoluta, a presença de matéria constitucional. Não alcançado o *quorum* necessário para afastar a presença de matéria constitucional ou da repercussão geral, o julgamento será adiado para a sessão virtual seguinte.

A Emenda Regimental n. 54, de 1º de julho de 2020, ao acrescentar o § 1º ao art. 326 do RISTF, trouxe a possibilidade de declaração monocrática da ausência de repercussão geral, restringindo sua eficácia ao caso concreto. A inovação afasta-se, de certa maneira, do comando constitucional de que a ausência de repercussão geral seja reconhecida por órgão colegiado, com *quorum* qualificado. Entretanto, os §§ 3º e 4º, acrescidos ao dispositivo no mesmo contexto, parecem atender ao requisito constitucional, prevendo a possibilidade de recurso da decisão do relator e exigindo a concordância de dois terços dos ministros para a sua manutenção. O STF já afirmou a validade de seu Regimento em julgamento proferido em 8 de setembro de 2020[20].

Decidida a existência de repercussão geral, o relator, em não se tratando de processo informatizado, juntará aos autos cópias das manifestações e julgará o recurso ou pedirá dia para julgamento, após vista ao Procurador-Geral da República, se necessário.

O teor da decisão que versa sobre a existência da repercussão geral, que integrará a decisão monocrática ou o acórdão, constará das publicações dos julgamentos no *Diário Oficial*, especificando com clareza a matéria do recurso.

Como todas as decisões que tratem de repercussão geral das questões constitucionais devem ser amplamente divulgadas pela Presidência do Supremo Tribunal Federal, que formará, inclusive, banco eletrônico de dados sobre o tema, as decisões que reconheçam a inexistência de repercussão geral serão comunicadas pelo relator ao Presidente do Pretório Excelso.

Importante ressaltar que, caso a Turma julgadora, por no mínimo 4 votos, decida pela existência da repercussão geral, não será necessária a remessa do recurso ao Plenário. Para a não admissão do recurso extraordinário em virtude da ausência do pressuposto recursal em tela, por exigência constitucional contida no art. 102, § 3º, *in fine*, deve haver manifestação de dois terços dos 11 ministros.

Se a questão que versar o recurso puder reproduzir-se em inúmeros processos, a Presidência do Pretório Excelso ou o relator sorteado, de ofício ou a requerimento da parte interessada, comunicará os tribunais ou os Colégios Recursais dos Juizados Especiais Criminais, para que encaminhem ao Supremo um ou mais recursos que reflitam a controvérsia, sobrestando os demais até a decisão definitiva. O Supremo pode, ainda, requisitar informações, a serem prestadas no prazo de 5 dias. Negada a existência da repercussão geral, os recursos não serão admitidos automaticamente. Já se for julgado o mérito do recurso extraordinário, sendo, portanto, reconhecida a repercussão geral, os recursos cujo andamento fora sobrestado serão julgados.

3. LEGITIMIDADE

Estão legitimados a interpor recurso extraordinário o *Ministério Público*, o *querelante*, o *réu* e o *assistente de acusação*, desde que haja interesse na reforma da decisão.

---

[20] STF, AgRg em RE com Ag 1.273.640/DF, Rel. Min. Alexandre de Moraes, j. 8.9.2020.

Em relação ao Ministério Público estadual, é o Procurador-Geral de Justiça quem tem atribuição para interpor o recurso extraordinário, podendo delegar tal função a outro membro do *Parquet* que oficie perante a segunda instância. No Estado de São Paulo referida disposição está prevista no art. 27, III, 5, da Lei Orgânica do Ministério Público.

Quanto ao assistente, não poderá recorrer extraordinariamente de decisões concessivas de *habeas corpus*, razão pela qual também não poderá socorrer-se do mandado de segurança para se opor a eventual decisão denegatória do remédio constitucional. Será admitido o recurso extraordinário somente nos casos de impronúncia e de decisão que julgar extinta a punibilidade, assim como nos casos em que o Ministério Público não apelar da sentença.

As Súmulas 208 e 210 tratam dessas possibilidades:

Súmula 208: "O assistente do Ministério Público não pode recorrer, extraordinariamente, de decisão concessiva de *habeas corpus*".

Súmula 210: "O assistente do Ministério Público pode recorrer, inclusive extraordinariamente, na ação penal, nos casos dos arts. 548, § 1º, e 598 do Código de Processo Penal"[21].

4. PROCEDIMENTO

O recurso extraordinário será interposto no *prazo de 15 dias*, perante o presidente ou vice-presidente do tribunal recorrido (arts. 1.003, § 5º, e 1.029, *caput*, do CPC). O prazo será contado a partir da publicação do acórdão ou, no caso do Ministério Público, a partir da ciência pessoal do membro do *Parquet*. A petição conterá:

I – a exposição do fato e do direito;

II – a demonstração do cabimento do recurso interposto, bem como preliminar formal e fundamentada acerca da repercussão geral da questão constitucional;

III – as razões do pedido de reforma ou de invalidação da decisão recorrida.

É fundamental no ato de interposição que seja demonstrada de forma utilitária a hipótese autorizadora prevista no art. 102, III, da CF, pois se trata de recurso com fundamentação vinculada, bem como seja evidenciado o texto constitucional objeto da controvérsia. Cumpre ressaltar que, havendo questões de direito federal constitucional e infraconstitucional a serem tratadas no mesmo feito, deverão ser interpostos simultaneamente, em petições distintas, o recurso extraordinário e o especial. Trata-se de exceção ao princípio da unirrecorribilidade.

Segue-se a intimação do recorrido, abrindo-se-lhe vista também pelo *prazo de 15 dias para apresentar contrarrazões* (art. 1.030, *caput*, do CPC). Se, a uma, deve apresentar os motivos para a não admissibilidade do recurso interposto, a duas, precisa também explanar as razões de mérito para a manutenção do julgado impugnado, visto que é a única oportunidade para o recorrido se manifestar. Aqui, sendo interpostos os recursos extraordinário e especial concomitantemente, devem ser apresentadas as contrarrazões em petições individualizadas para cada qual. Outrossim, tratando-se de ação penal privada, pela lógica do sistema processual penal, deve ser dada vista ao Ministério Público pelo prazo de 15 dias para que se manifeste, assim como ao assistente de acusação, se este for presente na causa.

Findo esse prazo, serão os autos conclusos ao presidente ou ao vice-presidente do tribunal recorrido, que deverá, nos termos do art. 1.030 do CPC: "I – negar seguimento: a) a recurso extraordinário que discuta questão constitucional à qual o Supremo Tribunal Federal não tenha reconhecido

[21] Nesse sentido: STF, RE 969.454/RS, Rel. Min. Djaci Falcão, j. 18.6.1982 – *STF – Serviço de Jurisprudência*, ementário 1261-3, p. 1003-1010.

a existência de repercussão geral ou a recurso extraordinário interposto contra acórdão que esteja em conformidade com entendimento do Supremo Tribunal Federal exarado no regime de repercussão geral; b) a recurso extraordinário ou a recurso especial interposto contra acórdão que esteja em conformidade com entendimento do Supremo Tribunal Federal ou do Superior Tribunal de Justiça, respectivamente, exarado no regime de julgamento de recursos repetitivos; II – encaminhar o processo ao órgão julgador para realização do juízo de retratação, se o acórdão recorrido divergir do entendimento do Supremo Tribunal Federal ou do Superior Tribunal de Justiça exarado, conforme o caso, nos regimes de repercussão geral ou de recursos repetitivos; III – sobrestar o recurso que versar sobre controvérsia de caráter repetitivo ainda não decidida pelo Supremo Tribunal Federal ou pelo Superior Tribunal de Justiça, conforme se trate de matéria constitucional ou infraconstitucional; IV – selecionar o recurso como representativo de controvérsia constitucional ou infraconstitucional, nos termos do § 6º do art. 1.036; V – realizar o juízo de admissibilidade e, se positivo, remeter o feito ao Supremo Tribunal Federal ou ao Superior Tribunal de Justiça, desde que: a) o recurso ainda não tenha sido submetido ao regime de repercussão geral ou de julgamento de recursos repetitivos; b) o recurso tenha sido selecionado como representativo da controvérsia; ou c) o tribunal recorrido tenha refutado o juízo de retratação".

Da decisão proferida com fulcro nos incisos I e III do art. 1.030 caberá o agravo interno previsto no art. 1.021 (art. 1.030, § 2º, do CPC); já da decisão de inadmissibilidade calcada no inciso V do art. 1.030 caberá o agravo em recurso extraordinário previsto no art. 1.042 (art. 1.030, § 1º, do CPC).

Ainda, admitido o recurso pelo presidente ou vice-presidente do tribunal *a quo*, os autos serão remetidos ao Supremo Tribunal Federal. Sorteado o relator, este fará novo juízo de admissibilidade do recurso, que, se restar negativo, poderá ser atacado por agravo regimental (art. 317 do RISTF). Outrossim, admitido o recurso, haverá parecer do Procurador-Geral da República no prazo de 5 dias. Em regra, o recurso extraordinário será julgado por uma turma da Egrégia Corte, que fará novo juízo de admissibilidade (do qual não caberá recurso), composta por cinco ministros, salvo as hipóteses previstas no regimento interno do tribunal, quando couber ao plenário o seu julgamento.

Ao próprio STF caberá decidir acerca da questão de direito levada ao seu conhecimento, proferindo novo julgamento em lugar da decisão recorrida.

Segundo o art. 1.034, *caput*, do CPC, "admitido o recurso extraordinário ou o recurso especial, o Supremo Tribunal Federal ou o Superior Tribunal de Justiça julgará o processo, aplicando o direito". Veja-se, ainda, a Súmula 456 do STF: "O Supremo Tribunal Federal, conhecendo do recurso extraordinário, julgará a causa aplicando o direito à espécie". Aliás, conforme o art. 1.034, parágrafo único, do CPC, "admitido o recurso extraordinário ou o recurso especial por um fundamento, devolve-se ao tribunal superior o conhecimento dos demais fundamentos para a solução do capítulo impugnado".

Manejados concomitantemente recursos extraordinário e especial, os autos serão remetidos ao Superior Tribunal de Justiça (art. 1.031, *caput*, do CPC).

Caso o relator do recurso especial considere prejudicial o recurso extraordinário, em decisão irrecorrível, deverá sobrestar o julgamento e remeter os autos ao Supremo Tribunal Federal (art. 1.031, § 2º, do CPC). Nada obstante, se o relator do recurso extraordinário, em decisão irrecorrível, rejeitar a prejudicialidade, restituirá os autos ao Superior Tribunal de Justiça para o julgamento do recurso especial (art. 1.031, § 3º, do CPC).

Julgado o recurso especial, os autos serão remetidos ao Supremo Tribunal Federal para apreciação do recurso extraordinário, desde que este não esteja prejudicado (art. 1.031, § 1º, do CPC).

No caso de fungibilidade entre os recursos extraordinário e especial, há duas hipóteses:

a) caso o relator, no Superior Tribunal de Justiça, entenda que o recurso especial versa sobre questão constitucional, deverá conceder prazo de 15 dias para que o recorrente demonstre a existência de repercussão geral e se manifeste a respeito da questão constitucional (art. 1.032, *caput*, do CPC); em seguida, remeterá o recurso ao Supremo Tribunal Federal; neste, o relator, ao realizar o juízo de admissibilidade, se dissentir do quanto decidido no Superior Tribunal de Justiça, restituir-lhe-á o recurso (art. 1.032, parágrafo único, do CPC).

b) caso o relator, no Supremo Tribunal Federal, considere como reflexa a ofensa à Constituição afirmada no recurso extraordinário, por pressupor a revisão da interpretação de lei federal ou de tratado, deverá remetê-lo ao Superior Tribunal de Justiça para julgamento como recurso especial.

Outrossim, no tocante aos vícios formais, os tribunais superiores poderão desconsiderá-los de recursos tempestivos ou determinar que sejam corrigidos, desde que não os repute graves (art. 1.029, § 3º, do CPC).

Em relação aos Juizados Especiais Federais, instituídos pela Lei n. 10.259/2001, devem ser observados os dispositivos constantes no art. 321, § 5º, do RISTF.

A regularidade procedimental é imprescindível para o conhecimento do recurso. Logo, seja pela observância das hipóteses constitucionais de cabimento, seja pelos enunciados das súmulas do Excelso Pretório, não olvidando ainda os pressupostos recursais gerais e das disposições do regimento interno do tribunal, toda atenção é pouca, pois qualquer falha no procedimento pode ensejar a inadmissão do recurso.

4.1. Agravo

O recurso de agravo tem por finalidade precípua atacar a decisão do presidente do tribunal que não recebe recurso extraordinário ou recurso especial.

Na sistemática do CPC, a decisão de inadmissibilidade que se funde na sistemática de repercussão geral e recursos repetitivos é impugnada por meio do agravo interno do art. 1.021, enquanto aquela que faz referência aos pressupostos de admissibilidade recursal enseja o manejo do agravo previsto no art. 1.042. Da diferenciação desenhada no códex processual civil, exsurgem duas consequências a merecer atenção.

A primeira configura nova exceção ao princípio da unirrecorribilidade. Na medida em que, por vezes, a decisão do tribunal local, ao trancar a via recursal com fundamento no inciso I ou III do art. 1.030, acaba por adentrar no juízo de admissibilidade e ante o entendimento de que não são oponíveis embargos de declaração em face de decisão que nega trânsito a recurso excepcional[22], vem se consolidando o posicionamento de que devem ser opostos os dois agravos simultaneamente. Nesse sentido é o Enunciado 77 do Conselho da Justiça Federal: "Para impugnar decisão que obsta trânsito a recurso excepcional e que contenha simultaneamente fundamento relacionado à sistemática dos recursos repetitivos ou da repercussão geral (art. 1.030, I, do CPC) e fundamento relacionado à análise dos pressupostos de admissibilidade recursais (art. 1.030, V, do CPC), a parte sucumbente deve interpor, simultaneamente, agravo interno (art. 1.021 do CPC) caso queira impugnar a parte relativa aos recursos repetitivos ou repercussão geral e agravo em recurso especial/extraordinário (art. 1.042 do CPC) caso queira impugnar a parte relativa aos fundamentos de inadmissão por ausência dos pressupostos recursais".

A segunda é a ausência de previsão de recorribilidade da decisão que negar provimento ao agravo interno, negando, por conseguinte, o acesso aos Tribunais Superiores, que acabam por renunciar à competência para proferir os juízos de admissibilidade e de mérito dos recursos a eles endereçados.

[22] Nesse sentido: STF, EDcl no RE com Ag 691.046/RS, Rel. Min. Celso de Mello, j. 28.8.2012.

A partir da vigência do Código de Processo Civil de 2015, o prazo de interposição do agravo a ser interposto contra decisão do tribunal *a quo* que obsta a via recursal passou a ser de 15 dias, merecendo revisão a Súmula 699 do STF, a qual determina que *não se aplicará o disposto nas alterações da Lei n. 8.950/94 ao processo penal, firmando o prazo de 5 dias ao agravo em conformidade com os termos da Lei n. 8.038/90.*

A mencionada súmula destaca que as alterações do Código de Processo Civil carreadas pela Lei n. 8.950/94 não se aplicam ao agravo de instrumento do processo penal, corroborando o prazo de 5 dias para sua interposição. Todavia, o CPC/2015 redefiniu toda a sistemática recursal e revogou expressamente diversos dispositivos da Lei 8.038/90, inclusive o art. 28, que tratava do agravo destinado a destrancar o recurso extraordinário ou especial.

Assim, alterada a base normativa, ausente previsão específica no CPP e a teor do que autoriza o seu art. 3º, o prazo a ser observado na interposição dos instrumentos aqui tratados é aquele previsto na norma geral do § 3º do art. 1.003 do CPC/2015. Ressalta-se, contudo, que a normativa processual penal diverge no que toca à contagem do prazo, que deverá ser continua (art. 798 do CPP)[23].

O processamento do agravo interno observará as regras do regimento interno do tribunal. A pretensão será deduzida em petição dirigida ao presidente ou vice-presidente, dentro dos próprios autos, contendo impugnação restrita aos fundamentos da decisão atacada. Após oportunizada a manifestação da parte agravada, em sendo negativo o juízo de retratação, o feito será encaminhado para o órgão colegiado a quem competir o julgamento. Consoante já advertido anteriormente, do pronunciamento colegiado que confirma a decisão monocrática que obsta o seguimento do apelo, não há previsão de recurso. No âmbito do processo penal, essa ausência acaba por provocar certo desequilíbrio entre as partes, pois, na medida em que ao órgão acusatório é dificultado o acesso às instâncias superiores, a defesa pode valer-se do *habeas corpus*.

O agravo da decisão que julga inadmissível o recurso é objeto de seção própria no CPC e sua disciplina está no art. 1.042. É também dirigido ao presidente ou vice-presidente do tribunal local e interposto nos próprios autos.

Decorrido o prazo de 15 dias, com ou sem contrarrazões, após manifestação do presidente do tribunal *a quo*, a menos que este reforme sua decisão, o agravo será distribuído a um relator no STF. O agravante, na fundamentação do agravo, deve ater-se inicialmente ao esclarecimento do desacerto do juízo de admissibilidade do presidente do tribunal recorrido, esclarecendo a controvérsia impugnada, a fim de ser satisfatória a pretensão de que suba o recurso denegado. Nesse sentido, a **Súmula 287 do STF**: "Nega-se provimento ao agravo, quando a deficiência na sua fundamentação, ou na do recurso extraordinário, não permitir a exata compreensão da controvérsia".

Se o agravo for conhecido, o relator que proferiu a decisão desde logo o incluirá na pauta para julgamento, prezando pelo princípio da economia processual. Se não foi conhecido ou foi liminarmente indeferido, caberá agravo regimental no prazo de 5 dias, a ser dirigido para a Turma julgadora.

Como se vê, o agravo regimental manejado no âmbito interno dos Tribunais Superiores, quando versar sobre matéria penal ou processual penal, tem prazo de interposição diferenciado, porquanto se funda no art. 39 da Lei n. 8.038/90, que sobreviveu ao CPC/2015[24].

4.2. Embargos de divergência

Ao STF incumbe a missão de uniformizar a interpretação e a aplicação do direito em face da Constituição. A sua divisão em órgãos menores faz surgir, entretanto, dissídios internos na apreciação

[23] Nesse sentido: STF, AgRg no RE com Ag 139.916/SP, Rel. Min. Roberto Barroso, j. 20.12.2019.

[24] Nesse sentido: STF, AgRg na Rcl 30.714/PB, Rel. Min. Reynaldo Soares da Fonseca, j. 27.4.2016.

de casos similares. Daí a importância de instrumento que possibilite a padronização da jurisprudência, porquanto a incerteza que provém do entendimento plural do guardião da Lei Maior reflete em todas as esferas da Justiça. *Interessa à ordem jurídica hígida e justa, mais que alhures, a erradicação da incerteza quanto ao direito aplicável às lides*[25]. Assim, os embargos de divergência nascem com a função de defrontar teses que se estabeleceram entre os órgãos fracionários dos Tribunais Superiores.

Com a revogação expressa do art. 29 da Lei n. 8.038/90, os embargos de divergência em matéria penal passaram também a ser regulados pelo CPC, na disciplina dos arts. 1.043 e 1.044.

Por expressa disposição da lei processual, o procedimento a ser seguido é aquele previsto nos arts. 330 a 336 do RISTF.

Desse modo, *sempre que houver divergência de entendimento das Turmas julgadoras do STF no âmbito do recurso extraordinário, atinente à interpretação de norma federal constitucional, caberão os embargos no prazo de 15 dias, a serem julgados pelo Plenário do Tribunal Supremo*. O embargante deverá expressamente apontar a discrepância de posições adotadas pelas Turmas julgadoras, fazendo prova com demonstração dos acórdãos conflitantes, seja mediante certidão ou cópia autenticada dos julgados díspares, seja mediante indicação do repertório de jurisprudência autorizado ou mesmo indicação do número e da página do *Diário Oficial*.

5. EFEITOS

Será concedido o efeito devolutivo, limitando-se, assim, à questão constitucional que tenha ensejado a rediscussão do feito. Não se aplica, portanto, o princípio *jura novit curia*, uma vez que a devolução é restrita ao tema declinado no ato de interposição[26].

O recurso extraordinário segue, portanto, a regra geral do art. 995 do CPC, porquanto não há disposição em contrário. Se da imediata execução da decisão objurgada advier risco de dano grave ou de difícil reparação, é possível a suspensão de seus efeitos, por meio de decisão do relator ou do presidente ou vice-presidente do tribunal recorrido, quando demonstrada a probabilidade de provimento do recurso.

Ressalta-se, mais uma vez, a necessidade de prequestionamento da matéria impugnada para que o STF possa ter conhecimento do recurso, pois se trata de órgão revisor. Contudo, tal entendimento deve ser mitigado em relação à matéria criminal, pois o Excelso Pretório está habilitado a reconhecer causa de extinção de punibilidade, nos termos do art. 66 do CPP, assim como, existindo constrangimento ilegal, pode conceder *habeas corpus* de ofício[27], consoante dispõe o art. 654, § 2º, também do CPP[28].

O recurso extraordinário, portanto, não terá efeito suspensivo, não impedindo a expedição de mandado de prisão[29]. Tal se depreende também da redação do art. 637 do CPP: "O recurso extraordinário não tem efeito suspensivo, e uma vez arrazoados pelo recorrido os autos do traslado, os originais baixarão à primeira instância, para a execução da sentença". Todavia, sem embargo da inexistência do efeito suspensivo, a Corte Suprema flexibilizou a norma para viabilizar a liberdade mediante prestação de fiança[30].

---

[25] Araken de Assis, *Manual dos recursos*, 9. ed., p. 989.

[26] Nesse sentido: STF, AgRg nos EDcl em RE 1.239.549/SP, Rel. Min. Celso de Mello, j. 3.10.2020.

[27] STF, RE 228.685/ES, Rel. Min. Marco Aurélio, j. 13.2.2001.

[28] Ada Pellegrini Grinover, Antonio Magalhães Gomes Filho e Antonio Scarance Fernandes, *Recursos no processo penal*, 7. ed., p. 302.

[29] Nesse sentido: STF, RHC 81.745/SC, Rel. Min. Carlos Velloso, j. 19.3.2002.

[30] Nesse sentido: STF, HC 72.169/RJ, Rel. Min. Sepúlveda Pertence, j. 21.2.1995.

Uma vez mais rechaçando o entendimento firmado na jurisprudência, o Supremo Tribunal Federal, em decisão do Pleno, inclinou-se no sentido da impossibilidade de execução provisória da pena pelo simples esgotamento das vias ordinárias recursais[31].

Para tanto, sustentou-se que, não havendo o trânsito em julgado da sentença, a prisão deverá ser decretada a título cautelar, desde que presentes os requisitos do art. 312 do CPP. Isto porque qualquer modalidade de execução provisória de pena ofende diametralmente o princípio constitucional da presunção de inocência.

Desde então, a Suprema Corte brasileira revisitou o tema por mais de uma vez, revendo seu posicionamento para posteriormente retomá-lo, como veremos adiante.

5.1. Execução da pena antes da condenação definitiva com trânsito em julgado

Não dotados os recursos especial e extraordinário de efeito suspensivo (art. 637 do CPP), a jurisprudência majoritária sempre se posicionou no sentido da viabilidade de execução da pena depois de exercido o duplo grau de jurisdição, com a prolação de acórdão condenatório ou confirmatório de condenação em segundo grau.

Esse entendimento sofreu alteração a partir do julgamento do *Habeas Corpus* n. 84.078/MG pelo Pleno do Supremo Tribunal Federal. A Corte, em julgamento concluído em 5 de fevereiro de 2009, por 7 votos a 4, decidiu que a execução da pena, antes da condenação definitiva, salvo na hipótese de prisão cautelar, viola o princípio da presunção de inocência (art. 5º, LVII, da CF).

Nessa decisão, os doutos Ministros argumentaram que a Lei de Execução Penal (arts. 105, 147 e 164) subordina a execução da pena ao trânsito em julgado da condenação, sendo que a Constituição Federal (art. 5º, LVII) estabelece que "ninguém será considerado culpado até o trânsito em julgado de sentença penal condenatória"; logo, os preceitos da Lei de Execução Penal, adequados à Lei Maior, sobrepõem-se, temporal e materialmente, ao que dispõe o art. 637 do CPP.

Afirmaram ainda que a prisão, antes da condenação definitiva, só pode ser decretada cautelarmente, que a ampla defesa abrange todas as fases processuais, inclusive as recursais extraordinárias, e que a conveniência dos magistrados, a melhor operacionalidade das Cortes Superiores e o temor de que "ninguém mais será preso" não constituem fundamentos para que sejam malferidas garantias constitucionais.

Anota-se que esse posicionamento foi reforçado pela nova redação do art. 283, *caput*, do CPP, dada pela Lei n. 12.403/2011: "Ninguém poderá ser preso senão em flagrante delito ou por ordem escrita e fundamentada da autoridade judiciária competente, em decorrência de sentença condenatória transitada em julgado ou, no curso da investigação ou do processo, em virtude de prisão temporária ou prisão preventiva".

Todavia, no julgamento do *Habeas Corpus* n. 126.292/SP, em 17 de fevereiro de 2016, o Pleno do Pretório Excelso, também por 7 votos a 4, modificou esse posicionamento, tornando a reconhecer que não compromete o princípio da presunção de inocência a execução de acórdão condenatório ou confirmatório da condenação, ainda que sujeito a recurso especial ou extraordinário.

Nesse sentido, afirmou a Egrégia Corte que no âmbito das instâncias ordinárias exaure-se a possibilidade de análise de fatos e provas, pelo que, tendo havido, em segundo grau, um juízo de incriminação do réu, fundado em matéria fática probatória não sujeita a reexame pela instância extraordinária – no bojo da qual se discutem apenas questões de direito –, justificável a relativização e até mesmo a inversão, no caso concreto, do princípio da presunção de inocência que vinha sendo obser-

[31] STF, HC 84.078/MG, Rel. Min. Eros Grau, j. 5.2.2009.

vado. Seria coerente, portanto, negar efeito suspensivo aos recursos extraordinários, nos termos do art. 637 do CPP e do art. 27, § 2º, da Lei n. 8.038/90, hoje revogado pelo CPC/2015.

Afirmaram ainda que a Lei Complementar n. 135/2010 ("Lei da Ficha Limpa") consagra, em seu art. 1º, I, como causa de inelegibilidade, a existência de sentença condenatória por crimes que relaciona quando proferida por órgão colegiado e que em nenhum país do mundo, exercido o duplo grau de jurisdição, aguarda-se referendo da respectiva Corte Suprema para que se realize a execução penal.

Outrossim, entenderam os julgadores que a jurisprudência que obstava a execução da pena antes do trânsito em julgado incentivava a sucessiva interposição dos mais variados recursos, com manifesto propósito protelatório, buscando, por vezes, a prescrição da pretensão punitiva ou executória.

Já no tocante a injustiças e excessos porventura verificados nas instâncias ordinárias, entendeu-se que há instrumentos que podem ser manejados para obtenção da suspensão da execução provisória da pena, harmonizando-se, enfim, o princípio da presunção de inocência com o princípio da efetividade da função jurisdicional.

Esse entendimento foi consolidado com o julgamento das Ações Declaratórias de Constitucionalidade (ADCs) n. 43 e 44, propostas pelo Partido Nacional Ecológico (PEN) e o Conselho Federal da Ordem dos Advogados do Brasil (OAB), que buscavam a concessão da medida cautelar para suspender a execução antecipada da pena de todos os acórdãos prolatados em segunda instância, sob a alegação de que o julgamento do *Habeas Corpus* n. 126.292 estava gerando grande controvérsia jurisprudencial acerca do princípio constitucional da presunção de inocência, porque, mesmo sem força vinculante, tribunais de todo o país "passaram a adotar idêntico posicionamento, produzindo uma série de decisões que, deliberadamente, ignoram o disposto no artigo 283 do CPP".

Em julgamento realizado em 5 de outubro de 2016, por maioria de votos (7 a 4), o Plenário do STF consolidou o entendimento de que o art. 283 do CPP não impede o início da execução da pena após condenação em segunda instância e indeferiu liminares pleiteadas nas ADCs 43 e 44.

Segundo a maioria da Suprema Corte, o início da execução criminal é coerente com a Constituição Federal quando houver condenação confirmada em segundo grau, salvo quando for conferido efeito suspensivo a eventual recurso a Cortes Superiores, uma vez que a Constituição não tem a finalidade de outorgar uma terceira ou quarta chance para a revisão de uma decisão com a qual o réu não se conforma e considera injusta. Argumentou-se que a presunção de inocência é princípio, e não regra, e pode, nessa condição, ser ponderada com outros princípios e valores, como a efetividade do sistema penal, instrumento que protege a vida, a integridade das pessoas, seu patrimônio etc., afinal, havendo apreciação de provas e duas condenações, a prisão do condenado não tem aparência de arbítrio. Se, de um lado, há a presunção de inocência, do outro há a necessidade de preservação do sistema e de sua confiabilidade, que é a base das instituições democráticas. E, caso se constate abuso na decisão condenatória, os tribunais dispõem de meios para sustar a execução antecipada, e a defesa dispõe de instrumentos como o *habeas corpus* e o recurso extraordinário com pedido de efeito suspensivo.

Em contrapartida, a minoria dos votos defendeu a incompatibilidade da execução provisória da pena com o direito fundamental do réu de ser presumido inocente, haja vista que esse princípio foi uma conquista histórica dos cidadãos na luta contra a opressão do Estado e tem prevalecido ao longo da história nas sociedades civilizadas como valor fundamental e exigência básica de respeito à dignidade da pessoa humana. Ainda, discutiu-se que a instituição do requisito de repercussão geral dificultou a admissão do recurso extraordinário em matéria penal, que tende a tratar de tema de natureza individual e não de natureza geral – ao contrário do recurso especial, que abrange situações mais comuns de conflito de entendimento entre tribunais.

Contudo, ao proferir o julgamento de mérito das referidas ADCs, em conjunto também com a ADC 54, ajuizada pelo Partido Comunista do Brasil, o Supremo, por 6 votos a 5, assentou a constitucionalidade do art. 283 do CPP, em acórdãos assim ementados: "PENA – EXECUÇÃO PROVISÓRIA – IMPOSSIBILIDADE – PRINCÍPIO DA NÃO CULPABILIDADE. Surge constitucional o artigo 283 do Código de Processo Penal, a condicionar o início do cumprimento da pena ao trânsito em julgado da sentença penal condenatória, considerado o alcance da garantia versada no artigo 5º, inciso LVII, da Constituição Federal, no que direciona a apurar para, selada a culpa em virtude de título precluso na via da recorribilidade, prender, em execução da sanção, a qual não admite forma provisória".

É de referir que a prisão antes de esgotadas todas as vias recursais ainda é possível desde que decretada, em decisão individualizada, com fundamento no art. 312 do CPP, não podendo ter como finalidade a antecipação de cumprimento de pena (§ 2º do art. 312, na redação dada pela Lei n. 13.964/2019).

Verifica-se tendência de tratamento diferenciado daquela Corte no que toca às decisões proferidas por Conselho de Sentença, pois, em julgamento de recurso afetado como *leading case* do tema (RE 1.235.340/SC), já se alcançou maioria no sentido de que a soberania do Tribunal do Júri autoriza a imediata execução da pena imposta, ao menos quando fixada acima de 15 anos.

6. SÍNTESE

Recurso extraordinário

É o interposto contra decisão proferida em última ou única instância, dirigido ao Supremo Tribunal Federal, objetivando garantir a autoridade e supremacia das normas constitucionais em nosso ordenamento jurídico. Com efeito, tem por finalidade salvaguardar os mandamentos constitucionais, primando pela unidade da Constituição Federal no território nacional.

Hipóteses de cabimento

Por força do art. 102, III, da CF, caberá recurso extraordinário da decisão proferida em única ou última instância que:

a) contrariar dispositivo da Constituição;

b) declarar a inconstitucionalidade de tratado ou lei federal;

c) julgar válida lei ou ato de governo local contestado em face da Constituição;

d) julgar válida lei local contestada em face de lei federal.

Ressalte-se que este recurso não serve para o reexame de questões de fato, mas sim para resolver questões de direito.

Prequestionamento

Para que a parte tenha acesso à via extraordinária, é necessário que a questão de direito federal objeto do recurso tenha sido ventilada e apreciada pelo tribunal *a quo*. Exige-se, portanto, um prequestionamento explícito da matéria. Consequentemente, a matéria que servirá de fundamento para a interposição do recurso extraordinário deve ser tratada com anterioridade com relação ao recurso ordinário que impugnar a decisão da instância inferior.

Repercussão geral nas questões constitucionais

O § 3º do art. 102 da CF estabelece que, para que o recurso extraordinário possa ser conhecido, deve haver demonstração da repercussão geral das questões constitucionais discutidas no caso.

Assim, deverá o recorrente, em preliminar formal e fundamentada, demonstrar a existência da repercussão geral da questão constitucional, cabendo exclusivamente ao Supremo Tribunal Federal, em decisão irrecorrível, analisá-la.

Para que haja repercussão geral, mister se faz que a controvérsia não se limite aos interesses subjetivos da causa, mas sim seja relevante do ponto de vista econômico, político, social ou jurídico. Com efeito, diz o § 1º do art. 1.035 do CPC: "Para efeito de repercussão geral, será considerada a existência ou não de questões relevantes do ponto de vista econômico, político, social ou jurídico que ultrapassem os interesses subjetivos do processo".

Haverá sempre repercussão geral, conforme o disposto nos incisos I e III do § 3º do art. 1.035 do CPC, quando a decisão atacada pelo recurso extraordinário: contrariar súmula ou jurisprudência dominante do Pretório Excelso; ou reconhecer a inconstitucionalidade de tratado ou lei federal, nos termos do art. 97 da CF.

Quanto a essa última hipótese, pertinaz a lição de Gustavo Henrique Badaró: "Um acórdão do tribunal que julgue um caso concreto nunca reconhecerá a inconstitucionalidade de lei federal. Referida declaração de inconstitucionalidade, por Tribunal de Justiça ou Tribunal Regional Federal, em razão da cláusula de reserva de plenário do art. 97 da Constituição, exige o 'voto da maioria absoluta dos membros' do Tribunal, ou dos 'membros do órgão especial', onde houver. Para tanto, haverá um incidente de inconstitucionalidade, no qual somente essa questão será afetada ao pleno ou ao órgão especial, que decidirá exclusivamente sobre a constitucionalidade ou inconstitucionalidade da lei federal, devolvendo, na sequência, para a Câmara ou Turma, o julgamento do recurso, respeitando o que se decidiu em tal incidente. Em suma, tratando-se de recurso extraordinário contra acórdão em que fora previamente suscitada e admitida, em controle difuso, a questão da inconstitucionalidade de norma federal, e houve incidente de inconstitucionalidade, declarando-se a incompatibilidade da norma com a Constituição e, em seguida, concluindo-se o julgamento do recurso (por exemplo: apelação, recurso em sentido estrito ou embargos infringentes) pelo órgão fracionário originário, o inc. III do § 3º do art. 1.035 do CPC/2015 reconhece que há repercussão geral"[32].

Legitimidade

Estão legitimados a interpor recurso extraordinário o Ministério Público, o querelante, o réu e o assistente de acusação, desde que haja interesse na reforma da decisão.

Agravo

Tem por finalidade precípua atacar a decisão do presidente do tribunal que não recebe recurso extraordinário ou recurso especial.

Embargos de divergência

Sempre que houver divergência de entendimento das Turmas julgadoras do STF no âmbito do recurso extraordinário, atinente à interpretação da norma federal constitucional, caberão os embargos no prazo de 15 dias, a serem julgados no Plenário do Tribunal Supremo.

Efeitos

O recurso extraordinário segue a regra geral do art. 995 do CPC, possuindo apenas efeito devolutivo. Se da imediata execução da decisão objurgada advier risco de dano grave ou de difícil reparação, é possível a suspensão de seus efeitos, por meio de decisão do relator ou do presidente ou vice-presidente do tribunal recorrido, quando demonstrada a probabilidade de provimento do recurso.

[32] Gustavo Henrique Badaró, *Manual dos recursos penais*, p. 357-358.

Capítulo XXXIX
RECURSO ESPECIAL

1. NOÇÕES GERAIS

O recurso especial apresenta natureza jurídica de instituto de direito processual constitucional. Assim como o extraordinário, é um recurso excepcional de hipótese de cabimento restrita, apresentando ambos as mesmas peculiaridades, com singelas distinções, razão pela qual muito do que foi dito em relação ao recurso extraordinário aproveitará ao especial. Para que se tenha um entendimento completo da matéria, é aconselhável fazer o estudo do presente capítulo conjugado com o referente ao recurso extraordinário.

O recurso em estudo tem por finalidade permitir ao STJ apreciar questão federal infraconstitucional, harmonizando a interpretação da legislação federal. É admissível nas hipóteses de decisão proferida em única ou última instância pelos Tribunais Regionais Federais ou pelos tribunais dos Estados, do Distrito Federal e Territórios.

O recurso especial foi inserido no ordenamento jurídico com o advento da Constituição Federal de 1988, oportunidade em que se deu a criação do Superior Tribunal de Justiça, tendo por finalidade o trato de questões de natureza federal infraconstitucional (leis federais ou tratados), que antes da atual Constituição eram de incumbência do Supremo Tribunal Federal. Atualmente, portanto, restou à Corte Suprema a tutela das questões de natureza federal constitucional, enquanto ao STJ restaram as matérias atinentes à interpretação ou aplicação da legislação federal.

2. CABIMENTO

Assim como o recurso extraordinário, o especial é de cabimento restrito, devendo reunir os pressupostos recursais gerais e especiais para que possa ser admitido. No que tange aos requisitos específicos, estes serão condizentes com as disposições constitucionais (pressupostos legais), os enunciados das súmulas firmadas pelo STJ (pressupostos jurisprudenciais), bem como o consignado pelo Regimento Interno do Tribunal Superior (arts. 255 a 257).

Caberá recurso especial, nos termos do disposto no art. 105, III, da CF, quando a decisão recorrida:

a) *contrariar tratado ou lei federal, ou negar-lhes vigência:* neste tópico, podem ser divididas em duas as oportunidades para o cabimento do recurso. Primeiro a decorrente da *contrariedade*: constitui o desrespeito a preceito da lei federal ou do tratado internacional, negando sua vontade; ou melhor, representa o antagonismo entre a decisão recorrida e o espírito na norma federal editada pela União ou do tratado internacional que ingressou na ordem jurídica pátria, pois a decisão está em desacordo com a letra destes. Em segundo tem-se expressão *negar vigência*: embora possa ser considerada uma espécie de contrariedade, quando se nega vigência à lei federal ou ao tratado, recusa-se a aplicação destes ao caso concreto, por considerá-los revogados ou em razão da própria discricionariedade do órgão judicante.

Vale ressaltar que, a bem da verdade, a contrariedade à lei federal nada mais é do que contrariar o entendimento que o STJ firmou sobre a matéria, razão pela qual não há falar em contrariedade à lei federal ou tratado se a decisão combatida estiver de acordo com súmula daquela Corte.

Alguns autores têm afirmado que, no tocante aos tratados internacionais de direitos humanos, o recurso cabível será o extraordinário ao STF, haja vista que, quando devidamente aprovado, goza de *status* de emenda constitucional;

b) *julgar válido ato de governo local contestado em face de lei federal:* a alínea em foco teve sua redação alterada pela EC n. 45/2004, que transferiu ao STF a competência, em sede de recurso extraordinário, para apreciar e julgar decisão que considere válida lei local contestada em face de lei federal, conforme estudado no capítulo anterior (item 2.1, *d*). Assim, a hipótese vertente trata de decisão proferida em única ou última instância pelos Tribunais Regionais Federais ou Tribunais dos Estados, do Distrito Federal e Territórios que julgar válido ato de governo local contestado em face de lei federal. Vale aqui a mesma observação feita quanto à expressão "governo local", que deve abranger as faces do Poder dos Estados-membros (Legislativo, Executivo e Judiciário), Distrito Federal (Legislativo, Executivo e Judiciário) e Municípios (Legislativo e Executivo), em suas naturezas eminentemente executivas;

c) *der a lei federal interpretação divergente da que lhe haja atribuído outro tribunal:* a interpretação das leis federais pelos tribunais do País deve guardar unidade, sobretudo observada a dimensão do território nacional com traços culturais distintos em suas diversas regiões. Dessa conjectura, é facultado à parte prejudicada demonstrar à Corte Superior a decisão prolatada por outro tribunal, que diante de uma situação semelhante à sua interpretou a lei federal de forma diversa, exegese esta mais favorável ao seu feito. Assim, diante dos diversos posicionamentos dos Tribunais Estaduais ou Regionais perante ocorrências com grandes similitudes, é viável o recurso especial para que o STJ norteie a correta interpretação a ser seguida pelos tribunais *a quo*, de forma a uniformizar o entendimento da legislação federal e aplicar o direito de forma equânime.

Conforme o § 1º do art. 1.029 do CPC, quando o recurso se fundar em dissídio entre a interpretação da lei federal adotada pelo julgado recorrido e a interpretação dada por outro tribunal, o recorrente provará a divergência mediante certidão, cópia ou citação do repositório de jurisprudência, oficial ou credenciado, inclusive em mídia eletrônica, em que houver sido publicado o acórdão divergente, ou ainda com a reprodução de julgado disponível na rede mundial de computadores, com indicação da respectiva fonte, indicando os pontos em que se assemelham os casos confrontados.

O § 3º do art. 255 do RISTJ estabelece quais são os repertórios oficiais de jurisprudência.

Deve, portanto, a divergência jurisprudencial ser comprovada e demonstrada analiticamente pelo recorrente[1], sob pena de inadmissibilidade do recurso, não bastando a simples transcrição das ementas[2]. A parte recorrente deve realizar uma análise criteriosa no acórdão recorrido e no acórdão invocado, apontando as semelhanças e os pontos discrepantes entre as decisões conflitantes (art. 255 do RISTJ)[3]. *A divergência de julgados do mesmo tribunal não enseja recurso especial* (**Súmula 13 do STJ**). Dispõe, ainda, a **Súmula 83 do STJ** "que não se conhece do recurso especial pela divergência, quando a orientação do tribunal se firmou no mesmo sentido da decisão recorrida".

Diferentemente do que ocorre no recurso extraordinário, em relação ao recurso especial somente são impugnáveis as decisões proferidas em única ou última instância pelos Tribunais Regionais Federais ou pelos Tribunais dos Estados, do Distrito Federal e Territórios, "excluindo-se, inclusive, as decisões dos Tribunais da Justiça Especializada (Eleitoral, Militar e do Trabalho)"[4]. Consequentemen-

---

[1] Nesse sentido: STJ, AgRg no REsp 1.935.671/RS, Rel. Min. Messod Azulay Neto, j. 27.6.2023.

[2] Nesse sentido: STG, AgRg no Ag em REsp 2.096.679/SC, Rel. Min. Joel Ilan Paciornik, j. 6.3.2023.

[3] Nesse sentido: STJ, AgRg no Ag em REsp 1.595.916/ES, Rel. Min. Ribeiro Dantas, j. 5.12.2019.

[4] Julio Fabbrini Mirabete, *Processo penal*, 18. ed., p. 723.

te, as decisões emanadas de juízos monocráticos sem previsão de recurso ordinário e as decisões das turmas recursais no âmbito dos Juizados Especiais serão irrecorríveis pela via do recurso especial. Assim, de acordo com a Súmula 203 do STJ, "não cabe recurso especial contra decisão proferida por órgão de segundo grau dos Juizados Especiais"[5].

Como no recurso extraordinário, exige-se que a parte tenha esgotado as vias ordinárias de impugnação para interpor recurso especial. Nesse sentido, a **Súmula 207 do STJ**: "É inadmissível recurso especial quando cabíveis embargos infringentes contra o acórdão proferido no tribunal de origem".

De acordo com a **Súmula 7 do STJ**: "A pretensão de simples reexame de prova não enseja recurso especial". O recurso deve versar sobre questão de direito e não de fato[6]. O STJ não é órgão reavaliador de prova, pautando-se na análise do direito aplicado à decisão recorrida, tendo como paradigma os mandamentos da legislação federal infraconstitucional. O recurso especial, portanto, não se presta a corrigir eventuais injustiças da decisão impugnada, cabendo-lhe apenas a verificação da legalidade. Por outro lado, o erro sobre critérios de apreciação da prova ou errada aplicação de regras de experiência são matérias de direito, e, portanto, não excluem a possibilidade de recurso especial.

Não é admitido recurso especial quando o acórdão recorrido assenta em fundamento constitucional e infraconstitucional, qualquer deles suficiente, por si só, para mantê-lo, e a parte vencida não manifesta recurso extraordinário[7]. A admissibilidade do recurso especial, consoante dispõe a súmula enunciada, depende da completa impugnação dos fundamentos que por si sós façam subsistir a decisão guerreada, inclusive demandando o recurso extraordinário a fim de questionar as matérias de natureza constitucional suficientes à manutenção do julgado. Contudo, cumpre esclarecer que o recurso especial não se presta para a impugnação de questões de índole constitucional[8].

Para a admissão do recurso especial exige-se também o *requisito do prequestionamento, aplicando-se* as **Súmulas 282 e 356 do STF**. A matéria de natureza infraconstitucional objeto de fundamento do recurso especial deve ter sido abordada na decisão recorrida, pois o STJ é órgão que se presta à revisão das decisões do tribunal *a quo*. Por se tratar de recurso excepcional tendente ao reexame de questões de direito, não cabe o conhecimento do recurso se a matéria não foi apreciada no tribunal inferior[9]. Há orientações admitindo o prequestionamento implícito nos casos em que o tribunal de origem combate as questões jurídicas referentes à norma infraconstitucional violada, conquanto deixe de fazer menção expressa ao dispositivo legal[10].

Se o tribunal *a quo* foi omisso em relação a matéria infraconstitucional invocada no recurso ordinário, devem ser opostos embargos de declaração a fim de suprir o prequestionamento. Não basta opor embargos de declaração para prover o mencionado requisito; deve o tribunal recorrido emitir juízo acerca da questão federal. Nessa esteira, a Súmula 211 do STJ: "Inadmissível recurso especial quanto à questão que, a despeito da oposição de embargos declaratórios, não foi apreciada no tribunal *a quo*"[11].

[5] Nesse sentido: STJ, Agravo Interno no Ag em REsp 2.242.281/SC, Rel. Min. Benedito Gonçalves, j. 26.6.2023.

[6] Nesse sentido: STJ, AgRg no Ag em REsp 2.323.758/SC, Rel. Min. Ribeiro Dantas, j. 20.6.2023.

[7] Súmula 126 do STJ.

[8] STJ, Agravo Interno no REsp 2.019.998/SP, Rel. Min. Regina Helena Costa, j. 26.6.2023.

[9] Nesse sentido: STJ, AgRg em REsp 2.274.677/RJ, Rel. Des. Jesuíno Rissato, j. 27.6.2023.

[10] Nesse sentido: STJ, AgRg no Ag em REsp 21.123.235/RJ, Rel. Min. Reynaldo Soares da Fonseca, j. 16.8.2022.

[11] Nesse sentido: STJ, AgRg no Ag em REsp 2.137.846/SP, Rel. Min. Joel Ilan Paciornik, j. 7.3.2023.

3. LEGITIMIDADE

Têm legitimidade para interpor recurso especial aqueles que podem recorrer extraordinariamente.

Em relação ao defensor constituído, foi editada a Súmula 115 do STJ: "Na instância especial é inexistente recurso interposto por advogado sem procuração nos autos".

4. PROCEDIMENTO

O Código de Processo Civil de 2015 unificou a disciplina dos recursos extraordinário e especial, traçando o procedimento a ser adotado nos arts. 1.029 e seguintes. Portanto, segue o mesmo rito traçado para o recurso extraordinário, sendo aplicáveis as mesmas disposições, inclusive a atinente ao agravo de instrumento e aos embargos de divergência, este com previsão no art. 266 do RISTJ.

Aportando o recurso ao Superior Tribunal de Justiça, após pronunciamento do Ministério Público, quando pertinente, o relator poderá: I – não conhecê-lo se inadmissível, prejudicado ou não tiver impugnado especificamente os fundamentos da decisão recorrida; II – negar-lhe provimento quando contrário a tese fixada no sistema de recurso repetitivo ou de repercussão geral, a entendimento firmado em assunção de competência ou a entendimento consolidados dos tribunais superiores; ou dar-lhe provimento, após vista ao recorrido, se estiver em consonância com a jurisprudência firme do STF e STJ (RISTJ, art. 255).

Da decisão proferida pelo relator caberá o *agravo regimental em matéria penal* de que trata o art. 258 do RISTJ, a ser interposto no prazo de 5 dias.

Identificando-se pluralidade significativa de recursos especiais que versem sobre uma mesma questão, é possível a afetação de dois ou mais deles para julgamento no sistema de recursos repetitivos a fim de estabelecer tese a ser aplicada aos demais recursos que a eles se assemelhem. Nessa hipótese, o rito a ser seguido é aquele disposto nos arts. 1.036 a 1.042 do CPC e arts. 257 a 257-E do RISTJ.

Vale reafirmar que, se o presidente do tribunal *a quo* não receber qualquer um ou ambos os recursos extraordinário e especial, cabível contra a decisão agravo, um ou dois, dependendo do não recebimento de um ou de ambos os recursos, respectivamente.

5. EFEITOS

O recurso especial, tal qual o extraordinário, possui apenas efeito devolutivo, a teor do disposto no art. 995 do CPC e do art. 255 do RISTJ, cabendo aqui todas as ressalvas realizadas quando do estudo dos efeitos do recurso extraordinário.

6. SÍNTESE

Recurso especial

Apresenta natureza jurídica de instituto de direito processual constitucional. Assim como o extraordinário, é um recurso excepcional de hipótese de cabimento restrita, apresentando ambos as mesmas peculiaridades com singelas distinções.

O recurso especial tem por finalidade permitir ao STJ apreciar questão federal infraconstitucional, harmonizando a interpretação da legislação federal. É admissível nas hipóteses de decisão proferida em única ou última instância pelos Tribunais Regionais Federais ou pelos tribunais dos Estados, do Distrito Federal e Territórios.

Cabimento

Caberá, nos termos do disposto no art. 105, III, da CF, quando a decisão recorrida:

a) contrariar tratado ou lei federal, ou negar-lhes vigência;

b) julgar válido ato de governo local contestado em face de lei federal;

c) der a lei federal interpretação divergente da que lhe haja atribuído outro tribunal.

Legitimidade

Têm legitimidade para interpô-lo aqueles que podem recorrer extraordinariamente.

É possível a interposição de recurso especial e extraordinário de forma simultânea, cada um tratando de suas questões. Assim sendo, interpostos ambos os recursos perante o presidente do tribunal *a quo*, em petições distintas, caberá ao Superior Tribunal de Justiça conhecer do recurso especial, julgando a questão infraconstitucional. Em seguida, os autos serão remetidos ao Supremo Tribunal Federal para o julgamento do recurso extraordinário, se este não estiver prejudicado.

Capítulo XL
RECURSO ORDINÁRIO CONSTITUCIONAL

1. BREVE PRELIMINAR

No recurso ordinário constitucional a matéria devolvida à apreciação do STF e do STJ é a mais ampla possível, vale dizer, tal recurso comporta exame de matéria de fato e de direito. Referidos tribunais, ao apreciarem o recurso ordinário constitucional, funcionam como se fossem órgãos de segundo grau, cortes de apelação. O âmbito de devolutividade da matéria decidida pelos tribunais, portanto, é amplo.

Os órgãos judicantes superiores, representados nas figuras do Supremo Tribunal Federal e do Superior Tribunal de Justiça, apresentam competência originária e recursal, conforme se depreende da análise dos dispositivos constitucionais que tratam da jurisdição de cada qual. O STF é apto a conhecer originariamente as questões trazidas no inciso I do art. 102 da CF, bem como é competente para julgar o recurso ordinário constitucional (inciso II) e o extraordinário (inciso III). Já o STJ tem a competência originária delimitada no inciso I do art. 105 da CF e a recursal nos incisos II e III, os quais versam respectivamente sobre o recurso ordinário constitucional e o especial.

Depreende-se do exposto que o recurso ordinário constitucional, independentemente de estar no âmbito do STF ou do STJ, compõe a competência recursal dos respectivos tribunais, diferindo dos recursos excepcionais por ser de motivação livre.

2. CABIMENTO

2.1. Recurso ordinário constitucional no STF

Compete ao STF julgar, em recurso ordinário (art. 102, II, da CF):

a) O *habeas corpus*, o mandado de segurança, o *habeas data* e o mandado de injunção decididos em única instância pelos Tribunais Superiores, se denegatória a decisão.

A primeira hipótese de cabimento do recurso ordinário constitucional, no âmbito criminal, diz respeito a *habeas corpus* ou mandado de segurança decididos originariamente pelos seguintes órgãos do Poder Judiciário: Superior Tribunal de Justiça (art. 105, I, *b*, *c* e *h*, da CF), Tribunal Superior Eleitoral (art. 121, § 3º, da CF) e Superior Tribunal Militar (art. 124, parágrafo único, da CF), desde que a decisão seja denegatória. Exclui-se o Tribunal Superior do Trabalho, uma vez que este não possui competência criminal.

Portanto, é incabível, *v.g.*, recurso ordinário de decisão do STJ que julgou *habeas corpus* denegado por tribunal do Estado.

O adjetivo *denegatória* é compreendido em sentido amplo, abrangendo tanto as decisões terminativas como as definitivas. Assim, denegatória é toda decisão contrária à pretensão deduzida. É preciso ainda que o provimento denegatório seja final, exaurindo as possibilidades de pronunciamento daquele tribunal. Sendo possível o manejo de agravo interno, não se cogitará o recurso ordinário[1].

---

[1] Araken de Assis, Manual dos recursos, 9. ed., p. 796-797.

b) *O crime político*. Muito embora presente em mais de uma oportunidade no texto constitucional, não se encontra ali e tampouco em qualquer norma infraconstitucional o conceito de crime político. A jurisprudência, pois, cuidou de estabelecer seu conteúdo, tomando por base parâmetros estabelecidos pela Lei de Segurança Nacional (Lei n. 7.170/83), hoje revogada, nestes termos: "o crime político, cuja competência para julgamento a Constituição atribuiu à Justiça Federal, somente se configura quando estiverem presentes os dois pressupostos, hoje cristalizados no art. 2º da própria Lei n. 7.170/83: a motivação política e a lesão real ou potencial à integridade territorial e a soberania nacional, ao regime representativo e democrático, à Federação, ao Estado de Direito ou à pessoa dos chefes dos Poderes da União"[2].

Nada obstante as controvérsias acerca de seu significado, não há dúvida de que a competência para o julgamento recai sobre a justiça federal (art. 109, IV, da CF).

Quando julga o recurso ordinário interposto de julgamento de crime político, atua o STF como órgão de terceiro grau, uma vez que a matéria foi anteriormente julgada por um juiz federal e reexaminada por um Tribunal Regional Federal, para então chegar à Corte Suprema por meio do recurso ordinário constitucional[3]. O Pretório Excelso, outrossim, atua como órgão de segundo grau no caso de competência originária do Tribunal Regional Federal.

Esse entendimento, todavia, não é unânime.

Para Norberto Avena, "desimporta se o crime político foi julgado por um Juiz Federal ou, nas hipóteses de foro privilegiado, pelo Tribunal Regional Federal ou mesmo pelo Superior Tribunal de Justiça: o recurso contra as respectivas decisões será, sempre, o Ordinário Constitucional para o STF"[4].

2.2. Recurso ordinário constitucional no STJ

Compete ao STJ julgar, em recurso ordinário (art. 105, II, da CF):

a) *os "habeas corpus" decididos em única ou última instância pelos Tribunais Regionais Federais ou pelos tribunais dos Estados, do Distrito Federal e Territórios, quando a decisão for denegatória*. De acordo com o dispositivo constitucional ora tratado, cumpre observar que a competência do citado tribunal é mais abrangente do que a do STF, no que se refere ao análogo *writ*. Enquanto à Suprema Corte cabe recurso apenas das decisões proferidas originariamente pelos tribunais superiores (art. 102, II, *a*), ao Superior Tribunal cabe também recurso decorrente das decisões proferidas em grau recursal pelos tribunais dos Estados ou Regionais, conforme se depreende da expressão "última instância";

b) *os mandados de segurança decididos em única instância pelos Tribunais Regionais Federais ou pelos tribunais dos Estados, do Distrito Federal e Territórios, quando for denegatória a decisão*. Aqui, mais uma vez não há falar em recurso de decisões proferidas em sede recursal, pois somente é admitido o recurso ordinário das decisões proferidas originariamente pelos aludidos tribunais.

A hipótese da alínea *c*, por tratar de matéria civil, não será aqui mencionada.

2.3. Considerações comuns

Tanto no recurso ordinário dirigido ao STF quanto no dirigido ao STJ, toda matéria fática e de direito é devolvida amplamente ao conhecimento dos preditos tribunais, dada a importância dos direitos fundamentais tratados, a exemplo do direito de ir e vir e do direito líquido e certo da pessoa humana, garantidos constitucionalmente por meio de *habeas corpus* e do mandado de segurança, respectivamente[5].

---

[2] STF, HC 73.451/RJ, Rel. Min. Maurício Corrêa, 8.4.1997.

[3] Fernando da Costa Tourinho Filho, *Processo penal*, 31. ed., v. 4. p. 598-599.

[4] Norberto Avena, *Processo penal esquematizado*, p. 1123.

[5] Heráclito Antônio Mossin, *Recursos em matéria criminal*, p. 514-515.

É pacífico na doutrina e na jurisprudência que o termo "decisão denegatória" embutido nos dispositivos acima tratados deve ser entendido de forma ampla, incluindo, dessa forma, além da decisão que não deu provimento ao remédio constitucional, aquelas em que não se conheceu da impetração ou julgou a impugnação prejudicada. Outrossim, consigna-se que será incabível o recurso em análise quando da decisão que conceder a ordem pleiteada pelo paciente, caracterizando-se o recurso ordinário como recurso *secundum eventum litis*. A concessão da ordem pleiteada comportará, quando muito, recurso extraordinário ou especial pelo Ministério Público.

Ademais, no que tange ao recurso ordinário constitucional de *habeas corpus* ao STJ, cumpre mencionar entendimento doutrinário e jurisprudencial no sentido de ser possível substituí-lo pelo pedido originário de *habeas corpus* direto à Corte Superior, conforme dispõe o art. 105, I, *c*, da CF[6]. Não obstante, o mesmo entendimento é passível de ser adotado em relação à decisão denegatória do recurso ordinário constitucional pelo STJ, ocasião em que esse tribunal passa a ser coator, possibilitando o pedido originário ao STF, de acordo com o art. 102, I, *i*, da CF[7]. Tais posturas viabilizam a celeridade e a economia processual, tendo em vista a praticidade e agilidade dos remédios constitucionais em relação aos recursos.

3. PROCEDIMENTO

3.1. Procedimento no STJ

Quanto ao recurso ordinário de competência do STJ (art. 105, II, da CF), o procedimento está previsto na Lei n. 8.038/90.

No atinente ao recurso contra a denegação de *habeas corpus*, versam sobre o procedimento os arts. 30 a 32 da mencionada lei, complementados pelos arts. 244 a 246 do RISTJ. O recurso será interposto no prazo de 5 dias, juntamente com as razões do pedido de reforma, perante o presidente do tribunal que denegou a ordem. Este faz o primeiro juízo de admissibilidade do recurso, e, se não conhecê-lo, cabe agravo analogicamente, segundo a jurisprudência. Distribuído o recurso ao STJ, a secretaria do tribunal dará vista ao Ministério Público Federal por 2 dias. Após o parecer do *Parquet*, os autos irão a conclusão, restando ao relator submeter o feito a julgamento na primeira sessão, independentemente da pauta. Importante destacar que, das seis turmas do STJ, a quinta e a sexta julgam matéria criminal.

O recurso ordinário do mandado de segurança, por conseguinte, terá o procedimento fixado nos arts. 33 a 35 da lei referendada, complementados pelos arts. 247 e 248 do RISTJ. O rito recursal será semelhante ao do recurso ordinário de *habeas corpus*, com as seguintes distinções:

a) os prazos são diferenciados: para a interposição do recurso é de 15 dias e para a vista do Ministério Público é de 5 dias, uma vez que o mandado de segurança é ação de natureza civil, ainda que utilizado na esfera penal;

b) no tocante à admissibilidade do recurso e o procedimento no tribunal recorrido, aplicam-se as regras referentes à apelação constantes no CPC (arts. 1.009 a 1.014).

3.2. Procedimento no STF

Em relação às decisões previstas no art. 102, II, da CF, o procedimento do recurso ordinário vem traçado no regimento interno do STF.

---

[6] Heráclito Antônio Mossin, *Recursos em matéria criminal*, p. 525.

[7] Julio Fabbrini Mirabete, *Processo penal*, 18. ed., p. 729.

O recurso ordinário de decisão denegatória de *habeas corpus* tem previsão nos arts. 310 a 312 do RISTF, seguindo o mesmo trâmite procedimental do recurso dirigido ao STJ em relação à denegação de *habeas corpus*. Ao recurso de denegação de mandado de segurança, por falta de expressa disposição legal, aplicam-se as mesmas regras do recurso ordinário endereçado ao STJ, na hipótese referente ao idêntico remédio constitucional.

O procedimento dos crimes políticos, por fim, apresenta disciplina nos arts. 307 a 309 do RISTF. O recurso será interposto no prazo de 5 dias, aplicando-se analogicamente o disposto no art. 586 do CPP, com vista às partes, pelo prazo de 5 dias, sucessivamente, para oferecimento de razões. Distribuído o recurso e apresentado o parecer do Procurador-Geral, o relator pedirá data para o julgamento.

4. SÍNTESE

Recurso ordinário constitucional

No recurso ordinário constitucional, a matéria devolvida à apreciação do STF e STJ é a mais ampla possível, vale dizer, tal recurso comporta exame de matéria de fato e de direito. Referidos tribunais, ao apreciarem o recurso ordinário constitucional, funcionam como se fossem órgãos de segundo grau, cortes de apelação. O âmbito de devolutividade da matéria decidida pelos tribunais, portanto, é amplo.

Cabimento

Compete ao STF julgar, em recurso ordinário (CF, art. 102, II):

a) o *habeas corpus*, o mandado de segurança, o *habeas data* e o mandado de injunção decididos em única instância pelos Tribunais Superiores, se denegatória a decisão;

b) o crime político, cuja competência para julgamento recai sobre a Justiça Federal (art. 109, IV, da CF).

Compete ao STJ julgar, em recurso ordinário (CF, art. 105, II):

a) *habeas corpus* decididos em única ou última instância pelos Tribunais Regionais Federais ou pelos tribunais dos Estados, Distrito Federal e Territórios, quando a decisão for denegatória;

b) os mandados de segurança decididos em única instância pelos Tribunais Regionais Federais ou pelos tribunais dos Estados, do Distrito Federal e Territórios, quando for denegatória a decisão.

Considerações comuns: tanto no recurso ordinário dirigido ao STF quanto no dirigido ao STJ, toda matéria fática e de direito é devolvida amplamente ao conhecimento dos preditos tribunais, dada a importância dos direitos fundamentais tratados, a exemplo do direito de ir e vir e do direito líquido e certo da pessoa humana, garantidos constitucionalmente por meio de *habeas corpus* e do mandado de segurança, respectivamente.

Capítulo XLI
REVISÃO CRIMINAL

1. NOÇÕES PRELIMINARES

1.1. Natureza jurídica e conceito

Não obstante o legislador a preveja como recurso, *a revisão criminal é ação penal de natureza constitutiva*[1], de competência originária dos tribunais, tendo por fim o *reexame e a modificação de decisão condenatória transitada em julgado*. Deve, portanto, ser incluída entre as ações autônomas de impugnação, pois dá ensejo à criação de nova relação jurídico-processual, uma vez imutável o processo que deu azo ao decreto condenatório guerreado.

A revisão criminal foi inserida no ordenamento jurídico brasileiro por meio do Decreto n. 848/1890, para logo em seguida ser adotada pela Constituição Republicana de 1891, art. 81: "Os processos findos, em matéria-crime, poderão ser revistos, a qualquer tempo, em benefício dos condenados, pelo Supremo Tribunal Federal, para reformar, ou confirmar a sentença". Atualmente, a revisão criminal não está prevista expressamente na Constituição como garantia individual; todavia, é inegável sua regulamentação no âmbito da Magna Carta em relação ao STF (art. 102, I, *j*), ao STJ (art. 105, I, *e*) e ao TRF (art. 108, I, *b*), o que por si só denota a importância do instituto na proteção de direitos fundamentais do indivíduo, sobretudo quando condizem à liberdade e à dignidade humana.

Volta-se contra a coisa julgada e, por isso, é considerada a *ação rescisória do processo penal*. Tal denominação não é tecnicamente própria, porquanto a semelhança entre a ação rescisória prevista no art. 966 do CPC e a revisão criminal dos arts. 621 a 631 do CPP restringe-se tão somente ao fato de ambas as ações terem a finalidade precípua de desconstituir a *res judicata*. Aparece em nosso sistema como instrumento que vem excepcionar o princípio da intangibilidade da *res judicata*. Entre a segurança jurídica representada pela coisa julgada e a justiça das decisões, optou o legislador pelo valor maior da justiça, permitindo a mutabilidade de decisões passadas em julgado. Representa verdadeiro *remédio processual contra a coisa julgada*, a qual caracteriza a regra na sistemática jurídica.

Mas somente uma condenação injusta, em desfavor do réu, autoriza o ajuizamento da ação. Vale adiantar que a revisão criminal é *meio de impugnação exclusivo da defesa*, não existindo em nosso ordenamento a revisão *pro societate*, por mais que a decisão injusta se configure, *v.g.*, como a absolvição do acusado por juízo absolutamente incompetente, em flagrante prejuízo da sociedade.

1.2. Finalidade

Trata-se, em suma, de *remédio destinado a reparar injustiça ou erro judiciário*. A revisão criminal, destarte, oferece ao condenado prejudicado pela falha da decisão a oportunidade de provocar o Estado nos casos enumerados em lei, para que o processo já alcançado pela coisa julgada seja reexaminado pelo tribunal, possibilitando sua absolvição, a melhora em sua situação jurídica ou mesmo a anulação do processo.

O Poder Judiciário, composto por seres humanos que é, como todo e qualquer campo de atuação humana, é passível de desacertos, sem olvidar eventuais arbitrariedades. Assim, em que pese o

[1] Nesse sentido: STJ, AgRg no REsp 1.825.281/SP, Rel. Min. Antônio Saldanha Pinheiro, j. 16.6.2020.

respeito à coisa julgada ter por intento a segurança jurídica e a pacificação social, assegurando a estabilidade de uma decisão, não há privilegiar a verdade formal em detrimento da verdade real, pois esta, princípio maior do processo penal, há de prevalecer em proteção ao *status libertatis* e à *dignitatis* do sentenciado, bem como em prol de uma sociedade justa.

Tem por objetivo, portanto, permitir que a decisão condenatória transitada em julgado possa ser novamente questionada através de novas provas ou com o simples intuito de reavaliar o julgamento anterior.

2. LEGITIMIDADE

O art. 623 do CPP cuida da legitimidade ativa, dispondo que a revisão poderá ser pedida:

a) *Pelo próprio réu*. O advento do art. 133 da Constituição de 1988, pugnando pela indispensabilidade do advogado à administração da justiça, e do art. 1º, I, da Lei n. 8.906/94 (Estatuto da OAB), declinando como privativa do advogado a postulação a qualquer órgão do Poder Judiciário, não revogou a autorização do acusado em requerer por si próprio a revisão criminal, segundo a jurisprudência consolidada do STF e STJ[2]. Dada a grandeza dos direitos tutelados, seja a liberdade, seja a dignidade, em face da injustiça ou do erro judiciário, deve prevalecer o direito de petição ao Poder Judiciário, visto que a este não é excluída a apreciação de lesão a direito, consoante prevê o art. 5º, XXXIV, *a*, e XXXV, da CF, independentemente da assistência do *ius postulandi*. Alguns tribunais estaduais têm admitido o pedido de revisão criminal efetuado pelo próprio condenado, autuando-o e nomeando defensor dativo para arrazoá-lo. A falta de nomeação de defensor pelo tribunal para assistir o condenado no julgamento da ação revisional não constitui constrangimento ilegal passível de nulidade[3];

O Superior Tribunal de Justiça firmou entendimento no sentido de que configurará constrangimento ilegal a exigência de capacidade postulatória do autor para o ingresso com o pedido de revisão criminal[4].

b) *Por procurador legalmente habilitado*. Para tanto, além de estar regularmente inscrito nos quadros da OAB, deve o defensor ter sido constituído pelo réu ou nomeado pelo juízo. Cogita-se, inclusive, da possibilidade de ajuizamento do pedido revisional por aquele que não é habilitado legalmente, conquanto o condenado lhe outorgue poderes especiais para tal proposição[5]. Em se tratando de defensor público, a teor do que dispõe o art. 16 da Lei n. 1.060/50, não há necessidade de outorga de instrumento de mandato autorizando o ajuizamento da revisão criminal·

c) *Pelo cônjuge, ascendente, descendente ou irmão, em caso de morte do réu*. É condição *sine qua non* o falecimento do condenado a possibilitar o pedido por parte das pessoas mencionadas. Aqui, mais do que nunca, a revisão tem uma finalidade moral, condizente à preservação da memória do sentenciado, sem olvidar a inibição da reparação patrimonial até os limites da herança do falecido, porventura pleiteada no juízo cível. Se a revisão for requerida por mais de uma das pessoas indicadas, a preferência para o pleito corresponderá à ordem elencada acima, em analogia ao disposto no art. 36 do CPP. Com o reconhecimento da união estável como entidade familiar pela Constituição de 1988 (art. 226, § 3º), a legitimidade ativa para a revisão deverá ir além da figura do cônjuge, estendendo-se também ao(à) companheiro(a) sobrevivente.

---

[2] STF, RHC 80.763/SP, Rel. Min. Sydney Sanches, j. 27.3.2001; STJ, HC 34.198/SP, Rel. Min. Felix Fischer, j. 17.8.200.

[3] STJ, HC 35.277/SP, Rel. Min. Gilson Dipp, j. 28.9.2004.

[4] STJ, HC 80.038/SP, Rel. Min. Arnaldo Esteves Lima, j. 9.8.2007.

[5] Julio Fabbrini Mirabete, *Processo penal*, 18. ed., p. 702.

Entende-se que a enumeração legal é taxativa.

Alguns autores têm sustentado a possibilidade de o Ministério Público ingressar com a revisão criminal no exclusivo interesse do réu.

Legitimado passivo será o Estado, representado pelo Ministério Público. Este, ausente previsão legal a respeito, fica impossibilitado de requerer a revisão criminal a favor do condenado. Há na doutrina, contudo, posição contrária, sob o argumento de não haver nenhum impeditivo ao interesse do *Parquet* em buscar uma sentença justa ao acusado por meio da ação revisional, sobretudo quando a legislação admite a atuação do Ministério Público para beneficiar o réu através de recurso e em *habeas corpus*[6]. Atuaria, assim, na qualidade de fiscal da lei[7]. Não obstante, há ainda aqueles que defendem a inexistência de polo passivo na revisão criminal, considerando-a como ação *sui generis*.

Caso, no curso da revisão, faleça a pessoa cuja condenação tenha de ser revista, o presidente do tribunal deverá nomear curador para a defesa (art. 631). Nestas circunstâncias, tem-se a ocorrência da substituição processual, independentemente de qualquer conduta dos parentes do réu. Já se reconheceu, no entanto, que a morte faz perecer o interesse processual da demanda, não se aplicando o referido dispositivo[8].

3. COMPETÊNCIA

A competência para o processo e julgamento da ação de revisão criminal é *originária dos tribunais*. Assim, é competente para julgar a revisão o tribunal que houver proferido o acórdão revidendo (objeto da impugnação). Caso a decisão de primeiro grau não tenha sido impugnada mediante recurso, o julgamento da revisão caberá ao tribunal que seria competente para apreciar o recurso interposto contra a sentença condenatória.

As revisões criminais serão processadas e julgadas:

I – pelo Supremo Tribunal Federal e pelo Superior Tribunal de Justiça, quanto às condenações por eles proferidas, consoante dispõem, respectivamente, os arts. 102, I, *j*, e 105, I, *e*, da Constituição Federal;

II – pelos Tribunais Eleitorais e Militares;

III – pelos Tribunais Regionais Federais quanto aos seus julgados ou dos juízes federais da região (art. 108, I, *b*, da CF) e pelos Tribunais de Justiça. A Emenda Constitucional n. 45/2004 extinguiu os Tribunais de Alçada, que antes também eram competentes para julgamento da revisão criminal nos Estados em que existiam.

É pacífico o entendimento segundo o qual o julgamento de recurso extraordinário ou especial não transfere a competência para o STF, nem para o STJ, salvo se a revisão se fundar em matéria apreciada na via excepcional.

4. PRESSUPOSTOS E ADMISSIBILIDADE

Pressuposto lógico da revisão criminal é a existência de sentença transitada em julgado, pois a lei processual se refere a *processos findos* (art. 621). Consequentemente, pendente a possibilidade de qualquer recurso, ordinário ou extraordinário, inviável será a revisão criminal, por não exauridas ou preclusas as vias recursais, ocasião em que carece do pressuposto da coisa julgada[9]. Não apenas a *sentença con-*

---

[6] Ada Pellegrini Grinover, Antonio Magalhães Gomes Filho e Antonio Scarance Fernandes, *Recursos no processo penal*, 7. ed., p. 245.

[7] Vicente Greco Filho, *Tutela constitucional das liberdades*, p. 457.

[8] TJPR, Revisão Criminal n. 0053795-36.2019.8.16.0000, Rel. Des. Naor Ribeiro de Macedo Neto, j. 28.2.2020.

[9] Nesse sentido: TJSC, Revisão Criminal n. 5015907-81.2023.8.24.0000, Rel. Des. José Everaldo Silva, 26.4.2023.

denatória será passível de ser revista, mas também a *sentença absolutória imprópria* (art. 386, parágrafo único, III, do CPP), por impor ao sentenciado inimputável medida de segurança, a qual apresenta evidente caráter sancionatório[10].

Poderá ainda o condenado se valer da ação mesmo se tiver sido *indultado*, beneficiado com *graça* ou *anistia*, porque representam formas de extinção da punibilidade que não caracterizam a inocência do sentenciado, não inibindo, por exemplo, a reparação civil[11]. Entretanto, se a revisão criminal tiver por objeto sentença absolutória própria em que se pretende a alteração da fundamentação da absolvição, inadmissível será a ação[12], *v.g.*, com o fito de obstar a reparação de danos no juízo cível, ou mesmo viabilizar a reintegração de cargo público[13].

Não obstante, também não será admitida a revisão criminal nos casos de *decisão de pronúncia* do réu, em que apenas se encerra uma etapa do procedimento da persecução criminal do rito do Júri, ou de *sentença de extinção da punibilidade* antes do trânsito em julgado da decisão[14], pois o Estado não exerceu o *jus puniendi*, inexistindo efeito da condenação a ser rescindido. Diferente é a situação de extinção da punibilidade após o trânsito em julgado da sentença condenatória, já que atinge apenas a pretensão executória do Estado, permanecendo outros efeitos da condenação, *v.g.*, título executivo para ação *ex delicto*, maus antecedentes, subsistindo, assim, o interesse de agir.

Será inidônea a via da revisão criminal em relação às situações que envolvam *progressão de regime prisional*, por se tratar de matéria de competência do juízo das execuções criminais[15].

Poderá o pedido de revisão criminal ser reiterado, desde que fundado em novas provas (art. 622, parágrafo único). A reiteração do pedido anterior, sem inovação de provas ou fatos desconhecidos a permitir a primazia da apreciação pelo tribunal, caracteriza-se como simples repetição do requerimento precedente, merecendo ser indeferido por faltar o requisito da novidade[16]. Assevera Magalhães Noronha que "não podem os tribunais ficar ao dispor de réus sempre sequiosos da liberdade, empecendo e estorvando a marcha regular de seus serviços, por via de pedidos que são simples repetição do já indeferido e que assim terão o mesmo destino"[17].

Inclusive quanto à sentença do Tribunal do Júri é possível o pedido de revisão[18]. A garantia constitucional da soberania dos veredictos (art. 5º, XXXVIII) não é absoluta. Há de ser mitigada sempre que, em confronto com direitos fundamentais igualmente importantes, causar prejuízo ao sentenciado em razão da manutenção de um veredicto flagrantemente injusto. Nesse prisma, existindo defeitos na prestação jurisdicional do tribunal popular, sobrepõem-se à soberania dos veredictos as garantias constitucionais da liberdade e dignidade do indivíduo, aliadas ao princípio da amplitude de defesa (art. 5º, LV, da CF), permitindo que o sentenciado tenha sua condenação revista e sejam supridas as falhas que culminaram na prestação jurisdicional errônea. Ademais, a instituição do Tribunal do Júri foi criada em benefício do réu, sendo ilógico utilizá-la para prejudicá-lo. No mais, há entendimento jurisprudencial no sentido de que não cabe ao tribunal revisor a análise do mérito, competindo-lhe somente a cassação da decisão, com a correspondente submissão do sentenciado a um novo julga-

---

[10] Nesse sentido: TJSP, HC Criminal n. 2004235-73.2023.8.26.0000, Rel. Des. Rel. Freire Teotônio, j. 22.2.2023.

[11] E. Magalhães Noronha, *Curso de direito processual penal*, p. 509.

[12] Nesse sentido: STJ, AgRg no REsp 1.825.281/SP, Rel. Min. Antonio Saldanha Palheiro, j. 16.6.2020.

[13] Nesse sentido: TJSP, Revisão Criminal n. 0010013-63.2020.8.26.0000, Rel. Des. Camilo Léllis, j. 31.5.2021.

[14] *Nesse sentido: STJ, AgRg na Revisão Criminal n. 5.799/BA, Rel. Min. Rogerio Schietti Cruz, j. 14.12.2022.*

[15] Nesse sentido: TJSC, Revisão Criminal n. 5063067-73.2021.8.24.0000, Rel. Des. Paulo Roberto Sartorato, j. 27.7.2022.

[16] Nesse sentido: STF, Revisão Criminal n. 5.437, Rel. Min. Teori Zavascki, 17.12.2014.

[17] E. Magalhães Noronha e Adalberto José Q. T. de Camargo Aranha, *Curso de direito processual penal*, 22. ed., p. 381.

[18] Nesse sentido: STJ, REsp 964.978/SP, Rel. Min. Laurita Vaz, 14.8.2012.

mento[19]. Essa, contudo, é posição minoritária, uma vez que o tribunal, ao desconstituir a decisão, pode absolver o peticionário.

Quanto à possibilidade de revisão criminal de sentença que concede *perdão judicial*, há controvérsia. Aqueles que defendem a natureza condenatória dessa decisão entendem ser cabível a revisão. Não será admitida, porém, por aqueles que conferem natureza meramente declaratória à sentença que concede o perdão judicial. Importante frisar a Súmula 18 do STJ no tocante à natureza da decisão de perdão judicial: "A sentença concessiva de perdão judicial é declaratória da extinção da punibilidade, não subsistindo qualquer efeito condenatório". Assim, na esteira do tribunal superior citado, incabível será a revisão, uma vez inexistente decreto condenatório a ser rescindido, o que denota a impossibilidade jurídica do pedido.

Não se exige o recolhimento do réu à prisão para requerer revisão criminal (Súmula 393 do STF). Portanto, não há falar em deserção da revisão em razão da fuga do réu após seu ajuizamento. De outro lado, o enunciado da referida súmula não impede a execução do decreto condenatório, consoante a reiterada jurisprudência do STJ[20].

5. CABIMENTO

O pressuposto inarredável da revisão criminal, como já enfatizado, é o trânsito em julgado da sentença penal condenatória, ou, ainda, o trânsito em julgado da sentença absolutória imprópria (que impõe ao réu medida de segurança).

Com a formação da coisa julgada, não mais militam em favor do réu os princípios do *in dubio pro reo* e do estado de inocência, consagrados no art. 5º, LVII, da CF. Assim, após o trânsito em julgado, presume-se de forma relativa (*iuris tantum*) que o condenado é culpado.

Parece-nos, lógico, portanto, que o *onus probandi* recaia sobre o peticionário, uma vez que a sentença condenatória goza da presunção relativa de justiça, não obstante haja posicionamento doutrinário em sentido contrário. Ademais, o art. 156, primeira parte, do CPP aduz que "a prova da alegação incumbirá a quem a fizer"[21].

As hipóteses de cabimento da revisão criminal correspondem a elenco *numerus clausus*, devendo servir apenas aos casos estritamente admitidos em lei, conforme a previsão do art. 621 do CPP[22]. Portanto, as hipóteses legais da ação revisional representam a causa de pedir da revisão criminal, devendo ser observadas sob pena de carência da ação, por ausência do fundamento do pedido. Vejamos as situações que comportam o pedido revisional.

5.1. Sentença condenatória contrária a texto expresso da lei penal ou à evidência dos autos (inciso I)

O dispositivo trata de duas hipóteses:

5.1.1. Sentença contrária a texto expresso da lei penal

A expressão "lei penal" deve ser entendida de forma ampla, abrangendo as normas tanto de direito penal quanto de direito processual penal, sem olvidar a legislação especial e a Constituição e seus princípios[23]. A decisão impugnada deve atentar diretamente para o texto de lei, a uma por negar

[19] Nesse sentido: TJSP, Revisão Criminal n. 0044377-32.2018.8.26.0000, Rel. Des. Ricardo Sale Júnior, 3.7.2023.

[20] STJ, AgRg no HC 715.677/GO, Rel. Min. Olindo Menezes, j. 15.3.2022.

[21] STJ, AgRg no HC 744.079/SP, Rel. Min. Jesuíno Rissato, j. 23.8.2022.

[22] Nesse sentido: STJ, AgRg no HC 723.504/GO, Rel. Min. Messod Azulay Neto, j. 20.3.2023.

[23] STJ, Revisão Criminal n. 5.663/DF, Rel. Min. Joel Ilan Paciornik, j. 11.5.2022.

a sua existência, a duas por não aplicar o que determina o mandamento legal, *v.g.*, condenando o réu por fato atípico, condenando agente menor de 18 anos[24], aplicando pena superior à prevista na legislação[25], ignorando circunstância atenuante etc.

A interpretação razoável dos tribunais na linha de determinado segmento jurisprudencial e doutrinário, mesmo que não unânime, não afronta o texto expresso da lei[26]. A revisão criminal, contudo, não se presta à uniformização de jurisprudência. Da mesma forma quando a questão for controvertida: "Não cabe ação rescisória por ofensa a literal disposição de lei, quando a decisão rescindenda se tiver baseado em texto legal de interpretação controvertida nos tribunais" (Súmula 343 do STF)[27]. Ao contrário, firmado entendimento jurisprudencial majoritário a respeito da interpretação de determinado preceito legal, viável será a revisão contra decisão que se posicionar em sentido inverso.

Na hipótese tratada, sentença contrária a texto expresso da lei penal, não se enquadra a aplicação da lei mais benéfica ao réu, que tenha entrado em vigor após o trânsito em julgado da decisão, pois a competência para sua aplicação, nos termos do art. 66, I, da LEP, é do juiz da execução. Assim dispõe a Súmula 611 do STF: "Transitada em julgado a sentença condenatória, compete ao Juízo das execuções a aplicação da lei mais benigna".

5.1.2. Sentença contrária à evidência dos autos

Nesse caso a contrariedade há de ser clara, frontal, estando a sentença em total descompasso com o conjunto probatório trazido durante a instrução. Com efeito, não basta a alegação de insuficiência ou precariedade dos elementos de prova, quando a condenação encontra respaldo nas provas carreadas aos autos.

O Superior Tribunal de Justiça, com sabedoria, entendeu que, para restar configurada a hipótese do art. 621, I, do CPP, é necessária a demonstração de ausência total de elemento probatório capaz de sustentar a condenação. A revisão criminal não se confunde com uma segunda apelação[28].

Porém, há de ser respeitado o livre convencimento do julgador, mesmo que não embase sua decisão na versão predominante, conquanto esteja apoiada nos elementos de prova dos autos, mesmo que sejam aqueles produzidos à época da condenação. Assim sendo, assevera Frederico Marques que "a condenação contrária à evidência dos autos é revista e rescindida, mediante reexame do que se continha no processo onde a sentença errônea e iníqua foi proferida. O juízo de revisão funciona, aí, quase como o juízo de apelação, pois que o julgamento se processará sem necessidade de novas provas que demonstrem o *error in judicando*".

Nesta hipótese, destarte, independentemente da existência de novos elementos probatórios, deverá ser admitida a revisão criminal com base no reexame de provas, pois somente conhecendo o pleito[29] poderá o tribunal avaliar se a eventual fragilidade das provas carreadas aos autos tinha o condão de alicerçar o decreto condenatório impugnado. Não obstante, o STJ já decidiu no sentido de ser impossível o reexame de prova em sede de revisão criminal[30].

---

[24] Nesse sentido: TJSC, Revisão Criminal n. 20030022465, Rel. Des. Gaspar Rubik, j. 30.4.2003.

[25] Nesse sentido: TJMG, Revisão Criminal n. 1.0000.23.011864-8/000, Rel. Des. Marcílio Eustáquio Santos, j. 19.5.2023.

[26] Nesse sentido: STJ, REsp 1.822.799, Rel. Min. Laurita Vaz, j. 8.11.2019.

[27] Nesse sentido: STJ, Revisão Criminal n. 4.890/DF, Rel. Min. Laurita Vaz, j. 26.5.2021.

[28] STJ, AgRg no REsp 2.004.958/RJ, Rel. Min. Joel Ilan Paciornik, j. 26.6.2023.

[29] Nesse sentido: TJMG, Revisão Criminal n. 10000160894697000, Rel. Des. Catta Preta, j. 9.6.2020.

[30] STJ, AgRg no REsp 1.985.567/RS, Rel. Min. Joel Ilan Paciornik, j. 19.6.2023.

Todavia, se surgir questão atinente à boa interpretação ou não do quadro probatório e a sua suficiência para a condenação, não poderá ser utilizado o *habeas corpus* como sucedâneo recursal da revisão criminal, pois a ação revisional é o meio apto a tal impugnação[31].

5.2. Sentença condenatória que se funda em depoimentos, exames ou documentos comprovadamente falsos (inciso II)

Somente a prova falsa que influiu decisivamente na decisão da causa autoriza o pedido de revisão. Não basta a mera suspeita da prova viciada, exigindo-se a concreta comprovação da falsidade, para que reste inconteste de dúvidas e sirva de fundamento da ação, sob pena de carência. Existindo nos autos outros elementos probatórios idôneos a embasar o decreto condenatório, resta prejudicado o pedido de revisão criminal com apoio na alegação de prova falsa, já que esta não constituiu a única razão de decidir.

Não se admite dilação probatória em revisão criminal, devendo a falsidade da prova ser demonstrada previamente ao seu ajuizamento, perante o juízo de primeiro grau em que tramitou a ação de conhecimento que deu ensejo à condenação.

Será a nova prova produzida por um mecanismo criado pela jurisprudência denominado "justificação criminal". O CPP fala genericamente da justificação no art. 423, mas não estabelece um procedimento. Assim, devem ser aplicados analogicamente os dispositivos concernentes à tutela provisória, notadamente o art. 301 do CPC. Imprescindível, em obediência ao princípio constitucional do contraditório, a intimação do membro do Ministério Público, que, sobretudo, é fiscal da lei.

Nas ações de iniciativa privada o ofendido que a promoveu não deve ser intimado, uma vez que, como o próprio nome indica, a ação é de iniciativa privada, tendo a lei outorgado à vítima (ou cônjuge, ascendente, descendente ou irmão, nos casos do art. 31 do CPP) o direito de promovê-la, mas não transferindo o *ius puniendi*, inerente à soberania do Estado. Da mesma forma, o assistente de acusação não será intimado para participar do procedimento de justificação.

Quanto ao procedimento propriamente dito, vale destacar que, apresentada a petição de requerimento da justificação criminal, o magistrado determina a intimação do membro do Ministério Público; após a produção da prova requerida, os autos da justificação são entregues ao requerente, que os fará instruir o pedido revisional.

Se, por outro lado, a prova contestada tiver sido obtida por meio ilícito em ofensa ao texto da Lei Maior (art. 5º, LVI), a revisão criminal terá por fundamento a decisão contrária ao texto expresso de lei, e não a decisão fundada em provas falsas.

5.3. Se, posteriormente à sentença, forem descobertas novas provas de inocência do condenado ou de circunstância que determine ou autorize diminuição especial da pena (inciso III)

A prova da inocência ou de circunstância benéfica ao condenado deve ser nova e relevante, podendo ou não se referir a fatos e alegações constantes do primeiro julgamento. Dentre muitas probabilidades, a prova nova, sempre apreciada em conjunto com os elementos probatórios produzidos nos autos da condenação, pode indicar: não ser o condenado o autor do crime; ter sido o delito praticado em legítima defesa; inexistência da qualificadora ou da circunstância agravante etc. As provas novas não precisam, necessariamente, surgir após a condenação, sendo, pois, consideradas todas aquelas provas ignoradas na fase cognitiva da *persecutio criminis.*

---

[31] STF, Agravo Interno no HC 228.037, Rel. Min. Luiz Fux, j. 26.6.2023.

A prova nova deve ser pré-constituída judicialmente, por meio da justificação criminal[32] realizada perante o juízo da condenação[33], sobretudo quando se referir a prova testemunhal ou pericial. De observar que, a despeito do asseverado por boa parte da doutrina, *a justificação*, conquanto disciplinada no CPC como medida cautelar, nada tem de "cautelar". Nesse sentido, não se há que observar os requisitos gerais para toda e qualquer cautelar (*fumus boni juris* e *periculum in mora*), uma vez que, conforme a boa lição de Humberto Theodoro Júnior, "Na verdade, a justificação não é ação cautelar, pois não visa *assegurar prova*, mas sim *constituir prova*, e não se funda no *periculum in mora*. Não se lhe devem, pois, aplicar os princípios gerais do procedimento cautelar"[34].

Por outro lado, a revisão criminal não se presta para a reavaliação de provas já examinadas nos juízos precedentes[35], pois a ação revisional não funciona como uma segunda apelação. Nem por isso se impede a utilização de provas produzidas no processo findo ou preexistente ao decreto condenatório, desde que não tenham sido devidamente valoradas pelos órgãos judicantes que precederam, inexistindo óbice em servirem de lastro ao pedido revisional. A prova inédita deve ser contundente, não bastando a instauração de dúvida no espírito do julgador.

6. PROCEDIMENTO

O processamento da revisão criminal, nos termos do art. 24 da Lei n. 8.038/90, será disciplinado pela legislação processual penal em vigor, conforme a disposição dos arts. 621 a 631 do CPP. Deverá também obedecer ao que for estabelecido nos regimentos internos do STF e do STJ (art. 624, § 1º, do CPP), bem como, nos casos dos demais tribunais, as normas complementares firmadas pelos respectivos regimentos internos (art. 628 do CPP).

O pedido de revisão criminal não se sujeita a prazo preclusivo, podendo ser requerida a qualquer tempo, indiferentemente se for antes ou após[36] a extinção da pena (art. 622, *caput*), conquanto tenha havido o trânsito em julgado.

A petição inicial deverá ser instruída com a certidão de haver passado em julgado a sentença condenatória e com as peças necessárias à comprovação dos fatos arguidos (art. 625, § 1º). Cumpre ao condenado, autor da ação, o ônus de provar suas alegações. Se o réu for assistido por advogado habilitado, deverá ser juntado também o instrumento de mandato a configurar prova da representação processual, não havendo necessidade de na procuração constarem poderes especiais para a propositura da ação revisional.

O pedido será distribuído a um relator (desembargador que não tenha pronunciado decisão em qualquer fase do processo)[37] e a um revisor. Poderá o relator determinar que se apensem os autos originais, desde que a medida não dificulte a execução da sentença. Atualmente, é praxe o apensamento da revisão aos autos originais.

No que atine à distribuição, cumpre observar a Emenda Constitucional n. 45/2004, que incluiu o inciso XV no art. 93 da CF, tornando obrigatória a imediata distribuição dos processos, em todos os graus de jurisdição, com o objetivo de permitir que o jurisdicionado possa dirigir eventuais pedidos, antes do julgamento de mérito, ao relator do processo. Assim sendo, ocorrendo delongas dema-

---

[32] Nesse sentido: STJ, AgRg no RHC 174.087/SP, Rel. Min. Ribeiro Dantas, j. 17.4.2023.

[33] Nesse sentido: TJSP, Ap. Crim. 1007532-36.2022.8.26.0099, Rel. Des. Gilda Alves Barbosa Diodatti, j. 1º.12.2022.

[34] Humberto Theodoro Júnior, *Curso de direito processual civil*, 37. ed., v. 2, p. 484.

[35] Nesse sentido: STJ, AgRg no Ag em REsp 2.186.211/SP, Rel. Min. João Batista Moreira, j. 9.5.2023.

[36] Nesse sentido: STJ, HC 83.652, Rel. Min. Marco Aurélio, j. 3.8.2004.

[37] Nesse sentido: STF, HC 209.720/SC, Rel. Min. Alexandre de Moraes, j. 14.2.2022.

siadas na distribuição do pedido revisional, é utilizável o *habeas corpus* para sanar o constrangimento ilegal consequente, procedendo à imediata distribuição e o julgamento da revisão criminal[38].

Julgando insuficientemente instruído o pedido ou manifestamente incabível, o relator poderá indeferi-lo *in limine*. Tal indeferimento, representativo da carência da ação, corresponde à extinção do processo sem julgamento do mérito. Dessa decisão, caberá o recurso inominado previsto no art. 625, §§ 3º e 4º, devendo o relator apresentar o processo em mesa para julgamento e relatá-lo, sem tomar parte da discussão. Tal recurso assume feição de agravo regimental, assim devendo ser processado.

Não sendo caso de indeferimento, será aberta vista ao Ministério Público, na figura dos membros do *Parquet* que atuam perante os tribunais, procurador de justiça (âmbito estadual) ou procurador da República (âmbito Federal), para que se pronuncie no prazo de 10 dias.

Em seguida, examinados os autos, sucessivamente, em igual prazo, pelo relator e pelo revisor, o pedido será julgado na sessão que o presidente designar.

Ademais, na esteira do art. 267 do Regimento Interno do STF, em que é facultado ao relator determinar a produção de provas ou requerer medidas outras que julgue necessárias, deve ser admitida na revisão a conversão do julgamento em diligência, em caráter excepcional, sempre que a busca da apuração da verdade demandar[39].

7. JULGAMENTO E EFEITOS

Julgada procedente a revisão, o tribunal poderá (art. 626, *caput*):

a) *alterar a classificação da infração*. Diz respeito à possibilidade de ser dada nova definição jurídica ao fato imputado como crime, acarretando, inclusive, a alteração do tipo penal;

b) *absolver o réu*. A absolvição, excetuada a que decorrer da inimputabilidade, leva ao restabelecimento de todos os direitos perdidos pelo sentenciado em função da condenação, *v.g.*: retomada do cargo, função ou mandato perdido; desconstituição do título executivo que obriga a indenizar o dano no cível; afastamento da reincidência porventura adquirida; restabelecimento dos direitos políticos suspensos; exclusão dos antecedentes criminais, entre outros;

c) *modificar a pena*. A modificação da pena requer uma análise minudente dos autos da revisão criminal, pois implica um juízo constitutivo do tribunal, uma vez que se está alterando a sanção imposta ao condenado, para lhe constituir uma nova pena, a ser cominada dentro dos critérios da aplicação e individualização da pena estabelecidos pela legislação;

d) *anular o processo*. Anulado este, o réu será submetido a novo julgamento[40], proibindo-se, no caso, a *reformatio in pejus* indireta, ou seja, que seja fixada pena mais grave à que foi rescindida.

A decisão da ação de revisão criminal é complexa e dúplice, pois por meio dela, em consonância com o pedido formulado pelo autor, o magistrado exercerá duplo juízo: um desconstituindo a decisão impugnada (juízo rescindente ou revidente) e outro a substituindo (juízo rescisório ou revisório). Assim, salvo o caso de anulação do processo em que é exercitado apenas o juízo rescindente para desconstituir a decisão, ocasião em que o processo regressa à origem para ser retomado a partir da nulidade e ser proferida nova sentença ou acórdão, nos demais casos a regra é que o tribunal exerça o duplo juízo, desconstituindo e substituindo a decisão impugnada, seja para absolver o réu, seja para melhorar sua situação jurídica, alterando a classificação da infração ou modificando a pena[41].

---

[38] STJ, HC 41.444/SP, Rel. Min. Gilson Dipp, j. 24.5.2005.

[39] TJSC, Revisão Criminal n. 0155379-66.2015.8.24.0000, Rel. Des. Jorge Schaefer Martins, j. 29.6.2016.

[40] Nesse sentido: TJSC, Revisão Criminal n. 5055404-39.2022.8.24.0000, Rel. Des. Salete Silva Sommariva, j. 30.11.2022.

[41] Ada Pellegrini Grinover, Antonio Magalhães Gomes Filho e Antonio Scarance Fernandes, *Recursos no processo penal*, 7. ed., p. 241-242.

Poderá o tribunal deferir o pedido revisional por motivo não deduzido, em observância ao princípio do *favor rei*. Assim, ainda que ausente a fundamentação do pedido ou mesmo deficiente, poderá o tribunal conhecer da ação em homenagem à amplitude de defesa, desde que presentes fundamentos aptos a impugnar o decreto condenatório, embora não invocados pelo sentenciado na petição da ação. Em sentido inverso, em caso de indeferimento, este deve ser na proporção do que foi pedido pelo peticionário, nos estritos limites da *causa petendi*, para que não obste qualquer possibilidade de reiteração da revisão criminal.

Não poderá, contudo, ser agravada a pena imposta pela *revisão revista*, mesmo que ao tribunal seja perceptível uma punição branda em relação àquela realmente merecida pelo sentenciado. Proíbe-se, assim, a *reformatio in pejus*[42], aplicando-se analogicamente o disposto no art. 617 do CPP. Não só é vedada a majoração da pena, mas qualquer decisão que agrave concretamente a situação do peticionário, a exemplo daquela que reconhece o crime continuado e, por consequência, acaba vedando a progressão de regime, mesmo que aparentemente, em razão da diminuição do *quantum* da pena, possa parecer mais benéfica[43].

Poderá o tribunal, se proferir decisão absolutória imprópria, impor medida de segurança ao sentenciado, sujeitando-o a internação ou tratamento ambulatorial.

A revisão criminal não suspende a execução da sentença condenatória[44], pois representa uma exceção à coisa julgada, sendo inviável a pretensão do peticionário de aguardar o julgamento em liberdade, pois ausente amparo legal. Resguardam-se todos os efeitos do trânsito em julgado da sentença condenatória até o momento do julgamento da ação de revisão. Somente se esta for julgada procedente restará prejudicado o instituto da coisa julgada em privilégio da justiça das decisões, reparando-se o erro do Judiciário.

No caso de concurso de agentes, os efeitos da revisão criminal pleiteada por um dos corréus se estenderá aos outros que nada requereram, desde que a decisão favorável não se funde em motivos de caráter exclusivamente pessoal, aplicando-se analogicamente o art. 580 do CPP[45].

No que tange aos recursos cabíveis das decisões emanadas em sede de revisão criminal, dada a competência originária dos tribunais, são restritas as hipóteses. Destarte, além dos embargos de declaração, caberão o recurso especial e o extraordinário, quando presentes os pressupostos autorizadores. Em relação à decisão independente do relator, conforme já dito, caberá o recurso inominado do art. 625, §§ 3º e 4º, do CPP, que assume a feição de agravo regimental. Os embargos infringentes e de nulidade, por sua vez, cabíveis contra decisão de segunda instância tomada por maioria de votos, no âmbito estrito dos recursos de apelação, recurso em sentido estrito ou agravo em execução, não serão oponíveis à decisão não unânime proferida pelos tribunais em sede de revisão criminal.

8. INDENIZAÇÃO POR ERRO JUDICIÁRIO

O erro judiciário é aquele caracterizado como decorrente da "má aplicação do direito ou a deficiente apreciação dos fatos da causa, por parte do órgão jurisdicional, que resulta em decisão contrária à lei ou à verdade material"[46]. Assim, se houver pedido do requerente, o tribunal poderá reco-

---

[42] Nesse sentido: STJ, AgRg no Ag em REsp 2.150.943/AL, Rel. Min. Ribeiro Dantas, j. 6.12.2022.

[43] STJ, HC 35.550/MG, Rel. Min. Arnaldo Esteves Lima, j. 9.11.2004.

[44] Nesse sentido: STF, Questão de Ordem na Ação Penal n. 565, Rel. Min. Cármen Lúcia, j. 10.8.2022.

[45] Nesse sentido: STF, AgRg no HC 214.333, Rel. Min. Gilmar Mendes, j. 3.4.2023.

[46] Sérgio de Oliveira Médici, *Revisão criminal*, p. 215.

nhecer o direito a justa indenização pelos prejuízos sofridos (art. 630)[47]. A indenização não será devida:

a) *se o erro ou injustiça da condenação proceder de ato ou falta imputável ao próprio impetrante, como a confissão ou ocultação de prova em seu poder.* Nessa espécie, nota-se uma excludente de responsabilidade do Estado, caracterizada pela culpa exclusiva do réu, consistente na propositada fraude à correta administração da justiça. Não pode, assim, o réu se beneficiar de sua própria torpeza. Cumpre consignar que a indicação no texto legal da confissão ou ocultação de prova pelo sentenciado é meramente exemplificativa, admitindo-se outras situações hipotéticas;

b) *se a acusação houver sido meramente privada*. Atualmente, com a previsão constitucional da indenização por erro judiciário (art. 5º, LXXV), não há que limitar as situações que comportam tal reparação. Não bastasse, a Constituição ainda traz a responsabilidade objetiva do Estado por danos que seus agentes públicos ocasionem a terceiros (art. 37, § 6º), independentemente da prova de dolo ou culpa. Por consequência, embora seja verdade que a ação penal privada corresponda à iniciativa do particular (querelante), não é menos verdade que a responsabilidade pelo escorreito julgamento dos órgãos judiciários continua sendo do Estado, pois a este cabe com exclusividade o direito de punir. Deve, portanto, subsistir a indenização pelos danos provenientes da má atuação estatal, em qualquer hipótese.

A indenização deve ser expressamente pleiteada na revisão criminal, pois não caracteriza simples efeito da procedência da ação revisional. Uma vez concedida a indenização pelo erro judiciário no âmbito da revisão criminal, apresenta nítido caráter condenatório, devendo ser liquidada no juízo cível, com responsabilidade pelo pagamento atribuída à União ou aos Estados, de acordo com a competência do tribunal imputado pelo erro, Justiça Federal ou Justiça Estadual. Nada impede, porém, o requerimento direto no juízo cível por meio de ação própria, quando a parte deixar de formular o pedido de justa indenização na própria ação de revisão.

Renomados autores têm sustentado que as causas excludentes de indenização previstas no art. 630, § 2º, do CPP não foram recepcionadas pela Constituição Federal de 1988, uma vez que, para a configuração da responsabilidade objetiva do Estado, basta que uma ação atribuível ao Estado cause dano a terceiro e que haja nexo de causalidade entre esta ação e este dano.

9. SÍNTESE

Revisão criminal

Trata-se de ação penal de natureza constitutiva, de competência originária dos tribunais, tendo por fim o reexame e a modificação de decisão condenatória transitada em julgado.

Finalidade

Em suma, é um remédio destinado a reparar injustiça ou erro judiciário. A revisão criminal, destarte, oferece ao condenado, prejudicado pela falha da decisão, a oportunidade de provocar o Estado nos casos enumerados em lei, para que o processo já alcançado pela coisa julgada seja reexaminado pelo tribunal, possibilitando sua absolvição, a melhora em sua situação jurídica ou mesmo a anulação do processo.

Legitimidade

O art. 623 do CPP cuida da legitimidade ativa, dispondo que a revisão poderá ser pedida:

a) pelo próprio réu;

---

[47] Nesse sentido: STJ, REsp 1.243.516/SP, Rel. Min. Reynaldo Soares da Fonseca, j. 22.9.2016.

b) por procurador legalmente habilitado;

c) pelo cônjuge, ascendente, descendente ou irmão, em caso de morte do réu.

Legitimado passivo será o Estado, representado pelo Ministério Público. Este, ausente previsão legal a respeito, fica impossibilitado de requerer a revisão criminal a favor do condenado.

Competência

É originária dos tribunais. As revisões criminais serão processadas e julgadas:

a) pelo STF e pelo STJ quanto às condenações por eles proferidas, consoante dispõem respectivamente, os arts. 102, I, *j*, e 105, I, *e*, da CF;

b) pelos Tribunais Eleitorais e Militares;

c) pelos Tribunais Regionais Federais quanto aos seus julgados ou dos juízes federais da região (art. 108, I, *b*, da CF) e pelos Tribunais de Justiça.

Cabimento

O pressuposto inarredável da revisão é o trânsito em julgado da sentença penal condenatória, ou, ainda, o trânsito em julgado da sentença absolutória imprópria. Observe-se que poderá o pedido de revisão criminal ser reiterado desde que fundado em novas provas. Poderá, também, haver pedido de revisão, inclusive, de sentença do Tribunal do Júri.

As hipóteses de cabimento da revisão criminal correspondem a elenco *numerus clausus*, devendo servir apenas aos casos estritamente admitidos em lei, conforme a previsão do art. 621 do CPP:

I – sentença condenatória contrária a texto expresso da lei penal ou à evidência dos autos;

II – sentença condenatória que se funda em depoimentos, exames ou documentos comprovadamente falsos;

III – se, posteriormente à sentença, forem descobertas novas provas de inocência do condenado ou de circunstância que determine ou autorize diminuição especial da pena.

Prazo

O pedido de revisão criminal não se sujeita a prazo preclusivo, podendo ser requerida a qualquer tempo, indiferentemente se for antes ou após a extinção da pena, conquanto tenha havido trânsito em julgado.

Julgamento e efeitos

Julgada a revisão, o tribunal poderá:

a) alterar a classificação da infração;

b) absolver o réu;

c) modificar a pena;

d) anular o processo.

Não poderá, contudo, ser agravada a pena imposta pela revisão revista, mesmo que ao tribunal seja perceptível uma punição branda em relação àquela realmente merecida pelo sentenciado.

Indenização por erro judiciário

Erro judiciário é aquele caracterizado como decorrente da má aplicação do direito ou a deficiente apreciação dos fatos da causa, por parte do órgão jurisdicional, que resulta em decisão contrária à lei ou à verdade material. Assim, se houver pedido do requerente, o tribunal poderá reconhecer o direito a justa indenização pelos prejuízos sofridos. A indenização não será devida:

a) se o erro ou injustiça da condenação proceder de ato ou falta imputável ao próprio impetrante, como a confissão ou ocultação de prova em seu poder;

b) se a acusação houver sido meramente privada.

Capítulo XLII
HABEAS CORPUS

1. NOÇÕES INTRODUTÓRIAS

1.1. Histórico no Brasil

No Brasil, a despeito da proibição de prisões arbitrárias na Constituição Imperial de 1824, a primeira vez em que o remédio foi previsto expressamente na legislação foi no Código de Processo Criminal de 1832, com a seguinte redação: "Todo cidadão que entender que ele ou outrem sofre uma prisão ou constrangimento ilegal em sua liberdade, tem direito de pedir uma ordem de *habeas corpus* em seu favor". Em 1871, com a Lei n. 2.033, o *habeas corpus* foi ampliado, acobertando também a figura do estrangeiro e fazendo brotar a tutela preventiva destinada aos casos em que se falava em simples ameaça ao direito de liberdade.

Com o advento da República e da Carta Maior de 1891, o *habeas corpus* adquiriu *status* constitucional, sendo previsto no art. 72, § 22, conforme se expõe: "Dar-se-á o *habeas corpus*, sempre que o indivíduo sofrer ou se achar em iminente perigo de sofrer violência ou coação por ilegalidade ou abuso de poder". A exegese do referido texto constitucional deu ensejo a célere discussão doutrinária e jurisprudencial a respeito da amplitude do remédio heroico, sobretudo se ele era destinado exclusivamente à tutela do direito à liberdade ou abrangia também outros direitos relacionados.

A partir de então, o *habeas corpus* passou a ser previsto em todas as Constituições que se seguiram, com pequenas *nuances* em sua redação, até chegar ao texto atual, em que se destina exclusivamente a garantir a liberdade ambulatória em face de constrangimento ilegal. Cumpre destacar a inclusão do mandado de segurança na Constituição de 1934, destinado a tutelar direito certo e incontestável ameaçado ou violado por ato ilegal de autoridade, delineando melhor os contornos do *habeas corpus* por consequência.

1.2. Conceito

Habeas corpus é o remédio jurídico-constitucional destinado a proteger a liberdade de locomoção do indivíduo (*jus manendi, eundi, ambulandi, veniendi, ultro citroque*), ameaçada por qualquer ilegalidade ou abuso de poder. A expressão *habeas corpus* significa "tome o corpo", pois, em suas origens, com a impetração da ordem o prisioneiro era levado à presença do rei para que este verificasse a legalidade ou ilegalidade da prisão.

Atualmente, tal significado não mais se justifica, já que as questões veiculadas no *habeas corpus* são de direito – em regra não se falando, portanto, em apresentação do prisioneiro –, ainda que no procedimento perante o juízo de primeiro grau haja a possibilidade de apresentação do paciente. O significado de *habeas corpus* no ordenamento jurídico vigente consubstancia-se em "ordem de libertação" ou em "ordem de cessação de constrangimento ilegal"[1].

O respeito à liberdade individual é direito fundamental da pessoa humana, não podendo sofrer qualquer tipo de restrição, por ser amparado pela Carta Magna, salvo as limitações previstas em lei.

---

[1] Paulo Lúcio Nogueira, *Curso completo de processo penal*, 7. ed., v. 1, p. 381.

Dispõe o art. 5º, LXVIII, da CF que será concedido *habeas corpus* sempre que alguém sofrer ou se achar ameaçado de sofrer violência ou coação em sua liberdade de locomoção, por ilegalidade ou abuso de poder. A Constituição, portanto, ao enfatizar o direito à liberdade no *caput* do art. 5º, estabeleceu o remédio heroico como instrumento garantidor da liberdade física, sempre que esta vier a ser ferida por atos revestidos de ilegalidade ou arbitrariedade. O art. 647 do CPP, por sua vez, contém preceito semelhante.

Na atualidade o remédio constitucional se presta, inclusive, a tutelar atos jurisdicionais que, por via reflexa, acabam indiretamente influenciando o exercício da liberdade do indivíduo, sem necessariamente implicar a plena constrição do direito de locomoção. Exemplo disso é a utilização do *habeas corpus* para trancamento de inquérito policial ou de ação penal sem justa causa, ou mesmo para evitar o indiciamento injustificado, porquanto são procedimentos criminais que repercutem negativamente na liberdade da pessoa. Dessa forma, é aceitável a impetração de *habeas corpus* para análise de afastamento de cargo de Prefeito quando a medida for imposta juntamente com a prisão[2].

Também se admite a impetração para fins de trancamento de ação penal quando o paciente tiver aceitado a proposta do Ministério Público de suspensão condicional do processo, pois, durante o período de prova, devem ser cumpridas as condições impostas pelo juiz, assim como na hipótese de ter sido aceita transação penal[3].

1.3. Natureza jurídica

O *habeas corpus*, muito embora esteja estabelecido no CPP dentro do título que trata dos recursos em geral, apresenta natureza jurídica de ação, caracterizando-se como meio autônomo de impugnação[4]. Ao impetrar o instrumento jurídico constitucional *sub judice*, tem-se a constituição de uma nova relação processual, por meio da qual se deduz uma pretensão em face de alguém, com o objetivo de restabelecer ou manter a liberdade, mediante uma sentença de mérito.

Com efeito, apesar de por vezes o *habeas corpus* atuar como verdadeiro recurso, não se pode simplesmente reduzi-lo a essa categoria, pois restringiria sua aplicabilidade e, por consequência, enfraqueceria sua utilidade como ferramenta de proteção da liberdade. Destarte, o remédio heroico não se confina a processos já constituídos, passíveis de serem reexaminados na mesma relação processual. Pelo contrário, é muito mais amplo. Sua viabilidade atinge, até mesmo, processos já findos e alcançados pela coisa julgada, dada a importância do direito tutelado. Igualmente é cabível quando inexistente qualquer procedimento judicial precedente, bastando a presença da constrição ilegal da liberdade de ir, vir ou ficar, seja ela real ou potencial.

A explicação para isso é singular: o *habeas corpus* representa verdadeira ação constitucional autônoma de garantia individual da liberdade de locomoção. Assim se posiciona a doutrina majoritária.

Nessa linha de raciocínio, o remédio constitucional estudado pode ser caracterizado como ação cautelar, declaratória, constitutiva, executória ou rescisória, de acordo com o mérito da questão versada. Assim, *v.g.*, quando modifica sentença com trânsito em julgado, atua como verdadeira ação rescisória[5]. Outrossim, apresenta patente caráter mandamental, pois, servindo ao resguardo de direito fundamental da pessoa humana, imprescindível que sua ordem seja imediatamente executada, atribuindo plena eficácia a sua função garantidora da liberdade de locomoção, já que se trata de uma tutela urgente[6].

---

[2] STJ, AgRg no HC 552.459/PE, Rel. Min. Jorge Mussi, j. 2.6.2020.

[3] STF, HC 176.785, Rel. Min. Gilmar Mendes, j. 17.12.2019.

[4] Ver nesta obra capítulo relativo aos meios de impugnação das decisões judiciais.

[5] Adalberto José Q. T. de Camargo Aranha, *Dos recursos no processo penal*, p. 215.

[6] Ada Pellegrini Grinover, Antonio Magalhães Gomes Filho e Antonio Scarance Fernandes, *Recursos no processo penal*, 7. ed., p. 241-272-273.

2. ESPÉCIES

2.1. No mérito

No que diz respeito ao mérito, duas são as espécies de *habeas corpus*:

2.1.1. Liberatório ou repressivo

Como o próprio nome indica, o *habeas corpus* liberatório é voltado a afastar constrangimento à liberdade já consumado, com vistas à restituição do *status libertatis* de alguém. Ao conceder a ordem de *habeas corpus*, o órgão judicante determinará a expedição do alvará de soltura, a fim de fazer cessar prontamente o constrangimento ilegal, dada a urgência do bem tutelado, devendo o paciente ser libertado imediatamente pela entidade coatora, sob pena de esta incidir no crime de desobediência (art. 330 do CP).

2.1.2. Preventivo

Será preventivo quando sua finalidade for afastar o constrangimento à liberdade antes mesmo de se consumar[7]. Baseia-se, portanto, na iminência da violência ou coação ilegal e na possibilidade próxima da restrição da liberdade individual. Caso seja admitido, será expedido um salvo-conduto a favor daquele que tem ameaçada sua liberdade de ir e vir. No entanto, se houver mandado de prisão expedido e não cumprido, o impetrante deve requerer no pedido do *habeas corpus* a expedição do contramandado de prisão, e não o salvo-conduto. Tal hipótese gera certa dúvida na doutrina, existindo posicionamento no sentido de ser o *habeas corpus* repressivo, uma vez que o ato coator já estaria devidamente formalizado.

2.2. De ofício

A concessão de ofício da ordem de *habeas corpus* é pertinente sempre que o juiz ou tribunal verificar que alguém sofre ou está na iminência de sofrer coação ilegal (art. 654, § 2º)[8]. Se a ordem for concedida pelo juízo monocrático, necessário se faz o impropriamente denominado recurso de ofício, condição de validade da decisão mediante o reexame necessário pelo tribunal (art. 574, I). A natureza jurídica de ação do *habeas corpus* não representa óbice à medida *ex officio* pelo órgão do Judiciário, pois as liberdades individuais, acima de tudo, representam relevante interesse social, conquanto caracterizam a manutenção da ordem pública.

2.2.1. Relaxamento de prisão

O relaxamento de prisão pelo juiz, uma vez verificada a cópia do auto de prisão em flagrante e constatada a ilegalidade da constrição da liberdade, não representa concessão de *habeas corpus* de ofício, mas sim o cumprimento do mandamento constitucional constante no art. 5º, LXV, da CF: "a prisão ilegal será imediatamente relaxada pela autoridade judiciária". Pois bem, não há falar em recurso de ofício, com fulcro no art. 574, I, do CPP.

Por outro lado, estando o preso à disposição do juízo após a comunicação do flagrante e não sendo relaxada a prisão contaminada pela ilegalidade, por certo que o instrumento adequado para fazer cessar o constrangimento da liberdade será o *habeas corpus*, pois o juiz passa à condição de autoridade coatora, o que lhe confere a posição de polo passivo no eventual pleito.

---

[7] Nesse sentido: STJ, HC 18.610/RJ, Rel. Min. Gilson Dipp, j. 27.8.2002.

[8] Nesse sentido: STF, AgRg em HC 228.425, Rel. Min. Edson Fachin, j. 3.7.2023.

3. LEGITIMIDADE

3.1. Legitimidade ativa

Inicialmente, há que observar a distinção entre a figura do impetrante e a do paciente: o primeiro corresponde à pessoa que faz o pedido de concessão da ordem, em benefício de outrem; o segundo representa aquele que sofre o constrangimento à sua liberdade ou se encontra na iminência de sofrê-lo, em virtude de qualquer ilegalidade. Nada impede, contudo, que tais figuras se confundam nas ocasiões em que o impetrante é o próprio beneficiário do remédio constitucional. Somente a pessoa física, conhecida e determinada pode ser apontada como paciente da violência[9].

Por força do art. 654, *caput,* qualquer pessoa poderá impetrar o remédio heroico[10], em seu favor ou de outrem, assim como o representante do Ministério Público, defensor da ordem jurídica, desde que não objetive, por via oblíqua, o favorecimento da acusação[11]. Até mesmo a pessoa jurídica pode impetrá-lo[12].

O que ocorre, muitas vezes, é que o próprio paciente está impossibilitado de impetrar a ordem, sendo por isso ampla a letra da lei ao deferir legitimidade a toda e qualquer pessoa para pleitear a medida, mesmo que seja para beneficiar terceiro. Nesses casos, tem-se o fenômeno da substituição processual. Admite-se, inclusive, a assinatura a rogo quando o impetrante for analfabeto ou não puder assinar, sempre a privilegiar a defesa ao direito de liberdade. Não se admite, entretanto, *habeas corpus* sem identificação do impetrante, vale dizer, é vedado *habeas corpus* anônimo.

Não obstante a outorga da Constituição Federal para que qualquer pessoa impetre o remédio heroico, se este decorrer de conduta de pessoa estranha ao beneficiário, deve ser conferida oportunidade para que o paciente se manifeste a respeito, mormente quando possui defensor constituído, pois pode haver incompatibilidade entre a ordem impetrada e os seus interesses, podendo, inclusive, lhe ser prejudicial a medida. Nesse sentido, consoante se depreende dos arts. 192, § 3º, e 202, § 1º, dos regimentos internos do STF e do STJ, respectivamente, não se conhece do *habeas corpus* quando não autorizado pelo paciente[13].

Não se admite, outrossim, a intervenção de terceiros em caso de processo de *habeas corpus*, exceto quando este for oriundo de ação penal privada, quando o querelante tem interesse jurídico na decisão[14]. Contudo, se tem permitido a participação de *amicus curiae* como interventor em habeas corpus coletivos, a exemplo do HC 143.641/SP (*Informativo do STF* n. 891).

A lei, ademais, não exige que o impetrante possua capacidade postulatória[15], sendo dispensável o auxílio de advogado, o que por si só facilita o exercício da autodefesa. O próprio Estatuto da OAB, Lei n. 8.906/94, exclui das atividades privativas da advocacia a impetração do remédio heroico (art. 1º, § 1º). A capacidade civil também não se faz condição obrigatória para determinar a impetração do *writ* constitucional, desde que seja inequívoca a manifestação de vontade do impetrante.

Diante do princípio da inércia da jurisdição, falece legitimidade ao juiz ou tribunal para impetrar o remédio constitucional. Todavia, sempre que um ou outro julgar a medida cabível, deverá conceder a ordem de *habeas corpus* de ofício, revitalizando a defesa social da liberdade física em ben-

[9] Nesse sentido: STJ, AgRg no RHC 161.149/SP, Rel. Min. Joel Ilan Paciornik, j. 22.3.2022.

[10] Nesse sentido: STF, RHC 58.373/PB, Rel. Min. Moreira Alves, j. 24.10.1980.

[11] Nesse sentido: STF, HC 91.510/RN, Rel. Min. Ricardo Lewandowski, j. 11.11.2008.

[12] Nesse sentido: STF, HC 172.136/SP, Rel. Min. Celso de Mello, j. 10.10.2020.

[13] Nesse sentido: STF, HC 186.297, Rel. Min. Edson Fachin, j. 22.6.2020.

[14] Nesse sentido: STJ, AgRg no HC 380.834/RJ, Rel. Min. Rogerio Schietti Cruz, j. 18.5.2021.

[15] Nesse sentido: STF, RO em HC 171.724, Rel. Min. Marco Aurélio, j. 8.2.2021.

feitoria não só do indivíduo ilegalmente constrangido, mas também em relação a toda a sociedade. Admite-se a legitimidade ativa do magistrado como "qualquer do povo", porquanto não estará investido na função judicante.

No que tange ao promotor de justiça, é certo que pode oficiar perante o tribunal de segundo grau, já que a Lei Orgânica Nacional do Ministério Público (Lei n. 8.625/93) conferiu-lhe tal oportunidade, que antes era de atribuição exclusiva dos procuradores de justiça. No mesmo sentido, a Lei Complementar n. 734/93 do Estado de São Paulo propugna, no art. 121, I, a possibilidade de impetração do *habeas corpus* nos tribunais pelo membro do *Parquet* que atua junto à primeira instância.

3.2. Legitimidade passiva

Figurará no polo passivo do *habeas corpus* a pessoa apontada como coatora, seja ela autoridade ou não. Já foi dito que o *habeas corpus* tem por fim deter ameaça de coação ou violência ao direito de ir e vir, em decorrência de ilegalidade ou abuso de poder. Somente pode abusar do poder aquele que o detém, sendo, portanto, autoridade coatora; já a ilegalidade pode ser cometida por qualquer pessoa. A nomenclatura técnica – autoridade coatora e coator – deve ser utilizada quando se tratar de agente no exercício de função pública ou particular, respectivamente. Restou superado entendimento que limitava o cabimento do *habeas corpus* aos casos em que a coação era exercida por agente no exercício de função pública. O delegado de polícia, o promotor de justiça e o juiz são exemplos de pessoas que poderão figurar como autoridade coatora no processo de *habeas corpus*. O particular também, se for o responsável pela coação: impedimento de ingresso em supermercado; hospital que nega a retirada de paciente que não pagou as despesas hospitalares; asilo que não permite saída de casal octogenário do estabelecimento.

Inúmeras são as oportunidades, a título exemplificativo, em que se tem o magistrado como o autor da coação ilegal: ratificação de ato de constrangimento ilegal; não relaxamento de prisão em flagrante; denegação de *habeas corpus* impetrado para trancamento de inquérito policial. O juiz deprecado, ao decretar prisão ao seu alvedrio, excedendo os limites da carta precatória recebida, também desponta como autoridade coatora. Quanto ao delegado de polícia, instaurado o inquérito policial por requisição do juiz de direito, ordem esta a qual a autoridade policial não pode deixar de acatar, é a autoridade judiciária que se caracteriza como coatora[16].

O mesmo se diga em relação ao promotor de justiça, conforme se denota da Súmula 99 das Mesas de Processo Penal da USP: "Os órgãos do Ministério Público podem ter legitimidade passiva nas ações de *habeas corpus*, na qualidade de autoridade coatora, como nas hipóteses de requisições ministeriais de inquérito policial ou de outros atos coercitivos extrajudiciais; nas de presidência direta de inquéritos, quando autorizados pela lei; nas de expedição de notificações ou intimações para comparecimento, por ele promovidas". Há orientação, contudo, no sentido de ser o juiz a autoridade coatora, uma vez deferido o pedido requerido pelo membro do Ministério Público, a exemplo da requisição para instauração de inquérito policial. Atua o membro do Ministério Público como autoridade coatora, também, na hipótese de oferecimento de denúncia ainda não recebida. Após o recebimento, é o magistrado quem figurará como autoridade coatora.

Não há confundir o coator com detentor, muito embora possam representar a mesma pessoa. O detentor pode ser definido como a pessoa que exerce fisicamente o ato de constrição da liberdade em nome de outrem. Assim, ainda que o detentor seja chamado ao procedimento de *habeas corpus* para declarar a mando de quem o paciente se encontra preso (art. 658 do CPP), não figurará no polo passivo da referida ação constitucional.

[16] Nesse sentido: TJMT, HC 0000187-25.2019.8.11.0110, Rel. Des. Juvenal Pereira da Silva, j. 19.6.2019.

4. COMPETÊNCIA

A competência para conhecer e julgar a ação de *habeas corpus* será determinada por dois critérios:

a) pela territorialidade (local onde ocorreu ou irá ocorrer a coação). Tal requisito é funcional, sobretudo nas situações que demandam a impetração de *habeas corpus* perante o juízo monocrático ou perante os tribunais de segundo grau. Assim, *v.g.*, se a autoridade coatora é o juiz estabelecido em alguma comarca do Estado de São Paulo, será competente para apreciar eventual pedido de *habeas corpus* o Tribunal de Justiça da respectiva comarca;

b) pela hierarquia. Esse critério consubstancia-se na regra estabelecida no art. 650, § 1º, do CPP: "A competência do juiz cessará sempre que a violência ou coação provier de autoridade judiciária de igual ou superior jurisdição". Portanto, a ação de *habeas corpus* deve sempre ser impetrada perante a autoridade superior àquela de quem partiu a coação.

Embora seja fundamental a observância dos preditos critérios, cumpre ressaltar, conforme se verificará a seguir, mormente em relação aos tribunais superiores, que a Constituição Federal define previamente a competência para julgamento do *habeas corpus*, adotando como parâmetro a função ou qualidade pública daquele que exerce ou sofre o constrangimento ilegal.

4.1. Supremo Tribunal Federal

Compete ao STF, segundo a Constituição, processar e julgar originariamente:

a) art. 102, I, *d*: quando for paciente o Presidente da República, o Vice-Presidente, os membros do Congresso Nacional, os Ministros do STF, o Procurador-Geral da República, os Ministros de Estado, os Comandantes da Marinha, do Exército e da Aeronáutica, os membros dos Tribunais Superiores (STJ, STM e TSE), os do Tribunal de Contas da União e os chefes de missão diplomática de caráter permanente;

b) art. 102, I, *i*: cabem duas divisões: 1) quando o coator for tribunal superior; 2) quando o coator ou paciente for autoridade ou funcionário cujos atos estejam sujeitos diretamente à jurisdição do STF, ou se trate de crime sujeito à mesma jurisdição em uma única instância.

No que diz respeito às Turmas Recursais em sede dos Juizados Especiais Criminais, formou-se, inicialmente, o entendimento que veio a se consolidar com a Súmula 690 do STF: "Compete ao Supremo Tribunal Federal o julgamento de *habeas corpus* contra decisão de turma recursal de juizados especiais criminais".

Todavia, o próprio STF afastou a incidência da referida súmula e passou a decidir que a competência para apreciar *habeas corpus* impetrado contra decisões das Turmas Recursais dos Juizados Especiais Criminais será dos Tribunais de Justiça dos respectivos Estados, jurisprudência hoje sedimentada[17].

Por outro lado, delimitando a competência do STF, manifestou-se a Súmula 691: "Não compete ao Supremo Tribunal Federal conhecer de *habeas corpus* impetrado contra decisão do relator que, em *habeas corpus* requerido a tribunal superior, indefere a liminar". Assim, é pacífica a jurisprudência em não admitir o *habeas corpus* eventualmente impetrado, a fim de que não se suprima a possibilidade de julgamento pelo Colegiado do STJ. Em reforço, assentou-se o convencimento de que não se conhece do remédio constitucional quando não interposto agravo regimental em face da decisão monocrática que denegou a ordem, enaltecendo a necessidade de o paciente exaurir, no tribunal *a quo*, todas as vias recursais[18].

---

[17] Nesse sentido: STF, HC 86.834/SP, Rel. Min. Marco Aurélio, j. 23.8.2006.

[18] STF, RO em HC 116.711, Rel. Min. Gilmar Mendes, j. 19.11.2013.

A jurisprudência tem admitido a superação da referida súmula nos casos de flagrante ilegalidade ou teratologia da decisão impugnada, constatando-se de plano o constrangimento ilegal a que está submetido o paciente[19].

Já se decidiu, ainda, que não há falar na aplicação da Súmula 691 do STF quando o acórdão proferido no julgamento do *habeas corpus* originário, em que restou indeferida a liminar, contiver fundamentação que, em contraposição ao exposto na impetração, faça as vezes de ato coator[20].

Por fim, o STF tem se posicionado no sentido de que não é cabível *habeas corpus* em face de decisão monocrática proferida por Ministro do Supremo Tribunal Federal[21].

4.2. Superior Tribunal de Justiça

Compete ao STJ processar e julgar, originariamente, nos termos do art. 105, I, *c*, da CF:

a) quando o coator ou paciente for Governador de Estado ou do Distrito Federal, Desembargador de Tribunal de Justiça e Estados ou do Distrito Federal, membro de Tribunal de Contas de Estados e do Distrito Federal, de Tribunal Regional Federal, de Tribunal Regional Eleitoral ou do Trabalho, membro de Conselho ou Tribunal de Contas de Município e do Ministério Público da União que oficie perante tribunais (alínea *a*);

b) quando o coator for tribunal sujeito à sua jurisdição, Ministro do Estado ou Comandante da Marinha, do Exército ou da Aeronáutica, ressalvada a competência da Justiça Eleitoral (alínea *c*, 2ª parte).

4.3. Tribunais Regionais Federais

Compete aos Tribunais Regionais Federais, nos termos do art. 108, *d*, da CF, julgar originariamente quando a autoridade coatora for juiz federal. Em relação ao procurador da República, membro do Ministério Público Federal que atua perante a primeira instância, também será competente o TRF[22].

Com o advento da EC n. 45/2004 e a consequente alteração da redação do art. 114, IV, da CF, passou a ser da Justiça do Trabalho a competência para o julgamento de *habeas corpus* referente a atos que envolvam matéria afeta à jurisdição trabalhista. Por consequência, restou prejudicada a Súmula 10 dos Tribunais Regionais Federais, que incumbia o TRF da competência para julgar o *habeas corpus* quando a autoridade coatora fosse juiz do Trabalho[23].

4.4. Tribunais dos Estados

Os tribunais de segunda instância dos Estados têm competência para conhecer de *habeas corpus* em que figure como paciente ou coator autoridade sujeita a sua jurisdição. Essa é disciplina da Constituição Estadual de São Paulo, cuja atribuição para delimitação da competência do Tribunal de Justiça foi outorgada pela Carta Magna[24].

Nesses termos, tomando como base a Constituição do Estado de São Paulo, compete ao Tribunal de Justiça do respectivo Estado o julgamento do *habeas corpus* quando o coator ou paciente for: o Vice-Governador, os Secretários de Estado, os Deputados Estaduais, o Procurador-Geral de Justiça, o Procurador-Geral do Estado, o Defensor Público Geral e os Prefeitos.

---

[19] Nesse sentido: STJ, HC 788.759/SP, Rel. Min. Raul Araújo, j. 11.4.2023.

[20] STJ, HC 118.504/RS, Rel. p/ Acórdão: Min. Gilson Dipp, j. 21.10.2010.

[21] Nesse sentido: STF, AgRg em HC 208.549, Rel. Min. Edson Fachin, j. 22.5.2023.

[22] Nesse sentido: STJ, HC 8.323/SP, Rel. Min. Gilson Dipp, j. 29.6.1999.

[23] Julio Fabbrini Mirabete, *Processo penal*, 18. ed., p. 755.

[24] Art. 125, § 1º.

Não obstante, considerado o foro originário em razão da prerrogativa de função nas infrações penais comuns e de responsabilidade (art. 96, III, da CF), compete também ao Tribunal de Justiça o julgamento do juiz de direito e do promotor de justiça[25].

4.5. Juízos monocráticos

Nas hipóteses não sujeitas à competência dos tribunais, caberá aos juízes de primeiro grau da comarca onde ocorrer a coação ou ameaça à liberdade de locomoção o julgamento das ações de *habeas corpus*, *v.g.*, a coação exercida por autoridade policial[26]. Em relação ao juiz federal, de acordo com o disposto no art. 109, VII, da CF, competirá o processo e julgamento do *habeas corpus* em matéria criminal de sua competência ou quando o constrangimento provier de autoridade cujos atos não estejam diretamente sujeitos a outra jurisdição.

5. CABIMENTO

5.1. Hipóteses legais

Haverá constrangimento ilegal à liberdade de locomoção, autorizando a impetração de *habeas corpus* nas hipóteses do art. 648 do CPP. Importante frisar que tais hipóteses não devem ser consideradas como *numerus clausus*, uma vez que a Carta Magna prevê o remédio constitucional para todo e qualquer tipo de ameaça ou restrição da liberdade de locomoção, decorrente de ilegalidade ou abuso de poder (art. 5º, LXVIII).

5.1.1. Ausência de justa causa (inciso I)

A doutrina é controversa acerca do significado da expressão "justa causa", que não recebeu definição legal. Contudo, em que pesem as respeitáveis opiniões no sentido da impossibilidade de conceituação, podemos dizer que justa causa é a ausência de razão para a imposição de constrangimento ou violência[27]. Em outras palavras, trata-se do constrangimento ou violência sem respaldo legal que os autorize.

A ausência de justa causa pode tanto dizer respeito à falta dos requisitos legais que fundamentem o ato constritivo da liberdade como se referir à falta de qualquer elemento indiciário sério a respaldar o inquérito policial ou a ação penal[28], ou mesmo a constatação de que a *persecutio criminis* se baseia em fato manifestamente atípico[29]. Nesse caso, concedida a ordem, será o inquérito ou ação penal *trancada*. Também se entende que caberia *habeas corpus* para apurar eventual ilegalidade na fixação de medida protetiva de urgência consistente na proibição de aproximar-se de vítima de violência doméstica e familiar[30].

A prisão, no âmbito penal, pode ser dividida em prisão-pena (decorrente de sentença condenatória transitada em julgado) e prisão cautelar (imposta antes do trânsito em julgado da sentença penal condenatória, fundada, basicamente, na proteção da sociedade ou do processo). Haverá falta de justa causa na prisão-pena se não houver o trânsito em julgado da sentença penal condenatória. Por sua vez, na prisão cautelar, medida excepcional no sistema (em face do princípio constitucional do esta-

---

[25] Nesse sentido: STJ, RO em HC 143.384/MA, Rel. Min. Laurita Vaz, j. 27.4.2021.

[26] Nesse sentido: TJMG, HC 1.0000.23.136228-6/000, Rel. Des. Marcílio Eustáquio Santos, j. 28.6.2023.

[27] Eduardo Espínola Filho, *Código de Processo Penal brasileiro anotado*, v. 7, p. 188.

[28] Nesse sentido: STF, HC 159.697, Rel. Min. Gilmar Mendes, j. 15.5.2020.

[29] Nesse sentido: STF, HC 193.515, Rel. Min. Dias Toffoli, j. 12.5.2021.

[30] Nesse sentido: STJ, HC 605.113/SC, Rel. Min. Antonio Saldanha Palheiro, j. 8.11.2022.

do de inocência), não haverá justa causa para sua imposição se os requisitos legais autorizadores da coação não estiverem presentes. Em ambas as hipóteses o *habeas corpus* é o remédio idôneo para fazer cessar a coação.

As demais hipóteses de cabimento do *habeas corpus* nada mais são do que exemplos legais de falta de justa causa, não sendo o rol do art. 648, como dito, taxativo.

Não há falar, contudo, em exame profundo e valorativo da prova nos casos de ausência de justa causa, visto que esta deve ser patente da mera exposição dos fatos, ensejando, assim, o trancamento do inquérito ou da ação penal[31]. Nesse prisma, "a jurisprudência do Supremo Tribunal Federal firmou-se no sentido de que não se tranca a ação penal quando a conduta descrita na denúncia configura, em tese, crime". Em relação aos crimes contra a ordem tributária, inviável a propositura da ação penal por ausência de justa causa, enquanto não esgotada a via administrativa, no rumo da jurisprudência já sumulada

Todavia, o STJ, em entendimento diverso, tem admitido que não procedem as censuras a que se faça exame de provas em sede de *habeas corpus*. Quando fundado na falta de justa causa, impõe-se sejam as provas verificadas, vedando-se, no entanto, a simples apreciação das provas, ou seja, a operação mental de conta, peso e medida dos elementos de convicção[32]. Em verdade, o reexame da prova tem sido realizado em larga medida pelo Superior Tribunal de Justiça na análise dos *habeas corpus* de sua competência, a exemplo daqueles que questionam a licitude da prova obtida mediante ingresso em domicílio[33].

O STF, por sua vez, ao argumento de que *o exame da prova distingue-se do critério de valoração da prova*, vale-se da via do *habeas corpus* para alterar a definição jurídica da imputação[34] *ou mesmo trancar a ação penal*[35].

Mais recentemente, o STJ sumulou o entendimento de que *a superveniência da sentença condenatória prejudica o pedido de trancamento da ação penal por falta de justa causa feito em "habeas corpus"* (Súmula 648, 3ª Seção, julgado em 14.4.2021), assumindo a premissa de que é insipiente o exame de cognição sumária exercido no recebimento da denúncia em face da posterior sentença de cognição exauriente[36].

5.1.2. Prisão além do tempo determinado em lei (inciso II)

Questão sinuosa é a análise do excesso de prazo na prisão cautelar, porquanto não há no sistema processual penal comum previsão exata de sua duração, com exceções encontradas na legislação penal especial. Diante dessa ausência, o Pretório Excelso construiu a ideia de que o prazo legal da instrução deve ser de 81 dias, obtido pela soma dos prazos dos atos processuais[37]. Nada obstante, admitem-se prazos maiores, de acordo com o princípio da razoabilidade, quando forem justificáveis em virtude das peculiaridades do caso concreto

Na aferição da violação à garantia constitucional (art. 5º, LXXVIII, CF), os tribunais têm desvalorizado o prazo outrora estabelecido, para pronunciar-se individualmente, em um exercício de razoabilidade[38]. É de salientar que, com a entrada em vigor da Lei n. 13.964/2019, o órgão que decre-

---

[31] Nesse sentido: STF, AgRg em HC 224.622, Rel. Min. André Mendonça, j. 15.5.2023.

[32] STJ, HC 141.589/SP, Rel. Min. Nilson Naves, j. 23.2.2010.

[33] STJ, AgRg no HC 812.847/GO, Rel. Min. Joel Ilan Paciornik, j. 14.8.2023.

[34] STF, HC 107.801/SP, Rel. Min. Luiz Fux, j. 6.9.2011.

[35] STF, AgRg em HC 138.637, Rel. Min. Celso de Mello, j. 10.10.2023.

[36] STJ, AgRg no HC 827.902/SP, Rel. Min. Messod Azulay Neto, j. 8.8.2023.

[37] Nesse sentido: STJ, RHC 8.635/SP, Rel. Min. Vicente Leal, j. 15.6.1999.

[38] STJ, HC 482.814/PB, Rel. Min. Antonio Saldanha Palheiro, j. 14.5.2019.

tou a prisão cautelar deverá rever, em decisão fundamentada, a necessidade de sua manutenção, providência que se não observada redunda em inegável ilegalidade a ser atacada por meio do *writ*.

Do mesmo modo, haverá excesso de prazo quando o réu preso temporariamente não é solto após 5 dias, sem que tenha havido prorrogação desse prazo ou que tenha a prisão temporária sido convertida em prisão preventiva. É manifesta a ilegalidade quando o réu continua preso após o cumprimento da pena.

A Súmula 52 do STJ determina que, "encerrada a instrução criminal, fica superada a alegação de constrangimento por excesso de prazo"[39].

Também sobre o tema, a **Súmula 64 do STJ** dispõe que "não constitui constrangimento ilegal o excesso de prazo na instrução, provocado pela defesa"[40]. Contrariamente, se o excesso de prazo advier de diligências procrastinatórias requeridas pela acusação ou por culpa exclusiva do juízo, configurado estará o constrangimento ilegal[41]. Assim sucede, *v.g.*, na demora demasiada para designação da oitiva de testemunhas arroladas na denúncia[42].

Tratando de crime de competência do Tribunal do Júri, declina a **Súmula 21 do STJ** que, pronunciado o réu, não há que arguir o constrangimento ilegal da prisão por excesso de prazo na instrução. Entretanto, o longo período sucedido após a pronúncia, desde que não acarretado por culpa da defesa, aliado à falta de previsão de data para o julgamento pelo Júri, é passível de *habeas corpus*[43].

Mesmo em relação aos crimes hediondos não tem espaço a coação abusiva da liberdade, conforme aponta a **Súmula 697 do STF**: "A proibição de liberdade provisória nos processos por crimes hediondos não veda o relaxamento da prisão processual por excesso de prazo"[44]. Não se pode olvidar que a Lei n. 11.464, de 28 de março de 2007, alterou o art. 2º, II, da Lei n. 8.072/90, suprimindo a vedação à liberdade provisória em crimes hediondos e assemelhados.

5.1.3. Incompetência do coator (inciso III)

Diz a Constituição Federal que ninguém será preso senão em flagrante delito ou por ordem escrita e fundamentada de autoridade judiciária competente (art. 5º, LXI). Ressalvada a prisão disciplinar militar, depreende-se do dispositivo constitucional que os casos de prisão se limitam a dois: prisão em flagrante e por mandado judicial da autoridade competente. Com efeito, sempre que a prisão advier de órgão jurisdicional, cumpre observar as regras de competência material (*ratione materiae*), territorial (*ratione loci*) ou por prerrogativa de função (*ratione personae*). A incompetência acarreta a ilegitimidade da constrição da liberdade física.

Vale consignar que a incompetência do coator se refere exclusivamente à autoridade judiciária, não podendo recair sobre a policial ou administrativa por não deterem "competência".

Ademais, como a Constituição, ao tratar do *habeas corpus*, abarca todo e qualquer tipo de constrição ilegal da liberdade ambulatória, o *writ* é apto a sanar os abusos ou ilegalidades advindas da prisão civil, sobretudo a relacionada ao depositário infiel, hoje considerada ilícita qualquer que seja a modalidade de depósito[45], e ao devedor de obrigação alimentícia. Fora dos casos expressos na Constituição (art. 5º, LXI), é patente a ilegalidade da prisão, devendo ser concedido do *writ*: prisão civil

---

[39] Nesse sentido: STJ, AgRg em RHC 174.156/SC, Rel. Min. Ribeiro Dantas, j. 18.4.2023.

[40] Nesse sentido: STJ, AgRg no HC 645.390/PE, Rel. Min. Laurita Vaz, j. 8.2.2022.

[41] Nesse sentido: STJ, RHC 174.115/PI, Rel. Min. Sebastião Reis Júnior, j. 23.3.2023.

[42] Nesse sentido: STJ, AgRg no RHC 166.445/CE, Rel. Min. Laurita Vaz, j. 13.6.2023.

[43] Nesse sentido: STJ, HC 775.154/PE, Rel. Min. Laurita Vaz, j. 14.3.2023.

[44] Nesse sentido: STJ, HC 511.488/SP, Rel. Min. Rogério Schietti Cruz, j. 1º.10.2019.

[45] STF, RE 4.663.431/SP, Rel. Min. Cezar Peluso, j. 3.12.2008.

em razão da não devolução do bem alienado fiduciariamente; prisão administrativa na antiga Lei de Falências; ordem de prisão para quem não é parte no processo.

5.1.4. Cessação do motivo que autorizou a coação (inciso IV)

A liberdade é a regra, enquanto a prisão é a exceção. Assim, a despeito de ter sido decretada a prisão preventiva de alguém com base nas hipóteses de cabimento do art. 312 do CPP, cessada a necessidade da prisão cautelar, seja pelo fato de o réu não representar um perigo à ordem pública ou porque não se furtará à aplicação da lei penal, seja em razão do término da instrução criminal, ocasião em que o acusado não poderá mais influenciar no ânimo das testemunhas, oportuno será o remédio heroico para fazer cessar o constrangimento da liberdade, uma vez verificada a ilegalidade da restrição[46].

Com base nesse inciso, é legítima a concessão de *habeas corpus* ao réu preso em flagrante que não tenha tido sua detenção convertida em prisão preventiva, haja vista ser impossível a manutenção de alguém em cárcere unicamente por ter sido "preso em flagrante".

No que tange às prisões cautelares, é de levar em conta que a inexistência dos requisitos autorizadores de tais prisões por si só representa constrangimento ilegal do *status libertatis*, merecendo acolhida o *habeas corpus* impetrado[47]. Na via inversa, demonstrada a legalidade da prisão, denegada será a ordem impetrada[48].

O mesmo se diz em relação ao devedor de prestação alimentícia. Quitada a dívida de alimentos ou pretérita aos 3 últimos meses contados do ajuizamento da execução[49], deixa de subsistir a necessidade da prisão, devendo o indivíduo preso ser posto imediatamente em liberdade.

5.1.5. Inadmissão de fiança, nos casos em que a lei a autoriza (inciso V)

A Constituição Federal assegura que ninguém será levado à prisão ou nela mantido quando a lei admitir a liberdade provisória, com ou sem fiança (art. 5º, LXVI). Logo, autorizada por lei a fiança (arts. 323 e 324 do CPP), será admissível o remédio constitucional quando, por culpa da autoridade coatora, for negado ao constrangido o direito de sua prestação ou houver demora no arbitramento do valor[50]. Nesses termos, o *habeas corpus* não terá por finalidade a soltura do indivíduo, o qual provavelmente foi detido por justa causa (caso contrário se aplicaria o disposto no inciso I), mas sim a admissão da fiança ou o arbitramento do valor para o respectivo pagamento, objetivando a consequente liberdade provisória.

5.1.6. Processo manifestamente nulo (inciso VI)

Não importa se o processo ainda está em curso ou já se encontra findo (com sentença transitada em julgado): poderá o remédio constitucional ser utilizado para o reconhecimento de nulidade processual[51]. Portanto, proferida decisão recursal por órgão judicante incompetente, apto será o remédio heroico para cassar a decisão e determinar a remessa dos autos ao colegiado competente para apreciar o recurso[52].

Já se decidiu, inclusive, que a falta de fundamentação da decisão que indefere proposta de sus-

---

[46] Nesse sentido: TJSC, HC 500918014202.8240000, Rel. Des. Sérgio Rizelo, j. 5.5.2020.

[47] Nesse sentido: STJ, AgRg em HC 714.853/RS, Rel. Min. Joel Ilan Paciornik, j. 22.3.2022.

[48] Nesse sentido: STF, AgRg em HC 222.155, Rel. Min. Cármen Lúcia, j. 22.2.2023.

[49] Nesse sentido: STJ, HC 431.515/DF, Rel. Min. Maria Isabel Gallotti, j. 20.8.2019.

[50] Nesse sentido: STJ, AgRg no AgRg no HC 761.403/PR, Rel. Min. Joel Ilan Paciornik, j. 14.11.2022.

[51] Nesse sentido: STF, HC 185.051/SC, Rel. Min. Celso de Mello, j. 10.10.2020.

[52] Nesse sentido: STF, HC 85.550/RS, Rel. Min. Ellen Gracie, J. 14.6.2005.

pensão condicional do processo apresentada pelo Ministério Público provoca constrangimento ilegal, sanável por meio de *habeas corpus*[53].

5.1.7. Extinção da punibilidade (inciso VII)

Exaurida a pretensão punitiva[54] ou executória[55] do Estado em razão da incidência de uma das causas previstas no art. 107 do CP ou em legislação esparsa (*v.g.*: art. 312, § 3º, do CP), resta prejudicada qualquer possibilidade de constrangimento da liberdade ambulatória do indivíduo, salvo se por outro crime não estiver preso.

Já se decidiu ser impossível a concessão de *habeas corpus* para reconhecimento da prescrição da pretensão punitiva "virtual", haja vista carecer de fundamento legal que permita a extinção da punibilidade nesta circunstância[56], na toada do que foi assentado na **Súmula 438 do STJ**.

5.2. Prisão disciplinar militar e administrativa

De acordo com o § 2º do art. 142 da CF, não caberá *habeas corpus* em relação a punições disciplinares militares. Entretanto, tal regra não é absoluta, podendo sofrer mitigação nas hipóteses que versarem sobre a legalidade do ato disciplinar, impedindo a ocorrência de arbitrariedades pela autoridade militar responsável pela aplicação da punição disciplinar[57]. A despeito de não poder ser contestada a constrição da liberdade no que atine à oportunidade e conveniência, não há olvidar que a garantia constitucional subsiste nos casos de ausência de disciplina legal a justificar a prisão, excesso de prazo da punição, incompetência da autoridade executora, entre outras causas legais. Somente o mérito é incontestável, a fim de que se garanta a hierarquia e disciplina das instituições militares.

O art. 5º, LXI, da atual Carta Constitucional dispõe: "ninguém será preso senão em flagrante delito ou por ordem escrita fundamentada de autoridade judiciária competente, salvo nos casos de transgressão militar ou crime propriamente militar, definidos em lei". Nesses termos, diante do texto constitucional, inexiste a possibilidade de prisão administrativa, pois a ordem de prisão deve ser emanada da autoridade judiciária competente, salvo a prisão em flagrante e a decorrente de punição disciplinar militar. Assim sendo, restou revogado o art. 650, § 2º, do CPP, que trata de exceção à prisão administrativa no procedimento do *habeas corpus*. Contudo, efetuada a prisão ilegal, ainda que tachada de "administrativa", apto está o *mandamus* para conter a lesão à liberdade.

5.3. Admissibilidade

Assentada a natureza jurídica do *habeas corpus* como de ação autônoma, é notória a necessidade de se fazerem presentes as condições da ação (legitimidade, interesse de agir e possibilidade jurídica do pedido), a fim de sustentar o cabimento do *writ* constitucional. Tratada a legitimidade em tópico anterior, cabe breve menção ao interesse de agir e à possibilidade jurídica.

A admissibilidade do remédio constitucional depende da necessidade e adequação em relação ao caso concreto. A necessidade se faz presente quando a pessoa efetivamente teve, ou está prestes a ter, subtraída a liberdade de locomoção por ato ilegal decorrente de autoridade ou de particular. A adequação, por sua vez, é a caracterização do *habeas corpus* como instrumento hábil a garantir, pura e simplesmente, a liberdade de ir, vir ou ficar. Não se presta, portanto, à tutela de direitos outros[58]. Da

---

[53] Nesse sentido: STF, HC 84.643/RJ, Rel. Min. Eros Grau, j. 5.4.2005.

[54] Nesse sentido: STJ, AgRg no HC 727.525/RS, Rel. Min. Jesuíno Rissato, j. 2.8.2022.

[55] Nesse sentido: STJ, EDcl no AgRg no HC 735.017/SP, Rel. Min. Joel Ilan Paciornik, j. 14.11.2022.

[56] Nesse sentido: STJ, HC 633.283/PE, Rel. Min. Antonio Saldanha Palheiro, j. 4.10.2022.

[57] STJ, ROHC 8.846/SP, Rel. Min. Hamilton Carvalhido, j. 14.12.2000.

[58] Nesse sentido: STF, AgRg em HC 228.772/MG, Rel. Min. Luiz Fux, 3.7.2023.

mesma forma, seria inadequado o mandado de segurança para fazer cessar constrição ilegal ao *status libertatis*, uma vez que o *habeas corpus* é ação específica para tal fim.

A junção desses dois requisitos, necessidade e adequação, dentro das hipóteses legais do art. 648 do CPP, pressupõe a existência do interesse em agir por meio do *habeas corpus*.

A possibilidade jurídica do pedido, por sua vez, refere-se ao *habeas corpus* como medida legal apta, dentro dos ditames do ordenamento jurídico, a fazer cessar toda e qualquer ameaça ou coação ilegal do direito ambulatório. O pedido formulado pelo impetrante deve ser idôneo para tal fim[59]. Não bastasse, a própria Constituição atesta a impossibilidade do *mandamus* em determinadas circunstâncias, a exemplo do estado de sítio (arts. 137 a 139) ou em razão de vedação legal, consoante se denota da proibição de impetração em relação à prisão disciplinar militar (art. 142, § 2º). É, porém, plenamente admissível a impetração de *habeas corpus* caso o ato coator tenha sido perpetrado por autoridade incompetente, ou, ainda, se não se revestiu das formalidades exigidas em lei. Assim, o que não se admite é o *habeas corpus* contra o mérito – conveniência e oportunidade – da decisão.

São exemplos de carência da ação, que redunda na inadmissibilidade do remédio constitucional, as seguintes súmulas do Supremo Tribunal Federal:

a) Súmula 395: "Não se conhece de recurso de *habeas corpus* cujo objeto seja resolver sobre o ônus das custas, por não estar mais em causa a liberdade de locomoção";

b) Súmula 693: "Não cabe *habeas corpus* contra decisão condenatória a pena de multa, ou relativo a processo em curso por infração penal a que a pena pecuniária seja a única cominada";

c) Súmula 694: "Não cabe *habeas corpus* contra a imposição da pena de exclusão de militar ou de perda de patente ou de função pública";

d) Súmula 695: "Não cabe *habeas corpus* quando já extinta a pena privativa de liberdade".

Ademais, importante frisar que, desde a CF/88, o *habeas corpus*, dada sua eficiência como instrumento célere e prático de garantia das liberdades individuais, mormente o direito de locomoção, pode ser utilizado mesmo que haja recurso específico para impugnar a decisão abusiva ou que propagou o constrangimento ilegal[60].

Essa compreensão, no entanto, perdeu firmeza a partir do julgamento no proferido HC 109.956[61], oportunidade em que a 1ª Turma do STF passou a entender não ser cabível a utilização de *habeas corpus* substitutivo do recurso ordinário[62]. O novo posicionamento, em que pese tenha sido refutado pela 2ª Turma do Supremo, foi imediatamente adotado pela 5ª Turma do STJ[63].

Malgrado o dissenso jurisprudencial no tema, o fato é que, assistindo razão ao impetrante, sua pretensão será de toda forma atingida, ou por meio do acolhimento integral do pedido ou porque, em não se conhecendo do *writ*, conceder-se-á de ofício a ordem a fim de fazer cessar o constrangimento ilegal.

6. PROCESSAMENTO

6.1. Requisitos da petição

Os requisitos da petição de *habeas corpus* estão previstos no art. 654, § 1º, do CPP:

---

[59] Nesse sentido: STJ, AgRg no HC 685.174/SC, Rel. Min. Laurita Vaz, j. 24.8.2021.

[60] STF, HC 122.268, Rel. Min. Dias Toffoli, j. 4.8.2015.

[61] STJ, HC 109.956/PR, Rel. Min. Marco Aurélio, j. 7.8.2012.

[62] STF, EDcl em HC 221.819, Rel. Min. Roberto Barroso, j. 1º.3.2023.

[63] STJ, HC 798.279/SC, Rel. Min. Reynaldo Soares da Fonseca, j. 27.6.2023.

a) o nome da pessoa que sofre ou está ameaçada de sofrer violência ou coação (paciente) e o de quem exerce o constrangimento (impetrado). A despeito de poder ser concedida a ordem de ofício pelo órgão judicante, não será admitida a impetração anônima. Se o impetrado for funcionário público, supre o requisito a menção ao seu cargo, quando da impossibilidade de declarar seu nome. Há orientação, inclusive, tolerando o erro na indicação da autoridade coatora, tendo em vista a grandeza do direito tutelado[64];

b) a declaração da espécie de constrangimento ou, em caso de simples ameaça de coação, as razões em que funda o seu temor. É necessário que o impetrante atribua ao coator a prática de ato concreto a evidenciar a real ou potencial constrição da liberdade por abuso de poder ou ilegalidade;

c) assinatura do impetrante ou de alguém a seu rogo, quando impossibilitado de fazer, declinando as respectivas residências.

Deve, portanto, a petição ser redigida em idioma português, muito embora seja admitida a impetração por estrangeiro, explicitando detalhadamente, de forma clara e objetiva, os fundamentos do pedido, além de se lastrear, se possível, com provas que atestem a ilegalidade da restrição da liberdade. Se o pedido for confuso, sem especificação delineada, não se conhecerá do *mandamus*[65].

É vital a argumentação de fato e de direito com o fito de demonstrar de plano a ilegalidade do constrangimento físico, visto que não é pertinente análise profunda e valorativa das provas apresentadas, ainda mais se tratando de procedimento com enorme rapidez. Aliás, consigna-se que o *habeas corpus* não comporta reexame de prova[66].

A petição deve ser instruída com o mínimo de provas pré-constituídas[67] a demonstrar com efetividade a coação ilegal do *status libertatis*, para que o julgador ou o órgão colegiado possa formar convicção acerca do mérito dos fatos narrados. Apesar de o procedimento de *habeas corpus* não apresentar uma fase de instrução probatória, poderá, em casos excepcionais, ser admitida a produção de elementos probatórios.

6.2. No juízo de primeiro grau

O juiz, ao receber a petição, constantes todos os requisitos retromencionados – a) os nomes do paciente e do coator, b) a declaração da espécie de constrangimento ou as razões de seu temor, nos casos de ameaça de coação e c) a assinatura do impetrante, com a indicação de sua residência –, poderá:

a) conceder liminar, fazendo cessar imediatamente a coação. Embora não haja previsão legal expressa acerca na concessão de liminar na ação de *habeas corpus*, é admitida pela jurisprudência quando presentes os requisitos cautelares do *fumus boni iuris* e do *periculum in mora*[68], evidenciando a urgência de resguardar os fins práticos da ordem impetrada, apresentando o mesmo caráter da liminar concedida em mandado de segurança. Ademais, preceitua o art. 660, § 2º, que, se a ilegalidade da coação ficar evidenciada pelos documentos que instruíram a petição, o juiz ou tribunal deverá imediatamente fazer cessar o constrangimento. Destarte, observado o texto legal citado, presta a liminar como medida acautelatória da restrição indevida da liberdade, dada sua agilidade e efetividade. Se assim não fosse, não seria lógico o órgão judiciário poder conceder *habeas corpus ex officio* e, por outro lado, ficar impedido de conceder a medida liminar. Quem pode o mais pode o menos;

---

[64] Nesse sentido: STF, AgRg em HC 169.728, Rel. Min. Gilmar Mendes, j. 23.8.2019.

[65] STJ, HC 661.145, Rel. Min. Laurita Vaz, 28.4.2021.

[66] Nesse sentido STF, AgRg no HC 227.978, Rel. Min. Edson Fachin, j. 26.6.2023.

[67] Nesse sentido: STJ, AgRg no HC 533.884, Rel. Min. Sebastião Reis Júnior, j. 12.6.2023.

[68] Nesse sentido: STJ, Agravo Interno no HC 629.292/DF, Rel. Min. Francisco Falcão, j. 14.12.2022.

b) se julgar necessário, e estiver preso o paciente, mandar que este lhe seja imediatamente apresentado em dia e hora que designar. A recusa no atendimento do pedido poderá acarretar a punição daquele que descumpriu a ordem (detentor), incidindo, inclusive, no crime de desobediência (art. 330 do CP). Poderá o paciente deixar de ser apresentado caso subsista algum dos motivos enumerados no art. 657: I) grave enfermidade do paciente; II) o paciente não estar na guarda daquele apontado como detentor; III) se o juiz ou tribunal não determinou o comparecimento. Na prática tal medida está em desuso, dado o custo e a demora na realização de tal procedimento, sendo preterido em face da requisição de informações;

c) requisitar informações da autoridade coatora, que tem o dever indeclinável de prestá-las (art. 662). Há que consignar que, não obstante a lei se refira à prestação de informações em caso de competência originária do tribunal (art. 661), tal medida deve ser estendida para todas as hipóteses de cabimento do *writ* constitucional. Não é, todavia, o entendimento de parcela da doutrina, que entende ser o procedimento de requisição de informações limitado ao Juízo de primeiro grau.

É aconselhável que as informações prestadas pela autoridade coatora venham lastreadas em provas documentais que demonstrem a veracidade do esclarecimento e, por consequência, a legalidade da prisão. Em havendo conflito entre as razões invocadas pelo impetrante e as informações prestadas, faltando elemento comprobatório à primeira, presumem-se verdadeiras as oferecidas pelo órgão coator, sobretudo quando emanadas de autoridade pública.

Excepcionalmente, conforme já exposto, tendo em vista a urgência da medida, é permitido ao juiz, de ofício ou a requerimento do impetrante, a determinação de diligências outras que entender necessárias para a análise da ordem pleiteada, a exemplo da oitiva das testemunhas porventura arroladas na petição de impetração. Contudo, tais medidas devem ser imprescindíveis, a fim de não procrastinar demasiadamente o processamento do *habeas corpus*, que tem como elemento fundamental a celeridade.

Cumpre salientar que, estando o *writ* impetrado instruído com cópia integral dos autos, o tribunal poderá prescindir do pedido de informações.

O Ministério Público não intervém no processo de *habeas corpus* em primeiro grau, salvo, evidentemente, nos casos em que for impetrante ou autoridade coatora. Não se pode olvidar que o *Parquet* exerce o fundamental papel de *custos legis*, sendo importante sua intimação, em virtude de ostentar tal atribuição. Não obstante, o entendimento jurisprudencial é no sentido de ausência de nulidade no caso de não intimação.

Efetuadas as diligências, e interrogado o paciente, decidirá o juiz, fundamentadamente, no prazo de 24 horas. Importante destacar que na prática, como visto, não há a apresentação e interrogatório do paciente, mas sim a requisição das informações ao coator. A decisão, sob pena de nulidade, deverá obrigatoriamente ser fundamentada (art. 93, IX, da CF), aplicando-se, até mesmo, ao disposto no art. 381 do CPP.

Julgado o mérito do pedido e concedida a ordem para fazer cessar a violência ou ameaça, por ilegalidade ou abuso de poder, o juiz, dentro da sua jurisdição, fará passar imediatamente a ordem impetrada à autoridade coatora, determinando a pronta expedição do alvará de soltura (liberatório) ou do salvo-conduto (preventivo). Se houver mandado de prisão pendente de cumprimento, concedida a ordem, o magistrado determina a expedição de contramandado de prisão, não se falando em salvo-conduto. Qualquer ato obstativo da consecução do *habeas corpus*, empreendido por funcionário público no decorrer do processamento da medida, será passível de punição por multa pelo Poder Judiciário (art. 655), sem olvidar a responsabilidade criminal.

6.3. Competência originária do tribunal

Em caso de competência originária do tribunal, a petição será apresentada ao secretário, que a enviará imediatamente ao presidente do tribunal, da câmara ou da turma que estiver reunida, ou primeiro tiver de se reunir (art. 661).

Se a petição contiver os requisitos legais, o presidente, se necessário, requisitará informações por escrito da autoridade indicada como coatora, ou, porventura, requisitará até mesmo os autos principais em que o paciente é réu, quando não interferir no desenvolvimento do processo. Contanto, faltando qualquer dos requisitos, o presidente determinará que sejam preenchidos ou, se entender conveniente, poderá indeferir liminarmente a ordem impetrada, devendo levar a petição à imediata deliberação do tribunal, câmara ou turma (art. 663), a fim de que se confirme o acerto da decisão.

Recebidas as informações, ou dispensadas, o *habeas corpus* será julgado na primeira sessão, podendo haver o adiamento para a sessão seguinte.

Embora não previsto no dispositivo, deverá ser aberta vista ao Ministério Público para que se manifeste no prazo de 2 dias, após o recebimento das informações prestadas pela autoridade coatora (Decreto-lei n. 552/69, art. 1º e § 2º).

Se o juiz ou tribunal verificar que já cessou a violência ou coação ilegal, julgará prejudicado o pedido[69], a uma, por ter-se verificado a sustação do constrangimento ilegal do *status libertatis*; a duas, por ser perceptível nunca ter existido qualquer tipo de constrição ilegítima da liberdade física. O cessamento do constrangimento não escusa o coator das eventuais responsabilidades criminais. No mais, constituído novo título atribuindo legitimidade à prisão, *v.g.*, superveniência da sentença condenatória, sobrepondo-se sobre a prisão cautelar precedente, prejudicada resta a ordem impetrada[70].

A decisão será tomada por maioria de votos, prevalecendo, no caso de empate, o voto de desempate do presidente que não havia participado da votação, ou, no caso contrário, a decisão mais favorável ao paciente em caso de empate, em interpretação conforme o parágrafo único do art. 41-A da Lei n. 8.038/90, e, por isso, desnecessária a participação de magistrado de outra turma para fins de desempate[71].

Nos casos de *habeas corpus* liberatório, mormente quando o lugar da prisão do paciente for outro que não o da sede do juízo competente para apreciar o pedido, a ordem concedida, dada a urgência de fazer cessar a prisão ilegal, poderá ser transmitida ao detentor por meio de telegrama, telex, fax ou via similar, sempre obedecidas as cautelas quanto à autenticação da firma do juiz ou presidente do tribunal, a exemplo das formas de impetração da petição de *habeas corpus* e com respaldo nos arts. 660, § 6º, e 665 do CPP, além da Lei n. 9.800/99, que autoriza a utilização de sistema de transmissão de dados e imagens.

7. RECURSOS

Da decisão que julgar o *habeas corpus* caberá:

a) recurso de ofício, no caso de concessão da ordem por juízo monocrático (art. 574, I, do CPP). A ordem concedida de ofício pelo tribunal não pressupõe o recurso de ofício, ante a ausência de previsão legal;

b) recurso em sentido estrito (art. 581, X, do CPP). Adequado para a impugnação das decisões que tanto concedem como negam a ordem de *habeas corpus* no juízo monocrático.

---

[69] Nesse sentido: STJ, AgRg no RHC 661.145, Rel. Min. Laurita Vaz, j. 26.6.2023.

[70] STJ, AgRg no RHC 172.962/SP, Rel. Min. Ribeiro Dantas, j. 26.6.2023.

[71] STF, Questão de Ordem na Petição n. 8.179, Relator p/ Acórdão Min. Gilmar Mendes, j. 15.12.2020.

Caberá também o recurso ordinário constitucional para o STF (art. 102, II) ou para o STJ (art. 105, II), se estiverem preenchidas as condições previstas na Constituição. Da mesma forma, preenchidos os pressupostos de amissibilidade, possível o manejo dos recursos extraordinário e especial, que poderão atacar tanto as decisões denegatórias quanto as concessivas da ordem.

8. EFEITOS

A concessão do *habeas corpus* não obstará o prosseguimento do processo, desde que não seja hipótese de trancamento da ação penal (art. 651).

Se o *habeas corpus* for concedido em virtude de nulidade do processo, este será renovado (art. 652).

Concedida a ordem, estando o paciente preso, será posto imediatamente em liberdade, salvo se por outro motivo dever permanecer recolhido (art. 660, § 1º). Concedida a ordem em *habeas corpus* preventivo, dar-se-á ao paciente salvo-conduto assinado pelo juiz (art. 660, § 4º).

Por aplicação analógica da regra do art. 580 do CPP, no caso de concurso de agentes, desde que a decisão não seja fundada em motivos de caráter exclusivamente pessoal, não há impedimento para que a ordem de *habeas corpus* concedida a um dos réus beneficie também os outros que se encontram na mesma condição[72]. O entendimento é plenamente aplicável em razão da possibilidade de concessão da ordem de ofício pelos juízes ou tribunais.

9. SÍNTESE

Habeas corpus

É o remédio jurídico-constitucional destinado a proteger a liberdade de locomoção do indivíduo, ameaçada por qualquer ilegalidade ou abuso de poder.

Em que pese estar estabelecido no Código de Processo Penal dentro do capítulo que trata dos recursos em geral, apresenta natureza jurídica de ação, caracterizando-se como meio autônomo de impugnação.

Espécies

No mérito: duas são as espécies de *habeas corpus*:

a) *Liberatório ou repressivo*: voltado para afastar constrangimento à liberdade já consumado, com vistas à restituição do *status libertatis* de alguém.

b) *Preventivo*: quando sua finalidade for afastar o constrangimento à liberdade antes mesmo de se consumar. Baseia-se, portanto, na iminência da violência ou coação ilegal e na possibilidade próxima da restrição da liberdade individual.

De ofício: será pertinente sempre que o juiz ou tribunal verificar que alguém sofre ou está na iminência de sofrer coação ilegal.

Legitimidade ativa

Há que observar a distinção entre impetrante e paciente. O primeiro é a pessoa que faz o pedido de concessão da ordem, em benefício de outrem, enquanto o segundo representa aquele que sofre o constrangimento à sua liberdade ou se encontra na iminência de sofrê-lo, em virtude de qualquer ilegalidade. Nada impede, contudo, que tais figuras se confundam nas ocasiões em que o impetrante é o próprio beneficiário do remédio constitucional.

---

[72] Nesse sentido: STF, AgRg em HC 211.898, Rel. Min. Roberto Barroso, j. 27.4.2022.

Por força do art. 654, *caput*, do CPP, qualquer pessoa poderá impetrar *habeas corpus*, em seu favor ou de outrem, assim como o representante do Ministério Público. Até mesmo a pessoa jurídica pode impetrá-lo.

Legitimidade passiva

Figurará no polo passivo a pessoa apontada como coatora, seja ela autoridade ou não.

Competência

Será determinada pelos critérios da territorialidade e da hierarquia.

Supremo Tribunal Federal: compete ao STF processar e julgar, originariamente:

a) Art. 102, I, *d*, da CF: quando for paciente o Presidente da República, o Vice-Presidente, os membros do Congresso Nacional, os Ministros do STF, o Procurador-Geral da República, os Ministros de Estado, os Comandantes da Marinha, do Exército e da Aeronáutica, os membros dos Tribunais Superiores (STJ, STM e TSE), os dos Tribunais de Contas da União e os chefes de missão diplomática de caráter permanente.

b) Art. 102, I, *i*, da CF: cabem duas divisões: 1) quando o coator for tribunal superior; 2) quando o coator ou paciente for autoridade ou funcionário cujos atos estejam sujeitos diretamente à jurisdição do STF, ou se trate de crime sujeito à mesma jurisdição em uma única instância.

Superior Tribunal de Justiça: compete ao STJ processar e julgar, originariamente, nos termos do art. 105, I, *c*, da CF:

a) quando o coator ou paciente for Governador de Estado ou do Distrito Federal, Desembargador de Tribunal de Justiça e Estados ou do Distrito Federal, membro de Tribunal de Contas de Estados e do Distrito Federal, de Tribunal Regional Federal, de Tribunal Regional Eleitoral, ou do Trabalho, membro de Conselho ou Tribunal de Contas de Município e do Ministério Público da União que oficie perante tribunais;

b) quando o coator for tribunal sujeito à sua jurisdição, Ministro do Estado ou Comandante da Marinha, do Exército ou da Aeronáutica, ressalvada a competência da Justiça Eleitoral.

Tribunais Regionais Federais: competirá a eles, nos termos do art. 108, *d*, da CF, julgar originariamente quando a autoridade coatora for juiz federal. Em relação ao procurador da República, membro do Ministério Público Federal que atua perante a primeira instância, também será competente o Tribunal Regional Federal.

Tribunais dos Estados: os tribunais de segunda instância dos Estados têm competência para conhecer de *habeas corpus* em que figure como paciente ou coator autoridade sujeita a sua jurisdição.

Juízos monocráticos: nas hipóteses não sujeitas à competência dos tribunais, caberá aos juízes de primeiro grau da comarca onde ocorrer a coação ou ameaça à liberdade de locomoção o julgamento das ações de *habeas corpus*.

Cabimento

Haverá constrangimento ilegal à liberdade de locomoção, autorizando a impetração de *habeas corpus* nas hipóteses do art. 648 do CPP, porém ressaltamos que não serão consideradas *numerus clausus*:

I – ausência de justa causa;

II – prisão além do tempo determinado em lei;

III – incompetência do coator;

IV – cessação do motivo que autorizou a coação;

V – inadmissão da fiança, nos casos em que a lei a autoriza;

VI – processo manifestamente nulo;

VII – extinção da punibilidade.

Prisão disciplinar militar

De acordo com o § 2º do art. 142 da CF, não caberá *habeas corpus* em relação a punições disciplinares militares. Entretanto, tal regra não é absoluta, podendo sofrer mitigação nas hipóteses que versarem sobre a legalidade do ato disciplinar, impedindo a ocorrência de arbitrariedade pela autoridade militar responsável pela aplicação da punição disciplinar.

Admissibilidade

Depende da necessidade e adequação em relação ao caso concreto.

Recursos

Da decisão que julgar o *habeas corpus*, caberá:

a) recurso de ofício, no caso de concessão da ordem por juízo monocrático;

b) recurso em sentido estrito, adequado para a impugnação das decisões que tanto concedem como negam a ordem de *habeas corpus* no juízo monocrático.

Caberá, também, recurso ordinário constitucional para o STF ou para o STJ se estiverem preenchidas as condições previstas na Constituição.

Efeitos

A concessão do *habeas corpus* não obstará o prosseguimento do processo, desde que não seja hipótese de trancamento da ação penal.

Se o *habeas corpus* for concedido em virtude de nulidade do processo, este será renovado.

Concedida a ordem, estando o paciente preso, será posto imediatamente em liberdade, salvo se por outro motivo dever permanecer recolhido. Concedida a ordem em *habeas corpus* preventivo, dar-se-á ao paciente salvo-conduto assinado pelo juiz.

Capítulo XLIII
MANDADO DE SEGURANÇA CONTRA ATO JURISDICIONAL

1. CONCEITO E NATUREZA JURÍDICA

O instituto do mandado de segurança está disciplinado pela Lei federal n. 12.016/2009, que sucedeu a antiga Lei n. 1.533/51. É criação tipicamente brasileira[1], sem que se exclua sua inspiração em direito estrangeiro. Foi incurso no ordenamento jurídico pátrio por meio da Constituição de 1934 (art. 113, inciso 33), destinado a tutelar direito certo e incontestável ameaçado ou violado por ato ilegal de autoridade, figurando assim como ação residual à área não abrangida por *habeas corpus*. A partir de então, salvo na Carta Magna de 1937, em que foi extirpado do nível constitucional, foi previsto em todas as demais Constituições que se seguiram.

Atualmente o mandado de segurança presta-se à proteção de direito líquido e certo, não amparado por *habeas corpus* ou *habeas data*, quando o responsável pela ilegalidade ou abuso de poder for autoridade pública ou agente de pessoa jurídica no exercício de atribuições do Poder Público (art. 5º, LXIX, da CF).

No âmbito criminal, o *writ* constitucional é meio hábil sobretudo para impugnar atos jurisdicionais (despachos, decisões interlocutórias, sentenças ou acórdãos), revelando-se como verdadeira garantia contra as arbitrariedades do Estado, uma vez que somente poderão ser agentes do ato abusivo ou ilegal as autoridades públicas, representadas nas figuras dos juízes e dos membros dos tribunais.

No que diz respeito à natureza jurídica, o mandado de segurança é *ação constitucional* e, mesmo quando utilizado no âmbito do processo penal, conserva sua *natureza civil*[2]. Inclui-se, portanto, entre as ações autônomas de impugnação, a exemplo do *habeas corpus*.

2. LEGITIMIDADE

2.1. Legitimidade ativa

Legitimados são os titulares de direito líquido e certo ameaçados de sofrer ou que sofreram lesões por ilegalidade ou abuso de poder, em direitos não amparados por *habeas corpus* e *habeas data*. Portanto, são *os titulares do direito líquido e certo violado ou ameaçado*. O réu, porém, não poderá impetrar mandado de segurança pessoalmente, pois o ajuizamento do *mandamus* requer capacidade postulatória, devendo a petição ser assinada por advogado habilitado, devidamente inscrito nos quadros da OAB[3].

Ao membro do Ministério Público é lícito impetrar mandado de segurança perante o tribunal contra ato jurisdicional praticado no feito em que oficie. O promotor de justiça, diante das decisões emanadas do juízo de primeiro grau, é parte legitima na causa, e não mero *custos legis*. Nessa esteira, o art. 32, I, da Lei n. 8.625/93 (Lei Orgânica Nacional do Ministério Público) dispõe sobre a legiti-

---

[1] Carlos Alberto Menezes Direito, *Manual do mandado de segurança*, 3. ed., Rio de Janeiro: Renovar, 1999, p. 7, *apud* Carlos Alberto Garcete, *A nova Lei do Mandado de Segurança*.

[2] Nesse sentido: STJ, RE 299.684/SC, Rel. Min. Felix Fischer, j. 16.10.2001.

[3] Nesse sentido: STJ, Agravo Interno no MS 28.920/DF, Rel. Min. Humberto Martins, j. 14.2.2023.

midade do promotor de justiça para a impetração do *mandamus*[4]. Restará aos procuradores de justiça, contudo, o acompanhamento da tramitação do *writ* no tribunal e a eventual interposição do recurso.

2.2. Legitimidade passiva

Nas ações de mandado de segurança contra ato jurisdicional penal, *a autoridade coatora não é a pessoa física do juiz, mas o juízo, pessoa jurídica de direito público*. Logo, o sujeito passivo sempre será o Estado, representado pela figura da autoridade coatora, a qual é responsável por prestar informações, consoante dispõe o inciso I do art. 7º da Lei n. 12.016/2009. Não se admite a impetração do *mandamus* contra particular em razão da expressa disposição constitucional.

Alguns autores têm entendido que, em face da complexidade na estrutura administrativa do Estado, eventual endereçamento incorreto pode ser corrigido de ofício pelo tribunal, encaminhando-o à autoridade competente.

Quando o mandado de segurança for impetrado pelo *Parquet* contra decisão proferida em processo penal, é obrigatória a citação do réu como litisconsorte passivo (Súmula 701 do STF). Há, portanto, na hipótese, *litisconsórcio passivo necessário*, pois a concessão do *mandamus* pode acarretar alteração da situação jurídica do acusado. Urge destacar o disposto na Súmula 631 do STF: "Extingue-se o processo de mandado de segurança se o impetrante não promove, no prazo assinado, a citação do litisconsorte passivo necessário". A este, verdadeiro interessado no desfecho da questão, deve ser dada oportunidade para manifestação em deferência aos princípios do contraditório e da ampla defesa, sob pena de nulidade por desrespeito ao disposto no art. 24 da Lei n. 12.016/2009 e no art. 114 do CPC[5].

3. CABIMENTO

É admissível o *mandamus* para a defesa de direito líquido e certo não amparado por *habeas corpus* ou *habeas data*. Entende-se por *direito líquido e certo aquele que prescinde de dilação probatória para ser demonstrado*, podendo ser evidenciado de plano através de provas pré-constituídas, pois sua existência é isenta de dúvidas[6]. É o direito comprovado por documentos ou mesmo que prescinde de provas, haja vista sua notoriedade. Logo, não se presta ao exame aprofundado de provas, pois é enjeitada a dilação probatória em sede de mandado de segurança[7]. Todavia, pela dicção do art. 6º, § 1º, da Lei federal n. 12.016/2009, admite-se uma única exceção no que se refere à possibilidade de dilação probatória, *verbis*: "§ 1º No caso em que o documento necessário à prova do alegado se ache em repartição ou estabelecimento público, ou em poder de autoridade que se recuse a fornecê-lo por certidão ou de terceiro, o juiz ordenará, preliminarmente, por ofício, a exibição desse documento em original ou em cópia autêntica e marcará, para o cumprimento da ordem, o prazo de 10 (dez) dias...". Assim, por essa exceção, não se impede o prejudicado por ato ilegal, passível de mandado de segurança, de impetrar o *mandamus*, em caso de o documento hábil à prova do alegado estar em repartição ou estabelecimento público, ou em "poder de autoridade" que se recuse a fornecê-lo. Ao contrário, nessa hipótese, determinará o juiz a exibição do documento reclamado no decêndio legal, alvitrando-se o conhecimento de eventual ilegalidade.

---

[4] Nesse sentido: STJ, RO em MS 67.108/MA, Rel. Min. Herman Benjamin, 5.4.2022.

[5] Nesse sentido: STF, Ação Rescisória n. 2.640, Rel. Min. Luiz Fux, 15.4.2020.

[6] Nesse sentido: STF, AgRg em MS 31.324/DF, Rel. Min. Edson Fachin, j. 2.3.2018.

[7] Nesse sentido: STF, AgRg em MS 32.954, Rel. Min. Dias Toffoli, j. 5.4.2016.

3.1. Hipóteses legais de não cabimento

Expressamente dispõe o art. 5º da Lei n. 12.016/2009 que não se concederá mandado de segurança nas seguintes hipóteses: a) de ato do qual caiba recurso administrativo com efeito suspensivo, independentemente de caução; b) de decisão judicial da qual caiba recurso com efeito suspensivo; e c) de decisão judicial transitada em julgado.

Ademais, não se admite mandado de segurança contra lei em tese, a teor da **Súmula 266 do STF**. Vale destacar ainda, a propósito, a **Súmula 625 do STF**: "Controvérsia sobre matéria de direito não impede concessão de mandado de segurança".

O campo de incidência do *writ*, consequentemente, será determinado por exclusão sempre que não couberem os remédios constitucionais do *habeas corpus* e do *habeas data*, respeitando-se sempre, no plano infraconstitucional, as hipóteses de não concessão elencadas no art. 5º da Lei n. 12.016/2009. Tem, pois, como referido, cabimento *residual*. Por outro lado, é de notar que, sendo um tipo de procedimento criado na Constituição, é de "eficácia potenciada", na expressão de Kazuo Watanabe[8], devendo, por isso, suas palavras e normas ser interpretadas ampliativamente e não restritivamente, visto que tem mais força que outros procedimentos criados por leis ordinárias[9].

3.2. Espécies

Duas são as espécies legalmente válidas e aceitas pela jurisprudência:

a) *Mandado de segurança preventivo*[10], aquele direcionado a atacar ato ilegal ou abusivo de poder que ainda não se consumou, mas que, todavia, se encontre na iminência ou justo receio de se consumar (Lei n. 12.016/2009, art. 1º). Desta forma, busca-se suspender os efeitos do ato jurisdicional que estiver na iminência de ocasionar a lesão.

b) *Mandado de segurança repressivo,* aquele em que o ato tido por ilegal ou abusivo de poder, violador do direito líquido e certo do impetrante, já está consumado e, desta forma, busca-se seu expurgo do mundo, de modo a devolver-se o *statu quo ante.*

3.3. Requisitos

Para que a parte possa se valer do mandado de segurança:

a) *o ato jurisdicional deve ser portador de manifesta ilegalidade ou abuso de poder*[11]. A ilegalidade diz respeito à discrepância entre o ato impugnado e a lei; o abuso de poder refere-se ao ato praticado com desvio de poder, ou seja, com finalidade distinta da previsão legal, ou com excesso de poder, ultrapassando os limites da legalidade. Pode-se considerar, entretanto, o abuso de poder como espécie do gênero ilegalidade, porquanto em qualquer dos casos o que sucede é o desrespeito à letra da lei;

b) *deve ofender direito líquido e certo*, não amparado por *habeas corpus* e *habeas data*. Ressalvadas as hipóteses de *habeas corpus*, que se presta à proteção do direito de locomoção, e *habeas data*, que tem por escopo o acesso a informações e à retificação de dados constantes nos registros públicos, o mandado de segurança será o instrumento constitucional hábil à proteção de quaisquer outros direitos violados ou ameaçados, desde que líquidos e certos, *v.g.*, direito à intimidade[12]. Tendo em vista a grande proximidade do mandado de segurança com o *habeas corpus*, pois ambos representam remé-

---

[8] *Apud* Celso Agrícola Barbi, *Mandado de segurança coletivo*, *in* Aroldo Plínio Gonçalves (coord.), *Mandado de segurança*, p. 65.

[9] *Apud* Celso Agrícola Barbi, *Mandado de segurança coletivo*, *in* Aroldo Plínio Gonçalves (coord.), *Mandado de segurança*, p. 65.

[10] Nesse sentido: STJ, EDcl no Agravo Interno no Ag em REsp 1.169.402/SP, Rel. Min. Napoleão Nunes Maia Filho, j. 24.9.2019.

[11] Nesse sentido: STF, Agravo Interno em RO em MS 36.787, Rel. Min. Luiz Fux, 11.5.2020.

[12] Nesse sentido: TJSP, MS Criminal n. 21561703420218260000, Rel. Des. Gilda Alves Barbosa Diodatti, j. 16.9.2021.

dios constitucionais de tutela imediata dos direitos fundamentais do indivíduo, cumpre consignar que a segurança somente será admitida em matéria criminal quando não houver constrição da liberdade física, seja ela real ou potencial[13];

c) *impossibilidade de reparação do dano por meio de recurso ordinário*. Cumpre ressaltar que a existência de recurso ordinário por si só muitas vezes não é suficiente para impedir o dano, se o meio recursal utilizado não possuir efeito suspensivo a fim de resguardar o direito da parte. Assim, nos casos que demandam resposta rápida e efetiva ao ato judicial impugnado, o mandado de segurança pode ser utilizado com o fito de atribuir efeito suspensivo ao recurso porventura interposto, evitando o dano irreparável. Há quem entenda não ser necessária a interposição do recurso eventualmente cabível, se este não for capaz de evitar o dano ao direito, oportunidade que justifica a impetração direta do *mandamus*, inclusive com supedâneo no princípio da economia processual[14]. Nada obstante a prevalência desse entendimento na doutrina, o Superior Tribunal de Justiça firmou o entendimento, hoje expresso na Súmula 604, no sentido de que *o mandado de segurança não se presta para atribuir efeito suspensivo a recurso criminal interposto pelo Ministério Público*.

A Súmula 267 do STF dispõe que "não cabe mandado de segurança contra ato judicial passível de recurso ou correição". Contudo, o atual inciso II do art. 5º da Lei n. 12.016/2009 prevê expressamente que será admitido mandado de segurança quando o recurso cabível não tiver efeito suspensivo. Ademais, entende-se cabível o *writ* nos casos em que:

a) se vislumbrar a possibilidade de dano irreparável ou de difícil reparação;

b) é manifestamente afrontosa ao direito a decisão judicial impugnada, chegando a caracterizar-se como teratológica[15];

c) for atingido direito de terceiro, restando somente o *mandamus* como via a reparar a ilegalidade[16].

Nesses termos, embora pacífica sua natureza jurídica de ação, o mandado de segurança atua como verdadeiro sucedâneo recursal, reexaminando, mantendo ou reformando o ato impugnado, quando não houver recurso específico para atacar o ato ou, se existir, não for suscetível de evitar o dano, seja pela demora no processamento, seja por não possuir efeito suspensivo[17].

Note-se que o art. 5º, III, da Lei n. 12.016/2009, ao coibir a concessão de mandado de segurança "de decisão judicial transitada em julgado", prestigiando assim o princípio da segurança jurídica, chancelou expressamente o que já previa a Súmula 268 do STF, que dispõe "não cabe mandado de segurança contra decisão judicial com trânsito em julgado"[18].

No mais, importante frisar que, apesar de não ser uma ação de impugnação de utilização restrita da acusação, na maioria dos casos será empregado por esta, já que, em matéria criminal, havendo questões condizentes à liberdade de ir, vir ou ficar, o réu fará jus à ação de *habeas corpus*, meio adequado para combater tais situações.

3.4. EXEMPLOS DE CABIMENTO NO ÂMBITO CRIMINAL

No âmbito penal, são exemplos de casos que comportam mandado de segurança:

a) atribuir efeito suspensivo a recurso, devendo ser observada aqui a ressalva da **Súmula 604**;

[13] Nesse sentido: STJ, RMS 12.493, Rel. Min. Paulo Medina, j. 4.8.2003.

[14] Ada Pellegrini Grinover, Antonio Magalhães Gomes Filho e Antonio Scarance Fernandes, *Recursos no processo penal*, 7. ed., p. 241-316.

[15] Nesse sentido: STJ, AgRg no RO em MS 70.864/SP, Rel. Min. Ribeiro Dantas, j. 12.6.2023.

[16] Nesse sentido: TJSC, MS 40181699420188240000, Rel. Des. Alexandre d'Ivanenko, j. 28.9.2023.

[17] Adalberto José Q. T. de Camargo Aranha, *Dos recursos no processo penal*, p. 218-219.

[18] Nesse sentido: STF, Agravo Interno em RO em MS 37.894, Rel. Min. Rosa Weber, j. 17.8.2021.

b) inexistência de recurso específico para impugnar ato judicial[19];

c) acesso aos autos de inquérito policial, mesmo que sigiloso[20];

d) oitiva de testemunha arrolada tempestivamente[21] e produção antecipada de prova testemunhal[22];

e) desbloqueio de conta bancária[23];

f) contra ato do juiz que determina a suspensão condicional do processo nos termos do art. 89 da Lei n. 9.099/95, pois a iniciativa para tanto é privativa do Ministério Público[24];

g) objetivando o processamento e seguimento de recurso em sentido estrito[25] e da correição parcial;

h) contra obstáculos ao livre exercício da advocacia[26];

i) contra indeferimento de pedido de quebra de sigilo de ligações telefônicas pleiteado por promotor de justiça, uma vez inexistente recurso específico para tal impugnação[27];

j) exclusão de registros criminais em que o impetrante foi absolvido[28];

k) liberação de bens apreendidos em inquérito policial[29];

l) contra apreensão da Carteira Nacional de Habilitação antes do trânsito em julgado da sentença;

m) contra indeferimento de aplicação de medida protetiva com base na Lei 11.340/2006[30];

n) contra decisão que aplica ou deixa de aplicar multa a advogado por abandono da causa[31].

4. COMPETÊNCIA

Será competente para julgar o *writ* contra ato jurisdicional criminal o tribunal que eventualmente seria o competente para apreciar recurso relativo ao feito. Assim se posiciona a Súmula 8 das Mesas de Processo Penal da USP: "É competente para conhecer e decidir o mandado de segurança contra ato jurisdicional penal o tribunal que seria competente para conhecer de eventual recurso relativo à causa".

No tocante aos Juizados Especiais Criminais, a competência para julgar o mandado de segurança será do tribunal, e não das Turmas Recursais, pois se trata de competência originária.

Vale citar algumas súmulas a esse respeito:

Súmula 330 do STF: "O Supremo Tribunal Federal não é competente para conhecer de mandado de segurança contra atos dos Tribunais de Justiça dos Estados".

Súmula 624 do STF: "Não cabe ao Supremo Tribunal Federal conhecer originariamente de mandado de segurança contra atos de outros tribunais".

---

[19] Nesse sentido: TRF, 5ª R., MS Criminal n. 02008467020214050000, Rel. Des. Fed. Francisco Roberto Machado, j. 24.2.2022.

[20] Nesse sentido: TJSP, MS Criminal n. 20972656520238260000, Rel. Des. Jucimara Esther de Lima Bueno, j. 13.6.2023.

[21] Nesse sentido: TRF, 5ª R., MS Criminal n. 02008467020214050000, Rel. Des. Fed. Francisco Roberto Machado, j. 24.2.2022.

[22] Nesse sentido: STJ, RO em MS 14.283/SP, Rel. Min. Hamilton Carvalhido, j. 13.8.2002.

[23] Nesse sentido: TRF, 3ª R., MS Criminal n. 50067004720214030000, Rel. Des. Fed. José Marcos Lunardelli, j. 27.9.2021.

[24] Nesse sentido: STJ, RMS 15.965/MG, Rel. Min. José Arnaldo da Fonseca, j. 5.8.2003.

[25] Nesse sentido: TJSC, MS 40030964820198240000, Rel. Des. Ariovaldo Rogério Ribeiro da Silva, j. 25.4.2019.

[26] Nesse sentido: STJ, AgRg no RMS 67.214/MG, Rel. Min. Ribeiro Dantas, j. 14.12.2021.

[27] Nesse sentido: TJSP, MS Criminal n. 20378768620228260000, Rel. Des. Fátima Gomes, j. 19.6.2022.

[28] Nesse sentido: TJSP, MS Criminal n. 21895118520208260000, Rel. Des. Ruy Alberto Leme Cavalheiro, j. 18.12.2020.

[29] Nesse sentido: TJSC, MS Criminal n. 50040342120228240000, Rel. .Des. Antônio Zoldan da Veiga, j. 19.4.2022.

[30] Nesse sentido: TJSP, MS Criminal n. 21781950720228260000, Rel. Min. Adilson Paukoski Simoni, j. 5.9.2022.

[31] TJSC, MS 40250964220198240000, Rel. Des. Sidney Eloy Dalabrida, j. 24.10.2019.

Súmula 41 do STJ: "O Superior Tribunal de Justiça não tem competência para processar e julgar, originariamente, mandado de segurança contra ato de outros tribunais ou dos respectivos órgãos".

5. PRAZO E PROCESSAMENTO

5.1. Prazo

O mandado de segurança deverá ser proposto no prazo *decadencial de 120 dias*, contados da ciência, pelo interessado, do ato impugnado (art. 23 da Lei federal n. 12.016/2009)[32]. Vale trazer à colação o entendimento sumulado no sentido de que "é constitucional lei que fixa o prazo de decadência para a impetração do mandado de segurança" (Súmula 632 do STF).

Embora a inobservância do prazo acarrete a preclusão da via impugnativa do *mandamus*, tal circunstância não importa a perda do direito material, o qual poderá ser questionado em juízo por meio de outros instrumentos processuais[33].

5.2. Processamento

5.2.1. Petição inicial

A petição inicial deverá estar acompanhada dos documentos que demonstrem, de forma inequívoca, a existência do direito líquido e certo do autor, e preencher os requisitos dos arts. 319 e 320 do CPC, de acordo com o art. 6º da Lei n. 12.016/2009:

a) endereçamento ao tribunal competente;

b) nome e qualificação do impetrante e da autoridade coatora;

c) fato e fundamentos jurídicos do pedido, sobretudo evidenciando o ato ilegal que viola ou ameaça de violar o direito líquido e certo;

d) pedido para fazer cessar a constrição ou ameaça;

e) requerimento para notificação da autoridade coatora.

No que tange ao inciso VI do art. 319, inexistindo dilação probatória no procedimento do mandado de segurança, não há que indicar os meios de prova a serem produzidos, bastando a juntada dos documentos pertinentes. Não obstante, em conformidade com o § 1º do art. 6º da lei citada, havendo documento necessário à prova do alegado que se encontre em repartição ou estabelecimento público, ou em poder de autoridade que se recusa a fornecê-lo por certidão, o impetrante poderá requerer sua exibição em juízo, com prazo de 10 dias para cumprimento da ordem.

5.2.2. Processamento

Aplica-se ao mandado de segurança – procedimento especial – um *rito sumário especial* – determinado pela lei, pautado pela celeridade e simplicidade dos atos processuais, o que possibilita a imediata tutela do direito pleiteado. Assim, de acordo com o art. 20 da lei, "os processos de mandado de segurança e os respectivos recursos terão prioridade sobre todos os atos judiciais, salvo *habeas corpus*". Destarte (§ 1º), "na instância superior, deverão ser levados a julgamento na primeira sessão que se seguir à data em que forem conclusos ao relator" e o "prazo para a conclusão dos autos não poderá exceder de 5 (cinco) dias" (§ 2º).

---

[32] Nesse sentido: STF, AgRg em MS 38.982, Rel. Min. Gilmar Mendes, j. 15.5.2023.

[33] Nesse sentido: STF, MS 37.588, Rel. Min. Ricardo Lewandowski, j. 25.8.2021.

Ao despachar a inicial, deverá o juiz:

I – *notificar a autoridade coatora, a fim de que, no prazo de 10 dias, preste as informações que julgar necessárias*. As informações a serem prestadas equivalem a verdadeira contestação, pois representam o momento processual adequado para a autoridade coatora, representante do Estado, guerrear os argumentos de fato e de direito apresentados na petição inicial, além de juntar documentos relacionados;

II – *suspender o ato que deu motivo ao pedido, quando for relevante o fundamento e do ato impugnado puder resultar a ineficácia da medida, caso seja deferida*. Aqui se denota a possibilidade da suspensão liminar do ato impugnado, sempre que patente o direito líquido e certo pleiteado e presentes os requisitos do *fumus boni iuris* (fundamento relevante) e *periculum in mora* (ineficácia da medida caso seja deferida ao final)[34], não só a fim de assegurar a eficácia da própria ação, mas, de certa forma, antecipar os efeitos da tutela pleiteada. Contudo, uma vez deferida a medida, poderá ser revogada ou modificada a qualquer tempo se evidenciada a ausência de justificativa da liminar. Por outro lado, dispõe a Súmula 622 do STF que "não cabe agravo regimental contra decisão do relator que concede ou indefere liminar em mandado de segurança".

A inicial será indeferida se não for caso de mandado de segurança ou lhe faltar algum dos requisitos legais[35].

Findo o prazo concedido à autoridade coatora, tenham sido ou não prestadas as informações, serão os autos entregues ao Ministério Público, para que se manifeste no prazo improrrogável de 10 dias (art. 12 da lei), atuando como fiscal da lei, sob pena de nulidade. Em seguida, os autos serão conclusos ao juiz, que decidirá em 30 dias, de acordo com o parágrafo único do art. 12 da Lei n. 12.016/2009.

A sentença que conceder o mandado de segurança será executada desde logo. Representando o *writ* uma tutela de urgência, que denota rapidez e eficácia, é evidente o seu *caráter mandamental*, o que torna imperiosa sua imediata execução.

5.2.3. Recursos

Disciplina o art. 14 da Lei n. 12.016/2009 que, da sentença proferida no mandado de segurança, terminativa ou de mérito, que nega ou concede a segurança, cabe apelação. Concedida a ordem, poderá haver execução provisória da sentença "salvo nos casos em que for vedada a concessão da medida liminar" (art. 14, § 3º). Da mesma forma, nas situações de *indeferimento liminar da inicial pelo juiz de primeiro grau*, por não ser caso de impetração do *mandamus*, por faltar algum dos requisitos legais ou por ter havido decadência do prazo legal, impõe-se *a apelação* como recurso hábil à impugnação nos termos do art. 10, § 1º, da lei.

Todavia, tratando-se, no âmbito criminal, em regra, de impugnação de ato jurisdicional, tem-se que a competência para o julgamento do mandado de segurança será sempre dos tribunais, o que impede a interposição de apelação, cabível somente em relação às decisões do juízo monocrático. Assim sendo, denegada a segurança, o recurso porventura cabível será o ordinário constitucional, nos termos dos arts. 102, II, e 105, II, ambos da CF, respectivamente para o STF e o STJ. Na hipótese de concessão da ordem em segundo grau, cabível recurso extraordinário e/ou especial, desde que atendidos os pressupostos delineados pela CF. No mesmo sentido, *indeferido liminarmente* o mandado de segurança pelo relator nos termos do art. 10, § 1º, da lei, o recurso cabível será o agravo regimental, pois se trata de competência originária dos tribunais.

---

[34] Nesse sentido: STJ, MS 23.105/DF, Rel. Min. Francisco Falcão, j. 9.2.2022.

[35] Nesse sentido: TJSP, MS Criminal n. 00052869520198260000, Rel. Des. Marcos Correa, j. 21.2.2019.

No mais, suspensa a execução da liminar ou da decisão concessiva do *mandamus*, por ato do presidente do tribunal ao qual competir o conhecimento do recurso e mediante requerimento da pessoa jurídica de direito público interessada ou do Procurador-Geral, a fim de evitar grave lesão à ordem, à saúde, à segurança e à economia pública, tudo em conformidade com o art. 15 da Lei n. 12.016/2009 e o art. 4º da Lei n. 4.348/64, além dos arts. 271 e 297 dos regimentos internos do STJ e STF, é possível o agravo regimental para impugnar a decisão de suspensão.

Vale destacar, ainda, a Súmula 169 do STJ: "São inadmissíveis embargos infringentes no processo de mandado de segurança".

6. SÍNTESE

Mandado de segurança contra ato jurisdicional

Presta-se à proteção de direito líquido e certo, não amparado por *habeas corpus* ou *habeas data*, quando o responsável pela ilegalidade ou abuso de poder for autoridade pública ou agente de pessoa jurídica no exercício de atribuições do Poder Público.

No âmbito criminal, o *writ* constitucional é meio hábil sobretudo para impugnar atos jurisdicionais, revelando-se como verdadeira garantia contra as arbitrariedades do Estado, uma vez que somente poderão ser agentes do ato abusivo ou ilegal as autoridades públicas, representadas nas figuras dos juízes e dos membros dos tribunais.

No que diz respeito à natureza jurídica, o mandado de segurança é ação constitucional e, mesmo quando utilizado no âmbito criminal, conserva a natureza civil.

Legitimidade ativa

São os titulares de direito líquido e certo ameaçados de sofrer ou que sofreram lesões por ilegalidade ou abuso de poder, em direitos não amparados por *habeas corpus* ou *habeas data*.

Legitimidade passiva

Nas ações de mandado de segurança contra ato jurisdicional penal, a autoridade coatora não é a pessoa física do juiz, mas o juízo, pessoa jurídica de direito público. Quando o mandado de segurança for impetrado pelo *Parquet* contra decisão proferida em processo penal, é obrigatória a citação do réu como litisconsorte passivo.

Cabimento

É admissível para a defesa de direito líquido e certo não amparado por *habeas corpus* ou *habeas data*. Entende-se por direito líquido e certo aquele que prescinde de dilação probatória para ser demonstrado, podendo ser evidenciado de plano através de provas pré-constituídas, pois sua existência é isenta de dúvidas.

Hipóteses legais de não cabimento: o art. 5º da Lei n. 12.016/2009 dispõe que não se concederá mandado de segurança nas seguintes hipóteses:

a) de ato do qual caiba recurso administrativo com efeito suspensivo, independentemente de caução;

b) de decisão judicial da qual caiba recurso com efeito suspensivo;

c) de decisão judicial transitada em julgado.

Espécies

Pode ser repressivo ou preventivo.

Requisitos

a) o ato jurisdicional deve ser portador de manifesta ilegalidade ou abuso de poder;

b) deve ofender direito líquido e certo, não amparado por *habeas corpus* ou *habeas data*;

c) impossibilidade de reparação do dano por meio de recurso ordinário.

Competência

Será competente para julgar o *writ* contra ato jurisdicional criminal o tribunal que eventualmente seria o competente para apreciar recurso relativo ao feito.

Prazo

Deverá ser proposto no prazo decadencial de 120 dias, contados da ciência, pelo interessado, do ato impugnado.

Processamento

Ao despachar a inicial, deverá o juiz:

a) notificar a autoridade coatora, a fim de que, no prazo de 10 dias, preste as informações que julgar necessárias;

b) suspender o ato que deu motivo ao pedido, quando for relevante o fundamento e do ato impugnado puder resultar a ineficácia da medida, caso seja deferida.

Recursos

Disciplina o art. 14 da Lei n. 12.016/2009 que, da sentença proferida no mandado de segurança, terminativa ou de mérito, que nega ou concede a segurança, cabe apelação.

REFERÊNCIAS

ABREU, Florêncio de. *Comentários ao Código de Processo Penal*. Rio de Janeiro: Forense, 1945. v. 5.

AFONSO DA SILVA, Virgílio. *Interpretação constitucional*. São Paulo: Malheiros, 2005.

AFONSO DA SILVA, Virgílio. O proporcional e o razoável. *RT*, n. 798, 2002.

AGUIAR DIAS, José de. *Da responsabilidade civil*. 6. ed. v. 2.

ALEXY, Robert. *Teoría de los derechos fundamentales*. Trad. castelhana Ernesto Garzón Valdés. Revisão Ruth Zimmerling. 2. reimpr. Madrid: Centro de Estudios Políticos y Constitucionales, 2001.

ALMEIDA, João Henrique de; VITORELLI, Edilson. Imparcialidade judicial e psicologia comportamental: há fundamento científico para um juiz de garantias? *Revista de Processo*, São Paulo, v. 46, n. 316, p. 29-62, 2021.

ALMEIDA, Joaquim Canuto Mendes de. *Princípios fundamentais do processo penal*. São Paulo: Revista dos Tribunais, 1973.

ALPONTE, L. Chiesa. *Derecho procesal penal de Puerto Rico y Estados Unidos*. 1. reimpr. Fórum, Colômbia, 1995.

ANAMATRA. Magistrados impetram mandado de segurança no STF pedindo a suspensão da Resolução do CNJ sobre foro íntimo. 2 de setembro de 2009. Disponível em: https://www.anamatra.org.br/imprensa/noticias/19607-magistrados-impetram-mandado-de-seguranca-no-stf-pedindo-a-suspens-o-da-resoluc-o-do-cnj-sobre-foro-ntimo06453396572222371. Acesso em: 3 nov. 2023.

ANDRADE, Christiano José de. *O problema dos métodos da interpretação jurídica*. São Paulo: Revista dos Tribunais, 1992.

ANDRADE, Mauro Fonseca. *Juiz das garantias*. 2. ed. Curitiba: Juruá, 2015.

ARANHA, Adalberto José Q. T. de Camargo. *Da prova no processo penal*. 7. ed. São Paulo: Saraiva, 2006.

ARANHA, Adalberto José Q. T. de Camargo. *Dos recursos no processo penal*. São Paulo: Saraiva, 1988.

ARMENTA DEU, Teresa. *Lecciones de derecho procesal penal*. Madrid: Marcial Pons, 2003.

ASSIS, Araken de. *Manual dos recursos*. 9. ed. São Paulo: Revista dos Tribunais, 2017.

ATIENZA, Manuel; RUIZ MANERO, Juan. *A theory of legal sentences*. Dordrecht: Kluwer Academic Publishers, 1998.

AVENA, Norberto. *Processo penal*. Rio de Janeiro: Método, 2023.

AVENA, Norberto. *Processo penal esquematizado*. São Paulo: Método, 2009.

ÁVILA, Thiago André Pierobom de. *Provas ilícitas e proporcionalidade*. Rio de Janeiro: Lumen Juris, 2007.

BACIGALUPO, Enrique. *Direito penal*: parte geral. São Paulo: Malheiros, 2005.

BADARÓ, Gustavo Henrique Righi Ivahy. A colaboração premiada: meio de prova, meio de obtenção de prova ou um novo modelo de justiça penal não epistêmica?. *In:* ASSIS MOURA, Maria Thereza de; BOTTINI, Pierpaolo Cruz (org.). *Colaboração premiada*. São Paulo: Revista dos Tribunais, 2018.

BADARÓ, Gustavo Henrique. *Processo penal*. 8. ed. São Paulo: RT, 2020.

BARBI, Celso Agrícola. Mandado de segurança coletivo. *In*: GONÇALVES, Aroldo Plínio (coord.). *Mandado de segurança*. Belo Horizonte: Del Rey, 1966.

BARBOSA ALVES, Roberto. *Direito da infância e da juventude*. São Paulo: Saraiva, 2005 (Col. Curso & Concurso).

BARBOSA MOREIRA, José Carlos. *Comentários ao Código de Processo Civil*: Lei n. 5.869, de 11 de janeiro de 1973. Arts. 476 a 565. Rio de Janeiro: Forense, 2005. v. 5.

BARJA DE QUIROGA, Jacobo López. *Instituciones de derecho procesal penal*. Madrid: Akal/Iure, 1999.

BARROSO, Luís Roberto. Os princípios da razoabilidade e da proporcionalidade no direito constitucional. *Revista dos Tribunais – Cadernos de Direito Constitucional e Ciência Política*, n. 23, 1998.

BASTOS, Celso Ribeiro. A interpretação como fator de desenvolvimento e a atualização das normas constitucionais. *In*: AFONSO DA SILVA, Virgilio (org.). *Interpretação constitucional*. São Paulo: Malheiros, 2005.

BECHARA, Fábio Ramazzini. *Legislação penal especial*. São Paulo: Saraiva, 2004 (Col. Curso & Concurso).

BECHARA, Fábio Ramazzini. *Prisão cautelar*. São Paulo: Malheiros, 2005.

BEDAQUE, José Roberto dos Santos. *Poderes instrutórios do juiz*. São Paulo: Revista dos Tribunais, 1994.

BELLAVISTA, G. Il litigante temerario nel processo penale. *In*: *Studi sul processo penale*. Milano: Giuffrè, 1952. v. 1.

BENGOETXEA, J. *The legal reasoning of the European Court of Justice*. Oxford: 1993.

BENTHAM, Jeremy. *Traité de legislation*. 2. ed. Paris: s. ed., s. d. t. 3.

BENTHAM, Jeremy. *Tratado de las pruebas judiciales*. Traduzido do francês ao espanhol por Manuel Osorio Florit. Granada: Editorial Comares, 2001.

BENVENISTE, E. *Vocabulaire des langues indo-européenes*. Paris: Minuit, 1969.

BERNAL PULIDO, Carlos. *El principio de proporcionalidad y los derechos fundamentales*. Centro de Estudios Políticos y Constitucionales, 2003.

BOBBIO, Norberto. *O futuro da democracia*: uma defesa das regras do jogo. Trad. Marco Aurélio Garcia. 6. ed. São Paulo: Paz e Terra, 1997.

BONAVIDES, Paulo. *Curso de direito constitucional*. 9. ed. São Paulo: Malheiros, 2000.

BORRICAND, Jacques; SIMON, Anne-Marie. *Droit pénal / Procédure pénale*. 3. ed. Paris: Dalloz, 2002.

BOSCHI, José Antonio Paganella. *Persecução penal*. Rio de Janeiro: Aide, 1987.

BRASIL. Supremo Tribunal Federal. Juiz das garantias: STF proclama resultado do julgamento. *Notícias*, 24 ago. 2023. Disponível em: https://portal.stf.jus.br/noticias/verNoticiaDetalhe.asp?idConteudo=512814&ori=1. Acesso em: 6 set. 2023.

CAAMAÑO, Francisco. *La garantía constitucional de la inocencia*. Valencia: Universidad de Valencia; Tirant lo Blanch, 2003.

CALMON DE PASSOS, J. J. *Esboço de uma teoria das nulidades aplicada às nulidades processuais*. Rio de Janeiro: Forense, 2002.

CAPEZ, Fernando. *Curso de processo penal*. 8. ed. São Paulo: Saraiva, 2002; 10. ed. 2003.

CARBASSE, Marie. *Histoire du droit penal et de la justice criminelle*. 2. ed. Paris: PUF, 2006.

CARNELUTTI, Francesco. Nuevas reflexiones sobre el juicio jurídico. *Revista de Derecho Procesal*, n. 1, 1957.

CARNELUTTI, Francesco. *Teoría general del delito*. Madrid: 1941.

CASTELO BRANCO, Tales. *Da prisão em flagrante*. 5. ed. São Paulo: Saraiva, 2001.

CHIOVENDA, Giuseppe. *Principios de derecho procesal civil.* Trad. Casais y Santaló. 3. ed. Madrid: Ed. Reus, 1977. t. 2.

CINTRA, Antonio Carlos Araujo; GRINOVER, Ada Pellegrini; DINAMARCO, Cândido Rangel. *Teoria geral do processo*. 18. ed. São Paulo: Malheiros, 2002.

CORRAL SALVADOR, Carlos; URTEAGA EMBIL, José Maria. *Dicionário de direito canônico*. Trad. Jesús Hortal. São Paulo: Loyola, 1993.

COSTA PIMENTA, José da. *Processo penal: sistemas e princípios*. Lisboa: Livraria Petrony, 2003. t. 1.

COSTA RIBEIRO, Diaulas. Prisão temporária (Lei 7.960, de 21.12.1989). Um breve estudo sistemático e comparado. *RT*, 707/271-5.

COUTINHO, Jacinto N. Miranda. *A lide e o conteúdo do processo penal.* Curitiba: Juruá, 1989.

COUTO, Carlos Magno. Uma hipótese de suspensão condicional do processo. *Boletim IBCCrim*, n. 69, ago. 1998.

CRISTÓFORO, Pablo Gran; MILAGRES, Marcelo de Oliveira. *Juizado Especial Criminal*. São Paulo: Foco, 2021.

CUCARELLA GALIANA, Luis Andrés. *La correlación de la sentencia con la acusación y la defensa*. Navarra: Ed. Aranzadi, 2003.

CUENCA, Humberto. *Proceso civil romano*. Buenos Aires: EJEA, 1957.

DALLAGNOL, Deltan Martinazzo; CÂMARA, Juliana de Azevedo Santa Rosa. A cadeia de custódia da prova. *In*: SALGADO, Daniel de Resende; QUEIROZ, Ronaldo Pinheiro de (org.). *A prova no enfrentamento à macrocriminalidade*. Salvador: Juspodivm, 2019.

DE LA CRUZ FERRER, J. Una aproximación al control de proporcionalidad del Consejo de Estado francés: el balance costes-beneficios en las declaraciones de utilidad pública de la expropiación forzosa. *R.E.D.A.*, n. 45, 1985.

DEL-CAMPO, Eduardo Roberto Alcântara. *In*: MOUGENOT BONFIM, Edilson. *Medicina legal*. 2. ed. São Paulo: Saraiva, 2006 (Col. Curso & Concurso).

DEMERCIAN, Pedro Enrique; MALULY, Jorge Assaf. *Curso de processo penal*. 2. ed. São Paulo: Atlas, 2001.

DEMORO HAMILTON, Sérgio. *Processo penal*: reflexões. Rio de Janeiro: Lumen Juris, 2002.

DENTI, Vittorio. *Estudios de derecho probatorio*. Buenos Aires: EJEA, 1974.

DESPORTES, Frédéric; LE GUNEHEC, Francis. *Droit pénal général.* 9. ed. Paris: Economica, 2002.

DEZEM, Guilherme Madeira. *Comentários ao Pacote Anticrime, Lei 13.964/19*. São Paulo: RT, 2020.

DEZEM, Guilherme Madeira. *Curso de processo penal*. 6. ed. São Paulo: Revista dos Tribunais, 2020, p. 696.

DÍEZ, Luiz Alfredo de Diego. *Identificación fotográfica y reconocimiento en rueda del inculpado*. Barcelona: Bosch, 2003.

DINAMARCO, Cândido Rangel. *A instrumentalidade do processo.* São Paulo: Revista dos Tribunais, 1987.

DINAMARCO, Cândido Rangel. *Instituições de direito processual civil.* 3. ed. São Paulo: Malheiros, 2002. v. 3.

DINAMARCO, Cândido Rangel. *Litisconsórcio.* 7. ed. São Paulo: Revista dos Tribunais, 2002.

DINAMARCO, Cândido Rangel. *Teoria geral do processo*. 18. ed. São Paulo: Malheiros, 2002.

DUFF, Peter. The Scottish Criminal Jury. *In*: VIDMAR, Neil. *World jury systems*. Oxford University Press, 2000.

ECHANDÍA, Devis Hernando. *Teoría general de la prueba judicial*. 3. ed. Buenos Aires, 1974. t. II.

EDERRA, Angel Prieto. Problemática psicológica en la obtención de pruebas testificales. *Revista Jurídica Galega*, n. 3, 1993.

EDINGER, Carlos. Cadeia de custódia, rastreabilidade probatória. *Revista Brasileira de Ciências Criminais*, v. 120, maio-jun. 2016.

ELLIOT, Catherine; QUINN, Frances. *English legal system*. 4. ed. London, 2002.

ENGISCH, Karl. *Introducción al pensamiento jurídico.* Trad. esp. Ernesto Garzón Valdés. Granada: Ed. Comares, 2001.

ESPÍNOLA FILHO, Eduardo. *Código de Processo Penal anotado.* Campinas: Bookseller, 2000. v. 7.

ESPÍNOLA FILHO, E. *Código de Processo Penal brasileiro anotado*. 4. ed. Rio de Janeiro, Borsoi, 1956. v. II.

FAZZALARI, Elio. *Istituzioni di diritto processuale*. 5. ed. Padova: Cedam, 1989.

FEITOZA, Denilson. *Reforma processual penal*: uma abordagem sistêmica. Rio de Janeiro: Impetus.

FENECH, Miguel. *Derecho procesal penal.* Barcelona: Labor, 1952. t. 1.

FESTINGER, Leon. *Teoria da dissonância cognitiva*. Trad. Eduardo Almeida. Rio de Janeiro: Zahar, 1975.

FIDALGO GALLARDO, Carlos. *Las "pruebas ilegales"*: de la exclusionary rule estadounidense al artículo 11.1 LOPJ. Madrid: Centro de Estudios Políticos y Constitucionales, 2003.

FIGUEIREDO DIAS, Jorge. *Direito processual penal:* lições do Prof. Doutor Jorge de Figueiredo Dias coligidas por Maria João Antunes. Coimbra: Faculdade de Direito, 1988-1989.

FISCHER, Douglas; PEREIRA, Frederico Valdez. *As obrigações processuais penais positivas*: segundo as Cortes Europeia e Interamericana de Direitos Humanos. 2. ed. rev. e ampl. Porto Alegre: Livraria do Advogado, 2019.

FLORIÁN, Eugenio. *Elementos de derecho procesal penal.* Trad. esp. Prieto Castro. Barcelona: Bosch, 1934.

FORCELLINI. *Totius latinitatis lexikon*. 3. ed. Sheeberg. t. 3.

FREDERICO MARQUES, José. *Elementos de direito processual penal.* Caminas: Bookseller, 1997. v. 1.

GALIBER, J. L.; LATZER B.; DWYER M., *et al.* Law, Justice and Jury nullification: a debate. *Criminal Law Bulletin, 29*, p. 40-69, 1993.

GARCETE, Carlos Alberto. *A nova Lei do Mandado de Segurança.* Rio de Janeiro: Ed. GZ, 2010.

GARCEZ RAMOS, João Gualberto. *A tutela de urgência no processo penal brasileiro.* Belo Horizonte: Del Rey, 1998.

GARLAND, Norman M.; STUCKEY, Gilbert B. *Criminal evidence for the law enforcement officer*: exclusionary rule. Glencoe McGraw-Hill, 2000.

GASCÓN INCHAUSTI, Fernando. *El control de la fiabilidad probatoria*: "prueba sobre la prueba" en el proceso penal. Valencia: Ediciones Revista General de Derecho, 1999.

GOMES DA SILVA, Paulo Thadeu. Inquérito policial e direito de defesa. *Revista Brasileira de Ciências Criminais*, 54, maio-jun. 2005.

GOMES FILHO, Antonio Magalhães. *A motivação das decisões penais.* São Paulo: Revista dos Tribunais, 2001.

GOMES FILHO, Antonio Magalhães. Notas sobre a terminologia da prova (reflexos no processo penal brasileiro). *In*: YARSHELL, Flávio Luiz; MORAES, Maurício Zanoide de (coord.). *Estudos em homenagem à professora Ada Pellegrini Grinover*. São Paulo: DPJ, 2005.

GOMES FILHO, Antonio Magalhães. Provas: Lei 11.690, de 09.06.2008. *In*: ASSIS MOURA, Maria Thereza Rocha de (coord.). *As reformas no processo penal*: as novas leis de 2008 e os projetos de reforma. São Paulo: Revista dos Tribunais, 2008.

GOMES FILHO, Antonio Magalhães; MOURA, Maria Thereza Rocha de Assis (coord.). *As reformas no processo penal*: as novas leis de 2008 e os projetos de reforma. São Paulo: Revista dos Tribunais, 2008.

GOMEZ COLOMER, Juan-Luis. *El proceso penal alemán*: introducción y normas básicas. Barcelona: Bosch, 1985.

GÓMEZ DEL CASTILLO, M. *El comportamiento procesal del imputado (silencio y falsedad)*. Barcelona: Bosch, 1979.

GÓMEZ ORBANEJA, E. *Derecho procesal penal*. Madrid, 1975.

GONÇALVES, Aroldo Plínio. *Técnica processual e teoria do processo*. Rio de Janeiro: Aide, 1992.

GONÇALVES, Aroldo Plínio (coord.). *Mandado de segurança*. Belo Horizonte: Del Rey, 1996.

GONÇALVES, Carlos Roberto. *Responsabilidade civil*. 5. ed. São Paulo: Saraiva.

GONÇALVES, Marcus Vinicius Rios. *Novo curso de direito processual civil*. 4. ed. São Paulo: Saraiva, 2007. v. 1.

GONZÁLEZ BEILFUSS, Markus. *El principio de proporcionalidad en la jurisprudencia del Tribunal Constitucional*. Navarra: Thomson-Aranzadi, 2003.

GONZÁLEZ-CUELLAR-SERRANO, Nicolás. *Proporcionalidad y derechos fundamentales en el proceso penal*. Madrid: Colex, 1990.

GRECO FILHO, Vicente. *Tutela constitucional das liberdades*. São Paulo: Saraiva, 1989.

GRINOVER, Ada Pellegrini. As provas ilícitas na Constituição. *Livro de Estudos Jurídicos*, Rio de Janeiro: Instituto de Estudos Jurídicos, 1991.

GRINOVER, Ada Pellegrini. *Liberdades públicas e processo penal*. 2. ed. São Paulo: Revista dos Tribunais, 1982.

GRINOVER, Ada Pellegrini. Os caminhos da jurisprudência constitucional brasileira. *In*: *A marcha do processo*. Rio de Janeiro: Forense Universitária, 2000.

GRINOVER, Ada Pellegrini; GOMES FILHO, Antonio Magalhães; SCARANCE FERNANDES, Antonio. *Recursos no processo penal*. 2. ed. São Paulo: Revista dos Tribunais, 1998. v. 2.

GRINOVER, Ada Pellegrini; SCARANCE FERNANDES, Antonio; GOMES FILHO, Antonio Magalhães. *As nulidades no processo penal*. 7. ed. São Paulo: RT, 2001.

GRINOVER, Ada Pellegrini; SCARANCE FERNANDES, Antonio; GOMES FILHO, Antonio Magalhães. *Juizados Especiais Criminais*: comentários à Lei n. 9.099, de 26.9.1995: 4. ed. rev., ampl. e atual. São Paulo: Revista dos Tribunais, 2002.

GRINOVER, Ada Pellegrini; GOMES FILHO, Antonio Magalhães; SCARANCE FERNANDES, Antonio. *Recursos no processo penal*. 7. ed. rev. e atual. São Paulo: Revista dos Tribunais, 2011.

GRINOVER, Ada Pellegrini *et al*. *As nulidades do processo penal*. 6. ed. São Paulo: Revista dos Tribunais, 1997.

GUASP DELGADO, J. *Derecho procesal civil*. Madrid, 1968. t. I.

GUASTINI, Ricardo. *Distinguiendo*: estudios de teoría y metateoría del derecho. Trad. esp. J. Ferrer. Barcelona: Gedisa, 1999.

GUASTINI, Ricardo. *Teoria e dogmatica delle fonti*. Milano: Giuffrè, 1998.

GUERRA FILHO, Willis Santiago. Princípio da proporcionalidade e teoria do direito. *In*: GRAU, Eros Roberto; GUERRA FILHO, Willis Santiago (org.). *Direito constitucional*: estudos em homenagem a Paulo Bonavides. São Paulo, Malheiros, 2001.

HÄBERLE, Peter. *El concepto de los derechos fundamentales*. Madrid: Universidad Carlos III-BOE, 1994.

HÄBERLE, Peter. *La garantía del contenido esencial de los derechos fundamentales*. Trad. Joaquín Brage Camazano. Madrid: Dykinson, 2003.

HÄBERLE, Peter (ed.). *Contribuciones en Antonio López Pina*: la garantía constitucional de los derechos fundamentales. Alemania, España, Francia e Italia. Madrid: Civitas, 1991.

HÉLIE, Faustin. *Traité de l'instruction criminelle*. Paris. v. 1.

HUNGRIA, Nelson. *Comentários ao Código Penal*. Rio de Janeiro: Forense, 1958. v. 4. t. I.

IGARTUA SALAVERRÍA, Juan. *Valoración de la prueba, motivación y control en el proceso penal*. Valencia: Tirant lo Blanch, 1995.

JARDIM, Afrânio Silva. *Direito processual penal*. Rio de Janeiro: Forense, 2001.

JESUS, Damásio E. de. *Código de Processo Penal anotado*. 16. ed. São Paulo: Saraiva, 1999.

KARAM, Maria Lúcia. *Competência no processo penal*. 4. ed. São Paulo: Revista dos Tribunais, 2005.

KAUFMANN, Arthur. *Filosofía del derecho*. Trad. esp. Luis Villar Borda e Ana María Montoya. Universidad Externado de Colombia, 1999.

KIELMANOVICH, Jorge. *Medios de prueba*. Buenos Aires: Abeledo. Perrot, 1993.

LARENZ, Karl. *Metodologia da ciência do direito*. Trad. José Lamego. 3. ed. Lisboa: Calouste Gulbenkian, 1997.

LARONGA, Antonio. *Le prove atipiche nel processo penale*. Padova: Cedam, 2002.

LEMASURIER, J. Vers un nouveau principe général du droit? Le principe "Bilan coût-avantages". *In*: *Mélanges offerts a Marcel Waline*, II. Paris, 1974.

LEONE, Giovanni. *Sistemi delle impugnazioni penali*. 1935.

LESSONA, Carlos. *Teoría general de la prueba en derecho civil*. Trad. esp. Enrique Saz. Madrid: Reus, 1957.

LIEBMAN, Enrico Tullio. *Eficácia e autoridade da sentença*. 3. ed. Rio de Janeiro: Forense, 1984.

LIEBMAN, Enrico Tullio. *Manual de direito processual civil*. 2. ed. Rio de Janeiro: Forense, 1985. v. 1.

LIMA, Renato Brasileiro de. *Manual de processo penal*. 12. ed. Salvador: Juspodivm, 2023.

LOPES JR., Aury. *Direito processual penal e sua conformidade constitucional*. Rio de Janeiro: Lumen Juris, 2009. v. 2.

LOPEZ GARRIDO, Diego *et al*. *Nuevo derecho constitucional comparado*. Valencia: Tirant lo Blanch, 2000.

LYRA, Roberto. *Comentários ao Código de Processo Penal*. Rio de Janeiro: Forense, 1944. v. 6.

MAGALHÃES GOMES, Mariângela Gama de. *O princípio de proporcionalidade no direito penal*. São Paulo: Revista dos Tribunais, 2003.

MAGALHÃES NORONHA, E. *Curso de direito processual penal*. 28. ed. São Paulo: Saraiva, 2002.

MAGALHÃES NORONHA, E.; ARANHA, Adalberto José Q. T. de Camargo. *Curso de direito processual penal*. 22. ed. São Paulo: Saraiva, 1994.

MALATESTA, Nicola Framarino dei. *A lógica das provas em matéria criminal*. Trad. Paolo Capitanio. Campinas: Bookseller, 1996.

MALATESTA, Nicola Framarino dei. *A lógica das provas em matéria criminal*. Trad. J. Alves de Sá. 2. ed. Lisboa: Livraria Clássica Editora, 1927.

MANZINI, Vincenzo. *Tratado de derecho procesal penal*. Trad. esp. S. Sentís e M. Ayerra. Buenos Aires: EJEA, 1951. v. 2.

MARTINEAU, François. *Petit traité d'argumentation judiciaire*. 2. ed. Paris: Dalloz.

MASSA, M. Motivazione (IV. Motivazione della sentenza in dir. proc. pen.). *In*: *Enciclopedia giuridica (Treccani)*. Roma: 1990.

MAZZUOLI, Valerio de Oliveira; FARIA, Marcelle Rodrigues da Costa; OLIVEIRA, Kledson Dionysio de. *Controle de convencionalidade pelo Ministério Público*. Rio de Janeiro: Forense, 2021,

MÉDICI, Sérgio de Oliveira. *Revisão criminal*. São Paulo: Revista dos Tribunais, 2000.

MEIRELLES, Hely Lopes. *Direito municipal brasileiro*. 6. ed. São Paulo: Malheiros, 1990.

MENDES, Gilmar Ferreira. O princípio da proporcionalidade na jurisprudência do Supremo Tribunal Federal: novas leituras. *Repertório IOB de Jurisprudência: Tributário, Constitucional e Administrativo*, n. 14, 2000.

MENEZES, Isabela Aparecida *et al*. A quebra da cadeia de custódia da prova e seus desdobramentos no processo penal brasileiro. *Revista Brasileira de Direito Processual Penal*, Porto Alegre, v. 4, n. 1, jan.-abr. 2018.

MERLE, Philippe. *Les présomptions légales en droit pénal*. Paris: LGDJ, 1970.

MILLAR. The informative principles of civil procedure. *Illinois Law Review*, 1923, v. 8.

MIRABETE, Julio Fabbrini. *Código de Processo Penal interpretado*. 11. ed. São Paulo: Atlas, 2003.

MIRABETE, Julio Fabbrini. *Processo penal*. 16. ed. São Paulo: Atlas, 2004; 17. ed., 2005; 18. ed., 2006.

MIR PUIG, Santiago. *Derecho penal*: parte general. 7. ed. Buenos Aires: IBDF, 2005.

MIRA Y LÓPEZ, E. *Manual de psicologia jurídica*. 4. ed. Buenos Aires: El Ateneo, 1954.

MONTEIRO, Washington de Barros. *Curso de direito civil*. São Paulo: Saraiva, 2001. v. 1.

MONTERO AROCA, Juan. *Derecho jurisdiccional*: proceso civil (conforme a la nueva Ley de Enjuiciamiento Civil). Valencia: Tirant lo Blanch, 1999.

MONTERO AROCA, Juan. *Derecho jurisdiccional III*: proceso penal. 11. ed. Valencia: Tirant lo Blanch, 2002.

MONTERO AROCA, Juan. *El derecho procesal en el siglo XX*. Valencia: Tirant lo Blanch, 2000.

MONTÓN REDONDO, Alberto. Principios fundamentales del proceso penal. *In*: *Homenaje a Don Antonio Hernandez Gil*. Madrid: Centro de Estudios Ramón Arece, 2001. v. 3.

MORAES, Alexandre de. *Direito constitucional*. 17. ed. São Paulo: Atlas, 2005.

MORAES, Maurício Zanoide de. *Interesse e legitimação para recorrer no processo penal brasileiro*. São Paulo: Revista dos Tribunais, 2000.

MOREIRA ALVES, Leonardo Barreto. *Manual de processo penal*. São Paulo: Juspodivm, 2021.

MORESO, José Juan. Conflictos constitucionales. *In*: CARBONELL, Miguel (ed.). *Neoconstitucionalismo*. Madrid: Trotta, 2003.

MOSSIM, Heráclito Antônio. *Recursos em matéria criminal*. 3. ed. São Paulo: Atlas, 2001.

MOUGENOT BONFIM, Edilson. Aperçu sur la Cour d'Assises: expansion mondiale et fonctionnement au Brésil. *In: Problèmes actuels de science criminelle*. Aix en Provence: Presses Universitaires d'Aix-Marseille – PUAM, 2008. v. XXI. p

MOUGENOT BONFIM, Edilson. *Direito penal da sociedade*. 2. ed. São Paulo: Juarez de Oliveira, 1998.

MOUGENOT BONFIM, Edilson. *El principio de proporcionalidad en el proceso penal*: España y Brasil. Madrid: Universidad Complutense de Madrid, 2005.

MOUGENOT BONFIM, Edilson. *Júri: do inquérito ao plenário*. 3. ed. São Paulo: Saraiva, 1999; 4. ed. São Paulo: Saraiva, 2012.

MOUGENOT BONFIM, Edilson; CAPEZ, Fernando. *Direito penal*: parte geral. São Paulo: Saraiva, 2004.

MOUGENOT BONFIM, Edilson; MOUGENOT BONFIM, Márcia Monassi. *Lavagem de dinheiro*. São Paulo: Malheiros, 2005.

MUCCIO, Hidejalma. *Curso de processo penal 3*. Jaú: HM Editora, 2003.

MUNDAY, Roderick. *Evidence*. 2. ed. London: LexisNexis Butterworths, 2003.

NEGRÃO, Theotonio. *Código de Processo Civil e legislação processual em vigor*. 32. ed. São Paulo: Saraiva.

NERY JR., Nelson. *Princípios do processo civil na Constituição Federal*. São Paulo: Revista dos Tribunais, 1992.

NERY JR., Nelson. Proibição de prova ilícita: novas tendências do direito. *Justiça Penal,* coord. Jacques de Camargo Penteado, n. 4, São Paulo: Revista dos Tribunais.

NERY JR., Nelson. *Teoria geral dos recursos*. 6. ed. São Paulo: Revista dos Tribunais, 2004.

NOGUEIRA, Carlos Frederico Coelho. *Comentários ao Código de Processo Penal*. Bauru: Edipro, 2002. v. 1.

NOGUEIRA, Paulo Lúcio. *Curso completo de processo penal*. 7. ed. São Paulo: Saraiva, 1993.

NOGUEIRA, Paulo Lúcio. *Curso completo de processo penal*. 7. ed. Bauru: Edipro, 2002. v.1,

OLIVA SANTOS, Andrés de la. Cuatro sentencias del Tribunal Constitucional sobre temas procesales: juez legal, pruebas obtenidas ilícitamente, legitimación en lo contencioso administrativo y secreto del sumario. *Boletín del Colegio de Abogados de Madrid*, n. 1, 1995.

OLIVA SANTOS, Andrés de la. *Revista Española de Derecho Procesal*, n. 8-9, ago.-set. 2003, Madrid: La Ley.

OLIVA SANTOS, Andrés de la. *Sobre la cosa juzgada*. Madrid: Centro de Estudios Ramón Areces, 1991.

OLIVA SANTOS, Andrés de la; DÍEZ-PICAZO GIMÉNEZ, Ignacio; VEGAS TORRES, Jaime. *Derecho procesal penal*: introducción. 2. ed. Madrid: Centro de Estudios Ramón Areces, 2002.

OLIVEIRA, Allan Helber de; VILELA, Marcelo Dias Gonçalves. *In*: BONFIM, Edilson Mougenot (coord.). *Processo civil*: processo de conhecimento. São Paulo: Saraiva, 2007 (Col. Curso & Concurso).

PACELLI DE OLIVEIRA, Eugenio. *Curso de processo penal*. Belo Horizonte: Del Rey, 2004.

PACELLI DE OLIVEIRA, Eugenio. *Curso de processo penal*. 26. ed. São Paulo: Juspodivm, 2022.

PACELLI DE OLIVEIRA, Eugenio. *Processo e hermenêutica na tutela penal dos direitos fundamentais*. Belo Horizonte: Del Rey, 2004.

PACELLI DE OLIVEIRA, Eugenio; FISCHER, Douglas. *Comentários ao Código de Processo Penal e sua jurisprudência*. 15. ed. Salvador: Juspodivm, 2023.

PACHECO, Denilson Feitoza. *Direito processual civil: teoria, crítica, práxis*. 4. ed. Rio de Janeiro: Impetus, 2006.

PACHECO, Denilson Feitoza. *Reforma processual penal*: uma abordagem sistêmica. Rio de Janeiro: Impetus, 2008.

PEREIRA, Flávio Cardoso; GAZZOLA, Gustavo dos Reis; ALMEIDA FERRO, Ana Luiza. *Criminalidade organizada*: comentários à Lei n. 12.850/2014. Curitiba: Juruá, 2014.

PEREIRA, Frederico Valdez. *Fundamentos do justo processo penal convencional:* as garantias processuais e o valor instrumental do devido processo. Belo Horizonte: D'Plácido, 2021.

PEREIRA DE FARIAS, Edílson. *Colisão de direitos*. 2. ed. Porto Alegre: Sérgio A. Fabris Editor, 2000.

PEREIRA LEAL, Rosemiro. *Teoria geral do processo*. 5. ed. São Paulo: Thompson-IOB-Síntese, 2004.

PICÓ I JUNOY, J. *El principio de la buena fe procesal*. Barcelona: Bosch, 2003.

PICÓ I JUNOY, J. *Las garantías constitucionales del proceso*. Barcelona: Bosch, 1997.

PIERANGELI, José Enrique. *Processo penal, evolução histórica e fontes legislativas*. Bauru: Jalovi, 1983.

PINTO FERREIRA, L. *Comentários à Constituição brasileira*. São Paulo: Saraiva, 1989.

PITOMBO, Cleunice Valentim Bastos. *Da busca e da apreensão no processo penal*. São Paulo: Revista dos Tribunais, 1999,

PONTES DE MIRANDA, Francisco Cavalcanti. *Comentários ao Código de Processo Civil*. 4. ed. Rio de Janeiro: Forense, 1995. t. 1.

PORTO, Hermínio Marques. *Júri*. 7. ed. São Paulo: Malheiros, 1993.

PRADEL, Jean. *Procédure pénale*. 11. ed. Paris: Ed. Cujas, 2002-2003.

PRIETO SANCHIS, Luis. Neoconstitucionalismo y ponderación judicial. *In*: *Neoconstitucionalismo*. Madrid: Trotta, 2003.

RECASÉNS SICHES, Luís. *Filosofía del derecho*. 13. ed. México: Porrúa, 1998.

RIFA SOLER, José María; VALLS GOMBÁU, J. F. *Derecho procesal penal*. Madrid: Iurgium, 2000.

ROBERTO, Welton. *Paridade de armas no processo penal*. Belo Horizonte: Fórum, 2011.

RODRÍGUEZ, Ángel. *Integración europea y derechos fundamentales*. Madrid: Civitas, 2001.

ROMERO COLOMA, Aurelia Maria. *Problemática de la prueba testifical en el proceso penal*. Madrid: Civitas, 2000.

ROSSI, Pellegrino. *Lineamenti di diritto penale e costituzionale*. Palermo, 1953.

ROUMIER, William. *L'avenir du Jury Criminel*. Paris: LGDJ, 2003.

ROXIN, Claus. *Derecho procesal penal*. Trad. da 25. ed. alemã – *Strafverfhrensrecht* – por Gabriela E. Córdoba e Daniel R. Pastor, revisada por Julio B. J. Maier. 1. reimpr. (2001). Buenos Aires: Editores Del Puerto, 2000.

SAAD, Marta. *O direito de defesa no inquérito policial*. São Paulo: Revista dos Tribunais, 2004.

SALAVERRÍA, Juan Igartua. *La motivación de las sentencias, imperativo constitucional*. Madrid: Centro de Estudios Políticos y Constitucionales, 2003.

SANTOS, Moacyr Amaral. *Primeiras linhas de direito processual civil*. 22. ed. São Paulo: Saraiva, 2002.

SARLET, Ingo. Constituição e proporcionalidade: o direito penal e os direitos fundamentais entre proibição de excesso e de insuficiência. *Revista de Estudos Criminais*, n. 12, ano 3, Sapucaia do Sul: Ed. Nota Dez, 2003.

SCARANCE FERNANDES, Antonio. *Processo penal constitucional*. 3. ed. São Paulo: Revista dos Tribunais, 2002.

SCHÜNEMANN, Bernd. *Estudos de direito penal, direito processual penal e filosofia do direito*. Trad. Luís Grecco. São Paulo: Marcial Pons, 2013.

SCHÜNEMANN, Bernd. O juiz como um terceiro manipulado no processo penal? Uma confirmação empírica dos efeitos perseverança e aliança. *In*: SCHÜNEMANN, Bernd. *Estudo de direito penal, direito processual penal e filosofia do direito*. Coordenador: Luís Greco. São Paulo: Marcial Pons, 2013.

SENTÍS MELENDO, Santiago. *In dubio pro reo*. Valleta Ediciones: s. d.

SHIAFFINO, Carlos Machado. *Pruebas periciales*. Buenos Aires: La Rocca, 1989.

SHIMURA, Sérgio Seiji. Breves considerações sobre a *emendatio libelli* e a *mutatio libelli*. *Ajuris. Revista da Associação dos Juízes do Rio Grande do Sul*, 49/103-11.

SLAPPER, Gary; DAVID, Kelly. *The English legal system*. 6. ed. London: Cavendish, 2003.

SOTO NIETO, Francisco. *Correlación entre acusación y sentencia*. Madrid: Ed. Montecorvo, 1979.

SOUZA, Gilson Sidney Amancio de. Princípio da indenidade ou da higidez da prova. *In*: HAMMERSCHMIDT, Denise (org.). *Código de Processo Penal comentado*. Curitiba: Juruá, 2020.

STAECHELIN, Gregor. ¿Es compatible la "prohibición de infra-protección" con una concepción liberal del derecho penal?. *In*: *La insostenible situación del derecho penal*. Trad. esp. David Felipi Saborit. Granada: Ed. Comares, 2000.

STEIN, Friedrich. *El conocimiento privado del juez*. Trad. Andrés de la Oliva Santos, Centro de Estudos Areces, 1990.

STEINER, Sylvia Helena F. *O Tribunal Penal Internacional*. Disponível em: www.ibccrim.org.br. Acesso em: 25 jun. 2001.

SUXBERGER, Antonio Henrique Graciano. O juiz das garantias como caso de erro legístico. *Revista de Informação Legislativa*: *RIL*, Brasília, DF, v. 57, n. 228, p. 93-114, out./dez. 2020. Disponível em: http://www12.senado.leg.br/ril/edicoes/57/228/ril_v57_n228_p93. Acesso em: 6 set. 2023.

TAIPA DE CARVALHO, Américo. *A sucessão das leis penais*. 2. ed. Coimbra: Coimbra Ed., 1997.

TARELLO, Giovanni. *Il realismo giuridico americano*. Milano: 1962.

TARUFFO, Michele. *A prova*. Trad. João Gabriel Couto. São Paulo: Marcial Pons, 2014.

TARUFFO, Michele. *La prueba de los hechos*. Madrid: Trotta, 2002.

TÁVORA, Nestor; ALENCAR, Rosmar Rodrigues. *Curso de direito processual penal*. 3. ed. Salvador: Juspodivm, 2009.

THEODORO JR., Humberto. *Curso de direito processual civil*. 37. ed. Rio de Janeiro: Forense, 2005. v. 2.

THEODORO JR., Humberto. *Processo cautelar*. 24. ed. São Paulo: Leud, 2008.

TONINI, Paolo. *A prova no processo penal italiano*. Trad. Alexandra Martins e Daniela Mroz. São Paulo: RT, 2002.

TORNAGHI, Hélio. *A relação processual penal*. 2. ed. São Paulo: Saraiva, 1987.

TORNAGHI, Hélio. *Comentários ao Código de Processo Civil*. 2. ed. São Paulo: Revista dos Tribunais, 1976. v. 1.

TORNAGHI, Hélio. *Curso de processo penal*. 6. ed. São Paulo: Saraiva, 1989. v. 1; 8. ed., 1991.

TORNAGHI, Hélio. *Curso de processo penal*. São Paulo: Saraiva, 1989. v. 2.

TORNAGHI, Hélio. *Instituições de processo penal*. Rio de Janeiro: Forense, 1959. v. 1.

TORNAGHI, Hélio. *Manual de processo penal*: prisão e liberdade. Rio de Janeiro: Freitas Bastos, 1963. v. 2.

TORNAGHI, Hélio Bastos. *Instituições de processo penal*. 2. ed. São Paulo: Saraiva, 1978. v. 3.

TOURINHO FILHO, Fernando da Costa. *Código de Processo Penal comentado*. 6. ed. São Paulo: Saraiva, 2001.

TOURINHO FILHO, Fernando da Costa. *Código de Processo Penal comentado*. 19. ed. Curitiba: Juruá, 2023. v. 1.

TOURINHO FILHO, Fernando da Costa. *Manual de processo penal*. 6. ed. São Paulo: Saraiva, 2004; 8. ed. 2006; 17. ed. 2018.

TOURINHO FILHO, Fernando da Costa. *Processo penal*. 8. ed. São Paulo: Saraiva, 1986. v. 1; 7. ed. v. 3; 19. ed. v. 4; 27. ed., 2005;

TOURINHO FILHO, Fernando da Costa. *Processo penal*. 31. ed. rev. e atual. São Paulo: Saraiva, 2009. v. 4.

TOVO, Paulo Cláudio. *Nulidades no processo penal brasileiro.* Porto Alegre: Sérgio Antonio Fabris Editor, 1988.

TUCCI, Rogério Lauria. *Direitos e garantias individuais no processo penal brasileiro.* 2. ed. São Paulo: Revista dos Tribunais, 2004.

TUCCI, Rogério Lauria. *Enciclopédia Saraiva do Direito,* verbete "Recurso". São Paulo, Saraiva. v. 63.

VAGGIONE, Luiz Fernando. *Teoria e prática de processo penal.* São Paulo: Paloma, 2001.

VALBUENA GONZÁLEZ, Felix. *Las cuestiones prejudiciales en el proceso penal.* Valladolid: Editorial Lex Nova, 2004.

VALLEJO, Manuel Jaén. *Principios y garantías del proceso penal.* Managua: Area de Publicaciones del Instituto Centroamericano de Estudios Penales de la Universidad Politécnica de Nicaragua, 2004.

VARELA GOMEZ, Bernardino. *El recurso de apelación penal.* Valencia: Tirant lo Blanch, 1997.

VEGA TORRES, Jaime. *Presunción de inocencia y prueba en el proceso penal.* Madrid: La Ley, 1993.

VENOSA, Sílvio de Salvo. *Direito civil.* São Paulo: Atlas. v. 3.

VIDMAR, Neil. *World Jury systems.* New York: Oxford Socio-Legal Studies, 2000.

WAMBIER, Teresa Arruda Alvim. *Nulidades do processo e da sentença.* 5. ed. São Paulo: Revista dos Tribunais, 2004.

WHITEBREAD, Charles H.; SLOBOGIN, Christopher. *Criminal procedure*: an analysis of cases and concepts. Foundation Press, 1993.

WRÓBLEWSKI, J. An outline of a general theory of legal interpretation and constitutional interpretation. *In*: IGARTUA, J. (coord.). *La interpretación de la Constitución*. Bilbao, 1985.

WRÓBLEWSKI, J. *The judicial application of law*. Dordrecht: Kluwer Academic Publishers, 1992.

YACOBUCCI, Guillermo J. *El sentido de los principios penales*. Buenos Aires: Editorial Ábaco de Rodolfo Depalma, 2002.

ZAFFARONI, Eugenio Raúl. *Tratado de derecho penal*: parte general. Buenos Aires: Ediar, 1987; 2. ed., 2000.

ZULIANI, Ênio Santarelli. Jurisdição penal & civil: integração e conflitos. *Revista Jurídica UNIJUS*, Uberaba-MG, v. 8, n. 8, p. 147-148.